2023

은동진 쌤의 한국사능력검정시험 QR(큐알) 기출문제집

심화(1, 2, 3급)

은동진 편저

64회 포함, 최신 기출문제 10회분

전 회차 무료 동영상 강의 제공

※ 54회 해설 PDF 무료 제공

머리말

전국의 한국사능력검정시험 수험생 여러분!

만나서 반갑습니다.
한국사를 맛있게 만들어주는 은쌤이 왔습니다.

현장과 인강에서 한국사 강의를 한 지가 어느덧 10년이 훌쩍 넘었습니다. 〈EBS〉, 〈이투스〉, 〈에듀윌〉에서 한국사 대표 강사로 많은 학생을 만나면서 '어떻게 하면 역사의 진정한 의미와 가치를 사람들에게 전해줄 수 있을까?', '어떻게 하면 역사를 재미있고 쉽게 알려줄 수 있을까?'라는 고민을 늘 가지고 있었습니다. 이 고민은 지금도 현재진행형입니다. 이를 해결하기 위해 여러 노력을 하다 보니 자연스럽게 많은 학생들의 사랑을 받으면서 강의를 할 수 있었던 것은 아닌가 싶습니다.

수능 강의, 공무원 강의, 인문학 강연, 방송, 라디오 등 다양한 매체에 참여하여 역사를 쉽고 재미있게 알려주기 위해서 노력해왔는데 가장 큰 사랑을 받았던 곳이 바로 한국사능력검정시험 강의였습니다. 많은 학생들이 주신 사랑에 보답하고자 1년 여 동안 한국사능력검정시험 강의와 책을 준비하였습니다.

그 첫 번째 결과물이 바로 '은동진 쌤의 한국사능력검정시험 QR(큐알) 기출문제집'입니다. 개념서가 아닌 기출문제집을 먼저 출간한 이유가 있습니다. 한국사능력검정시험은 대부분의 문항들이 문제은행식으로 이전 회차에 나왔던 문항들이 반복해서 출제가 됩니다. 그렇기 때문에 다른 그 어떤 시험보다도 기출문제 풀이가 중요합니다. 시중의 기출문제집은 해설 내용이 부실하여 혼자 공부하기에는 어려움이 많습니다. 이 책은 꼼꼼하고 깊이가 있는 해설로 혼자 공부를 해도 모든 문제가 풀릴 수 있도록 구성하였습니다.

이 책을 출간하면서 가장 심혈을 기울였던 부분이 있습니다. 바로 '기출 해설 강의'입니다. 현재 무료로 제공되는 각종 기출 해설 강의를 보게 되면 강의 시간이 1시간 내외입니다. 총 50문제이므로 1문제당 1분 정도로 생각하면 됩니다. '과연 1문제를 1분 해설로 다 이해할 수 있을까요?' 개념 공부를 착실하게 했다면 가능하겠지만 많은 학생들은 어려움을 느낄 것입니다. 은쌤의 해설 강의는 매회 3시간이 넘습니다. 1문제당 3분이 넘는 시간을 들여 기출 해설 강의를 촬영하였습니다. 막히는 문제가 있다면 은쌤의 기출 해설 강의를 듣는 것으로 모두 해결될 것입니다.

이 책의 가장 큰 장점은 학생들의 편의를 위해 매 회차 모든 문항에 QR코드를 넣었다는 것입니다. 내가 원하는 문제의 해설 강의는 스마트폰으로 QR코드만 찍으면 해설 강의를 바로 볼 수 있습니다.

이 책의 부록으로 한국사 시대별 압축 요약집이 있습니다. 시험에 자주 나오는 개념들을 단 하나도 놓치지 않고 모두 담았습니다. 기출문제집을 구매하신 학생들이 시험장에서 마지막까지 보는 책이 압축 요약집이 될 수 있도록 알차게 구성하였습니다.

'은동진 쌤의 한국사능력검정시험 QR(큐알) 기출문제집'이 많은 한국사능력검정시험 수험생들의 합격에 도움이 되길 바랍니다.

저자 은동진

※ 은동진 선생님 방송 및 강연 섭외 등은 이메일과 인스타그램 디엠으로 문의를 남겨주시면 빠른 시일 내에 답변 드리겠습니다. 감사합니다.

- 이메일 edjzzang@naver.com
- 인스타그램 https://www.instagram.com/edjzzang

한국사능력검정시험 가이드

시험 정보

시험 종류 및 인증 등급

시험 종류	심화	기본
인증 등급	1급(80점 이상)	4급(80점 이상)
	2급(70~79점)	5급(70~79점)
	3급(60~69점)	6급(60~69점)
문항 수	50문항(5지 택1형)	50문항(4지 택1형)

※ 100점 만점(문항별 1~3점 차등 배점)

평가 내용

시험 종류	평가 내용
심화	한국사 심화 과정으로서 한국사에 대한 체계적인 이해를 바탕으로 한국사의 주요 사건과 개념을 종합적으로 이해하고, 역사 자료를 분석하고 해석하는 능력, 한국사의 흐름 속에서 시대적 상황 및 쟁점을 파악하는 능력을 평가
기본	한국사 기본 과정으로서 기초적인 역사 상식을 바탕으로 한국사의 필수 지식과 기본적인 흐름을 이해하는 능력을 평가

2023년 시험 일정

구분	원서 접수	추가 접수	시험 일시	합격자 발표
제63회	01월 11일(화) 10:00 ~01월 17일(화) 18:00	01월 27일(금) 10:00 ~01월 30일(월) 18:00	02월 11일(토)	02월 24일(금)
제64회	03월 20일(월) 10:00 ~03월 27일(월) 18:00	03월 31일(금) 10:00 ~04월 03일(월) 18:00	04월 15일(토)	04월 28일(금)
제65회	05월 22일(월) 10:00 ~05월 29일(월) 18:00	06월 02일(금) 10:00 ~06월 05일(월) 18:00	06월 17일(토)	06월 30일(금)
제66회	07월 17일(월) 10:00 ~07월 24일(월) 18:00	07월 28일(금) 10:00 ~07월 31일(월) 18:00	08월 13일(일)	08월 25일(금)
제67회	09월 18일(월) 10:00 ~09월 25일(월) 18:00	10월 02일(월) 10:00 ~10월 06일(금) 18:00	10월 21일(토)	11월 03일(금)
제68회	11월 06일(월) 10:00 ~11월 13일(월) 18:00	11월 17일(금) 10:00 ~11월 20일(월) 18:00	12월 02일(토)	12월 15일(금)

※ 2023년 제65회(6월 17일 토요일), 제68회(12월 2일 토요일) 시험은 심화만 시행

은쌤이 알려주는 4단계 합격 비법

STEP 1 은쌤의 한눈 분석으로 출제 경향 확인!

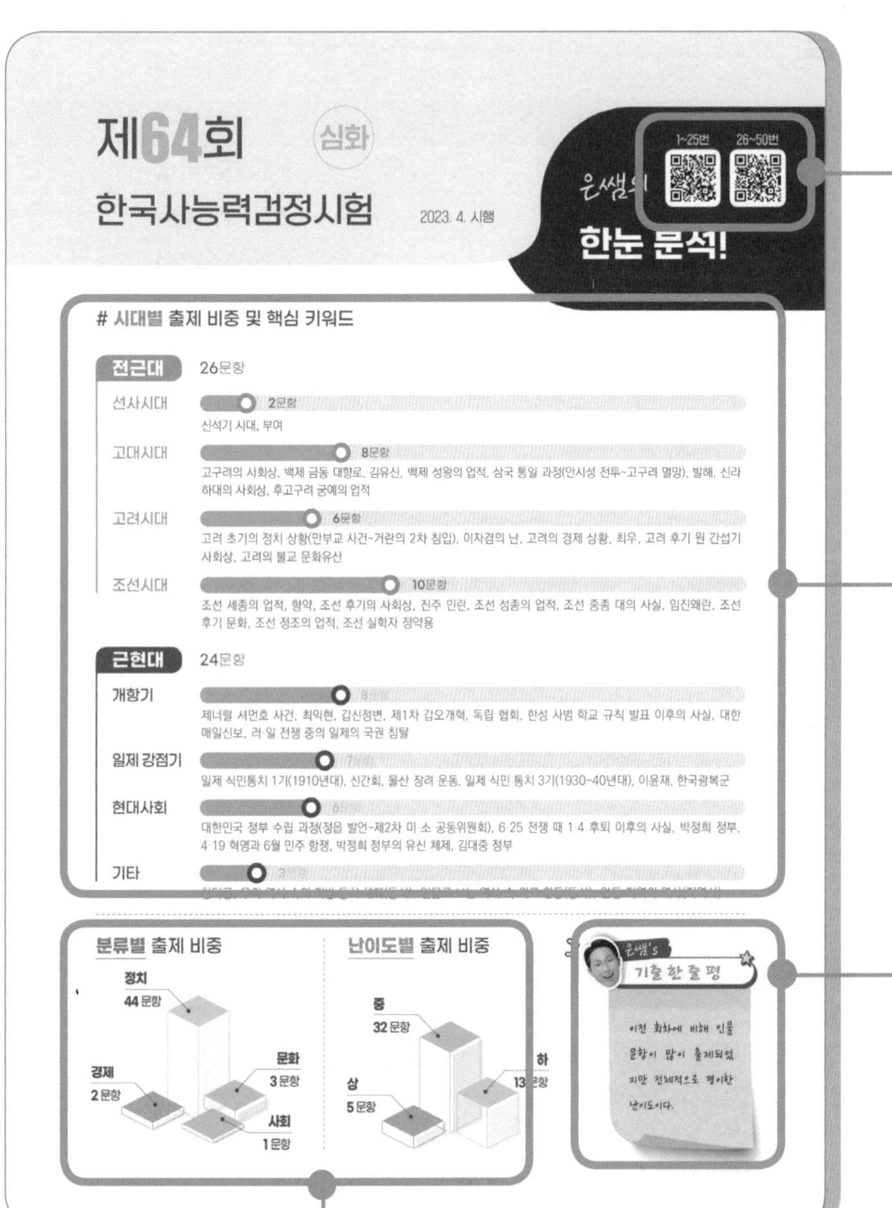

은쌤과 시작부터 끝까지!
전 문항 해설 강의 영상
제공!

시대별 출제 비중과
문항별 핵심 키워드로
최신 출제 경향을 한눈에!

은쌤의 한 줄 요약 평으로
해당 시험의
개요 확인하기!

분류별 · 난이도별
출제 비중 표시로
더 효율적인
학습 전략 세우기!

STEP 2 **은쌤의 해설을 바로 확인할 수 있는 문항별 QR 코드!**

제64회 한국사능력검정시험 기출문제

01 밑줄 그은 '이 시대'의 생활 모습으로 옳은 것은? [1점]

① 소를 이용하여 깊이갈이를 하였다.
② 반량전, 명도전 등의 화폐를 사용하였다.
③ 청동 방울 등을 의례 도구로 이용하였다.
④ 거푸집을 이용하여 세형 동검을 제작하였다.
⑤ 가락바퀴와 뼈바늘을 이용하여 옷을 만들었다.

02 (가) 나라에 대한 설명으로 옳은 것은? [2점]

ㅇ (가) 의 풍속에는 가뭄이나 장마가 계속되어 오곡이 영글지 않으면, 그 허물을 왕에게 돌려 "왕을 마땅히 바꾸어야 한다."고 하거나 "죽어야 한다."라고 하였다.
– 「삼국지」 동이전 –

ㅇ (가) 사람들은 …… 활·화살·칼·창으로 무기를 삼았다. 가축의 이름으로 관직명을 지으니 마가·우가·구가 등이 있었다. 그 나라의 읍락은 모두 여러 가(加)에 소속되었다.
– 「후한서」 동이열전 –

① 영고라는 제천 행사를 열었다.
② 한 무제의 공격으로 멸망하였다.
③ 정사암에 모여 재상을 선출하였다.
④ 읍락 간의 경계를 중시하는 책화가 있었다.
⑤ 제사장인 천군과 신성 지역인 소도가 존재하였다.

03 (가)에 들어갈 내용으로 가장 적절한 것은? [2점]

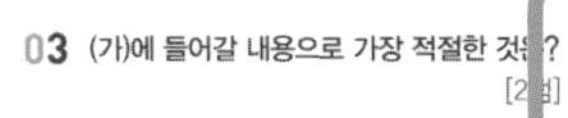

① 연의 장수 진개의 공격을 받았어요.
② 골품에 따른 신분 차별이 엄격하였어요.
③ 빈민을 구제하기 위해 진대법을 실시하였어요.
④ 사회 질서를 유지하기 위한 범금 8조가 있었어요.
⑤ 왕족인 부여씨와 8성의 귀족이 지배층을 이루었어요.

04 (가)에 해당하는 문화유산으로 옳은 것은? [1점]

문화유산 DB

(가) 검색

- 종목 : 국보
- 지정일 : 1996년 5월 30일
- 소개 : 부여 능산리 절터에서 출토되었다. 백제의 공예 기술 수준을 보여주는 문화유산으로 불교와 도교 사상 등을 복합적으로 반영하고 있다.

① 
② 
③ 
④ 
⑤ 

스마트폰으로 QR만 찍으면 은쌤의 해설 강의가 바로바로!

문항별 QR 코드 표시로 원하는 문제만 효과적으로!

은쌤이 알려주는 4단계 합격 비법

STEP 3 은쌤의 3단 분석으로 기출 문항 완벽 공략!

제64회 한국사능력검정시험 정답 및 해설

정 답

번호	정답	번호	정답
01	⑤	26	①
02	①	27	⑤
03	③	28	②
04	⑤	29	③
05	③	30	③
06	②	31	④
07	④	32	②
08	⑤	33	③
09	②	34	③
10	④	35	④
11	①	36	①
12	①	37	②
13	⑤	38	②
14	①	39	②
15	⑤	40	①
16	④	41	①
17	①	42	④
18	⑤	43	②
19	④	44	①
20	⑤	45	①
21	⑤	46	③
22	③	47	⑤
23	④	48	①
24	②	49	④
25	②	50	③

01 신석기 시대 정답 ⑤

밑줄 그은 '이 시대'의 생활 모습으로 옳은 것은? [1점]

화면 속 갈돌과 갈판, 빗살무늬 토기는 이 시대의 대표적인 유물로 알려져 있습니다.

농경과 정착 생활이 시작된 이 시대의 사람들은 토기를 만들어 곡식을 저장하고 음식을 조리하기도 하였습니다.

은쌤의 합격 노트

밑줄 그은 '이 시대'는 신석기 시대이다. 기원전 8000년 무렵 자연 환경과 기후 조건이 오늘날과 거의 비슷하게 변하고 신석기 시대가 시작되었다. 신석기 시대 사람들이 최초로 토기를 만들고, 음식물을 조리하거나 저장하였다. 우리나라 신석기 시대의 대표적인 토기인 빗살무늬 토기는 밑이 뾰족하여 강가의 모래나 흙에 고정할 수 있었다. 이보다 앞선 시기의 토기로는 이른 민무늬 토기, 덧무늬 토기, 눌러찍기무늬 토기 등이 있다.

정답 분석

⑤ 가락바퀴와 뼈바늘을 이용하여 옷을 만들었다.
➋ 신석기인들은 가락바퀴나 뼈바늘을 이용하여 옷이나 그물을 만들고, 나무를 깎아서 각종 도구나 배를 만들기도 하였다.

오답 피하기

① 소를 이용하여 깊이갈이를 하였다.
➋ 철기 시대에 소를 이용한 깊이갈이가 시작되었고, 고려 시대에 이르러 소를 이용한 깊이갈이가 일반화되었다.

② 반량전, 명도전 등의 화폐를 사용하였다.
➋ 초기 철기 시대에 사용된 철기와 함께 출토되는 명도전, 반량전 등을 통해 당시 중국과 활발하게 교류했다는 사실을 알 수 있다.

③ 청동 방울 등을 의례 도구로 이용하였다.
➋ 청동기 시대의 지배 세력은 청동 단추나 띠고리로 장식한 화려한 옷을 입고, 청동 거울이나 청동 방울 등 의례 도구를 사용하여 주술적 능력을 과시하였다.

④ 거푸집을 이용하여 세형 동검을 제작하였다.
➋ 철기 시대에 철기 문화가 본격적으로 보급되면서 의식용이나 장식용으로 세형 동검이 만들어졌다.

2 은동진 쌤의 한국사능력검정시험 QR(큐알) 기출문제집 [심화]

은쌤의 합격 노트로 관련 핵심 이론을 한눈에!

정답의 '이유'를 짚어주는 은쌤의 정답 분석!

오답 선지까지 완벽 분석! 오답 피하기로 학습 능률 UP!

STEP 4 은쌤의 시대별 압축 요약집으로 **완벽한 마무리!**

1일차 선사시대 ~ 초기국가 개념정리

하루에 하나씩 따라가면 자연스럽게 주요 개념이 머릿속에 쏙!

키워드 1 구석기 시대와 신석기 시대

	구석기 = 약 70만 년 전	신석기 = B.C. 8000년 전 ~
의식주	• 짐승 가죽(의), 사냥·채집·어로(식) • 동굴·막집·바위그늘(주)	• 가락바퀴·뼈바늘(의), 농경과 목축 시작·채집·사냥(식) • 강가나 바닷가의 움집(주)
사회	• 이동 생활, 무리 생활, 평등 사회	• 정착 생활, 부족 사회, 족외혼, 평등 사회
도구	• 뗀석기 : 주먹도끼, 찍개, 슴베찌르개 등	• 간석기, 갈판·갈돌, 빗살무늬 토기
예술	• 고래·물고기·새를 새긴 조각품, 사냥감 번성 기원	• 원시 종교 등장, 조개껍데기 가면, 치레걸이 등
유적	• 연천 전곡리, 충남 공주 석장리 등	• 서울 암사동, 강원 양양 오산리, 제주 고산리 등
유물	▲ 주먹도끼 ▲ 찍개 ▲ 슴베찌르개	▲ 움집터 ▲ 덧무늬 토기 ▲ 빗살무늬 토기 ▲ 갈판과 갈돌(간석기) ▲ 가락 바퀴 ▲ 조개껍데기 가면

키워드 3 고조선의 건국과 성장

건국	• 기원전 2333년 청동기 문화를 바탕으로 건국 • 단군 신화(삼국유사에서 언급) : 홍익인간 정신, 선민사상, 농경 사회, 토테미즘, 제정일치 사회
발전	• 기원전 3세기 : 부왕, 준왕의 왕위 세습, 관직 정비(상·대부·장군) • 고조선 문화 범위 : 비파형 동검, 미송리식 토기, 탁자식 고인돌 • 8조법 : 노동력, 사유 재산 중시, 형벌과 노비 존재
위만 조선	• 위만이 준왕을 몰아내고 왕이 됨(기원전 194) • 철기 문화를 본격적으로 수용 + 중계 무역 독점
멸망	• 조선상 역계경이 무리를 이끌고 남쪽 진국으로 남하 • 한의 침략 ➡ 왕검성 함락 후 멸망(기원전 108) ➡ 한 군현 설치

▲ 고조선의 세력 범위

▲ 비파형 동검 ▲ 미송리식 토기 ▲ 북방식 고인돌

빈출 · 핵심 키워드 표시로 예습과 복습 모두 효과적으로!

02 은동진 쌤의 한국사능력검정시험 QR(큐알) 기출문제집 [심화]

목 차

한국사능력검정시험 **기출문제 심화**

문제편

해설편

부록 | 시대별 압축 요약집

※ 제54회 기출문제 및 해설은 PDF로 무료 제공합니다(예문에듀-자료실).

제64회 심화 한국사능력검정시험

2023. 4. 시행

은쌤의 한눈 분석!

1~25번 26~50번

시대별 출제 비중 및 핵심 키워드

전근대 26문항

선사시대 2문항
신석기 시대, 부여

고대시대 8문항
고구려의 사회상, 백제 금동 대향로, 김유신, 백제 성왕의 업적, 삼국 통일 과정(안시성 전투~고구려 멸망), 발해, 신라 하대의 사회상, 후고구려 궁예의 업적

고려시대 6문항
고려 초기의 정치 상황(만부교 사건~거란의 2차 침입), 이자겸의 난, 고려의 경제 상황, 최우, 고려 후기 원 간섭기 사회상, 고려의 불교 문화유산

조선시대 10문항
조선 세종의 업적, 향약, 조선 후기의 사회상, 진주 민란, 조선 성종의 업적, 조선 중종 대의 사실, 임진왜란, 조선 후기 문화, 조선 정조의 업적, 조선 실학자 정약용

근현대 24문항

개항기 8문항
제너럴 셔먼호 사건, 최익현, 갑신정변, 제1차 갑오개혁, 독립 협회, 한성 사범 학교 규칙 발표 이후의 사실, 대한매일신보, 러·일 전쟁 중의 일제의 국권 침탈

일제 강점기 6문항
일제 식민통치 1기(1910년대), 신간회, 물산 장려 운동, 일제 식민 통치 3기(1930~40년대), 이윤재, 한국광복군

현대사회 6문항
대한민국 정부 수립 과정(정읍 발언~제2차 미·소 공동위원회), 6·25 전쟁 때 1·4 후퇴 이후의 사실, 박정희 정부, 4·19 혁명과 6월 민주 항쟁, 박정희 정부의 유신 체제, 김대중 정부

기타 4문항
창덕궁, 우리 역사 속의 지방 통치 체제(통사), 인물로 보는 역사 속 외교 활동(통사), 안동 지역의 역사(지역사)

분류별 출제 비중

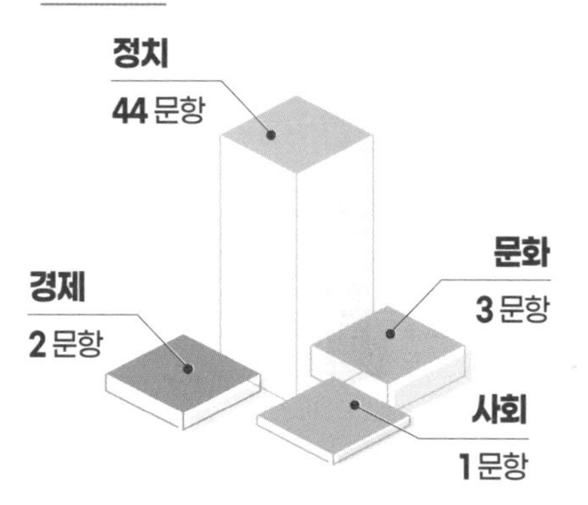

난이도별 출제 비중

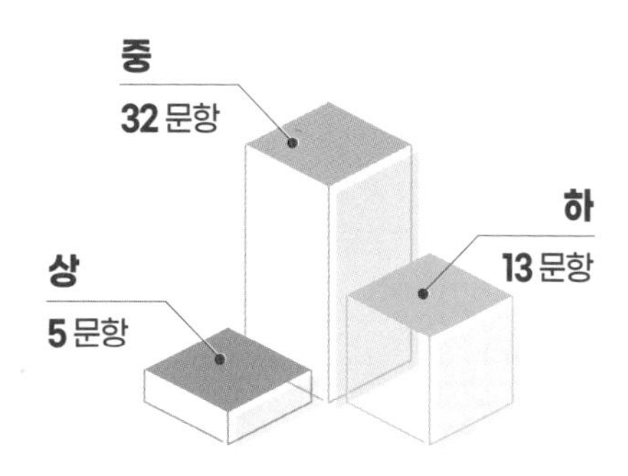

은쌤's 기출 한 줄 평

이전 회차에 비해 인물 문항이 많이 출제되었지만 전체적으로 평이한 난이도이다.

제64회 한국사능력검정시험 기출문제

01 밑줄 그은 '이 시대'의 생활 모습으로 옳은 것은? [1점]

① 소를 이용하여 깊이갈이를 하였다.
② 반량전, 명도전 등의 화폐를 사용하였다.
③ 청동 방울 등을 의례 도구로 이용하였다.
④ 거푸집을 이용하여 세형 동검을 제작하였다.
⑤ 가락바퀴와 뼈바늘을 이용하여 옷을 만들었다.

02 (가) 나라에 대한 설명으로 옳은 것은? [2점]

> ○ (가) 의 풍속에는 가뭄이나 장마가 계속되어 오곡이 영글지 않으면, 그 허물을 왕에게 돌려 "왕을 마땅히 바꾸어야 한다."고 하거나 "죽어야 한다."라고 하였다.
> – 『삼국지』 동이전 –
>
> ○ (가) 사람들은 …… 활 · 화살 · 칼 · 창으로 무기를 삼았다. 가축의 이름으로 관직명을 지으니 마가 · 우가 · 구가 등이 있었다. 그 나라의 읍락은 모두 여러 가(加)에 소속되었다.
> – 『후한서』 동이열전 –

① 영고라는 제천 행사를 열었다.
② 한 무제의 공격으로 멸망하였다.
③ 정사암에 모여 재상을 선출하였다.
④ 읍락 간의 경계를 중시하는 책화가 있었다.
⑤ 제사장인 천군과 신성 지역인 소도가 존재하였다.

03 (가)에 들어갈 내용으로 가장 적절한 것은? [2점]

① 연의 장수 진개의 공격을 받았어요.
② 골품에 따른 신분 차별이 엄격하였어요.
③ 빈민을 구제하기 위해 진대법을 실시하였어요.
④ 사회 질서를 유지하기 위한 범금 8조가 있었어요.
⑤ 왕족인 부여씨와 8성의 귀족이 지배층을 이루었어요.

04 (가)에 해당하는 문화유산으로 옳은 것은? [1점]

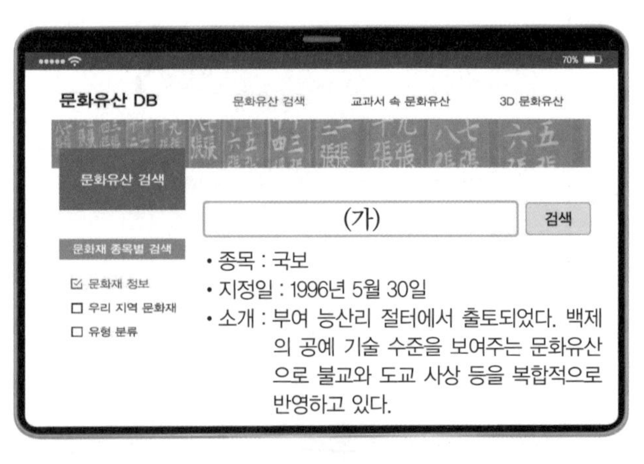

① 
②  
③  
④ 
⑤ 

05 (가) 인물에 대한 설명으로 옳은 것은? [3점]

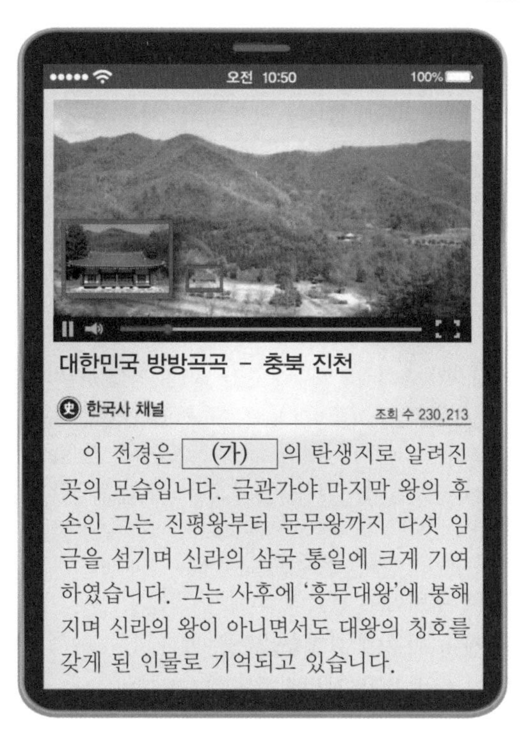

① 안승을 왕으로 추대하였다.
② 당의 등주를 선제 공격하였다.
③ 비담과 염종의 난을 진압하였다.
④ 기벌포 전투를 승리로 이끌었다.
⑤ 일리천에서 신검의 군대를 물리쳤다.

06 밑줄 그은 '이 왕'에 대한 설명으로 옳은 것은? [2점]

① 금마저에 미륵사를 창건하였다.
② 수도를 웅진에서 사비로 옮겼다.
③ 윤충을 보내 대야성을 함락하였다.
④ 고흥으로 하여금 서기를 편찬하게 하였다.
⑤ 북위에 사신을 보내 고구려 공격을 요청하였다.

07 (가) 시기에 있었던 사실로 옳은 것은? [3점]

① 소수림왕이 율령을 반포하였다.
② 진흥왕이 대가야를 병합하였다.
③ 을지문덕이 살수에서 대승을 거두었다.
④ 김춘추가 당과의 군사 동맹을 성사시켰다.
⑤ 근초고왕이 평양성을 공격하여 고국원왕을 전사시켰다.

08 (가) 국가의 경제 상황으로 옳은 것은? [2점]

이 지도는 (가) 의 전성기 영역을 나타낸 것입니다. 이 국가에서는 각지에서 말이 사육되었는데, 그중에서도 솔빈부의 말은 당에 수출될 정도로 유명하였습니다. 특히, 고구려 유민 출신으로 산둥 반도 지역을 장악하였던 이정기 세력에게 많은 말을 수출하였습니다.

① 벽란도를 통해 아라비아 상인과 무역하였다.
② 구황 작물로 감자, 고구마를 널리 재배하였다.
③ 해동통보를 발행하여 화폐 유통을 추진하였다.
④ 시장을 관리하는 관청인 동시전을 설치하였다.
⑤ 거란도, 영주도 등을 통해 주변국과 교역하였다.

09 다음 상황 이후에 전개된 사실로 옳은 것은? [2점]

청해진의 궁복은 왕이 딸을 [왕비로] 받아들이지 않은 것에 원한을 품고 반란을 일으켰다. 조정에서는 장차 그를 토벌하자니 예측하지 못할 환난이 생길까 두렵고, 그대로 두자니 그 죄를 용서할 수 없어서, 우려하면서도 어떻게 해야 할지를 몰랐다. 무주 사람 염장이란 자는 용맹하고 씩씩하기로 당시에 소문이 났는데, 와서 아뢰기를 "조정에서 다행히 신의 말을 들어주신다면 신은 한 명의 병졸도 번거롭게 하지 않고 맨주먹으로 궁복의 목을 베어 바치겠습니다."라고 하였다. 왕이 그의 말을 따랐다.

–『삼국사기』–

① 혜공왕이 귀족 세력에게 피살되었다.
② 최치원이 시무책 10여 조를 건의하였다.
③ 왕의 장인인 김흠돌이 반란을 도모하였다.
④ 자장의 건의로 황룡사 구층 목탑이 건립되었다.
⑤ 원광이 화랑도의 규범으로 세속 5계를 제시하였다.

10 다음 검색창에 들어갈 인물에 대한 설명으로 옳은 것은? [2점]

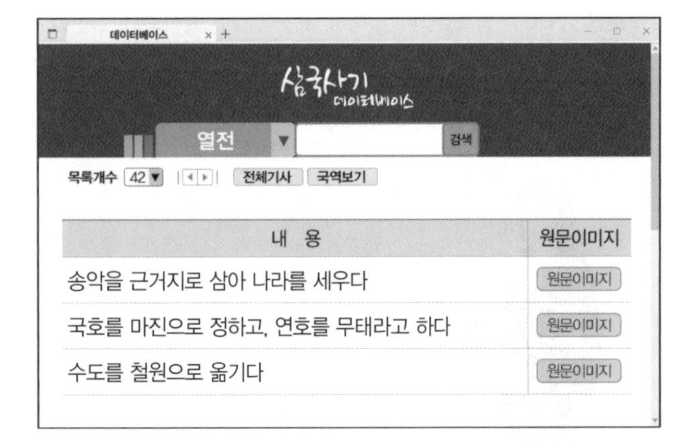

내 용	원문이미지
송악을 근거지로 삼아 나라를 세우다	원문이미지
국호를 마진으로 정하고, 연호를 무태라고 하다	원문이미지
수도를 철원으로 옮기다	원문이미지

① 후당, 오월에 사신을 파견하였다.
② 이사부를 보내 우산국을 복속하였다.
③ 폐정 개혁을 목표로 정치도감을 설치하였다.
④ 광평성을 비롯한 각종 정치 기구를 마련하였다.
⑤ 정계와 계백료서를 지어 관리가 지켜야 할 규범을 제시하였다.

11 (가), (나) 사이의 시기에 있었던 사실로 옳은 것은? [3점]

(가) 거란에서 사신을 파견하여 낙타 50필을 보냈다. 왕은 거란이 일찍이 발해와 지속적으로 화목하다가 갑자기 의심하여 맹약을 어기고 멸망시켰으니, 이는 매우 무도하여 친선 관계를 맺어 이웃으로 삼을 수 없다고 생각하였다. 드디어 교빙을 끊고 사신 30인을 섬으로 유배 보냈으며, 낙타는 만부교 아래에 매어두니 모두 굶어 죽었다.

(나) 양규가 흥화진으로부터 군사 7백여 명을 이끌고 통주까지 와서 군사 1천여 명을 수습하였다. 밤중에 곽주로 들어가서 지키고 있던 적들을 급습하여 모조리 죽인 후 성 안에 있던 남녀 7천여 명을 통주로 옮겼다.

① 외침에 대비하여 광군이 조직되었다.
② 강감찬이 귀주에서 대승을 거두었다.
③ 화통도감이 설치되어 화포를 제작하였다.
④ 김윤후가 처인성에서 살리타를 사살하였다.
⑤ 철령위 설치에 반발하여 요동 정벌이 추진되었다.

12 밑줄 그은 '반란'이 일어난 시기를 연표에서 옳게 고른 것은? [1점]

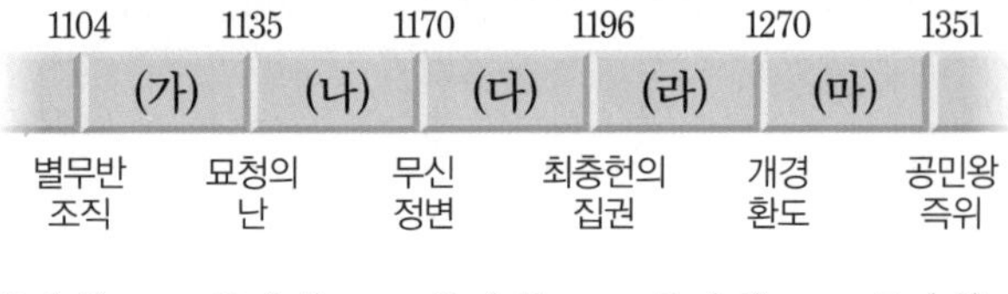

① (가) ② (나) ③ (다) ④ (라) ⑤ (마)

13 교사의 질문에 대한 학생의 답변으로 가장 적절한 것은? [2점]

① 집집마다 부경이라는 창고가 있었어요.
② 관료전이 폐지되고 녹읍이 지급되었어요.
③ 상평통보가 발행되어 법화로 사용되었어요.
④ 당항성, 영암이 국제 무역항으로 번성하였어요.
⑤ 경시서의 관리들이 시전의 상행위를 감독하였어요.

14 (가) 인물의 활동으로 옳은 것은? [2점]

① 인사 행정 담당 기구로 정방을 설치하였다.
② 봉사 10조를 올려 시정 개혁을 건의하였다.
③ 삼별초를 이끌고 진도 용장성에서 항전하였다.
④ 군사를 일으켜 정중부 등의 제거를 도모하였다.
⑤ 전민변정도감의 책임자로 임명되어 권문세족을 견제하였다.

15 다음 대화 이후에 전개된 사실로 옳은 것은? [2점]

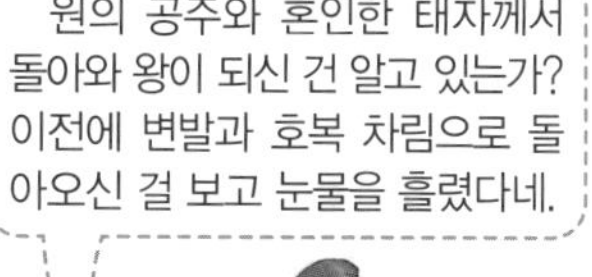

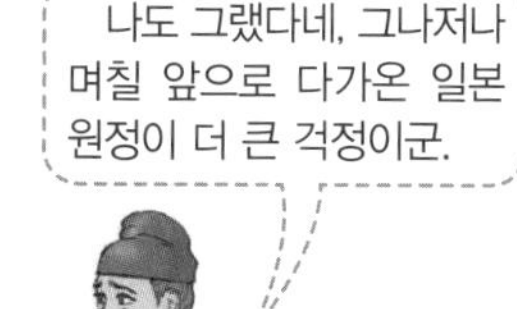

① 빈민 구제를 위한 흑창이 처음 설치되었다.
② 망이·망소이가 공주 명학소에서 봉기하였다.
③ 김부식 등이 왕명으로 삼국사기를 편찬하였다.
④ 김보당이 의종 복위를 주장하며 난을 일으켰다.
⑤ 유인우, 이자춘 등이 쌍성총관부를 수복하였다.

16 (가)에 들어갈 문화유산으로 적절하지 않은 것은? [1점]

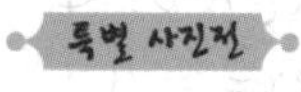

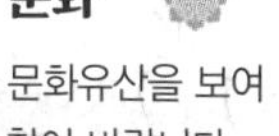

사진으로 보는 고려의 불교 문화

우리 박물관에서는 고려 시대의 다양한 불교 문화유산을 보여주는 특별 사진전을 마련하였으니 많은 관심과 참여 바랍니다.

예산 수덕사 대웅전

수월관음도

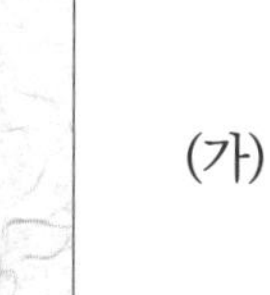

(가)

- 기간 : 2023년 ○○월 ○○일~○○월 ○○일
- 장소 : △△박물관

①

평창 월정사 팔각 구층 석탑

② 논산 관촉사 석조 미륵보살 입상

③ 원주 법천사지 지광국사 탑비

④

보은 법주사 팔상전

⑤
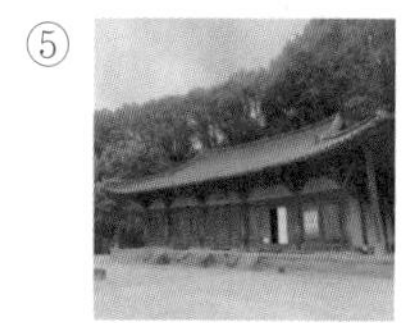
영주 부석사 무량수전

17 밑줄 그은 '왕'의 재위 시기에 있었던 사실로 옳은 것은? [2점]

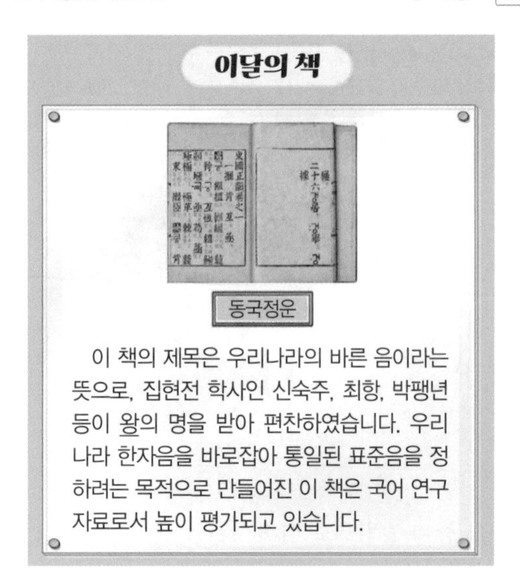

① 금속 활자인 갑인자가 제작되었다.
② 수도 방어를 위해 금위영이 설치되었다.
③ 훈련 교범인 무예도보통지가 편찬되었다.
④ 국가의 기본 법전인 경국대전이 완성되었다.
⑤ 신진 인사를 등용하기 위해 현량과가 시행되었다.

18 (가) 궁궐에 대한 설명으로 옳은 것은? [3점]

① 일제에 의해 동물원 등이 설치되었다.
② 도성 내 서쪽에 있어 서궐이라고 불렸다.
③ 인목 대비가 광해군에 의해 유폐된 장소이다.
④ 정도전이 궁궐과 주요 전각의 명칭을 정하였다.
⑤ 태종이 도읍을 한양으로 다시 옮기며 건립하였다.

19 (가)에 대한 설명으로 옳은 것은? [2점]

1. 처음 (가) 을/를 정할 때 약문(約文)을 동지에게 두루 보이고 그 마음을 바로잡고, 몸가짐을 단속하고, 착하게 살고, 허물을 고치기 위해 약계(約契)에 참례하기를 원하는 자 몇 사람을 가려 서원에 모아 놓고 약법(約法)을 의논하여 정한 다음 도약정(都約正), 부약정 및 직월(直月)·사화(司貨)를 선출한다. ……
1. 물건으로 부조할 때는 약원이 사망하였다면 초상 치를 때 사화가 약정에게 고하여 삼베 세 필을 보내고, 같은 약원들은 각각 쌀 다섯되와 빈 거적때기 세 닢씩 내어서 상을 치르는 것을 돕는다.

－『율곡전서』－

① 7재라는 전문 강좌를 두었다.
② 옥당이라고 불리며 경연을 담당하였다.
③ 중앙에서 파견된 교수나 훈도가 지도하였다.
④ 풍속 교화와 향촌 자치 등의 역할을 하였다.
⑤ 매향(埋香) 활동 등 각종 불교 행사를 주관하였다.

20 다음 자료에 나타난 시기에 볼 수 있는 모습으로 적절한 것은? [2점]

비변사에게 아뢰기를 "…… 우리나라는 물력(物力)이 부족하여 요역이 매우 무겁습니다. 매번 나라의 힘으로 채굴한다면, 노동과 비용이 많이 들어갑니다. 채은관(採銀官)에게 명해 광산을 개발한 이후 백성을 모집하여 [채굴할 것을] 허락하고 그로 하여금 세를 거두도록 하되 그 세금의 많고 적음은 [채은관이] 적당히 헤아려 정하게 한다면 관에서 힘을 들이지 않아도 세입이 저절로 많아질 것입니다. ……"라고 하니, 왕이 아뢴 대로 하라고 답하였다.

① 주자감을 공부하는 학생
② 초조대장경 조판을 지켜보는 승려
③ 빈공과를 준비하는 6두품 출신 유학생
④ 과전법에 따라 수조권을 지급받는 관리
⑤ 고추, 담배 등을 상품 작물로 재배하는 농민

21 **다음 상황이 전개된 배경으로 옳은 것은?** [2점]

며칠 전 안핵사로 파견된 박규수가 전하께 특별 기구 설치를 상소하였다고 하네.

그렇다네, 전하께서 이를 받아들여 삼정이정청을 설치하고, 각 고을마다 대책을 모아 올려 보내라고 명하셨지.

① 이만손 등이 영남 만인소를 올렸다.
② 운요호가 강화도와 영종도를 공격하였다.
③ 동학교도가 교조 신원을 주장하며 삼례 집회를 개최하였다.
④ 황사영이 외국 군대의 출병을 요청하는 백서를 작성하였다.
⑤ 백낙신의 탐학이 발단이 되어 진주에서 농민들이 봉기하였다.

22 **밑줄 그은 '전하'가 재위한 시기의 사실로 옳은 것은?** [3점]

무술년 봄에 양성지가 팔도지리지를 바치고, 서거정 등이 동문선을 바쳤더니, <u>전하</u>께서 드디어 노사신, 양성지, 서거정 등에게 명하여 시문을 팔도지리지에 넣게 하셨습니다. …… 연혁을 앞에 둔 것은 한 고을의 흥함과 망함을 먼저 알아야 하기 때문이며 …… 경도(京都)의 첫머리에 팔도총도를 기록하고, 각 도의 앞에 도별 지도를 붙여서 양경(兩京) 8도로 50권을 편찬하여 바치나이다.

① 예학을 정리한 가례집람이 저술되었다.
② 외교 문서를 집대성한 동문휘고가 편찬되었다.
③ 국가의 의례를 정비한 국조오례의가 완성되었다.
④ 전통 한의학을 정리한 동의보감이 간행되었다.
⑤ 역대 문물 제도를 정리한 동국문헌비고가 만들어졌다.

23 **(가)에 들어갈 내용으로 가장 적절한 것은?** [2점]

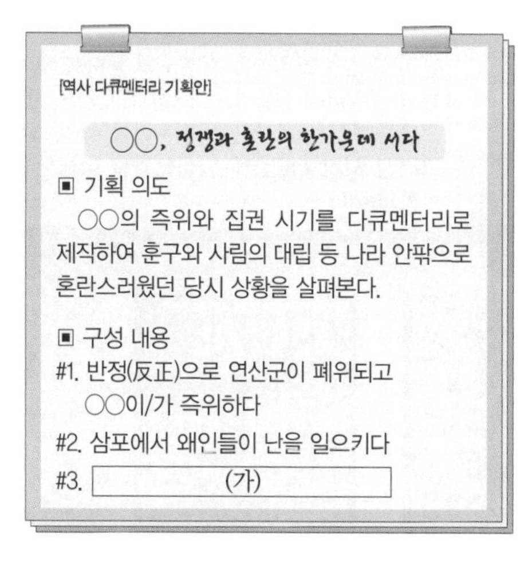

[역사 다큐멘터리 기획안]

○○, 정쟁과 혼란의 한가운데 서다

▣ 기획 의도
○○의 즉위와 집권 시기를 다큐멘터리로 제작하여 훈구와 사림의 대립 등 나라 안팎으로 혼란스러웠던 당시 상황을 살펴본다.

▣ 구성 내용
#1. 반정(反正)으로 연산군이 폐위되고 ○○이/가 즉위하다
#2. 삼포에서 왜인들이 난을 일으키다
#3. (가)

① 이괄이 난을 일으켜 도성을 점령하다
② 허적과 윤휴 등 남인이 대거 축출되다
③ 정여립 모반 사건으로 기축옥사가 일어나다
④ 위훈 삭제를 주장한 조광조 일파가 제거되다
⑤ 조의제문이 발단이 되어 김일손 등이 화를 입다

24 **(가) 전쟁 중에 있었던 사실로 옳은 것은?** [2점]

① 이종무가 대마도를 정벌하였다.
② 송상현이 동래성에서 항전하였다.
③ 김상용이 강화도에서 순절하였다.
④ 최영이 홍산 전투에서 크게 승리하였다.
⑤ 강홍립 부대가 사르후 전투에 참전하였다.

25 밑줄 그은 '시기'의 문화에 대한 설명으로 옳지 않은 것은? [1점]

이 그림은 조영석과 김홍도의 풍속화입니다. 인부들이 말발굽에 징을 박는 모습과 기와를 이어나가는 모습을 묘사하고 있습니다. 이를 통해 이 그림이 그려진 시기 서민들의 일상생활을 생생하게 살펴볼 수 있습니다.

① 금강전도 등 진경 산수화가 그려졌다.
② 새로운 역법으로 수시력이 도입되었다.
③ 양반 사회를 풍자한 탈춤이 성행하였다.
④ 춘향가, 흥보가 등의 판소리가 유행하였다.
⑤ 홍길동전, 박씨전 등의 한글 소설이 널리 읽혔다.

26 밑줄 그은 '왕'의 재위 시기에 있었던 사실로 옳은 것은? [2점]

대전통편이 완성되었는데, 나라의 제도 및 법식에 관한 책이다. …… 왕이 말하기를, "속전(續典)은 갑자년에 이루어졌는데, 선왕의 명령으로서 갑자년 이후에 이루어진 것도 많으니 어찌 감히 지금과 가까운 것만을 내세우고 먼 것은 소홀히 할 수 있겠는가?"라고 하였다. 이에 김치인 등에게 명하여 원전(原典)과 속전 및 지금까지의 왕명을 모아 한 책으로 편찬한 것이었다.

① 인재 양성을 위해 초계문신제를 시행하였다.
② 홍경래 등이 봉기하여 정주성을 점령하였다.
③ 자의 대비의 복상 문제로 예송이 전개되었다.
④ 이인좌를 중심으로 소론 세력 등이 난을 일으켰다.
⑤ 신류가 조총 부대를 이끌고 흑룡강에서 전투를 벌였다.

27 (가) 인물에 대한 설명으로 옳은 것은? [1점]

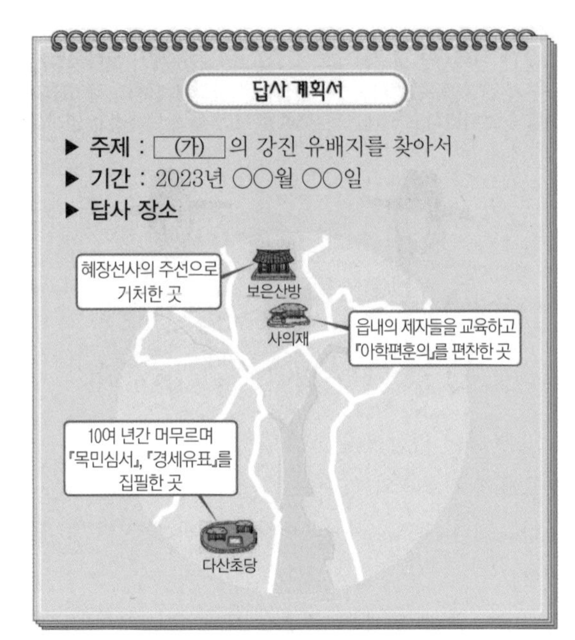

① 일본에 다녀와 해동제국기를 편찬하였다.
② 최초의 서원인 백운동 서원을 건립하였다.
③ 북한산비가 진흥왕 순수비임을 고증하였다.
④ 양명학을 연구하여 강화학파를 형성하였다.
⑤ 기기도설을 참고하여 거중기를 설계하였다.

28 밑줄 그은 '이 사건'에 대한 설명으로 옳은 것은? [2점]

사료로 보는 한국사

온 성의 군민이 모두 울분을 품고, …… 총환과 화살을 어지러이 발사하였으며 사생을 잊고 위험을 무릅쓰지 않는 자가 없었으니, 반드시 오랑캐를 도륙하고야 말 태세였습니다. 강 아래 위의 요해처에서 막고, 마침내 화선(火船)으로 불길이 옮겨 붙게 함으로써 모조리 죽여 살아남은 종자가 없게 된 것은 모두 이들이 …… 용감하게 싸운 것에 기인한 것이었습니다.

[해설] 자료는 『환재집』의 일부로, 평양 군민들이 대동강에서 이양선을 격침한 이 사건의 전말을 서술한 것이다. 평안 감사가 여러 차례 조정에 올린 장계를 통해 당시의 생생한 상황을 파악할 수 있다.

① 신유박해가 원인이 되어 발생하였다.
② 신미양요가 일어나는 계기가 되었다.
③ 전개 과정에서 전주 화약이 체결되었다.
④ 외규장각 도서가 국외로 약탈되는 결과를 가져왔다.
⑤ 오페르트의 남연군 묘 도굴 사건을 배경으로 일어났다.

29 (가) 인물에 대한 설명으로 옳은 것은? [2점]

① 대한 광복회를 조직하여 친일파를 처단하였다.
② 국권 피탈 과정을 정리한 한국통사를 집필하였다.
③ 을사늑약 체결에 반대하여 태인에서 의병을 일으켰다.
④ 13도 창의군을 지휘하여 서울 진공 작전을 전개하였다.
⑤ 보국안민을 기치로 우금치에서 일본군 및 관군에 맞서 싸웠다.

30 다음 사건이 일어난 시기를 연표에서 옳게 고른 것은? [3점]

심히 급박한 상황 중에 나는 적의 활동과 청국 군대의 내습을 우려하여 주상을 모시고 지키기 편리한 경우궁으로 옮기시게 한 후 일본 병사로 하여금 호위할 방침을 세웠다. 곧이어 주상께 일본군의 지원을 구하도록 요청하니, 주상은 곧 영숙문 앞 노상에서 연필로 "일본 공사는 와서 나를 보호하라."라는 글을 친히 쓰시어 주시는지라. …… 졸지에 변란을 만난 사대당의 거두들은 주상께서 경우궁에 계심을 듣고 입궐하다가 …… 민영목, 민태호 등은 용감한 우리 집행원의 손에 비참한 최후를 당하였다.

1866		1873		1882		1885		1894		1899
	(가)		(나)		(다)		(라)		(마)	
병인 박해		고종 친정		임오 군란		톈진 조약		청일 전쟁 발발		대한국 국제 반포

① (가) ② (나) ③ (다) ④ (라) ⑤ (마)

31 밑줄 그은 '개혁안'의 내용으로 옳은 것을 〈보기〉에서 고른 것은? [2점]

파리의 외무부 장관 아노토 각하께

전임 일본 공사는 국왕에게서 사실상 거의 모든 권력을 빼앗고, 개력 위원회[군국기무처]가 내린 결정을 확인하는 권한만 남겨 놓았습니다. …… 이후 개력 위원회[군국기무처]는 매우 혁신적인 개혁안을 발표했습니다. 그런데 일부 위원들이 몇몇 조치에 대해 시의적절하지 않다고 판단하더니 이에 대해 동의하기를 거부했습니다. …… 게다가 조선인들은 이 기구가 왕권을 빼앗고 일본에 매수되었다고 비난하면서, …… 어떤 지방에서는 왕권 수호를 위해 봉기했다고 합니다.

주 조선 공사 르페브르 올림

〈보 기〉

ㄱ. 건양이라는 연호를 제정하였다.
ㄴ. 탁지아문을 재정으로 일원화하였다.
ㄷ. 양전 사업을 실시하여 지계를 발급하였다.
ㄹ. 조혼을 금지하고 과부의 재가를 허용하였다.

① ㄱ, ㄴ ② ㄱ, ㄷ ③ ㄴ, ㄷ ④ ㄴ, ㄹ ⑤ ㄷ, ㄹ

32 (가) 단체에 대한 설명으로 옳은 것은? [2점]

(가) 은/는 독립관에서 경축 모임을 열었다. 회장은 모임을 여는 큰 뜻을 설명하였다. "오늘은 황제 폐하께서 대황제라는 존귀한 칭호를 갖게 되신 계천(繼天) 경축일이니, 대한의 신민은 이를 크게 경축드립니다. 우리는 관민 공동회에서 황실을 공고히 하고 인민을 문명 개화시키며 영토를 보존하고자 여섯 개 조항의 의견안을 바쳤습니다."라고 말하였다. …… 이어 회원들은 조칙 5조와 헌의 6조 10만 장을 인쇄하여 온 나라에 널리 배포하고 학생들에게 그것을 배우고 익히도록 하였다. 경축연을 마친 회원들은 울긋불긋한 종이꽃을 머리에 꽂은 채 국기와 (가) 의 깃발을 세우고 경축가를 부르며 인화문 앞으로 가서 만세를 외치고 종로의 만민 공동회로 갔다.

① 일제의 황무지 개간권 요구를 저지시켰다.
② 러시아의 절영도 조차 요구에 반대하였다.
③ 태극 서관을 설립하여 계몽 서적을 보급하였다.
④ 민립 대학 설립을 위한 모금 운동을 전개하였다.
⑤ 조소앙의 삼균주의를 기초로 건국 강령을 발표하였다.

33 다음 규칙이 발표된 이후의 사실로 옳은 것은? [3점]

한성 사범 학교 규칙

제1조 한성 사범 학교는 칙령 제79호에 의해 교원에 활용할 학생을 양성함
제2조 한성 사범 학교의 졸업생은 소학교 교원이 되는 지격이 있음
제3조 한성 사범 학교는 본과 학생이 수학할 학과목은 수신·교육·국문·한문·역사·지리·수학·물리·화학·박물·습자·작문·체조로 함
⋮

① 길모어 등이 육영 공원 교사로 초빙되었다.
② 정부가 동문학을 세워 통역관을 양성하였다.
③ 이승훈이 인재 양성을 위해 오산 학교를 세웠다.
④ 함경도 덕원 지방의 관민들이 원산 학사를 설립하였다.
⑤ 교육의 기본 방향을 제시한 교육 입국 조서가 반포되었다.

34 (가) 신문에 대한 설명으로 옳은 것은? [1점]

① 상업 광고를 처음으로 실었다.
② 천도교의 기관지로 발행되었다.
③ 국채 보상 운동의 확산에 기여하였다.
④ 일장기를 삭제한 손기정 사진을 게재하였다.
⑤ 순 한문 신문으로 열흘마다 발행하는 것이 원칙이었다.

35 밑줄 그은 '전쟁' 중에 있었던 사실로 옳지 않은 것은? [3점]

① 일본이 독도를 불법적으로 편입하였다.
② 일본과 미국이 가쓰라·태프트 밀약을 맺었다.
③ 일본인 메가타가 대한 제국의 재정 고문으로 초빙되었다.
④ 대한 제국이 기유각서를 통해 일제에 사법권을 박탈당하였다.
⑤ 군사 전략상 필요한 지역을 일본에 제공하는 한일 의정서가 강요되었다.

36 다음 규정이 시행된 시기에 있었던 사실로 옳은 것은? [1점]

임시 토지 조사국 조사 규정

제1장 면과 동의 명칭 및 강계(疆界) 조사와 토지 신고서의 접수
제2장 지주 지목(地目) 및 강계 조사
제3장 분쟁지와 소유권에 부의(付疑)* 있는 토지 및 신고하지 않은 토지에 대한 재조사
제4장 지위(地位) 등급 조사
⋮

– 조선 총독부 관보 –

*부의(付疑) : 이의를 제기함

① 회사령이 실시되었다.
② 원산 총파업이 일어났다.
③ 국가 총동원법이 제정되었다.
④ 조선 노동 공제회가 조직되었다.
⑤ 조선 사상범 예방 구금령이 공포되었다.

37 (가) 단체에 대한 설명으로 옳은 것은? [2점]

역사 신문

제△△호 ○○○○년 ○○월 ○○일

민중 대회 개최 모의로 지도부 대거 체포

허헌, 홍명희 등 (가) 의 지도부는 광주 학생 항일 운동을 전국적 시위 운동으로 확산시키기 위한 민중 대회 개최를 추진하다가 경찰에 체포되었다. 이 단체는 사건 진상 조사 보고를 위한 유인물 배포 및 연설회 개최를 계획하고, 각 지회에 행동 지침을 내리는 등 시위 확산을 도모하였다.

① 암태도 소작 쟁의를 지원하였다.
② 민족 협동 전선으로 결성되었다.
③ 부민관 폭파 사건을 주도하였다.
④ 조선 혁명 선언을 활동 지침으로 하였다.
⑤ 어린이날을 제정하고 잡지 어린이를 간행하였다.

38 밑줄 그은 '이 운동'에 대한 설명으로 옳은 것은? [2점]

① 통감부의 탄압과 방해로 중단되었다.
② 조선 관세령 폐지를 계기로 확산되었다.
③ 황국 중앙 총상회가 설립되는 결과를 가져왔다.
④ 한성 은행, 대한 천일 은행 설립에 영향을 끼쳤다.
⑤ 일본, 프랑스 등의 노동 단체로부터 격려 전문을 받았다.

39 밑줄 그은 '시기'에 볼 수 있는 모습으로 적절한 것은? [2점]

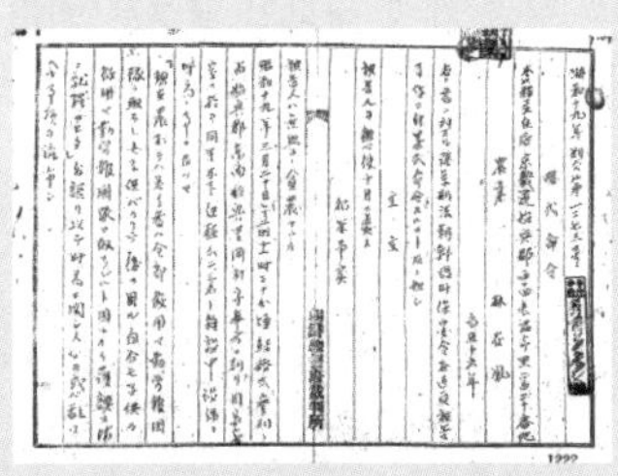

이 자료는 태평양 전쟁 발발 후 일제의 전시 동원 체제가 강화된 시기의 판결문이다. 판결문에는 피고인 임○○이 이웃 주민과의 잡담에서 "자식이 징용되거나 근로 보국대에 가지 않도록 취직시킨다." 등의 발언을 하여 민심을 어지럽혔다는 이유로 징역형을 선고한다는 내용이 담겨 있다.

① 국가 보안법 철폐를 요구하는 학생
② 몸뻬 착용을 권장하는 애국반 반장
③ 경부선 철도 개통식을 구경하는 청년
④ 형평사 창립 대회 개최를 취재하는 기자
⑤ 헌병 경찰에게 끌려가 태형을 당하는 농민

40 다음 인물의 활동으로 옳은 것은? [2점]

이달의 독립운동가

우리 말과 글을 지키는 데 앞장선 ○○○

- **생몰년** : 1888~1943
- **호** : 환산, 한뫼
- **주요 활동**

김해 출신으로 합성 학교 등에서 교사로 재직하며 교육 계몽 운동을 전개하였다. 1919년 영변에서 만세 운동을 주도하였으며, 중국의 베이징 대학에서 역사학을 공부하였다. 귀국 이후 조선어 연구회에 가입하여 한글의 연구 및 보급에 앞장섰으며, 1942년 조선어 학회 사건으로 가혹한 고문을 받고 이듬해 옥사하였다. 1962년 건국훈장 독립장이 추서되었다.

① 한글 맞춤법 통일안 제정에 참여하였다.
② 미국과 유럽을 여행한 뒤 서유견문을 집필하였다.
③ 국문 연구소를 설립하여 연구위원으로 활동하였다.
④ 세계지리 교과서인 사민필지를 한글로 저술하였다.
⑤ 민족을 역사 서술의 중심에 둔 독사신론을 발표하였다.

41 (가) 부대에 대한 설명으로 옳은 것은? [1점]

① 미국과 연계하여 국내 진공 작전을 계획하였다.
② 쌍성보, 대전자령 전투에서 일본군을 격파하였다.
③ 조선 민족 전선 연맹의 무장 조직으로 결성되었다.
④ 중국 의용군과 연합하여 영릉가 전투에서 승리하였다.
⑤ 간도 참변 이후 조직으로 정비하고 자유시로 이동하였다.

42 (가) 시기에 있었던 사실로 옳은 것은? [2점]

① 여수 · 순천 10 · 19 사건이 발생하였다.
② 유엔 한국 임시 위원단이 서울에 도착하였다.
③ 송진우, 김성수 등이 한국 민주당을 창당하였다.
④ 여운형 등의 주도로 좌우 합작 위원회가 발족되었다.
⑤ 조선 건국 준비 위원회에서 조선 인민 공화국을 선포하였다.

43 (가)~(라) 지방 통치 체제에 대한 설명으로 옳은 것을 〈보기〉에서 고른 것은? [3점]

(가) 완산주를 다시 설치하고 용원을 총관으로 삼았다. 거열주를 빼서 청주(菁州)를 두니 처음으로 9주가 되었다. 대아찬 복세를 총관으로 삼았다.

(나) 현종 초에 절도사를 폐지하고, 5도호와 75도 안무사를 두었으나, 얼마 후 안무사를 폐지하고, 4도호와 8목을 두었다. 그 이후로 5도 · 양계를 정하니, 양광 · 경상 · 전라 · 교주 · 서해 · 동계 · 북계가 그것이다.

(다) 각 도 각 고을의 이름을 고쳤다. …… 드디어 완산을 다시 '전주'라고 칭하고, 계림을 다시 '경주'라고 칭하고, 서북면을 '평안도'로 하고, 동북면을 '영길도'로 하였으니, 평양 · 안주 · 영흥 · 길주가 계수관이기 때문이다.

(라) 전국을 23부의 행정 구역으로 나누어 아래에 열거하는 각 부를 둔다. …… 앞 조항 외에는 종래의 목, 부, 군, 현의 명칭과 부윤, 목사, 부사, 군수, 서윤, 판관, 현령, 현감의 관명을 다 없애고 읍의 명칭을 군이라고 하며 읍장관의 관명을 군수라고 한다.

〈보 기〉

ㄱ. (가) – 신문왕 재위 시기에 정비되었다.
ㄴ. (나) – 지방 장관으로 욕살, 처려근지 등이 있었다.
ㄷ. (다) – 도에는 관찰사가 임명되어 수령을 감독하였다.
ㄹ. (라) – 광무 개혁의 일환으로 실시하였다.

① ㄱ, ㄴ ② ㄱ, ㄷ ③ ㄴ, ㄷ ④ ㄴ, ㄹ ⑤ ㄷ, ㄹ

44 다음 상황 이후에 일어난 사실로 옳은 것은? [2점]

유엔군과 국군은 서울에서 퇴각하고 한강 이북의 부대를 철수시키기로 결정하였다. 이들은 한강에 설치된 임시 교량을 이용해 철수하였고, 오후 1시경에 마지막 부대가 통과한 후 임시 교량을 폭파시켰다. 이에 앞서 정부는 서울 시민들에게 피란을 지시하였고, 많은 서울 시민들이 보따리를 싸서 피란길에 나섰다.

① 한미 상호 방위 조약이 체결되었다.
② 장진호 전투에서 중국군이 유엔군을 포위하였다.
③ 경찰이 반민족 행위 특별 조사 위원회를 습격하였다.
④ 미국의 극동 방위선이 조정된 애치슨 라인이 발표되었다.
⑤ 우리나라 최초의 보통 선거인 5 · 10 총선거가 실시되었다.

45 다음 뉴스의 사건이 일어난 정부 시기의 경제 상황으로 옳은 것은? [2점]

경기도 광주 대단지에서 주민들이 차량을 탈취하는 등 대규모 시위를 벌였습니다. 서울시가 도심 정비를 명목으로 10만여 명의 주민들을 광주로 이주시키는 과정에서 약속한 이주 조건을 지키지 않자 주민들이 대지 가격 인하 등을 요구하며 집단으로 반발하였습니다.

① 경부 고속도로가 개통되었다.
② 경제 협력 개발 기구(OECD)에 가입하였다.
③ 원조 물자를 가공한 삼백 산업이 발달하였다.
④ 저유가, 저금리, 저달러의 3저 호황이 있었다.
⑤ 대통령 직속 자문 기구인 노사정 위원회가 구성되었다.

46 (가), (나) 민주화 운동에 대한 설명으로 옳은 것은? [1점]

① (가) – 굴욕적인 한일 국교 정상화에 반대하였다.
② (가) – 군부 독재를 타도하려 한 민주화 운동이었다.
③ (나) – 대통령 직선제 개헌을 이끌어냈다.
④ (나) – 전개 과정에서 시민군이 자발적으로 조직되었다.
⑤ (가), (나) – 대통령이 하야하는 결과를 가져왔다.

47 다음 조치를 시행한 정부 시기에 있었던 사실로 옳은 것은? [2점]

대통령 긴급조치 제9호

국가안전과 공공질서의 수호를 위한 대통령 긴급조치

1. 다음 각 호의 행위를 금한다.
   가. 유언비어를 날조, 유포하거나 사실을 왜곡하여 전파하는 행위.
   나. 집회 · 시위 또는 신문 · 방송 · 통신 등 공중 전파 수단이나 문서 · 도서 · 음반 등 표현물에 의하여 대한민국 헌법을 부정 · 반대 · 왜곡 또는 비방하거나 그 개정 또는 폐지를 주장 · 청원 · 선동 또는 선전하는 행위.

⋮

8. 이 조치 또는 이에 의한 주무부 장관의 조치에 위반하는 자는 법관의 영장 없이 체포 · 구금 · 압수 또는 수색할 수 있다.

⋮

13. 이 조치에 의한 주무부 장관의 명령이나 조치는 사법적 심사의 대상이 되지 아니한다.

① 국민 방위군 설치법이 공포되었다.
② 내각 책임제를 골자로 하는 개헌이 이루어졌다.
③ 귀속 재산 처리를 위한 신한 공사가 설립되었다.
④ 평화 통일론을 주장한 진보당의 조봉암이 구속되었다.
⑤ 장기 독재에 저항하는 3 · 1 민주 구국 선언이 발표되었다.

48 다음 연설문을 발표한 정부의 통일 노력으로 옳은 것은? [2점]

저는 김정일 국방위원장과 분단 55년 만에 처음 정상 회담을 가졌습니다. 세 차례에 걸친 회담을 통해 우리 두 사람은 민족의 장래와 통일을 생각하는 마음과 열정에 큰 차이가 없으며, 이를 추진하는 방법에 공통점이 많다는 것을 확인했습니다. …… 남북이 열과 성을 모아, 이번의 정상 회담을 성공적으로 마쳐 온 세계를 깜짝 놀라게 했습니다. 남과 북의 화해와 협력을 향한 새 출발에 온 세계가 축복해 주고 있습니다. 불가능해 보였던 남북 정상 회담을 이뤄냈듯이 남과 북이 마음과 정성을 다한다면 통일의 날도 반드시 오리라 저는 확신합니다.

① 남북 교류 협력을 위한 개성 공업 지구 조성에 합의하였다.
② 평화 통일 외교 정책에 관한 6 · 23 특별 성명을 발표하였다.
③ 남북 사이의 화해와 불가침 및 교류 · 협력에 관한 합의서를 채택하였다.
④ 남북 관계 발전과 평화 번영을 위한 10 · 4 남북 정상 선언에 서명하였다.
⑤ 7 · 4 남북 공동 성명을 실천하기 위해 남북 조절 위원회를 구성하였다.

49 (가)~(마)에 들어갈 내용으로 옳지 않은 것은? [3점]

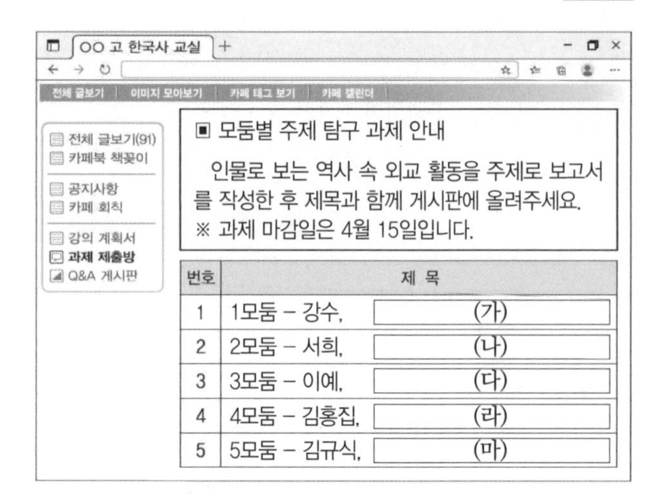

OO 고 한국사 교실

전체 글보기 | 이미지 모아보기 | 카페 태그 보기 | 카페 캘린더

전체 글보기(91)
카페북 책꽂이
공지사항
카페 회칙
강의 계획서
과제 제출방
Q&A 게시판

▣ 모둠별 주제 탐구 과제 안내

인물로 보는 역사 속 외교 활동을 주제로 보고서를 작성한 후 제목과 함께 게시판에 올려주세요.
※ 과제 마감일은 4월 15일입니다.

번호	제 목
1	1모둠 – 강수, (가)
2	2모둠 – 서희, (나)
3	3모둠 – 이예, (다)
4	4모둠 – 김홍집, (라)
5	5모둠 – 김규식, (마)

① (가) – 외교 문서 작성에 능하여 청방인문표를 짓다
② (나) – 외교 담판을 통해 강동 6주를 확보하다
③ (다) – 일본에 파견되어 계해약조 체결에 기여하다
④ (라) – 보빙사의 전권대신으로 미국에 파견되다
⑤ (마) – 파리 강화 회의에 독립 청원서를 제출하다

50 (가) 지역에 대한 탐구 활동으로 가장 적절한 것은? [2점]

① 김헌창이 반란을 일으킨 근거지를 파악한다.
② 강주룡이 고공 시위를 전개한 장소를 알아본다.
③ 공민왕이 홍건적의 침입 때 피란한 지역을 찾아본다.
④ 신립이 배수의 진을 치고 전투를 벌인 위치를 검색한다.
⑤ 김사미가 가혹한 수탈에 저항하여 봉기한 곳을 조사한다.

제63회 

한국사능력검정시험

2023. 2. 시행

시대별 출제 비중 및 핵심 키워드

전근대 30문항

선사시대 2문항
구석기 시대, 동예

고대시대 8문항
백제와 고구려의 사회상, 삼국 통일 과정(황산벌 전투), 통일 신라 경제 상황, 신라 유학자 최치원, 신라 진흥왕의 업적, 발해 문왕의 업적, 불국사 삼층 석탑, 후백제 견훤의 업적

고려시대 9문항
고려 후기 무신 집권기의 상황, 고려 광종의 업적, 고려의 관학 진흥책, 고려와 거란과의 항쟁, 고려의 문화유산, 고려 승려 지눌, 고려의 멸망과 조선의 건국, 고려의 경제 상황, 부석사 소조 여래 좌상

조선시대 11문항
조선 영조의 업적, 무오사화, 조선 세조의 업적, 조선 성리학자 이이, 조선의 붕당 정치, 조선과 청과의 대외 관계, 조선 후기 경제 상황, 비변사, 조선 실학자 김정희, 조선의 천주교 탄압, 조선 개화파 박규수

근현대 20문항

개항기 4문항
갑신정변, 제1차 갑오개혁, 독립협회, 을사늑약 반대 운동

일제 강점기 7문항
3·1 운동, 독립 운동가 임병찬, 조선 혁명군, 형평운동, 일제 식민 통치 1기(1910년대), 조선어학회, 독립 운동가 김구와 여운형

현대사회 7문항
제헌국회, 6·25 전쟁, 이승만 정부, 박정희 정부(제6차 개헌~제7차 개헌), 박정희 정부, 6월 민주 항쟁, 노태우 정부

기타 2문항
우리나라 역사 속 전쟁(통사), 부산 지역의 역사(지역사)

분류별 출제 비중

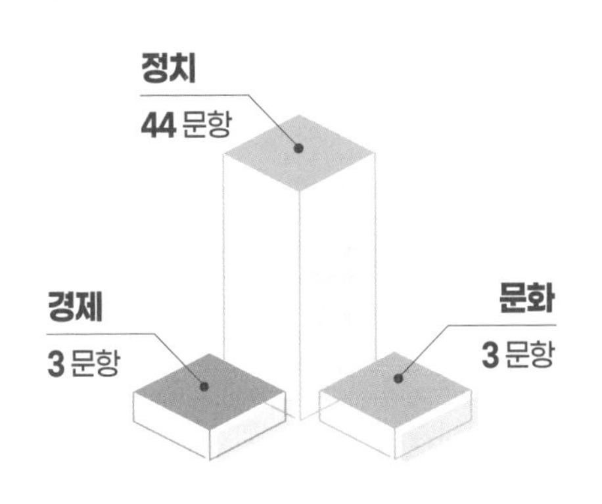

난이도별 출제 비중

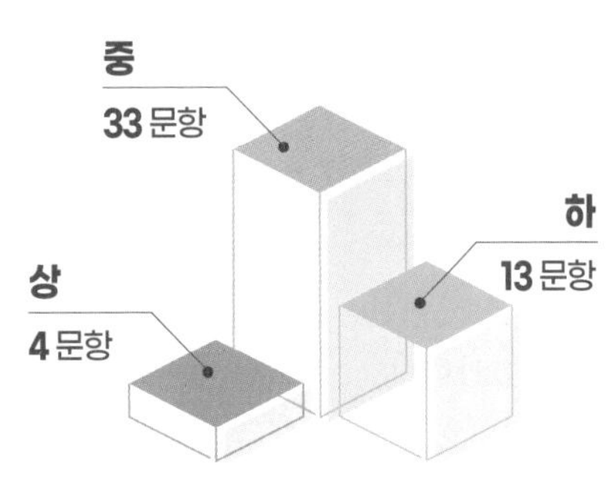

은쌤's 기출 한줄평

기본 개념을 충실히 다졌다면 무난하게 풀 수 있는 난이도였다!

제63회 한국사능력검정시험 기출문제

01 밑줄 그은 '이 시대'의 생활 모습으로 옳은 것은? [1점]

이 그림은 한 미군 병사가 경기도 연천군 전곡리에서 이 시대의 대표적인 유물인 주먹도끼 등을 발견하고 그린 것입니다. 그가 발견한 아슐리안형 주먹도끼는 이 시대 동아시아에는 찍개 문화만 존재하고 주먹도끼 문화는 없었다는 모비우스(H. Movius)의 학설을 뒤집는 증거가 되었습니다.

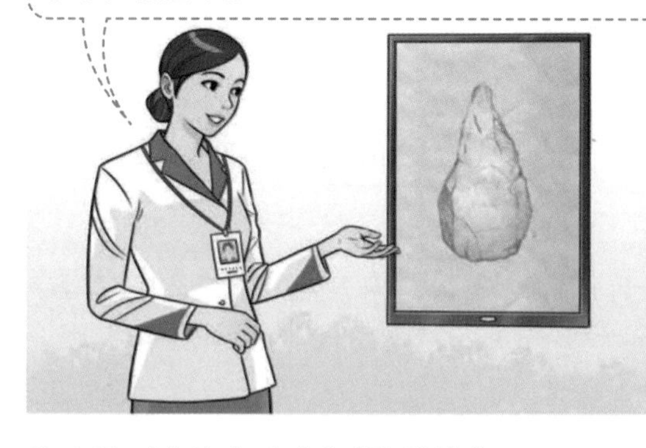

① 소를 이용하여 깊이갈이를 하였다.
② 빗살무늬 토기에 식량을 저장하였다.
③ 지배층의 무덤으로 고인돌을 만들었다.
④ 거푸집을 사용하여 세형동검을 제작하였다.
⑤ 주로 동굴이나 강가의 막집에서 거주하였다.

02 밑줄 그은 '이 나라'에 대한 탐구 활동으로 가장 적절한 것은? [2점]

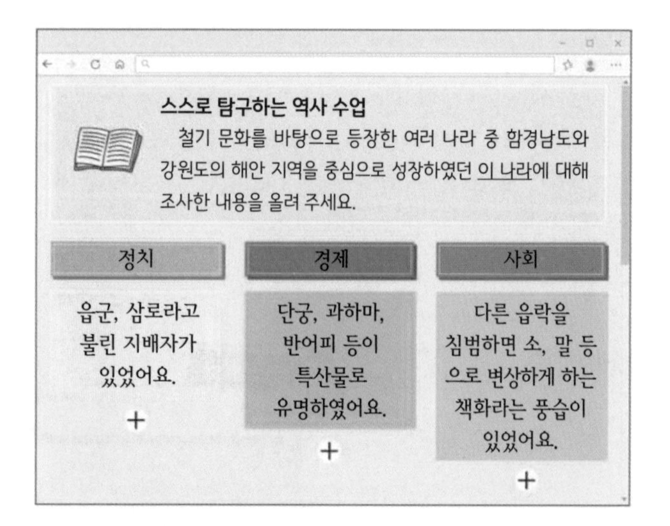

① 신성 지역인 소도의 역할을 알아본다.
② 포상 8국의 난 진압 과정을 찾아본다.
③ 삼국유사에 실린 김알지 신화를 분석한다.
④ 무천이라는 제천행사를 개최한 이유를 파악한다.
⑤ 마가, 우가, 저가, 구가 등이 다스렸던 지역을 조사한다.

03 (가), (나) 국가의 사회 모습에 대한 설명으로 옳은 것은? [2점]

> (가) 왕의 성은 부여씨이고, [왕을] '어라하'라고 하며 백성들은 '건길지'라고 부른다. 모두 중국 말로 왕이라는 뜻이다. 도성에는 1만 가(家)가 거주하며 5부로 나뉘는데 상부·전부·중부·하부·후부라고 하며 각각 5백명의 군사를 거느린다. [지방의] 5방에는 각기 방령 1인을 두는데 달솔로 임명하고, 군에는 군장(郡將) 3인이 있으니 덕솔로 임명한다.
> -『주서』-
>
> (나) 60개의 주현이 있으며, 큰 성에는 녹살 1인을 두는데 도독과 비슷하다. 나머지 성에는 처려근지를 두는데 도사라고도 하며, 자사와 비슷하다. …… [수도는] 5부로 나뉘어 있다.
> -『신당서』-

① (가) - 사회 질서를 유지하기 위해 범금 8조를 두었다.
② (가) - 거란도, 일본도 등을 통해 주변 국가와 교류하였다.
③ (나) - 태학과 경당을 두어 인재를 양성하였다.
④ (나) - 정사암 회의에서 국가 중대사를 논의하였다.
⑤ (가), (나) - 골품에 따라 관등 승진에 제한이 있었다.

04 다음 상황이 나타난 시기를 연표에서 옳게 고른 것은? [2점]

> [당의] 고종이 소정방을 신구도대총관(神丘道大摠管)으로 삼아 군사를 이끌고 바다를 건너 신라와 함께 백제를 정벌하도록 하였다. 계백은 장군이 되어 죽음을 각오한 군사 5천 명을 뽑아 이들을 막고자 하였다. …… 황산의 벌판에 이르러 세 개의 군영을 설치하였다. 신라군을 만나 전투를 시작하려고 하자, [계백은] 여러 사람 앞에서 맹세하며 "지난날 구천(句踐)은 5천 명으로 오(吳)의 70만 무리를 격파하였다. 오늘 마땅히 힘써 싸워 승리함으로써 나라의 은혜에 보답하자."라고 하였다. 드디어 격렬히 싸우니 일당천(一當千)이 아닌 자가 없었다.
> -『삼국사기』-

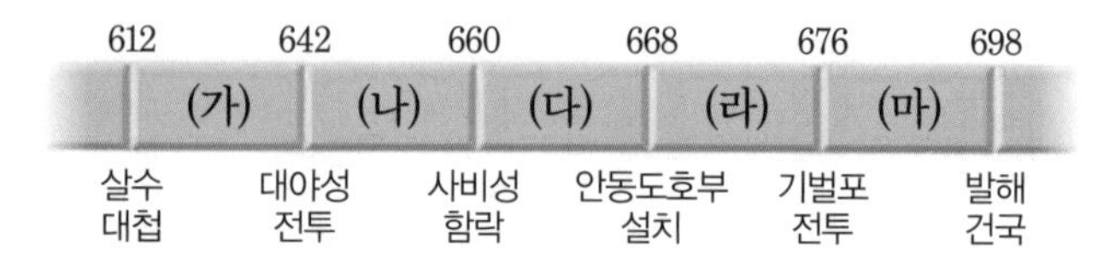

① (가) ② (나) ③ (다) ④ (라) ⑤ (마)

05 (가) 국가의 경제 상황으로 옳은 것은? [1점]

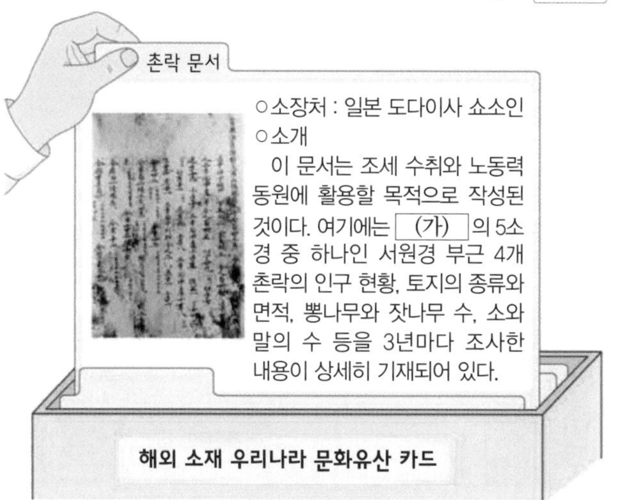

① 낙랑군과 왜에 철을 수출하였다.
② 집집마다 부경이라는 창고가 있었다.
③ 활구라고 불리는 은병이 유통되었다.
④ 특산품으로 솔빈부의 말이 유명하였다.
⑤ 울산항, 당항성이 무역항으로 번성하였다.

06 (가)에 들어갈 내용으로 가장 적절한 것은? [2점]

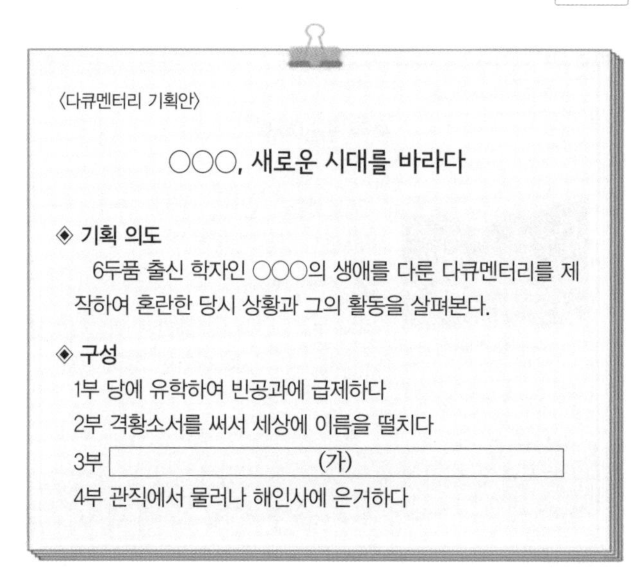
〈다큐멘터리 기획안〉

○○○, 새로운 시대를 바라다

◈ 기획 의도
6두품 출신 학자인 ○○○의 생애를 다룬 다큐멘터리를 제작하여 혼란한 당시 상황과 그의 활동을 살펴본다.

◈ 구성
1부 당에 유학하여 빈공과에 급제하다
2부 격황소서를 써서 세상에 이름을 떨치다
3부 (가)
4부 관직에서 물러나 해인사에 은거하다

① 화왕계를 지어 국왕에게 조언하다
② 외교 문서인 청방인문표를 작성하다
③ 진성 여왕에게 시무책 10여 조를 올리다
④ 청해진을 중심으로 해상 무역을 전개하다
⑤ 인도와 중앙아시아를 순례하고 왕오천축국전을 남기다

07 밑줄 그은 '왕'의 업적으로 옳은 것은? [2점]

> ○ 담당 관청에 명하여 월성의 동쪽에 새 궁궐을 짓게 하였는데, 그곳에서 황룡이 나타났다. 왕이 이것을 기이하게 여기고는 [계획을] 바꾸어 사찰을 짓고, '황룡'이라는 이름을 내려 주었다.
>
> ○ [거칠부가] 왕의 명령을 받들어 여러 문사(文士)를 모아 국사를 편찬하였다.
>
> -『삼국사기』-

① 이사부를 보내 우산국을 복속시켰다.
② 예성강 이북에 패강진을 설치하였다.
③ 관료전을 지급하고 녹읍을 폐지하였다.
④ 국가적인 조직으로 화랑도를 개편하였다.
⑤ 이차돈의 순교를 계기로 불교를 공인하였다.

08 (가) 왕에 대한 설명으로 옳은 것은? [3점]

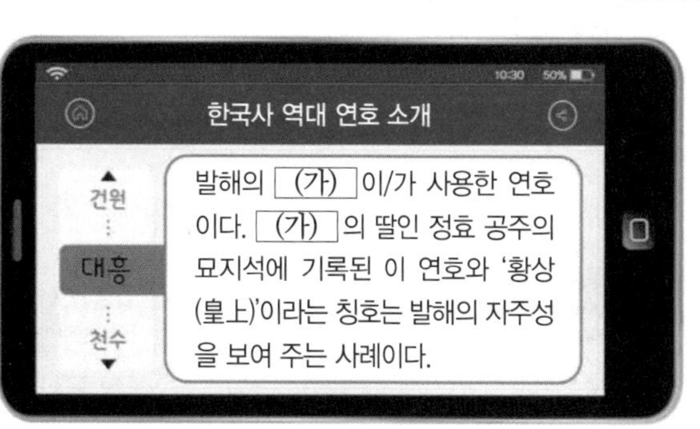

① 북연의 왕을 신하로 봉하였다.
② 지린성 동모산에서 나라를 세웠다.
③ 신라에 군대를 파견하여 왜를 격퇴하였다.
④ 수도를 상경 용천부로 옮겨 체제를 정비하였다.
⑤ 5경 15부 62주의 지방 행정 조직을 확립하였다.

09 다음 상황 이후에 있었던 사실로 옳은 것은? [2점]

청교역(靑郊驛) 서리 3인이 최충헌 부자를 죽일 것을 모의하면서, 거짓 공첩(公牒)을 만들어 여러 사원의 승려들을 불러 모았다. 공첩을 받은 귀법사 승려들은 그 공첩을 가져온 사람을 잡아서 최충헌에게 고해바쳤다. [최충헌은] 즉시 영은관에 교정별감을 둔 후 성문을 폐쇄하고 대대적으로 그 무리를 색출하였다.

① 김부식이 묘청의 난을 진압하였다.
② 원종과 애노가 사벌주에서 봉기하였다.
③ 이자겸이 금의 사대 요구를 수용하였다.
④ 정중부 등이 정변을 일으켜 권력을 차지하였다.
⑤ 최우가 인사 행정 담당 기구로 정방을 설치하였다.

10 밑줄 그은 '이 탑'으로 옳은 것은? [2점]

유물로 보는 한국사

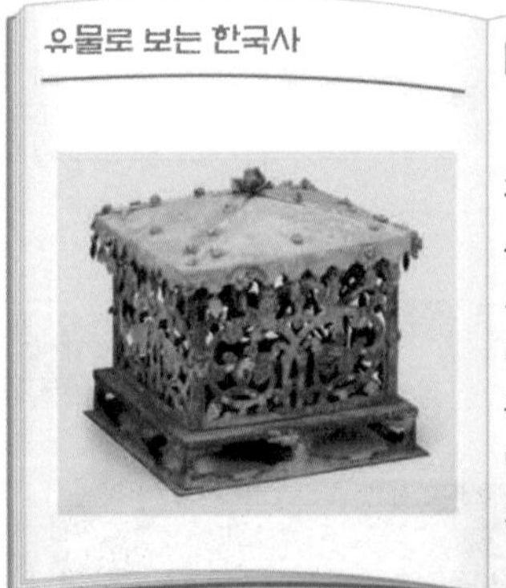

[해설]

경주 불국사에 있는 이 탑의 해체 보수 과정에서 발견된 금동제 사리 외함이다. 2층 탑신부에 봉안되어 있던 이 유물 안에는 은제 사리 내·외합과 무구정광대다라니경 등이 함께 놓여 있었다. 이를 통해 당시의 뛰어난 공예 기술 및 사리 장엄 방식과 특징을 알 수 있다.

① 
② 
③ 
④ 
⑤ 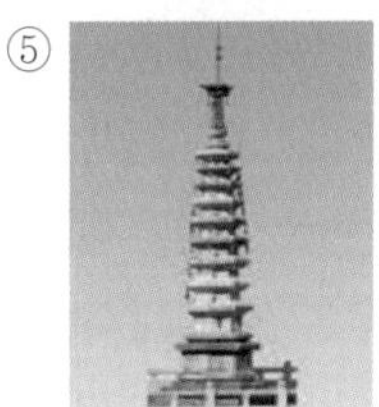

11 (가) 인물에 대한 설명으로 옳은 것은? [2점]

① 공산 전투에서 전사하였다.
② 금마저에 미륵사를 창건하였다.
③ 후당과 오월에 사신을 파견하였다.
④ 김흠돌 등 진골 세력을 숙청하였다.
⑤ 국호를 마진으로 바꾸고 철원으로 천도하였다.

12 (가) 왕의 재위 시기에 있었던 사실로 옳은 것은? [2점]

❖ 우리 고장의 유적 ❖

충주 숭선사지

유적 발굴 현장

숭선사는 (가) 이/가 어머니인 신명 순성 왕후의 명복을 빌기 위하여 세운 절로, 현재 그 터만 남아 있다. 이곳에서는 '숭선사(崇善寺)'라는 명문이 새겨진 기와 등 다양한 고려 시대 유물이 출토되었다.

(가) 은/는 치열한 왕위 쟁탈전 속에서 외가인 충주 유씨 세력 등 여러 호족의 도움으로 왕위에 올랐다. 하지만 즉위 이후 노비안검법 등 호족을 견제하는 정책을 펼쳤다.

① 최승로가 시무 28조를 건의하였다.
② 광덕, 준풍 등의 연호가 사용되었다.
③ 관리의 규범을 제시한 계백료서가 반포되었다.
④ 쌍성총관부를 공격하여 철령 이북을 수복하였다.
⑤ 지방 세력 견제를 목적으로 한 상수리 제도가 실시되었다.

13 (가)에 들어갈 내용으로 옳은 것은? [1점]

① 독서삼품과를 통해 인재를 등용하였어요.
② 사액 서원에 서적과 노비를 지급하였어요.
③ 중등 교육 기관으로 4부 학당을 설립하였어요.
④ 양현고를 설치하여 장학 기금을 마련하였어요.
⑤ 초계문신제를 시행하여 문신을 재교육하였어요.

14 (가) 국가에 대한 고려의 대응으로 옳은 것은? [2점]

> ○ (가) 의 임금이 개경으로 침입하여 궁궐을 불사르고 퇴각하였다. …… 양규는 (가) 의 군대를 무로대에서 습격하여 2,000여 급을 베고, 포로가 되었던 남녀 3,000여 명을 되찾았다. 다시 이수에서 전투를 벌이고 추격하여 석령까지 가서 2,500여 급을 베고, 포로가 되었던 1,000여 명을 되찾았다.
>
> ○ (가) 의 병사들이 귀주를 지나가자 강감찬 등이 동쪽 교외에서 전투를 벌였다. …… 적병이 북쪽으로 달아나자 아군이 그 뒤를 쫓아가서 공격하였는데, 석천을 건너 반령에 이르기까지 시신이 들에 가득하였다.

① 강화도로 도읍을 옮겨 항전하였다.
② 광군을 조직하여 침입에 대비하였다.
③ 박위를 파견하여 근거지를 토벌하였다.
④ 압록강 상류 지역을 개척하여 4군을 설치하였다.
⑤ 신기군, 신보군, 항마군으로 구성된 별무반을 편성하였다.

15 (가)에 들어갈 문화유산으로 옳은 것은? [1점]

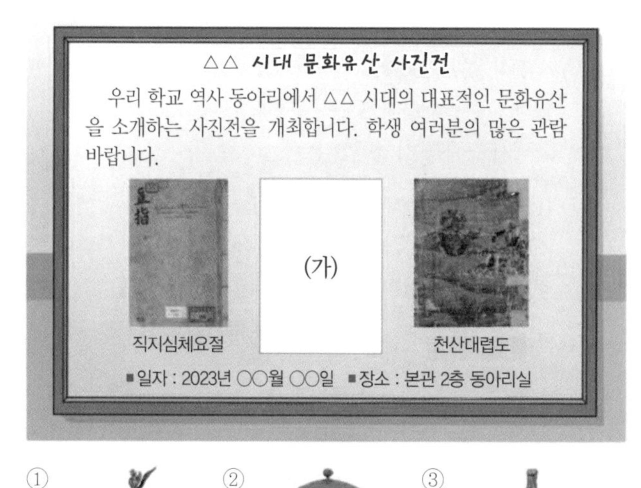

16 (가) 인물에 대한 설명으로 옳은 것은? [2점]

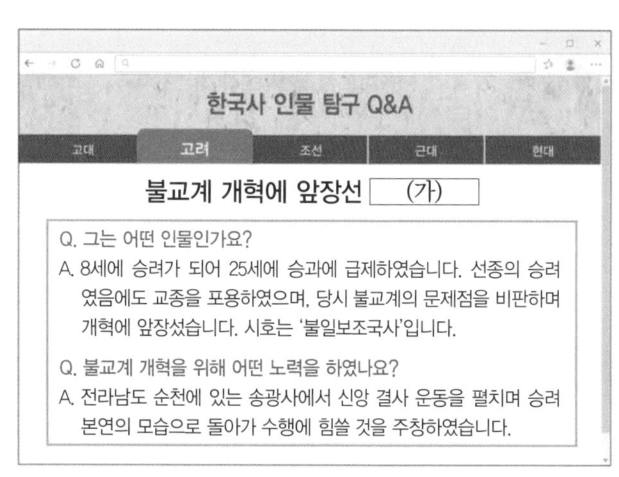

① 참선을 강조하고 돈오점수를 주장하였다.
② 불교 교단 통합을 위해 해동 천태종을 개창하였다.
③ 선문염송집을 편찬하고 유불 일치설을 제창하였다.
④ 승려들의 전기를 정리하여 해동고승전을 편찬하였다.
⑤ 보현십원가를 지어 불교 교리를 대중에게 전파하였다.

17 (가)~(다)를 일어난 순서대로 옳게 나열한 것은? [2점]

(가) 우왕이 요동을 공격하는 일을 최영과 은밀하게 의논하였다. …… 마침내 8도의 군사를 징발하고 최영이 동교에서 군사를 사열하였다.

(나) 대군이 압록강을 건너서 위화도에 머물렀다. …… 이성계가 회군한다는 소식을 듣고 앞다투어 모여든 사람이 천여 명이나 되었다.

(다) 도평의사사에서 글을 올려 과전을 지급하는 법을 정할 것을 청하니, 그 의견을 따랐다. …… 경기는 사방의 근본이므로 마땅히 과전을 설치하여 사대부를 우대하여야 한다. 무릇 수도에 거주하며 왕실을 지키는 자는 현직, 산직(散職)을 불문하고 각각 과(科)에 따라 받게 한다.

① (가) - (나) - (다)
② (가) - (다) - (나)
③ (나) - (가) - (다)
④ (나) - (다) - (가)
⑤ (다) - (나) - (가)

18 다음 상황이 나타난 시기의 경제 모습으로 옳은 것은? [2점]

도병마사가 아뢰기를, "안서도호부에서 바친 철은 예전에는 무기용으로 충당하였습니다. 근래에 흥왕사를 창건하면서 또다시 철을 더 바치라고 명령하셨으니 백성들이 고통을 감당하지 못하고 있습니다. 청컨대 염주, 해주 안주 세 곳에서 2년 동안 바치는 철을 흥왕사 창건에 쓰게 하여 수고로운 폐단을 풀어 주십시오."라고 하니, 이를 따랐다.

① 관리에게 전지와 시지를 지급하였다.
② 시장을 감독하기 위해 동시전을 설치하였다.
③ 허적의 제안에 따라 상평통보를 발행하였다.
④ 일본과의 교역 규모를 규정한 계해약조를 체결하였다.
⑤ 상권 수호를 목적으로 황국 중앙 총상회를 조직하였다.

19 (가) 왕에 대한 설명으로 옳은 것은? [2점]

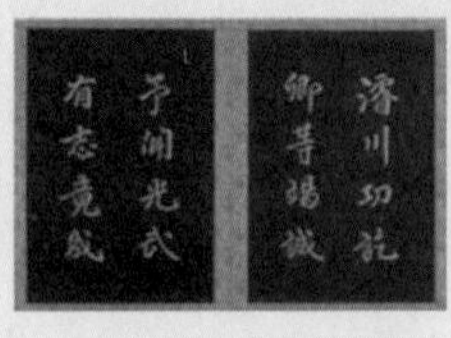

이것은 『어전준천제명첩』에 담긴 어제사언시(御製四言詩)로, (가) 이/가 홍봉한 등 청계천 준설 공사에 공이 있는 신하들의 노고를 치하하며 지은 것이다.
청계천 준설을 추진한 (가) 은/는 탕평, 균역 등도 자신의 치적으로 거론한 글을 남겼다.

① 나선 정벌에 조총 부대를 파견하였다.
② 경기도에 한해서 대동법을 실시하였다.
③ 삼수병으로 구성된 훈련도감을 창설하였다.
④ 통치 제도를 정비하고자 속대전을 편찬하였다.
⑤ 한양을 기준으로 한 역산서인 칠정산을 만들었다.

20 다음 상황이 나타난 시기를 연표에서 옳게 고른 것은? [2점]

왕이 전지하기를, "김종직은 보잘것없는 시골의 미천한 선비였는데, 선왕께서 발탁하여 경연에 두었으니 은혜와 총애가 더없이 컸다고 하겠다. 그런데 지금 그의 제자 김일손이 사초에 부도덕한 말로써 선왕 대의 일을 거짓으로 기록하고, 또 스승인 김종직의 조의제문을 싣고서 그 글을 찬양하였으니, 형명(刑名)을 의논하여 아뢰어라."라고 하였다.

1468		1494		1506		1518		1545		1589
	(가)		(나)		(다)		(라)		(마)	
남이의 옥사		연산군 즉위		중종 반정		소격서 폐지		명종 즉위		기축 옥사

① (가) ② (나) ③ (다) ④ (라) ⑤ (마)

21 (가) 왕의 재위 시기에 있었던 사실로 옳은 것은? [2점]

□□ 신문

제△△호 ○○○○년 ○○월 ○○일

원각사 창건 당시 작성된 계문(契文) 공개

원각사의 낙성을 축하하는 경찬회 때 (가) 이/가 조정 신하와 백성에게 수륙재 참여를 권하는 내용이 담긴 원각사 계문이 공개되었다. 조선의 임금과 왕실이 불교 행사를 직접 후원하였다는 기록이 희소하기에 의미가 있다.

한명회, 권람 등의 조력으로 김종서, 황보인 등을 제거하고 왕위에 오른 (가) 은/는 간경도감을 설치하여 불경을 한글로 번역, 간행하고 원각사를 창건하는 등 불교를 후원하였다.

① 주자소에서 계미자를 주조하였다.
② 국가의 의례를 정비한 국조오례의를 완성하였다.
③ 삼남 지방의 농법을 소개한 농사직설을 편찬하였다.
④ 현직 관리에게만 수조지를 지급하는 직전법을 시행하였다.
⑤ 우리나라와 중국의 의서를 망라한 동의보감을 간행하였다.

22 밑줄 그은 '이 인물'에 대한 설명으로 옳은 것은? [3점]

① 명에 대한 의리를 내세운 기축봉사를 올렸다.
② 청으로부터 시헌력을 도입하자고 건의하였다.
③ 양반의 허례와 무능을 풍자한 양반전을 저술하였다.
④ 예학을 조선의 현실에 맞게 정리한 가례집람을 지었다.
⑤ 군주가 수양해야 할 덕목과 지식을 담은 성학집요를 집필하였다.

23 (가), (나) 사이의 시기에 있었던 사실로 옳은 것은? [3점]

(가) 처음에 심의겸이 외척으로 권세를 부리니 당시 명망 있는 사람들이 섬겨 따랐다. 그런데 김효원이 전랑(銓郎)이 되어 그들을 배척하자 심의겸의 무리가 그를 미워하니, 점차 사림이 나뉘어 동인과 서인이라는 말이 나오게 되었다.

(나) 기해년에 왕이 승하하자 재신 송시열이 사종(四種)의 설을 인용하여 "대행 대왕은 왕대비에게 서자가 된다. 왕통을 이었으나 장자가 아닌 경우이니 기년복(朞年服)*을 입어야 마땅하다."라고 하였다. 이에 대해 허목 등 신하들은 전거를 들어 다투기를, "대행 대왕은 왕대비에게 서자가 아니라 장자가 된 둘째이니, 삼년복을 입어야 한다."라고 하였다.

*기년복(朞年服) : 1년 동안 입는 상복

① 인조반정으로 북인 세력이 몰락하였다.
② 목호룡의 고변으로 옥사가 발생하였다.
③ 양재역 벽서 사건으로 이언적 등이 화를 입었다.
④ 인현왕후가 폐위되고 남인이 권력을 차지하였다.
⑤ 이인좌를 중심으로 소론 세력 등이 난을 일으켰다.

24 (가) 국가에 대한 조선의 정책으로 옳은 것은? [2점]

〈답사 보고서〉

◈ 주제 : 남한산성에서 삼학사의 충절을 만나다
◈ 기간 : 2023년 ○○월 ○○일
◈ 내용 : 현절사(顯節祠)는 삼학사(홍익한, 윤집, 오달제)의 충절을 기려 남한산성에 세운 사당이다. 그들은 (가) 의 침입으로 발생한 전쟁에서 화의를 반대하며 결사 항전을 주장하였다. 항복 이후 그들은 (가) (으)로 압송되어 처형되었다. 그들과 함께 척화를 주장하였던 김상헌, 정온도 추가로 이곳에 모셔졌다.
◈ 사진

① 만권당을 세워 학문 교류를 장려하였다.
② 어영청을 강화하는 등 북벌을 추진하였다.
③ 화통도감을 설치하여 군사력을 증강하였다.
④ 사신 접대를 위해 한성에 동평관을 설치하였다.
⑤ 포로 송환을 목적으로 유정을 회답 겸 쇄환사로 파견하였다.

25 밑줄 그은 '이 시기'의 경제 상황으로 옳은 것은? [1점]

시(詩)로 만나는 한국사

이현과 종루 그리고 칠패는
도성의 3대 시장이라네
온갖 장인들이 살고 일하니
사람들이 많아서 어깨를 부딪히네
온갖 재화가 이익을 좇아
수레가 끊임없네
봉성의 털모자, 연경의 비단실
함경도의 삼베, 한산 모시
쌀, 콩, 벼, 기장, 조, 피, 보리
……

[해설] 이것은 한양의 모습을 그린 「성시전도」를 보고 박제가가 지은 시의 일부이다. 시의 내용을 통해 이 시기 생동감 있는 시장의 모습을 엿볼 수 있다.

① 백성에게 정전이 지급되었다.
② 서경에 관영 상점이 설치되었다.
③ 금속 화폐인 건원중보가 주조되었다.
④ 벽란도가 국제 무역항으로 번성하였다.
⑤ 인삼, 담배 등이 상품 작물로 재배되었다.

26 (가) 기구에 대한 설명으로 옳은 것은? [1점]

오늘에 와서는 큰일이건 작은 일이건 중요한 것으로 취급되지 않는 것이 없어, 의정부는 한갓 헛이름만 지니고 6조는 모두 그 직임을 상실하였습니다. 명칭은 '변방의 방비를 담당하는 것'이라고 하면서 과거 시험에 대한 판하(判下)*나 비빈 간택 등의 일까지도 모두 (가) 을/를 경유하여 나옵니다. 명분이 바르지 못하고 말이 이치에 맞지 않음이 이보다 심할 수가 없습니다. 신의 어리석은 소견으로는 (가) 을/를 고쳐 정당(政堂)으로 칭하는 것이 상책이라 생각합니다.

*판하(判下) : 안건을 임금이 허가하는 것

① 사헌부, 사간원과 함께 3사로 불렸다.
② 서얼 출신 학자들이 검서관에 등용되었다.
③ 흥선 대원군이 집권한 시기에 혁파되었다.
④ 서울과 수원에 설치되어 국왕의 호위를 맡았다.
⑤ 대사성을 수장으로 좨주, 직강 등의 관직을 두었다.

27 (가) 인물에 대한 설명으로 옳은 것은? [2점]

① 남북국이라는 용어를 처음 사용하였다.
② 기기도설을 참고하여 거중기를 설계하였다.
③ 북한산비가 진흥왕 순수비임을 고증하였다.
④ 양명학을 연구하여 강화학파를 형성하였다.
⑤ 안평대군의 꿈을 소재로 몽유도원도를 그렸다.

28 (가), (나) 사이의 시기에 있었던 사실로 옳은 것은? [3점]

(가) 전라도 관찰사 정민시가 [진산의] 죄인 윤지충과 권상연에 대한 조사 결과를 아뢰었다. "…… 근래에 그들은 평소 살아 계신 부모나 조부모처럼 섬겨야 할 신주를 태워 없애면서도 이마에 진땀 하나 흘리지 않았으니 정말 흉악한 일입니다. 제사를 폐지한 일은 오히려 부차적입니다."

(나) 의금부에서 아뢰었다. "얼마 전 죄인 남종삼은 명백한 근거도 없이 러시아에 변란이 있을 것이고, 프랑스와 조약을 맺을 계책이 있다는 요망한 말로 여러 사람을 현혹하였습니다. 감히 나라를 팔아먹고자 몰래 외적을 끌어들일 음모를 꾸몄으니, 즉시 참형에 처해야 합니다. …… [베르뇌를 비롯한] 서양인 4명을 군영에 넘겨 효수하여 본보기로 삼도록 하였습니다."

① 대종교 계열의 중광단이 결성되었다.
② 한용운이 조선불교유신론을 저술하였다.
③ 보은에서 교조 신원을 요구하는 집회가 열렸다.
④ 이수광이 지봉유설에서 천주실의를 소개하였다.
⑤ 황사영이 외국 군대의 출병을 요청하는 백서를 작성하였다.

29 (가) 인물에 대한 설명으로 옳은 것은? [2점]

① 조선 중립화론을 건의하였다.
② 베델과 함께 대한매일신보를 창간하였다.
③ 대동강에 침입한 제너럴 셔먼호를 격침하였다.
④ 서양의 과학 기술을 정리한 지구전요를 저술하였다.
⑤ 강화도 조약 체결의 전말을 기록한 심행일기를 남겼다.

30 밑줄 그은 '이 사건'에 대한 설명으로 옳은 것은? [2점]

이번 시간에는 근대 국가 수립을 위해 김옥균 등이 일으켰던 <u>이 사건</u>에 대한 의견을 들어 보고자 합니다.

그들이 개혁안에서 내세운 인민평등권 확립 등은 이후의 근대적 개혁에 영향을 주었습니다.

하지만 일부 급진 개화파를 중심으로 개혁을 추진하였고, 청과의 사대 관계 청산을 주장하면서도 일본의 힘에 의존하였다는 한계가 있습니다.

① 보국안민, 제폭구민을 기치로 내걸었다.
② 한성 조약이 체결되는 결과를 가져왔다.
③ 개혁 추진을 위해 교정청을 설치하였다.
④ 구식 군인에 대한 차별 대우가 발단이 되었다.
⑤ 민영익 등이 보빙사로 파견되는 계기가 되었다.

31 (가) 운동에 대한 설명으로 옳은 것은? [1점]

국가보훈처는 광복 73주년을 맞아 독립 유공자를 발굴하여 포상하기로 하였습니다. 이번 포상에는 (가) 의 1주년에 만세 운동을 전개하다가 체포되어 옥고를 치른 배화 여학교 학생 여섯 명이 포함되었습니다. 이들은 일제 강점기 최대 민족 운동인 (가) 의 영향을 받아 수립된 대한민국 임시 정부의 활동 소식을 접하면서 민족 의식을 키웠다고 합니다.

① 김광제 등의 발의로 본격화되었다.
② 순종의 인산일을 기회로 삼아 추진되었다.
③ 제암리 학살 등 일제의 가혹한 탄압을 받았다.
④ 신간회에서 진상 조사단을 파견하여 지원하였다.
⑤ 성진회와 각 학교 독서회에 의해 전국적으로 확산하였다.

32 밑줄 그은 '개혁'의 내용으로 옳은 것은? [3점]

이 그림은 군국기무처에서 회의하는 모습입니다. 그림의 아래쪽에는 총재 김홍집 등 회의에 참여한 관리들의 이름이 적혀 있습니다. 군국기무처는 <u>개혁</u>을 추진하면서 수개월 동안 200여 건의 안건을 의결하였습니다.

① 원수부를 두었다.
② 재판소를 설치하였다.
③ 은본위제를 도입하였다.
④ 태양력을 공식 채택하였다.
⑤ 5군영을 2영으로 통합하였다.

33 (가)에 들어갈 내용으로 가장 적절한 것은? [2점]

〈한국사 동영상 제작 계획안〉

○○○○, 공론의 장을 열다

△학년 △반 △모둠

▣ 제작 의도

지식인뿐 아니라 농민, 상인, 노동자 등 다양한 계층이 참여한 집회 등을 통해 공론의 장을 마련한 ○○○○의 활동을 살펴본다.

▣ 장면별 구성 내용

#1. 독립문 건립을 위해 성금을 모으다
#2. 러시아의 절영도 조차 요구를 규탄하는 집회를 열다
#3. (가)
#4. 황국 협회의 습격으로 사망한 구두 수선공의 장례를 치르다

① 평양에 대성 학교를 설립하다
② 고종 강제 퇴위 반대 운동을 주도하다
③ 집강소를 중심으로 폐정 개혁안을 실천하다
④ 관민 공동회를 개최하여 헌의 6조를 결의하다
⑤ 개혁의 기본 방향을 제시한 홍범 14조를 반포하다

34 다음 기사를 활용한 탐구 활동으로 가장 적절한 것은? [3점]

해외 언론 보도로 본 민족 운동

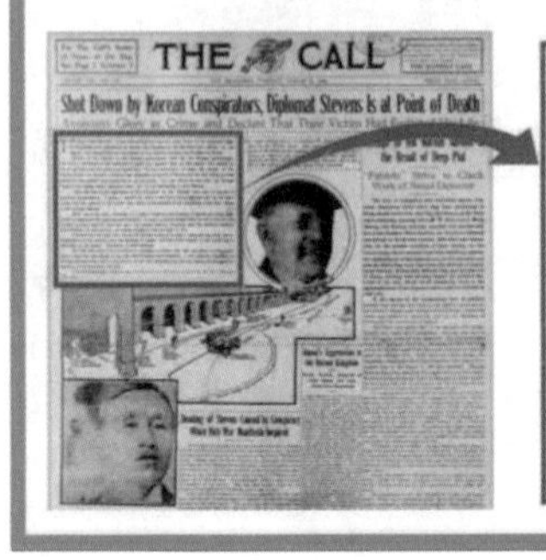

오늘 나는 스티븐스를 쏘았다. 그는 대한 제국의 외교 고문에 임명되어 후한 대접을 받고 있음에도 일본의 이익을 위해 한국인에게 온갖 잔인한 일을 자행하였다. …… 나는 어떤 처벌에도 불만이 없으며, 조국의 자유를 위한 투쟁에 도움이 된다면 영광스럽게 죽을 것이다.

① 제1차 한일 협약의 내용을 알아본다.
② 삼국 간섭이 발생한 원인을 분석한다.
③ 일제가 조작한 105인 사건의 영향을 파악한다.
④ 영국이 거문도를 불법 점령한 과정을 조사한다.
⑤ 고종이 러시아 공사관으로 피신한 이유를 찾아본다.

35 (가) 인물의 활동으로 옳은 것은? [2점]

① 명동 성당 앞에서 이완용을 습격하였다.
② 고종의 밀지를 받아 독립 의군부를 조직하였다.
③ 국권 침탈 과정을 정리한 한국통사를 저술하였다.
④ 13도 창의군의 총대장으로 서울 진공 작전을 지휘하였다.
⑤ 논설 단연보국채를 써서 국채 보상 운동에 적극 참여하였다.

36 (가) 부대에 대한 설명으로 옳은 것은? [2점]

① 간도 참변 이후 자유시로 이동하였다.
② 영릉가 전투에서 일본군과 싸워 크게 승리하였다.
③ 조선 독립 동맹 산하의 군사 조직으로 개편되었다.
④ 영국군의 요청으로 인도·미얀마 전선에 투입되었다.
⑤ 중국 국민당 정부의 지원을 받아 우한에서 창설되었다.

37 (가) 운동에 대한 설명으로 옳은 것은? [1점]

① 통감부의 탄압으로 중단되었다.
② 중국의 5 · 4 운동에 영향을 주었다.
③ 대한 자강회가 결성되는 배경이 되었다.
④ 백정에 대한 사회적 차별 철폐를 주장하였다.
⑤ 여성 교육의 중요성을 강조한 여권통문을 발표하였다.

38 밑줄 그은 '이 시기'에 볼 수 있는 모습으로 적절한 것은? [1점]

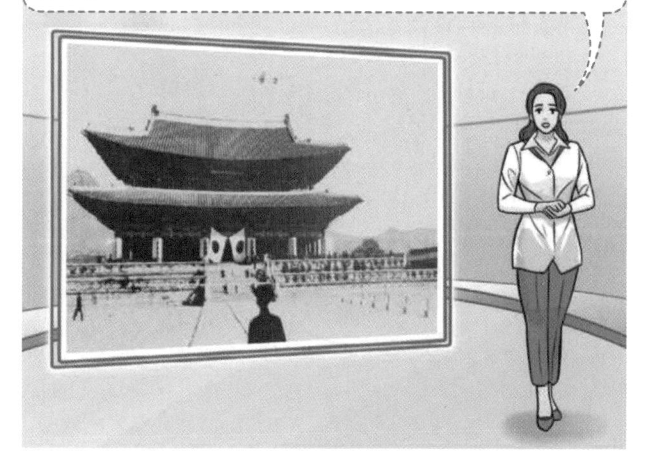

① 황국 신민서사를 암송하는 학생
② 경성 제국 대학에서 강의하는 교수
③ 조선인에게 태형을 집행하는 헌병 경찰
④ 원산 총파업에 연대 지원금을 보내는 외국 노동자
⑤ 나운규가 감독한 아리랑의 첫 상영을 준비하는 단성사 직원

39 다음 검색창에 들어갈 단체에 대한 설명으로 옳은 것은? [2점]

① 한글 신문인 제국신문을 간행하였다.
② 태극 서관을 설립하여 서적을 보급하였다.
③ 파리 강화 회의에 독립 청원서를 제출하였다.
④ 한글 맞춤법 통일안과 표준어 사정안을 제정하였다.
⑤ 국문 연구소를 두어 한글을 체계적으로 연구하였다.

40 (가), (나) 인물에 대한 설명으로 옳은 것을 〈보기〉에서 고른 것은? [2점]

〈보 기〉

ㄱ. (가) – 상하이에서 한인 애국단을 조직하였다.
ㄴ. (가) – 조선 혁명 간부 학교를 세워 독립군을 양성하였다.
ㄷ. (나) – 조선 건국준비위원회의 활동을 주도하였다.
ㄹ. (나) – 미국에서 귀국하여 독립 촉성 중앙 협의회를 이끌었다.

① ㄱ, ㄴ ② ㄱ, ㄷ ③ ㄴ, ㄷ
④ ㄴ, ㄹ ⑤ ㄷ, ㄹ

41 밑줄 그은 '국회'에 대한 설명으로 옳지 않은 것은? [3점]

① 반민족 행위 처벌법을 제정하였다.
② 의원들의 선거로 대통령을 선출하였다.
③ 민의원과 참의원의 양원제로 운영되었다.
④ 일부 지역의 국회의원이 선출되지 못한 채 출범하였다.
⑤ 일제가 남긴 재산 처리를 위한 귀속 재산 처리법을 만들었다.

42 (가) 전쟁 중에 볼 수 있는 모습으로 적절하지 않은 것은? [2점]

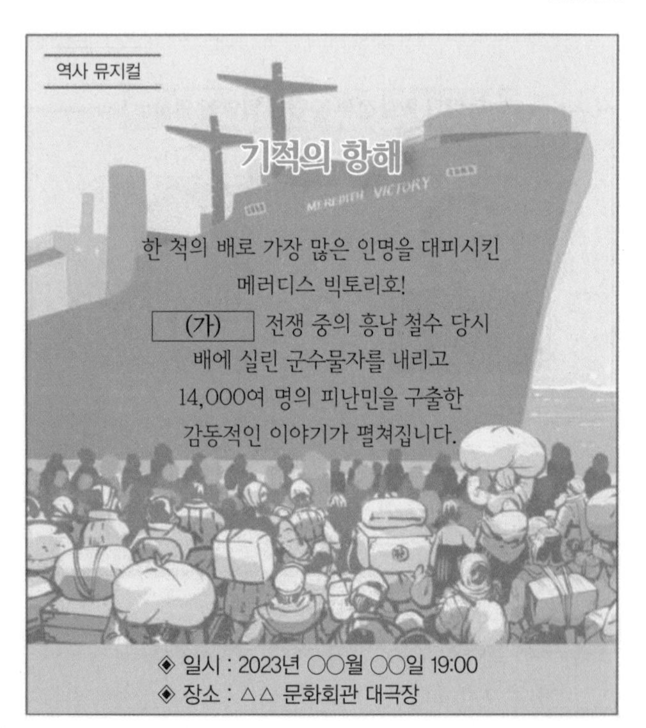

① 국민 방위군에 소집되는 청년
② 원조 물자 배급을 기다리는 시민
③ 지가 증권을 싼값에 매각하는 지주
④ 거제도 포로수용소에서 석방되는 반공포로
⑤ 제2차 미소 공동 위원회 개최 소식을 보도하는 기자

43 (가) 정부 시기에 있었던 사실로 옳은 것은? [2점]

[국가기념일에 담긴 역사 이야기]

2·28 민주 운동 기념일

– 학생들, 불의에 저항하여 일어서다 –

경북도청으로 향하는 학생 시위대의 모습

2월 28일 일요일은 민주당 부통령 후보 장면의 대구 유세가 있는 날이었다. (가) 정부는 이 유세장에 학생들이 가지 못하도록 2월 28일에도 등교할 것을 대구 시내 고등학교에 지시하였다. 각 학교가 내세운 등교의 명분은 시험, 단체 영화 관람, 토끼 사냥 등이었다. 이에 분노한 학생들은 "학원의 자유를 보장하라!" 등의 구호를 외치며 시위에 나섰다. 이날의 시위는 3 · 15 의거 등 이후 전개된 민주화 운동에 영향을 주었다. 이 시위의 역사적 의의가 인정되어 2018년에 국가기념일로 지정되었다.

① 프로 야구가 6개 구단으로 출범하였다.
② YH 무역 노동자들이 야당 당사에서 농성하였다.
③ 사회 정화를 명분으로 삼청교육대가 설치되었다.
④ 인민 혁명당 재건위 사건으로 관련자가 탄압받았다.
⑤ 평화 통일론을 주장한 진보당의 조봉암이 구속되었다.

44 (가), (나) 헌법이 제정된 시기 사이에 있었던 사실로 옳은 것은? [3점]

(가)	(나)
제1조 ① 대한민국은 민주공화국이다. ② 대한민국의 주권은 국민에게 있고, 모든 권력은 국민으로부터 나온다. 제64조 ① 대통령은 국민의 보통 · 평등 · 직접 · 비밀 선거에 의하여 선출한다. 제69조 ① 대통령의 임기는 4년으로 한다. ③ 대통령의 계속 재임은 3기에 한한다.	제1조 ① 대한민국은 민주공화국이다. ② 대한민국의 주권은 국민에게 있고, 국민은 그 대표자나 국민 투표에 의하여 주권을 행사한다. 제39조 ① 대통령은 통일 주체 국민회의에서 토론 없이 무기명 투표로 선거한다. 제47조 대통령의 임기는 6년으로 한다. 제59조 ① 대통령은 국회를 해산할 수 있다.

① 지방 자치제가 전면 시행되었다.
② 여수 · 순천 10 · 19 사건이 일어났다.
③ 일부 군인들이 5 · 16 군사 정변을 일으켰다.
④ 서울과 평양에서 7 · 4 남북 공동 성명이 발표되었다.
⑤ 한일 국교 정상화에 반대하는 6 · 3 시위가 전개되었다.

45 다음 뉴스의 사건이 있었던 정부 시기의 사실로 옳은 것은? [3점]

오늘 오후 2시경 서울 평화시장에서 있었던 노동자들의 시위 도중 재단사 전태일 씨가 분신하는 사건이 발생하였습니다. 전 씨는 "근로기준법을 지켜라!", "우리는 기계가 아니다!"라고 절규하며 열악한 노동환경 개선을 요구하였습니다.

① 함평 고구마 피해 보상 운동이 전개되었다.
② 저유가 · 저금리 · 저달러의 3저 호황이 있었다.
③ 미국과의 자유 무역 협정(FTA)이 체결되었다.
④ 경제 협력 개발기구(OECD) 회원국이 되었다.
⑤ 최저 임금 결정을 위한 최저 임금 위원회가 설치되었다.

46 (가)에 해당하는 문화유산으로 옳은 것은? [2점]

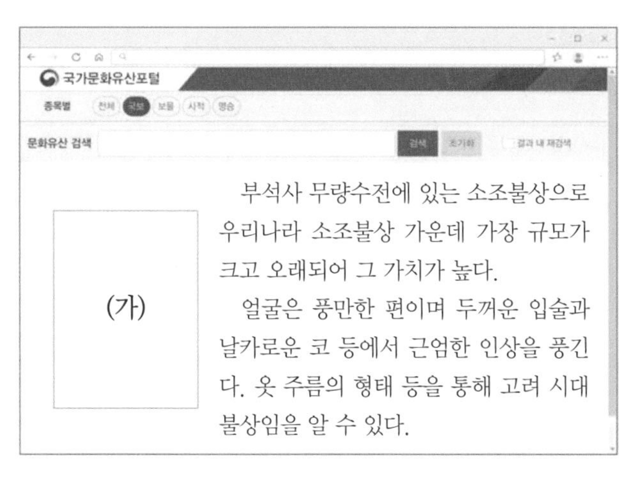

(가)

부석사 무량수전에 있는 소조불상으로 우리나라 소조불상 가운데 가장 규모가 크고 오래되어 그 가치가 높다.
얼굴은 풍만한 편이며 두꺼운 입술과 날카로운 코 등에서 근엄한 인상을 풍긴다. 옷 주름의 형태 등을 통해 고려 시대 불상임을 알 수 있다.

① 
② 
③ 
④ 
⑤ 

[47~48] 다음 자료를 읽고 물음에 답하시오.

(가) 살리타이가 처인성을 공격하였다. 적을 피해 성에 와 있던 한 승려가 살리타이를 쏘아 죽였다. 국가에서 그 전공을 칭찬하여 상장군 벼슬을 주었다. 승려가 전공을 다른 사람에게 돌리며 말하기를, "전투할 때 나는 활과 화살이 없었으니, 어찌 감히 공 없이 무거운 상을 받겠습니까." 라고 하고, 굳게 사양하며 받지 않았다.

(나) [우리 부대가] 대군(大軍)과 연합하여 평양을 포위하였다. 보장왕이 먼저 연남산 등을 보내 영공에게 항복을 청하였다. 이에 영공은 보장왕과 왕자 복남 덕남 및 대신 등 20여만 명을 끌고 본국으로 돌아갔다. 각간 김인문과 대아찬 조주는 영공을 따라 돌아갔다.

(다) 비국(備局)에서 아뢰기를, "적병이 두 차례나 용골산성을 공격해 왔지만 정봉수는 홀로 고립된 성을 지키면서 충성과 용맹을 더욱 떨쳤습니다. …… 죽음을 두려워하지 않는 용사를 더 모집하여 육로로 혹은 배편으로 달려가서 기세(氣勢)를 돕게 하소서. 용골산성이 비록 포위에서 풀렸으나 이 일은 그만둘 수 없을 듯합니다."라고 하니, 왕이 따랐다.

(라) 부사 송상현은 왜적이 바다를 건넜다는 소식을 듣고 지역 주민과 군사 그리고 이웃 고을의 군사를 모두 불러 모아 성에 들어가 지켰다. …… 성이 포위당하자 상현이 성의 남문에 올라가 전투를 독려하였으나 한나절 만에 성이 함락되었다. 상현은 갑옷 위에 조복(朝服)을 입고 의자에 앉아 움직이지 않았다. …… 적이 모여들어 생포하려고 하자 상현이 발로 걷어차면서 항거하다가 마침내 해를 입었다.

*조복(朝服) : 관원이 조정에 나아가 하례할 때 입던 예복

47 (가)~(라) 전투를 일어난 순서대로 옳게 나열한 것은? [2점]

① (가) - (나) - (다) - (라)
② (가) - (나) - (라) - (다)
③ (나) - (가) - (라) - (다)
④ (나) - (다) - (가) - (라)
⑤ (다) - (라) - (나) - (가)

48 (라) 전투가 벌어진 지역에서 있었던 사실로 옳은 것은? [2점]

① 내상이 무역 활동을 전개하였다.
② 안승이 왕으로 봉해진 보덕국이 세워졌다.
③ 지역 차별에 반발하여 홍경래가 봉기하였다.
④ 만적을 비롯한 노비들이 신분 해방을 도모하였다.
⑤ 지주 문재철의 횡포에 맞서 소작쟁의가 일어났다.

49 (가) 민주화 운동에 대한 설명으로 옳은 것은? [1점]

① 허정 과도 정부가 구성되는 계기가 되었다.
② 5년 단임의 대통령 직선제 개헌을 이끌어냈다.
③ 야당 총재의 국회의원직 제명으로 촉발되었다.
④ 관련 기록물이 세계 기록 유산으로 등재되었다.
⑤ 이승만이 대통령에서 물러나는 결과를 가져왔다.

50 다음 선언을 발표한 정부의 통일 노력으로 옳은 것은? [3점]

> 나는 오늘 온 겨레의 염원인 조국의 평화적 통일을 실현해 나가기 위한 새 공화국의 정책을 밝히려 합니다. 우리 민족이 남북 분단의 고통을 겪어온 지 반세기가 가까워 옵니다. …… 민족자존과 통일번영의 새 시대를 열어나갈 것임을 약속하면서 다음과 같은 정책을 추진해 나갈 것을 내외에 선언합니다.
>
> ……
>
> 셋째, 남북 간 교역의 문호를 개방하고 남북 간 교역을 민족 내부 교역으로 간주한다.
>
> ……
>
> 여섯째, 한반도의 평화를 정착시킬 여건을 조성하기 위하여 북한이 미국, 일본 등 우리 우방과의 관계를 개선하는 데 협조할 용의가 있으며 또한 우리는 소련, 중국을 비롯한 사회주의 국가들과의 관계 개선을 추구한다.

① 남북 조절 위원회를 구성하였다.
② 개성공업 지구 건설에 합의하였다.
③ 10 · 4 남북 정상 선언을 발표하였다.
④ 남북한이 국제 연합(UN)에 동시 가입하였다.
⑤ 남북 이산가족 고향 방문을 최초로 실현하였다.

제62회 

한국사능력검정시험

2022. 12. 시행

은쌤의 한눈 분석!

1~25번 26~50번

시대별 출제 비중 및 핵심 키워드

전근대 30문항

선사시대 2문항
청동기 시대, 부여

고대시대 7문항
금관가야, 고구려 소수림왕의 업적, 익산 미륵사지 석탑, 삼국 통일 과정(백제 멸망~고구려 부흥 운동), 발해, 신라 신문왕의 업적, 신라 무신 장보고

고려시대 8문항
고려 태조 왕건의 업적, 고려의 경제 상황, 고려의 문화유산, 고려와 거란과의 항쟁, 고려 후기 원 간섭기의 사회상, 무신정변, 삼별초, 고려 성리학자 이색

조선시대 13문항
조선과 여진의 대외 관계, 조선 태종의 업적, 승정원, 조선 문신 신숙주, 조선 세종의 업적, 대동법, 한양 도성, 임진왜란, 명종 재위 기간의 사실, 수원 화성, 조선 후기 실학자 홍대용과 박지원, 조선 후기 문화, 의궤

근현대 20문항

개항기 7문항
신미양요, 광무개혁, 동학 농민 운동, 조·미 수호 통상 조약, 신민회, 독립 운동가 헐버트, 독립협회

일제 강점기 5문항
1920년대 사회 운동, 하와이 지역의 독립운동, 독립 운동가 양세봉과 지청천, 일제 식민 통치 3기(1930~40년대), 대한민국 임시 정부

현대사회 6문항
제주 4·3사건, 6·25 전쟁, 장면 내각(3차 개헌 이후), 박정희 정부, 5·18 민주화 운동, 대한민국 정부의 통일 정책

기타 2문항
우리나라 역사 속 관리 선발 제도(통사), 과거제와 현량과(통사)

분류별 출제 비중

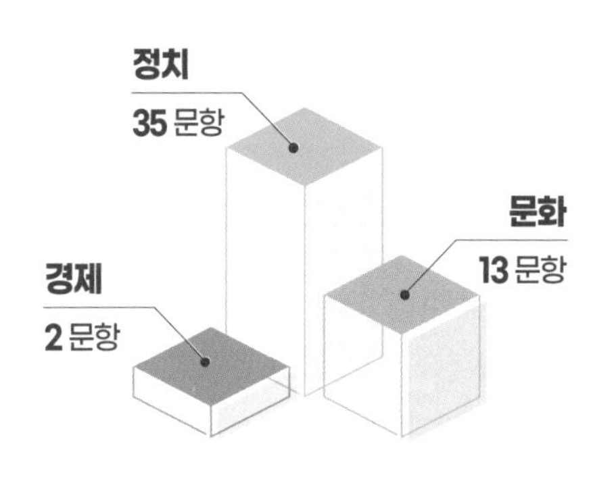

난이도별 출제 비중

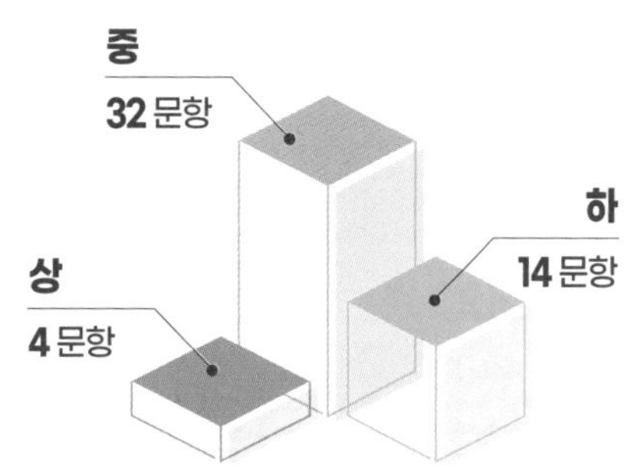

은쌤's 기출 한 줄 평

이전 회차에서 나온 적 없는 생소한 자료와 선지들이 출제된 어려운 시험이다.

제62회 한국사능력검정시험 기출문제

01 (가) 시대의 생활 모습으로 옳은 것은? [1점]

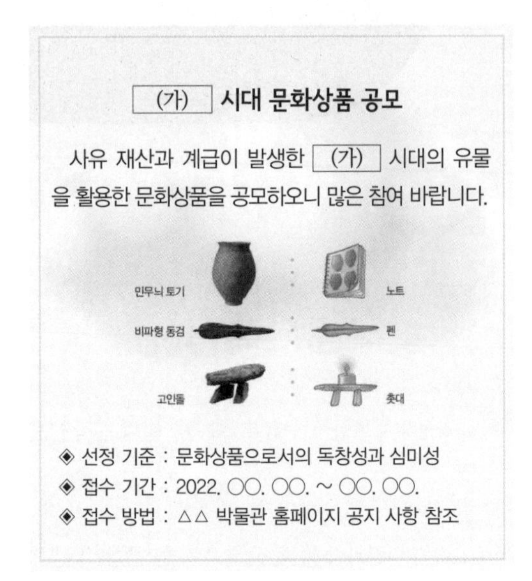

① 반달 돌칼로 벼를 수확하였다.
② 주로 동굴이나 막집에서 거주하였다.
③ 소를 이용한 깊이갈이가 일반화되었다.
④ 호미, 쇠스랑 등의 철제 농기구를 제작하였다.
⑤ 가락바퀴와 뼈바늘을 이용하여 옷을 만들기 시작하였다.

02 (가)에 들어갈 내용으로 옳은 것은? [2점]

지도에 표시된 쑹화강 유역을 중심으로 성장한 이 나라는 평원과 구릉, 넓은 못이 많았습니다. 농업과 목축을 생업으로 하며 12월에 영고라는 제천 행사를 열었습니다. 이 나라에 대해 알고 있는 내용을 대화창에 올려 주세요.

① 정사암에 모여 재상을 선출하였어요.
② 여러 가(加)가 별도로 사출도를 다스렸어요.
③ 읍락 간의 경계를 중시하는 책화가 있었어요.
④ 사회 질서를 유지하기 위해 범금 8조를 두었어요.
⑤ 제사장인 천군과 신성 지역인 소도가 존재하였어요.

03 (가) 나라에 대한 설명으로 옳은 것은? [2점]

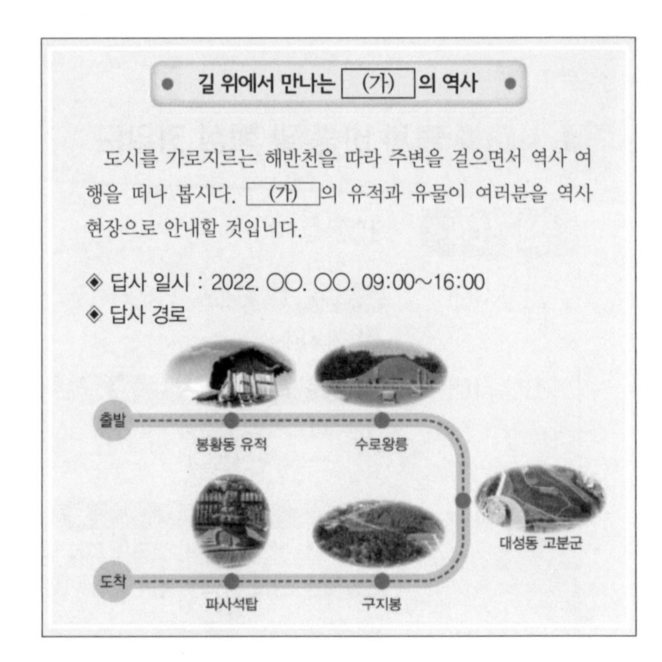

① 덩이쇠를 화폐처럼 사용하였다.
② 한 무제의 공격으로 멸망하였다.
③ 혼인 풍속으로 민며느리제가 있었다.
④ 골품에 따라 관등 승진에 제한이 있었다.
⑤ 빈민을 구제하기 위해 진대법을 시행하였다.

04 밑줄 그은 '왕'에 대한 설명으로 옳은 것은? [2점]

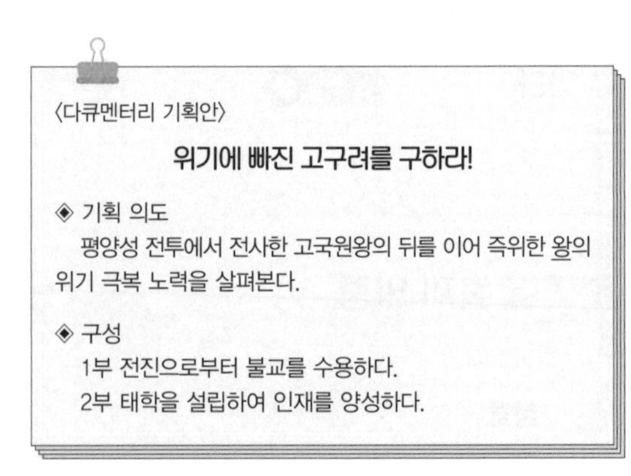
〈다큐멘터리 기획안〉

위기에 빠진 고구려를 구하라!

◈ 기획 의도
평양성 전투에서 전사한 고국원왕의 뒤를 이어 즉위한 왕의 위기 극복 노력을 살펴본다.

◈ 구성
1부 전진으로부터 불교를 수용하다.
2부 태학을 설립하여 인재를 양성하다.

① 평양으로 수도를 옮겼다.
② 병부와 상대등을 설치하였다.
③ 22담로에 왕족을 파견하였다.
④ 고흥에게 서기를 편찬하게 하였다.
⑤ 율령을 반포하여 통치 체제를 정비하였다.

05 밑줄 그은 '이 탑'으로 옳은 것은? [3점]

◆ 유물 이야기 ◆

금제 사리봉영기가 남긴 고대사의 수수께끼

2009년 이 탑의 해체 수리 중에 사리장엄구와 금제 사리봉영기가 발견되었다. 사리봉영기에는 "우리 백제 왕후께서는 좌평 사택적덕의 따님으로 …… 가람을 세우시고 기해년 정월 29일에 사리를 받들어 맞이하셨다."라는 명문이 있어 큰 주목을 받았다. 이 탑을 세운 주체가 삼국유사에 나오는 선화 공주가 아니라 백제 귀족의 딸로 밝혀져 서동 왕자와 선화 공주 설화의 진위 여부에 대한 논란이 일어나기도 하였다.

③

⑤

06 (가), (나) 사이의 시기에 있었던 사실로 옳은 것은? [3점]

(가) 왕은 당과 신라 군사들이 이미 백강과 탄현을 지났다는 소식을 듣고 장군 계백을 시켜 결사대 5천 명을 거느리고 황산으로 가서 신라 군사와 싸우게 하였다. 네 번 싸워서 모두 이겼으나 군사가 적고 힘이 모자라서 마침내 패하고 계백이 사망하였다.

(나) 검모잠이 국가를 부흥하려고 하여 당을 배반하고 왕의 외손 안승을 세워 왕으로 삼았다. 당 고종이 대장군 고간을 보내 동주도 행군총관으로 삼고 병력을 내어 그들을 토벌하게 하니 안승이 검모잠을 죽이고 신라로 달아났다.

① 당이 안동도호부를 요동으로 옮겼다.
② 성왕이 관산성 전투에서 전사하였다.
③ 신라군이 기벌포에서 당군을 격파하였다.
④ 김춘추가 당과의 군사 동맹을 성사시켰다.
⑤ 복신과 도침이 부여풍을 왕으로 추대하였다.

07 (가) 국가에 대한 설명으로 옳은 것은? [1점]

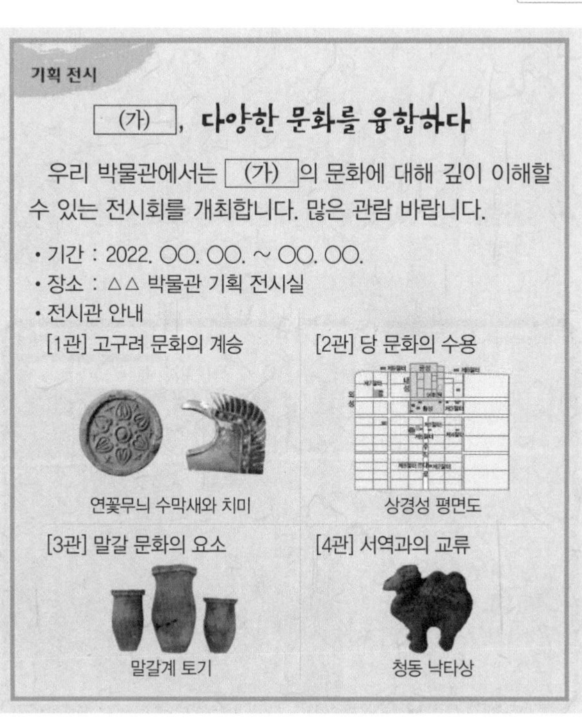

① 후당과 오월에 사신을 파견하였다.
② 주자감을 설치하여 인재를 양성하였다.
③ 9서당과 10정의 군사 조직을 운영하였다.
④ 화백 회의에서 국가의 중대사를 논의하였다.
⑤ 내신좌평, 위사좌평 등 6좌평의 관제를 마련하였다.

08 (가)에 들어갈 내용으로 옳은 것은? [2점]

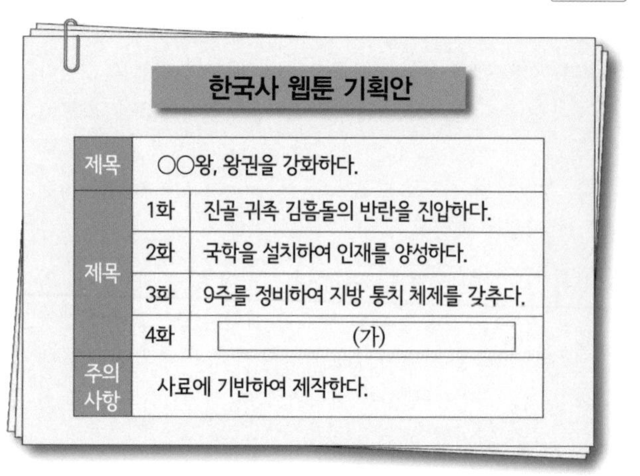

한국사 웹툰 기획안

제목	○○왕, 왕권을 강화하다.	
제목	1화	진골 귀족 김흠돌의 반란을 진압하다.
	2화	국학을 설치하여 인재를 양성하다.
	3화	9주를 정비하여 지방 통치 체제를 갖추다.
	4화	(가)
주의 사항	사료에 기반하여 제작한다.	

① 관료전을 지급하고 녹읍을 폐지하다.
② 마립간이라는 칭호를 처음 사용하다.
③ 이사부를 보내 우산국을 복속시키다.
④ 화랑도를 국가적 조직으로 개편하다.
⑤ 이차돈의 순교를 계기로 불교를 공인하다.

09 밑줄 그은 '이 인물'에 대한 설명으로 옳은 것은? [2점]

① 구법 순례기인 왕오천축국전을 지었다.
② 진성 여왕에게 시무책 10여 조를 올렸다.
③ 청해진을 중심으로 해상 무역을 전개하였다.
④ 9산 선문 중의 하나인 가지산문을 개창하였다.
⑤ 한자의 음과 훈을 차용한 이두를 체계적으로 정리하였다.

10 밑줄 그은 '왕'의 정책으로 옳은 것은? [2점]

> 왕이 천덕전에 거둥하여 백관을 모아놓고 말하기를, "내가 신라와 굳게 동맹을 맺은 것은 두 나라가 길이 우호를 유지하고 각자의 사직(社稷)을 보전하기 위해서였다. 지금 신라왕이 굳이 신하로 있겠다고 요청하고 그대들도 그것이 옳다고 하니, 나의 마음이 매우 부끄러우나 여러 사람의 뜻을 거스르기가 어렵다."라고 하였다. 이에 신라왕이 뜰에서 예를 올리니 여러 신하가 하례하여 함성이 궁궐을 진동하였다. …… 신라국을 없애 경주라 하고, 그 지역을 김부의 식읍으로 하사하였다.

① 빈민 구제 기관인 흑창을 설치하였다.
② 12목을 설치하고 지방관을 파견하였다.
③ 국자감에 7재라는 전문 강좌를 운영하였다.
④ 광덕, 준풍 등의 독자적 연호를 사용하였다.
⑤ 전시과 제도를 마련하여 관리에게 토지를 지급하였다.

11 (가)에 대한 역대 왕조의 대응으로 옳은 것은? [2점]

> 함길도 도절제사 김종서에게 전지하기를, "동북 지역의 경계는 공험진(公嶮鎭)으로 삼았다는 말이 전하여 온 지가 오래다. 그러나 정확하게 어느 곳에 있는지 알지 못한다. …… 고려사에 이르기를, '윤관이 공험진에 비를 세워 경계를 삼았다.'고 하였다. 지금 듣건대 선춘점(先春岾)에 윤관이 세운 비가 있다 하는데, 공험진이 선춘점의 어느 쪽에 있는가. 그 비문을 사람을 시켜 찾아볼 수 있겠는가. …… 윤관이 (가) 을/를 쫓고 9성을 설치하였는데, 그 성이 지금 어느 성이며, 공험진의 어느 쪽에 있는가. 거리는 얼마나 되는가. 듣고 본 것을 아울러 써서 아뢰라."라고 하였다.

① 신라 문무왕 때 청방인문표를 보내어 인질의 석방을 요구하였다.
② 고려 우왕 때 나세, 심덕부 등이 진포에서 크게 물리쳤다.
③ 고려 창왕 때 박위를 파견하여 근거지를 토벌하였다.
④ 조선 태종 때 경성과 경원에 무역소를 설치하여 회유하였다.
⑤ 조선 광해군 때 기유약조를 체결하여 무역을 재개하였다.

12 (가) 국가의 경제 상황으로 옳은 것은? [2점]

이것은 양산 통도사 국장생 석표입니다. 통도사의 경계를 표시하기 위해 세운 석표 중 하나로 '상서호부(尙書戶部)의 승인으로 세웠다'는 내용이 새겨져 있습니다. 국사·왕사 제도를 두어 불교를 장려했던 (가) 시대에 국가와 사찰의 관계를 파악할 수 있는 문화유산입니다.

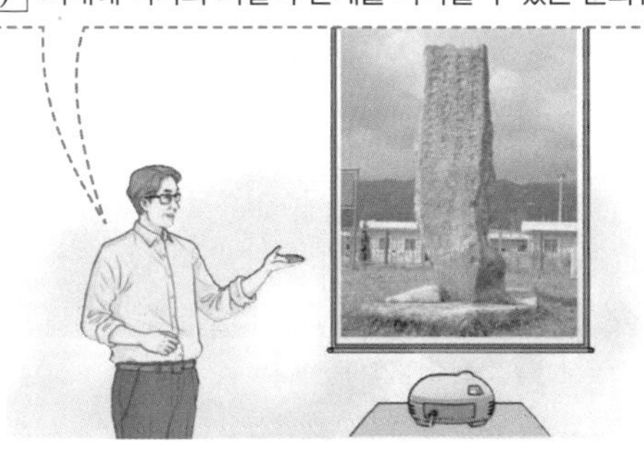

① 삼한통보, 해동통보 등이 발행되었다.
② 특산품으로 솔빈부의 말이 유명하였다.
③ 만상이 대청 무역으로 부를 축적하였다.
④ 시장을 감독하는 관청인 동시전이 설치되었다.
⑤ 광산을 전문적으로 경영하는 덕대가 등장하였다.

13 (가) 국가의 문화유산으로 옳은 것을 〈보기〉에서 고른 것은? [2점]

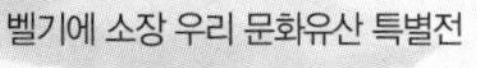

벨기에 소장 우리 문화유산 특별전

■ 기간 : 2022. ○○. ○○. ~ ○○. ○○.
■ 장소 : △△ 박물관 기획 전시실

초대의 글

우리 박물관에서는 국내에 들여와 보존 처리를 마친 벨기에 왕립예술역사박물관 소장 (가) 의 공예품 8점을 공개하는 특별전을 개최합니다.

이번 전시에서는 (가) 의 대표적 문화유산인 상감청자 6점을 비롯하여 청동 정병, 금동 침통 등을 자세히 감상할 수 있도록 전시 공간을 연출하였으니 많은 관심 바랍니다.

〈보 기〉

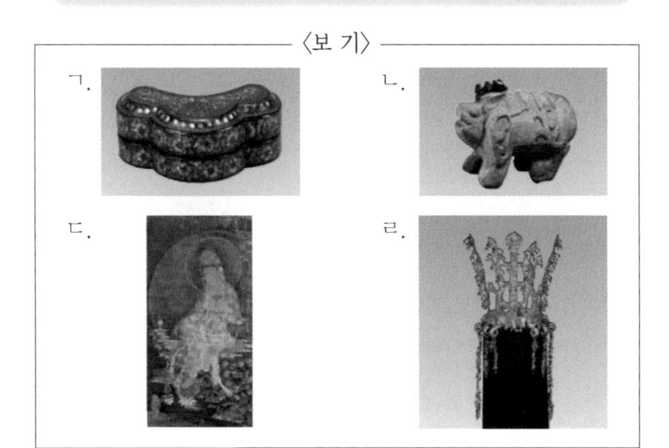

① ㄱ, ㄴ ② ㄱ, ㄷ ③ ㄴ, ㄷ ④ ㄴ, ㄹ ⑤ ㄷ, ㄹ

14 (가) 시기에 있었던 사실로 옳은 것은? [2점]

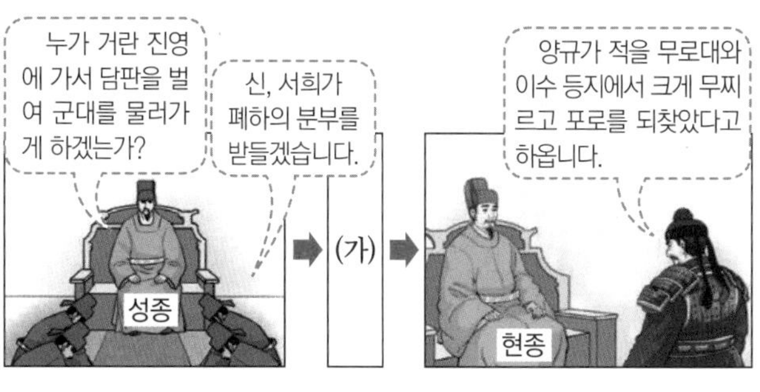

① 묘청이 서경에서 난을 일으켰다.
② 이자겸이 척준경에 의해 축출되었다.
③ 강조가 정변을 일으켜 국왕을 폐위하였다.
④ 김윤후가 처인성에서 살리타를 사살하였다.
⑤ 다인철소의 주민들이 충주에서 항전하였다.

15 다음 상황이 나타난 시기의 사회 모습으로 옳은 것은? [1점]

제국 대장 공주가 일찍이 잣과 인삼을 [원의] 강남 지역으로 보내 많은 이익을 얻었다. 나중에는 환관을 각지에 파견하여 잣과 인삼을 구하게 하였다. 비록 나오지 않는 땅이라 하더라도 강제로 거두니 백성들이 매우 괴로워하였다.

① 원종과 애노가 사벌주에서 봉기하였다.
② 대각국사 의천이 해동 천태종을 개창하였다.
③ 지배층을 중심으로 변발과 호복이 유행하였다.
④ 기근에 대비하기 위해 구황촬요가 간행되었다.
⑤ 국난 극복을 기원하며 초조 대장경이 조판되었다.

16 다음 사건의 배경으로 가장 적절한 것은? [2점]

조위총이 동·북 양계(兩界)의 여러 성에 격문을 돌려 군사를 불러 모아 말하기를, "소문에 따르면 개경의 중방(重房)에서 '북계의 여러 성은 거칠고 사나운 무리를 많이 거느리고 있으니 토벌해야 한다.'고 논의하고 이미 많은 병력을 동원했다고 하니 어찌 가만히 앉아서 스스로 죽을 수 있겠는가? 각자 군사와 말을 규합하여 빨리 서경으로 달려와야 한다."라고 하였다.

① 노비 만적이 반란을 모의하였다.
② 정중부, 이의방 등이 정변을 일으켰다.
③ 신돈이 전민변정도감의 판사가 되었다.
④ 망이, 망소이 등이 명학소에서 봉기하였다.
⑤ 최충헌이 교정도감을 설치하여 국정을 총괄하였다.

17 (가) 군사 조직에 대한 설명으로 옳은 것은? [1점]

처음에 최우가 나라 안에 도적이 많음을 근심하여 용사들을 모아 매일 밤 순행하면서 포악한 짓들을 금하였는데, 이로 인하여 이름을 야별초(夜別抄)라고 하였다. 도적들이 여러 도에서도 일어났으므로 별초를 나누어 보내 이들을 잡게 하였다. 그 군사가 매우 많아 마침내 나누어 좌우로 삼았다. 또 우리나라 사람으로서 몽골로부터 도망쳐 돌아온 자들을 한 부대로 삼아 신의군(神義軍)이라고 불렀는데, 이들이 (가) 이/가 되었다.

① 광군사의 통제를 받았다.
② 정미 7조약에 의해 해산되었다.
③ 4군 6진을 개척해 영토를 확장하였다.
④ 개경 환도 결정에 반발하여 항쟁하였다.
⑤ 유사시에 향토 방위를 담당하는 예비군이었다.

18 밑줄 그은 '그'에 대한 설명으로 옳은 것은? [3점]

초상화로 보는 한국사

이 그림은 고려 말 삼은(三隱) 중 한 사람인 목은(牧隱)의 초상화이다. 이곡(李穀)의 아들인 그는 고려와 원의 과거에 합격했으며, 문하시중 등의 관직을 역임하였다. 고려 후기 성리학의 보급에 노력한 대표적 인물로 평가된다. 이 초상화는 당시의 관복을 충실하게 표현하여 보물로 지정되었다.

① 역옹패설과 사략을 저술하였다.
② 왕명에 의해 삼국사기를 편찬하였다.
③ 문헌공도를 설립하여 유학 교육에 힘썼다.
④ 불교 개혁을 주장하며 수선사 결사를 제창하였다.
⑤ 성균관의 대사성이 되어 정몽주 등을 학관으로 천거하였다.

19 (가) 왕의 재위 시기에 있었던 사실로 옳은 것은? [2점]

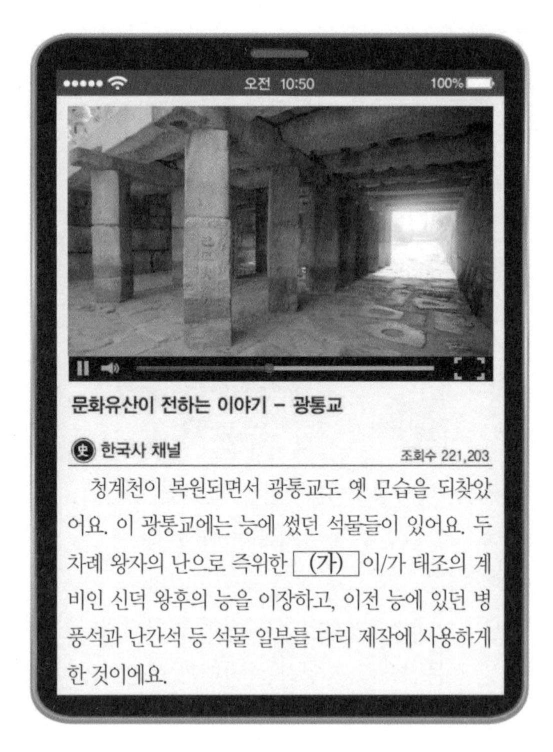

청계천이 복원되면서 광통교도 옛 모습을 되찾았어요. 이 광통교에는 능에 썼던 석물들이 있어요. 두 차례 왕자의 난으로 즉위한 (가) 이/가 태조의 계비인 신덕 왕후의 능을 이장하고, 이전 능에 있던 병풍석과 난간석 등 석물 일부를 다리 제작에 사용하게 한 것이에요.

① 최무선의 건의로 화통도감이 설치되었다.
② 조선의 기본 법전인 경국대전이 완성되었다.
③ 국방 문제를 논의하기 위한 비변사가 설치되었다.
④ 세계 지도인 혼일강리역대국도지도가 제작되었다.
⑤ 한양을 기준으로 한 역법서인 칠정산이 간행되었다.

20 밑줄 그은 '이 기구'에 대한 설명으로 옳은 것은? [2점]

이 책은 1870년에 편찬된 은대조례입니다. 서문에서 흥선 대원군은 은대라고 불린 이 기구의 업무 처리 규정을 일목요연하게 정리하였으니 앞으로 승지들의 사무에 나침반이 될 것이라고 밝혔습니다.

① 왕명의 출납을 관장하였다.
② 사간원, 사헌부와 함께 3사로 불렸다.
③ 천문 연구, 기상 관측 등의 일을 맡았다.
④ 실록을 보관하고 관리하는 업무를 담당하였다.
⑤ 국왕 직속 사법 기구로 강상죄, 반역죄 등을 처결하였다.

21 다음 검색창에 들어갈 인물의 활동으로 옳은 것은? [3점]

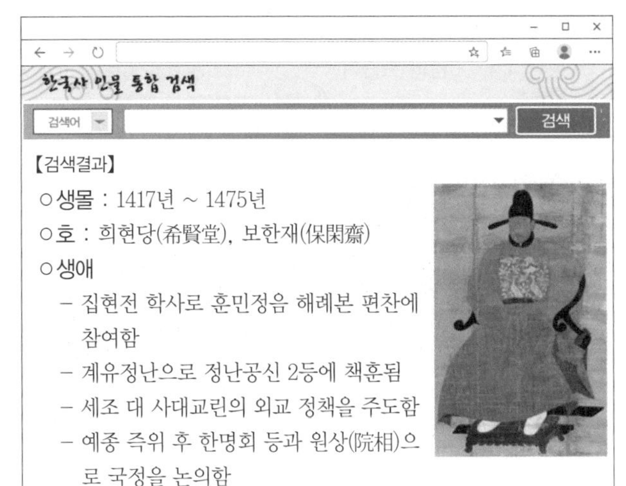
한국사 인물 통합 검색

검색어 | 검색

【검색결과】

○생몰 : 1417년 ~ 1475년

○호 : 희현당(希賢堂), 보한재(保閑齋)

○생애

- 집현전 학사로 훈민정음 해례본 편찬에 참여함
- 계유정난으로 정난공신 2등에 책훈됨
- 세조 대 사대교린의 외교 정책을 주도함
- 예종 즉위 후 한명회 등과 원상(院相)으로 국정을 논의함

① 기해 예송에서 기년설을 주장하였다.
② 반정 공신의 위훈 삭제를 건의하였다.
③ 향촌의 풍속 교화를 위해 예안 향약을 시행하였다.
④ 최초로 100리 척을 사용한 동국지도를 제작하였다.
⑤ 일본의 정치, 사회, 지리 등을 정리한 해동제국기를 저술하였다.

22 (가) 왕이 추진한 정책으로 옳은 것은? [3점]

□□ 신문

제△△호 ○○○○년 ○○월 ○○일

관현맹(管絃盲) 공연, 경복궁에서 재현

조선 시대 관현맹의 공연을 재현하는 행사가 경복궁 수정전 에서 개최되었다. 관현맹은 궁중 잔치에서 연주한 시각장애인 악사인데, 박연의 상소를 계기로 (가) 때 관직과 곡식을 받게 되었다. 이번 공연에서는 (가) 이/가 작곡한 여민락(與民樂)을 시작으로 여러 곡이 연주되었다.

① 창덕궁에 신문고를 처음 설치하였다.
② 삼수병으로 구성된 훈련도감을 창설하였다.
③ 붕당 정치의 폐단을 경계하고자 탕평비를 세웠다.
④ 통치 체제를 정비하기 위해 대전통편을 간행하였다.
⑤ 유교 윤리의 보급을 위해 삼강행실도를 편찬하였다.

23 다음 상인이 등장한 배경으로 가장 적절한 것은? [1점]

(앞면)

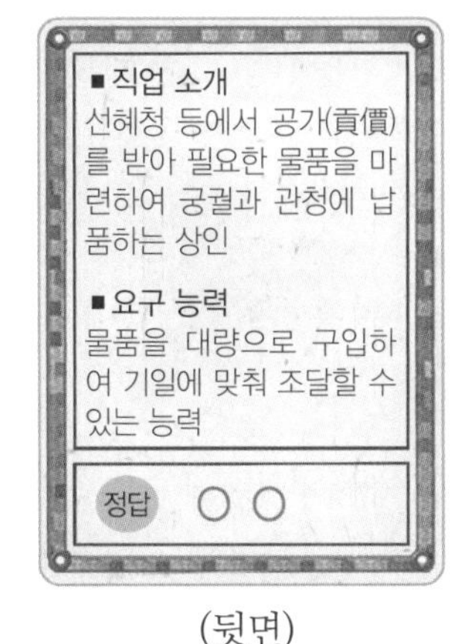

(뒷면)

① 관수 관급제가 시행되었다.
② 금속 화폐인 건원중보가 주조되었다.
③ 근대적 상회사인 대동 상회가 설립되었다.
④ 공납의 폐단을 시정하기 위해 대동법이 실시되었다.
⑤ 육의전을 제외한 시전 상인의 금난전권이 폐지되었다.

24 밑줄 그은 '이 성곽'에 대한 설명으로 옳지 않은 것은? [2점]

이 성곽은 한성부 도심의 경계를 표시하고 외부의 침입을 방어하기 위해 축조되었습니다. 총 둘레는 약 18km로 4대문과 4소문 및 암문, 수문, 여장, 옹성 등의 시설을 갖추고 있습니다.

① 개국 초기 정도전 등이 설계하였다.
② 도성조축도감이 축조를 관장하였다.
③ 후금의 침입에 맞서 정봉수가 항전한 곳이다.
④ 조선 시대 축성 기술의 변화 과정이 잘 나타나 있다.
⑤ 일제 강점기 도시 정비 계획을 구실로 크게 훼손되었다.

25 다음 전투 이후에 전개된 사실로 옳은 것은? [2점]

권율이 정병 4천 명을 뽑아 행주산 위에 진을 치고는 책(柵)을 설치하여 방비하였다. …… 적은 올려다보고 공격하는 처지가 되어 탄환도 맞히지 못하는데 반해 호남의 씩씩한 군사들은 모두 활쏘기를 잘하여 쏘는 대로 적중시켰다. …… 적이 결국 패해 후퇴하였다.

-『선조수정실록』-

① 최영이 홍산에서 대승을 거두었다.
② 이순신이 한산도 대첩에서 승리하였다.
③ 휴전 회담의 결렬로 정유재란이 시작되었다.
④ 이종무가 왜구의 근거지인 쓰시마를 정벌하였다.
⑤ 신립이 탄금대에서 배수의 진을 치고 왜군에 항전하였다.

26 밑줄 그은 '임금'의 재위 기간에 있었던 사실로 옳은 것은? [3점]

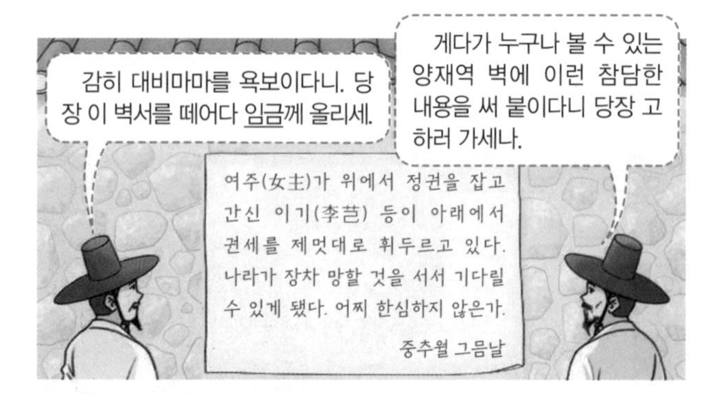

① 사림이 동인과 서인으로 나뉘었다.
② 외척 간의 대립으로 을사사화가 일어났다.
③ 서인이 반정을 일으켜 정권을 장악하였다.
④ 김종직 등 사림이 중앙 정계에 진출하기 시작하였다.
⑤ 폐비 윤씨 사사 사건의 전말이 알려져 김굉필 등이 처형되었다.

27 (가) 문화유산에 대한 설명으로 옳은 것을 〈보기〉에서 고른 것은? [2점]

〈보 기〉

ㄱ. 고종이 아관파천 이후 환궁한 곳이다.
ㄴ. 포루, 공심돈 등 방어 시설을 갖추었다.
ㄷ. 당백전을 발행하여 건설 비용에 충당하였다.
ㄹ. 정약용이 고안한 거중기 등을 이용하여 축조되었다.

① ㄱ, ㄴ ② ㄱ, ㄷ ③ ㄴ, ㄷ ④ ㄴ, ㄹ ⑤ ㄷ, ㄹ

28 (가), (나)를 쓴 인물의 공통점으로 옳은 것은? [2점]

(가) 실옹이 웃으며 말하기를, "…… 대저 땅덩이는 하루 동안에 한 바퀴를 도는데, 땅 둘레는 9만 리이고 하루는 12시이다. 9만 리 넓은 둘레를 12시간에 도니 번개나 포탄보다도 더 빠른 셈이다."라고 하였다.

(나) 허생이 말하기를, "우리 조선은 배가 외국과 통하지 못하고, 수레가 국내에 두루 다니지 못하는 까닭에 온갖 물건이 나라 안에서 생산되어 소비되곤 하지 않나. …… 어떤 물건 하나를 슬그머니 독점한다면, 그 물건은 한 곳에 갇혀서 유통되지 못하니 이는 백성을 못살게 하는 방법이야."라고 하였다.

① 갑술환국으로 정계에서 축출되었다.
② 양명학을 연구하여 강화학파를 형성하였다.
③ 서얼 출신으로 규장각 검서관에 기용되었다.
④ 연행사의 일원으로 청에 다녀와 연행록을 남겼다.
⑤ 농민 생활의 안정을 위하여 화폐 사용을 반대하였다.

29 밑줄 그은 '시기'에 볼 수 있는 모습으로 옳지 않은 것은? [1점]

이 그림은 책과 함께 도자기, 문방구 등이 놓인 책가를 그린 책가도입니다. 책가도가 유행한 시기에는 다양한 주제의 민화가 왕실과 사대부뿐만 아니라 서민들에게도 인기를 끌었습니다.

① 판소리를 구경하는 농민
② 탈춤 공연을 벌이는 광대
③ 장시에서 물품을 파는 보부상
④ 한글 소설을 읽어주는 전기수
⑤ 벽란도에서 인삼을 사는 송의 상인

30 밑줄 그은 '이 사건'이 일어난 시기를 연표에서 옳게 고른 것은? [2점]

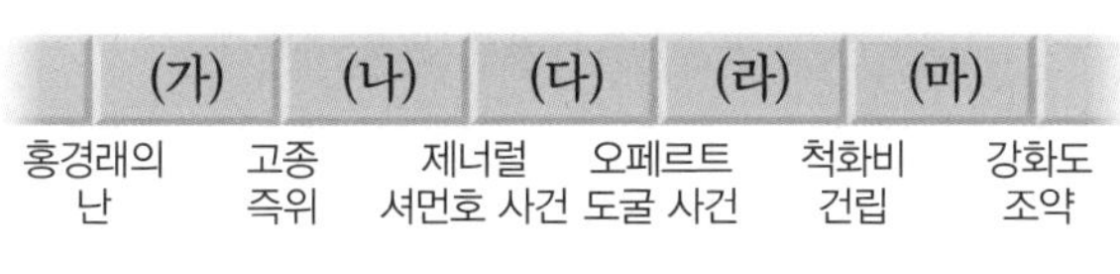

① (가) ② (나) ③ (다) ④ (라) ⑤ (마)

31 밑줄 그은 '개혁'에 해당하는 내용으로 옳은 것은? [2점]

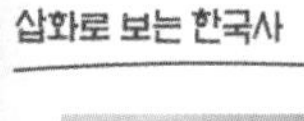

[해설]

이 그림은 프랑스 일간지에 실린 삽화로 파리 만국 박람회장에 설치된 한국관의 모습을 담고 있습니다. 경복궁 근정전을 재현한 한국관은 당시 언론의 관심을 끌었습니다. 황제로 즉위한 뒤 개혁을 추진하던 고종은 만국 박람회 참가를 통해 대한 제국을 세계에 소개하고, 서구의 산업과 기술을 받아들이고자 하였습니다.

① 건양이라는 연호를 사용하였다.
② 신식 군대인 별기군을 창설하였다.
③ 관립 의학교와 광제원을 설립하였다.
④ 박문국을 설치하여 한성순보를 발간하였다.
⑤ 한일 관계 사료집을 편찬하고 독립 공채를 발행하였다.

32 (가)에 들어갈 내용으로 옳은 것은? [2점]

① 교정청 설치
② 전봉준 체포
③ 13도 창의군 결성
④ 안핵사 이용태 파견
⑤ 남접과 북접의 연합

33 밑줄 그은 '조약'의 영향으로 가장 적절한 것은? [2점]

청의 알선으로 서양과 맺은 최초의 조약이 체결된 장소에 새로운 표석이 설치되었습니다. 기존 한글 안내판에 영어와 중국어 안내문을 추가한 이번 표석 설치는 개항기 대외 관계와 관련한 중요한 장소를 외국인에게도 널리 알리는 기회가 될 것으로 보입니다.

① 부산, 원산, 인천 항구가 개항되었다.
② 김홍집이 국내에 조선책략을 소개하였다.
③ 민영익을 대표로 한 보빙사가 파견되었다.
④ 일본 군함 운요호가 영종도를 공격하였다.
⑤ 개화 정책을 총괄하는 통리기무아문이 설치되었다.

34 교사의 질문에 대한 학생의 답변으로 옳은 것은? [2점]

① 민립 대학 설립 운동을 전개하였어요.
② 러시아의 절영도 조차 요구를 저지하였어요.
③ 파리 강화 회의에 독립 청원서를 제출하였어요.
④ 안창호, 양기탁 등이 비밀 결사로 조직하였어요.
⑤ 국문 연구소를 세워 한글의 문자 체계를 정리하였어요.

35 다음 인물의 활동으로 옳은 것은? [3점]

나는 23세 때 육영 공원의 교사로 조선에 와서 학생들을 가르쳤소. 고종의 특사가 되어 만국 평화 회의가 열린 헤이그를 방문하였고, 대한 제국 멸망사를 출간하기도 했소. 나는 한국인의 권리와 자유를 위해 싸워왔으며 한국인에 대한 사랑은 내 인생의 가장 소중한 가치라오. 나는 웨스트민스터 사원보다 한국 땅에 묻히기를 염원하오.

① 화폐 정리 사업을 주도하였다.
② 한글로 된 교재인 사민필지를 집필하였다.
③ 여성 교육 기관인 이화 학당을 설립하였다.
④ 친일 인사 스티븐스를 샌프란시스코에서 사살하였다.
⑤ 논설 단연보국채를 써서 국채 보상 운동에 적극 참여하였다.

36 (가) 단체의 활동으로 옳은 것은? [2점]

아들아, 제중원 의학교 1회 졸업생이 된 것을 축하한다. 백정의 아들로 태어나 차별을 극복하고 의사가 된다니 정말 자랑스럽구나.

10년 전 (가) 이/가 주관한 관민 공동회 개회식에서 당당하게 충군애국의 뜻을 밝히신 아버지의 연설에 감명을 받아 열심히 공부할 수 있었습니다.

① 일제의 황무지 개간권 요구를 저지하였다.
② 중추원 개편을 통한 의회 설립을 추진하였다.
③ 농촌 계몽을 위한 브나로드 운동을 전개하였다.
④ 외교 활동을 펼치기 위해 구미 위원부를 설치하였다.
⑤ 여성의 평등한 권리를 주장하는 여권통문을 발표하였다.

37 (가), (나) 사이의 시기에 있었던 사실로 옳은 것은? [2점]

> (가) 조선 사회 운동 단체인 정우회는 며칠 전 선언서를 발표하였다. 선언서에서 민족주의적 세력과 과도기적 동맹자적 관계를 구축해야 한다고 밝히고 타협과 항쟁을 분리시켜 사회 운동 본래의 사명을 잊지 말자는 것을 말하였다.

> (나) 조선 민족 운동의 중추 기관이 되려는 사명을 띠고 창립되었던 신간회가 비로소 첫 번째 전체 대회를 개최하였다. 그러나 간신히 열리는 전체 대회에서 해소 문제 토의를 최대 의제로 하세 된 것은 조선의 현 상황이 아니고서는 보기 어려운 기현상이다.

① 광주 학생 항일 운동이 일어났다.
② 임병찬이 독립 의군부를 조직하였다.
③ 독립군이 봉오동에서 큰 승리를 거두었다.
④ 도쿄 유학생들이 2 · 8 독립 선언서를 발표하였다.
⑤ 조선 민족 전선 연맹 산하에 조선 의용대가 창설되었다.

38 밑줄 그은 '이곳'에 해당하는 지역을 지도에서 옳게 고른 것은? [1점]

박용만은 1905년 국외로 떠난 이후 네브라스카주에서 대학을 다니며 독립군 양성 기관인 한인 소년병 학교를 창설하고, 국민개병설을 집필했습니다. 그후 이곳으로 건너와 대조선 국민군단을 조직하여 독립 전쟁을 준비했습니다.

대조선 국민군단이 사용한 건물과 군복을 입은 박용만

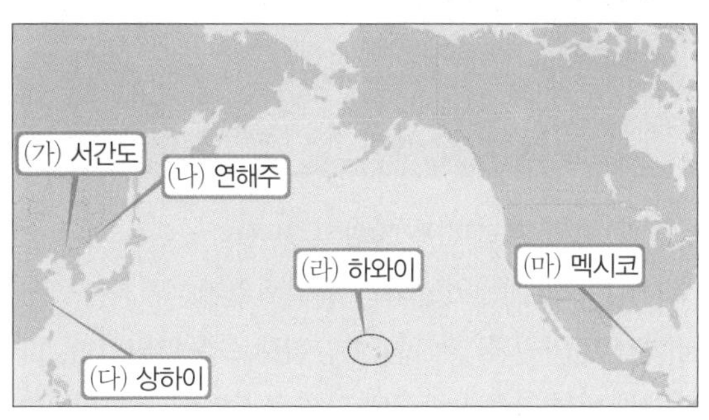

① (가) ② (나) ③ (다) ④ (라) ⑤ (마)

39 (가), (나) 인물에 대한 설명으로 옳은 것은? [3점]

① (가) – 조선 혁명 간부 학교를 설립하였다.
② (가) – 대한 광복회를 조직하여 친일파를 처단하였다.
③ (나) – 대전자령 전투에서 일본군에 대승을 거두었다.
④ (나) – 중광단을 중심으로 북로 군정서를 조직하였다.
⑤ (가), (나) – 황푸 군관 학교에 입학하여 군사 훈련을 받았다.

40 밑줄 그은 '시기'의 일제 정책으로 옳은 것은? [1점]

부평 공원 내에 있는 이 동상은 일제의 무기 공장인 조병창 등에 강제 동원된 노동자의 모습을 형상화한 작품입니다. 중일 전쟁 이후 침략 전쟁을 확대하던 시기에 일제는 한국인을 탄광, 군수 공장 등으로 끌고 가 열악한 환경에서 혹사시켰습니다.

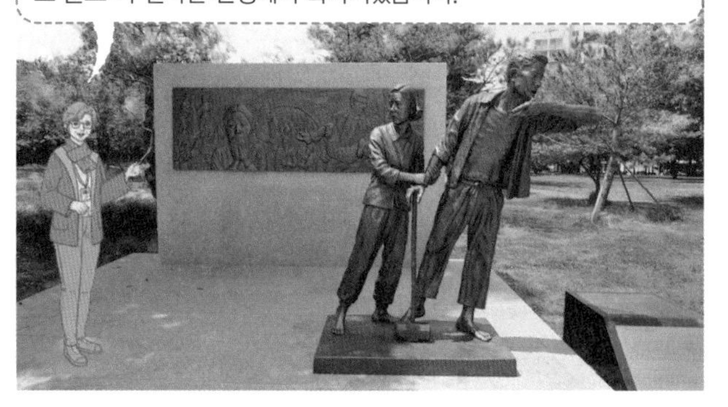

① 치안 유지법을 공포하였다.
② 토지 조사령을 제정하였다.
③ 헌병 경찰 제도를 실시하였다.
④ 식량 배급 및 미곡 공출제를 시행하였다.
⑤ 보통학교의 수업 연한을 4년으로 정하였다.

41 (가) 정부에 대한 설명으로 옳은 것은? [2점]

이것은 (가) 요인들의 가족이 중심이 되어 조직한 한국 혁명 여성 동맹의 창립 기념 사진입니다. 이 단체는 충칭에서 대일 선전 성명서를 발표한 (가) 의 독립운동을 지원하고 교육 활동 등에 주력하였습니다.

① 좌우 합작 7원칙을 발표하였다.
② 한인 자치 기관인 경학사를 조직하였다.
③ 조선 혁명 선언을 활동 지침으로 삼았다.
④ 한글 맞춤법 통일안과 표준어를 제정하였다.
⑤ 삼균주의를 기초로 한 건국 강령을 선포하였다.

42 (가) 사건에 대한 설명으로 옳은 것은? [2점]

① 유신 헌법의 철폐를 요구하였다.
② 통일 주체 국민 회의가 설치되는 결과를 가져왔다.
③ 희생자들의 명예 회복을 위한 특별법이 제정되었다.
④ 4 · 13 호헌 철폐와 독재 타도 등의 구호를 내세웠다.
⑤ 귀속 재산 처리를 위한 신한 공사 설립의 계기가 되었다.

43 (가) 전쟁 중 있었던 사실로 옳은 것은? [1점]

국민 보도 연맹 사건은 우리 현대사의 커다란 비극입니다. 좌우 대립의 혼란 속에서 수많은 사람들이 국민 보도 연맹에 가입되었고, (가) 의 와중에 영문도 모른 채 끌려 가 죽임을 당했습니다. 그리고 그 유가족들은 연좌제의 굴레에서 고통받으며 억울하다는 말 한마디 못한 채 수십 년을 지내야만 했습니다. 저는 대통령으로서 국가를 대표해서 당시 국가 권력이 저지른 불법 행위에 대해 진심으로 사과드립니다.

-「울산 국민 보도 연맹 사건 희생자 추모식에 보내는 편지」-

① 6 · 3 시위가 발생하였다.
② 애치슨 선언이 발표되었다.
③ 브라운 각서가 체결되었다.
④ 부마 민주 항쟁이 일어났다.
⑤ 인천 상륙 작전이 전개되었다.

44 밑줄 그은 '개헌안'이 발표된 이후의 사실로 옳은 것은? [3점]

① 반민족 행위 처벌법이 제정되었다.
② 제2차 미소 공동 위원회가 결렬되었다.
③ 국회가 민의원과 참의원의 양원제로 운영되었다.
④ 평화 통일론을 주장한 진보당의 조봉암이 구속되었다.
⑤ 유상 매수, 유상 분배 원칙의 농지 개혁법이 제정되었다.

45 다음 정부 시기에 볼 수 있는 모습으로 가장 적절한 것은? [2점]

① 최저 임금법 제정으로 최저 임금을 심의하는 위원
② 금융 실명제에 따라 신분증 제시를 요구하는 은행원
③ 한 · 칠레 자유 무역 협정(FTA)의 비준을 보도하는 기자
④ 전국 민주 노동조합 총연맹 창립 대회에 참가하는 노동자
⑤ 정부의 도시 정책에 반발해 시위를 하는 광주 대단지 이주민

46 (가) 민주화 운동에 대한 설명으로 옳은 것은? [1점]

이 곡은 (가) 기념식에서 제창하는 노래입니다. (가) 당시 계엄군에 맞서 시민군으로 활동하다 희생된 윤상원과 광주에서 야학을 운영하다 사망한 박기순의 영혼 결혼식에 헌정된 노래입니다. 여러 나라에서 민주화를 염원하는 사람들이 이 곡을 함께 부르고 있습니다.

① 시위 도중 대학생 이한열이 희생되었다.
② 경무대로 향하던 시위대가 경찰의 총격을 받았다.
③ 박종철 고문 치사 사건의 진상 규명을 요구하였다.
④ 신군부의 비상계엄 확대와 무력 진압에 저항하였다.
⑤ 3 · 1 민주 구국 선언을 통해 긴급 조치 철폐 등을 주장하였다.

47 (가), (나) 사이의 시기에 있었던 사실로 옳은 것은? [2점]

(가) 2. 남과 북은 나라의 통일을 위한 남측의 연합제 안과 북측의 낮은 단계의 연방제 안이 서로 공통성이 있다고 인정하고, 앞으로 이 방향에서 통일을 지향시켜 나가기로 하였다.
— 「6 · 15 남북 공동 선언」 —

(나) 4. 남과 북은 현 정전 체제를 종식시키고 항구적인 평화 체제를 구축해 나가야 한다는 데 인식을 같이하고 직접 관련된 3자 또는 4자 정상들이 한반도 지역에서 만나 종전을 선언하는 문제를 추진하기 위해 협력해 나가기로 하였다.
— 「10 · 4 남북 정상 선언」 —

① 남북 조절 위원회가 구성되었다.
② 7 · 4 남북 공동 성명이 발표되었다.
③ 개성 공업 지구 건설이 착공되었다.
④ 남북한 비핵화 공동 선언이 채택되었다.
⑤ 남북 이산가족 고향 방문단의 교환 방문이 최초로 성사되었다.

48 (가) 문화유산에 대한 설명으로 옳은 것을 〈보기〉에서 고른 것은? [2점]

저는 지금 파리에서 열린 한지 공예 특별전에 나와 있습니다. 이 작품은 영조와 정순 왕후의 혼례식 행렬을 1,100여 점의 닥종이 인형으로 재현한 것입니다. 조선 시대 왕실이나 국가의 큰 행사가 있을 때 일체의 관련 사실을 글과 그림으로 기록한 책인 (가) 을/를 바탕으로 제작되었습니다.

〈보 기〉

ㄱ. 사초와 시정기를 바탕으로 편찬되었다.
ㄴ. 연대순으로 기록하는 편년체로 구성되었다.
ㄷ. 왕의 열람을 위한 어람용이 따로 제작되었다.
ㄹ. 병인양요 당시 일부가 프랑스군에게 약탈되었다.

① ㄱ, ㄴ ② ㄱ, ㄷ ③ ㄴ, ㄷ ④ ㄴ, ㄹ ⑤ ㄷ, ㄹ

[49~50] 다음 자료를 읽고 물음에 답하시오.

(가) 처음으로 독서삼품을 정하여 관리를 선발하였다. 춘추좌씨전, 예기, 문선을 읽고 그 뜻에 능통하면서 아울러 논어와 효경에 밝은 자를 상품(上品)으로, 곡례와 논어, 효경을 읽은 자를 중품(中品)으로, 곡례와 효경을 읽은 자를 하품(下品)으로 하였다.

(나) 쌍기가 의견을 올리니 처음으로 ㉠이 제도를 마련하여 시행하였다. 시 · 부 · 송 및 시무책으로 시험하여 진사를 뽑았으며, 겸하여 명경업 · 의업 · 복업 등도 뽑았다.

(다) 조광조가 아뢰기를, "중앙에서는 홍문관 · 육경 · 대간, 지방에서는 감사와 수령이 천거한 사람들을 대궐에 모아 시험을 치르면 많은 인재를 얻을 수 있을 것입니다. ㉡이 제도는 한(漢)에서 시행한 현량방정과의 뜻을 이은 것입니다."라고 하였다.

(라) 제4조 의정부 및 각 부 판임관을 임명할 시에는 각기 관하 학도 및 외국 유학생 졸업자 중에서 시험을 거쳐 해당 주무 장관이 전권으로 임명한다. 단, 졸업자가 없을 시에는 문필과 산술이 있고 시무에 통달한 자로 시험을 거쳐서 임명한다.

49 (가)~(라)를 활용한 탐구 활동으로 적절한 것을 〈보기〉에서 고른 것은? [2점]

〈보 기〉

ㄱ. (가) – 최승로의 시무 28조를 받아들여 달라진 제도를 살펴본다.
ㄴ. (나) – 광종이 왕권 강화를 위해 추진한 정책에 대해 알아본다.
ㄷ. (다) – 중종 때 사림파 언관들이 제기한 주장을 조사해 본다.
ㄹ. (라) – 임술 농민 봉기를 수습하기 위한 정부의 대책을 파악한다.

① ㄱ, ㄴ ② ㄱ, ㄷ ③ ㄴ, ㄷ ④ ㄴ, ㄹ ⑤ ㄷ, ㄹ

50 밑줄 그은 ㉠, ㉡에 대한 설명으로 옳은 것은? [3점]

① ㉠ – 역분전이 제정되는 결과를 가져왔다.
② ㉠ – 지공거와 합격자 사이에 좌주와 문생 관계가 형성되었다.
③ ㉡ – 제술과, 명경과, 잡과, 승과로 구성되었다.
④ ㉡ – 성균관에서 보는 관시, 한성부에서 보는 한성시, 각 지방에서 보는 향시로 나뉘었다.
⑤ ㉠, ㉡ – 홍범 14조 반포를 계기로 시행되었다.

제61회 

한국사능력검정시험

2022. 10. 시행

시대별 출제 비중 및 핵심 키워드

전근대 27문항

선사시대 2문항
신석기 시대, 삼한

고대시대 8문항
백제의 정치 제도, 고구려 광개토 대왕의 업적, 신라 승려 원효, 고구려 장수왕의 남진 정책, 삼국 통일 과정(고구려 멸망~매소성 전투), 신라 하대의 사회상, 발해 무왕의 업적, 후고구려 궁예의 업적

고려시대 8문항
고려 태조 왕건의 업적, 묘청의 서경 천도 운동, 고려 후기 무신 집권기의 사회상, 고려 후기 원 간섭기의 사회상, 고려의 경제 상황, 고려의 대몽 항쟁, 고려의 문화유산, 고려 무신 최무선

조선시대 9문항
조선 성종의 업적, 사화(갑자사화~기묘사화), 사헌부, 환국(경신·기사·갑술환국), 병자호란, 조선 후기 경제 상황, 조선 정조의 업적, 진주 민란, 조선 화원 김홍도

근현대 23문항

개항기 6문항
신미양요, 초기 개화 정책(강화도 조약~조·미 수호 통상 조약), 임오군란, 국어학자 주시경, 국채 보상 운동, 신민회

일제 강점기 8문항
일제 식민 통치 1기(1910년대), 대한 광복회, 3·1 운동, 대한민국 임시 정부, 일제 식민 통치 3기(1930~40년대), 일제 강점기 종교계의 활동, 조선 의용대, 북간도 지역의 독립운동

현대사회 6문항
미군정 시기의 사회상, 6·25 전쟁, 박정희 정부(3선 개헌 이후), 5·18 민주화 운동, 김영삼 정부, 김대중 정부

기타 3문항
우리 역사 속의 승려(통사), 우리나라 역사서의 편찬 순서(통사), 우리나라 역사서(통사)

분류별 출제 비중

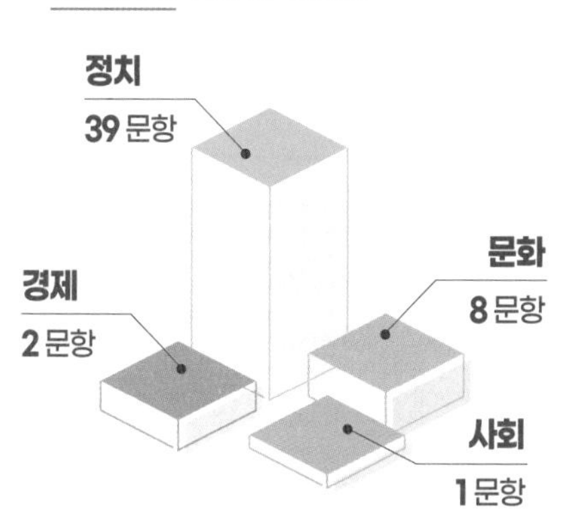

난이도별 출제 비중

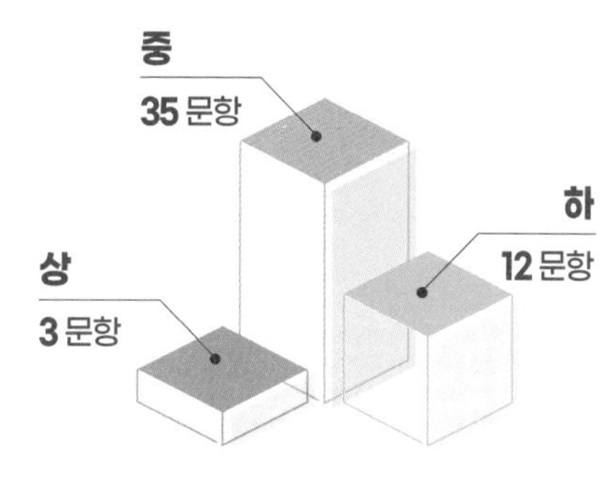

은쌤's 기출 한 줄 평

약간 어려운 문항들이 출제되었지만, 전체적으로 평이한 난이도이다!

제61회 한국사능력검정시험 기출문제

01 (가) 시대의 생활 모습으로 옳은 것은? [1점]

① 주로 동굴이나 막집에 거주하였다.
② 고인돌, 돌널무덤 등을 축조하였다.
③ 명도전을 이용하여 중국과 교역하였다.
④ 농경과 목축을 통하여 식량을 생산하였다.
⑤ 비파형 동검과 거친무늬 거울 등을 제작하였다.

02 (가) 나라에 대한 설명으로 옳은 것은? [1점]

① 신성 지역인 소도가 존재하였다.
② 연의 장수 진개의 공격을 받았다.
③ 혼인 풍습으로 민며느리제가 있었다.
④ 여러 가(加)들이 별도로 사출도를 주관하였다.
⑤ 특산물로 단궁, 과하마, 반어피가 유명하였다.

03 다음 자료에 해당하는 국가에 대한 설명으로 옳은 것은? [2점]

> ㅇ벼슬은 16품계가 있다. 좌평은 5명으로 1품, 달솔은 30명으로 2품, 은솔은 3품, 덕솔은 4품, 한솔은 5품, 나솔은 6품이다. 6품 이상은 관(冠)을 은으로 만든 꽃으로 장식하였다.
>
> ㅇ그 나라의 지방에는 5방이 있다. 중방은 고사성, 동방은 득안성, 남방은 구지하성, 서방은 도선성, 북방은 웅진성이라 한다.
>
> -『주서』-

① 골품에 따라 관등 승진에 제한을 두었다.
② 제가 회의에서 국가 중대사를 결정하였다.
③ 지방 장관으로 욕살, 처려근지 등이 있었다.
④ 위화부, 영객부 등의 중앙 관서를 설치하였다.
⑤ 왕족인 부여씨와 8성 귀족이 지배층을 이루었다.

04 다음 검색창에 들어갈 왕에 대한 설명으로 옳은 것은? [2점]

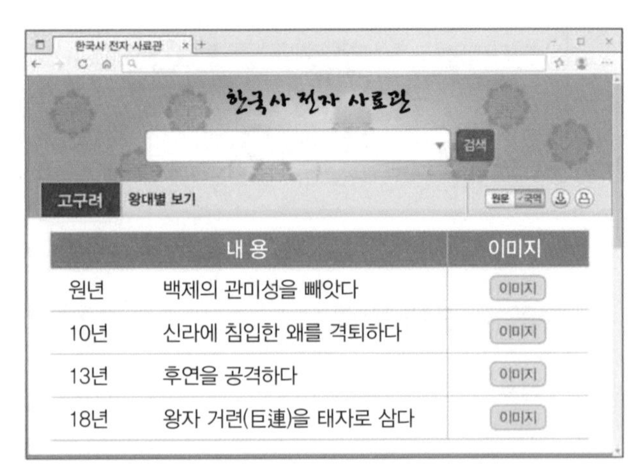

	내 용	이미지
원년	백제의 관미성을 빼앗다	이미지
10년	신라에 침입한 왜를 격퇴하다	이미지
13년	후연을 공격하다	이미지
18년	왕자 거련(巨連)을 태자로 삼다	이미지

① 영락이라는 연호를 사용하였다.
② 태학을 설립하여 인재를 양성하였다.
③ 낙랑군을 축출하여 영토를 확장하였다.
④ 을파소를 등용하고 진대법을 시행하였다.
⑤ 당의 침입에 대비하여 천리장성을 축조하였다.

05 (가) 인물의 활동으로 옳은 것은? [1점]

① 일심 사상과 화쟁 사상을 주장하였다.
② 구법 순례기인 왕오천축국전을 남겼다.
③ 황룡사 구층 목탑의 건립을 건의하였다.
④ 왕명으로 수에 군사를 청하는 걸사표를 지었다.
⑤ 승려들의 전기를 정리한 해동고승전을 편찬하였다.

06 다음 상황이 나타난 배경으로 옳은 것은? [3점]

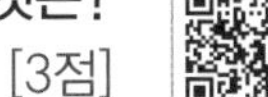

연흥 2년에 여경[개로왕]이 처음으로 사신을 보내 표를 올렸다. "신의 나라는 고구려와 함께 부여에서 나왔으므로 우호가 돈독하였는데, 고구려의 선조인 쇠[고국원왕]가 우호를 가벼이 깨트리고 직접 군사를 지휘하여 우리의 국경을 짓밟았습니다. 신의 선조인 수[근구수왕]는 군대를 정비하고 공격하여 쇠의 머리를 베어 높이 매다니, 이후 감히 남쪽을 엿보지 못하였습니다. 그런데 고구려가 점점 강성해져 침략하고 위협하니 원한이 쌓였고 전쟁의 참화가 30여 년 이어졌습니다. …… 속히 장수를 보내 구원하여 주십시오."

－『위서』－

① 을지문덕이 살수에서 승리하였다.
② 동성왕이 나제 동맹을 강화하였다.
③ 성왕이 관산성 전투에서 전사하였다.
④ 계백의 결사대가 황산벌에서 패배하였다.
⑤ 장수왕이 평양으로 천도하고 남진을 추진하였다.

07 (가), (나) 사이의 시기에 있었던 사실로 옳은 것은? [3점]

(가) 고구려의 대신 연정토가 12성과 3,500여 명의 백성을 거느리고 [신라에] 항복해 왔다. 왕이 연정토와 그를 따르는 관리 24명에게 의복 · 물품 · 식량 · 집을 주었다.

(나) 이근행이 군사 20만 명을 이끌고 매소성에 주둔하였다. 신라 군사가 공격하여 달아나게 하고 말 3만여 필을 얻었는데, 남겨 놓은 병장기의 수도 그 정도 되었다.

① 윤충이 대야성을 공격하여 함락하였다.
② 문무왕이 안승을 보덕왕으로 책봉하였다.
③ 김춘추가 당과의 군사 동맹을 성사시켰다.
④ 연개소문이 정변을 일으켜 권력을 장악하였다.
⑤ 부여풍이 왜군과 함께 백강에서 당군에 맞서 싸웠다.

08 다음 가상 대화 이후에 있었던 사실로 옳은 것은? [2점]

며칠 전에 웅천주 도독 김헌창이 난을 일으켜 나라 이름을 장안이라 하고 연호를 경운으로 정했다더군.

그의 아버지가 왕이 되지 못한 것에 불만을 품은 모양이야.

① 거칠부가 국사를 편찬하였다.
② 이사부가 우산국을 정복하였다.
③ 관료전이 지급되고 녹읍이 폐지되었다.
④ 원종과 애노가 사벌주에서 봉기하였다.
⑤ 이차돈의 순교를 계기로 불교가 공인되었다.

09 밑줄 그은 '왕'의 정책으로 옳은 것은? [1점]

① 빈민 구제를 위해 흑창을 설치하였다.
② 12목에 지방관을 처음으로 파견하였다.
③ 외침에 대비하여 개경에 나성을 축조하였다.
④ 관학 진흥을 목적으로 양현고를 운영하였다.
⑤ 쌍기의 건의를 수용하여 과거제를 시행하였다.

10 다음 시나리오에 등장하는 왕의 업적으로 옳은 것은? [2점]

#36. 궁궐 안
왕이 분노에 찬 표정으로 대문예에게 말하고 있다.
왕 : 흑수 말갈이 몰래 당에 조공하였으니, 이는 당과 공모하여 앞뒤로 우리를 치려는 것이다. 군대를 이끌고 가서 흑수 말갈을 정벌하라.
대문예 : 당에 조공하였다 하여 그들을 바로 공격한다면 이는 당에 맞서는 것입니다. 하루아침에 당과 원수를 지면 멸망을 자초할 수 있습니다.

① 장문휴를 보내 등주를 공격하였다.
② 9서당 10정의 군사 조직을 갖추었다.
③ 사비로 천도하고 국호를 남부여로 고쳤다.
④ 지방관을 감찰하고자 외사정을 파견하였다.
⑤ 고구려 유민을 모아 동모산에서 나라를 세웠다.

11 (가)에 들어갈 인물에 대한 설명으로 옳은 것은? [2점]

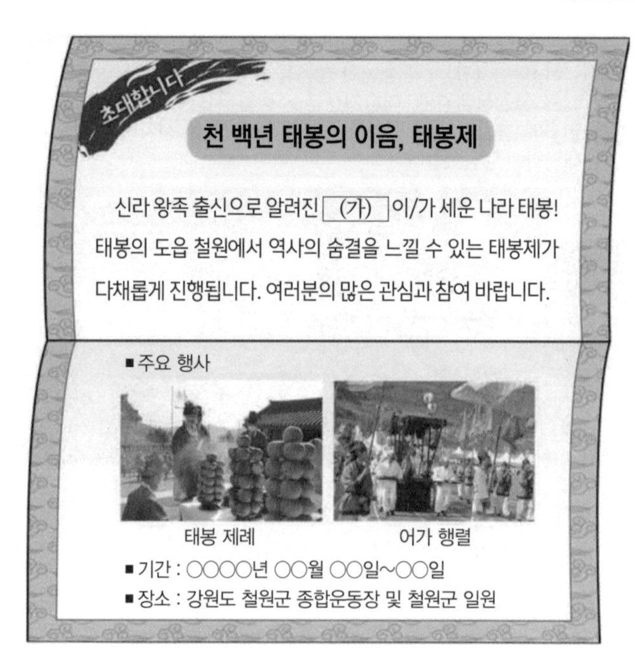

① 발해를 멸망시킨 거란을 적대시하였다.
② 미륵불을 자처하며 왕권을 강화하였다.
③ 신라를 공격하여 경애왕을 죽게 하였다.
④ 노비안검법을 시행하여 재정을 확충하였다.
⑤ 청해진을 설치하여 해상 무역을 장악하였다.

12 밑줄 그은 이 사건이 일어난 시기를 연표에서 옳게 고른 것은? [2점]

문학으로 만나는 한국사

비 개인 긴 언덕에는 풀빛이 푸른데
남포에서 님 보내며 슬픈 노래 부르네
대동강 물은 그 언제 다할 것인가
이별의 눈물 해마다 푸른 물결에 더하는 것을

이 시의 제목은 '송인(送人)'으로, 고려 시대의 문인 정지상이 서경을 배경으로 지은 작품이다. 서경 출신인 그는 묘청 등과 함께 수도를 서경으로 옮길 것을 주장하였다. 이로 인해 개경 세력과 정치적으로 대립하던 중 이 사건이 일어나자 김부식에 의해 죽임을 당하였다.

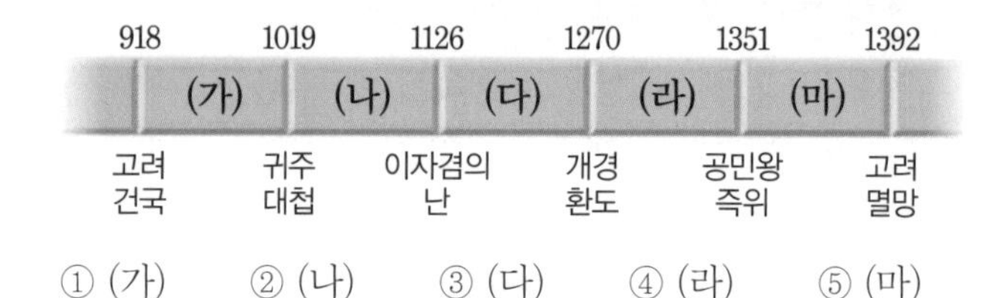

① (가) ② (나) ③ (다) ④ (라) ⑤ (마)

13 (가), (나) 사이의 시기에 있었던 사실로 옳은 것은? [2점]

(가) 최충헌 형제가 왕을 협박하여 창락궁에 유폐하고 태자 왕숙은 강화도로 유배 보냈다.

(나) 유경이 최의를 죽인 뒤, 왕에게 아뢰어 정방을 편전 옆에 두어 인사권을 장악하고, 국가의 주요 사무를 모두 결정하였다.

① 강조가 정변을 일으켜 김치양을 제거하였다.
② 배중손이 이끄는 삼별초가 진도에서 항전하였다.
③ 만적이 개경에서 노비를 모아 반란을 모의하였다.
④ 조위총이 군사를 일으켜 정중부 등의 제거를 도모하였다.
⑤ 김보당이 의종 복위를 주장하며 동계에서 군사를 일으켰다.

14 밑줄 그은 '이 시기'에 볼 수 있는 모습으로 옳은 것은? [1점]

이것은 수령 옹주 묘지명입니다. 왕족인 왕온의 부인이었던 그녀는 남편을 일찍 잃고 3남 1녀를 홀로 키웠으나, 딸이 공녀로 원에 끌려가자 그 슬픔으로 병을 얻어 세상을 떠났습니다. 수령 옹주가 살았던 <u>이 시기</u>에는 많은 여성이 공녀로 끌려갔습니다.

① 농사직설을 편찬하는 학자
② 초조대장경을 조판하는 장인
③ 정동행성에서 회의하는 관리
④ 삼강행실도를 읽고 있는 양반
⑤ 백운동 서원에서 공부하는 유생

15 (가)~(라) 승려에 대한 설명으로 옳은 것은? [3점]

○ (가) 은/는 화엄 사상의 요지를 정리한 「화엄일승법계도」를 저술하였다. 또한 부석사를 비롯한 여러 사원을 건립하였고, 현세의 고난에서 구제받고자 하는 관음 신앙을 강조하였다.

○ (나) 은/는 귀법사의 주지로서, 왕명에 따라 민중을 교화하고 불법을 널리 펴기 위해 노력하였다. 또한 향가인 「보현십원가」 11수를 지어 화엄 사상을 대중에게 전파하였다.

○ (다) 은/는 문종의 아들로 태어나 11세에 출가하였다. 31세에 송으로 건너가 고승들과 불법을 토론하고 불교 서적을 수집하여 귀국하였다. 국청사를 중심으로 천태종을 창시하였으며, 교선 통합을 사상적으로 뒷받침하기 위해 교관겸수를 제창하였다.

○ (라) 은/는 12세에 출가하였다. 수행상의 제약을 넘어서기 위해서는 천태의 교리에 의지해야 한다는 깨달음을 얻었다. 법화 신앙을 바탕으로 강진 만덕사에서 백련 결사를 결성하였다.

① (가) – 심성의 도야를 강조한 유불 일치설을 주장하였다.
② (나) – 정혜쌍수와 돈오점수를 수행 방법으로 제시하였다.
③ (다) – 불교 경전에 대한 주석서를 모아 교장을 편찬하였다.
④ (라) – 9산 선문 중 하나인 가지산문을 개창하였다.
⑤ (가)~(라) – 승과에 합격하고 왕사에 임명되었다.

16 (가) 국가의 경제 상황으로 옳은 것은? [1점]

이 작품은 이규보가 예성강 하구의 정경을 묘사한 시입니다. 이곳에 있던 벽란도는 (가) 의 국제 무역항으로 송과 아라비아 상인들이 왕래할 정도로 번성했습니다.

조수가 들고나니
오고 가는 배의 꼬리가 이어졌구나
아침에 이 누각 밑을 떠나면
한낮이 되지 않아
돛대는 남만(南蠻)에 이르도다
사람들은 배를 보고
물 위의 역마라고 하지만
바람처럼 달리는 준마도
이보다 빠르지는 못하리

① 송상이 전국 각지에 송방을 두었다.
② 활구라고 불리는 은병을 주조하였다.
③ 동시전을 설치하여 시장을 감독하였다.
④ 담배, 면화, 생강 등 상품 작물을 널리 재배하였다.
⑤ 일본과 교역을 위해 부산포, 염포, 제포를 개항하였다.

17 (가)에 대한 고려의 대응으로 옳은 것은? [2점]

> 김윤후가 충주산성 방호별감이 되었는데 (가) 의 군대가 쳐들어 와 충주성을 70여 일간 포위하였다. 군량이 거의 바닥나자 김윤후가 군사들에게 "만약 힘내 싸운다면 귀천을 가리지 않고 모두 관작을 내리겠다."라고 하였다. 마침내 관노비의 문서를 불태우고 노획한 소와 말을 나누어 주었다. 사람들이 모두 죽음을 무릅쓰고 싸우니 적의 기세가 꺾여 남쪽으로 침략하는 것을 막을 수 있었다.

① 윤관을 보내 동북 9성을 축조하였다.
② 박위로 하여금 쓰시마섬을 정벌하게 하였다.
③ 서희가 외교 담판을 통해 강동 6주를 획득하였다.
④ 최우가 강화도로 수도를 옮겨 장기 항전에 대비하였다.
⑤ 최영이 철령위 설치에 반발하여 요동 정벌을 추진하였다.

18 밑줄 그은 '문화유산'으로 옳지 않은 것은? [3점]

이것은 고려 시대에 만들어진 나전 합입니다. 고려에 온 송의 사신 서긍이 솜씨가 세밀하여 귀하다고 평가할 정도로 고려의 나전칠기 기술은 매우 뛰어났습니다. 이 나전 합을 비롯해 고려 시대에는 다양한 문화유산이 만들어졌습니다.

① 
청동 은입사 포류수금문 정병

② 
부석사 소조여래좌상

③ 
청자 상감운학문 매병

④ 
월정사 팔각 구층 석탑

⑤ 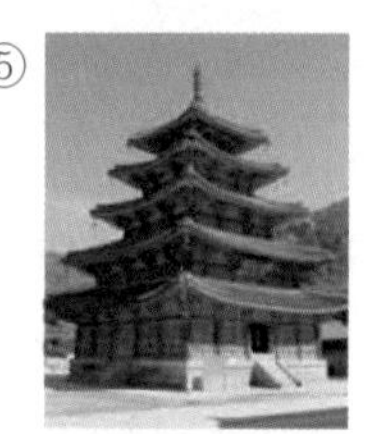
법주사 팔상전

19 (가)에 들어갈 내용으로 가장 적절한 것은? [2점]

★ 역사 인물 다큐멘터리 기획안 ★

화약 무기 연구의 선구자, ○○○

1. 기획 의도
중국의 군사 기밀이었던 화약 제조 기술을 습득해 우리나라 최초로 화약의 자체 생산에 성공한 ○○○. 그의 활동을 통해 국방 과학 기술의 중요성을 되새겨 본다.

2. 장면
#1. 중국인 이원에게 염초 제조법을 배우다
#2. (가)
#3. 나세, 심덕부 등과 함께 진포에서 왜구를 크게 격퇴하다
⋮

① 신기전과 화차를 개발하다
② 화통도감의 설치를 건의하다
③ 불랑기포를 활용하여 평양성을 탈환하다
④ 조총 부대를 이끌고 나선 정벌에 참여하다
⑤ 발화장치를 활용한 비격진천뢰를 발명하다

20 다음 대화에 등장하는 왕의 재위 시기에 있었던 사실로 옳은 것은? [2점]

① 주자소가 설치되어 계미자가 주조되었다.
② 전통 한의학을 집대성한 동의보감이 완성되었다.
③ 통치 체제를 정비하기 위해 속대전이 간행되었다.
④ 한양을 기준으로 역법을 정리한 칠정산이 제작되었다.
⑤ 전국의 지리, 풍속 등이 수록된 동국여지승람이 편찬되었다.

21 (가), (나) 사이의 시기에 있었던 사실로 옳은 것은? [3점]

(가) 윤필상, 유순 등이 폐비(廢妃) 윤씨의 시호를 의논하며 "시호와 휘호를 함께 의논하겠습니까?"라고 아뢰니, "시호만 정하는 것이 합당하겠다."라고 하였다. …… 승정원에 전교하기를 "폐비할 때 의논에 참여한 재상 궁궐에서 나갈 때 시위한 재상, 사약을 내릴 때 나가 참여한 재상 등을 승정원일기에서 조사하여 아뢰라."라고 하였다.

(나) 의정부에 하교하기를 "조광조 등이 서로 결탁하여, 자신들에게 붙는 자는 천거하고 자신들과 뜻이 다른 자는 배척해서 …… 후진을 유인하여 궤격(詭激)*이 버릇되게 하고, 일을 의논할 때 이에도 조금만 이의를 세우면 반드시 극심한 말로 배척하여 꺾어서 따르게 하였다. …… 조광조·김정 등을 원방(遠方)에 안치하라."라고 하였다.

*궤격(詭激) : 언행이 정상을 벗어나고 격렬함

① 성삼문 등이 단종의 복위를 꾀하였다.
② 외척 간의 대립으로 윤임이 제거되었다.
③ 이괄이 난을 일으켜 한양을 점령하였다.
④ 성희안 일파가 반정을 통해 연산군을 몰아내었다.
⑤ 조의제문이 발단이 되어 김일손 등이 화를 입었다.

22 (가) 기구에 대한 설명으로 옳은 것은? [2점]

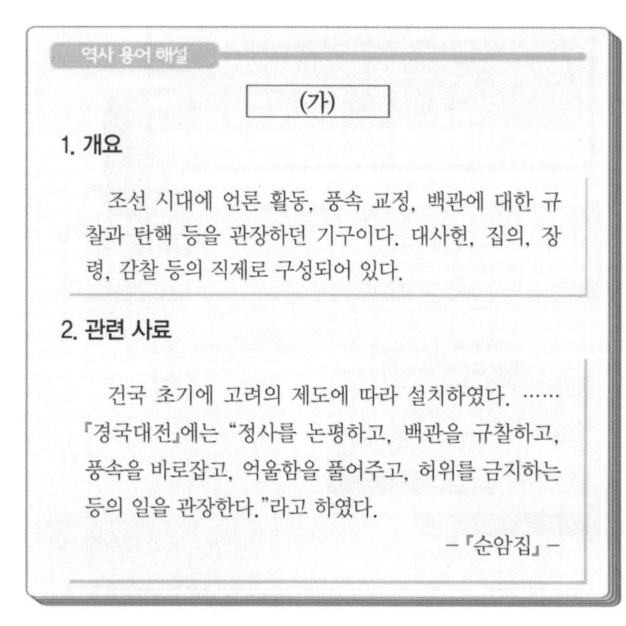

역사 용어 해설

(가)

1. 개요

조선 시대에 언론 활동, 풍속 교정, 백관에 대한 규찰과 탄핵 등을 관장하던 기구이다. 대사헌, 집의, 장령, 감찰 등의 직제로 구성되어 있다.

2. 관련 사료

건국 초기에 고려의 제도에 따라 설치하였다. …… 『경국대전』에는 "정사를 논평하고, 백관을 규찰하고, 풍속을 바로잡고, 억울함을 풀어주고, 허위를 금지하는 등의 일을 관장한다."라고 하였다.

－『순암집』－

① 업무 일지인 내각일력을 작성하였다.
② 고려의 삼사와 같은 기능을 수행하였다.
③ 은대(銀臺), 후원(喉院)이라고도 불리었다.
④ 임진왜란을 거치면서 국정 전반을 총괄하였다.
⑤ 5품 이하의 관리 임명에 대한 서경권을 행사하였다.

23 (가)~(다)를 일어난 순서대로 옳게 나열한 것은? [3점]

(가) 임금이 궐내에 있던 기름 먹인 장막을 허적이 벌써 가져갔음을 듣고 노하여 이르기를, "궐내에서 쓰는 것을 마음대로 가져가는 것은 한명회도 못하던 짓이다."라고 하였다. …… 임금이 허적의 당파가 많아 기세가 당당하다는 말을 듣고 그들을 제거하고자 결심하였다.

(나) 비망기를 내려, "국운이 안정되어 왕비가 복위하였으니, 백성에게 두 임금이 없는 것은 고금을 통한 의리이다. 장씨의 왕후 지위를 거두고 옛 작호인 희빈을 내려 주되, 세자가 조석으로 문안하는 예는 폐하지 않도록 하라."라고 하였다.

(다) 임금이 말하기를, "송시열은 산림의 영수로서 나라의 형세가 험난한 때에 감히 원자(元子)의 명호를 정한 것이 너무 이르다고 하였으니, 삭탈 관작하고 성문 밖으로 내쳐라. 반드시 송시열을 구하려는 자가 있겠지만, 그런 자는 비록 대신이라 하더라도 용서하지 않을 것이다."라고 하였다.

① (가) － (나) － (다)
② (가) － (다) － (나)
③ (나) － (가) － (다)
④ (나) － (다) － (가)
⑤ (다) － (나) － (가)

24 밑줄 그은 '전란' 중에 있었던 사실로 옳은 것은? [2점]

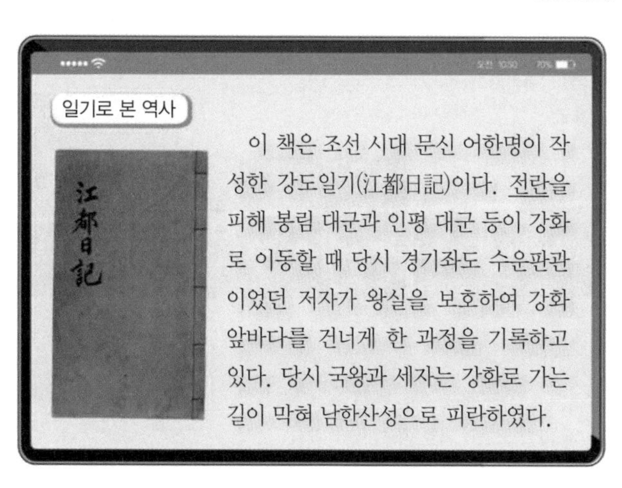

이 책은 조선 시대 문신 어한명이 작성한 강도일기(江都日記)이다. <u>전란</u>을 피해 봉림 대군과 인평 대군 등이 강화로 이동할 때 당시 경기좌도 수운판관이었던 저자가 왕실을 보호하여 강화 앞바다를 건너게 한 과정을 기록하고 있다. 당시 국왕과 세자는 강화로 가는 길이 막혀 남한산성으로 피란하였다.

① 정문부가 길주에서 의병을 이끌었다.
② 강홍립이 사르후 전투에 참전하였다.
③ 김시민이 진주성에서 적군을 크게 물리쳤다.
④ 임경업이 백마산성에서 적의 침입에 대비하였다.
⑤ 최윤덕이 올라산성에서 이만주 부대를 정벌하였다.

25 다음 기사에 나타난 시기의 경제 상황으로 옳은 것은? [2점]

> **역사 신문**
>
> 제△△호 ○○○○년 ○○월 ○○일
>
> **거상(巨商) 임상옥, 북경에서 인삼 무역으로 큰 수익**
>
> 연행사의 수행원으로 북경에 간 만상(灣商) 임상옥이 인삼 무역으로 큰 수익을 거두었다. 북경 상인들이 불매 동맹을 통해 인삼을 헐값에 사려 하자, 그는 가져가 인삼 보따리를 태우는 기지를 발휘해 북경 상인에게 인삼을 높은 가격에 매각하여 막대한 이익을 얻은 것이다.

① 삼한통보, 해동통보가 발행되었다.
② 솔빈부의 말이 특산물로 수출되었다.
③ 초량 왜관을 통해 일본과 교역하였다.
④ 당항성, 영암이 국제 무역항으로 번성하였다.
⑤ 경시서의 관리들이 수도의 시전을 감독하였다.

26 (가) 왕이 추진한 정책으로 옳은 것은? [1점]

① 경기도에 한하여 대동법을 시행하였다.
② 군역 부담을 줄이기 위해 균역법을 제정하였다.
③ 육의전을 제외한 시전 상인의 금난전권을 폐지하였다.
④ 제한된 규모의 무역을 허용한 계해약조를 체결하였다.
⑤ 현직 관리에게만 수조권을 지급하는 직전법을 실시하였다.

27 다음 자료에 나타난 사건에 대한 설명으로 옳은 것은? [2점]

> 진주 안핵사 박규수에게 하교하기를, "얼마 전에 있었던 진주의 일은 전에 없던 변괴였다. 관원은 백성을 달래지 못하였고, 백성은 패악한 습관을 버리지 못하였다. 누가 그 허물을 책임져야 하겠는가. 신중을 기하여 혹시 한 사람이라도 억울하게 처벌받는 일이 없게 하라. 그리고 포리(逋吏)*를 법에 따라 처벌할 경우 죄인을 심리하여 처단할 방법을 상세히 구별하라."라고 하였다.
>
> *포리(逋吏) : 관아의 물건을 사사로이 써버린 아전

① 홍경래, 우군칙 등이 주도하였다.
② 남접과 북접이 연합하여 전개되었다.
③ 삼정이정청이 설치되는 계기가 되었다.
④ 우정총국 개국 축하연을 이용하여 일어났다.
⑤ 윤원형 일파가 정국을 주도한 시기에 발생하였다.

28 (가) 인물의 작품으로 옳은 것은? [2점]

이 작품은 단원 (가) 이/가 그린 추성부도(秋聲賦圖)로, 인생의 허망함과 쓸쓸함을 묘사한 글인 추성부를 그림으로 표현했습니다. 죽음을 앞둔 노년에 자신의 심정을 나타낸 것으로 보입니다. 도화서 화원 출신인 그는 풍속화, 산수화, 인물화 등 다양한 분야에서 뛰어난 작품을 남겼습니다.

①

②
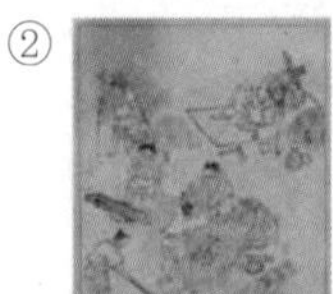

③

④
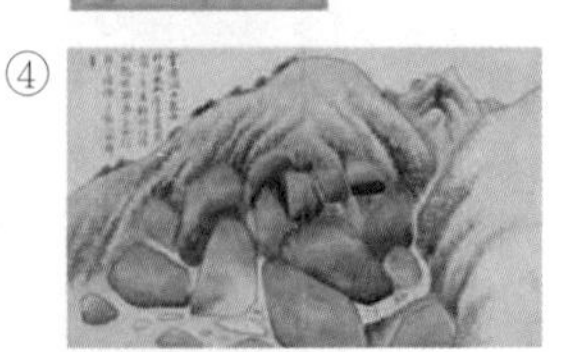

⑤

[29~30] 다음 자료를 읽고 물음에 답하시오.

(가) 우리 해동의 삼국도 역사가 오래되었으니 마땅히 책을 써야 합니다. 그러므로 폐하께서 이 늙은 신하에게 편찬하도록 하셨습니다. 폐하께서 이르시기를, "삼국은 중국과 통교하였으므로 『후한서』나 『신당서』에 모두 삼국의 열전이 있지만, 상세히 실리지 않았다. 우리의 옛 기록은 빠진 사실이 많아 후세에 교훈을 주기 어렵다. 그러므로 뛰어난 역사서를 완성하여 물려주고 싶다."라고 하셨습니다.

(나) 삼가 삼국 이후의 여러 역사서를 모으고 중국의 역사서에서 가려내어 연도에 따라 사실을 기록하였습니다. 범례는 『자치통감』에 의거하였고, 『자치통감강목』의 취지에 따라 번잡한 것은 줄이고 요령만 남겨두도록 힘썼습니다. 삼국이 서로 대치한 때는 삼국기라고 하였고, 신라가 통합한 시대는 신라기라고 하였으며, 고려 시대는 고려기라 하였고, 삼한 이전은 외기라고 하였습니다.

(다) 옛 성인은 예악으로 나라를 일으켰고 인의로 가르침을 폈으니 괴력난신은 말하지 않았다. 그러나 제왕이 일어날 때는 반드시 보통 사람과 다른 점이 있었고, 그러한 후에야 제왕의 지위를 얻고 대업을 이루었다. …… 그러므로 삼국의 시조가 모두 신이한 데서 나왔다고 해서 무엇이 괴이하다고 하겠는가. 이것이 책 첫머리에 기이편이 실린 까닭이다.

(라) 옛날에 고씨가 북쪽에 살면서 고구려라 하였고, 부여씨가 서남쪽에 살면서 백제라 하였으며, 박 · 석 · 김씨가 동남쪽에 살면서 신라라고 하였으니, 이것이 삼국이다. 그러니 마땅히 삼국사가 있어야 할 것이다. …… 부여씨가 망하고 고씨가 망하니 김씨가 그 남쪽 땅을 차지하고 대씨가 그 북쪽 땅을 차지하여 발해라 하였다. 이것을 남북국이라 한다. 그러니 마땅히 남북국사가 있어야 한다.

29 (가)~(라) 역사서를 편찬한 순서대로 옳게 나열한 것은? [3점]

① (가) - (나) - (다) - (라)
② (가) - (다) - (나) - (라)
③ (나) - (가) - (라) - (다)
④ (나) - (다) - (가) - (라)
⑤ (다) - (라) - (나) - (가)

30 (가)~(라) 역사서에 대한 설명으로 옳은 것을 〈보기〉에서 고른 것은? [2점]

〈보 기〉

ㄱ. (가) - 유교 사관에 입각하여 기전체 형식으로 저술하였다.
ㄴ. (나) - 사초와 시정기를 바탕으로 실록에서 편찬하였다.
ㄷ. (다) - 불교사를 중심으로 민간 설화 등을 수록하였다.
ㄹ. (라) - 고조선부터 고려까지의 역사를 편년체로 정리하였다.

① ㄱ, ㄴ ② ㄱ, ㄷ ③ ㄴ, ㄷ ④ ㄴ, ㄹ ⑤ ㄷ, ㄹ

31 (가) 사건 이후에 전개된 사실로 옳은 것은? [2점]

이곳은 어재연 장군과 그의 군사를 기리기 위해 조성된 충장사입니다. 어재연 장군의 부대는 (가) 때 광성보에서 로저스 제독이 이끄는 미군에 맞서 결사 항전하였지만 끝내 함락을 막지 못하였습니다.

① 종로와 전국 각지에 척화비가 세워졌다.
② 평양 관민이 제너럴 셔먼호를 불태웠다.
③ 한성근 부대가 문수산성에서 항전하였다.
④ 신유박해로 많은 천주교도가 처형되었다.
⑤ 오페르트가 남연군 묘 도굴을 시도하였다.

32 (가), (나) 조약 체결 사이의 시기에 있었던 사실로 옳은 것은? [3점]

(가) 제1관 조선국은 자주 국가로서 일본국과 평등한 권리를 보유한다. ……
제10관 일본국 인민이 조선국 지정의 각 항구에 머무르는 동안 죄를 범한 것이 조선국 인민에게 관계되는 사건은 모두 일본국 관원이 심리하여 판결한다. ……

(나) 제1관 앞으로 대조선국 군주와 대미국 대통령 및 그 인민은 각각 모두 영원히 화평하고 우애 있게 지낸다. ……
제5관 …… 미국 상인과 상선이 조선에 와서 무역을 할 때 입출항하는 화물은 모두 세금을 바쳐야 하며, 세금을 거두는 권한은 조선이 자주적으로 행사한다. ……

① 공사 노비법이 혁파되었다.
② 통리기무아문이 설치되었다.
③ 한성 전기 회사가 설립되었다.
④ 건양이라는 독자적인 연호가 채택되었다.
⑤ 지방 행정 구역이 8도에서 23부로 개편되었다.

33 다음 자료에 나타난 사건에 대한 설명으로 옳은 것은? [2점]

발신 : 조선 주재 공사 하나부사 요시모토(花房義質)
수신 : 외무경 이노우에 가오루(井上馨)

이달 23일 오후 5시 성난 군중 수백 명이 갑자기 공사관을 습격하여 돌을 던지고 총을 쏘며 방화함. 전력으로 방어한 지 7시간이 지났지만 원병이 오지 않았음. 한쪽을 돌파하여 왕궁으로 가려 해도 성문이 열리지 않았음. …… 성난 군중이 왕궁 및 민태호와 민겸호의 집도 습격했다고 들었음. …… 교관 호리모토 외 8명의 생사는 알 수 없음.

① 전주 화약이 체결되는 계기가 되었다.
② 입헌 군주제 수립을 목표로 전개되었다.
③ 김기수가 수신사로 파견되는 결과를 가져왔다.
④ 구식 군인에 대한 차별 대우가 발단이 되어 일어났다.
⑤ 3일 만에 실패로 끝나 주동자들이 해외로 망명하였다.

34 (가) 인물에 대한 설명으로 옳은 것은? [2점]

① 국문 연구소의 연구위원으로 활동하였다.
② 조선어 학회 사건으로 구속되어 옥고를 치렀다.
③ 국권 피탈 과정을 정리한 한국통사를 집필하였다.
④ 세계지리 교과서인 사민필지를 한글로 저술하였다.
⑤ 여유당전서를 간행하고 조선학 운동을 전개하였다.

35 다음 자료에 나타난 민족 운동에 대한 설명으로 옳은 것은? [2점]

우리나라가 채무를 지고 우리 백성이 채노(債奴)*가 된 것이 여러 해가 되었습니다. …… 대황제 폐하께서 진 외채가 1,300만 원이지만 채무를 청산할 방법이 없어 밤낮으로 걱정하시니, 백성된 자로서 있는 힘을 다하여 보상하려고 해도 겨를이 없습니다. …… 우리 동포는 빨리 단체를 결성하여 열성적으로 의연금을 내어 채무를 상환하고 채노에서 벗어나, 머리는 대한의 하늘을 이고, 발은 대한의 땅을 밟도록 해 주시기를 눈물을 머금고 간절히 요구합니다.

*채노(債奴) : 빚을 갚지 못해 노비가 된 사람

① 일제가 치안 유지법을 적용하여 탄압하였다.
② 백정에 대한 사회적 차별 철폐를 요구하였다.
③ 독립문 건립을 위한 모금 활동을 전개하였다.
④ 자작회, 토산 애용 부인회 등의 단체가 활동하였다.
⑤ 대한매일신보 등 당시 언론이 적극적으로 참여하였다.

36 밑줄 그은 '이 단체'에 대한 설명으로 옳은 것은? [2점]

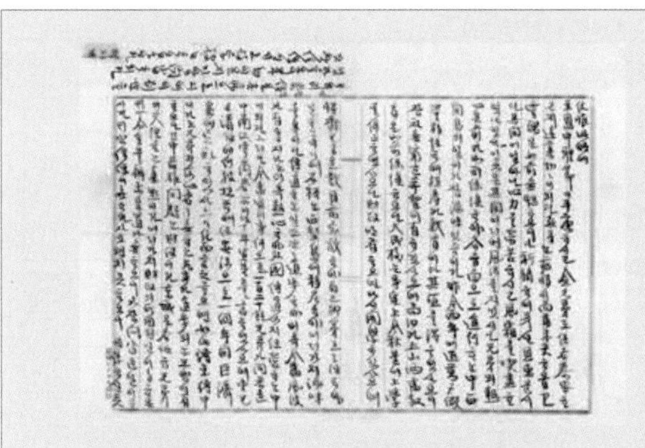

이 편지는 비밀 결사인 이 단체의 재무를 총괄한 전덕기가 안창호에게 보낸 것이다. 105인 사건으로 이 단체의 주요 회원인 양기탁, 이승훈 등이 형을 선고받은 사실과 대성 학교가 재정적으로 어려움을 겪고 있는 상황 등을 전하고 있다.

① 정우회 선언의 영향으로 결성되었다.
② 조선 혁명 선언을 활동 지침으로 삼았다.
③ 일제의 황무지 개간권 요구를 저지하였다.
④ 중추원 개편을 통해 의회 설립을 추진하였다.
⑤ 계몽 서적의 보급을 위해 태극 서관을 운영하였다.

37 밑줄 그은 '시기'에 볼 수 있는 모습으로 옳은 것은? [1점]

이것은 일제가 임시 토지 조사국을 설치하고 토지 조사 사업을 진행하던 시기에 작성한 지적 원도의 일부입니다. 토지를 측량해 그 위치와 경계 및 지번 등을 표시하였습니다.

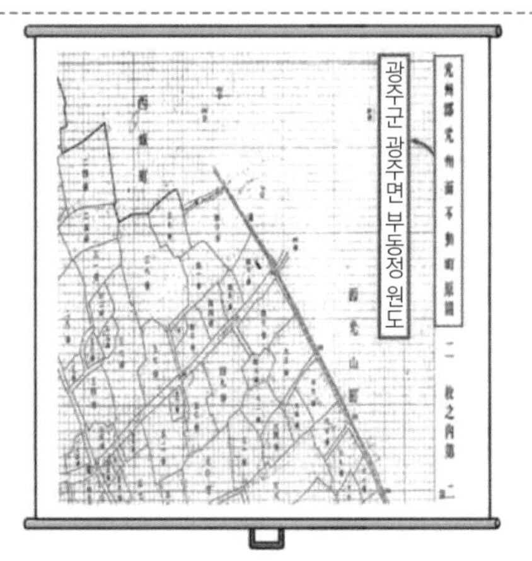

① 경성 제국 대학에서 공부하는 학생
② 근우회의 창립 기사를 작성하는 기자
③ 보빙사 일행으로 미국에 파견되는 관리
④ 조선인에게 태형을 집행하는 헌병 경찰
⑤ 거문도를 불법 점령하고 있는 영국 해군

38 (가) 단체에 대한 설명으로 옳은 것은? [2점]

□□ 신문

제△△호 2022년 ○○월 ○○일

박상진 의사 유물, 국가등록문화재 등록

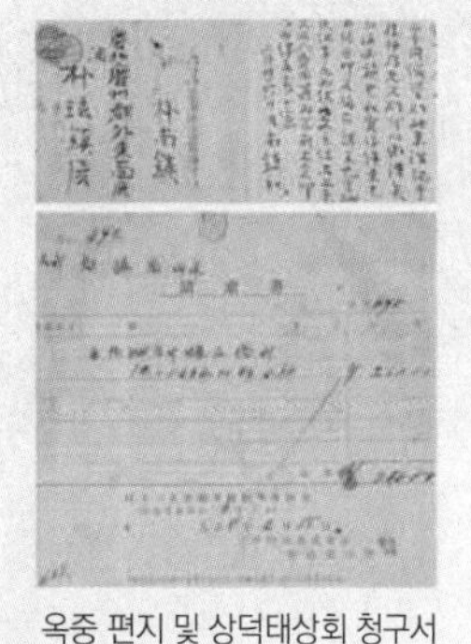
옥중 편지 및 상덕태상회 청구서

군자금 모집과 친일파 처단 등의 활동을 전개한 (가) 의 총사령 박상진 의사의 유물이 국가등록문화재로 등록되었다. 이 유물은 친일 부호 처단 사건으로 체포된 박상진의 옥중 상황과 (가) 의 비밀 연락 거점이었던 상덕태상회의 규모 등을 보여준다는 점에서 귀중한 가치를 지니고 있다.

① 고종 강제 퇴위 반대 운동을 전개하였다.
② 공화정체의 국민 국가 수립을 목표로 삼았다.
③ 파리 강화 회의에 독립 청원서를 제출하였다.
④ 미군과 연합하여 국내 진공 작전을 계획하였다.
⑤ 만민공동회를 개최하여 민권 신장을 추구하였다.

39 (가) 운동에 대한 설명으로 옳은 것은? [3점]

서울 앨버트 테일러 가옥 (딜쿠샤)

'딜쿠샤'가 복원되어 전시관으로 개관합니다. 많은 관람 부탁드립니다.

▪ 주소 : 서울시 종로구 사직로2길 17
▪ 개관일 : 2021년 ○○월 ○○일

⊙ 소개

'기쁜 마음의 궁전'을 뜻하는 딜쿠샤는 미국인 앨버트 W. 테일러가 지은 벽돌집으로, 테일러와 그의 가족이 미국으로 추방되기 전까지 거주한 곳이다.

미국 연합통신(AP)의 임시 특파원으로 활동한 테일러는 세브란스 병원에서 독립선언서를 발견하고 외신을 통해 전 세계에 알렸으며, (가) 당시 일제가 자행한 제암리 학살 사건 등을 취재해 보도하였다.

① 신간회에서 진상 조사단을 파견하여 지원하였다.
② 순종의 인산일을 기회로 만세 운동을 전개하였다.
③ 일제가 이른바 문화 통치를 실시하는 배경이 되었다.
④ 한국인 학생과 일본인 학생 간의 충돌에서 비롯되었다.
⑤ 시위를 준비하는 과정에서 사회주의자들이 대거 검거되었다.

40 (가)에 대한 설명으로 옳은 것을 〈보기〉에서 고른 것은? [2점]

저는 이동녕으로 이곳 충남 천안에서 태어났습니다. 저는 임시의정원 초대 의장으로 삼권 분립에 기초한 (가) 의 헌법 제정에 기여하였습니다. 또한 국무총리와 주석 등을 역임하였고, (가) 이/가 상하이를 떠나 이동하는 과정을 함께하며 독립운동에 전념하였습니다.

〈보 기〉

ㄱ. 만세보를 발행하여 민중 계몽에 힘썼다.
ㄴ. 신흥 강습소를 세워 독립군을 양성하였다.
ㄷ. 구미 위원부를 조직하여 외교 활동을 전개하였다.
ㄹ. 이륭양행에 교통국을 설치하여 국내와 연락을 취하였다.

① ㄱ, ㄴ ② ㄱ, ㄷ ③ ㄴ, ㄷ
④ ㄴ, ㄹ ⑤ ㄷ, ㄹ

41 밑줄 그은 '시기'에 있었던 사실로 옳은 것은? [2점]

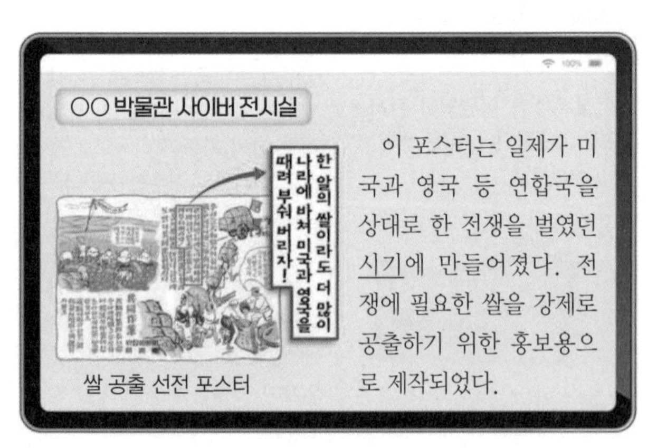

① 메가타의 주도로 화폐 정리 사업이 실시되었다.
② 만주 군벌과 일제 사이에 미쓰야 협정이 체결되었다.
③ 여자 정신 근로령으로 한국인 여성이 강제 동원되었다.
④ 지주 문재철의 횡포에 맞서 암태도 소작 쟁의가 전개되었다.
⑤ 회사 설립 시 총독의 허가를 받도록 하는 회사령이 공포되었다.

42 (가)~(마)에 들어갈 내용으로 옳은 것은? [2점]

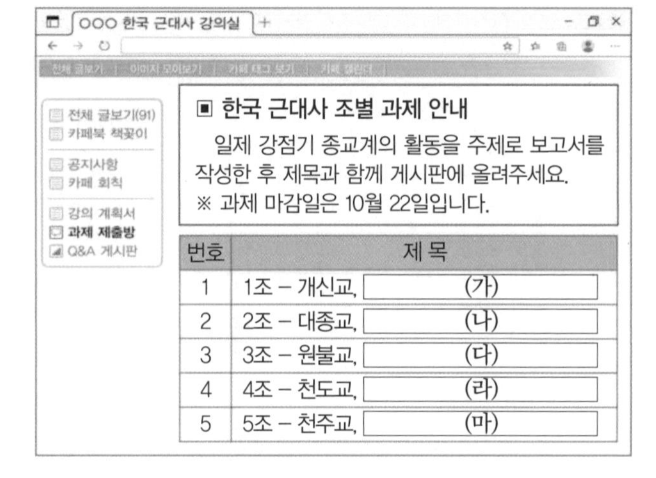

■ 한국 근대사 조별 과제 안내
일제 강점기 종교계의 활동을 주제로 보고서를 작성한 후 제목과 함께 게시판에 올려주세요.
※ 과제 마감일은 10월 22일입니다.

번호	제 목
1	1조 – 개신교, (가)
2	2조 – 대종교, (나)
3	3조 – 원불교, (다)
4	4조 – 천도교, (라)
5	5조 – 천주교, (마)

① (가) – 단군 숭배 사상을 통해 민족의식을 높이다.
② (나) – 의민단을 조직하여 무장 투쟁을 전개하다.
③ (다) – 간척 사업을 진행하고 새생활 운동을 펼치다.
④ (라) – 배재 학당을 세워 신학문 보급에 기여하다.
⑤ (마) – 어린이날을 제정하고 소년 운동을 추진하다.

43 (가) 부대에 대한 설명으로 옳은 것은? [3점]

조선 민족혁명당 창립 제8주년 기념 선언

우리는 중국의 난징에서 5개 당을 통합하여 전체 민족을 대표하는 유일한 정당인 조선 민족혁명당을 창립하였다. …… 아울러 중국과 한국의 연합 항일 진영을 건립하여야 했다. …… 이 때문에 우리는 1938년 (가) 을/를 조직하고 조선의 혁명 청년들을 단결시켜 장제스 위원장의 영도 아래 직접 중국의 항전에 참가하였고, 각 전쟁터에서 찬란한 전투 성과를 만들어냈다. …… 지난해 가을 (가) 와/과 한국 광복군의 통합 편성을 기반으로 전 민족의 통일을 성공적으로 구현하였다.

① 자유시 참변으로 큰 타격을 입었다.
② 대전자령 전투에서 일본군을 격퇴하였다.
③ 동북 항일 연군으로 개편되어 유격전을 펼쳤다.
④ 김원봉, 윤세주 등이 중국 관내(關內)에서 창설하였다.
⑤ 홍범도 부대와 연합하여 청산리에서 일본군과 교전하였다.

44 (가) 지역에서 있었던 민족 운동으로 옳은 것은? [2점]

해외 독립운동 유적 조사 보고서

▣ 주제 : (가) 지역에 서린 항일 독립 정신을 찾아서

▣ 조사 내용

1. 김약연의 명동 학교 설립과 교육활동
2. 이상설이 세운 민족 교육의 요람, 서전서숙
3. 윤동주와 송몽규의 민족의식이 싹튼 용정촌

▣ 유적 사진

명동학교

서전서숙 기념비

용정촌 윤동주 생가

① 권업회가 설립되어 권업신문을 발간하였다.
② 이봉창이 일왕의 행렬에 폭탄을 투척하였다.
③ 박용만의 주도로 대조선 국민군단이 창설되었다.
④ 북로 군정서가 조직되어 독립 전쟁을 전개하였다.
⑤ 유학생들이 중심이 되어 2 · 8 독립 선언서를 발표하였다.

45 밑줄 그은 '군정청'이 있었던 시기의 사실로 옳은 것은? [2점]

□□ 신문

제△△호 ○○○○년 ○○월 ○○일

서윤복 선수 환영회, 중앙청 광장에서 개최

중앙청 광장에 모인 환영 인파

제51회 보스턴 세계 마라톤 대회에서 세계 신기록을 세우며 우승한 서윤복 선수의 환영회가 중앙청 광장에서 열렸다. 하지 중장, 헬믹 준장 등 군정청의 주요 인사와 김규식, 여운형, 안재홍 등 정계 인사를 비롯한 수많은 군중이 참석하여, 우리 민족의 의기를 세계에 과시한 서윤복 선수의 우승을 함께 기뻐하였다.

① 한미 상호 방위 조약이 체결되었다.
② 제1차 경제 개발 5개년 계획이 추진되었다.
③ 반민족 행위 특별 조사 위원회가 설치되었다.
④ 신한 공사가 설립되어 귀속 재산을 관리하였다.
⑤ 국가보안법 개정안을 통과시킨 보안법 파동이 일어났다.

46 (가) 전쟁 중에 있었던 사실로 옳지 않은 것은? [1점]

① 애치슨 선언이 발표되었다.
② 부산이 임시 수도로 정해졌다.
③ 흥남 철수 작전이 전개되었다.
④ 인천 상륙 작전 이후 서울을 수복하였다.
⑤ 국회에서 국민 방위군 사건이 폭로되었다.

47 다음 대화에 나타난 사건 이후의 사실로 옳은 것은? [3점]

당시 정부와 여당인 민주 공화당이 3선 개헌을 추진하자 학생들이 반대 시위를 벌이는 모습이네요.

야당인 신민당과 재야 세력도 3선 개헌 반대 범국민 투쟁위원회를 결성해서 이를 막아내려 했지요.

① 내각 책임제 형태의 정부가 출범하였다.
② 정부에 비판적이던 경향신문이 폐간되었다.
③ 최고 통치 기구인 국가 재건 최고 회의가 구성되었다.
④ 평화 통일론을 주장한 진보당의 조봉암과 간부들이 구속되었다.
⑤ 국회 해산, 헌법의 일부 효력 정지를 담은 10월 유신이 선포되었다.

48 다음 자료에 나타난 민주화 운동에 대한 설명으로 옳은 것은? [2점]

전국의 언론인 여러분!

지금 광주에서는 젊은 대학생들과 시민들이 피를 흘리며 싸우고 있습니다. 대학생들의 평화적 시위를 질서 유지, 진압이라는 명목 아래 저 잔인한 공수부대를 투입하여 시민과 학생을 무차별 살육하였고 더군다나 발포 명령까지 내렸던 것입니다. …… 그러나 일부 언론은 순수한 광주 시민의 의거를 불순배의 선동이니, 폭도의 소행이니, 난동이니 하여 몰아부치고만 있습니다. …… 이번 광주 의거를 몇십 년 뒤의 '사건 비화'나 '남기고 싶은 이야기'들로 만들지 않기 위해, 사실 그대로 보도하여 주시기를 수많은 사망자의 피맺힌 원혼과 광주 시민의 이름으로 간절히, 간절히 촉구하는 바입니다.

① 허정 과도 정부가 출범하는 계기가 되었다.
② 굴욕적인 한일 국교 정상화에 반대하였다.
③ 호헌 철폐, 독재 타도 등의 구호를 외쳤다.
④ 3 · 15 부정 선거에 항의하며 시위가 시작되었다.
⑤ 관련 기록물이 유네스코 세계 기록 유산으로 등재되었다.

49 다음 연설이 있었던 정부 시기의 경제 상황으로 옳은 것은? [2점]

오늘 우리나라는 OECD 회원국이 되게 되었습니다. …… 한국은 수많은 어려움이 있었음에도 시장 경제 체제의 장점을 살리는 경제 개발 전략을 추진해 왔습니다. 이를 통해 폐허 속에서 한 세대 만에 세계 10위권의 경제 규모를 가진 나라로 성장하였습니다.

① 처음으로 수출액 100억 달러가 달성되었다.
② 대통령 긴급 명령으로 금융 실명제가 실시되었다.
③ 개성 공단 건설을 통해 남북 간 경제 교류가 이루어졌다.
④ 한국과 미국 사이에 자유 무역 협정(FTA)이 체결되었다.
⑤ 경제적 취약 계층을 위한 국민 기초 생활 보장법이 시행되었다.

50 다음 뉴스가 보도된 정부 시기의 통일 노력으로 옳은 것은? [2점]

정주영의 소 떼 방북을 계기로 남북한의 교류와 협력이 본격화되면서 금강산 관광 사업이 시작되었습니다. 이 사업은 남북 교류 활성화에 크게 기여할 것으로 보입니다.

① 남북 조절 위원회를 구성하였다.
② 남북한이 유엔에 동시 가입하였다.
③ 6 · 15 남북 공동 선언을 채택하였다.
④ 한반도 비핵화 공동 선언을 발표하였다.
⑤ 남북 이산가족의 교환 방문을 최초로 실현하였다.

제60회 한국사능력검정시험

2022. 8. 시행

시대별 출제 비중 및 핵심 키워드

전근대 26문항

선사시대 2문항
청동기 시대, 부여

고대시대 7문항
금관가야, 백제 부흥 운동 이후의 사실, 고구려 장수왕의 업적, 발해, 신라 승려 의상, 신라 신문왕의 업적, 후고구려 궁예의 업적

고려시대 9문항
하남 하사창동 철조 석가여래좌상, 고려의 대외 관계와 항쟁, 고려의 정치 기구, 고려의 경제 상황, 고려의 거란과의 항쟁, 고려 후기 무신 집권기의 사회상, 전시과와 과전법, 고려 유학자 최승로, 고려 후기 원 간섭기의 사회상(쌍성총관부 설치~수복)

조선시대 8문항
경복궁, 조선 성종의 업적, 승정원, 조선 성리학자 이황, 조선 실학자 정약용, 임진왜란, 조선 후기의 경제 상황, 조선 후기 경종과 영조 때의 사실

근현대 24문항

개항기 6문항
갑신정변, 병인양요, 광무개혁, 화폐 정리 사업, 정미 7조약(한·일 신협약), 근대 문물의 수용

일제 강점기 5문항
독립 운동가 신채호, 일제 식민 통치 1기(1910년대), 물산장려 운동, 조선 의용대 화북 지대, 한인애국단

현대사회 7문항
대한민국 정부 수립 과정(제1차~제2차 미·소 공동위원회), 이승만 정부의 발췌개헌, 4·19 혁명, 박정희 정부의 유신 헌법, 박정희 정부, 전두환 정부, 노태우 정부

기타 6문항
서울 한강 지역의 역사(지역사), 전주 지역의 역사(지역사), 우리 역사 속의 교육기관(통사), 우리나라 인쇄 문화의 역사(통사), 우리 역사 속의 여성들(통사), 칠석(세시풍속)

분류별 출제 비중

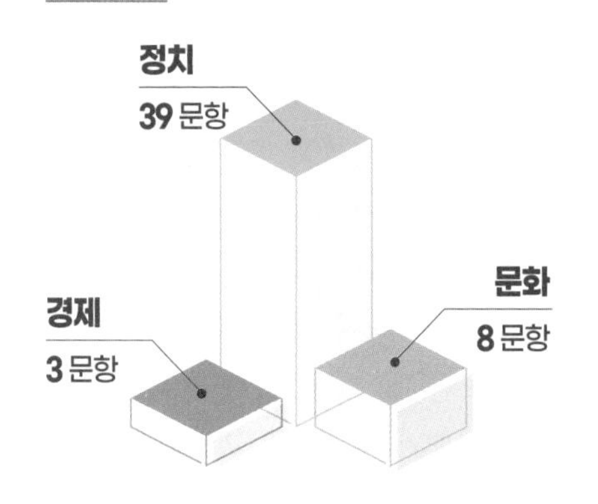

난이도별 출제 비중

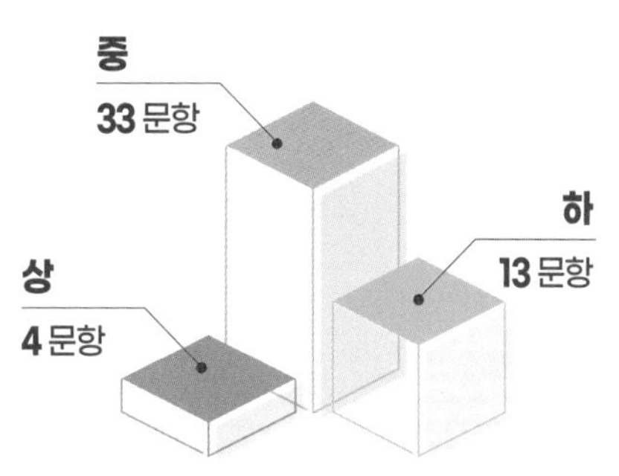

은쌤's 기출 한줄평

기본 개념만 잘 정리 했다면 쉽게 풀 수 있는 난이도이다.

제60회 한국사능력검정시험 기출문제

01 (가) 시대의 생활 모습으로 옳은 것은? [1점]

이곳은 유네스코 세계유산으로 등재된 화순 고인돌 유적입니다. 여기에는 계급이 발생한 (가) 시대의 고인돌이 밀집되어 있고, 인근에서는 덮개돌을 캐낸 채석장이 발견되어 고인돌의 축조 과정을 살펴볼 수 있습니다.

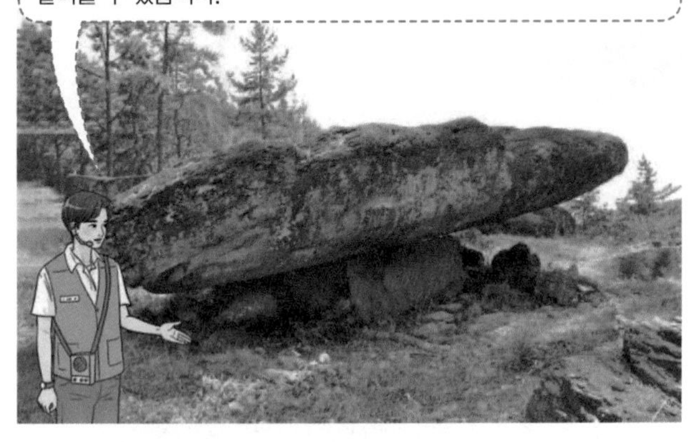

① 소를 이용하여 깊이갈이를 하였다.
② 주로 동굴이나 바위 그늘에서 살았다.
③ 반달 돌칼을 사용하여 곡물을 수확하였다.
④ 빗살무늬 토기를 제작하여 식량을 저장하였다.
⑤ 주먹도끼, 찍개 등 뗀석기를 만들기 시작하였다.

02 밑줄 그은 '이 나라'에 대한 설명으로 옳은 것은? [2점]

이것은 쑹화강 유역에 위치했던 이 나라의 유물로 고대인의 얼굴을 추정해 볼 수 있는 귀중한 자료입니다. 이 나라에는 영고라는 제천 행사와 형사취수제라는 풍속이 있었다고 전해집니다.

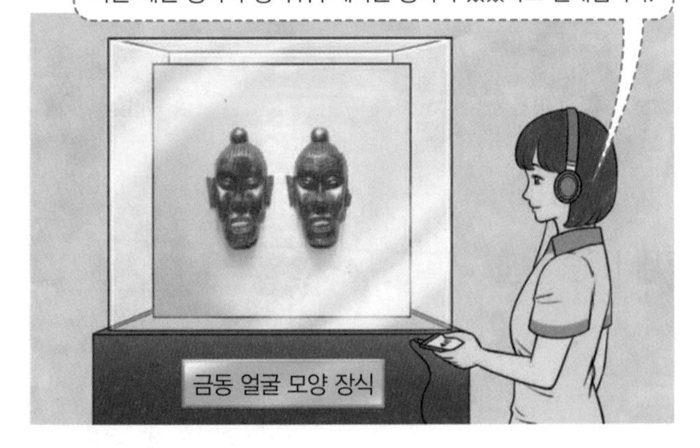

① 신성 구역인 소도를 두었다.
② 읍락 간의 경계를 중시하는 책화가 있었다.
③ 여러 가(加)들이 각각 사출도를 주관하였다.
④ 정사암 회의에서 국가의 중대사를 결정하였다.
⑤ 사회 질서를 유지하기 위해 범금 8조를 만들었다.

03 (가) 나라에 대한 설명으로 옳은 것은? [2점]

① 법흥왕 때 신라에 복속되었다.
② 유학 교육 기관으로 주자감을 두었다.
③ 지방에 22담로를 두어 왕족을 파견하였다.
④ 화백 회의에서 국가의 중대사를 논의하였다.
⑤ 단궁, 과하마, 반어피 등의 특산물이 있었다.

04 다음 상황 이후에 전개된 사실로 옳은 것은? [3점]

> 소정방이 백제를 평정하자 흑치상지는 휘하의 무리를 이끌고 항복하였다. 소정방이 연로한 왕을 가두고 병사를 풀어 가혹하게 약탈하자, 이를 두려워한 흑치상지는 추장 10여 인과 함께 도망하여 임존산을 거점으로 반란을 일으켰다. 열흘 만에 휘하에 3만여 명이 모였으며 곧 200여 성을 되찾았다. 소정방이 병사를 이끌고 흑치상지를 공격하였지만 이기지 못하였다.
>
> -『삼국사기』-

① 을지문덕이 살수에서 승리하였다.
② 안승이 보덕국의 왕으로 임명되었다.
③ 관구검의 공격으로 환도성이 함락되었다.
④ 의자왕이 윤충을 보내 대야성을 함락시켰다.
⑤ 계백이 이끄는 결사대가 신라군에 맞서 싸웠다.

05 다음 검색창에 들어갈 왕에 대한 설명으로 옳은 것은? [2점]

① 도읍을 국내성에서 평양으로 옮겼다.
② 낙랑군을 몰아내고 영토를 확장하였다.
③ 을파소의 건의로 진대법을 실시하였다.
④ 영락이라는 독자적 연호를 사용하였다.
⑤ 전진의 순도를 통해 불교를 수용하였다.

06 (가) 국가에 대한 설명으로 옳은 것은? [1점]

① 중정대를 두어 관리를 감찰하였다.
② 군사 조직으로 9서당 10정을 편성하였다.
③ 내신 좌평 등 6좌평의 관제를 정비하였다.
④ 상수리 제도를 시행하여 지방 세력을 견제하였다.
⑤ 왕족인 부여씨와 8성의 귀족이 지배층을 이루었다.

07 밑줄 그은 '이 승려'의 활동으로 옳은 것은? [2점]

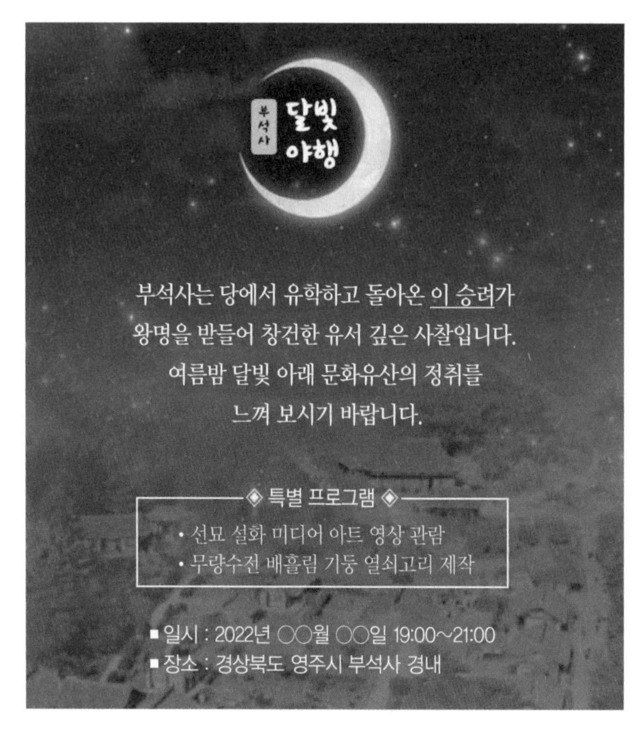

① 무애가를 지어 불교 대중화에 기여하였다.
② 화랑도의 규범으로 세속 5계를 제시하였다.
③ 구법 순례기인 왕오천축국전을 저술하였다.
④ 승려들의 전기를 담은 해동고승전을 집필하였다.
⑤ 화엄일승법계도를 지어 화엄 사상을 정리하였다.

08 밑줄 그은 '이 왕'의 업적으로 옳은 것은? [2점]

① 거칠부에게 국사를 편찬하게 하였다.
② 이사부를 보내 우산국을 복속하였다.
③ 건원이라는 독자적 연호를 사용하였다.
④ 관료전을 지급하고 녹읍을 폐지하였다.
⑤ 관리 선발을 위해 독서삼품과를 실시하였다.

09 (가) 인물에 대한 설명으로 옳은 것은? [2점]

① 금마저에 미륵사를 창건하였다.
② 후당과 오월에 사신을 파견하였다.
③ 일리천 전투에서 신검의 군대를 격퇴하였다.
④ 폐정 개혁을 목표로 정치도감을 설치하였다.
⑤ 광평성을 비롯한 각종 정치 기구를 마련하였다.

10 (가)에 들어갈 불상으로 옳은 것은? [2점]

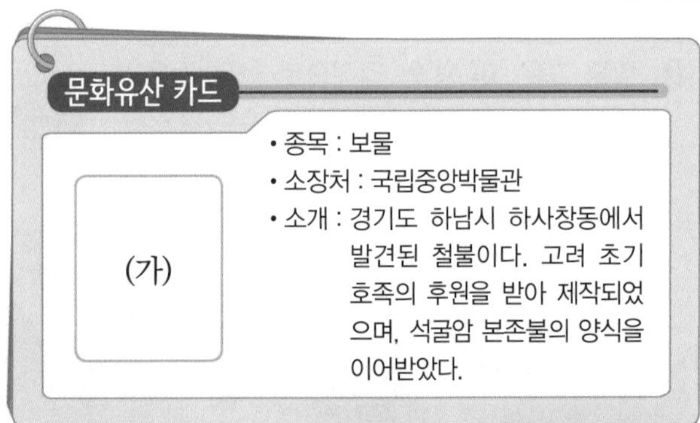

①  ②  ③ 

④  ⑤ 

11 (가)~(다)를 일어난 순서대로 옳게 나열한 것은? [2점]

(가) 백관을 소집하여 금을 섬기는 문제에 대한 가부를 의논하게 하니 모두 불가하다고 하였다. 이자겸, 척준경만이 "사신을 보내 먼저 예를 갖추어 찾아가는 것이 옳습니다."라고 하니 왕이 이 말을 따랐다.

(나) 나세 · 심덕부 · 최무선 등이 왜구를 진포에서 공격해 승리를 거두고 포로 334명을 구출하였으며, 김사혁은 패잔병을 임천까지 추격해 46명을 죽였다.

(다) 몽골군이 쳐들어와 충주성을 70여 일간 포위하니 비축한 군량이 거의 바닥났다. 김윤후가 괴로워하는 군사들을 북돋우며, "만약 힘을 다해 싸운다면 귀천을 가리지 않고 모두 관작을 제수할 것이니 불신하지 말라."라고 하였다.

① (가) – (나) – (다) ② (가) – (다) – (나)
③ (나) – (가) – (다) ④ (나) – (다) – (가)
⑤ (다) – (가) – (나)

12 ㉠~㉤ 기구에 대한 설명으로 옳은 것은? [2점]

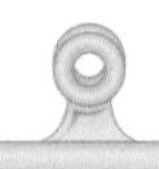

인물의 생애로 보는 고려의 정치 기구

• 출생년 미상
• 1095년 ㉠ 상서성 좌사낭중
• 1101년 ㉡ 추밀원(중추원) 지주사
• 1102년 ㉢ 어사대 어사대부
• 1103년 ㉣ 한림원 학사승지
• 1108년 ㉤ 중서문하성 문하시중
• 1111년 별세

① ㉠ – 학술 기관으로 경연을 관장하였다.
② ㉡ – 실록을 보관하고 관리하는 업무를 맡았다.
③ ㉢ – 관리의 비리를 감찰하고 풍기를 단속하였다.
④ ㉣ – 수도의 치안과 행정을 주관하였다.
⑤ ㉤ – 화폐와 곡식의 출납에 대한 회계를 담당하였다.

13 밑줄 그은 '시기'의 경제 상황으로 옳은 것은? [1점]

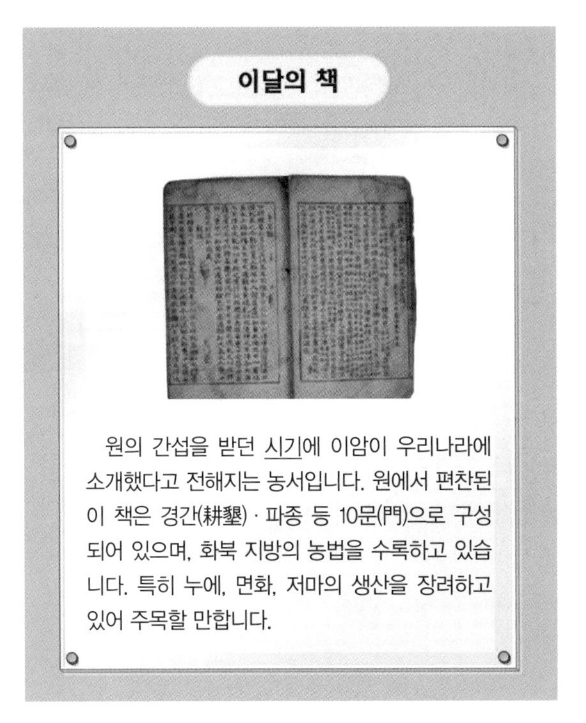

① 모내기법이 전국적으로 확산되었다.
② 초량왜관을 통해 일본과 무역하였다.
③ 감자, 고구마 등의 작물이 재배되었다.
④ 광산을 전문적으로 경영하는 덕대가 활동하였다.
⑤ 경시서의 관리들이 시전의 상행위를 감독하였다.

14 (가) 시기에 있었던 사실로 옳은 것은? [3점]

① 화통도감이 설치되어 화포가 제작되었다.
② 신돈이 전민변정도감의 설치를 건의하였다.
③ 거란이 침입하여 왕이 나주까지 피난하였다.
④ 노비안검법의 실시로 국가 재정이 확충되었다.
⑤ 신기군, 신보군, 항마군 등으로 구성된 별무반이 조직되었다.

15 다음 상황 이후에 전개된 사실로 옳은 것은? [2점]

> 백관이 최우의 집에 나아가 정년도목(政年都目)을 올리니, 최우가 청사에 앉아 받았다. 6품 이하는 당하(堂下)에서 두 번 절하고 땅에 엎드려 감히 고개를 들지 못하였다. 이때부터 최우는 정방을 자기 집에 두고 백관의 인사행정을 처리하였다.
>
> -「고려사절요」-

① 삼별초가 용장성에서 항전하였다.
② 정중부 등이 김보당의 반란을 진압하였다.
③ 빈민 구제를 위한 흑창을 처음 설치하였다.
④ 공주 명학소에서 망이·망소이가 봉기하였다.
⑤ 최충헌이 교정별감이 되어 국정을 총괄하였다.

16 (가), (나)에 해당하는 토지 제도에 대한 설명으로 옳은 것은? [3점]

> (가) 문종 30년 양반 전시과를 다시 개정하였다. 제1과는 전지 100결, 시지 50결(중서령·상서령·문하시중) …… 제18과는 전지 17결(한인·잡류)로 한다.
>
> (나) 공양왕 3년 도평의사사에서 글을 올려 과전의 지급에 관한 법 제정을 건의하니 왕이 허락하였다. …… 1품부터 9품의 산직까지 나누어 18과로 하였다.

① (가) – 조준 등의 건의로 제정되었다.
② (가) – 관등과 인품을 기준으로 수조권을 주었다.
③ (나) – 개국 공신에게 역분전을 지급하였다.
④ (나) – 지급 대상 토지를 원칙적으로 경기 지역에 한정하였다.
⑤ (가), (나) – 수조권 외에 노동력을 징발할 수 있는 권한을 주었다.

17 (가)에 들어갈 내용으로 옳은 것은? [1점]

〈고려 시대 유학자〉

유학자	주요 활동
최승로	(가)
최충	9재 학당을 설립하여 유학 교육에 힘씀
김부식	유교 사관에 입각하여 삼국사기를 편찬함
안향	고려에 처음으로 성리학을 도입함
이제현	만권당에서 원의 학자들과 교류함

① 불씨잡변을 지어 불교를 비판함
② 인재 등용을 위해 현량과 실시를 제안함
③ 시무 28조를 올려 국가 운영 방안을 제시함
④ 지부복궐척화의소를 올려 왜양일체론을 주장함
⑤ 해주 향약을 시행하여 향촌 교화를 위해 노력함

18 (가), (나) 사이의 시기에 있었던 사실로 옳은 것은? [2점]

(가) 용진현 출신 조휘와 정주 출신 탁청이 화주 이북 지방을 몽골에 넘겨주었다. 몽골은 화주에 쌍성총관부를 설치하고 조휘를 총관으로, 탁청을 천호(千戶)로 임명하였다.

(나) 동북면 병마사 유인우가 쌍성을 함락시키자 총관 조소생, 천호 탁도경이 도망치니 화주, 등주, 정주 등이 수복되었다.

① 최윤덕이 4군을 개척하였다.
② 일본 원정을 위해 정동행성이 설치되었다.
③ 몽골 사신 저고여가 귀국길에 피살되었다.
④ 철령위 설치 문제로 요동 정벌이 추진되었다.
⑤ 서희가 외교담판으로 강동 6주를 획득하였다.

19 (가) 궁궐에 대한 설명으로 옳은 것은? [2점]

대왕대비가 전교하였다. "(가) 은/는 우리 왕조에서 수도를 세울 때 맨 처음 지은 정궁이다. 그러나 불행하게도 전란에 의해 불타버린 후 미처 다시 짓지 못하여 오랫동안 뜻있는 선비들의 개탄을 자아내었다. 이 궁궐을 다시 지어 중흥의 큰 업적을 이루려면 여러 대신과 함께 의논해보지 않을 수 없다."

－『고종실록』－

① 근정전을 정전으로 하였다.
② 일제에 의해 동물원 등이 설치되었다.
③ 후원에 왕실 도서관인 규장각이 있었다.
④ 도성 내 서쪽에 있어 서궐이라고 불렸다.
⑤ 인목대비가 광해군에 의해 유폐된 장소이다.

20 밑줄 그은 '전하'의 재위 기간에 있었던 사실로 옳은 것은? [2점]

세종 대왕께서는 집현전 유신(儒臣)들에게 명하여 오례의를 상세히 정하게 하셨다. …… 예종 대왕과 우리 주상 <u>전하</u>께서 선왕의 뜻을 이어 이 방대한 책을 완성하게 하셨다. …… 예(禮)를 기술한 것은 3,300가지나 되지만, 그 요점은 길례·흉례·군례·빈례·가례 다섯 가지일 뿐이다.

① 국가의 기본 법전인 경국대전이 완성되었다.
② 성삼문 등이 상왕의 복위를 꾀하다가 처형되었다.
③ 육의전을 제외한 시전 상인의 금난전권이 폐지되었다.
④ 반정 공신의 위훈 삭제를 주장한 조광조가 사사되었다.
⑤ 이조 전랑 임명을 둘러싸고 김효원과 심의겸이 대립하였다.

21 (가) 기구에 대한 설명으로 옳은 것은? [2점]

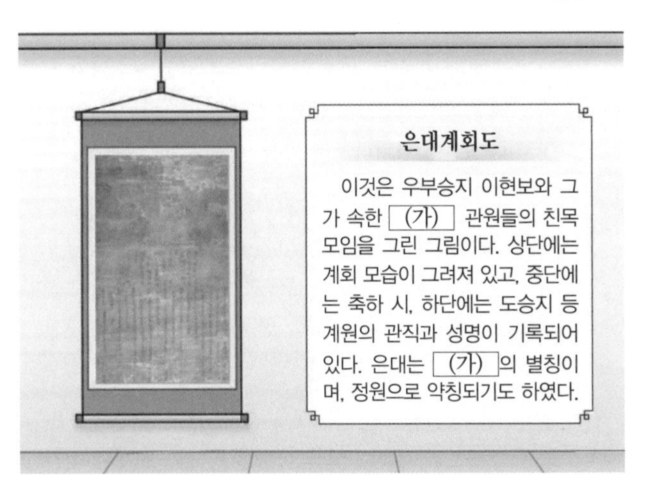

① 사간원, 홍문관과 함께 삼사로 불렸다.
② 외국으로 가는 사신의 통역을 전담하였다.
③ 천문, 지리, 기후 등에 관한 사무를 맡았다.
④ 왕명 출납을 담당하는 왕의 비서 기관이었다.
⑤ 국왕 직속 사법 기구로 반역죄 등을 처결하였다.

22 (가)~(마)에 대한 설명으로 옳지 않은 것은? [2점]

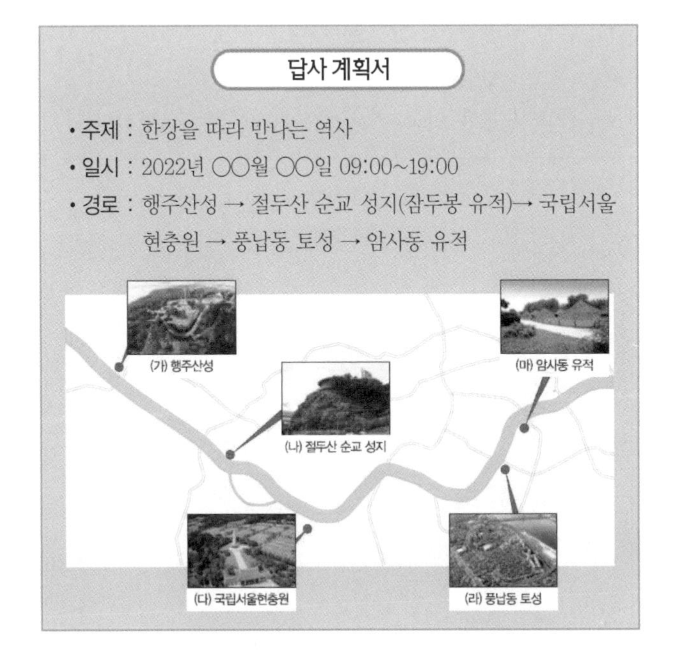

① (가) – 정봉수가 후금군을 맞아 큰 전과를 거둔 곳이다.
② (나) – 병인박해 때 많은 천주교 신자가 처형된 장소이다.
③ (다) – 6 · 25 전쟁 이후 조성된 국군 묘지에서 시작되었다.
④ (라) – 판축 기법을 활용하여 성벽을 쌓은 백제 토성이다.
⑤ (마) – 갈돌과 갈판 등이 출토된 신석기 시대 유적이다.

23 (가) 인물에 대한 설명으로 옳은 것은? [3점]

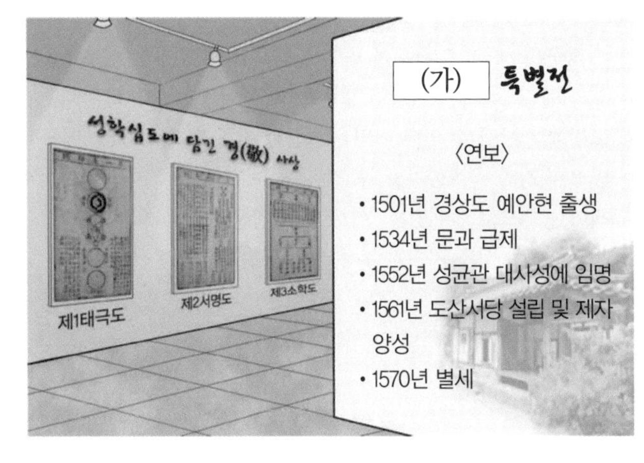

① 기대승과 사단칠정 논쟁을 전개하였다.
② 일본에 다녀와서 해동제국기를 편찬하였다.
③ 양명학을 연구하여 강화학파를 형성하였다.
④ 기축봉사를 올려 명에 대한 의리를 내세웠다.
⑤ 무오사화의 발단이 된 조의제문을 작성하였다.

24 다음 검색창에 들어갈 인물의 활동으로 옳은 것은? [2점]

① 지봉유설에서 천주실의를 조선에 소개하였다.
② 의산문답에서 중국 중심의 세계관을 비판하였다.
③ 양반전을 지어 양반의 허례와 무능을 풍자하였다.
④ 경세유표를 집필하여 국가 제도의 개혁 방향을 제시하였다.
⑤ 금석과안록에서 북한산비가 진흥왕 순수비임을 고증하였다.

25 다음 전쟁 중 있었던 사실로 옳은 것은? [2점]

적군은 세 길로 나누어 곧장 한양으로 향했는데, 산을 넘고 물을 건너 마치 사람이 없는 곳에 들어가듯 했다고 한다. 조정에서 지킬 수 있다고 믿은 신립과 이일 두 장수가 병권을 받고 내려와 방어했지만 중도에 패하여 조령의 험지를 잃고, 적이 중원으로 들어갔다. 이로 인해 임금의 수레가 서쪽으로 몽진하고 도성을 지키지 못하니, 불쌍한 백성들은 모두 흉적의 칼날에 죽어가고 노모와 처자식은 이리저리 흩어져 생사를 알지 못해 밤낮으로 통곡할 뿐이었다.

-『쇄미록』-

① 김상용이 강화도에서 순절하였다.
② 임경업이 백마산성에서 항전하였다.
③ 최영이 홍산 전투에서 크게 승리하였다.
④ 곽재우가 의병장이 되어 의령 등에서 활약하였다.
⑤ 신류가 조총 부대를 이끌고 흑룡강에서 전투를 벌였다.

26 다음 지역에 대한 탐구 활동으로 옳은 것은? [2점]

① 장용영의 외영이 설치된 위치를 파악한다.
② 홍경래가 난을 일으켜 점령한 지역을 알아본다.
③ 인조가 피신하여 청군과 항전을 벌인 곳을 찾아본다.
④ 태조의 어진을 모신 경기전이 건립된 장소를 조사한다.
⑤ 유계춘이 백낙신의 수탈에 맞서 봉기한 지역을 검색한다.

27 (가)~(라) 교육기관에 대한 설명으로 옳은 것만을 〈보기〉에서 고른 것은? [3점]

(가) 학생의 재학 연한은 9년으로 하되 우둔하여 깨우치지 못하는 자는 퇴학시키고, 재주와 기량은 있으나 아직 미숙한 자는 9년이 넘더라도 재학을 허락하였다. 관등이 대나마, 나마에 이르면 졸업하였다.

(나) 7재를 두었는데, 주역을 공부하는 여택재, 상서를 공부하는 대빙재, 모시(毛詩)를 공부하는 경덕재, 주례를 공부하는 구인재, 대례(戴禮)를 공부하는 복응재, 춘추를 공부하는 양정재, 무학을 공부하는 강예재이다.

(다) 입학생은 생원진사인 상재생과 유학(幼學) 중에서 선발된 기재생으로 구분되었다. 이들은 동재와 서재에 기숙하면서 공부하였으며, 아침·저녁 식당에 들어가 서명하면 원점 1점을 얻었다. 원점 300점을 얻으면 관시(館試)에 응시할 수 있었다.

(라) 좌원과 우원을 두었는데, 좌원에는 젊은 현직 관리를, 우원에는 관직에 나아가지 않은 명문가 자제들을 입학시켰다. 외국인 3명을 교사로 초빙하였으며, 학생들은 졸업할 때까지 공원(公院)에서 학습에 전념하도록 하였다.

〈보 기〉

ㄱ. (가) – 신문왕이 인재 양성을 위해 설치하였다.
ㄴ. (나) – 전국의 부·목·군·현에 하나씩 설립되었다.
ㄷ. (다) – 공자 등 성현을 기리는 석전대제를 거행하였다.
ㄹ. (라) – 교육 입국 조서 반포를 계기로 세워졌다.

① ㄱ, ㄴ ② ㄱ, ㄷ ③ ㄴ, ㄷ
④ ㄴ, ㄹ ⑤ ㄷ, ㄹ

28 다음 상황이 나타난 시기에 볼 수 있는 모습으로 적절하지 않은 것은? [1점]

> ㅇ집집마다 인삼을 심어서 돈을 물 쓰듯이 한다고 하는데, 재산을 만드는 방법으로는 이보다 나은 것이 없다고 한다.
> ㅇ어제 울타리 밖의 몇 되지기 밭에 담배를 파종하였다.
> ㅇ목화가 풍년이 들었는데, 어제는 시장에서 25근에 100전이었다고 한다.
>
> -『노상추일기』-

① 한글 소설을 읽어주는 전기수
② 시사를 조직하여 활동하는 역관
③ 주전도감에서 해동통보를 만드는 장인
④ 왕조 교체를 예언한 정감록을 읽는 양반
⑤ 한강을 무대로 상업에 종사하는 경강상인

29 (가) 시기에 있었던 사실로 옳은 것은? [3점]

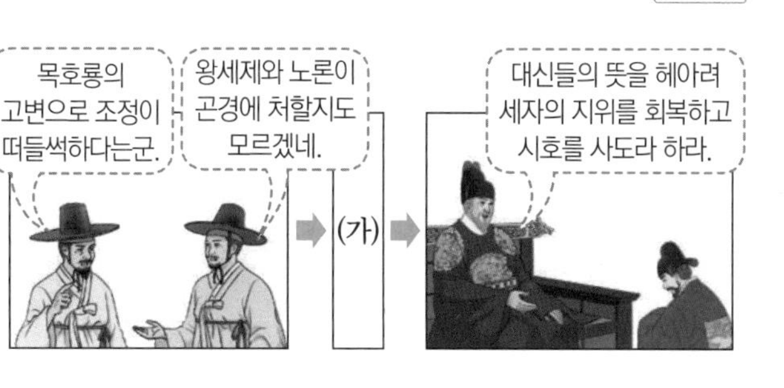

① 이괄이 반란을 일으켜 도성을 장악하였다.
② 자의 대비의 복상 문제로 예송이 전개되었다.
③ 왕위 계승을 둘러싸고 왕자의 난이 발생하였다.
④ 이인좌를 중심으로 소론 세력 등이 난을 일으켰다.
⑤ 희빈 장씨 소생의 원자 책봉 문제로 환국이 발생하였다.

30 다음 사건이 일어난 이후의 사실로 옳은 것은? [2점]

> 우정국 총판 홍영식이 우정국의 개국 축하연을 열면서 각국의 공사도 초청했다. …… 8시를 알리는 종이 울리자 담장 밖에서 불길이 치솟았다. …… 우영사 민영익이 불을 끄려고 먼저 일어나서 문밖으로 나왔는데, 자객 다섯 명이 잠복하고 있다가 칼을 휘두르며 습격했다. 민영익이 중상을 입고 되돌아와서 대청 위에 쓰러졌다.
>
> -『대한계년사』-

① 김기수가 일본에 수신사로 파견되었다.
② 평양 관민이 제너럴 셔먼호를 불태웠다.
③ 일본 군함 운요호가 영종도를 공격하였다.
④ 박규수가 삼정이정청의 설치를 건의하였다.
⑤ 청과 일본 사이에 톈진 조약이 체결되었다.

31 밑줄 그은 '이 사건'에 대한 설명으로 옳은 것은? [1점]

> **사료로 보는 한국사**
>
> 매우 가난하게 보이는 강화도에서 각하에게 보내드릴 만한 것은 아무것도 없습니다. 그러나 조선 임금이 소유하고 있지만 거처하지 않는 저택의 도서관에는 매우 중요한 서적이 많이 소장되어 있습니다. 세심하게 공들여 꾸며진 340권을 수집하였으며 기회가 되는 대로 프랑스로 보내겠습니다.
>
> - G. 로즈 -
>
> [해설] 로즈 제독이 해군성 장관에게 보낸 서신의 일부이다. 프랑스군이 강화도를 침략한 이 사건 당시 외규장각 도서 등이 약탈되는 상황이 기록되어 있다.

① 청군의 개입으로 종결되었다.
② 제물포 조약의 체결로 이어졌다.
③ 오페르트 도굴 사건이 계기가 되었다.
④ 양헌수 부대가 정족산성에서 적군을 물리쳤다.
⑤ 영국 함대가 거문도를 점령하는 배경이 되었다.

32 (가) 시기에 있었던 사실로 옳지 않은 것은? [2점]

① 대한국 국제를 반포하였다.
② 황제 직속의 원수부를 설치하였다.
③ 이범윤을 간도 관리사로 파견하였다.
④ 지계아문을 설립하여 지계를 발급하였다.
⑤ 통역관 양성을 목적으로 동문학을 설립하였다.

33 다음 자료에 나타난 사업에 대한 설명으로 옳은 것은? [1점]

> 한국에서 유통되는 백동화에 대한 처분안을 들어보면,
> 갑(甲) 구 백동화는 1개당 신화폐 2전 5리의 비율로 교환한다.
> 을(乙) 부정한 구 백동화는 1개당 신화폐 1전의 비율로 매수한다. 매수를 바라지 않는 것은 정부가 그것을 절단하여 소유자에게 환부한다.
> 병(丙) 형체와 품질이 화폐라고 인정하기 어려운 것은 정부가 매수하지 않는다.
> ⋮
> 이른바 폐제(幣制) 개혁은 통화를 금절(禁絕)하여 소의 뿔을 바로잡으려다가 소를 죽이는 결과를 가져왔습니다.
> –『한국 폐제 개혁에 관한 진정서』–

① 독립 협회가 반대 운동을 전개하였다.
② 재정 고문 메가타의 주도로 시행되었다.
③ 동양 척식 주식회사가 중심이 되어 실시하였다.
④ 은본위제가 본격적으로 실시되는 배경이 되었다.
⑤ 함경도 관찰사 조병식이 방곡령을 선포하는 계기가 되었다.

34 다음 가상 뉴스에서 보도하는 사건이 일어난 시기를 연표에서 옳게 고른 것은? [2점]

1882		1894		1896		1904		1905		1910
	(가)		(나)		(다)		(라)		(마)	
임오 군란		갑오 개혁		아관 파천		러일 전쟁 발발		을사 늑약		국권 피탈

① (가) ② (나) ③ (다) ④ (라) ⑤ (마)

35 밑줄 그은 '나'의 활동으로 옳은 것은? [2점]

① 여유당전서를 간행하고 조선학 운동을 주도하였다.
② 유교의 개혁을 주장하는 유교 구신론을 제창하였다.
③ 조선사편수회에 들어가 조선사 편찬에 참여하였다.
④ 조선사회경제사에서 식민사학의 정체성론을 반박하였다.
⑤ 민중의 직접 혁명을 주장한 조선 혁명 선언을 작성하였다.

36 다음 기사가 보도된 이후의 사실로 옳은 것은? [2점]

역사 신문

제△△호 ○○○○년 ○○월 ○○일

전차 운행 중 사망 사고 발생

오늘 종로 거리를 달리던 전차에 다섯 살 난 아이가 치여 죽는 사고가 발생하였다. 이를 목격한 사람들이 격노하여 전차를 부수었고, 이어 달려오던 전차까지 전복시켜 파괴하고 기름을 뿌려 불태웠다. 동대문에서 성대한 개통식을 열고 전차를 운행한 지 한 달도 되지 않아 참혹한 사건이 발생한 것이다.

① 미국에 보빙사를 파견하였다.
② 베델이 대한매일신보를 창간하였다.
③ 이만손 등이 영남만인소를 올렸다.
④ 신식 군대인 별기군(교련병대)이 창설되었다.
⑤ 통리기무아문을 설치하여 개혁을 추진하였다.

37 밑줄 그은 '이 시기'에 시행된 일제의 정책으로 옳은 것은? [1점]

문학으로 만나는 한국사

선생님이 사벨(환도)을 차고 교단에 오르는 나라가 있는 것을 보셨습니까? 나는 그런 나라의 백성이외다. …… 교원의 허리에서 그 장난감 칼을 떼어놓을 날은 언제일지? 숨이 막힙니다.

-『만세전』-

[해설]

이 소설에는 교원이 제복을 입고 칼을 차고 수업을 하던 이 시기의 모습이 담겨 있다. '만세전'은 제목에서 알 수 있듯이 3·1 운동 이전 식민지의 사회 현실을 담고 있다.

① 애국반을 조직하였다.
② 회사령을 시행하였다.
③ 치안 유지법을 제정하였다.
④ 미곡 공출제를 실시하였다.
⑤ 국가 총동원법을 공포하였다.

38 (가) 민족 운동에 대한 설명으로 옳은 것은? [2점]

이것은 경성방직 주식회사의 광목 신문 광고야. '우리가 만든 것 우리가 쓰자.'라는 문구가 인상적이야.

그래, 이 광고는 민족 기업을 육성해 경제적 자립을 이루려는 (가) 중에 등장했지.

① 통감부의 탄압으로 중단되었다.
② 국채 보상 기성회를 중심으로 전개되었다.
③ 자작회, 토산 애용 부인회 등이 활동하였다.
④ 한성 은행, 대한 천일 은행 등이 설립되는 계기가 되었다.
⑤ 일본, 프랑스 등지의 노동 단체로부터 격려 전문을 받았다.

39 (가) 부대에 대한 설명으로 옳은 것은? [3점]

〈이달의 독립운동가〉

호가장 전투에서 순국한 열사들

중국 우한에서 창설된 한인 무장 부대의 일부는 화북으로 이동하여 1941년 7월 타이항산에서 (가) 을/를 결성하였다. (가) 의 무장선전대로 활동하던 손일봉, 최철호, 박철동, 이정순은 호가장 전투에서 다른 대원들이 포위망을 벗어날 때까지 일본군과 싸우다 장렬히 순국하였다. 정부는 이들의 공훈을 기려 1993년 애국장을 추서하였다.

손일봉 1912~1941

최철호 1915~1941

박철동 1915~1941

이정순 1918~1941

① 봉오동 전투에서 일본군을 격파하였다.
② 총사령 양세봉의 지휘 아래 활동하였다.
③ 미군과 연계하여 국내 진공 작전을 계획하였다.
④ 조선 독립 동맹 산하의 군사 조직으로 개편되었다.
⑤ 간도 참변 이후 조직을 정비하고 자유시로 이동하였다.

40 (가) 단체에 대한 설명으로 옳은 것은? [2점]

이것은 (가) 소속 최흥식이 관동군 사령관 등을 처단하기 위해 만주에서 활동하던 중 김구에게 보낸 편지라고 하는데, 어떤 역사적 가치가 있나요?

김구가 일제의 요인들을 제거하기 위해 만든 (가) 이/가 다양한 의거를 시도하였음을 보여주는 중요한 문서입니다. 그 가치를 인정받아 국가등록문화재로 지정되었습니다.

곽윤(김구의 가명)

① 중일 전쟁 발발 이후에 조직되었다.
② 조선 혁명 간부 학교를 설립하였다.
③ 이봉창, 윤봉길 등이 단원으로 활동하였다.
④ 대전자령 전투에서 일본군을 상대로 승리하였다.
⑤ 일제가 조작한 105인 사건으로 조직이 해체되었다.

41 (가), (나) 사이의 시기에 있었던 사실로 옳은 것은? [2점]

(가)

□□ 일보
제△△호 ○○○○년 ○○월 ○○일

하지 중장, 특별 성명 발표

오늘 오전 조선 주둔 미군 최고 사령관 하지 중장은 미소 공동 위원회 무기 휴회에 관한 중대 성명서를 발표하였다. 이는 덕수궁 석조전에서의 역사적인 개막 이후 49일 만의 일이다.

(나)

□□ 일보
제△△호 ○○○○년 ○○월 ○○일

제2차 미소 공동위원회 개막

미소 공동 위원회는 제1차 회의가 무기 휴회된 지 만 1년 16일 만인 오늘 오후 2시 정각에 시내 덕수궁 석조전에서 고대하던 제2차 회의의 역사적 막을 열었다.

① 여수·순천 10·19 사건이 일어났다.
② 모스크바 3국 외상 회의가 개최되었다.
③ 반민족 행위 특별 조사 위원회가 출범하였다.
④ 좌우 합작 위원회가 좌우 합작 7원칙을 발표하였다.
⑤ 유엔 총회에서 인구 비례에 의한 남북 총선거가 의결되었다.

42 다음 사건이 일어난 시기를 연표에서 옳게 고른 것은? [2점]

이날 본회의는 하오 8시 정각에 개의되어 전원 위원회의 '발췌 조항 전원 합의' 보고를 접수한 후 김종순 의원의 각 조항 설명이 있은 다음, 질의도 대체 토의도 아무것도 없이 …… 표결은 기립 표결로 작정하여 재석 166인 중 163표로써 실로 역사적인 결정을 보았다. 표결이 끝나자 신익희 임시 의장은 정중 침통한 태도로써 "본 헌법 개정안은 헌법 제98조 제3항에 의하여 결정된 것을 선포한다."고 최후의 봉을 힘있게 3타 하였으며 그 음성은 몹시도 떨렸다.

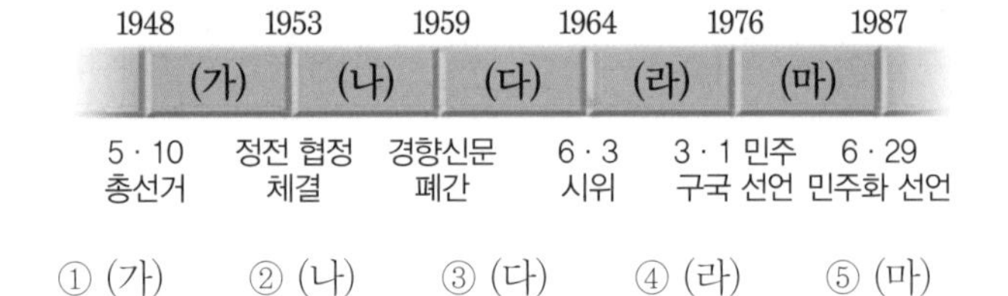

① (가) ② (나) ③ (다) ④ (라) ⑤ (마)

43 (가) 민주화 운동에 대한 설명으로 옳은 것은? [2점]

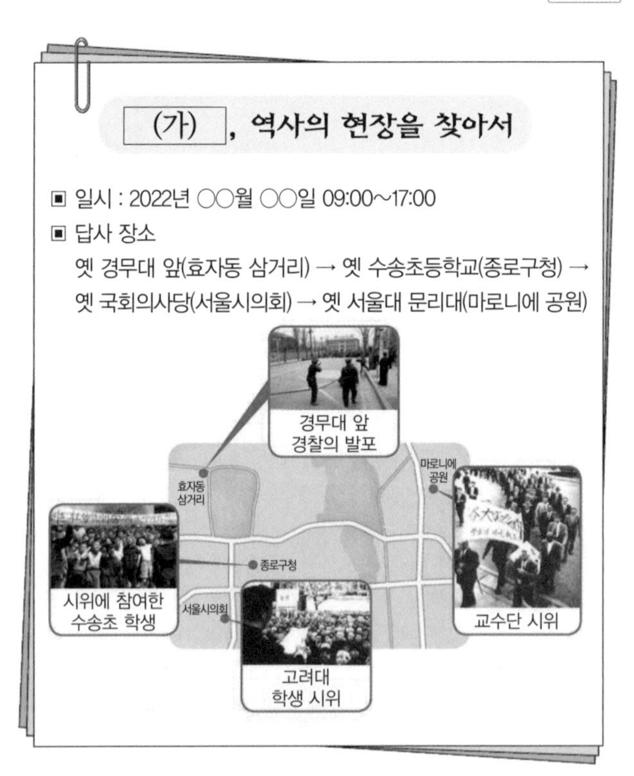

① 장면 내각이 출범하는 배경이 되었다.
② 유신 체제가 붕괴되는 결과를 가져왔다.
③ 한일 국교 정상화에 반대하여 일어났다.
④ 신군부의 비상계엄 확대가 원인이 되었다.
⑤ 호헌 철폐와 독재 타도 등의 구호를 내세웠다.

44 밑줄 그은 '현행 헌법'에 대한 설명으로 옳은 것은? [3점]

① 내각 책임제를 채택하였다.
② 대통령의 연임을 3회로 제한하였다.
③ 대통령에게 국회 해산권을 부여하였다.
④ 대통령의 임기를 7년 단임제로 정하였다.
⑤ 국회를 참의원과 민의원의 양원제로 규정하였다.

45 (가) 정부 시기의 경제 상황으로 옳은 것은? [1점]

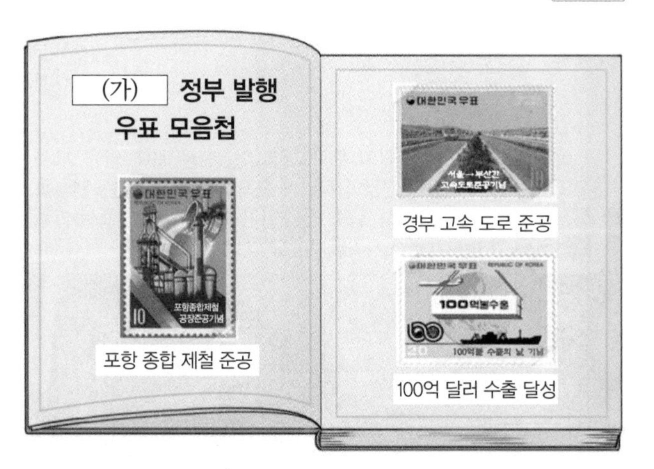

① 한미 자유 무역 협정(FTA)이 체결되었다.
② 저유가 · 저금리 · 저달러의 3저 호황이 있었다.
③ 원조 물자를 가공하는 삼백 산업이 발달하였다.
④ 대통령 긴급 명령으로 금융실명제가 실시되었다.
⑤ 농촌의 근대화를 표방한 새마을 운동이 전개되었다.

46 (가)~(마)에 대한 설명으로 옳지 않은 것은? [3점]

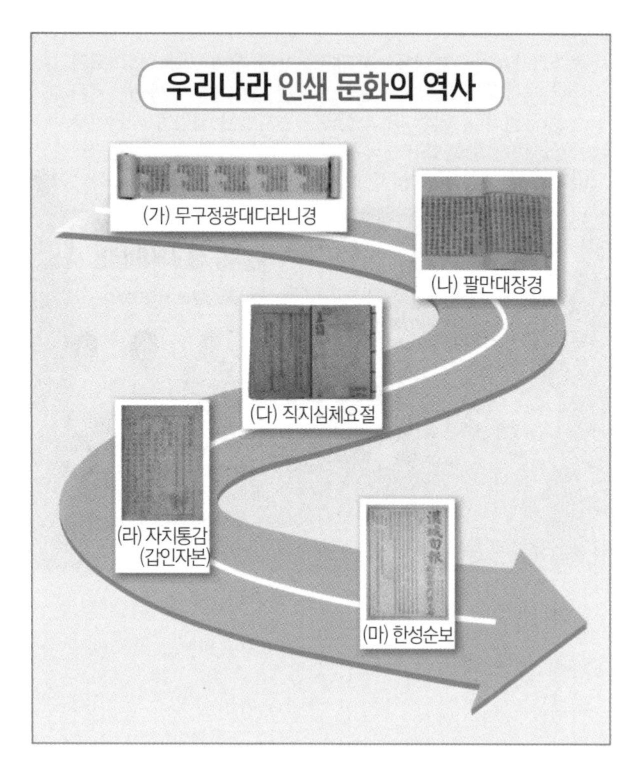

① (가) – 주자소를 설치하여 인쇄하였다.
② (나) – 대장도감에서 판각한 목판으로 찍었다.
③ (다) – 청주 흥덕사에서 금속활자로 간행하였다.
④ (라) – 이천, 장영실 등이 제작한 활자로 인쇄하였다.
⑤ (마) – 납으로 만든 활자를 사용해 박문국에서 발행하였다.

47 밑줄 그은 '이 정부' 시기에 있었던 사실로 옳지 않은 것은? [2점]

천주교 정의 구현 전국 사제단과 민주 언론 운동 협의회가 이 정부에서 각 언론사에 하달한 보도지침 자료를 공개하는 기자 회견 장면입니다. 이후 이 사건의 관련자들은 남영동 치안본부 대공분실로 연행되었으며, 국가보안법 위반 등의 죄목으로 기소되어 고초를 겪었습니다.

① 서울 올림픽이 개최되었다.
② 야간 통행 금지가 해제되었다.
③ 박종철 고문 치사 사건이 발생하였다.
④ 프로 야구가 6개 구단으로 출범하였다.
⑤ 남북 이산가족 고향 방문이 최초로 이루어졌다.

48 다음 뉴스가 보도된 정부 시기에 있었던 사실로 옳은 것은? [3점]

① 제2차 남북 정상 회담이 개최되었다.
② 경제 협력 개발기구(OECD)에 가입하였다.
③ 남북 조절 위원회가 설치되어 통일 방안이 논의되었다.
④ 북방 외교를 추진하여 중국 등 사회주의 국가들과 수교하였다.
⑤ 남북한의 교류 협력을 위한 개성 공업 지구 건설에 합의하였다.

49 (가)~(마)에 들어갈 내용으로 옳지 않은 것은? [2점]

우리 역사 속의 여성들

〈차 례〉

- 선덕 여왕, 우리나라 최초의 여왕 ······ 3
  – (가)
- 이빙허각, 살림을 학문화한 실학자 ······ 9
  – (나)
- 김만덕, 제주의 거상이자 자선가 ······ 15
  – (다)
- 남자현, 의열 투쟁을 전개한 독립운동가 ······ 21
  – (라)
- 강주룡, 일제 강점기의 노동운동가 ······ 27
  – (마)

① (가) – 첨성대와 황룡사 구층목탑을 세우다
② (나) – 가정 생활의 지혜를 담은 규합총서를 저술하다
③ (다) – 재산을 기부하여 흉년에 굶주린 백성들을 구제하다
④ (라) – 한국 광복군의 기관지 광복을 발행하다
⑤ (마) – 임금 삭감에 저항하여 을밀대 지붕에서 농성하다

50 밑줄 그은 '이날'에 해당하는 세시풍속으로 옳은 것은? [1점]

이곳은 남원 광한루원의 오작교입니다. 조선 시대 남원 부사 장의국이 헤어져 있던 견우와 직녀가 오작교에서 만난다는 전설을 형상화하여 만들었습니다. 음력 7월 7일인 이날에는 여인들이 별을 보며 바느질 솜씨가 좋아지기를 비는 풍속이 있었습니다.

① 단오 ② 칠석 ③ 백중 ④ 동지 ⑤ 한식

제59회 한국사능력검정시험

2022. 6. 시행

1~25번 26~50번

은쌤의 한눈 분석!

시대별 출제 비중 및 핵심 키워드

전근대 28문항

선사시대 2문항
구석기 시대, 고조선

고대시대 7문항
삼국 통일 과정(대야성 전투~백제 부흥 운동), 고구려 연개소문의 업적, 백제 성왕의 업적, 신라의 문화유산, 문무왕의 업적, 통일 신라의 경제 상황, 발해

고려시대 9문항
고려 초기 통치 제도의 정비, 고려 숙종의 업적, 고려의 주요 정치적 사건(이자겸의 난~무신정변), 고려 공민왕의 업적, 고려의 거란과의 항쟁, 고려의 문화유산, 도병마사, 고려 후기 원 간섭기의 사회상, 삼국유사

조선시대 10문항
조선 태종의 업적, 계유정난 이후의 사실, 사화(무오사화~중종반정), 조선 후기 경제 상황, 조선과 청나라의 대외 관계, 조선 정조의 업적, 조선 후기 문화, 비변사, 조선 실학자 유득공, 홍경래의 난

근현대 22문항

개항기 7문항
병인박해와 병인양요, 강화도 조약, 갑신정변 이후의 사실, 제2차 갑오개혁, 독립 운동가 나철, 광무개혁, 포츠머스 조약 이후의 사실

일제 강점기 6문항
독립 의군부, 간도참변, 천도교, 독립 운동가 안창호, 일제 식민 통치 3기(1930~40년대), 한국광복군

현대사회 5문항
6·25 전쟁, 진보당 사건, 박정희 정부의 유신 체제, 노무현 정부, 김대중 정부

기타 4문항
역사 속 민중 봉기(통사), 제주도 지역의 역사(지역사), 조선의 대외 관계 변천사(통사), 충주 지역의 역사(지역사)

분류별 출제 비중

정치 42문항
경제 2문항
문화 5문항
사회 1문항

난이도별 출제 비중

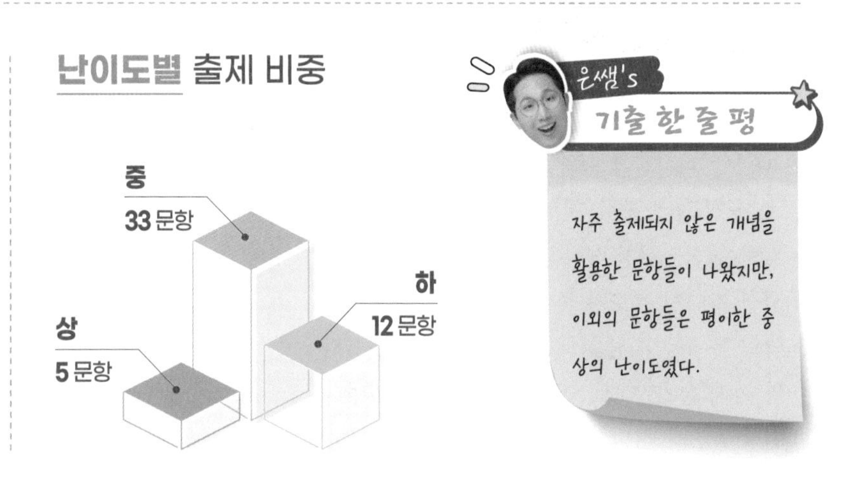

제59회 한국사능력검정시험 기출문제

01 밑줄 그은 '이 시대'의 생활 모습으로 옳은 것은? [1점]

① 철제 무기로 정복 활동을 벌였다.
② 주로 동굴이나 막집에서 거주하였다.
③ 명도전을 이용하여 중국과 교역하였다.
④ 반달돌칼을 사용하여 벼를 수확하였다.
⑤ 빗살무늬 토기를 제작하여 식량을 저장하였다.

02 (가) 나라에 대한 설명으로 옳은 것은? [2점]

• 일시 : 2022년 ○○월 ○○일 오후 3시 / 오후 7시
• 장소 : △△아트홀

모시는 글

우리 역사상 최초의 국가인 (가) 을/를 건국한 단군 왕검의 이야기가 뮤지컬로 탄생하였습니다.

- 순 서 -
1막 환웅이 신단수에 내려오다
2막 웅녀, 환웅과 혼인하다
3막 단군왕검이 나라를 세우다

① 무천이라는 제천 행사를 열었다.
② 신성 지역인 소도가 존재하였다.
③ 남의 물건을 훔쳤을 때는 12배로 갚게 하였다.
④ 왕 아래 상가, 대로, 패자 등의 관직이 있었다.
⑤ 전국 7웅 중 하나인 연과 대립할 만큼 강성하였다.

03 (가), (나) 사이의 시기에 있었던 사실로 옳은 것은? [2점]

(가) 대야성에서 패하였을 때 도독인 품석의 아내도 죽었는데, 바로 춘추의 딸이었다. [김춘추가] 말하기를, "신이 고구려에 사신으로 가서 군사를 청하여 백제에 원수를 갚고자 합니다."라고 하자 왕이 허락하였다.

(나) 복신은 일찍이 군사를 거느렸는데, 이때 승려 도침과 함께 주류성에 근거하여 반란을 일으키고, 왜국에 있던 왕자 부여풍을 맞이하여 왕으로 세웠다.

① 당이 안동도호부를 설치하였다.
② 나당 연합군이 사비성을 함락하였다.
③ 신라가 매소성 전투에서 승리하였다.
④ 고구려가 신라에 침입한 왜를 격퇴하였다.
⑤ 백제와 왜의 연합군이 백강 전투에서 패배하였다.

04 (가) 인물에 대한 설명으로 옳은 것은? [2점]

① 천리장성 축조를 감독하였다.
② 살수에서 수의 군대를 막아냈다.
③ 등주를 선제 공격하여 당군을 격파하였다.
④ 황산벌에서 계백이 이끄는 군대를 물리쳤다.
⑤ 안승을 왕으로 추대하고 부흥 운동을 전개하였다.

05 밑줄 그은 '왕'의 활동으로 옳은 것은? [2점]

> 왕 31년 7월에 신라가 동북쪽 변경을 빼앗아 신주(州)를 설치하였다. …… [이듬해] 7월에 왕이 신라를 습격하려고 몸소 보병과 기병 50명을 거느리고 밤에 구천(狗川)에 이르렀다. 신라의 복병이 일어나 더불어 싸웠으나 [적의] 병사들에게 살해되었다.
>
> -『삼국사기』-

① 익산에 미륵사를 창건하였다.
② 평양성 전투에서 고국원왕을 전사시켰다.
③ 사비로 천도하고 국호를 남부여로 고쳤다.
④ 북위에 사신을 보내 고구려 공격을 요청하였다.
⑤ 동진에서 온 마라난타를 통해 불교를 수용하였다.

06 (가) 국가의 문화유산으로 옳은 것은? [1점]

① 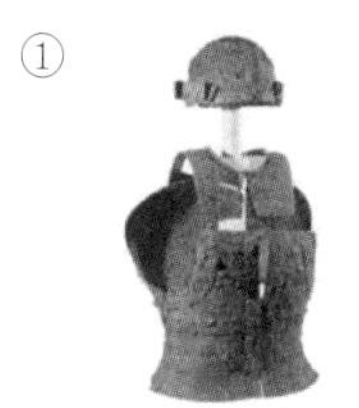
② 
③ 
④ 
⑤ 

07 (가) 왕의 업적으로 옳은 것은? [3점]

① 국가적인 조직으로 화랑도를 개편하였다.
② 지방관을 감찰하고자 외사정을 파견하였다.
③ 이차돈의 순교를 계기로 불교를 공인하였다.
④ 인재 등용을 위해 독서삼품과를 실시하였다.
⑤ 자장의 건의로 황룡사 구층목탑을 건립하였다.

08 다음 자료에 나타난 시기의 경제 상황으로 옳은 것은? [2점]

> 장보고가 귀국 후 왕을 알현하여, "온 중국이 우리나라 사람을 노비로 삼고 있습니다. 바라옵건대 청해에 진을 설치하여 해적이 사람을 중국으로 잡아가는 것을 막으십시오."라고 아뢰었다. 왕이 장보고에게 군사 1만 명을 주어서 지키게 하였다.

① 은병이 화폐로 제작되었다.
② 낙랑과 왜에 철을 수출하였다.
③ 집집마다 부경이라는 창고가 있었다.
④ 덕대가 광산을 전문적으로 경영하였다.
⑤ 울산을 통해 아라비아 상인들이 왕래하였다.

09 (가) 국가에 대한 설명으로 옳은 것은? [2점]

① 9서당과 10정을 설치하였다.
② 광평성 등의 정치 기구를 마련하였다.
③ 교육 기관으로 주자감을 설립하였다.
④ 욕살, 처려근지 등의 지방관을 두었다.
⑤ 지방에 22담로를 두어 왕족을 파견하였다.

10 (가)~(라)를 일어난 순서대로 옳게 나열한 것은? [3점]

(가) 처음으로 직관(職官)과 산관(散官) 각 품의 전시과를 제정하였다. …… 과등(科等)에 미치지 못한 자는 모두 전지 15결을 지급하였다.

(나) 역분전을 제정하였는데, 통일할 때의 조신(朝臣)이나 군사들은 관계(官階)를 따지지 않고 그 사람의 성품과 행동의 선악과 공로의 크고 작음을 보고 차등 있게 지급하였다.

(다) 쌍기가 의견을 올리니 처음으로 과거를 시행하였다. 시(詩)·부(賦)·송(頌) 및 시무책으로 시험하여 진사를 뽑았으며, 겸하여 명경업·의업·복업 등도 뽑았다.

(라) 왕이 말하기를, "비록 내 몸은 궁궐에 있지만 마음은 언제나 백성에게 치우쳐 있다. …… 이에 지방 수령들의 공(功)에 의지해 백성들의 소망에 부합하고자 12목 제도를 시행한다."라고 하였다.

① (가) - (나) - (다) - (라)
② (가) - (나) - (라) - (다)
③ (나) - (가) - (라) - (다)
④ (나) - (다) - (가) - (라)
⑤ (다) - (라) - (나) - (가)

11 다음 대화에 등장하는 왕이 추진한 정책으로 옳은 것은? [3점]

① 천수라는 독자적 연호를 사용하였다.
② 관학을 진흥하고자 양현고를 설치하였다.
③ 주전도감을 설치하여 해동통보를 발행하였다.
④ 호족 세력을 견제하기 위해 노비안검법을 실시하였다.
⑤ 국자감을 성균관으로 개칭하고 유학 교육을 장려하였다.

12 (가), (나) 사이의 시기에 있었던 사실로 옳은 것은? [2점]

(가) 이자겸과 척준경이 왕을 위협하여 남궁(南宮)으로 거처를 옮기게 하고 안보린, 최탁 등 17인을 죽였다. 이 외에도 죽인 군사가 헤아릴 수 없을 정도였다.

(나) 이의방과 이고가 정중부를 따라가 몰래 말하기를, "오늘날 문신들은 득의양양하여 술을 취하도록 마시고 음식을 배불리 먹는데, 무신들은 모두 굶주리고 고달프니 이것을 어찌 참을 수 있습니까."라고 하였다.

① 김부식이 묘청의 반란을 진압하였다.
② 강조가 정변을 일으켜 김치양을 제거하였다.
③ 망이·망소이가 공주 명학소에서 봉기하였다.
④ 서희가 외교 담판을 벌여 강동 6주를 확보하였다.
⑤ 최충헌이 봉사 10조를 올려 시정 개혁을 건의하였다.

13 밑줄 그은 '왕'의 재위 시기에 있었던 사실로 옳은 것은? [1점]

얼마 전에 왕께서 기철과 그 일당들을 반역죄로 숙청하셨다고 하네.

나도 들었네. 정동행성 이문소도 철폐하셨다고 하더군.

① 경기에 한하여 과전법이 실시되었다.
② 정지가 관음포에서 승리를 거두었다.
③ 국정 총괄 기구로 교정도감이 설치되었다.
④ 신돈을 중심으로 전민변정 사업이 추진되었다.
⑤ 만권당이 설립되어 원과 고려의 학자가 교유하였다.

14 (가)에 대한 고려의 대응으로 옳은 것은? [2점]

현종 2년에 (가) 의 군주가 크게 군사를 일으켜 정벌하러 오자 왕이 남쪽으로 피란하였는데, (가) 군대는 여전히 송악성에 주둔하고 물러가지 않았습니다. 이에 현종이 여러 신하와 함께 더할 수 없는 큰 바람을 담아 대장경판을 새겨서 완성할 것을 맹세한 뒤에야 적의 군대가 스스로 물러갔습니다.

－『동국이상국집』－

① 처인성에서 살리타를 사살하였다.
② 박위를 파견하여 근거지를 토벌하였다.
③ 개경을 방어하기 위해 나성을 축조하였다.
④ 삼수병으로 구성된 훈련도감을 설치하였다.
⑤ 강화도로 도읍을 옮겨 장기 항전을 준비하였다.

15 (가)에 들어갈 사진 자료로 적절한 것은? [2점]

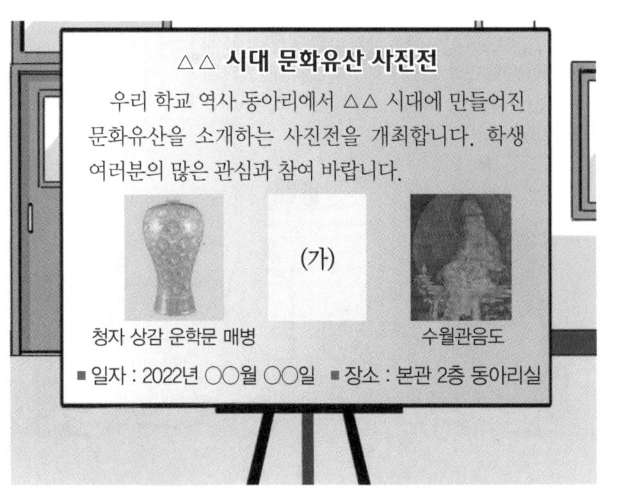

①

금동 연가 7년명 여래 입상

②

서산 용현리 마애 여래 삼존상

③

경주 분황사 모전 석탑

④

영주 부석사 무량수전

⑤
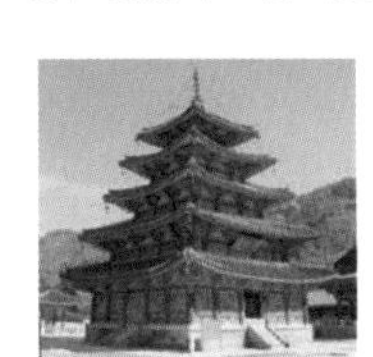
보은 법주사 팔상전

16 (가) 기구에 대한 설명으로 옳은 것은? [2점]

① 역사서 편찬과 보관을 주관하였다.
② 주로 국방과 군사 문제를 논의하였다.
③ 화폐, 곡식의 출납과 회계를 담당하였다.
④ 좌사정, 우사정의 이원적인 체제로 운영되었다.
⑤ 최우에 의해 설치되어 인사 행정을 처리하였다.

17 다음 자료에 나타난 시기의 사회 모습으로 옳은 것은? [2점]

> 인후는 …… 처음 이름은 홀랄대였다. 제국공주의 겁령구였는데, 겁령구는 중국 말로 사적으로 소속된 사람이다. 제국공주를 따라 와서 중랑장에 임명되었다. 왕이 그를 장군으로 임명하고 싶어 이름을 바꾸라고 명령하자, 홀랄대가 대장군 인공수에게 말하기를 "내가 당신과 친한 사이이니 그대의 성을 빌리면 어떻겠소?"라고 하고, 드디어 성명을 바꾸어 인후라고 하였다. [인후는] 장순룡 및 차신과 더 좋은 저택을 짓기 위해 경쟁했는데, 사치스러움과 분수에 넘치는 것이 극에 달하였다.

① 최충이 9재 학당을 설립하였다.
② 빈민 구제를 위해 흑창이 설치되었다.
③ 대각국사 의천이 천태종을 개창하였다.
④ 만적이 개경에서 신분 해방을 도모하였다.
⑤ 지배층을 중심으로 변발과 호복이 유행하였다.

18 밑줄 그은 '역사서'에 대한 설명으로 옳은 것은? [1점]

① 편년체 형식으로 기술되었다.
② 고조선의 건국 이야기가 서술되었다.
③ 남북국이라는 용어가 처음 사용되었다.
④ 왕명에 의해 고승들의 전기가 기록되었다.
⑤ 고구려 시조의 일대기가 서사시로 표현되었다.

19 밑줄 그은 '임금'의 재위 시기에 있었던 사실로 옳은 것은? [2점]

얼마 전에 임금께서 원통하고 억울한 일을 당한 백성들을 위해 신문고를 설치하라고 명하셨다더군.

뿐만 아니라 문하부를 없애고 의정부를 설치하면서 문하부 낭사를 사간원으로 독립시키셨다네.

① 명의 신종을 제사하는 대보단이 설치되었다.
② 백과사전류 의서인 의방유취가 편찬되었다.
③ 왕권 강화를 위해 6조 직계제가 실시되었다.
④ 조선의 기본 법전인 경국대전이 반포되었다.
⑤ 역대 문물제도를 정리한 동국문헌비고가 간행되었다.

20 밑줄 그은 '이 사건' 이후의 사실로 옳은 것은? [2점]

① 최영에 의해 이인임 일파가 축출되었다.
② 최무선의 건의로 화통도감이 설치되었다.
③ 정도전 등이 요동 정벌 계획을 추진하였다.
④ 성삼문 등이 상왕의 복위를 꾀하다가 처형되었다.
⑤ 이종무가 왜구의 근거지인 쓰시마섬을 정벌하였다.

21 (가), (나) 사이의 시기에 있었던 사실로 옳은 것은? [3점]

(가) 유자광이 김종직의 조의제문을 구절마다 풀이해서 아뢰기를, "감히 이와 같은 부도한 말을 했으니, 청컨대 법에 의하여 죄를 다스리시옵소서. 이 문집 및 판본을 다 불태워버리고 간행한 사람까지 아울러 죄를 다스리시기를 청하옵니다."라고 하였다.

(나) 박원종 등이 궐문 밖에 진군하여 대비(大妃)에게 아뢰기를, "지금 임금이 도리를 잃어 정치가 혼란하고, 민생은 도탄에 빠지고, 종사는 위태롭습니다. 진성대군은 대소 신민의 촉망을 받은 지 이미 오래이므로, 이제 추대하고자 하오니 감히 대비의 분부를 여쭙니다."라고 하였다.

① 서인이 반정을 일으켜 정권을 장악하였다.
② 위훈 삭제를 주장한 조광조 일파가 제거되었다.
③ 이인좌를 중심으로 한 일부 소론 세력이 난을 일으켰다.
④ 폐비 윤씨 사사 사건을 빌미로 김굉필 등이 처형되었다.
⑤ 희빈 장씨 소생의 원자 책봉 문제로 환국이 발생하였다.

22 다음 기사에 나타난 시기의 경제 상황으로 옳은 것은? [1점]

역사 신문

제△△호 ○○○○년 ○○월 ○○일

초량으로 왜관 이전 결정

오늘 왕이 두모포 왜관의 초량 이전을 윤허하였다. 두모포 왜관은 일본과 국교가 재개되면서 새로 지은 왜관으로 기유약조 이후 일본과의 제한된 교역이 이루어진 곳이다. 그러나 두모포 왜관이 협소하다며 이전을 요구하는 왜인들의 잦은 요청이 있어 마침내 오늘 초량으로 이전을 결정하였다.

① 금속 화폐인 건원중보가 주조되었다.
② 솔빈부의 말이 특산물로 수출되었다.
③ 담배, 고추 등 상품 작물이 재배되었다.
④ 당항성, 영암이 국제 무역항으로 번성하였다.
⑤ 수도의 시전을 감독하기 위해 경시서가 설치되었다.

23 (가) 국가에 대한 조선의 정책으로 옳은 것은? [2점]

① 어영청을 중심으로 북벌을 추진하였다.
② 한성에 동평관을 두어 무역을 허용하였다.
③ 조약 체결에 대한 답례로 보빙사를 보냈다.
④ 공녀를 보내기 위해 결혼도감을 설치하였다.
⑤ 포로 송환을 위해 회답 겸 쇄환사를 파견하였다.

24 (가) 왕이 추진한 정책으로 옳은 것은? [2점]

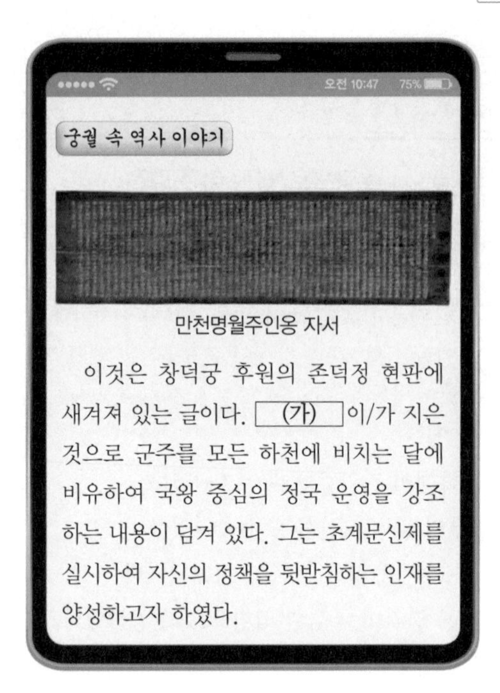

① 친위 부대로 장용영을 설치하였다.
② 경기도에 한해서 대동법을 실시하였다.
③ 한양을 기준으로 한 역법서인 칠정산을 만들었다.
④ 통치 체제를 정비하기 위해 대전회통을 편찬하였다.
⑤ 직전법을 제정하여 현직 관리에게만 수조권을 지급하였다.

25 밑줄 그은 '이 시기'의 문화에 대한 설명으로 옳은 것은? [1점]

① 원각사지 십층 석탑이 건립되었다.
② 인왕제색도 등 진경산수화가 그려졌다.
③ 주자소가 설치되어 계미자가 주조되었다.
④ 표면에 백토를 바른 분청사기가 유행하였다.
⑤ 청주 흥덕사에서 직지심체요절이 간행되었다.

26 (가) 기구에 대한 설명으로 옳은 것은? [2점]

역사 용어 해설

(가)

1. 개요

중종 때 삼포왜란을 계기로 설치되었다. 을묘왜변을 겪으면서 상설 기구화되었고, 양 난을 거치며 국정을 총괄하는 기구로 발전하였다.

2. 관련 사료

중외(中外)의 군국 기무를 모두 관장한다. …… 도제조는 현임과 전임 의정(議政)이 겸하고, 제조는 정원에 제한이 없으며 임금에게 보고하여 임명한다. 이·호·예·병·형조 판서, 양국 대장, 양도 유수, 대제학은 당연히 겸직한다.

-「속대전」-

① 업무 일지인 내각일력을 작성하였다.
② 사헌부, 사간원과 함께 3사로 불렸다.
③ 소속 관원을 은대 학사라고도 칭하였다.
④ 흥선 대원군이 집권한 시기에 혁파되었다.
⑤ 국왕 직속 사법 기구로 중죄인을 다스렸다.

27 (가) 인물에 대한 설명으로 옳은 것은? [2점]

(가) 은/는 널리 배워 시를 잘 짓고 전고(典故)에도 밝았다. …… 발해고를 지어서 인물과 군현, 왕실 계보의 연혁 등을 상세하게 잘 엮어서 두루 모아놓으니 기뻐할 만하다. 그런데 그의 말에 왕씨가 고구려의 옛 강역을 회복하지 못하였음을 탄식한 부분이 있다. 왕씨가 옛 강역을 회복하지 못하니 계림과 낙랑의 옛터가 마침내 어두워져 스스로 천하와 단절되었다는 것이다.

① 규장각의 검서관으로 활동하였다.
② 양명학을 연구해 강화학파를 형성하였다.
③ 의산문답에서 중국 중심의 세계관을 비판하였다.
④ 북한산비가 진흥왕 순수비임을 처음으로 밝혀냈다.
⑤ 체질에 따라 치료를 달리하는 사상 의학을 확립하였다.

28 다음 대화에 나타난 사건에 대한 설명으로 옳은 것은? [1점]

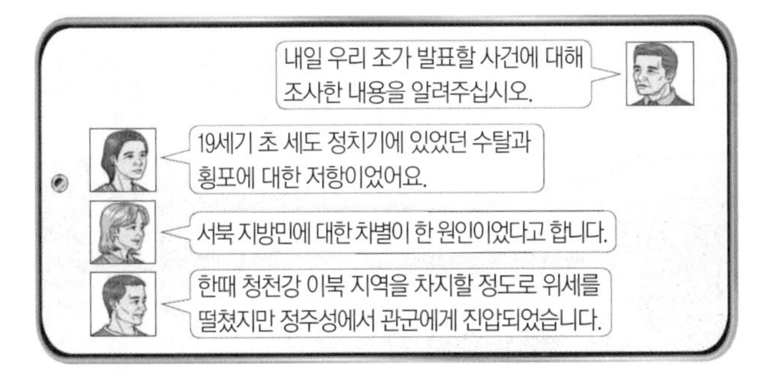

① 홍경래, 우군칙 등이 주도하였다.
② 청군이 파병되는 결과를 가져왔다.
③ 제물포 조약이 체결되는 배경이 되었다.
④ 보국안민, 제폭구민을 기치로 내걸었다.
⑤ 박규수가 안핵사로 파견되는 계기가 되었다.

29 (가)~(라) 사건에 대한 설명으로 옳은 것을 〈보기〉에서 고른 것은? [3점]

(가) 나라 안의 모든 주군(州郡)에서 공물과 부세를 보내지 않아 창고가 비고 재정이 궁핍해졌다. 왕이 관리를 보내 독촉하니 곳곳에서 도적이 벌떼처럼 일어났다. 이때 원종, 애노 등이 사벌주를 근거지로 반란을 일으켰다.

(나) 남쪽에서 적(賊)들이 봉기하였다. 가장 심한 자들은 운문을 거점으로 한 김사미와 초전을 거점으로 한 효심이었다. 이들은 유랑민을 불러 모아 주현(州縣)을 습격하여 노략질하였다.

(다) 임술년 2월 19일, 진주 백성 수만 명이 머리에 흰 수건을 두르고 손에는 나무 몽둥이를 들고 무리를 지어 진주 읍내에 모여 서리들의 가옥 수십 호를 불사르고 부수니, 그 움직임이 심상치 않았다.

(라) 군수 조병갑은 탐학이 심하여 군민들이 그 주구에 시달려 왔다. 그러던 중 조병갑이 다시 만석보 보수를 빙자하여 백성을 강제 노역시키고 불법적인 징세를 자행하였기에 군민들이 더욱 한을 품게 되었다. …… 전봉준은 백성을 이끌고 일어나 관아를 습격하고 관청에서 쌓은 보를 허물어 버렸다.

〈보 기〉

ㄱ. (가)-삼정이정청이 설치되는 계기가 되었다.
ㄴ. (나)-무신집권기 지배층의 수탈에 대한 저항이었다.
ㄷ. (다)-윤원형 일파가 정국을 주도한 시기에 발생하였다.
ㄹ. (라)-주모자가 드러나지 않기 위해 사발통문을 작성하였다.

① ㄱ, ㄴ ② ㄱ, ㄷ ③ ㄴ, ㄷ
④ ㄴ, ㄹ ⑤ ㄷ, ㄹ

30 다음 상황이 나타난 시기를 연표에서 옳게 고른 것은? [2점]

북경 주재 프랑스 공사가 청에 보내온 문서에 의하면, "조선에서 프랑스 주교 2명 및 선교사 9명과 조선의 많은 천주교 신자가 처형되었다. 이에 제독에게 요청하여 며칠 안으로 군대를 일으키도록 할 것이다."라고 되어 있습니다.

1863		1868		1871		1875		1882		1886
고종 즉위	(가)	오페르트 도굴 사건	(나)	신미양요	(다)	운요호 사건	(라)	조미 수호 통상 조약	(마)	조프 수호 통상 조약

① (가) ② (나) ③ (다) ④ (라) ⑤ (마)

31 다음 검색창에 들어갈 조약에 대한 설명으로 옳은 것은? [1점]

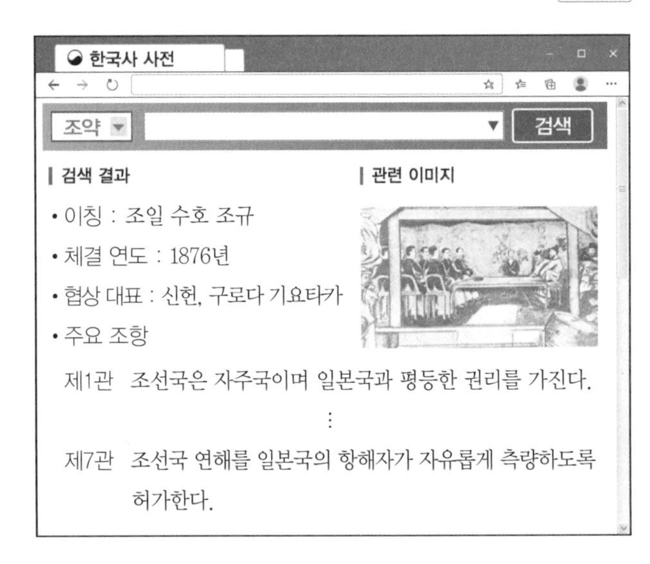

① 최혜국 대우를 최초로 규정하였다.
② 통감부가 설치되는 계기가 되었다.
③ 천주교 포교 허용의 근거가 되었다.
④ 일본 경비병의 공사관 주둔을 명시하였다.
⑤ 부산 외 2곳에 개항장이 설치되는 결과를 가져왔다.

32 다음 상황 이후에 전개된 사실로 옳은 것은? [2점]

> 17일에 홍 참판이 우정총국에서 개국 연회를 열었다. 그 동안에 [담장 밖에서] 화재가 발생했다. 민 참판은 양해를 구한 뒤 화재 진압을 돕기 위해 밖으로 나갔다. 바깥에는 연회에 참석한 일본 공사를 호위하기 위해 온 일본 병사들이 두 줄로 늘어서 있었고, 그는 그들을 지나쳤다. 민 참판은 양쪽에서 공격을 받았고, …… 몸 여러 군데에 자상을 입었다.
>
> –『조지 클레이튼 포크의 일기』–

① 신식 군대인 별기군이 폐지되었다.
② 김기수를 수신사로 일본에 파견하였다.
③ 이항로와 기정진이 척화주전론을 주장하였다.
④ 왕비가 궁궐을 빠져 나와 장호원으로 피신하였다.
⑤ 개화당 정부가 수립되고 개혁 정강이 발표되었다.

33 밑줄 그은 '개혁'의 내용으로 옳은 것은? [2점]

김홍집과 박영효를 중심으로 구성된 내각에서 여러 <u>개혁</u>을 추진했다더군.

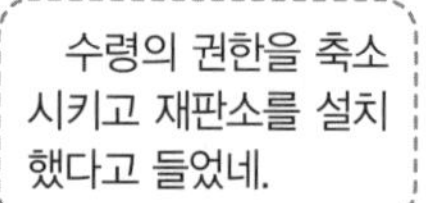

① 원수부를 설치하였다.
② 기기창을 설립하였다.
③ 공사 노비법을 혁파하였다.
④ 태양력을 공식 채택하였다.
⑤ 한성 사범 학교 관제를 반포하였다.

34 밑줄 그은 '그'의 활동으로 옳은 것은? [2점]

저는 지금 전라남도 보성군에 와 있습니다. 이 기념관은 오기호 등과 함께 대종교를 창시하고 일생을 독립운동에 바친 <u>그</u>를 기리기 위해 조성되었습니다. 이곳에는 <u>그</u>의 호를 딴 홍암사라는 사당이 있습니다.

① 5적 처단을 위해 자신회를 조직하였다.
② 명동 성당 앞에서 이완용을 습격하였다.
③ 하얼빈에서 이토 히로부미를 사살하였다.
④ 타이완에서 일본 육군 대장을 저격하였다.
⑤ 동양 척식 주식회사에 폭탄을 투척하였다.

35 (가) 단체에 대한 설명으로 옳은 것은? [2점]

이것은 고종이 임병찬에게 내린 밀지의 일부입니다. 그는 이 밀지를 받고 복벽주의를 내건 (가) 을/를 조직하였습니다.

애통하다! 일본 오랑캐가 배신하고 합병하니 종사가 폐허가 되고 국민은 노예가 되었다. …… 짐이 믿는 것은 너희들이니, 너희들은 힘써 광복하라.

① 일본 도쿄에서 독립 선언서를 발표하였다.
② 일제가 제정한 치안유지법으로 탄압받았다.
③ 서간도에 신흥 강습소를 세워 독립군을 양성하였다.
④ 독립운동 자금을 모으기 위해 독립 공채를 발행하였다.
⑤ 조선 총독에게 제출하기 위해 국권 반환 요구서를 작성하였다.

36 다음 상황이 나타나게 된 배경으로 가장 적절한 것은? [2점]

> 경신년 시월에 일본 토벌대들이 전 만주를 휩쓸어 애국지사들은 물론이고 농민들도 무조건 잡아다 학살하였다. …… 독립군의 성과가 컸기 때문에 그에 대한 보복으로 일본군이 대학살을 감행한 것이었다. 이것이 이른바 경신참변이다. 그래서 애국지사들은 가족들을 두고 단신으로 길림성 오상현, 흑룡강성 영안현 등으로 흩어졌다.
>
> -「아직도 내 귀엔 서간도 바람소리가」-

① 조선의용대가 호가장 전투에서 활약하였다.
② 대한 독립군 등이 봉오동에서 일본군을 격파하였다.
③ 조선혁명군이 영릉가에서 일본군에 승리를 거두었다.
④ 한국 독립군이 대전자령 전투에서 일본군을 격퇴하였다.
⑤ 대한민국 임시 정부가 직할 부대로 참의부를 결성하였다.

37 밑줄 그은 '이 시기'에 볼 수 있는 모습으로 적절한 것은? [2점]

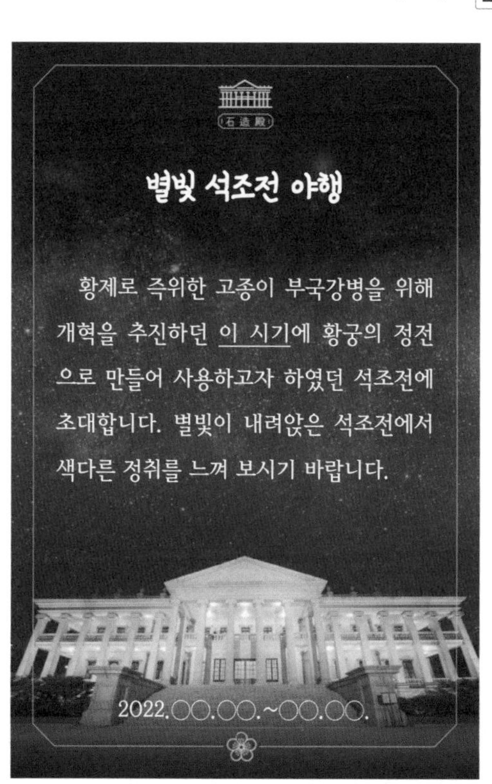

① 영선사 일행으로 청에 가는 생도
② 육영 공원에서 영어를 공부하는 학생
③ 거문도를 불법 점령하고 있는 영국 해군
④ 양전 사업을 실시하고 지계를 발급하는 관리
⑤ 보은 집회에서 교조 신원을 주장하는 동학교도

38 다음 자료에 나타난 상황 이후의 사실로 옳은 것은? [3점]

> 오늘 신문에 강화(講和) 조약 전문이 공개되었다. 러시아는 일본이 조선에서 갖고 있는 막대한 정치적 · 군사적 · 경제적 이익을 인정하고, 일본이 조선의 내정을 지도 · 보호 및 감리(監理)하는 데 필요하다고 여기는 어떠한 조치도 방해하거나 간섭하지 않을 것을 약속하였다. …… 러시아는 전쟁으로 교훈을 얻었다. 일본은 전쟁으로 영예를 얻었다. 조선은 전쟁으로 최악의 것을 얻었다.
>
> -『윤치호 일기』-

① 메가타가 재정 고문으로 부임하였다.
② 고종이 러시아 공사관으로 거처를 옮겼다.
③ 베델과 양기탁이 대한매일신보를 창간하였다.
④ 관민 공동회가 개최되어 헌의 6조를 결의하였다.
⑤ 민종식이 이끄는 의병 부대가 홍주성을 점령하였다.

39 (가) 종교에 대한 설명으로 옳은 것은? [1점]

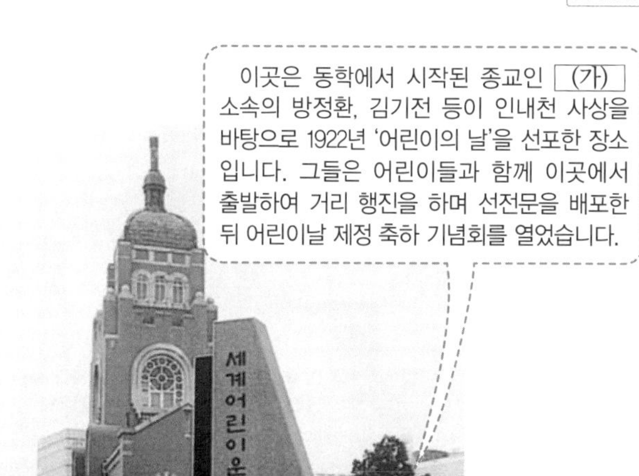

① 만세보를 발행하여 민중 계몽에 힘썼다.
② 중광단을 조직하여 무장 투쟁을 전개하였다.
③ 배재 학당을 세워 신학문 보급에 기여하였다.
④ 박중빈을 중심으로 새생활 운동을 추진하였다.
⑤ 일제의 통제에 맞서 사찰령 폐지 운동을 주도하였다.

40 (가) 인물에 대한 설명으로 옳은 것은? [3점]

위 자료들은 독립운동가 (가) 이/가 사용한 여행권으로 미국, 중국, 멕시코 등 많은 국가들을 방문한 기록이 남아 있다. (가) 은/는 여러 국가들을 이동하면서 공립 협회, 대한인 국민회, 흥사단 등을 조직하는 데 주도적인 역할을 담당하였다. 1937년 동우회 사건으로 옥고를 치른 후 지병이 악화되어 이듬해 사망하였다.

① 일본의 침략 과정을 담은 한국통사를 저술하였다.
② 조선학 운동을 주도하여 여유당전서를 간행하였다.
③ 백산 상회를 설립하여 독립운동 자금을 마련하였다.
④ 친일 인사 스티븐스를 샌프란시스코에서 사살하였다.
⑤ 대한민국 임시 정부에서 내무총장 겸 국무총리 대리로 취임하였다.

41 밑줄 그은 '시기'에 시행된 일제의 정책으로 옳은 것은? [2점]

① 회사령을 제정하였다.
② 미쓰야 협정을 체결하였다.
③ 경성 제국 대학을 설립하였다.
④ 토지 조사 사업을 실시하였다.
⑤ 조선 사상범 예방 구금령을 공포하였다.

42 (가) 지역에 대한 탐구 활동으로 가장 적절한 것은? [1점]

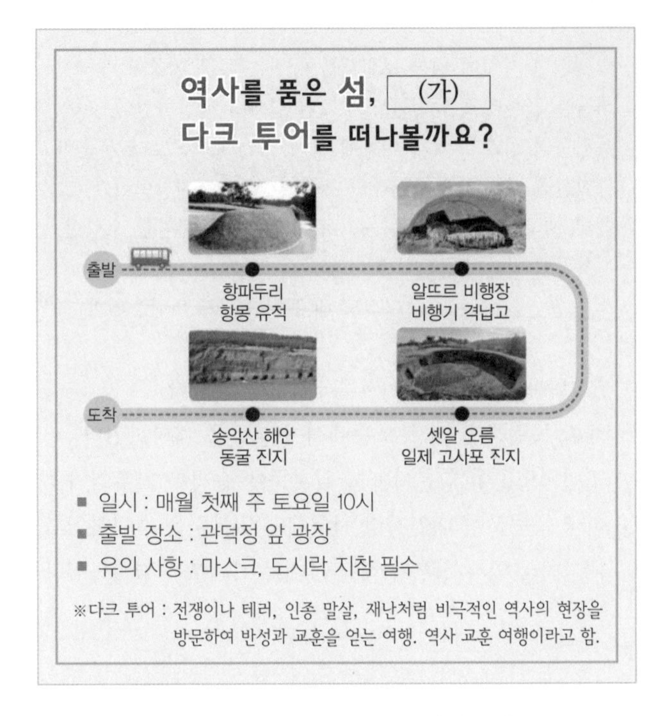

① 정약전이 자산어보를 저술한 곳을 알아본다.
② 프랑스군이 외규장각 도서를 약탈한 장소를 살펴본다.
③ 지주 문재철에 맞서 소작쟁의가 일어난 곳을 찾아본다.
④ 4 · 3 사건으로 많은 주민이 희생된 주요 장소를 조사한다.
⑤ 러시아가 저탄소 설치를 위해 조차를 요구한 곳을 검색한다.

43 (가) 부대에 대한 설명으로 옳은 것은? [2점]

인도 전선에서 (가) 이/가 활동에 나선 이래, 각 대원은 민족의 영광을 위해 빗발치는 탄환도 두려워하지 않고 온갖 고초를 겪으며 영국군의 작전에 협조하였다. (가) 은/는 적을 향한 육성 선전, 방송, 전단 살포, 포로 신문, 정찰, 포로 훈련 등 여러 부분에서 상당한 성과를 거두었다. 그 결과 영국군 당국은 우리를 깊이 신임하고 있으며, 한국 독립에 대해서도 동정을 아끼지 않고 있다. 충칭에 거주하고 있는 한국 청년 동지들이 인도에서의 공작에 다수 참여하기를 희망한다.

-「독립신문」-

① 청산리에서 일본군에 맞서 대승을 거두었다.
② 미군과 연계하여 국내 진공 작전을 계획하였다.
③ 쌍성보 전투에서 한중 연합 작전을 전개하였다.
④ 중국 의용군과 연합하여 흥경성에서 승리하였다.
⑤ 동북 항일 연군으로 개편되어 유격전을 펼쳤다.

44 밑줄 그은 '이 전쟁' 중에 있었던 사실로 옳은 것은? [3점]

노래로 읽는 한국사

이별의 부산정거장

보슬비가 소리도 없이
이별 슬픈 부산 정거장
잘 가세요 잘 있어요
눈물의 기적이 운다
한 많은 피난살이 설움도 많아
그래도 잊지 못할 판잣집이여
경상도 사투리의 아가씨가 슬피 우네
이별의 부산정거장

[해설]

이 곡은 이 전쟁의 정전 협정이 체결된 이듬해에 발표된 노래로, 낯선 부산에서의 판잣집 피란살이를 마치고 서울로 떠나는 피란민의 심정을 애절하게 묘사하였습니다. 피란살이는 힘들었지만 부산에서 만난 사람들과의 인연이 힘이 되었다는 가사를 담고 있습니다.

① 한미 상호 방위 조약이 체결되었다.
② 반민족 행위 특별 조사 위원회가 해체되었다.
③ 통일 주체 국민 회의에서 대통령이 선출되었다.
④ 비상 계엄이 선포된 가운데 발췌 개헌안이 통과되었다.
⑤ 국가보안법 개정안을 통과시킨 이른바 보안법 파동이 일어났다.

45 밑줄 그은 이 사건이 일어난 시기를 연표에서 옳게 고른 것은? [3점]

1. 이 사건은 검찰이 아무런 증거도 없이 공소 사실도 특정하지 못한 채 조봉암 등 진보당 간부들에 대해 국가 변란 혐의로 기소를 하였고 ……

⋮

5. 이 사건은 정권에 위협이 되는 야당 정치인을 제거하려는 의도에서 표적 수사에 나서 극형인 사형에 처한 것으로 민주국가에서 있어서는 안 될 비인도적, 반인권적 인권 유린이자 정치탄압 사건이다.

6. 국가는 …… 피해자와 유가족에게 총체적으로 사과하고 화해를 이루는 등 적절한 조치를 취하여야 하며, 명예를 회복시키기 위해 형사소송법이 정한 바에 따라 재심 등 상응한 조치를 취하는 것이 필요하다.

-「진실 · 화해를 위한 과거사 정리 위원회 조사 보고서」-

1948		1954		1960		1965		1969		1974
	(가)		(나)		(다)		(라)		(마)	
대한민국 정부 수립		사사오입 개헌		4 · 19 혁명		한일 기본 조약		3선 개헌		인민 혁명당 재건위 사건

① (가) ② (나) ③ (다) ④ (라) ⑤ (마)

46 밑줄 그은 '이 정권' 시기에 있었던 사실로 옳지 않은 것은? [2점]

양심 선언문

들으라! 우리는 유신 헌법의 잔인한 폭력성을, 합법을 가장한 유신 헌법의 모든 부조리와 악을 고발한다. 우리는 유신 헌법의 비민주적 허위성을 고발한다. …… 우리 대한 학도는 민족과 역사 앞에 분연히 선언한다. 이 정권이 끝날 때까지 후퇴치 못하고 이 민족을 끝까지 못살게 군다면 자유와 평등과 정의를 뜨겁게 외치는 이 땅의 모든 시민의 준엄한 피의 심판을 면치 못하리라.

① 신민당사에서 YH 무역 노동자들이 농성을 하였다.
② 민주 회복을 위한 개헌 청원 백만인 서명 운동이 전개되었다.
③ 호헌 철폐, 독재 타도를 내세운 6 · 10 국민 대회가 개최되었다.
④ 야당 총재의 국회의원직 제명을 계기로 민주 항쟁이 일어났다.
⑤ 긴급 조치 철폐를 요구하는 3 · 1 민주 구국 선언이 발표되었다.

47 ㉠~㉤에 대한 탐구 활동으로 적절하지 않은 것은? [2점]

역사 돋보기 **조선이 만난 이방인**

조선 전기에는 외부 세계와의 관계가 중국과 일본을 중심으로 류큐 등의 아시아 국가에 주로 국한되어 있었다. ㉠조선인의 외부에 대한 인식은 이들 국가에 집중되어 있었고, 조선은 중국을 비롯한 주변 국가 이외의 세계에서는 낯선 존재였다.

조선 후기에 들어 지리 지식의 확대와 더불어 조선인의 외부 세계에 대한 인식이 점차 넓어져 갔다. 조선과 서양인의 만남은 크게 네 가지로 나누어 볼 수 있다. 첫째, 중국과 일본을 오가던 ㉡서양 선박이 난파하여 조선에 표착한 경우이다. 둘째, 크리스트교 선교를 목적으로 ㉢선교사가 직접 조선에 파견되는 경우이다. 셋째, 서양인이 ㉣조선의 해안 측량을 목적으로 해안을 탐사하는 과정에서 접촉한 경우이다. 넷째, 조선과의 ㉤교역을 목적으로 서양의 상선이 접근하는 경우이다.

① ㉠ - 해동제국기의 작성 목적을 파악한다.
② ㉡ - 하멜 표류기의 내용을 분석한다.
③ ㉢ - 프랑스 파리 외방 선교회의 활동을 알아본다.
④ ㉣ - 혼일강리역대국도지도가 제작된 과정을 조사한다.
⑤ ㉤ - 제너럴 셔먼호 사건 관련 자료를 찾아본다.

48 교사의 질문에 대한 학생의 답변으로 옳은 것은? [2점]

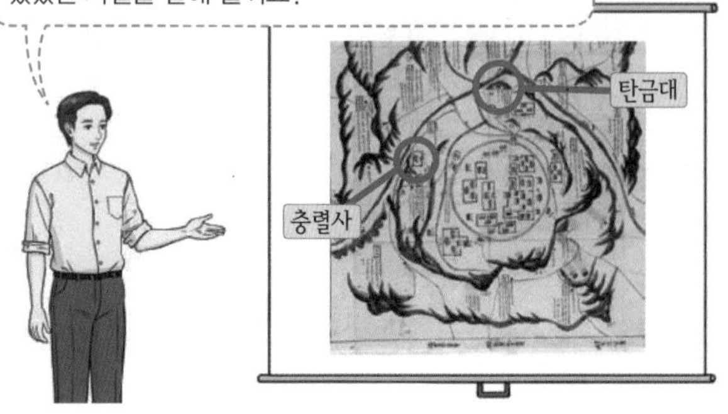

① 인조가 이괄의 난으로 피란했어요.
② 견훤이 후백제의 도읍으로 삼았어요.
③ 김윤후와 함께 관노들이 몽골군에 항전했어요.
④ 강주룡이 을밀대 지붕에서 고공농성을 벌였어요.
⑤ 박재혁이 경찰서에서 폭탄을 터뜨리는 의거를 일으켰어요.

49 다음 뉴스가 보도된 정부 시기에 있었던 사실로 옳은 것은? [3점]

① 서울 올림픽 대회가 개최되었다.
② 국가 인권 위원회가 설립되었다.
③ 전국 민주노동조합 총연맹이 창립되었다.
④ 중국과 자유 무역 협정(FTA)이 체결되었다.
⑤ 친일 반민족 행위 진상 규명 위원회가 출범하였다.

50 다음 연설이 있었던 정부의 통일 노력으로 옳은 것은? [2점]

> 저는 지난 6월 13일 역사적인 평양 방문을 이룩했습니다. 평양을 방문할 때 저는 참으로 만감이 교차하였습니다. 분단된 조국의 땅을 처음으로 가게 된 감회도 컸고, 또 과연 이 회담에서 성공을 거둘 수 있을지 많은 염려도 갖고 북한을 방문했던 것입니다. …… 지난 6월의 평양 회담 이후 우리 한국은 두 가지를 당면 목표로 추진하고 있습니다. 첫째는 남북 간의 긴장을 완화시키는 것입니다. …… 두 번째 당면 목표는 50년간의 단절과 불신과 적대로부터, 다시 교류와 신뢰와 동족애를 회복하는 것입니다.
>
> –「○○○ 대통령 스웨덴 의회 연설」–

① 남북 조절 위원회를 구성하였다.
② 남북한이 유엔에 동시 가입하였다.
③ 판문점에서 남북 정상 회담을 개최하였다.
④ 남북한 교류 협력을 위한 개성 공단 조성에 합의하였다.
⑤ 남북 이산가족 고향 방문단의 교환 방문을 최초로 실현하였다.

제58회 

한국사능력검정시험

2022. 4. 시행

시대별 출제 비중 및 핵심 키워드

전근대 28문항

선사시대 2문항

신석기 시대, 고조선

고대시대 8문항

나·제 동맹, 대가야, 고구려의 대당 항쟁(안시성 전투), 삼국 통일 과정(백제 멸망~백제 부흥 운동), 통일 신라의 경제, 발해, 후삼국 통일 과정, 신라 하대의 사회상

고려시대 7문항

고려 성종의 업적, 고려의 사회 제도, 고려의 대몽 항쟁, 고려의 경제 상황, 동명왕편, 상감청자, 고려의 멸망과 조선의 건국

조선시대 11문항

조선과 일본의 대외 관계, 조선 세종의 업적, 의금부, 훈련도감, 조선과 호란(이괄의 난~병자호란), 조선과 청나라의 대외 관계, 조선 영조의 업적, 향리, 천주교, 조선 실학자 정약용, 독도

근현대 22문항

개항기 5문항

흥선 대원군의 업적, 동학 농민 운동, 근대 문물의 수용, 정미7조약(한·일 신협약), 을미개혁

일제 강점기 6문항

하와이 지역의 독립운동, 일제 식민 통치 2기(1920년대), 대한민국 임시 정부의 활동, 의열단, 일제 식민 통치 3기(1930~40년대), 한국광복군

현대사회 7문항

남북협상, 6·25 전쟁, 이승만 정부, 장면 내각, 박정희 정부, 6월 민주항쟁, 김대중 정부

기타 4문항

역사 속 왕의 호칭(통사), 노비(통사), 삼짇날(세시풍속), 전라도 나주의 역사(지역사)

분류별 출제 비중

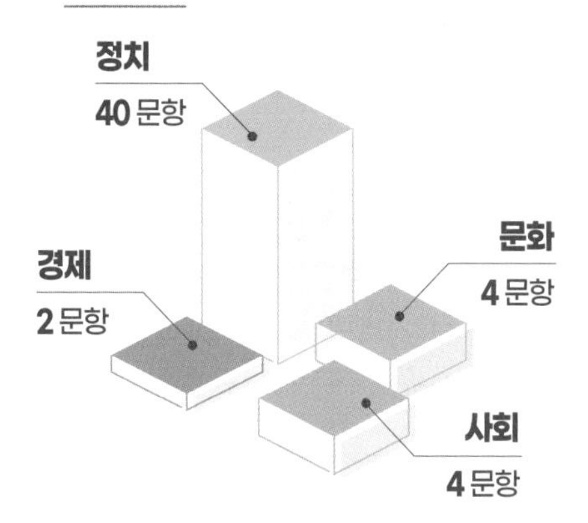

난이도별 출제 비중

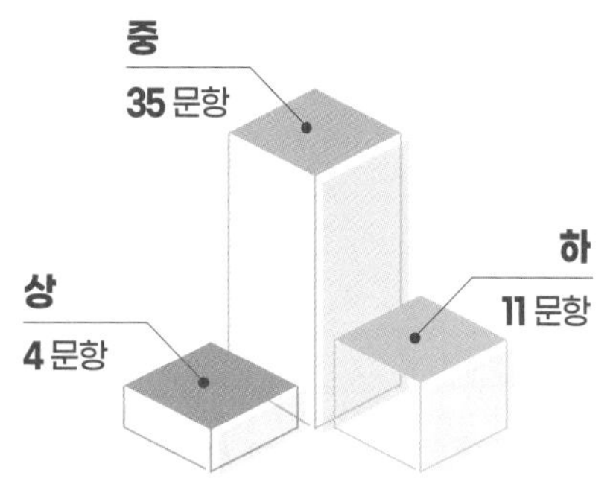

은쌤's 기출 한 줄 평

신유형 문항과 생소한 사료 활용으로 난이도 높은 문항이 많이 출제된 어려운 시험이다.

제58회 한국사능력검정시험 기출문제

01 (가) 시대의 생활 모습으로 옳은 것은? [1점]

부산 동삼동 유적에서 출토된 빗살무늬 토기는 농경과 정착 생활이 시작된 (가) 시대의 대표적 유물 중 하나입니다. 이 유적에서는 곡물 등을 가공하는 데 사용한 갈돌과 갈판도 출토되었습니다.

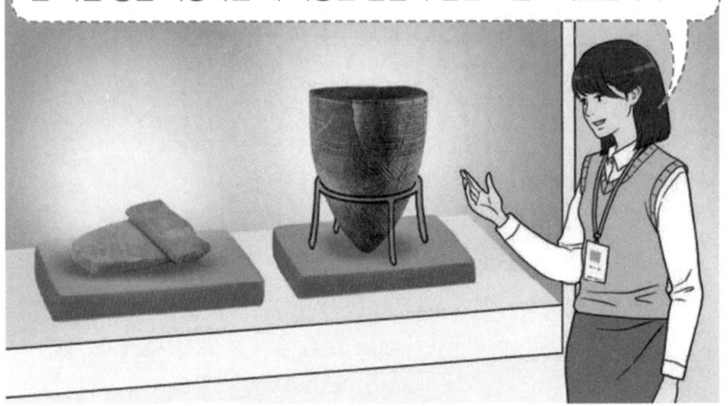

① 가락바퀴를 이용하여 실을 뽑았다.
② 주로 동굴이나 막집에서 거주하였다.
③ 명도전, 반량전 등의 화폐가 유통되었다.
④ 거푸집을 이용하여 세형 동검을 만들었다.
⑤ 쟁기, 쇠스랑 등의 철제 농기구를 사용하였다.

02 (가) 나라에 대한 설명으로 옳은 것은? [2점]

○ 좌장군은 (가) 의 패수 서쪽에 있는 군사를 쳤으나 이를 격파해서 나가지는 못했다. …… 누선장군도 가서 합세하여 왕검성의 남쪽에 주둔했지만, 우거왕이 성을 굳게 지키므로 몇 달이 되어도 함락시킬 수 없었다.

○ 마침내 한 무제는 동쪽으로는 (가) 을/를 정벌하고 현도군과 낙랑군을 설치했으며, 서쪽으로는 대완과 36국 등을 병합하여 흉노 좌우의 후원 세력을 꺾었다.

① 동맹이라는 제천 행사를 열었다.
② 신지, 읍차라 불린 지배자가 있었다.
③ 도둑질한 자에게 12배로 배상하게 하였다.
④ 읍락 간의 경계를 중시하는 책화가 있었다.
⑤ 왕 아래 상, 대부, 장군 등의 관직을 두었다.

03 다음 상황이 전개된 배경으로 옳은 것은? [2점]

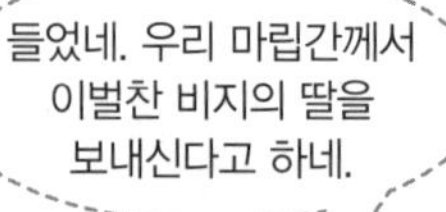

① 법흥왕이 금관가야를 병합하였다.
② 장수왕이 한성을 공격하여 함락시켰다.
③ 김유신이 비담과 염종의 반란을 진압하였다.
④ 영양왕이 온달을 보내 아단성을 공격하였다.
⑤ 김춘추가 당으로 건너가 군사 동맹을 성사시켰다.

04 (가) 나라에 대한 탐구 활동으로 가장 적절한 것은? [3점]

진흥왕이 이찬 이사부에게 명령하여 (가) 을/를 공격하게 하였다. 이때 사다함은 나이가 15~16세였는데 종군하기를 청하였다. …… (가) 사람들이 뜻하지 않은 병사들의 습격에 놀라 막아내지 못하였고, 대군이 승세를 타서 마침내 멸망시켰다.

① 안동도호부가 설치된 경위를 찾아본다.
② 22담로에 왕족이 파견된 목적을 알아본다.
③ 중앙 관제가 3성 6부로 정비된 계기를 파악한다.
④ 최고 지배자의 호칭인 이사금의 의미를 검색한다.
⑤ 고령 지역이 연맹의 중심지로 성장하는 과정을 조사한다.

05 밑줄 그은 '전투'가 벌어진 시기를 연표에서 옳게 고른 것은? [2점]

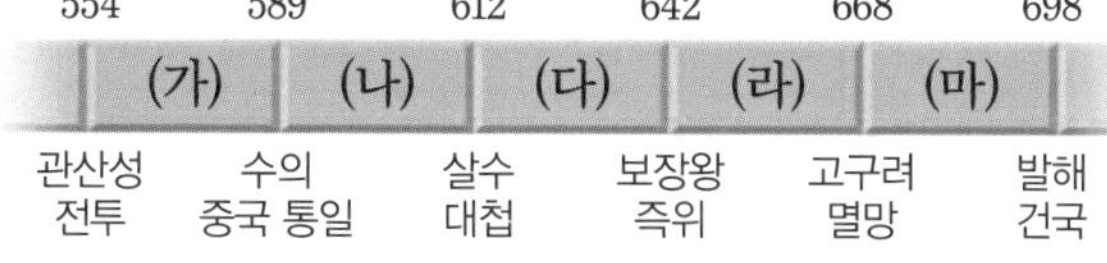

① (가) ② (나) ③ (다) ④ (라) ⑤ (마)

06 (가), (나) 사이의 시기에 있었던 사실로 옳은 것은? [3점]

(가) 백제의 남은 적군이 사비성으로 진입하여 항복해 살아남은 사람들을 붙잡아 가려고 하였으므로, 유수(留守) 유인원이 당과 신라 사람들을 보내 이를 쳐서 쫓아냈다. …… 당 황제가 좌위중랑장 왕문도를 웅진도독으로 삼았다.

(나) 손인사, 유인원과 신라왕 김법민은 육군을 거느려 나아가고, 유인궤와 별수(別帥) 두상과 부여융은 수군과 군량을 실은 배를 거느리고 백강으로 가서 육군과 합세하여 주류성으로 갔다. 백강 어귀에서 왜국 군사를 만나 …… 그들의 배 4백 척을 불살랐다.

① 사찬 시득이 기벌포에서 당군을 격파하였다.
② 의자왕이 윤충을 보내 대야성을 함락시켰다.
③ 복신과 도침이 부여풍을 왕으로 추대하였다.
④ 계백이 이끄는 군대가 황산벌에서 항전하였다.
⑤ 안승이 신라에 의해 보덕국왕으로 책봉되었다.

07 밑줄 그은 '시기' 신라의 경제 모습으로 옳은 것은? [2점]

이것은 일본의 귀족들이 신라에서 들어온 물품을 매입하고자 그 수량과 가격을 기록하여 일본 정부에 제출한 '매신라물해(買新羅物解)'라는 문서입니다. 통일을 이루고 9주 5소경을 설치한 이후의 시기에 일본과 교역하던 모습을 알 수 있습니다.

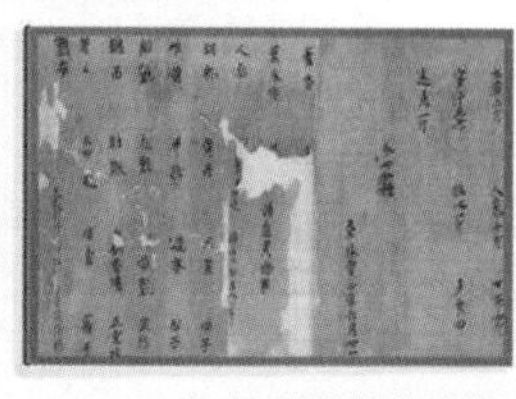

① 벽란도가 국제 무역항으로 번성하였다.
② 조세 수취를 위해 촌락 문서를 작성하였다.
③ 철이 많이 생산되어 낙랑군 등에 수출하였다.
④ 농업 생산력 증대를 위해 우경을 처음으로 시작하였다.
⑤ 수도에 도시부(都市部)라는 관청을 설치하여 시장을 관리하였다.

08 (가) 국가에 대한 설명으로 옳은 것은? [1점]

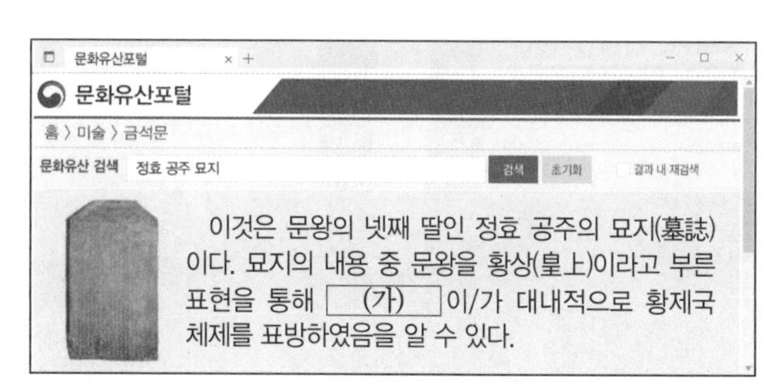

이것은 문왕의 넷째 딸인 정효 공주의 묘지(墓誌)이다. 묘지의 내용 중 문왕을 황상(皇上)이라고 부른 표현을 통해 (가) 이/가 대내적으로 황제국 체제를 표방하였음을 알 수 있다.

① 기인 제도를 실시하였다.
② 정사암 회의를 개최하였다.
③ 최고 행정 관서로 집사부를 두었다.
④ 주자감을 설치하여 인재를 양성하였다.
⑤ 광덕, 준풍 등의 독자적인 연호를 사용하였다.

09 다음 상황 이후에 전개된 사실로 옳은 것은? [2점]

> 왕이 구원을 요청하자, 태조는 장수에게 명하여 정예 병사 1만 명을 보내 구원하게 하였다. 견훤은 구원병이 아직 도착하지 않은 것을 알고, 겨울 11월에 갑자기 왕경(王京)에 침입하였다. 왕은 비빈, 종실 친척들과 포석정에 가서 연희를 즐기느라 적병이 이르는 것도 깨닫지 못하였다.
>
> -『삼국사기』-

① 김흠돌이 반란을 도모하였다.
② 장문휴가 당의 등주를 공격하였다.
③ 궁예가 국호를 태봉으로 바꾸었다.
④ 원종과 애노가 사벌주에서 반란을 일으켰다.
⑤ 경순왕 김부가 경주의 사심관으로 임명되었다.

10 밑줄 그은 '이 시기'에 있었던 사실로 옳은 것은? [3점]

① 원광이 세속 5계를 제시하였다.
② 김대문이 화랑세기를 저술하였다.
③ 김대성이 불국사 조성을 주도하였다.
④ 최치원이 진성여왕에게 시무책을 올렸다.
⑤ 자장의 건의로 황룡사 구층 목탑이 건립되었다.

11 다음 시나리오에 등장하는 왕의 재위 기간에 있었던 사실로 옳은 것은? [2점]

> #11. 궁궐 안
>
> 과거 급제자 명단을 보며 말한다.
>
> 왕 : 몇 해 전 교육을 장려하기 위해 지방에 각각 경학박사 1명과 의학박사 1명을 보냈는데, 결과가 어떠하오?
>
> 신하 : 송승연, 전보인 등 박사들이 정성스레 가르쳐 성과가 있는 듯 하옵니다.
>
> 왕 : 12목을 설치하고, 지방민에게도 학문을 권장하는 과인의 뜻에 부합하였소. 고생한 송승연에게 국자박사를 제수하고, 전보인에게 공복과 쌀을 하사하시오.
>
> 신하 : 분부를 따르겠나이다.

① 쌍기의 건의로 과거제를 실시하였다.
② 관학 진흥을 위해 양현고를 설치하였다.
③ 국자감을 성균관으로 개칭하고 유학 교육을 강화하였다.
④ 최승로의 시무 28조를 받아들여 통치 체제를 정비하였다.
⑤ 정계와 계백료서를 지어 관리가 지켜야 할 규범을 제시하였다.

12 다음 상황이 나타난 시기의 사회 시책으로 옳은 것은? [2점]

> ㅇ 왕이 명하였다. "도성 안의 백성들이 역질에 걸렸으니 구제도감을 설치하여 치료하고, 시신과 유골은 거두어 비바람에 드러나지 않게 매장하라."
>
> ㅇ 중서성에서 아뢰었다. "지난해 관내 서도의 주현에 흉년이 들어 백성이 굶주리고 있습니다. 사창과 공해(公廨)의 곡식을 내어 경작을 원조하고, 가난하여 스스로 살아갈 수 없는 자는 의창을 열어 진휼하십시오."

① 유랑민을 구휼하는 활인서를 두었다.
② 백성들에게 곡식을 빌려주는 진대법을 실시하였다.
③ 국산 약재와 치료법을 소개한 향약집성방을 편찬하였다.
④ 기근에 대비하기 위해 구황촬요를 간행하여 보급하였다.
⑤ 기금을 모아 그 이자로 빈민을 구제하는 제위보를 운영하였다.

13 (가)의 침입에 대한 고려의 대응으로 옳은 것은? [2점]

병마사 박서는 김중온에게 성의 동서쪽을, 김경손에게는 성의 남쪽을 지키게 하였다. (가) 의 대군이 남문에 이르자 김경손은 12명의 용맹한 군사와 여러 성의 별초를 거느리고 성 밖으로 나가려고 하였다. …… 우별초가 모두 땅에 엎드리고 응하지 않자 김경손은 그들을 성으로 돌려보내고 12명의 군사와 함께 나아가 싸웠다.

-『고려사』-

① 김종서를 보내 6진을 개척하였다.
② 서희를 보내 소손녕과 외교 담판을 벌였다.
③ 별무반을 조직하고 동북 9성을 축조하였다.
④ 강화도로 도읍을 옮겨 장기 항전을 준비하였다.
⑤ 화통도감을 설치하여 화약과 화포를 제작하였다.

14 다음 대화가 이루어진 시기의 경제 상황으로 옳은 것은? [1점]

몇 해 전 주전도감을 설치하고 화폐를 유통시켜 나라의 부강과 백성의 편익을 꾀하였으나, 널리 활용되지 못하고 있사옵니다.

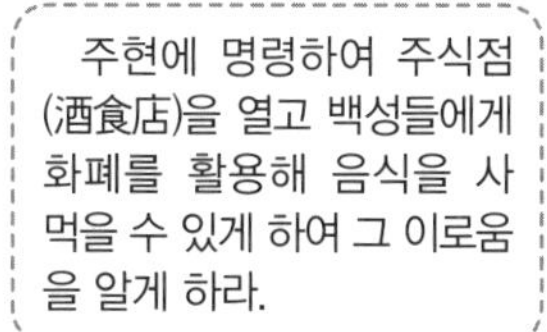

① 활구라고 불리는 은병이 유통되었다.
② 특산품으로 솔빈부의 말이 유명하였다.
③ 송상이 전국 각지에 송방을 설치하였다.
④ 청해진을 설치하여 해상 무역을 전개하였다.
⑤ 시장을 감독하는 관청인 동시전이 설치되었다.

15 다음 검색창에 들어갈 역사 자료에 대한 설명으로 옳은 것은? [2점]

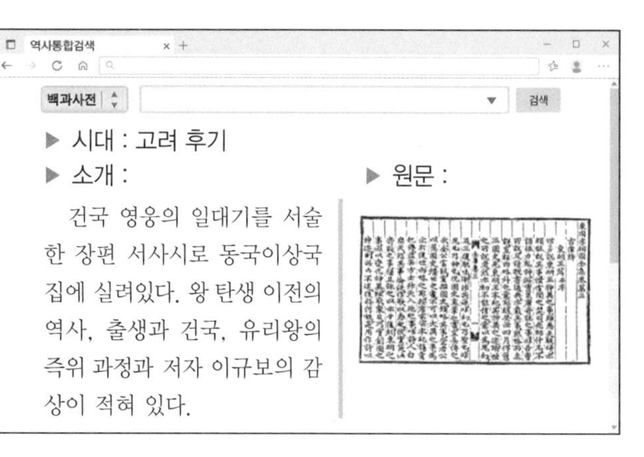

① 고구려 계승 의식이 반영되었다.
② 남북국이라는 용어가 처음 사용되었다.
③ 사초, 시정기 등을 바탕으로 편찬하였다.
④ 단군의 고조선 건국 이야기를 수록하였다.
⑤ 현존하는 우리나라 최고(最古)의 역사서이다.

16 다음 기획전에 전시될 문화유산으로 적절한 것은? [1점]

흙으로 빚은 푸른 보물

이번 기획전에서는 고려 시대 귀족 문화를 보여주는 비색의 순청자와 음각한 부분에 백토나 흑토를 채워 화려하게 장식한 상감 청자가 전시됩니다. 관심 있는 분들의 많은 관람 바랍니다.

■ 기간 : 2022년 ○○월 ○○일 ~ ○○월 ○○일
■ 장소 : △△ 박물관

① 
②  
③ 
④ 
⑤ 

17 (가) 시기에 있었던 사실로 옳은 것은? [2점]

① 집현전을 계승한 홍문관이 설치되었다.
② 조준 등의 건의로 과전법이 제정되었다.
③ 국가의 기본 법전인 경국대전이 완성되었다.
④ 연분9등법을 시행하여 수취 체제가 정비되었다.
⑤ 음악 이론 등을 집대성한 악학궤범이 간행되었다.

18 (가)에 대한 조선의 정책으로 옳은 것은? [2점]

이달의 인물

우리 외교를 빛낸 인물, 이예

■ **생몰:** 1373년~1445년
■ **경력:** 통신부사, 첨지중추원사, 동지중추원사

울산의 아전 출신으로 호는 학파(鶴坡), 시호는 충숙(忠肅)이다. 수십 차례 (가) 에 파견되어 외교 문제를 해결하려고 노력하였다. 특히 조선과 (가) 사이에 세견선의 입항 규모를 정한 계해약조 체결에 기여하였다.

① 하정사, 성절사 등을 파견하였다.
② 경성, 경원에 무역소를 설치하였다.
③ 광군을 조직하여 침입에 대비하였다.
④ 부산포, 제포, 염포의 삼포를 개항하였다.
⑤ 사절 왕래를 위하여 북평관을 개설하였다.

19 밑줄 그은 '전하'의 재위 기간에 있었던 사실로 옳은 것은? [3점]

우리 주상 전하께서는 오방의 풍토가 같지 아니하여 곡식을 심고 가꾸는 데 각기 적당한 방법이 있다고 하셨다. 이에 여러 도의 감사에게 명하기를, 주현의 나이든 농부들을 방문하여 농사지은 경험을 아뢰게 하시고 또 신(臣) 정초에게 그 까닭을 덧붙이게 하셨다. 중복된 것을 버리고, 요약한 것만 뽑아 한 편의 책으로 만들고 제목을 농사직설이라고 하였다.

① 예학을 정리한 가례집람이 저술되었다.
② 국가의 의례를 정비한 국조오례의가 완성되었다.
③ 아동용 윤리 · 역사 교재인 동몽선습이 간행되었다.
④ 효자, 충신 등의 사례를 제시한 삼강행실도가 편찬되었다.
⑤ 군주가 수양해야 할 덕목을 제시한 성학집요가 집필되었다.

20 (가) 기구에 대한 설명으로 옳은 것은? [1점]

이달의 책

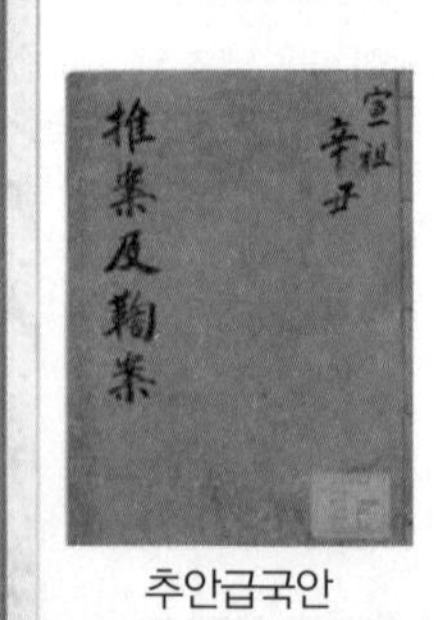

추안급국안

이 책에는 조선 시대에 왕명으로 (가) 에서 중죄인을 추국한 결과가 기록되어 있다. 조옥(詔獄)이라고도 불린 (가) 은/는 강상죄 · 반역죄 등을 처결하였으며 판사 · 도사 등의 관직이 있었다.

① 국왕 직속의 특별 사법 기구였다.
② 사림의 건의로 중종 때 폐지되었다.
③ 사헌부, 사간원과 함께 삼사로 불리었다.
④ 5품 이하의 관원에 대한 서경권을 행사하였다.
⑤ 서얼 출신의 학자들이 검서관으로 기용되었다.

21 밑줄 그은 '이 부대'에 대한 설명으로 옳은 것은? [2점]

① 용호군과 함께 2군으로 불렸다.
② 진도에서 용장성을 쌓고 항전하였다.
③ 국경 지역인 북계와 동계에 배치되었다.
④ 포수, 살수, 사수의 삼수병으로 편제되었다.
⑤ 국왕의 친위 부대로 수원 화성에 외영을 두었다.

22 (가), (나) 사이의 시기에 있었던 사실로 옳은 것은? [3점]

(가) 왕에게 이괄 부자가 역적의 우두머리라고 고해바친 자가 있었다. 하지만 왕은 "반역은 아닐 것이다."라고 하면서도, 이괄의 아들인 이전을 잡아오라고 명하였다. 이에 이괄은 군영에 있던 장수들을 위협하여 난을 일으켰다.

(나) 최명길을 보내 오랑캐에게 강화를 청하면서 그들의 진격을 늦추도록 하였다. 왕이 수구문(水溝門)을 통해 남한산성으로 향했다. 변란이 창졸 간에 일어났기에 도보로 따르는 신하도 있었고 성안 백성의 통곡 소리가 하늘을 뒤흔들었다. 초경을 지나 왕의 가마가 남한산성에 도착하였다.

① 정봉수가 용골산성에서 항전하였다.
② 이순신이 명량에서 대승을 거두었다.
③ 권율이 행주산성에서 적군을 격퇴하였다.
④ 서인 세력이 폐모살제를 이유로 반정을 일으켰다.
⑤ 정여립 모반 사건을 계기로 기축옥사가 발생하였다.

23 (가) 국가에 대한 조선의 대외 정책으로 옳은 것은? [2점]

① 박위를 파견하여 근거지를 토벌하였다.
② 백두산정계비를 세워 국경을 정하였다.
③ 한성에 동평관을 두어 무역을 허용하였다.
④ 쌍성총관부를 공격하여 철령 이북의 영토를 되찾았다.
⑤ 포로 송환을 위하여 유정을 회답 겸 쇄환사로 파견하였다.

24 밑줄 그은 '이 왕'의 업적으로 옳은 것은? [2점]

① 수도 방위를 위하여 금위영을 창설하였다.
② 속대전을 편찬하여 통치 제도를 정비하였다.
③ 삼군부를 부활시켜 군국 기무를 전담하게 하였다.
④ 초계문신제를 실시하여 젊은 문신들을 재교육하였다.
⑤ 전세를 1결당 4~6두로 고정하는 영정법을 제정하였다.

25 (가)에 들어갈 내용으로 옳은 것은? [2점]

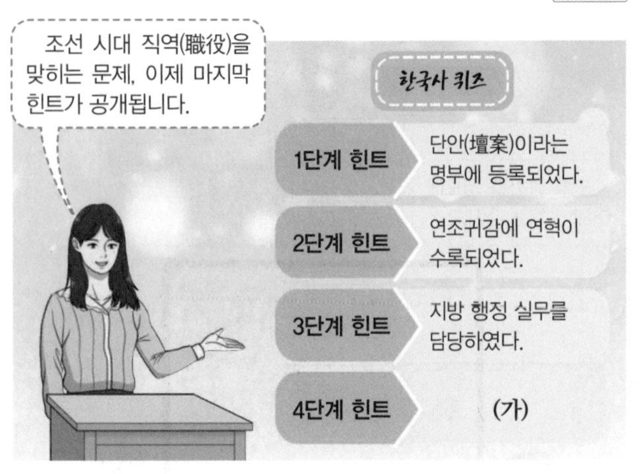

① 상피제의 적용을 받았다.
② 잡과를 통해 선발되었다.
③ 감사 또는 방백이라 불렸다.
④ 이방, 호방 등 6방에 소속되었다.
⑤ 공음전을 경제적 기반으로 삼았다.

26 (가) 종교에 대한 설명으로 옳은 것은? [1점]

□□ 신문

제△△호 ○○○○년 ○○월 ○○일

해미순교성지, 국제성지로 지정

해미순교성지가 전 세계에 30여 곳밖에 없는 국제성지 가운데 하나로 지정되었다. 병인박해 당시 (가) 신자들이 죽임을 당한 이곳은 한국 근대사에서 중요한 종교적 의미를 지닌 지역이다. 이번 지정을 계기로 남연군 묘 등 여러 역사 유적이 있는 내포 문화권은 더욱 관심을 끌 것으로 기대된다.

① 미륵불이 세상을 구원한다고 예언하였다.
② 동경대전과 용담유사를 경전으로 삼았다.
③ 박중빈을 중심으로 새생활 운동을 전개하였다.
④ 단군 숭배 사상을 통해 민족의식을 고취하였다.
⑤ 청을 다녀온 사신들에 의하여 서학으로 소개되었다.

27 (가) 인물의 활동으로 옳은 것은? [2점]

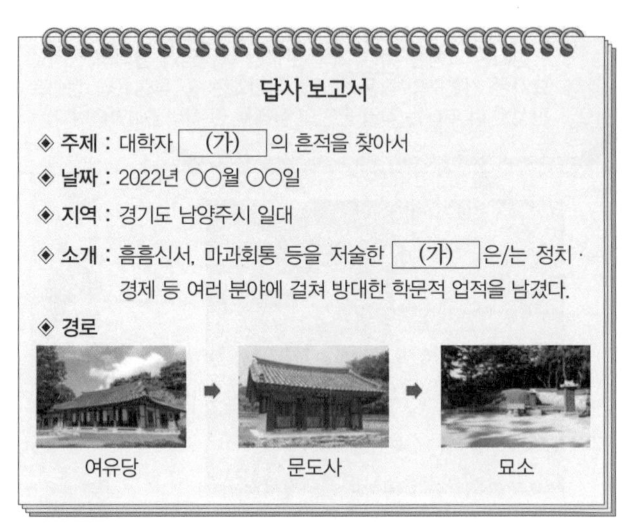

답사 보고서

◈ 주제 : 대학자 (가) 의 흔적을 찾아서
◈ 날짜 : 2022년 ○○월 ○○일
◈ 지역 : 경기도 남양주시 일대
◈ 소개 : 흠흠신서, 마과회통 등을 저술한 (가) 은/는 정치·경제 등 여러 분야에 걸쳐 방대한 학문적 업적을 남겼다.
◈ 경로

① 성호사설에서 한전론을 주장하였다.
② 양반전에서 양반의 허례와 무능을 지적하였다.
③ 의산문답에서 중국 중심의 세계관을 비판하였다.
④ 북학의에서 절약보다 적절한 소비를 권장하였다.
⑤ 경세유표에서 국가 제도의 개혁 방향을 제시하였다.

28 밑줄 그은 '시기'에 있었던 사실로 옳은 것은? [2점]

창녕의 관산 서원 터에서 매주(埋主) 시설이 발견되었습니다. 이 시설은 서원에 모셔져 있던 신주를 옹기에 넣고 기와로 둘러싼 뒤 묻은 것입니다. 이번 발굴로 만동묘 철거 이후 서원을 철폐하던 시기에 신주를 어떻게 처리했는지 알 수 있게 되었습니다.

① 나선 정벌에 조총 부대가 동원되었다.
② 박규수의 건의로 삼정이정청이 설치되었다.
③ 지역 차별에 반발하여 홍경래가 봉기하였다.
④ 제너럴 셔먼호 사건을 구실로 미군이 침입하였다.
⑤ 시전 상인의 특권을 축소하는 신해통공이 단행되었다.

29 (가)에 들어갈 내용으로 가장 적절한 것은? [2점]

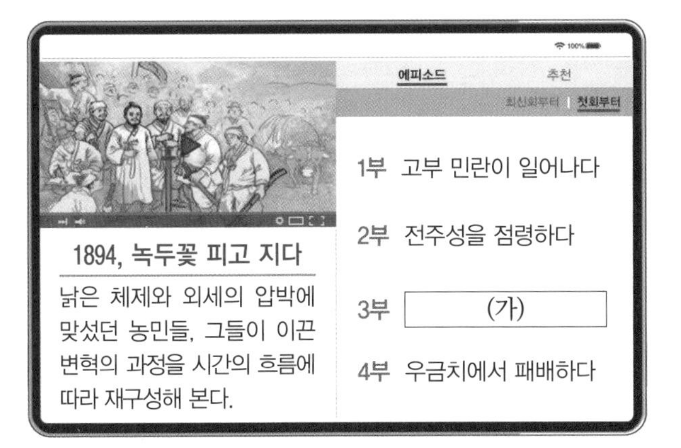

① 남북접이 논산에 집결하다
② 황토현 전투에서 승리하다
③ 백산에 모여 4대 강령을 선포하다
④ 최시형이 동학의 2대 교주가 되다
⑤ 교조 신원을 요구하는 삼례 집회가 열리다

30 다음 상황 이후의 사실로 옳은 것은? [3점]

① 알렌의 건의로 광혜원이 세워졌다.
② 박문국에서 한성순보가 발행되었다.
③ 무기 제조 공장인 기기창이 설립되었다.
④ 서울과 부산을 연결하는 경부선이 개통되었다.
⑤ 우편 사무를 관장하는 우정총국이 처음 설치되었다.

31 다음 상황이 전개된 배경으로 옳은 것은? [2점]

박승환은 병대(兵隊)에 대한 해산 소식을 듣고 통곡하며 부하들에게 말하기를, "이제 국가가 망하였는데도 일본인 하나를 죽이지 못하였으니 죽어도 그 죄를 씻지 못할 것이다. 나는 차마 제군들이 병대를 떠나도록 놓아둘 수 없다. 차라리 내가 죽고 말겠다."라고 하면서 결국 자결하였다.

① 정미 7조약이 체결되었다.
② 일제가 105인 사건을 조작하였다.
③ 초대 총독으로 데라우치가 부임하였다.
④ 기유각서가 일제의 강압에 의해 조인되었다.
⑤ 일진회가 한일 합방을 촉구하는 성명을 발표하였다.

32 밑줄 그은 '이 개혁'의 내용으로 옳은 것은? [2점]

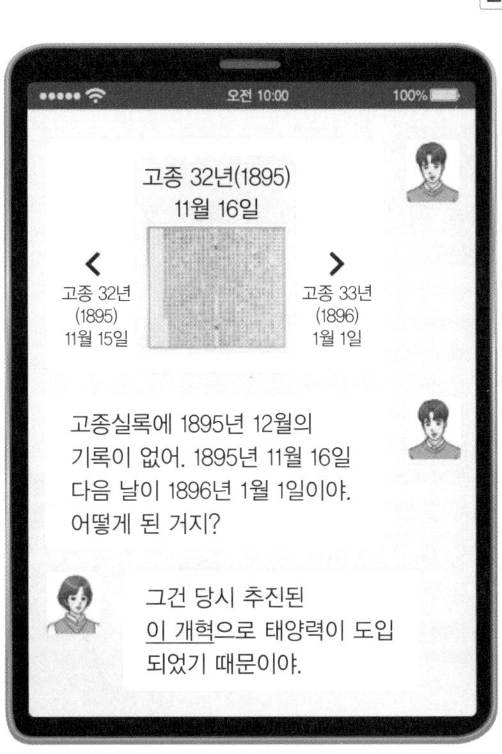

① 지계아문을 설립하였다.
② 대한국 국제를 반포하였다.
③ 건양이라는 연호를 제정하였다.
④ 개혁 추진 기구로 교정청을 설치하였다.
⑤ 군제를 개편하여 5군영을 2영으로 통합하였다.

33 밑줄 그은 '이곳'에서 있었던 민족 운동으로 옳은 것은? [2점]

옆 사진은 우리 할머니의 젊을 때 모습이에요. 할머니는 19살 때 사진만 보고 할아버지랑 결혼하기로 한 뒤 당시 포와(布哇)라고 불리던 <u>이곳</u>으로 가셨대요.

할아버지는 이미 1903년에 갤릭호를 타고 <u>이곳</u>으로 가셔서 사탕수수 농장에서 일하고 계셨어요. 두 분은 고된 환경에서도 열심히 일해 호놀룰루에 터전을 잡으셨고 지금도 많은 친척이 살고 있어요.

① 대종교 계열의 중광단이 결성되었다.
② 권업회가 조직되어 권업신문을 창간하였다.
③ 사회주의 계열의 한인 사회당이 조직되었다.
④ 독립군 양성을 위한 신흥 무관 학교가 설립되었다.
⑤ 대조선 국민군단이 조직되어 무장 투쟁을 준비하였다.

34 다음 기사가 나오게 된 배경으로 적절한 것은? [1점]

아무리 그럴듯하게 내세워도 이러한 통치 방식은 결국 우리 조선인을 기만하는 거야.

총독의 임용 범위를 확장하고, 지방 자치 제도를 실시한다. …… 이로써 관민이 서로 협력 일치하여 조선에서 문화적 정치의 기초를 확립한다.

① 3 · 1 운동이 전국적으로 전개되었다.
② 조선 사상범 예방 구금령이 시행되었다.
③ 브나로드 운동이 동아일보를 중심으로 추진되었다.
④ 조선 노동 총동맹과 조선 농민 총동맹이 설립되었다.
⑤ 내선일체를 강조한 황국 신민 서사의 암송이 강요되었다.

35 (가)~(다)를 작성된 순서대로 옳게 나열한 것은? [3점]

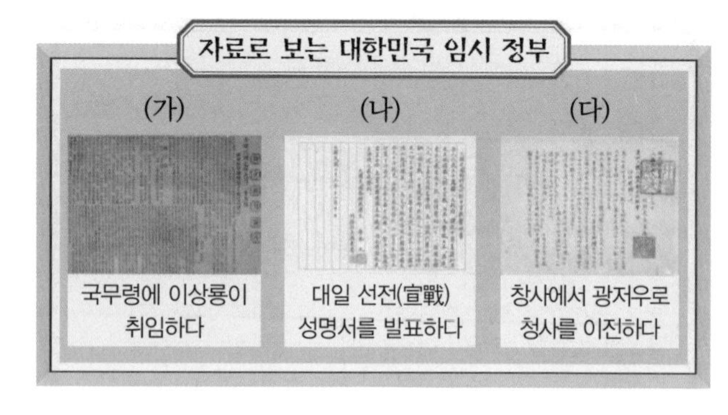

① (가) - (나) - (다)
② (가) - (다) - (나)
③ (나) - (가) - (다)
④ (나) - (다) - (가)
⑤ (다) - (가) - (나)

36 (가) 단체에 대한 설명으로 옳은 것은? [1점]

검사 : 폭탄을 구해 숨겨 놓은 이유가 무엇인가?
곽재기 : 재작년 3월 이후로 조선 독립을 평화적으로 요청했지만 아무 소용없었다. 그래서 우리는 상하이로 가서 육혈포와 폭탄을 구해 피로써 독립을 이루려고 하였다.
이성우 : 폭탄으로 고위 관리를 죽이고 중요 건물을 파괴하여 독립을 쟁취하려고 하였다. 이것이 중국 지린성에서 김원봉과 함께 (가) 을/를 조직한 이유이다.

- 1921년 6월 7일 밀양 폭탄 사건 공판 기록 -

① 조선 혁명 선언을 활동 지침으로 삼았다.
② 일제의 황무지 개간권 요구를 저지하였다.
③ 복벽주의를 내세우며 의병 전쟁을 준비하였다.
④ 삼균주의를 기초로 하는 건국 강령을 발표하였다.
⑤ 단원인 이봉창이 일왕의 행렬에 폭탄을 투척하였다.

37 밑줄 그은 '시기'에 시행된 일제의 정책으로 옳은 것은? [2점]

□□ 신문

제△△호 ○○○○년 ○○월 ○○일

나가사키에 원폭 희생자 위령비 세워져

재일본 대한민국 민단 주도로 나가사키에 위령비가 세워졌다. 국민 징용령이 공포된 이후의 <u>시기</u>에 노동자 등으로 끌려갔다가 원폭으로 희생된 한국인을 추모하는 이 비의 건립은 강제 동원과 전쟁의 참상을 기억하려는 노력의 일환으로 평가된다.

① 애국반을 조직하여 한국인의 생활을 통제하였다.
② 강압적 통치를 목적으로 헌병 경찰 제도를 실시하였다.
③ 사회주의자를 탄압하기 위한 치안 유지법을 제정하였다.
④ 회사 설립 시 총독의 허가를 받도록 하는 회사령을 공포하였다.
⑤ 근대적 토지 소유권 확립을 명분으로 토지 조사 사업을 시행하였다.

38 (가)에 대한 설명으로 옳은 것은? [2점]

이 부부의 활동에 대해 말씀해 주시겠습니까?

두 사람은 지청천을 총사령관으로 하여 충칭에서 창립된 (가) 에서 첩보 담당 및 주석 비서로 활동하였습니다. 특히 오희영은 부모, 동생이 모두 독립운동가이기도 합니다.

① 영릉가 전투에서 일본군에게 승리하였다.
② 중국 팔로군에 편제되어 항일 전선에 참여하였다.
③ 국내 정진군을 편성하여 국내 진공 작전을 추진하였다.
④ 중국 관내(關內)에서 결성된 최초의 한인 무장 부대이다.
⑤ 간도 참변 이후 밀산에서 집결하여 자유시로 이동하였다.

39 다음 자료의 상황이 나타나게 된 배경으로 적절한 것은? [2점]

우리는 조국 흥망의 관두(關頭)*에서 이 위기를 극복하기 위해 오직 민족 자결 원칙에 의하여 조국의 남북통일과 민주 독립을 촉진해야 겠다. 우리 민족자주연맹 중앙집행위원회는 김구 선생과 김규식 박사의 제안에 의하여 실현되는 남북 정치 협상을 전적으로 지지하며, 아울러 그 성공을 위하여 적극적으로 협력할 것을 결의한다.

* 관두 : 가장 중요한 지점

① 허정 과도 정부에서 헌법이 개정되었다.
② 통일 주체 국민 회의에서 대통령이 선출되었다.
③ 유엔 소총회에서 남한만의 단독 총선거가 결의되었다.
④ 유상 매수, 유상 분배 원칙의 농지 개혁법이 제정되었다.
⑤ 국가 보안법 개정안을 통과시킨 보안법 파동이 일어났다.

40 (가), (나) 사이의 시기에 있었던 사실로 옳은 것은? [3점]

(가) 군사적 안전 보장의 입장에서 볼 때 태평양 지역의 정세 및 이 지역에 대한 미국의 정책은 어떤 것인가. 태평양 지역 방위선은 알류샨 열도에서 일본을 거쳐 오키나와, 필리핀 군도로 이어진다.

(나) 상호적 합의에 의하여 미합중국의 육군, 해군과 공군을 대한민국의 영토 내와 그 부근에 배치하는 권리를 대한민국은 허락해 주고 미합중국은 수락한다.

① 좌우 합작 위원회가 출범하였다.
② 여수 순천 10 · 19 사건이 일어났다.
③ 미국 의회에서 트루먼 독트린이 발표되었다.
④ 베트남 파병에 관한 브라운 각서가 체결되었다.
⑤ 거제도 포로 수용소에 있던 반공 포로가 석방되었다.

41 밑줄 그은 '선거' 이후의 사실로 옳은 것은? [3점]

① 국회에서 국민 방위군 사건이 폭로되었다.
② 평화 통일론을 내세우던 진보당이 해체되었다.
③ 경찰이 반민족 행위 특별 조사 위원회를 습격하였다.
④ 조선 건국 준비 위원회 지부가 인민 위원회로 개편되었다.
⑤ 초대 대통령에 한해 중임 제한을 폐지하는 개헌안이 통과되었다.

42 밑줄 그은 '집회'가 열린 시기를 연표에서 옳게 고른 것은? [2점]

이 사진은 남북 학생 회담을 요구하는 집회 장면입니다. 당시 대학생들은 판문점에서 만나자는 구호를 외치며 협상을 통한 자주적인 통일을 주장하였으나, 정부는 남북 총선거에 의한 평화 통일 정책을 제시하였습니다.

1948		1952		1960		1964		1972		1979
	(가)		(나)		(다)		(라)		(마)	
대한민국 정부 수립		발췌 개헌		4·19 혁명		6·3 시위		10월 유신		부마 민주 항쟁

① (가) ② (나) ③ (다) ④ (라) ⑤ (마)

43 다음 명령을 실행한 정부의 경제 정책으로 옳은 것은? [2점]

이것은 경제 관련 긴급 명령을 발표하는 사진입니다. 경부 고속도로 개통 등으로 경제 발전에 힘쓰던 당시 정부는 사채에 허덕이는 기업을 구제하기 위해 사채 신고를 독려하고 그 상환을 동결시켜 주었습니다. 이로써 기업의 재무 구조가 개선되었으나 정경 유착이 심해지는 계기가 되기도 하였습니다.

① 제3차 경제 개발 5개년 계획을 추진하였다.
② 미국과 자유 무역 협정(FTA)을 체결하였다.
③ 귀속 재산 처리를 위해 신한 공사를 설립하였다.
④ 최저 임금 결정을 위한 최저 임금 위원회를 설치하였다.
⑤ 금융 거래의 투명성을 확보하고자 금융 실명제를 실시하였다.

44 (가) 민주화 운동에 대한 설명으로 옳은 것은? [1점]

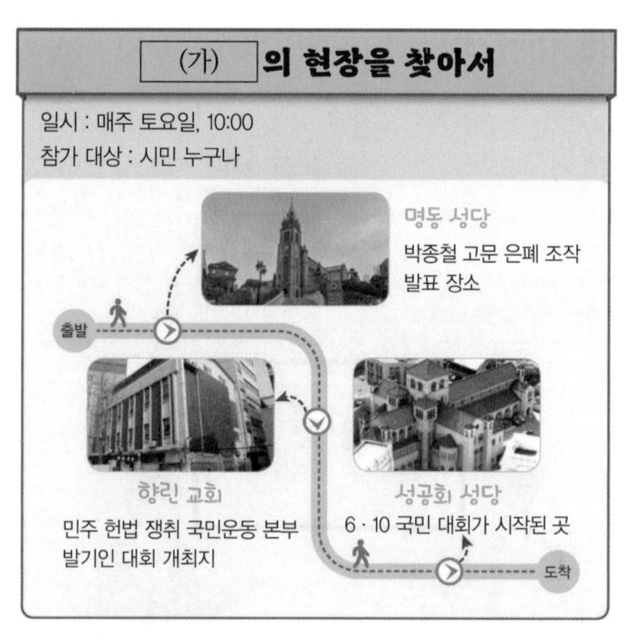

① 신군부의 비상계엄 확대가 원인이 되어 일어났다.
② 관련 기록물이 유네스코 세계 기록 유산으로 등재되었다.
③ 3·15 부정 선거에 항의하며 시위대가 경무대로 행진하였다.
④ 3·1 민주 구국 선언을 통해 긴급 조치 철폐 등을 요구하였다.
⑤ 호헌 철폐와 독재 타도 등의 구호를 내세운 시위가 확산되었다.

45 다음 뉴스가 보도된 시기 정부의 통일 노력으로 옳은 것은? [2점]

① 민족 자존과 통일 번영을 위한 7 · 7 선언을 발표하였다.
② 최초의 이산가족 고향 방문과 예술 공연단 교환을 실현하였다.
③ 남북 정상 회담을 개최하고 6 · 15 남북 공동 선언을 채택하였다.
④ 7 · 4 남북 공동 성명을 실천하기 위한 남북 조절 위원회를 구성하였다.
⑤ 남북 사이의 화해와 불가침 및 교류 · 협력에 관한 합의서를 교환하였다.

46 ㉠~㉤에 대한 학생들의 의견으로 적절하지 않은 것은? [2점]

역사 돋보기 **역사 속 왕의 호칭**

왕이 세상을 떠난 뒤 그 이름을 높여 부르는 호칭을 묘호라고 한다. 원칙적으로 나라를 세운 왕은 '조'를, 그 나머지는 '종'을 붙였다.

우리나라 역사에서 처음으로 묘호를 쓴 왕은 신라의 ㉠태종 무열왕이다. 고려 시대는 ㉡태조만 조의 묘호가 붙여졌지만, 조선 시대에는 다양한 이유로 ㉢정조처럼 조를 붙인 왕이 여럿 있었다.

그러나 고려 후기에는 ㉣충렬왕처럼 조, 종을 붙이지 못한 왕들이 있었으며, 조선 시대에는 연산군, ㉤광해군처럼 묘호를 받지 못하고 군으로 격하되어 불린 경우도 있었다.

① 갑 : ㉠ – 백제를 멸망시키고 통일의 기초를 마련했어요.
② 을 : ㉡ – 고려 건국의 위업을 이루었어요.
③ 병 : ㉢ – 탕평책 등 여러 개혁으로 통치 체제를 재정비했어요.
④ 정 : ㉣ – 원 황실의 부마가 되었어요.
⑤ 무 : ㉤ – 중종반정으로 폐위되었어요.

47 (가) 신분에 대한 설명으로 옳은 것은? [2점]

① 신라에서 승진에 제한을 받았으며, 득난이라고도 불렸다.
② 고려 시대에 향, 부곡, 소에 거주하였으며, 과중한 세금을 부담하였다.
③ 조선 시대에 봉수, 역졸의 업무를 주로 담당하였다.
④ 조선 후기에 통청 운동으로 청요직 진출을 시도하였다.
⑤ 조선 순조 때 궁방과 중앙 관서에 소속된 6만여 명이 해방되었다.

48 다음 세시 풍속에 대한 탐구 활동으로 가장 적절한 것은? [2점]

이달의 세시 풍속

푸른 새잎을 밟는 날, 답청절(踏青節)

강남 갔던 제비가 돌아온다는 중삼일(重三日)은 본격적인 봄의 시작을 알리는 날이다. 이날에는 들에 나가 푸른 새잎을 밟는 풍습이 있어 답청절이라고 부른다. 답청의 풍습은 신윤복의 〈연소답청(年少踏青)〉에 잘 나타나 있다.

◈ 날짜 : 음력 3월 3일
◈ 음식 : 화전, 쑥떡
◈ 풍속 : 노랑나비 날리기, 활쏘기

① 칠석날의 전설을 검색한다.
② 한식날의 의미를 파악한다.
③ 삼짇날의 유래를 알아본다.
④ 동짓날에 먹는 음식을 조사한다.
⑤ 단오날에 즐기는 민속놀이를 찾아본다.

49 다음 지역에서 있었던 사실로 옳은 것은? [3점]

답사 보고서

◈ 주제 : 우리 고장의 역사
◈ 날짜 : 2022년 ○○월 ○○일
◈ 개관
금성산과 영산강을 끼고 있는 우리 고장은 삼한 시대부터 마한의 주요 지역 가운데 하나로 발전하였고, 후삼국 시대에는 격전지였으며, 임진왜란과 일제 강점기에는 항일의 의기가 드높았던 지역이다. '전라도'라는 이름은 전주와 우리 고장의 앞 글자를 딴 것이다.
◈ 목차
1. 마한 세력의 성장, 반남면 고분군
2. □□목(牧)의 관아 부속 건물
3. 광주 학생 항일 운동의 도화선, □□역

① 인조가 피신하여 청군과 항전하였다.
② 유생 출신 유인석이 의병을 일으켰다.
③ 정문부가 왜군에 맞서 북관대첩을 이끌었다.
④ 김광제 등을 중심으로 국채 보상 운동이 시작되었다.
⑤ 왕건이 후백제를 배후에서 견제하기 위해 차지하였다.

50 (가) 섬에 대한 설명으로 옳지 <u>않은</u> 것은? [1점]

1946년 1월에 작성된 연합국 최고 사령부 문서에는 제주도, 울릉도, (가) 이/가 우리 영토로 표시되어 있습니다. (가) 은/는 우리나라 동쪽 끝에 있는 섬입니다.

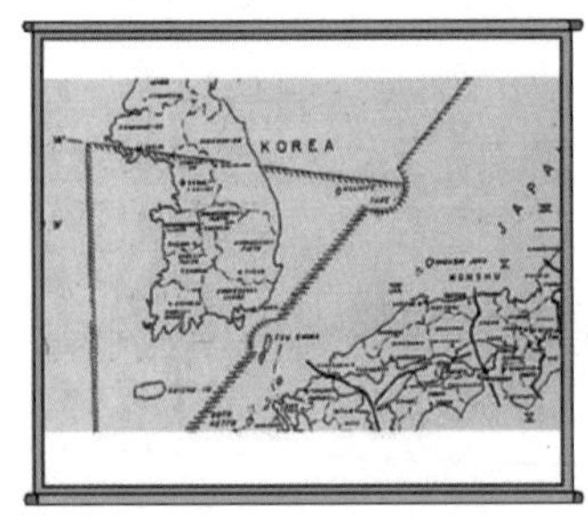

① 안용복이 일본에 건너가 우리 영토임을 주장하였다.
② 영국군이 러시아를 견제하기 위해 불법 점령하였다.
③ 러일 전쟁 때 일본이 불법으로 자국 영토로 편입하였다.
④ 대한 제국이 칙령을 통해 울릉 군수가 관할하도록 하였다.
⑤ 1877년 태정관 문서에 일본과는 무관한 지역임이 명시되었다.

제57회 

한국사능력검정시험

2022. 2. 시행

시대별 출제 비중 및 핵심 키워드

전근대 27문항

선사시대 3문항
청동기 시대, 고조선, 고구려와 동예

고대시대 7문항
금동미륵보살반가사유상, 백제 무령왕의 업적, 신라 유학자 최치원, 삼국 통일 과정(백제 멸망과 부흥 운동), 신라 신문왕의 업적, 발해, 후백제 견훤의 업적

고려시대 6문항
윤관의 동북 9성, 고려 광종의 업적, 고려의 경제 상황, 개경 환도 이후의 사실, 안동 봉정사 극락전, 고려의 관학 진흥책

조선시대 11문항
조선 태종의 업적, 무오사화, 유향소, 서울 원각사지 10층 석탑, 병자호란, 환국(경신환국~갑술환국), 대동법, 조선 영조와 정조의 업적, 조선 실학자 이익, 조선 후기의 문화, 진주 민란

근현대 23문항

개항기 9문항
개화파 김홍집, 조·미 수호 통상 조약, 동학, 독립 협회, 위정척사파 최익현, 방곡령, 헤이그 특사, 근대 문물의 수용, 보안회

일제 강점기 6문항
상하이 시기 대한민국 임시 정부, 일제의 식민 통치(제1차 조선 교육령~경성제국대학 설립), 6·10 만세 운동, 조선 의용대, 독립 운동가 윤동주, 일제 식민 통치 3기(1930~40년대)

현대사회 4문항
대한민국 정부 수립 과정(미군정 설치~신탁통치 반대운동), 4·19 혁명, 박정희 정부, 노무현 정부

기타 4문항
부산 지역의 역사(지역사), 개경 지역의 역사(지역사), 유학 사상의 발전(사단칠정 논쟁, 시무 28조, 불씨잡변, 유교구신론), 유학 사상가(이황, 최승로, 정도전, 박은식)

분류별 출제 비중

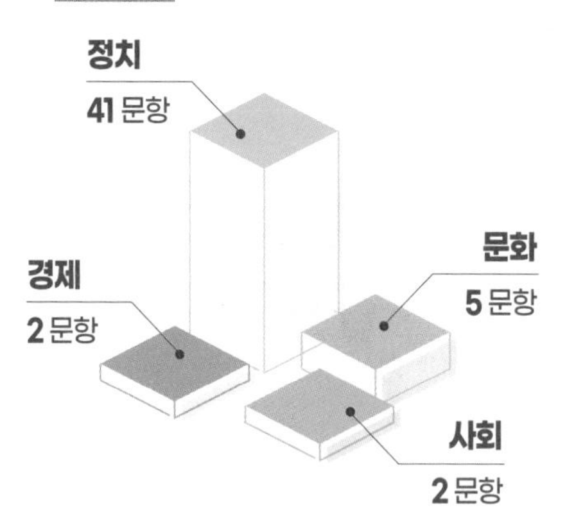

난이도별 출제 비중

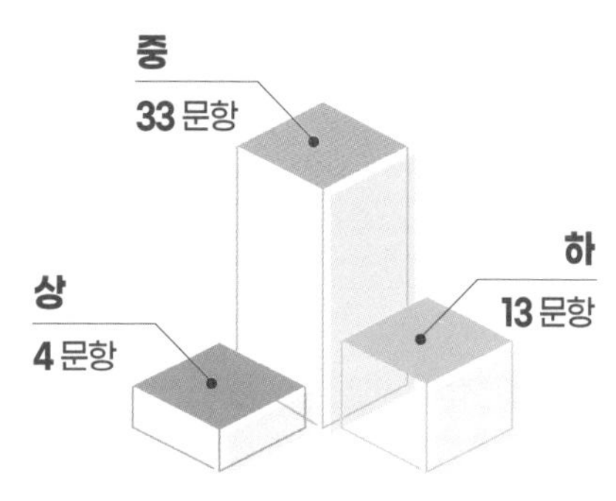

은쌤's 기출 한줄평

최고 난이도의 문항들이 몇 개 출제되었지만, 전체적인 난이도는 평이하였다.

제57회 한국사능력검정시험 기출문제

01 (가) 시대의 생활 모습으로 옳은 것은? [1점]

① 소를 이용한 깊이갈이가 일반화되었다.
② 주로 동굴이나 강가의 막집에서 살았다.
③ 반달 돌칼을 사용하여 곡식을 수확하였다.
④ 실을 뽑기 위해 가락바퀴를 처음 사용하였다.
⑤ 주먹도끼, 찍개 등의 뗀석기를 만들기 시작하였다.

02 밑줄 그은 '이 나라'에 대한 설명으로 옳은 것은? [1점]

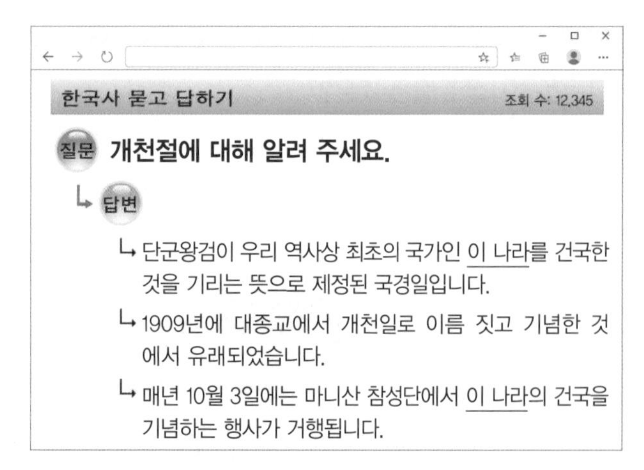

① 백제와 연합하여 금성을 공격하였다.
② 마립간이라는 왕의 칭호를 사용하였다.
③ 빈민을 구제하기 위해 진대법을 실시하였다.
④ 목지국을 압도하고 지역의 맹주로 발돋움하였다.
⑤ 살인, 절도 등의 죄를 다스리는 범금 8조가 있었다.

03 (가), (나) 나라에 대한 설명으로 옳은 것은? [2점]

> (가) 그 나라에는 왕이 있고, 벼슬로는 상가·대로·패자·고추가·주부·우태·승·사자·조의·선인이 있으며, 신분의 높고 낮음에 따라 각각 등급을 두었다. …… 10월에 지내는 제천 행사는 국중대회로 이름하여 동맹이라 한다.
> – 『삼국지』 동이전 –
>
> (나) 그 나라의 풍속은 산천을 중요시하여 산과 내마다 각기 구분이 있어 함부로 들어가지 않는다. …… 해마다 10월이면 하늘에 제사를 지내는데, 주야로 술을 마시고 노래를 부르며 춤추니 이를 무천이라 한다. 또 호랑이를 신으로 여겨 제사를 지낸다.
> – 『삼국사』 동이전 –

① (가) – 낙랑과 왜에 철을 수출하였다.
② (가) – 서옥제라는 혼인 풍습이 있었다.
③ (나) – 연의 장수 진개의 공격을 받았다.
④ (나) – 가(加)들이 별도로 사출도를 다스렸다.
⑤ (가), (나) – 골품에 따라 관등 승진에 제한이 있었다.

04 밑줄 그은 '이 불상'으로 옳은 것은? [3점]

①  ②  ③ 

④  ⑤ 

05 (가) 왕의 업적으로 옳은 것은? [2점]

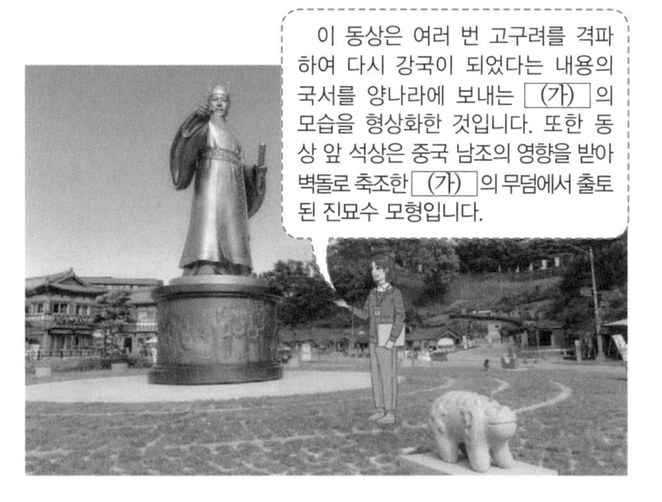

① 익산에 미륵사를 창건하였다.
② 사비로 천도하고 국호를 남부여로 고쳤다.
③ 지방에 22담로를 두어 왕족을 파견하였다.
④ 평양성을 공격하여 고국원왕을 전사시켰다.
⑤ 동진에서 온 마라난타를 통해 불교를 수용하였다.

06 (가) 인물에 대한 설명으로 옳은 것은? [3점]

① 유식의 교의를 담은 해심밀경소를 저술하였다.
② 외교 문서 작성에 능하여 청방인문표를 작성하였다.
③ 한자의 음훈을 빌려 우리말을 표기한 이두를 정리하였다.
④ 신라 말의 사회상을 보여주는 해인사 묘길상탑기를 남겼다.
⑤ 종파 간의 사상적 대립을 해소하기 위해 십문화쟁론을 지었다.

07 (가)~(다)를 일어난 순서대로 옳게 나열한 것은? [3점]

(가) 백제의 장군 윤충이 군사를 거느리고 대야성을 공격하여 함락하였다. 이때 도독인 이찬 품석과 사지(舍知) 죽죽, 용석 등이 죽었다.

(나) 신라와 당의 군사들이 의자왕의 도성을 에워싸기 위하여 소부리 벌판으로 나아갔다. 소방정이 꺼리는 바가 있어 전진하지 않자 김유신이 그를 달래서 두 나라의 군사가 용감하게 네 길로 일제히 떨쳐 일어났다.

(다) 흑치상지가 도망하여 흩어진 무리들을 모으니, 열흘 사이에 따르는 자가 3만여 명이었다. …… 흑치상지가 별부장 사타상여를 데리고 험준한 곳에 웅거하여 복신과 호응하였다.

① (가) – (나) – (다)
② (가) – (다) – (나)
③ (나) – (가) – (다)
④ (나) – (다) – (가)
⑤ (다) – (나) – (가)

08 다음 정책을 실시한 왕의 재위 시기에 있었던 사실로 옳은 것은? [2점]

○ 완산주를 다시 설치하고 용원을 총관으로 삼았다. 거열주를 나누어 청주(菁州)를 두니 처음으로 9주가 되었다. 대아찬 복세를 총관으로 삼았다.

○ 서원소경을 설치하고 아찬 원태를 사신(仕臣)으로 삼았다. 남원소경을 설치하고 여러 주와 군의 주민들을 옮겨 그곳에 나누어 살게 하였다.

① 금관가야가 멸망하였다.
② 이사부가 우산국을 복속하였다.
③ 조세를 관장하는 품주가 설치되었다.
④ 관료전이 지급되고 녹읍이 폐지되었다.
⑤ 인재 등용을 위한 독서삼품과가 실시되었다.

09 다음 제도를 운영한 국가에 대한 설명으로 옳은 것은? [2점]

> [그 나라의] 관제에는 선조성이 있는데, 좌상·좌평장사·시중·좌상시·간의가 소속되어 있다. 중대성에는 우상·우평장사·내사·조고사인이 소속되어 있다. 정당성에는 대내상 1명을 좌·우상의 위에 두었고, 좌·우사정 각 1명을 좌·우평장사의 아래에 배치하였다.
>
> -『신당서』-

① 교육 기관으로 주자감을 두었다.
② 신라에 침입한 왜구를 격퇴하였다.
③ 9서당 10정의 군사 조직을 갖추었다.
④ 개국, 태창이라는 연호를 사용하였다.
⑤ 왕족인 부여씨와 8성의 귀족이 지배층을 이루었다.

10 (가) 인물에 대한 설명으로 옳은 것은? [2점]

① 공산 전투에서 고려군을 크게 무찔렀다.
② 귀순한 김순식에게 왕씨 성을 하사하였다.
③ 폐정 개혁을 목표로 정치도감을 설치하였다.
④ 청해진을 근거지로 해상 무역을 전개하였다.
⑤ 광평성을 설치하고 광치나, 서사 등의 관원을 두었다.

11 다음 자료의 상황이 나타난 시기를 연표에서 옳게 고른 것은? [2점]

> 행영병마별감 승선 최홍정과 병마사 이부상서 문관이 여진 추장 거위이 등에게 타일러 말하기를 "너희가 9성의 반환을 요청했으니 마땅히 이전에 했던 약속처럼 하늘에 대해 맹세하라."라고 하였다. 추장 등은 함주 성문의 밖에 단을 설치하고 하늘에 맹세하기를, "지금 이후 대대손손 악한 마음을 품지 않고 해마다 조공을 바칠 것입니다. 이 맹세에 변함이 있으면 우리 나라[蕃土]는 멸망할 것입니다."라고 하였다. 맹세를 마치고 물러갔다. 최홍정 등은 길주로부터 시작하여 차례로 9성의 전투 장비와 군량을 내지(內地)로 들여왔다.
>
> -『고려사』-

① (가) ② (나) ③ (다) ④ (라) ⑤ (마)

12 밑줄 그은 '이 왕'의 재위 시기에 있었던 사실로 옳은 것은? [2점]

안성 망이산성에서 '준풍 4년(峻豐四年)'이라는 글씨가 새겨진 기와가 발견되었습니다. 준풍이라는 연호를 사용하였던 이 왕은 백관의 공복을 정하고 개경을 황도로 명명하는 등 국왕 중심의 통치 체제 확립을 도모하였습니다.

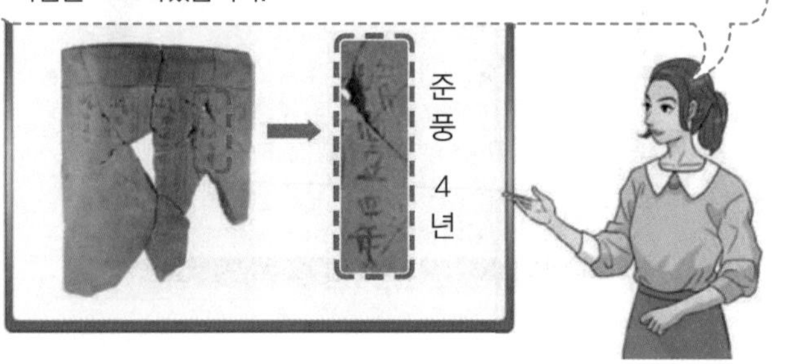

① 12목에 지방관이 파견되었다.
② 쌍기의 건의로 과거제가 시행되었다.
③ 대장도감에서 팔만대장경이 간행되었다.
④ 안우, 이방실 등이 홍건적을 격파하였다.
⑤ 신돈이 전민변정도감의 책임자가 되었다.

13 다음 상황이 나타난 시기에 볼 수 있는 모습으로 가장 적절한 것은? [1점]

> 왕이 명을 내리기를, “양계와 5도의 진병법석(鎭兵法席)*에 사용되는 비용은 모두 백성들에게서 나오는 것이다. 이것은 부처를 속이고 하늘을 속이는 것이니 무슨 복이 있겠는가?”라고 하였다. 이에 중사(中使)를 파견하여 내고(內庫)의 은병 300개를 내어서 여러 도에 나누어 주었다.
>
> *진병법석 : 병화(兵禍)를 물리치기 위해 거행한 불교 의식

① 백동화를 주조하는 전환국의 기술자
② 신해통공 시행 소식에 기뻐하는 난전 상인
③ 불법적인 상행위를 감독하는 경시서의 관리
④ 담배, 인삼 등의 상품 작물을 재배하는 농민
⑤ 물주로부터 자금을 조달받아 광산을 운영하는 덕대

14 다음 자료에 나타난 상황 이후에 전개된 사실로 옳은 것은? [2점]

> 지원(至元) 7년, 원종이 강화에서 송경(松京)으로 환도할 적에 장군 홍문계 등이 나라를 그르친 권신 임유무를 죽이고 왕이 정권을 되찾을 수 있도록 하였다. 권신의 가병, 신의군 등의 부대가 승화후(承化侯)를 옹립하고 반역을 도모하면서, 미처 강화를 떠나지 못한 신료와 군사들을 강제로 이끌고 남쪽으로 항해하여 가니 배의 행렬이 길게 이어졌다.

① 김윤후가 처인성에서 몽골군을 격퇴하였다.
② 묘청이 칭제 건원과 금국 정벌을 주장하였다.
③ 김방경의 군대가 탐라에서 삼별초를 진압하였다.
④ 최충헌이 봉사 10조를 올려 시정 개혁을 건의하였다.
⑤ 경대승이 정중부 등을 제거하고 권력을 장악하였다.

15 다음 대화에 해당하는 문화유산으로 옳은 것은? [3점]

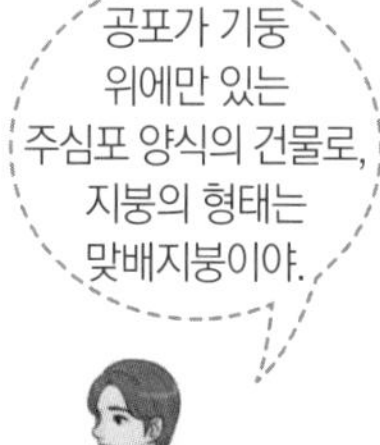

① 
안동 봉정사 극락전

② 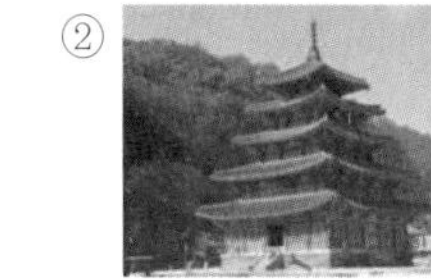
보은 법주사 팔상전

③ 구례 화엄사 각황전

④ 
예산 수덕사 대웅전

⑤ 
영주 부석사 무량수전

16 밑줄 그은 '방안'에 해당하는 내용으로 옳은 것은? [2점]

> **역사 신문**
>
> 제△△호 ○○○○년 ○○월 ○○일
>
> **정부, 관학 진흥에 힘쓰다**
>
> 최충이 세운 문헌공도를 비롯한 사학 12도에 학생이 몰려들어 사학이 크게 융성하고 있다. 이러한 상황에서 국자감 운영에 어려움을 겪게 되자, 정부는 제술업, 명경업 등에 새로 응시하려는 사람은 국자감에 300일 이상 출석해야 한다는 규정을 만드는 등 관학을 진흥하기 위한 <u>방안</u>을 마련하고 있다.

① 양현고를 두어 장학 기금을 마련하였다.
② 서원을 세워 후진 양성과 선현 제향에 힘썼다.
③ 초계문신제를 시행하여 문신들을 재교육하였다.
④ 만권당을 설립하여 원의 학자들과 교류하게 하였다.
⑤ 경당을 설치하여 청소년에게 글과 활쏘기를 가르쳤다.

17 (가) 인물에 대한 설명으로 옳은 것은? [2점]

① 과전을 혁파하고 직전을 설치하였다.
② 최무선의 건의로 화통도감을 두었다.
③ 어영청을 중심으로 북벌을 추진하였다.
④ 왕권 강화를 위해 6조 직계제를 실시하였다.
⑤ 궁중 음악을 집대성한 악학궤범을 편찬하였다.

18 (가) 사건에 대한 설명으로 옳은 것은? [2점]

김종직의 자는 계온이고 호는 점필재이며, 김숙자의 아들로 선산 사람이다. …… 효행이 있고 문장이 고결하여 당시 유학자의 으뜸으로 추앙받았는데, 후학들에게 학문을 장려하여 많은 사람이 학문을 성취하였다. 후학 중에 김굉필과 정여창 같은 이는 도학으로 명성이 있었고, 김일손, 유호인 등은 문장으로 이름을 알렸으며 그밖에도 명성을 얻은 이가 매우 많았다. 연산군 때 유자광, 이극돈 등이 주도한 (가) 이/가 일어났을 당시 김종직은 이미 세상을 떠났지만, 화가 그의 무덤까지 미치어 부관참시를 당하였다.

① 계유정난의 배경이 되었다.
② 조의제문이 발단이 되어 일어났다.
③ 반정 공신의 위훈 삭제를 주장하였다.
④ 윤임 일파가 제거되는 결과를 가져왔다.
⑤ 동인이 남인과 북인으로 나뉘는 계기가 되었다.

19 (가) 기구에 대한 설명으로 옳은 것은? [2점]

- 각 지역 출신 가운데 서울에 살며 벼슬하는 자들의 모임을 경재소라고 합니다. 경재소에서는 고향에 사는 유력자 중에서 강직하고 명석한 자들을 선택하여 (가) 에 두고 향리의 범법 행위를 규찰하고 풍속을 유지하였습니다.
- (가) 을/를 설치하고 향임을 둔 것은 맡은 바를 중히 여긴 것이다. 수령은 임기가 정해져 있어 늘 바뀌니, 백성의 일에 뜻을 둔다 하여도 먼 곳까지 상세히 살필 겨를이 없다. 그러므로 각 지역에서 충성스럽고 부지런한 사람을 뽑아 그 지역의 기강을 맡도록 하여 수령의 눈과 귀로 삼았다.

① 주세붕이 처음 설립하였다.
② 좌수와 별감을 선발하여 운영하였다.
③ 중앙에서 교수와 훈도를 파견하였다.
④ 대성전을 세워 성현에 제사를 지냈다.
⑤ 흥선 대원군에 의해 대부분 철폐되었다.

20 (가)에 해당하는 문화유산으로 옳은 것은? [2점]

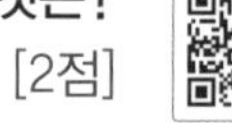

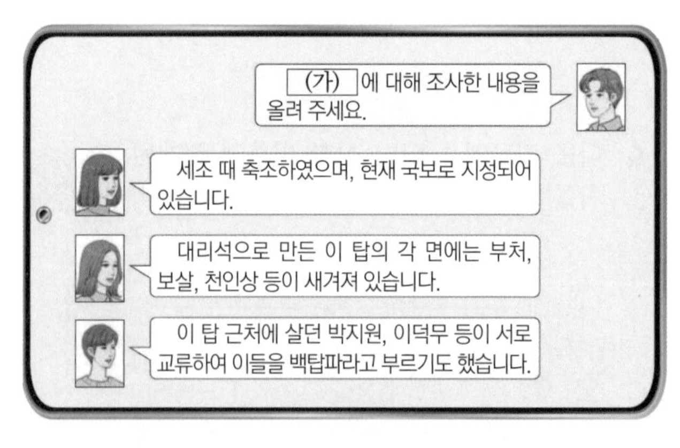

① 
② 
③  

④ 
⑤ 

21 밑줄 그은 '이 전쟁' 중에 있었던 사실로 옳은 것은? [2점]

이 비각에는 홍명구 충렬비와 유림 대첩비가 나란히 세워져 있습니다. 홍명구와 유림은 <u>이 전쟁</u> 당시 남한산성에 피란해 있던 국왕을 구하기 위해 근왕병을 이끌고 김화에서 적을 크게 물리쳤습니다.

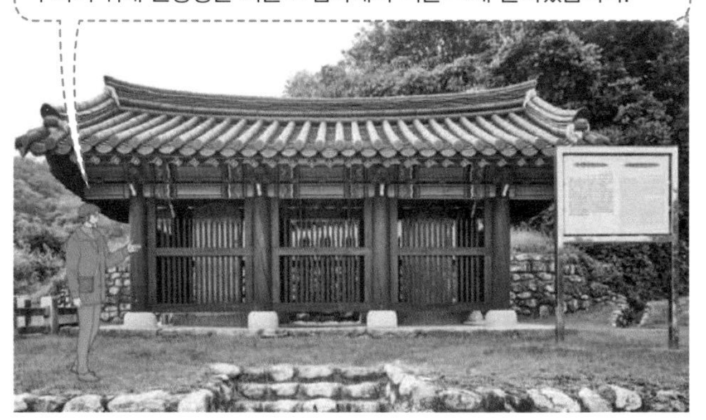

① 훈련도감이 설치되었다.
② 외규장각 도서가 약탈되었다.
③ 곽재우가 의령에서 의병을 일으켰다.
④ 강홍립이 이끄는 부대가 참전하였다.
⑤ 김준룡이 광교산 전투에서 승리하였다.

22 (가), (나) 사이의 시기에 있었던 사실로 옳은 것은? [3점]

(가) 임금이 전교하기를, "내 생각에는 허적이 혹시 허견의 모반 사실을 알지 못했는가 하였는데, 문안(文案)을 보니 준기를 산속 정자에 숨긴 사실이 지금 비로소 드러났으니, 알고서도 엄호한 정황이 분명하여 감출 수가 없었다. 그저께 허적에게 사약을 내려 죽인 것도 이 때문이다."라고 하였다.

(나) 임금이 명하기를, "국운이 평안하고 태평함을 회복하여 중전이 복위하였으니, 백성에게 두 임금이 없는 것은 고금을 통하는 도리이다. 장씨에게 내렸던 왕후의 지위를 거두고, 옛 작호인 희빈을 내려 주도록 하라. 다만 세자가 조석으로 문안하는 것만은 폐하지 말라."라고 하였다.

① 양재역 벽서 사건이 발생하였다.
② 송시열이 관작을 삭탈당하고 유배되었다.
③ 자의 대비 복상 문제로 예송이 전개되었다.
④ 정여립 모반 사건으로 기축옥사가 일어났다.
⑤ 붕당의 폐해를 막기 위해 탕평비가 세워졌다.

23 밑줄 그은 '이 법'의 영향으로 가장 적절한 것은? [1점]

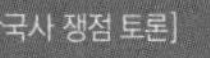

방납의 폐단으로 농민들이 고통받고 있습니다. 공물을 현물 대신 쌀, 베 등으로 납부하는 <u>이 법</u>이 시행되면 농민들의 부담이 크게 줄어들 것입니다.

하지만 <u>이 법</u>이 시행되면 토지 결수를 기준으로 공물을 납부하게 되어 토지가 많은 지주들의 부담은 크게 늘어납니다.

① 관청에 물품을 조달하는 공인이 등장하였다.
② 어염세, 선박세 등이 국가 재정으로 귀속되었다.
③ 전세를 풍흉에 따라 9등급으로 차등 과세하였다.
④ 양반에게도 군포를 징수하는 호포제가 시행되었다.
⑤ 재정을 보충하기 위해 지주에게 결작이 부과되었다.

24 (가), (나) 왕에 대한 설명으로 옳은 것은? [2점]

조선의 법전

■ 속대전

(가) 때 경국대전을 개정 및 증보하여 편찬한 법전이다. 경국대전의 규정이 그대로 유지된 것은 싣지 않고, 기존 규정이 변경되거나 신설된 조목만을 수록하였다.

■ 대전통편

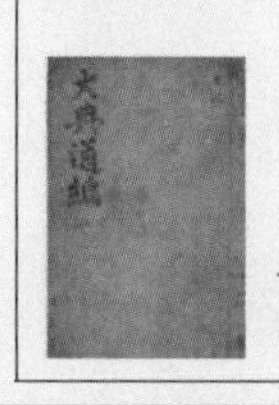

(나) 때 경국대전과 속대전 및 그 뒤의 법령을 통합하여 편찬한 법전이다. 경국대전의 내용에 원(原), 속대전의 내용에 속(續), 새로 추가된 내용에 증(增)을 붙여 구분하였다.

① (가) – 청과의 국경을 정한 백두산정계비를 세웠다.
② (가) – 왕실의 위엄을 높이기 위해 경복궁을 중건하였다.
③ (나) – 이종무를 파견하여 대마도를 정벌하였다.
④ (나) – 국왕의 친위 부대인 장용영을 설치하였다.
⑤ (가), (나) – 나선 정벌에 조총 부대를 파견하였다.

25 (가) 인물에 대한 설명으로 옳은 것은? [2점]

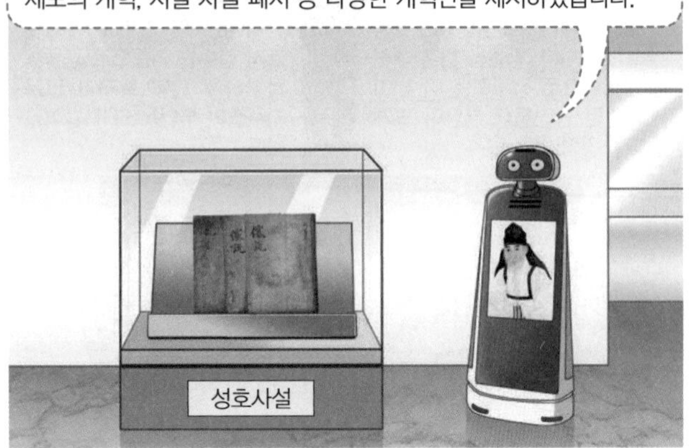

① 이벽 등과 교류하며 천주교를 받아들였다.
② 북한산비가 진흥왕 순수비임을 고증하였다.
③ 동호문답에서 수취 제도의 개혁 등을 제안하였다.
④ 가례집람을 지어 예학을 조선의 현실에 맞게 정리하였다.
⑤ 곽우록에서 토지 매매를 제한하는 한전론을 주장하였다.

26 다음 그림이 그려진 시기의 문화에 대한 설명으로 옳지 않은 것은? [1점]

이 그림은 김득신이 대장간의 모습을 묘사한 풍속화이다. 한 명이 화덕에서 달궈진 쇳덩어리를 방울집게로 집어 모루 위에 올려놓자 두 명이 쇠망치로 두드리는 모습, 도리에 매어 놓은 그네에 상체를 기대고 어깨너머로 구경하는 아이의 모습 등이 생동감 있게 표현되어 있다.

① 중인들이 시사(詩社)를 조직하였다.
② 양반의 위선을 풍자한 탈춤이 공연되었다.
③ 춘향가, 흥보가 등의 판소리가 유행하였다.
④ 금속 활자본인 직지심체요절이 간행되었다.
⑤ 홍길동전, 박씨전 등의 한글 소설이 널리 읽혔다.

27 (가) 인물에 대한 설명으로 옳은 것은? [3점]

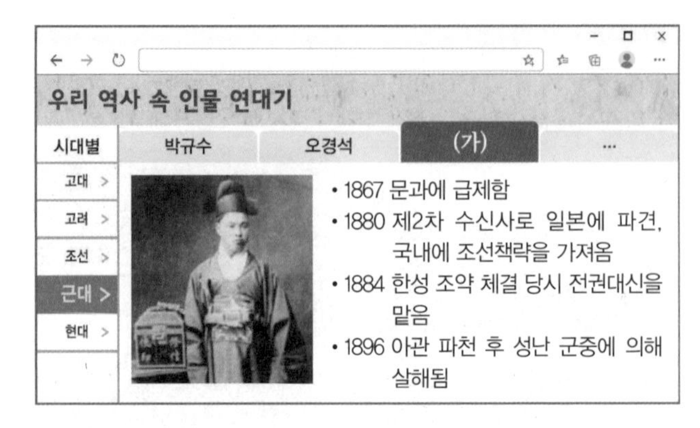

① 총리대신으로 갑오개혁을 주도하였다.
② 베델과 함께 대한매일신보를 창간하였다.
③ 서양의 과학 기술을 정리한 지구전요를 저술하였다.
④ 강화도 조약 체결의 전말을 기록한 심행일기를 남겼다.
⑤ 유학생과 기술자들을 이끄는 영선사로 청에 파견되었다.

28 밑줄 그은 '변란'에 대한 정부의 대책으로 옳은 것은? [1점]

경상 감사 이돈영이 진주의 백성들이 <u>변란</u>을 일으켜 경상 우병사 백낙신을 협박하고 인명을 살상하였다고 보고하니, 왕이 하교하였다. "난민들의 행동이 극에 달했으니, 만약 평시에 백성들을 잘 위로하고 달랬다면 어찌 이런 일이 있었겠는가. 대신들은 의논하여 조처할 방안을 마련하도록 하라."

① 군 통수권 장악을 위해 원수부를 두었다.
② 각 궁방과 중앙 관서의 공노비를 해방하였다.
③ 개혁의 방향을 제시한 홍범 14조를 반포하였다.
④ 재정 문제를 해결하기 위해 당백전을 발행하였다.
⑤ 삼정의 문란을 시정하고자 삼정이정청을 설치하였다.

29 교사의 질문에 대한 학생의 답변으로 옳은 것은? [2점]

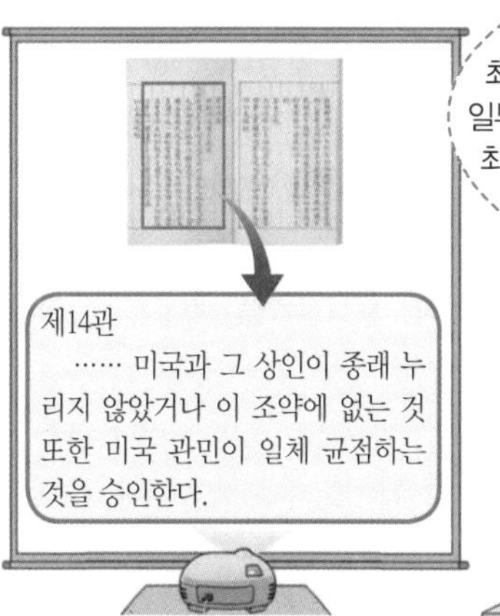

자료는 이 조약 중 최혜국 대우를 규정한 조항의 일부입니다. 조선이 서양 국가와 최초로 체결한 이 조약에 대해 말해 볼까요?

① 병인양요 발생의 배경이 되었어요.
② 갑신정변의 영향으로 체결되었어요.
③ 통감부가 설치되는 결과를 가져왔어요.
④ 거중 조정에 대한 내용이 포함되었어요.
⑤ 메가타가 재정 고문으로 부임하는 계기가 되었어요.

30 (가) 종교에 대한 설명으로 옳은 것은? [2점]

외무부 장관께

몇 달 전부터 서울에서는 (가) 교도들에 대한 이야기밖에 없습니다. …… 사흘 전 이들의 대표 21명이 궁궐 문 앞에 모여 엎드려 절하고 상소를 올렸으나 국왕은 상소 접수를 거부하였습니다. 교도들은 처형된 교조 최제우를 복권하고 (가) 을/를 인정해 줄 것을 정부에 청원하였습니다. …… 그러나 이는 조선 국왕이 들어줄 수 없는 사안들이었습니다.

조선 주재 프랑스 공사 H. 프랑댕

① 정혜쌍수와 돈오점수를 주장하였다.
② 포접제를 활용하여 교세를 확장하였다.
③ 박중빈을 중심으로 새생활 운동을 추진하였다.
④ 중광단을 조직하여 항일 무장 투쟁을 전개하였다.
⑤ 제사와 신주를 모시는 문제로 정부의 탄압을 받았다.

31 (가) 단체에 대한 설명으로 옳은 것은? [2점]

서울시는 고가도로 건립을 위해 독립문 이전을 결정하였습니다. 독립문은 서재필 등이 중심이 되어 창립한 (가) 이/가 왕실과 국민의 성금을 모아 세웠습니다. 중국 사신을 맞이하던 영은문 자리 부근에 있는 독립문은 이번 결정으로 원래 자리에서 약 70미터 떨어진 공터로 이전할 예정입니다.

① 만세보를 발행하여 민중 계몽에 앞장섰다.
② 고종의 강제 퇴위 반대 운동을 전개하였다.
③ 여성의 권리 선언문인 여권통문을 공표하였다.
④ 독립운동 자금 마련을 위해 독립 공채를 발행하였다.
⑤ 만민 공동회를 열어 열강의 이권 침탈을 저지하였다.

32 (가)에 해당하는 지역을 지도에서 옳게 찾은 것은? [1점]

탐구 활동 계획서

○학년 ○반 이름 ○○○

1. 주제 : (가) 지역을 중심으로 본 조선의 대외 관계
2. 탐구 방법 : 문헌 조사, 인터넷 검색 등
3. 탐구 내용
가. 대일 무역의 거점, 초량 왜관
나. 개항 이후 설정된 조계의 기능
다. 관세 문제로 일어난 두모포 수세 사건

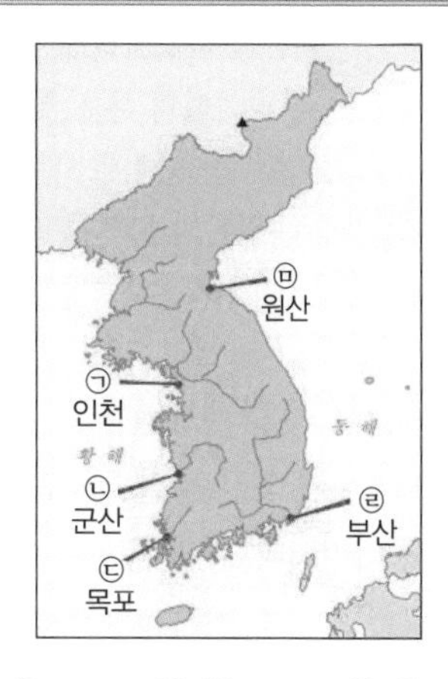

① ㉠ ② ㉡ ③ ㉢ ④ ㉣ ⑤ ㉤

33 (가)~(다) 학생이 발표한 내용을 일어난 순서대로 옳게 나열한 것은? [2점]

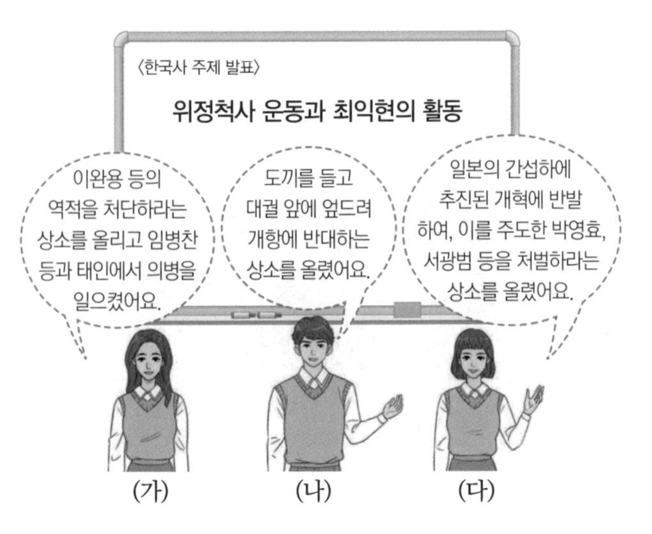

① (가) - (나) - (다)
② (가) - (다) - (나)
③ (나) - (가) - (다)
④ (나) - (다) - (가)
⑤ (다) - (나) - (가)

34 다음 자료를 활용한 탐구 활동으로 가장 적절한 것은? [2점]

> 이달 20일, 함경도 관찰사로부터 보고를 받았는데, 그 내용은 다음과 같았습니다.
> "큰 수해를 당하여 조만간 여러 곡식의 피해가 클 듯한데, 콩 등은 더욱 심하여 모두 흉작이 될 것이라고 고하고 있으니, 궁핍하여 식량난을 겪을 것이 장차 불을 보듯 훤합니다. 도내(道內)의 쌀과 콩 등의 작물에 대해서는 내년 가을걷이할 때까지를 기한으로 삼아 잠정적으로 유출을 금지하여 백성들의 식량 사정을 넉넉하게 하는 것이 마땅할까 합니다. 바라건대 통촉하시어 유출 금지 시행 1개월 전까지 일본 공사에게 알리시어, 일본의 상민들이 일체 준수하게 해주십시오."

① 화폐 정리 사업의 결과를 분석한다.
② 산미 증식 계획의 실상을 조사한다.
③ 조일 통상 장정 체결의 영향을 살펴본다.
④ 토지 조사 사업의 추진 과정을 파악한다.
⑤ 양지아문과 지계아문을 설치한 목적을 알아본다.

[35~36] 다음 자료를 읽고 물음에 답하시오.

> (가) 제6도 심통성정도(心統性情圖) 중에서 하도(下圖)는 이(理)와 기(氣)를 합하여 말한 것이니, …… 예를 들면 사단(四端)의 정은 이가 발하고 기가 따르니, 본래 순선(純善)하여 악이 없으나, 반드시 이의 발함이 온전하게 이루어지기 전에 기에 가려진 연후에나 선하지 않게 됩니다. 칠정(七情)은 기가 발하고 이가 그것에 타는 것이니, 역시 선하지 않음이 없으나, 만약 기가 발하는 것이 절도에 맞지 않으면 그 이를 멸하여 악이 됩니다.
>
> (나) 유·불·도 삼교(三教)는 각자 업(業)으로 삼아 수행하는 바가 있으니, 섞어서 하나로 할 수는 없습니다. 부처의 가르침을 행하는 것은 수신(修身)의 근본이요, 유교의 가르침을 행하는 것은 나라를 다스리는 근원이니, 수신은 다음 생을 위한 바탕이 되고, 나라를 다스리는 것은 곧 오늘날에 힘쓸 일입니다. 오늘날은 지극히 가깝고 다음 생은 지극히 먼 것인데, 가까운 것을 버리고 먼 것을 구한다면 이는 잘못된 것이 아니겠습니까.
>
> (다) 저 불씨(佛氏)는 사람이 사악한지 정의로운지 올바른지 그른지는 가리지 않고 말하기를, "우리 부처에게 오는 자는 화를 면하고 복을 얻을 수 있다."라고 한다. 이것은 비록 열 가지의 큰 죄악을 지은 사람일지라도 부처에게 귀의하면 화를 면하게 되고, 아무리 도가 높은 선비일지라도 부처에게 귀의하지 않으면 화를 면할 수 없다는 말이다. 가령 그 말이 거짓이 아니라 할지라도 모두 사사로운 마음에서 나온 것이요, 올바른 도리가 아니므로 징계해야 할 것이다.
>
> (라) 유교계에 3대 문제가 있는지라. 그 문제에 관해 개량하고 구신(求新)하지 않으면 우리 유교는 결코 흥왕할 수 없으리라. …… 소위 3대 문제는 무엇인가. 하나는 유교파의 정신이 오로지 제왕 측에 있고 인민 사회에 보급할 정신이 부족한 것이다. 하나는 열국을 돌아다니면서 천하를 바꾸려는 주의를 따르지 않고 "내가 학생을 구하는 것이 아니라, 학생이 나를 찾아야 한다."라는 주의를 고수한 것이다. 하나는 우리 한국의 유가는 간단하고 절실한 가르침을 요구하지 않고 지리하고 한만(汗漫)한 공부만 해 온 것이다.

35 (가)~(라)를 작성된 순서대로 옳게 나열한 것은? [2점]

① (가) - (나) - (다) - (라)
② (가) - (나) - (라) - (다)
③ (나) - (가) - (라) - (다)
④ (나) - (다) - (가) - (라)
⑤ (다) - (라) - (나) - (가)

36 (가)~(라)를 작성한 인물에 대해 탐구한 내용으로 적절한 것을 〈보기〉에서 고른 것은? [3점]

〈보 기〉

ㄱ. (가) – 자유롭고 독창적으로 경서를 해석해 사서(四書)에 대한 주자의 해석을 반박하고, 노장사상 등을 도입해 유학의 실리적 측면을 강화하려고 하였다.

ㄴ. (나) – 예기(禮記) 중 월령(月令)에 근거하여 불교 행사를 줄이고 정사를 행하도록 촉구하며 불교적 관행에 젖은 군주를 유교적 규범을 실천하는 군주로 변화시키고자 하였다.

ㄷ. (다) – 기대승과의 논쟁을 통해 성리학의 이해를 심화하였으며, 그의 사상은 제자에 의해 일본으로 전해져 일본 유학의 발전에 영향을 주었다.

ㄹ. (라) – 양명학을 통해서 기존의 유학을 개선하려 하였고, 실학의 실천 정신을 받아들여 구국 운동을 실행하는 데 관심을 기울였다.

① ㄱ, ㄴ ② ㄱ, ㄷ ③ ㄴ, ㄷ
④ ㄴ, ㄹ ⑤ ㄷ, ㄹ

37 (가)의 활동으로 옳은 것을 〈보기〉에서 고른 것은? [2점]

△△ 박물관 스탬프 투어

[제4관] 국외 독립운동의 전개

이 전시관은 국권 피탈 이후 국외에서 전개된 독립운동을 주제로 구성되어 있습니다. 특히 3·1 운동의 영향으로 수립된 (가) 의 활동에 대한 자료가 전시되어 있습니다. 자료를 잘 살펴보고 스탬프를 찍어 보세요.

제4관 이번에 찍은 스탬프는?

상하이에서 (가) 의 수립 초기에 청사로 사용한 건물 모양입니다. 이 청사에서는 임시 의정원의 회의가 개최되기도 하였습니다.

〈보 기〉

ㄱ. 민족 교육을 위해 대성 학교를 설립하였다.
ㄴ. 광주 학생 항일 운동에 진상 조사단을 파견하였다.
ㄷ. 외교 독립 활동을 위해 구미 위원부를 설치하였다.
ㄹ. 임시 사료 편찬회를 두어 한일 관계 사료집을 간행하였다.

① ㄱ, ㄴ ② ㄱ, ㄷ ③ ㄴ, ㄷ ④ ㄴ, ㄹ ⑤ ㄷ, ㄹ

38 밑줄 그은 '특사'가 파견된 배경으로 가장 적절한 것은? [1점]

전보 제○○○호

발신인 : 하야시 외무대신(도쿄)
수신인 : 이토 통감(한성)

헤이그에서 발행된 평화회의보는 한국 전 부총리대신 이상설 외 2명이 평화회의에 특사로 파견되었다고 보도함. 기사에는 우선 그 한국인이 평화회의의 위원으로 한국 황제가 파견한 자라는 것이 기재되었고, 이어서 일본이 한국 황제의 뜻을 배반하고, 병력으로 한국의 법규 관례를 유린하고 동시에 한국의 외교권을 탈취한 점, 그 결과 자신들이 한국 황제가 파견한 위원임에도 불구하고 평화회의에 참여할 수 없음이 유감이라는 점 등이 실렸음

① 임오군란이 일어났다.
② 집강소가 설치되었다.
③ 을사늑약이 체결되었다.
④ 조선 태형령이 제정되었다.
⑤ 대한 제국의 군대가 해산되었다.

39 밑줄 그은 ㉠ 시기에 볼 수 있는 모습으로 가장 적절한 것은? [3점]

① 북학의를 저술하는 학자
② 대한국 국제를 반포하는 황제
③ 거문도를 불법 점령하는 영국군
④ 집현전에서 학문을 연구하는 관리
⑤ 제너럴 셔먼호를 불태우는 평양 관민

40 다음 자료를 활용한 탐구 주제로 가장 적절한 것은? [1점]

> **송수만 등 체포 경위 보고**
>
> 송수만은 보안회라는 것을 설립하여 그 회장이 됨. 종로 백목전 도가에서 날마다 회원을 모집하여 집회 · 논의하고 있는 자임. 오늘 경부와 순사 두 사람이 출장하여 송수만에게 공사관으로 동행하기를 요구하였음. …… 이때 회원과 인민들 약 200명 정도가 떠들썩하게 모여들어 송수만의 동행을 막음

① 시전 상인의 상권 수호 운동
② 급진 개화파의 정치 개혁 운동
③ 백정들의 사회적 차별 철폐 운동
④ 농촌 계몽을 위한 브나로드 운동
⑤ 일본의 황무지 개간권 요구에 대한 반대 운동

41 (가), (나) 발표 사이의 시기에 있었던 사실로 옳은 것은? [2점]

> (가) 제1조 조선에 있어 조선인의 교육은 본령에 의한다.
> 제9조 보통학교의 수업 연한은 4년으로 한다. 단 지방 실정에 따라 1년을 단축할 수 있다.
>
> (나) 제2조 총장은 조선 총독의 감독을 받아 경성 제국 대학 일반 사무를 담당하며, 소속 직원을 통독(統督)한다.
> 제4조 경성 제국 대학에 예과를 둔다.

① 육영 공원이 설립되었다.
② 국문 연구소가 설치되었다.
③ 교육 입국 조서가 반포되었다.
④ 국민 교육 헌장이 발표되었다.
⑤ 조선 민립 대학 기성회가 창립되었다.

42 다음 자료에 나타난 사건의 영향으로 적절한 것은? [2점]

> **판결문**
>
> **피고인** : 이선호 외 10명
> **주　문** : 피고인들을 각 징역 1년에 처한다.
> **이　유**
> 피고인들은 이왕(李王) 전하 국장 의식을 거행할 즈음, 이를 봉송하기 위하여 지방에서 다수 조선인이 경성부로 모이는 기회를 이용하여 조선 독립운동을 선동하는 불온 문서를 비밀리에 인쇄하여 국장 당일 군중 가운데 살포하여 조선 독립 만세를 소리 높여 외쳐 조선 독립의 희망을 달성하고자 기도하였다.

① 13도 창의군이 서울 진공 작전을 전개하였다.
② 복벽주의를 내세운 독립 의군부가 조직되었다.
③ 김광제 등의 발의로 국채 보상 운동이 일어났다.
④ 통상 수교 거부 의지를 담은 척화비가 건립되었다.
⑤ 민족 유일당 운동의 일환으로 신간회가 창립되었다.

43 (가) 군사 조직에 대한 설명으로 옳은 것은? [2점]

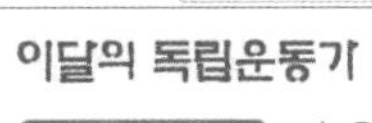

홈 > 나라사랑광장 > 이달의 독립운동가

| 윤세주(1901~1942)
▶ 훈격 : 건국훈장 독립장
▶ 서훈 연도 : 1982년

| 공훈록(요약)

경남 밀양 출생. 1919년 11월 만주에서 김원봉과 함께 의열단을 조직하였다. 국내에 들어온 그는 의열 투쟁을 계획하다 체포되어 수년간 옥고를 치렀다. 이후 중국 관내에서 결성된 최초의 한인 무장 조직인 (가) 의 주요 간부로 활약하였다. 1942년 타이항산에서 전사하였다.

① 홍범도가 총사령관으로 활약하였다.
② 영릉가 전투에서 일본군을 격퇴하였다.
③ 대원 일부가 한국광복군에 합류하였다.
④ 도쿄에서 2 · 8 독립 선언을 계획하였다.
⑤ 상하이에서 대동단결 선언을 발표하였다.

44 (가) 인물의 활동으로 옳은 것은? [3점]

도시샤 대학에 있는 이 시비는 민족 문학가인 (가) 을/를 기리기 위해 세워졌습니다. 비석에는 '죽는 날까지 하늘을 우러러'로 시작되는 그의 작품인 서시가 새겨져 있습니다. 북간도 출신인 그는 일본 유학 중 치안 유지법 위반 혐의로 체포되어 옥중에서 순국하였습니다.

① 조선상고사를 저술하였다.
② 소설 상록수를 신문에 연재하였다.
③ 저항시 광야, 절정 등을 발표하였다.
④ 영화 아리랑의 제작과 감독을 맡았다.
⑤ 별 헤는 밤, 참회록 등의 시를 남겼다.

45 밑줄 그은 '이 시기'에 있었던 사실로 옳은 것을 〈보기〉에서 고른 것은? [2점]

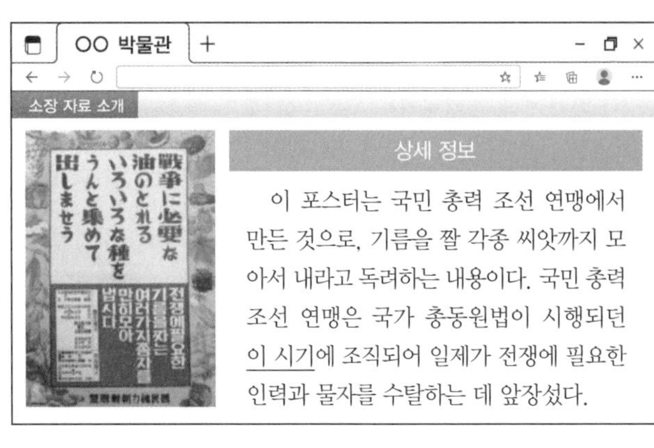

〈보 기〉

ㄱ. 미곡 공출제가 시행되었다.
ㄴ. 황국 신민 서사의 암송이 강요되었다.
ㄷ. 회사 설립을 허가제로 하는 회사령이 실시되었다.
ㄹ. 유상 매수, 유상 분배를 규정한 농지 개혁법이 제정되었다.

① ㄱ, ㄴ ② ㄱ, ㄷ ③ ㄴ, ㄷ ④ ㄴ, ㄹ ⑤ ㄷ, ㄹ

46 (가), (나) 사이의 시기에 있었던 사실로 옳은 것은? [2점]

(가) 본관(本官)은 본관에게 부여된 태평양 미국 육군 최고 지휘관의 권한을 가지고 조선 북위 38도 이남의 지역과 주민에 대하여 군정을 설립함. 따라서 점령에 관한 조건을 다음과 같이 포고함

제1조 조선 북위 38도 이남의 지역과 동 주민에 대한 모든 행정권은 당분간 본관의 권한하에서 시행함

(나) 대한민국 임시 정부는 28일 김구와 김규식의 명의로 '4개국 원수에게 보내는 결의문'을 채택하고, 각계 대표 70여 명으로 신탁 통치 반대 국민 총동원 위원회를 결성하였다. 여기서 강력한 반대 투쟁을 결의하고 김구 · 김규식 등 9인을 위원회의 '장정위원'으로 선정하였다.

① 카이로 선언이 발표되었다.
② 조선 건국 동맹이 결성되었다.
③ 모스크바 삼국 외상 회의가 개최되었다.
④ 좌우 합작 위원회에서 좌우 합작 7원칙을 합의하였다.
⑤ 유엔 총회에서 인구 비례에 따른 남북한 총선거를 결의하였다.

47 (가) 지역에 대한 설명으로 옳은 것은? [3점]

노래로 읽는 한국사

황성옛터(荒城옛터)

황성옛터에 밤이 되니
월색만 고요해
폐허의 설운 회포를
말하여 주노나
아 외로운 저 나그네
홀로 잠 못 이뤄
구슬픈 벌레 소리에
말없이 눈물져요

[해설]

이 곡은 전수린이 고향인 [(가)]에 들렀다가 옛 궁터인 만월대를 보고 작곡한 노래로, 일제에 국권을 빼앗긴 설움을 대변하여 장안의 화제가 되었다.

이 곡의 배경인 [(가)]의 만월대에서는 2007년부터 남북 공동 발굴이 이루어져 금속 활자를 비롯하여 기와 및 도자기 등 다양한 유물이 출토되었다.

① 조선 형평사 창립총회가 개최된 곳이다.
② 동학 농민군과 정부 사이에 화약이 체결된 곳이다.
③ 서희가 소손녕과의 외교 담판을 통해 확보한 곳이다.
④ 장수왕 때 국내성에서 천도하여 도읍으로 삼은 곳이다.
⑤ 유엔군과 공산군 사이의 첫 번째 정전 회담이 열린 곳이다.

48 민주화 운동에 대한 설명으로 옳은 것은? [1점]

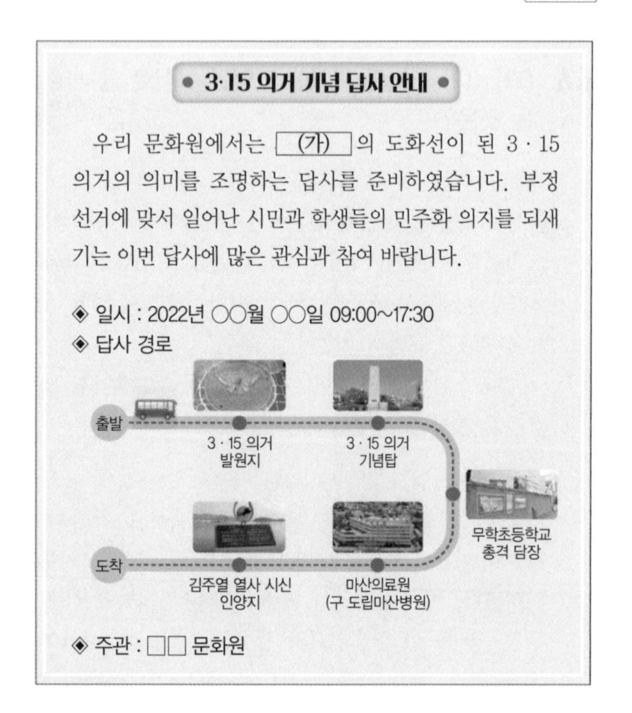

• 3·15 의거 기념 답사 안내 •

우리 문화원에서는 [(가)]의 도화선이 된 3·15 의거의 의미를 조명하는 답사를 준비하였습니다. 부정 선거에 맞서 일어난 시민과 학생들의 민주화 의지를 되새기는 이번 답사에 많은 관심과 참여 바랍니다.

◈ 일시 : 2022년 ○○월 ○○일 09:00~17:30
◈ 답사 경로

◈ 주관 : □□ 문화원

① 3선 개헌 반대 범국민 투쟁 위원회가 주도하였다.
② 이승만이 대통령직에서 물러나는 결과를 가져왔다.
③ 신군부의 비상계엄 확대와 무력 진압에 저항하였다.
④ 관련 기록물이 유네스코 세계 기록 유산으로 등재되었다.
⑤ 4·13 호헌 조치에 반발하며 호헌 철폐 등의 구호를 내세웠다.

49 다음 판결이 있었던 정부 시기의 사실로 옳은 것은? [2점]

○ 김○○ 씨가 모 다방에서 동석한 사람들에게 "정부가 물가 조정한다고 하면서 물가가 오르기만 하니 정부가 국민을 기만하는 것이 아니냐.", "중앙정보부에서 모 대학교수를 잡아 조사를 하다 죽이고서는 자살하였다고 거짓 발표하였다." 등의 발언을 하여 유언비어를 유포했다는 이유로 징역 5년을 선고받았다.

○ 사상계 전 대표 장준하, 백범 사상 연구소 소장 백기완이 함석헌, 계훈제 등과 개헌 청원 100만인 서명 운동에 대해 논의하고 긴급조치를 비판하였다는 이유로 각각 징역 및 자격정지 15년, 12년을 선고받았다.

① 한일 월드컵 축구 대회가 개최되었다.
② 농촌 근대화를 표방하는 새마을 운동이 추진되었다.
③ 외환 위기 극복을 위한 금 모으기 운동이 전개되었다.
④ 금융 거래 투명성을 실현하고자 금융 실명제가 시행되었다.
⑤ 한미 자유 무역 협정(FTA) 체결에 반대하는 시위가 벌어졌다.

50 (가) 정부의 통일 노력으로 옳은 것은? [2점]

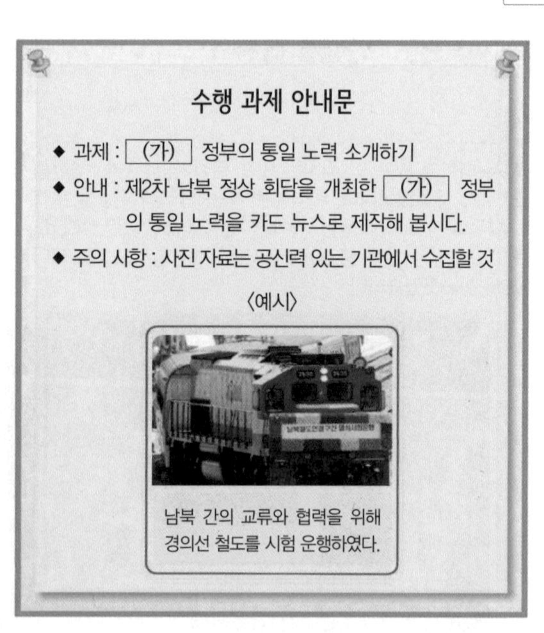

수행 과제 안내문

◆ 과제 : [(가)] 정부의 통일 노력 소개하기
◆ 안내 : 제2차 남북 정상 회담을 개최한 [(가)] 정부의 통일 노력을 카드 뉴스로 제작해 봅시다.
◆ 주의 사항 : 사진 자료는 공신력 있는 기관에서 수집할 것

〈예시〉

남북 간의 교류와 협력을 위해 경의선 철도를 시험 운행하였다.

① 남북 기본 합의서를 채택하였다.
② 남북한이 유엔에 동시 가입하였다.
③ 10·4 남북 공동 선언을 발표하였다.
④ 남북 조절 위원회를 운영하기로 합의하였다.
⑤ 남북 이산가족 고향 방문단의 교환 방문을 최초로 성사하였다.

제56회 

한국사능력검정시험

2021. 10. 시행

윤쌤의 한눈 분석!

1~25번 26~50번

시대별 출제 비중 및 핵심 키워드

전근대 28문항

선사시대 2문항
신석기 시대, 부여

고대시대 7문항
고구려 소수림왕의 업적, 백제 부여 지역 문화유산, 삼국 통일 과정(황산벌 전투~기벌포 전투), 통일 신라 승려 의상과 원효, 통일 신라의 제도, 발해, 후고구려

고려시대 7문항
고려의 경제 상황, 고려의 거란과의 전쟁, 고려 후기 무신 집권기의 사회상, 고려 성종의 업적, 개성 경천사지 10층 석탑, 고려 유학자 이제현, 이성계의 업적

조선시대 12문항
조선의 천문학, 직전법, 조선 성종의 업적, 조선 성리학자 조광조, 사간원, 임진왜란 이후 조선과 일본과의 관계, 조선 정조의 업적, 서원, 조선의 실학자들, 조선과 청나라의 관계, 홍경래의 난, 김정희의 세한도

근현대 22문항

개항기 8문항
을미개혁, 병인양요의 배경, 갑신정변, 동학 농민 운동, 독립신문, 대한제국 시기의 사실, 독립 운동가 안중근, 신민회

일제 강점기 7문항
3·1 운동, 1920년대 만주 지역의 항일 무장 투쟁, 독립 운동가 한용운, 일제 식민 통치 3기(1930~1940년대), 근우회, 연해주 지역의 독립운동, 충칭 시기 대한민국 임시 정부

현대사회 5문항
박정희 정부, 이승만 정부, 전두환 정부(8차~9차 개헌), 김영삼 정부, 노태우 정부

기타 2문항
단오(세시풍속), 강화도 지역의 역사(지역사)

분류별 출제 비중

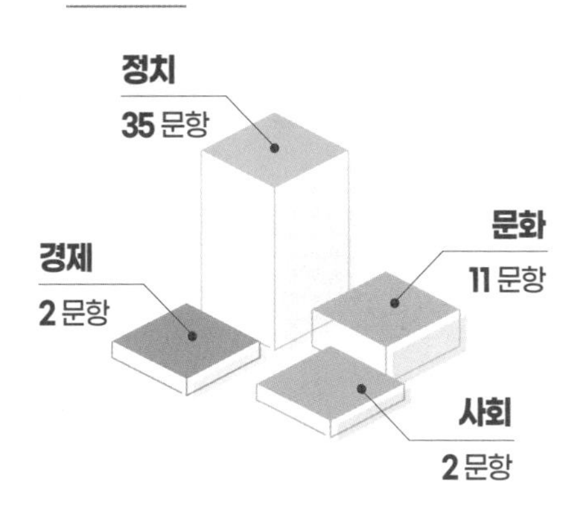

난이도별 출제 비중

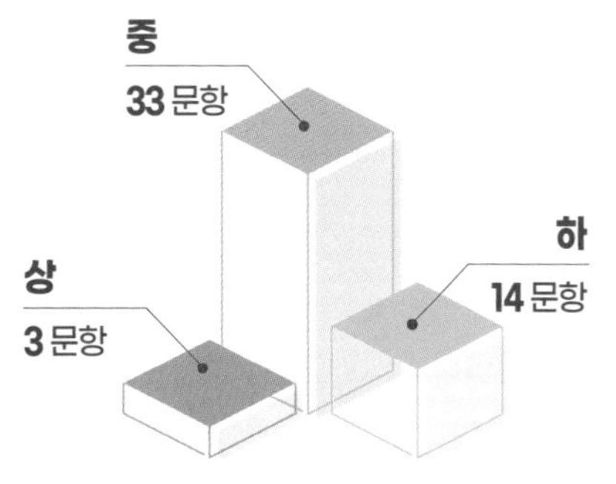

윤쌤's 기출 한 줄 평

특이점이 없는 문항들로 구성된 비교적 쉬운 난이도의 시험으로 기본 개념을 충실히 다졌다면 무난하게 풀 수 있는 난이도였다.

제56회 한국사능력검정시험 기출문제

01 (가) 시대의 생활 모습으로 옳은 것은? [1점]

① 고인돌, 돌널무덤 등을 만들었다.
② 거푸집을 이용하여 청동검을 제작하였다.
③ 농경과 목축을 시작하여 식량을 생산하였다.
④ 주로 동굴에 살면서 사냥과 채집 생활을 하였다.
⑤ 쟁기, 쇠스랑 등의 철제 농기구를 써서 농사를 지었다.

02 (가) 나라에 대한 설명으로 옳은 것은? [2점]

> (가) 왕 해부루가 늙도록 아들이 없자 산천에 제사 지내어 대를 이을 자식을 구하였다. 그가 탄 말이 곤연에 이르러 큰 돌을 보더니 마주 대하며 눈물을 흘렸다. 왕이 이를 괴상히 여겨 사람을 시켜 그 돌을 옮기니 어린아이가 있었는데 금색의 개구리 모양이었다. …… 이름을 금와라 하고, 장성하자 태자로 삼았다.
> -『삼국사기』-

① 혼인 풍습으로 서옥제가 있었다.
② 12월에 영고라는 제천 행사를 열었다.
③ 정사암에 모여 국가의 중대사를 논의하였다.
④ 철이 많이 생산되어 낙랑과 왜에 수출하였다.
⑤ 특산물로 단궁, 과하마, 반어피가 유명하였다.

03 (가) 왕의 업적으로 옳은 것은? [2점]

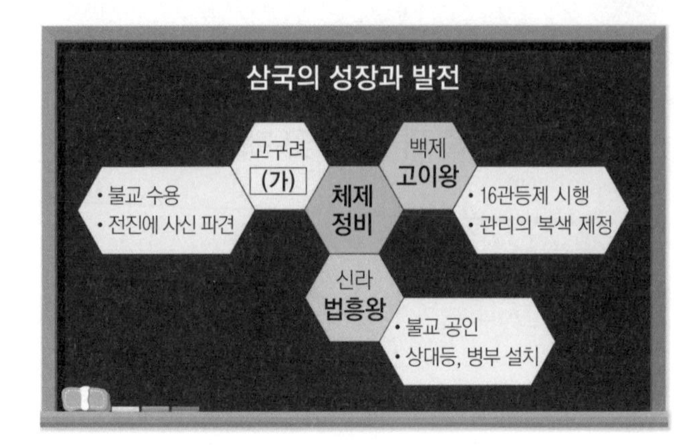

① 도읍을 국내성에서 평양으로 옮겼다.
② 태학을 설립하여 인재를 양성하였다.
③ 서안평을 공격하여 영토를 확장하였다.
④ 연가라는 독자적인 연호를 사용하였다.
⑤ 신라에 군대를 파견하여 왜를 격퇴하였다.

04 밑줄 그은 '이 지역'에서 볼 수 있는 문화유산으로 옳지 않은 것은? [2점]

안녕!
나는 지금 왕흥사 터에 와 있어. 이곳은 금, 은, 동으로 만든 사리기가 출토되어 유명해졌대. 사리기 표면에는 위덕왕이 죽은 왕자를 위해 절을 세웠다는 이야기가 새겨져 있어. 성왕이 도읍으로 정한 이 지역에는 다른 문화유산도 많아. 다음에 꼭 같이 와보자!
2021년 10월

왕흥사지 사리기

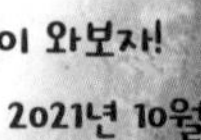

①

정림사지 오층 석탑

②

능산리 고분군

③

관촉사 석조 미륵보살 입상

④

관북리 유적

⑤

부소산성

05 (가), (나) 사이의 시기에 있었던 사실로 옳은 것은? [3점]

(가) 왕은 당과 신라 군사들이 이미 백강과 탄현을 지났다는 소식을 듣고 장군 계백에게 결사대 5천 명을 거느리고 황산으로 가서 신라 군사와 싸우게 하였다. 계백은 4번 싸워서 모두 이겼으나 군사가 적고 힘이 모자라서 마침내 패하였다.

(나) 사찬 시득이 수군을 거느리고 소부리주 기벌포에서 설인귀와 싸웠는데 연이어 패배하였다. 그러나 이후 크고 작은 22번의 싸움에서 승리하여 4천여 명을 죽였다.

① 김흠돌이 반란을 꾀하다 처형되었다.
② 의자왕이 신라를 공격하여 대야성을 함락시켰다.
③ 을지문덕이 살수에서 수의 군대를 크게 물리쳤다.
④ 대조영이 고구려 유민을 이끌고 동모산에서 건국하였다.
⑤ 검모잠이 안승을 왕으로 추대하고 부흥 운동을 전개하였다.

06 다음 특별전에 전시될 자료로 적절하지 않은 것은? [1점]

① 
거중기

② 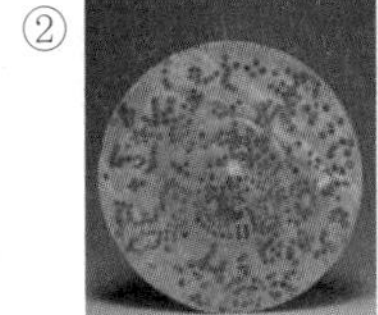
금동 천문도

③ 
혼천의

④ 
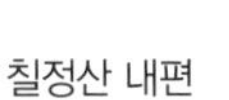
칠정산 내편

⑤ 천상열차분야지도

07 (가), (나) 인물에 대한 설명으로 옳은 것은? [2점]

① (가) – 법화 신앙을 바탕으로 백련 결사를 이끌었다.
② (가) – 화엄일승법계도를 지어 화엄 사상을 정리하였다.
③ (나) – 불교 교단을 통합하기 위해 천태종을 개창하였다.
④ (나) – 인도와 중앙아시아를 여행하고 왕오천축국전을 저술하였다.
⑤ (가), (나) – 심성 도야를 강조한 유불 일치설을 주장하였다.

08 지도와 같이 행정 구역을 정비한 국가에 대한 설명으로 옳은 것을 〈보기〉에서 고른 것은? [3점]

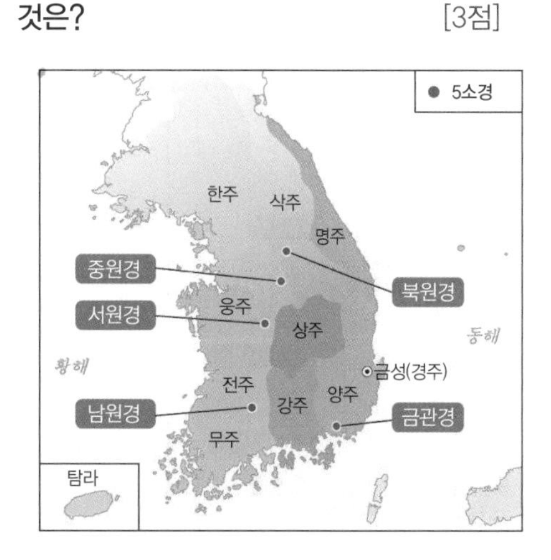

〈보 기〉

ㄱ. 9서당 10정의 군사 조직을 운영하였다.
ㄴ. 욕살, 처려근지 등을 지방관으로 파견하였다.
ㄷ. 상수리 제도를 실시하여 지방 세력을 견제하였다.
ㄹ. 북계에 병마사를 파견하여 적의 침입에 대비하였다.

① ㄱ, ㄴ ② ㄱ, ㄷ ③ ㄴ, ㄷ ④ ㄴ, ㄹ ⑤ ㄷ, ㄹ

09 (가) 국가에 대한 설명으로 옳은 것은? [2점]

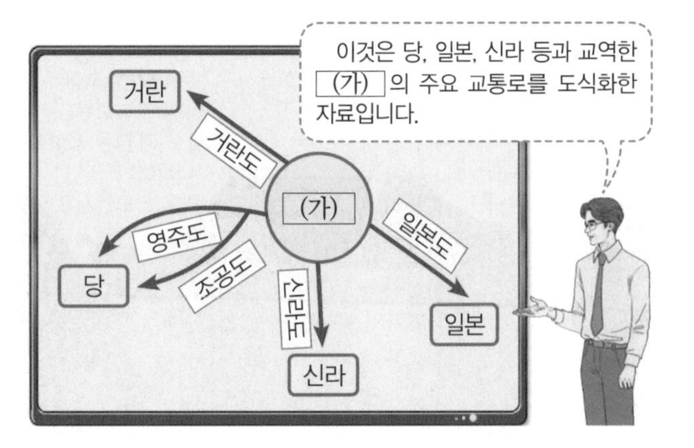

① 평양을 서경으로 삼아 중시하였다.
② 후연을 격파하고 백제를 공격하였다.
③ 지방에 22담로를 두어 왕족을 파견하였다.
④ 완도에 청해진을 설치해 해상 무역을 장악하였다.
⑤ 고구려와 당의 양식이 혼합된 벽돌무덤을 만들었다.

10 교사의 질문에 대한 학생의 답변으로 옳은 것은? [1점]

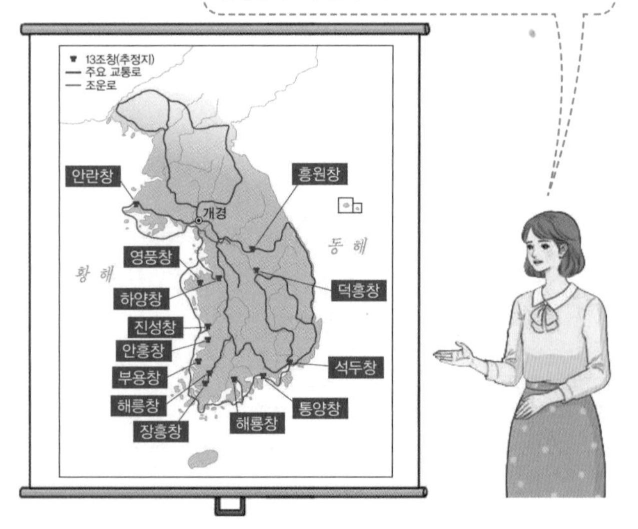

① 관료전을 지급하고 녹읍을 폐지하였어요.
② 덕대가 광산을 전문적으로 경영하였어요.
③ 고구마, 감자 등의 구황 작물을 재배하였어요.
④ 일본과의 무역을 허용하고 계해약조를 체결하였어요.
⑤ 예성강 하구의 벽란도가 국제 무역항으로 번성하였어요.

11 다음 지역에 대한 탐구 활동으로 가장 적절한 것은? [2점]

① 대몽 항쟁기에 조성된 왕릉을 조사한다.
② 김만덕의 빈민 구제 활동에 대해 알아본다.
③ 정약전이 자산어보를 저술한 곳을 검색한다.
④ 지증왕이 이사부를 보내 복속한 지역과 부속 도서를 찾아본다.
⑤ 러시아의 남하를 견제하기 위하여 영국군이 점령한 장소를 살펴본다.

12 (가) 국가에 대한 설명으로 옳은 것은? [2점]

① 각간 대공이 반란을 일으켰다.
② 광평성 등의 정치 기구를 두었다.
③ 후당과 오월에 사신을 파견하였다.
④ 고창 전투에서 후백제군과 싸워 승리하였다.
⑤ 5경 15부 62주의 지방 행정 제도를 갖추었다.

13 (가)~(라)를 일어난 순서대로 옳게 나열한 것은? [3점]

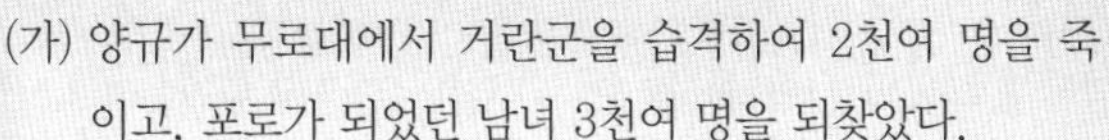

(가) 양규가 무로대에서 거란군을 습격하여 2천여 명을 죽이고, 포로가 되었던 남녀 3천여 명을 되찾았다.
(나) 거란이 장차 침입하려 하므로 군사 30만 명을 선발하여 광군이라 부르고 광군사를 설치하였다.
(다) 왕이 소손녕의 봉산군 공격 소식을 듣고 서희를 보내 화의를 요청하니 소손녕이 침공을 중지하였다.
(라) 강감찬 등이 귀주에서 거란군을 맞아 싸웠다. 고려군이 맹렬하게 공격하니 거란군이 북으로 도망쳤다.

① (가) - (나) - (다) - (라)
② (가) - (나) - (라) - (다)
③ (나) - (가) - (라) - (다)
④ (나) - (다) - (가) - (라)
⑤ (다) - (라) - (나) - (가)

14 다음 사건이 전개된 시기의 사회 모습으로 옳은 것은? [2점]

사건 일지

2월 10일 망이 등이 다시 반란을 일으켜 가야사를 습격함
3월 11일 망이 등이 홍경원에 불을 지르고 승려 10여 명을 죽임
6월 23일 망이가 사람을 보내 항복을 청함
7월 20일 망이 · 망소이 등을 체포하여 청주 감옥에 가둠

① 서얼이 통청 운동을 전개하였다.
② 원종과 애노가 사벌주에서 봉기하였다.
③ 적장자 위주의 상속 제도가 확립되었다.
④ 읍락 간의 경계를 중시하는 책화가 있었다.
⑤ 특수 행정 구역인 소의 주민들이 차별을 받았다.

15 다음 교서를 내린 왕의 정책으로 옳은 것은? [3점]

우리 태조께서 흑창을 두어 가난한 백성에게 진대(賑貸)하게 하셨다. 지금 백성들이 점차 늘어나고 있는데 저축한 바는 늘어나지 않았으니, 미(米) 1만 석을 더하고 이름을 의창(義倉)으로 고친다. 또한 모든 주와 부에도 각각 의창을 설치하도록 하라.

① 한양을 남경으로 승격시켰다.
② 국자감에 서적포를 설치하였다.
③ 12목을 설치하고 지방관을 파견하였다.
④ 인사 행정을 담당하던 정방을 폐지하였다.
⑤ 개경에 귀법사를 세우고 균여를 주지로 삼았다.

16 다음 구성안의 소재가 된 탑으로 옳은 것은? [1점]

○○ 박물관 실감 콘텐츠 구성안

제목	오늘, 탑을 만나다
기획 의도	증강 현실(AR) 기술을 활용하여 우리 문화유산을 실감나게 체험하는 기회 제공
대상 유물 특징	• 원의 영향을 받아 대리석으로 만든 석탑 • 원각사지 십층 석탑에 영향을 주었음
체험 내용	• 탑을 쌓으며 각 층의 구조 파악하기 • 기단부에 조각된 서유기 이야기를 퀴즈로 풀기

17 밑줄 그은 '나'에 대한 설명으로 옳은 것은? [2점]

그리운 벗에게
연경에 도착해 이제야 소식을 전하네. 예전에 충선왕이 원의 화가를 불러 그리게 한 나의 초상을 기억하는가? 잃어버렸던 그 그림을 오늘 찾았다네. 그림을 보니 만권당에서 원의 학자들과 함께 공부하던 나의 젊은 시절이 생각 난다네. 혼탁한 세상 편치만은 않지만 곧 개경에서 볼 수 있기를 바라네.
영원한 벗, 익재

① 역사서인 사략을 저술하였다.
② 불씨잡변을 지어 불교를 비판하였다.
③ 9재 학당을 세워 유학 교육에 힘썼다.
④ 봉사 10조를 올려 시정 개혁을 건의하였다.
⑤ 예안 향약을 시행하여 향촌 교화를 위해 노력하였다.

18 (가) 인물의 활동으로 옳은 것은? [2점]

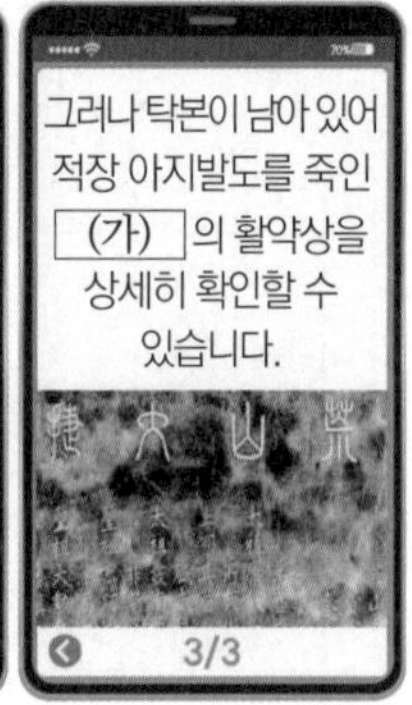

① 북방에 4군과 6진을 설치하였다.
② 의종 복위를 도모하여 군사를 일으켰다.
③ 위화도에서 회군하여 정권을 장악하였다.
④ 여진을 정벌한 후 동북 9성을 축조하였다.
⑤ 좌 · 우별초와 신의군으로 삼별초를 조직하였다.

19 다음 대화가 이루어진 시기에 볼 수 있는 모습으로 가장 적절한 것은? [2점]

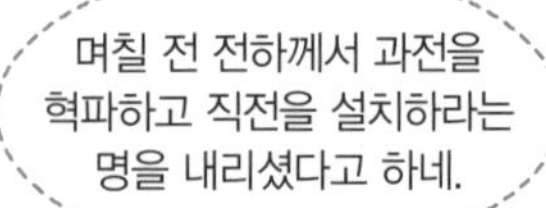

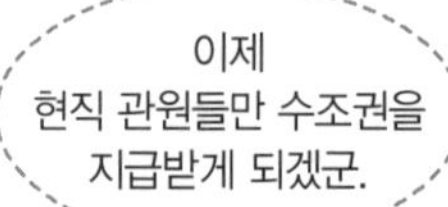

① 왕에게 직계하는 이조 판서
② 임꺽정 무리를 토벌하는 관군
③ 동몽선습을 공부하는 서당 학생
④ 동의보감을 요청하는 중국 사신
⑤ 시장에 팔기 위해 담배를 재배하는 농민

20 (가) 왕의 재위 기간에 있었던 사실로 옳은 것은? [2점]

이곳은 창경궁의 정문인 홍화문입니다. 창경궁은 (가) 이/가 정희 왕후 등 세 분의 대비를 모시기 위해 수강궁을 수리하여 조성한 궁궐입니다. (가) 은/는 경국대전 완성 등 많은 업적을 남겼습니다.

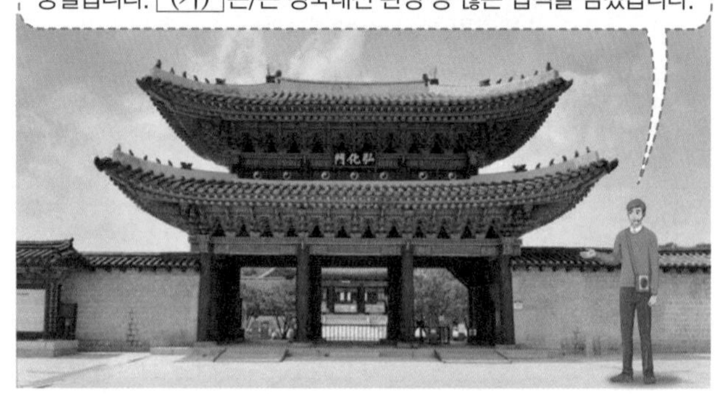

① 탕평비가 건립되었다.
② 상평통보가 주조되었다.
③ 악학궤범이 간행되었다.
④ 훈련도감이 설치되었다.
⑤ 초계문신제가 시행되었다.

21 다음 주장이 공통으로 제기된 시기를 연표에서 옳게 고른 것은? [3점]

○ 중앙에서는 홍문관 · 육경 · 대간, 지방에서는 감사와 수령이 천거한 사람들을 한 곳에 모아 시험을 치르면 많은 인재를 얻을 수 있을 것입니다. 이는 한(漢)에서 시행한 현량과의 뜻을 이은 것입니다.

○ 정국공신은 이미 10년이 지난 일이지만 허위가 많았습니다. 공신 기록을 유자광이 홀로 맡아서 이렇게까지 외람되었습니다. 지금 고치지 않으면 개정할 수 없을 것입니다.

1494		1504		1545		1567		1623		1659
	(가)		(나)		(다)		(라)		(마)	
연산군 즉위		갑자 사화		을사 사화		선조 즉위		인조 반정		기해 예송

① (가) ② (나) ③ (다) ④ (라) ⑤ (마)

22 (가) 기구에 대한 설명으로 옳은 것은? [2점]

이 그림은 중종 때 그려진 미원계회도(薇垣契會圖)입니다. '미원'은 (가) 의 별칭으로 간쟁과 논박을 담당한 관청이었습니다. 소나무 아래에는 계회를 하고 있는 모습이 보이고, 하단에는 참석자들의 관직, 성명, 본관 등이 기록되어 있습니다.

① 왕명의 출납을 관장하였다.
② 수도의 행정과 치안을 담당하였다.
③ 사헌부, 홍문관과 함께 3사로 불렸다.
④ 실록을 보관하고 관리하는 업무를 맡았다.
⑤ 반역죄, 강상죄 등을 범한 중죄인을 다스렸다.

23 밑줄 그은 '이 전란' 이후에 있었던 사실로 옳은 것은? [2점]

① 유정이 회답 겸 쇄환사로 일본에 파견되었다.
② 나세, 심덕부 등이 진포에서 왜구를 격퇴하였다.
③ 신숙주가 일본에 다녀와 해동제국기를 저술하였다.
④ 조선 정부의 통제에 반발하여 삼포왜란이 일어났다.
⑤ 외침에 대비하기 위해 임시 기구로 비변사가 설치되었다.

24 (가) 왕이 재위한 시기의 경제 모습으로 옳은 것은? [2점]

이곳은 수원 화성 성역과 연계하여 축조된 축만제입니다. (가) 은/는 축만제 등의 수리 시설 축조와 둔전 경영을 통해 수원 화성의 수리, 장용영의 유지, 백성의 진휼을 위한 재원을 마련하였습니다.

① 금속 화폐인 건원중보가 주조되었다.
② 시장을 감독하는 동시전이 설치되었다.
③ 울산항, 당항성이 무역항으로 번성하였다.
④ 군역의 부담을 줄이기 위해 균역법이 제정되었다.
⑤ 육의전을 제외한 시전 상인의 금난전권이 폐지되었다.

25 (가) 교육 기관에 대한 설명으로 옳은 것은? [1점]

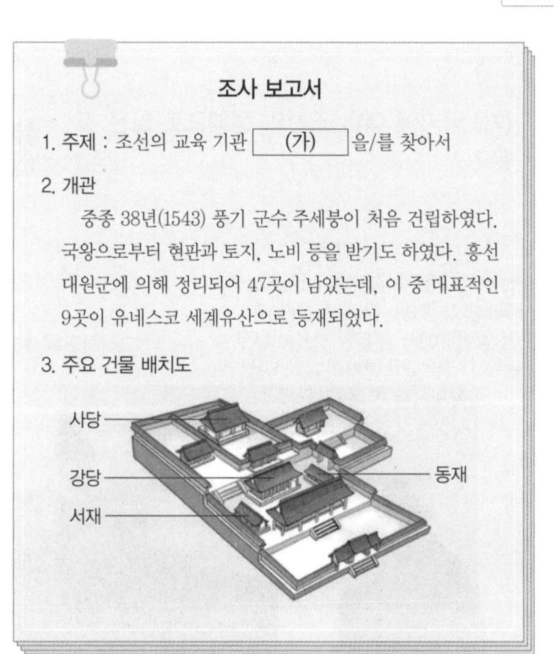
조사 보고서

1. 주제 : 조선의 교육 기관 (가) 을/를 찾아서
2. 개관
중종 38년(1543) 풍기 군수 주세붕이 처음 건립하였다. 국왕으로부터 현판과 토지, 노비 등을 받기도 하였다. 흥선 대원군에 의해 정리되어 47곳이 남았는데, 이 중 대표적인 9곳이 유네스코 세계유산으로 등재되었다.
3. 주요 건물 배치도

① 전국의 모든 군현에 하나씩 설치되었다.
② 선현의 제사와 유학 교육을 담당하였다.
③ 전문 강좌인 7재가 설치되어 운영되었다.
④ 중앙에서 교수나 훈도를 교관으로 파견하였다.
⑤ 소과에 합격한 생원, 진사에게 입학 자격이 부여되었다.

26 (가)~(마)에 들어갈 내용으로 옳은 것은? [3점]

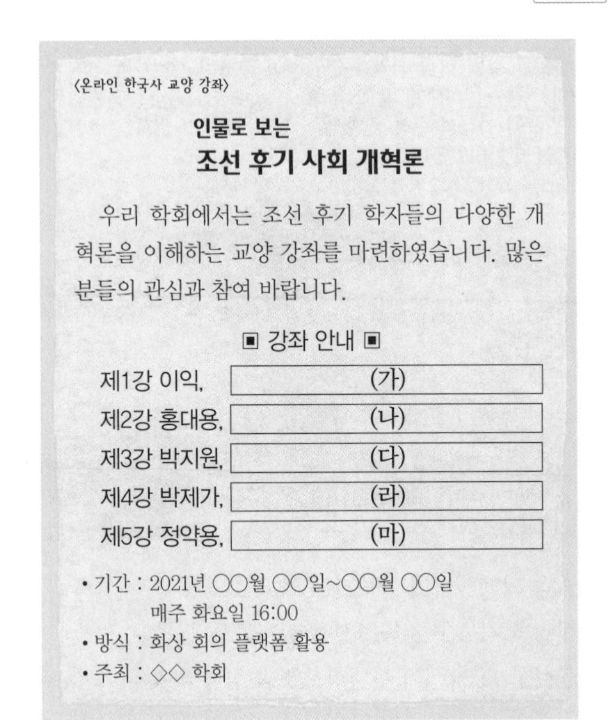
〈온라인 한국사 교양 강좌〉

인물로 보는
조선 후기 사회 개혁론

우리 학회에서는 조선 후기 학자들의 다양한 개혁론을 이해하는 교양 강좌를 마련하였습니다. 많은 분들의 관심과 참여 바랍니다.

▣ 강좌 안내 ▣

제1강 이익, (가)
제2강 홍대용, (나)
제3강 박지원, (다)
제4강 박제가, (라)
제5강 정약용, (마)

• 기간 : 2021년 ○○월 ○○일~○○월 ○○일
매주 화요일 16:00
• 방식 : 화상 회의 플랫폼 활용
• 주최 : ◇◇ 학회

① (가) – 의산문답에서 중국 중심의 세계관을 비판하다
② (나) – 목민심서에서 지방 행정의 개혁안을 제시하다
③ (다) – 열하일기에서 수레와 선박의 필요성을 강조하다
④ (라) – 성호사설에서 사회 폐단을 여섯 가지 좀으로 규정하다
⑤ (마) – 북학의에서 절약보다 적절한 소비를 권장하다

27 (가) 국가에 대한 조선의 정책으로 옳은 것은? [2점]

① 정동행성 이문소를 폐지하였다.
② 별무반을 편성하여 침입에 대비하였다.
③ 정기적으로 연행사를 보내 교류하였다.
④ 한성에 동평관을 설치하여 무역을 허용하였다.
⑤ 통신사를 파견하여 조선의 문물을 전파하였다.

28 (가) 사건에 대한 설명으로 옳은 것은? [1점]

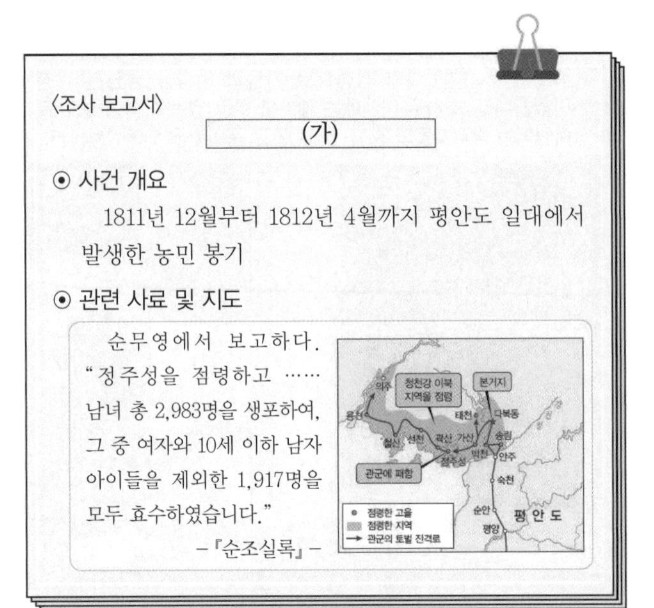
〈조사 보고서〉

(가)

⊙ 사건 개요
1811년 12월부터 1812년 4월까지 평안도 일대에서 발생한 농민 봉기

⊙ 관련 사료 및 지도
순무영에서 보고하다. "정주성을 점령하고 …… 남녀 총 2,983명을 생포하여, 그 중 여자와 10세 이하 남자 아이들을 제외한 1,917명을 모두 효수하였습니다."
–『순조실록』–

① 청의 군대에 의해 진압되었다.
② 척왜양창의를 기치로 내걸었다.
③ 선혜청과 일본 공사관을 공격하였다.
④ 사건 수습을 위해 박규수가 안핵사로 파견되었다.
⑤ 세도 정치기의 수탈과 지역 차별에 반발하여 일어났다.

29 다음 사건 이후 추진된 개혁의 내용으로 옳은 것은? [2점]

일본군의 엄호 속에 사복 차림의 일본인들이 건청궁으로 침입하였다. 그들은 왕과 왕후의 처소로 달려가 몇몇은 왕과 왕태자의 측근들을 붙잡았고, 다른 자들은 왕후의 침실로 향하였다. 폭도들이 달려들자 궁내부 대신은 왕후를 보호하기 위해 두 팔을 벌려 앞을 가로막아 섰다. …… 의녀가 나서서 손수건으로 죽은 왕후의 얼굴을 덮어 주었다.

① 과거제를 폐지하였다.
② 태양력을 시행하였다.
③ 육영 공원을 설립하였다.
④ 공사 노비법을 혁파하였다.
⑤ 통리기무아문을 설치하였다.

30 다음 사건이 일어난 배경으로 옳은 것은? [2점]

> 양헌수가 은밀히 정족산 전등사로 가서 주둔하였다. …… 산 위에서 매복하고 있다가 한꺼번에 북을 치고 나발을 불며 좌우에서 총을 쏘았다. 적장이 총에 맞아 말에서 떨어지고 서양인 10여 명이 죽었다. 달아나는 서양인들을 쫓아가니 그들은 동료의 시체를 옆에 끼고 급히 본진으로 도망갔다.

① 종로와 전국 각지에 척화비가 세워졌다.
② 오페르트가 남연군 묘 도굴을 시도하였다.
③ 위안스카이가 이끄는 군대가 조선에 상륙하였다.
④ 병인박해로 천주교 선교사와 신자들이 처형되었다.
⑤ 김홍집이 가지고 온 조선책략이 국내에 유포되었다.

31 다음 자료에 나타난 상황 이후 전개된 사실로 옳은 것은? [2점]

> 김옥균이 일본 공사 다케조에에게 국왕의 호위를 위해 일본군이 필요하다고 요청하였다. 그는 호위를 요청하는 국왕의 친서가 있으면 투입하겠다고 약속하였다. 친서는 박영효가 전달하기로 합의하였다. 다케조에는 조선에 주둔한 청군 1천 명이 공격해 들어와도 일본군 1개 중대면 막을 수 있다고 장담하였다.

① 신식 군대인 별기군이 창설되었다.
② 김기수가 수신사로 일본에 파견되었다.
③ 일본 군함 운요호가 영종도를 공격하였다.
④ 이만손이 주도하여 영남 만인소를 올렸다.
⑤ 우정총국 개국 축하연에서 정변이 일어났다.

32 (가) 시기에 전개된 동학 농민군의 활동으로 옳은 것은? [2점]

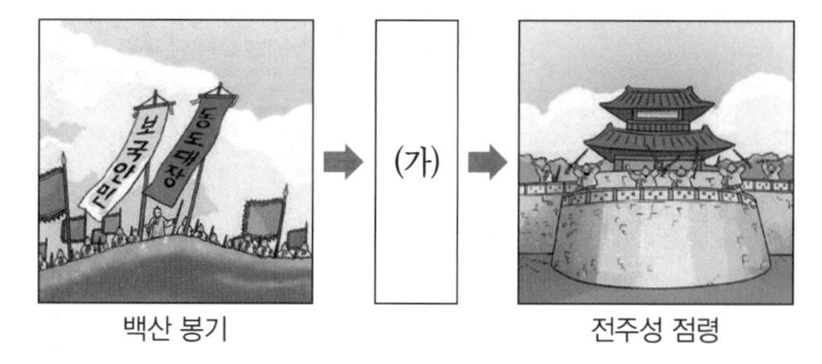

백산 봉기 → (가) → 전주성 점령

① 황토현에서 관군에 승리하였다.
② 남접과 북접이 논산에서 연합하였다.
③ 우금치에서 일본군과 관군에 맞서 싸웠다.
④ 집강소를 중심으로 폐정 개혁안을 실천하였다.
⑤ 조병갑의 탐학에 저항하여 고부 관아를 습격하였다.

33 다음 기사에 보도된 문화유산으로 옳은 것은? [2점]

> **□□ 신문**
>
> 제△△호 2020년 ○○월 ○○일
>
> **국민의 품에 안긴 조선 후기 명화**
>
> 추사 김정희의 대표작이 소장자의 뜻에 따라 ○○박물관에 기증되었다. 그동안 기탁 형태로 관리되었으나 온전히 국가에 귀속된 것이다. 이 작품은 김정희가 제주도 유배 중일 때 사제의 의리를 변함없이 지킨 제자 이상적에게 그려준 것으로, 시서화(詩書畵)의 일치를 추구하였던 조선 시대 문인화의 진수를 보여준다.

① 

② 

③ 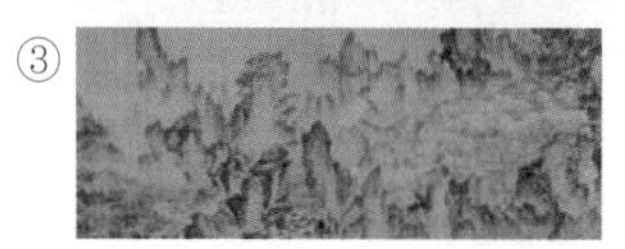

④  

⑤ 

34 (가)에 들어갈 세시 풍속으로 옳은 것은? [1점]

① 한식　② 백중　③ 추석
④ 단오　⑤ 정월 대보름

35 (가)에 해당하는 신문으로 옳은 것은? [1점]

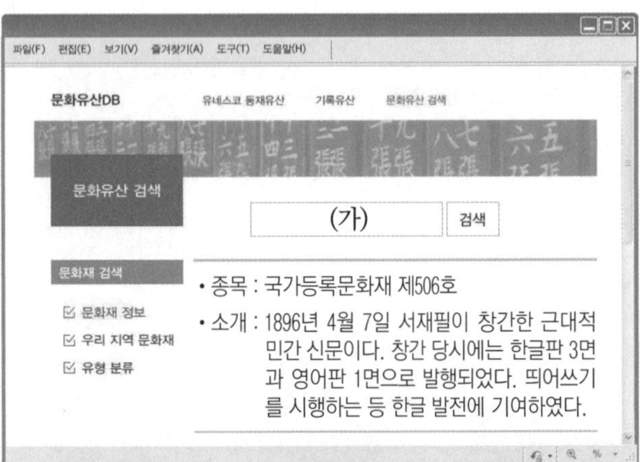

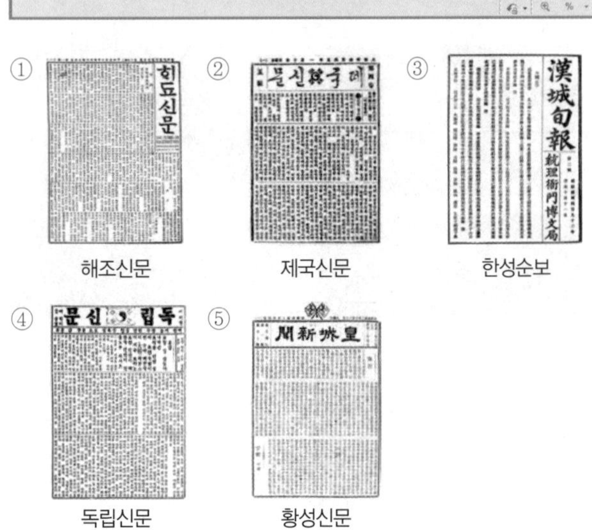

① 해조신문　② 제국신문　③ 한성순보
④ 독립신문　⑤ 황성신문

36 다음 대화 이후에 전개된 사실로 옳은 것은? [2점]

① 전환국이 설치되었다.
② 혜상공국이 설립되었다.
③ 보빙사가 미국에 파견되었다.
④ 조·청 상민 수륙 무역 장정이 체결되었다.
⑤ 양전 사업이 실시되어 지계가 발급되었다.

37 (가) 인물에 대한 설명으로 옳은 것은? [2점]

① 동양 평화론을 저술하였다.
② 친일 인사인 스티븐스를 사살하였다.
③ 5적 처단을 위해 자신회를 조직하였다.
④ 명동 성당 앞에서 이완용을 습격하였다.
⑤ 동양 척식 주식회사에 폭탄을 투척하였다.

38 (가) 단체에 대한 설명으로 옳은 것을 〈보기〉에서 고른 것은? [3점]

이것은 평양에 있던 대성 학교의 교직원과 학생들을 촬영한 사진입니다. 이 학교는 안창호, 양기탁 등이 조직한 (가) 이/가 설립하였습니다.

〈보 기〉

ㄱ. 태극 서관을 운영하였다.
ㄴ. 105인 사건으로 와해되었다.
ㄷ. 이륭양행에 교통국을 설치하였다.
ㄹ. 입헌 군주제 수립을 목표로 하였다.

① ㄱ, ㄴ ② ㄱ, ㄷ ③ ㄴ, ㄷ
④ ㄴ, ㄹ ⑤ ㄷ, ㄹ

39 (가) 민족 운동에 대한 설명으로 옳은 것은? [1점]

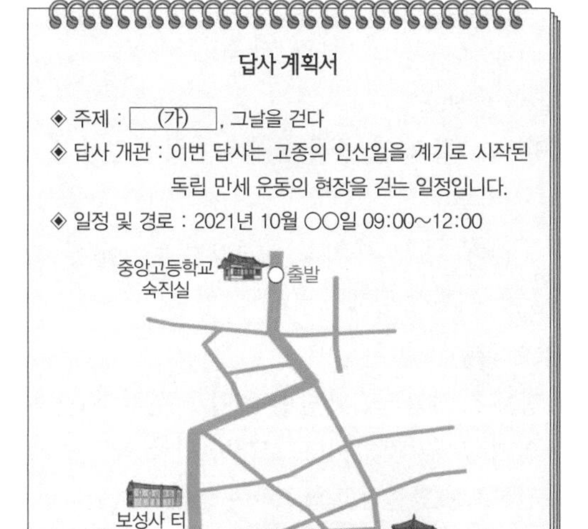

① 통감부의 방해와 탄압으로 중단되었다.
② 러시아의 절영도 조차 요구를 저지하였다.
③ 민족 대표 33인 명의의 독립 선언서가 발표되었다.
④ 대한매일신보의 후원을 받아 전국으로 확산되었다.
⑤ 한국인 학생과 일본인 학생 간의 충돌에서 비롯되었다.

40 (가)~(다) 학생이 발표한 내용을 일어난 순서대로 옳게 나열한 것은? [3점]

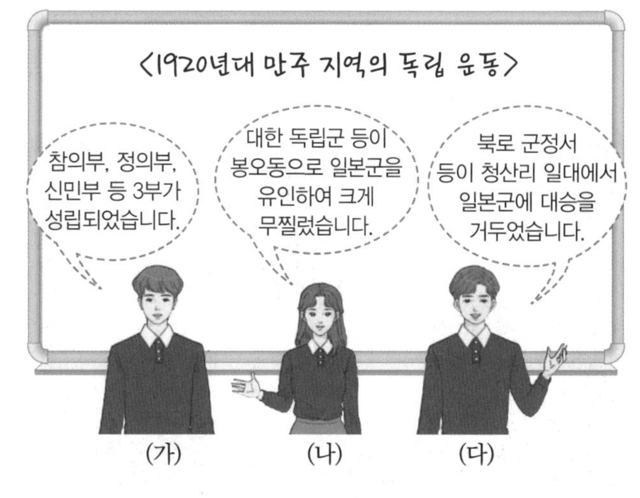

① (가) - (나) - (다) ② (가) - (다) - (나)
③ (나) - (가) - (다) ④ (나) - (다) - (가)
⑤ (다) - (나) - (가)

41 (가) 인물에 대한 설명으로 옳은 것은? [2점]

이곳 심우장은 (가) 이/가 조선 총독부를 마주하지 않겠다며 북향으로 지었다고 합니다. 님의 침묵 등을 지은 (가) 은/는 일제의 탄압에도 굴하지 않다가 광복 직전 이곳에서 돌아가셨습니다.

① 우리말 큰사전 편찬 사업을 추진하였다.
② 유교 개혁을 주장하는 유교 구신론을 제창하였다.
③ 월간지 유심을 발간하여 불교 개혁 운동에 힘썼다.
④ 진단 학회를 설립하여 실증주의 사학을 발전시켰다.
⑤ 독사신론을 저술하여 민족주의 사학의 기반을 마련하였다.

42 밑줄 그은 '시기'에 볼 수 있는 모습으로 옳은 것은? [2점]

사진 속 만삭의 임산부가 바로 저입니다. 일제는 중일 전쟁 이후 침략 전쟁을 확대하던 <u>시기</u>에 많은 여성을 전쟁터로 끌고 가 일본군 '위안부'로 삼았습니다. 저는 가까스로 연합군에 의해 구출되었지만 그곳에서 죽임을 당한 여성도 참 많았지요.

① 태형을 집행하는 헌병 경찰
② 원산 총파업에 동참하는 노동자
③ 회사령을 공포하는 총독부 관리
④ 신사 참배에 강제 동원되는 학생
⑤ 암태도 소작 쟁의에 참여하는 농민

43 (가) 단체에 대한 설명으로 옳은 것은? [2점]

【이달의 독립운동가】

민족 독립과 여성 해방을 꿈꾼

박차정(朴次貞)

(1910~1944)

부산 동래 출신. 1927년 신간회의 자매 단체로 결성된 [(가)]의 중앙 집행 위원으로 활동하였다. 광주 학생 항일 운동에 동조하여 서울에서 시위를 주도하였다가 불구속으로 나온 후 중국으로 망명하였다. 1938년 조선 의용대의 부녀 복무 단장이 되어 남편 김원봉과 함께 무장 투쟁을 활발히 전개하였다. 이듬해 쿤룬산 전투에서 부상을 당해 후유증으로 순국하였다.

① 상하이에서 대동 단결 선언을 발표하였다.
② 일제의 황무지 개간권 요구를 저지하였다.
③ 여성 교육을 위해 배화 학당을 설립하였다.
④ 조선 여성의 단결과 지위 향상을 목표로 하였다.
⑤ 어린이 등의 잡지를 발간하여 소년 운동을 주도하였다.

44 (가)에 들어갈 내용으로 옳은 것은? [3점]

저는 지금 전로 한족회 중앙 총회가 개최된 건물 앞에 나와 있습니다. 이 단체는 이 지역에 거주한 한인들의 대표자 회의였습니다. 이 지역에서 전개된 민족 운동에 대해 올려주세요.

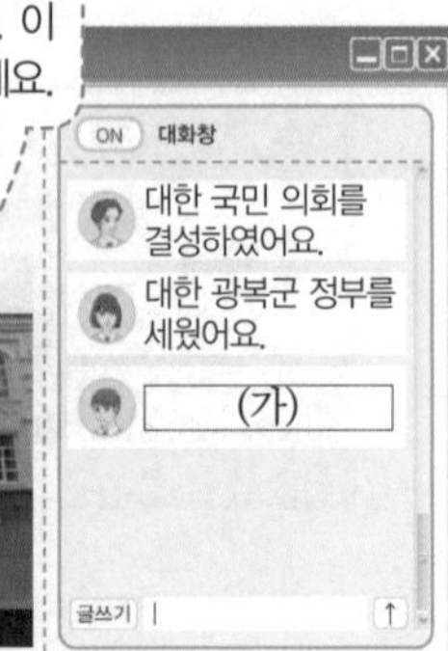

① 독립군 양성을 위해 신흥 강습소를 세웠어요.
② 권업회를 조직하여 권업신문을 발행하였어요.
③ 숭무 학교를 설립하여 무장 투쟁을 준비하였어요.
④ 한인 비행 학교를 세워 독립군 비행사를 육성하였어요.
⑤ 대일 항전을 준비하기 위해 조선 독립 동맹을 결성하였어요.

45 (가) 단체의 활동으로 옳은 것은? [2점]

접견 기록

▣ 날짜 및 장소
1943년 7월 26일, 중국 군사 위원회 접견실

▣ 참석 인물
- [(가)]: 주석 김구, 외무부장 조소앙 등
- 중국: 위원장 장제스 등

▣ 주요 내용
- 장제스: 한국의 완전한 독립을 실현하는 과정은 쉽지 않을 것입니다. 그러나 한국 혁명 동지들이 진심으로 단결하고 협조하여 함께 노력한다면 광복의 뜻을 이룰 수 있을 것입니다.
- 김구·조소앙: 우리의 독립 주장이 이루어질 수 있도록 귀국이 지지해 주기를 희망합니다.

① 좌우 합작 7원칙을 발표하였다.
② 개벽, 신여성 등의 잡지를 간행하였다.
③ 조선 혁명 선언을 활동 지침으로 삼았다.
④ 한글 맞춤법 통일안과 표준어를 제정하였다.
⑤ 삼균주의를 기초로 하는 건국 강령을 선포하였다.

46 다음 뉴스가 보도된 정부 시기의 사실로 옳은 것은? [2점]

① 양성 평등의 실현을 위해 호주제를 폐지하였다.
② 교육의 지표를 제시한 국민 교육 헌장을 선포하였다.
③ 사회 통합을 위한 다문화 가족 지원법을 시행하였다.
④ 공직자 윤리법을 개정하여 재산 등록을 의무화하였다.
⑤ 언론의 통폐합이 단행되고 언론 기본법을 제정하였다.

47 (가)에 들어갈 내용으로 옳은 것은? [2점]

한국사 특강

우리 연구회에서는 '제헌 헌법으로 출범한 제○공화국'이라는 주제로 시민들을 위한 한국사 특강을 마련하였습니다. 많은 관심과 참여 바랍니다.

▣ 특강 내용 ▣

제1강 (가)
제2강 농지 개혁법의 제정 과정
제3강 정전 협정의 체결

● 기간 : 2021년 10월 ○○일~○○일
● 시간 : 매주 목요일 15:00~17:00
● 장소 : □□ 연구회

① 삼청 교육대의 설치
② 새마을 운동의 추진
③ 한일 기본 조약의 비준
④ 지방 자치제의 전면 실시
⑤ 반민족 행위 처벌법의 제정

48 (가), (나) 헌법이 제정된 시기 사이에 있었던 사실로 옳은 것은? [3점]

(가) 제39조 ① 대통령은 대통령 선거인단에서 무기명 투표로 선거한다.
제40조 ① 대통령 선거인단은 국민의 보통 · 평등 · 직접 · 비밀 선거에 의하여 선출된 대통령 선거인으로 구성한다.
제45조 대통령의 임기는 7년으로 하며, 중임할 수 없다.

(나) 제67조 ① 대통령은 국민의 보통 · 평등 · 직접 · 비밀 선거에 의하여 선출한다.
② 제1항의 선거에 있어서 최고 득표자가 2인 이상인 때에는 국회의 재적 의원 과반수가 출석한 공개 회의에서 다수표를 얻은 자를 당선자로 한다.
제70조 대통령의 임기는 5년으로 하며, 중임할 수 없다.

① 국가 재건 최고 회의를 기반으로 군정이 실시되었다.
② 조봉암이 혁신 세력을 규합하여 진보당을 창당하였다.
③ 3 · 15 부정 선거에 항의하는 시위가 전국으로 확산되었다.
④ 유신 체제에 저항하여 부산, 마산 등지에서 시위가 일어났다.
⑤ 호헌 철폐, 독재 타도를 요구하는 6 · 10 국민 대회가 개최되었다.

49 다음 담화문을 발표한 정부 시기의 경제 상황으로 옳은 것은? [1점]

헌법 제76조 제1항의 규정에 의거하여 「금융실명거래 및 비밀보장에 관한 대통령 긴급재정경제명령」을 반포합니다. …… 금융 실명제 없이는 건강한 민주주의도, 활력이 넘치는 자본주의도 꽃피울 수가 없습니다. 정치와 경제의 선진화를 이룩할 수가 없습니다. 금융 실명제는 '신한국'의 건설을 위해서 그 어느 것보다도 중요한 제도 개혁입니다.

① 경부 고속도로를 준공하였다.
② 제1차 경제 개발 5개년 계획이 추진되었다.
③ 경제 협력 개발 기구(OECD)에 가입하였다.
④ 미국과 자유 무역 협정(FTA)을 체결하였다.
⑤ 귀속 재산 처리를 위해 신한 공사가 설립되었다.

50 다음 연설이 있었던 정부 시기의 통일 노력으로 옳은 것은? [2점]

① 남북 정상 회담을 처음으로 개최하였다.
② 한반도 비핵화 공동 선언을 채택하였다.
③ 개성 공단 조성 사업을 추진하기로 하였다.
④ 남북 조절 위원회를 운영하기로 합의하였다.
⑤ 남북 간 이산가족 상봉을 최초로 실현하였다.

제55회 한국사능력검정시험

2021. 9. 시행

시대별 출제 비중 및 핵심 키워드

전근대 28문항

선사시대 2문항

구석기 시대, 옥저와 삼한

고대시대 7문항

고구려의 문화유산, 삼국 간의 항쟁(장수왕~성왕), 신라의 골품 제도, 고구려 부흥 운동, 발해, 신라 승려 혜초, 신라 하대의 사회상

고려시대 8문항

고려 태조 왕건의 업적, 고려 초기의 왕들(혜종, 광종, 성종), 고려의 경제 상황, 고려의 거란과의 항쟁(1차 침입~3차 침입), 고려 후기 원 간섭기 사회상, 묘청의 서경 천도 운동, 고려의 역사서, 파주 용미리 마애이불입상

조선시대 11문항

조선 세종의 업적, 조선 중종의 업적, 정여립 모반 사건 이후의 상황, 규장각, 훈련도감, 임진왜란, 조선 영조의 업적, 조선 실학자 김정희, 조선과 일본의 대외 관계, 보은 법주사 팔상전, 세도 정치 시기의 사회상(신유박해~동학 탄압)

근현대 22문항

개항기 9문항

흥선 대원군의 업적, 병인양요, 임오군란, 거문도 불법 점령, 제2차 갑오개혁, 광무개혁, 항일 의병 운동(을미·을사·정미의병), 대한매일신보, 을사늑약 체결 이후의 상황

일제 강점기 8문항

독립 운동가 박은식, 일제 식민 통치 1기(1910년대), 의열단, 광주 학생 항일 운동, 조선어 학회, 산미 증식 계획, 대종교, 일제 식민 통치 3기(1940년대)

현대사회 5문항

대한민국 정부 수립 과정(유엔 결정~여수·순천 10·19사건), 6·25전쟁, 박정희 정부, 5·18 민주화 운동, 김대중 정부

분류별 출제 비중

정치 40문항
경제 2문항
문화 7문항
사회 1문항

난이도별 출제 비중

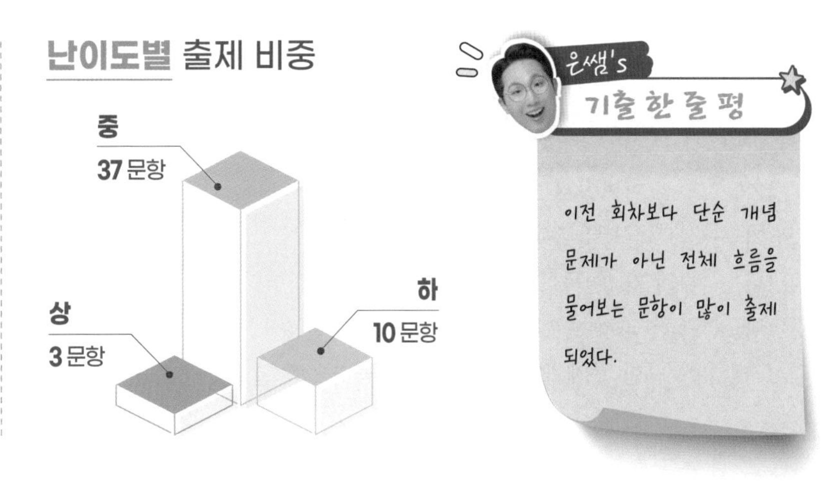

제55회 한국사능력검정시험 기출문제

01 (가) 시대의 생활 모습으로 옳은 것은? [1점]

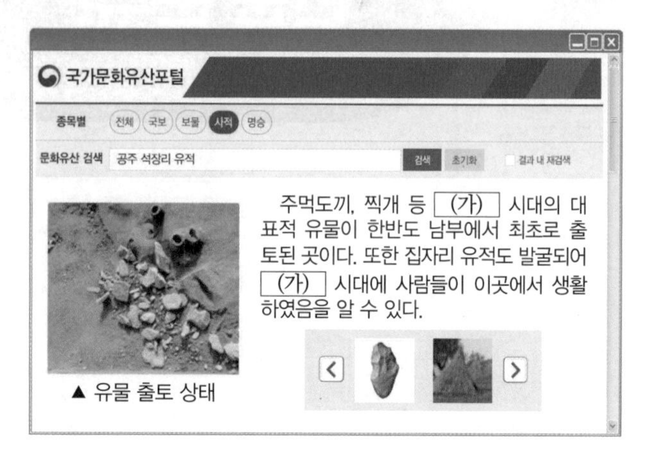

① 명도전, 반량전 등의 화폐가 유통되었다.
② 반달 돌칼을 이용하여 곡식을 수확하였다.
③ 거푸집을 이용하여 세형 동검을 만들었다.
④ 주로 동굴이나 강가의 막집에 거주하였다.
⑤ 빗살무늬 토기를 만들어 식량을 저장하였다.

02 (가), (나) 나라에 대한 설명으로 옳은 것은? [2점]

(가) 여자의 나이가 열 살이 되기 전에 혼인을 약속하고, 신랑 집에서 맞이하여 장성할 때까지 기른다. 여자가 장성하면 여자 집으로 돌아가게 한다. 여자 집에서는 돈을 요구하는데, 신랑 집에서 돈을 지불한 후 다시 데리고 와서 아내로 삼는다.

(나) 읍마다 우두머리가 있어 세력이 강대하면 신지라 하고, …… 그 다음은 읍차라 하였다. 나라에는 철이 생산되는데 예(濊), 왜(倭) 등이 와서 사간다. 무역에서 철을 화폐로 사용한다.

① (가) – 신성 지역인 소도가 존재하였다.
② (가) – 삼로라 불린 우두머리가 읍락을 다스렸다.
③ (나) – 여러 가(加)들이 별도로 사출도를 주관하였다.
④ (나) – 단궁, 과하마, 반어피 등의 특산물이 유명하였다.
⑤ (가), (나) – 한 무제가 파견한 군대의 공격으로 멸망하였다.

03 (가)~(마) 문화유산에 대한 설명으로 옳은 것은? [3점]

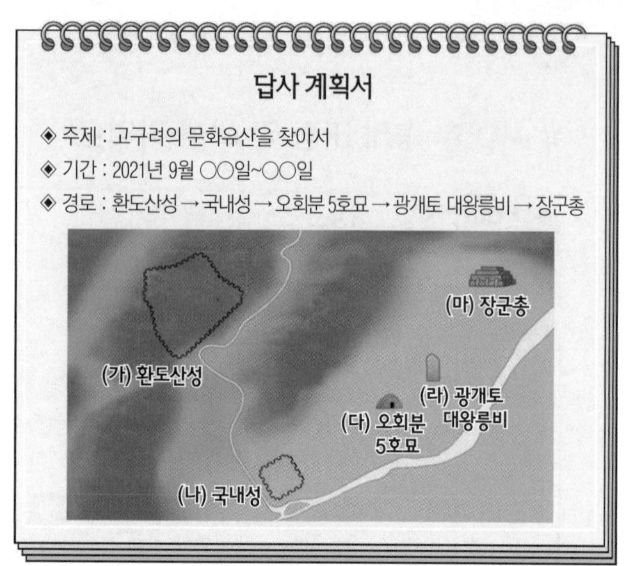

① (가) – 관구검이 이끄는 군대의 공격을 받았다.
② (나) – 고구려가 첫 번째 도읍으로 삼은 곳이다.
③ (다) – 매지권(買地券)이 새겨진 지석과 석수가 출토되었다.
④ (라) – 대가야를 정복하고 순수한 후 세운 것이다.
⑤ (마) – 돌무지덧널무덤으로 축조되었다.

04 (가), (나) 사이의 시기에 있었던 사실로 옳은 것은? [2점]

(가) 고구려 병사는 비록 물러갔으나 성이 파괴되고 왕이 죽어서 [문주가] 왕위에 올랐다. …… 겨울 10월, 웅진으로 도읍을 옮겼다.
– 『삼국사기』 –

(나) 왕이 신라를 습격하고자 몸소 보병과 기병 50명을 거느리고 밤에 구천(狗川)에 이르렀는데, 신라 복병을 만나 그들과 싸우다가 살해되었다.
– 『삼국사기』 –

① 익산에 미륵사가 창건되었다.
② 흑치상지가 임존성에서 군사를 일으켰다.
③ 동진에서 온 마라난타를 통해 불교가 수용되었다.
④ 지방을 통제하기 위하여 22담로에 왕족이 파견되었다.
⑤ 계백이 이끄는 결사대가 황산벌에서 신라군에 맞서 싸웠다.

05 밑줄 그은 '이 제도'에 대한 설명으로 옳은 것은? [1점]

① 원화(源花)에 기원을 두고 있다.
② 을파소의 건의로 처음 마련되었다.
③ 서얼의 관직 선출을 법으로 제한하였다.
④ 집과 수레의 크기 등 일상생활을 규제하였다.
⑤ 문무 5품 이상 관리의 자손을 대상으로 하였다.

06 다음 자료의 상황이 나타난 시기를 연표에서 옳게 고른 것은? [2점]

> 검모잠이 남은 백성들을 거두어 신라로 향하였다. 안승을 맞아 들여 임금으로 삼았다. 다식(多式) 등을 신라로 보내어 고하기를, "지금 신 등이 나라의 귀족 안승을 받들어 임금으로 삼았습니다. 원컨대 변방을 지키는 울타리가 되어 영원토록 충성을 다하고자 합니다."라고 하였다. 신라 왕은 그들을 금마저에 정착하게 하였다.

612		618		645		660		676		698
	(가)		(나)		(다)		(라)		(마)	
살수 대첩		당 건국		안시성 전투		사비성 함락		기벌포 전투		발해 건국

① (가) ② (나) ③ (다) ④ (라) ⑤ (마)

07 (가) 국가에 대한 설명으로 옳은 것은? [2점]

① 왜에 칠지도를 만들어 보냈다.
② 2군 6위의 군사 조직을 운영하였다.
③ 신라도를 통하여 신라와 교류하였다.
④ 광평성 등의 정치 기구를 마련하였다.
⑤ 9주 5소경의 지방 행정 제도를 갖추었다.

08 (가) 인물에 대한 설명으로 옳은 것은? [1점]

다큐멘터리 공모 신청서

공모 분야	역사 - 인물 탐사 다큐멘터리
작품명	(가) 의 저서, 위대한 역사 기록이 되다
기획 의도	8세기 인도와 중앙아시아의 실상을 전해주는 중요한 기록을 남긴 신라 승려가 있다. 글로벌 시대를 맞아 (가) 의 기록이 우리에게 남긴 의미를 재조명한다.
차별화 전략	기존에 간과해 왔던 이슬람 세계와 비잔틴 제국에 대한 기록까지도 현지 답사를 통해 고증하고자 한다.
주요 촬영국	중국, 인도, 이란, 아프가니스탄, 우즈베키스탄 등

① 향가 모음집인 삼대목을 편찬하였다.
② 화랑도의 규범인 세속 5계를 제시하였다.
③ 무애가를 지어 불교 대중화에 기여하였다.
④ 구법 순례기인 왕오천축국전을 저술하였다.
⑤ 화엄일승법계도를 지어 화엄 사상을 정리하였다.

09 밑줄 그은 '이 시기'에 있었던 사실로 옳은 것은? [3점]

① 왕의 장인인 김흠돌이 난을 일으켰다.
② 거칠부가 왕명에 의해 국사를 편찬하였다.
③ 김춘추가 진골 출신 최초로 왕위에 올랐다.
④ 자장의 건의로 황룡사 9층 목탑이 건립되었다.
⑤ 체징이 9산 선문 중 하나인 가지산문을 개창하였다.

10 (가) 왕에 대한 설명으로 옳은 것은? [2점]

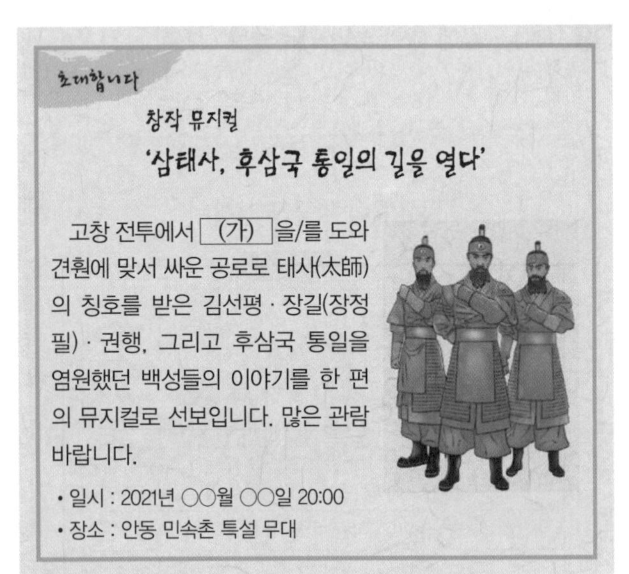

① 신라에 침입하여 경애왕을 죽게 하였다.
② 국자감에 7재라는 전문 강좌를 개설하였다.
③ 마진이라는 국호와 무태라는 연호를 사용하였다.
④ 정계와 계백료서를 지어 관리의 규범을 제시하였다.
⑤ 후주와 사신을 교환하여 대외 관계의 안정을 꾀하였다.

11 (가)~(다)를 일어난 순서대로 옳게 나열한 것은? [3점]

(가) 왕규가 광주원군을 옹립하려고 도모하였다. 왕이 깊이 잠든 틈을 타서 그의 무리로 하여금 침실에 잠입시켜 왕을 해하려 하였다.

(나) 왕이 교서를 내려 말하기를, "경전에 통하고 전적(典籍)을 널리 읽은 자들을 선발하여 경학박사와 의학박사로 삼아, 12목에 각각 1명씩 파견하여 돈독하게 가르치고 깨우치게 하라."라고 하였다.

(다) 왕이 한림학사 쌍기를 지공거로 임명하고, 시(詩) · 부(賦) · 송(頌)과 시무책을 시험하여 진사를 뽑게 하였다. 위봉루에 친히 나가 급제자를 발표하여, 갑과에 최섬 등 2명, 명경에 3명, 복업에 2명을 합격시켰다.

① (가) - (나) - (다)
② (가) - (다) - (나)
③ (나) - (가) - (다)
④ (나) - (다) - (가)
⑤ (다) - (나) - (가)

12 (가) 국가의 경제 상황으로 옳은 것은? [1점]

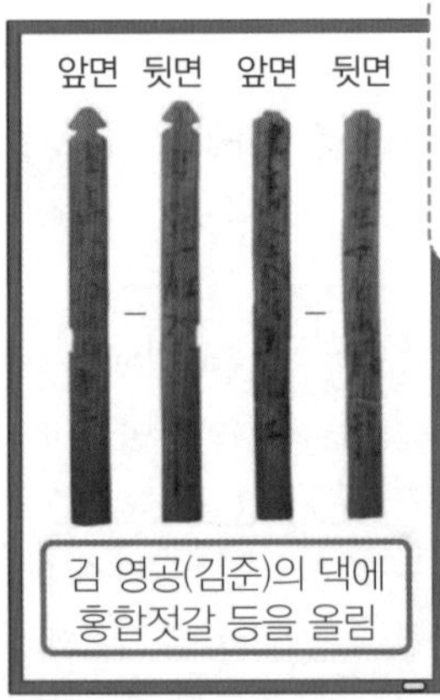

① 동시전을 설치하여 시장을 감독하였다.
② 해동통보, 활구 등의 화폐를 발행하였다.
③ 감자, 고구마 등이 구황 작물로 재배되었다.
④ 청해진을 중심으로 해상 무역이 전개되었다.
⑤ 계해약조를 맺어 일본과의 무역을 규정하였다.

13 (가), (나) 사이의 시기에 있었던 사실로 옳은 것은? [2점]

(가) 왕이 서경에서 안북부까지 나아가 머물렀는데, 거란의 소손녕이 봉산군을 공격하여 파괴하였다는 소식을 듣자 더 가지 못하고 돌아왔다. 서희를 보내 화의를 요청하니 침공을 중지하였다.

(나) 강감찬이 수도에 성곽이 없다 하여 나성을 쌓을 것을 요청하니 왕이 그 건의를 따라 왕가도에게 명령하여 축조하게 하였다.

① 사신 저고여가 귀국길에 피살되었다.
② 화통도감이 설치되어 화포를 제작하였다.
③ 강조가 정변을 일으켜 목종을 폐위시켰다.
④ 나세, 심덕부 등이 진포에서 왜구를 물리쳤다.
⑤ 공주 명학소에서 망이 · 망소이가 난을 일으켰다.

14 다음 상황 이후에 전개된 사실로 옳은 것은? [2점]

왕이 이분희 등에게 변발을 하지 않았다고 책망하였더니 그들이 대답하기를 "신 등이 변발하는 것을 싫어해서가 아니라 오직 뭇 사람들이 그렇게 하여 상례(常例)가 되기를 기다렸을 뿐입니다."라고 하였다. …… 왕은 입조(入朝)하였을 때에 이미 변발하였지만, 나라 사람들이 아직 하지 않았기 때문에 이를 책망한 것이다.

① 만적이 개경에서 반란을 모의하였다.
② 왕실의 외척인 이자겸이 권력을 독점하였다.
③ 유인우, 이인임 등이 쌍성총관부를 수복하였다.
④ 최충이 9재 학당을 설립하여 유학을 교육하였다.
⑤ 국정을 총괄하는 기구로 교정도감이 설치되었다.

15 다음 대화에 나타난 사건에 대한 설명으로 옳은 것은? [2점]

① 국왕이 나주까지 피란하였다.
② 초조 대장경 간행의 계기가 되었다.
③ 김부식 등이 이끈 관군에 의해 진압되었다.
④ 이성계가 정권을 장악하는 결과를 가져왔다.
⑤ 여진 정벌을 위한 별무반 편성에 영향을 주었다.

16 (가)~(마)에 들어갈 내용으로 옳은 것은? [2점]

한국사 과제 안내문

다음에 제시된 역사서 중 하나를 선택하여 보고서를 제출하시오.

역사서	소 개
사략	(가)
삼국사기	(나)
삼국유사	(다)
제왕운기	(라)
해동고승전	(마)

◆ 조사 방법 : 문헌 조사, 인터넷 검색 등
◆ 제출 기간 : 2021년 ○○월 ○○일~○○월 ○○일
◆ 분량 : A4 용지 1장 이상

① (가) – 불교사를 중심으로 고대의 민간 설화를 수록
② (나) – 사초, 시정기 등을 바탕으로 실록청에서 편찬
③ (다) – 유교 사관에 입각하여 기전체 형식으로 구성
④ (라) – 단군부터 충렬왕까지의 역사를 서사시로 서술
⑤ (마) – 강목체로 고려 왕조의 역사를 정리

17 (가)에 해당하는 문화유산으로 옳은 것은? [2점]

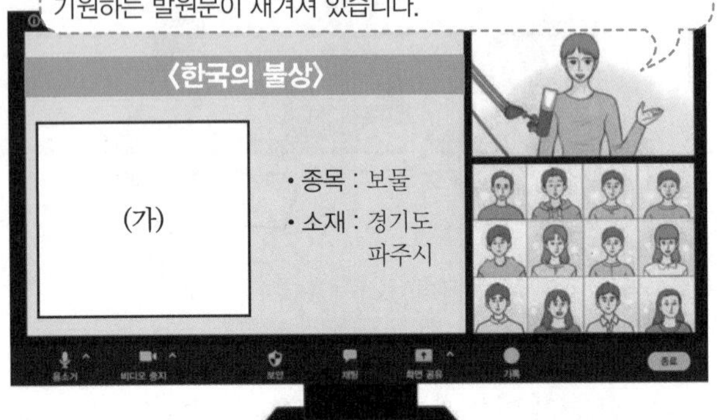

① 
② 
③ 
④ 
⑤ 

18 밑줄 그은 '왕'의 재위 시기에 있었던 사실로 옳은 것은? [2점]

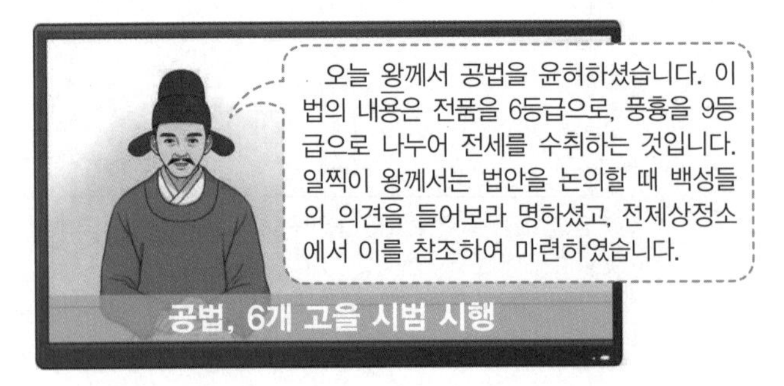

① 음악 이론 등을 집대성한 악학궤범이 완성되었다.
② 민간의 광산 개발을 허용하는 설점수세제가 시행되었다.
③ 우리 풍토에 맞는 농법을 소개한 농사직설이 편찬되었다.
④ 현직 관리에게만 수조권을 지급하는 직전법이 제정되었다.
⑤ 우리나라와 중국의 의서를 망라한 동의보감이 간행되었다.

19 다음 검색창에 들어갈 왕이 추진한 정책으로 옳은 것은? [2점]

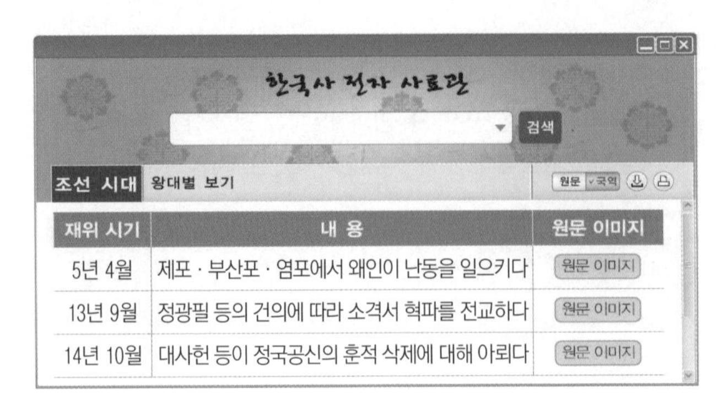

재위 시기	내 용	원문 이미지
5년 4월	제포 · 부산포 · 염포에서 왜인이 난동을 일으키다	원문 이미지
13년 9월	정광필 등의 건의에 따라 소격서 혁파를 전교하다	원문 이미지
14년 10월	대사헌 등이 정국공신의 훈적 삭제에 대해 아뢰다	원문 이미지

① 조총 부대를 나선 정벌에 파견하였다.
② 4군 6진을 설치하여 북방 영토를 개척하였다.
③ 단종 복위 운동을 계기로 집현전을 폐지하였다.
④ 국가의 의례를 정비한 국조오례의를 편찬하였다.
⑤ 신진 인사를 등용하기 위한 현량과를 실시하였다.

20 다음 상황 이후에 전개된 사실로 옳은 것은? [3점]

> 선전관 이용준 등이 정여립을 토벌하기 위하여 급히 전주에 내려갔다. 무리들과 함께 진안 죽도에 숨어 있던 정여립은 군관들이 체포하려 하자 자결하였다.

① 이시애가 길주를 근거지로 난을 일으켰다.
② 기축옥사로 이발 등 동인 세력이 제거되었다.
③ 양재역 벽서 사건으로 이언적 등이 화를 입었다.
④ 수양대군이 김종서 등을 살해하고 권력을 장악하였다.
⑤ 이조 전랑 임명을 둘러싸고 사림이 동인과 서인으로 나뉘었다.

21 (가) 기구에 대한 설명으로 옳은 것은? [2점]

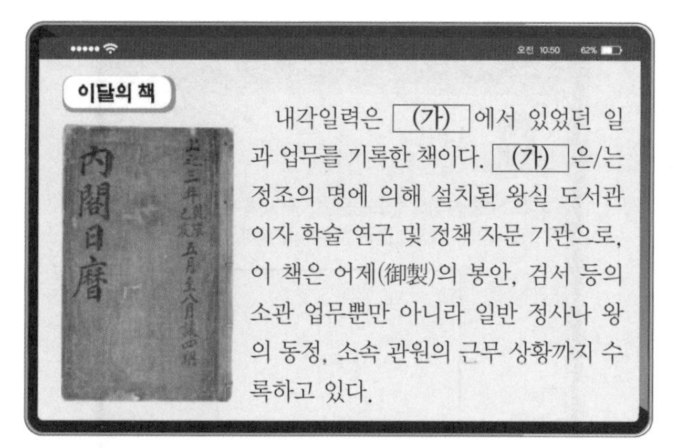

① 을묘왜변을 계기로 상설화되었다.
② 은대(銀臺), 후원(喉院)이라고도 불리었다.
③ 5품 이하 관리 임명에 서경권을 행사하였다.
④ 대사성을 중심으로 좨주, 직강 등의 관직을 두었다.
⑤ 유능한 인재를 양성하기 위한 초계문신제를 주관하였다.

22 (가)에 대한 설명으로 옳은 것은? [2점]

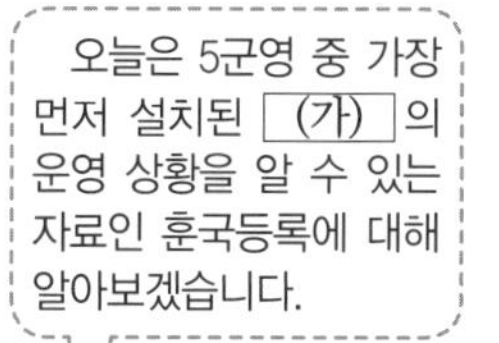

훈국등록에는 급료를 받는 상비군이 주축인 (가) 소속 군인들의 궁궐과 도성 수비, 국왕 호위, 훈련 상황 등 업무 내용이 기록되어 있습니다.

① 수원 화성에 외영을 두었다.
② 용호군과 함께 궁성을 호위하였다.
③ 후금의 침입에 대비하고자 창설되었다.
④ 포수, 사수, 살수의 삼수병으로 편제되었다.
⑤ 일본인 교관을 초빙하여 군사 훈련을 받았다.

23 다음 기사에 보도된 전투 이후의 사실로 옳지 않은 것은? [3점]

역사 신문

제△△호 ○○○○년 ○○월 ○○일

신립, 탄금대에서 패배

삼도 순변사 신립이 이끄는 관군이 탄금대에서 적군에게 패배, 충주 방어에 실패하였다. 신립은 탄금대에 배수진을 쳤으나, 고니시 유키나가가 이끄는 적군에게 둘러싸여 위태로운 상황에 놓였다. 신립은 종사관 김여물과 최후의 돌격을 감행하였으나 실패하자 전장에서 순절하였다.

① 김시민이 진주성에서 항쟁하였다.
② 조명 연합군이 평양성을 탈환하였다.
③ 이순신이 한산도에서 대승을 거두었다.
④ 송상현이 동래성 전투에서 항전하였다.
⑤ 권율이 행주산성에서 적군을 격퇴하였다.

24 밑줄 그은 '이 왕'에 대한 설명으로 옳은 것은? [1점]

이것은 이 왕이 농경을 장려하기 위해 세손과 더불어 친경(親耕)과 친잠(親蠶)을 거행하고 그 기쁨을 표현한 경잠기의입니다. 그는 균역법을 제정하여 백성의 군역 부담을 줄여주는 등 민생 안정에 많은 노력을 기울였습니다.

① 조선의 기본 법전인 경국대전을 완성하였다.
② 붕당의 폐해를 경계하기 위한 탕평비를 건립하였다.
③ 시전 상인의 특권을 축소한 신해통공을 실시하였다.
④ 전세를 1결당 4~6두로 고정하는 영정법을 제정하였다.
⑤ 각 궁방과 중앙 관서의 공노비 6만여 명을 해방하였다.

25 다음 글을 쓴 인물에 대한 설명으로 옳은 것은? [2점]

> 이 비는 아무도 아는 사람이 없어 '요승 무학이 잘못 찾아 여기에 이르렀다는 비'라고 잘못 불려 왔다. …… 탁본을 한 결과 비의 형태는 황초령비와 서로 흡사하였고, 제1행 진흥의 진(眞) 자는 약간 마멸되었으나 여러 차례 탁본을 해서 보니, 진(眞) 자임에 의심할 여지가 없었다. 마침내 진흥왕의 고비(古碑)로 정하고 보니, 1200년 전의 고적(古蹟)임이 밝혀져 무학비라고 하는 황당무계한 설이 깨지게 되었다.
>
> -『완당집』-

① 담헌서를 통해 과거제 폐지를 주장하였다.
② 역대 명필을 연구하여 추사체를 창안하였다.
③ 북학의를 저술하여 수레와 배의 이용을 권장하였다.
④ 연려실기술에서 조선의 역사를 기사 본말체로 서술하였다.
⑤ 주역을 바탕으로 수론(數論)을 전개한 구수략을 저술하였다.

26 (가) 국가에 대한 조선의 정책으로 옳은 것을 〈보기〉에서 고른 것은? [2점]

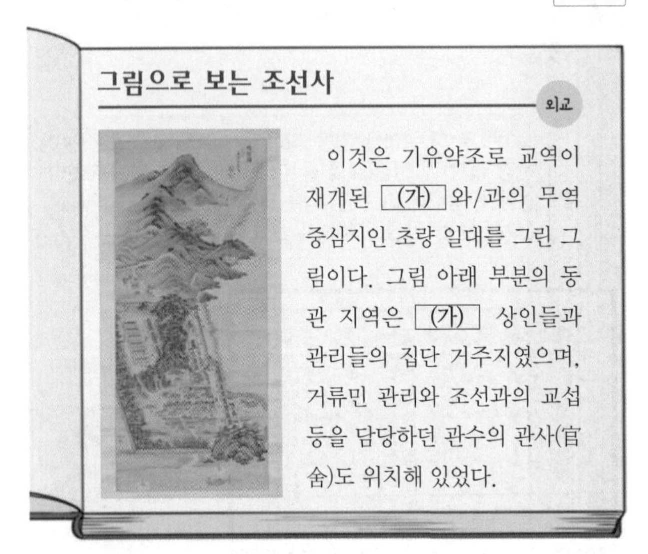

그림으로 보는 조선사 외교

이것은 기유약조로 교역이 재개된 (가) 와/과의 무역 중심지인 초량 일대를 그린 그림이다. 그림 아래 부분의 동관 지역은 (가) 상인들과 관리들의 집단 거주지였으며, 거류민 관리와 조선과의 교섭 등을 담당하던 관수의 관사(官舍)도 위치해 있었다.

〈보 기〉

ㄱ. 막부의 요청에 따라 통신사를 파견하였다.
ㄴ. 한성에 동평관을 두어 무역을 허용하였다.
ㄷ. 하정사, 성절사, 동지사 등 사절단을 보내었다.
ㄹ. 어윤중을 서북 경략사로 임명하여 사무를 관장하였다.

① ㄱ, ㄴ　② ㄱ, ㄷ　③ ㄴ, ㄷ
④ ㄴ, ㄹ　⑤ ㄷ, ㄹ

27 (가)에 해당하는 문화유산으로 옳은 것은? [1점]

① 
법주사 팔상전

② 화엄사 각황전

③ 
금산사 미륵전

④ 
무량사 극락전

⑤ 
마곡사 대웅보전

28 (가) 시기에 있었던 사실로 옳은 것은? [3점]

① 왕이 도성을 떠나 공산성으로 피란하였다.
② 오페르트가 남연군 묘 도굴을 시도하였다.
③ 홍경래 등이 난을 일으켜 정주성을 점령하였다.
④ 교조 신원을 요구하는 삼례 집회가 개최되었다.
⑤ 이인좌를 중심으로 한 소론 세력이 난을 일으켰다.

29 밑줄 그은 '중건' 시기에 있었던 사실로 옳은 것을 〈보기〉에서 고른 것은? [2점]

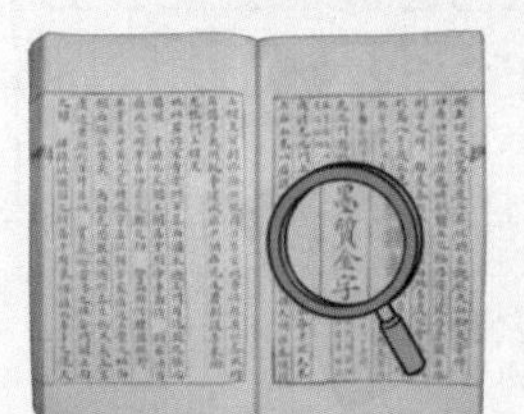

경복궁 영건일기는 한성부 주부 원세철이 경복궁 중건의 시작부터 끝날 때까지의 상황을 매일 기록한 것이다. 이 일기에 광화문 현판이 검은색 바탕에 금색 글자였음을 알려 주는 '묵질금자(墨質金字)'가 적혀 있어 광화문 현판의 옛 모습을 고증하는 근거가 되었다.

〈보 기〉

ㄱ. 비변사가 설치되었다.
ㄴ. 사창제가 실시되었다.
ㄷ. 원납전이 징수되었다.
ㄹ. 대전통편이 편찬되었다.

① ㄱ, ㄴ ② ㄱ, ㄷ ③ ㄴ, ㄷ
④ ㄴ, ㄹ ⑤ ㄷ, ㄹ

30 밑줄 그은 ㉠이 원인이 되어 발생한 사건에 대한 설명으로 옳은 것은? [2점]

해군 제독 로즈 귀하
당신이 지휘하는 해군 병력에 주저없이 호소합니다. ㉠ 프랑스인 주교 2명과 선교사 9명을 희생시킨 사건이 조선에서 벌어졌습니다. 이에 대한 확실한 복수가 필요합니다. 당신의 지휘로 가능한 모든 수단을 사용하여 조선에 대한 공격을 최대한 빨리 개시하도록 간곡히 요청합니다.

7월 13일 베이징에서
벨로네

① 운요호가 강화도와 영종도를 공격하였다.
② 양헌수 부대가 정족산성에서 승리하였다.
③ 정부가 청군의 출병을 요청하는 계기가 되었다.
④ 사태 수습을 위해 박규수가 안핵사로 파견되었다.
⑤ 흥선 대원군이 텐진으로 압송되는 결과를 가져왔다.

31 밑줄 그은 '이 사건'에 대한 설명으로 옳은 것은? [2점]

▲ 임오유월일기

① 전개 과정에서 전주 화약이 체결되었다.
② 통리기무아문이 설치되는 배경이 되었다.
③ 우정총국 개국 축하연을 이용하여 일어났다.
④ 홍범 14조를 개혁의 기본 방향으로 제시하였다.
⑤ 일본 공사관에 경비병이 주둔하는 계기가 되었다.

32 다음 가상 대화의 상황이 나타난 시기를 연표에서 옳게 고른 것은? [2점]

1871		1876		1884		1895		1904		1909
	(가)		(나)		(다)		(라)		(마)	
신미양요		조일 수호 조규		갑신정변		삼국 간섭		한일 의정서		기유각서

① (가) ② (나) ③ (다) ④ (라) ⑤ (마)

33 (가)에 들어갈 내용으로 옳은 것은? [2점]

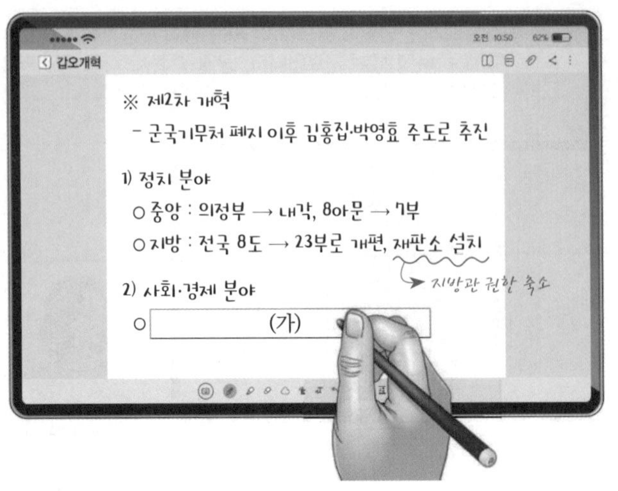

① 지계 발급
② 태양력 사용
③ 한성순보 발행
④ 공사 노비법 폐지
⑤ 교육 입국 조서 반포

34 (가) 시기에 볼 수 있는 모습으로 적절한 것은? [3점]

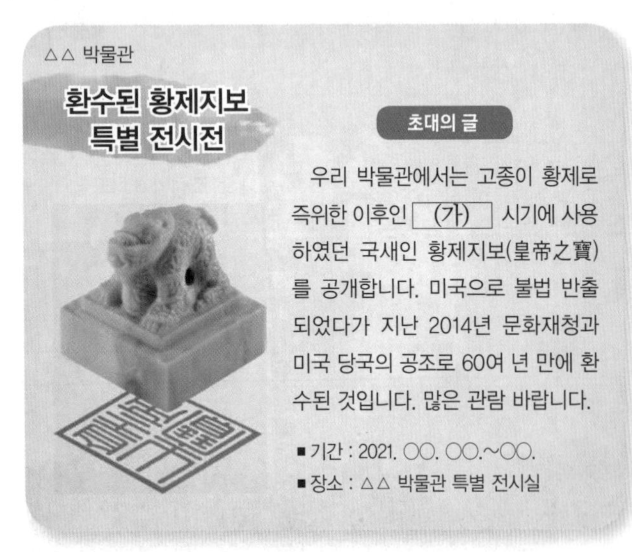

① 간도 관리사로 임명되는 관료
② 영화 아리랑을 관람하는 청년
③ 육영 공원에서 영어를 배우는 학생
④ 제너럴 셔먼호를 불태우는 평양 관민
⑤ 조사 시찰단으로 일본에 파견되는 통역관

35 (가)~(다) 학생이 발표한 내용을 일어난 순서대로 옳게 나열한 것은? [2점]

① (가) - (나) - (다)
② (가) - (다) - (나)
③ (나) - (가) - (다)
④ (나) - (다) - (가)
⑤ (다) - (나) - (가)

36 (가) 신문에 대한 설명으로 옳은 것은? [1점]

여기는 양기탁과 함께 (가) 을/를 창간하여 항일 언론 활동을 전개한 베델의 묘입니다. 그는 "나는 죽지만, (가) 은/는 영원히 살려 한국 동포를 구하시오."라는 유언을 남겼습니다.

① 최초로 상업 광고를 실었다.
② 천도교의 기관지로 발행되었다.
③ 우리나라 최초의 민간 신문이었다.
④ 국채 보상 운동의 확산에 기여하였다.
⑤ 일장기를 삭제한 손기정 사진을 게재하였다.

37 다음 상소가 올려진 이후의 사실로 옳은 것은? [3점]

> 일본이 러시아에 선전 포고한 이후 우리의 독립과 영토를 보전한다고 몇 번이나 말하였지만, 그것은 우리나라의 이익을 빼앗아 차지하려는 것이었습니다. …… 지금 저들이 황실을 보전하겠다는 말을 폐하께서는 과연 믿으십니까? 지금까지 군주의 지위가 아직 바뀌지 않았고 백성도 아직 죽지 않았으며 각국 공사도 아직 돌아가지 않았습니다. 그리고 조약서가 다행히 폐하의 인준과 참정의 인가를 받은 것이 아니니, 저들이 가지고 있는 것은 역적들이 억지로 만든 헛된 조약에 불과합니다.

① 제1차 영일 동맹이 체결되었다.
② 일본이 경인선 부설권을 인수하였다.
③ 묄렌도르프가 외교 고문으로 파견되었다.
④ 통감부가 설치되고 초대 통감이 부임하였다.
⑤ 러시아가 용암포를 점령하고 조차를 요구하였다.

38 다음 인물에 대한 설명으로 옳은 것은? [2점]

이달의 역사 인물

혼이 보존되면 국가는 부활할 것이다

○○○(1859~1925)

국혼을 강조하며 민족의식을 고취한 역사학자이자 독립운동가이다. 일찍부터 민족 교육의 중요성을 인식하여 서우학회에서 애국 계몽 운동을 펼쳤으며, 국권 피탈 과정을 정리한 『한국통사』를 저술하였다. 1925년에는 대한민국 임시 정부 제2대 대통령에 취임하였다. 정부에서는 그의 공훈을 기리어 건국훈장 대통령장을 추서하였다.

① 진단 학회를 창립하고 진단 학보를 발행하였다.
② 여유당전서를 간행하고 조선학 운동을 전개하였다.
③ 헤이그에서 열린 만국 평화 회의에 특사로 파견되었다.
④ 평양에서 조선 물산 장려회 발기인 대회를 개최하였다.
⑤ 실천적인 유교 정신을 강조하는 유교구신론을 저술하였다.

39 (가), (나) 발표 사이의 시기에 있었던 사실로 옳은 것은? [1점]

> (가) • 조선에 조선 총독부를 설치한다.
> • 조선 총독부에 조선 총독을 두고 위임 범위 내에서 육해군을 통솔하고 일체의 정무를 통할하도록 한다.
> • 통감부 및 그 소속 관서는 당분간 그대로 두고 조선 총독의 직무는 통감이 행하도록 한다.

> (나) 총독 임용의 범위를 확장하고 경찰 제도를 개정하며, 또한 일반 관리나 교원 등의 복제를 폐지함으로써 시대의 흐름에 순응하고 …… 조선인의 임용과 대우 등에 관해 더욱 고려하여 …… 정치 · 사회상의 대우에서도 내지인과 동일한 취급을 할 궁극의 목적을 달성하고자 하는 바이다.

① 미곡 공출제가 실시되었다.
② 조선 태형령이 시행되었다.
③ 국민 징용령이 제정되었다.
④ 경성 제국 대학이 설립되었다.
⑤ 황국 신민 서사의 암송이 강요되었다.

40 (가) 단체에 대한 설명으로 옳은 것은? [2점]

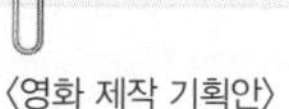

〈영화 제작 기획안〉

청년 김상옥

▣ 기획 의도
김상옥의 주요 활동을 영화로 제작하여 독립운동가의 치열했던 삶과 항일 투쟁의 역사적 의미를 되새겨 본다.

▣ 대본 개요
1. 혁신공보를 발행하며 계몽 운동에 힘쓰다.
2. 김원봉이 조직한 (가) 의 일원이 되다.
3. 종로 경찰서에 폭탄을 투척하다.
4. 일제 경찰과 총격전을 벌이다.

① 조선 혁명 선언을 행동 강령으로 삼았다.
② 비밀 행정 조직으로 연통제를 실시하였다.
③ 고종의 밀지를 받아 결성된 비밀 단체이다.
④ 도쿄에서 일어난 이봉창 의거를 계획하였다.
⑤ 신흥 무관 학교를 세워 무장 투쟁을 준비하였다.

41 밑줄 그은 '이 운동'에 대한 설명으로 옳은 것은? [1점]

이것은 '학생의 날' 기념우표이다. 학생의 날은 1929년 한일 학생 간 충돌을 계기로 광주에서 일어나 전국으로 확산된 이 운동을 기리기 위해 1953년에 제정되었다. 우표는 이 운동의 기념탑과 당시 학생들의 울분을 함께 형상화하여 도안되었다. 학생의 날은 2006년부터 '학생 독립운동 기념일'로 명칭이 변경되었다.

① 조선 형평사를 중심으로 전개되었다.
② 순종의 인산일을 기회로 삼아 추진되었다.
③ 대한민국 임시 정부 수립에 영향을 주었다.
④ 국내에서 민족 유일당 운동이 시작되는 계기가 되었다.
⑤ 신간회 중앙 본부가 진상 조사단을 파견하여 지원하였다.

42 (가) 단체에 대한 설명으로 옳은 것은? [2점]

이것은 (가) 이/가 1933년에 만든 한글 맞춤법 통일안의 총론입니다. (가) 은/는 기관지 한글을 간행하고 외래어 표기법 통일안을 마련하는 등 우리말을 지키기 위해 노력하였습니다. 그러나 일제가 1942년에 치안 유지법 위반 명목으로 회원들을 구속하면서 활동이 중단되었습니다.

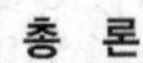

① 우리말 큰 사전 편찬을 시도하였다.
② 한글 신문인 제국신문을 간행하였다.
③ 최초로 한글에 띄어쓰기를 도입하였다.
④ 우리말 음운 연구서인 언문지를 저술하였다.
⑤ 한글 연구를 목적으로 학부 아래에 설립되었다.

43 다음 자료를 활용한 탐구 활동으로 가장 적절한 것은? [2점]

○ 내지(內地)는 심각한 식량 부족을 보여 매년 300만 석에서 500만 석의 외국 쌀을 수입하였다. …… 내지에서는 쌀의 증산에 많은 기대를 걸 수 없었다. 반면 조선은 관개 설비가 잘 갖춰지지 않아서 대부분의 논이 빗물에 의존하는 상태였기에, 토지 개량 사업을 시작한다면 천혜의 쌀 생산지가 될 수 있었다.

○ 대개 조선인들이 생산한 쌀을 내지로 반출할 때, 결코 자신들이 충분히 소비하고 남은 것을 수출하는 것이 아니다. 생계가 곤란하여 먹을 것을 먹지 못하고 파는 것이다. …… 만주산 잡곡의 수입이 증가하는 사실은 조선인의 생활난이 점점 심각해지고 있음을 실증하는 것이다.

① 산미 증식 계획의 실상을 파악한다.
② 화폐 정리 사업의 결과를 분석한다.
③ 보안회의 경제적 구국 운동을 조사한다.
④ 방곡령이 선포된 지역의 분포를 알아본다.
⑤ 동양 척식 주식회사의 설립 과정을 살펴본다.

44 (가) 종교에 대한 설명으로 옳은 것은? [2점]

공의 이름은 인영(寅永)인데, 뒤에 철(喆)로 고쳤다. …… 보호 조약이 체결된 뒤에 동지와 함께 오적(五賊)의 처단을 모의하였는데, 1907년에 계획이 새어 나가 일을 그르쳤다. 뒤에 (가) 을/를 제창하고 교주를 자임하였는데, 이를 바탕으로 국민을 진흥하려고 하였다. 일찍이 북간도에 가서 그의 무리와 함께 발전을 도모하였다. …… 그의 문인(門人)들은 그를 숭상하여 오백 년 이래 다시 없는 대종사로 여겼다.

－『유방집』－

① 사찰령 폐지 운동을 추진하였다.
② 개벽, 신여성 등의 잡지를 발행하였다.
③ 중광단을 결성하여 무장 투쟁을 전개하였다.
④ 배재 학당을 세워 신학문 보급에 기여하였다.
⑤ 박중빈을 중심으로 새생활 운동을 추진하였다.

45 밑줄 그은 '시기'에 있었던 사실로 옳은 것은? [3점]

이것은 대한민국 임시 정부가 대일 선전 포고를 하고 연합군의 활동에 참여하던 시기에 창설된 한인 경위대의 사진입니다. 이 부대는 재미 한족 연합 위원회가 조직하였으며, 캘리포니아 주 정부의 인가를 받아 미주 한인들의 대일 전선 동참을 위해 활동하였습니다.

① 한국 독립군이 쌍성보 전투에서 승리하였다.
② 중국 군벌과 일제 사이에 미쓰야 협정이 체결되었다.
③ 독립운동의 방략을 논의하고자 국민 대표 회의가 개최되었다.
④ 사회주의 세력의 활동 방향을 밝힌 정우회 선언이 발표되었다.
⑤ 일제가 조선 사상범 예방 구금령으로 독립운동을 탄압하였다.

46 (가), (나) 발표 사이의 시기에 있었던 사실로 옳은 것은? [2점]

(가) 우리는 다음 달에 입국할 유엔 한국 임시 위원단을 환영하는 동시에, 그들로 하여금 우리가 원하는 자주 독립의 통일 정부를 수립하는 임무를 완수하도록 최선을 다하여야 할 것이다. 우리는 어떠한 경우든지 단독 정부는 절대 반대할 것이다.

(나) 올해 10월 19일 제주도 사건 진압 차 출동하려던 여수 제14연대 소속 3명의 장교 및 40여 명의 하사관들은 각 대대장의 결사적 제지에도 불구하고 남로당 계열 분자 지도하에 반란을 일으켰다. 동월 20일 8시 여수를 점령하는 한편, 좌익 단체 및 학생들을 인민군으로 편성하여 동일 8시 순천을 점령하였다.

① 제1차 미소 공동 위원회가 결렬되었다.
② 모스크바 삼국 외상 회의가 개최되었다.
③ 좌우 합작 위원회에서 좌우 합작 7원칙이 발표되었다.
④ 유상 매수, 유상 분배 원칙의 농지 개혁법이 시행되었다.
⑤ 우리나라 최초의 보통 선거인 5 · 10 총선거가 실시되었다.

47 교사의 질문에 대한 학생의 답변으로 옳은 것을 〈보기〉에서 고른 것은? [2점]

이것은 국군과 유엔군이 인천 상륙 작전 이후 10여 일 만에 서울을 수복한 사실을 알리는 전단지입니다. 뒷면에는 맥아더 장군이 서울을 탈환하여 적의 보급선을 끊었으며, 앞으로 힘을 합쳐 공산군을 끝까지 몰아내자는 내용이 있습니다. 이 서울 수복 이후에 있었던 사실을 말해 볼까요?

〈보 기〉

ㄱ. 애치슨 선언이 발표됐어요.
ㄴ. 흥남 철수 작전이 전개됐어요.
ㄷ. 소련의 제안으로 정전 회담이 개최됐어요.
ㄹ. 국군이 다부동 전투에서 북한군의 공세를 방어했어요.

① ㄱ, ㄴ ② ㄱ, ㄷ ③ ㄴ, ㄷ
④ ㄴ, ㄹ ⑤ ㄷ, ㄹ

48 밑줄 그은 '선거' 이후의 사실로 옳은 것은? [3점]

김대중 후보는 이번 선거에서 정권 교체를 못하면 박정희 후보가 영구 집권하는 총통 시대가 온다고 말했다네.

장충단 유세에서 박정희 후보는 자신을 한 번 더 뽑아달라는 정치 연설은 이번이 마지막이라며 지지를 호소했다더군.

① 정부 형태가 내각 책임제로 바뀌었다.
② 평화 통일을 주장한 진보당의 조봉암이 처형되었다.
③ 대통령의 3선 연임을 허용하는 개헌안이 통과되었다.
④ 한일 국교 정상화에 반대하는 6 · 3 시위가 전개되었다.
⑤ 국회 해산과 헌법의 일부 효력 정지를 담은 유신이 선포되었다.

49 다음 자료에 나타난 민주화 운동에 대한 설명으로 옳은 것은? [1점]

> **껍데기 정부와 계엄 당국을 규탄한다**
>
> 껍데기 과도 정부와 계엄 당국은 민주의 피맺힌 소리를 들으라! …… 모든 시민과 학생들은 처음부터 평화적이고 질서정연한 투쟁을 전개하려고 노력해 왔다. 그러나 계엄 당국이 진지하고도 순수한 데모 대열에 무차별한 사격을 가하여 남녀노소를 불문하고 수많은 사망자가 발생하였고, 부상자 및 연행자는 추계가 불가능한 실정이다. …… 계엄 당국과 정부는 광주 시민과 전 국민의 민주 염원을 묵살함은 물론 민주 투사들을 난동자 · 폭도로 몰아 무력으로 진압하려고 하고 있다.

① 호헌 철폐와 독재 타도 등의 구호를 내세웠다.
② 야당 총재의 국회의원직 제명으로 촉발되었다.
③ 시위 과정에서 시민군이 자발적으로 조직되었다.
④ 경무대로 향하던 시위대가 경찰의 총격을 받았다.
⑤ 박종철 고문 치사 사건의 진상 규명을 요구하였다.

50 다음 연설문을 발표한 정부 시기에 있었던 사실로 옳은 것은? [2점]

> 지난 5년 동안 우리 국민은 세계가 놀라워하는 업적을 이룩해 냈습니다. 외환 위기를 맞이하자 우리 국민은 '금 모으기'를 전개하여 전 세계를 감동시켰습니다. …… 금융, 기업, 공공, 노사의 4대 개혁을 고통과 희생을 감내하면서 지지하고 적극 협력함으로써 우리 경제는 3년을 앞당겨 IMF 관리 체제에서 벗어날 수 있었습니다. …… 고용 보험, 산재 보험, 건강 보험, 국민연금 등 4대 보험의 틀을 갖추고 국민 기초 생활 보장법을 시행한 것을 비롯해 선진국 수준의 복지 체제를 완비했습니다.

① G20 서울 정상 회의가 개최되었다.
② 미국과의 자유 무역 협정(FTA)이 체결되었다.
③ 금융 실명제가 대통령 긴급 명령으로 실시되었다.
④ 8 · 3 조치로 사채 동결 등의 특혜가 기업에게 제공되었다.
⑤ 남북 경제 교류 증진을 위한 경의선 복원 공사가 시작되었다.

MEMO

MEMO

MEMO

은동진 쌤의
한국사능력검정시험 QR(큐알) 기출문제집
심화(1, 2, 3급)

초판발행 2023년 05월 25일

저 자 은동진
발 행 인 정용수
발 행 처 (주)예문아카이브
주 소 서울시 마포구 동교로 18길 10 2층
T E L 02) 2038-7597
F A X 031) 955-0660

등록번호 제2016-000240호

정 가 20,000원

홈페이지 http://www.yeamoonedu.com

ISBN 979-11-6386-196-6 [13910]

2023

은동진 쌤의

한국사능력검정시험 QR(큐알) 기출문제집

심화(1, 2, 3급)

은동진 편저

별책 1

정답 및 해설

제64회 한국사능력검정시험 정답 및 해설

정답

번호	정답	번호	정답
01	⑤	26	①
02	①	27	⑤
03	③	28	②
04	⑤	29	③
05	③	30	③
06	②	31	④
07	④	32	②
08	⑤	33	③
09	②	34	③
10	④	35	④
11	①	36	①
12	①	37	②
13	⑤	38	②
14	①	39	②
15	⑤	40	①
16	④	41	①
17	①	42	④
18	⑤	43	②
19	④	44	①
20	⑤	45	①
21	⑤	46	③
22	③	47	⑤
23	④	48	①
24	②	49	④
25	②	50	③

01 신석기 시대 정답 ⑤

밑줄 그은 '이 시대'의 생활 모습으로 옳은 것은? [1점]

은쌤의 합격노트

밑줄 그은 '이 시대'는 신석기 시대이다. 기원전 8000년 무렵 자연 환경과 기후 조건이 오늘날과 거의 비슷하게 변하고 신석기 시대가 시작되었다. 신석기 시대 사람들이 최초로 토기를 만들고, 음식물을 조리하거나 저장하였다. 우리나라 신석기 시대의 대표적인 토기인 빗살무늬 토기는 밑이 뾰족하여 강가의 모래나 흙에 고정할 수 있었다. 이보다 앞선 시기의 토기로는 이른 민무늬 토기, 덧무늬 토기, 눌러찍기무늬 토기 등이 있다.

정답 분석

⑤ 가락바퀴와 뼈바늘을 이용하여 옷을 만들었다.

▶ 신석기인들은 가락바퀴나 뼈바늘을 이용하여 옷이나 그물을 만들고, 나무를 깎아서 각종 도구나 배를 만들기도 하였다.

오답 피하기

① 소를 이용하여 깊이갈이를 하였다.

▶ 철기 시대에 소를 이용한 깊이갈이가 시작되었고, 고려 시대에 이르러 소를 이용한 깊이갈이가 일반화되었다.

② 반량전, 명도전 등의 화폐를 사용하였다.

▶ 초기 철기 시대에 사용된 철기와 함께 출토되는 명도전, 반량전 등을 통해 당시 중국과 활발하게 교류했다는 사실을 알 수 있다.

③ 청동 방울 등을 의례 도구로 이용하였다.

▶ 청동기 시대의 지배 세력은 청동 단추나 띠고리로 장식한 화려한 옷을 입고, 청동 거울이나 청동 방울 등 의례 도구를 사용하여 주술적 능력을 과시하였다.

④ 거푸집을 이용하여 세형 동검을 제작하였다.

▶ 철기 시대에 철기 문화가 본격적으로 보급되면서 의식용이나 장식용으로 세형 동검이 만들어졌다.

02 부여 정답 ①

(가) 나라에 대한 설명으로 옳은 것은? [2점]

> ○ (가) 의 풍속에는 가뭄이나 장마가 계속되어 오곡이 영글지 않으면, 그 허물을 왕에게 돌려 "왕을 마땅히 바꾸어야 한다."고 하거나 "죽어야 한다."라고 하였다.
>
> -『삼국지』 동이전 -
>
> ○ (가) 사람들은 …… 활 · 화살 · 칼 · 창으로 무기를 삼았다. 가축의 이름으로 관직명을 지으니 마가 · 우가 · 구가 등이 있었다. 그 나라의 읍락은 모두 여러 가(加)에 소속되었다.
>
> -『후한서』 동이열전 -

은쌤의 합격 노트

(가) 나라는 부여이다. 부여는 왕 아래에 가축의 이름을 딴 마가, 우가, 저가, 구가 등의 여러 가들이 있어, 왕은 이들과 협의하여 국가의 중요한 일을 결정하였다. 왕은 5부 가운데 중앙을 다스렸고, 여러 가가 사출도를 나누어 다스렸다. 흉년이 들면 왕에게 책임을 물을 정도로 왕권이 여러 가를 압도하지는 못하였다.

정답 분석

① 영고라는 제천 행사를 열었다.
- 부여는 매년 12월 영고라는 제천 행사를 열어 각 집단의 결속력을 다졌다.

오답 피하기

② 한 무제의 공격으로 멸망하였다.
- 고조선의 경제 · 군사적 발전에 불안을 느낀 한 무제의 침공을 받아 멸망하였다.

③ 정사암에 모여 재상을 선출하였다.
- 백제는 정사암 회의에서 귀족들이 모여 대표를 선출하고 국가의 중요 정책을 결정하였다.

④ 읍락 간의 경계를 중시하는 책화가 있었다.
- 동예는 다른 부족의 영역을 함부로 침범했을 때 노비나 소, 말로 배상하게 하는 책화가 있었다.

⑤ 제사장인 천군과 신성 지역인 소도가 존재하였다.
- 삼한은 정치와 종교가 분리되어 제사장인 천군이 신성 지역 소도에서 농경과 종교에 대한 의례를 주관하였다.

03 고구려의 사회상 정답 ③

(가)에 들어갈 내용으로 가장 적절한 것은? [2점]

은쌤의 합격 노트

안악 3호분 벽화를 남긴 나라는 고구려이다. 안악 3호분은 북한 황해남도 안악군에 있는 고구려의 무악도 · 대행렬도 관련 벽화무덤이다. 고구려는 지방에 경당을 세워 청소년들에게 유학뿐 아니라 무술도 가르쳤다. 고구려는 왕 아래에 상가, 고추가 등의 대가가 있어, 제가 회의를 통해 국가의 중요한 일을 결정하였다.

정답 분석

③ 빈민을 구제하기 위해 진대법을 실시하였어요.
- 고구려 고국천왕은 재상 을파소의 건의를 수용하여 먹을 것이 부족한 봄에 백성에게 곡식을 빌려주고 가을에 갚도록 한 진대법을 시행하였다.

오답 피하기

① 연의 장수 진개의 공격을 받았어요.
- 고조선은 기원전 281년 무렵 연나라와 대립하다가 연의 장수 진개의 공격을 받고 서쪽 땅 2,000리 정도를 상실하였다. 이로 인해 고조선의 중심지가 요동에서 평양 지역으로 이동하게 되었다.

② 골품에 따른 신분 차별이 엄격하였어요.
- 신라의 골품제는 개인의 혈통에 따라 관직 승진의 상한선을 정하였고, 혼인, 가옥의 크기, 의복의 빛깔과 옷감의 종류 등에 이르기까지 사회생활 전반을 규제하였다.

④ 사회 질서를 유지하기 위한 범금 8조가 있었어요.
- 고조선은 백성이 하지 말아야 하는 것을 정한 8조법, 범금 8조가 있었다. 이를 통해 고조선 사회에 권력과 경제력 차이가 생겨나고, 노비가 있었으며 가부장적 사회 질서가 자리 잡기 시작하였음을 알 수 있다. 또한, 지배계급이 새로운 사회 질서를 유지하고 노동력과 사유 재산을 보호하기 위해 애썼음을 엿볼 수 있다.

⑤ 왕족인 부여씨와 8성의 귀족이 지배층을 이루었어요.
- 백제는 왕족 부여씨와 8성의 귀족이 최고 지배층을 형성하였다.

04 백제 금동 대향로 정답 ⑤

(가)에 해당하는 문화유산으로 옳은 것은? [1점]

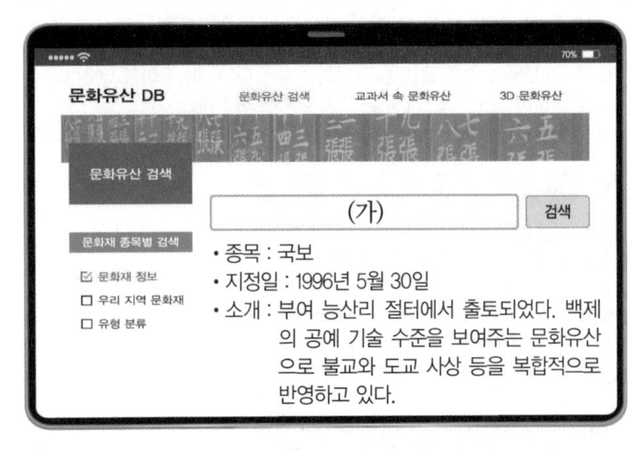

은쌤의 합격 노트

(가)에 해당하는 문화유산은 백제 금동 대향로이다. 1993년 겨울, 부여의 능산리 절터 부근에서 발견된 백제 금동 대향로는 고대 문화의 정수를 보여 주는 걸작이다. 날아오르는 봉황과 용 사이로 산봉우리가 물결치듯 솟아 있고, 신선과 다섯 악사, 다양한 동물이 새겨져 있다. 백제 금동 대향로는 불교 의식에 사용되는 향로 뚜껑에 신선이 사는 이상 세계를 표현하고 있다. 백제에 불교와 함께 도교가 유행하였음을 엿볼 수 있다.

정답 분석

⑤ 

➊ 백제 금동 대향로는 부여의 능산리 절터에서 출토되었는데 당시 뛰어난 금속 공예 기술을 보여 주는 걸작품이다.

오답 피하기

① 

➊ 발해의 이불병좌상은 고구려 후기 법화 사상의 전통을 이은 불상이다.

② 

➊ 고구려 금동 연가 7년명 여래 입상은 청동으로 만들고 금으로 도금하였으며, 뒷면에는 고구려와 관련된 글이 새겨져 있다.

③ 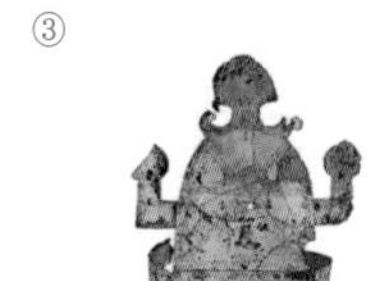

➊ 5세기 대가야 시대에 제작된 금동관으로 고령 지산동 32호분에서 출토되었다.

④ 

➊ 신라 시대 도자기 중에서 가장 잘 알려진 기마 인물형 토기로 경주시 금령총에서 출토되었다.

05 김유신 정답 ③

(가) 인물에 대한 설명으로 옳은 것은? [3점]

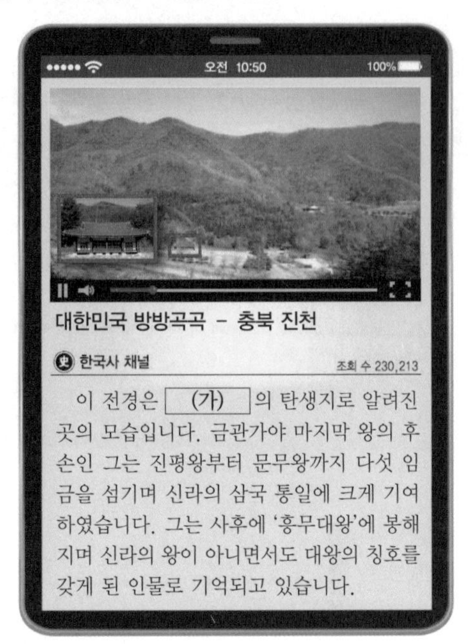

은쌤의 합격 노트

(가) 인물은 김유신이다. 금관가야의 왕손이었던 김유신은 고국이 신라에 병합되자 신라인이 되어 삼국 통일에서 빼놓을 수 없는 인물이 된다. 김유신은 신라에 투항한 금관가야 왕족의 후손으로 진평왕, 선덕여왕, 진덕여왕, 무열왕, 문무왕까지 5명의 신라 왕을 섬기면서 단 한 번도 패배한 적이 없었다. 무려 70세에 전쟁터에 나가면서, 백제와 고구려를 멸망시키고 당나라의 침략을 막을 계책까지 세우는 등 공적을 세웠다. 이를 인정받아 사후 163년 뒤, 신라 하대 흥덕왕은 그를 흥무대왕(興武大王)으로 받들었다.

정답 분석

③ 비담과 염종의 난을 진압하였다.

➊ 신라 상대 선덕여왕의 병이 몹시 위독해지자 647년 비담과 염종이 모반을 일으켰지만 김유신이 이를 진압하였다.

오답 피하기

① 안승을 왕으로 추대하였다.

➊ 신라 중대 문무왕은 당이 백제와 고구려 멸망 이후 한반도 전체를 지배하려는 야욕을 드러내자 674년 금마저에 보덕국을 세우고 안승을 보덕국왕으로 임명하여 고구려 부흥 운동을 후원하였다.

② 당의 등주를 선제 공격하였다.

➊ 발해 무왕은 당이 발해 동북쪽의 흑수 말갈과 유대를 강화하여 발해를 견제하려 하자 732년 장문휴가 지휘하는 군대로 산둥 반도를 공격하였다

④ 기벌포 전투를 승리로 이끌었다.

➊ 신라 중대 문무왕은 당이 백제와 고구려 멸망 이후 신라까지 지배하려고 하자 675년 매소성 전투, 676년 기벌포 전투를 벌여 승리한 후 삼국 통일을 이루었다.

⑤ 일리천에서 신검의 군대를 물리쳤다.

➊ 후백제 신검은 일리천 전투에서 왕건의 고려군에게 패하였고, 후백제는 멸망하였다.

06 백제 성왕의 업적 정답 ②

밑줄 그은 '이 왕'에 대한 설명으로 옳은 것은? [2점]

은쌤의 합격 노트

밑줄 그은 '이 왕'은 백제 성왕이다. 무령왕의 아들 성왕은 즉위한 후 중앙 관청을 22부로 확대하고, 지방 제도를 정비하여 수도를 5부로 지방을 5방으로 하였다. 성왕은 신라와 손을 잡고 고구려를 공격하여 한강 유역을 되찾았으나 신라의 공격을 받아 다시 한강 유역을 빼앗겼다. 이에 성왕이 직접 군사를 이끌고 신라를 공격하였지만 관산성(충북 옥천)에서 크게 패하고 전사하면서 성왕의 중흥 노력은 좌절되었다.

정답 분석

② 수도를 웅진에서 사비로 옮겼다.

- 백제 성왕은 대외 진출에 유리한 지역인 사비로 천도하고, 부여 계승 의식을 내세우며 국호를 남부여로 선포하였다.

오답 피하기

① 금마저에 미륵사를 창건하였다.

- 백제 무왕은 왕비의 발원에 따라 금마저(익산) 미륵사를 지었다.

③ 윤충을 보내 대야성을 함락하였다.

- 백제 의자왕은 신라 서부의 군사 요충지인 대야성을 비롯한 서쪽 변경 40여 개의 성을 빼앗았다.

④ 고흥으로 하여금 서기를 편찬하게 하였다.

- 백제 근초고왕은 고흥으로 하여금 "서기"를 편찬하게 하였다.

⑤ 북위에 사신을 보내 고구려 공격을 요청하였다.

- 백제 개로왕은 적대 관계였던 신라와 화친을 맺는 한편, 북위에 사신을 보내 고구려 정벌을 요청하기도 하였다.

07 삼국 통일 과정(안시성 전투~고구려 멸망) 정답 ④

(가) 시기에 있었던 사실로 옳은 것은? [3점]

며칠 전 우리 고구려군이 안시성 전투에서 당군을 격퇴했다는 소식을 들었는가?

요동성, 백암성이 함락되는 위기를 맞았지만 안시성에서 끝내 물리쳤다네.

→ (가) →

고구려 집권층 내부에 분열이 생겨 연남건이 자신의 형 연남생을 몰아냈다고 하네.

결국 연남생은 고구려의 여러 성을 당에 바치며 투항했다더군.

은쌤의 합격 노트

(가) 시기는 645년 고구려가 당과 벌인 안시성 전투와 666년 연개소문의 맏아들로, 아버지가 죽자 대막리지에 오른 연남생이 형제 간의 정권 다툼때문에 당나라로 도망친 사건 사이의 시기를 말한다.

645년 당 태종은 연개소문의 정변을 구실로 수십만 대군을 이끌고 침략해 왔다. 고구려는 요동성, 백암성이 차례로 무너지는 위기를 맞이하였지만 안시성에서 당군을 물리쳤다.

665년 연개소문이 죽고 그의 맏아들 연남생이 부친을 대신하여 대막리지가 되었다. 연남생은 아버지 연개소문의 대를 이어 대권을 장악한 뒤, 지방의 여러 성을 순시하였다. 이 틈을 타 동생 연남산과 연남건이 정변을 일으켜 수도를 장악하였다. 이후 연남생은 휘하의 국내성 등 6개 성의 백성을 이끌고 당나라에 투항하였다. 667년 연남생은 당나라 군사를 이끌고 고구려에 침입하였으며, 이듬해 신라군과 연합하여 고구려를 멸망시켰다.

정답 분석

④ 김춘추가 당과의 군사 동맹을 성사시켰다.

- 648년 당으로 건너간 김춘추는 나 · 당 동맹을 제의하였다. 마침 고구려 정복에 실패한 당 태종은 신라의 도움을 받아 고구려를 다시 공략하고자 신라의 제의를 받아들였고, 나 · 당 동맹이 성사되었다.

오답 피하기

① 소수림왕이 율령을 반포하였다.

- 373년 고구려 소수림왕은 율령을 반포하여 백성을 다스리고 국가를 운영할 기준을 마련하였다.

② 진흥왕이 대가야를 병합하였다.

- 562년 신라 상대 진흥왕은 대가야를 정복하여 가야 지역 전체를 장악하였다. 이후 동해안을 따라 함흥 평야 일대까지 진출하였다.

③ 을지문덕이 살수에서 대승을 거두었다.

- 612년 수 양제가 100만이 넘는 대군을 이끌고 고구려를 침공해 왔다. 을지문덕이 이끄는 고구려군은 교묘한 유도 작전을 펼쳐 살수(청천강)에서 수의 군대를 크게 격파하였다(살수대첩).

⑤ 근초고왕이 평양성을 공격하여 고국원왕을 전사시켰다.

- 371년 백제 근초고왕은 평양성을 공격하여 고구려 고국원왕을 전사시켰다.

08 발해 정답 ⑤

(가) 국가의 경제 상황으로 옳은 것은? [2점]

은쌤의 합격노트

(가) 국가는 발해이다. 발해의 여러 특산품 중 단연 으뜸은 '솔빈의 말'이었다. 솔빈부는 오늘날 러시아의 체르냐치노 일대로, 넓은 초원이 펼쳐져 있어 튼튼한 말이 잘 자랐다. 솔빈부의 말은 바닷길을 통해 당으로 수출되었다. 당에는 매년 발해의 말을 1만 마리 이상 사들였던 '큰손'이 있었다. 바로 산둥 반도 일대에 독자적인 세력을 떨치던 고구려 유민 이정기였다. 그는 당의 군인이었지만 안녹산의 난을 기회로 삼아 독립 왕국을 세웠다. 고구려계 유민이 결집한 이정기의 나라는 그의 손자 대까지 약 55년간 유지되었다. 발해 문왕은 이정기에게 말을 팔면서 비단을 값싸게 수입하는 한편, 당을 압박하는 일석이조의 효과를 거두었다.

정답 분석

⑤ 거란도, 영주도 등을 통해 주변국과 교역하였다.
- 발해는 거란도, 영주도, 조공도, 일본도, 신라도 등 5도라 불리는 교역로를 통하여 당, 일본 신라 등과 교역하였다.

오답 피하기

① 벽란도를 통해 아라비아 상인과 무역하였다.
- 고려 시대 예성강 어귀의 벽란도는 중국, 일본, 아라비아 상인들이 드나드는 국제적인 무역항으로 번성하였다.

② 구황 작물로 감자, 고구마를 널리 재배하였다.
- 조선 후기 기근에 대비한 구황 작물의 필요성이 높아지자 고구마, 감자 등 새로운 작물이 널리 재배되었다.

③ 해동통보를 발행하여 화폐 유통을 추진하였다.
- 고려 중기 숙종은 의천의 건의에 따라 주전도감을 설치하고 삼한통보, 해동통보, 해동중보 등의 동전과 활구(은병)라는 은전을 만들었다.

④ 시장을 관리하는 관청인 동시전을 설치하였다.
- 신라 상대 지증왕은 동시를 개설하고 이를 관리하는 기구인 동시전을 설치하였다.

09 신라 하대의 사회상 정답 ②

다음 상황 이후에 전개된 사실로 옳은 것은? [2점]

청해진의 궁복은 왕이 딸을 [왕비로] 받아들이지 않은 것에 원한을 품고 반란을 일으켰다. 조정에서는 장차 그를 토벌하자니 예측하지 못할 환난이 생길까 두렵고, 그대로 두자니 그 죄를 용서할 수 없어서, 우려하면서도 어떻게 해야 할지를 몰랐다. 무주 사람 염장이란 자는 용맹하고 씩씩하기로 당시에 소문이 났는데, 와서 아뢰기를 "조정에서 다행히 신의 말을 들어주신다면 신은 한 명의 병졸도 번거롭게 하지 않고 맨주먹으로 궁복의 목을 베어 바치겠습니다."라고 하였다. 왕이 그의 말을 따랐다.

-『삼국사기』-

은쌤의 합격노트

다음 상황은 신라 하대 장보고가 자객 염장에게 암살당하기 직전의 상황이다. 828년 장보고는 당 군대의 장교로 활약하다 귀국하여 흥덕왕 때 1만 명이 넘는 군사를 모아 청해진을 설치하였다. 이후 장보고는 신라 하대 중앙의 권력 쟁탈전에 개입하여 신무왕을 왕위에 오르게 하기도 하였다. 아버지 신무왕에 이어 왕위를 계승한 문성왕은 845년 장보고의 딸을 둘째 왕비로 삼으려 했다가 신하들의 반대로 실행하지 않았고, 846년 장보고가 청해진 웅거하며 반기를 들자 무주 사람인 염장을 자객으로 보내 그를 살해했다.

정답 분석

② 최치원이 시무책 10여 조를 건의하였다.
- 신라 하대 최치원은 당에서 신라로 귀국한 후 894년 진성 여왕에게 개혁안 10여 조를 올렸으나 받아들여지지 않자 가야산의 해인사 등지에서 은둔 생활을 하였다.

오답 피하기

① 혜공왕이 귀족 세력에게 피살되었다.
- 신라 중대 혜공왕 때 대공이 아우 대렴과 함께 반란을 일으켰다. 이 대공의 난을 시작으로 혜공왕은 96각간의 난으로 상징되는 진골귀족들의 수많은 반란을 겪었고, 결국 780년 반란 중에 피살되었다.

③ 왕의 장인인 김흠돌이 반란을 도모하였다.
- 신라 중대 신문왕은 681년 김흠돌의 난을 계기로 진골 귀족 세력을 숙청하고 강력한 왕권을 확립하였다.

④ 자장의 건의로 황룡사 구층 목탑이 건립되었다.
- 신라 상대 선덕여왕은 643년 승려 자장의 건의로 황룡사 9층 목탑을 세웠다.

⑤ 원광이 화랑도의 규범으로 세속 5계를 제시하였다.
- 신라 중대 진평왕 대에 원광은 세속 5계를 지어 화랑도가 지켜야 할 행동의 규범을 제시하였다.

10 후고구려 궁예의 업적 정답 ④

다음 검색창에 들어갈 인물에 대한 설명으로 옳은 것은? [2점]

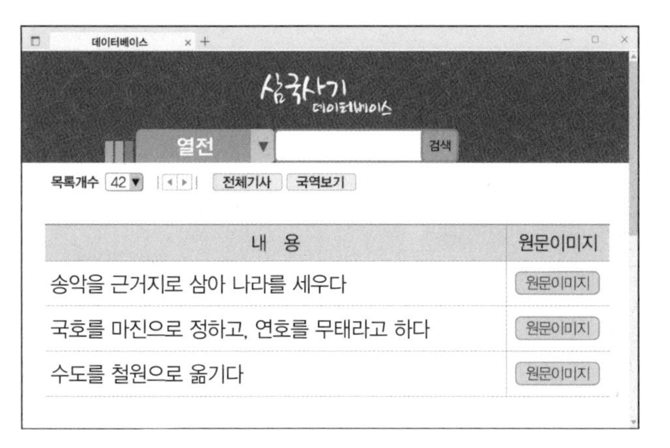

은쌤의 합격노트

다음 검색창에 들어갈 인물은 후고구려 궁예이다. 신라 하대 왕족의 후예였던 궁예는 처음에 북원(원주) 지방의 도적 집단인 양길 아래에 들어가 세력을 키웠다. 그 후 양길을 몰아낸 다음 송악(개성)에 도읍을 정하고, 후고구려를 세웠다. 궁예는 도읍을 철원으로 옮기면서 국호를 마진, 태봉으로 바꾸었다. 그러나 조세를 지나치게 거두어들이고 미륵 신앙을 이용하여 전제 정치를 도모하는 등 한계를 드러냈다.

정답 분석

④ 광평성을 비롯한 각종 정치 기구를 마련하였다.

- 후고구려 궁예는 국정을 총괄하는 광평성을 비롯한 여러 관서를 설치하고, 9관등제를 시행하는 등 골품제를 대신할 새로운 신분 제도를 모색하였다.

오답 피하기

① 후당, 오월에 사신을 파견하였다.

- 후백제 견훤은 중국의 오월과 후당에 외교 사절을 파견하였고, 오월의 왕으로부터 검교태보의 관직을 받았다.

② 이사부를 보내 우산국을 복속하였다.

- 신라 상대 지증왕은 이사부를 앞세워 우산국(울릉도 일대)을 복속시켰다.

③ 폐정 개혁을 목표로 정치도감을 설치하였다.

- 고려 후기 원 간섭기에 충목왕은 고려 사회의 모순과 권문세족의 폐단을 시정하기 위해 정치도감을 설치하였다

⑤ 정계와 계백료서를 지어 관리가 지켜야 할 규범을 제시하였다.

- 고려 태조 왕건은 "정계"와 "계백료서"를 지어 관리들이 지켜야 할 규범을 제시하였으며, 후대 왕들이 지켜야 할 정책 방향을 제시한 훈요 10조를 남겼다.

11 고려 초기의 정치 상황 (만부교 사건~거란의 2차 침입) 정답 ①

(가), (나) 사이의 시기에 있었던 사실로 옳은 것은? [3점]

(가) 거란에서 사신을 파견하여 낙타 50필을 보냈다. 왕은 거란이 일찍이 발해와 지속적으로 화목하다가 갑자기 의심하여 맹약을 어기고 멸망시켰으니, 이는 매우 무도하여 친선 관계를 맺어 이웃으로 삼을 수 없다고 생각하였다. 드디어 교빙을 끊고 사신 30인을 섬으로 유배 보냈으며, 낙타는 만부교 아래에 매어두니 모두 굶어 죽었다.

(나) 양규가 흥화진으로부터 군사 7백여 명을 이끌고 통주까지 와서 군사 1천여 명을 수습하였다. 밤중에 곽주로 들어가서 지키고 있던 적들을 급습하여 모조리 죽인 후 성 안에 있던 남녀 7천여 명을 통주로 옮겼다.

은쌤의 합격노트

(가)는 942년 고려 초기에 일어난 만부교 사건, (나)는 1010년 고려 초기 거란이 2차 침입을 감행하자 1011년 양규가 개경이 함락되는 어려움 속에 배후에서 선전하는 모습이다.

(가) 926년 발해를 멸망시킨 거란은 주위의 여러 나라와 외교 관계를 맺어 가던 중 942년에 고려 태조 왕건에게 사신을 보내 낙타 50필을 보내왔다. 그러나 태조 왕건은 거란이 발해를 멸망시킨 무도한 나라라고 여기어 거란 사신들을 섬으로 유배하고 모든 낙타를 만부교 아래에서 굶겨 죽였다(만부교 사건). 이로써 고려와 거란의 외교 관계는 단절되었다.

(나) 1010년 고려 초기 현종 때 강조의 정변을 구실로 거란은 2차 침입을 감행하였다. 이때 개경이 함락되고 현종은 나주까지 피난하였는데, 양규가 이끄는 고려 군사들이 화의를 맺고 돌아가는 거란군에 큰 피해를 입혔다. 특히 1011년 양규는 거란군 예비 병력 20만 명이 주둔한 무로대를 습격하여 2,000여 명의 목을 베고, 고려 백성 3,000여 명을 구출해냈다.

정답 분석

① 외침에 대비하여 광군이 조직되었다.

- 947년 고려 초기 정종은 중국 후진에 유학하던 중 거란의 포로가 되었던 최광윤이 거란의 고려 침략 계획을 감지한 뒤 이를 고려 조정에 알려오자 광군을 조직하였다. 이는 (가)와 (나) 사이의 일이다.

오답 피하기

② 강감찬이 귀주에서 대승을 거두었다.

- 1019년 거란의 3차 침입 때 강감찬이 이끄는 고려군은 강동 6주의 하나인 귀주에서 대승을 거두었다. 이는 (나) 이후의 일이다.

③ 화통도감이 설치되어 화포를 제작하였다.

- 1377년 고려 후기 우왕은 최무선의 건의로 화약 및 화기의 제조를 맡아보던 임시 관청 화통도감을 설치하였다. 이는 (나) 이후의 일이다.

④ 김윤후가 처인성에서 살리타를 사살하였다.

- 1232년 고려 후기 몽골의 2차 침입 때 승려 김윤후는 처인성 전투에서 부곡민들과 합세하여 몽골 장수 살리타를 사살하고 몽골군을 퇴각시키는 큰 전과를 올렸다. 이는 (나) 이후의 일이다.

⑤ 철령위 설치에 반발하여 요동 정벌이 추진되었다.

- 1388년 고려 후기 우왕 때 명은 원이 직접 지배했던 철령 이북의 땅을 직속령으로 삼겠다고 고려에 통고하였고, 이에 반발하여 최영은 요동 정벌을 단행하였다. 이는 (나) 이후의 일이다.

12 이자겸의 난 정답 ①

밑줄 그은 '반란'이 일어난 시기를 연표에서 옳게 고른 것은? [1점]

1104		1135		1170		1196		1270		1351
	(가)		(나)		(다)		(라)		(마)	
별무반 조직		묘청의 난		무신 정변		최충헌의 집권		개경 환도		공민왕 즉위

은쌤의 합격노트

밑줄 그은 '반란'은 1126년 고려 중기에 일어난 이자겸의 난이다. 고려 중기 대표적인 문벌 귀족인 경원 이씨 집안은 왕실과의 계속된 혼인을 통해 가장 유력한 외척 가문이 되었다. 고려 중기 이자겸은 예종과 인종에게 딸들을 시집보내고, 인종이 왕위에 오르는데 큰 역할을 하면서 최고 권력자가 되었다. 이자겸의 권력은 국왕을 넘어설 정도였다. 1126년 이자겸의 권력 독점에 위협을 느낀 인종과 측근 세력은 이자겸을 제거하려 하였으나, 이를 눈치 챈 이자겸이 먼저 척준경과 함께 반란을 일으켰다(이자겸의 난). 그러나 인종은 척준경을 이용하여 이자겸을 몰아내고, 이후 척준경마저 정계에서 축출하였다. 이자겸의 난을 계기로 문벌 귀족 사회의 분열은 더욱 심화되었다.

정답 분석

① (가)

➲ 금과 군신 관계를 맺고 이자겸의 난으로 궁궐이 불타면서, 왕의 권위는 실추되고 민심도 크게 동요하였다. 이러한 상황을 극복하기 위해 이자겸의 난 이후 인종은 승려 묘청과 문신 정지상 등 서경 세력을 이용하여 서경 천도 운동을 추진하였다. 그러나 개경 문벌 귀족의 반대로 서경 천도가 불가능해지자, 1135년 묘청 등은 국호를 '대위', 연호를 '천개'로 정하고 반란을 일으켰다.

13 고려의 경제 상황 정답 ⑤

교사의 질문에 대한 학생의 답변으로 가장 적절한 것은? [2점]

은쌤의 합격노트

이 인물들이 활동한 국가는 고려이다. 고려 중기 숙종은 의천의 건의에 따라 주전도감을 설치하고, 삼한통보, 해동통보, 해동중보 등의 동전과 활구(은병)라는 은전을 만들었으나 널리 유통되지는 못하였다. 고려 중기 예종 때 윤관은 별무반을 이끌고 천리 장성을 넘어 여진족을 소탕하고 북방으로 쫓아낸 뒤 동북 지방 일대에 9성을 쌓았다.

정답 분석

⑤ 경시서의 관리들이 시전의 상행위를 감독하였어요.

➲ 고려 시대 상행위를 감독하기 위해 경시서를 설치하였고, 조선 시대까지 이어지다 조선 초기 세조 때 평시서로 개칭되었다.

오답 피하기

① 집집마다 부경이라는 창고가 있었어요.

➲ 고구려에는 집집마다 부경이라는 작은 창고가 있었으며, 곡식으로 술을 빚기도 하였다.

② 관료전이 폐지되고 녹읍이 지급되었어요.

➲ 신라 중대 신문왕은 관리에게 관료전을 지급하고 녹읍을 폐지하여 귀족의 경제적 기반을 약화시켰다.

③ 상평통보가 발행되어 법화로 사용되었어요.

➲ 조선 후기 숙종은 영의정 허적의 제의를 받아들여 호조나 상평청 등을 통하여 상평통보를 주조하였다.

④ 당항성, 영암이 국제 무역항으로 번성하였어요.

➲ 통일 신라는 울산항, 청해진, 영암, 당항성(남양만)이 무역항으로 크게 번성하였다.

14 최우 정답 ①

(가) 인물의 활동으로 옳은 것은? [2점]

은쌤의 합격노트

(가) 인물은 고려 후기 무신 집권자 최우이다. 1231년 몽골은 몽골 사신이 귀국길에 피살된 사건을 구실로 고려를 침략하였다. 준비가 부족했던 최씨 정권은 서둘러 강화를 맺은 뒤, 수도를 강화도로 옮기고 장기 항전을 준비하였다. 최씨 무신 정권은 주민들에게 산성이나 섬에 들어가 몽골군에 맞서도록 하였으나 실패하였다. 고려의 왕들 대부분은 수도 개경 근처에 묻혔지만 몇몇의 왕릉은 강화도에 남아있다. 몽골을 피해 개경에서 강화도를 천도한 고려 고종의 홍릉을 중심으로 희종의 석릉, 강종의 비인 원덕 태후의 곤릉, 원종의 왕비인 순경 태후의 가릉 등이 있다.

정답 분석

① 인사 행정 담당 기구로 정방을 설치하였다.

➜ 고려 후기 무신 집권자 최충헌의 뒤를 이은 최우는 교정도감 이외에 자신의 집에 정방을 설치하여 인사권을 장악하였다.

오답 피하기

② 봉사 10조를 올려 시정 개혁을 건의하였다.

➜ 고려 후기 무신 집권자 최충헌은 '봉사 10조'와 같은 개혁안을 제시하였지만, 권력 강화에 힘을 쏟았고 농민 봉기를 탄압하였다.

③ 삼별초를 이끌고 진도 용장성에서 항전하였다.

➜ 고려 후기 몽골과의 전쟁이 장기화되자 강화를 지지하는 무신들이 당시 집권자 최의(최우의 증손자)를 제거한 후 몽골과 강화를 맺고 개경으로 환도하였다(1270). 그러자 최우가 양성한 삼별초는 진도 용장성과 제주도 항파두리성으로 근거지를 옮기면서 장기간 항전하였다.

④ 군사를 일으켜 정중부 등의 제거를 도모하였다.

➜ 고려 후기 이의방과 정중부 등 무신들은 다수의 문신을 제거하고 의종을 폐하고, 명종을 왕으로 세우고 정권을 장악하는 무신정변을 일으켰다. 이에 김보당, 조위총 등 문신들과 귀법사 승려들이 저항하였으나 모두 진압되었다.

⑤ 전민변정도감의 책임자로 임명되어 권문세족을 견제하였다.

➜ 고려 후기 공민왕은 신돈을 등용하여 전민변정도감을 설치하고 권문세족이 빼앗은 토지와 노비를 본래의 주인에게 돌려주거나 양민으로 해방시켰다.

15 고려 후기 원 간섭기 사회상 정답 ⑤

다음 대화 이후에 전개된 사실로 옳은 것은? [2점]

은쌤의 합격노트

다음 대화가 이루어진 시기는 고려 후기 원 간섭기이다. 고려는 원 간섭기를 거치는 동안 원과 수많은 인적·물적 교류를 행하였고, 이에 따라 많은 몽골 문화가 유행하였다. 고려 충렬왕은 스스로 변발을 하고, 신하들에게도 따라하게 하였다. 또한 고려 사회에는 몽골풍이 유행하여 변발, 몽골 복장, 몽골어가 궁중과 지배층을 중심으로 널리 퍼졌다. 원은 두 차례에 걸친 일본 원정을 위해 고려에 군함 건조, 군량미 공급, 군사 동원 등을 강요하였다. 특히 일본 원정을 위해 정동행성을 설치하였는데 원정 실패 후에도 그대로 남아 고려의 내정에 간섭하였다.

정답 분석

⑤ 유인우, 이자춘 등이 쌍성총관부를 수복하였다.

➜ 고려 후기 원 간섭기에 공민왕은 14세기 후반에 이르러 원이 쇠퇴하자 유인우, 이인임 등으로 하여금 쌍성총관부를 공격하여 철령 이북의 영토를 탈환하였다.

오답 피하기

① 빈민 구제를 위한 흑창이 처음 설치되었다.

➜ 고려 건국 이후 태조 왕건은 빈민을 구제하기 위한 기구로 흑창을 설치하였다.

② 망이 · 망소이가 공주 명학소에서 봉기하였다.

➜ 고려 후기 명종 때 공주 명학소에서 망이 · 망소이 형제가 과도한 수취에 반발하여 봉기하였다.

③ 김부식 등이 왕명으로 삼국사기를 편찬하였다.

➜ 고려 중기 인종의 왕명을 받은 김부식은 묘청의 난을 진압한 후 분열된 민심을 수습하고 국왕 중심의 중앙 집권 체제를 강화하려는 목적으로 "삼국사기"를 편찬하였다.

④ 김보당이 의종 복위를 주장하며 난을 일으켰다.

➜ 고려 후기 무신의 집권에 반발하여 동북면 병마사 김보당이 의종의 복위를 꾀하며 난을 일으켰다.

16 고려의 불교 문화유산 정답 ④

(가)에 들어갈 문화유산으로 적절하지 <u>않은</u> 것은? [1점]

특별 사진전

 **사진으로 보는 고려의 불교 문화** 

우리 박물관에서는 고려 시대의 다양한 불교 문화유산을 보여 주는 특별 사진전을 마련하였으니 많은 관심과 참여 바랍니다.

예산 수덕사 대웅전

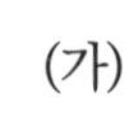
수월관음도

(가)

• 기간 : 2023년 ○○월 ○○일~○○월 ○○일
• 장소 : △△박물관

① 
평창 월정사 팔각 구층 석탑

②  
논산 관촉사 석조 미륵보살 입상

③ 
원주 법천사지 지광국사 탑비

④ 

보은 법주사 팔상전

⑤ 
영주 부석사 무량수전

은쌤의 합격노트

(가)에 들어갈 문화유산은 고려의 불교 문화유산이다. 고려 시대 13세기 이후에 지은 주심포 양식의 목조 건물이 현재 일부 남아 있는데, 안동 봉정사 극락전, 영주 부석사 무량수전, 예산 수덕사 대웅전 등이 대표적이다. 고려의 수월관음보살도는 화려한 색채를 우아하게 사용하여 관음보살의 자비로움을 잘 나타낸 대표적인 고려 불화이다.

정답 분석

④ 보은 법주사 팔상전
- 조선 후기에 중건된 보은 법주사 팔상전은 절 안에 석가모니의 일생을 여덟 폭의 그림으로 나누어 그린 팔상도가 있다.

오답 피하기

① 평창 월정사 팔각 구층 석탑
- 고려 초기를 대표하는 다층, 다각석탑으로 송나라의 영향을 받았다.

② 논산 관촉사 석조 미륵보살 입상
- 고려 불상인 논산 관촉사 석조 미륵보살 입상은 높이가 18m이며, 얼굴의 여러 부분을 과장되게 표현하였다.

③ 원주 법천사지 지광국사 탑비
- 고려 승탑인 원주 법천사지 지광국사 탑비는 문종이 지광국사 해린 스님을 공적을 추모하기 위해 세운 것이다.

⑤ 영주 부석사 무량수전
- 고려 전기에 유행한 건축 양식인 주심포 양식을 대표하는 건축물이다.

17 조선 세종의 업적 정답 ①

밑줄 그은 '왕'의 재위 시기에 있었던 사실로 옳은 것은? [2점]

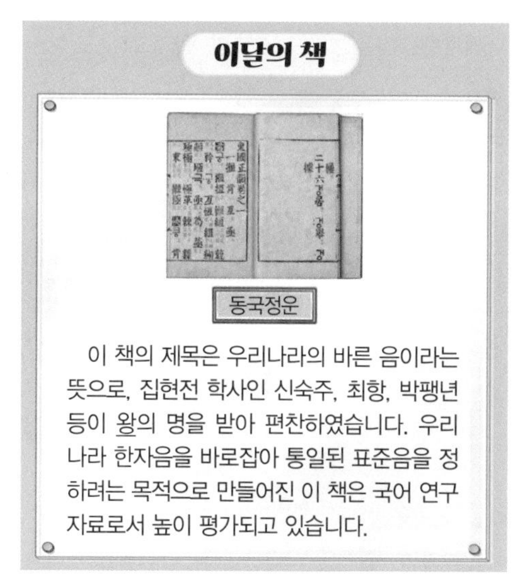

은쌤의 합격 노트

밑줄 그은 '왕'은 조선 초기 세종이다. "동국정운"은 1448년 신숙주 · 최항 · 박팽년 등이 세종의 명을 받아 한국 역사상 처음으로 한자음을 훈민정음으로 기록한 운서다. 세종의 언어 정책의 일환으로 당시 혼란 상태에 있었던 우리나라의 한자음을 바로잡아 통일된 표준음을 정하려는 목적으로 편찬되었다. "동국정운"은 우리나라에서 최초로 한자음을 우리의 음으로 표기하였다는 점에서 큰 의의를 가지고 있으며, 국어 연구 자료로서의 중요성도 "훈민정음"과 쌍벽을 이룰 정도로 높이 평가되고 있다.

정답 분석

① 금속 활자인 갑인자가 제작되었다.

➋ 갑인자는 1434년 갑인년에 세종이 만든 금속 활자이다. 활자의 글꼴은 아름다운 붓글씨 꼴로서, 조맹부의 글씨 모양을 닮았다. 조판을 할 때 이전처럼 빈틈을 밀랍으로 메우지 않고 대나무로 메워 글자가 선명하고 아름답다.

오답 피하기

② 수도 방어를 위해 금위영이 설치되었다.

➋ 조선 후기 숙종 때 금위영이 추가되어 17세기 말에는 5군영의 중앙군 체제를 갖추었다.

③ 훈련 교범인 무예도보통지가 편찬되었다.

➋ 조선 후기 정조는 직접 훈련 교범인 "무예도보통지"의 편찬 방향을 잡은 후 규장각 검서관 이덕무 · 박제가와 장용영 장교 백동수 등에게 명령하여 편찬케 하였다.

④ 국가의 기본 법전인 경국대전이 완성되었다.

➋ 조선 초기 성종은 "경국대전"의 편찬을 완료하였고, 이후 조선 사회의 기본적인 통치 방향과 이념을 제시하였다.

⑤ 신진 인사를 등용하기 위해 현량과가 시행되었다.

➋ 조선 중종 때 조광조는 사림의 여론을 앞세워 급진적 개혁을 추진하였다. 현량과를 실시하여 많은 사림을 3사 언관직에 등용해 경연과 언론을 활성화하였다.

18 창덕궁 정답 ⑤

(가) 궁궐에 대한 설명으로 옳은 것은? [3점]

은쌤의 합격 노트

(가) 궁궐은 창덕궁이다. 돈화문은 창덕궁의 정문이다. 돈화란 '임금이 큰 덕을 베풀어 백성들을 감화시킨다'는 의미로, 덕치를 숭상한 조선 왕조의 의지를 담고 있다. 금천교는 돈화문과 진선문 사이에 있는 창덕궁 내부를 흐르는 금천을 건널 수 있는 돌다리로 궁궐 돌다리 가운데 가장 오래된 것이다. 인정전은 창덕궁의 정전이다. 낙선재는 왕의 연침 공간 조성을 목적으로 만들어졌다. 부용정은 창덕궁 후원의 정자이다. 연경당은 창덕궁 후원에 있는 사대부가 형식의 건물이다.

정답 분석

⑤ 태종이 도읍을 한양으로 다시 옮기며 건립하였다.

➋ 제2차 왕자의 난을 거치며 왕위에 오른 태종이 개경으로 도읍을 옮겼다가 한양으로 다시 천도하며 경복궁 동쪽 향교동에 창덕궁을 지었다.

오답 피하기

① 일제에 의해 동물원 등이 설치되었다.

➋ 일제 강점기에 일제는 창경궁을 동물원으로 조성하였다.

② 도성 내 서쪽에 있어 서궐이라고 불렸다.

➋ 경희궁은 도성 서쪽에 있어 서궐이라고도 하는데 이는 창덕궁과 창경궁을 동궐이라고 불렀던 것과 대비되는 별칭이다.

③ 인목 대비가 광해군에 의해 유폐된 장소이다.

➋ 임진왜란 이후 왕의 거처로 삼았던 경운궁은 광해군이 이곳에 인목대비를 유폐하면서 격하시켜 '서궁'으로 불리었다.

④ 정도전이 궁궐과 주요 전각의 명칭을 정하였다.

➋ 경복궁을 지을 때 총책임자였던 정도전은 경복궁 전각 하나하나에 자신의 소망을 담은 이름을 붙여 주었다.

19 향약 정답 ④

(가)에 대한 설명으로 옳은 것은? [2점]

> 1. 처음 (가) 을/를 정할 때 약문(約文)을 동지에게 두루 보이고 그 마음을 바로잡고, 몸가짐을 단속하고, 착하게 살고, 허물을 고치기 위해 약계(約契)에 참례하기를 원하는 자 몇 사람을 가려 서원에 모아 놓고 약법(約法)을 의논하여 정한 다음 도약정(都約正), 부약정 및 직월(直月)·사화(司貨)를 선출한다. ……
> 1. 물건으로 부조할 때는 약원이 사망하였다면 초상 치를 때 사화가 약정에게 고하여 삼베 세 필을 보내고, 같은 약원들은 각각 쌀 다섯되와 빈 거적때기 세 닢씩 내어서 상을 치르는 것을 돕는다.
>
> -『율곡전서』-

은쌤의 합격노트

(가)는 향약이다. 도약정은 향약의 우두머리를 이르던 말이다. 부약정은 향약에 관한 일을 맡아보던 직책이며 도약정의 다음으로 오늘날의 부회장과 같은 역할이다. 유교 윤리와 예절이 확산되는 데에는 지방에서 사림이 주도한 향약의 역할도 컸다. 향촌 사회의 주민들이 지켜야 할 자치 규약인 향약은 농민들이 서로 돕는 풍속에 지배층의 유교 윤리를 더하여 만들어졌다. 사림 세력은 향약을 만드는 것은 물론 감독까지 담당하여, 백성들에 대해 수령보다 강한 지배력을 행사하기도 하였다.

정답 분석

④ 풍속 교화와 향촌 자치 등의 역할을 하였다.
- 향약은 조선 사회의 풍속 교화에 많은 역할을 했을 뿐만 아니라 향촌 사회의 질서 유지와 치안까지 담당하였다.

오답 피하기

① 7재라는 전문 강좌를 두었다.
- 고려 중기 예종은 최충의 사학을 본떠 전문 강좌인 7재 및 장학 재단인 양현고 등을 설치하였다.

② 옥당이라고 불리며 경연을 담당하였다.
- 조선 시대 홍문관은 궁중의 경서·사적의 관리, 문한의 처리 및 왕의 자문에 응하는 일을 맡아보던 관청으로 옥당·옥서·영각 등으로도 불렸다.

③ 중앙에서 파견된 교수나 훈도가 지도하였다.
- 조선 정부는 향교의 규모와 지역에 따라 교수나 훈도를 파견하였다.

⑤ 매향(埋香) 활동 등 각종 불교 행사를 주관하였다.
- 향도는 불교 신앙에 바탕을 둔 농민 공동체 조직으로, 고려 초기에는 매향 활동을 하면서 불상, 범종, 석탑, 사찰 등을 만들 때 대규모의 노동력과 비용을 제공하였다.

20 조선 후기의 사회상 정답 ⑤

다음 자료에 나타난 시기에 볼 수 있는 모습으로 적절한 것은? [2점]

> 비변사에게 아뢰기를 "…… 우리나라는 물력(物力)이 부족하여 요역이 매우 무겁습니다. 매번 나라의 힘으로 채굴한다면, 노동과 비용이 많이 들어갑니다. 채은관(採銀官)에게 명해 광산을 개발한 이후 백성을 모집하여 [채굴할 것을] 허락하고 그로 하여금 세를 거두도록 하되 그 세금의 많고 적음은 [채은관이] 적당히 헤아려 정하게 한다면 관에서 힘을 들이지 않아도 세입이 저절로 많아질 것입니다. ……"라고 하니, 왕이 아뢴 대로 하라고 답하였다.

은쌤의 합격노트

다음 자료에 나타난 시기는 조선 후기이다. 제시문에서 허가받은 민간인에게 광산 채굴을 허용하고 세금을 받는 설점수세제를 볼 수 있다. 1651년 조선 후기 효종 대에 시행된 설점수세제는 호조에서 채은관을 광산 생산지에 파견하여 설점한 뒤, 민간에 채굴을 맡기고 채은관에게 세금을 거두게 하는 제도였다. 이에 따라 개인에 의한 광산 개발이 촉진되었는데, 특히 청과 무역에서 은의 수요가 늘어감에 따라 은광 개발이 활기를 띠었다.

정답 분석

⑤ 고추, 담배 등을 상품 작물로 재배하는 농민
- 조선 후기 도시 인구가 증가하고 상품 유통이 활발해지면서 인삼, 면화, 담배, 채소 등의 상품 작물 재배가 확대되었다.

오답 피하기

① 주자감을 공부하는 학생
- 발해는 상경에 유학과 기술학 등 교육을 담당하는 주자감을 설치하였다.

② 초조대장경 조판을 지켜보는 승려
- 고려 중기 현종 때 거란의 침입을 받았던 고려는 부처의 힘으로 국난을 극복하고자 초조대장경을 간행하였다.

③ 빈공과를 준비하는 6두품 출신 유학생
- 빈공과는 중국 당나라 과거제 중 외국인을 상대로 한 제도이다. 당시 많은 신라인들이 응시하여 합격하였는데 최치원이 대표적이다.

④ 과전법에 따라 수조권을 지급받는 관리
- 고려 후기 공양왕 때 마련된 과전법은 경기 지방의 토지에 한해 관리에게 등급에 따라 수조권을 지급하는 제도였다.

21 진주 민란

정답 ⑤

다음 상황이 전개된 배경으로 옳은 것은? [2점]

며칠 전 안핵사로 파견된 박규수가 전하께 특별 기구 설치를 상소하였다고 하네.

그렇다네, 전하께서 이를 받아들여 삼정이정청을 설치하고, 각 고을마다 대책을 모아 올려 보내라고 명하셨지.

은쌤의 합격노트

다음 상황은 조선 후기 세도 정치 시기에 일어난 '진주 민란'을 수습하기 위해 박규수가 안핵사로 파견된 상황이다. 1862년 철종 대에 진주에서 몰락 양반 유계춘을 중심으로 경상 우병사 백낙신의 부정부패에 항의하는 농민 봉기가 일어나 진주성이 점령되었다. 농민들은 관아를 습격하여 조세 대장을 불태우고, 아전과 양반 지주의 집을 불살랐다. 이에 철종은 진주 민란을 수습하기 위해 박규수를 안핵사로 파견하였다. 철종은 안핵사 박규수의 건의에 따라 농민 봉기의 주요 원인이었던 삼정의 문란을 시정하고자 삼정이정청을 설치하였다.

정답 분석

⑤ 백낙신의 탐학이 발단이 되어 진주에서 농민들이 봉기하였다.

▶ 1862년 조선 후기 철종 대에 진주에서 몰락 양반 유계춘을 중심으로 경상 우병사 백낙신의 부정부패에 항의하는 진주 민란이 일어나 진주성이 점령되었다. 이에 철종은 안핵사 박규수를 파견하여 실정을 조사하고 삼정이정청을 설치하는 등 농민 부담을 완화하려 하였지만 근본적인 해결책이 되지 못하였다.

오답 피하기

① 이만손 등이 영남 만인소를 올렸다.

▶ 1881년 영남 지방의 유생들은 이만손을 중심으로 만인소를 올려 서양 열강과의 수교 반대와 "조선책략"을 도입한 김홍집의 처벌을 요구하였다.

② 운요호가 강화도와 영종도를 공격하였다.

▶ 1875년 일본은 조선을 침략할 명분을 찾기 위해 군함 운요호를 강화도에 파견하였다. 운요호는 해로를 탐사한다는 명분을 내세워 강화도 초지진 포대로 접근하여 들어와 조선 수비군의 발포를 유도하였고, 이듬해 강화도 조약 체결을 강요하였다.

③ 동학교도가 교조 신원을 주장하며 삼례 집회를 개최하였다.

▶ 1880년대에 들어 동학교도들은 교주 최제우의 억울한 죽음의 원한을 풀고 탄압을 중지해 달라는 삼례 집회(1892)와 서울 복합 상소(1893)에 이어 충청도 보은에서 대규모 집회(1893)를 개최하였다.

④ 황사영이 외국 군대의 출병을 요청하는 백서를 작성하였다.

▶ 1801년 조선 후기 순조 즉위 직후에 이승훈을 비롯한 300여 명의 천주교인이 처형을 당한 신유박해가 일어났다. 곧이어 천주교 신자인 황사영이 쓴 '프랑스의 청나라 베이징 주교에게 조선에 군대를 보내 도와 달라는 내용'의 편지가 발각되어 천주교 탄압이 더욱 강해졌다(황사영 백서 사건).

22 조선 성종의 업적

정답 ③

밑줄 그은 '전하'가 재위한 시기의 사실로 옳은 것은? [3점]

무술년 봄에 양성지가 팔도지리지를 바치고, 서거정 등이 동문선을 바쳤더니, 전하께서 드디어 노사신, 양성지, 서거정 등에게 명하여 시문을 팔도지리지에 넣게 하셨습니다. …… 연혁을 앞에 둔 것은 한 고을의 흥함과 망함을 먼저 알아야 하기 때문이며 …… 경도(京都)의 첫머리에 팔도총도를 기록하고, 각 도의 앞에 도별 지도를 붙여서 양경(兩京) 8도로 50권을 편찬하여 바치나이다.

은쌤의 합격노트

밑줄 그은 '전하'는 조선 초기 성종이다. "동문선"은 조선 초기 성종의 명을 받아 서거정, 노사신, 강희맹, 양성지 등 23인의 찬집관이 참여하여 편찬한 우리나라 역대 시문선집이다. 조선 초기 세조는 즉위 후 집현전 직제학 양성지에게 우리나라의 지리서를 만들고, 아울러 지도를 그릴 것을 명령하였다. 그 뒤 약 20년의 세월이 흘러 양성지가 "팔도지리지"를 성종에게 바쳤다.

정답 분석

③ 국가의 의례를 정비한 국조오례의가 완성되었다.

▶ 조선 초기 성종은 국가의 여러 행사에 필요한 의례를 정비하여 "국조오례의"를 편찬하였다. "국조오례의"는 제사 의식인 길례, 관례와 혼례 등의 가례, 사신 접대 의례인 빈례, 군사 의식에 해당하는 군례, 상례 의식인 흉례를 정리한 책이다.

오답 피하기

① 예학을 정리한 가례집람이 저술되었다.

▶ 조선 중기 선조 대에 김장생은 주자의 "가례"를 기본으로 여러 학자의 예설을 취사선택하여 증보 · 해석한 "가례집람"을 저술하였다. 이를 통해 예학을 조선의 현실에 맞게 정리하였다.

② 외교 문서를 집대성한 동문휘고가 편찬되었다.

▶ 조선 후기 정조는 대청 및 대일 관계의 교섭 문서를 집대성한 "동문휘고"를 저술하였다.

④ 전통 한의학을 정리한 동의보감이 간행되었다.

▶ 조선 후기 광해군의 명을 받아 허준은 우리의 전통 한의학을 정리하여 "동의보감"을 편찬하였는데, 이는 중국과 일본에서도 간행되었다.

⑤ 역대 문물 제도를 정리한 동국문헌비고가 만들어졌다.

▶ 조선 후기 영조는 역대 제도와 문물을 정리한 "동국문헌비고"를 편찬하였다.

23 조선 중종 대의 사실 정답 ④

(가)에 들어갈 내용으로 가장 적절한 것은? [2점]

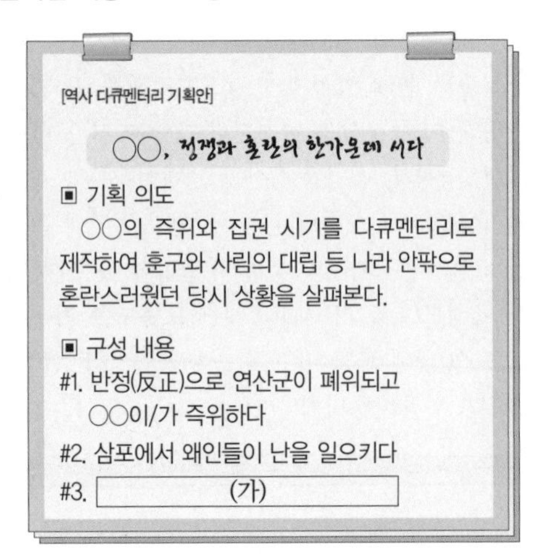
[역사 다큐멘터리 기획안]

○○, 정쟁과 혼란의 한가운데 서다

▣ 기획 의도
○○의 즉위와 집권 시기를 다큐멘터리로 제작하여 훈구와 사림의 대립 등 나라 안팎으로 혼란스러웠던 당시 상황을 살펴본다.

▣ 구성 내용
#1. 반정(反正)으로 연산군이 폐위되고 ○○이/가 즉위하다
#2. 삼포에서 왜인들이 난을 일으키다
#3. (가)

은쌤의 합격노트

(가)에 들어갈 내용은 조선 중기 중종 대의 일이다. 두 차례의 사화(무오사화, 갑자사화) 이후에도 연산군의 폭정이 계속되자 훈구 세력은 폭정과 사치, 방탕한 생활 등을 이유로 연산군을 몰아내고 중종을 왕으로 세웠다(중종반정). 조선 중기 중종 대에 부산포 · 내이포 · 염포 등 삼포에서 거주하고 있던 왜인들이 조선 정부의 엄격한 통제에 불만을 품고 대마도 도주의 지원을 받아 삼포왜란을 일으켰다.

정답 분석

④ 위훈 삭제를 주장한 조광조 일파가 제거되다

조선 중기 중종 대에 조광조는 중종반정 공신의 책정이 잘못되었다며 이를 시정할 것을 요구하는 위훈 삭제를 주장하다 훈구 세력의 반발을 불러 일으켰다. 이후 조광조를 비롯한 다수의 사림이 중앙 정치에서 제거되는 기묘사화가 일어났다.

오답 피하기

① 이괄이 난을 일으켜 도성을 점령하다

1624년 조선 후기 이괄은 인조반정 때의 공신이었으나 적절한 대우를 받지 못한 것에 불만을 품고 반란을 일으켰다. 이에 인조 이하 대신들은 서울을 떠나 공주로 피난하였다.

② 허적과 윤휴 등 남인이 대거 축출되다

1680년 조선 후기 숙종 대에 서인은 남인 영수 허적이 역모를 꾸몄다고 고발하여 경신환국을 일으켜 허적과 윤휴를 정계에서 제거하였다.

③ 정여립 모반 사건으로 기축옥사가 일어나다

1589년 조선 중기 선조 대에 서인이었던 정여립이 동인으로 옮겨가자 서인은 정여립이 대동계를 이끌고 반란을 꾀한다는 역모고변을 하였고, 기축옥사가 시작되었다.

⑤ 조의제문이 발단이 되어 김일손 등이 화를 입다

1498년 김종직의 제자였던 사관 김일손이 사초에 조의제문을 실은 것이 문제가 되어 사림 대부분이 사형당하거나 파직되는 무오사화가 일어났다.

24 임진왜란 정답 ②

(가) 전쟁 중에 있었던 사실로 옳은 것은? [2점]

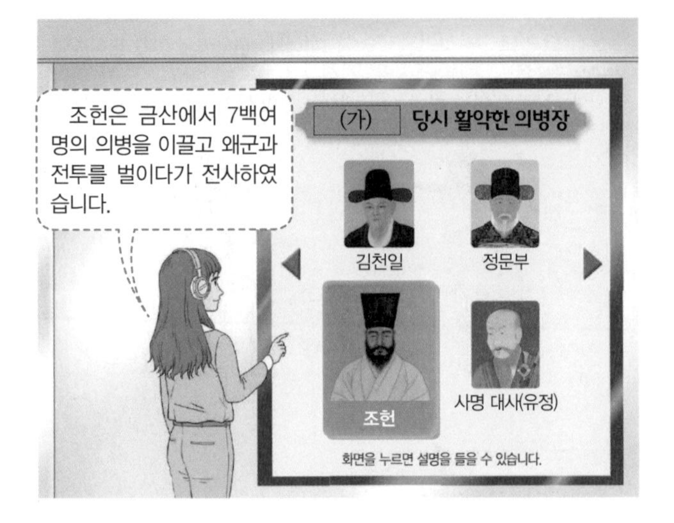

은쌤의 합격노트

(가) 전쟁은 임진왜란이다. 조선은 임진왜란 초기에 불리하던 전세를 수군과 전국 각지에서 일어난 의병의 활약으로 점차 바꾸어 갔다. 조헌은 임진왜란이 일어나자 의병을 일으켜 청주성을 탈환하는 전과를 올렸고, 관군의 견제로 남은 700명의 의병을 이끌고 금산으로 향해 왜군과 일전을 벌였지만 장렬히 전사하였다. 김천일은 임진왜란이 발발하자 나주에서 호남 최초로 의병을 일으켜 여러 전투에서 승리를 거두었지만, 진주성을 사수하다가 성이 함락되자 남강에 투신자결하였다. 정문부는 임진왜란 때 관민 합작의 의병 대장이 되어 길주에 있는 왜군을 공격하여 대승리를 거두었고, 쌍포, 백탑 등지에서 적을 격파하여 함경도를 수복하였다. 사명대사(유정)은 임진왜란이 발발하자 승려들로 의병을 만들어 평양성 탈환작전에 참가해 큰 공을 세웠고, 서울 인근의 노원평과 우환동, 수락산 전투에서 왜군을 크게 무찔렀다.

정답 분석

② 송상현이 동래성에서 항전하였다.

임진왜란을 일으킨 왜군이 부산진성을 함락시킨 여세를 몰아 동래성으로 진격하자 송상현은 병사와 백성을 이끌고 성을 끝까지 사수하고자 하였다. 그러나 성은 함락되었고, 송상현은 관원이 조정에 갈 때 입는 예복인 조복을 받쳐 입고 장렬히 전사하였다.

오답 피하기

① 이종무가 대마도를 정벌하였다.

조선 초기 세종 대에 이종무가 왜구의 소굴인 대마도를 토벌하였다.

③ 김상용이 강화도에서 순절하였다.

조선 후기 병자호란이 일어나자 김상용은 묘사의 신주를 받들고 빈궁 · 원손을 수행해 강화도로 피난했다가, 이듬해 성이 함락되자 성의 남문루에 있던 화약에 불을 지르고 순절하였다.

④ 최영이 홍산 전투에서 크게 승리하였다.

고려 후기 최영은 내륙 깊숙이 쳐들어온 대규모의 왜구를 홍산(충남 부여)에서 크게 물리쳤다.

⑤ 강홍립 부대가 사르후 전투에 참전하였다.

조선 후기 광해군의 명을 받은 강홍립은 명을 지원하기 위해 사르후 전투에 참전하였으나 후금과의 대결을 피해 거짓 항복을 하였다.

25 조선 후기 문화 정답 ②

밑줄 그은 '시기'의 문화에 대한 설명으로 옳지 않은 것은? [1점]

이 그림은 조영석과 김홍도의 풍속화입니다. 인부들이 말발굽에 징을 박는 모습과 기와를 이어나가는 모습을 묘사하고 있습니다. 이를 통해 이 그림이 그려진 시기 서민들의 일상생활을 생생하게 살펴볼 수 있습니다.

은쌤의 합격 노트

밑줄 그은 '시기'의 문화는 조선 후기의 문화이다. 조선 후기에는 생활 모습을 사실적으로 표현한 풍속화가 유행하였다. 조영석은 조선 후기 풍속화를 새로운 방향으로 개척한 인물이다. 그는 농민들이 새참을 먹고, 농가에서 아낙네가 절구질하는 전야풍속 장면뿐 아니라, 문사들의 장기 두기와 서재에서의 담소 등 사·농·공·상 사민들의 시정세속사를 전반적으로 다루기 시작했다. 이후 풍속화는 김홍도와 신윤복에 이르러 새 경지를 이룩하였다. 김홍도는 당시의 서민 문화를 적나라하게 표현하였고, 신윤복은 양반의 위선적인 행각과 남녀 사이의 애정 등을 감각적이고 해학적으로 묘사하였다. 이후 풍속화는 김득신 등으로 이어졌다.

정답 분석

② 새로운 역법으로 수시력이 도입되었다.
- 고려는 원의 수시력을 채용하고 천체의 주기적 운행과 시간 계산법에 대한 지식을 넓혀 갔으며, 그 성과는 조선으로 이어졌다.

오답 피하기

① 금강전도 등 진경 산수화가 그려졌다.
- 조선 후기에는 정선이 진경산수화라는 독자적인 화풍을 개척하여 '인왕제색도'와 '금강전도' 등의 뛰어난 작품을 남겼다.

③ 양반 사회를 풍자한 탈춤이 성행하였다.
- 조선 후기에 춤과 노래, 그리고 사설로 엮여 있는 탈춤은 향촌에서 마을 굿의 일부로도 공연되어 널리 인기를 얻었고, 서민 문화의 폭을 크게 확대하였다.

④ 춘향가, 흥보가 등의 판소리가 유행하였다.
- 조선 후기에 판소리는 광대가 고수의 장단에 맞추어 이야기를 창과 아니리로 엮어 가기 때문에 감정 표현이 직접적이고 솔직하여 서민을 포함한 넓은 계층으로부터 호응을 받았다.

⑤ 홍길동전, 박씨전 등의 한글 소설이 널리 읽혔다.
- 조선 후기에 문학의 저변이 서민층까지 확대되면서 "홍길동전", "박씨전", "춘향전" 등이 유행하여 널리 읽혔다.

26 조선 정조의 업적 정답 ①

밑줄 그은 '왕'의 재위 시기에 있었던 사실로 옳은 것은? [2점]

> 대전통편이 완성되었는데, 나라의 제도 및 법식에 관한 책이다. …… 왕이 말하기를, "속전(續典)은 갑자년에 이루어졌는데, 선왕의 명령으로서 갑자년 이후에 이루어진 것도 많으니 어찌 감히 지금과 가까운 것만을 내세우고 먼 것은 소홀히 할 수 있겠는가?"라고 하였다. 이에 김치인 등에게 명하여 원전(原典)과 속전 및 지금까지의 왕명을 모아 한 책으로 편찬한 것이었다.

은쌤의 합격 노트

밑줄 그은 '왕'은 조선 후기 정조이다. 조선 후기 정조는 조선 초기 법전인 "경국대전"과 영조의 "속대전"을 종합하고, 그간 바뀐 사회 사정을 감안해 "대전통편"을 편찬하였다. 경국대전의 내용에 원(原), 속대전의 내용에 속(續), 새로 추가된 내용에 증(增)을 붙여 구분하였다. '대전'은 법전을, '통편'은 합쳐서 크게 편찬했다는 뜻이다.

정답 분석

① 인재 양성을 위해 초계문신제를 시행하였다.
- 조선 후기 정조는 신진 인물이나 중·하급 관리 중에서 유능한 인재를 재교육하는 초계문신제를 실시하여 개혁 세력을 육성하였다.

오답 피하기

② 홍경래 등이 봉기하여 정주성을 점령하였다.
- 조선 후기 순조 대에 몰락 양반 홍경래가 신흥 상공업 세력, 빈농 등을 규합한 뒤 평안도에 대한 지역 차별 정책과 지배층의 수탈에 항거하여 난을 일으켰다. 한때 청천강 이북 지역을 차지할 정도로 위세를 떨쳤지만 정주성에서 관군에게 진압되었습니다.

③ 자의 대비의 복상 문제로 예송이 전개되었다.
- 조선 후기 현종 대에 효종, 효종비의 국장과 관련해 자의 대비의 상복 문제로 2차례의 예송이 일어났다.

④ 이인좌를 중심으로 소론 세력 등이 난을 일으켰다.
- 조선 후기 영조가 즉위하자 노론의 보복을 우려한 일부 소론 세력이 경종의 사망에 영조가 관여되어 있다는 명분을 내세우며 이인좌의 난을 일으켰다.

⑤ 신류가 조총 부대를 이끌고 흑룡강에서 전투를 벌였다.
- 조선 후기 효종은 2차 나선 정벌 때 신류를 대장으로 조총군을 파병하여 흑룡강과 송화강이 만나는 지점에서 러시아군과 전투를 벌여 큰 전과를 거두었다.

27 조선 실학자 정약용 정답 ⑤

(가) 인물에 대한 설명으로 옳은 것은? [1점]

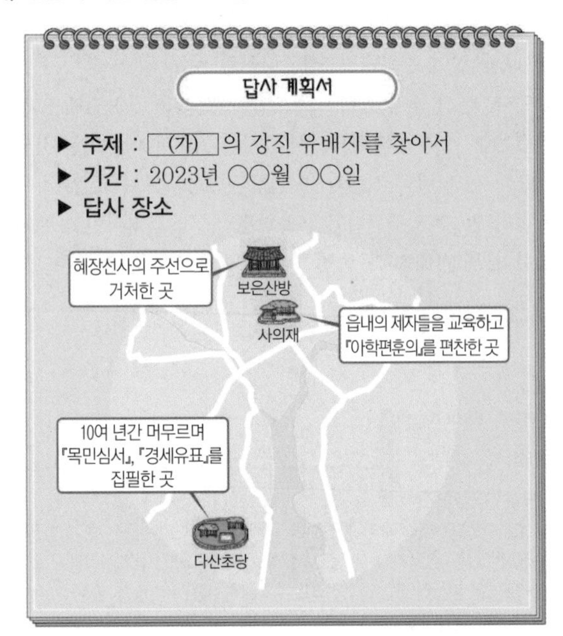

은쌤의 합격노트

(가) 인물은 다산 정약용이다. 조선 후기 순조 대에 정약용은 신유박해로 1801년 2월 장기로 유배, 그해 11월에 다시 강진으로 유배되었다. 강진 읍내 사의재에서 4년을 머물렀고 고성사 보은산방에서 1년을, 제자 이학래의 집에서 2년을 살았다. 1808년 봄에서 해배될 때까지 다산초당에서 10년을 살았다. "아학편훈의"는 정약용이 사의재에서 아이들을 가르치려고 손수 지은 교재다. 정약용은 10여 년간 다산초당에 살면서 방대한 저작을 남겨 사회 각 방면의 개혁안을 제시하였다. 근본적 개혁에 앞서 민생 안정을 위해 수령의 행동 지침서인 "목민심서"를 저술하고, 국가 제도 전반에 대한 개혁을 주장한 "경세유표"를 저술하였다.

정답 분석

⑤ 기기도설을 참고하여 거중기를 설계하였다.

➡ 조선 후기 정약용은 "기기도설"을 참고하여 만든 거중기를 수원 화성을 쌓을 때 사용하여 공사 기간을 단축하고 공사비를 줄이는 데 이바지하였다.

오답 피하기

① 일본에 다녀와 해동제국기를 편찬하였다.

➡ 조선 초기 세종 대에 서장관의 신분으로 일곱 달 동안 일본에 머물렀던 신숙주는 성종의 명령에 따라 견문록인 "해동제국기"를 완성하였다.

② 최초의 서원인 백운동 서원을 건립하였다.

➡ 조선 중기 중종 때 주세붕이 세운 백운동 서원을 시작으로 각 지방에 많은 서원이 설립되었는데, 서원은 각기 다른 선현을 모시고 있어서 학파와 붕당을 결속시키는 구심점이 되었다.

③ 북한산비가 진흥왕 순수비임을 고증하였다.

➡ 조선 후기 김정희는 북한산비에 비문 첫째 줄에 '진흥(眞興)'의 '眞(진)'자를 확인하여 이 비가 무학(無學)의 비가 아니라 진흥왕 순수비임을 고증하였다.

④ 양명학을 연구하여 강화학파를 형성하였다.

➡ 조선 후기 정제두는 양명학을 체계적으로 연구하여 강화도를 중심으로 강화학파를 형성하였다.

28 제너럴 셔먼호 사건 정답 ②

밑줄 그은 '이 사건'에 대한 설명으로 옳은 것은? [2점]

> **사료로 보는 한국사**
>
> 온 성의 군민이 모두 울분을 품고, …… 총환과 화살을 어지러이 발사하였으며 사생을 잊고 위험을 무릅쓰지 않는 자가 없었으니, 반드시 오랑캐를 도륙하고야 말 태세였습니다. 강 아래 위의 요해처에서 막고, 마침내 화선(火船)으로 불길이 옮겨 붙게 함으로써 모조리 죽여 살아남은 종자가 없게 된 것은 모두 이들이 …… 용감하게 싸운 것에 기인한 것이었습니다.
>
> **[해설]** 자료는 『환재집』의 일부로, 평양 군민들이 대동강에서 이양선을 격침한 이 사건의 전말을 서술한 것이다. 평안 감사가 여러 차례 조정에 올린 장계를 통해 당시의 생생한 상황을 파악할 수 있다.

은쌤의 합격노트

밑줄 그은 '이 사건'은 제너럴 셔먼호 사건이다. 1866년 미국의 상선 제너럴 셔먼호가 대동강을 거슬러 평양까지 올라와 통상을 요구하며 횡포를 부렸다. 이에 분노한 평양 관민은 평안 감사 박규수의 지휘하에 제너럴 셔먼호를 불태워 침몰시켰다. 미국은 제너럴 셔먼호 사건을 구실로 여러 차례 배상금 지불과 통상 조약의 체결을 요구하였지만 흥선 대원군은 이를 거부하였다. 그러자 미국의 로저스 제독은 5척의 군함을 이끌고 강화도를 침략하여 신미양요를 일으켰다.

정답 분석

② 신미양요가 일어나는 계기가 되었다.

➡ 미국은 제너럴 셔먼호 사건을 구실 삼아 1871년 통상 개방을 요구하며 조선을 침략하는 신미양요를 일으켰다. 미군은 강화도의 일부를 점령하였으나 병인양요 뒤 국방을 강화한 조선군의 거센 저항에 부딪쳐 철수하였다.

오답 피하기

① 신유박해가 원인이 되어 발생하였다.

➡ 1801년 조선 후기 순조 즉위 직후에 이승훈을 비롯한 300여 명의 천주교인이 처형을 당한 신유박해가 일어났다. 곧이어 천주교 신자인 황사영이 쓴 '프랑스의 청나라 베이징 주교에게 조선에 군대를 보내 도와 달라는 내용'의 편지가 발각되어 천주교 탄압이 더욱 강해졌다(황사영 백서 사건).

③ 전개 과정에서 전주 화약이 체결되었다.

➡ 1차 동학 농민 운동 때 외국 군대의 파병 소식을 접한 농민군은 전주에서 정부군과 휴전하고 전주 화약을 체결한 뒤 해산하였다.

④ 외규장각 도서가 국외로 약탈되는 결과를 가져왔다.

➡ 병인양요 당시 프랑스군은 강화도를 점령하면서 외규장각에 보관하고 있던 도서들을 약탈해 갔다.

⑤ 오페르트의 남연군 묘 도굴 사건을 배경으로 일어났다.

➡ 병인양요 이후 독일 상인 오페르트는 통상 요구를 강화하기 위해 충남 덕산에 있는 흥선 대원군의 아버지인 남연군 묘를 도굴하려 하였으나 실패하였다.

29 최익현 정답 ③

(가) 인물에 대한 설명으로 옳은 것은? [2점]

월간 역사 2023년 4월호

특집 (가) 의 상소, 조선의 정치를 뒤흔들다!

- 흥선 대원군의 하야를 요구하는 상소를 올리다
- 지부복궐척화의소를 올려 왜양일체론을 주장하다
- 단발령에 반대하는 상소를 올리다

은쌤의 합격노트

(가) 인물은 최익현이다. 최익현은 경복궁 중건과 서원 철폐에 반대하는 상소를 올려 흥선 대원군이 하야하는 데 큰 역할을 하였다. 1876년 1월 최익현은 도끼를 앞에 놓고, 꿇어앉아 일본과의 조약 체결에 적극 반대하는 지부복궐척화의소를 올렸다. 자신의 상소를 받아들이든지 아니면 도끼로 자신을 죽여 달라는 단호한 의지를 나타낸 것이다. 최익현은 일본과 서양이 같은 세력이라는 왜양일체론을 내세우며 강화도 조약 체결에 반대하였다. 을미사변 이후 친일 내각은 을미개혁을 단행하여 상투를 자르라는 단발령을 내렸다. 이에 최익현은 단발령이 여론의 수렴 없이 일방적으로 시행되었고, 조선의 풍속에 반하자 "내 머리는 자를지언정 머리카락은 자를 수 없다."라고 하면서 강력하게 반발하였다.

정답 분석

③ 을사늑약 체결에 반대하여 태인에서 의병을 일으켰다.

- 1906년 최익현은 제자들과 전라북도 태인에서 의병을 일으켜 정읍 · 순창 일대를 장악하였다. 그러나 관군이 출동하자 항전을 중지하고 체포되어 일본군에게 넘겨졌고, 쓰시마 섬에 유배되어 순국하였다.

오답 피하기

① 대한 광복회를 조직하여 친일파를 처단하였다.

- 1915년 박상진을 총사령으로 하여 결성된 대한 광복회는 군대식 조직을 갖추고, 공화 정부 수립을 목표로 활동하였다.

② 국권 피탈 과정을 정리한 한국통사를 집필하였다.

- 일제 강점기에 박은식은 민족정신으로서 국혼을 강조하며 1915년에 "한국통사", 1920년에 "한국독립운동지혈사"를 저술하여 일제의 침략과 민족의 독립운동 과정을 정리하였다.

④ 13도 창의군을 지휘하여 서울 진공 작전을 전개하였다.

- 1907년 1만여 명의 의병이 양주에 집결하여 이인영을 총대장, 허위를 군사장으로 한 13도 창의군을 결성하고 서울 진공 작전을 전개하였다.

⑤ 보국안민을 기치로 우금치에서 일본군 및 관군에 맞서 싸웠다.

- 1894년 제2차 동학 농민 운동 때 농민군은 논산에서 남접과 북접이 합세하여 북상하였는데, 공주 우금치에서 일본군과 관군의 연합 부대와 대치하면서 크게 패하였다.

30 갑신정변 정답 ③

다음 사건이 일어난 시기를 연표에서 옳게 고른 것은? [3점]

> 심히 급박한 상황 중에 나는 적의 활동과 청국 군대의 내습을 우려하여 주상을 모시고 지키기 편리한 경우궁으로 옮기시게 한 후 일본 병사로 하여금 호위할 방침을 세웠다. 곧이어 주상께 일본군의 지원을 구하도록 요청하니, 주상은 곧 영숙문 앞 노상에서 연필로 "일본 공사는 와서 나를 보호하라."라는 글을 친히 쓰시어 주시는지라. …… 졸지에 변란을 만난 사대당의 거두들은 주상께서 경우궁에 계심을 듣고 입궐하다가 …… 민영목, 민태호 등은 용감한 우리 집행원의 손에 비참한 최후를 당하였다.

1866		1873		1882		1885		1894		1899
병인 박해	(가)	고종 친정	(나)	임오 군란	(다)	톈진 조약	(라)	청일 전쟁 발발	(마)	대한국 국제 반포

은쌤의 합격노트

다음 사건은 갑신정변이다. 1884년 10월 17일 김옥균 등 급진 개화파는 우정총국 개국 축하연을 이용하여 정변을 일으켰다. 임오군란 이후 청의 내정 간섭이 심화되면서 그들이 추구한 개화 정책이 난관에 봉착하였기 때문이다. 이들은 고종 내외와 왕비를 경우궁으로 피신시킨 뒤 민태호, 민겸호, 민승호, 민규호 등 민씨 정권의 고관들을 죽이고 새 내각을 발표하였다. 이어 청에 대한 사대 관계 폐지, 인민 평등권 확립, 내각 중심의 정치 등을 내용으로 하는 14개조 정강을 발표하고 근대적 개혁 정치를 추진하려 하였다. 그러나 정변은 청군의 개입으로 3일 만에 실패로 끝났다. 이로 인해 김옥균, 박영효 등은 일본으로 망명하였고, 홍영식은 죽임을 당하였다.

정답 분석

③ (다)

- 갑신정변 당시 청과 일본 양국 군대 사이에 충돌이 있었기 때문에 두 나라 사이에도 외교 교섭이 진행되었다. 그 결과 1885년에 청 · 일 양국 군대가 조선에서 동시에 철수하는 것을 내용으로 하는 톈진 조약이 체결되었다. 그러나 조약문에 '이후 조선에서 중요 사건이 발생하여 청 · 일 양국이 파병할 때는 서로 문서로 알린다.'라는 내용이 있어서 두 나라 군대가 다시 충돌할 불씨는 여전히 남아 있었다.

31 제1차 갑오개혁 정답 ④

밑줄 그은 '개혁안'의 내용으로 옳은 것을 〈보기〉에서 고른 것은? [2점]

> 파리의 외무부 장관 아노토 각하께
>
> 전임 일본 공사는 국왕에게서 사실상 거의 모든 권력을 빼앗고, 개력 위원회[군국기무처]가 내린 결정을 확인하는 권한만 남겨 놓았습니다. …… 이후 개력 위원회[군국기무처]는 매우 혁신적인 개혁안을 발표했습니다. 그런데 일부 위원들이 몇몇 조치에 대해 시의적절하지 않다고 판단하더니 이에 대해 동의하기를 거부했습니다. …… 게다가 조선인들은 이 기구가 왕권을 빼앗고 일본에 매수되었다고 비난하면서, …… 어떤 지방에서는 왕권 수호를 위해 봉기했다고 합니다.
>
> 주 조선 공사 르페브르 올림

〈보 기〉

ㄱ. 건양이라는 연호를 제정하였다.
ㄴ. 탁지아문을 재정으로 일원화하였다.
ㄷ. 양전 사업을 실시하여 지계를 발급하였다.
ㄹ. 조혼을 금지하고 과부의 재가를 허용하였다.

은쌤의 합격노트

밑줄 그은 '개혁안'은 1894년에 시행된 제1차 갑오개혁이다. 일본군의 경복궁 점령으로 민씨 정권이 무너지고 흥선 대원군을 섭정으로 하는 제1차 김홍집 내각이 들어섰다. 친일 정권인 김홍집 내각은 농민의 불만과 개혁 요구를 반영하기 위해 입법권을 가진 초정부적 개혁 기구인 군국기무처를 신설하고 제1차 갑오개혁을 추진하였다. 군국기무처는 7월 28일부터 약 3개월 동안 210건의 개혁 입법을 처리하였다. 이 가운데는 동학 농민군의 요구도 상당수 포함되어 있었다.

정답 분석

ㄴ. 탁지아문을 재정으로 일원화하였다.

- 제1차 갑오개혁 때 경제면에서는 탁지아문이 재정에 관한 모든 사무를 관장하도록 하여, 왕실을 비롯한 여러 기관에서 독자적으로 세금을 걷는 폐단을 막고자 하였다.

ㄹ. 조혼을 금지하고 과부의 재가를 허용하였다.

- 1894년 제1차 갑오개혁 때 사회면에서는 신분 차별과 노비제를 없애고 조혼 금지, 과부의 재가를 허용하였으며 가혹한 고문과 연좌제도 폐지하였다.

오답 피하기

ㄱ. 건양이라는 연호를 제정하였다.

- 3차 갑오개혁(을미개혁)으로 음력 1895년 11월 17일이 양력으로 환산되었고, 1896년 1월 1일부터 '건양'이라는 연호를 쓰기 시작하였다. '건양'은 '양력으로 세운다.'라는 의미이다.

ㄷ. 양전 사업을 실시하여 지계를 발급하였다.

- 대한 제국은 근대 개혁의 일환으로 양전 사업을 실시하였다. 1898년 전담 기관인 양지아문을 설치하였고, 1901년 지계아문을 설치하여 이곳에서 지계를 발급하였다.

32 독립 협회 정답 ②

(가) 단체에 대한 설명으로 옳은 것은? [2점]

> (가) 은/는 독립관에서 경축 모임을 열었다. 회장은 모임을 여는 큰 뜻을 설명하였다. "오늘은 황제 폐하께서 대황제라는 존귀한 칭호를 갖게 되신 계천(繼天) 경축일이니, 대한의 신민은 이를 크게 경축드립니다. 우리는 관민 공동회에서 황실을 공고히 하고 인민을 문명 개화시키며 영토를 보존하고자 여섯 개 조항의 의견안을 바쳤습니다."라고 말하였다. …… 이어 회원들은 조칙 5조와 헌의 6조 10만 장을 인쇄하여 온 나라에 널리 배포하고 학생들에게 그것을 배우고 익히도록 하였다. 경축연을 마친 회원들은 울긋불긋한 종이꽃을 머리에 꽂은 채 국기와 (가) 의 깃발을 세우고 경축가를 부르며 인화문 앞으로 가서 만세를 외치고 종로의 만민 공동회로 갔다.

은쌤의 합격노트

(가) 단체는 독립 협회이다. 1896년 창립된 독립 협회는 과거 중국 사신을 영접하던 영은문 자리에서 독립문 낙성식을 거행하였다. 독립문은 독립 협회가 주도하여 만들었지만, 고종도 건립을 위한 비용의 일부를 하사할 정도로 관심이 많았다. 고종을 비롯한 왕실과 관료, 지식인, 시민들이 뜨거운 호응으로 1897년 11월 독립문과 독립관이 완공되었다. 독립 협회는 1898년 3월부터 최초의 근대적 민중 집회인 만민 공동회를 열어 러시아의 내정 간섭과 이권 요구를 규탄하는 자주 국권 운동을 전개하였다.

정답 분석

② 러시아의 절영도 조차 요구에 반대하였다.

- 1898년 독립 협회는 만민 공동회를 개최하여 러시아의 절영도 조차 요구를 반대하고 저지하였다.

오답 피하기

① 일제의 황무지 개간권 요구를 저지시켰다.

- 1904년 일본이 러·일 전쟁을 빌미로 황무지 개간권을 요구하자 보안회는 반대 운동을 벌여 이를 저지하였다.

③ 태극 서관을 설립하여 계몽 서적을 보급하였다.

- 1908년 신민회는 교과서와 계몽 서적을 보급하기 위한 태극 서관을 설립하여 경제적 실력 양성에도 힘썼다.

④ 민립 대학 설립을 위한 모금 운동을 전개하였다.

- 1920년대에 식민지 교육의 한계를 극복하고 한국인의 고등 교육을 위해 이상재, 한용운, 이승훈 등 지식인들은 민립 대학 설립 운동을 전개하였다. 이들은 1923년 조선 민립 대학 기성회를 만들고, 모금 운동을 전개하였다.

⑤ 조소앙의 삼균주의를 기초로 건국 강령을 발표하였다.

- 1941년 11월 대한민국 임시 정부는 일제가 패망할 것에 대비하여 건국의 방향을 제시한 건국 강령을 발표하였다. 건국 강령은 조소앙의 삼균주의를 기초로 하였다.

33 한성 사범 학교 규칙 발표 이후의 사실 정답 ③

다음 규칙이 발표된 이후의 사실로 옳은 것은? [3점]

> **한성 사범 학교 규칙**
>
> **제1조** 한성 사범 학교는 칙령 제79호에 의해 교원에 활용할 학생을 양성함
>
> **제2조** 한성 사범 학교의 졸업생은 소학교 교원이 되는 자격이 있음
>
> **제3조** 한성 사범 학교는 본과 학생이 수학할 학과목은 수신 · 교육 · 국문 · 한문 · 역사 · 지리 · 수학 · 물리 · 화학 · 박물 · 습자 · 작문 · 체조로 함
>
> ⋮

은쌤의 합격노트

다음 규칙은 1895년 7월에 공포된 '한성 사범 학교 규칙'이다. 1895년 제2차 갑오개혁 때 국민 교육을 위한 교육입국 조서를 발표한 후 한성 사범 학교, 소학교, 외국어 학교 관제 등을 공포하여 근대적인 교육 제도를 마련하였다. 당시 정부에서는 초등 교육 기관인 소학교를 널리 보급시킬 계획이었으므로 교원 양성을 위한 사범 학교가 필요하였다. 이에 '한성 사범 학교 관제'를 공포하고 1895년 4월 학교를 설립하였으며, 곧이어 같은 해 7월 '한성 사범 학교 규칙'을 공포하였다.

정답 분석

③ 이승훈이 인재 양성을 위해 오산 학교를 세웠다.

➡ 1907년 신민회는 민족정신의 고취와 인재 양성을 위해 정주에 오산 학교를 세웠다.

오답 피하기

① 길모어 등이 육영 공원 교사로 초빙되었다.

➡ 1886년 우리나라 최초의 근대식 공립 교육 기관인 육영 공원이 설립되었으며 헐버트, 길모어, 벙커 세 사람의 외국인이 초빙되어 강의하였다.

② 정부가 동문학을 세워 통역관을 양성하였다.

➡ 1883년 조선 정부는 외국어 교육 기관인 동문학을 세워 영어, 일본어 등을 교육하였다.

④ 함경도 덕원 지방의 관민들이 원산 학사를 설립하였다.

➡ 1883년 함경도 덕원 주민은 최초의 근대식 사립 학교인 원산 학사를 세워 근대 학문과 외국어를 가르쳤다.

⑤ 교육의 기본 방향을 제시한 교육 입국 조서가 반포되었다.

➡ 1895년 제2차 갑오개혁 당시 고종이 교육 입국 조서를 발표하면서 근대적 교육 제도의 기틀이 마련되었다. 이에 따라 한성 사범 학교가 설립되고, 소학교와 외국어 학교 등이 차례로 세워졌다.

34 대한매일신보 정답 ③

(가) 신문에 대한 설명으로 옳은 것은? [1점]

경천사지 십층 석탑에 대한 일본인의 약탈 행위에 관해 보도한 (가) 기사를 읽어 보았는가? 보도 내용을 접한 헐버트가 사건 현장을 방문하여 사진을 촬영하고 목격자 의견을 청취했다더군.

일본인의 이런 행위가 알려진 것은 양기탁과 베델이 창간한 (가)의 노력 덕분이라고 하네.

은쌤의 합격노트

(가) 신문은 대한매일신보이다. 1904년 양기탁이 영국인 베델을 발행인으로 초청하여 대한매일신보를 발행하였다. 초기에는 순 한글로 발행되었으나 1907년부터는 국문, 국한문, 영문 등 세 종류로 발행되었다. 1907년 일본 궁내대신인 다나카는 무단으로 경천사지 10층 석탑을 해체해 일본으로 가져갔다. 이에 베델은 대한매일신보 1907년 3월 7일자 논설을 통해 일본의 다나카를 거명하며 석탑 약탈을 폭로하였다. 그래도 반환하지 않자 이 사건을 뉴욕포스트 등 세계 언론에 폭로해 대서특필하는 등 석탑을 반환하도록 촉구했다. 이 같은 세계 여론 때문에 경천사지 10층 석탑은 일본에 도착한 후 포장도 풀지 못한 채 십여 년 넘게 방치되었다가 1918년 다시 한국으로 반환된다.

정답 분석

③ 국채 보상 운동의 확산에 기여하였다.

➡ 1907년 대구에서 시작된 국채 보상 운동은 대한매일신보, 황성신문, 제국신문, 만세보 등 언론 기관의 적극적인 홍보에 힘입어 전국으로 확산되었다.

오답 피하기

① 상업 광고를 처음으로 실었다.

➡ 1886년 한성주보는 갑신정변 이후 한성순보가 발행 중단되면서 발간되었고, 우리나라 최초의 신문 광고가 게재되었다.

② 천도교의 기관지로 발행되었다.

➡ 천도교로 이름을 바꾼 동학은 1906년 기관지인 만세보를 펴내 민족의식을 고취하는 데도 앞장섰다.

④ 일장기를 삭제한 손기정 사진을 게재하였다.

➡ 동아일보는 1936년 베를린 올림픽 경기 대회의 마라톤에서 손기정 선수가 우승하자, 시상식 사진을 게재하면서 그의 유니폼에 그려져 있던 일장기를 삭제하였다.

⑤ 순 한문 신문으로 열흘마다 발행하는 것이 원칙이었다.

➡ 1883년 조선 정부는 개화 정책을 추진하면서 국민을 계몽하기 위해 박문국을 설치하고 최초의 신문인 한성순보를 발간하였다.

35 러 · 일 전쟁 중의 일제의 국권 침탈 정답 ④

밑줄 그은 '전쟁' 중에 있었던 사실로 옳지 않은 것은? [3점]

은쌤의 합격노트

밑줄 그은 '전쟁'은 러 · 일 전쟁이다. 1904년 일본이 러시아 군함을 공격하면서 러 · 일 전쟁의 막이 올랐다. 영국과 미국은 러시아를 견제하기 위해 막대한 전쟁 비용을 지원하는 등 일본을 적극적으로 지원하였다. 일본은 전쟁의 승기를 잡았지만 전쟁 비용이 거의 바닥이 났고, 러시아는 국민의 봉기로 혼란에 빠져들고 있었다. 이에 1905년 9월 두 나라는 미국의 중재로 일본의 한국 지배를 인정하는 포츠머스 조약을 맺었다. 당시 일본은 러 · 일 전쟁의 명분으로 한국의 독립을 보장하고 동양의 평화를 내세웠다. 하지만 전쟁에 승리하자 본성을 드러내고 1905년 을사늑약을 강제로 체결하였다.

정답 분석

④ 대한 제국이 기유각서를 통해 일제에 사법권을 박탈당하였다.
- 1909년 일본은 기유각서를 통해 사법권을 박탈하고 이어 경찰권까지 탈취하였다.

오답 피하기

① 일본이 독도를 불법적으로 편입하였다.
- 1905년 일본은 러 · 일 전쟁 중에 독도를 무인도로 규정하고, 일본의 시마네현에 다케시마(竹島)라는 이름으로 불법 편입하였다.

② 일본과 미국이 가쓰라 · 태프트 밀약을 맺었다.
- 1905년 러 · 일 전쟁 중에 일본과 미국은 "미국은 일본의 한국 지배를 승인하며, 일본은 필리핀을 침략하지 않는다."라는 내용의 가쓰라 · 태프트 밀약을 맺었다.

③ 일본인 메가타가 대한 제국의 재정 고문으로 초빙되었다.
- 1904년 일본은 러 · 일 전쟁에서 승기를 잡자 제1차 한 · 일 협약을 체결하고, 메가타 다네타로를 재정 고문으로 앉혔다.

⑤ 군사 전략상 필요한 지역을 일본에 제공하는 한일 의정서가 강요되었다.
- 1904년 일본은 러 · 일 전쟁 발발과 동시에 서울을 점령하고 한 · 일 의정서를 체결하였다.

36 일제 식민통치 1기(1910년대) 정답 ①

다음 규정이 시행된 시기에 있었던 사실로 옳은 것은? [1점]

> **임시 토지 조사국 조사 규정**
>
> **제1장** 면과 동의 명칭 및 강계(疆界) 조사와 토지 신고서의 접수
> **제2장** 지주 지목(地目) 및 강계 조사
> **제3장** 분쟁지와 소유권에 부의(付疑)* 있는 토지 및 신고하지 않은 토지에 대한 재조사
> **제4장** 지위(地位) 등급 조사
> ⋮
> – 조선 총독부 관보 –
>
> *부의(付疑) : 이의를 제기함

은쌤의 합격노트

다음 규정이 시행된 시기는 1910년대 일제의 식민 통치 시기이다. 조선 총독부는 1910년 임시 토지 조사국을 설치하고, 1912년 토지 조사령을 공포하여 본격적으로 토지 조사 사업을 시행하였다. 토지 조사 사업은 토지 소유자가 토지 신고서를 작성하여 일정한 기한 내에 직접 신고해야 소유권을 인정받을 수 있었다. 이 때문에 기한을 넘기거나 신고하지 못한 토지와 소유권이 불분명하였던 공유지, 황무지나 미개간지 등은 조선 총독부의 소유가 되었다. 조선 총독부는 빼앗은 토지를 동양 척식 주식회사나 일본인 농업 이주민에게 헐값에 팔아넘겼다.

정답 분석

① 회사령이 실시되었다.
- 1910년 조선 총독부는 회사령을 제정하여 회사를 설립할 때 조선 총독의 허가를 받도록 하였다.

오답 피하기

② 원산 총파업이 일어났다.
- 1929년 원산 인근의 라이징 선 석유 회사에서 일본인 현장 감독이 한국인 노동자를 자주 구타한 사건을 계기로 원산 노동자 총파업이 일어났다.

③ 국가 총동원법이 제정되었다.
- 1937년 중 · 일 전쟁을 도발한 일제는 전쟁에 필요한 물자와 인력을 효율적으로 동원하기 위해 1938년 국가 총동원법을 제정하고 본격적으로 인력과 물자 수탈에 나섰다.

④ 조선 노동 공제회가 조직되었다.
- 1920년 출범한 조선 노동 공제회는 우리나라 최초의 노동 대중 단체로 노동 운동과 농민 운동에 큰 영향을 끼쳤다.

⑤ 조선 사상범 예방 구금령이 공포되었다.
- 1941년 일제는 독립 운동가들을 재판 없이 구금할 수 있는 조선 사상범 예방 구금령을 만들고 잡혀 온 이들에게 친일을 강요하였다.

37 신간회 정답 ②

(가) 단체에 대한 설명으로 옳은 것은? [2점]

역사 신문

제△△호 ○○○○년 ○○월 ○○일

민중 대회 개최 모의로 지도부 대거 체포

허헌, 홍명희 등 (가) 의 지도부는 광주 학생 항일 운동을 전국적 시위 운동으로 확산시키기 위한 민중 대회 개최를 추진하다가 경찰에 체포되었다. 이 단체는 사건 진상 조사 보고를 위한 유인물 배포 및 연설회 개최를 계획하고, 각 지회에 행동 지침을 내리는 등 시위 확산을 도모하였다.

은쌤의 합격노트

(가) 단체는 신간회이다. 1927년 비타협적 민족주의자들과 사회주의자들은 신간회를 창립하였다. 신간회는 회장에 이상재, 부회장에 홍명희를 선출하고 3대 강령을 발표하였다. 신간회는 전국을 돌며 순회 강연회 실시, 노동 야학 참여 등 민중 계몽 활동을 벌였으며, 노동 · 농민 · 청년 · 여성 · 형평 운동 등 여러 사회 운동도 적극적으로 지원하였다. 1929년에 광주 학생 항일 운동이 일어나자 신간회는 현지에 조사단을 파견하고, 진상 보고를 위한 민중 대회를 계획하였다. 그러나 일제가 간부들을 모두 구속하면서 큰 타격을 입었다.

정답 분석

② 민족 협동 전선으로 결성되었다.

➋ 신간회는 길지 않은 기간이었지만 사회주의 세력과 비타협적 민족주의 세력이 힘을 합쳐 결성한 국내 최대의 민족 협동 전선 단체였다.

오답 피하기

① 암태도 소작 쟁의를 지원하였다.

➋ 1923년 전남 무안군 암태도에서 발생한 소작 쟁의는 지주 문재철의 횡포에 맞선 것으로 소작 농민들의 요구 대부분이 관철되었다.

③ 부민관 폭파 사건을 주도하였다.

➋ 1945년 7월 24일 부민관에서 친일 부역자 박춘금 일당이 한국인들을 일본의 침략 전쟁에 동원하기 위한 '아시아민족분격대회'를 개최하자 류만수, 강윤국, 조문기 세 청년 의사가 행사장에 폭탄을 터뜨려 의거를 일으켰다(부민단 폭탄 의거).

④ 조선 혁명 선언을 활동 지침으로 하였다.

➋ 1923년 의열단은 신채호에게 의뢰하여 작성한 조선 혁명 선언을 활동 지침으로 삼아 일제 요인 암살과 식민 통치 기관 파괴에 주력하였다.

⑤ 어린이날을 제정하고 잡지 어린이를 간행하였다.

➋ 1921년 방정환을 중심으로 천도교 소년회가 조직되면서 본격적으로 소년 운동이 시작되었다. 방정환은 아이들을 인격체로 대접하라는 의미에서 '어린이'라는 용어를 사용하고, 어린이날을 제정하였다.

38 물산 장려 운동 정답 ②

밑줄 그은 '이 운동'에 대한 설명으로 옳은 것은? [2점]

이것은 평양에서 조만식 등의 주도로 시작된 이 운동의 선전 행렬을 보여주는 사진이다.

이 운동은 '조선 사람 조선 것' 등의 구호를 내세웠지만, 자본가의 이익만을 추구하는 이기적인 운동이라고 비판받기도 했어.

은쌤의 합격노트

밑줄 그은 '이 운동'은 물산 장려 운동이다. 1920년을 전후해서 평양 메리야스 공장 등 민족 기업들이 설립되었다. 그러나 일본의 자본과 상품이 밀려들자 위기에 빠졌다. 이에 1920년대 초 조만식을 비롯한 서북 지방의 지도자들은 조선 물산 장려회를 조직하고 민족 기업을 육성하자는 물산 장려 운동을 일으켰다. 물산 장려 운동은 '조선인이 만든 것을 입고, 먹고, 쓰자', '내 살림 내 것으로'라는 표어를 내걸고 활발히 진행되었다. 하지만 일부 상인의 농간으로 상품 가격만 오르는 경우가 있었고, 사회주의자로부터 자본가와 상인의 이익만을 추구하는 이기적 운동이라고 비난을 받기도 하였다.

정답 분석

② 조선 관세령 폐지를 계기로 확산되었다.

➋ 1920년대 들어 회사령이 폐지되자 일본 자본이 본격적으로 조선에 진출하였으며, 1923년 일본과 조선 사이에 관세가 대부분 철폐되자 일본 상품이 대량으로 밀려들어 왔다. 이러한 상황에서 1920년 조만식 등은 평양에서 조선 물산 장려회를 발기하고, 이어 1923년 서울에 조선 물산 장려회가 조직되면서 물산 장려 운동이 전국적으로 퍼졌다.

오답 피하기

① 통감부의 탄압과 방해로 중단되었다.

➋ 통감부는 1906년에 설치되어 1910년 주권 상실과 더불어 조선 총독부가 설치되기 전까지 존속한 일제의 식민 통치 준비 기구이다.

③ 황국 중앙 총상회가 설립되는 결과를 가져왔다.

➋ 1898년 한성의 시전 상인들은 외국 상인들의 한성 진출로 피해를 입자 황국 중앙 총상회를 조직하였다.

④ 한성 은행, 대한 천일 은행 설립에 영향을 끼쳤다.

➋ 대한 제국은 금융 제도의 근대화를 위해 1897년 한성 은행을 설립하고, 1899년 민간 은행인 대한 천일 은행을 지원하기도 하였다.

⑤ 일본, 프랑스 등의 노동 단체로부터 격려 전문을 받았다.

➋ 1929년 원산 노동자들이 총파업에 돌입하자 일본의 부두 노동자들이 동조 파업을 전개했으며, 중국, 소련, 프랑스의 노동자들이 격려 전문을 보내왔다.

39 일제 식민 통치 3기(1930~40년대) 정답 ②

밑줄 그은 '시기'에 볼 수 있는 모습으로 적절한 것은? [2점]

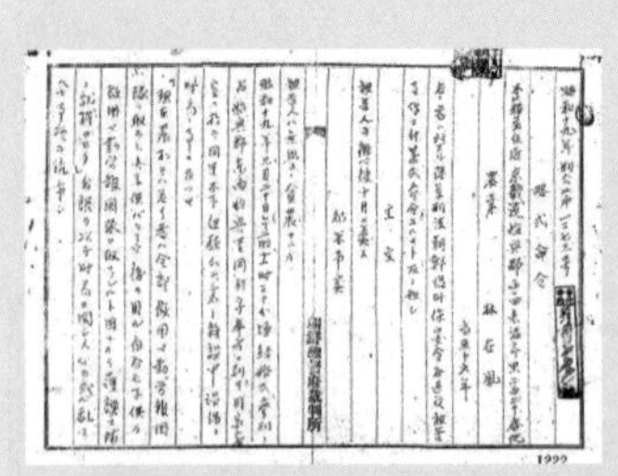

이 자료는 태평양 전쟁 발발 후 일제의 전시 동원 체제가 강화된 시기의 판결문이다. 판결문에는 피고인 임○○이 이웃 주민과의 잡담에서 "자식이 징용되거나 근로 보국대에 가지 않도록 취직시킨다." 등의 발언을 하여 민심을 어지럽혔다는 이유로 징역형을 선고한다는 내용이 담겨 있다.

은쌤의 합격노트

밑줄 그은 '이 시기'는 1930~1940년대 일제 식민 통치 시기이다. 일제는 1937년 중·일 전쟁 이후 침략 전쟁에 조선의 청년들을 조직적으로 동원하였다. 1938년 지원병제를 실시한 일제는 1941년 태평양 전쟁으로 전선이 확대되자 1943년 학도지원병제를 실시하여 학생들을 전쟁에 동원하였다. 뒤이어 1944년에는 징병제가 실시되어 일제가 패망할 때까지 약 20만 명의 청년이 전쟁터로 끌려갔다. 일제는 군인뿐만 아니라 전시에 필요한 노동력도 강제로 동원하였다.

정답 분석

② 몸뻬 착용을 권장하는 애국반 반장
- 몸뻬는 원래 일본 여성의 노동복으로 1942년에 전시 여성복으로 제정되었는데, '일바지'나 '왜 바지'라고도 불렸다.

오답 피하기

① 국가 보안법 철폐를 요구하는 학생
- 국가 보안법은 1948년 여순 순천 사건이 계기로 제헌국회에서 반국가 단체의 활동을 규제할 목적으로 제정·시행된 이래 현재까지 모두 7차례 개정되었다.

③ 경부선 철도 개통식을 구경하는 청년
- 1905년 일본은 군사적 목적으로 서울과 부산을 연결하는 경부선을 개통하였다.

④ 형평사 창립 대회 개최를 취재하는 기자
- 1923년 백정들은 경남 진주에서 조선 형평사를 조직하였다. 이들은 사회적 차별과 편견을 없애기 위한 형평 운동을 전개하였다.

⑤ 헌병 경찰에게 끌려가 태형을 당하는 농민
- 1912년 총독부가 조선 태형령을 공포하자 헌병 경찰은 합법적으로 우리나라의 독립 운동가는 물론이고 일반 형사범까지도 가혹한 태형으로 다스렸다.

40 이윤재 정답 ①

다음 인물의 활동으로 옳은 것은? [2점]

이달의 독립운동가

우리 말과 글을 지키는 데 앞장선 ○○○

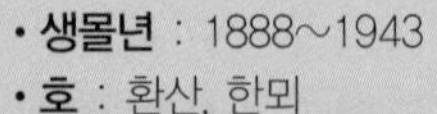

- **생몰년** : 1888~1943
- **호** : 환산, 한뫼
- **주요 활동**

김해 출신으로 합성 학교 등에서 교사로 재직하며 교육 계몽 운동을 전개하였다. 1919년 영변에서 만세 운동을 주도하였으며, 중국의 베이징 대학에서 역사학을 공부하였다. 귀국 이후 조선어 연구회에 가입하여 한글의 연구 및 보급에 앞장섰으며, 1942년 조선어 학회 사건으로 가혹한 고문을 받고 이듬해 옥사하였다. 1962년 건국훈장 독립장이 추서되었다.

은쌤의 합격노트

다음 인물은 '이윤재'이다. 이윤재는 김해 공립 보통 학교를 졸업하고, 김해 합성 학교에서 교편을 잡은 뒤, 다시 대구 계성학교에서 수업하였다. 1919년 평안북도 영변의 숭덕학교 교사로 재직 중 3·1 운동에 관련되어 평양 감옥에서 3년간 옥고를 치렀다. 1921년 중국에 건너가 북경대학 사학과에서 수학한 뒤 1924년 귀국하여 정주의 오산 학교를 거쳐 협성·경신·동덕·배재·중앙 등의 학교에서 교편을 잡았다. 1929년 조선어 연구회·조선어 사전 편찬 위원회의 집행위원, 1930년 한글 맞춤법 통일안의 제정 위원이 되어 국어 통일 운동의 중진으로 활동하기 시작하였다. 1941년 기독신문사 주필로 일하면서 한글 보급과 우리말 사전 편찬에 주력하다가, 1942년 조선어 학회 사건으로 동지들과 함께 홍원 경찰서에 붙잡혀 함흥 형무소에서 복역 중 옥사하였다.

정답 분석

① 한글 맞춤법 통일안 제정에 참여하였다.
- 1933년 조선어 학회의 이윤재 선생은 이희승, 정인승 선생 등과 함께 '한글 맞춤법 통일안'을 제정 발표하였다.

오답 피하기

② 미국과 유럽을 여행한 뒤 서유견문을 집필하였다.
- 1895년 보빙사의 일원인 유길준은 귀국하지 않고 미국에 남아 유학하였는데, 이때의 경험을 담아 쓴 책이 "서유견문"이다.

③ 국문 연구소를 설립하여 연구위원으로 활동하였다.
- 1907년 대한제국 말기 학부 안에 국문 연구소가 설립되었고, 지석영과 주시경 등의 주도로 국어 문법의 연구와 정리가 이루어졌다.

④ 세계지리 교과서인 사민필지를 한글로 저술하였다.
- 1886년 헐버트는 육영공원 교사로 취임해 세계의 지리지식과 문화를 소개하는 내용의 교과서 격인 "사민필지"를 저술했다.

⑤ 민족을 역사 서술의 중심에 둔 독사신론을 발표하였다.
- 1908년 신채호는 대한매일신보에 "독사신론"을 연재하여 민족 중심의 역사 서술을 강조하여 민족주의 역사학의 연구 방향을 제시하였다.

41 한국광복군 정답 ①

(가) 부대에 대한 설명으로 옳은 것은? [1점]

은쌤의 합격노트

(가) 부대는 대한민국 임시 정부의 한국광복군이다. 1940년에 충칭으로 이동한 대한민국 임시 정부는 김구를 주석으로 선출하였다. 그리고 1940년 9월 지청천을 사령관으로 하여 한국광복군을 창설하였다. 일본 패망을 확신하고 새로운 국가 건설을 준비해 왔던 대한민국 임시 정부는 1941년 일제가 태평양 전쟁을 일으키자, 대일 선전 포고를 하고 연합군과 합동 작전을 전개하였다. 1943년 한국광복군은 영국군의 요청에 따라 미얀마 · 인도 전선에 공작대를 파견하여 포로 심문, 정보 수집, 선전 활동 등을 담당하였다.

정답 분석

① 미국과 연계하여 국내 진공 작전을 계획하였다.

➡ 1945년 8월 대한민국 임시 정부의 한국광복군은 미국의 전략 정보국(OSS)과 함께 국내 진공 작전을 추진하였으나, 일제가 항복하는 바람에 계획을 실행에 옮기지 못하였다.

오답 피하기

② 쌍성보, 대전자령 전투에서 일본군을 격파하였다.

➡ 1930년대 초반에 한국 독립군 총사령관 지청천은 중국 호로군과 연합하여 쌍성보 전투, 대전자령 전투 등에서 일본군을 상대로 대승을 거두었다.

③ 조선 민족 전선 연맹의 무장 조직으로 결성되었다.

➡ 1938년 조선 민족 전선 연맹은 중국 국민당 정부의 지원을 받아 군사 조직으로 조선 의용대를 조직하고 정보 수집, 포로 심문, 후방 교란 등 중국군을 지원하는 활동을 하였다.

④ 중국 의용군과 연합하여 영릉가 전투에서 승리하였다.

➡ 1930년대 초반에 조선 혁명군 총사령관 양세봉은 중국 의용군과 함께 한 · 중 연합군을 편성하여 영릉가 전투와 흥경성 전투에서 일본군을 격파하였다.

⑤ 간도 참변 이후 조직으로 정비하고 자유시로 이동하였다.

➡ 1920년 청산리 대첩 이후 독립군 부대들은 소련령 자유시로 이동하였지만, 1921년 지휘권을 놓고 다툼이 일어나 수많은 독립군이 희생되는 자유시 참변을 겪었다.

42 대한민국 정부 수립 과정(정읍 발언~제2차 미 · 소 공동위원회) 정답 ④

(가) 시기에 있었던 사실로 옳은 것은? [2점]

은쌤의 합격노트

(가) 시기는 1946년 6월 이승만이 통일 정부 수립이 어렵다면 남한만이라도 정부를 수립해야 한다고 말한 '정읍 발언'과 1947년 5월 재개된 제2차 미 · 소 공동 위원회 사이의 시기를 말한다. 1946년 제1차 미 · 소 공동 위원회가 결렬되자, 이승만은 통일 정부 수립이 어렵다면 남한만이라도 정부를 수립해야 한다는 '정읍 발언'을 발표하여 큰 반향을 불러일으켰다. 1947년 5월 제2차 미 · 소 공동 위원회가 재개되었지만 제1차 회의와 같이 임시 정부에 참여할 단체 문제로 다시 대립하였다. 미국과 소련은 한반도에 자국과 우호적인 정권을 수립하기 위해 한걸음도 양보하지 않았다. 결국, 제2차 미 · 소 공동 위원회도 결렬되고 말았다.

정답 분석

④ 여운형 등의 주도로 좌우 합작 위원회가 발족되었다.

➡ 1947년 여운형과 김규식은 제1차 미 · 소 공동 위원회 결렬, 이승만의 정읍 발언 등으로 임시 정부 수립이 좌절될 위기를 맞게 되자 이를 극복하기 위해 좌우 합작 위원회를 구성하고, 좌우 합작 7원칙을 발표하였다.

오답 피하기

① 여수 · 순천 10 · 19 사건이 발생하였다.

➡ 이승만 정부 수립 직후인 1948년 10월에 여수, 순천 지역에서 군인들이 무장 봉기하는 사건이 일어났다(여수 · 순천 10 · 19 사건).

② 유엔 한국 임시 위원단이 서울에 도착하였다.

➡ 1947년 11월 유엔은 제2차 미 · 소 공동 위원회도 결렬되자 소련이 불참한 가운데 총회를 열었다. 유엔 총회는 인구 비례에 따라 총선거를 실시하고, 이를 기반으로 정부를 수립하자는 미국의 제안을 통과시켰다. 이듬해 초에는 총선거 실시를 위해 유엔 한국 임시 위원단을 결성하여 한국에 파견하였다.

③ 송진우, 김성수 등이 한국 민주당을 창당하였다.

➡ 1945년 광복이 되자 송진우, 김성수, 조병옥 등은 한국 민주당을 결성하여 우익 세력의 중심이 되었다.

⑤ 조선 건국 준비 위원회에서 조선 인민 공화국을 선포하였다.

➡ 1945년 광복과 동시에 국내에서는 여운형을 중심으로 조선 건국 준비 위원회가 조직되었다. 여운형은 1945년 9월 미군이 진주하기에 앞서 미리 정부 조직을 만들어 두는 것이 좋겠다고 판단하여 조선 인민 공화국의 수립을 선포하였다.

43 우리 역사 속의 지방 통치 체제 정답 ②

(가)~(라) 지방 통치 체제에 대한 설명으로 옳은 것을 〈보기〉에서 고른 것은? [3점]

> (가) 완산주를 다시 설치하고 용원을 총관으로 삼았다. 거열주를 빼서 청주(菁州)를 두니 처음으로 9주가 되었다. 대아찬 복세를 총관으로 삼았다.
>
> (나) 현종 초에 절도사를 폐지하고, 5도호와 75도 안무사를 두었으나, 얼마 후 안무사를 폐지하고, 4도호와 8목을 두었다. 그 이후로 5도·양계를 정하니, 양광·경상·전라·교주·서해·동계·북계가 그것이다.
>
> (다) 각 도 각 고을의 이름을 고쳤다. …… 드디어 완산을 다시 '전주'라고 칭하고, 계림을 다시 '경주'라고 칭하고, 서북면을 '평안도'로 하고, 동북면을 '영길도'로 하였으니, 평양·안주·영흥·길주가 계수관이기 때문이다.
>
> (라) 전국을 23부의 행정 구역으로 나누어 아래에 열거하는 각 부를 둔다. …… 앞 조항 외에는 종래의 목, 부, 군, 현의 명칭과 부윤, 목사, 부사, 군수, 서윤, 판관, 현령, 현감의 관명을 다 없애고 읍의 명칭을 군이라고 하며 읍 장관의 관명을 군수라고 한다.

〈보 기〉

ㄱ. (가) – 신문왕 재위 시기에 정비되었다.
ㄴ. (나) – 지방 장관으로 욕살, 처려근지 등이 있었다.
ㄷ. (다) – 도에는 관찰사가 임명되어 수령을 감독하였다.
ㄹ. (라) – 광무 개혁의 일환으로 실시하였다.

은쌤의 합격노트

(가)는 신라 중대 신문왕이 정비한 9주 5소경, (나)는 고려 중기 현종이 정비한 5도 양계, (다)는 조선 시대의 지방 통치 체제 8도, (라)는 근대 개항기 제2차 갑오개혁에 따른 23부이다.

(가) 신라 중대 신문왕은 늘어난 영토를 9주 5소경 체제로 편성하여 중앙 집권을 강화하였다. 주 밑에는 군과 현을 두어 지방관을 파견했고, 말단 행정 구역인 촌은 토착 세력인 촌주로 하여금 관리하게 하였다.
(나) 고려의 지방 통치 체제는 성종 때부터 정비되기 시작하여 현종 때 마무리되었다. 고려는 전국을 경기, 5도와 양계로 나누고 그 안에 3경, 4도호부, 8목을 비롯한 군·현 등을 두었다. 일반 행정 구역인 5도에는 안찰사를 파견하고, 북방의 양계에는 병마사를 파견하였다.
(다) 조선은 백성을 효율적으로 다스리고 중앙 집권 체제를 강화하기 위하여 지방 행정 조직을 정비하였다. 전국을 8도로 나누었으며, 그 아래에는 군과 현을 두었다. 또한 모든 군현에 지방관을 파견하였다.
(라) 제2차 갑오개혁은 제1차 갑오개혁 때와 큰 차이는 없지만 구체적인 사항에서 진전이 있었다. 정치면에서 기존의 지방 8도를 23부로 개편하여 지방관의 권한을 행정권에 한하도록 축소하였다.

정답 분석

ㄱ. (가) - 신문왕 재위 시기에 정비되었다.
- 신라 중대 신문왕은 중앙 집권 체제를 강화하기 위해 지방의 행정 조직을 9주 5소경으로 정비하였다.

ㄷ. (다) - 도에는 관찰사가 임명되어 수령을 감독하였다.
- 조선 정부는 8도에 관찰사를 파견하여 수령의 비리를 견제하였다. 관찰사는 감찰권, 행정권, 사법권은 물론이고 병마절도사를 겸하였다.

오답 피하기

ㄴ. (나) - 지방 장관으로 욕살, 처려근지 등이 있었다.
- 고구려는 지방 5부에 욕살, 처려근지를 보내 각 부에 소속된 성을 다스리게 하였다.

ㄹ. (라) - 광무 개혁의 일환으로 실시하였다.
- 제2차 갑오개혁에 따라 전국의 8도를 23부로 재편하고, 부·목·군·현 등 다양한 행정 구역 명칭이 군으로 통일되었다.

44 6·25 전쟁 때 1·4 후퇴 이후의 사실 정답 ①

다음 상황 이후에 일어난 사실로 옳은 것은? [2점]

> 유엔군과 국군은 서울에서 퇴각하고 한강 이북의 부대를 철수시키기로 결정하였다. 이들은 한강에 설치된 임시 교량을 이용해 철수하였고, 오후 1시경에 마지막 부대가 통과한 후 임시 교량을 폭파시켰다. 이에 앞서 정부는 서울 시민들에게 피란을 지시하였고, 많은 서울 시민들이 보따리를 싸서 피란길에 나섰다.

은쌤의 합격노트

다음 상황은 6·25 전쟁 때인 1951년 1월 중국군의 대대적인 공세에 밀려 국군과 유엔군이 북한 지역에서 철수하고, 서울을 다시 빼앗긴 1·4 후퇴이다. 1950년 6월 25일 북한이 선전 포고도 없이 전면적 남침을 강행하면서 6·25 전쟁이 시작되었다. 북한군에 밀린 국군은 3일 만에 서울을 빼앗기고 낙동강 유역까지 후퇴하였다. 미국을 주축으로 유엔군의 지원을 받은 국군은 인천 상륙 작전의 성공으로 전세를 역전시켰다. 국군과 유엔군은 서울을 되찾고, 계속 북진하여 압록강 유역까지 진출하였다. 그러나 북한을 돕기 위해 참전한 중국군의 공세에 밀려 국군과 유엔군은 군사령관의 명령에 따라 1951년 1월 4일 오전까지 한강 이북의 모든 부대들이 한강에 설치된 임시 교량을 이용하여 질서 있게 철수하였다(1·4 후퇴). 이때 많은 민간인들도 피란길에 나섰다. 그리고 오후 1시경에는 마지막 엄호부대가 철수하면서 임시교량을 폭파하였다.

정답 분석

① 한미 상호 방위 조약이 체결되었다.
- 1953년 6·25 전쟁 이후 남한 정부는 미국과의 동맹 관계를 강화하여 한·미 상호 방위 조약을 체결하였다.

오답 피하기

② 장진호 전투에서 중국군이 유엔군을 포위하였다.
- 1950년 11월 27일부터 12월 11일까지 함경남도 장진군 지역에서 미국 제1해병사단을 주축으로 한 유엔군과 중공군이 벌인 전투가 장진호 전투이다. 개마고원의 장진호 일대까지 진격해갔던 유엔군이 12만 명에 이르는 중공군에 포위되어 격전을 벌이다가 흥남으로 철수하게 된다.

③ 경찰이 반민족 행위 특별 조사 위원회를 습격하였다.
- 1948년 9월 친일파를 청산하기 위해 제헌 국회에서 반민족 행위 처벌법을 제정·공포하였다.

④ 미국의 극동 방위선이 조정된 애치슨 라인이 발표되었다.
- 6·25 전쟁 발발 전인 1950년 1월 한반도와 타이완을 미국의 태평양 방위선에서 제외한다는 내용이 담긴 애치슨 선언이 발표되었다.

⑤ 우리나라 최초의 보통 선거인 5·10 총선거가 실시되었다.
- 1948년 5월 10일 남한에서 총선거가 실시되었다(5·10 총선거). 21세 이상 모든 국민에게 투표권이 부여된 우리나라 최초의 보통 선거였다.

45 박정희 정부 정답 ①

다음 뉴스의 사건이 일어난 정부 시기의 경제 상황으로 옳은 것은? [2점]

> 경기도 광주 대단지에서 주민들이 차량을 탈취하는 등 대규모 시위를 벌였습니다. 서울시가 도심 정비를 명목으로 10만여 명의 주민들을 광주로 이주시키는 과정에서 약속한 이주 조건을 지키지 않자 주민들이 대지 가격 인하 등을 요구하며 집단으로 반발하였습니다.

은쌤의 합격노트

다음 뉴스의 사건은 1971년 박정희 정부 때 일어난 광주 대단지 사건이다. 1960년대 서울시는 철거민 대책 가운데 하나로 정착지 조성을 통한 이주 정책을 시행하였다. 이에 따라 경기 광주 중부면(현재 성남시) 일부가 광주 대단지로 지정되었다. 그러나 서울시는 기반 시설을 전혀 조성하지 않았고, 이주민들은 상하수도 시설조차 없는 곳에서 천막이나 판잣집을 지어 생활해야 했다. 이들은 1971년에 대지 가격 인하 및 분할 상환, 구호 대책 마련 등을 요구하며 대규모 시위를 전개하였다(광주 대단지 사건). 이 사건은 일회성으로 끝났지만, 급속한 산업화 과정에서 형성된 대규모 도시 빈곤층의 생존이 위협 당하는 상황을 여실히 드러낸 빈민 운동의 시발점으로 평가되고 있다.

정답 분석

① 경부 고속도로가 개통되었다.
- 박정희 정부는 1968년 2월 1일 기공식을 가진 지 2년 5개월 만인 1970년 7월 7일 경부 고속도로를 개통하였다.

오답 피하기

② 경제 협력 개발 기구(OECD)에 가입하였다.
- 김영삼 정부는 1996년 세계화를 내세우며 경제 협력 개발 기구(OECD)에 가입하는 등 시장 개방 정책을 추진하였다.

③ 원조 물자를 가공한 삼백 산업이 발달하였다.
- 이승만 정부는 6·25 전쟁 이후 삼백 산업을 중심으로 농산물이나 공업 원료를 가공하는 소비재 산업이 성장할 수 있었다.

④ 저유가, 저금리, 저달러의 3저 호황이 있었다.
- 전두환 정부는 1986년부터 저금리·저유가·저환율의 이른바 3저 호황을 맞이하여 경제 활동에 유리한 환경이 조성되었다.

⑤ 대통령 직속 자문 기구인 노사정 위원회가 구성되었다.
- 김대중 정부는 1998년 노동자·사용자·정부의 대표가 협의하는 노사정 위원회를 구성하였다.

46 4 · 19 혁명과 6월 민주 항쟁 정답 ③

(가), (나) 민주화 운동에 대한 설명으로 옳은 것은? [1점]

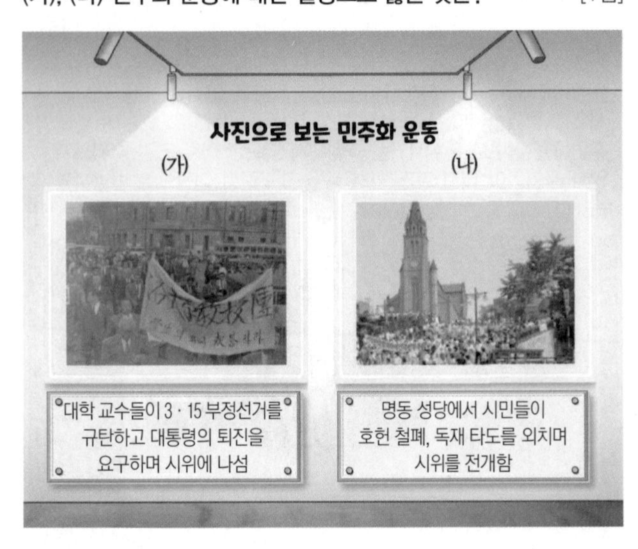

은쌤의 합격노트

(가)는 4 · 19 혁명 (나)는 6월 민주 항쟁이다.

(가) 1960년 3월 15일 실시된 정·부통령 선거는 부정으로 얼룩졌다. 이에 부정 선거에 항의하는 국민 시위가 전국의 대도시에서 벌어졌다. 4월 19일 학생과 시민들이 대통령과 면담을 요구하며 경무대로 향하자, 경찰이 무차별 총격을 가하여 많은 희생자가 발생했다. 4월 25일에는 대학 교수들도 대통령을 비롯한 책임자들의 사퇴와 재선거 실시 등을 주장하는 시위를 벌였다. 마침내 4월 26일 이승만은 사퇴하고, 하와이로 망명하였다.

(나) 1980년대 중반 전두환 정부의 강압적 통치에 반대하고 민주화를 요구하는 국민들의 요구는 더욱 거세어졌다. 수십만 명의 시민은 1987년 6월 10일 전국 주요 도시에 모여 호헌 철폐와 독재 타도를 외쳤다(6월 민주 항쟁). 결국 전두환 정부는 국민의 민주화 요구에 굴복하여 특별 선언을 발표하였다(6 · 29 민주화 선언). 이에 따라 5년 단임의 대통령 직선제를 골자로 하는 헌법 개정이 이루어졌다.

정답 분석

③ (나) - 대통령 직선제 개헌을 이끌어냈다.

- 1987년 전두환 정부가 국민들의 대통령 직선제 개헌 요구를 거스르는 4 · 13 호헌 조치를 발표하자 국민들은 '호헌 철폐', '독재 타도' 등을 외치며 6월 민주 항쟁을 전개했다. 그 결과 5년 단임의 대통령 직선제 개헌안이 통과되었다.

오답 피하기

① (가) - 굴욕적인 한일 국교 정상화에 반대하였다.

- 1964년 박정희 정부가 추진하는 굴욕적인 한 · 일 회담에 수많은 학생과 시민은 거세게 저항하였다. 이에 6 · 3 시위를 비롯한 한 · 일 회담 반대 집회가 대학가를 중심으로 확산되었다.

② (가) - 군부 독재를 타도하려 한 민주화 운동이었다.

- 1980년 5월 17일 신군부 세력은 권력을 장악하기 위해 비상계엄을 전국으로 확대하였다. 이에 1980년 5월 18일 광주 지역 대학생들은 신군부에 비상계엄 해제와 민주 헌정 체제의 회복 등을 요구하는 시위를 전개하였다(5 · 18 민주화 운동).

④ (나) - 전개 과정에서 시민군이 자발적으로 조직되었다.

- 1980년 5 · 18 민주화 운동을 신군부가 시위 진압하는 과정에서 시민들에게 총을 쏘았고, 이에 맞서 시민들은 무장하여 시민군을 조직하였다.

⑤ (가), (나) - 대통령이 하야하는 결과를 가져왔다.

- 1960년 4 · 19 혁명으로 이승만 대통령이 하야하였고, 허정을 대통령 대행으로 한 과도 정부가 수립되었다.

47 박정희 정부의 유신 체제

정답 ⑤

다음 조치를 시행한 정부 시기에 있었던 사실로 옳은 것은? [2점]

대통령 긴급조치 제9호

국가안전과 공공질서의 수호를 위한 대통령 긴급조치

1. 다음 각 호의 행위를 금한다.
   가. 유언비어를 날조, 유포하거나 사실을 왜곡하여 전파하는 행위.
   나. 집회 · 시위 또는 신문 · 방송 · 통신 등 공중 전파 수단이나 문서 · 도서 · 음반 등 표현물에 의하여 대한민국 헌법을 부정 · 반대 · 왜곡 또는 비방하거나 그 개정 또는 폐지를 주장 · 청원 · 선동 또는 선전하는 행위.

⋮

8. 이 조치 또는 이에 의한 주무부 장관의 조치에 위반하는 자는 법관의 영장 없이 체포 · 구금 · 압수 또는 수색할 수 있다.

⋮

13. 이 조치에 의한 주무부 장관의 명령이나 조치는 사법적 심사의 대상이 되지 아니한다.

은쌤의 합격 노트

다음 조치를 시행한 정부 시기는 박정희 정부의 유신 체제 시기이다. 1972년 10월 박정희 정부는 전국에 비상계엄을 선포한 다음, 국가 안보와 경제 성장을 명분으로 대통령에게 막강한 권력을 부여한 유신 헌법을 내놓았다(10월 유신). 유신 헌법에서 대통령은 국회의원의 3분의 1을 사실상 임명할 수 있었으며, 긴급 조치라는 초헌법적 권한까지 갖게 되었다. 대통령의 임기는 6년으로 늘어났으며, 연임 횟수 제한도 없었다. 특히 대통령을 통일 주체 국민 회의에서 간선제 방식으로 선출하였기 때문에 당시의 상황을 고려하면 사실상 1인 영구 집권이 가능하였다.

정답 분석

⑤ 장기 독재에 저항하는 3 · 1 민주 구국 선언이 발표되었다.

➡ 1976년 함석헌, 김대중 등 민주 인사들은 유신 체제에 반발하여 명동 성당에서 긴급 조치 철폐, 박정희 정권 퇴진 등을 요구하는 3 · 1 민주 구국 선언을 발표하였다.

오답 피하기

① 국민 방위군 설치법이 공포되었다.

➡ 1950년 이승만 정부는 6 · 25 전쟁 때 중공군의 개입으로 악화된 전쟁 상황을 타개하기 위하여 만 17세 이상 40세 미만의 장정을 강제징집하여 국민 방위군을 조직하였다.

② 내각 책임제를 골자로 하는 개헌이 이루어졌다.

➡ 1960년 4 · 19 혁명으로 이승만 정부가 붕괴된 후 곧바로 내각 책임제와 국회 양원제를 근간으로 한 제3차 개헌이 이루어졌다.

③ 귀속 재산 처리를 위한 신한 공사가 설립되었다.

➡ 1946년 미군정은 신한 공사라는 회사를 세워 동양 척식 주식회사와 일본인이 남기고 간 귀속 재산을 접수하고 관리하였다.

④ 평화 통일론을 주장한 진보당의 조봉암이 구속되었다.

➡ 이승만 정부는 1956년 제3대 대통령 선거에서 대통령 후보였던 조봉암이 예상보다 많이 득표하자, 1958년 간첩죄와 국가 보안법 위반 등을 내세워 평화 통일론을 주장한 조봉암을 비롯한 진보당 간부들을 탄압하였다(진보당 사건).

48 김대중 정부

정답 ①

다음 연설문을 발표한 정부의 통일 노력으로 옳은 것은? [2점]

저는 김정일 국방위원장과 분단 55년 만에 처음 정상 회담을 가졌습니다. 세 차례에 걸친 회담을 통해 우리 두 사람은 민족의 장래와 통일을 생각하는 마음과 열정에 큰 차이가 없으며, 이를 추진하는 방법에 공통점이 많다는 것을 확인했습니다. …… 남북이 열과 성을 모아, 이번의 정상 회담을 성공적으로 마쳐 온 세계를 깜짝 놀라게 했습니다. 남과 북의 화해와 협력을 향한 새 출발에 온 세계가 축복해 주고 있습니다. 불가능해 보였던 남북 정상 회담을 이뤄냈듯이 남과 북이 마음과 정성을 다한다면 통일의 날도 반드시 오리라 저는 확신합니다.

은쌤의 합격 노트

다음 연설문을 발표한 정부는 김대중 정부이다. 김대중 정부는 평화 정책과 남북 교류 확대를 위한 대북 화해 협력 정책을 추진하였다. 그 결과 2000년 평양에서 최초로 남북 정상 회담이 개최되고 '6 · 15 남북 공동 선언'이 발표되었다. 이로써 이산가족 방문과 서신 교환이 이루어졌고 경의선 철도 복구, 개성 공단 건설 등의 경제 협력 및 사회·문화 교류도 전개되었다.

정답 분석

① 남북 교류 협력을 위한 개성 공업 지구 조성에 합의하였다.

➡ 김대중 정부는 2000년 평양에서 최초로 남북 정상 회담을 개최하였고 '6 · 15 남북 공동 선언'을 발표하면서 개성 공업 지구 건설에 합의하였다.

오답 피하기

② 평화 통일 외교 정책에 관한 6 · 23 특별 성명을 발표하였다.

➡ 박정희 정부는 1973년 7개 항으로 된 6 · 23 특별 선언을 발표하였다. 이 선언은 남북 적십자 회담과 남북 조절 위원회의 경험을 토대로 통일 여건을 보다 실질적으로 개선하고자 하는 통일 외교의 의지를 담고 있다.

③ 남북 사이의 화해와 불가침 및 교류 · 협력에 관한 합의서를 채택하였다.

➡ 노태우 정부는 1992년 '남북한 사이의 화해와 불가침 및 교류 · 협력에 관한 합의서(남북 기본 합의서)' 및 '한반도 비핵화 공동 선언'을 채택하였다.

④ 남북 관계 발전과 평화 번영을 위한 10 · 4 남북 정상 선언에 서명하였다.

➡ 노무현 정부는 김대중 정부의 통일 정책을 이어받아 2007년 평양에서 제2차 남북 정상 회담을 개최하고 10 · 4 남북 공동 선언을 발표하였다.

⑤ 7 · 4 남북 공동 성명을 실천하기 위해 남북 조절 위원회를 구성하였다.

➡ 박정희 정부는 1972년 7 · 4 남북 공동 성명을 서울과 평양에서 동시에 발표하였다. 그 후 남북 조절 위원회가 설치되어 평화 통일을 위한 실무자 회의가 개최되었지만 성과를 얻지 못하였다.

49 인물로 보는 역사 속 외교 활동 정답 ④

(가)~(마)에 들어갈 내용으로 옳지 않은 것은? [3점]

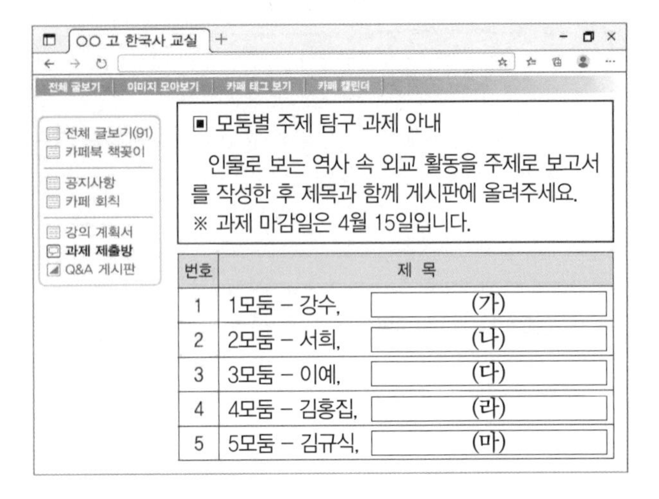
○○ 고 한국사 교실

전체 글보기 | 이미지 모아보기 | 카페 태그 보기 | 카페 캘린더

전체 글보기(91)
카페북 책꽂이
공지사항
카페 회칙
강의 계획서
과제 제출방
Q&A 게시판

▣ 모둠별 주제 탐구 과제 안내

인물로 보는 역사 속 외교 활동을 주제로 보고서를 작성한 후 제목과 함께 게시판에 올려주세요.
※ 과제 마감일은 4월 15일입니다.

번호	제 목
1	1모둠 – 강수, (가)
2	2모둠 – 서희, (나)
3	3모둠 – 이예, (다)
4	4모둠 – 김홍집, (라)
5	5모둠 – 김규식, (마)

은쌤의 합격노트

신라 중대 강수, 고려 초기 서희, 조선 초기 이예, 근대 개항기 김홍집, 일제 강점기 김규식의 외교 활동을 물어보는 문제이다.

(가) 신라가 유교 정치 이념을 표방한 것은 태종 무열왕 때였는데, 이때에 이르러 유학자인 강수가 외교 문서 작성을 도맡았다. 강수는 당에 보내는 외교 문서를 잘 지어 삼국 통일에 기여하였다.

(나) 고려 초기 성종 때 거란의 1차 침입이 일어나자 서희는 거란의 1차 목표가 고려가 아니라는 것을 간파하고 거란과 외교 담판으로 강화를 맺으면서 여진에 대한 협공을 구실로 압록강 근처의 강동 6주를 획득하였다.

(다) 조선 초기 세종 대에 이예는 왜구의 침입으로 불안정하였던 일본과의 관계를 안정시키는데 크게 기여하였다. 이예는 43년간 외교관으로서 40차례가 넘게 일본을 왕래하면서 대일 외교 일선에서 맹활약하였다.

(라) 1880년 근대 개항기에 조선 정부는 김홍집을 제2차 수신사로 일본에 파견하였다. 김홍집은 조선으로 돌아올 때 주일 청국 공사관의 외교관인 황준헌이 지은 "조선책략"을 가지고 왔다.

(마) 1919년 중국 상하이에서는 신규식, 여운형이 중심이 된 신한청년당이 독립 청원서를 작성하고 김규식을 파리 강화 회의에 파견하였다.

정답 분석

④ (라) - 보빙사의 전권대신으로 미국에 파견되다

▶ 조선은 1882년 조·미 수호 통상 조약 이후 미국 공사의 파견에 대한 답례로 1883년에 민영익을 전권대사로 하여 홍영식, 서광범, 유길준 등을 보빙사로 미국에 파견하였다.

오답 피하기

① (가) - 외교 문서 작성에 능하여 청방인문표를 짓다

▶ 신라 중대 문무왕 대에 강수는 당나라가 억류하고 있던 무열왕의 아들 김인문을 보내줄 것을 청하는 글 '청방인문표'를 지어 당 고종에게 보냈다.

② (나) - 외교 담판을 통해 강동 6주를 확보하다

▶ 고려 초기 거란의 1차 침입 때 서희는 소손녕과 외교 담판을 벌였고, 고려는 송과의 교류를 단절하고 거란과 교류할 것을 약속하는 대신, 압록강 동쪽의 강동 6주를 획득하였다.

③ (다) - 일본에 파견되어 계해약조 체결에 기여하다

▶ 조선 초기 세종 대에 이예는 조일 통교 체계의 근간을 이루는 계해약조 체결에 기여하였다. 계해약조는 대마도의 세견선을 매년 50선으로 한정하고, 조선으로의 도항선은 허가장을 의무적으로 받도록 명시한 것이다.

⑤ (마) - 파리 강화 회의에 독립 청원서를 제출하다

▶ 1919년 1월 상하이의 신한청년당은 독립 청원서를 작성하여 김규식을 파리 강화 회의에 대표로 파견하여 독립의 정당성을 알렸다.

50 안동 지역의 역사 정답 ③

(가) 지역에 대한 탐구 활동으로 가장 적절한 것은? [2점]

은쌤의 합격노트

(가) 지역은 경북 안동이다. 임청각은 대한민국 임시 정부 초대 국무령을 지내고, 신흥 무관 학교를 세워 무장 독립 투쟁의 토대를 마련하고 노블레스 오블리주를 몸소 실천한 이상룡 선생의 생가이다. 고려 태조 왕건은 고창(지금의 안동 지역)에서 후백제의 견훤과 겨루어 승리함으로써 그 여세를 몰아 후삼국을 통일하였다. 이후 태조 왕건은 고창군을 안동부로 승격시키고, 전쟁에 적극 협력한 안동의 호족 3인에게 태사의 벼슬을 내렸다. 고려 시대에 건립된 안동 봉정사 극락전은 주심포 양식이 반영된 현존하는 가장 오래된 목조 건축물이다. 조선 중기 퇴계 이황은 살아생전 고향인 안동에 도산 서당을 짓고 많은 제자를 양성하였다. 퇴계 사후 제자들이 서원을 짓는 것을 결정하며 정부로부터 사액을 받으면서 도산 서당은 도산 서원이 되었다.

정답 분석

③ 공민왕이 홍건적의 침입 때 피란한 지역을 찾아본다.

- 1361년 고려 후기 때 홍건적은 몽골과 치열한 싸움을 펼치다가 한때 몽골군에게 밀려 고려를 침략하였다. 이때 공민왕은 홍건적을 피해 복주(안동)까지 내려가기도 하였으나 결국 이성계 등이 홍건적을 격파하였다.

오답 피하기

① 김헌창이 반란을 일으킨 근거지를 파악한다.

- 822년 신라 하대 헌덕왕 때에 지방에서 웅주(공주) 도독이었던 김헌창은 자신의 아버지가 왕위에 오르지 못한 것에 원한을 품어 반란을 일으켰다.

② 강주룡이 고공 시위를 전개한 장소를 알아본다.

- 1931년 평양의 평원 고무 공장 노동자 강주룡은 회사의 일방적인 임금 삭감에 반발하여 약 11m 높이의 을밀대 지붕 위로 올라가 100여 명의 사람들 앞에서 공장주의 횡포를 고발하였다.

④ 신립이 배수의 진을 치고 전투를 벌인 위치를 검색한다.

- 1592년 임진왜란 초기 신립은 충주의 탄금대에서 배수진을 치고 항전하였지만 왜군을 막아내지는 못하였다.

⑤ 김사미가 가혹한 수탈에 저항하여 봉기한 곳을 조사한다.

- 1193년 고려 무신 집권기 때 경상도의 운문(청도)과 초전(울산)에서는 각각 김사미와 효심이 지휘하는 농민 봉기가 일어났다.

제63회 한국사능력검정시험 정답 및 해설

정 답

번호	정답	번호	정답
01	⑤	26	③
02	④	27	③
03	③	28	⑤
04	②	29	③
05	⑤	30	②
06	③	31	③
07	④	32	③
08	④	33	④
09	⑤	34	①
10	①	35	②
11	③	36	②
12	②	37	④
13	④	38	③
14	②	39	④
15	③	40	②
16	①	41	③
17	①	42	⑤
18	①	43	⑤
19	④	44	④
20	②	45	①
21	④	46	⑤
22	⑤	47	③
23	①	48	①
24	②	49	②
25	⑤	50	④

01 구석기 시대 정답 ⑤

밑줄 그은 '이 시대'의 생활 모습으로 옳은 것은? [1점]

이 그림은 한 미군 병사가 경기도 연천군 전곡리에서 이 시대의 대표적인 유물인 주먹도끼 등을 발견하고 그린 것입니다. 그가 발견한 아슐리안형 주먹도끼는 이 시대 동아시아에는 찍개 문화만 존재하고 주먹도끼 문화는 없었다는 모비우스(H. Movius)의 학설을 뒤집는 증거가 되었습니다.

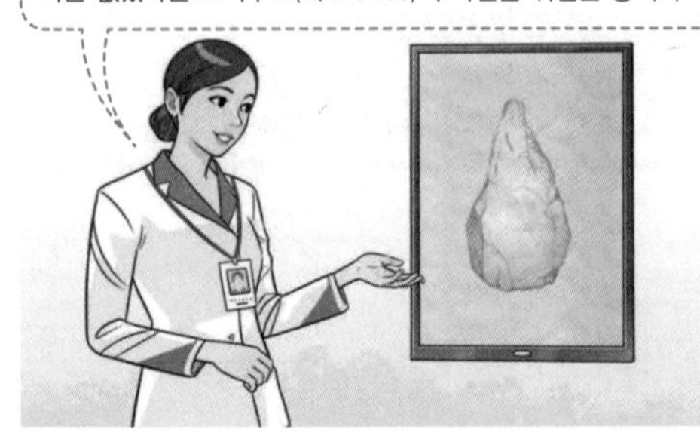

은쌤의 합격노트

밑줄 그은 '이 시대'는 구석기이다. 경기 연천 전곡리는 대표적인 구석기 유적지로, 이곳에서 구석기 시대 대표 유물인 아슐리안형 주먹도끼가 발견되었다. 1977년까지 고고학계에서는 세계 구석기 문화를 아슐리안 주먹도끼 문화와 찍개 문화로 나누고 있었다. 약 1백 40만 년 전에 아프리카에서 처음 만들어진 아슐리안 주먹도끼가 유럽, 서아시아, 인도 등에서 발견되고, 동아시아에서는 찍개만 나왔기 때문이다. 여기에는 구석기 시대부터 동아시아가 유럽보다 문화적으로 뒤떨어져 있다고 여기는 생각이 깔려 있었다. 찍개보다는 주먹도끼가 좀 더 정밀한 가공이 필요하였기 때문이었다. 그런데 1977년 1월 미군 하사 그레그 보웬이 한탄강을 걷다 우연히 아슐리안 주먹도끼를 발견하였다. 이 발견으로 세계 고고학사는 한꺼번에 무너졌고, 세계 고고학 지도에 전곡리가 표시되었다.

정답 분석

⑤ 주로 동굴이나 강가의 막집에서 거주하였다.
- 구석기인은 추위와 비바람을 피해 주로 동굴이나 막집, 바위 그늘에 살았다.

오답 피하기

① 소를 이용하여 깊이갈이를 하였다.
- 철기 시대에 소를 이용한 깊이갈이가 시작되었고, 고려 시대에 이르러 소를 이용한 깊이갈이가 일반화되었다.

② 빗살무늬 토기에 식량을 저장하였다.
- 신석기 시대인 기원전 5000년경부터 한반도 중서부 지방에서 빗살무늬 토기가 만들어지기 시작하여 점차 전역으로 퍼져 나갔다.

③ 지배층의 무덤으로 고인돌을 만들었다.
- 청동기 시대에 만들어진 거대한 고인돌은 당시 지배층이 누렸던 권력과 부의 크기를 반영한 것으로 이해된다.

④ 거푸집을 사용하여 세형동검을 제작하였다.
- 철기 시대에 철기 문화가 본격적으로 보급되면서 의식용이나 장식용으로 세형동검이 만들어졌다.

02 동예 정답 ④

밑줄 그은 '이 나라'에 대한 탐구 활동으로 가장 적절한 것은? [2점]

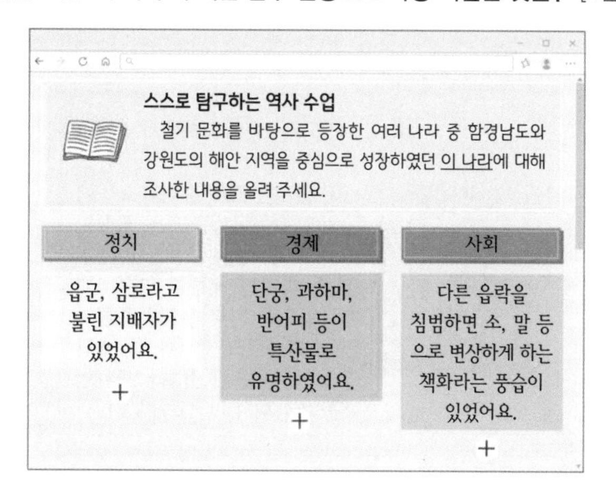

은쌤의 합격노트

밑줄 그은 '이 나라'는 동예이다. 동예는 함경도 남부의 강원도 지역에 자리 잡고 있었다. 동예는 정치적 성장이 늦어 왕이 없었고, 읍군이나 삼로라고 불린 우두머리가 각자 자신의 읍락을 다스렸다. 동예에서는 명주와 삼베를 짜는 방직 기술이 발달하였고, 단궁이라는 활, 과하마라는 작은 말, 반어피라 불린 바다짐승 가죽 등도 산출되었다. 동예는 언어와 법속이 고구려와 거의 비슷하였지만, 사회 발전이 많이 늦었다. 이곳에서는 공동체적 관계가 강하게 남아 있어 다른 읍락의 산이나 하천을 함부로 침범하면 책화라 하여 노비와 소, 말 등으로 배상하게 하였다.

정답 분석

④ 무천이라는 제천행사를 개최한 이유를 파악한다.
- 동예는 10월에 무천(舞天)이라는 제천 행사를 지냈는데 무천은 '하늘을 향해 춤춘다'는 의미를 지니고 있다.

오답 피하기

① 신성 지역인 소도의 역할을 알아본다.
- 삼한의 천군은 신성한 지역인 소도에서 농경과 종교에 대한 의례를 주관하였다.

② 포상 8국의 난 진압 과정을 찾아본다.
- 포상 8국의 난은 3세기 초반 신라 내해왕 때 남부 지방에 위치한 8개의 소국이 아라가야와 신라 등지를 침공한 사건이다.

③ 삼국유사에 실린 김알지 신화를 분석한다.
- 김알지는 신라 경주 김씨의 시조이다. 본인은 왕위에 오르지는 못했지만 훗날 신라 13대 미추왕이 김알지의 후손으로 처음 왕위에 오르게 된다.

⑤ 마가, 우가, 저가, 구가 등이 다스렸던 지역을 조사한다.
- 부여는 왕이 중앙을 다스리고 마가, 우가, 저가, 구가라는 4부족장이 지방을 다스렸다. 가(加)는 지방 행정구역인 사출도를 다스리고 있었다.

03 백제와 고구려의 사회상 정답 ③

(가), (나) 국가의 사회 모습에 대한 설명으로 옳은 것은? [2점]

> (가) 왕의 성은 부여씨이고, [왕을] '어라하'라고 하며 백성들은 '건길지'라고 부른다. 모두 중국 말로 왕이라는 뜻이다. 도성에는 1만 가(家)가 거주하며 5부로 나뉘는데 상부 · 전부 · 중부 · 하부 · 후부라고 하며 각각 5백명의 군사를 거느린다. [지방의] 5방에는 각기 방령 1인을 두는데 달솔로 임명하고, 군에는 군장(郡將) 3인이 있으니 덕솔로 임명한다.
> – 『주서』 –
>
> (나) 60개의 주현이 있으며, 큰 성에는 녹살 1인을 두는데 도독과 비슷하다. 나머지 성에는 처려근지를 두는데 도사라고도 하며, 자사와 비슷하다. …… [수도는] 5부로 나뉘어 있다.
> – 『신당서』 –

은쌤의 합격노트

(가)는 백제, (나)는 고구려이다.

(가) 백제의 지배층은 왕족인 부여씨와 8성의 귀족으로 이루어졌다. 백제의 왕명에 대한 고유어로 "주서(周書)"의 기록에 따르면 지배층에서는 '어라하', 피지배층 백성들은 '건길지'라고 불렀다. 백제 성왕은 지방 제도를 정비하여 수도를 5부로, 지방을 5방으로 하였다. 5방에 방령을 두어 각 방에 소속된 군을 통솔하게 하였다.

(나) 고구려는 지방을 5부로 나누었을 것으로 짐작되나, 구체적인 통치 구역은 알 수 없다. 고구려 멸망기에 전국에는 176개의 성이 있었는데, 지방 행정조직은 이들 성을 단위로 하여 중층적으로 편제하여 구성하였다. 지방통치의 중심지인 대성에는 최고 지방관인 욕살이 파견되었다. 욕살은 당의 지방관인 도독에 비견되며, 욕살 아래의 지방관은 처려근지로서 일명 도사라고도 하였다.

정답 분석

③ (나) - 태학과 경당을 두어 인재를 양성하였다.
- 고구려는 행정 실무를 담당할 관료를 양성하기 위해 교육 기관을 설립하였다. 수도에 태학을 세워 유교 경전과 역사서를 가르쳤고, 지방에는 경당을 세워 청소년들에게 유학뿐 아니라 무술도 가르쳤다.

오답 피하기

① (가) - 사회 질서를 유지하기 위해 범금 8조를 두었다.
- 고조선에는 사회의 기본 질서를 유지하는 범금 8조법이 있었다. 중국의 "한서"에는 그중 생명, 신체, 재산에 관한 3조항과 더불어 여자들이 정숙하여 음란하지 않았다는 등의 내용이 기록되어 있다.

② (가) - 거란도, 일본도 등을 통해 주변 국가와 교류하였다.
- 발해는 거란도, 영주도, 조공도, 일본도, 신라도 등 5도라 불리는 교역로를 통하여 당, 일본 신라 등과 교역하였다.

④ (나) - 정사암 회의에서 국가 중대사를 논의하였다.
- 백제는 정사암 회의라는 귀족 회의를 통해 국가 운영의 주요 사항을 결정하였다.

⑤ (가), (나) - 골품에 따라 관등 승진에 제한이 있었다.
- 신라의 골품제는 혈연에 따라 개인의 사회 활동과 정치 활동을 엄격하게 규제하는 폐쇄적 신분 제도였다.

04 삼국 통일 과정(황산벌 전투) 정답 ②

다음 상황이 나타난 시기를 연표에서 옳게 고른 것은? [2점]

> [당의] 고종이 소정방을 신구도대총관(神丘道大摠管)으로 삼아 군사를 이끌고 바다를 건너 신라와 함께 백제를 정벌하도록 하였다. 계백은 장군이 되어 죽음을 각오한 군사 5천 명을 뽑아 이들을 막고자 하였다. …… 황산의 벌판에 이르러 세 개의 군영을 설치하였다. 신라군을 만나 전투를 시작하려고 하자, [계백은] 여러 사람 앞에서 맹세하며 "지난날 구천(句踐)은 5천 명으로 오(吳)의 70만 무리를 격파하였다. 오늘 마땅히 힘써 싸워 승리함으로써 나라의 은혜에 보답하자."라고 하였다. 드디어 격렬히 싸우니 일당천(一當千)이 아닌 자가 없었다.
>
> -『삼국사기』-

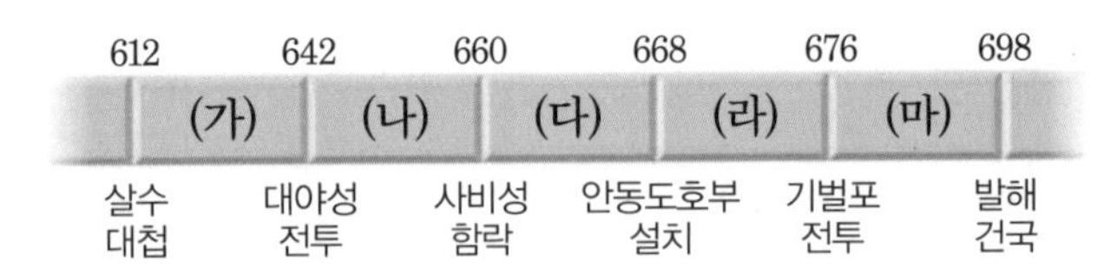

은쌤의 합격노트

다음 상황은 백제 멸망 직전의 상황이다. 제시문의 황산벌 전투는 660년 백제 의자왕 대에 계백이 이끄는 백제군과 김유신이 이끄는 신라군이 벌인 큰 전투로, 황산벌은 지금의 충청남도 연산 지방이다. 나당 연합군의 침공 소식을 접한 백제 의자왕은 계백에게 5,000명의 결사대를 조직하여 신라군을 공격할 것을 명령했다. 이에 계백은 전쟁터에 나가기 전에 가족까지 죽이면서 각오를 다진 뒤 황산벌로 향했으나, 패하고 말았다. 이 전투에서 계백과 수많은 백제군이 전사했고, 좌평 충상 등 20여 명은 신라의 포로가 되었다. 이후 백제는 멸망의 길로 접어들었다.

정답 분석

② (나)

- 고구려가 수 · 당과 전쟁을 치열하게 전개하는 동안 642년 백제 의자왕은 신라를 공격하여 대야성(경남 합천)을 비롯한 40여 성을 빼앗았다. 위기를 느낀 신라는 당의 힘을 빌려 백제와 고구려를 물리치려 하였다. 당도 자신의 힘만으로는 고구려를 무너뜨릴 수 없다고 판단하였고, 648년 나 · 당 동맹이 성사되었다. 나 · 당 연합군은 먼저 백제를 공격하였다. 백제군은 기벌포(백강) 전투에서 소정방이 이끈 당군에게 패하였고, 계백의 결사대마저 황산벌에서 김유신이 이끈 신라군에 패배하였다. 나 · 당 연합군이 사비를 함락하자 웅진으로 피신하였던 의자왕은 결국 항복하였다(660).

05 통일 신라 경제 상황 정답 ⑤

(가) 국가의 경제 상황으로 옳은 것은? [1점]

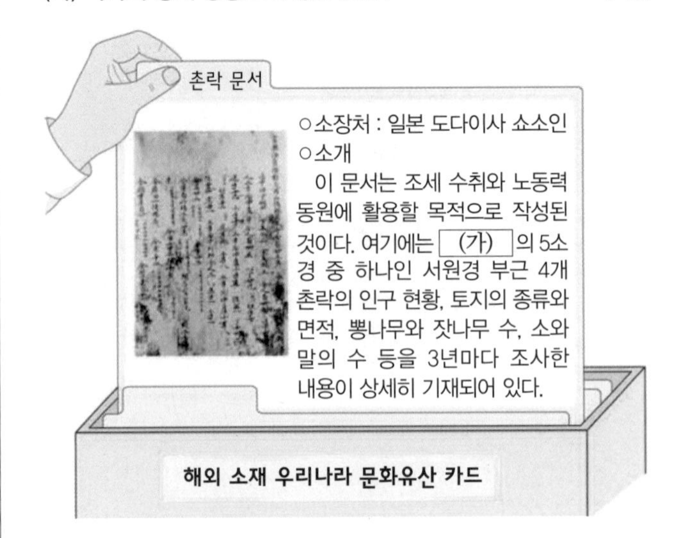

은쌤의 합격노트

(가) 국가는 통일 신라이다. 민정 문서는 통일 신라 시대 지방 관청에서 촌락의 크기와 인구 등 경제 상황을 조사하여 중앙에 보고한 문서이다. 중앙 정부는 이 문서로 전국의 인구와 경제력을 파악하여 세금을 걷고 노동력을 동원하였다. 지금 일본 도다이 사 쇼소인에 서원경(청주) 부근 사해점촌 등 4개 촌을 조사한 문서가 남아 있다. 4개 촌 모두 촌 이름과 소속 현, 촌 영역, 호구 수, 토지, 말과 소, 나무 숫자 등을 차례대로 기록하였다. 특히 사람은 남녀로 나눠 나이에 따라 6등급으로, 집은 9등급으로 나눠 조사하였다.

정답 분석

⑤ 울산항, 당항성이 무역항으로 번성하였다.

- 통일 신라 때 울산항, 청해진, 영암, 당항성(남양만)이 국제 무역항으로 크게 번성하였다.

오답 피하기

① 낙랑군과 왜에 철을 수출하였다.

- 변한은 철을 많이 생산하여 교역에서 화폐처럼 사용하였고, 낙랑군과 왜 등에 수출하였다.

② 집집마다 부경이라는 창고가 있었다.

- 고구려에는 집집마다 부경이라는 작은 창고가 있었으며, 곡식으로 술을 빚기도 하였다.

③ 활구라고 불리는 은병이 유통되었다.

- 고려 중기 숙종은 의천의 건의에 따라 주전도감을 설치하고, 삼한통보, 해동통보, 해동중보 등의 동전과 활구(은병)라는 은전을 만들었다.

④ 특산품으로 솔빈부의 말이 유명하였다.

- 발해의 여러 특산품 중 최고는 솔빈부의 말이었다. 솔빈부의 말은 바닷길을 통해 당으로 수출되었다.

06 신라 유학자 최치원 정답 ③

(가)에 들어갈 내용으로 가장 적절한 것은? [2점]

〈다큐멘터리 기획안〉

○○○, 새로운 시대를 바라다

◈ 기획 의도
6두품 출신 학자인 ○○○의 생애를 다룬 다큐멘터리를 제작하여 혼란한 당시 상황과 그의 활동을 살펴본다.

◈ 구성
1부 당에 유학하여 빈공과에 급제하다
2부 격황소서를 써서 세상에 이름을 떨치다
3부 (가)
4부 관직에서 물러나 해인사에 은거하다

은쌤의 합격노트

(가)에 들어갈 내용은 신라 하대 6두품 출신 학자 최치원의 업적이다. 삼국 통일 이후 당과의 문화 교류가 활발해지면서, 신라에서는 진골 자제들이나 6두품 출신으로 당에 건너가 공부하는 유학생이 많아졌다. 신라 하대에 6두품 출신으로 당에 가서 빈공과에 급제한 최치원은 황소의 난이 일어나자 이를 토벌하자는 격문을 지어 명성을 떨쳤다. 또한 당에서 쓴 글들을 모아 엮은 "계원필경"이 지금까지 전해지고 있다.

정답 분석

③ 진성 여왕에게 시무책 10여 조를 올리다
➡ 신라 하대 최치원은 당에서 신라로 귀국한 후 진성 여왕에게 개혁안 10여 조를 올렸으나 받아들여지지 않자 가야산의 해인사 등지에서 은둔 생활을 하였다.

오답 피하기

① 화왕계를 지어 국왕에게 조언하다
➡ 신라 설총은 이두를 체계적으로 정리했을 뿐 아니라 "화왕계"를 지어 유교적인 도덕 정치를 강조하였다.

② 외교 문서인 청방인문표를 작성하다
➡ 신라 강수는 당나라가 억류하고 있던 무열왕의 아들 김인문을 보내줄 것을 청하는 글 "청방인문표"을 지어 보냈다.

④ 청해진을 중심으로 해상 무역을 전개하다
➡ 신라 장보고는 완도에 청해진을 설치하고 해적을 소탕하여 해상 무역을 장악하였다.

⑤ 인도와 중앙아시아를 순례하고 왕오천축국전을 남기다
➡ 신라 혜초는 인도와 서역을 순례한 뒤 여러 나라의 풍물을 기록한 "왕오천축국전"을 남겼다.

07 신라 진흥왕의 업적 정답 ④

밑줄 그은 '왕'의 업적으로 옳은 것은? [2점]

○ 담당 관청에 명하여 월성의 동쪽에 새 궁궐을 짓게 하였는데, 그곳에서 황룡이 나타났다. 왕이 이것을 기이하게 여기고는 [계획을] 바꾸어 사찰을 짓고, '황룡'이라는 이름을 내려 주었다.

○ [거칠부가] 왕의 명령을 받들어 여러 문사(文士)를 모아 국사를 편찬하였다.

－『삼국사기』－

은쌤의 합격노트

밑줄 그은 '왕'은 신라 진흥왕이다. 신라의 진흥왕은 불교의 전륜성왕 사상을 받아들여 정복지를 순수할 때 데리고 간 승려들에게 비문을 짓게 하였다. 또한 신라가 국가적 행사를 거행하던 호국 사찰 황룡사를 짓고 인왕백고좌회, 팔관회와 같은 국가적 불교 의식을 거행하였다. 신라의 진흥왕은 거칠부로 하여금 "국사"를 편찬하게 하였지만 현재 이 역사서는 전하지 않는다. 다만 "삼국사기" 등에 그 내용이 남아 있다.

정답 분석

④ 국가적인 조직으로 화랑도를 개편하였다.
➡ 신라 상대 진흥왕은 유능한 인재를 양성하기 위해 국가 차원에서 화랑도의 활동을 장려하여 국가적 조직으로 개편하였다.

오답 피하기

① 이사부를 보내 우산국을 복속시켰다.
➡ 신라 상대 지증왕은 이사부를 앞세워 우산국(울릉도 일대)을 복속시켰다.

② 예성강 이북에 패강진을 설치하였다.
➡ 신라 하대 선덕왕은 현재의 황해도 평산에 군진인 패강진을 설치하여 예성강 이북의 땅을 군정 방식으로 통치하도록 하였다.

③ 관료전을 지급하고 녹읍을 폐지하였다.
➡ 신라 중대 신문왕은 관리에게 관료전을 지급하고 녹읍을 폐지하여 귀족의 경제적 기반을 약화시켰다.

⑤ 이차돈의 순교를 계기로 불교를 공인하였다.
➡ 신라 상대 법흥왕은 이차돈의 순교를 계기로 불교를 공인하여 새롭게 성장한 세력들을 포섭하였다.

08 발해 문왕의 업적 정답 ④

(가) 왕에 대한 설명으로 옳은 것은? [3점]

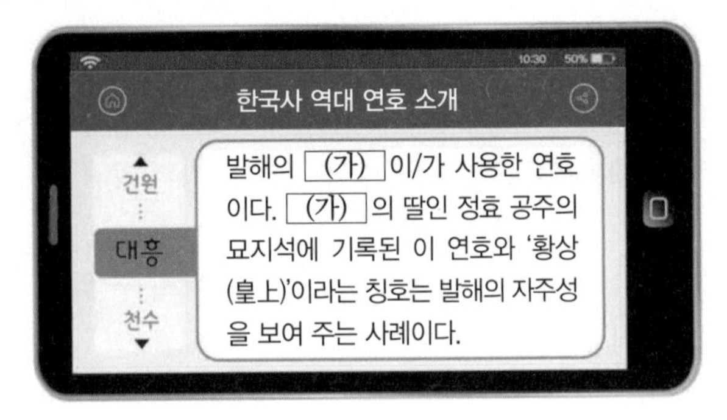

은쌤의 합격노트

(가) 왕은 발해 제3대 왕 문왕이다. 발해는 중국과 대등한 지위에 있음을 대외적으로 과시하기 위해 독자적인 연호를 사용하였는데 문왕 때는 '대흥'을 사용하였다. 정효 공주는 문왕의 넷째 딸로 젊은 나이에 남편과 어린 딸을 잃고 외롭게 살다 죽었으며, 그 묘지석에는 문왕의 슬픔이 절절하게 묘사되어 있다. 그런데 묘지석의 글귀 중 발해의 연호인 '대흥'과 문왕을 '황상(皇上)'으로 표현한 점이 눈에 띈다. 황상이라는 칭호는 문왕의 둘째 딸 정혜 공주의 묘지석에도 새겨져 있다. 이를 통해 발해가 대내적으로는 황제국 체제를 지향하였음을 알 수 있다.

정답 분석

④ 수도를 상경용천부로 옮겨 체제를 정비하였다.

➲ 발해 제3대 왕 문왕은 확대된 영토를 효과적으로 다스리고자 상경 용천부로 수도를 천도하였다.

오답 피하기

① 북연의 왕을 신하로 봉하였다.

➲ 고구려 왕족 출신의 고운이 중국 후연의 왕위를 찬탈하고 북연을 건국하였다. 북연이 건국되자 고구려 광개토 대왕은 북연의 왕이 고구려 왕족 출신인 것에 근거해 사신을 보내 같은 종족으로서 예를 베풀었다. 장수왕이 망명 온 후연의 왕을 죽임으로써 후연은 3대 29년으로 망하였다.

② 지린성 동모산에서 나라를 세웠다.

➲ 발해 제1대 왕 대조영은 천문령이라는 곳에서 추격하던 당 군을 크게 격파하고, 지금의 지린성 동모산 기슭에 진을 건국하였다.

③ 신라에 군대를 파견하여 왜를 격퇴하였다.

➲ 고구려 광개토 대왕은 신라 내물왕의 요청에 군대를 파견하여 왜를 격퇴하고 한반도 남부에까지 영향력을 확대하였다.

⑤ 5경 15부 62주의 지방 행정 조직을 확립하였다.

➲ 발해 제10대 왕 선왕은 5경 15부 62주를 설치하여 지방 행정 체제를 확립하고 전국을 통치하였다.

09 고려 후기 무신 집권기의 상황 정답 ⑤

다음 상황 이후에 있었던 사실로 옳은 것은? [2점]

> 청교역(靑郊驛) 서리 3인이 최충헌 부자를 죽일 것을 모의하면서, 거짓 공첩(公牒)을 만들어 여러 사원의 승려들을 불러 모았다. 공첩을 받은 귀법사 승려들은 그 공첩을 가져온 사람을 잡아서 최충헌에게 고해바쳤다. [최충헌은] 즉시 영은관에 교정별감을 둔 후 성문을 폐쇄하고 대대적으로 그 무리를 색출하였다.

은쌤의 합격노트

다음 상황은 고려 후기 무신 집권기에 암살 위험에 시달린 최충헌이 교정도감을 설치하는 상황이다. 최충헌은 무신 최고 권력자가 되면서 여러 차례 암살 위험에 시달렸다. 1198년에 그의 집 노비인 만적이 꾸민 '만적(萬積)의 난'이 일어났으며, 1203년과 1204년에 최충헌에 대한 암살 모의 등이 적발되었다. 또한 1209년 고려의 역참 중 하나인 청교역의 관리 세 명이 문서를 위조하여 여러 절에 보내 승려들을 불러 모아 난을 일으키려 했다. 이 사건을 계기로 최충헌은 자신에 대한 역모를 조사하고 처리하기 위해 교정도감을 설치하였다.

정답 분석

⑤ 최우가 인사 행정 담당 기구로 정방을 설치하였다.

➲ 고려 후기 최충헌의 뒤를 이은 아들 최우는 교정도감과 도방의 기능을 강화하는 한편, 자신의 집에 정방을 설치하여 인사권을 장악하였다.

오답 피하기

① 김부식이 묘청의 난을 진압하였다.

➲ 고려 중기 1135년 묘청 세력은 서경 천도를 통한 정권 장악이 어렵게 되자 서경에서 난을 일으켰으나, 김부식이 이끈 관군의 공격으로 약 1년 만에 진압되었다.

② 원종과 애노가 사벌주에서 봉기하였다.

➲ 신라 하대 889년 진성 여왕이 무리하게 조세를 강요하자 사벌주에서 원종과 애노의 난이 일어났다.

③ 이자겸이 금의 사대 요구를 수용하였다.

➲ 고려 중기 당시 집권자 이자겸은 강성해진 금이 거란을 멸망시킨 뒤 사대 관계를 요구하자, 금의 요구를 받아들였다.

④ 정중부 등이 정변을 일으켜 권력을 차지하였다.

➲ 고려 후기 1170년 정중부, 이의방 등 무신들은 무신 정변을 일으켜 많은 문신을 죽이고 의종을 폐위한 후 명종을 세워 정권을 장악하였다.

10 불국사 삼층 석탑 정답 ①

밑줄 그은 '이 탑'으로 옳은 것은? [2점]

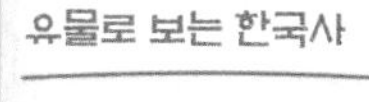

[해설]

경주 불국사에 있는 이 탑의 해체 보수 과정에서 발견된 금동제 사리 외함이다. 2층 탑신부에 봉안되어 있던 이 유물 안에는 은제 사리 내 · 외함과 무구정광대다라니경 등이 함께 놓여 있었다. 이를 통해 당시의 뛰어난 공예 기술 및 사리 장엄 방식과 특징을 알 수 있다.

은쌤의 합격노트

밑줄 그은 '이 탑'은 경주 불국사 3층 석탑이다. 1966년 경주 불국사 3층 석탑에서 세계에서 가장 오래된 목판인쇄물인 무구정광대다라니경이 발견되었다. 무구정광대다라니경은 전체 길이 약 620cm, 너비 약 8cm로 751년(경덕왕 10) 무렵에 간행된 것으로 추정된다.

정답 분석

①

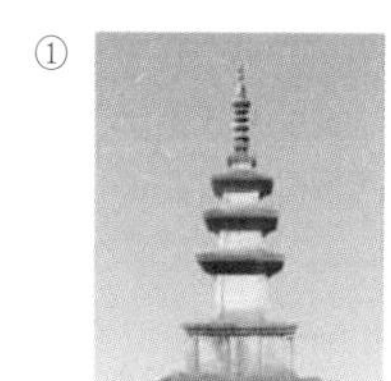

➲ 경주 불국사 3층 석탑의 원래 이름은 '석가여래상주설법탑'이나 '석가탑'으로 줄여서 부르기도 한다.

오답 피하기

②

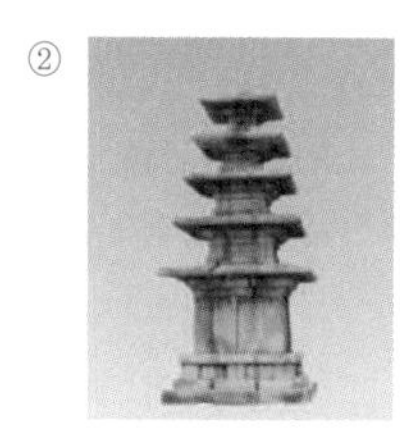

➲ 부여 정림사지 5층 석탑은 익산 미륵사지 석탑과 함께 현재 남아 있는 2기의 백제 석탑 가운데 하나로 그 문화재적 가치가 크다.

③

➲ 익산 미륵사지 석탑은 목탑 양식의 흔적이 남아 있는 백제의 탑이다.

④

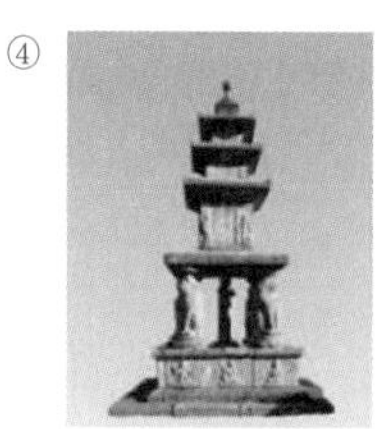

➲ 화엄사 4사자 3층 석탑은 전라남도 구례군 마산면 화엄사에 있는 통일 신라 시기의 석탑이다.

⑤

➲ 평창 월정사 8각 9층 석탑은 고려 초기의 대표적인 석탑이다.

11 후백제 견훤의 업적 정답 ③

(가) 인물에 대한 설명으로 옳은 것은? [2점]

은쌤의 합격노트

(가) 인물은 후백제의 견훤이다. 지방에서 성장하던 견훤은 신라 하대의 혼란을 이용하여 독자적인 정권을 수립하였다. 견훤은 900년 전라도 일대의 군사력과 호족 세력을 토대로 완산주(전주)에 도읍을 정하고 후백제를 세웠다. 견훤은 927년 11월 신라의 수도 금성을 기습하여 경애왕을 살해했고, 경애왕의 이종사촌 형제 김부를 임금의 자리에 오르게 하니 그가 바로 경순왕이다. 견훤이 넷째 아들 금강에게 왕위를 물려주자 장남 신검은 양검·용검 등과 함께 반란을 일으켜, 견훤을 금산사에 가두고 사람을 보내 금강을 살해한 뒤 즉위하였다.

정답 분석

③ 후당과 오월에 사신을 파견하였다.

➲ 후백제 견훤은 중국의 오월과 후당에 외교 사절을 파견하였고, 오월의 왕으로부터 검교태보의 관직을 받았다.

오답 피하기

① 공산 전투에서 전사하였다.

➲ 후삼국 시대에 고려 태조는 후백제의 공격을 받은 신라를 돕기 위해 출병하였으나, 대구 공산 전투에서 후백제 견훤 군대에 포위를 당하였다. 이때 신숭겸은 태조와 옷을 바꾸어 입고 후백제군을 속여 태조를 구하였지만, 자신은 전사하였다.

② 금마저에 미륵사를 창건하였다.

➲ 백제 무왕은 왕비의 발원에 따라 금마저(익산) 미륵사를 지었다.

④ 김흠돌 등 진골 세력을 숙청하였다.

➲ 신라 중대 신문왕은 반란을 모의한 장인 김흠돌 세력을 숙청하며 왕권 강화 의지를 밝혔다.

⑤ 국호를 마진으로 바꾸고 철원으로 천도하였다.

➲ 후고구려 궁예는 신라 타도를 표방하며 개성을 수도로 삼고 후고구려를 세웠다. 그 후 철원으로 천도하고 국호를 마진, 태봉 등으로 고쳤다.

12 고려 광종의 업적 정답 ②

(가) 왕의 재위 시기에 있었던 사실로 옳은 것은? [2점]

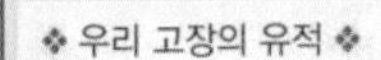
❖ 우리 고장의 유적 ❖

충주 숭선사지

유적 발굴 현장

숭선사는 (가) 이/가 어머니인 신명 순성 왕후의 명복을 빌기 위하여 세운 절로, 현재 그 터만 남아 있다. 이곳에서는 '숭선사(崇善寺)'라는 명문이 새겨진 기와 등 다양한 고려 시대 유물이 출토되었다.

(가) 은/는 치열한 왕위 쟁탈전 속에서 외가인 충주 유씨 세력 등 여러 호족의 도움으로 왕위에 올랐다. 하지만 즉위 이후 노비안검법 등 호족을 견제하는 정책을 펼쳤다.

은쌤의 합격노트

(가) 왕은 고려 초기 광종이다. 태조의 뒤를 이은 혜종과 정종 때에는 외척 세력이 개입된 왕위 계승 다툼이 벌어져 왕권이 위협을 받았다. 이러한 상황에서 즉위한 광종은 과감한 개혁 정치를 펼쳐 왕권을 강화하고 호족 세력을 약화시키고자 하였다. 광종은 956년 노비안검법을 시행하여, 본래 양민이었으나 후삼국 시대의 혼란기에 호족 세력에 의해 불법으로 노비가 된 자를 다시 양민으로 돌아가게 하였다. 이를 통해 호족 세력의 경제적·군사적 기반을 약화시키고 국가의 재정 기반과 왕권을 안정시켰다.

정답 분석

② 광덕, 준풍 등의 연호가 사용되었다.

➡ 고려 초기 광종은 국왕의 권위를 높이기 위해 황제를 칭하고, 광덕 · 준풍 등 독자적인 연호를 사용하기도 하였다.

오답 피하기

① 최승로가 시무 28조를 건의하였다.

➡ 고려 초기 성종은 신라 6두품 출신 유학자 최승로가 제시한 시무 28조를 수용하여 유교 정치 이념을 토대로 중앙과 지방의 통치 기구를 정비해 갔다.

③ 관리의 규범을 제시한 계백료서가 반포되었다.

➡ 고려 초기 태조는 정계와 계백료서를 지어 관리들이 지켜야 할 규범을 제시하였다.

④ 쌍성총관부를 공격하여 철령 이북을 수복하였다.

➡ 고려 후기 공민왕은 무력으로 쌍성총관부를 공격하여 철령 이북의 영토를 탈환하고 고구려의 옛 땅인 요동 지방을 공략하였다.

⑤ 지방 세력 견제를 목적으로 한 상수리 제도가 실시되었다.

➡ 통일 신라는 지방의 유력자를 중앙으로 데려오는 일종의 인질 제도인 상수리 제도를 시행하였다.

13 고려의 관학 진흥책 정답 ④

(가)에 들어갈 내용으로 옳은 것은? [1점]

은쌤의 합격노트

(가)에 들어갈 내용은 고려 정부의 관학 진흥책이다. 최충은 관직에서 물러난 후 9재 학당을 설립하여 제자를 양성하였다. 이를 계기로 사학 12도가 등장하여 크게 발전했는데, 사학에서 교육받은 학생이 과거에서 좋은 성적을 거두자 국자감의 관학 교육이 위축되었다. 이에 관학 진흥책이 추진되어 숙종은 서적포와 같은 도서관을 설치하고 예종은 최충의 사학을 본떠 전문 강좌인 7재 등을 설치하였다.

정답 분석

④ 양현고를 설치하여 장학 기금을 마련하였어요.

➡ 고려 중기 예종은 관학을 부흥시키고자 일종의 장학 재단인 양현고를 설치하여 많은 학생을 수용할 수 있는 학사를 신축하고 국학 교육을 재정적으로 뒷받침하였다.

오답 피하기

① 독서삼품과를 통해 인재를 등용하였어요.

➡ 신라 중대 원성왕은 독서삼품과를 시행하여 유교 경전에 대한 이해 수준을 평가하여 관리를 채용하였다. 이를 통해 유학이 발달하는 토대가 마련되었다.

② 사액 서원에 서적과 노비를 지급하였어요.

➡ 조선 정부는 사액서원을 지정하여 토지와 노비, 서적 등을 지급하고 학문 연구를 장려하였다.

③ 중등 교육 기관으로 4부 학당을 설립하였어요.

➡ 조선 정부는 관리를 양성하고 유교 지식과 윤리를 보급하기 위해 서울에 4부 학당을 설치하였다.

⑤ 초계문신제를 시행하여 문신을 재교육하였어요.

➡ 조선 후기 정조는 자신의 권력과 정책을 뒷받침하기 위해 규장각을 설치하고 관리를 재교육하는 초계문신제를 실시하였다.

14 고려와 거란과의 항쟁 정답 ②

(가) 국가에 대한 고려의 대응으로 옳은 것은? [2점]

> ○ (가) 의 임금이 개경으로 침입하여 궁궐을 불사르고 퇴각하였다. …… 양규는 (가) 의 군대를 무로대에서 습격하여 2,000여 급을 베고, 포로가 되었던 남녀 3,000여 명을 되찾았다. 다시 이수에서 전투를 벌이고 추격하여 석령까지 가서 2,500여 급을 베고, 포로가 되었던 1,000여 명을 되찾았다.
>
> ○ (가) 의 병사들이 귀주를 지나가자 강감찬 등이 동쪽 교외에서 전투를 벌였다. …… 적병이 북쪽으로 달아나자 아군이 그 뒤를 쫓아가서 공격하였는데, 석천을 건너 반령에 이르기까지 시신이 들에 가득하였다.

은쌤의 합격노트

(가) 국가는 거란이다. 고려는 1010년 거란의 2차 침입 때 개경이 함락되는 어려움을 겪기도 하였으나 배후에서 양규가 선전하자 거란군은 퇴로가 차단될 것을 두려워하여 고려와 강화하고 물러갔다. 고려는 1019년 거란의 3차 침입 때 강감찬이 이끄는 고려군이 강동 6주의 하나인 귀주에서 대승을 거두었다(귀주 대첩). 고려가 거란의 계속되는 침략을 막아 내자 거란은 더이상 고려를 공격할 수 없었고, 송을 침입할 수도 없었다. 결국, 고려가 거란의 침입을 격퇴함으로써 고려, 송, 거란 사이에는 세력 균형이 유지될 수 있었다.

정답 분석

② 광군을 조직하여 침입에 대비하였다.

➡ 고려 초기 정종은 거란(요)의 침입에 대비하여 전국에 걸친 군사 조직 광군을 조직하였다.

오답 피하기

① 강화도로 도읍을 옮겨 항전하였다.

➡ 고려 후기 몽골 1차 침입 이후 무신 집권자 최우는 몽골의 무리한 조공 요구와 간섭에 맞서 강화도로 도읍을 옮기고, 장기 항전을 위한 방비를 강화하였다.

③ 박위를 파견하여 근거지를 토벌하였다.

➡ 고려 후기 창왕은 왜구가 노략질을 일삼자 박위로 하여금 왜구의 근거지인 대마도를 정벌하도록 하였다.

④ 압록강 상류 지역을 개척하여 4군을 설치하였다.

➡ 조선 초기 세종은 대대적인 군사 작전을 벌여 여진을 몰아내고 4군과 6진을 세워 국경선을 확보하였다.

⑤ 신기군, 신보군, 항마군으로 구성된 별무반을 편성하였다.

➡ 고려 중기 숙종은 별무반이라는 특수 부대를 창설하였고, 예종 때 윤관은 별무반으로 여진을 내몰고 동북 지역에 9성을 쌓았다.

15 고려의 문화유산 정답 ③

(가)에 들어갈 문화유산으로 옳은 것은? [1점]

> △△ 시대 문화유산 사진전
>
> 우리 학교 역사 동아리에서 △△ 시대의 대표적인 문화유산을 소개하는 사진전을 개최합니다. 학생 여러분의 많은 관람 바랍니다.
>
> 
> 직지심체요절
>
> (가)
>
> 
> 천산대렵도
>
> ■ 일자 : 2023년 ○○월 ○○일 ■ 장소 : 본관 2층 동아리실

① 
금동 대향로

② 
호우총 청동 그릇

③ 
청자 상감 모란문 표주박 모양 주전자

④ 
이불병좌상

⑤ 
인왕제색도

은쌤의 합격노트

(가)에 들어갈 문화유산은 고려 시대 문화유산이다. 고려 시대의 기술학 가운데 가장 뛰어난 것은 인쇄술의 발달이었다. 금속 활자 인쇄술은 고려에서 세계 최초로 발명되었다. 현존하는 세계에서 가장 오래된 금속 활자본은 청주 흥덕사에서 1377년에 간행한 "직지심체요절"이다.
천산대렵도는 고려 후기 공민왕이 그린 것으로 추정되며 호복을 입고 말을 모는 무사의 모습이 묘사되어 있어 원대 북화의 영향을 받았음을 알 수 있다.

정답 분석

③ 청자 상감 모란문 표주박 모양 주전자

➡ 고려의 청자 상감 모란문 표주박 모양 주전자에서 볼 수 있는 청자유는 고려인들이 이상으로 삼던 비색의 아름다움이 마음껏 발휘된 것이다.

오답 피하기

① 금동 대향로

➡ 백제 금동 대향로는 부여의 능산리 절터에서 출토되었는데 당시 뛰어난 금속 공예 기술을 보여 주는 걸작품이다.

② 호우총 청동 그릇

➡ 호우명 그릇은 415년 광개토 대왕의 제사를 위해 만든 그릇으로, 신라의 무덤에서 발견되었다.

④ 이불병좌상

➡ 발해의 이불병좌상은 고구려 후기 법화 사상의 전통을 이은 불상이다.

⑤ 인왕제색도

➡ 조선 후기 진경산수화를 개척한 겸재 정선이 그린 인왕제색도이다.

16 고려 승려 지눌 정답 ①

(가) 인물에 대한 설명으로 옳은 것은? [2점]

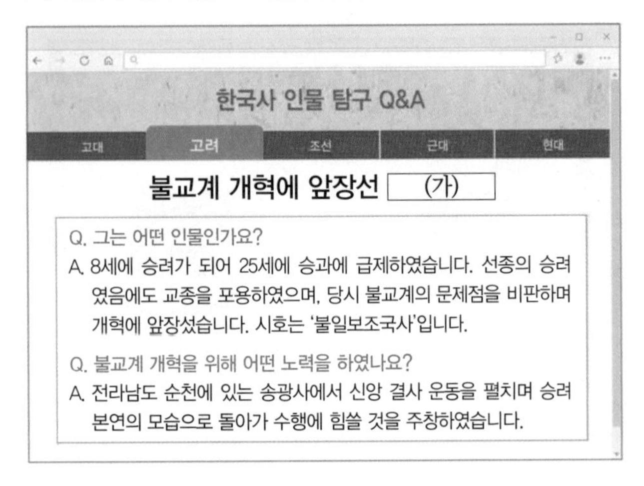

은쌤의 합격노트

(가) 인물은 고려 후기 승려 지눌이다. 무신 정변 이후 문벌 귀족이 몰락하고 무신이 정권을 장악한 상황에서 불교계에서는 선종이 조계종이라는 이름으로 번성하고 결사 운동이 전개되는 등 여러 변화가 일어났다. 이 시기에 활약한 대표적인 승려가 보조 국사 지눌이었다. 당시 불교계에는 무신 정권 초기의 혼란을 배경으로 세속과 타협하여 헛된 이름과 이익을 쫓는 무리가 많았다. 이에 지눌은 산림에 은둔하여 예불 독경과 노동에 힘씀으로써 승려 본연의 자세로 돌아가자는 개혁 운동인 수선사 결사를 제창하였다. 순천 송광사에 중심을 둔 수선사 결사 운동은 개혁적인 승려들과 지방민의 적극적인 호응을 얻어 활발하게 전개되었다.

정답 분석

① 참선을 강조하고 돈오점수를 주장하였다.

➡ 고려 후기 지눌은 먼저 불성을 깨달은 다음에 점진적인 수행으로 깨달음을 확인해야 한다는 돈오점수를 강조하였고, 선과 교학을 나란히 수행하자는 정혜쌍수를 내세웠다.

오답 피하기

② 불교 교단 통합을 위해 해동 천태종을 개창하였다.

➡ 고려 중기 의천은 화엄종을 중심으로 교종을 정리한 뒤, 해동 천태종을 창시하여 교종의 입장에서 선종을 통합하였다.

③ 선문염송집을 편찬하고 유불 일치설을 제창하였다.

➡ 고려 후기 지눌의 제자인 혜심은 유교나 불교 모두 도를 추구한다는 점에서 서로 일치한다는 유불 일치설을 주장하였는데, 이는 고려 후기에 성리학을 받아들이는 데 좋은 토양으로 작용하였다.

④ 승려들의 전기를 정리하여 해동고승전을 편찬하였다.

➡ 고려 후기 각훈이 지은 "해동고승전"은 우리나라 역대 고승의 전기를 기록한 것으로, 현재 일부만 전해 오고 있다.

⑤ 보현십원가를 지어 불교 교리를 대중에게 전파하였다.

➡ 고려 초기 균여는 "보현십원가" 등 불교 교리를 담은 향가를 지어 대중에게 전파하는 데 힘썼다.

17 고려의 멸망과 조선의 건국 정답 ①

(가)~(다)를 일어난 순서대로 옳게 나열한 것은? [2점]

(가) 우왕이 요동을 공격하는 일을 최영과 은밀하게 의논하였다. …… 마침내 8도의 군사를 징발하고 최영이 동교에서 군사를 사열하였다.

(나) 대군이 압록강을 건너서 위화도에 머물렀다. …… 이성계가 회군한다는 소식을 듣고 앞다투어 모여든 사람이 천여 명이나 되었다.

(다) 도평의사사에서 글을 올려 과전을 지급하는 법을 정할 것을 청하니, 그 의견을 따랐다. …… 경기는 사방의 근본이므로 마땅히 과전을 설치하여 사대부를 우대하여야 한다. 무릇 수도에 거주하며 왕실을 지키는 자는 현직, 산직(散職)을 불문하고 각각 과(科)에 따라 받게 한다.

은쌤의 합격노트

(가)는 1388년 고려 후기 우왕 때 명나라가 철령 이북의 땅을 차지하려고 하자 고려가 요동 정벌을 준비하는 상황이다.
(나)는 1388년 고려 후기 우왕 때 명나라의 요동을 공략하기 위해 출정했던 이성계 등이 위화도에서 회군하는 상황이다.
(다)는 1391년 고려 후기 공양왕 때 이성계와 신진사대부들의 주도로 과전법이 시행되는 상황이다.

정답 분석

① (가) - (나) - (다)

➡ (가) 1388년 만주를 장악한 명이 함경도와 강원도 경계에 있는 철령 이북 땅이 원래 원에 속하였다는 이유로 이 땅을 관할하는 철령위를 설치하려 하였다. 이에 당시 집권자였던 최영은 요동 정벌을 계획하고 이성계에게 요동을 정벌하도록 지시하였다.
(나) 1388년 이성계는 4불가론을 내세워 요동 출병에 반대하였으나 받아들여지지 않았다. 결국, 이성계는 명으로 들어가는 길목인 압록강 위화도에서 회군하여 개경으로 진격하는 위화도 회군을 단행하였다. 이성계는 최영을 귀양 보내 죽이고, 우왕을 폐위한 후 창왕을 왕위에 세웠다.
(다) 1391년 위화도 회군으로 권력을 장악한 이성계와 조준 등의 신진 사대부는 권문세족의 대토지 소유로 국가 재정이 어려워지자 이를 해결하기 위해 과전법을 단행하였다. 과전법은 국가 재정을 확보함으로써 새 왕조 개창에 이바지하는 한편, 신진 사대부의 경제적 기반을 다져 조선이 양반 관료 사회를 형성하는 데 기여하였다.

18 고려의 경제 상황 정답 ①

다음 상황이 나타난 시기의 경제 모습으로 옳은 것은? [2점]

> 도병마사가 아뢰기를, "안서도호부에서 바친 철은 예전에는 무기용으로 충당하였습니다. 근래에 홍왕사를 창건하면서 또다시 철을 더 바치라고 명령하셨으니 백성들이 고통을 감당하지 못하고 있습니다. 청컨대 염주, 해주 안주 세 곳에서 2년 동안 바치는 철을 홍왕사 창건에 쓰게 하여 수고로운 폐단을 풀어 주십시오."라고 하니, 이를 따랐다.

은쌤의 합격노트

다음 상황이 나타난 시기는 고려 시대이다. 고려의 독자적인 기구로 국방과 군사 문제를 논의하는 도병마사가 있었다. 고려는 전국을 5도와 양계, 경기로 크게 나누고, 그 안에 3경, 4도호부, 8목을 비롯하여 군·현·진을 설치하였다. 고려 시대의 건축은 주로 사원이 중심이었다. 사원 건물로 유명한 것은 흥왕사로 12년에 걸쳐 막대한 인원과 경비를 들여 지은 장엄한 사원이었다고 한다.

정답 분석

① 관리에게 전지와 시지를 지급하였다.
- 고려 초기 경종 때에 이르러 체계적인 전시과 제도를 마련하여 관품에 따라 관리들을 18등급으로 나누어 전지와 시지를 지급하였다. 전시과의 토지는 직역을 수행하는 대가로 받는 것이기 때문에 퇴직하거나 사망하면 국가에 반납해야 하였다.

오답 피하기

② 시장을 감독하기 위해 동시전을 설치하였다.
- 신라 상대 지증왕은 동시를 개설하고 이를 관리하는 기구인 동시전을 설치하였다.

③ 허적의 제안에 따라 상평통보를 발행하였다.
- 조선 후기 숙종은 영의정 허적의 제의를 받아들여 호조나 상평청 등을 통하여 상평통보를 주조하였다.

④ 일본과의 교역 규모를 규정한 계해약조를 체결하였다.
- 조선 초기 세종은 대마도주가 수시로 토산품을 바치면서 무역을 간청하자 계해약조를 맺고 제한된 조공 무역을 허락하였다.

⑤ 상권 수호를 목적으로 황국 중앙 총상회를 조직하였다.
- 근대 개항기인 1898년 한성의 시전 상인들은 외국 상인들의 한성 진출로 피해를 입자 황국 중앙 총상회를 조직하였다.

19 조선 영조의 업적 정답 ④

(가) 왕에 대한 설명으로 옳은 것은? [2점]

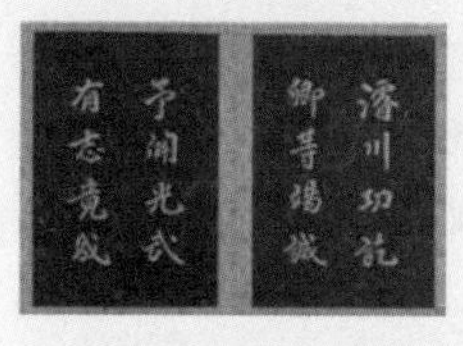

> 이것은 『어전준천제명첩』에 담긴 어제사언시(御製四言詩)로, (가) 이/가 홍봉한 등 청계천 준설 공사에 공이 있는 신하들의 노고를 치하하며 지은 것이다.
>
> 청계천 준설을 추진한 (가) 은/는 탕평, 균역 등도 자신의 치적으로 거론한 글을 남겼다.

은쌤의 합격노트

(가) 왕은 조선 후기 영조이다. 영조는 1760년 준천사(濬川司)를 설치하고 장정 21만 5,000명을 동원, 청계천을 준설해 홍수로 인한 범람에 대비했다. 영조는 탕평 정책에 동의하는 온건하고 타협적인 인물을 등용하여 정국을 운영하였다. 탕평 정치를 통해 정국을 안정시킨 영조는 민생 안정과 산업을 진흥하기 위한 개혁을 추진하였다. 균역법을 시행하여 군역의 부담을 줄여 주었다.

정답 분석

④ 통치 제도를 정비하고자 속대전을 편찬하였다.
- 조선 후기 영조는 "경국대전" 시행 이후 공포된 법령 중에서 시행할 법령만을 추려서 "속대전"을 편찬하였다.

오답 피하기

① 나선 정벌에 조총 부대를 파견하였다.
- 조선 후기 효종은 청이 러시아와 국경 분쟁이 일어나 조선에 지원군을 요청하자 두 차례에 걸쳐 군사를 보내 나선 정벌을 감행하였다.

② 경기도에 한해서 대동법을 실시하였다.
- 조선 후기 광해군은 공납의 폐단을 바로잡기 위해 경기도에 대동법을 처음 시행하였다. 이후 점차 확대되어 숙종 때 평안도와 함경도를 제외한 전국에서 시행하였다.

③ 삼수병으로 구성된 훈련도감을 창설하였다.
- 조선 중기 선조는 임진왜란 중에 조총을 주로 사용하는 일본군에 맞서고자 훈련도감을 창설하였다. 훈련도감은 직업 군인으로 구성된 상비 부대로서 삼수병 체제였다.

⑤ 한양을 기준으로 한 역산서인 칠정산을 만들었다.
- 조선 초기 세종은 중국의 수시력과 아라비아의 회회력을 참고하여 "칠정산"을 만들었다.

20 무오사화 정답 ②

다음 상황이 나타난 시기를 연표에서 옳게 고른 것은? [2점]

> 왕이 전지하기를, "김종직은 보잘것없는 시골의 미천한 선비였는데, 선왕께서 발탁하여 경연에 두었으니 은혜와 총애가 더없이 컸다고 하겠다. 그런데 지금 그의 제자 김일손이 사초에 부도덕한 말로써 선왕 대의 일을 거짓으로 기록하고, 또 스승인 김종직의 조의제문을 싣고서 그 글을 찬양하였으니, 형명(刑名)을 의논하여 아뢰어라."라고 하였다.

1468		1494		1506		1518		1545		1589
	(가)		(나)		(다)		(라)		(마)	
남이의 옥사		연산군 즉위		중종 반정		소격서 폐지		명종 즉위		기축 옥사

은쌤의 합격노트

다음 상황은 조선 초기 연산군 대에 조의제문 사건으로 무오사화가 일어나려는 상황이다. 성종에 이어 즉위한 연산군은 훈구 세력과 사림 세력을 누르고 왕권을 강화하고자 하였다. 특히 언론 활동으로 왕권을 견제하는 사림 세력을 탄압하였다. 그 과정에서 훈구 세력들이 김종직의 '조의제문'을 문제 삼아 사림 세력을 축출하는 무오사화가 일어났다. '조의제문'은 항우가 폐위한 중국 초의 마지막 왕인 의제를 애도하는 글이다. 이는 세조가 단종을 죽인 사실을 항우가 의제를 죽인 것으로 비유하여 세조의 왕위 승계가 유교적 명분에 어긋난다는 사림 세력의 의식을 반영한 것이었다. 이로 인해 이미 죽은 김종직뿐만 아니라 많은 문인이 피해를 당하였다.

정답 분석

② (나)

- 연산군이 즉위하자 훈구 세력은 사림 세력을 공격했고, 연산군도 자신의 실정을 비판하는 사림 세력을 못마땅하게 생각하였다. 이에 1498년 김종직의 '조의제문'을 계기로 무오사화, 1504년 폐비 윤씨 사건을 계기로 갑자사화 등 두 차례의 사화가 일어나 사림은 큰 피해를 입었다. 그 결과 1506년 폭압적인 정치를 펴던 연산군이 쫓겨나고 중종이 새 왕으로 즉위하는 중종 반정이 일어났다.

21 조선 세조의 업적 정답 ④

(가) 왕의 재위 시기에 있었던 사실로 옳은 것은? [2점]

> **□□ 신문**
>
> 제△△호 ○○○○년 ○○월 ○○일
>
> **원각사 창건 당시 작성된 계문(契文) 공개**
>
> 
>
> 원각사의 낙성을 축하하는 경찬회 때 (가) 이/가 조정 신하와 백성에게 수륙재 참여를 권하는 내용이 담긴 원각사 계문이 공개되었다. 조선의 임금과 왕실이 불교 행사를 직접 후원하였다는 기록이 희소하기에 의미가 있다.
>
> 한명회, 권람 등의 조력으로 김종서, 황보인 등을 제거하고 왕위에 오른 (가) 은/는 간경도감을 설치하여 불경을 한글로 번역, 간행하고 원각사를 창건하는 등 불교를 후원하였다.

은쌤의 합격노트

(가) 왕은 조선 초기 세조이다. 1453년 수양대군은 단종의 보좌 세력이자 원로대신 황보인 · 김종서 등 수십 인을 살해 및 제거하는 계유정난을 일으켜 정권을 잡고 왕으로 즉위하였다. 세조 때에는 원각사에 탑을 세우고 간경도감을 설치해 불경을 간행하는 등 불교가 일시적으로 중흥의 기회를 맞기도 하였다. 하지만 이후 사림 세력의 비판으로 불교의 사회적 위상은 크게 약화되었다.

정답 분석

④ 현직 관리에게만 수조지를 지급하는 직전법을 시행하였다.

- 조선 초기 세조는 과전법을 운용하는 과정에서 관료에게 지급할 토지가 점점 부족해지자 현직 관료에게만 과전을 지급하는 직전법을 시행하였다.

오답 피하기

① 주자소에서 계미자를 주조하였다.

- 조선 초기 태종은 주자소를 설치하고 구리로 계미자를 주조하였다.

② 국가의 의례를 정비한 국조오례의를 완성하였다.

- 조선 초기 성종은 "국조오례의"를 편찬하여 국가의 여러 행사에 필요한 의례를 정비하였다.

③ 삼남 지방의 농법을 소개한 농사직설을 편찬하였다.

- 조선 초기 세종은 농민의 실제 경험을 반영하여 우리나라 풍토에 맞는 씨앗의 저장법, 토질의 개량법, 모내기법 등을 소개하는 "농사직설"을 간행하였다.

⑤ 우리나라와 중국의 의서를 망라한 동의보감을 간행하였다.

- 조선 후기 광해군의 명을 받아 허준은 우리의 전통 한의학을 정리하여 "동의보감"을 편찬하였는데, 이는 중국과 일본에서도 간행되었다.

22 조선 성리학자 이이 정답 ⑤

밑줄 그은 '이 인물'에 대한 설명으로 옳은 것은? [3점]

은쌤의 합격 노트

밑줄 그은 '이 인물'은 조선 중기 율곡 이이다. 이이는 서원 향약·해주 향약 등을 만들어 이를 발전시켰다. 향약은 유교주의의 도덕률을 강조한 규약이며, 권선징악과 상호 부조를 목적으로 하였다. 이이는 이보다는 기(氣)의 역할을 강조하였으며 그에 따라 현실적이고 개혁적인 성향을 보였다. 이에 통치 체제의 정비와 수취 제도의 개혁 등 현실적인 방안을 제시한 "동호문답"을 편찬하였다. 이이는 학문을 통해 사림의 이념을 확산시키기 위해 아동용 삼강오륜 실천서인 "격몽요결"을 편찬하였다.

정답 분석

⑤ 군주가 수양해야 할 덕목과 지식을 담은 성학집요를 집필하였다.

- 이이는 "성학집요"를 저술하여 현명한 신하가 왕의 수양을 도와주어야 한다고 주장하였다.

오답 피하기

① 명에 대한 의리를 내세운 기축봉사를 올렸다.

- 조선 후기 효종 즉위 직후 1649년 서인(노론)의 영수인 송시열은 기축봉사를 올려 멸망한 명에 대한 의리를 내세우며 북벌 운동을 주도하였다.

② 청으로부터 시헌력을 도입하자고 건의하였다.

- 조선 후기 효종 때에는 김육 등의 노력으로 청에서 사용하던 시헌력이 도입되었다. 시헌력은 을미개혁으로 태양력이 채택될 때까지 기본 역법으로 사용되었다.

③ 양반의 허례와 무능을 풍자한 양반전을 저술하였다.

- 조선 후기 북학파의 구심점인 박지원은 "호질", "양반전" 등을 저술하여 양반의 위선과 무능을 비판하였다.

④ 예학을 조선의 현실에 맞게 정리한 가례집람을 지었다.

- 조선 중기 선조 대에 김장생은 주자의 "가례"를 기본으로 여러 학자의 예설을 취사선택하여 증보 · 해석한 "가례집람"을 저술하였다. 이를 통해 예학을 조선의 현실에 맞게 정리하였다.

23 조선의 붕당 정치 정답 ①

(가), (나) 사이의 시기에 있었던 사실로 옳은 것은? [3점]

> (가) 처음에 심의겸이 외척으로 권세를 부리니 당시 명망 있는 사람들이 섞여 따랐다. 그런데 김효원이 전랑(銓郎)이 되어 그들을 배척하자 심의겸의 무리가 그를 미워하니, 점차 사림이 나뉘어 동인과 서인이라는 말이 나오게 되었다.
>
> (나) 기해년에 왕이 승하하자 재신 송시열이 사종(四種)의 설을 인용하여 "대행 대왕은 왕대비에게 서자가 된다. 왕통을 이었으나 장자가 아닌 경우이니 기년복(朞年服)*을 입어야 마땅하다."라고 하였다. 이에 대해 허목 등 신하들은 전거를 들어 다투기를, "대행 대왕은 왕대비에게 서자가 아니라 장자가 된 둘째이니, 삼년복을 입어야 한다."라고 하였다.
>
> *기년복(朞年服) : 1년 동안 입는 상복

은쌤의 합격 노트

(가)는 조선 중기 선조 대에 1575년 사림 세력이 동인과 서인으로 분당되는 모습, (나)는 조선 후기 현종 대에 1659년 서인과 남인 간에 벌어진 1차 기해 예송 논쟁이다.

(가) 조선 중기 선조 대에 권력을 장악한 사림은 인사권을 지닌 이조 전랑의 임명 문제로 내부의 갈등이 격화되어 마침내 동인과 서인으로 붕당이 되었다. 서인 심의겸과 동인 김효원은 이조 전랑 자리를 두고 서로 다투었다. 이조 전랑은 젊고 명망 있는 문신 중에서 임명되었는데, 이 자리는 3품 이하 문관의 천거와 3사 청요직의 선발권, 후임 전랑의 추천권 등 여러 특권을 가지고 있었다. 이 때문에 누가 이조 전랑을 차지하느냐에 따라 권력의 향배가 결정되었고, 이 자리를 둘러싼 붕당 간의 경쟁이 더욱 치열해졌다.

(나) 조선 후기 현종 때까지는 서인이 우세한 가운데 남인과 연합하여 공존하였으나, 효종의 왕위 계승과 관련하여 두 차례의 예송이 일어나면서 서인과 남인의 대립이 극심해졌다. 예송은 둘째 아들로 왕위에 오른 효종의 정통성과 관련하여 두 차례의 논쟁으로 발전하였는데, 이 중 1차 예송은 효종이 죽은 뒤 계모인 자의 대비가 효종의 상(喪)에 대한 당해 상복을 3년 동안 입을 것인지, 1년 동안 입을 것인지를 두고 벌인 논쟁이었다.

정답 분석

① 인조반정으로 북인 세력이 몰락하였다.

- 1623년 인조반정으로 광해군 대에 정치를 주도한 북인은 몰락하여 남인에 흡수되었다. 이는 (가)와 (나) 사이의 일이다.

오답 피하기

② 목호룡의 고변으로 옥사가 발생하였다.

- 1722년 경종 때 '노론 4대신과 그 일당 60여 명이 경종을 시해하고, 이이명을 추대하려는 음모를 꾸미고 있다'는 목호룡의 고변으로 노론을 따르던 많은 사람들이 죽거나 옥에 들어간 신임옥사가 벌어졌다. 이는 (나) 이후의 일이다.

③ 양재역 벽서 사건으로 이언적 등이 화를 입었다.

- 1547년 명종 때 을사사화의 여파로 윤원형 일파가 대윤 세력을 숙청하기 위해 만들어낸 양재역 벽서 사건이 일어났다. 이는 (가) 이전의 일이다.

④ 인현왕후가 폐위되고 남인이 권력을 차지하였다.

- 1689년 숙종이 남인계 후궁인 장희빈이 낳은 왕자(경종)를 세자로 책봉할 것을 고집하면서 이에 반대하는 노론 세력(송시열)을 몰아내고 남인 정권을 성립시킨 기사환국이 일어나 인현왕후가 폐위되었다. 이는 (나) 이후의 일이다.

⑤ 이인좌를 중심으로 소론 세력 등이 난을 일으켰다.

- 1728년 영조 때 이인좌가 중심이 되어 정권에서 배제된 소론과 남인의 과격파가 연합하여 이인좌의 난을 일으켰다. 이는 (나) 이후의 일이다.

24 조선과 청과의 대외 관계 정답 ②

(가) 국가에 대한 조선의 정책으로 옳은 것은? [2점]

〈답사 보고서〉

◈ 주제 : 남한산성에서 삼학사의 충절을 만나다
◈ 기간 : 2023년 ○○월 ○○일
◈ 내용 : 현절사(顯節祠)는 삼학사(홍익한, 윤집, 오달제)의 충절을 기려 남한산성에 세운 사당이다. 그들은 (가) 의 침입으로 발생한 전쟁에서 화의를 반대하며 결사 항전을 주장하였다. 항복 이후 그들은 (가) (으)로 압송되어 처형되었다. 그들과 함께 척화를 주장하였던 김상헌, 정온도 추가로 이곳에 모셔졌다.
◈ 사진

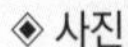

은쌤의 합격노트

(가) 국가는 중국의 청나라이다. 청이 군신 관계를 요구하자 조선 조정은 크게 둘로 나뉘었다. 명에 대한 의리를 지켜야 한다는 명분론을 앞세운 사람들은 주전론을 주장하였다. 반면 고갈된 국력으로 전쟁을 하는 것은 힘들다고 본 사람들은 주화론을 주장하였다. 병자호란이 일어나고 왕이 남한산성에서 포위되자 조선은 주화론의 주장에 따라 화의를 맺었다. 병자호란이 끝난 후 소현세자와 봉림대군, 3학사(홍익한 · 윤집 · 오달제) 등 척화론자 및 수만 명의 백성이 청의 수도로 끌려갔다.

정답 분석

② 어영청을 강화하는 등 북벌을 추진하였다.
➡ 조선 후기 인조는 후금과의 관계가 파국으로 치닫자 수도 한양을 방어하기 위해 어영청을 설치하였다. 이후 어영청은 효종이 청에 대한 북벌 계획을 준비하면서 크게 강화되었다.

오답 피하기

① 만권당을 세워 학문 교류를 장려하였다.
➡ 고려 후기 원 간섭기에 충선왕은 친원 세력인 권문세족의 반발로 개혁이 실패하자 왕위를 아들(충숙왕)에게 물려주고 북경으로 가서 만권당이라는 학문 연구 기관을 설립하였다.

③ 화통도감을 설치하여 군사력을 증강하였다.
➡ 고려 후기 우왕은 화통도감을 설치하고 화약과 화포를 제작하여 왜구 격퇴에 활용하여 커다란 성과를 거두었다.

④ 사신 접대를 위해 한성에 동평관을 설치하였다.
➡ 조선 초기 일본 사신을 대접하기 위하여 마련한 관사가 동평관이다.

⑤ 포로 송환을 목적으로 유정을 회답 겸 쇄환사로 파견하였다.
➡ 조선 후기 임진왜란 직후 회답 겸 쇄환사는 일본 쇼군(장군)의 국서에 회답하고 일본에 잡혀간 포로를 송환하는 임무를 띠고 3차례 파견되었다.

25 조선 후기 경제 상황 정답 ⑤

밑줄 그은 '이 시기'의 경제 상황으로 옳은 것은? [1점]

시(詩)로 만나는 한국사

이현과 종루 그리고 칠패는
도성의 3대 시장이라네
온갖 장인들이 살고 일하니
사람들이 많아서 어깨를 부딪히네
온갖 재화가 이익을 좇아
수레가 끊임없네
봉성의 털모자, 연경의 비단실
함경도의 삼베, 한산 모시
쌀, 콩, 벼, 기장, 조, 피, 보리
……

[해설] 이것은 한양의 모습을 그린 「성시전도」를 보고 박제가가 지은 시의 일부이다. 시의 내용을 통해 이 시기 생동감 있는 시장의 모습을 엿볼 수 있다.

은쌤의 합격노트

밑줄 그은 '이 시기'는 조선 후기이다. 조선 후기 실학자 박제가는 도시 인구 증가와 상품 화폐 경제의 발전 등 변화하는 현실에 주목하였고, 청에 다녀온 후 "북학의"를 저술하여 청의 문물을 적극 수용하자고 주장하였다. 또한, 수레와 선박의 이용 확대 및 소비 촉진을 통한 생산력의 증대를 역설하였다. 박제가의 시는 지방에서 온 수레가 줄지어 있고 많은 사람이 북적거리는 한양의 시장을 노래하고 있다. 시 속의 종루는 종로 일대, 칠패는 남대문 밖, 배오개는 동대문 부근을 가리킨다. 조선 후기에는 대도시는 물론, 시골에서도 물건을 파는 장사꾼들의 모습을 어렵지 않게 볼 수 있었다.

정답 분석

⑤ 인삼, 담배 등이 상품 작물로 재배되었다.
➡ 조선 후기에 도시 인구가 증가하고 상품 유통이 활발해지면서 인삼, 면화, 담배, 채소 등의 상품 작물 재배가 확대되었다.

오답 피하기

① 백성에게 정전이 지급되었다.
➡ 신라 중대 성덕왕은 농민 생활을 안정시키기 위해 백성에게 정전을 지급하였다.

② 서경에 관영 상점이 설치되었다.
➡ 고려의 대도시에는 서적점과 약점, 술을 파는 주점, 차를 파는 다점 등 관영 상점이 열렸다.

③ 금속 화폐인 건원중보가 주조되었다.
➡ 고려 초기 성종은 철전인 건원중보를 발행하였으나 널리 이용되지는 못하였다.

④ 벽란도가 국제 무역항으로 번성하였다.
➡ 고려 시대 예성강 어귀의 벽란도는 중국, 일본, 아라비아 상인들이 드나드는 국제적인 무역항으로 번성하였다.

26 비변사 정답 ③

(가) 기구에 대한 설명으로 옳은 것은? [1점]

> 오늘에 와서는 큰일이건 작은 일이건 중요한 것으로 취급되지 않는 것이 없어. 의정부는 한갓 헛이름만 지니고 6조는 모두 그 직임을 상실하였습니다. 명칭은 '변방의 방비를 담당하는 것'이라고 하면서 과거 시험에 대한 판하(判下)*나 비빈 간택 등의 일까지도 모두 (가) 을/를 경유하여 나옵니다. 명분이 바르지 못하고 말이 이치에 맞지 않음이 이보다 심할 수가 없습니다. 신의 어리석은 소견으로는 (가) 을/를 고쳐 정당(政堂)으로 칭하는 것이 상책이라 생각합니다.
>
> *판하(判下) : 안건을 임금이 허가하는 것

은쌤의 합격노트

(가) 기구는 조선의 비변사이다. 비변사는 원래 여진족과 왜구에 대비하기 위해 임시 회의 기구로 설치되었으나 을묘왜변을 계기로 상설화되었다. 이후 임진왜란을 거치면서 외교, 재정, 사회 전반은 물론 고위 관리의 인사 문제까지 관할하였고, 이에 의정부와 6조는 비변사에서 결정된 내용을 집행하는 기구로 위상이 낮아졌다. 의정부의 3정승은 비변사에서 협의된 내용을 왕에게 알리는 처지가 되었고 전국 8도의 업무는 지역별로 구관당상이 도맡아 처리하였다.

정답 분석

③ 흥선 대원군이 집권한 시기에 혁파되었다.
- 흥선 대원군은 국왕 중심의 통치 질서를 회복하고자 왕권을 제약하던 비변사를 철폐하고 의정부와 삼군부의 기능을 부활시켜 정치와 군사 업무를 분리하였다.

오답 피하기

① 사헌부, 사간원과 함께 3사로 불렸다.
- 조선 시대 사헌부, 사간원, 홍문관의 3사는 언론 기능을 담당하였다. 관리들의 비리를 감찰하고, 정사를 비판하였으며, 국왕의 자문 역할을 맡았다.

② 서얼 출신 학자들이 검서관에 등용되었다.
- 조선 후기 정조 때에는 유득공, 박제가, 이덕무 등 서얼 출신이 규장각 검서관으로 활약하기도 하였다.

④ 서울과 수원에 설치되어 국왕의 호위를 맡았다.
- 조선 후기 정조는 왕의 친위대 성격을 지닌 장용영을 설치하여 왕권을 군사적으로 뒷받침하였다. 국왕의 호위를 담당하는 군영으로 출발한 장용영은 서울과 수원에 배치되었다.

⑤ 대사성을 수장으로 좨주, 직강 등의 관직을 두었다.
- 조선 최고의 교육 기관 성균관은 정3품 당상관인 대사성이 총 책임을 지고, 이어 좨주, 악정, 직강, 전부, 박사 등을 배속시켰다.

27 조선 실학자 김정희 정답 ③

(가) 인물에 대한 설명으로 옳은 것은? [2점]

은쌤의 합격노트

(가) 인물은 조선 후기 실학자 김정희이다. 세한도는 김정희가 이상적에게 그려 준 그림으로, 청에서 구한 책을 제주도에 유배 중인 자신에게 보내준 것에 대한 보답이었다. 소나무와 잣나무를 그려 넣은 것은 이상적과의 변치 않는 의리를 표현하기 위해서였다. 즉 김정희가 제주도에서 유배 생활을 하던 중 그의 제자 이상적이 자신을 대하는 한결같은 마음에 감격하여 그려 보낸 작품이 세한도이다.

정답 분석

③ 북한산비가 진흥왕 순수비임을 고증하였다.
- 김정희는 "금석과안록"을 지어 진흥왕순수비 가운데 황초령비와 북한산비의 두 비문을 판독하고 고증하였다. 김정희는 북한산비에 비문 첫째 줄에 '진흥(眞興)'의 '眞(진)'자를 확인하여 이 비가 무학(無學)의 비가 아니라 진흥왕 순수비임을 고증하였다.

오답 피하기

① 남북국이라는 용어를 처음 사용하였다.
- 조선 후기 유득공은 "발해고"에서 발해를 본격적으로 우리 역사로 다루고 남북국이라는 용어를 사용하였다.

② 기기도설을 참고하여 거중기를 설계하였다.
- 조선 후기 정약용은 "기기도설"을 참고하여 만든 거중기를 수원 화성을 쌓을 때 사용하여 공사 기간을 단축하고 공사비를 줄이는 데 이바지하였다.

④ 양명학을 연구하여 강화학파를 형성하였다.
- 조선 후기 정제두는 양명학을 체계적으로 연구하여 강화도를 중심으로 강화 학파를 형성하였다.

⑤ 안평대군의 꿈을 소재로 몽유도원도를 그렸다.
- 조선 초기 화원 출신인 안견은 안평대군의 꿈을 소재로 '몽유도원도'를 그렸다.

28 조선의 천주교 탄압 정답 ⑤

(가), (나) 사이의 시기에 있었던 사실로 옳은 것은? [3점]

(가) 전라도 관찰사 정민시가 [진산의] 죄인 윤지충과 권상연에 대한 조사 결과를 아뢰었다. "…… 근래에 그들은 평소 살아 계신 부모나 조부모처럼 섬겨야 할 신주를 태워 없애면서도 이마에 진땀 하나 흘리지 않았으니 정말 흉악한 일입니다. 제사를 폐지한 일은 오히려 부차적입니다."

(나) 의금부에서 아뢰었다. "얼마 전 죄인 남종삼은 명백한 근거도 없이 러시아에 변란이 있을 것이고, 프랑스와 조약을 맺을 계책이 있다는 요망한 말로 여러 사람을 현혹하였습니다. 감히 나라를 팔아먹고자 몰래 외적을 끌어들일 음모를 꾸몄으니, 즉시 참형에 처해야 합니다. …… [베르뇌를 비롯한] 서양인 4명을 군영에 넘겨 효수하여 본보기로 삼도록 하였습니다."

은쌤의 합격노트

(가)는 조선 후기 1791년 정조 때 일어난 최초의 천주교도 박해사건인 신해박해가 일어나기 직전의 상황, (나)는 조선 후기 1866년 9명의 프랑스 선교사를 포함한 8,000여 명의 천주교도를 탄압한 병인박해가 진행되는 상황이다.

(가) 조선 후기 정조 때 전라도 진산에서 천주교 신자 윤지충이 어머니가 세상을 떠나자, 신주를 불태우고 제사를 폐지하는 일이 벌어졌다. 이 사건은 윤지충이 처형되고 관련자들이 처벌되는 것으로 마무리되었다. 이 사건을 신해박해라고 한다.

(나) 남종삼은 조선 후기의 가톨릭 순교자이다. 남종삼은 러시아의 세력이 침투해 들어오자 선교사를 통해 영국·프랑스와 교섭하여 러시아의 세력을 꺾는 대신 천주교를 공인받으려고 흥선 대원군과 면담하려고 하였다. 그러나 흥선 대원군의 태도가 돌변하여 병인박해 때 처형되었다.

정답 분석

⑤ 황사영이 외국 군대의 출병을 요청하는 백서를 작성하였다.

➡ 1801년 조선 후기 순조 즉위 직후에 이승훈을 비롯한 300여 명의 천주교인이 처형을 당한 신유박해가 일어났다. 곧이어 천주교 신자인 황사영이 쓴 '프랑스의 청나라 베이징 주교에게 조선에 군대를 보내 도와 달라는 내용'의 편지가 발각되어 천주교 탄압이 더욱 강해졌다(황사영 백서 사건). 이는 (가)와 (나) 사이의 일이다.

오답 피하기

① 대종교 계열의 중광단이 결성되었다.

➡ 1911년 북간도에서 대종교도들이 중심이 되어 항일 단체인 중광단을 조직하였다. 이는 (나) 이후의 일이다.

② 한용운이 조선불교유신론을 저술하였다.

➡ 1909년 한용운은 불교 근대화의 방안을 담은 "조선 불교 유신론"을 집필하여 1913년에 간행하였다. 이는 (나) 이후의 일이다.

③ 보은에서 교조 신원을 요구하는 집회가 열렸다.

➡ 1893년 동학이 주도한 충청도 보은 집회는 종교적인 요구 외에 외세 배척과 탐관오리 숙청 등을 주장하여 정치, 사회 운동으로 발전하였다. 이는 (나) 이후의 일이다.

④ 이수광이 지봉유설에서 천주실의를 소개하였다.

➡ 1614년 이수광은 "지봉유설"에서 우리 역사가 중국에 뒤지지 않을 만큼 오래되었으며 문화 수준 역시 높다는 것을 강조하였고, "천주실의"를 소개하였다. 이는 (가) 이전의 일이다.

29 조선 개화파 박규수 정답 ③

(가) 인물에 대한 설명으로 옳은 것은? [2점]

개화사상의 선구자

(가)

박지원의 손자이며, 진주에서 농민 봉기가 일어나자 안핵사로 파견되었다. 자신의 사랑방에서 양반 자제들에게 세계 정세를 전하였으며, 청에 다녀온 경험을 바탕으로 문호 개방을 주장하는 등 개화 사상 형성에 선구적인 역할을 하였다.

은쌤의 합격노트

(가) 인물은 박규수이다. 세도 정치 시기 박규수는 1854년 암행어사로 파견되었고, 1862년 진주에서 임술 농민 봉기가 일어나자 수습을 위해 안핵사로 파견되어 조정에 백낙신을 파면해 민란을 수습해야 한다고 보고하였다. 흥선 대원군이 통상 수교 거부 정책을 추진하던 1860년대 무렵 박규수는 개화 사상가로서 근대화를 추구하기 위해 문호를 열고 서양 제도나 문물을 받아들여야 한다고 주장하였다. 박규수의 사랑방에는 오경석, 유홍기는 물론이고 김옥균, 박영효, 김홍집, 서광범 등 개화에 뜻을 같이하는 젊은 양반 자제들이 모여들었다.

정답 분석

③ 대동강에 침입한 제너럴 셔먼호를 격침하였다.

➡ 병인양요 직전인 1866년 미국의 상선 제너럴 셔먼호가 대동강을 거슬러 평양까지 올라와 통상을 요구하며 횡포를 부렸다. 이에 분노한 평양 관민은 평안 감사 박규수의 지휘하에 제너럴 셔먼호를 불태워 침몰시켰다.

오답 피하기

① 조선 중립화론을 건의하였다.

➡ 조선을 둘러싸고 열강의 대립이 격화되자, 조선 주재 독일 외교관인 부들러와 미국에서 돌아온 유길준은 조선을 중립국으로 하자는 중립화론을 구상하기도 하였다.

② 베델과 함께 대한매일신보를 창간하였다.

➡ 1904년 양기탁은 영국인 베델을 발행인으로 초청하여 대한매일신보를 발행하였다.

④ 서양의 과학 기술을 정리한 지구전요를 저술하였다.

➡ 1857년 최한기는 우주계의 천체 · 기상(氣象)과 지구상의 자연 및 인문 지리를 엮은 "지구전요"를 저술하였다.

⑤ 강화도 조약 체결의 전말을 기록한 심행일기를 남겼다.

➡ 1876년 신헌은 강화도 조약 체결의 전말을 기록한 "심행일기"를 저술하였다.

30 갑신정변 정답 ②

밑줄 그은 '이 사건'에 대한 설명으로 옳은 것은? [2점]

이번 시간에는 근대 국가 수립을 위해 김옥균 등이 일으켰던 이 사건에 대한 의견을 들어 보고자 합니다.

그들이 개혁안에서 내세운 인민평등권 확립 등은 이후의 근대적 개혁에 영향을 주었습니다.

하지만 일부 급진 개화파를 중심으로 개혁을 추진하였고, 청과의 사대 관계 청산을 주장하면서도 일본의 힘에 의존하였다는 한계가 있습니다.

은쌤의 합격노트

밑줄 그은 '이 사건'은 갑신정변이다. 1884년 10월 17일 김옥균 등 급진 개화파는 우정총국 개국 축하연을 이용하여 정변을 일으켰다. 갑신정변을 주도한 급진 개화파는 14개조로 이루어진 새 정부의 정강을 공표하였다. 개혁 정강에는 청과의 사대 관계를 청산한다는 내용과 인민 평등권 제정, 능력에 따른 인재 등용, 행정 조직 개편, 조세 제도 개혁 등이 담겨 있다. 또 급진 개화파는 지조법을 시행하고 호조로 재정을 일원화하였으며, 보부상을 보호하기 위해 설치한 혜상공국을 폐지하여 자유로운 상업의 발전을 도모하였다.

정답 분석

② 한성 조약이 체결되는 결과를 가져왔다.

- 갑신정변의 영향으로 조선과 일본은 배상금 지급과 공사관 신축 비용 부담 등을 내용으로 하는 한성 조약을 체결하였다.

오답 피하기

① 보국안민, 제폭구민을 기치로 내걸었다.

- 동학 농민군은 고부 백산에서 진용을 갖추고 나랏일을 돕고 백성을 편안하게 한다는 보국안민과 포악한 것을 물리치고 백성을 구원한다는 제폭구민을 기치로 내걸고 봉기하였다.

③ 개혁 추진을 위해 교정청을 설치하였다.

- 조선 정부는 전주 화약 이후 동학 농민군의 폐정 개혁 요구를 국정에 반영하고, 계속되는 일본의 내정 개혁 요구에 대응하기 위해 교정청이라는 정부 기구를 만들었다.

④ 구식 군인에 대한 차별 대우가 발단이 되었다.

- 구식 군인들은 별기군에 비해 차별 대우를 받던 중에 밀린 급료로 받은 쌀이 양도 모자랄 뿐 아니라 겨와 모래까지 섞여 있자 분개하여 임오군란을 일으켰다.

⑤ 민영익 등이 보빙사로 파견되는 계기가 되었다.

- 조선은 조·미 수호 통상 조약 이후 미국 공사의 파견에 대한 답례로 전권대사 민영익 등을 보빙사로 미국에 파견하였다.

31 3·1 운동 정답 ③

(가) 운동에 대한 설명으로 옳은 것은? [1점]

국가보훈처는 광복 73주년을 맞아 독립 유공자를 발굴하여 포상하기로 하였습니다. 이번 포상에는 (가) 의 1주년에 만세 운동을 전개하다가 체포되어 옥고를 치른 배화 여학교 학생 여섯 명이 포함되었습니다. 이들은 일제 강점기 최대 민족 운동인 (가) 의 영향을 받아 수립된 대한민국 임시 정부의 활동 소식을 접하면서 민족의식을 키웠다고 합니다.

은쌤의 합격노트

(가) 운동은 3·1 운동이다. 1919년에 일어난 3·1 운동은 제1차 세계 대전 이후 승전국의 식민지에서 일어난 최초의 반제국주의 운동이자 이념과 계급의 차이를 초월하여 전개된 전 민족적 항일 운동으로, 우리 민족의 독립 의지를 전 세계에 알린 역사적인 사건이었다. 또한, 운동의 전개 과정을 통해 통일적 지도부의 필요성과 공화주의에 대한 공감대가 형성되었고, 이러한 움직임은 공화주의에 입각한 대한민국 임시 정부가 수립되는 토대가 되었다.

정답 분석

③ 제암리 학살 등 일제의 가혹한 탄압을 받았다.

- 일제는 3·1운동 만세 시위가 전국적으로 전개되자 군대와 경찰을 동원하여 무력으로 진압하였다. 경기도 화성의 제암리에서는 일본군이 교회를 불태우고 총격을 가해 교회 안에 있던 청년들과 교회 뜰에 있던 부녀자들을 학살하였다(제암리 학살).

오답 피하기

① 김광제 등의 발의로 본격화되었다.

- 1907년 김광제, 서상돈 등은 일본에서 빌려 온 차관을 갚아 국권을 회복하자는 국채 보상 운동을 제창하였다.

② 순종의 인산일을 기회로 삼아 추진되었다.

- 1926년 순종이 승하하자 천도교를 중심으로 하는 민족주의자들과 조선 공산당을 중심으로 하는 사회주의자들은 인산일에 6·10 만세 운동 시위를 계획하였다.

④ 신간회에서 진상 조사단을 파견하여 지원하였다.

- 1929년 신간회는 광주 학생 항일 운동이 일어나자 현지에 진상 조사단을 파견하고 진상 보고를 위한 민중 대회를 개최하려고 하였다.

⑤ 성진회와 각 학교 독서회에 의해 전국적으로 확산하였다.

- 1926년 광주고보와 광주농업학교 학생들이 성진회를 조직하였으며, 간부들은 각 학교에 독서회를 만들었다. 1929년에 일어난 광주 학생 항일 운동은 광주 지역 독서회의 조직망을 통해 전국적으로 시위가 확산되었다.

32 제1차 갑오개혁 정답 ③

밑줄 그은 '개혁'의 내용으로 옳은 것은? [3점]

이 그림은 군국기무처에서 회의하는 모습입니다. 그림의 아래쪽에는 총재 김홍집 등 회의에 참여한 관리들의 이름이 적혀 있습니다. 군국기무처는 개혁을 추진하면서 수개월 동안 200여 건의 안건을 의결하였습니다.

은쌤의 합격노트

밑줄 그은 '개혁'은 1894년에 시행된 제1차 갑오개혁이다. 일본군의 경복궁 점령으로 민씨 정권이 무너지고 흥선 대원군을 섭정으로 하는 제1차 김홍집 내각이 들어섰다. 친일 정권인 김홍집 내각은 농민의 불만과 개혁 요구를 반영하기 위해 입법권을 가진 초정부적 개혁 기구인 군국기무처를 신설하고 제1차 갑오개혁을 추진하였다. 군국기무처는 7월 28일부터 약 3개월 동안 210건의 개혁 입법을 처리하였다. 이 가운데는 동학 농민군의 요구도 상당수 포함되어 있었다.

정답 분석

③ 은본위제를 도입하였다.

▶ 제1차 갑오개혁 때 경제적인 측면에서는 재정 업무를 탁지아문으로 일원화하고, 은본위 화폐 제도를 시행하였다.

오답 피하기

① 원수부를 두었다.

▶ 광무개혁 때 원수부를 설치하여 황제가 군사권을 직접 장악하도록 하였다.

② 재판소를 설치하였다.

▶ 제2차 갑오개혁 때 각급 재판소를 설치하여 사법권을 독립시켰다.

④ 태양력을 공식 채택하였다.

▶ 제3차 갑오개혁 때 태양력을 채택하였다. 태양력의 사용으로 1895년 음력 11월 17일을 1896년 양력 1월 1일로 하였다.

⑤ 5군영을 2영으로 통합하였다.

▶ 개항 직후 조선 정부는 개화 정책의 일환으로 5군영을 무위영, 장어영 등 2영으로 개편하였다.

33 독립 협회 정답 ④

(가)에 들어갈 내용으로 가장 적절한 것은? [2점]

<한국사 동영상 제작 계획안>

○○○○, 공론의 장을 열다

△학년 △반 △모둠

▣ 제작 의도

지식인뿐 아니라 농민, 상인, 노동자 등 다양한 계층이 참여한 집회 등을 통해 공론의 장을 마련한 ○○○○의 활동을 살펴본다.

▣ 장면별 구성 내용

#1. 독립문 건립을 위해 성금을 모으다

#2. 러시아의 절영도 조차 요구를 규탄하는 집회를 열다

#3. (가)

#4. 황국 협회의 습격으로 사망한 구두 수선공의 장례를 치르다

은쌤의 합격노트

(가)에 들어갈 내용은 독립 협회의 활동이다. 독립 협회는 1897년 과거 중국 사신을 영접하던 영은문 자리에서 독립문 낙성식을 거행하였다. 독립문은 독립 협회가 주도하여 만들었지만, 고종도 건립을 위한 비용의 일부를 하사할 정도로 관심이 많았다. 독립 협회는 1898년 3월부터 만민 공동회를 개최하였다. 러시아의 절영도 조차 요구를 반대하고 군사 교관, 재정 고문, 한·러 은행의 철수를 요구하는 결의안을 통과시켜 결국 러시아의 진출을 막아내는 데 성공하였다. 1898년 12월 고종은 독립 협회가 왕정을 폐지하고 공화정을 실시하려 한다는 소문이 돌자 황국협회와 군대를 동원하여 강제 해산시켰다.

정답 분석

④ 관민 공동회를 개최하여 헌의 6조를 결의하다

▶ 독립 협회는 정부 대신들까지 참석하는 관민 공동회를 종로에서 개최하여 헌의 6조를 채택하였다.

오답 피하기

① 평양에 대성 학교를 설립하다

▶ 신민회는 평양에 대성 학교, 정주에 오산 학교 등을 세워 인재를 양성하고 민족주의 교육을 실시하였다.

② 고종 강제 퇴위 반대 운동을 주도하다

▶ 대한 자강회는 고종의 강제 퇴위에 반대하는 시위를 주도하다가 통감부에 의해 해산되었다.

③ 집강소를 중심으로 폐정 개혁안을 실천하다

▶ 동학 농민군은 전라도 일대에 독자적인 자치 기구인 집강소를 설치하고 각 지역에 임명된 집강소를 중심으로 개혁에 나섰다.

⑤ 개혁의 기본 방향을 제시한 홍범 14조를 반포하다

▶ 제2차 갑오개혁 때 고종은 종묘에 나가 '독립 서고문'을 바치고 국정 개혁의 기본 강령인 홍범 14조를 반포하였다.

34 을사늑약 반대 운동 정답 ①

다음 기사를 활용한 탐구 활동으로 가장 적절한 것은? [3점]

해외 언론 보도로 본 민족 운동

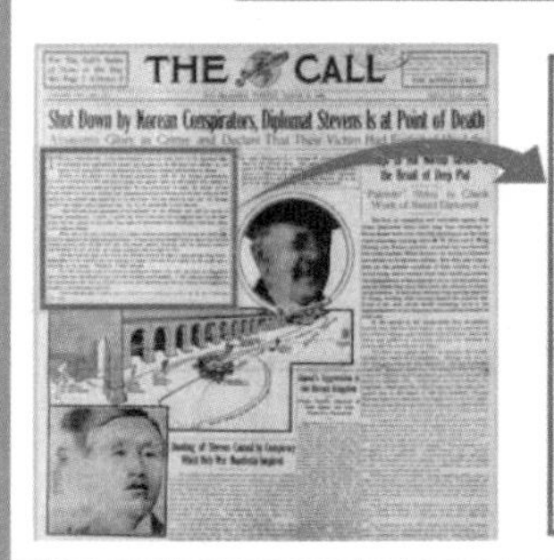
THE CALL

Shot Down by Korean Conspirators, Diplomat Stevens Is at Point of Death

오늘 나는 스티븐스를 쏘았다. 그는 대한 제국의 외교 고문에 임명되어 후한 대접을 받고 있음에도 일본의 이익을 위해 한국인에게 온갖 잔인한 일을 자행하였다. …… 나는 어떤 처벌에도 불만이 없으며, 조국의 자유를 위한 투쟁에 도움이 된다면 영광스럽게 죽을 것이다.

은쌤의 합격노트

다음 기사는 1908년 미국에서 장인환과 전명운이 처단한 친일적인 미국인 스티븐스와 관련된 내용이다. 1908년 3월 미국 샌프란시스코에서 전명운·장인환은 대한 제국의 외교 고문이자 친일적인 미국인 스티븐스가 통감부의 한국 통치를 찬양하자 사살하였다. 이들은 미국에서 각자 애국 활동을 벌이고 있었으며, 서로 알던 사이가 아니었다. 또한 이날의 일도 사전에 협의가 오간 것이 아니었다. 거사 당일에 스티븐스가 나타나자 전명운이 스티븐스를 향해 총을 쐈으나 맞히지 못하였다. 이때 총성을 듣고 달려온 장인환이 전명운을 쫓는 스티븐스를 저격하여 사살하였다.

정답 분석

① 제1차 한일 협약의 내용을 알아본다.

- 일본은 러·일 전쟁에서 승기를 잡자 1904년 8월 제1차 한·일 협약 체결을 강요하였다. 일본인과 외국인 각 한 명을 재정 및 외교 고문으로 초빙한다는 내용에 따라 재정 분야에서는 일본인 메가타가, 외교 분야에서는 미국인 스티븐스가 고문으로 임명되었다.

오답 피하기

② 삼국 간섭이 발생한 원인을 분석한다.

- 일본이 청·일 전쟁에서 승리한 대가로 1895년 시모노세키 조약을 통해 랴오둥 반도를 차지하자 러시아, 프랑스, 독일이 일본에 압력을 가하여 이를 돌려주도록 하는 삼국 간섭을 하였다.

③ 일제가 조작한 105인 사건의 영향을 파악한다.

- 일제는 1911년 군자금을 모으다 잡힌 안명근 사건을 데라우치 총독 암살 미수 사건으로 확대·조작하였다. 그 결과 신민회 회원 105명을 기소하는 105인 사건이 일어났고, 신민회는 와해되었다.

④ 영국이 거문도를 불법 점령한 과정을 조사한다.

- 영국은 1885년 러시아의 남하를 견제한다는 명분을 내세워 거문도를 불법으로 점령하였다.

⑤ 고종이 러시아 공사관으로 피신한 이유를 찾아본다.

- 고종은 1896년 을미사변과 단발령에 반대하여 지방 유생들이 대거 봉기하자 그 틈을 타서 러시아 공사관으로 피신하는 아관파천을 단행하였다.

35 독립 운동가 임병찬 정답 ②

(가) 인물의 활동으로 옳은 것은? [2점]

나는 지금 군산근대역사박물관 광장에 와 있어. 이곳에 (가) 의 동상이 있네.

그에 대해 설명해 줄래?

최익현과 함께 의병을 일으켰다가 일본에 의해 쓰시마섬으로 끌려가 고초를 겪었어. 이후에는 조선 총독에게 국권 반환 요구서를 발송하려다가 체포되어 순국하였지.

은쌤의 합격노트

(가) 인물은 임병찬이다. 1904년 러·일 전쟁을 기점으로 일제의 침략이 노골화되고, 1905년 을사늑약으로 외교권을 박탈당하자, 이에 맞서 수많은 의병이 항일 투쟁에 나섰다(을사의병). 최익현은 임병찬 등과 함께 전북 태인에서 봉기하여 일대를 장악해 나갔다. 둘은 일본군과 지방 관군에 맞서 싸우다 순창에서 체포되어 쓰시마 섬에 끌려갔다. 최익현은 쓰시마 섬에서 순국하였고, 임병찬은 1907년 귀국하였다. 1910년 한일합방 이후 은거하면서 다시 의병을 일으키려고 도모하던 중, 1912년 고종의 밀지를 받고 독립 의군부를 결성하였다.

정답 분석

② 고종의 밀지를 받아 독립 의군부를 조직하였다.

- 임병찬은 고종의 밀지를 받고 각지의 유생들을 모아 독립 의군부를 조직하였다. 이 단체는 복벽주의 이념에 따라 고종의 복위를 목표로 전국적인 의병을 일으키려 하였으며, 조선 총독부와 일본 정부에 국권 반환 요구서를 보내려고 계획하였다.

오답 피하기

① 명동 성당 앞에서 이완용을 습격하였다.

- 이재명은 친일 매국노 처단을 위한 비밀 결사를 조직하고 1909년 12월 명동 성당 앞에서 이완용을 습격하여 중상을 입혔다.

③ 국권 침탈 과정을 정리한 한국통사를 저술하였다.

- 박은식은 민족정신으로서 국혼을 강조하며 "한국통사", "한국독립운동지혈사"를 저술하여 일제의 침략과 민족의 독립운동 과정을 정리하였다.

④ 13도 창의군의 총대장으로 서울 진공 작전을 지휘하였다.

- 정미의병 유생 지도자들은 1만여 명의 13도 연합 부대(13도 창의군)를 편성하고 이인영을 총대장, 허위를 군사장으로 하여 서울 진공 작전을 전개하였다.

⑤ 논설 단연보국채를 써서 국채 보상 운동에 적극 참여하였다.

- 장지연은 1907년 2월 '단연보국채(斷烟報國債)'라는 제목의 논설을 황성신문에 게재해 국채 보상을 국민의 의무사항으로 선언했다.

36 조선 혁명군 정답 ②

(가) 부대에 대한 설명으로 옳은 것은? [2점]

은쌤의 합격 노트

(가) 부대는 양세봉의 조선 혁명군이다. 만주에서는 1929년대 말에 3부 통합 운동이 전개되어 조선 혁명당과 한국 독립당이 결성되었고, 그 산하에 조선 혁명군과 한국 독립군이 조직되었다. 1931년 일제는 만주를 침략하고 이듬해 만주국을 세웠다. 이후 두 독립군은 중국인 부대와 함께 연합 작전을 전개하였다. 특히 남만주의 흥경성과 영릉가 등에서는 양세봉의 조선 혁명군이 중국 의용군과 함께 일본군에 큰 승리를 거두었다.

정답 분석

② 영릉가 전투에서 일본군과 싸워 크게 승리하였다.
- 남만주에서 1932년 총사령관 양세봉이 이끄는 조선 혁명군이 중국 의용군과 연합하여 영릉가 전투에서 일본군을 크게 격파하였다. 그 성과로 한·중 연합 전선을 구축하여 1933년 흥경성 일대에서 공격해 오는 일본군을 맞아 큰 전과를 거두었다.

오답 피하기

① 간도 참변 이후 자유시로 이동하였다.
- 1921년 간도 참변 이후 독립군 부대는 밀산부로 이동하여 대한 독립 군단을 조직하였다. 이들은 민족의 독립 운동을 지원하겠다는 러시아 적군의 약속을 믿고 러시아의 자유시로 옮겨갔다.

③ 조선 독립 동맹 산하의 군사 조직으로 개편되었다.
- 1940년대에 조선 독립 동맹의 군사 조직인 조선 의용군은 조선 의용대 화북 지대를 흡수하고 중국 공산당의 팔로군과 함께 일본군과 항쟁하였다.

④ 영국군의 요청으로 인도·미얀마 전선에 투입되었다.
- 1943년 대한민국 임시 정부는 미얀마·인도 전선에 한국광복군 공작대를 파견하여 영국군과 공동 작전을 전개하였다.

⑤ 중국 국민당 정부의 지원을 받아 우한에서 창설되었다.
- 1938년 민족 혁명당은 중국 국민당의 지원을 받아 조선 의용대를 결성하여 주로 정보 수집과 포로 심문, 후방 교란 등의 활동을 벌였다.

37 형평운동 정답 ④

(가) 운동에 대한 설명으로 옳은 것은? [1점]

이것은 (가) 을/를 주도한 단체의 제7회 전국대회 포스터입니다. '모히라! 자유평등의 기치하에로'라는 문구가 있으며, '경성 천도교 기념관'에서 개최된다고 알리고 있습니다. 진주에서 시작된 (가) 은/는 '공평은 사회의 근본이요, 애정은 인류의 본량(本良)'이라는 구호 아래 전개되었습니다.

은쌤의 합격 노트

(가) 운동은 1920년대에 전개된 형평 운동이다. 신분제는 1894년 갑오개혁을 통해 법적으로 폐지되었지만, 백정들에 대한 사회적 차별과 천대는 계속되었다. 이에 백정들은 1923년 경남 진주에서 조선 형평사를 조직하고 차별 대우 철폐를 주장하는 형평 운동을 전개하였다. 조선 형평사는 형평 운동에 대한 지지 여론에 힘입어 전국적인 조직으로 성장하였고, 다른 사회 운동 단체들과 연합하여 파업 투쟁과 소작 쟁의 등에 적극 참여하였다. 그러나 일제의 탄압이 강화되고 내부 갈등이 겹쳐, 형평 운동은 1930년대 중반 이후 경제적 이익 향상 운동으로 성격이 바뀌어 갔다.

정답 분석

④ 백정에 대한 사회적 차별 철폐를 주장하였다.
- 1923년 경남 진주에서 백정들은 신분 차별과 멸시를 타파하기 위해 조선 형평사를 조직하여 형평 운동을 전개하였다.

오답 피하기

① 통감부의 탄압으로 중단되었다.
- 1906년 일제는 대한 제국 황실의 안녕과 평화를 유지한다는 명분으로 서울에 통감부를 설치하였다. 통감부는 1910년 주권의 상실과 더불어 조선 총독부가 설치될 때까지 4년 6개월 동안 대한 제국 국정 전반을 장악하였다.

② 중국의 5·4 운동에 영향을 주었다.
- 1919년 3·1 운동은 세계 여러 약소민족의 반제국주의 민족운동에 큰 자극제가 되었다. 중국에서는 5·4 운동이 일어났고, 인도에서는 비폭력·불복종 운동이 전개되었다.

③ 대한 자강회가 결성되는 배경이 되었다.
- 1906년 을사늑약으로 국권이 상실될 위기에 직면하면서 헌정 연구회는 대한 자강회로 확대 개편되었고, 국권 회복을 위해 교육과 산업의 진흥을 강조하였다.

⑤ 여성 교육의 중요성을 강조한 여권통문을 발표하였다.
- 1898년 북촌의 양반 부인 300여 명이 '여권통문'을 발표하였다. 주요 내용은 여성은 남성과 동등한 권리를 갖고 있으며, 경제적 능력을 갖추어야 한다는 것이다.

38 일제 식민 통치 1기(1910년대) 정답 ③

밑줄 그은 '이 시기'에 볼 수 있는 모습으로 적절한 것은? [1점]

이 사진은 조선물산공진회가 열렸던 당시 일장기가 내걸린 근정전의 모습을 보여줍니다. 조선 총독부는 토지 조사 사업이 진행되던 이 시기에 식민 통치를 미화하고, 그 성과를 선전하기 위해 이 행사를 개최하였습니다. 공진회장 조성 과정에서 경복궁의 많은 건물이 헐렸습니다.

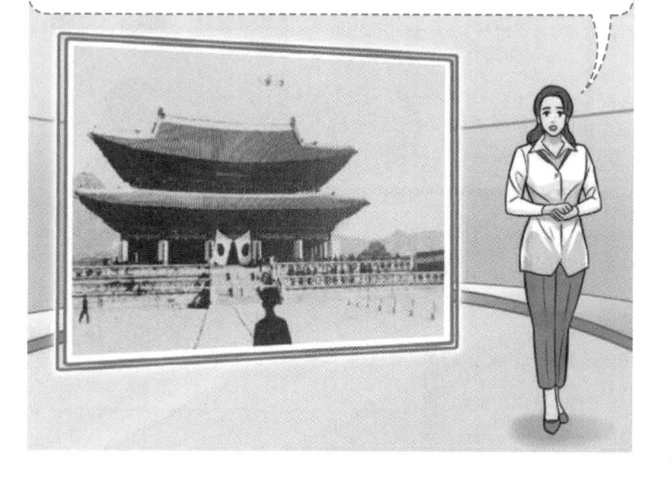

은쌤의 합격노트

밑줄 그은 '이 시기'는 1910년대 일제의 식민 통치 시기이다. 일제는 식민지 지배의 토대를 구축하기 위해 1910년부터 토지 조사 사업에 착수하였고, 1912년에 토지 조사령을 공포하였다. 조선 총독부는 이 사업의 목적이 근대적인 토지 소유권 확립을 위한 것이라고 선전하였지만, 실제로는 일본인의 토지 소유를 쉽게 하고 지세를 안정적으로 확보할 수 있는 법적 근거를 마련하기 위한 것이었다.

정답 분석

③ 조선인에게 태형을 집행하는 헌병 경찰
- 일제는 1912년에 조선 태형령을 공포하여 합법적으로 우리나라의 독립 운동가는 물론이고 일반 형사범까지도 가혹한 태형으로 다스렸다.

오답 피하기

① 황국 신민서사를 암송하는 학생
- 일제는 침략 전쟁을 확대하면서 1937년부터는 학생은 물론 일반인에게도 황국 신민 서사를 암송하도록 강요하였다.

② 경성 제국 대학에서 강의하는 교수
- 일제는 1924년 경성 제국 대학을 설립하여 한국인의 고등 교육에 대한 열기와 불만을 잠재우려고 하였다.

④ 원산 총파업에 연대 지원금을 보내는 외국 노동자
- 1929년 일본인 현장 감독이 조선인을 구타한 사건을 계기로 원산 총파업이 일어났다. 투쟁 소식이 알려지자 일본의 부두 노동자들이 동조 파업을 전개하고, 중국 · 소련 · 프랑스 노동자들이 격려 전문을 보내오는 등 국제적으로 연대하는 모습을 보여 주었다.

⑤ 나운규가 감독한 아리랑의 첫 상영을 준비하는 단성사 직원
- 1926년 우리나라 영화의 출발점이자 대표작이라 할 수 있는 나운규의 아리랑이 발표되었다. 아리랑은 우리 고유의 정서를 바탕으로 식민지 현실의 아픔을 표현하였다.

39 조선어학회 정답 ④

다음 검색창에 들어갈 단체에 대한 설명으로 옳은 것은? [2점]

은쌤의 합격노트

다음 검색창에 들어갈 단체는 조선어 학회이다. 1931년 조선어 연구회는 조선어 학회로 발전하였다. 이들은 조선어 강습회를 개최하는 한편 문자 보급 교재를 만들어 문맹 퇴치 운동에도 적극적으로 참여하였다. 또한 조선어 학회는 조선어 사전 편찬회를 통해 우리말 큰 사전의 편찬을 준비하였다. 그러나 일본어 상용을 강제하면서 민족 말살 정책을 추진하던 일제는 1942년 조선어 학회 사건을 일으켰다. 일제는 조선어 학회를 민족 운동 단체로 규정하고 회원들을 탄압하는 한편, 조선어 학회를 강제로 해산시켰다.

정답 분석

④ 한글 맞춤법 통일안과 표준어 사정안을 제정하였다.
- 조선어 학회는 한글 맞춤법 통일안과 표준어 및 외래어 표기법 통일안을 제정하여 한글 표준화에 이바지하였다.

오답 피하기

① 한글 신문인 제국신문을 간행하였다.
- 1898년 이종일이 창간한 제국신문은 한글 전용을 고수하였다. 제국신문은 하층민과 부녀자를 주된 독자층으로 하여 계몽 활동을 전개하였다.

② 태극 서관을 설립하여 서적을 보급하였다.
- 1908년 신민회의 이승훈, 안태국 등은 서적이나 인쇄물의 출판 및 공급을 목적으로 평양에 서점인 태극 서관을 설립하였다.

③ 파리 강화 회의에 독립 청원서를 제출하였다.
- 1919년 중국 상하이에서는 신규식, 여운형이 중심이 된 신한 청년당이 독립 청원서를 작성하고 김규식을 파리 강화 회의에 파견하였다.

⑤ 국문 연구소를 두어 한글을 체계적으로 연구하였다.
- 1907년 대한 제국 말기 학부 안에 국문 연구소가 설립되었고, 지석영과 주시경 등의 주도로 국어 문법의 연구와 정리가 이루어졌다.

40 독립 운동가 김구와 여운형 정답 ②

(가), (나) 인물에 대한 설명으로 옳은 것을 〈보기〉에서 고른 것은? [2점]

〈보 기〉

ㄱ. (가) – 상하이에서 한인 애국단을 조직하였다.
ㄴ. (가) – 조선 혁명 간부 학교를 세워 독립군을 양성하였다.
ㄷ. (나) – 조선 건국 준비 위원회의 활동을 주도하였다.
ㄹ. (나) – 미국에서 귀국하여 독립 촉성 중앙 협의회를 이끌었다.

은쌤의 합격 노트

(가)는 백범 김구, (나)는 몽양 여운형이다.

(가) 1940년 충칭에 자리 잡은 대한민국 임시 정부는 김구 주석 중심의 단일 지도 체제를 마련하였다. 광복 이후 1947년 남한 단독 선거가 결정되자 1948년 김구와 김규식은 분단을 막기 위해 남북 협상을 추진하였다. 그러나 유엔이 남한 단독 선거를 결정한 데다가 북한 역시 내부적으로 독자적인 정부 수립을 추진하고 있었기 때문에 실질적인 성과를 얻기 어려웠다. 1949년 김구는 서울 서대문 근처 거처인 경교장에서 평소 안면이 있었던 육군 소위 안두희의 총에 맞아 피살당하였다.

(나) 여운형은 국권을 빼앗기자 독립운동을 위해 1919년 신한청년당을 조직하고 당수로 취임하였다. 광복 후 좌익과 우익의 대립이 심해지는 가운데 1946년부터 김규식, 안재홍 등과 함께 좌 · 우 합작 운동을 이끌며 통일 정부 수립을 위해 노력하였다. 하지만 1947년 서울 혜화동 로터리에서 극우 테러범의 권총 피격으로 피살당하였다.

정답 분석

ㄱ. (가) - 상하이에서 한인 애국단을 조직하였다.

➡ 1931년 김구는 침체된 대한민국 임시 정부에 활기를 불어넣고 의열 투쟁을 통해 일제와 투쟁할 목적으로 비밀 결사인 한인 애국단을 조직하였다.

ㄷ. (나) - 조선 건국 준비 위원회의 활동을 주도하였다.

➡ 1944년 여운형, 조동호 등의 민족 지도자들은 일제의 패망과 광복에 대비하여 비밀 결사인 조선 건국 동맹을 결성하였고, 광복이 되자 곧바로 조선 건국 준비 위원회(건준)를 발족시켰다.

오답 피하기

ㄴ. (가) - 조선 혁명 간부 학교를 세워 독립군을 양성하였다.

➡ 1930년대에 김원봉이 이끄는 의열단은 중국 국민당 정부의 지원으로 조선 혁명 간부 학교를 설립하여 군사 훈련을 실시하였다.

ㄹ. (나) - 미국에서 귀국하여 독립 촉성 중앙 협의회를 이끌었다.

➡ 1945년 미국에서 돌아온 이승만은 지지 세력을 모아 독립 촉성 중앙 협의회를 결성하였다.

41 제헌국회 정답 ③

밑줄 그은 '국회'에 대한 설명으로 옳지 않은 것은? [3점]

이 우표는 우리나라 최초로 실시된 총선거를 기념하기 위해 발행되었습니다. 보통 · 직접 · 평등 · 비밀 선거 원칙에 따라 치른 이 선거를 통해 구성된 <u>국회</u>에서 활동한 의원의 임기는 2년이었습니다.

은쌤의 합격 노트

밑줄 그은 '국회'는 제헌 국회이다. 1948년 5월 10일 남한에서 총선거가 실시되었는데, 이는 21세 이상 모든 국민에게 투표권이 부여된 우리나라 최초의 보통 선거였다. 5 · 10 총선거로 구성된 제헌 국회는 1948년 7월 17일 국호를 '대한민국'으로 정하고, 대통령 중심제를 근간으로 한 헌법을 공포하였다. 헌법 전문에는 대한민국이 3 · 1 운동으로 수립된 대한민국 임시 정부의 법통을 계승하였으며, 국민 주권에 바탕을 둔 민주 공화국임이 명시되었다. 제헌 국회 의원의 임기는 2년이었다.

정답 분석

③ 민의원과 참의원의 양원제로 운영되었다.

➡ 1960년 4 · 19 혁명으로 이승만이 대통령직을 사퇴한 뒤, 허정은 과도 정부를 구성하여 부정 선거를 주도한 각료와 자유당 간부를 구속하였다. 국회는 헌법을 개정하여 내각 책임제와 국회 양원제를 채택하였다. 이 헌법에 따라 민의원과 참의원을 선출하는 총선거가 실시되어 장면이 이끄는 민주당이 집권하였다.

오답 피하기

① 반민족 행위 처벌법을 제정하였다.

➡ 제헌 국회는 정부 수립 직후 국민적 열망에 따라 반민족 행위 처벌법(반민법)을 제정하였고, 이에 따라 반민족 행위 특별 조사 위원회(반민 특위), 특별 재판부 등의 기구들이 설치되었다.

② 의원들의 선거로 대통령을 선출하였다.

➡ 제헌 국회 의원들의 간접 선거에 의하여 치러진 제1대 대통령 선거에서 초대 대통령에 이승만, 부통령에 이시영이 선출되었다.

④ 일부 지역의 국회의원이 선출되지 못한 채 출범하였다.

➡ 5 · 10 총선거 당시 전체 의석은 200석이었으나 제주도의 2개 선거구에서는 제주 4 · 3 사건으로 인해 국회의원 선출이 불가능하여 198명의 국회의원이 선출되었다.

⑤ 일제가 남긴 재산 처리를 위한 귀속 재산 처리법을 만들었다.

➡ 제헌 국회는 귀속 재산 처리법을 제정하였는데 주요 내용은 일본인 소유의 기업, 공장과 주택을 민간인에게 불하하는 것이었다.

42 6 · 25 전쟁 정답 ⑤

(가) 전쟁 중에 볼 수 있는 모습으로 적절하지 않은 것은? [2점]

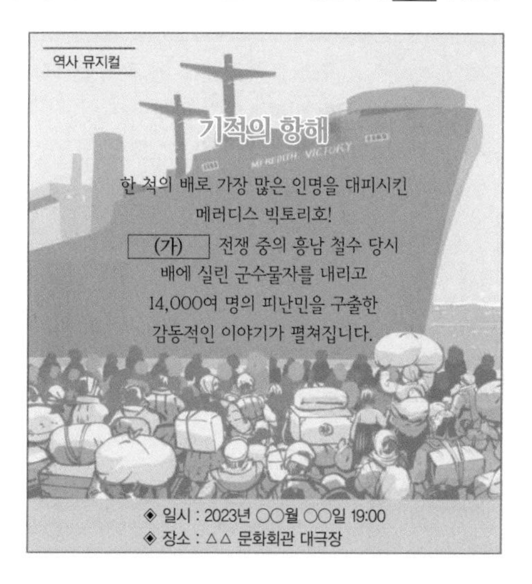

은쌤의 합격노트

(가) 전쟁은 1950년에 발발한 6 · 25 전쟁이며, 제시문에서 다루는 역사 뮤지컬은 6 · 25 전쟁 중에 벌어진 흥남 철수 작전이다. 흥남 철수 작전은 중공군이 개입하여 연합군의 전세가 불리해지자, 1950년 12월 14일부터 12월 24일까지 미 제10군단과 국군 제1군단을 흥남항에서 피난민과 함께 선박편으로 남쪽으로 철수시킨 작전이다. 당시 흥남 철수 작전을 지휘하게 된 알몬드 장군은 1950년 12월 23일 오전 11시 메레디스 빅토리아호에 14,000여 명의 피란민을 태우고 흥남 부두에서 철수하여 부산과 거제도에 무사히 도착하였다.

정답 분석

⑤ 제2차 미소 공동 위원회 개최 소식을 보도하는 기자

➋ 1947년 5월 제2차 미 · 소 공동 위원회가 재개되었지만 미국과 소련은 한반도에 자국과 우호적인 정권을 수립하기 위해 한 걸음도 양보하지 않았다. 결국, 제2차 미 · 소 공동 위원회도 결렬되고 말았다.

오답 피하기

① 국민 방위군에 소집되는 청년

➋ 국민 방위군은 이승만 정부가 6 · 25 전쟁 때 중공군의 개입으로 악화된 전쟁 상황을 타개하기 위하여 만 17세 이상 40세 미만의 장정을 강제 징집하여 조직한 군대이다.

② 원조 물자 배급을 기다리는 시민

➋ 6 · 25 전쟁이 발발하자 미국의 본격적인 개입과 동시에 막대한 원조 물자가 도입되었다.

③ 지가 증권을 싼값에 매각하는 지주

➋ 농지개혁법은 6 · 25 전쟁 발발 3달 전에 시행되었는데, 상당수의 지주가 지가 증권을 헐값에 처분하였기 때문에 산업 자본가로 전환하는 데 실패하였다.

④ 거제도 포로수용소에서 석방되는 반공포로

➋ 이승만은 6 · 25 전쟁의 휴전 반대 의사를 표현하기 위해 1953년 6월 반공 포로를 석방하였고, 휴전 회담이 한때 위기에 빠졌다.

43 이승만 정부 정답 ⑤

(가) 정부 시기에 있었던 사실로 옳은 것은? [2점]

[국가기념일에 담긴 역사 이야기]

2·28 민주 운동 기념일

– 학생들, 불의에 저항하여 일어서다 –

경북도청으로 향하는 학생 시위대의 모습

2월 28일 일요일은 민주당 부통령 후보 장면의 대구 유세가 있는 날이었다. (가) 정부는 이 유세장에 학생들이 가지 못하도록 2월 28일에도 등교할 것을 대구 시내 고등학교에 지시하였다. 각 학교가 내세운 등교의 명분은 시험, 단체 영화 관람, 토끼 사냥 등이었다. 이에 분노한 학생들은 "학원의 자유를 보장하라!" 등의 구호를 외치며 시위에 나섰다. 이날의 시위는 3 · 15 의거 등 이후 전개된 민주화 운동에 영향을 주었다. 이 시위의 역사적 의의가 인정되어 2018년에 국가기념일로 지정되었다.

은쌤의 합격노트

(가) 정부 시기는 이승만 정부 시기이다. 1960년 3월 15일에 제4대 정 · 부통령 선거가 실시되었다. 자유당은 대통령에 이승만, 부통령에 이기붕을 내세웠는데, 특히 관심을 끌었던 것은 부통령 선거였다. 이승만이 고령인 점을 감안하면 야당 후보가 부통령에 당선될 경우 정권이 교체될 수도 있었기 때문이다. 이승만 정부는 정 · 부통령을 당선시키기 위해 관권을 동원하였으며, 사전 투표, 3인조 공개 투표 등 대대적인 부정 선거를 저질렀다. 3 · 15 부정 선거는 선거 이전부터 저항을 불러일으켰다. 이승만 정부는 1960년 2월 28일 대구에서 학생들이 야당의 유세에 참여하지 못하도록 일요일에도 강제 등교시켰다. 이에 학생들은 대규모 시위를 벌였다. 이를 계기로 중 · 고등학생의 시위가 확산되었고, 선거 당일인 3월 15일에는 전국에서 부정 선거를 규탄하는 시위가 일어났다.

정답 분석

⑤ 평화 통일론을 주장한 진보당의 조봉암이 구속되었다.

➋ 이승만 정부는 1956년 제3대 대통령 선거에서 승리하였지만 조봉암이 강력한 도전자로 떠오르자, 1958년 간첩 혐의로 조봉암 및 진보당 관계자를 체포하고 다음 해에 조봉암을 처형하였다(진보당 사건).

오답 피하기

① 프로 야구가 6개 구단으로 출범하였다.

➋ 전두환 정부는 프로 야구단 및 축구단 창단 등 유화 정책을 펼쳐 통치 체제를 안정시키려 하였다.

② YH 무역 노동자들이 야당 당사에서 농성하였다.

➋ 박정희 정부 시기인 1979년 8월, YH 무역 노동자들을 부당한 공장 폐쇄에 맞서 생존권 보장을 요구하며 야당인 신민당 당사에서 농성을 벌였다.

③ 사회 정화를 명분으로 삼청교육대가 설치되었다.

➋ 전두환 정부는 사회악 일소를 내세우며 삼청 교육대를 운영하였는데 1980년 8월 1일부터 1981년 1월 25일까지 총 6만 755명을 법원의 영장 발부 없이 체포하였다.

④ 인민 혁명당 재건위 사건으로 관련자가 탄압받았다.

➋ 박정희 정부가 유신 헌법을 공포하자 반대 투쟁이 전개되었다. 이에 박정희 정부는 긴급 조치를 잇달아 발동하고, 제2차 인민 혁명당 재건위 사건을 조작하여 관련자를 탄압하였다.

44 박정희 정부(제6차 개헌~제7차 개헌) 정답 ④

(가), (나) 헌법이 제정된 시기 사이에 있었던 사실로 옳은 것은? [3점]

(가)	(나)
제1조 ① 대한민국은 민주공화국이다. ② 대한민국의 주권은 국민에게 있고, 모든 권력은 국민으로부터 나온다. 제64조 ① 대통령은 국민의 보통·평등·직접·비밀 선거에 의하여 선출한다. 제69조 ① 대통령의 임기는 4년으로 한다. ③ 대통령의 계속 재임은 3기에 한한다.	제1조 ① 대한민국은 민주공화국이다. ② 대한민국의 주권은 국민에게 있고, 국민은 그 대표자나 국민 투표에 의하여 주권을 행사한다. 제39조 ① 대통령은 통일 주체 국민회의에서 토론 없이 무기명 투표로 선거한다. 제47조 대통령의 임기는 6년으로 한다. 제59조 ① 대통령은 국회를 해산할 수 있다.

은쌤의 합격노트

(가)는 1969년 박정희 정부가 통과시킨 3선 개헌(제6차 개헌), (나)는 1972년 박정희 정부가 통과시킨 유신 헌법(제7차 개헌)이다.

(가) 1968년 박정희 정부는 북한의 연이은 무력 도발로 남북 간의 긴장이 고조되자 이를 활용하였다. 1969년 위기 상황을 극복하고 지속적인 경제 성장을 추진한다는 명분을 내세워 대통령의 3회 연임을 허용하는 3선 개헌안을 야당과의 합의 없이 국회에서 통과시킨 후 국민 투표를 통해 가결시켰다. 이 3선 개헌에 따라 1971년 제7대 대통령 선거가 치러졌다.

(나) 1972년 10월 박정희 정부는 전국에 비상계엄을 선포한 다음, 국가 안보와 경제 성장을 명분으로 대통령에게 막강한 권력을 부여한 유신 헌법을 내놓았다(10월 유신). 유신 헌법에서 대통령은 국회의원의 3분의 1을 사실상 임명할 수 있었으며, 긴급 조치라는 초헌법적 권한까지 갖게 되었다. 대통령의 임기는 6년으로 늘어났으며, 연임 횟수 제한도 없었다. 특히 대통령을 통일 주체 국민 회의에서 간선제 방식으로 선출하였기 때문에 당시의 상황을 고려하면 사실상 1인 영구 집권이 가능하였다.

정답 분석

④ 서울과 평양에서 7·4 남북 공동 성명이 발표되었다.

➡ 1972년 박정희 정부는 7·4 남북 공동 성명을 발표한 지 3개월 만인 10월 17일 모든 헌법 기능을 정지시키는 비상계엄을 선포하고, 국회를 해산함과 동시에 모든 정치 활동을 금지하였다. 그리고 다음 달에 비상 국무 회의가 마련한 유신 개헌안을 국민 투표를 거쳐 확정하였다. 이는 (가)와 (나) 사이의 일이다.

오답 피하기

① 지방 자치제가 전면 시행되었다.

➡ 1995년 김영삼 정부는 지방 자치제를 전면적으로 시행하였고, 지방 자치 단체장도 주민 투표로 선출하였다. 이는 (나) 이후의 일이다.

② 여수·순천 10·19 사건이 일어났다.

➡ 1948년 이승만 정부 수립 직후 여수, 순천 지역에서 군인들이 무장 봉기하는 여수·순천 10·19 사건이 일어났다. 이는 (가) 이전의 일이다.

③ 일부 군인들이 5·16 군사 정변을 일으켰다.

➡ 1961년 박정희를 비롯한 일부 군인 세력은 장면 정부의 무능과 사회 혼란을 구실로 삼아 군대를 앞세워 5·16 군사 정변을 일으켜 정권을 장악하였다. 이는 (가) 이전의 일이다.

⑤ 한일 국교 정상화에 반대하는 6·3 시위가 전개되었다.

➡ 1964년 박정희 정부가 추진하는 굴욕적인 한·일 회담에 수많은 학생과 시민은 거세게 저항하였다. 이에 6·3 시위를 비롯한 한·일 회담 반대 집회가 대학가를 중심으로 확산되었다. 이는 (가) 이전의 일이다.

45 박정희 정부 정답 ①

다음 뉴스의 사건이 있었던 정부 시기의 사실로 옳은 것은? [3점]

오늘 오후 2시경 서울 평화시장에서 있었던 노동자들의 시위 도중 재단사 전태일 씨가 분신하는 사건이 발생하였습니다. 전 씨는 "근로기준법을 지켜라!", "우리는 기계가 아니다!"라고 절규하며 열악한 노동환경 개선을 요구하였습니다.

은쌤의 합격노트

다음 뉴스의 사건이 있었던 정부 시기는 박정희 정부 시기이다. 박정희 정부는 수출 경쟁력을 확보하기 위하여 저임금 정책을 고수하고 노동 운동을 강력히 통제하였다. 이에 항의하여 1970년 11월에 노동자 전태일은 "우리는 기계가 아니다.", "근로 기준법을 준수하라."라고 외치며 분신자살하였다. 이 사건을 계기로 저임금과 장시간 근로, 열악한 작업 환경 등 노동 문제가 사회 문제로 대두하였다. 학생들과 지식인들도 노동 운동에 관심을 가지게 되었다.

정답 분석

① 함평 고구마 피해 보상 운동이 전개되었다.

➡ 박정희 정부 시기에 농협 전남 지부와 함평군 농협이 1976년산 고구마를 전량 수매하겠다고 공약하였지만 이를 이행하지 않아 생산 농가들이 고구마를 썩혀 버리거나 헐값으로 출하하여 막대한 피해를 입었다. 이에 농민들은 1976년부터 3년간의 투쟁을 통해 정부로부터 보상을 받아 냈다.

오답 피하기

② 저유가·저금리·저달러의 3저 호황이 있었다.

➡ 전두환 정부는 1986년부터 저금리·저유가·저달러의 이른바 3저 호황을 맞이하였다. 이에 힘입어 자동차와 반도체, 가전제품, 기계와 철강 등을 중심으로 연평균 성장률이 12%가 넘는 고도성장을 달성하였다.

③ 미국과의 자유 무역 협정(FTA)이 체결되었다.

➡ 노무현 정부는 미국과 자유 무역 협정(FTA)을 체결하였고, 이명박 정부는 미국과 자유 무역 협정(FTA)을 비준하였다.

④ 경제 협력 개발기구(OECD) 회원국이 되었다.

➡ 김영삼 정부는 1996년 세계화를 내세우며 경제 협력 개발 기구(OECD)에 가입하는 등 시장 개방 정책을 추진하였다.

⑤ 최저 임금 결정을 위한 최저 임금 위원회가 설치되었다.

➡ 전두환 정부는 1987년 최저 임금에 관한 중요 사항의 심의를 위해 고용노동부에 최저 임금 위원회를 설치하였다.

46 부석사 소조 여래 좌상 정답 ⑤

(가)에 해당하는 문화유산으로 옳은 것은? [2점]

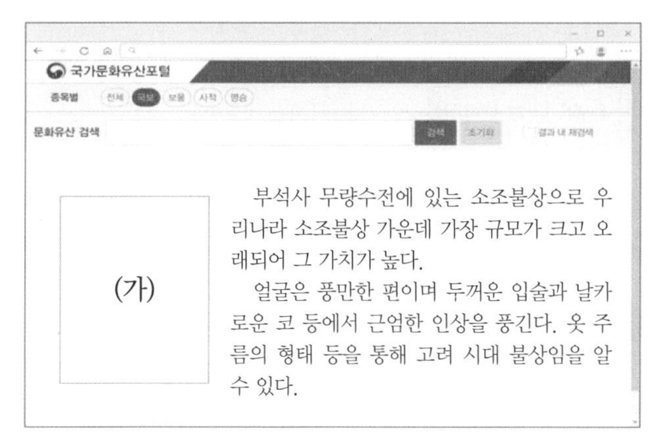

은쌤의 합격노트

(가)에 해당하는 문화유산은 부석사 소조 여래 좌상이다. 진흙으로 만들어 금을 입힌 부석사 소조 여래 좌상은 경상북도 영주시 부석사 무량수전에 있는 불상이다. 고려 초기에 제작된 것으로 추정되며, 우리나라에서 가장 크고 오래된 소조상이다. 옷은 오른쪽 어깨를 드러내고 왼쪽 어깨에만 걸쳐 입고 있는데, 평행한 옷 주름을 촘촘하게 표현하고 있다. 무릎 아래까지 이어지고 있는 이런 형태의 옷 주름은 도피안사 철조비로자나불좌상(국보 제63호)에서도 보이는 것으로, 이 작품이 고려 초기 불상들과 같은 계열임을 알 수 있다. 부석사 소조 여래 좌상은 균형 잡힌 인체 비례와 정돈된 얼굴로 친근함보다는 근엄함을 느끼게 한다.

정답 분석

⑤ 

고려의 부석사 소조 여래 좌상으로 신라 이래의 전통 양식을 계승한 작품이다.

오답 피하기

① 

통일 신라의 석굴암 본존불이다.

② 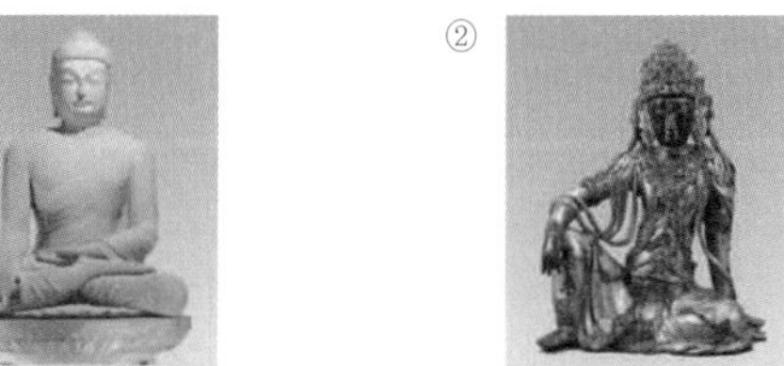

고려의 금동관음보살 좌상이다.

③ 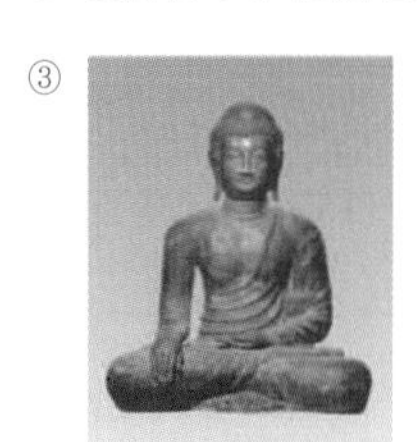

고려의 하남 하사창동 철조 석가여래 좌상이다.

④ 

삼국시대의 금동미륵보살반가사유상으로 신라 제작설이 유력하다.

[47~48] 다음 자료를 읽고 물음에 답하시오.

(가) 살리타이가 처인성을 공격하였다. 적을 피해 성에 와 있던 한 승려가 살리타이를 쏘아 죽였다. 국가에서 그 전공을 칭찬하여 상장군 벼슬을 주었다. 승려가 전공을 다른 사람에게 돌리며 말하기를, "전투할 때 나는 활과 화살이 없었으니, 어찌 감히 공 없이 무거운 상을 받겠습니까." 라고 하고, 굳게 사양하며 받지 않았다.

(나) [우리 부대가] 대군(大軍)과 연합하여 평양을 포위하였다. 보장왕이 먼저 연남산 등을 보내 영공에게 항복을 청하였다. 이에 영공은 보장왕과 왕자 복남 덕남 및 대신 등 20여만 명을 끌고 본국으로 돌아갔다. 각간 김인문과 대아찬 조주는 영공을 따라 돌아갔다.

(다) 비국(備局)에서 아뢰기를, "적병이 두 차례나 용골산성을 공격해 왔지만 정봉수는 홀로 고립된 성을 지키면서 충성과 용맹을 더욱 떨쳤습니다. …… 죽음을 두려워하지 않는 용사를 더 모집하여 육로로 혹은 배편으로 달려가서 기세(氣勢)를 돕게 하소서. 용골산성이 비록 포위에서 풀렸으나 이 일은 그만둘 수 없을 듯합니다."라고 하니, 왕이 따랐다.

(라) 부사 송상현은 왜적이 바다를 건넜다는 소식을 듣고 지역 주민과 군사 그리고 이웃 고을의 군사를 모두 불러 모아 성에 들어가 지켰다. …… 성이 포위당하자 상현이 성의 남문에 올라가 전투를 독려하였으나 한나절 만에 성이 함락되었다. 상현은 갑옷 위에 조복(朝服)을 입고 의자에 앉아 움직이지 않았다. …… 적이 모여들어 생포하려고 하자 상현이 발로 걷어차면서 항거하다가 마침내 해를 입었다.

*조복(朝服) : 관원이 조정에 나아가 하례할 때 입던 예복

47 우리나라 역사 속 전쟁 정답 ③

(가)~(라) 전투를 일어난 순서대로 옳게 나열한 것은? [2점]

은쌤의 합격노트

(가)는 1232년 고려 후기 몽골의 2차 침입 때 김윤후의 처인성 전투, (나)는 668년 고구려의 수도 평양을 두고 당과 고구려가 벌인 평양성 전투, (다) 1627년 조선 후기 정묘호란 때 의병장 정봉수가 의병을 일으켜 후금군을 크게 물리친 용골산성 전투, (라)는 1592년 조선 중기 임진왜란 때 부산 동래 부사 송상현이 싸우다 전사한 동래성 전투이다.

정답 분석

③ (나) - (가) - (라) - (다)

(나) 660년 백제를 멸망시킨 나 · 당 연합군은 연이어 고구려를 공격하였다. 고구려는 연개소문을 중심으로 이를 물리쳤으나 계속되는 전쟁으로 국력이 크게 약해졌으며, 연개소문 사후 세 아들이 후계자 계승을 둘러싸고 권력 다툼을 벌여 정치 혼란이 가중되었다. 668년 이 틈을 이용하여 나 · 당 연합군은 고구려의 성들을 차례로 무너뜨리고 수도 평양을 함락하자, 보장왕이 항복하면서 고구려는 멸망하였다.

(가) 1231년 고려는 몽골의 1차 침입 이후 최우가 강화도로 도읍을 옮겨 장기 항전을 준비하였다. 고려가 항전 태세를 보이자 1232년 몽골은 2차 침입을 감행하였다. 몽골 장수 살리타는 북계(지금의 평안도 지방)에서 남쪽으로 개경을 거쳐 수주(지금의 경기도 수원)에 예속되었던 처인부곡(지금의 경기도 용인시)의 처인성에 도달하였다. 이때 몽골의 침입을 피해 처인성에 와 있던 승려 김윤후가 활을 쏘아 살리타를 죽였다. 장수를 잃은 몽골군은 전의를 상실하여 북으로 철수하였다. 만약 처인성 전투가 그대로 일어났다면 치열하게 전개되었을 것이다. 처인성 전투는 승려 한 사람의 활약으로 몽골군을 삽시간에 무너뜨려 물러가게 한 큰 승리였다.

(라) 1592년 임진왜란을 일으킨 왜군은 4월 14일 부산진성을 함락시킨 여세를 몰아 같은 날 오후 동래성으로 진격하였다. 4월 15일 왜군은 동래읍성을 포위하고 전투를 시작하였고, 송상현은 병사와 백성을 이끌고 성을 끝까지 사수하고자 하였다. 그러나 성은 함락되었고, 송상현은 관원이 조정에 갈 때 입는 예복인 조복을 받쳐 입고 장렬히 전사하였다. 왜군은 송상현의 충렬을 기려 동문 밖에 장사를 지내주었다고 한다.

(다) 1627년 인조반정 이후 침략의 기회를 노리던 후금의 태종은 광해군을 위해 보복한다는 명분을 내세워 3만여 명의 군사를 이끌고 조선을 침략하는 정묘호란을 일으켰다. 후금이 침입하면서 급히 남으로 진군하여 관군의 방어선이 무너졌지만, 각처에서 의병이 봉기해 후금군에 저항하였다. 이때 의병장 정봉수가 이끄는 의병의 활약이 가장 두드러졌다. 정봉수는 철산 용골산성의 남은 병사를 모아 함께 죽을 결심을 하고 적의 완강한 공격을 물리쳤다. 정봉수는 조선과 후금 사이에 이미 화의가 성립되었음에도 계속 성에 머물면서 항전하였다. 이에 후금군은 병력을 총집결해 맹렬히 공격했으나 많은 전사자를 내고 퇴각하였다.

48 부산 지역의 역사 정답 ①

(라) 전투가 벌어진 지역에서 있었던 사실로 옳은 것은? [2점]

은쌤의 합격노트

(라) 전투가 벌어진 지역은 부산이다. 임진왜란 때 부산 동래 부사 송상현은 병사와 백성을 이끌고 동래성을 끝까지 사수하고자 하였다.

정답 분석

① 내상이 무역 활동을 전개하였다.

조선 후기 상업이 발달하면서 지방 도시에서 거상이 등장하였다. 특히 내상은 부산 동래를 중심으로 일본과의 무역을 통해 부를 축적하면서 성장하였다.

오답 피하기

② 안승이 왕으로 봉해진 보덕국이 세워졌다.

신라는 당이 고구려 멸망 이후 한반도 전체를 지배하려는 욕심을 드러내자 금마저(전라북도 익산시)에 보덕국을 세우고 안승을 보덕국왕으로 임명하여 고구려 부흥 운동을 후원하였다.

③ 지역 차별에 반발하여 홍경래가 봉기하였다.

조선 후기 세도 정치 시기에 일어난 홍경래의 난은 몰락 양반인 홍경래가 평안도에 대한 지역 차별 정책과 지배층의 수탈에 항거하여 청천강 이북 지역에서 일으킨 봉기였다.

④ 만적을 비롯한 노비들이 신분 해방을 도모하였다.

고려 후기 무신 집권자 최충헌의 노비였던 만적은 개경에서 누구나 공경대부가 될 수 있다는 신분 해방을 꿈꾸며 노비들을 모았지만 내부자의 밀고로 실패하였다.

⑤ 지주 문재철의 횡포에 맞서 소작쟁의가 일어났다.

일제 강점기에 지주 문재철의 횡포에 맞서 전남 신안군 암태도 소작인회를 중심으로 암태도 소작쟁의가 1년에 걸쳐 전개되었다.

49 6월 민주 항쟁 정답 ②

(가) 민주화 운동에 대한 설명으로 옳은 것은? [1점]

은쌤의 합격 노트

(가) 민주화 운동은 1987년에 일어난 6월 민주 항쟁이다. 전두환 정부는 권위주의적인 통치 체제를 강화하고 언론의 자유를 비롯한 국민의 기본권을 제한하였으며, 이에 반발하여 학생들을 중심으로 민주화를 요구하는 시위가 점차 확산되었다. 야당은 그 여세를 몰아 대통령 직선제 개헌을 요구하며 전국적인 서명 운동을 벌였다. 개헌 요구가 전국으로 확산되는 가운데 1987년 초 대학생 박종철이 경찰의 고문을 당하여 사망한 사건이 발생하였다. 시민들은 이 사건에 분노하여 전국적으로 항의 시위를 전개하였다. 직선제 개헌을 요구하는 목소리는 더욱 커졌으나, 정부는 이를 받아들이지 않았다(4 · 13 호헌 조치). 이에 6월 10일 학생과 시민들은 대규모 국민 대회를 전국에서 동시에 개최하였고, 이때부터 전국에서 민주화 시위가 날마다 벌어졌다(6월 민주 항쟁).

정답 분석

② 5년 단임의 대통령 직선제 개헌을 이끌어냈다.

- 전두환 정부는 1987년 6월 민주 항쟁으로 범국민적 저항에 직면하자 6 · 29 민주화 선언을 발표하였다. 이에 따라 현행 헌법인 대통령 임기 5년 단임, 대통령 직선제 선출, 헌법재판소 설치 등을 담은 개헌이 이루어졌다.

오답 피하기

① 허정 과도 정부가 구성되는 계기가 되었다.

- 1960년 4 · 19 혁명으로 이승만 대통령이 하야하였고, 허정을 대통령 대행으로 한 과도 정부가 수립되었다.

③ 야당 총재의 국회의원직 제명으로 촉발되었다.

- 1979년 야당 총재였던 김영삼은 YH 무역 사건과 관련된 기자 회견에서 국가를 모독하였다는 이유로 의원직에서 제명되었다. 그러자 부산과 마산 일대에서 학생과 시민들이 반정부 시위를 일으켰다(부 · 마 항쟁).

④ 관련 기록물이 세계 기록 유산으로 등재되었다.

- 1980년 신군부의 집권에 저항한 5 · 18 민주화 운동 기록물은 2011년 유네스코 세계 기록 유산으로 등재되었다.

⑤ 이승만이 대통령에서 물러나는 결과를 가져왔다.

- 1960년 4 · 19 혁명이 일어나자 그해 4월 26일 이승만은 대통령직에서 물러났고, 이후 미국으로 망명하였다.

50 노태우 정부 정답 ④

다음 선언을 발표한 정부의 통일 노력으로 옳은 것은? [3점]

> 나는 오늘 온 겨레의 염원인 조국의 평화적 통일을 실현해 나가기 위한 새 공화국의 정책을 밝히려 합니다. 우리 민족이 남북 분단의 고통을 겪어온 지 반세기가 가까워 옵니다. …… 민족자존과 통일번영의 새 시대를 열어나갈 것임을 약속하면서 다음과 같은 정책을 추진해 나갈 것을 내외에 선언합니다.
>
> ……
>
> 셋째, 남북 간 교역의 문호를 개방하고 남북 간 교역을 민족 내부 교역으로 간주한다.
>
> ……
>
> 여섯째, 한반도의 평화를 정착시킬 여건을 조성하기 위하여 북한이 미국, 일본 등 우리 우방과의 관계를 개선하는 데 협조할 용의가 있으며 또한 우리는 소련, 중국을 비롯한 사회주의 국가들과의 관계 개선을 추구한다.

은쌤의 합격 노트

다음 선언을 발표한 정부는 노태우 정부이다. 1988년 7월 7일 노태우 정부는 자주 · 평화 · 민주 · 복지의 원칙에 입각하여 민족자존과 통일 번영의 새 시대를 열어나갈 것을 천명하는 '민족 자존과 통일 번영을 위한 특별 선언'을 발표했다. 노태우 정부의 '7 · 7 선언'은 민족의 관계에서 북한 정책의 전향적 전환과 북방 사회주의 국가들과의 관계 정상화를 겨냥한 북방정책이라는 두 개의 정책 방향이 상호 연계되어 있다. 이 선언은 북방정책을 대북한 정책과 대북방 외교 정책을 포괄하는 개념으로 설정하고 그 대상 범위도 북한과 북한의 주요 동맹국인 중 · 소뿐만 아니라 동구권 및 아시아권 사회주의 국가를 포함하는 것으로 정립하였다.

정답 분석

④ 남북한이 국제 연합(UN)에 동시 가입하였다.

- 노태우 정부는 1990년부터 남북 고위급 회담을 여러 차례 개최하였고, 1991년에는 북한과 유엔(국제 연합)에 동시 가입하였다. 이는 남북 화해와 공존의 가능성을 확인하는 계기가 되었고, 남북 관계의 발전에 새로운 발판이 되었다.

오답 피하기

① 남북 조절 위원회를 구성하였다.

- 박정희 정부는 1972년 7 · 4 남북 공동 성명을 서울과 평양에서 동시에 발표하였다. 그 후 남북 조절 위원회가 설치되어 평화 통일을 위한 실무자 회의가 개최되었지만 성과를 얻지 못하였다.

② 개성공업 지구 건설에 합의하였다.

- 김대중 정부는 2000년 평양에서 최초로 남북 정상 회담을 개최하였고 '6 · 15 남북 공동 선언'을 발표하면서 개성 공업 지구 건설에 합의하였다.

③ 10 · 4 남북 정상 선언을 발표하였다.

- 노무현 정부는 김대중 정부의 통일 정책을 이어받아 2007년 평양에서 제2차 남북 정상 회담을 개최하고 10 · 4 남북 공동 선언을 발표하였다.

⑤ 남북 이산가족 고향 방문을 최초로 실현하였다.

- 전두환 정부는 1985년 최초로 이산가족 고향 방문과 예술 공연단 교환을 실현하였지만 일회성 행사로 그치고 말았다.

제62회 한국사능력검정시험 정답 및 해설

정 답

번호	정답	번호	정답
01	①	26	②
02	②	27	④
03	①	28	④
04	⑤	29	⑤
05	③	30	④
06	⑤	31	③
07	②	32	⑤
08	①	33	③
09	③	34	④
10	①	35	②
11	④	36	②
12	①	37	①
13	②	38	④
14	③	39	③
15	③	40	④
16	②	41	⑤
17	④	42	③
18	⑤	43	⑤
19	④	44	③
20	①	45	⑤
21	⑤	46	④
22	⑤	47	③
23	④	48	⑤
24	③	49	③
25	③	50	②

01 청동기 시대 정답 ①

(가) 시대의 생활 모습으로 옳은 것은? [1점]

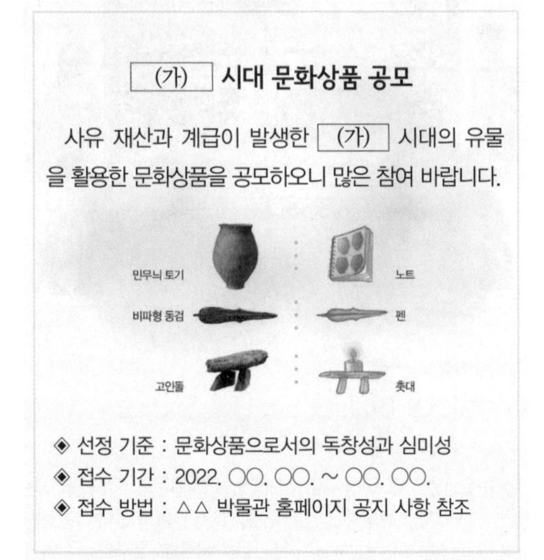

은쌤의 합격 노트

(가) 시대는 청동기 시대이다. 농경이 발달함에 따라 잉여 생산물이 발생하면서 토지와 생산물에 대한 사유 개념이 나타나 빈부의 차이가 생기고 계급이 분화되었다. 민무늬 토기는 우리나라 청동기 시대를 대표하는 토기로, 표면에 무늬가 없어서 붙여진 이름이다. 비파형 동검은 만주, 한반도 일대에서 널리 사용되었던 대표적인 청동기이다. 거대한 고인돌은 당시 지배층이 누렸던 권력과 부의 크기를 반영한 것으로 이해된다.

정답 분석

① 반달 돌칼로 벼를 수확하였다.
➡ 청동기 시대는 곡식을 추수할 때 썼던 반달 모양의 돌칼인 반달 돌칼로 벼를 수확하였다.

오답 피하기

② 주로 동굴이나 막집에서 거주하였다.
➡ 구석기인들은 식량을 찾아다니며 주로 동굴이나 막집, 바위그늘에서 거주하였다.

③ 소를 이용한 깊이갈이가 일반화되었다.
➡ 삼국은 농사에 소를 이용하여 경작하는 우경을 장려하였는데 신라 지증왕 때의 기록에 우경이 처음으로 등장한다.

④ 호미, 쇠스랑 등의 철제 농기구를 제작하였다.
➡ 삼국시대 4~5세기 경 철제 농기구가 농민에게 보급되기 시작하였다. 6세기에 이르러 쟁기, 호미, 괭이 등 철제 농기구가 널리 사용되었다.

⑤ 가락바퀴와 뼈바늘을 이용하여 옷을 만들기 시작하였다.
➡ 신석기 시대에 뼈바늘을 비롯하여 실을 뽑는 도구인 가락바퀴도 발견되었는데, 이를 통해 당시 사람들이 옷을 만들어 입었음을 알 수 있다.

02 부여 정답 ②

(가)에 들어갈 내용으로 옳은 것은? [2점]

지도에 표시된 쑹화강 유역을 중심으로 성장한 이 나라는 평원과 구릉, 넓은 못이 많았습니다. 농업과 목축을 생업으로 하며 12월에 영고라는 제천 행사를 열었습니다. 이 나라에 대해 알고 있는 내용을 대화창에 올려 주세요.

은쌤의 합격노트

지도에 표시된 이 나라는 부여이다. 부여는 만주 한복판의 쑹화 강 유역을 중심으로 성장하였다. 이 지역은 비옥한 평야 지대로 일찍부터 청동기 문화가 시작되었는데, 철기 보급 이후 농경과 목축이 더욱 발달하였다. 부여는 매년 영고라는 제천 행사를 열어 각 집단의 결속력을 다졌다. 혼인 풍습으로는 죽은 형의 부인을 아내로 맞는 형사취수혼이 행해지기도 하였다.

정답 분석

② 여러 가(加)가 별도로 사출도를 다스렸어요.
- 부여는 왕이 중앙만 다스리고 마가 · 우가 · 저가 · 구가 등 제가들이 사출도를 나누어 다스렸다.

오답 피하기

① 정사암에 모여 재상을 선출하였어요.
- 백제는 정사암 회의에서 귀족들이 모여 대표를 선출하고 국가의 중요 정책을 결정하였다.

③ 읍락 간의 경계를 중시하는 책화가 있었어요.
- 동예는 다른 부족의 영역을 함부로 침범했을 때에는 책화라고 하여 노비나 소, 말로 배상하게 하였다.

④ 사회 질서를 유지하기 위해 범금 8조를 두었어요.
- 고조선은 백성이 하지 말아야 하는 것을 정한 8조법, 범금 8조가 있었다.

⑤ 제사장인 천군과 신성 지역인 소도가 존재하였어요.
- 삼한은 정치와 종교가 분리되어 제사장인 천군은 신성 지역인 소도에서 농경과 종교에 대한 의례를 주관하였다.

03 금관가야 정답 ①

(가) 나라에 대한 설명으로 옳은 것은? [2점]

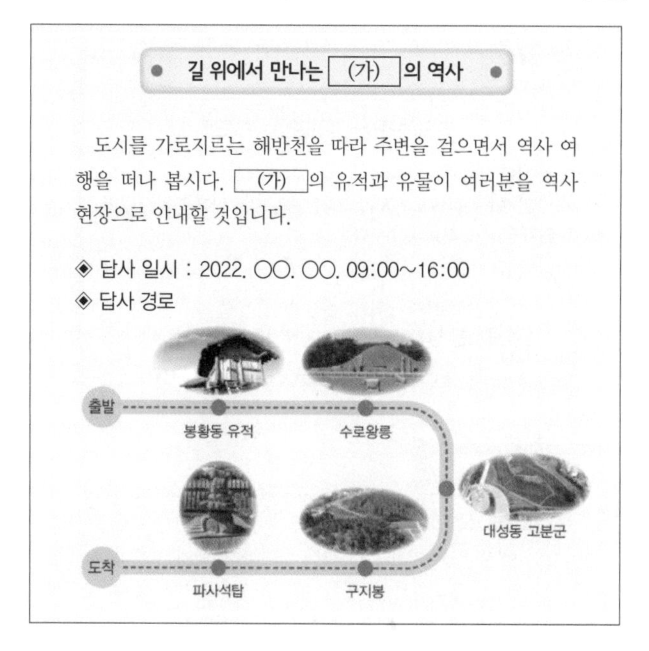

은쌤의 합격노트

(가) 나라는 금관가야이다. 봉황동 유적(경남 김해)은 금관가야의 중심지로서 방어 시설과 더불어 창고, 부두 시설 등이 확인되었다. 금관가야는 김수로가 건국한 것으로 전해진다. 김해 대성동 고분은 대표적인 금관가야 유적지이다. 구지봉은 서기 42년 수로왕이 탄생한 성스러운 장소이다. 김해 호계사의 파사석탑은 허황후가 서기 48년에 서역 아유타국에서 가져온 것으로 전해진다.

정답 분석

① 덩이쇠를 화폐처럼 사용하였다.
- 금관가야는 각종 철제품을 만들던 재료인 덩이쇠를 화폐처럼 사용하기도 하였다.

오답 피하기

② 한 무제의 공격으로 멸망하였다.
- 고조선은 경제 · 군사적 발전에 불안을 느낀 한 무제가 대규모 군대를 동원하여 침공하자 멸망하였다.

③ 혼인 풍속으로 민며느리제가 있었다.
- 옥저의 혼인 풍습으로는 민며느리제가 있었다. 이 풍습은 며느리가 될 여자아이를 남자 집에서 데려다 키운 후, 성인이 되면 남자 쪽에서 여자 쪽에 예물을 건네주고 결혼하는 것이다.

④ 골품에 따라 관등 승진에 제한이 있었다.
- 신라의 골품제는 개인의 혈통에 따라 관직 승진의 상한선을 정하였고, 혼인, 가옥의 크기, 의복의 빛깔과 옷감의 종류 등에 이르기까지 사회생활 전반을 규제하였다.

⑤ 빈민을 구제하기 위해 진대법을 시행하였다.
- 고구려의 고국천왕은 재상 을파소의 건의를 수용하여 먹을 것이 부족한 봄에 백성에게 곡식을 빌려주고 가을에 갚도록 한 진대법을 시행하였다.

04 고구려 소수림왕의 업적 정답 ⑤

밑줄 그은 '왕'에 대한 설명으로 옳은 것은? [2점]

〈다큐멘터리 기획안〉

위기에 빠진 고구려를 구하라!

◈ 기획 의도
평양성 전투에서 전사한 고국원왕의 뒤를 이어 즉위한 왕의 위기 극복 노력을 살펴본다.

◈ 구성
1부 전진으로부터 불교를 수용하다.
2부 태학을 설립하여 인재를 양성하다.

은쌤의 합격노트

밑줄 그은 '왕'은 소수림왕이다. 고구려는 고국원왕이 백제 근초고왕의 공격을 받아 전사하는 등 국가적 위기를 맞았다. 이러한 상황에서 즉위한 소수림왕은 내부의 체제 정비를 위해 노력하였다. 4세기 후반 중국 북조의 전진과 교류하면서 불교를 수용하였으며, 태학을 설립하여 인재를 양성하였다.

정답 분석

⑤ 율령을 반포하여 통치 체제를 정비하였다.
➋ 고구려 소수림왕은 율령을 반포하여 국가 체제를 정비하였다. 이러한 개혁으로 고구려의 중앙 집권 체제는 더욱 강화되었다.

오답 피하기

① 평양으로 수도를 옮겼다.
➋ 고구려 장수왕은 본격적인 남하 정책을 펼치기 위해 도읍을 국내성에서 평양으로 옮겼다.

② 병부와 상대등을 설치하였다.
➋ 신라 법흥왕은 병부를 설치하여 군사력을 강화하고, 상대등을 설치하여 중앙 집권 체제를 확립하였다.

③ 22담로에 왕족을 파견하였다.
➋ 백제 무령왕은 지방의 22담로에 왕족을 파견하여 지방 통제를 강화하였다.

④ 고흥에게 서기를 편찬하게 하였다.
➋ 백제 근초고왕 대에 고흥이 "서기"를 편찬하였다.

05 익산 미륵사지 석탑 정답 ③

밑줄 그은 '이 탑'으로 옳은 것은? [3점]

◆ 유물 이야기 ◆

금제 사리봉영기가 남긴 고대사의 수수께끼

2009년 이 탑의 해체 수리 중에 사리장엄구와 금제 사리봉영기가 발견되었다. 사리봉영기에는 "우리 백제 왕후께서는 좌평 사택적덕의 따님으로 …… 가람을 세우시고 기해년 정월 29일에 사리를 받들어 맞이하셨다."라는 명문이 있어 큰 주목을 받았다. 이 탑을 세운 주체가 삼국유사에 나오는 선화 공주가 아니라 백제 귀족의 딸로 밝혀져 서동 왕자와 선화 공주 설화의 진위 여부에 대한 논란이 일어나기도 하였다.

은쌤의 합격노트

밑줄 그은 '이 탑'은 백제 익산 미륵사지 석탑이다. 2009년 발견된 익산 미륵사지 서탑 금제 사리 봉안기에 따르면 무왕의 왕비인 사택 왕후의 발원으로 639년 서탑을 건립하였고, 백제 왕실에서 불교를 신봉한 모습을 엿볼 수 있다.

정답 분석

③
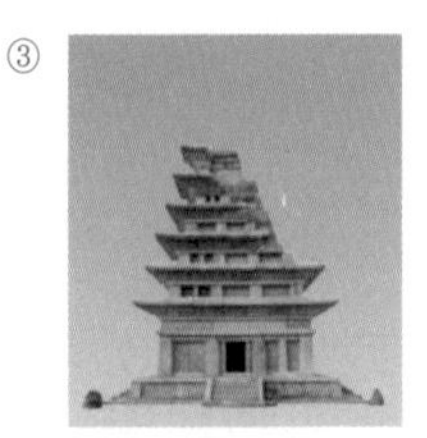
➋ 백제의 익산 미륵사지 석탑이다.

오답 피하기

①

➋ 신라의 분황사 모전 석탑이다.

②
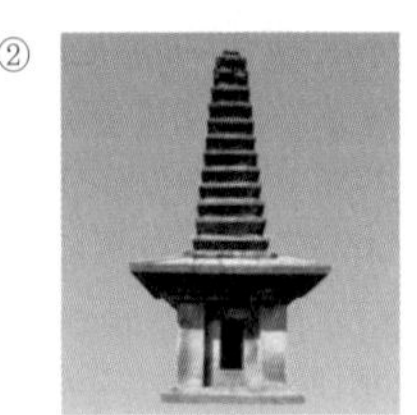
➋ 경주의 정혜사지 13층 석탑이다.

④

➋ 발해의 영광탑이다.

⑤
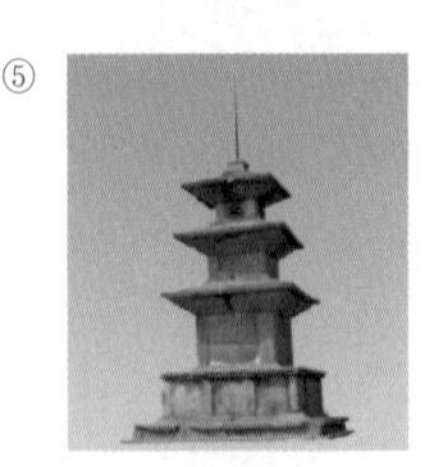
➋ 신라의 감은사지 3층 석탑이다.

06 삼국 통일 과정(백제 멸망~고구려 부흥 운동) 정답 ⑤

(가), (나) 사이의 시기에 있었던 사실로 옳은 것은? [3점]

> (가) 왕은 당과 신라 군사들이 이미 백강과 탄현을 지났다는 소식을 듣고 장군 계백을 시켜 결사대 5천 명을 거느리고 황산으로 가서 신라 군사와 싸우게 하였다. 네 번 싸워서 모두 이겼으나 군사가 적고 힘이 모자라서 마침내 패하고 계백이 사망하였다.
>
> (나) 검모잠이 국가를 부흥하려고 하여 당을 배반하고 왕의 외손 안승을 세워 왕으로 삼았다. 당 고종이 대장군 고간을 보내 동주도 행군총관으로 삼고 병력을 내어 그들을 토벌하게 하니 안승이 검모잠을 죽이고 신라로 달아났다.

은쌤의 합격노트

(가)는 660년 백제 의자왕 대에 계백의 백제군과 김유신의 신라군이 벌인 황산벌 전투, (나)는 670년 고구려 멸망 후 검모잠이 고구려 부흥 운동을 전개하다 안승과의 의견 대립으로 피살되는 상황이다.

(가) 나 · 당 연합군은 먼저 백제를 공격하였다. 황산벌에서 계백이 이끈 백제의 결사대가 김유신이 지휘한 신라군을 상대로 치열하게 싸웠지만 패배하였다. 이어 신라군은 사비를 공격하였고, 당군은 금강 하구로 침입하여 들어갔다. 결국 사비가 함락되면서 백제는 멸망하였다(660).

(나) 나 · 당 연합군은 백제 부흥 운동을 진압하고 뒤이어 고구려를 공격하였다. 고구려도 나 · 당 연합군의 공격을 받아 멸망하였다(668). 고구려는 검모잠과 고연무가 보장왕의 서자 안승을 왕으로 추대하고 고구려 유민을 모아 한성(황해도 재령)과 오골성을 근거지로 부흥 운동을 일으켰다. 이들은 한때 평양을 탈환하여 안동도호부를 요동으로 몰아내기도 하였지만, 안승이 검모잠을 죽이고 신라로 달아나면서 고구려 부흥 운동은 실패로 끝났다.

정답 분석

⑤ 복신과 도침이 부여풍을 왕으로 추대하였다.

➡ 백제 멸망 이후 각지에서 백제 부흥 운동이 일어났다. 복신, 흑치상지, 도침 등은 왕자 부여풍을 왕으로 추대하고, 주류성과 임존성을 거점으로 군사를 일으켰다. 나 · 당 연합군이 진압에 나서자 왜의 수군이 백제 부흥군을 지원하기 위해 백강 입구까지 왔으나 패하여 쫓겨 갔다(백강 전투).

오답 피하기

① 당이 안동도호부를 요동으로 옮겼다.

➡ 신라는 나 · 당 전쟁에서 승리를 거둔 후 당이 평양에 설치한 안동도호부를 요동성으로 밀어내고 삼국 통일을 이루었다. 이는 (나) 이후의 일이다.

② 성왕이 관산성 전투에서 전사하였다.

➡ 백제 성왕은 신라 진흥왕의 공격을 받아 한강 유역을 빼앗기자 직접 군사를 이끌고 신라를 공격하였지만 관산성(충북 옥천)에서 크게 패하고 전사하였다. 이는 (가) 이전의 일이다.

③ 신라군이 기벌포에서 당군을 격파하였다.

➡ 신라는 매소성과 기벌포 전투에서 승리하여 당을 몰아내고, 삼국 통일을 이루었다(676). 이는 (나) 이후의 일이다.

④ 김춘추가 당과의 군사 동맹을 성사시켰다.

➡ 고구려가 당과 대립하고 있을 즈음 신라는 백제에 대야성 등 여러 성을 빼앗겨 위기에 처하자 김춘추를 당에 파견하여 도움을 요청하였고, 나 · 당 동맹이 체결되었다(648). 이는 (가) 이전의 일이다.

07 발해 정답 ②

(가) 국가에 대한 설명으로 옳은 것은? [1점]

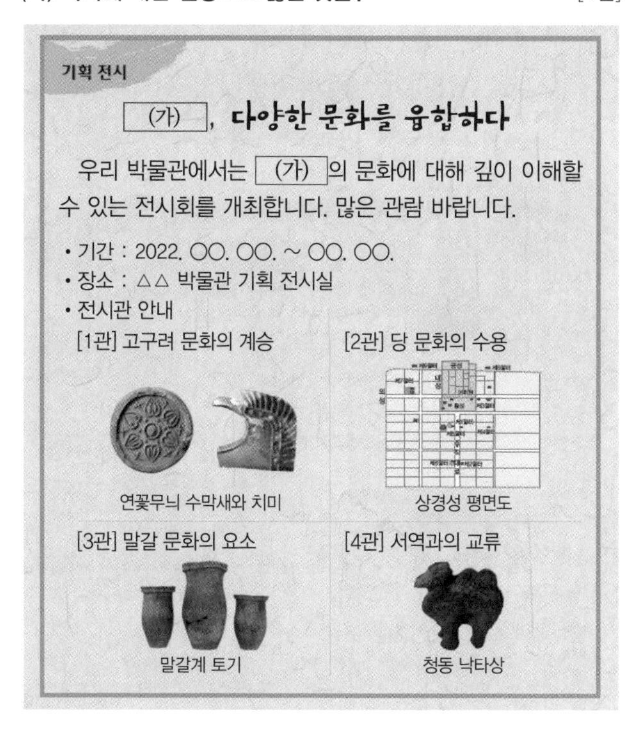

은쌤의 합격노트

(가) 국가는 발해이다. 발해의 건국은 고구려의 멸망 이후 30년 만에 고구려를 계승한 국가가 만주를 무대로 일어났다는 점에서 큰 의의가 있다. 고구려 장군 출신 대조영이 고구려인과 말갈인을 이끌고 동모산 근처에 발해를 세웠다. 발해의 상경성은 외성을 쌓고 남북으로 뻗은 주작대로를 내었는데, 당의 장안성과 구조가 비슷하다. 발해와 서역 간에 '담비길'이 있었음도 제기될 정도로 서역의 유물이 많이 발견되고 있다.

정답 분석

② 주자감을 설치하여 인재를 양성하였다.

➡ 발해는 상경에 유학과 기술학 등 교육을 담당하는 주자감을 설치하였다.

오답 피하기

① 후당과 오월에 사신을 파견하였다.

➡ 후백제의 견훤은 중국의 오월과 후당에 외교 사절을 파견하였다.

③ 9서당과 10정의 군사 조직을 운영하였다.

➡ 신라의 신문왕은 9서당 10정을 설치하였다. 9서당은 중앙군으로 신라인뿐만 아니라 고구려, 백제, 말갈인 등 피정복민을 포함시켰고, 지방에는 10정을 두었다.

④ 화백 회의에서 국가의 중대사를 논의하였다.

➡ 신라는 귀족 회의인 화백 회의에서 국가의 중대사를 논의하였다. 특히 다른 나라와 달리 만장일치제라는 특징이 있었다.

⑤ 내신좌평, 위사좌평 등 6좌평의 관제를 마련하였다.

➡ 백제 고이왕은 6좌평의 관제를 마련하고 관리의 복색을 제정하는 등 지배 체제를 정비하였다.

08 신라 신문왕의 업적 정답 ①

(가)에 들어갈 내용으로 옳은 것은? [2점]

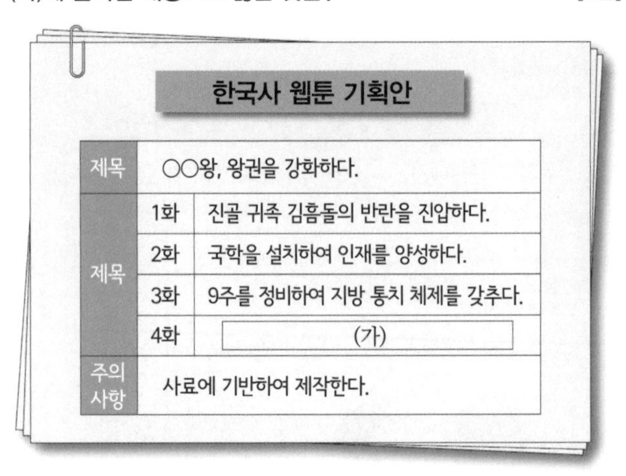

한국사 웹툰 기획안

제목	○○왕, 왕권을 강화하다.	
제목	1화	진골 귀족 김흠돌의 반란을 진압하다.
	2화	국학을 설치하여 인재를 양성하다.
	3화	9주를 정비하여 지방 통치 체제를 갖추다.
	4화	(가)
주의 사항	사료에 기반하여 제작한다.	

은쌤의 합격노트

(가)에 들어갈 내용은 신문왕의 업적이다. 신문왕은 김흠돌의 난을 계기로 진골 귀족 세력을 숙청하고 강력한 왕권을 확립하였다. 중앙 정치 기구와 지방 행정 조직을 마련하고, 군사 조직을 정비하였으며, 유학 교육을 실시하여 유교적 소양을 갖춘 인재를 양성하고자 국학을 설립하였다. 또한 중앙 집권 체제를 강화하기 위해 지방의 행정 조직을 9주 5소경으로 정비하였다.

정답 분석

① 관료전을 지급하고 녹읍을 폐지하다.
- 신문왕은 전제 왕권을 강화하면서 조세만을 징수할 수 있는 관료전을 지급하고 녹읍을 폐지하였다.

오답 피하기

② 마립간이라는 칭호를 처음 사용하다.
- 신라 내물왕은 왕의 칭호를 이사금에서 대수장(大首長)을 뜻하는 마립간으로 바꾸었다.

③ 이사부를 보내 우산국을 복속시키다.
- 신라 지증왕은 이사부를 앞세워 우산국(울릉도 일대)을 복속시켰다.

④ 화랑도를 국가적 조직으로 개편하다.
- 신라 진흥왕은 화랑도를 국가적인 조직으로 개편하여 인재를 양성하였다.

⑤ 이차돈의 순교를 계기로 불교를 공인하다.
- 신라 법흥왕은 이차돈의 순교를 계기로 불교를 공인하여 새롭게 성장한 세력들을 포섭하였다.

09 신라 무신 장보고 정답 ③

밑줄 그은 '이 인물'에 대한 설명으로 옳은 것은? [2점]

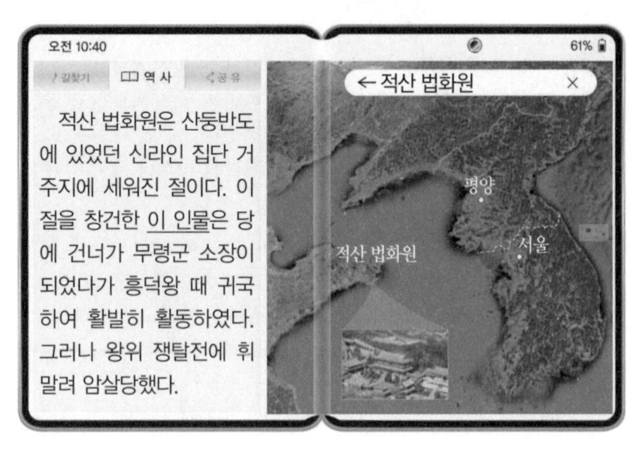

은쌤의 합격노트

밑줄 그은 '이 인물'은 장보고이다. 장보고는 당 군대의 장교로 활약하다 귀국하여 흥덕왕 때(828) 1만 명이 넘는 군사를 모아 청해진을 설치하였다. 장보고는 무역 활동으로 확보한 경제력을 배경으로 산둥성 원덩 일대에 신라소라는 자치 행정 기관과 법화원이라는 절을 세워 운영하였다. 한편, 신라 하대 중앙의 권력 쟁탈전에 개입하여 신무왕을 왕위에 오르게 하기도 하였다. 아버지 신무왕에 이어 왕위를 계승한 문성왕은 장보고의 딸을 둘째 왕비로 맞아들이고자 하였다. 이를 반대한 진골 귀족들은 자객을 보내 장보고를 암살하였다.

정답 분석

③ 청해진을 중심으로 해상 무역을 전개하였다.
- 장보고는 흥덕왕 때 해적을 소탕하고 완도에 청해진을 설치하였다. 청해진은 당과 신라, 일본을 연결하는 국제 무역 항로의 중간 지점이었다. 장보고는 이곳을 중심으로 해적들을 소탕하고 당과 신라, 일본을 연결하는 국제 무역을 주도하였다.

오답 피하기

① 구법 순례기인 왕오천축국전을 지었다.
- 신라 혜초는 불법을 구하기 위해 인도에 갔다 온 후 인도와 중앙아시아 여러 나라의 풍물을 생생하게 기록한 왕오천축국전을 남겼다.

② 진성 여왕에게 시무책 10여 조를 올렸다.
- 신라 최치원은 당에서 귀국하여 진성 여왕에게 개혁안 10여 조를 건의했으나 받아들여지지 않았다.

④ 9산 선문 중의 하나인 가지산문을 개창하였다.
- 신라 하대에 호족의 후원 속에서 각 지방에 9산 선문을 비롯한 선종 사원이 들어섰다.

⑤ 한자의 음과 훈을 차용한 이두를 체계적으로 정리하였다.
- 신라 설총은 이두를 체계적으로 정리했을 뿐만 아니라 '화왕계'를 지어 유교적인 도덕 정치를 강조하였다.

10 고려 태조 왕건의 업적 정답 ①

밑줄 그은 '왕'의 정책으로 옳은 것은? [2점]

> 왕이 천덕전에 거둥하여 백관을 모아놓고 말하기를, "내가 신라와 굳게 동맹을 맺은 것은 두 나라가 길이 우호를 유지하고 각자의 사직(社稷)을 보전하기 위해서였다. 지금 신라왕이 굳이 신하로 있겠다고 요청하고 그대들도 그것이 옳다고 하니, 나의 마음이 매우 부끄러우나 여러 사람의 뜻을 거스르기가 어렵다."라고 하였다. 이에 신라왕이 뜰에서 예를 올리니 여러 신하가 하례하여 함성이 궁궐을 진동하였다. …… 신라국을 없애 경주라 하고, 그 지역을 김부의 식읍으로 하사하였다.

은쌤의 합격노트

밑줄 그은 '왕'은 태조 왕건이다. 태조 왕건은 고창 전투의 승리 이후 백제와의 경쟁에서 우위에 서게 되었다. 이후 신라의 경순왕(김부)은 나라를 유지하기 어렵게 되자 고려에 항복하였다(935).

정답 분석

① 빈민 구제 기관인 흑창을 설치하였다.
➊ 고려 초기 태조 왕건은 백성의 조세 부담을 줄이고, 흑창을 설치하여 가난한 백성을 구제하려 하였다.

오답 피하기

② 12목을 설치하고 지방관을 파견하였다.
➊ 고려 초기 성종은 먼저 전국의 주요 지역에 12목을 설치하고 지방관을 파견하였다.

③ 국자감에 7재라는 전문 강좌를 운영하였다.
➊ 고려 중기 예종은 최충의 사학을 본떠 전문 강좌인 7재 및 장학 재단인 양현고 등을 설치하였다.

④ 광덕, 준풍 등의 독자적 연호를 사용하였다.
➊ 고려 초기 광종은 국왕의 권위를 높이기 위해 황제를 칭하고, 광덕 · 준풍 등 독자적인 연호를 사용하였다.

⑤ 전시과 제도를 마련하여 관리에게 토지를 지급하였다.
➊ 고려 초기 경종은 공신의 역할에 따라 토지를 나누어 준 태조 때의 역분전을 고쳐 관직 서열에 따라 토지를 지급하는 전시과 제도를 마련하였다.

11 조선과 여진의 대외 관계 정답 ④

(가)에 대한 역대 왕조의 대응으로 옳은 것은? [2점]

> 함길도 도절제사 김종서에게 전지하기를, "동북 지역의 경계는 공험진(公嶮鎭)으로 삼았다는 말이 전하여 온 지가 오래다. 그러나 정확하게 어느 곳에 있는지 알지 못한다. …… 고려사에 이르기를, '윤관이 공험진에 비를 세워 경계를 삼았다.'고 하였다. 지금 듣건대 선춘점(先春岾)에 윤관이 세운 비가 있다 하는데, 공험진이 선춘점의 어느 쪽에 있는가. 그 비문을 사람을 시켜 찾아볼 수 있겠는가. …… 윤관이 (가) 을/를 쫓고 9성을 설치하였는데, 그 성이 지금 어느 성이며, 공험진의 어느 쪽에 있는가. 거리는 얼마나 되는가. 듣고 본 것을 아울러 써서 아뢰라."라고 하였다.

은쌤의 합격노트

(가)는 여진족이다. 윤관은 별무반을 이끌고 여진을 정벌한 뒤 동북 지방에 9개의 성을 쌓았다. 윤관은 함경도 일대에 있던 여진족을 정벌한 뒤 9성을 개척하고 고려의 땅이라고 새긴 척경입비도를 세웠다.

정답 분석

④ 조선 태종 때 경성과 경원에 무역소를 설치하여 회유하였다.
➊ 조선 초기 태종 때 여진족에 국경 지역의 경성과 경원에 무역소를 두고 물물 교환을 하도록 허락하였다. 여진족은 말, 모피 등 토산품을 가져와서 직물, 농기구, 식량 등 일용품으로 바꿔 갔다.

오답 피하기

① 신라 문무왕 때 청방인문표를 보내어 인질의 석방을 요구하였다.
➊ 신라 중대 문무왕 대에 강수는 당나라가 억류하고 있던 무열왕의 아들 김인문을 보내줄 것을 청하는 글 '청방인문표'를 지어 당 고종에게 보냈다.

② 고려 우왕 때 나세, 심덕부 등이 진포에서 크게 물리쳤다.
➊ 고려 후기 우왕 때 최무선은 화포를 만들어 나세, 심덕부 등과 함께 진포 대첩에서 많은 왜구의 배를 불태웠다.

③ 고려 창왕 때 박위를 파견하여 근거지를 토벌하였다.
➊ 고려 후기 창왕 때 고려는 왜구를 근본적으로 박멸하고자 박위로 하여금 왜구의 근거지인 대마도를 토벌하였다.

⑤ 조선 광해군 때 기유약조를 체결하여 무역을 재개하였다.
➊ 조선 후기 광해군 때 일본과 통교를 허용하기 위해 대마도주를 통해 기유약조를 체결하였다. 이 조약으로 조선과 일본은 국교 정상화가 이루어졌다.

12 고려의 경제 상황 정답 ①

(가) 국가의 경제 상황으로 옳은 것은? [2점]

이것은 양산 통도사 국장생 석표입니다. 통도사의 경계를 표시하기 위해 세운 석표 중 하나로 '상서호부(尙書戶部)의 승인으로 세웠다'는 내용이 새겨져 있습니다. 국사·왕사 제도를 두어 불교를 장려했던 (가) 시대에 국가와 사찰의 관계를 파악할 수 있는 문화유산입니다.

은쌤의 합격노트

(가) 국가는 고려이다. 고려 광종은 승려를 위한 과거 시험인 승과를 시행하여 합격한 자에게 승계를 주는 제도를 마련하였다. 또 초세속적인 권위를 인정하는 국사와 왕사 제도를 둠으로써 불교가 국교로서의 권위를 지니게 되었다.

정답 분석

① 삼한통보, 해동통보 등이 발행되었다.

➋ 고려 초기 성종 때 철전인 건원중보가, 고려 중기 숙종 때 삼한통보, 해동통보, 해동중보 등의 동전과 은병(활구)이 만들어졌다. 그러나 화폐는 널리 유통되지 못하였고, 물건을 거래할 때에는 여전히 곡식이나 베가 사용되었다.

오답 피하기

② 특산품으로 솔빈부의 말이 유명하였다.

➋ 발해의 여러 특산품 중 최고는 솔빈부의 말이었다. 솔빈부의 말은 바닷길을 통해 당으로 수출되었다.

③ 만상이 대청 무역으로 부를 축적하였다.

➋ 조선 후기 만상은 의주에서 대청 무역을 통해 큰 부를 축적하였다.

④ 시장을 감독하는 관청인 동시전이 설치되었다.

➋ 신라 상대 지증왕은 동시를 개설하고 이를 관리하는 기구인 동시전을 설치하였다.

⑤ 광산을 전문적으로 경영하는 덕대가 등장하였다.

➋ 조선 후기 광산 개발 전문 경영인 덕대가 등장하여 상인 물주로부터 자금을 받아 광산을 운영하였다.

13 고려의 문화유산 정답 ②

(가) 국가의 문화유산으로 옳은 것을 〈보기〉에서 고른 것은? [2점]

미(美)·색(色)
벨기에 소장 우리 문화유산 특별전

■ 기간 : 2022. ○○. ○○. ~ ○○. ○○.
■ 장소 : △△ 박물관 기획 전시실

초대의 글

우리 박물관에서는 국내에 들여와 보존 처리를 마친 벨기에 왕립예술역사박물관 소장 (가) 의 공예품 8점을 공개하는 특별전을 개최합니다.

이번 전시에서는 (가) 의 대표적 문화유산인 상감청자 6점을 비롯하여 청동 정병, 금동 침통 등을 자세히 감상할 수 있도록 전시 공간을 연출하였으니 많은 관심 바랍니다.

〈보 기〉

ㄱ. 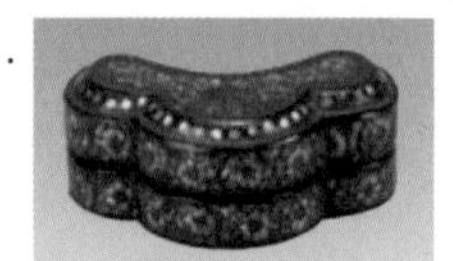

ㄴ. 

ㄷ. 

ㄹ. 

은쌤의 합격노트

(가) 국가는 고려이다. 12세기에 이르러 고려 청자는 상감 기법이 적용되었다. 상감 기법은 청자의 겉 부분을 파낸 후에 그 자리에 백토나 흑토를 메워 무늬를 만들어내는 방법이다. 이 때문에 상감 청자는 이전보다 다양하고 화려한 무늬를 넣을 수 있게 되었다. 이는 고려만의 독창적인 기술이었다.

정답 분석

② ㄱ, ㄷ

➋ ㄱ. 고려는 옻칠한 바탕에 자개를 붙여 무늬를 내는 나전 칠기 공예가 크게 발달하였다.

ㄷ. 고려의 수월관음보살도는 화려한 색채를 우아하게 사용하여 관음보살의 자비로움을 잘 나타낸 대표적인 고려 불화이다.

오답 피하기

➋ ㄴ. 백제 무령왕릉 무덤 입구에 배치된 외부 침입자와 사악한 기운을 막아내는 돼지 모양의 진묘수이다.

ㄹ. 신라의 황남대총 북분에서 출토된 사슴뿔 장식이 들어간 금관이다.

14 고려와 거란과의 항쟁 정답 ③

(가) 시기에 있었던 사실로 옳은 것은? [2점]

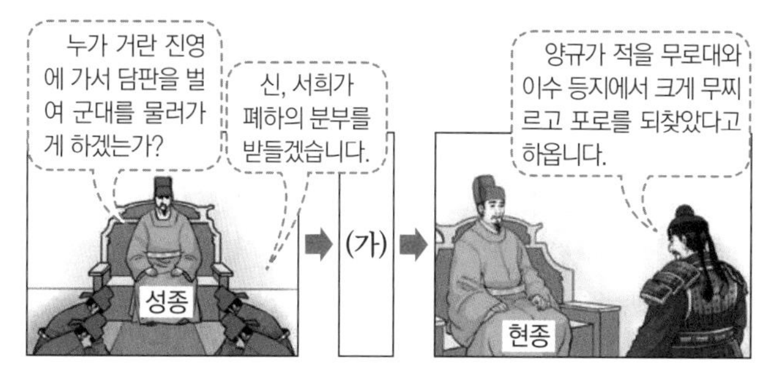

은쌤의 합격노트

(가) 시기에는 고려 시대 거란의 1차 침입과 2차 침입 사이의 일들이 들어갈 수 있다. 고려가 북진 정책과 친송 정책을 추진하자, 거란은 고려에 여러 차례 침입하였다. 1차 침입 때는 서희가 외교 담판으로 압록강 동쪽의 강동 6주를 확보하였고, 거란의 2차 침입 때는 개경이 함락되는 어려움을 겪기도 하였으나 배후에서 양규가 선전하자 거란은 퇴로가 차단될 것을 두려워하여 고려와 강화하고 물러갔다.

정답 분석

③ 강조가 정변을 일으켜 국왕을 폐위하였다.

거란은 1차 침입 이후 강동 6주의 반환을 요구하였지만 고려가 거부하자 강조의 정변을 구실로 2차 침입을 강행하였다. 강조의 정변(1009)은 고려 목종의 생모 천추 태후와 김치양이 자신들 사이에서 낳은 아들에게 왕위를 계승시키려 하자 서북면 도순검사 강조가 정변을 일으켜 김치양 일파를 죽이고 목종을 폐위시킨 뒤 현종을 세운 사건이다.

오답 피하기

① 묘청이 서경에서 난을 일으켰다.

묘청은 '금국 정벌'을 주장하며 서경 천도 운동을 펼쳤다. 이는 거란의 2차 침입 이후의 일이다.

② 이자겸이 척준경에 의해 축출되었다.

이자겸은 척준경과 함께 난을 일으켜 왕권을 빼앗으려 하였지만 척준경의 배신으로 쫓겨나게 되었다. 이는 거란의 2차 침입 이후의 일이다.

④ 김윤후가 처인성에서 살리타를 사살하였다.

몽골 2차 침입 때 승려 김윤후는 처인성 전투에서 부곡민들과 합세하여 몽골 장수 살리타를 사살하고 몽골군을 퇴각시키는 큰 전과를 올렸다. 이는 거란의 2차 침입 이후의 일이다.

⑤ 다인철소의 주민들이 충주에서 항전하였다.

몽골 6차 침입 때 충주성에서는 다인철소의 주민들이 힘을 합쳐 몽골군을 물리쳤는데, 그 공으로 다인철소는 익안현으로 승격되기도 하였다.

15 고려 후기 원 간섭기의 사회상 정답 ③

다음 상황이 나타난 시기의 사회 모습으로 옳은 것은? [1점]

> 제국 대장 공주가 일찍이 잣과 인삼을 [원의] 강남 지역으로 보내 많은 이익을 얻었다. 나중에는 환관을 각지에 파견하여 잣과 인삼을 구하게 하였다. 비록 나오지 않는 땅이라 하더라도 강제로 거두니 백성들이 매우 괴로워하였다.

은쌤의 합격노트

다음 상황이 나타난 시기는 고려 후기 원 간섭기이다. 고려는 오랜 항쟁의 결과 원에 정복당한 다른 나라들과는 달리 원의 부마국이 되었다. 고려 국왕은 원의 공주와 결혼하여 원 황제의 부마가 되었고, 왕실의 호칭과 격은 부마국에 맞는 것으로 바뀌었다. 제국 대장 공주는 중국 원 세조 쿠빌라이의 딸로 1274년(원종 15) 5월에 충렬왕이 세자로서 원나라에 있을 때 혼인하였다.

정답 분석

③ 지배층을 중심으로 변발과 호복이 유행하였다.

고려 후기 원 간섭기에는 몽골풍이 유행하여 변발, 몽골 복장, 몽골어가 궁중과 지배층을 중심으로 널리 퍼졌다.

오답 피하기

① 원종과 애노가 사벌주에서 봉기하였다.

신라 하대에 진성 여왕이 무리하게 조세를 강요하자 원종과 애노의 난과 같은 농민 봉기가 발생하였다.

② 대각국사 의천이 해동 천태종을 개창하였다.

고려 중기 의천은 천태종을 만들어 교종을 중심으로 선종을 통합하여 불교계의 문제를 해결하려 하였다.

④ 기근에 대비하기 위해 구황촬요가 간행되었다.

조선 중기 명종 대 영양실조로 중태에 빠진 사람들의 구급법 · 대용식물의 조제법 등 흉년에 대비하는 내용의 종합서 "구황촬요"가 편찬되었다.

⑤ 국난 극복을 기원하며 초조 대장경이 조판되었다.

고려 중기 현종 때 거란의 침입을 받았던 고려는 부처의 힘으로 국난을 극복하고자 초조 대장경을 간행하였다.

16 무신정변 정답 ②

다음 사건의 배경으로 가장 적절한 것은? [2점]

> 조위총이 동·북 양계(兩界)의 여러 성에 격문을 돌려 군사를 불러 모아 말하기를, "소문에 따르면 개경의 중방(重房)에서 '북계의 여러 성은 거칠고 사나운 무리를 많이 거느리고 있으니 토벌해야 한다.'고 논의하고 이미 많은 병력을 동원했다고 하니 어찌 가만히 앉아서 스스로 죽을 수 있겠는가? 각자 군사와 말을 규합하여 빨리 서경으로 달려와야 한다."라고 하였다.

은쌤의 합격노트

다음 사건은 고려 후기 무신 집권기에 일어난 조위총의 난(1174)이다. 서경 유수 조위총이 무신 정권에 반발하여 서경에서 반란을 일으켰을 때 많은 농민이 가세하였으며, 조위총이 패망한 뒤에도 농민 항쟁이 여러 해 지속되었다.

정답 분석

② 정중부, 이의방 등이 정변을 일으켰다.
- 이의방과 정중부 등 무신들은 다수의 문신을 제거하고 의종을 폐하고, 명종을 왕으로 세우고 정권을 장악하였다(무신정변, 1170). 이에 김보당, 조위총 등 문신들과 귀법사 승려들이 저항하였으나 모두 진압되었다.

오답 피하기

① 노비 만적이 반란을 모의하였다.
- 고려 후기 무신 집권자 최충헌이 정권을 장악한 후에는 그의 노비였던 만적이 신분 해방 운동(1198)을 시도하였다.

③ 신돈이 전민변정도감의 판사가 되었다.
- 고려 후기 공민왕은 신돈을 등용하여 전민변정도감을 설치하고 권문세족이 빼앗은 토지와 노비를 본래의 주인에게 돌려주거나 양민으로 해방시켰다.

④ 망이, 망소이 등이 명학소에서 봉기하였다.
- 고려 후기 무신 집권자 정중부가 권력을 장악하던 시기에 특수 행정 구역 공주 명학소에서 망이·망소이가 봉기(1176)하였다.

⑤ 최충헌이 교정도감을 설치하여 국정을 총괄하였다.
- 고려 후기 무신 집권자 최충헌은 국정을 총괄하는 최고 정치 기구로 교정도감을 설치하고, 그 우두머리인 교정별감이 되어 최고의 권력을 행사하였다.

17 삼별초 정답 ④

(가) 군사 조직에 대한 설명으로 옳은 것은? [1점]

> 처음에 최우가 나라 안에 도적이 많음을 근심하여 용사들을 모아 매일 밤 순행하면서 포악한 짓들을 금하였는데, 이로 인하여 이름을 야별초(夜別抄)라고 하였다. 도적들이 여러 도에서도 일어났으므로 별초를 나누어 보내 이들을 잡게 하였다. 그 군사가 매우 많아 마침내 나누어 좌우로 삼았다. 또 우리나라 사람으로서 몽골로부터 도망쳐 돌아온 자들을 한 부대로 삼아 신의군(神義軍)이라고 불렀는데, 이들이 (가) 이/가 되었다.

은쌤의 합격노트

(가) 군사 조직은 삼별초이다. 삼별초는 최우가 치안 유지를 위해 설치한 야별초에서 시작되었다. 야별초의 규모가 늘자 좌별초와 우별초로 나누었다. 여기에 몽골군에게 잡혔다가 도망해 돌아온 사람들로 만든 신의군을 합쳐 삼별초가 되었다. 무신 집권자들은 마음대로 삼별초에게 봉급을 더 주는 등 특별한 혜택을 베풀었다. 삼별초는 무신 집권자에게 충성을 다하였고 반대파들을 제거하는 데도 앞장섰다. 삼별초는 항몽 전쟁의 마지막 단계에 끝까지 몽골에 대항하여 진도에서 제주도로 옮겨 가면서 싸웠다. 그런 영향으로 삼별초는 항몽 전쟁의 대표적인 존재로 평가받고 있다.

정답 분석

④ 개경 환도 결정에 반발하여 항쟁하였다.
- 최우가 양성한 삼별초는 몽골과의 강화로 개경 환도가 결정되자 배중손의 지휘 아래 강화도에서 반기를 들었다. 이들은 진도와 제주도로 근거지를 옮기면서 장기간 항전하였으나 고려와 몽골의 연합군에게 진압되었다(1273).

오답 피하기

① 광군사의 통제를 받았다.
- 고려 초기 정종 대에 거란이 침입할 것이라는 정보에 따라 편성된 광군을 통할하던 관청이 광군사이다.

② 정미 7조약에 의해 해산되었다.
- 일제는 고종을 강제 퇴위시키고, 뒤이어 정미 7조약(한·일 신협약)을 체결하고 대한 제국 군대를 해산시켰다.

③ 4군 6진을 개척해 영토를 확장하였다.
- 조선 초기 세종 때 최윤덕과 김종서가 4군 6진을 개척해 압록강과 두만강을 경계로 하는 오늘날과 같은 국경선을 확정하였다.

⑤ 유사시에 향토 방위를 담당하는 예비군이었다.
- 조선 시대에는 지역 수비를 보완하기 위해 서리, 신량역천, 공·사노비 등이 소속되어 유사시에 대비한 일종의 예비군인 잡색군이 있었다.

18 고려 성리학자 이색 정답 ⑤

밑줄 그은 '그'에 대한 설명으로 옳은 것은? [3점]

초상화로 보는 한국사

이 그림은 고려 말 삼은(三隱) 중 한 사람인 목은(牧隱)의 초상화이다. 이곡(李穀)의 아들인 그는 고려와 원의 과거에 합격했으며, 문하시중 등의 관직을 역임하였다. 고려 후기 성리학의 보급에 노력한 대표적 인물로 평가된다. 이 초상화는 당시의 관복을 충실하게 표현하여 보물로 지정되었다.

은쌤의 합격노트

밑줄 그은 '그'는 이색이다. 고려 말 삼은은 고려 말의 학자이며 문장가인 목은 이색, 포은 정몽주, 야은 길재를 두고 이르는 말이다. 이색은 원나라에 유학하여 성리학을 연구하고 원의 과거에 합격하여 관직을 역임하기도 하였다. 이색은 성균관에서 후학을 양성하고 정몽주, 정도전 등에게 학문적 영향을 끼쳐 성리학의 보급과 발전에 기여하였다.

정답 분석

⑤ 성균관의 대사성이 되어 정몽주 등을 학관으로 천거하였다.

▶ 이색은 성균관 대사성이 되자 성균관의 학칙을 새로 제정하고 정도전·정몽주·이숭인 등과 강론, 성리학 발전에 공헌했다. 그러나 신진 사대부는 개혁의 방향을 둘러싸고 분열하였다. 이색, 정몽주를 비롯한 온건 개혁파는 고려 왕조 내에서 점진적인 개혁을 추진하였고, 정도전, 조준 등 급진 개혁파는 고려 왕조를 부정하는 역성혁명을 주장하였다.

오답 피하기

① 역옹패설과 사략을 저술하였다.

▶ 고려 후기 이제현은 수필집 "역옹패설"을 저술하고, "사략" 등 여러 사서를 남겼으나, 대부분은 전하지 않는다. 하지만 그의 역사학은 조선 시대에 영향을 주었다.

② 왕명에 의해 삼국사기를 편찬하였다.

▶ 고려 중기 김부식은 인종의 왕명을 받아 "삼국사기"를 편찬하였다.

③ 문헌공도를 설립하여 유학 교육에 힘썼다.

▶ 고려 중기 문종 때 최충이 세운 문헌공도를 시작으로 사학 12도가 설립되었다.

④ 불교 개혁을 주장하며 수선사 결사를 제창하였다.

▶ 고려 후기 무신 집권기에 지눌은 수선사 결사를 제창하고 수행 방법으로 돈오점수와 정혜쌍수를 주장하였다.

19 조선 태종의 업적 정답 ④

(가) 왕의 재위 시기에 있었던 사실로 옳은 것은? [2점]

청계천이 복원되면서 광통교도 옛 모습을 되찾았어요. 이 광통교에는 능에 썼던 석물들이 있어요. 두 차례 왕자의 난으로 즉위한 (가) 이/가 태조의 계비인 신덕 왕후의 능을 이장하고, 이전 능에 있던 병풍석과 난간석 등 석물 일부를 다리 제작에 사용하게 한 것이에요.

은쌤의 합격노트

(가) 왕은 태종 이방원이다. 두 차례 왕자의 난을 통해 정도전을 포함한 개국 공신 세력을 몰아내고 왕위에 오른 태종은 왕권을 강화하고 국왕을 중심으로 통치 체제를 정비하고자 하였다. 태종은 6조 직계제를 채택하였으며, 언론 기관인 사간원을 독립시켜 대신을 견제하였다. 또한, 양전 사업과 호구 파악에 노력을 기울였으며, 사병을 폐지하여 군사권을 일원화하였다.

정답 분석

④ 세계 지도인 혼일강리역대국도지도가 제작되었다.

▶ 조선 초기 태종 대에 세계 지도인 '혼일강리역대국도지도'가 제작되었다. 이 지도는 아시아, 유럽, 아프리카를 포함하고 있으며 조선은 실제보다 훨씬 크게 그려져 있다.

오답 피하기

① 최무선의 건의로 화통도감이 설치되었다.

▶ 고려 후기 1377년에 최무선의 건의로 화약 및 화기의 제조를 맡아보던 임시 관청인 화통도감이 설치되었다. 이곳에서 대장군포를 비롯한 20여 종의 화기를 생산하여 고려 말 왜구를 격퇴하는 데 사용되었다.

② 조선의 기본 법전인 경국대전이 완성되었다.

▶ 조선 초기 세조는 역대의 법전과 각종 명령 등을 종합하여 "경국대전"을 편찬하기 시작하였다. 이후 성종은 "경국대전"의 편찬을 완료하고 반포하여 조선 사회의 기본적인 통치 방향과 이념을 제시하였다.

③ 국방 문제를 논의하기 위한 비변사가 설치되었다.

▶ 조선 중기 중종 때 3포 왜란(1510)이나 명종 때 을묘왜변(1555) 같은 소란이 자주 일어나자 정부는 비변사를 설치하여 대책을 강구하였다.

⑤ 한양을 기준으로 한 역법서인 칠정산이 간행되었다.

▶ 조선 초기 세종은 해, 달, 화성, 수성, 목성, 금성, 토성의 7개 천체가 운동하는 위치를 계산하는 방법을 서술한 역법서 "칠정산"을 편찬하였다.

20 승정원

정답 ①

밑줄 그은 '이 기구'에 대한 설명으로 옳은 것은? [2점]

이 책은 1870년에 편찬된 은대조례입니다. 서문에서 흥선 대원군은 은대라고 불린 이 기구의 업무 처리 규정을 일목요연하게 정리하였으니 앞으로 승지들의 사무에 나침반이 될 것이라고 밝혔습니다.

은쌤의 합격노트

밑줄 그은 '이 기구'는 승정원이다. 승정원은 조선 시대 임금의 비서 기관으로 정원(政院) · 후원(喉院) · 은대(銀臺) · 대언사(代言司)라고도 불리었다. 이는 오늘날의 대통령실 또는 대통령 비서실과 비슷한데, 주로 왕명(임금의 명령)을 신하들에게 전달하는 역할을 했다.

정답 분석

① 왕명의 출납을 관장하였다.

▶ 승정원은 총책임자인 도승지가 이조를 맡고, 좌승지가 호조, 우승지가 예조, 좌부승지는 병조, 우부승지는 형조, 동부승지는 공조를 맡아 6조와 협의하며 왕을 보필하며 왕명을 출납하였다.

오답 피하기

② 사간원, 사헌부와 함께 3사로 불렸다.

▶ 조선 3사(사간원, 사헌부, 홍문관)의 언관에는 벼슬 등급은 높지 않으나, 학문과 덕망이 높은 사람이 주로 임명되었다.

③ 천문 연구, 기상 관측 등의 일을 맡았다.

▶ 조선 시대 기상업무를 담당한 정부 기구로는 관상감 또는 서운관이 있었다. 영의정을 형식상의 대표로 하는 정부 기구로서, 이를 통해 관상감과 서운관을 그만큼 고위 관서로 여겼음을 알 수 있다.

④ 실록을 보관하고 관리하는 업무를 담당하였다.

▶ 조선은 도덕에 기반한 유교 국가의 면모를 갖추기 위해 역사를 편찬하는 춘추관을 설치하였다.

⑤ 국왕 직속 사법 기구로 강상죄, 반역죄 등을 처결하였다.

▶ 조선 의금부는 국왕 직속 사법 기구로 강상죄, 반역죄 등을 처결하였다.

21 조선 문신 신숙주

정답 ⑤

다음 검색창에 들어갈 인물의 활동으로 옳은 것은? [3점]

한국사 인물 통합 검색

검색어 | 검색

【검색결과】

○생몰 : 1417년 ~ 1475년

○호 : 희현당(希賢堂), 보한재(保閑齋)

○생애

- 집현전 학사로 훈민정음 해례본 편찬에 참여함
- 계유정난으로 정난공신 2등에 책훈됨
- 세조 대 사대교린의 외교 정책을 주도함
- 예종 즉위 후 한명회 등과 원상(院相)으로 국정을 논의함

은쌤의 합격노트

제시된 검색창에 들어갈 인물은 신숙주이다. 신숙주는 세종 대가 끝날 때까지 집현전 부수찬(종6품), 응교(정4품), 직제학(정3품)과 사헌부 장령(정4품), 집의(종3품) 등의 주요 청요직을 두루 거쳤다. 또한 계유정난으로 세조가 정권을 장악한 이후 화려한 출세를 거듭했다. 화려한 관직 생활 이외에도 그는 정난(2등), 좌익, 익대, 좌리(이상 1등)공신에 책봉되었다. 폭넓은 해외 경험을 바탕으로 국제적 지식과 안목을 가져 세조 대 사대교린의 외교 정책을 주도하였다.

정답 분석

⑤ 일본의 정치, 사회, 지리 등을 정리한 해동제국기를 저술하였다.

▶ "해동제국기"는 신숙주가 1443년 서장관으로 일본에 다녀왔을 때의 경험을 바탕으로 일본의 지형과 국내 사정, 외교 절차 등을 지어 세종에게 올린 것으로, 1471년(성종 2)에 간행되었다.

오답 피하기

① 기해 예송에서 기년설을 주장하였다.

▶ 조선 현종 때 효종과 효종비의 국장과 관련해 자의 대비의 상복 문제로 예송이 일어났다. 서인의 영수 송시열은 기년설을 주장하였다.

② 반정 공신의 위훈 삭제를 건의하였다.

▶ 조광조는 사림의 여론을 앞세워 급진적 개혁을 추진하였고, 과대평가된 반정 훈구 대신들의 공훈을 삭제하고 그들의 경제 기반을 축소하려고 하였다.

③ 향촌의 풍속 교화를 위해 예안 향약을 시행하였다.

▶ 이황이 경북 안동 예안 지방에서 시행하기 위해 중국의 《여씨향약》을 본떠 만든 향약이 예안 향약이다.

④ 최초로 100리 척을 사용한 동국지도를 제작하였다.

▶ 정상기의 동국지도는 최초로 100리 척을 사용하여 정확도를 높였다.

22 조선 세종의 업적 정답 ⑤

(가) 왕이 추진한 정책으로 옳은 것은? [3점]

□□ 신문
제△△호 ○○○○년 ○○월 ○○일

관현맹(管絃盲) 공연, 경복궁에서 재현

조선 시대 관현맹의 공연을 재현하는 행사가 경복궁 수정전 에서 개최되었다. 관현맹은 궁중 잔치에서 연주한 시각장애인 악사인데, 박연의 상소를 계기로 (가) 때 관직과 곡식을 받게 되었다. 이번 공연에서는 (가) 이/가 작곡한 여민락(與民樂)을 시작으로 여러 곡이 연주되었다.

은쌤의 합격 노트

(가) 왕은 세종이다. 관현맹은 조선 시대 음악 기관에 소속되어 있으면서 궁중의 잔치 때 향악과 당악을 연주하던 소경음악인으로 관현맹인이라고도 한다. 언제부터 음악 기관에 소속되어 음악을 연주했는지는 분명하지 않으나, 조선 초기 세종 때부터 비롯된 것으로 추측된다. 여민락은 조선 시대 임금의 거둥 때나 궁중의 잔치 때에 연주하던 아악곡(雅樂曲)으로 세종 때 용비어천가 1~4장과 125장을 아악 곡조에 얹어 부를 수 있도록 작곡한 가락이다.

정답 분석

⑤ 유교 윤리의 보급을 위해 삼강행실도를 편찬하였다.
- 조선 초기 세종은 효자 · 열녀 · 충신의 사례를 모아 그림을 곁들여 기술한 "삼강행실도"를 편찬하였다.

오답 피하기

① 창덕궁에 신문고를 처음 설치하였다.
- 신문고는 조선 초기 태종이 경복궁에 설치한 적이 있지만 오랫동안 폐지되었다가 1771년 영조가 창덕궁 진선문 앞에 다시 설치했다.

② 삼수병으로 구성된 훈련도감을 창설하였다.
- 조선 중기 선조는 임진왜란 중에 포수, 살수, 사수의 삼수병으로 구성된 일정한 급료를 받는 직업 군인 훈련도감을 창설하였다.

③ 붕당 정치의 폐단을 경계하고자 탕평비를 세웠다.
- 조선 후기 영조는 탕평책으로 왕권이 강화되고 정국이 안정되자, 탕평비를 건립하여 붕당의 폐해에 대한 경계의 뜻을 더욱 분명히 하였다.

④ 통치 체제를 정비하기 위해 대전통편을 간행하였다.
- 조선 후기 정조는 문물 제도의 정비를 반영한 "대전통편", "탁지지" 등을 편찬하였다.

23 대동법 정답 ④

다음 상인이 등장한 배경으로 가장 적절한 것은? [1점]

(앞면)

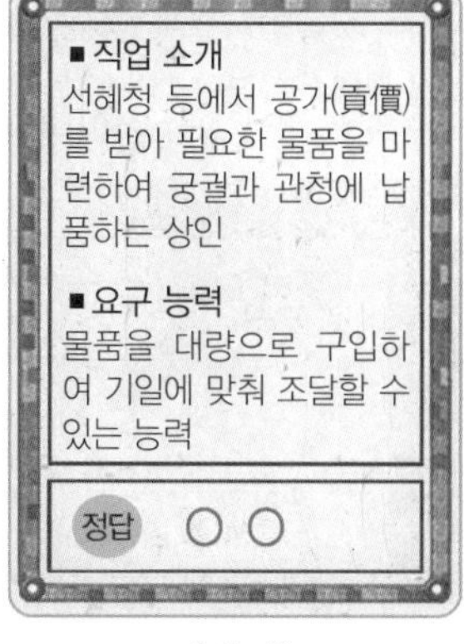

(뒷면)

은쌤의 합격 노트

다음 상인은 공인이다. 지방 특산물을 현물로 납부하는 공납이 폐단이 많아져 농민의 부담이 가중되자 광해군 때부터 대동법이 시행되었다. 현물 대신 집집마다 토지 1결당 쌀 12두 혹은 베나 무명, 동전 등을 거두었다. 대동법이 실시되면서 국가에 관수품을 조달하는 어용 상인 공인이 등장하였다. 공인은 시장에서 많은 물품을 구매해 상품 수요를 증가시켰고, 농민도 토산물을 시장에 내다 팔아 대동세를 마련하였다. 이러한 과정에서 상품 화폐 경제가 발전하였다.

정답 분석

④ 공납의 폐단을 시정하기 위해 대동법이 실시되었다.
- 조선 후기 광해군은 공납 제도의 문제를 개선하기 위해 대동법을 실시하였다. 대동법 실시로 선혜청에서 공인이라는 특허 상인에게 비용을 미리 지급하고 필요한 물품을 독점적으로 조달하도록 하였다.

오답 피하기

① 관수 관급제가 시행되었다.
- 조선 초기 성종은 지방 관청에서 그 해의 생산량을 조사하여 거두고 이를 관리에게 나누어 주는 관수 관급제를 시행하였다.

② 금속 화폐인 건원중보가 주조되었다.
- 고려 초기 성종 때 철전인 건원중보를 시작으로 숙종 때 삼한통보, 해동통보, 해동중보 등이 주조되었다.

③ 근대적 상회사인 대동 상회가 설립되었다.
- 1880년대에 객주들은 외국 상인들로부터 상권을 유지하고자 평양의 대동 상회와 서울의 장통 상회를 비롯한 상회사들을 설립하였다.

⑤ 육의전을 제외한 시전 상인의 금난전권이 폐지되었다.
- 조선 후기 정조는 통공 정책을 실시하여 육의전을 제외한 시전의 금난전권을 폐지하였다. 이로써 상업 활동이 어느 정도 자유로워졌고, 사상은 더욱 번창하였다.

24 한양 도성 정답 ③

밑줄 그은 '이 성곽'에 대한 설명으로 옳지 않은 것은? [2점]

<u>이 성곽</u>은 한성부 도심의 경계를 표시하고 외부의 침입을 방어하기 위해 축조되었습니다. 총 둘레는 약 18km로 4대문과 4소문 및 암문, 수문, 여장, 옹성 등의 시설을 갖추고 있습니다.

은쌤의 합격노트

밑줄 그은 '이 성곽'은 한양 도성이다. 서울 한양 도성은 서울의 주위를 에워싸고 있는 조선 시대의 도성으로, 도성의 둘레는 약 18㎞이다. 이곳은 서울특별시 종로구 누상동 산1~3번지 일대로, 남대문과 동대문 등의 성문과 암문, 수문, 여장, 옹성 등에 방어 시설을 갖추고 있다.

정답 분석

③ 후금의 침입에 맞서 정봉수가 항전한 곳이다.

▶ 조선 후기 정묘호란 때 정봉수가 철산의 용골산성에서 적의 보급로를 차단하자 후금은 화의를 맺고 돌아갔다.

오답 피하기

① 개국 초기 정도전 등이 설계하였다.

▶ 정도전이 서울의 내사산인 북쪽의 백악산을 비롯하여 서쪽의 인왕산, 남쪽의 목멱산, 동쪽의 낙산 능선을 따라 한양 도성을 쌓기로 결정하자, 태조가 직접 성터를 둘러보았다.

② 도성조축도감이 축조를 관장하였다.

▶ 태조는 도성 축조를 위한 도성조축도감을 설치(1395)하고, 한양 도성을 축조하였다.

④ 조선 시대 축성 기술의 변화 과정이 잘 나타나 있다.

▶ 한양 도성은 태조 때 창축되어 세종 때 개축되고 숙종 때의 수축을 거쳐 오늘에 이른 것이다. 세종 때 철과 석회를 사용하여 축성 기술이 향상되었음을 볼 수 있고, 숙종 때 근대적 축성 기술의 완성으로 견고한 축성이 된 것으로 볼 수 있다.

⑤ 일제 강점기 도시 정비 계획을 구실로 크게 훼손되었다.

▶ 1915년 일제는 근대 도시로의 발전이라는 미명하에 경성시구역개수계획이라는 것을 만들어 한양 도성의 성문과 성벽을 무너뜨렸다.

25 임진왜란 정답 ③

다음 전투 이후에 전개된 사실로 옳은 것은? [2점]

> 권율이 정병 4천 명을 뽑아 행주산 위에 진을 치고는 책(柵)을 설치하여 방비하였다. …… 적은 올려다보고 공격하는 처지가 되어 탄환도 맞히지 못하는데 반해 호남의 씩씩한 군사들은 모두 활쏘기를 잘하여 쏘는 대로 적중시켰다. …… 적이 결국 패해 후퇴하였다.
>
> –『선조수정실록』–

은쌤의 합격노트

다음 전투는 임진왜란 때 권율의 행주대첩이다. 임진왜란은 명의 원군이 전쟁에 참여하면서 국제전의 양상을 보였다. 조 · 명 연합군은 평양을 탈환하였으며, 권율이 이끄는 관군과 백성은 합심하여 행주산성에서 왜군을 물리쳤다. 이러한 반격에 일본은 명에게 휴전을 제의하였다. 휴전 협정이 진행되는 동안 조선은 전열을 정비하여 훈련도감을 비롯한 5군영의 체제를 갖추고, 속오법을 실시하였다. 또한, 화포를 개량하고 조총도 제작하였다.

정답 분석

③ 휴전 회담의 결렬로 정유재란이 시작되었다.

▶ 3년에 걸친 휴전 회담이 결렬되자 왜군은 다시 침입하였다(정유재란, 1597). 조 · 명 연합군은 왜군을 직산에서 격퇴하였고, 이순신은 명량에서 왜군을 크게 무찔렀다. 임진왜란은 도요토미 히데요시가 죽고, 노량 해전을 끝으로 끝났다.

오답 피하기

① 최영이 홍산에서 대승을 거두었다.

▶ 고려 후기 최영은 내륙 깊숙이 쳐들어온 대규모의 왜구를 홍산에서 크게 물리쳤다.

② 이순신이 한산도 대첩에서 승리하였다.

▶ 임진왜란 초기 바다에서는 이순신이 이끄는 수군이 옥포에서 처음으로 승리를 거둔 후 사천, 당포, 한산도 등에서도 일본군을 물리쳤다.

④ 이종무가 왜구의 근거지인 쓰시마를 정벌하였다.

▶ 조선 초기 세종 때 이종무가 왜구의 소굴인 대마도를 토벌하였다.

⑤ 신립이 탄금대에서 배수의 진을 치고 왜군에 항전하였다.

▶ 임진왜란 초기 신립은 충주의 탄금대에서 배수진을 치고 항전하였지만 왜군을 막아내지 못하였다. 결국, 선조는 의주로 피난을 떠났고 한성은 함락되었다.

26 명종 재위 기간의 사실 　정답 ②

밑줄 그은 '임금'의 재위 기간에 있었던 사실로 옳은 것은? [3점]

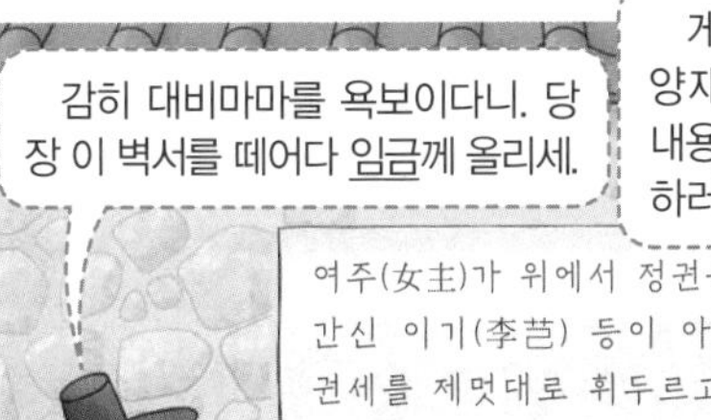

은쌤의 합격노트

밑줄 그은 '임금'은 명종이다. 인종이 재위 8개월 만에 죽고, 이어 어린 나이에 명종이 왕위에 오르게 되자 어머니인 문정 왕후가 수렴청정하고 외척 윤원형이 세력을 잡았다. 그러자 윤원형 등은 을사사화를 일으켜 인종의 외척 세력(대윤)을 제거하였다. 양재역 벽서 사건은 을사사화의 여파로 1547년(명종 2)에 일어난 사화이며, 윤원형 일파가 대윤 세력을 숙청하기 위해 만들어낸 사건이다.

정답 분석

② 외척 간의 대립으로 을사사화가 일어났다.
➡ 명종 때 외척 간의 권력 갈등에 사림들이 가담하면서 그 피해가 사림 세력까지 미친 을사사화가 일어났다.

오답 피하기

① 사림이 동인과 서인으로 나뉘었다.
➡ 선조는 사림 세력을 대거 기용하여 왕권을 강화하고자 하였다. 척신 정치에 온건한 입장인 사림들이 서인을 척신 정치에 강경하게 반대한 사림들이 동인을 형성하였다.

③ 서인이 반정을 일으켜 정권을 장악하였다.
➡ 인조와 서인은 반정을 일으켜 광해군과 북인을 몰아내고 정권을 잡았다.

④ 김종직 등 사림이 중앙 정계에 진출하기 시작하였다.
➡ 사림은 성종 때 김종직을 필두로 중앙 정치 무대에 본격적으로 진출하였다.

⑤ 폐비 윤씨 사사 사건의 전말이 알려져 김굉필 등이 처형되었다.
➡ 연산군은 생모 윤씨가 폐위된 것을 이유로 이와 관계된 훈구 세력과 김굉필 등의 사림들이 제거된 갑자사화를 일으켰다.

27 수원 화성 　정답 ④

(가) 문화유산에 대한 설명으로 옳은 것을 〈보기〉에서 고른 것은? [2점]

〈보 기〉

ㄱ. 고종이 아관파천 이후 환궁한 곳이다.
ㄴ. 포루, 공심돈 등 방어 시설을 갖추었다.
ㄷ. 당백전을 발행하여 건설 비용에 충당하였다.
ㄹ. 정약용이 고안한 거중기 등을 이용하여 축조되었다.

은쌤의 합격노트

(가) 문화유산은 수원 화성이다. 정조는 수원에 화성을 세워 개혁 정치를 실현할 수 있는 이상적 신도시로 육성하였다. 정조는 여러 차례 수원에 행차하면서 국왕의 위상을 보이고 민생에 관한 백성의 목소리를 직접 들으려 하였다. 또한 이곳에 화성을 건설하여 정치적 기능을 부여하고, 장용영을 배치하여 군사적 기능까지 부여하였다. 화성의 서장대는 팔달산 정상에 있는 장대로 장수가 군사를 지휘하던 곳이다.

정답 분석

ㄴ. 포루, 공심돈 등 방어 시설을 갖추었다.
➡ 수원 화성에는 장대와 공심돈, 적대, 포루, 치, 노대, 봉돈 등의 군사 시설이 남아있다. 장대와 공심돈, 적대는 망루이고 포루, 치, 노대는 총포와 활을 쏘는 곳이다. 봉돈은 봉수대이다.

ㄹ. 정약용이 고안한 거중기 등을 이용하여 축조되었다.
➡ 정약용은 서양의 기술 서적인 "기기도설"을 참고해 거중기를 만들어 수원 화성을 축조하는 데 이용하였다.

오답 피하기

ㄱ. 고종이 아관파천 이후 환궁한 곳이다.
➡ 고종은 일본의 영향력을 약화시키기 위해 러시아 공사관으로 처소를 옮기는 아관파천을 단행하였고, 이후 1년 만에 경운궁으로 환궁하였다.

ㄷ. 당백전을 발행하여 건설 비용에 충당하였다.
➡ 흥선 대원군은 경복궁 중건에 들어가는 막대한 공사비를 마련하고자 당백전이라는 고액 화폐를 발행하였다.

28 조선 실학자 홍대용과 박지원 정답 ④

(가), (나)를 쓴 인물의 공통점으로 옳은 것은? [2점]

(가) 실옹이 웃으며 말하기를, "…… 대저 땅덩이는 하루 동안에 한 바퀴를 도는데, 땅 둘레는 9만 리이고 하루는 12시이다. 9만 리 넓은 둘레를 12시간에 도니 번개나 포탄보다도 더 빠른 셈이다."라고 하였다.

(나) 허생이 말하기를, "우리 조선은 배가 외국과 통하지 못하고, 수레가 국내에 두루 다니지 못하는 까닭에 온갖 물건이 나라 안에서 생산되어 소비되곤 하지 않나. …… 어떤 물건 하나를 슬그머니 독점한다면, 그 물건은 한 곳에 갇혀서 유통되지 못하니 이는 백성을 못살게 하는 방법이야."라고 하였다.

은쌤의 합격노트

(가) 인물은 홍대용, (나) 인물은 박지원이다. 홍대용은 "의산문답"에서 실옹과 허자의 대담 형식을 빌려 관념적 화이관과 중국 중심 세계관의 허구성을 비판하고 북학의 이론적 틀을 제시하였다. 박지원은 "양반전"과 "허생전" 등을 통해 양반 사회의 허구성을 지적하며 자신의 실학 정신을 표현한 한문 소설을 썼다.

정답 분석

④ 연행사의 일원으로 청에 다녀와 연행록을 남겼다.

➡ 홍대용은 청에 사신으로 왕래하면서 얻은 경험을 바탕으로 "임하경륜"과 "의산문답"을 저술하였다. 박지원은 청에 다녀온 후 "열하일기"를 저술하여 수레와 선박 이용의 활성화, 화폐 유통 확대, 상공업 진흥을 주장하였다.

오답 피하기

① 갑술환국으로 정계에서 축출되었다.

➡ 조선 후기 숙종은 5년 후 장희빈을 사사하면서 다시 남인을 몰아내고 노론 정권을 회복시켰다(갑술환국). 갑술환국으로 남인의 권대운, 목내선, 민암, 유명현 등이 축출되었다.

② 양명학을 연구하여 강화학파를 형성하였다.

➡ 일부 소론 학자에 의해 명맥을 이어 오던 양명학은 18세기 초 정제두가 본격적으로 연구하면서 강화학파를 형성하였다.

③ 서얼 출신으로 규장각 검서관에 기용되었다.

➡ 조선 후기 정조는 서얼 출신 유득공, 이덕무, 박제가 등을 규장각 검서관으로 등용하였다.

⑤ 농민 생활의 안정을 위하여 화폐 사용을 반대하였다.

➡ 조선 후기 성호 이익은 당시 실정에 비추어 화폐의 유통이 농촌 경제를 위협할 뿐만 아니라 사치의 풍조를 조장하고, 고리대 행위의 폐단 등을 증가시킬 것이라고 보고 화폐 사용을 반대하였다.

29 조선 후기 문화 정답 ⑤

밑줄 그은 '시기'에 볼 수 있는 모습으로 옳지 않은 것은? [1점]

은쌤의 합격노트

밑줄 그은 '시기'는 조선 후기이다. 조선 후기에는 이름 없는 화가들이 그린 민화도 유행하였다. 민화는 예술성을 추구하기보다는 건강과 장수 등 소박한 소망과 기원을 표현하였다.

정답 분석

⑤ 벽란도에서 인삼을 사는 송의 상인

➡ 고려 시대 개경을 연결하는 예성강 입구의 벽란도는 조세와 공물이 통과하는 중요한 통로 역할을 하며 무역과 상업의 중심지로 성장하였다.

오답 피하기

① 판소리를 구경하는 농민

➡ 조선 후기 서민은 판소리나 탈춤 등을 통해 기쁨과 슬픔을 드러냈다.

② 탈춤 공연을 벌이는 광대

➡ 조선 후기 공연 예술이 활발해지면서 가면극도 크게 성행하였다. 봉산 탈춤과 강령 탈춤, 안동 하회 별신굿이 대표적이다.

③ 장시에서 물품을 파는 보부상

➡ 조선 후기 교통 요지와 포구 등지에 큰 시장이 형성되었고, 보부상은 장시와 장시를 이동하면서 장날의 차이를 이용하여 생산자와 소비자를 이어 주는 중간자 역할을 담당하였다.

④ 한글 소설을 읽어주는 전기수

➡ 조선 후기에 문화를 향유하는 계층이 확대되면서 한글 소설이 발달하였다. 이러한 시기에 소설을 읽어 주고 일정한 보수를 받던 직업적인 낭독가인 전기수가 등장하였다.

30 신미양요 정답 ④

밑줄 그은 '이 사건'이 일어난 시기를 연표에서 옳게 고른 것은? [2점]

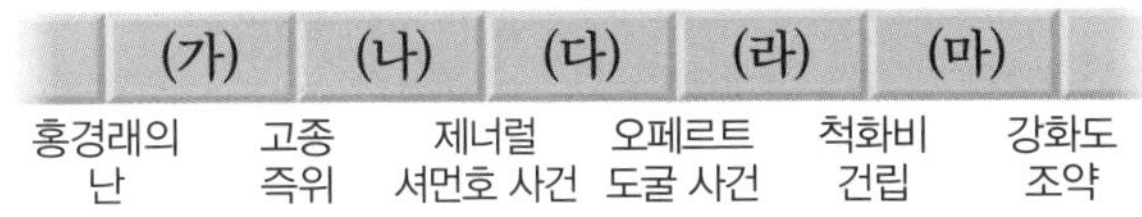

은쌤의 합격노트

밑줄 그은 '이 사건'은 신미양요이다. 미국은 제너럴 셔먼호 사건을 구실로 여러 차례 배상금 지불과 통상 조약의 체결을 요구하였지만 흥선대원군은 이를 거부하였다. 그러자 미국의 로저스 제독은 5척의 군함을 이끌고 강화도를 침략하여 신미양요를 일으켰다. 미국 함대는 초지진과 덕진진을 점령하고 광성보를 공격하였다. 어재연 등이 이끄는 조선의 수비대는 광성보와 갑곶에서 결사적으로 항전하였지만 결국 광성보는 함락되었다. 그러나 미국은 예상과 달리 조선군의 저항이 강하고 조선 정부 역시 외교 교섭에 응하지 않자 결국 철수하였다.

정답 분석

④ (라)

오페르트 도굴 사건(1868)은 신미양요(1871)가 일어나기 3년 전에 일어난 사건이다. 신미양요 이후 흥선 대원군은 각지에 척화비를 세워 서양과의 수교를 거부한다는 의지를 널리 알렸다.

31 광무개혁 정답 ③

밑줄 그은 '개혁'에 해당하는 내용으로 옳은 것은? [2점]

삽화로 보는 한국사

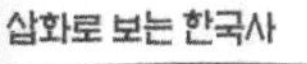

[해설]

이 그림은 프랑스 일간지에 실린 삽화로 파리 만국 박람회장에 설치된 한국관의 모습을 담고 있습니다. 경복궁 근정전을 재현한 한국관은 당시 언론의 관심을 끌었습니다. 황제로 즉위한 뒤 개혁을 추진하던 고종은 만국 박람회 참가를 통해 대한 제국을 세계에 소개하고, 서구의 산업과 기술을 받아들이고자 하였습니다.

은쌤의 합격노트

밑줄 그은 '개혁'은 광무개혁이다. 고종은 아관파천 1년 만에 경운궁으로 환궁한 후 연호를 광무로 고치고, 황제 즉위식을 거행하고, 국호를 대한 제국이라 선포하였다. 대한 제국은 황제권을 강화하여 국가의 자주권을 지키며 부국강병을 위해 광무개혁을 추진하였다.

정답 분석

③ 관립 의학교와 광제원을 설립하였다.

대한 제국은 의료 인력 양성과 백성의 진료를 위해 관립 의학교와 국립 광제원(1900)을 설립하였다.

오답 피하기

① 건양이라는 연호를 사용하였다.

제3차 개혁(을미개혁)이 추진되면서 태양력과 '건양(建陽)' 연호가 사용되었다.

② 신식 군대인 별기군을 창설하였다.

개항 이후 조선 정부는 신식 군대인 별기군을 설치하여 일본인 교관을 통해 근대식 군사 훈련을 실시하고 사관생도를 양성하였다.

④ 박문국을 설치하여 한성순보를 발간하였다.

임오군란 이후 급진 개화파는 박문국을 설치하고 우리나라 최초의 신문인 한성순보를 창간하였다.

⑤ 한일 관계 사료집을 편찬하고 독립 공채를 발행하였다.

대한민국 임시 정부는 독립운동 자금을 마련하기 위하여 국외 동포에게 독립 공채를 발행하고, 한 · 일 관계 사료집을 간행하여 일제 침략의 부당성과 우리 민족의 자주독립 요구가 정당함을 밝혔다.

32 동학 농민 운동 정답 ⑤

(가)에 들어갈 내용으로 옳은 것은? [2점]

은쌤의 합격노트

(가)에 들어갈 내용은 남접과 북접의 연합이다. 고부 군수 조병갑은 비리와 학정이 매우 심하였다. 이에 전봉준 등은 농민을 이끌고 고부 관아를 점령하였다. 조정은 이용태를 안핵사로 보내 사태를 수습하게 하였는데, 그는 사건의 모든 책임을 동학교도의 탓으로 돌리고 주모자와 참여자를 탄압하였다. 이에 전봉준 등은 무장에서 농민군을 재편성하고 고부를 점령한 후 백산으로 이동하였다. 농민군은 전주 감영에서 온 관군을 황토현에서 격파하였다. 또한 중앙에서 파견된 정부군을 장성 황룡촌에서 크게 물리쳤으며, 기세를 몰아 전주성까지 점령하였다. 그러나 정부가 청에 원병을 요청하자 농민군은 전주에서 정부군과 휴전하고 전주 화약을 체결한 뒤 해산하였다. 이후 일본이 경복궁을 기습 점령하자 위기의식을 느낀 농민군은 일본군의 침략을 물리치고자 삼례에서 다시 봉기하였다. 남접과 북접이 연합한 농민군은 공주 우금치에서 관군 및 일본군과 치열한 전투를 벌였으나 화력에서 밀려 결국 패배하였다. 이후 전봉준을 비롯한 지도자들이 체포되면서 동학 농민 운동은 실패로 끝났다.

정답 분석

⑤ 남접과 북접의 연합

- 일본이 무력으로 경복궁을 기습 점령해 조선 정부를 장악하자 종교 활동을 강조하며 농민 봉기에 반대하였던 북접도 손병희의 지도 아래 농민군을 이끌고 가세하였다. 북접은 논산에서 남접과 연합하여 공주로 나아갔다.

오답 피하기

① 교정청 설치
- 정부는 전주 화약을 체결한 후 교정청을 설치해 개혁을 추진하였다.

② 전봉준 체포
- 공주 우금치 전투 패배 이후 전봉준을 비롯한 농민군의 지도자들이 체포되어 처형되었다.

③ 13도 창의군 결성
- 전국의 의병 부대들은 13도 창의군을 결성하고 경기 양주에 집결해 서울 진공 작전을 시도하였다.

④ 안핵사 이용태 파견
- 고부 민란에 놀란 정부는 조병갑을 서울로 압송하고 새 군수를 임명하였으며, 이용태를 안핵사로 보내 사태를 수습하게 하였다.

33 조·미 수호 통상 조약 정답 ③

밑줄 그은 '조약'의 영향으로 가장 적절한 것은? [2점]

청의 알선으로 서양과 맺은 최초의 조약이 체결된 장소에 새로운 표석이 설치되었습니다. 기존 한글 안내판에 영어와 중국어 안내문을 추가한 이번 표석 설치는 개항기 대외 관계와 관련한 중요한 장소를 외국인에게도 널리 알리는 기회가 될 것으로 보입니다.

은쌤의 합격노트

밑줄 그은 '조약'은 조·미 수호 통상 조약이다. 조선 정부는 1882년 서양 국가들 가운데 미국과 최초로 조·미 수호 통상 조약을 체결하였다. 이는 청이 권유하고 알선한 것이었다. 청은 러시아의 남하를 견제하기 위해 미국을 끌어들이려고 하였다.

정답 분석

③ 민영익을 대표로 한 보빙사가 파견되었다.
- 1883년 조선 정부는 미국과 수교한 후 공사 파견에 대한 답례로 미국에 보빙사를 파견하였다.

오답 피하기

① 부산, 원산, 인천 항구가 개항되었다.
- 1876년 강화도 조약 체결로 조선은 부산 등 3개 항구의 개항, 해안 측량권, 영사 재판권(치외 법권) 등을 인정하였다.

② 김홍집이 국내에 조선책략을 소개하였다.
- 1880년 개항 후 일본의 정세를 탐색하기 위해 수신사로 일본에 갔던 김홍집이 "조선책략"을 국내에 들여오면서 미국과 외교 관계를 맺어야 한다는 주장이 일어났고 조·미 수호 통상 조약이 체결되었다.

④ 일본 군함 운요호가 영종도를 공격하였다.
- 1875년 일본은 운요호 사건을 일으킨 이듬해 강화도 조약 체결을 강요하였다.

⑤ 개화 정책을 총괄하는 통리기무아문이 설치되었다.
- 1880년 조선 정부는 개혁을 추진하기 위해 근대적 행정 기구인 통리기무아문을 설치하였다.

34 신민회 정답 ④

교사의 질문에 대한 학생의 답변으로 옳은 것은? [2점]

은쌤의 합격노트

교사가 말하는 단체는 신민회이다. 신민회는 국권 회복과 신국가 건설을 목표로 내세웠는데, 이는 공화정에 바탕을 둔 근대 국가를 수립하려는 것이었다. 신민회는 이를 위해 교육과 산업, 문화 등 실력 양성을 목표로 다양한 활동을 전개하였다. 인재 양성을 위해 평양에 대성 학교, 정주에 오산 학교를 세웠으며, 계몽 서적을 출판하기 위한 태극서관을 운영하였다. 또한 장기적인 무장 독립 투쟁을 위해 독립운동 기지 건설에 나섰다.

정답 분석

④ 안창호, 양기탁 등이 비밀 결사로 조직하였어요.

- 을사늑약 체결 이후 통감부의 억압이 날로 심해져 합법적인 활동이 어려워지자 1907년에 이승훈, 양기탁, 이회영, 안창호 등이 주도하여 비밀 결사 형태로 신민회를 조직하였다.

오답 피하기

① 민립 대학 설립 운동을 전개하였어요.

- 3 · 1운동 이후 1920년대에 식민지 교육의 한계를 극복하고 한국인의 고등 교육을 위해 이상재, 한용운, 이승훈 등 지식인들은 민립 대학 설립 운동을 전개하였다.

② 러시아의 절영도 조차 요구를 저지하였어요.

- 독립 협회는 만민 공동회를 개최하여 러시아의 절영도 조차 요구를 반대하고 군사 교관, 재정 고문, 한러 은행의 철수를 요구하는 결의안을 통과시켰다.

③ 파리 강화 회의에 독립 청원서를 제출하였어요.

- 중국 상하이에서는 신규식, 여운형이 중심이 된 신한청년당이 독립 청원서를 작성하고 김규식을 파리 강화 회의에 파견하였다.

⑤ 국문 연구소를 세워 한글의 문자 체계를 정리하였어요.

- 대한 제국 정부가 설립한 국문 연구소에서 지석영, 주시경 등은 국문을 정리하고 국어의 이해 체계를 확립하고자 하였다.

35 독립 운동가 헐버트 정답 ②

다음 인물의 활동으로 옳은 것은? [3점]

나는 23세 때 육영 공원의 교사로 조선에 와서 학생들을 가르쳤소. 고종의 특사가 되어 만국 평화 회의가 열린 헤이그를 방문하였고, 대한 제국 멸망사를 출간하기도 했소. 나는 한국인의 권리와 자유를 위해 싸워왔으며 한국인에 대한 사랑은 내 인생의 가장 소중한 가치라오. 나는 웨스트민스터 사원보다 한국 땅에 묻히기를 염원하오.

은쌤의 합격노트

다음 인물은 헐버트이다. 1886년에 우리나라 최초의 근대식 공립 교육 기관인 육영 공원이 설립되었고, 정부는 헐버트, 길모어, 벙커 세 사람의 외국인을 초빙하여 강의하게 하였다. 헐버트는 을사조약 직후 고종의 밀서를 들고 워싱턴으로 건너갔으며, 1907년에는 헤이그 특사를 건의하고 현지에서도 적극 지원하였다. 그는 대한민국 정부가 수립된 후 1949년 86세의 나이로 국빈 초대를 받았다. 그러나 도착한 지 일주일 만에 여독을 이기지 못하고 숨을 거두어 양화진 외국인 묘지에 묻혔다.

정답 분석

② 한글로 된 교재인 사민필지를 집필하였다.

- 헐버트는 한글 교과서 "사민필지"를 출간하였고 "아리랑"에 최초로 음계를 붙이는 등 한국의 문화를 높이 평가하였다.

오답 피하기

① 화폐 정리 사업을 주도하였다.

- 일본 재정 고문 메가타는 대한 제국의 금융 시장을 장악하기 위해 화폐 발행권을 빼앗는 등 화폐 정리 사업을 실시하였다(1905).

③ 여성 교육 기관인 이화 학당을 설립하였다.

- 스크랜턴은 1886년에 우리 역사상 최초로 여성 교육 기관인 이화 학당을 세웠다.

④ 친일 인사 스티븐스를 샌프란시스코에서 사살하였다.

- 미국의 샌프란시스코에서 장인환과 전명운이 일제의 한국 침략이 정당하다고 선전하는 외교 고문 스티븐스를 저격하였다(1908).

⑤ 논설 단연보국채를 써서 국채 보상 운동에 적극 참여하였다.

- 황성신문은 1907년 2월 25일 장지연의 쓴 '단연보국채(斷烟報國債)'라는 제목의 논설을 통해 국채 보상을 국민의 의무사항으로 선언했다.

36 독립 협회 정답 ②

(가) 단체의 활동으로 옳은 것은? [2점]

은쌤의 합격노트

(가) 단체는 독립 협회이다. 독립 협회는 전국 곳곳에 설치된 지회를 중심으로 국권, 민권 운동이 확대되는 가운데, 개혁 지향적인 정부 대신들과 학생, 시민이 함께 참석한 관민 공동회(1898.10.)를 개최하였다. 여기서 관민이 협력하여 국정을 운영하자는 헌의 6조가 결의되어 황제의 재가를 받기에 이르렀다.

정답 분석

② 중추원 개편을 통한 의회 설립을 추진하였다.

➊ 독립 협회는 입헌 군주제와 유사한 정치 체제를 지향하였는데, 이를 위해 국정 자문 기관인 중추원이 의회 기능을 일부 수행할 수 있도록 중추원 관제를 개정하려고 하였다.

오답 피하기

① 일제의 황무지 개간권 요구를 저지하였다.

➊ 일본이 러·일 전쟁을 빌미로 황무지 개간권을 요구하자 보안회는 반대 운동을 벌여 이를 저지하였다.

③ 농촌 계몽을 위한 브나로드 운동을 전개하였다.

➊ 동아일보는 1931년부터 네 차례에 걸쳐 브나로드 운동을 전개하였다.

④ 외교 활동을 펼치기 위해 구미 위원부를 설치하였다.

➊ 초기 대한민국 임시 정부는 무엇보다 외교 활동에 주력하였다. 프랑스와 미국에 파리 위원부와 구미 위원부를 두어, 국제 연맹과 워싱턴 회의에 독립을 청원하는 등 외교 활동을 계속하였다.

⑤ 여성의 평등한 권리를 주장하는 여권통문을 발표하였다.

➊ 1898년 북촌의 양반 부인 300여 명이 '여권통문'을 발표하였다. 여성은 남성과 동등한 권리를 갖고 있으며, 경제적 능력을 갖추어야 한다는 내용이었다.

37 1920년대 사회 운동 정답 ①

(가), (나) 사이의 시기에 있었던 사실로 옳은 것은? [2점]

(가) 조선 사회 운동 단체인 정우회는 며칠 전 선언서를 발표하였다. 선언서에서 민족주의적 세력과 과도기적 동맹자적 관계를 구축해야 한다고 밝히고 타협과 항쟁을 분리시켜 사회 운동 본래의 사명을 잊지 말자는 것을 말하였다.

(나) 조선 민족 운동의 중추 기관이 되려는 사명을 띠고 창립되었던 신간회가 비로소 첫 번째 전체 대회를 개최하였다. 그러나 간신히 열리는 전체 대회에서 해소 문제 토의를 최대 의제로 하게 된 것은 조선의 현 상황이 아니고서는 보기 어려운 기현상이다.

은쌤의 합격노트

(가)는 1926년 정우회 선언, (나)는 1931년 전체 대회에서 가결된 신간회 해소안이다.

(가) 비타협적 민족주의자들은 1926년 조선 민흥회를 결성하여 사회주의 세력과 연대를 모색하였다. 두 세력의 연대는 사회주의 계열의 사상 단체인 정우회가 1926년 '정우회 선언'을 하면서 구체화되었다. 마침내 비타협적 민족주의자들과 사회주의자들은 1927년에 신간회를 창립하였다.

(나) 신간회의 새 집행부는 '기회주의자를 배격한다.'라는 처음 강령과 달리 타협론자와 협력하려 하였다. 이에 지방 지회를 중심으로 사회주의자들은 신간회 해소론을 적극 주장하였다. 결국 사회주의자들은 비타협적 민족주의 세력의 반대에도 전체 회의를 통해 신간회의 해소를 결정하였다(1931).

정답 분석

① 광주 학생 항일 운동이 일어났다.

➊ 1929년에 광주 학생 항일 운동이 일어나자 신간회는 현지에 조사단을 파견하고, 진상 보고를 위한 민중 대회를 계획하였다. 그러나 일제가 간부들을 모두 구속하면서 큰 타격을 입었다.

오답 피하기

② 임병찬이 독립 의군부를 조직하였다.

➊ 1912년 대한 독립 의군부는 고종의 밀칙을 받고 임병찬이 조직한 복벽주의 단체로, 일본의 총리대신과 조선 총독에게 국권 반환 요구서를 보내고 전국적인 의병 전쟁을 준비하였다. 이는 (가) 이전의 일이다.

③ 독립군이 봉오동에서 큰 승리를 거두었다.

➊ 1920년 홍범도의 대한 독립군, 안무의 국민회군, 최진동의 군무 도독부군 등의 연합 부대는 일본군을 봉오동으로 유인하여 큰 승리를 거두었다. 이는 (가) 이전의 일이다.

④ 도쿄 유학생들이 2·8 독립 선언서를 발표하였다.

➊ 1919년 일본 도쿄에서도 유학생들이 조선 청년 독립단을 조직하여 일본과 국제 사회에 한국의 독립을 선언하였다(2·8 독립 선언). 이는 (가) 이전의 일이다.

⑤ 조선 민족 전선 연맹 산하에 조선 의용대가 창설되었다.

➊ 1938년 중·일 전쟁 발발 이후 민족 혁명당의 주도로 중국 관내 최초의 한인 무장 부대인 조선 의용대가 조직되었다. 이는 (나) 이후의 일이다.

38 하와이 지역의 독립 운동 정답 ④

밑줄 그은 '이곳'에 해당하는 지역을 지도에서 옳게 고른 것은? [1점]

박용만은 1905년 국외로 떠난 이후 네브라스카주에서 대학을 다니며 독립군 양성 기관인 한인 소년병 학교를 창설하고, 국민개병설을 집필했습니다. 그후 이곳으로 건너와 대조선 국민군단을 조직하여 독립 전쟁을 준비했습니다.

대조선 국민군단이 사용한 건물과 군복을 입은 박용만

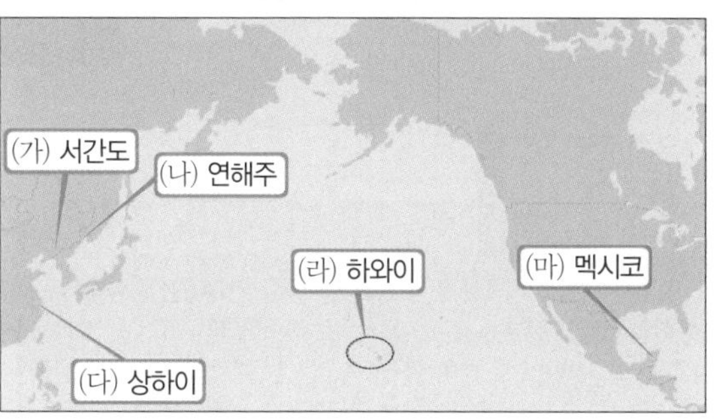

은쌤의 합격노트

밑줄 그은 '이곳'은 하와이다. 미주 지역에서는 장인환, 전명운의 스티븐스 사살을 계기로 여러 독립운동 단체를 통합하려는 움직임이 일어났다. 그 결과 안창호, 박용만 등이 대한인 국민회를 결성하였고(1910), 박용만은 하와이에서 대조선국민군단을 조직하여(1914) 독립군을 양성하였다. 이들은 평소에는 생업에 종사하다가 위급할 때에는 독립운동을 지원하였다. 또 애국단체를 결성하여 독립운동 자금을 모금하였으며 신문과 잡지를 발간하여 민족의식을 고양하였다.

정답 분석

④ (라) 하와이

➤ 대한인국민회 하와이 지방 총회는 연무부를 두어 군사 훈련을 하였는데, 연무부에서 박용만이 대조선 국민군단을 결성하였다(1914).

오답 피하기

① (가) 서간도

➤ 서간도에 신한민촌을 건설하고 경학사라는 항일 독립운동 단체와 신흥 강습소를 세웠졌다.

② (나) 연해주

➤ 연해주에는 한인 집단촌인 신한촌이 건설되고(1911), 한인들의 자치 단체인 권업회가 조직되었다.

③ (다) 상하이

➤ 중국 상하이에 거점을 둔 동제사와 신한 청년당의 활동은 장차 대한민국 임시 정부가 수립될 수 있는 기반을 조성하였다.

⑤ (마) 멕시코

➤ 멕시코 이주민들은 독립군을 양성하기 위해 숭무 학교를 세워 무장 투쟁을 준비하였다.

39 독립 운동가 양세봉과 지청천 정답 ③

(가), (나) 인물에 대한 설명으로 옳은 것은? [3점]

은쌤의 합격노트

(가) 인물은 양세봉, (나) 인물은 지청천이다. 1931년 일제는 만주를 침략하고 이듬해 만주국을 세웠다. 이후 독립군은 중국인 부대와 함께 연합 작전을 전개하였다. 남만주 지역에서는 양세봉이 이끄는 조선 혁명군이 중국 의용군과 연합하여 영릉가 전투, 흥경성 전투에서 일본군을 크게 물리쳤다. 북만주 지역에서는 지청천이 이끄는 한국 독립군이 중국의 항일 무장 세력과 연합하여 쌍성보 전투, 사도하자 전투, 대전자령 전투 등에서 일본군을 격파하는 큰 전과를 올렸다. 이후 1940년 대한민국 임시 정부의 정규군으로 창설된 한국광복군은 지청천을 사령관으로 하였다.

정답 분석

③ (나) - 대전자령 전투에서 일본군에 대승을 거두었다.

➤ 한국 독립군 총사령관인 지청천은 중국 호로군과 연합하여 쌍성보 전투, 대전자령 전투 등에서 일본군을 상대로 대승을 거두었다.

오답 피하기

① (가) - 조선 혁명 간부 학교를 설립하였다.

➤ 김원봉의 의열단은 1930년대 전반기에 중국 국민당의 지원을 받아 조선 혁명 간부 학교를 세워 군사 훈련에 힘썼다.

② (가) - 대한 광복회를 조직하여 친일파를 처단하였다.

➤ 1915년에 박상진을 총사령으로 하여 결성된 대한 광복회는 군대식 조직을 갖추고, 공화 정부 수립을 목표로 활동하였다.

④ (나) - 중광단을 중심으로 북로 군정서를 조직하였다.

➤ 서일 등 대종교 간부들은 항일 독립운동 단체인 중광단을 조직하였고 후에 북로 군정서로 개편하였다.

⑤ (가), (나) - 황푸 군관 학교에 입학하여 군사 훈련을 받았다.

➤ 1920년대 후반 들어 의열단은 개인적 폭력 투쟁에 한계를 느껴 독립 전쟁을 위한 간부 조직에 착수하였다. 중국이 지휘관을 양성하고자 설립하였던 황푸 군관 학교에 김원봉을 비롯한 단원들이 입교하여 군사 교육과 간부 훈련을 받았다.

40 일제 식민 통치 3기(1930~40년대) 정답 ④

밑줄 그은 '시기'의 일제 정책으로 옳은 것은? [1점]

부평 공원 내에 있는 이 동상은 일제의 무기 공장인 조병창 등에 강제 동원된 노동자의 모습을 형상화한 작품입니다. 중일 전쟁 이후 침략 전쟁을 확대하던 시기에 일제는 한국인을 탄광, 군수 공장 등으로 끌고 가 열악한 환경에서 혹사시켰습니다.

은쌤의 합격노트

밑줄 그은 '시기'는 일제가 1930년대 민족 말살 정책을 시행하던 때이다. 일제는 1931년 만주 사변에 이어, 1937년 중 · 일 전쟁을 일으켜 중국을 침략하였으며, 1941년에는 아시아 · 태평양 전쟁을 일으켰다. 일제는 중 · 일 전쟁 이후 1938년 국가 총동원법을 제정하여 전쟁에 필요한 인적 · 물적 자원을 수탈하였다. 1930년대 초부터 젊은 여성들을 '일본군 위안부'로 끌어가 성 노예로 삼았으며, 지원병이라는 이름으로 한국 청년들을 군대에 끌고 갔다. 또한 전쟁 준비에 필요한 노동력을 수탈하고자 국민 징용령을 실시하여(1939) 광산이나 공장, 비행장 등의 전쟁 시설을 세우는 데 한국인을 동원하였다.

정답 분석

④ 식량 배급 및 미곡 공출제를 시행하였다.
➋ 중 · 일 전쟁 이후 전시 체제로 들어간 일제는 1940년 미곡의 시장 유통을 금지하고 식량 배급 제도와 미곡 공출 제도를 시행하였다.

오답 피하기

① 치안 유지법을 공포하였다.
➋ 1925년 일제는 사회주의 확산을 저지하기 위해 조선에서도 치안 유지법을 시행한다고 발표하였다. 이후 수많은 사회주의자가 치안 유지법으로 구속되었다.

② 토지 조사령을 제정하였다.
➋ 조선 총독부는 1910년 임시 토지 조사국을 설치하고, 1912년 토지 조사령을 공포하여 본격적으로 토지 조사 사업을 시행하였다.

③ 헌병 경찰 제도를 실시하였다.
➋ 1910년대에 일제는 헌병 경찰 제도를 시행하였는데, 이는 군대의 경찰인 헌병이 경찰을 지휘하고 경찰 업무까지 담당하는 제도였다.

⑤ 보통학교의 수업 연한을 4년으로 정하였다.
➋ 1911년 조선 총독부는 한국인과 일본인의 차별 교육을 정당화하는 제1차 조선 교육령을 발표하였다. 이에 따라 보통학교의 수업 연한은 일본보다 짧은 4년으로 하였다.

41 대한민국 임시 정부 정답 ⑤

(가) 정부에 대한 설명으로 옳은 것은? [2점]

이것은 (가) 요인들의 가족이 중심이 되어 조직한 한국 혁명 여성 동맹의 창립 기념 사진입니다. 이 단체는 충칭에서 대일 선전 성명서를 발표한 (가) 의 독립운동을 지원하고 교육 활동 등에 주력하였습니다.

은쌤의 합격노트

(가) 정부는 충칭 시기 대한민국 임시 정부이다. 1940년에 충칭으로 이동한 대한민국 임시 정부는 김구를 주석으로 선출하였다. 그리고 1940년 9월에 지청천을 사령관으로 하여 한국광복군을 창설하였다. 1943년 한국광복군은 영국군의 요청에 따라 미얀마 · 인도 전선에 공작대를 파견하여 포로 심문, 정보 수집, 선전 활동 등을 담당하였다. 이후 1945년 8월 미국의 전략 정보국(OSS)과 함께 국내 진공 작전을 추진하였으나, 일제가 항복하는 바람에 계획을 실행에 옮기지 못하였다.

정답 분석

⑤ 삼균주의를 기초로 한 건국 강령을 선포하였다.
➋ 1941년 대한민국 임시 정부는 조소앙의 삼균주의에 입각한 대한민국 건국 강령을 발표하였다. 건국 강령은 대한민국 임시 정부가 제시한 신국가 건설 계획으로, 보통 선거를 통한 민주 공화국 건설, 토지 개혁, 주요 산업 국유화, 남녀평등, 의무 교육 제도의 실시 등의 주장을 담고 있었다.

오답 피하기

① 좌우 합작 7원칙을 발표하였다.
➋ 1946년 7월에 김규식과 여운형의 주도로 좌우 합작 위원회가 구성되고, 10월에 좌우합작 7원칙이 발표되면서 좌우 합작 운동은 활기를 띠게 되었다.

② 한인 자치 기관인 경학사를 조직하였다.
➋ 1911년 신민회의 이회영, 이상룡 등은 서간도 삼원보에서 경학사를 조직하였다.

③ 조선 혁명 선언을 활동 지침으로 삼았다.
➋ 1923년 김원봉의 요청으로 신채호가 작성한 '조선 혁명 선언'에는 민중 직접 혁명론이라는 의열단의 노선이 잘 제시되어 있다.

④ 한글 맞춤법 통일안과 표준어를 제정하였다.
➋ 조선어 학회는 "우리말 큰 사전" 편찬을 민족적 대사업의 당면 과제로 삼았다. 이를 위한 준비 작업으로 1933년 한글 맞춤법 통일안을 제정하였다.

42 제주 4 · 3 사건 정답 ③

(가) 사건에 대한 설명으로 옳은 것은? [2점]

기념관에 있는 이 비석은 왜 아무 글자도 새겨져 있지 않은 걸까?

(가) 의 역사적 평가가 아직 마무리되지 못했음을 상징하는 거래. 제주도에서 일어난 (가) 은/는 남한만의 단독 선거를 반대하는 무장대와 이를 진압하는 토벌대 간의 무력 충돌이 있었고, 그 뒤 진압 과정에서 수많은 사람이 희생된 사건이야.

은쌤의 합격 노트

(가) 사건은 제주 4 · 3 사건이다. 제주도에서는 1947년 경찰의 3 · 1절 기념 대회 발포 사건을 계기로 무장 봉기가 일어났다. 단독 정부 수립 반대의 분위기가 고조된 1948년 4월 무장 봉기가 확산되어 좌익을 중심으로 한 무장 유격대는 미군 철수, 단독 정부 수립 반대를 주장하며 경찰, 군인 및 우익 청년 단체와 맞섰다(제주 4 · 3 사건). 이 과정에서 많은 제주도민이 희생되었고, 제주도 3개 선거구 가운데 두 곳에서는 선거를 치르지 못하였다.

정답 분석

③ 희생자들의 명예 회복을 위한 특별법이 제정되었다.

➡ 2000년에 「제주 4 · 3 사건 진상 규명 및 희생자 명예 회복에 관한 특별법」이 제정되어 정부 차원의 진상 조사가 진행되었으며, 2003년에는 정부가 국가 권력에 의한 대규모 희생이 있었음을 밝힌 「제주 4 · 3 사건 진상 보고서」를 발간하였다. 그해 10월 노무현 대통령은 국가 권력의 과오를 인정하고, 제주도민과 피해자들에게 공식적으로 사과하였다.

오답 피하기

① 유신 헌법의 철폐를 요구하였다.

➡ 재야인사, 학생 등을 중심으로 한 민주 세력은 유신 헌법 철폐를 위해 100만인 헌법 개정 청원 운동(1973), 3 · 1 민주 구국 선언(1976) 등 줄기차게 민주화 운동을 전개하였다.

② 통일 주체 국민 회의가 설치되는 결과를 가져왔다.

➡ 1972년 박정희 정부가 만든 유신 헌법은 대통령 임기를 6년으로 늘렸고 출마 횟수에 제한을 없앴다. 선출 방법도 국민의 직접 선거가 아니라 통일 주체 국민 회의에서 뽑도록 바꾸었다.

④ 4 · 13 호헌 철폐와 독재 타도 등의 구호를 내세웠다.

➡ 1987년 전두환 정부는 국민들의 요구를 거스르고 기존 헌법을 고수하겠다는 4 · 13 호헌 조치를 발표하였다.

⑤ 귀속 재산 처리를 위한 신한 공사 설립의 계기가 되었다.

➡ 1946년 미군정은 동양 척식 주식회사와 일본인이 남기고 간 귀속 재산을 접수하고 관리하기 위해 신한 공사를 설립하였다.

43 6 · 25 전쟁 정답 ⑤

(가) 전쟁 중 있었던 사실로 옳은 것은? [1점]

국민 보도 연맹 사건은 우리 현대사의 커다란 비극입니다. 좌우 대립의 혼란 속에서 수많은 사람들이 국민 보도 연맹에 가입되었고, (가) 의 와중에 영문도 모른 채 끌려 가 죽임을 당했습니다. 그리고 그 유가족들은 연좌제의 굴레에서 고통받으며 억울하다는 말 한마디 못한 채 수십 년을 지내야만 했습니다. 저는 대통령으로서 국가를 대표해서 당시 국가 권력이 저지른 불법 행위에 대해 진심으로 사과드립니다.

– 「울산 국민 보도 연맹 사건 희생자 추모식에 보내는 편지」 –

은쌤의 합격 노트

(가) 전쟁은 6 · 25 전쟁이다. 국민 보도 연맹은 1949년 좌익 운동을 하다 전향한 사람들로 조직한 반공 단체이다. 1949년 말에는 민간인으로까지 확대되어 가입자가 30만 명에 달하였다. 6 · 25 전쟁 직후 보도 연맹원들이 북한에 협조할 수 있다는 이유로 정부는 보도 연맹원을 무차별적으로 집단 학살하였다. 이때 희생된 사람들은 전국적으로 최소 10만 명이 넘을 것으로 추정된다.

정답 분석

⑤ 인천 상륙 작전이 전개되었다.

➡ 6 · 25 전쟁 당시 국군과 유엔군은 낙동강 전선에서 격렬한 전투 끝에 북한군의 남하를 저지하였다. 1950년 9월 15일에는 인천 상륙 작전을 실행하여 전세를 역전하여 서울을 수복하였다.

오답 피하기

① 6 · 3 시위가 발생하였다.

➡ 1964년 박정희 정부가 일본 정부의 사과와 배상 없이 국교를 정상화하려 한다는 사실이 알려졌다. 대학생과 시민들은 굴욕적인 대일 외교라고 반발하였고 박정희 정부의 퇴진을 요구하는 6 · 3 시위를 전개하였다.

② 애치슨 선언이 발표되었다.

➡ 1950년 1월 미국은 한반도와 타이완을 미국의 태평양 방위선에서 제외한다는 내용이 담긴 애치슨 선언을 발표하였다. 북한은 이러한 정세를 이용하여 6 · 25 전쟁 준비에 박차를 가하였다.

③ 브라운 각서가 체결되었다.

➡ 1966년 박정희 정부는 미국과 브라운 각서를 교환하였다. 각서에 따라 미국은 한국군의 현대화를 지원하였으며, 베트남에 주둔한 한국군의 보급 물자와 장비를 한국에서 구매하도록 하였다.

④ 부마 민주 항쟁이 일어났다.

➡ 1979년 박정희 정부의 유신 체제에 대한 국민의 불만이 폭발하면서 부산과 마산에서는 대규모 반정부 시위가 격렬하게 전개되었다(부마 민주 항쟁).

44 장면 내각(제3차 개헌 이후) 정답 ③

밑줄 그은 '개헌안'이 발표된 이후의 사실로 옳은 것은? [3점]

은쌤의 합격노트

밑줄 그은 '개헌안'은 1960년 4 · 19 혁명 직후에 이루어진 제3차 개헌이다. 이승만 정부가 붕괴된 후 곧바로 내각 책임제와 국회 양원제를 근간으로 한 개헌이 이루어졌다(1960). 이에 따라 실시된 선거에서는 예상대로 야당이었던 민주당이 승리하여 장면 정부가 출범하였다(제2공화국).

정답 분석

③ 국회가 민의원과 참의원의 양원제로 운영되었다.

- 1960년 이승만이 대통령직을 사퇴한 뒤, 허정은 과도 정부를 구성하여 부정 선거를 주도한 각료와 자유당 간부를 구속하였다. 국회는 헌법을 개정하여 내각 책임제와 국회 양원제를 채택하였다. 이 헌법에 따라 민의원과 참의원을 선출하는 총선거가 실시되어 장면이 이끄는 민주당이 집권하였다.

오답 피하기

① 반민족 행위 처벌법이 제정되었다.

- 1948년 제헌 국회는 국민의 여망에 따라 반민족 행위 처벌법을 제정하고, 반민족 행위 특별 조사 위원회(반민특위)를 설치하였다.

② 제2차 미소 공동 위원회가 결렬되었다.

- 1947년 좌우 합작 운동이 진행되는 중에 제2차 미 · 소 공동 위원회가 개최되었으나, 양측의 의견을 좁히지 못한 채 막을 내렸다.

④ 평화 통일론을 주장한 진보당의 조봉암이 구속되었다.

- 1958년 이승만 정부는 대통령 후보였던 조봉암이 예상보다 많이 득표하자, 간첩죄와 국가보안법 위반 등을 내세워 평화 통일론을 주장한 조봉암을 비롯한 진보당 간부들을 탄압하였다(진보당 사건).

⑤ 유상 매수, 유상 분배 원칙의 농지 개혁법이 제정되었다.

- 1948년 대한민국 정부가 수립되자 본격적인 농지 개혁이 진행되어 1949년에 농지 개혁법을 제정하고, 이듬해 3월에 이를 개정하여 시행하였다.

45 박정희 정부 정답 ⑤

다음 정부 시기에 볼 수 있는 모습으로 가장 적절한 것은? [2점]

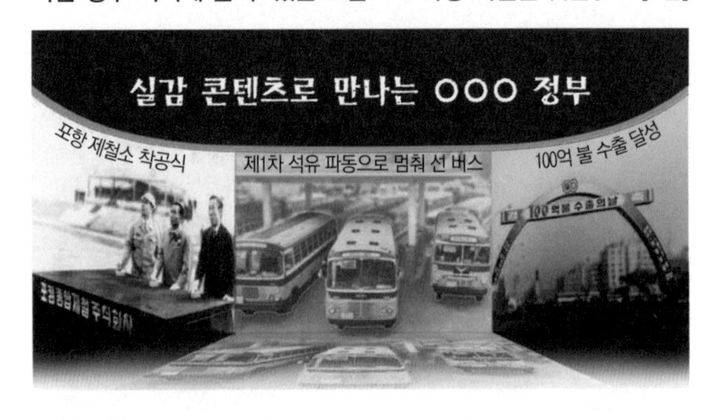

은쌤의 합격노트

다음 정부 시기는 박정희 정부 시기이다. 1970년대 포항 제철의 준공으로 산업의 기초가 되는 철강이 대량 생산되어 석유 화학, 조선, 자동차 등 중화학 공업이 비약적으로 발전할 수 있었다. 1973년에 발생한 제1차 석유 파동은 중동 건설 사업에 진출하여 오일 달러를 벌어들여 극복할 수 있었다. 1977년에는 수출액이 100억 달러를 넘어섰고 연평균 8.9%에 달하는 경제 성장을 이루었다.

정답 분석

⑤ 정부의 도시 정책에 반발해 시위를 하는 광주 대단지 이주민

- 1971년 박정희 정부 시기에 경기도 광주 대단지(현재 성남시) 주민 5만여 명이 정부의 무계획적인 도시 정책에 반발하여 빈민 폭동 사건을 일으켰다.

오답 피하기

① 최저 임금법 제정으로 최저 임금을 심의하는 위원

- 1986년 전두환 정부는 국가가 임금의 최저기준을 정하여 사용자에게 이를 강제하는 법인 최저 임금법을 제정하였다.

② 금융 실명제에 따라 신분증 제시를 요구하는 은행원

- 1993년 김영삼 정부는 탈세와 부정부패를 차단하기 위한 금융 실명제를 실시하였다.

③ 한 · 칠레 자유 무역 협정(FTA)의 비준을 보도하는 기자

- 2004년 노무현 정부는 한 · 칠레 자유 무역 협정(FTA)을 체결하였다.

④ 전국 민주 노동조합 총연맹 창립 대회에 참가하는 노동자

- 1995년 김영삼 정부 시기에 전국 민주 노동조합 총연맹(민주 노총)이 결성되어 기존의 한국 노동조합 총연맹(한국 노총)과 함께 양대 노총 체제를 형성하고 노동 운동을 전개하였다.

46 5 · 18 민주화 운동 정답 ④

(가) 민주화 운동에 대한 설명으로 옳은 것은? [1점]

이 곳은 (가) 기념식에서 제창하는 노래입니다. (가) 당시 계엄군에 맞서 시민군으로 활동하다 희생된 윤상원과 광주에서 야학을 운영하다 사망한 박기순의 영혼 결혼식에 헌정된 노래입니다. 여러 나라에서 민주화를 염원하는 사람들이 이 곡을 함께 부르고 있습니다.

은쌤의 합격노트

(가) 민주화 운동은 광주 5 · 18 민주화 운동이다. 광주의 시민과 대학생들은 1980년 5월 18일부터 신군부의 민주화 운동 탄압에 맞섰다. 신군부는 계엄군을 광주에 투입하여 학생과 시민들에게 무자비한 폭력을 자행하였다. 계엄군의 만행에 분노한 광주 시민들은 거리로 쏟아져 나왔으며, 시위는 더욱 격화되었다. 시민들은 신군부 세력의 폭력에 맞서 경찰서 등에 있는 소총으로 무장하였으며, 시민군을 조직하고 계엄군과 교전하였다. 계엄군은 한때 광주에서 후퇴하였지만, 오래지 않아 대규모 병력을 동원하여 시민군을 무력 진압하였다.

정답 분석

④ 신군부의 비상계엄 확대와 무력 진압에 저항하였다.
- 광주 지역 대학생들은 1980년 5월 18일에도 비상계엄 해제와 민주 헌정 체제의 회복 등을 요구하는 시위를 계속하자 신군부는 계엄군을 투입하여 학생과 시민을 무차별 폭행하고, 총격을 가하였다.

오답 피하기

① 시위 도중 대학생 이한열이 희생되었다.
- 1987년 6월 민주화 시위를 벌이던 이한열이 최루탄에 맞아 중태에 빠지는 사건이 일어났다. 이 사건은 다음날 열린 박종철군 고문 치사 조작, 은폐 규탄 및 호헌 철폐 국민 대회로 이어져 6월 민주 항쟁을 이끌었다.

② 경무대로 향하던 시위대가 경찰의 총격을 받았다.
- 1960년 4월 19일 학생과 시민들이 이승만 대통령과 면담을 요구하며 경무대로 향하자, 경찰이 무차별 총격을 가하여 많은 희생자가 발생했다(4 · 19 혁명).

③ 박종철 고문 치사 사건의 진상 규명을 요구하였다.
- 전두환 정부가 1987년 1월 서울대학교 학생 박종철이 경찰의 고문을 받다 사망한 사건을 은폐하고, 4 · 13 호헌 조치를 발표하자 6월 민주 항쟁으로 이어졌다.

⑤ 3 · 1 민주 구국 선언을 통해 긴급 조치 철폐 등을 주장하였다.
- 1976년 함석헌, 김대중, 윤보선 등의 인사들이 박정희 정부의 유신 체제와 경제 발전 논리를 정면으로 비판하는 3 · 1 민주 구국 선언을 발표하였다.

47 대한민국 정부의 통일 정책 정답 ③

(가), (나) 사이의 시기에 있었던 사실로 옳은 것은? [2점]

(가) 2. 남과 북은 나라의 통일을 위한 남측의 연합제 안과 북측의 낮은 단계의 연방제 안이 서로 공통성이 있다고 인정하고, 앞으로 이 방향에서 통일을 지향시켜 나가기로 하였다.
－「6 · 15 남북 공동 선언」－

(나) 4. 남과 북은 현 정전 체제를 종식시키고 항구적인 평화 체제를 구축해 나가야 한다는 데 인식을 같이하고 직접 관련된 3자 또는 4자 정상들이 한반도 지역에서 만나 종전을 선언하는 문제를 추진하기 위해 협력해 나가기로 하였다.
－「10 · 4 남북 정상 선언」－

은쌤의 합격노트

(가)는 김대중 정부의 6 · 15 남북 공동 선언이다. (나)는 노무현 정부의 10 · 4 남북 정상 선언이다.

(가) 2000년 6월, 분단 이후 최초로 김대중 대통령과 김정일 국방 위원장이 평양에서 정상 회담을 하였다. 정상 회담 결과 통일 문제와 남북 관계의 기본 방향을 담은 6 · 15 남북 공동 선언이 발표되었다.

(나) 2007년 노무현 정부는 제2차 남북 정상 회담을 열어 '남북 관계 발전과 평화 번영을 위한 선언(10 · 4 남북 공동 선언)'을 발표하였다.

정답 분석

③ 개성 공업 지구 건설이 착공되었다.
- 노무현 정부는 북한의 경제난 해소에 도움을 주면서 금강산 육로 관광과 개성 공단 운영을 본격화하였다.

오답 피하기

① 남북 조절 위원회가 구성되었다.
- 1972년 7 · 4 남북 공동 성명을 통해 남북은 자주, 평화, 민족 대단결의 통일 3원칙을 천명하였고, 남북 조절 위원회가 설치되어 실무 회담이 개최되었다.

② 7 · 4 남북 공동 성명이 발표되었다.
- 1972년 정권 유지에 위기감을 느낀 박정희 정부는 서울과 평양에서 동시에 7 · 4 남북 공동 성명을 발표하였다.

④ 남북한 비핵화 공동 선언이 채택되었다.
- 노태우 정부가 체결한 남북 기본 합의서는 1992년 남과 북의 비핵화 공동 선언으로 이어졌다.

⑤ 남북 이산가족 고향 방문단의 교환 방문이 최초로 성사되었다.
- 1985년 전두환 정부는 이산가족 고향 방문과 예술 공연단 교환이 최초로 실현하였으나 일회성 행사로 그치고 말았다.

48 의궤 정답 ⑤

(가) 문화유산에 대한 설명으로 옳은 것을 〈보기〉에서 고른 것은? [2점]

저는 지금 파리에서 열린 한지 공예 특별전에 나와 있습니다. 이 작품은 영조와 정순 왕후의 혼례식 행렬을 1,100여 점의 닥종이 인형으로 재현한 것입니다. 조선 시대 왕실이나 국가의 큰 행사가 있을 때 일체의 관련 사실을 글과 그림으로 기록한 책인 (가) 을/를 바탕으로 제작되었습니다.

〈보 기〉

ㄱ. 사초와 시정기를 바탕으로 편찬되었다.
ㄴ. 연대순으로 기록하는 편년체로 구성되었다.
ㄷ. 왕의 열람을 위한 어람용이 따로 제작되었다.
ㄹ. 병인양요 당시 일부가 프랑스군에게 약탈되었다.

은쌤의 합격노트

(가) 문화유산은 의궤이다. 의궤는 조선 시대에 왕실이나 국가에 큰 행사가 있을 때 후세에 참고할 수 있도록 일체의 관련 사실을 그림과 문자로 정리한 책이다. 병인양요 당시 프랑스군이 외규장각의 도서를 약탈하였다는 사실은 1970년대까지만 하더라도 잘 알려지지 않았다. 그러다가 1975년 프랑스 국립 도서관에서 근무하고 있던 박병선 박사가 창고에 방치되어 있던 외규장각 도서를 발견하면서 이 사실이 국내에 알려졌다. 1993년에 프랑스 대통령 미테랑이 외규장각 도서의 반환을 약속한 후로 2011년 5월 27일 프랑스 국립 도서관에 소장되어 있던 외규장각 도서 297책에 대한 임대 형식의 반환이 완료되었다.

정답 분석

ㄷ. 왕의 열람을 위한 어람용이 따로 제작되었다.
- 프랑스가 약탈해 간 의궤는 왕이 직접 보는 '어람용 의궤'로 특급 종이로 만든 것이었다.

ㄹ. 병인양요 당시 일부가 프랑스군에게 약탈되었다.
- 병인양요 때 약탈당한 외규장각 의궤는 1975년 프랑스 국립 도서관 별관에서 발견되었다.

오답 피하기

ㄱ. 사초와 시정기를 바탕으로 편찬되었다.
- 조선왕조실록은 전왕의 통치 기록인 사초, 시정기, 승정원 일기 등을 모두 합하여 편찬하였다.

ㄴ. 연대순으로 기록하는 편년체로 구성되었다.
- 조선왕조실록은 조선 시대 왕들의 재위 기간 동안 일어난 일을 연, 월, 일 순서에 따라 기록하는 편년체로 구성되었다.

[49~50] 다음 자료를 읽고 물음에 답하시오.

(가) 처음으로 독서삼품을 정하여 관리를 선발하였다. 춘추좌씨전, 예기, 문선을 읽고 그 뜻에 능통하면서 아울러 논어와 효경에 밝은 자를 상품(上品)으로, 곡례와 논어, 효경을 읽은 자를 중품(中品)으로, 곡례와 효경을 읽은 자를 하품(下品)으로 하였다.

(나) 쌍기가 의견을 올리니 처음으로 ㉠이 제도를 마련하여 시행하였다. 시 · 부 · 송 및 시무책으로 시험하여 진사를 뽑았으며, 겸하여 명경업 · 의업 · 복업 등도 뽑았다.

(다) 조광조가 아뢰기를, "중앙에서는 홍문관 · 육경 · 대간, 지방에서는 감사와 수령이 천거한 사람들을 대궐에 모아 시험을 치르면 많은 인재를 얻을 수 있을 것입니다. ㉡이 제도는 한(漢)에서 시행한 현량방정과의 뜻을 이은 것입니다."라고 하였다.

(라) 제4조 의정부 및 각 부 판임관을 임명할 시에는 각기 관하 학도 및 외국 유학생 졸업자 중에서 시험을 거쳐 해당 주무 장관이 전권으로 임명한다. 단, 졸업자가 없을 시에는 문필과 산술이 있고 시무에 통달한 자로 시험을 거쳐서 임명한다.

49 우리나라 역사 속 관리 선발 제도 정답 ③

(가)~(라)를 활용한 탐구 활동으로 적절한 것을 〈보기〉에서 고른 것은? [2점]

〈보 기〉

ㄱ. (가) – 최승로의 시무 28조를 받아들여 달라진 제도를 살펴본다.
ㄴ. (나) – 광종이 왕권 강화를 위해 추진한 정책에 대해 알아본다.
ㄷ. (다) – 중종 때 사림파 언관들이 제기한 주장을 조사해 본다.
ㄹ. (라) – 임술 농민 봉기를 수습하기 위한 정부의 대책을 파악한다.

은쌤의 합격 노트

(가)는 통일 신라 원성왕이 시행한 독서삼품과, (나)는 고려 광종이 시행한 과거 제도, (다)는 조선 중종이 시행한 현량과, (라)는 근대 개항기 고종이 시행한 중앙정부관리 임용 제도이다.

(가) 통일 신라 원성왕은 독서삼품과를 마련하여 유교 경전의 이해 수준을 시험함으로써 관리를 채용하고자 하였다. 이 제도는 골품제 때문에 제 기능을 발휘하지 못했지만 유학을 보급하는 데 기여하였다.

(나) 고려 광종은 과거제를 시행하였다. 이를 통해 유학을 익힌 신진 인사를 등용함으로써 호족의 전횡을 막고 왕에게 충성할 수 있는 새로운 세력을 키우려고 하였다.

(다) 조선 중종 대에 시행된 현량과는 전국 각지에서 유능한 선비를 천거하여 관리로 등용하는 제도이다. 천거된 인물들의 성품이나 재능, 학식, 행실과 행적 등을 기록하여 의정부에 보고하면 왕이 참석한 가운데 시정에 대한 대책을 구술로 시험하여 관리로 선발하였다. 이 제도는 사림이 관직에 진출하는 데 도움을 주었다.

(라) 조선 고종은 1차 갑오개혁 때 과거 제도를 폐지하고 새로 만든 중앙정부관리 임용제도인 선거 조례이다. 이 조례는 1894년 7월 12일 군국기무처에서 전고국조례와 함께 의안으로 제출하였으며, 조문은 전체 4개조로 되어 있다. 각부아문대신에게 그 부서의 주임관과 판임관 임용권을 주고 출신 지방과 신분 차이를 배제하고 능력에 따른 인재 등용을 목표로 한 것이다.

정답 분석

ㄴ. (나) - 광종이 왕권 강화를 위해 추진한 정책에 대해 알아본다.

➋ 고려 초기 광종은 중국 후주에서 귀화한 쌍기의 건의에 따라 과거제를 실시하였다. 과거제는 개인의 능력을 중시하여 유교 경전과 문장 능력을 시험 보아 관리를 뽑는 제도였다.

ㄷ. (다) - 중종 때 사림파 언관들이 제기한 주장을 조사해 본다.

➋ 조선 중기 중종 때 조광조는 사림의 여론을 앞세워 급진적 개혁을 추진하였다. 현량과를 실시하여 많은 사림을 3사 언관직에 등용해 경연과 언론을 활성화하였다.

오답 피하기

ㄱ. (가) - 최승로의 시무 28조를 받아들여 달라진 제도를 살펴본다.

➋ 고려 초기 성종 때 최승로는 유교를 치국의 도로 삼아 고려가 지향할 방향을 제시한 '시무 28조'를 왕에게 올렸다. 성종은 이를 받아들여 유교 정치 이념에 따라 통치 체제를 정비하였다.

ㄹ. (라) - 임술 농민 봉기를 수습하기 위한 정부의 대책을 파악한다.

➋ 조선 후기 철종 때 임술 농민 봉기의 원인이 되었던 삼정의 문란을 바로잡기 위해 삼정이정청을 설치하였다.

50 과거제와 현량과 정답 ②

밑줄 그은 ㉠, ㉡에 대한 설명으로 옳은 것은? [3점]

은쌤의 합격 노트

밑줄 그은 ㉠은 고려 초기 광종이 시행한 과거 제도, ㉡은 조선 중기 중종이 시행한 현량과이다.

정답 분석

② ㉠ - 지공거와 합격자 사이에 좌주와 문생 관계가 형성되었다.

➋ 고려 시대 과거를 주관하는 정 · 부시험관은 각각 지공거, 동지공거라고 불렸다. 당년에 급제한 자들은 지공거, 동지공거를 '좌주'라고 부르며, 그 좌주의 '문생'이 되었다. 좌주와 문생 간의 관계는 마치 부자와 같았으며, 일생 동안 지속되었다.

오답 피하기

① ㉠ - 역분전이 제정되는 결과를 가져왔다.

➋ 태조는 후삼국을 통일하는 과정에서 공을 세운 사람들에게 역분전을 지급하였다.

③ ㉡ - 제술과, 명경과, 잡과, 승과로 구성되었다.

➋ 고려 시대 과거 시험은 문관을 선발하는 제술과와 명경과, 기술관을 뽑는 잡과가 있었다. 무과는 거의 실시되지 않았다. 한편, 승과도 실시되어 합격한 승려에게는 승계를 부여하였다.

④ ㉡ - 성균관에서 보는 관시, 한성부에서 보는 한성시, 각 지방에서 보는 향시로 나뉘었다.

➋ 조선 시대 과거 시험은 성균관 유생만이 볼 수 있는 문과인 관시, 한성부에서 실시하던 과거 한성시, 각 도에서 실시하던 향시 등이 있었다.

⑤ ㉠, ㉡ - 홍범 14조 반포를 계기로 시행되었다.

➋ 1894년 12월 고종의 홍범 14조는 조선의 자주독립을 선포하고 근대 국가로 발전하는 과정에서 의미 있는 개혁의 방향을 담고 있었다.

제61회 한국사능력검정시험 정답 및 해설

정 답

번호	정답	번호	정답
01	④	26	③
02	①	27	③
03	⑤	28	②
04	①	29	②
05	①	30	②
06	⑤	31	①
07	②	32	②
08	④	33	④
09	①	34	①
10	①	35	⑤
11	②	36	⑤
12	③	37	④
13	③	38	②
14	③	39	③
15	③	40	⑤
16	②	41	③
17	④	42	③
18	⑤	43	④
19	②	44	④
20	⑤	45	④
21	④	46	①
22	⑤	47	⑤
23	②	48	⑤
24	④	49	②
25	③	50	③

01 신석기 시대 정답 ④

(가) 시대의 생활 모습으로 옳은 것은? [1점]

강원도 양양군 오산리에서 (가) 시대 마을 유적이 발굴되었습니다. 약 8천 년 전에 형성된 집터에서는 (가) 시대를 대표하는 유물인 빗살무늬 토기와 덧무늬 토기를 비롯하여 이음낚시, 그물추 등이 출토되었습니다.

은쌤의 합격노트

(가) 시대는 신석기 시대이다. 기원전 8000년 무렵 자연환경과 기후 조건이 오늘날과 거의 비슷하게 변하고 신석기 시대가 시작되었다. 신석기 시대 사람들은 토기를 만들어 음식물을 조리하거나 저장하였다. 우리나라 신석기 시대의 대표적인 토기인 빗살무늬 토기는 밑이 뾰족하여 강가의 모래나 흙에 고정할 수 있었다. 이보다 앞선 시기의 토기로는 이른 민무늬 토기, 덧무늬 토기, 눌러찍기무늬 토기 등이 있다.

정답 분석

④ 농경과 목축을 통하여 식량을 생산하였다.
- 신석기 시대에는 인류가 농경과 목축을 시작하여 스스로 식량을 생산하는 단계에 이르렀다(신석기 혁명).

오답 피하기

① 주로 동굴이나 막집에 거주하였다.
- 구석기인들은 식량을 찾아다니며 주로 동굴이나 막집, 바위그늘에서 거주하였다.

② 고인돌, 돌널무덤 등을 축조하였다.
- 청동기 시대를 대표하는 유적은 지배층의 무덤인 돌널무덤과 고인돌이다.

③ 명도전을 이용하여 중국과 교역하였다.
- 초기 철기 시대에 사용된 철기와 함께 출토되는 명도전, 반량전 등을 통해 당시 중국과 활발하게 교류했다는 사실을 알 수 있다.

⑤ 비파형 동검과 거친무늬 거울 등을 제작하였다.
- 청동기 시대에 청동기는 주로 무기나 의식용 도구로 사용되었으며, 대표적인 유물로는 비파형 동검과 거친무늬 거울 등이 있다.

02 삼한 정답 ①

(가) 나라에 대한 설명으로 옳은 것은? [1점]

은쌤의 합격노트

(가) 나라는 삼한이다. 한반도 중 · 남부 지역에서 마한, 진한, 변한이 성립되었고 이들은 삼한이라는 연맹체로 성장하였다. 마한은 54개의 소국으로 이루어졌고, 진한과 변한은 각각 12개의 소국으로 구성되었다. 삼한은 씨를 뿌린 5월에는 수릿날, 추수를 마친 10월에는 계절제를 열어 하늘에 제사 지냈다. 삼한에서는 신지, 읍차 등으로 불리는 군장 세력이 성장하였고, 종교적 지배자로는 천군이 있었다.

정답 분석

① 신성 지역인 소도가 존재하였다.

➲ 삼한의 천군은 하늘에 대한 제사를 주관하였고, 신성 구역인 소도를 다스렸다. 소도에는 정치적 군장의 세력이 미치지 못하였고 이 지역에 범죄자가 들어가도 잡아갈 수 없었다.

오답 피하기

② 연의 장수 진개의 공격을 받았다.

➲ 고조선은 기원전 281년 무렵 연나라와 대립하다가 연의 장수 진개의 공격을 받고 서쪽 땅 2,000리 정도를 상실하였다. 이로 인해 고조선의 중심지가 요동에서 평양 지역으로 이동하게 되었다.

③ 혼인 풍습으로 민며느리제가 있었다.

➲ 옥저의 혼인 풍습으로는 민며느리제가 있었다. 이 풍습은 며느리가 될 여자아이를 남자 집에서 데려다 키운 후, 성인이 되면 남자 쪽에서 여자 쪽에 예물을 건네주고 결혼하는 것이다.

④ 여러 가(加)들이 별도로 사출도를 주관하였다.

➲ 부여는 왕이 중앙만 다스리고 마가 · 우가 · 저가 · 구가 등 제가들이 사출도를 나누어 다스렸다.

⑤ 특산물로 단궁, 과하마, 반어피가 유명하였다.

➲ 동예는 토지가 비옥하고 해산물이 풍부하였는데, 특히 단궁, 과하마, 반어피 등의 특산물이 많이 생산되었다.

03 백제의 정치 제도 정답 ⑤

다음 자료에 해당하는 국가에 대한 설명으로 옳은 것은? [2점]

> ○ 벼슬은 16품계가 있다. 좌평은 5명으로 1품, 달솔은 30명으로 2품, 은솔은 3품, 덕솔은 4품, 한솔은 5품, 나솔은 6품이다. 6품 이상은 관(冠)을 은으로 만든 꽃으로 장식하였다.
>
> ○ 그 나라의 지방에는 5방이 있다. 중방은 고사성, 동방은 득안성, 남방은 구지하성, 서방은 도선성, 북방은 웅진성이라 한다.
>
> -『주서』-

은쌤의 합격노트

다음 자료에 해당하는 국가는 백제이다. 3세기 중엽 백제 고이왕은 율령을 반포하면서 중앙 집권 국가로서의 통치 기준을 마련하였다. 왕 아래에 6좌평을 비롯한 관등과 공복을 제정하는 등 위계질서를 세웠다. 백제 성왕은 중앙 관청을 22개로 확대 정비하고, 행정 구역을 수도는 5부, 지방은 5방 체제로 새롭게 정비하였다.

정답 분석

⑤ 왕족인 부여씨와 8성 귀족이 지배층을 이루었다.

➲ 백제는 왕족 부여씨와 8성의 귀족이 최고 지배층을 형성하였다. 백제는 자신들의 뿌리를 고구려와 마찬가지로 부여라고 여겼으며, 이에 왕실의 성을 부여씨로 삼고 성왕 때 국호를 남부여로 바꾸기도 하였다.

오답 피하기

① 골품에 따라 관등 승진에 제한을 두었다.

➲ 신라의 골품제는 개인의 혈통에 따라 관직 승진의 상한선을 정하였고, 혼인, 가옥의 크기, 의복의 빛깔과 옷감의 종류 등에 이르기까지 사회생활 전반을 규제하였다.

② 제가 회의에서 국가 중대사를 결정하였다.

➲ 고구려는 왕 아래에는 상가, 고추가 등의 대가가 있어 제가 회의를 통해 국가의 중요한 일을 결정하였다.

③ 지방 장관으로 욕살, 처려근지 등이 있었다.

➲ 고구려는 지방 5부에 욕살, 처려근지를 보내 각 부에 소속된 성을 다스리게 하였다.

④ 위화부, 영객부 등의 중앙 관서를 설치하였다.

➲ 통일 신라는 인사 업무를 관장하는 위화부, 외국 사신 접대를 관장하는 영객부 등 중앙 행정 관서와 관직 체계를 정비하였다.

04 고구려 광개토 대왕의 업적 정답 ①

다음 검색창에 들어갈 왕에 대한 설명으로 옳은 것은? [2점]

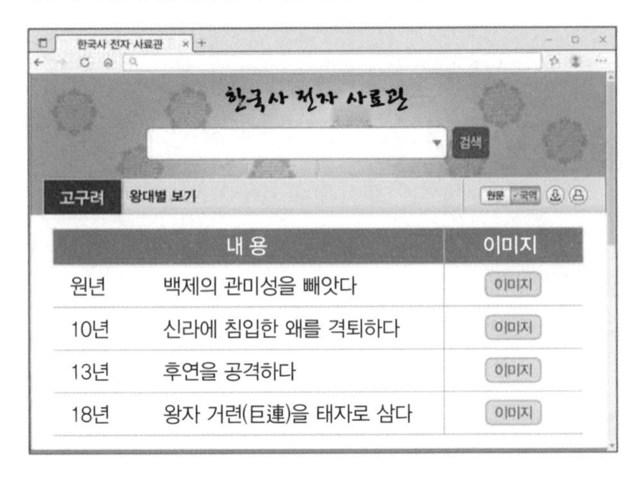

은쌤의 합격노트

다음 검색창에 들어갈 왕은 광개토 대왕이다. 광개토 대왕은 남으로 백제를 압박하고 신라를 도와 왜군을 물리쳤다. 나아가 백제·왜와 연결된 가야를 공격한 뒤 한반도 남부에 군대를 주둔시켰다. 또한, 거란과 후연 등을 격파함으로써 요동과 만주 일대를 장악하였다.

정답 분석

① 영락이라는 연호를 사용하였다.

➲ 동아시아에서 지배권을 확대한 광개토 대왕은 독자적 연호인 '영락(永樂)'을 사용하여 고구려의 높은 위상을 드러냈다.

오답 피하기

② 태학을 설립하여 인재를 양성하였다.

➲ 고구려는 소수림왕 때 태학을 설치하였다(372). 태학에서는 박사들이 유교 경전인 오경과 중국 역사서 등을 가르쳤다.

③ 낙랑군을 축출하여 영토를 확장하였다.

➲ 4세기 초 고구려 미천왕 때에 이르러 중국이 북방 민족의 압박으로 세력이 약해진 틈을 타서 교통 요지 서안평을 점령하고 낙랑군을 정복하였다.

④ 을파소를 등용하고 진대법을 시행하였다.

➲ 고구려의 고국천왕은 재상 을파소의 건의를 수용하여 먹을 것이 부족한 봄에 백성에게 곡식을 빌려주고 가을에 갚도록 한 진대법을 시행하였다.

⑤ 당의 침입에 대비하여 천리장성을 축조하였다.

➲ 당 태종이 즉위하면서 침략의 야욕을 드러내자 고구려 영류왕 대에 집권자였던 연개소문은 요동에 천리장성을 쌓아 침략에 대비하였다.

05 신라 승려 원효 정답 ①

(가) 인물의 활동으로 옳은 것은? [1점]

은쌤의 합격노트

(가) 인물은 원효이다. 원효는 "대승기신론소"와 "금강삼매경론"을 저술하여 중관과 유식의 교리적 대립을 해소하고, 세속에서 벗어나고자 하는 불교적 가치관을 극복하였다(화쟁 사상). 또한 나무아미타불만 외우면 누구나 극락왕생할 수 있다는 정토종을 백성 사이에 널리 퍼뜨렸다.

정답 분석

① 일심 사상과 화쟁 사상을 주장하였다.

➲ 신라 원효는 모든 것이 한마음에서 나온다는 일심 사상을 바탕으로 다른 종파와의 사상적 대립을 완화하고자 화쟁 사상을 주장하였다.

오답 피하기

② 구법 순례기인 왕오천축국전을 남겼다.

➲ 신라 혜초는 불법을 구하기 위해 인도에 갔다 온 후 인도와 중앙아시아 여러 나라의 풍물을 생생하게 기록한 왕오천축국전을 남겼다.

③ 황룡사 구층 목탑의 건립을 건의하였다.

➲ 신라 선덕 여왕 때에 승려 자장의 건의로 황룡사 구층 목탑이 세워졌다.

④ 왕명으로 수에 군사를 청하는 걸사표를 지었다.

➲ 신라 원광은 국가 윤리에 충실한 세속 5계를 가르치고 수에 보내는 외교 문서인 걸사표를 작성하였다.

⑤ 승려들의 전기를 정리한 해동고승전을 편찬하였다.

➲ 고려 시대 승려 각훈은 삼국 시대 이래의 명승들의 전기를 정리하여 "해동고승전"을 편찬하였으며 그중 일부가 전해진다.

06 고구려 장수왕의 남진 정책 정답 ⑤

다음 상황이 나타난 배경으로 옳은 것은? [3점]

연흥 2년에 여경[개로왕]이 처음으로 사신을 보내 표를 올렸다. "신의 나라는 고구려와 함께 부여에서 나왔으므로 우호가 돈독하였는데, 고구려의 선조인 쇠[고국원왕]가 우호를 가벼이 깨트리고 직접 군사를 지휘하여 우리의 국경을 짓밟았습니다. 신의 선조인 수[근구수왕]는 군대를 정비하고 공격하여 쇠의 머리를 베어 높이 매다니, 이후 감히 남쪽을 엿보지 못하였습니다. 그런데 고구려가 점점 강성해져 침략하고 위협하니 원한이 쌓였고 전쟁의 참화가 30여 년 이어졌습니다. …… 속히 장수를 보내 구원하여 주십시오."

-『위서』-

은쌤의 합격 노트

다음 상황은 백제 개로왕이 중국 북위에 고구려 정벌을 요청하는 것이다. 광개토 대왕의 공격으로 백제의 세력은 크게 위축되었고, 장수왕은 수도를 국내성에서 평양으로 옮긴 뒤(427) 남진 정책을 추진하였다. 이에 신라와 백제는 나제 동맹을 맺어 고구려에 대항하였지만 결국 한성을 빼앗기고 개로왕마저 죽임을 당하였다(475).

정답 분석

⑤ 장수왕이 평양으로 천도하고 남진을 추진하였다.
- 장수왕은 넓은 영역을 원활하게 운영하고, 남진 정책을 적극 추진하기 위해 평양으로 수도를 옮겼다(427). 그는 백제의 수도인 한성을 함락하여 한강 유역을 차지하고, 소백산맥을 넘어 신라의 수도 부근까지 공략하였다.

오답 피하기

① 을지문덕이 살수에서 승리하였다.
- 을지문덕이 이끄는 고구려군은 교묘한 유도 작전을 펼쳐 살수에서 수의 군대를 크게 격파하였다.

② 동성왕이 나제 동맹을 강화하였다.
- 백제는 웅진 천도 이후 동성왕이 신라와 결혼 동맹을 맺어 나제 동맹을 강화하여 고구려에 대항하였다.

③ 성왕이 관산성 전투에서 전사하였다.
- 백제 성왕은 신라 진흥왕의 공격을 받아 한강 유역을 빼앗기자 직접 군사를 이끌고 신라를 공격하였지만 관산성(충북 옥천)에서 크게 패하고 전사하였다.

④ 계백의 결사대가 황산벌에서 패배하였다.
- 나·당 연합군에 맞서 황산벌에서 계백이 이끈 백제의 결사대가 김유신이 지휘한 신라군을 상대로 치열하게 싸웠지만 패배하였다.

07 삼국 통일 과정(고구려 멸망~매소성 전투) 정답 ②

(가), (나) 사이의 시기에 있었던 사실로 옳은 것은? [3점]

(가) 고구려의 대신 연정토가 12성과 3,500여 명의 백성을 거느리고 [신라에] 항복해 왔다. 왕이 연정토와 그를 따르는 관리 24명에게 의복·물품·식량·집을 주었다.

(나) 이근행이 군사 20만 명을 이끌고 매소성에 주둔하였다. 신라 군사가 공격하여 달아나게 하고 말 3만여 필을 얻었는데, 남겨 놓은 병장기의 수도 그 정도 되었다.

은쌤의 합격 노트

(가)는 고구려 멸망 직전의 상황, (나)는 나·당 전쟁 시기의 매소성 전투이다.

(가) 고구려에서는 연개소문이 사망한 뒤 세 아들 간의 권력 다툼이 일어났다. 맏아들 연남생이 당에 투항하고, 연개소문의 동생 연정토가 신라에 투항하는 등 혼란이 계속되었다. 이 틈을 타 나·당 연합군이 평양성을 공격하여 고구려를 멸망시켰다(668).

(나) 백제와 고구려 멸망 이후 당은 신라까지 지배하려고 하였다. 이에 신라는 매소성과 기벌포에서 결정적인 승리를 거두어 당군을 몰아내고 삼국 통일을 완수하였다(676).

정답 분석

② 문무왕이 안승을 보덕왕으로 책봉하였다.
- 674년 당이 한반도 전체를 지배하려는 야욕을 숨김없이 드러내자 금마저에 보덕국을 세우고, 안승을 보덕국왕으로 임명하여 고구려 부흥운동을 후원하였다. 이어서 남침해 오던 당의 20만 대군을 매소성에서 격파하였다(매소성 전투). 이는 (가)와 (나) 사이의 상황이다.

오답 피하기

① 윤충이 대야성을 공격하여 함락하였다.
- 642년 의자왕은 신라 서부의 군사 요충지인 대야성을 비롯한 서쪽 변경 40여 개의 성을 빼앗았다. 이는 (가) 이전의 상황이다.

③ 김춘추가 당과의 군사 동맹을 성사시켰다.
- 648년 신라는 김춘추를 당에 파견하여 도움을 요청하였고, 당이 이를 받아들여 군사 동맹인 나·당 동맹이 체결되었다. 이는 (가) 이전의 상황이다.

④ 연개소문이 정변을 일으켜 권력을 장악하였다.
- 642년 고구려에서는 천리장성 축조 공사를 감독하던 연개소문이 정변을 일으켜 영류왕을 죽이고 보장왕을 세웠다. 이는 (가) 이전의 상황이다.

⑤ 부여풍이 왜군과 함께 백강에서 당군에 맞서 싸웠다.
- 백제가 멸망한 후 각지에서 백제 부흥 운동이 일어나자 백제 왕자 부여풍은 왜에서 2만 명의 군대를 이끌고 백강 전투에 합류했지만 나·당 연합군에게 패배하였다. 이는 (가) 이전의 상황이다.

08 신라 하대의 사회상 정답 ④

다음 가상 대화 이후에 있었던 사실로 옳은 것은? [2점]

며칠 전에 웅천주 도독 김헌창이 난을 일으켜 나라 이름을 장안이라 하고 연호를 경운으로 정했다더군.

그의 아버지가 왕이 되지 못한 것에 불만을 품은 모양이야.

은쌤의 합격노트

다음 가상 대화는 신라 하대에 일어난 김헌창의 난이다. 신라 하대에 중앙 정치가 혼란해지면서 중앙 정부의 지방 통제력이 약해졌다. 이에 따라 지방 세력들이 왕위 쟁탈전에 가담하여 연이어 반란을 일으켰다. 822년 김헌창은 자신의 아버지가 왕이 되지 못한 것에 불만을 품고 난을 일으켰다.

정답 분석

④ 원종과 애노가 사벌주에서 봉기하였다.
- 신라 하대 889년 진성 여왕 때는 무리하게 조세를 강요하여 원종과 애노의 난과 같은 농민 봉기가 발생하였다.

오답 피하기

① 거칠부가 국사를 편찬하였다.
- 신라 상대 진흥왕은 거칠부로 하여금 "국사"를 편찬하여 국력을 과시하고 왕의 권위를 높이고자 하였다.

② 이사부가 우산국을 정복하였다.
- 신라 상대 지증왕은 이사부로 하여금 지금의 울릉도인 우산국을 정벌하게 하였다.

③ 관료전이 지급되고 녹읍이 폐지되었다.
- 신라 중대 신문왕은 관리에게 관료전을 지급하고 녹읍을 폐지하여 귀족의 경제적 기반을 약화시켰다.

⑤ 이차돈의 순교를 계기로 불교가 공인되었다.
- 신라 상대 고구려를 통해 불교를 받아들였다가 법흥왕 때 이차돈의 순교를 계기로 공인하였다.

09 고려 태조 왕건의 업적 정답 ①

밑줄 그은 '왕'의 정책으로 옳은 것은? [1점]

저는 지금 신숭겸 장군의 충정을 기리는 대구 표충단에 나와 있습니다. 그는 공산 전투 당시 위기에 빠진 왕을 구하기 위해 싸우다가 이곳에서 전사했다고 합니다.

은쌤의 합격노트

밑줄 그은 '왕'은 태조 왕건이다. 신숭겸은 고려 초의 무신으로 궁예를 폐하고 왕건을 추대하여 고려 개국의 대업을 이루고 공산 전투에서 견훤의 군대에 태조가 포위되자 그를 구하고 전사했다.

정답 분석

① 빈민 구제를 위해 흑창을 설치하였다.
- 고려 초기 태조는 고려의 국가 기틀을 다지기 위하여 민생 안정을 도모하였다. 그 일환으로 흑창을 설치하여 가난한 백성을 구제하려 하였다.

오답 피하기

② 12목에 지방관을 처음으로 파견하였다.
- 고려 초기 성종은 전국의 주요 지역에 12목을 설치하고 지방관을 파견하였다.

③ 외침에 대비하여 개경에 나성을 축조하였다.
- 고려 중기 현종은 귀주 대첩 이후에는 고려는 개경에 나성을 쌓고, 압록강에서 도련포에 이르는 천리장성을 쌓아 북방 세력의 침입에 대비하였다.

④ 관학 진흥을 목적으로 양현고를 운영하였다.
- 고려 중기 예종은 최충의 사학을 본떠 전문 강좌인 7재 및 장학 재단인 양현고 등을 설치하였다.

⑤ 쌍기의 건의를 수용하여 과거제를 시행하였다.
- 고려 초기 광종은 후주에서 귀화한 쌍기의 건의로 과거제를 실시하여 자신의 정책을 뒷받침하는 세력을 키우고자 하였다.

10 발해 무왕의 업적 정답 ①

다음 시나리오에 등장하는 왕의 업적으로 옳은 것은? [2점]

#36. 궁궐 안
왕이 분노에 찬 표정으로 대문예에게 말하고 있다.
왕 : 흑수 말갈이 몰래 당에 조공하였으니, 이는 당과 공모하여 앞뒤로 우리를 치려는 것이다. 군대를 이끌고 가서 흑수 말갈을 정벌하라.
대문예 : 당에 조공하였다 하여 그들을 바로 공격한다면 이는 당에 맞서는 것입니다. 하루아침에 당과 원수를 지면 멸망을 자초할 수 있습니다.

은쌤의 합격노트

다음 시나리오에 등장하는 왕은 발해의 무왕이다. 대조영에 이어 즉위한 무왕은 연호를 인안으로 정한 후 영토 확장에 나섰고, 당은 흑수 말갈을 이용하여 발해를 견제하였다. 무왕은 흑수 말갈을 토벌하는 한편, 일본에 국서를 보내 외교적 고립을 탈피하고자 하였다. 또한, 흑수 말갈의 토벌 과정에서 벌어진 당의 조치에 불만을 품고 수군을 보내 산둥 지방을 공격하기도 하였다.

정답 분석

① 장문휴를 보내 등주를 공격하였다.
- 당이 발해 동북쪽의 흑수 말갈과 유대를 강화하여 발해를 견제하려 하자, 무왕은 장문휴가 지휘하는 군대로 산둥 반도를 공격하기도 하였다(732).

오답 피하기

② 9서당 10정의 군사 조직을 갖추었다.
- 신라 신문왕은 중앙군과 지방군을 각각 9서당과 10정으로 확대 개편하였다. 특히 9서당에는 신라인은 물론 옛 고구려와 백제인, 말갈인까지 편성하여 민족의 융합을 꾀하였다.

③ 사비로 천도하고 국호를 남부여로 고쳤다.
- 백제 성왕은 대외 진출에 유리한 사비로 천도하고, 부여 계승 의식을 내세우며 국호를 남부여로 선포하였다.

④ 지방관을 감찰하고자 외사정을 파견하였다.
- 신라 문무왕은 행정 구역의 성격이 강화된 주와 그 아래 군 · 현에는 지방관을 파견하고, 외사정을 보내 이들을 감찰하였다.

⑤ 고구려 유민을 모아 동모산에서 나라를 세웠다.
- 대조영과 고구려 유민들은 천문령까지 추격한 당군을 물리치고 만주 동부의 고구려 옛 땅인 동모산에 이르러 발해를 세웠다(698).

11 후고구려 궁예의 업적 정답 ②

(가)에 들어갈 인물에 대한 설명으로 옳은 것은? [2점]

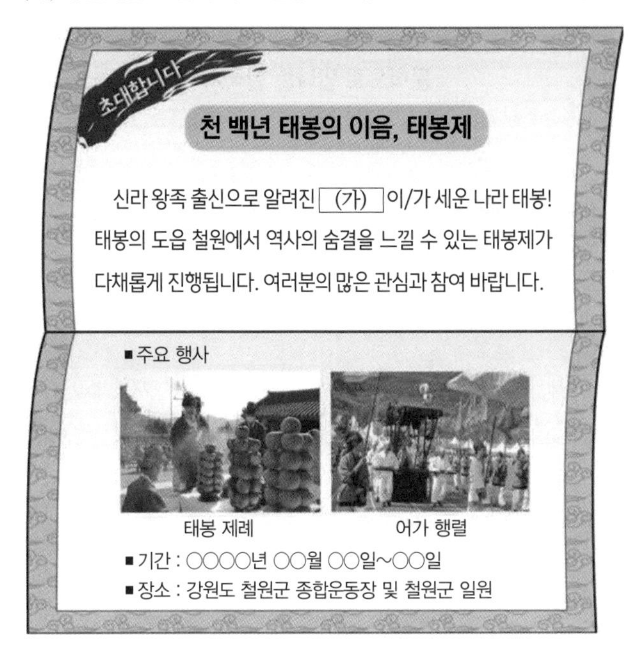

은쌤의 합격노트

(가)에 들어갈 인물은 궁예이다. 궁예는 신라 왕족 출신으로, 도적의 무리 속에서 힘을 길러 강원도, 경기도 일대, 황해도 지역까지 세력을 키웠다. 그는 세력이 커지자 송악(개성)에 도읍을 정하고 후고구려를 세웠다(901). 이후 궁예는 철원으로 도읍을 옮기고 국호를 태봉으로 고쳤으며 독자적인 관제를 정비하는 등 국가의 체제를 갖추었다.

정답 분석

② 미륵불을 자처하며 왕권을 강화하였다.
- 후고구려 궁예는 자신을 살아 있는 미륵불이라고 칭하고, 주변 인물들을 숙청하며 무리하게 정국을 이끌었다.

오답 피하기

① 발해를 멸망시킨 거란을 적대시하였다.
- 고려 초기 태조는 발해를 멸망시킨 거란을 배척하였고, 건국 초부터 서경을 중시하여 남쪽에 인구를 이주시키고 이곳에 관부와 관리를 두었다.

③ 신라를 공격하여 경애왕을 죽게 하였다.
- 후백제 견훤은 금성을 공격하여 경애왕을 죽이고, 신라를 지원하러 온 왕건의 군대를 공산 전투에서 격파하였다.

④ 노비안검법을 시행하여 재정을 확충하였다.
- 고려 초기 광종은 노비안검법과 과거제, 공복 제도 등을 시행하여 왕권을 강화하고, 호족을 숙청하였다.

⑤ 청해진을 설치하여 해상 무역을 장악하였다.
- 신라 하대 장보고는 완도에 청해진을 설치하고 해적을 소탕하여 해상 무역을 장악하였다.

12 묘청의 서경 천도 운동 정답 ③

밑줄 그은 이 사건이 일어난 시기를 연표에서 옳게 고른 것은? [2점]

> **문학으로 만나는 한국사**
>
> 비 개인 긴 언덕에는 풀빛이 푸른데
> 남포에서 님 보내며 슬픈 노래 부르네
> 대동강 물은 그 언제 다할 것인가
> 이별의 눈물 해마다 푸른 물결에 더하는 것을
>
> 이 시의 제목은 '송인(送人)'으로, 고려 시대의 문인 정지상이 서경을 배경으로 지은 작품이다. 서경 출신인 그는 묘청 등과 함께 수도를 서경으로 옮길 것을 주장하였다. 이로 인해 개경 세력과 정치적으로 대립하던 중 이 사건이 일어나자 김부식에 의해 죽임을 당하였다.

918		1019		1126		1270		1351		1392
	(가)		(나)		(다)		(라)		(마)	
고려 건국		귀주 대첩		이자겸의 난		개경 환도		공민왕 즉위		고려 멸망

은쌤의 합격노트

밑줄 그은 '이 사건'은 묘청, 정지상 등이 주도한 서경 천도 운동이다. 이자겸의 난 이후 서경 출신의 정지상과 묘청 등이 정치 혁신을 내세우며, 서경 천도, 칭제 건원, 금국 정벌 등을 주장하였다. 이들은 개경 귀족들의 반대로 서경 천도가 중단되자 반란을 일으켰으나 김부식이 이끈 관군에게 진압되었다(1135~1136).

정답 분석

③ (다)

➊ 금과 군신 관계를 맺고 이자겸의 난으로 궁궐이 불타면서, 왕의 권위는 실추되고 민심도 크게 동요하였다. 이러한 상황을 극복하기 위해 인종은 승려 묘청과 문신 정지상 등 서경 세력을 이용하여 개혁 정치를 추진하였다. 묘청 등 서경 세력은 풍수지리설을 앞세워 서경 천도를 적극 추진하였다.

13 고려 후기 무신 집권기의 사회상 정답 ③

(가), (나) 사이의 시기에 있었던 사실로 옳은 것은? [2점]

> (가) 최충헌 형제가 왕을 협박하여 창락궁에 유폐하고 태자 왕숙은 강화도로 유배 보냈다.
>
> (나) 유경이 최의를 죽인 뒤, 왕에게 아뢰어 정방을 편전 옆에 두어 인사권을 장악하고, 국가의 주요 사무를 모두 결정하였다.

은쌤의 합격노트

(가)는 1197년 고려 무신 집권기 최충헌이 권력을 장악한 시기, (나)는 1258년 고려 무신 집권기 최의가 사망하면서 최씨 무신 정권이 무너진 시기이다.

(가) 1197년 최충헌은 명종을 폐위하고 창락궁에 유폐하였다. 그리고 명종의 동생 평량공 왕민을 신종으로 옹립하였다. 이후 최고 권력 기구로 교정도감을 설치하여 국정을 장악했고, 사병 기관으로 도방을 확대하여 군사적 기반을 강화하였다. 도방은 삼별초와 더불어 최씨 정권을 유지하는 군사적 기반이 되었다.

(나) 몽골이 침략하자 최씨 정권은 강화도로 천도하여 항전하였다. 그러나 자신들의 권력 유지에 몰두하여 백성의 안정을 위한 노력을 등한시하였다. 결국 최우의 아들 최항, 최항의 아들 최의가 이어서 집권하다가 최의가 김준에 의해 살해당하면서 고종 때 최씨 무신 정권은 무너졌다.

정답 분석

③ 만적이 개경에서 노비를 모아 반란을 모의하였다.

➊ 1198년 고려 후기 최충헌이 정권을 장악한 후에 그의 노비였던 만적이 신분 해방 운동을 시도하였다. 이는 (가)와 (나) 사이의 상황이다.

오답 피하기

① 강조가 정변을 일으켜 김치양을 제거하였다.

➊ 1009년 고려 중기 목종의 생모 천추 태후와 김치양이 자신들 사이에서 낳은 아들에게 왕위를 계승시키려 하자 서북면 도순검사 강조가 정변을 일으켜 김치양 일파를 죽이고 목종을 폐위시킨 뒤 현종을 세웠다. 이는 (가) 이전의 일이다.

② 배중손이 이끄는 삼별초가 진도에서 항전하였다.

➊ 1270년 고려 정부가 개경으로 환도하자 삼별초가 배중손의 지휘로 반몽 정권을 세우고 저항하였다. 이들은 강화도에서 진도, 제주도로 거점을 옮기면서 대몽 항쟁을 벌였다. 이는 (나) 이후의 일이다.

④ 조위총이 군사를 일으켜 정중부 등의 제거를 도모하였다.

➊ 무신정변 이후 1174년 서경 유수 조위총이 무신 정권에 반발하여 서경에서 반란을 일으키자 많은 농민이 가세하였지만 모두 진압되었다. 이는 (가) 이전의 일이다.

⑤ 김보당이 의종 복위를 주장하며 동계에서 군사를 일으켰다.

➊ 무신정변 이후 1173년 동북면 병마사 김보당은 정중부, 이의방 일당을 물리치고 의종을 왕위에 세우려고 군사를 일으켰다가 정중부가 보낸 장수 이의민에게 패하여 잡혀 죽었다. 이는 (가) 이전의 일이다.

14 고려 후기 원 간섭기의 사회상 정답 ③

밑줄 그은 '이 시기'에 볼 수 있는 모습으로 옳은 것은? [1점]

> 이것은 수령 옹주 묘지명입니다. 왕족인 왕온의 부인이었던 그녀는 남편을 일찍 잃고 3남 1녀를 홀로 키웠으나, 딸이 공녀로 원에 끌려가자 그 슬픔으로 병을 얻어 세상을 떠났습니다. 수령 옹주가 살았던 이 시기에는 많은 여성이 공녀로 끌려갔습니다.

은쌤의 합격 노트

밑줄 그은 '이 시기'는 고려 후기 원 간섭기이다. 고려와 원의 전쟁이 끝난 후 원은 조공이라는 명목으로 여러 물품과 인력을 수탈하였다. 특히 원은 고려의 처녀를 공녀로 뽑아 갔는데, 이 때문에 고려에서는 여자아이를 일찍 시집보내는 조혼 풍습이 생겼다. 수령 옹주는 딸을 원에 공녀로 보내고 그 슬픔에 병이 나서 사망하였다. 당시 공녀 징발에는 왕족도 예외가 없었다.

정답 분석

③ 정동행성에서 회의하는 관리

➡ 고려 후기 원은 두 차례에 걸친 일본 원정을 위해 고려에 군함 건조, 군량미 공급, 군사 동원 등을 강요하였다. 일본 원정을 위해 설치한 정동행성은 원정 실패 후에도 그대로 남아 고려의 내정에 간섭하였다.

오답 피하기

① 농사직설을 편찬하는 학자

➡ 조선 초기 세종 때 편찬된 "농사직설"은 중국의 농업 기술을 수용하면서도 우리 풍토에 맞는 독자적 농법을 정리하였다.

② 초조대장경을 조판하는 장인

➡ 고려 중기 현종 때 거란의 침입을 받았던 고려는 부처의 힘으로 국난을 극복하고자 "초조대장경"을 간행하였다.

④ 삼강행실도를 읽고 있는 양반

➡ 조선 초기 세종 때 모범이 될 충신, 효자, 열녀 등의 행적을 글과 그림으로 구성한 "삼강행실도"를 편찬하였다.

⑤ 백운동 서원에서 공부하는 유생

➡ 조선 최초의 서원은 중종 때 주세붕이 세운 백운동 서원이었다.

15 우리 역사 속의 승려 정답 ③

(가)~(라) 승려에 대한 설명으로 옳은 것은? [3점]

> ○ (가) 은/는 화엄 사상의 요지를 정리한 「화엄일승법계도」를 저술하였다. 또한 부석사를 비롯한 여러 사원을 건립하였고, 현세의 고난에서 구제받고자 하는 관음 신앙을 강조하였다.
>
> ○ (나) 은/는 귀법사의 주지로서, 왕명에 따라 민중을 교화하고 불법을 널리 펴기 위해 노력하였다. 또한 향가인 「보현십원가」 11수를 지어 화엄 사상을 대중에게 전파하였다.
>
> ○ (다) 은/는 문종의 아들로 태어나 11세에 출가하였다. 31세에 송으로 건너가 고승들과 불법을 토론하고 불교 서적을 수집하여 귀국하였다. 국청사를 중심으로 천태종을 창시하였으며, 교선 통합을 사상적으로 뒷받침하기 위해 교관겸수를 제창하였다.
>
> ○ (라) 은/는 12세에 출가하였다. 수행상의 제약을 넘어서기 위해서는 천태의 교리에 의지해야 한다는 깨달음을 얻었다. 법화 신앙을 바탕으로 강진 만덕사에서 백련 결사를 결성하였다.

은쌤의 합격 노트

(가) 승려는 신라 의상, (나) 승려는 고려 균여, (다) 승려는 고려 의천, (라) 승려는 고려 요세이다.

(가) 의상은 "화엄일승법계도"를 저술하여 모든 존재는 상호의존적인 관계에 있으면서 서로 조화를 이루고 있다는 화엄 사상을 정립하였다. 부석사를 비롯한 여러 사원을 건립하여 불교 문화의 폭을 확대하였다.

(나) 고려 초기 광종 때 화엄 사상을 정비하고 보살의 실천행을 폈던 균여의 화엄종이 성행하였다. 균여는 "보현십원가" 등 불교 교리를 담은 향가를 지어 대중에게 전파하는 데 힘썼다.

(다) 고려 중기 문종의 왕자로서 승려가 된 의천은 교단 통합 운동을 벌였다. 그는 화엄종을 중심으로 교종을 정리한 뒤, 해동 천태종을 창시하여 교종의 입장에서 선종을 통합하였다. 그리고 이를 뒷받침하는 수행 방법으로는 교관겸수를 제시하였다.

(라) 고려 후기 요세는 백성의 신앙적 욕구를 고려하여 강진 만덕사에서 백련결사를 결성하고, 염불을 중심으로 수행에 정진하는 운동을 전개하였다. 백련결사는 토호와 지방민의 호응을 얻으며, 수선사와 함께 후기 불교를 이끌었다.

정답 분석

③ (다) - 불교 경전에 대한 주석서를 모아 교장을 편찬하였다.

➡ 고려 중기 의천은 고려와 송 · 요의 대장경에 대한 주석서를 모아 교장을 편찬하였다.

오답 피하기

① (가) - 심성의 도야를 강조한 유불 일치설을 주장하였다.

➡ 고려 후기 혜심은 유불 일치설을 주장하며 심성의 도야를 강조했는데, 이는 성리학을 받아들일 수 있는 사상적 토양이 되었다.

② (나) - 정혜쌍수와 돈오점수를 수행 방법으로 제시하였다.

➡ 고려 후기 지눌은 수선사 결사를 제창하고 수행 방법으로 돈오점수와 정혜쌍수를 주장하였다.

④ (라) - 9산 선문 중 하나인 가지산문을 개창하였다.

➡ 신라 하대에 선종은 호족 세력의 후원을 받으며 빠르게 성장하여 9산 선문을 이루었다.

⑤ (가)~(라) - 승과에 합격하고 왕사에 임명되었다.

➡ 고려 초기 광종은 과거제를 정비하면서 승과를 마련하여 합격자에게 법계를 주어 지위를 보장하는가 하면 명망이 높은 승려를 국사, 왕사로 삼아 존중하였다.

16 고려의 경제 상황 정답 ②

(가) 국가의 경제 상황으로 옳은 것은? [1점]

이 작품은 이규보가 예성강 하구의 정경을 묘사한 시입니다. 이곳에 있던 벽란도는 (가) 의 국제 무역항으로 송과 아라비아 상인들이 왕래할 정도로 번성했습니다.

조수가 들고나니
오고 가는 배의 꼬리가 이어졌구나
아침에 이 누각 밑을 떠나면
한낮이 되지 않아
돛대는 남만(南蠻)에 이르도다
사람들은 배를 보고
물 위의 역마라고 하지만
바람처럼 달리는 준마도
이보다 빠르지는 못하리

은쌤의 합격노트

(가) 국가는 고려이다. 고려 건국 이후 개경의 관문으로 예성강 유역의 벽란도가 주목받기 시작하였다. 이곳은 외국의 사신이나 상인이 출입하는 항구였으며, 고려인들이 바다를 통해 외국에 나가는 경우에도 이용되었다. 국가의 조세나 개경의 지주에게 바칠 지대도 이곳을 통해 개경으로 운반되었다. 벽란도는 외국 사절과 상인이 빈번하게 왕래하면서 외국 문물이 유입되는 창구였다. 외국의 고급 정보를 쉽게 얻을 수 있는 장소였으며, 사람의 왕래가 빈번한 만큼 주점, 전당포, 숙박 시설 등도 많았다. 한편, 대식국인이라 불리던 아라비아 상인들도 벽란도에 드나들었다. 이들을 통하여 고려의 이름이 서방 세계에 알려지게 되었다.

정답 분석

② 활구라고 불리는 은병을 주조하였다.
➲ 고려 숙종 때 삼한통보, 해동통보, 해동중보 등의 동전과 은병(활구)이 만들어졌다.

오답 피하기

① 송상이 전국 각지에 송방을 두었다.
➲ 조선 후기 송상은 송방이라는 지점을 설치하고 인삼을 재배 · 판매하였으며, 대외 무역에도 종사하여 부를 축적하였다.

③ 동시전을 설치하여 시장을 감독하였다.
➲ 신라 상대 지증왕은 동시를 개설하고 이를 관리하는 기구인 동시전을 설치하였다.

④ 담배, 면화, 생강 등 상품 작물을 널리 재배하였다.
➲ 조선 후기 도시 인구가 증가하고 상품 유통이 활발해지면서 인삼, 면화, 담배, 채소 등의 상품 작물 재배가 확대되었다.

⑤ 일본과 교역을 위해 부산포, 염포, 제포를 개항하였다.
➲ 조선 초기 세종은 일본이 평화적 교역을 간청해 오자, 부산포, 제포(창원), 염포(울산) 등 3포를 개방해 제한된 범위 내에서 교역을 허용하였다.

17 고려의 대몽 항쟁 정답 ④

(가)에 대한 고려의 대응으로 옳은 것은? [2점]

김윤후가 충주산성 방호별감이 되었는데 (가) 의 군대가 쳐들어 와 충주성을 70여 일간 포위하였다. 군량이 거의 바닥나자 김윤후가 군사들에게 "만약 힘내 싸운다면 귀천을 가리지 않고 모두 관작을 내리겠다."라고 하였다. 마침내 관노비의 문서를 불태우고 노획한 소와 말을 나누어 주었다. 사람들이 모두 죽음을 무릅쓰고 싸우니 적의 기세가 꺾여 남쪽으로 침략하는 것을 막을 수 있었다.

은쌤의 합격노트

(가)는 몽골이다. 몽골은 고려에 여러 차례 침략했는데, 이에 맞서 노비, 부곡민 등 하층 민중도 적극 항전하였다. 처인성에서는 김윤후가 부곡민을 이끌고 몽골 장수 살리타를 사살하였다. 충주성에서는 노비가 주축이 된 군대가 몽골군을 물리쳤으며, 관악산의 초적들이 대몽 항전에 나서기도 하였다.

정답 분석

④ 최우가 강화도로 수도를 옮겨 장기 항전에 대비하였다.
➲ 최우는 장기적인 대몽 항쟁을 결정하고, 강화도로 수도를 옮겨 대비하였다. 그 후 고려는 40년 가까이 몽골과 전쟁을 지속하였다.

오답 피하기

① 윤관을 보내 동북 9성을 축조하였다.
➲ 고려 예종 때 윤관이 별무반을 이끌고 여진을 공격하여 동북 지방을 점령하고 9개의 성을 쌓아 백성을 이주시켰다.

② 박위로 하여금 쓰시마섬을 정벌하게 하였다.
➲ 고려는 왜구를 근본적으로 박멸하고자 박위로 하여금 왜구의 근거지인 대마도를 정벌하도록 하였다.

③ 서희가 외교 담판을 통해 강동 6주를 획득하였다.
➲ 거란은 송을 공격하기에 앞서 대군을 이끌고 고려를 침략하였다. 고려는 서희의 담판으로 송과 관계를 끊기로 약속하고, 그 대가로 강동 6주를 획득하였다.

⑤ 최영이 철령위 설치에 반발하여 요동 정벌을 추진하였다.
➲ 명은 원이 직접 지배했던 철령 이북의 땅을 직속령으로 삼겠다고 고려에 통고해 왔다. 이에 반발하여 최영은 요동 정벌을 단행하였다.

18 고려의 문화유산 정답 ⑤

밑줄 그은 '문화유산'으로 옳지 않은 것은? [3점]

이것은 고려 시대에 만들어진 나전 합입니다. 고려에 온 송의 사신 서긍이 솜씨가 세밀하여 귀하다고 평가할 정도로 고려의 나전칠기 기술은 매우 뛰어났습니다. 이 나전 합을 비롯해 고려 시대에는 다양한 문화유산이 만들어졌습니다.

나전 국화 넝쿨무늬 합

① 
청동 은입사 포류수금문 정병

② 
부석사 소조여래좌상

③ 
청자 상감운학문 매병

④ 
월정사 팔각 구층 석탑

⑤ 
법주사 팔상전

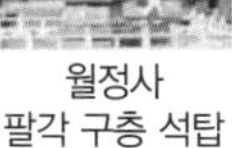

밑줄 그은 '문화 유산'은 고려 시대의 문화유산이다. 고려는 옻칠한 바탕에 자개를 붙여 무늬를 내는 나전 칠기 공예가 크게 발달하였다. 원의 왕후는 고려의 나전 칠기 공예를 높이 사 불경을 담는 함을 만들어 달라고 요청하기도 하였다.

정답 분석

⑤ 법주사 팔상전

▶ 조선 후기에 만들어진 보은 법주사 팔상전은 우리나라에 남아 있는 유일한 오층 목탑이다. 팔상전은 석가모니 생애를 8개의 그림으로 표현한 팔상도를 모신 전각이다.

오답 피하기

① 청동 은입사 포류수금문 정병

▶ 송의 영향으로 고려의 금속 공예 역시 불구를 중심으로 크게 발전하였다. 특히 청동기 표면을 파내고 실처럼 만든 은을 채워 넣어 무늬를 장식하는 은입사 기술이 발달하였다. 대표적으로 청동 은입사 포류수금문 정병이 있다.

② 부석사 소조여래좌상

▶ 신라 양식을 계승한 영주 부석사 소조여래좌상은 뛰어난 세련미를 지니고 있어 고려 불상의 걸작으로 손꼽힌다.

③ 청자 상감운학문매병

▶ 청자 상감운학문매병은 고려 청자가 독특한 선을 가지고 있음을 보여 주는 대표적인 작품이다. 날아오르고 내려오는 학과 구름의 모습이 아름답다.

④ 월정사 팔각 구층 석탑

▶ 고려 시대는 평창 월정사 팔각 구층 석탑 같은 다각 다층탑이 많이 만들어졌는데, 신라 시대의 석탑에 비해 다소 안정감과 비례감이 부족하지만 자연스러운 모습을 지녔다.

19 고려 무신 최무선 정답 ②

(가)에 들어갈 내용으로 가장 적절한 것은? [2점]

★ 역사 인물 다큐멘터리 기획안 ★

화약 무기 연구의 선구자, ○○○

1. 기획 의도
중국의 군사 기밀이었던 화약 제조 기술을 습득해 우리나라 최초로 화약의 자체 생산에 성공한 ○○○. 그의 활동을 통해 국방 과학 기술의 중요성을 되새겨 본다.

2. 장면
#1. 중국인 이원에게 염초 제조법을 배우다
#2. (가)
#3. 나세, 심덕부 등과 함께 진포에서 왜구를 크게 격퇴하다
⋮

은쌤의 합격노트

(가)에 들어갈 내용은 최무선의 활약이다. 화약 무기의 개발은 고려 말에 무엇보다 시급한 과제였다. 잦은 왜구의 침입으로 연해안 지역이 큰 피해를 입고 있는 상황에서 화약 무기가 왜구 격퇴에 매우 유용하였기 때문이다. 최무선은 끈질긴 노력 끝에 중국이 비밀에 부쳤던 화약 제조 기술을 터득해 냈다. 이에 정부는 화통도감을 설치하여 화약과 화포를 제작하였다. 최무선은 이 화포를 이용하여 진포(현재 군산) 싸움에서 왜구를 크게 격퇴하였다.

정답 분석

② 화통도감의 설치를 건의하다

▶ 고려 후기 최무선의 건의로 화통도감을 설치하였다. 그가 만들기 시작한 화약과 화포는 조선 시대로 이어지며 더욱 발전했고, 국가 위기 극복에 큰 도움이 되었다.

오답 피하기

① 신기전과 화차를 개발하다

▶ 조선 초기 세종 대에 신기전이라는 화살을 개발하였으며, 다양한 종류의 화차가 만들어져 전국에 배치되었다.

③ 불랑기포를 활용하여 평양성을 탈환하다

▶ 조선 후기 임진왜란 때 일본에 함락된 평양성을 되찾기 위해 명군은 불랑기포, 멸로포, 호준포 등 화포를 발사하여 평양성을 공격하였다.

④ 조총 부대를 이끌고 나선 정벌에 참여하다

▶ 조선 후기 러시아 세력의 침략으로 위협을 느낀 청은 조선에 원병을 요청하였다. 이에 조선에서는 변급, 신유가 두 차례에 걸쳐 조총 부대를 출동시켜 큰 성과를 거두고 돌아왔다.

⑤ 발화장치를 활용한 비격진천뢰를 발명하다

▶ 비격진천뢰는 조선 중기 선조 때 이장손이 발명한 폭탄이다. 화약, 철편, 뇌관을 속에 넣고 겉은 쇠로 박처럼 둥글게 싼 것으로, 먼 거리에 쏘아 터지게 하였다.

20 조선 성종의 업적 정답 ⑤

다음 대화에 등장하는 왕의 재위 시기에 있었던 사실로 옳은 것은? [2점]

은쌤의 합격노트

다음 대화에 등장하는 왕은 조선 초기 성종이다. 음악은 국가 의례와 밀접한 관련이 있고, 백성의 교화 수단으로 여겨져 중요시되었다. 성종 때 성현은 "악학궤범"을 편찬하여 음악의 원리와 역사, 악기, 무용, 의상, 소도구까지 정리하였다.

정답 분석

⑤ 전국의 지리, 풍속 등이 수록된 동국여지승람이 편찬되었다.

➋ 조선 초기 성종은 각 군현의 위치와 역사, 면적, 인구, 특산물 등 상세한 정보를 담은 "동국여지승람"을 편찬하였고 이를 토대로 중종은 "신증동국여지승람"을 완성하였다.

오답 피하기

① 주자소가 설치되어 계미자가 주조되었다.

➋ 조선 초기 태종은 주자소를 설치하고 구리로 계미자를 주조하였다.

② 전통 한의학을 집대성한 동의보감이 완성되었다.

➋ 조선 후기 허준은 광해군의 명을 받아 우리의 전통 한의학을 정리하여 "동의보감"을 편찬하였는데, 중국과 일본에서도 간행되었다.

③ 통치 체제를 정비하기 위해 속대전이 간행되었다.

➋ 조선 후기 영조는 "속대전"을 편찬하여 법전 체계도 정리하였다.

④ 한양을 기준으로 역법을 정리한 칠정산이 제작되었다.

➋ 조선 초기 세종은 종래의 우리나라 역법을 종합하고 외국의 역법들을 참고하여 서울을 기준으로 한 새로운 역법인 "칠정산"을 만들었다.

21 사화(갑자사화~기묘사화) 정답 ④

(가), (나) 사이의 시기에 있었던 사실로 옳은 것은? [3점]

(가) 윤필상, 유순 등이 폐비(廢妃) 윤씨의 시호를 의논하며 "시호와 휘호를 함께 의논하겠습니까?"라고 아뢰니, "시호만 정하는 것이 합당하겠다."라고 하였다. …… 승정원에 전교하기를 "폐비할 때 의논에 참여한 재상 궁궐에서 나갈 때 시위한 재상, 사약을 내릴 때 나가 참여한 재상 등을 승정원일기에서 조사하여 아뢰라."라고 하였다.

(나) 의정부에 하교하기를 "조광조 등이 서로 결탁하여, 자신들에게 붙는 자는 천거하고 자신들과 뜻이 다른 자는 배척해서 …… 후진을 유인하여 궤격(詭激)*이 버릇되게 하고, 일을 의논할 때 이에도 조금만 이의를 세우면 반드시 극심한 말로 배척하여 꺾어서 따르게 하였다. …… 조광조 · 김정 등을 원방(遠方)에 안치하라."라고 하였다.

*궤격(詭激) : 언행이 정상을 벗어나고 격렬함

은쌤의 합격노트

(가)는 연산군 대에 있었던 갑자사화, (나)는 중종 대에 있었던 기묘사화이다.

(가) 연산군은 갑자사화 이후 자신의 생모 폐비 윤씨 죽음과 관련된 이들을 제거하는 과정에서 또다시 사림 세력이 큰 피해를 입었다(갑자사화, 1504). 갑자사화는 강력한 왕권을 휘두른 연산군에 의하여 사림뿐만 아니라 훈구 대신들마저 제거되었다.

(나) 두 차례의 사화 이후 연산군의 폭정이 계속되자 훈구 세력은 연산군을 내쫓고 중종을 왕으로 세웠다(중종반정). 중종은 유교 정치를 일으키기 위해 조광조를 비롯한 사림을 등용하였다. 조광조가 사림의 여론을 앞세워 급진적 개혁을 추진하자 공신들의 반발로 기묘사화가 일어났고, 중앙 정치에서 제거되었다.

정답 분석

④ 성희안 일파가 반정을 통해 연산군을 몰아내었다.

➋ 1506년 연산군은 두 차례의 사화 이후 언론을 탄압하고 재정을 낭비하는 등 실정을 계속하다가 중종반정으로 쫓겨났다.

오답 피하기

① 성삼문 등이 단종의 복위를 꾀하였다.

➋ 조선 초기 세조 때인 1456년 단종 복위 운동은 밀고로 인해 거사를 일으키기도 전에 박팽년, 성삼문, 이개 등을 포함한 수많은 이가 처형당하였다. 이는 (가) 이전의 상황이다.

② 외척 간의 대립으로 윤임이 제거되었다.

➋ 윤임은 조선 중기의 문신이자 중종비 장경왕후의 오빠로 대윤의 거두이며, 그를 대윤, 윤원형을 소윤이라 불렀다. 1545년 명종 때 소윤은 을사사화를 일으켜 정적인 대윤(윤임) 일파를 숙청하였는데, 이때 윤임은 아들 3형제와 함께 사사되었다. 이는 (나) 이후의 상황이다.

③ 이괄이 난을 일으켜 한양을 점령하였다.

➋ 1624년 이괄은 인조반정 때의 공신이었으나 적절한 대우를 받지 못한 것에 불만을 품고 반란을 일으켰다. 이는 (나) 이후의 상황이다.

⑤ 조의제문이 발단이 되어 김일손 등이 화를 입었다.

➋ 연산군이 즉위하자 김종직의 제자였던 사관 김일손이 사초에 조의제문을 실은 것이 문제가 되어 사림 대부분이 사형당하거나 파직되었다(무오사화). 이는 (가) 이전의 상황이다.

22 사헌부 정답 ⑤

(가) 기구에 대한 설명으로 옳은 것은? [2점]

역사 용어 해설

(가)

1. 개요

조선 시대에 언론 활동, 풍속 교정, 백관에 대한 규찰과 탄핵 등을 관장하던 기구이다. 대사헌, 집의, 장령, 감찰 등의 직제로 구성되어 있다.

2. 관련 사료

건국 초기에 고려의 제도에 따라 설치하였다. …… 『경국대전』에는 "정사를 논평하고, 백관을 규찰하고, 풍속을 바로잡고, 억울함을 풀어주고, 허위를 금지하는 등의 일을 관장한다."라고 하였다.

– 『순암집』 –

은쌤의 합격노트

(가) 기구는 사헌부이다. 조선시대 『경국대전』에 법제화된 사헌부의 직무를 살펴보면, 정치의 시비에 대한 언론 활동, 백관에 대한 규찰, 풍속을 바로잡는 일, 원통하고 억울한 일을 펴주는 일, 외람되고 거짓된 행위를 금하는 일 등으로 되어 있다. 또한 사헌부는 종2품 대사헌 1명, 종3품 집의 1명, 정4품 장령 2명, 정5품 지평 2명, 정6품 감찰 13명으로 구성된다.

정답 분석

⑤ 5품 이하의 관리 임명에 대한 서경권을 행사하였다.

➋ 조선의 사헌부와 사간원은 간쟁 · 봉박 · 서경권을 가졌다. 서경권은 5품 이하 관리를 임명할 때, 인물의 경력과 신분 등을 조사하여 그 가부를 승인하는 권한이다.

오답 피하기

① 업무 일지인 내각일력을 작성하였다.

➋ 내각일력은 조선 시대 정조 3년(1779)부터 고종 20년(1883)까지 기록된 규장각의 일기이다.

② 고려의 삼사와 같은 기능을 수행하였다.

➋ 고려의 삼사는 조선의 삼사와는 달리 국가 재정의 출납과 회계 업무를 맡았다.

③ 은대(銀臺), 후원(喉院)이라고도 불리었다.

➋ 조선의 승정원은 정원(政院) · 후원(喉院) · 은대(銀臺) · 대언사(代言司)라고도 불리었다.

④ 임진왜란을 거치면서 국정 전반을 총괄하였다.

➋ 조선의 비변사는 임진왜란을 계기로 국방뿐 아니라 내정, 인사, 재정, 외교 등 국정 전반을 총괄하게 되었다.

23 환국(경신 · 기사 · 갑술환국) 정답 ②

(가)~(다)를 일어난 순서대로 옳게 나열한 것은? [3점]

(가) 임금이 궐내에 있던 기름 먹인 장막을 허적이 벌써 가져갔음을 듣고 노하여 이르기를, "궐내에서 쓰는 것을 마음대로 가져가는 것은 한명회도 못하던 짓이다."라고 하였다. …… 임금이 허적의 당파가 많아 기세가 당당하다는 말을 듣고 그들을 제거하고자 결심하였다.

(나) 비망기를 내려, "국운이 안정되어 왕비가 복위하였으니, 백성에게 두 임금이 없는 것은 고금을 통한 의리이다. 장씨의 왕후 지위를 거두고 옛 작호인 희빈을 내려 주되, 세자가 조석으로 문안하는 예는 폐하지 않도록 하라."라고 하였다.

(다) 임금이 말하기를, "송시열은 산림의 영수로서 나라의 형세가 험난한 때에 감히 원자(元子)의 명호를 정한 것이 너무 이르다고 하였으니, 삭탈 관작하고 성문 밖으로 내쳐라. 반드시 송시열을 구하려는 자가 있겠지만, 그런 자는 비록 대신이라 하더라도 용서하지 않을 것이다."라고 하였다.

은쌤의 합격노트

(가)는 경신환국, (나)는 갑술환국, (다)는 기사환국이다. 조선 후기 숙종 때 여러 차례 환국이 발생하였다. 서인이 남인을 역모로 몰아 정권을 독점한 경신환국(1680) 이후 서인은 노론과 소론으로 나뉘었다. 집권 노론은 기사환국(1689)으로 축출되고 남인이 정권을 잡았으나, 남인은 갑술환국(1694)으로 축출되고 다시 노론과 소론이 재집권하였다.

정답 분석

② (가) - (다) - (나)

➋ (가) 숙종 초에 집권한 남인은 북벌론을 내세워 군사 훈련과 군비 확장에 노력하였다. 서인은 남인 영수 허적이 역모를 꾸몄다고 고발하여 허적과 윤휴를 정계에서 제거하였다(경신환국). 정권을 잡은 서인은 정국 운영 방식을 두고 분열하여 송시열 중심의 노론과 윤증을 영수로 하는 소론으로 나뉘었다.

(다) 노론이 정국을 이끌어 가던 중 숙종은 남인계 후궁인 장희빈이 낳은 왕자(경종)를 세자로 책봉할 것을 고집하면서 이에 반대하는 노론 세력을 몰아내고 남인 정권을 성립시켰다. 이때 송시열, 김수항 등이 처형당하였다(기사환국).

(나) 그러나 숙종은 5년 후 장희빈을 인현 왕후를 저주했다는 죄목으로 사사하면서 인현 왕후가 다시 왕후의 자리를 되찾게 되면서 서인이 다시 권력을 잡게 되었다(갑술환국).

24 병자호란 정답 ④

밑줄 그은 '전란' 중에 있었던 사실로 옳은 것은? [2점]

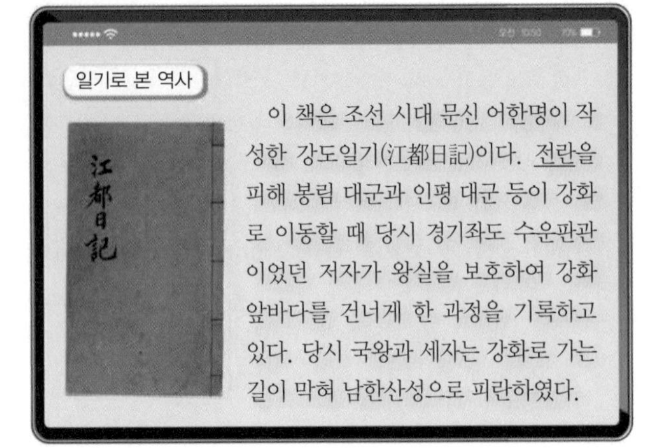

이 책은 조선 시대 문신 어한명이 작성한 강도일기(江都日記)이다. 전란을 피해 봉림 대군과 인평 대군 등이 강화로 이동할 때 당시 경기좌도 수운판관이었던 저자가 왕실을 보호하여 강화 앞바다를 건너게 한 과정을 기록하고 있다. 당시 국왕과 세자는 강화로 가는 길이 막혀 남한산성으로 피란하였다.

은쌤의 합격노트

밑줄 그은 '전란'은 병자호란이다. 후금은 강성해지자 국호를 '청'으로 바꾸고, 조선에 군신 관계를 요구하였다. 이에 조선 조정에서는 외교적 교섭으로 해결하자는 주화론과 무력으로 대응하자는 주전론이 대립하였다. 치열한 논쟁 끝에 주전론이 우세하여 조선은 청의 군신 관계 요구를 거절하였다. 이에 청 태종은 직접 군대를 이끌고 조선을 공격하였다(병자호란, 1636). 인조는 남한산성으로 피신하여 항전을 꾀하였지만 청을 물리칠 힘이 없었던 조선은 결국 청과 강화를 맺었다.

정답 분석

④ 임경업이 백마산성에서 적의 침입에 대비하였다.

- 병자호란이 일어나자 청군은 임경업이 굳게 지키는 백마산성을 포기하고 직접 한양을 향해 진격하였다.

오답 피하기

① 정문부가 길주에서 의병을 이끌었다.

- 정문부는 임진왜란 때 회령의 국경인 등이 반란을 일으켜 왜군에 투항하자 산 속에 숨었다가 관민 합작의 의병 대장이 되어 경성을 수복하였다. 이후 길주에 있는 왜군을 공격하여 대승리를 거두었고, 쌍포, 백탑 등지에서 적을 격파하여 함경도를 수복하였다.

② 강홍립이 사르후 전투에 참전하였다.

- 광해군의 명을 받은 강홍립은 명을 지원하기 위해 사르후 전투에 참전하였으나 후금과의 대결을 피해 항복하였다.

③ 김시민이 진주성에서 적군을 크게 물리쳤다.

- 임진왜란 때 1592년 10월 진주 목사 김시민과 진주성을 지키는 군대 4,000여 명은 3만여 대군의 왜군을 상대로 7일간의 격전 끝에 제1차 진주성 전투를 승리로 이끌었다.

⑤ 최윤덕이 올라산성에서 이만주 부대를 정벌하였다.

- 조선 초기 세종 때에는 최윤덕과 김종서가 이만주 부대를 정벌하고, 4군 6진을 개척해 압록강과 두만강을 경계로 하는 오늘날과 같은 국경선을 확정하였다.

25 조선 후기 경제 상황 정답 ③

다음 기사에 나타난 시기의 경제 상황으로 옳은 것은? [2점]

역사 신문

제△△호 ○○○○년 ○○월 ○○일

거상(巨商) 임상옥, 북경에서 인삼 무역으로 큰 수익

연행사의 수행원으로 북경에 간 만상(灣商) 임상옥이 인삼 무역으로 큰 수익을 거두었다. 북경 상인들이 불매 동맹을 통해 인삼을 헐값에 사려 하자, 그는 가져가 인삼 보따리를 태우는 기지를 발휘해 북경 상인에게 인삼을 높은 가격에 매각하여 막대한 이익을 얻은 것이다.

은쌤의 합격노트

다음 기사에 나타난 시기는 조선 후기이다. 임상옥은 조선 후기 무역 상인으로 최초로 국경지대에서 인삼 무역권을 독점하는 천재적인 상업 수완을 발휘하여 막대한 부를 축적하였다. 조선 후기 일부 사상들은 한성을 비롯하여 전국 각지의 장시를 중심으로 도고 상업을 전개하는 상업 자본가로 성장하기도 하였다. 한성의 경강상인, 개성의 송상, 의주의 만상, 동래의 내상 등이 대표적인 사상이다.

정답 분석

③ 초량 왜관을 통해 일본과 교역하였다.

- 조선 후기 숙종 때 설치된 초량 왜관은 조선과 일본의 외교와 무역이 진행된 곳으로 대마도에서 온 500여 명의 성인 남성이 거주하였다.

오답 피하기

① 삼한통보, 해동통보가 발행되었다.

- 고려 중기 숙종 때 삼한통보, 해동통보, 해동중보 등의 동전과 은병(활구)이 만들어졌다.

② 솔빈부의 말이 특산물로 수출되었다.

- 발해의 여러 특산품 중 단연 으뜸은 '솔빈의 말'이었다. 솔빈부는 오늘날 러시아의 체르나치노 일대로, 넓은 초원이 펼쳐져 있어 튼튼한 말이 잘 자랐다.

④ 당항성, 영암이 국제 무역항으로 번성하였다.

- 통일 신라의 당시 무역항으로는 울산항, 청해진, 영암, 당항성(남양만)이 크게 번성하였다.

⑤ 경시서의 관리들이 수도의 시전을 감독하였다.

- 고려 시대 상행위를 감독하기 위해 경시서를 설치하였고, 조선 시대까지 이어지다 조선 초기 세조 때 평시서로 개칭되었다.

26 조선 정조의 업적 정답 ③

(가) 왕이 추진한 정책으로 옳은 것은? [1점]

은쌤의 합격 노트

(가) 왕은 조선 후기 정조이다. 정조는 장용영을 설치하여 강력한 친위 부대로 길렀으며, 수원에 화성을 세워 개혁 정치를 실현할 수 있는 이상적 신도시로 육성하였다. 그는 여러 차례 수원에 행차하면서 국왕의 위상을 보이고 민생에 관한 백성의 목소리를 직접 들으려 하였다. 정조는 양주에 있던 아버지 묘소를 수원으로 옮겨 현륭원이라 하고, 현륭원 북쪽에 새로운 성곽을 건설하였다.

정답 분석

③ 육의전을 제외한 시전 상인의 금난전권을 폐지하였다.
- 조선 후기 정조는 통공 정책을 실시하여 육의전을 제외한 시전 상인의 금난전권을 폐지하였다(신해통공, 1791).

오답 피하기

① 경기도에 한하여 대동법을 시행하였다.
- 조선 중기 광해군은 방납의 폐단을 극복하고 국가 재정을 보충하고자 경기도에서 처음으로 대동법을 실시하였다(1608).

② 군역 부담을 줄이기 위해 균역법을 제정하였다.
- 조선 후기 영조는 군역의 폐단을 시정하기 위하여 균역법을 실시하였다(1750).

④ 제한된 규모의 무역을 허용한 계해약조를 체결하였다.
- 조선 초기 세종은 대마도주가 수시로 토산품을 바치면서 무역을 간청하자 계해약조를 맺고 제한된 조공 무역을 허락하였다.

⑤ 현직 관리에게만 수조권을 지급하는 직전법을 실시하였다.
- 조선 초기 세조는 현직 관리에게 지급할 토지가 부족하게 되자, 현직 관리에게만 과전을 지급하는 직전법을 시행하였다.

27 진주 민란 정답 ③

다음 자료에 나타난 사건에 대한 설명으로 옳은 것은? [2점]

> 진주 안핵사 박규수에게 하교하기를, "얼마 전에 있었던 진주의 일은 전에 없던 변괴였다. 관원은 백성을 달래지 못하였고, 백성은 패악한 습관을 버리지 못하였다. 누가 그 허물을 책임져야 하겠는가. 신중을 기하여 혹시 한 사람이라도 억울하게 처벌받는 일이 없게 하라. 그리고 포리(逋吏)*를 법에 따라 처벌할 경우 죄인을 심리하여 처단할 방법을 상세히 구별하라."라고 하였다.
>
> *포리(逋吏) : 관아의 물건을 사사로이 써버린 아전

은쌤의 합격 노트

다음 자료에 나타난 사건은 조선 후기 세도 정치기에 일어난 진주 민란이다. 19세기 중엽 철종 대에 이르러서 삼정의 문란과 세금을 부과하는 부세 제도에 불만을 품은 농민의 저항은 전국적으로 확산되었다. 임술 농민 봉기는 경상도 단성에서 시작되어 진주 지방을 중심으로 전국적으로 확대되었다(1862). 진주의 농민들은 유계춘의 지도로 탐관오리인 백낙신을 징벌하고자 관아를 습격하여 한때 진주성을 점령하기도 하였다. 정부는 안핵사 박규수를 파견하여 실정을 조사하고 삼정이정청을 설치하는 등 농민 부담을 완화하려 하였지만, 근본적으로 해결책이 되지 못하였다.

정답 분석

③ 삼정이정청이 설치되는 계기가 되었다.
- 철종은 진주 민란으로 파견한 안핵사 박규수의 건의를 받아들여 봉기를 진정시키기 위해 삼정의 폐단을 없애는 개혁 기관으로 삼정이정청을 설치하였다.

오답 피하기

① 홍경래, 우군칙 등이 주도하였다.
- 몰락 양반인 홍경래와 서얼 출신 우군칙 등은 금광 경영, 인삼 무역 등으로 자금을 마련하고 1,000여 명의 병력으로 평안도 가산에서 홍경래가 난을 일으켰다.

② 남접과 북접이 연합하여 전개되었다.
- 2차 동학 농민 운동 때 전봉준의 남접 부대와 손병희의 북접 부대는 논산에서 남·북접 연합 부대를 형성한 후 서울을 향해 북상하였다.

④ 우정총국 개국 축하연을 이용하여 일어났다.
- 김옥균을 중심으로 한 급진 개화파는 우정총국 완공을 축하하는 연회를 이용하여 갑신정변을 일으켰다(1884).

⑤ 윤원형 일파가 정국을 주도한 시기에 발생하였다.
- 어린 나이에 명종이 왕위에 오르게 되자 어머니인 문정 왕후가 수렴청정하고 외척 윤원형이 세력을 잡았다. 윤원형 등은 인종의 외척 세력을 제거하면서 을사사화가 일어났다.

28 조선 화원 김홍도 정답 ②

(가) 인물의 작품으로 옳은 것은? [2점]

이 작품은 단원 (가) 이/가 그린 추성부도(秋聲賦圖)로, 인생의 허망함과 쓸쓸함을 묘사한 글인 추성부를 그림으로 표현했습니다. 죽음을 앞둔 노년에 자신의 심정을 나타낸 것으로 보입니다. 도화서 화원 출신인 그는 풍속화, 산수화, 인물화 등 다양한 분야에서 뛰어난 작품을 남겼습니다.

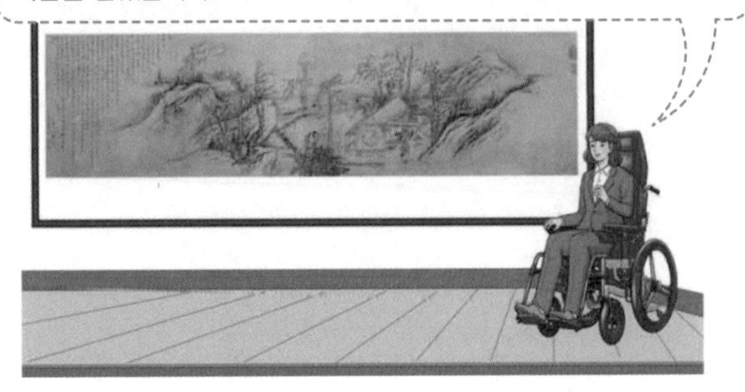

은쌤의 합격노트

(가) 인물은 김홍도이다. 단원이라는 호는 김홍도가 대략 1784년 전후에 사용한 것으로 본래 중국 명나라의 문인 화가인 이유방의 호였다. 김홍도는 평소 존경했던 이유방의 호인 단원을 자신의 새로운 호로 삼았던 것이다. 김홍도는 풍속화만 잘 그린 화가는 아니었다. 그는 산수화, 도교와 불교 관련 그림인 도석화, 화조화, 인물화 등 모든 그림의 장르에서 탁월한 기량을 발휘한 조선 후기 최고의 화가였다.

정답 분석

② 

김홍도의 '벼타작'이다. 추수한 결과가 좋은지 모두 흥겨워하는 모습이 그려져 있다.

오답 피하기

① 

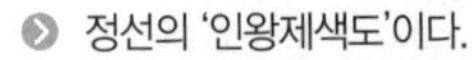

정선의 '인왕제색도'이다.

③ 

신윤복의 '단오풍정'이다.

④ 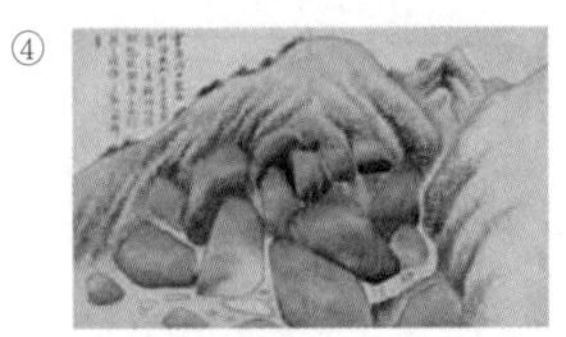

강세황의 '영통동구도'이다.

⑤ 

김정희의 '세한도'이다.

[29~30] 다음 자료를 읽고 물음에 답하시오.

(가) 우리 해동의 삼국도 역사가 오래되었으니 마땅히 책을 써야 합니다. 그러므로 폐하께서 이 늙은 신하에게 편찬하도록 하셨습니다. 폐하께서 이르시기를, "삼국은 중국과 통교하였으므로 『후한서』나 『신당서』에 모두 삼국의 열전이 있지만, 상세히 실리지 않았다. 우리의 옛 기록은 빠진 사실이 많아 후세에 교훈을 주기 어렵다. 그러므로 뛰어난 역사서를 완성하여 물려주고 싶다."라고 하셨습니다.

(나) 삼가 삼국 이후의 여러 역사서를 모으고 중국의 역사서에서 가려내어 연도에 따라 사실을 기록하였습니다. 범례는 『자치통감』에 의거하였고, 『자치통감강목』의 취지에 따라 번잡한 것은 줄이고 요령만 남겨두도록 힘썼습니다. 삼국이 서로 대치한 때는 삼국기라고 하였고, 신라가 통합한 시대는 신라기라고 하였으며, 고려 시대는 고려기라 하였고, 삼한 이전은 외기라고 하였습니다.

(다) 옛 성인은 예악으로 나라를 일으켰고 인의로 가르침을 폈으니 괴력난신은 말하지 않았다. 그러나 제왕이 일어날 때는 반드시 보통 사람과 다른 점이 있었고, 그러한 후에야 제왕의 지위를 얻고 대업을 이루었다. …… 그러므로 삼국의 시조가 모두 신이한 데서 나왔다고 해서 무엇이 괴이하다고 하겠는가. 이것이 책 첫머리에 기이편이 실린 까닭이다.

(라) 옛날에 고씨가 북쪽에 살면서 고구려라 하였고, 부여씨가 서남쪽에 살면서 백제라 하였으며, 박·석·김씨가 동남쪽에 살면서 신라라고 하였으니, 이것이 삼국이다. 그러니 마땅히 삼국사가 있어야 할 것이다. …… 부여씨가 망하고 고씨가 망하니 김씨가 그 남쪽 땅을 차지하고 대씨가 그 북쪽 땅을 차지하여 발해라 하였다. 이것을 남북국이라 한다. 그러니 마땅히 남북국사가 있어야 한다.

29 우리나라 역사서의 편찬 순서 정답 ②

(가)~(라) 역사서를 편찬한 순서대로 옳게 나열한 것은? [3점]

은쌤의 합격노트

(가)는 고려 중기 김부식의 "삼국사기", (나)는 조선 초기 서거정의 "동국통감", (다)는 고려 후기 일연의 "삼국유사", (라)는 조선 후기 유득공의 "발해고"이다.

정답 분석

② (가) - (다) - (나) - (라)

- (가) 고려 중기 김부식의 "삼국사기"이다. 인종 때 김부식이 왕명으로 편찬한 "삼국사기"는 현존하는 가장 오래된 역사서이다. 김부식은 묘청의 난을 진압한 후 분열된 민심을 수습하고 국왕 중심의 중앙 집권 체제를 강화하려는 목적으로 "삼국사기"를 편찬하였다.
  (다) 고려 후기 일연의 "삼국유사"이다. 충렬왕 때 승려 일연이 쓴 "삼국유사"는 우리나라 역사의 시작을 단군조선으로 설정하고 전통 문화를 중시하였다. "삼국유사"는 불교에 관한 내용을 주로 서술하였고, "삼국사기"에서 누락된 자료를 많이 담고 있어 삼국 시대 역사를 복원하는 데 중요한 자료가 되고 있다.
  (나) 조선 초기 서거정의 "동국통감"이다. 성종 때 서거정은 고조선부터 고려 말까지의 역사를 편년체로 정리한 "동국통감"을 편찬하였다. 서술 방식은 시간 순서대로 기술하는 편년체 방법이며, 외기 · 삼국기 · 신라기 · 고려기 순으로 되어 있다. 유교 사관에 입각하고 불교와 풍수지리 등을 배격해 당시의 학풍을 보여 주고 있다.
  (라) 조선 후기 유득공의 발해고이다. 유득공은 "발해고"에서 통일 신라와 발해가 병립한 시기를 남북국 시대로 설정하여 발해를 우리 역사의 체계 속에 적극적으로 포용하였다. "발해고"는 고대 국가의 역사와 문화에 대한 관심을 환기하였으며 우리 역사의 무대를 만주 지역까지 확대하는 데 크게 이바지하였다.

30 우리나라 역사서 정답 ②

(가)~(라) 역사서에 대한 설명으로 옳은 것을 〈보기〉에서 고른 것은? [2점]

〈보 기〉

ㄱ. (가) - 유교 사관에 입각하여 기전체 형식으로 저술하였다.
ㄴ. (나) - 사초와 시정기를 바탕으로 실록에서 편찬하였다.
ㄷ. (다) - 불교사를 중심으로 민간 설화 등을 수록하였다.
ㄹ. (라) - 고조선부터 고려까지의 역사를 편년체로 정리하였다.

은쌤의 합격노트

ㄱ은 고려 중기 김부식의 "삼국사기", ㄴ은 조선 시대 "조선왕조실록", ㄷ은 고려 후기 일연의 "삼국유사", ㄹ은 조선 초기 서거정의 "동국통감"이다.

정답 분석

ㄱ. (가) - 유교 사관에 입각하여 기전체 형식으로 저술하였다.

- "삼국사기"는 유교적 합리주의 사관에 기초하여 기전체로 서술되었다. 고려 중기에는 고구려 계승 의식이 약해지고 신라 계승 의식이 강화되었는 데 "삼국사기"는 이러한 경향을 반영하고 있다.

ㄷ. (다) - 불교사를 중심으로 민간 설화 등을 수록하였다.

- 일연은 불교사를 중심으로 지방의 기록과 민간 설화까지 포함하여 "삼국유사"를 저술하였다.

오답 피하기

ㄴ. (나) - 사초와 시정기를 바탕으로 실록에서 편찬하였다.

- "조선왕조실록"은 전왕의 통치 기록인 사초, 시정기, 승정원일기 등을 모두 합하여 실록청에서 편찬하였다.

ㄹ. (라) - 고조선부터 고려까지의 역사를 편년체로 정리하였다.

- 서거정의 "동국통감"은 고조선부터 고려 말까지의 역사를 편년체로 정리하였다.

31 신미양요 정답 ①

(가) 사건 이후에 전개된 사실로 옳은 것은? [2점]

이곳은 어재연 장군과 그의 군사를 기리기 위해 조성된 충장사입니다. 어재연 장군의 부대는 (가) 때 광성보에서 로저스 제독이 이끄는 미군에 맞서 결사 항전하였지만 끝내 함락을 막지 못하였습니다.

은쌤의 합격노트

(가) 사건은 신미양요(1871)이다. 미국은 제너럴 셔먼호 사건을 구실로 여러 차례 배상금 지불과 통상 조약의 체결을 요구하였지만 흥선대원군은 이를 거부하였다. 그러자 미국의 로저스 제독은 5척의 군함을 이끌고 강화도를 침략하여 신미양요를 일으켰다. 미국 함대는 초지진과 덕진진을 점령하고 광성보를 공격하였다. 어재연 등이 이끄는 조선의 수비대는 광성보와 갑곶에서 결사적으로 항전하였지만 광성보가 함락되었다. 그럼에도 불구하고 조선 정부가 수교 협상에 응하지 않자 미군은 퇴각하였다.

정답 분석

① 종로와 전국 각지에 척화비가 세워졌다.
- 신미양요 이후 흥선 대원군은 전국 각지에 척화비를 세워 서양과의 수교를 거부한다는 의지를 널리 알렸다.

오답 피하기

② 평양 관민이 제너럴 셔먼호를 불태웠다.
- 병인양요 직전 미국 상선 제너럴 셔먼호가 평양에서 통상 수교를 요구하며 횡포를 부렸다. 이에 분노한 평양 관민은 평안 감사 박규수의 지휘하에 제너럴 셔먼호를 불태워 침몰시켰다(1866).

③ 한성근 부대가 문수산성에서 항전하였다.
- 병인양요 때 한성근 부대는 서울로 진격하던 프랑스군을 문수산성에서 방어하였다(1866).

④ 신유박해로 많은 천주교도가 처형되었다.
- 조선 후기 순조가 즉위한 이후 이승훈을 비롯한 300여 명의 천주교인들을 처형하는 대대적인 탄압을 받은 신유박해가 일어났다(1801).

⑤ 오페르트가 남연군 묘 도굴을 시도하였다.
- 독일 상인 오페르트는 통상을 요구하며 충남 덕산에 있는 흥선 대원군의 아버지인 남연군 묘를 도굴하려 하였으나 실패하였다(1868).

32 초기 개화 정책(강화도 조약~조·미 수호 통상 조약) 정답 ②

(가), (나) 조약 체결 사이의 시기에 있었던 사실로 옳은 것은? [3점]

(가) 제1관 조선국은 자주 국가로서 일본국과 평등한 권리를 보유한다. ……

제10관 일본국 인민이 조선국 지정의 각 항구에 머무르는 동안 죄를 범한 것이 조선국 인민에게 관계되는 사건은 모두 일본국 관원이 심리하여 판결한다. ……

(나) 제1관 앞으로 대조선국 군주와 대미국 대통령 및 그 인민은 각각 모두 영원히 화평하고 우애 있게 지낸다. ……

제5관 …… 미국 상인과 상선이 조선에 와서 무역을 할 때 입출항하는 화물은 모두 세금을 바쳐야 하며, 세금을 거두는 권한은 조선이 자주적으로 행사한다. ……

은쌤의 합격노트

(가) 조약은 강화도 조약, (나) 조약은 조·미 수호 통상 조약이다.

(가) 1876년 강화도 조약은 조선이 외국과 맺은 최초의 근대적 조약이었다. 그러나 일본에 전적으로 유리한 불평등 조약이었다. 조약에는 조선이 자주국이라고 되어 있지만, 이는 일본이 청의 간섭을 배제하고 침략을 쉽게 하려는 의도가 있었다. 이외에도 조선은 부산 등 3개 항구의 개항, 해안 측량권, 영사 재판권(치외 법권) 등을 인정하였다.

(나) 1882년 조선은 청의 알선으로 미국과 조·미 수호 통상 조약을 체결하였다. 이 조약은 우호 협력을 강조한 거중 조정 조항과 수출입 상품에 대한 관세 조항을 규정하고 있지만, 영사 재판권과 최혜국 대우의 내용을 담은 불평등 조약이었다.

정답 분석

② 통리기무아문이 설치되었다.
- 1880년 개항 이후 정부는 개화 정책을 총괄하는 통리기무아문을 설치하여 외교, 군사, 산업, 외국어 교육 등의 업무를 담당하였다.

오답 피하기

① 공사 노비법이 혁파되었다.
- 1894년 제1차 갑오개혁은 사회 면에서는 양반과 상민의 신분적 차별을 폐지하고, 공사 노비제를 혁파하였다.

③ 한성 전기 회사가 설립되었다.
- 1898년 황실과 미국인의 합작으로 한성 전기 회사가 설립되어 발전소를 세우고 서울에 전등과 전차를 가설하였다.

④ 건양이라는 독자적인 연호가 채택되었다.
- 1895년 을미사변 직후 실시한 을미개혁(제3차 갑오 개혁)으로 1896년부터 '건양'이라는 새 연호를 쓰고, 군제를 바꾸어 중앙에 친위대, 지방에는 진위대를 각각 두었다.

⑤ 지방 행정 구역이 8도에서 23부로 개편되었다.
- 1895년 제2차 갑오개혁에 따라 종래 지방 제도인 8도를 23부로 개편하였다.

33 임오군란 정답 ④

다음 자료에 나타난 사건에 대한 설명으로 옳은 것은? [2점]

> 발신 : 조선 주재 공사 하나부사 요시모토(花房義質)
> 수신 : 외무경 이노우에 가오루(井上馨)
>
> 이달 23일 오후 5시 성난 군중 수백 명이 갑자기 공사관을 습격하여 돌을 던지고 총을 쏘며 방화함. 전력으로 방어한 지 7시간이 지났지만 원병이 오지 않았음. 한쪽을 돌파하여 왕궁으로 가려 해도 성문이 열리지 않았음. …… 성난 군중이 왕궁 및 민태호와 민겸호의 집도 습격했다고 들었음. …… 교관 호리모토 외 8명의 생사는 알 수 없음.

은쌤의 합격노트

다음 자료에 나타난 사건은 임오군란이다. 1882년 구식 군인에게 1년도 넘게 밀린 급료로 지급된 쌀에 겨와 모래가 섞인 사건이 일어났다. 이때 구식 군인들의 불만이 폭발하여 반정부·반외세 운동인 임오군란이 일어났다. 이들은 개화 정책을 추진한 민씨 정권의 고관 집을 습격하고 일부 관리들을 죽였다. 여기에 도시 하층민까지 가세하여 관청을 공격하고 별기군의 일본인 교관을 살해하였으며, 일본 공사관을 습격하였다.

정답 분석

④ 구식 군인에 대한 차별 대우가 발단이 되어 일어났다.

➋ 임오군란은 별기군에 비해 차별 대우를 받던 구식 군인들이 반란을 일으킨 것이다.

오답 피하기

① 전주 화약이 체결되는 계기가 되었다.

➋ 제1차 동학 농민 운동 때 외국 군대의 파병 소식을 접한 농민군은 전주에서 정부군과 휴전하고 전주 화약을 체결한 뒤 해산하였다.

② 입헌 군주제 수립을 목표로 전개되었다.

➋ 헌정 연구회는 입헌 군주제를 수립하여 민권을 확대하자고 주장하였다.

③ 김기수가 수신사로 파견되는 결과를 가져왔다.

➋ 강화도 조약 체결 직후 조선은 김기수를 1차 수신사로 일본에 파견하였다.

⑤ 3일 만에 실패로 끝나 주동자들이 해외로 망명하였다.

➋ 갑신정변은 위안스카이가 이끄는 청군의 출동으로 진압되었고, 개화당 정부는 3일 천하로 막을 내렸다.

34 국어학자 주시경 정답 ①

(가) 인물에 대한 설명으로 옳은 것은? [2점]

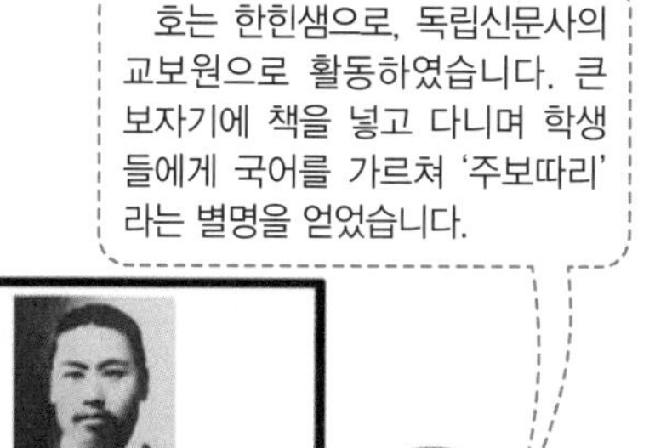

은쌤의 합격노트

(가) 인물은 주시경이다. 을사늑약 이후 민족의 위기에 직면하면서 한글 연구는 또 다른 의미를 지니게 되었는데, 이를 대표하는 인물이 바로 주시경이다. 그는 배재 학당 시절부터 국문 연구에 뛰어들었으며, '한글'이란 이름을 만들어 붙였다. 독립 협회 직원으로 근무하던 중에 한글 표기법 통일의 필요성을 절감하고 우리말 문법을 정립하였다. 그는 우리말과 우리글을 지키는 것이 바로 민족을 지키는 것이라 생각하였다.

정답 분석

① 국문 연구소의 연구위원으로 활동하였다.

➋ 1907년 대한 제국 말기에 학부 안에 국문 연구소가 설립되었고, 지석영과 주시경 등의 주도로 국어 문법의 연구와 정리가 이루어졌다.

오답 피하기

② 조선어 학회 사건으로 구속되어 옥고를 치렀다.

➋ 일제는 1942년 조선어 학회를 독립운동 단체로 간주하여 회원들을 대거 검거하고 투옥하였다. 가혹한 고문으로 이윤재, 한징은 옥사하였다.

③ 국권 피탈 과정을 정리한 한국통사를 집필하였다.

➋ 박은식은 국혼을 강조한 "한국통사"를 지어 일본의 침략 과정을 폭로하였다.

④ 세계지리 교과서인 사민필지를 한글로 저술하였다.

➋ 헐버트는 1886년 육영공원 교사로 취임해 세계의 지리 지식과 문화를 소개하는 내용의 교과서 격인 "사민필지"를 저술했다.

⑤ 여유당전서를 간행하고 조선학 운동을 전개하였다.

➋ 정인보와 안재홍은 우리 민족 스스로 발전할 수 있는 역량을 가지고 있었다는 사실을 밝히기 위해 정약용 연구를 중심으로 한 조선학 운동을 전개하였다.

35 국채 보상 운동 정답 ⑤

다음 자료에 나타난 민족 운동에 대한 설명으로 옳은 것은? [2점]

> 우리나라가 채무를 지고 우리 백성이 채노(債奴)*가 된 것이 여러 해가 되었습니다. …… 대황제 폐하께서 진 외채가 1,300만 원이지만 채무를 청산할 방법이 없어 밤낮으로 걱정하시니, 백성된 자로서 있는 힘을 다하여 보상하려고 해도 겨를이 없습니다. …… 우리 동포는 빨리 단체를 결성하여 열성적으로 의연금을 내어 채무를 상환하고 채노에서 벗어나, 머리는 대한의 하늘을 이고, 발은 대한의 땅을 밟도록 해 주시기를 눈물을 머금고 간절히 요구합니다.
>
> *채노(債奴) : 빚을 갚지 못해 노비가 된 사람

은쌤의 합격노트

다음 자료에 나타난 민족 운동은 국채 보상 운동이다. 대한 제국이 일제로부터 빌려온 차관이 대한 제국의 1년 예산과 맞먹는 1,300만 원에 이르렀다. 이에 1907년 2월 김광제 서상돈 등은 일본에서 빌려 온 차관을 갚아 국권을 회복하자는 국채 보상 운동을 제창하였다.

정답 분석

⑤ 대한매일신보 등 당시 언론이 적극적으로 참여하였다.
- 대구에서 시작된 국채 보상 운동은 대한매일신보, 황성신문, 제국신문, 만세보 등 언론 기관의 적극적인 홍보에 힘입어 전국으로 확산되었다.

오답 피하기

① 일제가 치안 유지법을 적용하여 탄압하였다.
- 일제는 치안 유지법을 공포하여 사회주의 운동을 대대적으로 탄압하였다.

② 백정에 대한 사회적 차별 철폐를 요구하였다.
- 백정들은 신분 차별과 멸시를 타파하기 위해 1923년 경남 진주에서 조선 형평사를 조직하여 형평 운동을 전개하였다.

③ 독립문 건립을 위한 모금 활동을 전개하였다.
- 독립 협회는 청에 대한 자주독립을 상징하는 의미로 영은문 터에 독립문을 건립하였다.

④ 자작회, 토산 애용 부인회 등의 단체가 활동하였다.
- 물산 장려 운동은 학생들이 중심이 된 자작회, 부인들의 토산 애용 부인회 등의 단체들이 이끌었다.

36 신민회 정답 ⑤

밑줄 그은 '이 단체'에 대한 설명으로 옳은 것은? [2점]

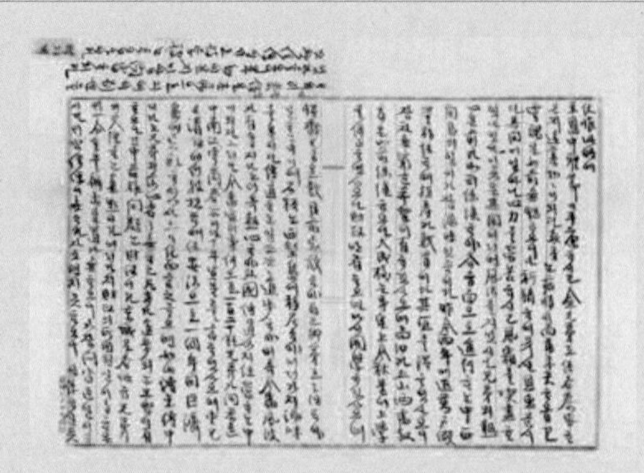

> 이 편지는 비밀 결사인 이 단체의 재무를 총괄한 전덕기가 안창호에게 보낸 것이다. 105인 사건으로 이 단체의 주요 회원인 양기탁, 이승훈 등이 형을 선고받은 사실과 대성 학교가 재정적으로 어려움을 겪고 있는 상황 등을 전하고 있다.

은쌤의 합격노트

밑줄 그은 '이 단체'는 신민회이다. 을사조약 체결 이후 통감부의 탄압이 심해지자 안창호, 양기탁 등은 비밀 결사 단체인 신민회를 조직하였다(1907). 일제의 한국 강점 이후, 국내의 신민회 조직은 일제가 날조한 105인 사건으로 와해되었다(1911). 105인 사건은 일제가 안중근의 사촌 동생인 안명근이 독립운동 자금을 모으다가 체포된 사건(안악 사건)을 총독 암살 미수 사건으로 날조하여 수백 명을 체포 · 고문하고 그중 105명을 기소한 것이다.

정답 분석

⑤ 계몽 서적의 보급을 위해 태극 서관을 운영하였다.
- 신민회 인사들은 대구에 교과서와 서적을 보급하기 위한 태극 서관을 설립하여 경제적 실력 양성에도 힘썼다.

오답 피하기

① 정우회 선언의 영향으로 결성되었다.
- 사회주의 세력의 일부는 정우회 선언을 발표하여 민족주의 세력과의 협동 전선을 주장하였고, 그 결과 신간회가 창립되었다(1927).

② 조선 혁명 선언을 활동 지침으로 삼았다.
- 의열단은 신채호에게 의뢰하여 작성한 조선 혁명 선언을 활동 지침으로 삼아 일제 요인 암살과 식민 통치 기관 파괴에 주력하였다.

③ 일제의 황무지 개간권 요구를 저지하였다.
- 일제의 황무지 개간권 요구에 반대하여 유생, 전직 관리 등의 주도로 보안회가 설립되었다(1904).

④ 중추원 개편을 통해 의회 설립을 추진하였다.
- 독립 협회는 중추원을 개편하여 의회 기능을 도입하려고 하였다.

37 일제 식민 통치 1기(1910년대) 정답 ④

밑줄 그은 '시기'에 볼 수 있는 모습으로 옳은 것은? [1점]

이것은 일제가 임시 토지 조사국을 설치하고 토지 조사 사업을 진행하던 시기에 작성한 지적 원도의 일부입니다. 토지를 측량해 그 위치와 경계 및 지번 등을 표시하였습니다.

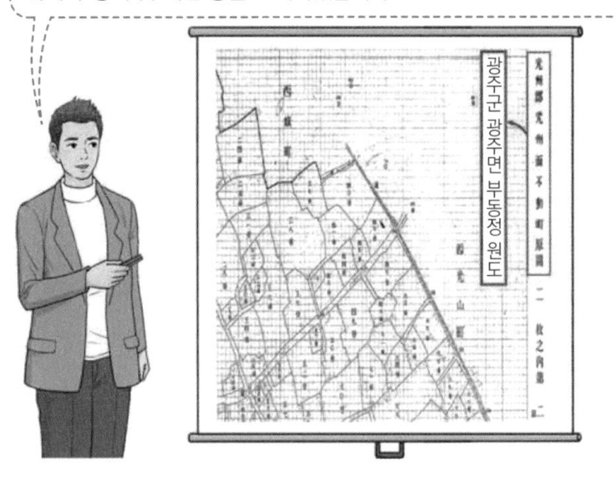

은쌤의 합격노트

밑줄 그은 '시기'는 1910년대 일제 식민 통치 시기이다. 일제는 식민 통치의 기초 자료를 확보하기 위해 1912년에 토지 조사령을 공포하고 본격적으로 토지 조사 사업을 시행하였다. 일제는 토지 조사 사업으로 근대적인 등기 제도를 실시하여 토지 소유권을 보호한다는 구실을 내세웠다. 그러나 실상은 토지 대장에 누락된 토지를 조사하여 식민 통치에 필요한 지세를 안정적으로 확보하고, 왕실과 공공 기관에 속한 토지 및 주인이 불분명한 토지를 총독부가 차지하기 위함이었다.

정답 분석

④ 조선인에게 태형을 집행하는 헌병 경찰
- 1912년 총독부가 조선 태형령을 공포하자 헌병 경찰은 합법적으로 우리나라의 독립 운동가는 물론이고 일반 형사범까지도 가혹한 태형으로 다스렸다.

오답 피하기

① 경성 제국 대학에서 공부하는 학생
- 1924년 일제는 경성 제국 대학을 설립하여 한국인의 고등 교육에 대한 열기와 불만을 잠재우려고 하였다.

② 근우회의 창립 기사를 작성하는 기자
- 1927년 신간회가 결성되자, 여성들은 이념을 초월한 전국적인 여성 조직으로 근우회를 결성하였다.

③ 보빙사 일행으로 미국에 파견되는 관리
- 1883년 조선 정부는 미국과 수교한 이후 미국의 공사 파견에 대한 답례로 보빙사를 파견하였다.

⑤ 거문도를 불법 점령하고 있는 영국 해군
- 1885년 영국은 러시아의 남하를 견제한다는 명분을 내세워 거문도를 불법으로 점령하였다(거문도 사건).

38 대한 광복회 정답 ②

(가) 단체에 대한 설명으로 옳은 것은? [2점]

□□ 신문

제△△호 2022년 ○○월 ○○일

박상진 의사 유물, 국가등록문화재 등록

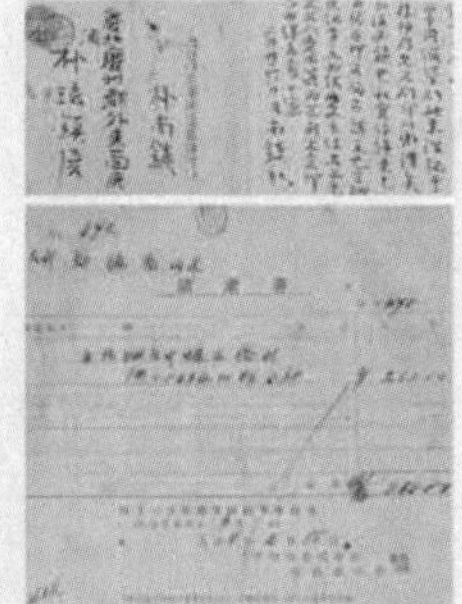

옥중 편지 및 상덕태상회 청구서

군자금 모집과 친일파 처단 등의 활동을 전개한 (가) 의 총사령 박상진 의사의 유물이 국가등록문화재로 등록되었다. 이 유물은 친일 부호 처단 사건으로 체포된 박상진의 옥중 상황과 (가) 의 비밀 연락 거점이었던 상덕태상회의 규모 등을 보여준다는 점에서 귀중한 가치를 지니고 있다.

은쌤의 합격노트

(가) 단체는 대한 광복회이다. 1915년에 박상진을 총사령으로 하여 결성된 대한 광복회는 군대식 조직을 갖추고, 공화 정부 수립을 목표로 활동하였다. 이들은 만주에 사관 학교를 설립하여 독립군을 양성하고 전쟁을 통해 독립을 달성하려 하였다. 여기에 필요한 군자금을 마련하고자 광산과 우편차 등을 습격하여 일제의 재물을 빼앗고 부호들에게서 의연금을 걷었다. 또 협조하지 않는 친일 부호를 처단하기도 하였다.

정답 분석

② 공화정체의 국민 국가 수립을 목표로 삼았다.
- 1915년 대한 광복회는 의병 계열과 애국 계몽 운동 계열의 비밀 결사들이 통합하여 결성되었으며 민주 공화제의 근대 국가 수립을 지향하였다.

오답 피하기

① 고종 강제 퇴위 반대 운동을 전개하였다.
- 1907년 대한 자강회는 고종 강제 퇴위에 반대하는 시위에 일부 회원들이 가담하면서 해산되었다.

③ 파리 강화 회의에 독립 청원서를 제출하였다.
- 1919년 1월에 상하이의 신한 청년당은 한국의 독립을 청원하고자 파리 강화 회의에 김규식을 민족 대표로 파견하였다.

④ 미군과 연합하여 국내 진공 작전을 계획하였다.
- 1945년 대한민국 임시 정부의 한국광복군은 미군과 연합하여 국내 진공 작전을 시행하기로 계획하였다.

⑤ 만민공동회를 개최하여 민권 신장을 추구하였다.
- 1898년 독립 협회가 주도한 만민 공동회를 통해 자주 국권 운동이 전개되는 과정에서 민중의 정치의식이 성장하였다.

39 3·1 운동 정답 ③

(가) 운동에 대한 설명으로 옳은 것은? [3점]

서울 앨버트 테일러 가옥 (딜쿠샤)

'딜쿠샤'가 복원되어 전시관으로 개관합니다. 많은 관람 부탁드립니다.

- 주소 : 서울시 종로구 사직로2길 17
- 개관일 : 2021년 ○○월 ○○일

⊙ 소개

'기쁜 마음의 궁전'을 뜻하는 딜쿠샤는 미국인 앨버트 W. 테일러가 지은 벽돌집으로, 테일러와 그의 가족이 미국으로 추방되기 전까지 거주한 곳이다.

미국 연합통신(AP)의 임시 특파원으로 활동한 테일러는 세브란스 병원에서 독립선언서를 발견하고 외신을 통해 전 세계에 알렸으며, (가) 당시 일제가 자행한 제암리 학살 사건 등을 취재해 보도하였다.

은쌤의 합격노트

(가) 운동은 3·1 운동이다. 3·1 운동이 일어나자 조선 총독은 시위자들을 엄중하게 처단하겠다고 발표하고, 군대와 헌병 경찰에게 발포 명령을 내렸다. 시위가 격화되자 일제는 화성 제암리를 비롯한 전국 곳곳에서 학살을 하는 만행을 저질렀다. 1919년 4월 15일 일본군은 경기도 화성 제암리에서 15세 이상의 남자들을 교회에 모이게 하여, 밖에서 문을 잠그고 무차별 사격을 가한 후 교회에 불을 지르는 등의 만행으로 23명을 학살했고 이웃 마을에 가서 6명을 살해하였다. 그리고 인근의 교회와 민가 수십 호에도 불을 질렀다.

정답 분석

③ 일제가 이른바 문화 통치를 실시하는 배경이 되었다.

➤ 1919년 3·1 운동은 일제의 통치 방식을 변화시켰다. 일제는 더 이상 무단 통치와 같은 강압적 방법으로는 한국을 통치할 수 없다는 사실을 깨닫고 이른바 문화 통치를 실시하였다.

오답 피하기

① 신간회에서 진상 조사단을 파견하여 지원하였다.

➤ 신간회는 1929년 광주 학생 항일 운동이 일어나자 현지에 진상 조사단을 파견하고 진상 보고를 위한 민중 대회를 개최하려고 하였다.

② 순종의 인산일을 기회로 만세 운동을 전개하였다.

➤ 조선 공산당과 천도교 청년회, 그리고 학생 대표들은 순종의 인산일인 1926년 6월 10일에 만세 시위를 하기로 합의하였다.

④ 한국인 학생과 일본인 학생 간의 충돌에서 비롯되었다.

➤ 광주 학생 항일 운동은 1929년 10월, 전남 광주로 통학하는 열차에서 일본 남학생이 한국 여학생을 희롱한 사건을 계기로 한·일 학생 사이에 충돌이 번져 나간 것이다.

⑤ 시위를 준비하는 과정에서 사회주의자들이 대거 검거되었다.

➤ 1926년 순종이 사망하자 학생들은 좌우익 지도자들과 함께 순종의 인산일에 대규모 군중 시위를 계획하였다. 이 계획은 사전에 경찰에게 발각되어 조선 공산당의 사회주의자 대부분이 체포되었다.

40 대한민국 임시 정부 정답 ⑤

(가)에 대한 설명으로 옳은 것을 〈보기〉에서 고른 것은? [2점]

저는 이동녕으로 이곳 충남 천안에서 태어났습니다. 저는 임시의정원 초대 의장으로 삼권 분립에 기초한 (가) 의 헌법 제정에 기여하였습니다. 또한 국무총리와 주석 등을 역임하였고, (가) 이/가 상하이를 떠나 이동하는 과정을 함께하며 독립운동에 전념하였습니다.

〈보 기〉

ㄱ. 만세보를 발행하여 민중 계몽에 힘썼다.
ㄴ. 신흥 강습소를 세워 독립군을 양성하였다.
ㄷ. 구미 위원부를 조직하여 외교 활동을 전개하였다.
ㄹ. 이륭양행에 교통국을 설치하여 국내와 연락을 취하였다.

은쌤의 합격노트

(가)는 대한민국 임시 정부이다. 1919년 9월 이승만을 임시 대통령으로 하고 이동휘를 국무총리로 하는 대한민국 임시 정부가 상하이에서 출범하였다. 임시 정부는 우리 역사상 최초로 삼권 분립에 기초한 민주 공화제를 채택하여 임시 의정원(입법), 국무원(행정), 법원(사법)을 구성하였다. 임시 의정원은 출신 지역별로 선임된 위원으로 구성하고, 직할 조직으로 상하이, 톈진, 만주, 미주 등지에 민단을 두었다.

정답 분석

ㄷ. 구미 위원부를 조직하여 외교 활동을 전개하였다.

➤ 대한민국 임시 정부는 국제 무대에서의 외교 활동으로 독립을 달성하고자 주력하였다. 미국 워싱턴에는 구미 위원부를 두고 이승만을 중심으로 한국 독립 문제를 국제 여론화하는 데 힘썼다.

ㄹ. 이륭양행에 교통국을 설치하여 국내와 연락을 취하였다.

➤ 대한민국 임시 정부는 국내외 곳곳에 통신 기관으로서 교통국을 설치하여 국내외의 정보 수집과 분석, 연락 업무를 맡겼다. 특히 만주 안동 교통국의 이륭양행의 활약이 컸다.

오답 피하기

ㄱ. 만세보를 발행하여 민중 계몽에 힘썼다.

➤ 천도교계가 발행한 만세보는 여성 교육에도 관심을 가지면서 민중을 계몽했고, 일진회 등의 반민족 행위를 비판하였다.

ㄴ. 신흥 강습소를 세워 독립군을 양성하였다.

➤ 신민회는 신흥 강습소(이후 신흥 무관 학교)를 세우고 약 3,000여 명의 독립군을 배출하였다. 이들은 여러 독립군 부대에 들어가 독립 전쟁에서 큰 활약을 하였다.

41 일제 식민 통치 3기(1930~40년대) 정답 ③

밑줄 그은 '시기'에 있었던 사실로 옳은 것은? [2점]

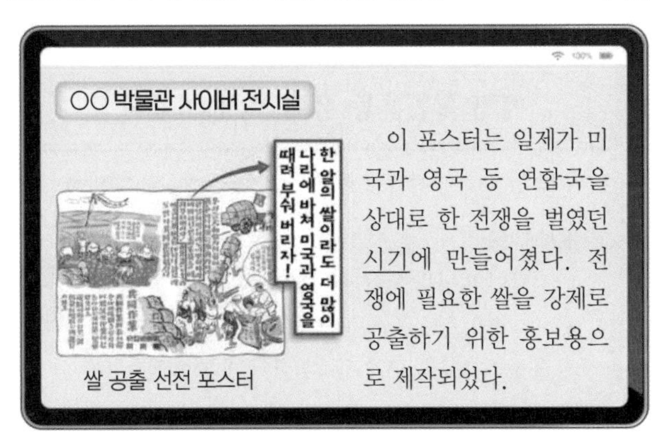

은쌤의 합격노트

밑줄 그은 '시기'는 1930년대 후반부터 1940년대에 볼 수 있는 일제의 식민 통치 시기이다. 1937년 중 · 일 전쟁을 도발한 일제는 전쟁에 필요한 물자와 인력을 효율적으로 동원하기 위해 1938년 국가 총동원법을 제정하고 본격적으로 인력과 물자 수탈에 나섰다. 1940년 미곡의 시장 유통을 금지하고 식량 배급 제도와 미곡 공출 제도를 시행하였다. 또한, 무기와 전쟁 물자를 조달하기 위해 가정과 학교, 종교 시설 등에서 금속류를 강제로 공출하였다.

정답 분석

③ 여자 정신 근로령으로 한국인 여성이 강제 동원되었다.

➊ 1944년 일제는 여자 정신 근로령을 공포하여 12세 이상 40세 미만의 여성들을 후방의 병참 지원 인력으로 동원하였다. 정신대라는 이름으로 강제 징발된 일부는 일본군 위안부로 끌려갔다.

오답 피하기

① 메가타의 주도로 화폐 정리 사업이 실시되었다.

➊ 1905년 재정 고문 메가타는 화폐 조례를 공포하여 국고 출납 업무를 제일 은행에 위임하면서 화폐 정리 사업을 단행하였다.

② 만주 군벌과 일제 사이에 미쓰야 협정이 체결되었다.

➊ 1925년 일제는 만주의 독립군을 탄압하고자 만주 군벌 세력과 미쓰야 협정을 체결하였고, 독립군은 큰 어려움을 겪게 되었다.

④ 지주 문재철의 횡포에 맞서 암태도 소작 쟁의가 전개되었다.

➊ 1923년 암태도 소작 쟁의는 농민들이 수확량의 70% 이상을 소작료로 징수하던 문재철에게 소작료를 40%로 내려줄 것을 요구하여 소작료를 낮추는 성과를 거둔 사건이다.

⑤ 회사 설립 시 총독의 허가를 받도록 하는 회사령이 공포되었다.

➊ 1910년 조선 총독부는 회사령을 제정하여 회사를 설립할 때 조선 총독의 허가를 받도록 하였다.

42 일제 강점기 종교계의 활동 정답 ③

(가)~(마)에 들어갈 내용으로 옳은 것은? [2점]

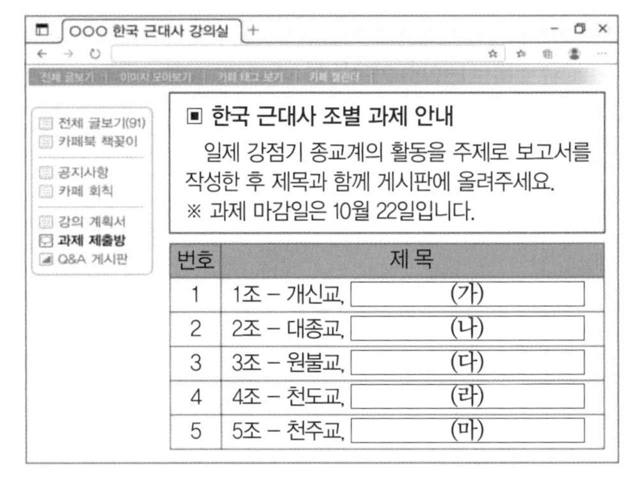
OOO 한국 근대사 강의실

전체 글보기(91)
카페북 책꽂이
공지사항
카페 회칙
강의 계획서
과제 제출방
Q&A 게시판

▣ 한국 근대사 조별 과제 안내

일제 강점기 종교계의 활동을 주제로 보고서를 작성한 후 제목과 함께 게시판에 올려주세요.
※ 과제 마감일은 10월 22일입니다.

번호	제 목
1	1조 – 개신교, (가)
2	2조 – 대종교, (나)
3	3조 – 원불교, (다)
4	4조 – 천도교, (라)
5	5조 – 천주교, (마)

은쌤의 합격노트

(가)는 개신교의 활동, (나)는 대종교의 활동, (다)는 원불교의 활동, (라)는 천도교의 활동, (마)는 천주교의 활동이다.

(가) 개신교는 교육과 계몽 운동을 활발히 하였고, 민족 지도자들 중 개신교 계통의 학교를 세우거나 교사로 활동하는 사람이 많았다. 이들 중 일부는 신사 참배를 거부하는 운동을 벌였다.

(나) 나철은 예로부터 내려오던 단군 신앙을 기반으로 새로운 종교로서 대종교를 개창하였다. 또한 간도에서 중광단을 결성하고 북로 군정서로 개편하여 적극적인 항일 무장 투쟁을 전개하였다.

(다) 박중빈이 창시한 원불교는 개간 사업과 저축 운동을 전개하여 민족의 자립정신을 키웠으며, 남녀 평등을 내세웠다.

(라) 동학을 계승한 천도교는 제2의 독립 선언 운동을 계획하였으며, "개벽", "신여성", "어린이", "농민" 등의 잡지를 발간하며 청년 · 여성 · 소년 · 농민 운동을 전개하였다.

(마) 천주교는 고아원과 양로원을 세우는 등 사회사업을 전개하면서 "경향" 등의 잡지를 발행하여 민중 계몽에 이바지하였다.

정답 분석

③ (다) - 간척 사업을 진행하고 새생활 운동을 펼치다.

➊ 원불교는 근검저축, 허례 폐지, 미신 타파, 금주 단연 등을 내용으로 하는 새생활 운동과 간척 사업을 전개하였다.

오답 피하기

① (가) - 단군 숭배 사상을 통해 민족의식을 높이다.

➊ 대종교는 만주에 많은 민족 학교를 설립하여 애국심을 고취하고 단군 숭배 사상을 널리 전파하였다.

② (나) - 의민단을 조직하여 무장 투쟁을 전개하다.

➊ 천주교는 만주에서 의민단을 조직하여 봉오동 전투와 청산리 대첩에 참여하는 등 항일 무장 투쟁을 전개하였다.

④ (라) - 배재 학당을 세워 신학문 보급에 기여하다.

➊ 개신교 선교사 아펜젤러는 근대식 중등 교육기관 배재 학당을 설립하였다.

⑤ (마) - 어린이날을 제정하고 소년 운동을 추진하다.

➊ 방정환이 만든 천도교 소년회는 소년 운동을 전개하는데 중심 역할을 하였고, 어린이날을 제정하였다.

43 조선 의용대 정답 ④

(가) 부대에 대한 설명으로 옳은 것은? [3점]

> **조선 민족혁명당 창립 제8주년 기념 선언**
>
> 우리는 중국의 난징에서 5개 당을 통합하여 전체 민족을 대표하는 유일한 정당인 조선 민족혁명당을 창립하였다. …… 아울러 중국과 한국의 연합 항일 진영을 건립하여야 했다. …… 이 때문에 우리는 1938년 [(가)]을/를 조직하고 조선의 혁명 청년들을 단결시켜 장제스 위원장의 영도 아래 직접 중국의 항전에 참가하였고, 각 전쟁터에서 찬란한 전투 성과를 만들어냈다. …… 지난해 가을 [(가)]와/과 한국 광복군의 통합 편성을 기반으로 전 민족의 통일을 성공적으로 구현하였다.

은쌤의 합격노트

(가) 부대는 조선 의용대이다. 1937년 중 · 일 전쟁이 일어나자 민족 혁명당을 계승한 조선 민족 혁명당을 중심으로 통합에 찬성하는 단체들은 조선 민족 전선 연맹을 결성하였다. 1938년 조선 민족 전선 연맹은 중국 국민당 정부의 지원을 받아 군사 조직으로 조선 의용대를 조직하고 정보 수집, 포로 심문, 후방 교란 등 중국군을 지원하는 활동을 하였다.

정답 분석

④ 김원봉, 윤세주 등이 중국 관내(關內)에서 창설하였다.

- 조선 의용대는 중국 관내에서 결성된 최초의 한인 무장 부대로, 중국의 지원을 받으며 대일 심리전과 후방 공작 활동을 전개하였다.

오답 피하기

① 자유시 참변으로 큰 타격을 입었다.

- 청산리 대첩 뒤 독립군 부대들은 소련령 자유시로 이동하였지만, 지휘권을 놓고 다툼이 일어나 수많은 독립군이 희생되는 자유시 참변을 겪었다.

② 대전자령 전투에서 일본군을 격퇴하였다.

- 지청천의 지휘 아래 한국 독립군은 중국 호로군과 함께 쌍성보 전투, 동경성 전투, 대전자령 전투 등에서 큰 전과를 올렸다.

③ 동북 항일 연군으로 개편되어 유격전을 펼쳤다.

- 동북 인민 혁명군은 모든 반일 세력을 받아들인다는 원칙을 내세우고 동북 항일 연군으로 개편하여 유격전을 펼쳤다.

⑤ 홍범도 부대와 연합하여 청산리에서 일본군과 교전하였다.

- 홍범도가 이끄는 대한 독립군과 김좌진이 이끄는 북로 군정서가 연합하여 청산리에서 일본군에 큰 승리를 거두었다.

44 북간도 지역의 독립 운동 정답 ④

(가) 지역에서 있었던 민족 운동으로 옳은 것은? [2점]

> **해외 독립운동 유적 조사 보고서**
>
> ▣ 주제 : [(가)] 지역에 서린 항일 독립 정신을 찾아서
>
> ▣ 조사 내용
>
> 1. 김약연의 명동 학교 설립과 교육활동
> 2. 이상설이 세운 민족 교육의 요람, 서전서숙
> 3. 윤동주와 송몽규의 민족의식이 싹튼 용정촌
>
> ▣ 유적 사진
>
> 
> 명동학교
>
> 
> 서전서숙 기념비
>
> 
> 용정촌 윤동주 생가

은쌤의 합격노트

(가) 지역은 북간도 지역이다. 북간도는 19세기 후반부터 몰락한 농민들이 삶의 터전을 찾아 많이 이주한 지역으로, 일제의 강제 병합을 전후한 시기 이민이 증가하였다. 이주한 동포들은 용정촌, 명동촌 등 한인 집단촌을 형성하고 간민회 등을 만들어 자치적으로 동포 사회를 운영하였다. 간민회는 한인의 법적 보호를 위해 힘썼으며, 서전서숙과 명동 학교 등을 세워 민족 교육에 앞장섰다.

정답 분석

④ 북로 군정서가 조직되어 독립 전쟁을 전개하였다.

- 북간도 지역에서 대종교 세력은 서일, 김좌진을 지도자로 하는 북로 군정서를 만들고 사관 연성소를 설립하여 독립군을 양성하였다.

오답 피하기

① 권업회가 설립되어 권업신문을 발간하였다.

- 연해주에서 이상설, 이동휘, 유인석 등은 권업회를 조직하여 한인들의 권익 신장을 위해 노력하였다.

② 이봉창이 일왕의 행렬에 폭탄을 투척하였다.

- 한인 애국단의 이봉창은 도쿄에서 일본 국왕이 타고 가는 마차 행렬에 수류탄을 던졌다.

③ 박용만의 주도로 대조선 국민군단이 창설되었다.

- 하와이에서 박용만은 대조선 국민 군단을 조직하여 군사 훈련을 실시하였다.

⑤ 유학생들이 중심이 되어 2 · 8 독립 선언서를 발표하였다.

- 일본 도쿄에서는 유학생들이 조선 청년 독립단을 조직하여 일본과 국제 사회에 한국의 독립을 선언하였다(2 · 8 독립 선언).

45 미군정 시기의 사회상 정답 ④

밑줄 그은 '군정청'이 있었던 시기의 사실로 옳은 것은? [2점]

□□ 신문

제△△호 ○○○○년 ○○월 ○○일

서윤복 선수 환영회, 중앙청 광장에서 개최

중앙청 광장에 모인 환영 인파

제51회 보스턴 세계 마라톤 대회에서 세계 신기록을 세우며 우승한 서윤복 선수의 환영회가 중앙청 광장에서 열렸다. 하지 중장, 헬믹 준장 등 군정청의 주요 인사와 김규식, 여운형, 안재홍 등 정계 인사를 비롯한 수많은 군중이 참석하여, 우리 민족의 의기를 세계에 과시한 서윤복 선수의 우승을 함께 기뻐하였다.

은쌤의 합격 노트

밑줄 그은 '군정청'은 1945년 9월부터 1948년 8월 15일까지 존속하며 남한을 통치한 미국의 군정청이다. 제51회 보스턴 마라톤 대회는 1947년 광복 이후 우리나라 선수로서는 처음으로 'KOREA(코리아)'라는 국호와 태극기를 달고 출전한 국제 대회다. 서윤복 선수(1923~2017)는 이 대회에서 당시 세계 신기록(2시간 25분 39초)을 세우며 우승한 바 있다.

정답 분석

④ 신한 공사가 설립되어 귀속 재산을 관리하였다.

➋ 광복 후 미군정은 신한 공사를 설립하여 과거에 동양 척식 주식회사가 소유했던 재산을 관리하였다.

오답 피하기

① 한미 상호 방위 조약이 체결되었다.

➋ 1953년 6 · 25 전쟁 이후 남한 정부는 미국과의 동맹 관계를 강화하여 한 · 미 상호 방위 조약을 체결하였다.

② 제1차 경제 개발 5개년 계획이 추진되었다.

➋ 박정희 정부는 장면 내각이 수립해 놓았던 경제 개발 계획을 기초로 하여 제1차 경제 개발 5개년 계획(1962~1966)을 추진하였다.

③ 반민족 행위 특별 조사 위원회가 설치되었다.

➋ 1948년 9월 친일파를 청산하기 위해 제헌 국회에서 반민족 행위 처벌법을 제정 · 공포하였다.

⑤ 국가보안법 개정안을 통과시킨 보안법 파동이 일어났다.

➋ 1958년 이승만 정부는 야당의 반대에도 불구하고 국가 보안법 개정안을 국회에 상정하여 통과시켰다.

46 6 · 25 전쟁 정답 ①

(가) 전쟁 중에 있었던 사실로 옳지 않은 것은? [1점]

대성동 마을은 경기도 파주시에 있으며, 군사 분계선 남쪽 비무장 지대에 위치한 민간인 마을입니다.

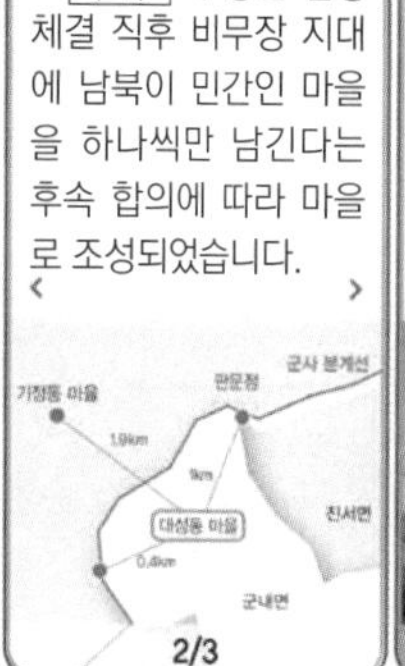

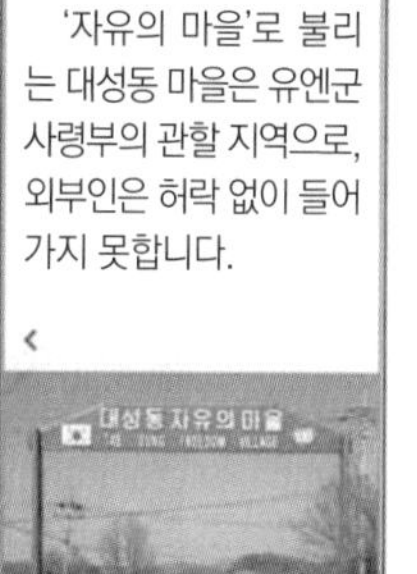

은쌤의 합격 노트

(가) 전쟁은 6 · 25 전쟁(1950~1953)이다. 6 · 25 전쟁이 휴전되고, 대성동의 위치가 군사분계선 남쪽에 속하게 되자 유엔군과 국군은 피난 가지 못하였던 주민들을 다른 곳으로 이주시키지 않고 그곳에 그대로 살게 하였다. 이후 이 마을은 '자유의 마을' 대성동이라는 이름으로 알려지기 시작하였다.

정답 분석

① 애치슨 선언이 발표되었다.

➋ 6 · 25 전쟁 발발 전인 1950년 1월 한반도와 타이완을 미국의 태평양 방위선에서 제외한다는 내용이 담긴 애치슨 선언이 발표되었다.

오답 피하기

② 부산이 임시 수도로 정해졌다.

➋ 부산은 6 · 25 전쟁이 발발한 1950년 8월 18일~10월 27일, 그리고 1 · 4 후퇴로 1951년 1월 4일~1953년 7월 27일까지 대한민국 정부의 임시 수도였다.

③ 흥남 철수 작전이 전개되었다.

➋ 흥남 철수 작전은 6 · 25 전쟁 중인 1950년 12월 15일부터 12월 26일까지 흥남에서 미군 10군단과 대한민국 국군 1군단 그리고 피난민 10만여 명이 철수한 작전이다.

④ 인천 상륙 작전 이후 서울을 수복하였다.

➋ 국군과 유엔군은 1950년 9월 15일 인천 상륙 작전을 실행하여 6 · 25 전쟁 전세를 역전하여 서울을 수복하였다.

⑤ 국회에서 국민 방위군 사건이 폭로되었다.

➋ 국민 방위군 사건은 6 · 25 전쟁 당시 지휘관들이 군수품을 빼돌리는 바람에, 전쟁 중에 소집된 국민 방위군 중 1,000여 명이 추위와 굶주림으로 사망한 것이다.

47 박정희 정부(3선 개헌 이후) 정답 ⑤

다음 대화에 나타난 사건 이후의 사실로 옳은 것은? [3점]

은쌤의 합격노트

다음 대화에 나타난 사건은 3선 개헌 반대 운동이다. 재집권에 성공한 박정희는 1969년에 국가 안보와 지속적인 경제 발전을 구실로, 대통령을 세 번까지 할 수 있도록 허용하는 3선 개헌을 추진하였다. 국민은 3선 개헌이 장기 집권으로 이어질 것으로 보고 격렬히 반대하였다. 그러나 여당 의원들만 모여 개헌안을 변칙 통과시켰다. 이후 1971년 실시된 대통령 선거에서 박정희는 신민당 후보로 나선 김대중을 힘겹게 눌렀다.

정답 분석

⑤ 국회 해산, 헌법의 일부 효력 정지를 담은 10월 유신이 선포되었다.

- 1972년 10월 국내외 정세 변화에 위기를 느낀 박정희 정부는 전국에 비상계엄을 선포한 다음, 국가 안보와 경제 성장을 명분으로 대통령에게 막강한 권력을 부여한 유신 헌법을 내놓았다(10월 유신).

오답 피하기

① 내각 책임제 형태의 정부가 출범하였다.

- 1960년 4 · 19 혁명 이후 구성된 허정의 과도 정부는 내각 책임제와 양원제를 핵심으로 하는 개헌을 실시하였고, 장면 내각이 출범하였다.

② 정부에 비판적이던 경향신문이 폐간되었다.

- 1959년 이승만 정부는 현 정부에 대한 비판적인 기사를 자주 게재하던 경향신문을 폐간시켰다.

③ 최고 통치 기구인 국가 재건 최고 회의가 구성되었다.

- 1961년 박정희를 중심으로 한 일부 군인들은 정변을 일으켜 정권을 장악하고 통치 기구인 국가 재건 최고 회의를 설치하여 입법, 행정, 사법 3권을 장악하였다.

④ 평화 통일론을 주장한 진보당의 조봉암과 간부들이 구속되었다.

- 1958년 1월 이승만 정부는 조봉암을 비롯한 진보당 관련자들이 간첩 혐의로 기소하였고, 조봉암은 사형에 처해졌다.

48 5 · 18 민주화 운동 정답 ⑤

다음 자료에 나타난 민주화 운동에 대한 설명으로 옳은 것은? [2점]

> **전국의 언론인 여러분!**
>
> 지금 광주에서는 젊은 대학생들과 시민들이 피를 흘리며 싸우고 있습니다. 대학생들의 평화적 시위를 질서 유지, 진압이라는 명목 아래 저 잔인한 공수부대를 투입하여 시민과 학생을 무차별 살육하였고 더군다나 발포 명령까지 내렸던 것입니다. …… 그러나 일부 언론은 순수한 광주 시민의 의거를 불순배의 선동이니, 폭도의 소행이니, 난동이니 하여 몰아부치고만 있습니다. …… 이번 광주 의거를 몇십 년 뒤의 '사건 비화'나 '남기고 싶은 이야기'들로 만들지 않기 위해, 사실 그대로 보도하여 주시기를 수많은 사망자의 피맺힌 원혼과 광주 시민의 이름으로 간절히, 간절히 촉구하는 바입니다.

은쌤의 합격노트

다음 자료에 나타난 민주화 운동은 5 · 18 민주화 운동이다. 1980년 5월 18일 전라남도 광주에서는 신군부의 비상계엄 확대와 휴교령에 반대하는 시위가 일어났다. 공수 부대원이 투입되어 시위를 벌이던 전남대 학생들을 무자비하게 진압하자 분노한 시민들이 합류하면서 시위가 확산되었다. 신군부는 5월 21일 시위 진압 과정에서 시민들을 향하여 총을 쏘았고, 이에 맞서 시민들은 경찰서에 있는 무기를 빼앗아 스스로 무장하고 시민군을 조직하였다. 5월 27일 계엄군은 탱크와 헬기를 동원하여 시민군이 장악하고 있는 전남도청으로 진격하여 시민군을 진압하면서 5 · 18 민주화 운동은 막을 내렸다.

정답 분석

⑤ 관련 기록물이 유네스코 세계 기록 유산으로 등재되었다.

- 5 · 18 민주화 운동 기록물은 2011년 유네스코 세계 기록 유산으로 등재되었다.

오답 피하기

① 허정 과도 정부가 출범하는 계기가 되었다.

- 4 · 19 혁명으로 이승만 대통령의 하야 직후 허정을 대통령 대행으로 한 과도 정부가 수립되었다.

② 굴욕적인 한일 국교 정상화에 반대하였다.

- 박정희 정부가 일본의 반성과 그에 따른 배상이 제대로 이루어지지 않은 상태에서 굴욕적인 한 · 일 회담을 추진하자 수많은 학생과 시민이 거세게 저항하였다(6 · 3 시위).

③ 호헌 철폐, 독재 타도 등의 구호를 외쳤다.

- 전두환 정부가 4 · 13 호헌 조치를 발표하자 대학생과 일반 시민들은 호헌 철폐와 독재 타도를 외치며 민주화를 요구하는 6월 민주 항쟁을 전개하였다.

④ 3 · 15 부정 선거에 항의하며 시위가 시작되었다.

- 이승만 정부가 1960년 3월 15일 제4대 정 · 부통령 선거에서 온갖 부정을 저지르자 부정 선거를 규탄하는 시위가 전개되었고, 4 · 19 혁명이 일어나게 되었다.

49 김영삼 정부 정답 ②

다음 연설이 있었던 정부 시기의 경제 상황으로 옳은 것은? [2점]

오늘 우리나라는 OECD 회원국이 되게 되었습니다. …… 한국은 수많은 어려움이 있었음에도 시장 경제 체제의 장점을 살리는 경제 개발 전략을 추진해 왔습니다. 이를 통해 폐허 속에서 한 세대 만에 세계 10위권의 경제 규모를 가진 나라로 성장하였습니다.

은쌤의 합격노트

다음 연설이 있었던 정부 시기는 김영삼 정부이다. 김영삼 정부는 우리나라는 선진국들의 모임인 경제 협력 개발 기구(OECD)에 가입하였다. 정부는 거세지는 시장 개방 요구에 대응하여 낙후된 분야의 경쟁력을 높이고자 세계화를 강조하였다. 그러나 집권 말기에 대기업이 연쇄적으로 도산하는 등 경제 불황으로 국제 통화 기금(IMF)의 구제 금융을 받아야 했다.

정답 분석

② 대통령 긴급 명령으로 금융 실명제가 실시되었다.
- 김영삼 정부는 불법 자금의 유통을 차단하고 정확한 과세를 하기 위해 금융 실명제를 실시하였다.

오답 피하기

① 처음으로 수출액 100억 달러가 달성되었다.
- 박정희 정부 당시인 1977년에 수출액이 100억 달러를 넘어섰고 연평균 8.9%에 달하는 경제 성장을 이루었다.

③ 개성 공단 건설을 통해 남북 간 경제 교류가 이루어졌다.
- 노무현 정부는 김대중 정부가 합의한 개성 공단 사업을 실현하여 남북 교류를 확대하였다.

④ 한국과 미국 사이에 자유 무역 협정(FTA)이 체결되었다.
- 미국과 자유 무역 협정(FTA)을 체결한 정부는 노무현 정부, 미국과 자유 무역 협정(FTA)을 비준한 정부는 이명박 정부이다.

⑤ 경제적 취약 계층을 위한 국민 기초 생활 보장법이 시행되었다.
- 김대중 정부는 1999년 국민 기초 생활 보장법을 제정하여 저소득층 · 장애인 · 노인 복지를 향상시켰다.

50 김대중 정부 정답 ③

다음 뉴스가 보도된 정부 시기의 통일 노력으로 옳은 것은? [2점]

정주영의 소 떼 방북을 계기로 남북한의 교류와 협력이 본격화되면서 금강산 관광 사업이 시작되었습니다. 이 사업은 남북 교류 활성화에 크게 기여할 것으로 보입니다.

은쌤의 합격노트

다음 뉴스가 보도된 정부 시기는 김대중 정부 시기이다. 1998년에 출범한 김대중 정부가 대북 포용 정책인 햇볕 정책을 펴면서 남북 관계는 새로운 국면을 맞이하였다. 현대그룹 정주영 명예 회장이 두 차례에 걸쳐 소떼를 몰고 북한을 방문한 것을 계기로 금강산 해로 관광이 시작되었다(1998).

정답 분석

③ 6 · 15 남북 공동 선언을 채택하였다.
- 김대중 대통령은 2000년 6월 평양을 방문하여 남북 정상 회담을 가졌으며, 6 · 15 남북 공동 선언을 발표하였다.

오답 피하기

① 남북 조절 위원회를 구성하였다.
- 박정희 정부는 1972년 7 · 4 남북 공동 성명을 발표한 후 남북 조절 위원회를 설치하였다.

② 남북한이 유엔에 동시 가입하였다.
- 노태우 정부는 남북 총리급 회담을 개최하고 1991년 남북 유엔 동시 가입과 남북 기본 합의서를 채택하는 성과를 이루었다.

④ 한반도 비핵화 공동 선언을 발표하였다.
- 노태우 정부는 1992년 '남북한 사이의 화해와 불가침 및 교류 협력에 관한 합의서' 및 '한반도 비핵화 공동 선언'을 채택하였다.

⑤ 남북 이산가족의 교환 방문을 최초로 실현하였다.
- 전두환 정부는 1985년 최초로 이산가족 고향 방문과 예술 공연단 교환을 실현하였으나 일회성 행사로 그치고 말았다.

제60회 한국사능력검정시험 정답 및 해설

정 답

번호	정답	번호	정답
01	③	26	④
02	③	27	②
03	①	28	③
04	②	29	④
05	①	30	⑤
06	①	31	④
07	⑤	32	⑤
08	④	33	②
09	⑤	34	⑤
10	②	35	⑤
11	②	36	②
12	③	37	②
13	⑤	38	③
14	③	39	④
15	①	40	③
16	④	41	④
17	③	42	①
18	②	43	①
19	①	44	③
20	①	45	⑤
21	④	46	①
22	①	47	①
23	①	48	④
24	④	49	④
25	④	50	②

01 청동기 시대 정답 ③

(가) 시대의 생활 모습으로 옳은 것은? [1점]

이곳은 유네스코 세계유산으로 등재된 화순 고인돌 유적입니다. 여기에는 계급이 발생한 (가) 시대의 고인돌이 밀집되어 있고, 인근에서는 덮개돌을 캐낸 채석장이 발견되어 고인돌의 축조 과정을 살펴볼 수 있습니다.

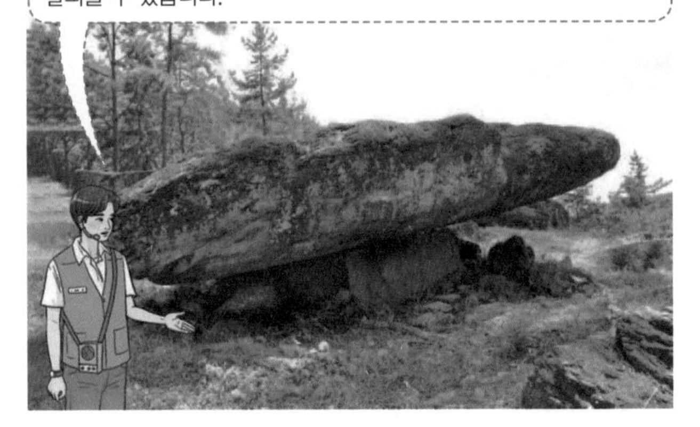

은쌤의 합격노트

(가) 시대는 청동기 시대이다. 우리나라 청동기 시대를 대표하는 무덤인 고인돌은 이러한 지배자의 모습을 잘 보여 준다. 대형 고인돌은 덮개돌의 무게만 수십 톤에 이르는데, 엄청난 노동력을 동원할 수 있는 지배자만 만들 수 있었다. 또한 무덤 내부에서는 동검과 같은 무기뿐만 아니라 청동 거울이나 청동 방울 등 의례 도구가 함께 출토되고 있다.

정답 분석

③ 반달 돌칼을 사용하여 곡물을 수확하였다.
- 청동기 사람들은 반달 돌칼 등과 같이 더욱 발전된 석기를 이용하여 농사를 지었다.

오답 피하기

① 소를 이용하여 깊이갈이를 하였다.
- 삼국은 농사에 소를 이용하여 경작하는 우경을 장려하였는 데 신라 지증왕 때의 기록에 우경이 처음으로 등장한다.

② 주로 동굴이나 바위 그늘에서 살았다.
- 구석기인들은 식량을 찾아다니며 주로 동굴이나 막집, 바위그늘에서 거주하였다.

④ 빗살무늬 토기를 제작하여 식량을 저장하였다.
- 신석기 시대의 대표적인 토기인 빗살무늬 토기는 서울 암사동, 경남 김해 등 한반도 전역에서 출토되었으며, 대부분 강가나 바닷가에서 발견되었다.

⑤ 주먹도끼, 찍개 등 뗀석기를 만들기 시작하였다.
- 구석기인들은 주먹도끼, 찍개, 찌르개 등으로 사냥을 하고, 자르개, 밀개, 긁개 등으로 사냥한 짐승의 가죽을 벗기거나 음식을 조리하였다.

02 부여 정답 ③

밑줄 그은 '이 나라'에 대한 설명으로 옳은 것은? [2점]

이것은 쑹화강 유역에 위치했던 이 나라의 유물로 고대인의 얼굴을 추정해 볼 수 있는 귀중한 자료입니다. 이 나라에는 영고라는 제천 행사와 형사취수제라는 풍속이 있었다고 전해집니다.

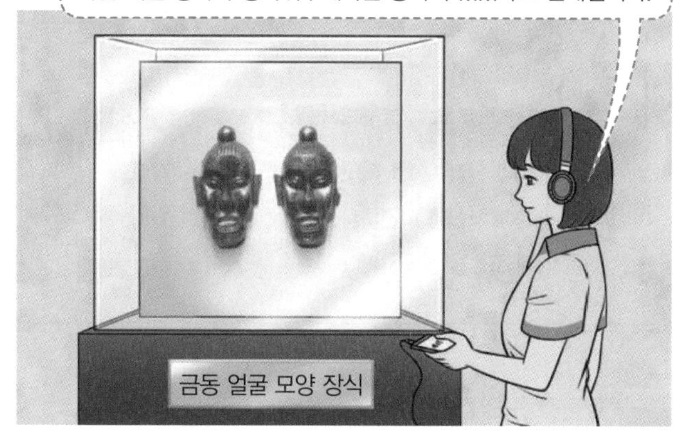

은쌤의 합격노트

밑줄 그은 '이 나라'는 부여다. 부여는 매년 영고라는 제천 행사를 열어 각 집단의 결속력을 다졌다. 혼인 풍습으로 죽은 형의 부인을 아내로 맞는 형사취수혼이 행해지기도 하였다.

정답 분석

③ 여러 가(加)들이 각각 사출도를 주관하였다.

➡ 부여는 왕이 중앙만 다스리고 마가 · 우가 · 저가 · 구가 등 제가들이 사출도를 나누어 다스렸다.

오답 피하기

① 신성 구역인 소도를 두었다.

➡ 삼한의 천군은 제천 행사 등 종교 의례를 주관하였는데, 제사를 거행하던 소도는 신성시되어 죄인이 그곳으로 도망가도 잡지 못하였다.

② 읍락 간의 경계를 중시하는 책화가 있었다.

➡ 동예에는 공동체의 전통이 강하게 남아 다른 공동체의 생활권을 침범하면 책화라 하여 노비와 소, 말로 변상하였다.

④ 정사암 회의에서 국가의 중대사를 결정하였다.

➡ 백제에는 정사암 회의가 있었는데 귀족들이 모여 대표를 선출하고 국가의 중요 정책을 결정하였다.

⑤ 사회 질서를 유지하기 위해 범금 8조를 만들었다.

➡ 고조선에는 사회의 기본 질서를 유지하는 범금 8조법이 있었다.

03 금관가야 정답 ①

(가) 나라에 대한 설명으로 옳은 것은? [2점]

국가문화유산포털

종목별 전체 국보 보물 사적 명승

문화유산 검색 김해 양동리 고분군 검색 초기화 결과 내 검색

수로왕이 건국했다고 전해지는 (가) 의 유적이다. 발굴 조사 결과 널무덤, 독무덤 등 600여 기의 유구와 토기, 청동기, 철기 등 5,200여 점에 이르는 유물이 출토되었다.

▲ 고분군 발굴 전경

은쌤의 합격노트

(가) 나라는 금관가야다. 김수로가 건국한 것으로 전해지는 금관가야는 낙동강 하류에 있어 해상 활동에 유리하였을 뿐만 아니라 질이 좋은 철도 생산하였다. 철은 무기나 농기구를 만드는 데 사용되었고, 덩이쇠는 화폐처럼 사용되기도 하였다. 금관가야는 풍부하게 생산된 철을 낙랑과 왜에 수출하였다.

정답 분석

① 법흥왕 때 신라에 복속되었다.

➡ 신라 상대 법흥왕은 금관가야를 점령하고 낙동강을 넘어 가야 지역으로 진출하였다.

오답 피하기

② 유학 교육 기관으로 주자감을 두었다.

➡ 발해는 상경에 유학과 기술학 등 교육을 담당한 주자감을 설치하였다.

③ 지방에 22담로를 두어 왕족을 파견하였다.

➡ 백제 무령왕은 지방의 22담로에 왕족을 파견함으로써 지방 통제를 강화하였다.

④ 화백 회의에서 국가의 중대사를 논의하였다.

➡ 신라의 화백 회의는 최고위 귀족들이 합의를 통해 국왕과 귀족의 권력을 조절하며 국가 중대사를 논의하던 회의 기구이다.

⑤ 단궁, 과하마, 반어피 등의 특산물이 있었다.

➡ 동예에는 단궁이라는 활, 과하마라는 작은 말, 반어피라 불린 바다짐승 가죽 등이 산출되었다.

04 백제 부흥 운동 이후의 사실 정답 ②

다음 상황 이후에 전개된 사실로 옳은 것은? [3점]

> 소정방이 백제를 평정하자 흑치상지는 휘하의 무리를 이끌고 항복하였다. 소정방이 연로한 왕을 가두고 병사를 풀어 가혹하게 약탈하자, 이를 두려워한 흑치상지는 추장 10여 인과 함께 도망하여 임존산을 거점으로 반란을 일으켰다. 열흘 만에 휘하에 3만여 명이 모였으며 곧 200여 성을 되찾았다. 소정방이 병사를 이끌고 흑치상지를 공격하였지만 이기지 못하였다.
>
> -『삼국사기』-

은쌤의 합격노트

다음 상황은 백제 멸망(660) 직후이다. 백제 멸망 후 흑치상지는 임존성에서, 복신과 도침은 주류성에서 왜에 있던 왕자 풍을 왕으로 추대하고 부흥 운동을 전개하였다. 그러나 이들을 돕기 위해 파견된 왜의 지원군이 백강(금강)에서 패하고, 백제 부흥군도 진압되었다. 이후 많은 백제 유민이 일본으로 망명하였다.

정답 분석

② 안승이 보덕국의 왕으로 임명되었다.

➡ 신라는 당과 연합하여 고구려를 멸망시켰다(668). 고구려 멸망 후에는 검모잠이 왕족인 안승을 받들어 한성(황해 재령)에서 고구려를 다시 세우고자 하였다. 이후 안승이 이끈 고구려 유민은 신라에 투항하여 금마저(전북 익산)에 보덕국을 세웠다.

오답 피하기

① 을지문덕이 살수에서 승리하였다.

➡ 수 양제가 113만 대군을 이끌고 고구려를 공격해오자 을지문덕은 수의 30만 군대를 청천강 부근에서 궤멸시키면서 대승을 거두었다(살수대첩, 612).

③ 관구검의 공격으로 환도성이 함락되었다.

➡ 고구려 동천왕은 3세기 전반 요동의 서안평을 공격하다가 위 장군 관구검의 반격으로 크게 위축되었다.

④ 의자왕이 윤충을 보내 대야성을 함락시켰다.

➡ 백제 의자왕은 신라 서부의 군사 요충지인 대야성을 비롯한 서쪽 변경 40여 개 성을 빼앗았다(642).

⑤ 계백이 이끄는 결사대가 신라군에 맞서 싸웠다.

➡ 나·당 연합군이 백제를 공격하자 황산벌에서 계백이 이끈 백제의 결사대가 김유신이 지휘한 신라군을 상대로 치열하게 싸웠지만 패배하였고, 결국 백제는 멸망하였다(660).

05 고구려 장수왕의 업적 정답 ①

다음 검색창에 들어갈 왕에 대한 설명으로 옳은 것은? [2점]

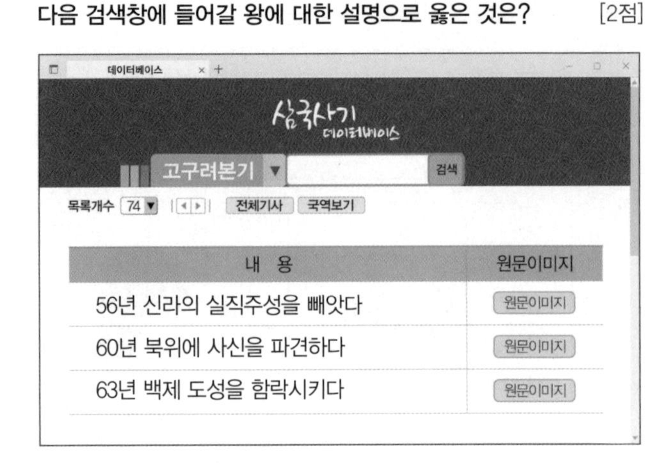

은쌤의 합격노트

다음 검색창에 들어갈 왕은 장수왕이다. 광개토 대왕의 뒤를 이은 장수왕은 평양으로 천도하여(427) 국내 정세를 안정시켰다. 장수왕은 중국 남북조의 대립을 이용한 실리적 외교 정책을 구사하여 북위와 화친을 맺고 북방 유목 민족들과도 활발히 교류하였다. 또한 남진 정책을 추진하여 백제의 수도 위례성(한성)을 함락시키고(475), 신라를 공격하여 한강 이남까지 영토를 확장하였다.

정답 분석

① 도읍을 국내성에서 평양으로 옮겼다.

➡ 고구려 장수왕은 넓은 영역을 원활하게 운영하고, 남진 정책을 적극 추진하기 위해 평양으로 수도를 옮겼다(427).

오답 피하기

② 낙랑군을 몰아내고 영토를 확장하였다.

➡ 고구려 미천왕은 낙랑을 공격하여 중국 세력을 완전히 몰아냈다.

③ 을파소의 건의로 진대법을 실시하였다.

➡ 고구려 고국천왕은 연나부의 반란을 진압하고 을파소를 등용하여 진대법을 시행하였다.

④ 영락이라는 독자적 연호를 사용하였다.

➡ 고구려 광개토 대왕은 독자적 연호인 '영락(永樂)'을 사용하여 고구려의 높은 위상을 드러냈다.

⑤ 전진의 순도를 통해 불교를 수용하였다.

➡ 고구려 소수림왕 대에 전진의 승려 순도가 불상과 불경을 가지고 왔고 불교가 수용되었다.

06 발해 정답 ①

(가) 국가에 대한 설명으로 옳은 것은? [1점]

은쌤의 합격노트

(가) 국가는 발해다. 발해는 9세기 초 선왕 때에 이르러 서로는 랴오허 강까지 진출하고 동북으로는 헤이룽장 강까지 영역을 확대하여 '해동성국'이라 불렸다. 영광탑은 현재 남아 있는 유일한 발해 탑이고, 정효 공주는 발해 3대 왕 문왕의 딸이다. 그리고 상경성 내 흥륭사의 발해 석등은 6m가 넘는 거대한 현무암 석등으로, 발해 목조 건축 양식을 엿볼 수 있다.

정답 분석

① 중정대를 두어 관리를 감찰하였다.
- 발해는 당의 3성 6부를 본떠 중앙 행정 기구를 정비하였는데, 관리를 감찰하는 중정대, 외교 의례를 담당한 사빈시, 국립 학교인 주자감 등을 설치하였다.

오답 피하기

② 군사 조직으로 9서당 10정을 편성하였다.
- 신라 중대 신문왕은 중앙군과 지방군을 각각 9서당과 10정으로 확대 개편하였다. 특히 9서당에는 신라인은 물론 옛 고구려와 백제인, 말갈인까지 편성하여 민족의 융합을 꾀하였다.

③ 내신 좌평 등 6좌평의 관제를 정비하였다.
- 백제 고이왕은 6좌평의 관제를 마련하고 관리의 복색을 제정하는 등 지배 체제를 정비하여 중앙 집권적 고대 국가의 면모를 갖추었다.

④ 상수리 제도를 시행하여 지방 세력을 견제하였다.
- 통일 신라의 상수리 제도는 지방 세력가나 그 자제를 일정 기간 수도에 와서 거주하게 한 제도이다.

⑤ 왕족인 부여씨와 8성의 귀족이 지배층을 이루었다.
- 백제는 왕족 부여씨와 8성의 귀족이 최고 지배층을 형성하였다.

07 신라 승려 의상 정답 ⑤

밑줄 그은 '이 승려'의 활동으로 옳은 것은? [2점]

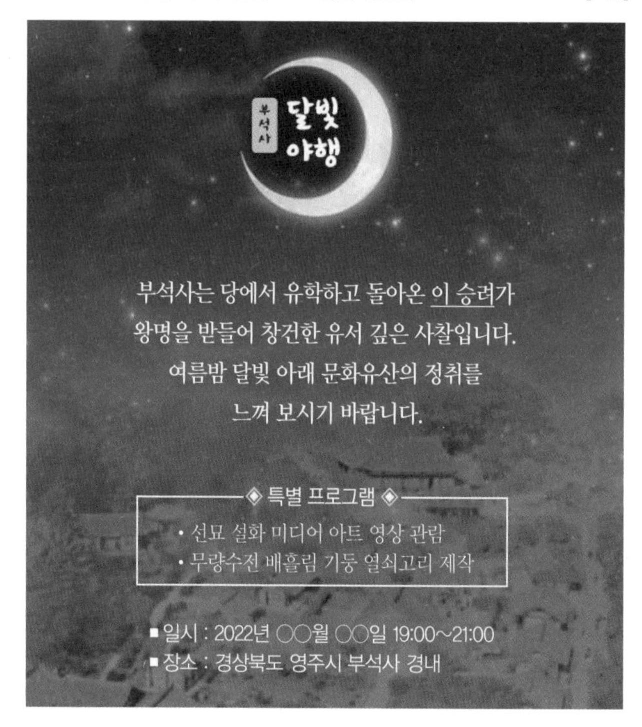

은쌤의 합격노트

밑줄 그은 '이 승려'는 의상이다. 의상은 화엄종을 형성하여 많은 제자를 양성하였고, 부석사를 비롯한 여러 사원을 건립하여 불교문화의 폭을 확대하였다. 의상은 아미타 신앙과 함께 현세의 고난을 구제받고자 하는 관음 신앙을 통해 불교 대중화에도 이바지하였다.

정답 분석

⑤ 화엄일승법계도를 지어 화엄 사상을 정리하였다.
- 의상은 당에 유학한 뒤 귀국하여 화엄 사상을 정립하였다. 이는 모든 존재가 상호 의존적인 관계에 있으면서 서로 조화를 이루고 있다는 내용으로 통일 직후 신라 사회를 통합하는 데 크게 기여하였다.

오답 피하기

① 무애가를 지어 불교 대중화에 기여하였다.
- 원효는 광대 복장으로 지내며 "화엄경"의 이치를 쉬운 내용으로 담은 "무애가"라는 노래를 지어 민중 속에 퍼뜨려 불교 대중화에 힘썼다.

② 화랑도의 규범으로 세속 5계를 제시하였다.
- 원광은 세속 5계를 지어 화랑도가 지켜야 할 행동의 규범을 제시하였다.

③ 구법 순례기인 왕오천축국전을 저술하였다.
- 혜초는 인도에 가서 새로운 불교를 연구하였으며, 자신이 여행한 인도와 중앙아시아의 여러 풍물을 기록한 "왕오천축국전"을 남겼다.

④ 승려들의 전기를 담은 해동고승전을 집필하였다.
- 승려 각훈은 삼국 시대 이래의 명승들의 전기를 정리하여 "해동고승전"을 편찬하였으며 그중 일부가 전해진다.

08 신라 신문왕의 업적 정답 ④

밑줄 그은 '이 왕'의 업적으로 옳은 것은? [2점]

은쌤의 합격노트

밑줄 그은 '이 왕'은 신문왕이다. 문무왕을 이은 신문왕은 반란을 모의한 장인 김흠돌 세력을 숙청하며 왕권 강화 의지를 밝혔다. 감은사는 "삼국유사"에 의하면 문무왕이 왜병을 진압하려고 이 절을 처음으로 지었고, 그 아들 신문왕이 완성하였다고 한다. 한편, 신문왕은 지방 조직을 개편할 때에도 9개의 주를 설치하여 신라, 고구려, 백제의 옛 땅에 3개씩 주를 할애하였다.

정답 분석

④ 관료전을 지급하고 녹읍을 폐지하였다.
- 신라 중대 신문왕은 관리에게 관료전을 지급하고 녹읍을 폐지하여 귀족의 경제적 기반을 약화시켰다.

오답 피하기

① 거칠부에게 국사를 편찬하게 하였다.
- 신라 상대 진흥왕 때에 거칠부가 "국사"를 편찬하였다.

② 이사부를 보내 우산국을 복속하였다.
- 신라 상대 지증왕은 이사부를 앞세워 우산국(울릉도 일대)을 복속시켰다.

③ 건원이라는 독자적 연호를 사용하였다.
- 신라 상대 법흥왕은 '건원'이라는 자주적인 연호를 사용하였다.

⑤ 관리 선발을 위해 독서삼품과를 실시하였다.
- 신라 중대 원성왕은 유교 경전에 대한 이해 수준을 평가하여 관리를 채용하는 독서삼품과를 시행하였다.

09 후고구려 궁예의 업적 정답 ⑤

(가) 인물에 대한 설명으로 옳은 것은? [2점]

이 사진은 (가) 이/가 세운 태봉의 철원 도성 터에서 촬영된 석등입니다. 일제 강점기에 보물로 지정되기도 했으나 지금은 비무장지대 안에 있어 존재를 확인하기 어렵습니다. 관련 구의 진전을 위해서는 남북한의 협력이 필요합니다.

은쌤의 합격노트

(가) 인물은 궁예이다. 초적의 무리를 이끌던 궁예는 신라 타도를 표방하며 개성을 수도로 삼고 후고구려를 세웠다(901). 그 후 철원으로 천도하고 국호를 마진, 태봉 등으로 고쳤다.

정답 분석

⑤ 광평성을 비롯한 각종 정치 기구를 마련하였다.
- 후고구려 궁예는 국정을 총괄하는 광평성을 비롯한 여러 관서를 설치하고, 9관등제를 시행하는 등 골품제를 대신할 새로운 신분 제도를 모색하였다.

오답 피하기

① 금마저에 미륵사를 창건하였다.
- 백제 무왕은 왕비의 발원에 따라 익산 미륵사를 지었다.

② 후당과 오월에 사신을 파견하였다.
- 후백제 견훤은 중국의 오월과 후당에 외교 사절을 파견하였다.

③ 일리천 전투에서 신검의 군대를 격퇴하였다.
- 신검의 후백제군은 일리천 전투에서 왕건의 고려군에게 패하였고, 후백제는 멸망하였다.

④ 폐정 개혁을 목표로 정치도감을 설치하였다.
- 고려 충목왕은 고려 사회의 모순과 폐단을 시정하기 위해 정치도감을 설치하였다.

10 하남 하사창동 철조 석가여래 좌상 정답 ②

(가)에 들어갈 불상으로 옳은 것은? [2점]

문화유산 카드

(가)

- 종목 : 보물
- 소장처 : 국립중앙박물관
- 소개 : 경기도 하남시 하사창동에서 발견된 철불이다. 고려 초기 호족의 후원을 받아 제작되었으며, 석굴암 본존불의 양식을 이어받았다.

은쌤의 합격노트

(가)에 들어갈 불상은 하남 하사창동 철조 석가여래 좌상이다. 고려 시대의 불상은 시기와 지역에 따라 독특한 모습을 보여 준다. 고려 초기에는 대형 철불이 많이 조성되었는데, 하남 하사창동 철조 석가여래 좌상이 대표적이다. 당당한 어깨와 두드러진 가슴이 특징이다.

정답 분석

②

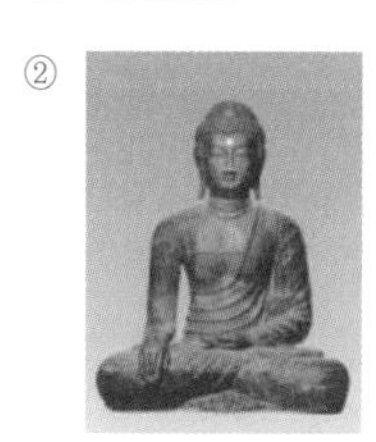

고려의 하남 하사창동 철조 석가여래 좌상이다.

오답 피하기

①

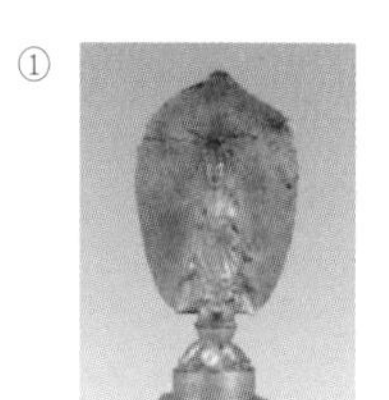

고구려의 금동 연가 7년명 여래 입상이다.

③

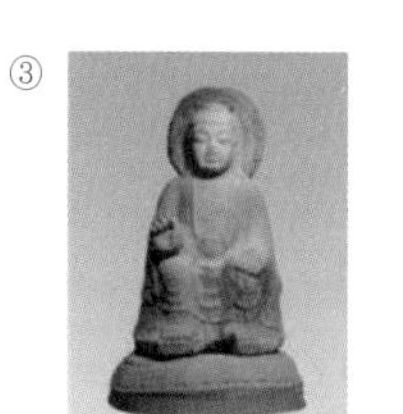

신라의 경주 남산 장창곡 석조미륵 여래삼존상이다.

④

고려의 금동관음보살 좌상이다.

⑤

국보 83호 금동미륵보살반가사유상으로 신라 제작설이 유력하다.

11 고려의 대외 관계와 항쟁 정답 ②

(가)~(다)를 일어난 순서대로 옳게 나열한 것은? [2점]

(가) 백관을 소집하여 금을 섬기는 문제에 대한 가부를 의논하게 하니 모두 불가하다고 하였다. 이자겸, 척준경만이 "사신을 보내 먼저 예를 갖추어 찾아가는 것이 옳습니다."라고 하니 왕이 이 말을 따랐다.

(나) 나세 · 심덕부 · 최무선 등이 왜구를 진포에서 공격해 승리를 거두고 포로 334명을 구출하였으며, 김사혁은 패잔병을 임천까지 추격해 46명을 죽였다.

(다) 몽골군이 쳐들어와 충주성을 70여 일간 포위하니 비축한 군량이 거의 바닥났다. 김윤후가 괴로워하는 군사들을 북돋우며, "만약 힘을 다해 싸운다면 귀천을 가리지 않고 모두 관작을 제수할 것이니 불신하지 말라."라고 하였다.

은쌤의 합격노트

고려 시대에 일어난 주요 사건을 순서대로 나열하는 문제이다. (가)는 1115년 고려 중기 금의 건국 이후 1126년 즈음에 금의 사대 요구를 수용하는 상황, (나)는 1380년 고려 후기 진포 대첩, (다)는 1253년 고려 후기 몽골의 5차 침략 때의 충주성 전투이다.

정답 분석

② (가) - (다) - (나)

- (가) 1115년 여진족은 더욱 강성해져 만주 일대를 장악하고 금을 건국하였다. 금은 요를 멸망시킨 뒤 고려에 군신 관계를 맺자고 요구하였다. 당시 정치의 실권을 쥐고 있던 이자겸은 정권을 유지하고자 금과의 무력 충돌을 피하려 하였다. 결국 고려는 금의 요구를 받아들이고, 두 나라의 관계를 평화적으로 해결하였다. 이후 1126년 이자겸은 스스로 왕이 되기 위해 부하인 척준경과 함께 난을 일으켰다. 하지만 이자겸은 인종에게 포섭된 척준경에 의해 제거되었고, 척준경도 탄핵으로 쫓겨나면서 난은 진압되었다.
- (다) 1231년 몽골의 2차 침략 때에는 김윤후와 처인 부곡의 사람들이 힘을 합쳐 처인성 전투에서 승리하였다. 1253년 몽골의 5차 침략 때에는 김윤후와 충주성의 노비 등이 몽골군을 물리치기도 하였다. 김윤후는 70일간의 혈투가 진행되자 관청에 보관된 노비 문서를 불지르고 몽골군에게서 빼앗은 소와 말 등을 사람들에게 나눠줘 사기를 이끌어 냈다. 결국 몽골군은 퇴각할 수밖에 없었고 충주성 사람들은 관노나 백정부터 일반 백성까지 벼슬을 제수받았다.
- (나) 14세기 후반에는 홍건적과 왜구가 고려에 침입하여 국토가 황폐해졌다. 이러한 외적의 침입을 격퇴하는 과정에서 최무선은 화포를 만들어 1380년 진포 전투에서 나세, 심덕무 등과 함께 많은 왜구의 배를 불태웠다.

12 고려의 정치 기구 정답 ③

㉠~㉤ 기구에 대한 설명으로 옳은 것은? [2점]

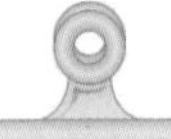

인물의 생애로 보는 고려의 정치 기구

윤관

- 출생년 미상
- 1095년 ㉠ 상서성 좌사낭중
- 1101년 ㉡ 추밀원(중추원) 지주사
- 1102년 ㉢ 어사대 어사대부
- 1103년 ㉣ 한림원 학사승지
- 1108년 ㉤ 중서문하성 문하시중
- 1111년 별세

은쌤의 합격노트

고려는 건국 초기에 주로 태봉과 신라의 제도를 받아들여 통치 조직을 운영하였다. 이후 국가 체제가 안정되면서 당의 3성 6부와 송의 제도를 참고하여 실정에 맞게 통치 체제를 갖추어 갔다. 특히 성종 때에 이르러 중앙 통치 조직의 근간을 이루는 2성 6부제를 기본으로 운영하였다.

정답 분석

③ ㉢ - 관리의 비리를 감찰하고 풍기를 단속하였다.

➋ 어사대는 관리들의 감찰을 담당하였다. 어사대의 관원은 중서문하성의 낭사와 함께 대간으로 불렸는 데, 이들은 직위는 낮았지만 왕과 관리의 잘못을 지적하거나 관리 임명에서 동의권을 행사할 수 있었다.

오답 피하기

① ㉠ - 학술 기관으로 경연을 관장하였다.

➋ 상서성은 6부를 관리하며 정책의 집행을 담당하였다.

② ㉡ - 실록을 보관하고 관리하는 업무를 맡았다.

➋ 중추원은 왕의 비서 기구로 군사 기밀과 왕명 출납을 담당하였다.

④ ㉣ - 수도의 치안과 행정을 주관하였다.

➋ 한림원은 임금의 명령을 받아 문서를 꾸미는 일을 담당하였다.

⑤ ㉤ - 화폐와 곡식의 출납에 대한 회계를 담당하였다.

➋ 중서문하성은 정책을 심의하고 결정하는 최고 기구로 수상인 문하시중을 비롯한 2품 이상의 재신과 3품 이하의 낭사로 구성되었다.

13 고려의 경제 상황 정답 ⑤

밑줄 그은 '시기'의 경제 상황으로 옳은 것은? [1점]

이달의 책

원의 간섭을 받던 시기에 이암이 우리나라에 소개했다고 전해지는 농서입니다. 원에서 편찬된 이 책은 경간(耕墾) · 파종 등 10문(門)으로 구성되어 있으며, 화북 지방의 농법을 수록하고 있습니다. 특히 누에, 면화, 저마의 생산을 장려하고 있어 주목할 만합니다.

은쌤의 합격노트

밑줄 그은 '시기'는 고려 후기이다. 고려 후기 이암은 원의 농서인 "농상집요"를 소개하여 목화 재배와 양잠 등에 필요한 지식을 전파하였고, 문익점이 원에서 목화씨를 들여와 목화를 재배하였다.

정답 분석

⑤ 경시서의 관리들이 시전의 상행위를 감독하였다.

➋ 고려는 개경과 서경을 비롯한 대도시에 시전을 설치하였고, 이를 경시서라는 관청이 감독하였다. 경시서는 조선 시대까지 이어지다 세조 때 평시서로 개칭되었다.

오답 피하기

① 모내기법이 전국적으로 확산되었다.

➋ 고려 후기 이앙법(모내기)이 남부의 일부 지방에 도입되었고, 조선 후기에 이르러 전국적으로 확산되었다.

② 초량왜관을 통해 일본과 무역하였다.

➋ 초량왜관은 조선 후기 숙종 때 용두산을 중심으로 약 33만㎡ 면적에 조성되어 약 200년간 조선과 일본의 외교, 무역이 진행된 곳이다.

③ 감자, 고구마 등의 작물이 재배되었다.

➋ 조선 후기 기근에 대비한 구황 작물의 필요성이 높아지자 고구마, 감자 등 새로운 작물이 널리 재배되었다.

④ 광산을 전문적으로 경영하는 덕대가 활동하였다.

➋ 조선 후기 광산 개발 전문 경영인 덕대가 등장하여 상인 물주로부터 자금을 받아 광산을 운영하였다.

14 고려의 거란과의 항쟁 정답 ③

(가) 시기에 있었던 사실로 옳은 것은? [3점]

은쌤의 합격노트

(가) 시기는 고려에 거란이 침입하였던 시기이다. 좌측의 대화는 강조의 정변(1009)과 관련이 있다. 1차 침입 이후 거란은 강동 6주의 반환을 요구하였지만 고려가 거부하자 강조의 정변을 구실로 2차 침입을 강행하였다. 강조의 정변(1009)은 고려 목종의 생모 천추 태후와 김치양이 자신들 사이에서 낳은 아들에게 왕위를 계승시키려 하자 서북면 도순검사 강조가 정변을 일으켜 김치양 일파를 죽이고 목종을 폐위시킨 뒤 현종을 세운 사건이다. 우측의 대화는 강감찬의 귀주 대첩 이후의 일이다. 거란의 3차 침입 때 강감찬이 지휘하는 고려군은 거란의 군대를 귀주에서 크게 격파하였다(1019, 귀주 대첩).

정답 분석

③ 거란이 침입하여 왕이 나주까지 피난하였다.

➡ 고려 중기 강조의 정변 이후 거란의 2차 침입 때 개경이 함락되고 현종이 나주까지 피난하는 어려움을 겪었으나 양규 등의 활약으로 이를 극복하였다.

오답 피하기

① 화통도감이 설치되어 화포가 제작되었다.

➡ 화통도감은 1377년 최무선의 건의로 설치된 고려 시대 화약 및 화기의 제조를 맡아보던 임시 관청이다.

② 신돈이 전민변정도감의 설치를 건의하였다.

➡ 고려 후기 공민왕은 승려 신돈을 기용하고 전민변정도감을 설치하여 불법적인 농장을 없애고 억울하게 노비가 된 사람들을 해방하였다.

④ 노비안검법의 실시로 국가 재정이 확충되었다.

➡ 고려 초기 광종은 노비안검법을 실시하여 억울하게 노비가 된 자를 양인으로 해방하였다.

⑤ 신기군, 신보군, 항마군 등으로 구성된 별무반이 조직되었다.

➡ 고려 중기 숙종은 윤관의 건의를 받아들여 기병인 신기군, 보병인 신보군, 승려군인 항마군으로 편성된 특수군 별무반을 조직하였다.

15 고려 후기 무신 집권기의 사회상 정답 ①

다음 상황 이후에 전개된 사실로 옳은 것은? [2점]

> 백관이 최우의 집에 나아가 정년도목(政年都目)을 올리니, 최우가 청사에 앉아 받았다. 6품 이하는 당하(堂下)에서 두 번 절하고 땅에 엎드려 감히 고개를 들지 못하였다. 이때부터 최우는 정방을 자기 집에 두고 백관의 인사행정을 처리하였다.
>
> -「고려사절요」-

은쌤의 합격노트

다음 상황은 무신 집권기에 권력을 장악하였던 최우가 정방을 설치한 모습이다. 무신 정권 초기에는 확고하게 권력을 장악한 세력이 없어 무신들 간의 권력 투쟁이 치열하게 전개되었다. 이후 정권을 장악한 최충헌은 무신 정권을 안정시켜 4대 60년간에 걸친 최씨 무신 정권의 기반을 다졌다. 최충헌을 이은 최우는 자신의 집에 정방을 두어 모든 관리의 인사권을 장악하였다.

정답 분석

① 삼별초가 용장성에서 항전하였다.

➡ 몽골과의 전쟁이 장기화되자 강화를 지지하는 무신들이 집권자 최의(최우의 증손자)를 제거한 후 몽골과 강화를 맺고 개경으로 환도하였다(1270). 한편, 최우가 양성한 삼별초는 몽골과의 강화에 반대하여 배중손의 지휘 아래 강화도에서 반기를 들었다. 이들은 진도 용장성과 제주도 항파두리성으로 근거지를 옮기면서 장기간 항전하였다.

오답 피하기

② 정중부 등이 김보당의 반란을 진압하였다.

➡ 이의방과 정중부 등 무신들은 다수의 문신을 제거하고 의종을 폐한 이후 명종을 왕으로 세우고 정권을 장악하였다(무신정변). 이에 김보당, 조위총 등 문신들과 귀법사 승려들이 저항하였으나 모두 진압되었다.

③ 빈민 구제를 위한 흑창을 처음 설치하였다.

➡ 고려 건국 이후 태조는 빈민을 구제하기 위한 기구로 흑창을 설치하였다.

④ 공주 명학소에서 망이 · 망소이가 봉기하였다.

➡ 무신 집권자 정중부가 권력을 장악하고 있던 1176년 특수 행정 구역인 공주 명학소에서 망이 · 망소이가 봉기하였다.

⑤ 최충헌이 교정별감이 되어 국정을 총괄하였다.

➡ 최충헌은 국정을 총괄하는 최고 정치 기구로 교정도감을 설치하고, 그 우두머리인 교정별감이 되어 최고의 권력을 행사하였다.

16 전시과와 과전법

정답 ④

(가), (나)에 해당하는 토지 제도에 대한 설명으로 옳은 것은? [3점]

> (가) 문종 30년 양반 전시과를 다시 개정하였다. 제1과는 전지 100결, 시지 50결(중서령 · 상서령 · 문하시중) …… 제18과는 전지 17결(한인 · 잡류)로 한다.
>
> (나) 공양왕 3년 도평의사사에서 글을 올려 과전의 지급에 관한 법 제정을 건의하니 왕이 허락하였다. …… 1품부터 9품의 산직까지 나누어 18과로 하였다.

은쌤의 합격노트

(가)는 고려 문종 때 시행된 경정 전시과, (나)는 고려 공양왕 때 시행된 과전법이다.

(가) 경종 때 처음으로 만들어진 시정 전시과는 관직의 높고 낮음 뿐 아니라 인품을 반영하여 토지를 지급하였다. 이후 목종 때 개정 전시과를 시행하여 관직만을 고려하여 토지를 지급하였다. 그러나 관료에게 지급할 토지가 부족해지자 문종 때 다시 현직 관료에게만 토지를 지급하는 경정 전시과를 시행하였다.

(나) 과전법에서 관리들에게 지급한 과전은 토지의 수조권을 지급한 것으로 경기 지방에 한정하였다. 관리가 죽으면 과전은 반납하도록 정해져 있었지만, 수신전 · 휼양전 · 공신전 등은 세습이 가능하였다.

정답 분석

④ (나) - 지급 대상 토지를 원칙적으로 경기 지역에 한정하였다.

➊ 고려 후기에 마련된 과전법은 경기 지방의 토지에 한해 관리에게 등급에 따라 수조권을 지급하는 제도였다.

오답 피하기

① (가) - 조준 등의 건의로 제정되었다.

➊ 고려 후기 조준 등의 신진사대부는 권문세족의 대토지 소유로 국가 재정이 어려워지자 이를 해결하기 위해 과전법을 단행하였다

② (가) - 관등과 인품을 기준으로 수조권을 주었다.

➊ 고려 초기 경종 때 처음으로 만들어진 시정 전시과는 관직의 높고 낮음 뿐 아니라 인품을 반영하여 토지를 지급하였다.

③ (나) - 개국 공신에게 역분전을 지급하였다.

➊ 고려 초기 태조는 후삼국을 통일하는 과정에서 공을 세운 사람들에게 역분전을 지급하였다.

⑤ (가), (나) - 수조권 외에 노동력을 징발할 수 있는 권한을 주었다.

➊ 신라 녹읍은 농민에게 조세를 수취하고 토지에 딸린 노동력까지 징발할 수 있는 권리가 부여되어 있었다.

17 고려 유학자 최승로

정답 ③

(가)에 들어갈 내용으로 옳은 것은? [1점]

〈고려 시대 유학자〉

유학자	주요 활동
최승로	(가)
최충	9재 학당을 설립하여 유학 교육에 힘씀
김부식	유교 사관에 입각하여 삼국사기를 편찬함
안향	고려에 처음으로 성리학을 도입함
이제현	만권당에서 원의 학자들과 교류함

은쌤의 합격노트

(가)에 들어갈 내용은 최승로의 주요 활동이다. 고려 초기 성종 때 신라 6두품 출신의 유학자들이 정치에 참여하면서 유교 정치가 본격화되었다. 최승로는 이전의 혼란을 반성하고 유교 정치 실시를 주장하였다. 그는 지방 세력의 통제와 지방관의 파견, 유교의 진흥과 불교 행사의 축소, 토속적인 신앙 의례의 폐지 등을 건의하였다. 이에 따라 성종은 12개의 주요 지역에 지방관을 파견하고, 향리 제도를 정비하였다.

정답 분석

③ 시무 28조를 올려 국가 운영 방안을 제시함

➊ 최승로는 성종에게 '시무 28조'를 제출하여 유교를 진흥하고 불교 행사를 억제할 것과 각 지방에 외관을 파견할 것을 제안하였다.

오답 피하기

① 불씨잡변을 지어 불교를 비판함

➊ 정도전은 "불씨잡변"을 저술하여 불교의 폐단을 비판하였다.

② 인재 등용을 위해 현량과 실시를 제안함

➊ 조광조는 유교적 도덕 정치의 시행을 주장하며 현량과를 실시하였다.

④ 지부복궐척화의소를 올려 왜양일체론을 주장함

➊ 최익현을 비롯한 유생들은 일본과 서양이 같은 세력이라는 왜양일체론을 내세우며 강화도 조약 체결에 반대하였다. '지부복궐척화의소'는 최익현이 일본과의 수교를 반대하며 올린 상소문이다.

⑤ 해주 향약을 시행하여 향촌 교화를 위해 노력함

➊ 이이는 황해도 해주에서 덕업과 예속에 대한 100여 가지의 구체적인 항목을 명시된 해주 향약을 실시하였다.

18 고려 후기 원 간섭기의 사회상 (쌍성총관부 설치~수복) 정답 ②

(가), (나) 사이의 시기에 있었던 사실로 옳은 것은? [2점]

(가) 용진현 출신 조휘와 정주 출신 탁청이 화주 이북 지방을 몽골에 넘겨주었다. 몽골은 화주에 쌍성총관부를 설치하고 조휘를 총관으로, 탁청을 천호(千戶)로 임명하였다.

(나) 동북면 병마사 유인우가 쌍성을 함락시키자 총관 조소생, 천호 탁도경이 도망치니 화주, 등주, 정주 등이 수복되었다.

은쌤의 합격노트

(가)는 1258년 고려 후기 원이 쌍성총관부를 설치한 원 간섭기, (나)는 1356년 고려 후기 공민왕이 반원 자주 정책으로 쌍성총관부를 탈환한 시기이다.

(가) 고려와 원의 전쟁이 끝난 후, 원은 일본 원정에 필요한 군대와 물자의 제공을 두 차례 고려에 강요하였다. 또한 화주에 쌍성총관부, 서경에 동녕부, 제주에 탐라총관부를 설치하여 이 지역을 직접 지배하였다.

(나) 공민왕은 14세기 중반 원이 쇠퇴하던 시기를 이용하여 자주성을 회복하는 정책을 추진하였다. 유인우로 하여금 무력으로 쌍성총관부를 공격하여 철령 이북의 영토를 탈환하고 고구려의 옛 땅인 요동 지방을 공략하였다.

정답 분석

② 일본 원정을 위해 정동행성이 설치되었다.

➡ 고려 후기 원은 일본 원정을 위하여 설치했던 정동행성을 계속 유지하여 내정을 간섭하였다.

오답 피하기

① 최윤덕이 4군을 개척하였다.

➡ 조선 초기 세종은 압록강 지역에 최윤덕을 파견하여 4군을 설치하였다.

③ 몽골 사신 저고여가 귀국길에 피살되었다.

➡ 고려 후기 몽골은 사신 저고여 일행이 귀국길에서 피살된 것을 구실로 고려를 침입하였다. 이때부터 몽골은 30여 년 동안 여섯 차례 고려를 침략하였다.

④ 철령위 설치 문제로 요동 정벌이 추진되었다.

➡ 고려 후기 명은 고려에 압력을 가하여 철령 이북의 땅을 요구하자 우왕, 최영 등이 중심이 되어 요동 정벌을 추진하였다.

⑤ 서희가 외교담판으로 강동 6주를 획득하였다.

➡ 고려 초기 거란의 1차 침입 때 서희는 거란의 장수 소손녕과 외교 담판을 벌여 압록강 동쪽의 강동 6주를 획득하였다.

19 경복궁 정답 ①

(가) 궁궐에 대한 설명으로 옳은 것은? [2점]

대왕대비가 전교하였다. "(가) 은/는 우리 왕조에서 수도를 세울 때 맨 처음 지은 정궁이다. 그러나 불행하게도 전란에 의해 불타버린 후 미처 다시 짓지 못하여 오랫동안 뜻있는 선비들의 개탄을 자아내었다. 이 궁궐을 다시 지어 중흥의 큰 업적을 이루려면 여러 대신과 함께 의논해보지 않을 수 없다."

－『고종실록』－

은쌤의 합격노트

(가) 궁궐은 경복궁이다. 경복궁은 조선 왕조의 개국에 따라 창건되어 초기에 정궁으로 사용되었다. 이후 임진왜란 때 전소된 후 오랫동안 폐허로 남아 있다가 조선 말기 고종 때 중건되어 잠시 궁궐로 이용되었다.

정답 분석

① 근정전을 정전으로 하였다.

➡ 근정전은 경복궁 안에 있는 정전으로 조선 시대에 임금의 즉위식이나 대례 따위를 거행하던 곳이다.

오답 피하기

② 일제에 의해 동물원 등이 설치되었다.

➡ 일제 강점기에 일제는 창경궁을 동물원으로 조성하였다.

③ 후원에 왕실 도서관인 규장각이 있었다.

➡ 창덕궁 후원에 정조가 지은 2층 누각 주합루는 왕립도서관 격인 규장각의 서고로 쓰였다.

④ 도성 내 서쪽에 있어 서궐이라고 불렸다.

➡ 경희궁은 도성 서쪽에 있어 서궐이라고도 하는데 이는 창덕궁과 창경궁을 동궐이라고 불렀던 것과 대비되는 별칭이다.

⑤ 인목대비가 광해군에 의해 유폐된 장소이다.

➡ 임진왜란 이후 왕의 거처로 삼았던 경운궁은 광해군이 이곳에 인목대비를 유폐하면서 격하되어 '서궁'으로 불리었다.

20 조선 성종의 업적

정답 ①

밑줄 그은 '전하'의 재위 기간에 있었던 사실로 옳은 것은? [2점]

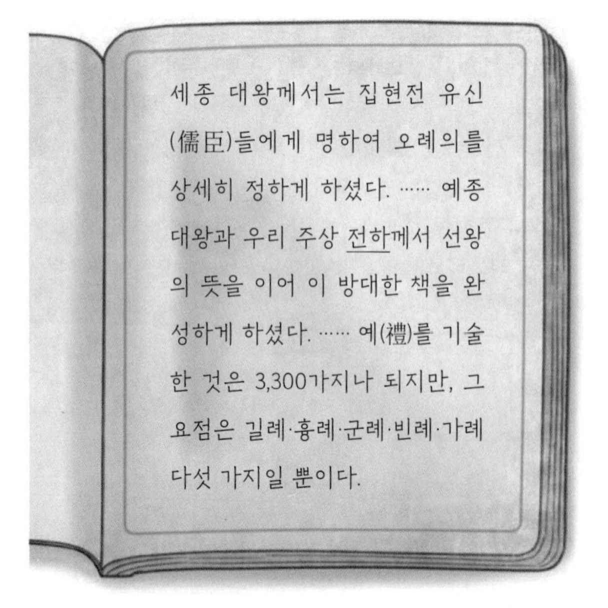

은쌤의 합격노트

밑줄 그은 '전하'는 조선 초기 성종이다. 조선 초기 유교적 질서를 확립하기 위해 윤리와 의례를 강조하는 서적의 편찬 사업이 이루어졌다. 성종 대에 국가의 여러 행사에 필요한 의례를 정비하여 "국조오례의"를 편찬하였다. "국조오례의"는 제사 의식인 길례, 관례와 혼례 등의 가례, 사신 접대 의례인 빈례, 군사 의식에 해당하는 군례, 상례 의식인 흉례를 정리한 책이다.

정답 분석

① 국가의 기본 법전인 경국대전이 완성되었다.
- 조선 초기 성종은 "경국대전"을 완성하여 조선의 기본 통치 방향과 유교적 통치 체제를 확립하였다.

오답 피하기

② 성삼문 등이 상왕의 복위를 꾀하다가 처형되었다.
- 조선 초기 세조 대에 일어난 단종 복위 운동은 밀고로 인해 거사를 일으키기도 전에 박팽년, 성삼문, 이개 등을 포함한 수많은 이가 처형당하였다.

③ 육의전을 제외한 시전 상인의 금난전권이 폐지되었다.
- 조선 후기 정조는 통공 정책을 실시하여 육의전을 제외한 시전 상인의 금난전권을 폐지하였다(신해통공, 1791).

④ 반정 공신의 위훈 삭제를 주장한 조광조가 사사되었다.
- 조선 중기 중종 대에 조광조가 중종반정의 공신을 조사하여 부적격한 사람의 공훈을 삭제하자 훈구 세력의 반발을 불러 일으켰고, 조광조를 비롯한 다수의 사림이 중앙 정치에서 제거되었다.

⑤ 이조 전랑 임명을 둘러싸고 김효원과 심의겸이 대립하였다.
- 조선 중기 선조 대에 이조 전랑 자리를 두고 신진 사림을 대표하는 김효원과 외척 가문 출신의 기성 사림을 대표하는 심의겸이 대립하였다.

21 승정원

정답 ④

(가) 기구에 대한 설명으로 옳은 것은? [2점]

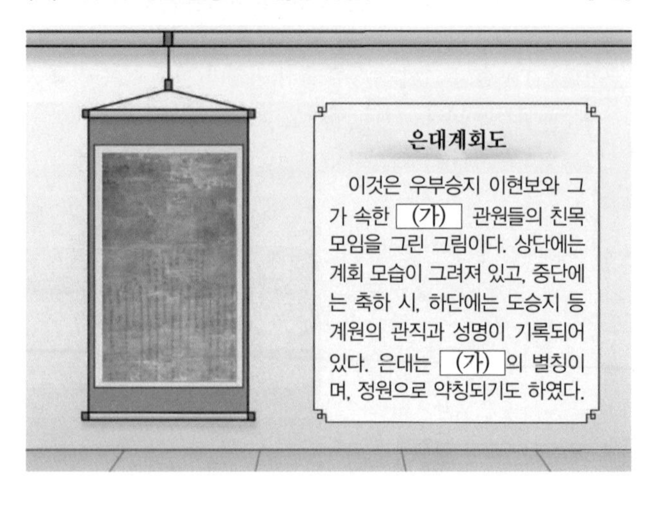

은쌤의 합격노트

(가) 기구는 승정원이다. 승정원은 조선 시대 임금의 비서 기관으로 정원(政院)·후원(喉院)·은대(銀臺)·대언사(代言司)라고도 불리었다. 승정원은 오늘날의 대통령실 또는 대통령 비서실과 비슷한데 주로 왕명(임금의 명령)을 신하들에게 전달하는 역할을 했다.

정답 분석

④ 왕명 출납을 담당하는 왕의 비서 기관이었다.
- 조선 시대 승정원은 왕명을 출납하는 기구로 왕권을 뒷받침하였다.

오답 피하기

① 사간원, 홍문관과 함께 삼사로 불렸다.
- 조선 3사(사간원, 사헌부, 홍문관)의 언관에는 벼슬 등급은 높지 않으나, 학문과 덕망이 높은 사람이 주로 임명되었다.

② 외국으로 가는 사신의 통역을 전담하였다.
- 조선 시대 사역원은 사신 접대나 사행시와 같은 통역 실무를 담당하였다. 외교 사행 때에는 통역 실무를 맡은 역관을 동행시켰다.

③ 천문, 지리, 기후 등에 관한 사무를 맡았다.
- 조선 시대 기상 업무를 담당한 정부 기구로는 관상감 또는 서운관이 있었다. 관상감과 서운감은 영의정을 형식상의 대표로 하는 정부 기구로서, 이를 통해 그만큼 고위 관서로 여겨졌음을 알 수 있다.

⑤ 국왕 직속 사법 기구로 반역죄 등을 처결하였다.
- 조선 시대 의금부는 국왕 직속 사법 기구로 강상죄, 반역죄 등을 처결하였다.

22 서울 한강 지역의 역사 정답 ①

(가)~(마)에 대한 설명으로 옳지 않은 것은? [2점]

답사 계획서

- 주제 : 한강을 따라 만나는 역사
- 일시 : 2022년 ○○월 ○○일 09:00~19:00
- 경로 : 행주산성 → 절두산 순교 성지(잠두봉 유적) → 국립서울현충원 → 풍납동 토성 → 암사동 유적

(가) 행주산성 (나) 절두산 순교 성지 (다) 국립서울현충원 (라) 풍납동 토성 (마) 암사동 유적

은쌤의 합격노트

(가)는 행주산성의 역사, (나)는 절두산 순교 성지의 역사, (다)는 국립서울현충원의 역사, (라)는 풍납동 토성의 역사, (마)는 암사동 유적의 역사를 묻고 있다.

(가) 행주산성의 경우 정확한 축성연대와 목적은 알 수 없으나, 임진왜란 때 권율 장군이 대첩을 이룬 싸움터이다.

(나) 절두산은 마포구 합정동 한강가에 있는 산봉우리로서, 1866년 병인박해 때 천주교도들이 이곳에서 처형된 순교지인 데서 유래된 이름이다.

(다) 국립서울현충원은 6·25 전쟁 발발로 인해 늘어나는 국군 전사자를 안치하기 위해 설립한 육군 국립묘지이다.

(라) 풍납동 토성은 서울시 송파구에 있는 백제 시대의 토성 터로, 많은 역사학자들이 몽촌 토성과 풍납동 토성을 묶어서 이곳을 백제 초기의 도읍지였던 위례성으로 추측한다.

(마) 암사동 유적은 신석기 시대의 대표적 유적지로 빗살무늬 토기·돌도끼 등이 출토되었다.

정답 분석

① (가) - 정봉수가 후금군을 맞아 큰 전과를 거둔 곳이다.

➡ 인조 때 병자호란이 일어나자 정봉수와 군민들은 용골산성에서 6개월 여에 걸친 장기전 끝에 많은 후금군을 물리쳤다.

오답 피하기

② (나) - 병인박해 때 많은 천주교 신자가 처형된 장소이다.

➡ 흥선대원군 섭정 때 절두산은 잠두봉으로 불리다가 병인박해 당시 많은 천주교 신자들이 처형되면서 절두산으로 불리게 되었다. 병인양요 직전 프랑스 함대가 한강을 거슬러 올라와 이곳까지 접근하였다.

③ (다) - 6·25 전쟁 이후 조성된 국군 묘지에서 시작되었다.

➡ 국립서울현충원은 6·25 전쟁으로 전몰한 국군 장병들이 이름 없는 넋이 되어 전국 곳곳에 산재해 있던 것을 한 곳에 안장하기 위하여 국군묘지로 설립하였다.

④ (라) - 판축 기법을 활용하여 성벽을 쌓은 백제 토성이다.

➡ 풍납동 토성은 백제 초기 성곽의 독특한 축조 방법인 사각형(방형) 틀을 짠 후 틀 안에 일정한 두께의 흙을 교대로 쌓아 올린 판축 기법을 볼 수 있다.

⑤ (마) - 갈돌과 갈판 등이 출토된 신석기 시대 유적이다.

➡ 암사동 유적은 1975년까지의 발굴 조사 결과, 집자리, 빗살무늬 토기, 그물추, 갈돌, 갈판 등 신석기 시대 유물이 출토되었다.

23 조선 성리학자 이황 정답 ①

(가) 인물에 대한 설명으로 옳은 것은? [3점]

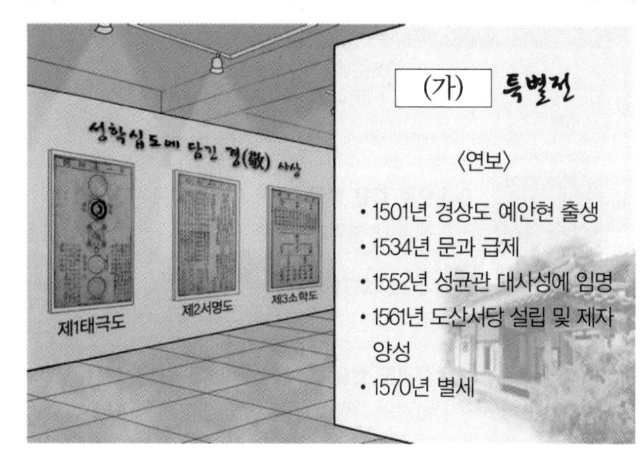

은쌤의 합격노트

(가) 인물은 퇴계 이황이다. 이황은 도덕적 행위의 근거로 '리'를 중시하였고, 근본적이며 이상주의적 성격이 강했다. 그는 "성학십도"를 지어 왕에게 바치며, 수양을 위해 부단히 노력해야 한다는 점을 강조하였다. 그의 학문은 김성일, 유성룡으로 이어져 영남학파를 형성하였다. 짧은 기간이지만 오늘날의 서울대 총장 격인 성균관 대사성을 역임하였고, 살아생전 도산서당에서 많은 제자를 양성하였다.

정답 분석

① 기대승과 사단칠정 논쟁을 전개하였다.

➡ 이황과 기대승은 인간에게 순수한 도덕적 품성(四端)과 인간적 감정(七情)이 어떤 관계에 있으며 어떻게 작용하는가에 관한 고도의 철학적 논쟁인 사단칠정 논쟁을 벌였다.

오답 피하기

② 일본에 다녀와서 해동제국기를 편찬하였다.

➡ 세종 대에 서장관의 신분으로 일곱 달 동안 일본에 머물렀던 신숙주는 성종의 명령에 따라 견문록인 "해동제국기"를 완성하였다.

③ 양명학을 연구하여 강화학파를 형성하였다.

➡ 양명학은 18세기 초 정제두가 본격적으로 연구하면서 강화학파를 형성하였다.

④ 기축봉사를 올려 명에 대한 의리를 내세웠다.

➡ 서인(노론)의 영수인 송시열은 효종 즉위 직후 기축봉사(1649)를 올려 멸망한 명에 대한 의리를 내세우며 북벌 운동을 주도하였다.

⑤ 무오사화의 발단이 된 조의제문을 작성하였다.

➡ 김종직의 제자였던 사관 김일손이 사초에 조의제문을 실은 것이 문제가 되어 사림 대부분이 사형당하거나 파직되는 무오사화가 일어났다.

24 조선 실학자 정약용 정답 ④

다음 검색창에 들어갈 인물의 활동으로 옳은 것은? [2점]

은쌤의 합격노트

다음 검색창에 들어갈 인물은 정약용이다. 정약용은 마진(홍역)에 대한 연구를 진전시키고 이 분야의 의서를 종합하여 "마과회통"을 편찬하였다. 정약용은 전라도 강진에 유배되어 살면서 방대한 저작을 남겼고, 사회 각 방면의 개혁안을 제시하였다. 근본적 개혁에 앞서 민생 안정을 위해 수령의 행동 지침서인 "목민심서"를 저술하였다.

정답 분석

④ 경세유표를 집필하여 국가 제도의 개혁 방향을 제시하였다.

- 정약용은 국가 제도 전반에 대한 개혁을 주장한 "경세유표" 등 수많은 저서를 남겼다.

오답 피하기

① 지봉유설에서 천주실의를 조선에 소개하였다.

- 이수광은 "지봉유설"에서 마테오 리치가 지은 "천주실의"를 소개하였다.

② 의산문답에서 중국 중심의 세계관을 비판하였다.

- 홍대용은 "의산문답"에서 실옹과 허자의 대담 형식을 빌려 관념적 화이관과 중국 중심 세계관의 허구성을 비판하고 북학의 이론적 틀을 제시하였다.

③ 양반전을 지어 양반의 허례와 무능을 풍자하였다.

- 박지원은 "양반전", "허생전" 등을 통해 양반 사회의 허구성을 비판하였다.

⑤ 금석과안록에서 북한산비가 진흥왕 순수비임을 고증하였다.

- 김정희는 "금석과안록"을 지어 북한산비가 진흥왕 순수비임을 밝혔다.

25 임진왜란 정답 ④

다음 전쟁 중 있었던 사실로 옳은 것은? [2점]

> 적군은 세 길로 나누어 곧장 한양으로 향했는데, 산을 넘고 물을 건너 마치 사람이 없는 곳에 들어가듯 했다고 한다. 조정에서 지킬 수 있다고 믿은 신립과 이일 두 장수가 병권을 받고 내려와 방어했지만 중도에 패하여 조령의 험지를 잃고, 적이 중원으로 들어갔다. 이로 인해 임금의 수레가 서쪽으로 몽진하고 도성을 지키지 못하니, 불쌍한 백성들은 모두 흉적의 칼날에 죽어가고 노모와 처자식은 이리저리 흩어져 생사를 알지 못해 밤낮으로 통곡할 뿐이었다.
>
> –『쇄미록』–

은쌤의 합격노트

다음 전쟁은 임진왜란이다. 조선은 임진왜란 초기 국방력의 열세로 왜군을 막아내지 못하였다. 처음 부산포에서 치열하게 항전하였으나 함락당하자, 곧 왜군은 세 갈래로 병력을 나누어 한성으로 북상하였다. 이에 신립은 충주의 탄금대에서 왜군에 맞서 싸웠으나 결국 막아내지 못하였다. 왜군이 한성에 근접하자 선조는 광해군을 세자로 책봉하여 전란의 수습을 위한 임시 조정을 이끌게 하였으며, 이후 평양을 거쳐 의주로 피란하여 명에 원군을 요청하였다.

정답 분석

④ 곽재우가 의병장이 되어 의령 등에서 활약하였다.

- 곽재우는 임진왜란 때 전국에서 최초로 의병을 일으켜 의령 등에서 왜군을 물리쳤고, 왜군의 호남 진출을 저지하였다.

오답 피하기

① 김상용이 강화도에서 순절하였다.

- 김상용은 병자호란 때 묘사의 신주를 받들고 빈궁 · 원손을 수행해 강화도로 피난했다가 이듬해 성이 함락되자 성의 남문루에 있던 화약에 불을 지르고 순절하였다.

② 임경업이 백마산성에서 항전하였다.

- 임경업은 병자호란이 일어나자 의주의 백마산성을 굳게 지켜 청나라 군대가 백마산성을 피해 남하하게 하였다.

③ 최영이 홍산 전투에서 크게 승리하였다.

- 최영은 내륙 깊숙이 쳐들어온 대규모의 왜구를 홍산(충남 부여)에서 크게 물리쳤다.

⑤ 신류가 조총 부대를 이끌고 흑룡강에서 전투를 벌였다.

- 신류는 2차 나선 정벌 때 조선 조총군 200명을 이끌고 흑룡강과 송화강이 만나는 지점에서 러시아군과 전투를 벌였다.

26 전주 지역의 역사 정답 ④

다음 지역에 대한 탐구 활동으로 옳은 것은? [2점]

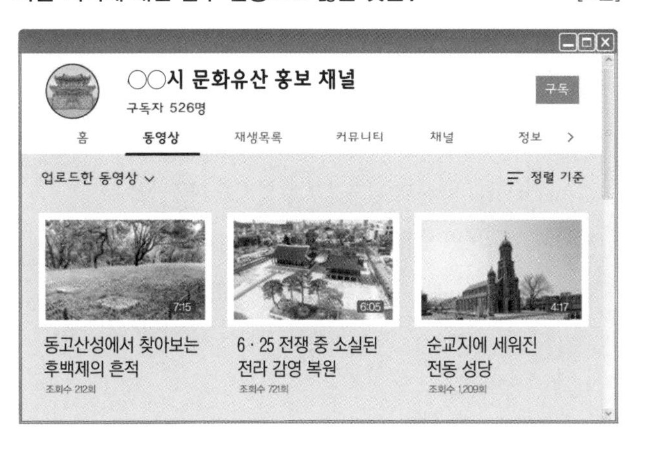

은쌤의 합격노트

다음 지역은 전주이다. 전주의 동고산성은 후삼국 시대의 견훤이 세운 성이라는 견해가 있다. 전라 감영은 동학 농민 운동 당시에 동학 농민군이 점령하고 전주 화약이 맺어진 장소이다. 전라 감영 건물들은 일제에 의한 국권 침탈을 겪으면서 대부분의 건물들이 철거되었고, 그나마 6·25 전쟁을 겪으면서, 일부 건물마저 사라져버렸다. 전주 전동성당은 한국 가톨릭의 상징적 건물 중 하나이자 호남 최초 서양식 건물이다. 전동성당은 조선 시대 첫 천주교 순교터에 지어진 성당으로 정조 때 최초 순교자 윤지충(바오로)과 권상연(야고보)이 순교했으며, 순조 때 유항검(아우구스티노)과 윤지헌(프란치스코) 등이 이곳에서 박해를 받고 처형됐다.

정답 분석

④ 태조의 어진을 모신 경기전이 건립된 장소를 조사한다.

- 전주 경기전은 조선 제1대 태조의 어진을 모신 사당이다. '경기'라는 이름은 조선의 국성인 전주 이씨의 발상지이므로 '경사스러움이 터 잡은 곳'이라는 뜻으로 지은 것이다.

오답 피하기

① 장용영의 외영이 설치된 위치를 파악한다.

- 정조 때 종합적인 도시 계획에 따라 건설된 수원 화성에는 행궁과 장용영의 외영을 설치하여 한성을 방어하는 요새지의 역할을 하도록 하였다.

② 홍경래가 난을 일으켜 점령한 지역을 알아본다.

- 홍경래는 처음에 가산에서 난을 일으켜 선천, 정주 등을 점거하고, 한때는 청천강 이북 지역을 거의 장악하였으나 관군에 의해 5개월 만에 평정되었다.

③ 인조가 피신하여 청군과 항전을 벌인 곳을 찾아본다.

- 병자호란이 일어나자 인조는 남한산성으로 피란하여 청군에 맞섰으나, 결국 청에 굴복하고 말았다.

⑤ 유계춘이 백낙신의 수탈에 맞서 봉기한 지역을 검색한다.

- 진주에서 몰락 양반 유계춘을 중심으로 경상 우병사 백낙신의 부정부패에 항의하는 농민 봉기가 일어나 진주성이 점령되었다.

27 우리 역사 속 교육기관 정답 ②

(가)~(라) 교육기관에 대한 설명으로 옳은 것만을 〈보기〉에서 고른 것은? [3점]

(가) 학생의 재학 연한은 9년으로 하되 우둔하여 깨우치지 못하는 자는 퇴학시키고, 재주와 기량은 있으나 아직 미숙한 자는 9년이 넘더라도 재학을 허락하였다. 관등이 대나마, 나마에 이르면 졸업하였다.

(나) 7재를 두었는데, 주역을 공부하는 여택재, 상서를 공부하는 대빙재, 모시(毛詩)를 공부하는 경덕재, 주례를 공부하는 구인재, 대례(戴禮)를 공부하는 복응재, 춘추를 공부하는 양정재, 무학을 공부하는 강예재이다.

(다) 입학생은 생원진사인 상재생과 유학(幼學) 중에서 선발된 기재생으로 구분되었다. 이들은 동재와 서재에 기숙하면서 공부하였으며, 아침·저녁 식당에 들어가 서명하면 원점 1점을 얻었다. 원점 300점을 얻으면 관시(觀試)에 응시할 수 있었다.

(라) 좌원과 우원을 두었는데, 좌원에는 젊은 현직 관리를, 우원에는 관직에 나아가지 않은 명문가 자제들을 입학시켰다. 외국인 3명을 교사로 초빙하였으며, 학생들은 졸업할 때까지 공원(公院)에서 학습에 전념하도록 하였다.

〈보 기〉

ㄱ. (가) – 신문왕이 인재 양성을 위해 설치하였다.
ㄴ. (나) – 전국의 부·목·군·현에 하나씩 설립되었다.
ㄷ. (다) – 공자 등 성현을 기리는 석전대제를 거행하였다.
ㄹ. (라) – 교육입국조서 반포를 계기로 세워졌다.

은쌤의 합격노트

(가)는 통일 신라의 국학, (나)는 고려 예종 때 7재, (다)는 조선의 성균관, (라) 개항 후 조선의 육영공원이다.

(가) 신라 신문왕이 설립한 국학은 유학 경전과 문학서를 교육하였다. 유교 경전은 교과목을 달리하는 3개 과로 나누어 운영하였는데, "논어"와 "효경"은 공통 교과목이었다. 국학의 교수 요원은 박사와 조교가 있었고, 학업 기간은 9년을 원칙으로 하였다. 학생의 자격은 대사 이하의 관등 소지자나 관등이 없는 15~30세의 젊은이였다.

(나) 고려 예종 때 관학 진흥책이 추진되어 국자감에 7재로 나뉜 전문 강좌를 두어 관학의 내실화를 꾀했다. 국자감에 설치한 7개의 전문 강좌는 "주역", "상서", "모시", "주례", "대례", "춘추", "무학"이었다.

(다) 조선의 성균관은 국가 최고 교육 기관이었다. 성균관의 교육은 과거제와 밀접하게 연결되었다. 문과의 소과에 합격하면 성균관에 입학할 수 있었으며, 성균관에서 높은 수준의 유학 교육을 받은 뒤 대과에 응시할 수 있었다.

(라) 조선 정부는 1886년에 우리나라 최초의 근대식 공립 교육 기관인 육영공원이 설립되었다. 헐버트, 길모어, 벙커 세 사람의 외국인을 초빙하여 강의하게 하였는데, 학생은 젊은 문무 관리와 20세 이하의 양반 자제 중 총명한 자를 뽑아 가르쳤다.

정답 분석

ㄱ. (가) - 신문왕이 인재 양성을 위해 설치하였다.
- 신라 신문왕은 유학 교육을 실시하여 왕권을 보좌할 실무 관료를 양성하고자 국학을 설립하였다.

ㄷ. (다) - 공자 등 성현을 기리는 석전대제를 거행하였다.
- 석전대제는 성균관의 대성전에서 공자를 비롯한 선성과 선현들에게 제사 지내는 의식이다.

오답 피하기

ㄴ. (나) - 전국의 부 · 목 · 군 · 현에 하나씩 설립되었다.
- 조선 시대 향교는 전국의 부 · 목 · 군 · 현에 하나씩 설립하였다.

ㄹ. (라) - 교육입국조서 반포를 계기로 세워졌다.
- 2차 갑오개혁 때 교육입국 조서가 반포되고, 이에 따라 한성 사범 학교 관제, 소학교 관제, 외국어 학교 관제 등이 발표되었다.

28 조선 후기의 경제 상황 정답 ③

다음 상황이 나타난 시기에 볼 수 있는 모습으로 적절하지 않은 것은? [1점]

> ㅇ집집마다 인삼을 심어서 돈을 물 쓰듯이 한다고 하는데, 재산을 만드는 방법으로는 이보다 나은 것이 없다고 한다.
> ㅇ어제 울타리 밖의 몇 되지기 밭에 담배를 파종하였다.
> ㅇ목화가 풍년이 들었는데, 어제는 시장에서 25근에 100전이었다고 한다.
>
> -『노상추일기』-

은쌤의 합격노트

다음 상황이 나타난 시기는 조선 후기이다. 조선 후기에 상품 작물 재배가 활발해졌다. 상품 화폐 경제의 발달로 농작물의 상품화에 눈을 뜬 농민들은 자급자족에서 벗어나 쌀을 비롯하여 담배, 인삼, 면화, 고추 등의 상품 작물을 재배하였다. 특히 가장 인기 있는 상품 작물은 인삼과 담배였다.

정답 분석

③ 주전도감에서 해동통보를 만드는 장인
- 고려 중기 숙종은 의천의 건의에 따라 주전도감을 설치하고 삼한통보, 해동통보, 해동중보 등의 동전과 활구(은병)라는 은전을 만들었다.

오답 피하기

① 한글 소설을 읽어주는 전기수
- 조선 후기에 문학의 저변이 서민층까지 확대되면서 누구나 쉽게 읽을 수 있는 한글 소설이 점점 인기를 끌었다.

② 시사를 조직하여 활동하는 역관
- 조선 후기에 중인과 서민층의 창작 활동이 활발해지면서 일종의 문학 동호인 모임인 시사가 많이 만들어졌다.

④ 왕조 교체를 예언한 정감록을 읽는 양반
- 조선 후기 생활이 어려워진 농민들은 세상이 바뀌기를 기대하였고, 이에 따라 새로운 세상에 대한 기대가 담긴 "정감록" 등이 인기를 끌었다.

⑤ 한강을 무대로 상업에 종사하는 경강상인
- 조선 후기 경강상인은 한강을 무대로 운송업에 종사하면서 거상으로 성장하였다.

29 조선 후기 경종과 영조 때의 사실 정답 ④

(가) 시기에 있었던 사실로 옳은 것은? [3점]

은쌤의 합격 노트

(가)는 1722년 경종 때 목호룡 고변 사건과 1762년 영조 때 사도 세자 시호 회복 시기 사이에 있던 사실이다. 좌측의 대화는 조선 후기 경종의 즉위 초기에 노론과 소론이 연잉군(후에 영조)을 왕세제로 책봉하는 문제를 놓고 충돌한 목호룡의 고변이다. 1722년 소론의 목호룡은 임금을 죽이려는 역적이 있으며 그 역적이 노론 4대신과 그 일당 50여 명이라 고하였다. 목호룡의 고변으로 노론을 따르던 많은 사람들이 죽거나 옥에 들어갔기 때문에 신임옥사라 한다. 우측의 대화는 1762년 경종에 이어 즉위한 영조가 사도 세자가 죽은 지(임오화변) 보름 만에 세자의 지위를 회복시켜 '사도'라는 시호를 내리고 부인인 혜경궁 홍씨에게도 '혜빈'이라는 빈호를 내리는 상황이다.

정답 분석

④ 이인좌를 중심으로 소론 세력 등이 난을 일으켰다.

➋ 1728년 영조가 즉위하자 노론의 보복을 우려한 일부 소론 세력이 경종의 사망에 영조가 간여되어 있다는 명분을 내세우며 이인좌의 난을 일으켰으나 진압되었다.

오답 피하기

① 이괄이 반란을 일으켜 도성을 장악하였다.

➋ 1624년 이괄은 인조반정 때의 공신이었으나 적절한 대우를 받지 못한 것에 불만을 품고 반란을 일으켰다.

② 자의 대비의 복상 문제로 예송이 전개되었다.

➋ 현종 때 효종과 효종비의 국장과 관련해 자의 대비의 상복 문제로 두 차례 예송(1659, 1674)이 일어났다.

③ 왕위 계승을 둘러싸고 왕자의 난이 발생하였다.

➋ 태종은 두 차례 왕자의 난(1398, 1400)을 통해 정도전을 포함한 개국 공신 세력을 몰아내고 왕위에 올랐다.

⑤ 희빈 장씨 소생의 원자 책봉 문제로 환국이 발생하였다.

➋ 1689년 서인은 희빈 장씨 소생의 왕자를 세자로 책봉(희빈 장씨 소생의 원자 명호(名號) 문제)하는 것에 반대하다 기사환국으로 정권에서 밀려났다.

30 갑신정변 정답 ⑤

다음 사건이 일어난 이후의 사실로 옳은 것은? [2점]

> 우정국 총판 홍영식이 우정국의 개국 축하연을 열면서 각국의 공사도 초청했다. …… 8시를 알리는 종이 울리자 담장 밖에서 불길이 치솟았다. …… 우영사 민영익이 불을 끄려고 먼저 일어나서 문밖으로 나왔는데, 자객 다섯 명이 잠복하고 있다가 칼을 휘두르며 습격했다. 민영익이 중상을 입고 되돌아와서 대청 위에 쓰러졌다.
>
> -『대한계년사』-

은쌤의 합격 노트

다음 사건은 갑신정변이다. 급진 개화파는 1884년 10월 우정총국 낙성 기념 축하연을 이용하여 정변을 개시하였다. 혼란을 틈타 민씨 정권의 실세인 민영익을 비롯한 군영의 4영사를 처단하고, 새로운 정권을 수립하였다. 급진 개화파는 국가 전반의 개혁 정책을 담고 있는 14개조 정강을 공포하였다. 그러나 청 군대의 개입으로 개화파 정권은 불과 3일 만에 붕괴하고 말았다.

정답 분석

⑤ 청과 일본 사이에 톈진 조약이 체결되었다.

➋ 1885년 갑신정변 당시 청과 일본 양국 군대 사이에 충돌이 있었기 때문에 청·일 양국 군대가 조선에서 동시에 철수하는 것을 내용으로 하는 톈진 조약이 체결되었다.

오답 피하기

① 김기수가 일본에 수신사로 파견되었다.

➋ 1876년 강화도 조약 체결 직후 조선 정부는 김기수를 1차 수신사로 일본에 파견하였다.

② 평양 관민이 제너럴 셔먼호를 불태웠다.

➋ 1866년 미국 상선 제너럴 셔먼호가 행패를 부리자 평양 관민들이 배를 불태워 버렸다.

③ 일본 군함 운요호가 영종도를 공격하였다.

➋ 1875년 일본 군함 운요호는 강화도 초지진에서 조선군과 충돌한 후, 영종도에 상륙하여 살육과 방화를 저질렀다.

④ 박규수가 삼정이정청의 설치를 건의하였다.

➋ 1862년 박규수가 진주 농민 봉기를 조사하고 농민들을 달래기 위해 철종에게 삼정이정청의 설치를 건의하였다.

31 병인양요 정답 ④

밑줄 그은 '이 사건'에 대한 설명으로 옳은 것은? [1점]

사료로 보는 한국사

매우 가난하게 보이는 강화도에서 각하에게 보내드릴 만한 것은 아무것도 없습니다. 그러나 조선 임금이 소유하고 있지만 거처하지 않는 저택의 도서관에는 매우 중요한 서적이 많이 소장되어 있습니다. 세심하게 공들여 꾸며진 340권을 수집하였으며 기회가 되는 대로 프랑스로 보내겠습니다.

- G. 로즈 -

[해설] 로즈 제독이 해군성 장관에게 보낸 서신의 일부이다. 프랑스군이 강화도를 침략한 이 사건 당시 외규장각 도서 등이 약탈되는 상황이 기록되어 있다.

은쌤의 합격노트

밑줄 그은 '이 사건'은 병인양요이다. 프랑스는 병인박해를 구실로 조선의 문호를 개방할 것을 요구하며 병인양요를 일으켰다. 프랑스 극동 함대의 로즈 제독이 군함을 이끌고 강화도를 공격하였다. 조선의 완강한 항전에 부딪힌 프랑스군은 철수하면서 외규장각 도서를 비롯한 각종 문화재와 보물을 약탈해 갔다.

정답 분석

④ 양헌수 부대가 정족산성에서 적군을 물리쳤다.
- 양헌수 부대의 활약으로 정족산성 전투에서 프랑스 군의 사상자가 나왔고 결국 프랑스군은 강화도에서 철수하였다.

오답 피하기

① 청군의 개입으로 종결되었다.
- 임오군란과 갑신정변은 청군의 개입으로 종결되었다.

② 제물포 조약의 체결로 이어졌다.
- 임오군란으로 일본은 공사관이 습격당하고 인명 피해를 입자 피해 보상과 거류민 보호를 내세우면서 사후 처리를 위한 협상을 요구하였고, 그 결과 제물포 조약이 체결되었다.

③ 오페르트 도굴 사건이 계기가 되었다.
- 독일인 오페르트가 통상을 요구하며 흥선 대원군의 아버지 남연군 묘를 도굴하려 한 사건이 일어나 서양 세력에 대한 반감을 고조시켰다.

⑤ 영국 함대가 거문도를 점령하는 배경이 되었다.
- 조선이 러시아 세력을 끌어들이자 영국은 러시아의 남하를 견제하기 위해 거문도를 불법 점령하였다.

32 광무개혁 정답 ⑤

(가) 시기에 있었던 사실로 옳지 않은 것은? [2점]

은쌤의 합격노트

(가) 시기는 대한 제국 시기이다. 아관파천으로 고종이 러시아 공사관에 머무르는 동안 조선에서 러시아의 세력 독점을 견제하려는 국제적 여론이 높아지는 가운데, 안으로는 고종의 환궁을 요구하는 상소가 계속되었다. 이에 고종은 1년여 만에 경운궁(덕수궁)을 수리하여 환궁하였다(1897. 2.). 그리고 연호를 광무로 바꾸고, 환구단에서 황제 즉위식을 거행하여 대한 제국의 수립을 선포함으로써 자주 독립국임을 내세웠다(1897. 10.).

정답 분석

⑤ 통역관 양성을 목적으로 동문학을 설립하였다.
- 1883년 조선 정부는 외국어 교육 기관인 동문학을 세워 영어, 일본어 등을 교육하였다.

오답 피하기

① 대한국 국제를 반포하였다.
- 1899년 대한 제국 고종 황제는 독립 협회를 해산한 다음, 황제 직속으로 지금의 헌법에 해당하는 대한국 국제를 제정하였다.

② 황제 직속의 원수부를 설치하였다.
- 1899년 대한 제국 고종 황제는 경운궁 안에 원수부를 설치하고 대원수에 취임하여 군의 통수권을 직접 장악하였다.

③ 이범윤을 간도 관리사로 파견하였다.
- 1903년 대한 제국 고종 황제는 간도 관리사 이범윤을 파견하고 간도를 함경도의 행정 구역으로 편입하였다.

④ 지계아문을 설립하여 지계를 발급하였다.
- 1901년에 대한 제국 고종 황제는 지계아문을 설치하여 토지 소유자에게 국가에서 공인하는 토지 소유권 증서인 지계(대한 제국 전답 관계)를 발급하였다.

33 화폐 정리 사업 정답 ②

다음 자료에 나타난 사업에 대한 설명으로 옳은 것은? [1점]

> 한국에서 유통되는 백동화에 대한 처분안을 들어보면,
> 갑(甲) 구 백동화는 1개당 신화폐 2전 5리의 비율로 교환한다.
> 을(乙) 부정한 구 백동화는 1개당 신화폐 1전의 비율로 매수한다. 매수를 바라지 않는 것은 정부가 그것을 절단하여 소유자에게 환부한다.
> 병(丙) 형체와 품질이 화폐라고 인정하기 어려운 것은 정부가 매수하지 않는다.
> ⋮
> 이른바 폐제(幣制) 개혁은 통화를 금절(禁絕)하여 소의 뿔을 바로잡으려다가 소를 죽이는 결과를 가져왔습니다.
> -『한국 폐제 개혁에 관한 진정서』-

은쌤의 합격노트

다음 자료에 나타난 사업은 화폐 정리 사업이다. 일본은 국권 침탈에 앞서 화폐와 재정부터 장악하였다. 화폐 정리 사업을 시행하여 이전의 엽전과 백동화는 모두 폐지하고 일본 다이이치 은행 한성 지점에서 은행권을 발행하여 한국의 본위 화폐로 유통시켰다. 이 때문에 조선 상인들이 큰 타격을 입었으며 조선은 일본의 화폐권에 편입되었다.

정답 분석

② 재정 고문 메가타의 주도로 시행되었다.
➡ 제1차 한 · 일 협약으로 재정 고문이 되었던 메가타는 재정 정리 사업과 화폐 정리 사업을 추진하여 대한 제국 황실 재정을 해체하고 한국의 금융을 장악하였다.

오답 피하기

① 독립 협회가 반대 운동을 전개하였다.
➡ 독립 협회는 만민 공동회를 개최하여 러시아의 간섭과 이권 요구를 규탄하였다.

③ 동양 척식 주식회사가 중심이 되어 실시하였다.
➡ 일본은 동양 척식 주식회사를 설립하여 일본인 이주를 장려하고 싼 값에 토지를 사들이거나 국유지를 불하하는 정책을 시행하였다.

④ 은본위제가 본격적으로 실시되는 배경이 되었다.
➡ 제1차 갑오개혁에서는 재정을 한 부서에서 관장하고 은 본위제 화폐 제도를 실시하였다.

⑤ 함경도 관찰사 조병식이 방곡령을 선포하는 계기가 되었다.
➡ 함경도 관찰사 조병식은 개정된 조 · 일 통상 장정에 따라 1개월 전에 외교 담당 관청에 통고하고 방곡령을 실시하였다.

34 정미 7조약(한 · 일 신협약) 정답 ⑤

다음 가상 뉴스에서 보도하는 사건이 일어난 시기를 연표에서 옳게 고른 것은? [2점]

1882		1894		1896		1904		1905		1910
	(가)		(나)		(다)		(라)		(마)	
임오 군란		갑오 개혁		아관 파천		러일 전쟁 발발		을사 늑약		국권 피탈

은쌤의 합격노트

다음 가상 뉴스에서 보도하는 사건은 대한 제국의 군대 해산이다. 1907년 고종이 강제로 퇴위당한 후 곧바로 한 · 일 신협약(정미 7조약)이 체결되었다. 이 조약에 따른 비밀 각서에는 대한 제국의 군대를 해산시킨다는 내용이 담겨 있었다. 이에 따라 서울의 시위대를 시작으로 군대 해산이 진행되었다. 그 과정에서 시위대의 대대장 박승환이 자결하였고 시위대 병사들이 봉기하였다. 이들은 서울 곳곳에서 일본군과 시가전을 벌였고, 이러한 움직임은 지방 진위대에도 이어졌다. 해산된 군인 중 일부는 항일 의병에 참여하였다.

정답 분석

⑤ (마)
➡ 1907년 일제는 한 · 일 신협약(정미 7조약)을 강제로 체결하여 정부 각 부에 일본인 차관을 두어 내정을 완전히 장악하였다. 또한, 협약에 따른 각서를 만들어 대한 제국의 군대를 해산시켰다.

35 독립 운동가 신채호 정답 ⑤

밑줄 그은 '나'의 활동으로 옳은 것은? [2점]

은쌤의 합격노트

밑줄 그은 '나'는 신채호이다. 신채호는 "이순신전", "을지문덕전" 등 위인전기를 통해 민족의식을 고취하였다. 또한 "조선사연구초"와 "조선상고사"를 저술하여 일제의 식민 사학에 정면으로 맞섰다. 그는 고대사 연구를 통해 민족 고유의 문화적 전통과 정신을 강조하였다.

정답 분석

⑤ 민중의 직접 혁명을 주장한 조선 혁명 선언을 작성하였다.
- 신채호가 김원봉의 요청으로 작성한 '조선 혁명 선언'에는 민중 직접 혁명론이라는 의열단의 노선이 잘 제시되어 있다.

오답 피하기

① 여유당전서를 간행하고 조선학 운동을 주도하였다.
- 정인보와 안재홍은 우리 민족 스스로 발전할 수 있는 역량을 가지고 있었다는 사실을 밝히기 위해 정약용 연구를 중심으로 한 조선학 운동을 전개하였다.

② 유교의 개혁을 주장하는 유교 구신론을 제창하였다.
- 박은식은 유학을 새롭게 해야 한다는 유교 구신론을 제창하고 대동사상을 강조하여 평등의식을 높이려 하였다.

③ 조선사편수회에 들어가 조선사 편찬에 참여하였다.
- 일제는 우리 역사를 왜곡할 목적으로 정무총감을 위원장으로 하는 조선사편수회를 조직하였다.

④ 조선사회경제사에서 식민사학의 정체성론을 반박하였다.
- 백남운은 "조선사회경제사"에서 일제의 정체성론을 반박하였다.

36 근대 문물의 수용 정답 ②

다음 기사가 보도된 이후의 사실로 옳은 것은? [2점]

> **역사 신문**
>
> 제△△호 ○○○○년 ○○월 ○○일
>
> **전차 운행 중 사망 사고 발생**
>
> 오늘 종로 거리를 달리던 전차에 다섯 살 난 아이가 치여 죽는 사고가 발생하였다. 이를 목격한 사람들이 격노하여 전차를 부수었고, 이어 달려오던 전차까지 전복시켜 파괴하고 기름을 뿌려 불태웠다. 동대문에서 성대한 개통식을 열고 전차를 운행한 지 한 달도 되지 않아 참혹한 사건이 발생한 것이다.

은쌤의 합격노트

다음 기사가 보도된 이후는 전차의 개통 이후를 말한다. 1898년에 고종은 전액 자금을 내놓아 한성 전기 회사를 설립하였다. 이 회사는 1899년부터 서대문과 청량리 간 전차 노선을 개통하였으며, 영업용 전등 사업도 벌였다. 전차가 운행되기 직전 송전선 절도 사건이 일어나기도 하였고, 운행 이후 어린아이가 전차에 치이는 사고가 발생하자 성난 군중이 전차에 불을 지르기도 하였다. 전차 개통 이후 이용객은 급속히 늘었고 전차 노선도 빠르게 확대되었다.

정답 분석

② 베델이 대한매일신보를 창간하였다.
- 1904년 대한매일신보는 통감부의 검열을 피하기 위해 영국인 기자 베델을 발행인으로 하여 창간되었다.

오답 피하기

① 미국에 보빙사를 파견하였다.
- 1883년 조선 정부는 미국과 수교한 후 공사 파견에 대한 답례로 미국에 보빙사를 파견하였다.

③ 이만손 등이 영남만인소를 올렸다.
- 1881년 영남 지방의 유생들은 이만손을 중심으로 만인소를 올려 서양 열강과의 수교 반대와 조선책략을 도입한 김홍집의 처벌을 요구하였다.

④ 신식 군대인 별기군(교련병대)이 창설되었다.
- 1881년 조선 정부는 5군영을 무위영, 장어영 등 2영으로 개편하고, 일본인 교관의 훈련을 받는 신식 군대인 별기군(교련병대)을 창설하였다.

⑤ 통리기무아문을 설치하여 개혁을 추진하였다.
- 1880년 조선 정부는 개혁을 추진하기 위해 근대적 행정 기구인 통리기무아문을 설치하였다.

37 일제 식민 통치 1기(1910년대) 정답 ②

밑줄 그은 '이 시기'에 시행된 일제의 정책으로 옳은 것은? [1점]

문학으로 만나는 한국사

선생님이 사벨(환도)을 차고 교단에 오르는 나라가 있는 것을 보셨습니까? 나는 그런 나라의 백성이외다. …… 교원의 허리에서 그 장난감 칼을 떼어놓을 날은 언제일지? 숨이 막힙니다.

-『만세전』-

[해설]

이 소설에는 교원이 제복을 입고 칼을 차고 수업을 하던 <u>이 시기</u>의 모습이 담겨 있다. '만세전'은 제목에서 알 수 있듯이 3·1 운동 이전 식민지의 사회 현실을 담고 있다.

은쌤의 합격 노트

밑줄 그은 '이 시기'는 1910년대 일제 식민 통치 시기이다. 1910년대에 일제는 강력한 무단 통치를 실시하였다. 일제는 일반 행정 관리뿐만 아니라 교원까지도 제복을 입고 칼을 차게 하였다. 이는 폭력적이고 위압적인 무단 통치의 모습을 보여 준다.

정답 분석

② 회사령을 시행하였다.

➋ 1910년 일제는 회사령을 제정하여 회사를 세울 때는 조선 총독부의 허가를 받게 하였다.

오답 피하기

① 애국반을 조직하였다.

➋ 1938년 일제는 국민정신 총동원 연맹을 조직하고, 마을마다 애국반을 편성하여 여기에 한국인을 소속시켜 일상생활까지 감시하고 통제하였다.

③ 치안 유지법을 제정하였다.

➋ 1925년 일제는 사회주의 확산을 저지하기 위해 조선에서 치안 유지법을 시행한다고 발표하였다.

④ 미곡 공출제를 실시하였다.

➋ 1940년 일제는 미곡의 시장 유통을 금지하고 식량 배급 제도와 미곡 공출제도를 시행하였다.

⑤ 국가 총동원법을 공포하였다.

➋ 1938년 중·일 전쟁 이후 일제는 국가 총동원법을 선포하고 이를 한국에도 적용하였다.

38 물산 장려 운동 정답 ③

(가) 민족 운동에 대한 설명으로 옳은 것은? [2점]

이것은 경성방직 주식회사의 광목 신문 광고야. '우리가 만든 것 우리가 쓰자.'라는 문구가 인상적이야.

그래, 이 광고는 민족 기업을 육성해 경제적 자립을 이루려는 (가) 중에 등장했지.

은쌤의 합격 노트

(가) 민족 운동은 물산 장려 운동이다. 1920년을 전후해서 평양 메리야스 공장 등 민족 기업들이 설립되었다. 그러나 일본의 자본과 상품이 밀려들자 위기에 빠지게 되고, 이에 실력 양성 운동의 하나로 민족 산업을 육성하여 민족 경제의 자립을 이루자는 물산 장려 운동이 전개되었다.

정답 분석

③ 자작회, 토산 애용 부인회 등이 활동하였다.

➋ 물산 장려 운동이 시작되자, 서울 등 다른 지역에서도 자작회, 금주·단연회 등의 많은 단체가 만들어졌다.

오답 피하기

① 통감부의 탄압으로 중단되었다.

➋ 물산 장려 운동은 일제 조선 총독부의 탄압과 소비자들의 외면을 받으면서 큰 성과를 거두지 못하였다.

② 국채 보상 기성회를 중심으로 전개되었다.

➋ 국채 보상 기성회를 중심으로 국민의 성금으로 국채를 갚고 국권을 지키자는 국채 보상 운동이 전개되었다.

④ 한성 은행, 대한 천일 은행 등이 설립되는 계기가 되었다.

➋ 대한 제국은 금융 제도의 근대화를 위해 한성 은행을 설립하고, 민간 은행인 대한 천일 은행을 지원하기도 하였다.

⑤ 일본, 프랑스 등지의 노동 단체로부터 격려 전문을 받았다.

➋ 원산 노동자들이 총파업에 돌입하자 일본의 부두 노동자들이 동조 파업을 전개했으며, 중국, 소련, 프랑스의 노동자들이 격려 전문을 보내왔다.

39 조선 의용대 화북 지대 정답 ④

(가) 부대에 대한 설명으로 옳은 것은? [3점]

〈이달의 독립운동가〉

호가장 전투에서 순국한 열사들

중국 우한에서 창설된 한인 무장 부대의 일부는 화북으로 이동하여 1941년 7월 타이항산에서 [(가)]을/를 결성하였다. [(가)]의 무장선전대로 활동하던 손일봉, 최철호, 박철동, 이정순은 호가장 전투에서 다른 대원들이 포위망을 벗어날 때까지 일본군과 싸우다 장렬히 순국하였다. 정부는 이들의 공훈을 기려 1993년 애국장을 추서하였다.

손일봉 1912~1941

최철호 1915~1941

박철동 1915~1941

이정순 1918~1941

은쌤의 합격노트

(가) 부대는 조선 의용대 화북 지대이다. 중국 국민당 정부가 항일 투쟁에 소극적인 태도를 보이자 조선 의용대는 중국 공산당 세력이 대일 항전을 벌이고 있는 화베이 지방으로 이동할 것을 결정하였다. 이에 따라 대부분 병력은 조선 의용대 화북 지대를 결성하고 호가장 전투를 치러 큰 전과를 올렸다.

정답 분석

④ 조선 독립 동맹 산하의 군사 조직으로 개편되었다.
- 조선 의용대 화북 지대는 호가장 전투, 반소탕전 등 일본군과 크고 작은 전투를 벌이면서 북상하였고, 1942년 조선 독립 동맹의 군사 조직인 조선 의용군으로 재편되어 항일 투쟁을 계속하였다.

오답 피하기

① 봉오동 전투에서 일본군을 격파하였다.
- 홍범도가 지휘하던 대한 독립군과 최진동이 이끄는 군무 도독부 등이 연합하여 일본 정규군과 벌인 첫 번째 대규모 전투였던 봉오동 전투를 승리로 이끌었다.

② 총사령 양세봉의 지휘 아래 활동하였다.
- 조선 혁명군 총사령관 양세봉은 중국 의용군과 함께 한 · 중 연합군을 편성하여 영릉가 전투와 흥경성 전투에서 일본군을 격파하였다.

③ 미군과 연계하여 국내 진공 작전을 계획하였다.
- 한국광복군은 미국의 전략 정보국(OSS)과 함께 국내 진공 작전을 추진하였으나, 일제가 항복하는 바람에 계획을 실행에 옮기지 못하였다.

⑤ 간도 참변 이후 조직을 정비하고 자유시로 이동하였다.
- 청산리 대첩 이후 간도 참변을 겪은 독립군 부대들은 소련령 자유시로 이동하였지만, 지휘권을 놓고 다툼이 일어나 수많은 독립군이 희생되는 자유시 참변을 겪었다.

40 한인애국단 정답 ③

(가) 단체에 대한 설명으로 옳은 것은? [2점]

이것은 [(가)] 소속 최흥식이 관동군 사령관 등을 처단하기 위해 만주에서 활동하던 중 김구에게 보낸 편지라고 하는데, 어떤 역사적 가치가 있나요?

김구가 일제의 요인들을 제거하기 위해 만든 [(가)]이/가 다양한 의거를 시도하였음을 보여주는 중요한 문서입니다. 그 가치를 인정받아 국가등록문화재로 지정되었습니다.

곽윤(김구의 가명)

은쌤의 합격노트

(가) 단체는 한인애국단이다. 1920년대 중반 이후 대한민국 임시 정부는 일제의 감시와 탄압, 내부 분열 그리고 자금과 인력 부족으로 활동이 크게 위축되었다. 더욱이 1931년 만보산 사건으로 중국인들의 한국인에 대한 감정이 나빠져 중국 내에서의 독립운동은 더욱 힘들어졌다. 이에 임시 정부 국무령이었던 김구는 한인애국단을 조직하였다.

정답 분석

③ 이봉창, 윤봉길 등이 단원으로 활동하였다.
- 한인 애국단원인 이봉창은 1932년 1월 일본 도쿄에서 히로히토 일왕에게 폭탄을 투척하였다. 1932년 4월 29일에는 윤봉길이 중국 상하이의 훙커우 공원에서 열린 일왕의 생일과 상하이 사변 승전 기념식에서 일본인들을 향해 폭탄을 던졌다.

오답 피하기

① 중일 전쟁 발발 이후에 조직되었다.
- 1931년 말에 김구는 한인 애국단을 조직하여 항일 독립 투쟁의 새로운 활로를 개척하고자 하였다. 중일 전쟁은 1937년에 발발하였다.

② 조선 혁명 간부 학교를 설립하였다.
- 1930년대에 의열단은 중국 국민당 정부의 지원으로 조선 혁명 간부 학교를 설립하여 군사 훈련을 실시하였다.

④ 대전자령 전투에서 일본군을 상대로 승리하였다.
- 한국 독립군 총사령관 지청천은 중국 호로군과 연합하여 쌍성보 전투, 대전자령 전투 등에서 일본군을 상대로 대승을 거두었다.

⑤ 일제가 조작한 105인 사건으로 조직이 해체되었다.
- 신민회는 1911년 일제가 조작한 105인 사건으로 사실상 해체되었다.

41 대한민국 정부 수립 과정 (제1차~제2차 미 · 소 공동위원회) 정답 ④

(가), (나) 사이의 시기에 있었던 사실로 옳은 것은? [2점]

(가)

□□ 일보
제△△호 ○○○○년 ○○월 ○○일

하지 중장, 특별 성명 발표

오늘 오전 조선 주둔 미군 최고 사령관 하지 중장은 미소 공동 위원회 무기 휴회에 관한 중대 성명서를 발표하였다. 이는 덕수궁 석조전에서의 역사적인 개막 이후 49일 만의 일이다.

(나)

□□ 일보
제△△호 ○○○○년 ○○월 ○○일

제2차 미소 공동위원회 개막

미소 공동 위원회는 제1차 회의가 무기 휴회된 지 만 1년 16일 만인 오늘 오후 2시 정각에 시내 덕수궁 석조전에서 고대하던 제2차 회의의 역사적 막을 열었다.

은쌤의 합격 노트

(가)는 1946년 3월부터 5월까지 개최된 제1차 미 · 소 공동위원회, (나)는 1947년 5월부터 10월까지 개최된 제2차 미 · 소 공동위원회이다. 1946년 3월 제1차 미 · 소 공동 위원회가 서울에서 열렸고, 여기서 소련은 임시 민주 정부 수립을 위한 협의 대상에 모스크바 3국 외무 장관 회의 결정을 지지하는 세력만 참여시키자고 한 반면, 미국은 신탁 통치 반대 세력까지 포함시키자고 주장하였다. 회의는 미 · 소의 주장이 맞서면서 아무런 성과를 거두지 못한 채 무기한 연기되었다. 제2차 미 · 소 공동 위원회는 1947년 5월에 재개되었으나 아무런 성과도 없이 끝나고 말았다. 이로써 미국과 소련이 합의를 통해 정부를 수립하려던 계획은 무산되었다.

정답 분석

④ 좌우 합작 위원회가 좌우 합작 7원칙을 발표하였다.

1947년 좌우 합작 운동이 진행되는 중에 제2차 미 · 소 공동 위원회가 개최되었으나, 양측의 의견을 좁히지 못한 채 막이 내렸다.

오답 피하기

① 여수 · 순천 10 · 19 사건이 일어났다.

대한민국 정부 수립 후인 1948년 10월에는 여수, 순천 지역에서 군인들이 무장 봉기하는 사건이 일어났다(여수 · 순천 10 · 19 사건).

② 모스크바 3국 외상 회의가 개최되었다.

1945년 12월에 미국, 영국, 소련의 외무장관은 모스크바에 모여 제2차 세계 대전의 전후 처리 문제를 논의하였다(모스크바 3국 외상 회의).

③ 반민족 행위 특별 조사 위원회가 출범하였다.

1948년 제헌 국회는 국민의 여망에 따라 반민족 행위 처벌법을 제정하고, 반민족 행위 특별 조사 위원회(반민 특위)를 설치하였다.

⑤ 유엔 총회에서 인구 비례에 의한 남북 총선거가 의결되었다.

제2차 미 · 소 공동 위원회가 결렬되자 미국은 한반도 문제를 국제 연합에 이관하였다. 1947년 11월 소련이 불참한 가운데 개최된 국제 연합(UN) 총회에서 인구 비례에 의한 남북한 총선거를 통해 한국에 정부를 수립하기로 결의하였다.

42 이승만 정부의 발췌 개헌 정답 ①

다음 사건이 일어난 시기를 연표에서 옳게 고른 것은? [2점]

> 이날 본회의는 하오 8시 정각에 개의되어 전원 위원회의 '발췌 조항 전원 합의' 보고를 접수한 후 김종순 의원의 각 조항 설명이 있은 다음, 질의도 대체 토의도 아무것도 없이 …… 표결은 기립 표결로 작정하여 재석 166인 중 163표로써 실로 역사적인 결정을 보았다. 표결이 끝나자 신익희 임시 의장은 정중 침통한 태도로써 "본 헌법 개정안은 헌법 제98조 제3항에 의하여 결정된 것을 선포한다."고 최후의 봉을 힘있게 3타 하였으며 그 음성은 몹시도 떨렸다.

1948		1953		1959		1964		1976		1987
	(가)		(나)		(다)		(라)		(마)	
5 · 10 총선거		정전 협정 체결		경향신문 폐간		6 · 3 시위		3 · 1 민주 구국 선언		6 · 29 민주화 선언

은쌤의 합격 노트

다음 사건이 일어난 시기는 발췌 개헌이 통과된 시기이다. 전쟁 직전에 치러진 제2대 국회 의원 선거에서 이승만 정부를 비판하는 무소속 후보 중 다수가 당선되자, 이승만 대통령과 자유당은 국회에서 대통령을 선출하는 간선제로는 이승만 대통령의 재선이 어렵다고 판단하고 개헌을 시도하였다. 여당인 자유당은 6 · 25 전쟁 중인 1952년 비상 계엄령을 선포하고 개헌에 반대하는 야당 의원들을 폭력 조직과 헌병을 동원하여 협박하였다. 이러한 가운데 대통령 직선제 개헌안(발췌 개헌안)을 통과시켰고, 이후 국민 투표에 의해 이승만이 다시 대통령에 당선되었다.

정답 분석

① (가)

1952년 7월 이승만 정부는 대통령 직선제를 골자로 하는 개헌안을 국회에서 기립 표결로 발췌 개헌을 통과시켰다.

43 4 · 19 혁명 정답 ①

(가) 민주화 운동에 대한 설명으로 옳은 것은? [2점]

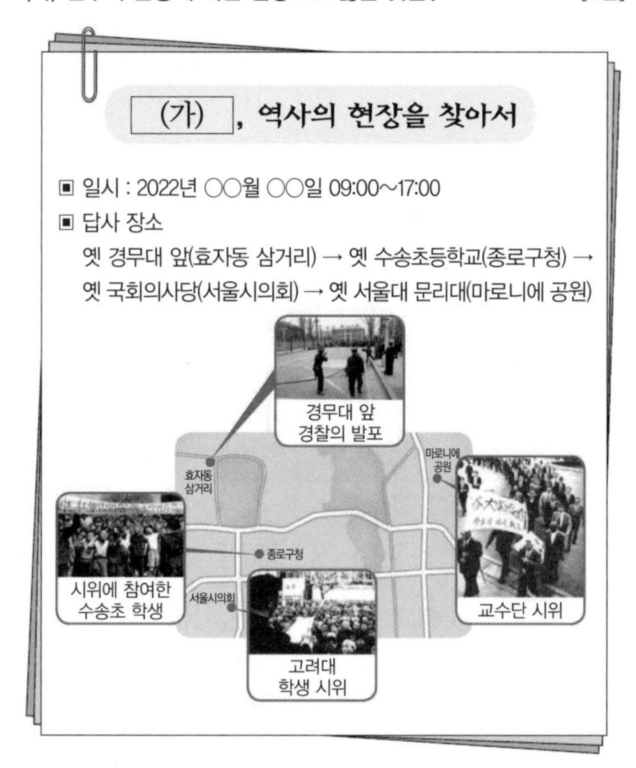

은쌤의 합격노트

(가) 민주화 운동은 4 · 19 혁명이다. 1960년 3월 15일에 실시된 제4대 정 · 부통령 선거 당일 마산 지역의 학생과 시민들이 부정 선거를 규탄하는 시위를 전개하였다. 4월 18일 고려대학교 학생들은 부정 선거 규탄 대회를 열고 총궐기 선언문을 발표한 후 서울 시내로 진출하였다. 4월 19일 학생과 시민들이 대통령과 면담을 요구하며 경무대로 향하자, 경찰이 무차별 총격을 가하여 많은 희생자가 발생했다. 4월 25일에는 대학 교수들도 대통령을 비롯한 책임자들의 사퇴와 재선거 실시 등을 주장하는 시국 선언문을 발표하고 시위를 벌였다.

정답 분석

① 장면 내각이 출범하는 배경이 되었다.

➋ 4 · 19 혁명으로 구성된 허정의 과도 정부는 내각 책임제와 양원제를 핵심으로 하는 개헌을 실시하였고, 장면 내각이 출범하였다.

오답 피하기

② 유신 체제가 붕괴되는 결과를 가져왔다.

➋ 중앙정보부장 김재규가 박정희 대통령을 피살하면서 유신 체제는 막을 내리게 되었다(10 · 26 사태).

③ 한일 국교 정상화에 반대하여 일어났다.

➋ 박정희 정부의 한 · 일 회담이 일본의 사과와 배상 등이 외면된 사실이 폭로되자, 대학생들은 '굴욕적 대일 외교 반대', '불법적 친일 정권 퇴진'을 주장하며 6 · 3 시위를 벌였다.

④ 신군부의 비상계엄 확대가 원인이 되었다.

➋ 신군부 세력은 유신 헌법 철폐를 요구하는 시위운동이 전국적으로 일어나자 비상계엄을 전국으로 확대하였다.

⑤ 호헌 철폐와 독재 타도 등의 구호를 내세웠다.

➋ 전두환 정부가 4 · 13 호헌 조치를 발표하자 대학생과 일반 시민들은 호헌 철폐와 독재 타도를 외치며 민주화를 요구하는 6월 민주 항쟁을 전개하였다.

44 박정희 정부의 유신 헌법 정답 ③

밑줄 그은 '현행 헌법'에 대한 설명으로 옳은 것은? [3점]

오늘의 헌법은 그 개정의 발의권이 사실상 대통령에게만 속해 있는 것이다. 이에 우리 국민은 이와 같이 헌법 개정 발의권으로부터의 소외를 극복하고 우리들의 천부의 권리를 제시하는 방법으로 대통령에게 현행 헌법의 개정을 요구하는 100만인 청원 운동을 전개하는 바이다.

은쌤의 합격노트

밑줄 그은 '현행 헌법'은 유신 헌법이다. 박정희 정부의 유신 헌법이 발표된 후에 일본 도쿄에서 반유신 운동을 준비하던 김대중이 괴한들에게 납치되는 사건이 벌어졌다(1973. 8.). 이에 대학가에서는 사건의 해명을 요구하는 시위가 일어났으며, 장준하, 백기완을 비롯한 지식인들이 개헌 청원 1백만인 서명 운동을 추진하는 등 유신 반대 운동이 활발해졌다. 한국광복군 장교 출신 장준하는 유신 반대 운동을 벌이던 1975년 의문사하였다.

정답 분석

③ 대통령에게 국회 해산권을 부여하였다.

➋ 박정희 정부의 유신 헌법은 대통령에게 입법, 사법, 행정권을 집중시킨 비민주적인 헌법이었다. 대통령은 국회 해산권, 대법원장과 헌법 위원회 위원장 임명권을 행사하였고 긴급 조치를 통해 반대 세력을 억압하였다.

오답 피하기

① 내각 책임제를 채택하였다.

➋ 이승만 정부가 붕괴된 후 곧바로 내각 책임제와 국회 양원제를 근간으로 한 개헌이 이루어졌다(1960).

② 대통령의 연임을 3회로 제한하였다.

➋ 박정희 정부는 경제 발전과 국가 안정을 명분으로 내세워 1969년에 대통령의 3선을 허용하는 개헌안을 국회에서 편법으로 통과시켰다(3선 개헌).

④ 대통령의 임기를 7년 단임제로 정하였다.

➋ 5 · 18 민주화 운동 이후 전두환 정부는 곧바로 대통령 임기 7년 단임과 대통령 선거인단에 의한 간선제 선출 등을 담은 헌법을 마련하였다.

⑤ 국회를 참의원과 민의원의 양원제로 규정하였다.

➋ 이승만이 대통령직을 사퇴한 뒤, 국회는 헌법을 개정하여 내각 책임제와 국회 양원제를 채택하였다.

45 박정희 정부 정답 ⑤

(가) 정부 시기의 경제 상황으로 옳은 것은? [1점]

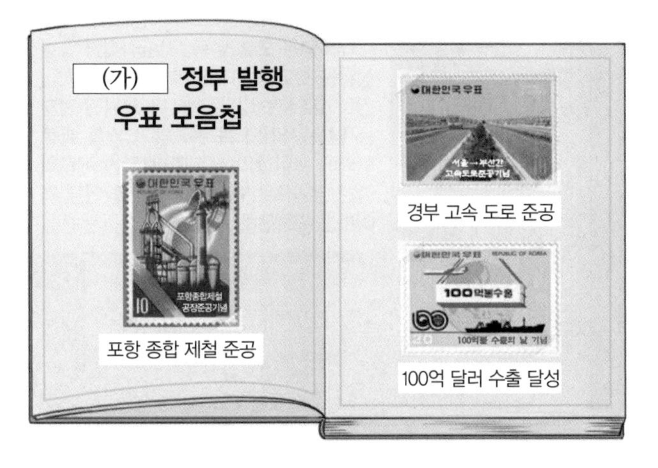

은쌤의 합격노트

(가) 정부 시기는 박정희 정부이다. 1968년 2월 1일 기공식을 가진 지 2년 5개월 만인 1970년 7월 7일 경부 고속 국도가 개통되었다. 1970년대 포항 제철의 준공으로 산업의 기초가 되는 철강이 대량 생산되어 석유 화학, 조선, 자동차 등 중화학 공업이 비약적으로 발전할 수 있었다. 1977년에는 수출액이 100억 달러를 넘어섰고 연평균 8.9%에 달하는 경제 성장을 이루었다.

정답 분석

⑤ 농촌의 근대화를 표방한 새마을 운동이 전개되었다.

➡ 박정희 정부는 1970년부터 도시와 농촌의 균형 있는 발전을 목표로 '근면, 자조, 협동'을 구호로 내건 새마을 운동을 추진하였다.

오답 피하기

① 한미 자유 무역 협정(FTA)이 체결되었다.

➡ 미국과 자유 무역 협정(FTA)을 체결은 노무현 정부, 미국과 자유 무역 협정(FTA) 비준은 이명박 정부이다.

② 저유가 · 저금리 · 저달러의 3저 호황이 있었다.

➡ 전두환 정부 시기인 1986년부터 저금리, 저유가, 저달러의 이른바 '3저 호황'이 시작되어 경제 활동에 유리한 환경이 조성되었다.

③ 원조 물자를 가공하는 삼백 산업이 발달하였다.

➡ 이승만 정부는 6 · 25 전쟁 이후 삼백 산업을 중심으로 농산물이나 공업 원료를 가공하는 소비재 산업이 성장할 수 있었다.

④ 대통령 긴급 명령으로 금융실명제가 실시되었다.

➡ 김영삼 정부는 1993년 불법 자금의 유통을 차단하고 정확한 과세를 하기 위해 금융 실명제를 실시하였다.

46 우리나라의 인쇄 문화의 역사 정답 ①

(가)~(마)에 대한 설명으로 옳지 않은 것은? [3점]

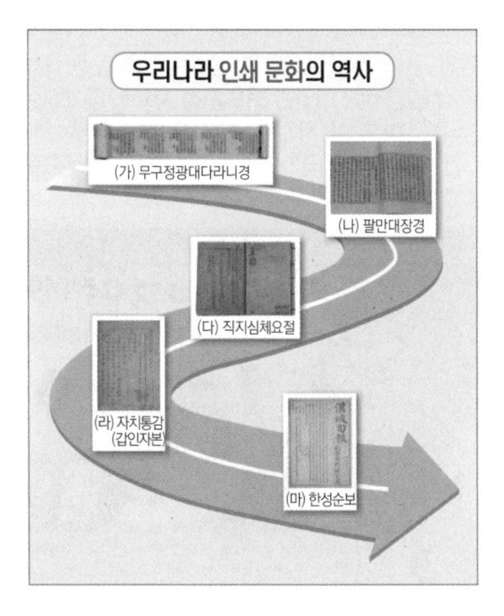

은쌤의 합격노트

(가) 무구정광대다라니경은 현재 남아 있는 가장 오래된 목판 인쇄물이다. 1966년 경주 불국사 3층 석탑에서 발견되었다. 전체 길이 약 620cm, 너비 약 8cm로 751년(경덕왕 10) 무렵에 간행된 것으로 추정된다.

(나) 팔만대장경은 고려가 몽골과의 전쟁 시기에 불력으로 외침을 격퇴할 것을 염원하면서 만든 것이다. 조판 작업이 시작되면서 강화도 선원사에 대장도감, 진주 남해에 분사 대장도감을 설치하였다.

(다) 직지심체요절은 현존하는 가장 오래된 금속 활자본으로 인정받고 있는 도서이다. 고려는 세계 최초로 금속 활자를 발명하여 활판 인쇄에 이용하였다. "직지심체요절"은 현재 프랑스 국립도서관에 보관되어 있다.

(라) 자치통감(갑인자본)은 금속 활자인 갑인자로 인쇄된 서적이다. 갑인자는 1434년 갑인년에 세종이 만든 금속 활자이다. 활자의 글꼴은 아름다운 붓글씨 꼴로서, 조맹부의 글씨 모양을 닮았다. 조판을 할 때 이전처럼 빈틈을 밀랍으로 메우지 않고 대나무를 이용하여 메워 글자가 선명하고 아름답다.

(마) 한성순보는 우리나라 최초의 신문이다. 개항 이후 개화 정책을 적극 추진하고, 국민을 계몽하려는 필요성에 따라 다양한 신문이 발간되는 데, 최초의 신문인 한성순보는 순한문으로 발간되어 정부의 개화 정책을 홍보하고 국내외 정세를 소개하는 역할을 하였다.

정답 분석

① (가) - 주자소를 설치하여 인쇄하였다.

➡ 조선 초기 태종 때 주자소를 설치하고 구리로 계미자를 주조하였으며, 세종 때 갑인자를 주조하였다.

오답 피하기

② (나) - 대장도감에서 판각한 목판으로 찍었다.

➡ 고려 후기 무신 집권기인 고종 때 대장도감을 설치하여 16년에 걸쳐 팔만대장경(재조대장경)을 새로 판각하였다.

③ (다) - 청주 흥덕사에서 금속활자로 간행하였다.

➡ 고려 후기 청주 흥덕사에서 현존하는 세계에서 가장 오래된 금속 활자본 "직지심체요절"이 1377년에 간행되었다.

④ (라) - 이천, 장영실 등이 제작한 활자로 인쇄하였다.

➡ 조선 초기 세종 때 만든 갑인자는 이천, 장영실, 이순지, 김돈, 김빈 등이 두 달 동안에 만든 것이다.

⑤ (마) - 납으로 만든 활자를 사용해 박문국에서 발행하였다.

➡ 조선 정부는 개화 정책을 추진하면서 국민을 계몽하기 위해 박문국을 설치하고 한성순보를 발간하였다.

47 전두환 정부 정답 ①

밑줄 그은 '이 정부' 시기에 있었던 사실로 옳지 않은 것은? [2점]

천주교 정의 구현 전국 사제단과 민주 언론 운동 협의회가 이 정부에서 각 언론사에 하달한 보도지침 자료를 공개하는 기자 회견 장면입니다. 이후 이 사건의 관련자들은 남영동 치안본부 대공분실로 연행되었으며, 국가보안법 위반 등의 죄목으로 기소되어 고초를 겪었습니다.

은쌤의 합격노트

밑줄 그은 '이 정부'는 전두환 정부이다. 개헌 요구가 사회 전반으로 확산되면서 전두환 정부는 큰 위기에 빠졌다. 전국 각지에서 민주화와 전두환 정부의 퇴진을 요구하는 시위가 대규모로 일어났다. 언론이 진실을 외면할 때, 천주교 정의 구현 사제단은 5 · 18 민주화 운동 7주년 추모 미사에서 박종철이 물고문에 의해 사망했고, 정부의 조직적인 사건 축소 음모가 있었음을 폭로하였다.

정답 분석

① 서울 올림픽이 개최되었다.
➡ 노태우 정부는 1988년 서울 올림픽을 성공적으로 치러 국제적 위상을 높였다.

오답 피하기

② 야간 통행 금지가 해제되었다.
➡ 비정상적인 방법으로 정권을 장악한 전두환 정부는 야간 통행금지 폐지, 두발과 교복 자율화, 프로 야구단 창단 등의 유화 정책을 폈다.

③ 박종철 고문 치사 사건이 발생하였다.
➡ 전두환 정부 시기에 개헌 요구가 전국으로 확산되는 가운데 1987년 초 대학생 박종철이 경찰의 고문을 당하여 사망한 사건이 발생하였다.

④ 프로 야구가 6개 구단으로 출범하였다.
➡ 전두환 정부 시기에 프로 야구를 비롯한 프로 스포츠가 등장하며 다양한 여가 문화가 확산되었다.

⑤ 남북 이산가족 고향 방문이 최초로 이루어졌다.
➡ 전두환 정부 시기에 적십자 회담을 통해 예술 공연단의 교환과 이산가족의 고향 방문이 최초로 이루어졌다.

48 노태우 정부 정답 ④

다음 뉴스가 보도된 정부 시기에 있었던 사실로 옳은 것은? [3점]

대통령은 오늘 남북 고위급 회담 타결 상황을 보고받고, 내일 북한 대표단을 접견하기로 했습니다. 청와대 고위 관계자는 남북 사이의 화해와 불가침 및 교류 협력에 관한 합의서 채택에 완전히 합의한 것은 남북 관계에 큰 전환을 이룬 것이라고 평가했습니다.

은쌤의 합격노트

다음 뉴스가 보도된 정부 시기는 노태우 정부이다. 노태우 정부 시기인 1991년 남북한은 동시에 국제 연합에 가입으로써 남북 화해와 공존의 가능성을 확인하였고, 남북 관계의 발전에 새로운 발판을 마련하였다. 이후 서울과 평양을 오가면서 열린 남북 고위급 회담의 결과 1991년 남북한은 '남북 사이의 화해와 불가침 및 교류 협력에 관한 합의서(남북 기본 합의서)'와 한반도 비핵화 공동 선언에 합의하였다.

정답 분석

④ 북방 외교를 추진하여 중국 등 사회주의 국가들과 수교하였다.
➡ 노태우 정부는 냉전 체제가 해체되는 국제 정세에 부응하여 사회주의 국가와 적극 교류하는 북방 외교를 추진하였다.

오답 피하기

① 제2차 남북 정상 회담이 개최되었다.
➡ 2007년 노무현 정부는 제2차 남북 정상 회담을 통해 남북 교류를 더욱 활성화시켰다.

② 경제 협력 개발기구(OECD)에 가입하였다.
➡ 1996년 김영삼 정부는 세계화를 내세우며 경제 협력 개발 기구(OECD)에 가입하는 등 시장 개방 정책을 추진하였다.

③ 남북 조절 위원회가 설치되어 통일 방안이 논의되었다.
➡ 1972년 박정희 정부는 7 · 4 남북 공동 성명 발표 이후 남북 조절 위원회를 설치하여 평화 통일을 위한 실무자 회의를 개최하였지만 성과를 얻지 못하였다.

⑤ 남북한의 교류 협력을 위한 개성 공업 지구 건설에 합의하였다.
➡ 2000년 김대중 정부는 평양에서 최초로 남북 정상 회담을 개최하였고 '6 · 15 남북 공동 선언'을 발표하면서 개성 공업 지구 건설에 합의하였다.

49 우리 역사 속의 여성들 정답 ④

(가)~(마)에 들어갈 내용으로 옳지 않은 것은? [2점]

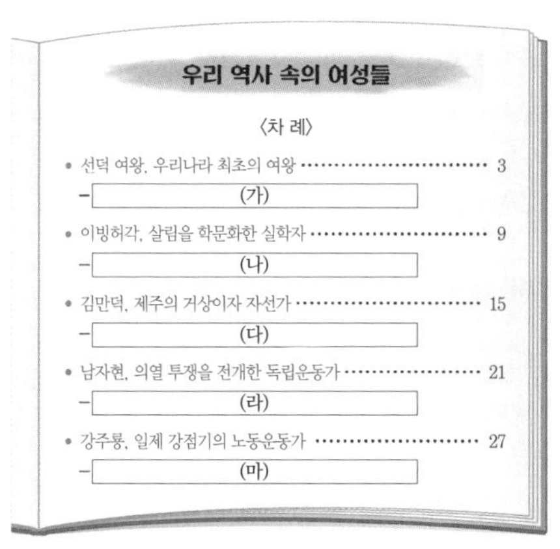

은쌤의 합격노트

(가) 신라 제27대 왕인 선덕 여왕은 우리나라 최초의 여왕이다. 그녀는 진평왕의 딸로, 당시 왕위 계승 자격을 갖춘 성골 남자가 없었기 때문에 여왕의 자리에 올랐다.

(나) 조선 후기 명문가에서 태어난 이빙허각(1759~1824)은 여성의 학문적 자질을 존중하는 실학자 집안으로 시집을 갔다. 이에 영향을 받은 빙허각은 여성 생활 백과인 『규합총서』를 한글로 펴냈다.

(다) 조선 후기 정조 때 제주도에 큰 가뭄이 들어 사람들이 죽어가자 김만덕은 10년 동안 모은 거액의 재산을 내놓고, 자신의 인맥과 역량을 총동원하여 육지에서 쌀을 구했다.

(라) 남자현은 일제 강점기 만주에서 군사 기관과 농어촌을 순회하며 독립 정신을 고취시킨 독립 운동가이다. 총독 사이토 마코토의 암살을 계획했으며 혈서 '조선독립원'을 작성하여 조국의 독립을 호소하였다. 일본 장교를 암살하려다 체포되어 옥고를 치렀다.

(마) 평양의 평원 고무 공장 노동자 강주룡은 1931년 회사의 일방적인 임금 삭감에 반발하여 약 11m 높이의 을밀대 지붕 위로 올라가 100여 명의 사람들 앞에서 공장주의 횡포를 고발하였다.

정답 분석

④ (라) - 한국 광복군의 기관지 광복을 발행하다

▶ 한국광복군 기관지 '광복'은 한국광복군의 대일 항전을 선전하여 항일 독립 사상을 널리 전파하기 위해 1941년부터 1942년까지 발행되었다. 남자현은 1933년에 옥중에서 단식으로 항쟁하다 석방된 후 하얼빈에서 순국하였다.

오답 피하기

① (가) - 첨성대와 황룡사 구층목탑을 세우다

▶ 선덕여왕은 천문대 첨성대와 자장의 건의로 황룡사 구층목탑을 건립하였다.

② (나) - 가정 생활의 지혜를 담은 규합총서를 저술하다

▶ 이빙허각의 『규합총서』는 전해지는 총서 중 유일하게 여성에 의해 쓰인 것으로 방대한 문헌을 철저하게 비교 · 검토하거나 자신이 직접 실험해 얻은 결과만을 실었다.

③ (다) - 재산을 기부하여 흉년에 굶주린 백성들을 구제하다

▶ 김만덕은 제주도에 흉년이 들자, 1795년에 자신의 재산으로 육지의 곡식을 구매하여 백성들을 구휼했다.

⑤ (마) - 임금 삭감에 저항하여 을밀대 지붕에서 농성하다

▶ 강주룡은 을밀대 지붕 위로 올라가 9시간 30분 동안 노동 조건 개선을 외친 한국 최초의 여성 노동 운동가이다.

50 칠석 정답 ②

밑줄 그은 '이날'에 해당하는 세시풍속으로 옳은 것은? [1점]

이곳은 남원 광한루원의 오작교입니다. 조선 시대 남원 부사 장의국이 헤어져 있던 견우와 직녀가 오작교에서 만난다는 전설을 형상화하여 만들었습니다. 음력 7월 7일인 이날에는 여인들이 별을 보며 바느질 솜씨가 좋아지기를 비는 풍속이 있었습니다.

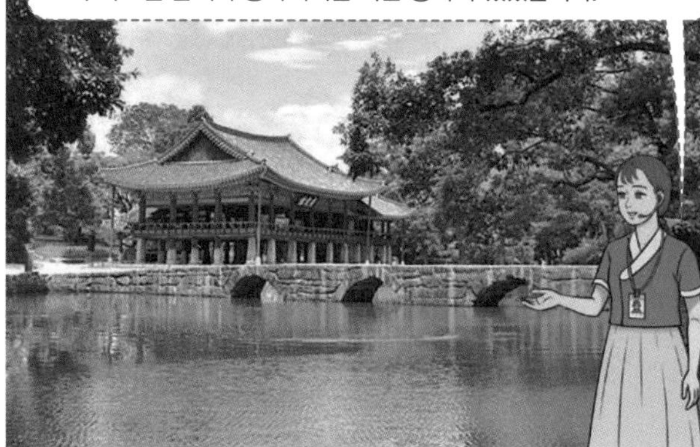

은쌤의 합격노트

칠석은 칠석날 저녁에 은하수의 양쪽 둑에 있는 견우성과 직녀성이 1년에 1번 만난다고 하는 전설에 따라 별에 제사를 올리는 행사이다. 옛날에 견우와 직녀의 두 별이 사랑을 속삭이다가 옥황상제의 노여움을 사서 1년에 1번 칠석 전날 밤에만 은하수를 건너 만날 수 있게 되었다는 전설이 있다. 이때 까치와 까마귀가 날개를 펴서 다리를 놓아 견우와 직녀가 건너는데, 이 다리를 오작교라고 한다.

정답 분석

② 칠석

▶ 칠석은 전설 속의 견우와 직녀가 만나는 날로, 음력 7월 7일에 각 나라의 전통적인 행사를 지낸다.

오답 피하기

① 단오

▶ 단오는 1년 중에서 양기가 가장 왕성한 날이라 하여 음력 5월 5일에 지내는 우리나라의 명절이다.

③ 백중

▶ 백중은 음력 7월 15일에 해당하며 세벌김매기가 끝난 후 여름철 휴한기에 휴식을 취하는 날이다.

④ 동지

▶ 동지는 흔히 아세 또는 작은설이라 하였고, 태양의 부활이라는 큰 의미를 지니고 있어서 설 다음가는 작은 설로 대접하였다.

⑤ 한식

▶ 한식은 동지로부터 105일째 되는 날로 설날 · 단오 · 추석과 함께 4대 명절에 해당하는 명절이다.

제59회 한국사능력검정시험 정답 및 해설

정 답

번호	정답	번호	정답
01	②	26	④
02	⑤	27	①
03	②	28	①
04	①	29	④
05	③	30	①
06	③	31	⑤
07	②	32	⑤
08	⑤	33	⑤
09	③	34	①
10	④	35	⑤
11	③	36	②
12	①	37	④
13	④	38	⑤
14	③	39	①
15	④	40	⑤
16	②	41	⑤
17	⑤	42	④
18	②	43	②
19	③	44	④
20	④	45	②
21	④	46	③
22	③	47	④
23	①	48	③
24	①	49	⑤
25	②	50	④

01 구석기 시대 정답 ②

밑줄 그은 '이 시대'의 생활 모습으로 옳은 것은? [1점]

충청북도 청주시 오송읍에서 주먹도끼, 찍개 등 이 시대의 대표적 유물인 뗀석기가 다수 발굴되었습니다. 이번 발굴로 청주시 일대에 이 시대의 유적이 다수 분포되어 있음을 알 수 있습니다.

은쌤의 합격노트

밑줄 그은 '이 시대'는 구석기 시대이다. 구석기 시대에는 뗀석기를 사용하였다. 처음에는 주먹도끼, 찍개 등과 같이 하나의 도구를 여러 용도로 사용했으나, 점차 자르개, 밀개, 찌르개 등 쓰임새가 정해진 도구를 사용하였다.

정답 분석

② 주로 동굴이나 막집에서 거주하였다.
- 구석기인들은 식량을 찾아다니며 주로 동굴이나 막집, 바위그늘에서 거주하였다.

오답 피하기

① 철제 무기로 정복 활동을 벌였다.
- 만주와 한반도 지역에 철기가 보급되기 시작한 것은 기원전 5세기경이었다. 철기 시대에 철제 무기가 사용되면서 부족 간의 전쟁도 증가하였다.

③ 명도전을 이용하여 중국과 교역하였다.
- 초기 철기 시대에 사용된 철기와 함께 출토되는 명도전, 반량전 등을 통해 당시 중국과 활발하게 교류했다는 사실을 알 수 있다.

④ 반달돌칼을 사용하여 벼를 수확하였다.
- 청동기인들은 반달돌칼 등과 같이 더욱 발전된 석기를 이용하여 농사를 지었다.

⑤ 빗살무늬 토기를 제작하여 식량을 저장하였다.
- 신석기 시대의 대표적인 토기인 빗살무늬 토기는 서울 암사동, 경남 김해 등 한반도 전역에서 출토되었으며, 대부분 강가나 바닷가에서 발견되었다.

02 고조선 정답 ⑤

(가) 나라에 대한 설명으로 옳은 것은? [2점]

모시는 글

우리 역사상 최초의 국가인 (가) 을/를 건국한 단군 왕검의 이야기가 뮤지컬로 탄생하였습니다.

- 일시 : 2022년 ○○월 ○○일 오후 3시 / 오후 7시
- 장소 : △△아트홀

– 순 서 –

1막 환웅이 신단수에 내려오다
2막 웅녀, 환웅과 혼인하다
3막 단군왕검이 나라를 세우다

은쌤의 합격노트

(가) 나라는 고조선이다. "삼국유사"에는 기원전 2333년에 단군 왕검이 고조선을 건국하였다고 전하고 있다. 단군 신화의 건국 이야기에 따르면, 하늘에서 내려온 환웅이 신시를 열어 세상을 다스리다가, 곰에서 변한 여자와 결합하여 단군 왕검을 낳았고, 이 단군 왕검이 고조선을 세워 1500여 년간 다스렸다고 한다.

정답 분석

⑤ 전국 7웅 중 하나인 연과 대립할 만큼 강성하였다.
- 고조선은 국가 체제를 정비하면서 더욱 발전하였고, 중국의 전국 7웅 중 하나인 연(燕)과 대적할 만큼 강성하였다.

오답 피하기

① 무천이라는 제천 행사를 열었다.
- 동예는 해마다 10월에 무천이라는 제천 행사를 열었다.

② 신성 지역인 소도가 존재하였다.
- 삼한의 천군은 제천 행사 등 종교 의례를 주관하였는데, 제사를 거행하던 소도는 신성시되어 죄인이 그곳으로 도망가도 잡지 못하였다.

③ 남의 물건을 훔쳤을 때는 12배로 갚게 하였다.
- 부여와 고구려에는 도둑질한 자는 12배로 배상하게 하는 1책 12법이 있었다.

④ 왕 아래 상가, 대로, 패자 등의 관직이 있었다.
- 고구려는 왕 아래에 상가, 패자, 고추가 등의 관료 조직이 있었는데, 5부의 대가들도 사자, 조의, 선인 등을 거느리고 자치권을 행사하였다.

03 삼국 통일 과정(대야성 전투~백제 부흥 운동) 정답 ②

(가), (나) 사이의 시기에 있었던 사실로 옳은 것은? [2점]

(가) 대야성에서 패하였을 때 도독인 품석의 아내도 죽었는데, 바로 춘추의 딸이었다. [김춘추가] 말하기를, "신이 고구려에 사신으로 가서 군사를 청하여 백제에 원수를 갚고자 합니다."라고 하자 왕이 허락하였다.

(나) 복신은 일찍이 군사를 거느렸는데, 이때 승려 도침과 함께 주류성에 근거하여 반란을 일으키고, 왜국에 있던 왕자 부여풍을 맞이하여 왕으로 세웠다.

은쌤의 합격노트

(가) 김춘추가 고구려에 동맹을 체결하러 가는 상황이다. 642년 의자왕은 신라 서부의 군사 요충지인 대야성을 비롯한 서쪽 변경 40여 개 성을 빼앗았다. 다급해진 신라는 김춘추를 고구려에 보냈다. 김춘추는 연개소문을 만나 담판을 벌였으나 성과를 거두지 못하였다.

(나) 660년 백제가 멸망하자 복신과 도침, 흑치상지 등이 일본에 가 있던 왕자 풍을 떠받들고 백제 부흥 운동을 일으킨 상황이다. 백제 멸망 후 흑치상지는 임존성에서, 복신과 도침은 주류성에서 왜에 있던 왕자 풍을 왕으로 추대하고 부흥 운동을 전개하였다. 그러나 이들을 돕기 위해 파견된 왜의 지원군이 백강(금강)에서 패하고, 백제 부흥군도 진압되었다.

정답 분석

② 나당 연합군이 사비성을 함락하였다.
- 김춘추는 고구려와 외교 교섭 실패 이후 648년 나·당 동맹을 성사시켰다. 나당 연합군은 660년 사비성을 함락시키고 백제를 멸망시켰다. 이는 (가)와 (나) 사이의 일이다.

오답 피하기

① 당이 안동도호부를 설치하였다.
- 668년 당은 평양에 안동도호부를 두고 설인귀를 도호에 임명하였다. 이는 (나) 이후의 일이다.

③ 신라가 매소성 전투에서 승리하였다.
- 675년 신라는 매소성 싸움에서 당을 크게 격파하여 나·당 전쟁의 주도권을 장악하였다. 이는 (나) 이후의 일이다.

④ 고구려가 신라에 침입한 왜를 격퇴하였다.
- 5세기 고구려 광개토 대왕은 신라에 침입한 왜를 격퇴하는 과정에서 금관가야까지 공격하였다. 이는 (가) 이전의 일이다.

⑤ 백제와 왜의 연합군이 백강 전투에서 패배하였다.
- 663년 백제 부흥 운동은 왜에서 온 대규모 수군이 합세한 백강 전투에서 나당 연합군에 패배하면서 막을 내렸다. 이는 (나) 이후의 일이다.

04 고구려 연개소문의 업적 정답 ①

(가) 인물에 대한 설명으로 옳은 것은? [2점]

이 그림은 명 대 간행된 소설에 실린 「막리지비도대전」입니다. 그림에서 당 태종을 향해 위협적으로 칼을 날리고 있는 모습으로 묘사된 인물이 (가) 입니다.

(가) 은/는 영류왕을 시해하고 대막리지가 되어 권력을 장악한 뒤, 당의 침략을 격퇴하였습니다. 이 그림을 통해 당시 중국인들이 그를 어떤 존재로 인식하고 있는지 엿볼 수 있습니다.

은쌤의 합격노트

(가) 인물은 연개소문이다. 수의 뒤를 이은 당 역시 고구려를 침략하고자 하였다. 영양왕의 뒤를 이은 영류왕은 당과의 화친 정책을 추진하는 한편, 당의 침입에 대비하여 부여성에서 비사성에 이르는 천리장성을 쌓았다. 연개소문은 성곽 축조를 감독하면서 요동 지방의 군사력을 장악하였다. 이를 기반으로 연개소문은 정변을 일으켜 영류왕의 조카를 보장왕으로 세우고 스스로 대막리지에 올라 정권을 장악하였다.

정답 분석

① 천리장성 축조를 감독하였다.
- 고구려 연개소문은 천리장성 공사를 감독하면서 요동의 군사력을 장악한 뒤 정변을 일으켜 대막리지에 올랐다.

오답 피하기

② 살수에서 수의 군대를 막아냈다.
- 고구려 을지문덕은 퇴각하는 수의 군대를 살수(지금의 청천강)에서 크게 물리쳤다(살수 대첩, 612).

③ 등주를 선제 공격하여 당군을 격파하였다.
- 발해 무왕은 장문휴가 지휘하는 군대로 산둥 반도를 공격하기도 하였다(732).

④ 황산벌에서 계백이 이끄는 군대를 물리쳤다.
- 나당 연합군이 백제를 공격하자 계백이 이끄는 결사대가 황산벌에서 저항하였으나 패하였다.

⑤ 안승을 왕으로 추대하고 부흥 운동을 전개하였다.
- 검모잠은 한성(재령)에서 왕족인 안승을 왕으로 모시고 고구려 부흥 운동을 일으켰다.

05 백제 성왕의 업적 정답 ③

밑줄 그은 '왕'의 활동으로 옳은 것은? [2점]

> 왕 31년 7월에 신라가 동북쪽 변경을 빼앗아 신주(州)를 설치하였다. …… [이듬해] 7월에 왕이 신라를 습격하려고 몸소 보병과 기병 50명을 거느리고 밤에 구천(狗川)에 이르렀다. 신라의 복병이 일어나 더불어 싸웠으나 [적의] 병사들에게 살해되었다.
>
> -『삼국사기』-

은쌤의 합격노트

밑줄 그은 '왕'은 백제 성왕이다. 554년 가을, 백제 성왕은 태자로 하여금 신라의 주요 거점인 관산성을 공격하게 하여 유리한 고지를 차지하였다. 이에 성왕은 태자를 격려하기 위해 직접 관산성에 가다가 신라의 복병에게 살해당하였다. 여세를 몰아 신라군은 백제군을 크게 물리치고 한강 유역의 지배권을 확고히 하였다.

정답 분석

③ 사비로 천도하고 국호를 남부여로 고쳤다.
- 백제 성왕은 수도를 웅진에서 대외 진출의 여건이 좋은 사비로 옮기고(538), 국호를 일시적으로 남부여로 바꾸었다.

오답 피하기

① 익산에 미륵사를 창건하였다.
- 백제 무왕은 왕비의 발원에 따라 익산 미륵사를 지었다.

② 평양성 전투에서 고국원왕을 전사시켰다.
- 고구려 고국원왕은 백제 근초고왕의 공격을 받아 평양성 전투에서 전사하였다.

④ 북위에 사신을 보내 고구려 공격을 요청하였다.
- 백제 개로왕은 적대 관계였던 신라와 화친을 맺는 한편, 북위에 사신을 보내 고구려 정벌을 요청하기도 하였다.

⑤ 동진에서 온 마라난타를 통해 불교를 수용하였다.
- 백제 침류왕 때 동진에서 온 인도 승려 마라난타가 불교를 전하였다(384).

06 신라의 문화유산 정답 ③

(가) 국가의 문화유산으로 옳은 것은? [1점]

은쌤의 합격노트

(가) 국가는 신라이다. 신라의 수도는 경주이다. 첨성대는 신라 선덕 여왕 때 지어진 천문 관측 시설이다. 포석정은 통일 신라 때 연회를 하던 정자로, 이곳에서 왕과 신하들이 돌 홈의 굽이도는 물에 술잔을 띄우고 시를 읊으며 놀이를 하였다고 전해진다.

정답 분석

③

신라의 석굴암으로 인도에서 중국 본토에 이르는 석굴 사원의 전통을 잇고 있다.

오답 피하기

①

경북 고령에서 출토된 대가야의 철갑옷이다.

②

발해의 이불병좌상으로 고구려 후기 법화 사상의 전통을 이은 불상이다.

④

백제의 금동대향로는 자연 속에서 살고 싶은 마음이나 신선들의 이상 세계를 잘 표현하고 있다.

⑤

고려의 평창 월정사 8각 9층 석탑은 네모 모양의 다층 다각 탑이다.

07 신라 문무왕의 업적 정답 ②

(가) 왕의 업적으로 옳은 것은? [3점]

답사 계획서

- 주제 : (가) 의 자취를 따라서
- 개관 : 삼국통일의 위업을 달성한 (가) 의 발자취를 찾아가는 일정입니다.
- 일시 : 2022년 6월 ○○일 09:00~17:00
- 주요 답사지 소개

월성(반월성)	동궁과 월지
 왕이 거처한 궁성	 왕이 건설한 별성
감은사지	**대왕암**
 왕을 기리기 위해 아들 신문왕이 완성한 사찰의 터	 왕의 수중릉으로 알려진 곳

은쌤의 합격노트

(가) 왕은 신라 중대 문무왕이다. 반월성은 서기 101년 파사왕 22년에 신라의 왕성으로 축성되어 신라가 망하는 서기 935년까지 궁궐이 있었던 곳이다. 동궁과 월지는 통일 신라의 별궁이 자리했던 궁궐터이다. 감은사는 신라 30대 문무왕 때 왜구를 막기 위해 짓기 시작하여 31대 신문왕 때 완공되었다. 대왕암은 삼국 통일을 이룩한 문무왕의 수중 왕릉이다. "삼국사기"에 따르면, '동해 입구의 큰 돌 위에 장사 지내라.'고 한 문무왕의 유언에 따라 만들었다고 한다.

정답 분석

② 지방관을 감찰하고자 외사정을 파견하였다.

- 신라 중대 문무왕은 중앙에서 지방을 견제하기 위해 지방관을 감찰하는 외사정을 파견하였다.

오답 피하기

① 국가적인 조직으로 화랑도를 개편하였다.

- 신라 상대 진흥왕은 유능한 인재를 양성하기 위해 화랑도를 국가적 조직으로 개편하였다.

③ 이차돈의 순교를 계기로 불교를 공인하였다.

- 신라 상대 법흥왕은 이차돈의 순교를 계기로 불교를 공인하여 새롭게 성장한 세력들을 포섭하였다.

④ 인재 등용을 위해 독서삼품과를 실시하였다.

- 신라 중대 원성왕은 국학의 졸업 시험으로 독서삼품과를 시행하여 성적이 우수한 자에게 관직에 진출할 기회를 주었다.

⑤ 자장의 건의로 황룡사 구층목탑을 건립하였다.

- 신라 상대 선덕 여왕에게 자장은 황룡사에 9층 탑을 세워 사방의 나라를 제압할 것을 건의하였다.

08 통일 신라의 경제 상황 정답 ⑤

다음 자료에 나타난 시기의 경제 상황으로 옳은 것은? [2점]

> 장보고가 귀국 후 왕을 알현하여, "온 중국이 우리나라 사람을 노비로 삼고 있습니다. 바라옵건대 청해에 진을 설치하여 해적이 사람을 중국으로 잡아가는 것을 막으십시오."라고 아뢰었다. 왕이 장보고에게 군사 1만 명을 주어서 지키게 하였다.

은쌤의 합격노트

다음 자료에 나타난 시기는 신라 하대이다. 9세기에 들어 신라 사회가 혼란에 빠지면서 공무역이 중단되었다. 대신 민간 해상 무역이 늘어났지만, 해적이 들끓는 등 많은 폐해가 나타났다. 이에 장보고는 828년 완도에 청해진을 설치하고 해적을 소탕하여 해상 무역을 장악하였다.

정답 분석

⑤ 울산을 통해 아라비아 상인들이 왕래하였다.
- 신라는 경주와 가까운 울산항이 국제 무역항으로 크게 번성하였다. 울산항에는 당, 일본 상인은 물론 아라비아 상인까지 드나들었다.

오답 피하기

① 은병이 화폐로 제작되었다.
- 고려 중기 숙종은 의천의 건의에 따라 활구(은병)라는 은전을 만들었으나 널리 유통되지는 못하였다.

② 낙랑과 왜에 철을 수출하였다.
- 삼한의 변한 지역에는 철이 많이 생산되어 화폐처럼 쓰였고 낙랑군과 왜 등에 수출하였다.

③ 집집마다 부경이라는 창고가 있었다.
- 고구려는 집집마다 부경이라는 조그만 창고가 있었으며, 곡식으로 술을 빚기도 하였다.

④ 덕대가 광산을 전문적으로 경영하였다.
- 조선 후기에는 덕대라 불리는 경영 전문가가 상인 물주로부터 자금을 조달받아 채굴업자, 채굴 노동자, 제련 노동자 등 광꾼을 고용하여 광산을 경영하였다.

09 발해 정답 ③

(가) 국가에 대한 설명으로 옳은 것은? [2점]

> 이곳은 해동성국이라 불렸던 (가) 의 온돌 유적으로 함경남도 신포시 오매리에서 발견되었습니다. 이 유적에서는 열기가 지나가는 통로인 고래의 숫자를 늘려서 난방의 효율을 높였다는 사실을 확인할 수 있습니다. 이는 (가) 이/가 고구려의 온돌 양식을 계승하여 발전시켰다는 사실을 잘 보여줍니다.

은쌤의 합격노트

(가) 국가는 발해이다. 발해는 9세기 초 선왕 때에 이르러 서로는 랴오허 강까지 진출하고 동북으로는 헤이룽장 강까지 영역을 확대하여 '해동성국'이라 불렸다. 발해의 궁궐 중에는 고구려의 전통을 이은 온돌 시설이 설치된 곳도 발견되었다. 발해인의 난방 구조인 온돌과 돌사자상은 중국에서는 볼 수 없는 형식이다.

정답 분석

③ 교육 기관으로 주자감을 설립하였다.
- 발해는 최고 교육 기관으로 주자감을 두어 유교를 교육했으며, 당에 유학생을 보내기도 하였다.

오답 피하기

① 9서당과 10정을 설치하였다.
- 신라 중대 신문왕은 중앙군과 지방군을 각각 9서당과 10정으로 확대 개편하였다.

② 광평성 등의 정치 기구를 마련하였다.
- 후고구려 궁예는 국정을 총괄하는 광평성을 비롯한 여러 관서를 설치하고, 9관등제를 시행하였다.

④ 욕살, 처려근지 등의 지방관을 두었다.
- 고구려는 지방 5부에 욕살, 처려근지를 보내 각 부에 소속된 성을 다스리게 하였다.

⑤ 지방에 22담로를 두어 왕족을 파견하였다.
- 백제 무령왕은 지방의 22담로에 왕족을 파견하여 지방 통제를 강화하였다.

10 고려 초기 통치 제도의 정비 정답 ④

(가)~(라)를 일어난 순서대로 옳게 나열한 것은? [3점]

(가) 처음으로 직관(職官)과 산관(散官) 각 품의 전시과를 제정하였다. …… 과등에 미치지 못한 자는 모두 전지 15결을 지급하였다.

(나) 역분전을 제정하였는데, 통일할 때의 조신(朝臣)이나 군사들은 관계(官階)를 따지지 않고 그 사람의 성품과 행동의 선악과 공로의 크고 작음을 보고 차등 있게 지급하였다.

(다) 쌍기가 의견을 올리니 처음으로 과거를 시행하였다. 시(詩)·부(賦)·송(頌) 및 시무책으로 시험하여 진사를 뽑았으며, 겸하여 명경업·의업·복업 등도 뽑았다.

(라) 왕이 말하기를, "비록 내 몸은 궁궐에 있지만 마음은 언제나 백성에게 치우쳐 있다. …… 이에 지방 수령들의 공(功)에 의지해 백성들의 소망에 부합하고자 12목 제도를 시행한다."라고 하였다.

은쌤의 합격노트

(가)는 고려 5대 왕 경종이 시행한 시정 전시과, (나)는 고려 1대 왕 태조 왕건이 시행한 역분전, (다)는 고려 4대 왕 광종이 시행한 과거제, (라)는 고려 6대 왕 성종이 설치한 12목이다.

정답 분석

④ (나) - (다) - (가) - (라)

▶ (나) 후삼국을 통일한 고려 1대 왕 태조 왕건은 공신, 군인 등을 대상으로 그들의 공로에 따라 차등을 두어 역분전을 지급하였다. 이후 고려의 토지 제도는 전시과로 체계화되었다.

(다) 고려 4대 왕 광종은 중국 후주에서 귀화한 쌍기의 건의에 따라 과거제를 실시하였다. 이를 통해 왕은 자신에게 충성하는 새로운 인물을 뽑을 수 있었다.

(가) 전시과는 고려 5대 왕 경종 때 처음 만들어졌다. 이때에는 인품을 기준으로 토지를 지급하였다. 인품이란 지급 대상자의 사회적 힘과 명망 등을 가리킨다.

(라) 고려 6대 왕 성종 때 전국에 12목을 설치하고 지방관을 파견하여 중앙 집권화의 기초를 세웠다. 또한 경학박사와 의학박사를 파견하였다.

11 고려 숙종의 업적 정답 ③

다음 대화에 등장하는 왕이 추진한 정책으로 옳은 것은? [3점]

신이 싸움에서 진 이유는 적들은 기병인데 우리는 보병이라 대적할 수가 없었기 때문입니다. 새로운 부대의 창설이 필요합니다.

그렇다면 그대의 의견대로 별무반을 창설하여 여진과 맞서도록 하라.

은쌤의 합격노트

다음 대화에 등장하는 왕은 고려 숙종이다. 고려와 요에 복속되었던 여진은 12세기에 완옌부를 중심으로 강성해져 고려의 동북쪽 국경 지대를 침략하였다. 숙종은 윤관에게 군대를 보내 주었으나 기병이 강한 여진에게 고전하여 성과를 거두지 못하자 윤관의 건의를 받아들여 별무반을 편성하였다. 예종은 별무반을 파견하여 여진을 정벌한 후 동북쪽 국경 밖에 9개의 성을 쌓아 고려의 영토로 삼았다.

정답 분석

③ 주전도감을 설치하여 해동통보를 발행하였다.

▶ 고려 중기 숙종은 의천의 건의에 따라 주전도감을 설치하고 삼한통보, 해동통보, 해동중보 등의 동전과 활구(은병)라는 은전을 만들었으나 널리 유통되지는 못하였다.

오답 피하기

① 천수라는 독자적 연호를 사용하였다.

▶ 고려 초기 태조 왕건은 국호를 '고려', 연호를 '천수'로 정하고 자신의 근거지인 송악을 수도로 삼아 국가의 기반을 다졌다.

② 관학을 진흥하고자 양현고를 설치하였다.

▶ 고려 중기 예종은 최충의 사학을 본떠 전문 강좌인 7재 및 장학 재단인 양현고 등을 설치하여 관학을 부흥시키려고 노력하였다.

④ 호족 세력을 견제하기 위해 노비안검법을 실시하였다.

▶ 고려 초기 광종은 노비안검법을 시행하여 호족 세력을 약화시키고 국가의 재정 기반을 확대하였다.

⑤ 국자감을 성균관으로 개칭하고 유학 교육을 장려하였다.

▶ 고려 성종 때 설립된 국자감은 → 국학(충렬왕) → 성균감(충렬왕) → 성균관(충선왕) → 국자감(공민왕) → 성균관(공민왕) 순으로 이름이 개칭된다.

12 고려의 주요 정치적 사건 (이자겸의 난~무신정변)

정답 ①

(가), (나) 사이의 시기에 있었던 사실로 옳은 것은? [2점]

(가) 이자겸과 척준경이 왕을 위협하여 남궁(南宮)으로 거처를 옮기게 하고 안보린, 최탁 등 17인을 죽였다. 이 외에도 죽인 군사가 헤아릴 수 없을 정도였다.

(나) 이의방과 이고가 정중부를 따라가 몰래 말하기를, "오늘날 문신들은 득의양양하여 술을 취하도록 마시고 음식을 배불리 먹는데, 무신들은 모두 굶주리고 고달프니 이것을 어찌 참을 수 있습니까."라고 하였다.

은쌤의 합격노트

(가)는 고려 인종 때 일어난 이자겸의 난, (나)는 고려 의종 때 일어난 무신정변이다.

(가) 이자겸이 딸들을 예종과 인종에게 거듭 시집보내면서 왕을 능가하는 권력을 휘두르자, 일부 신진 관리들은 왕과 함께 그를 몰아내려고 하였다. 이에 이자겸은 스스로 왕이 되기 위해 부하인 척준경과 함께 난을 일으켰지만 진압당하였다(1126).

(나) 권력 독점과 대외 문제를 둘러싼 문벌 귀족 사회의 내부 갈등이 확대되고 하층민의 유망이 늘어나는 가운데, 문신 위주의 정치로 차별받던 무신들의 불만이 점점 더 커졌다. 마침내 이의방과 정중부 등 무신들은 의종의 보현원 행차를 기회로 다수의 문신을 제거하고 의종을 폐하였다(무신 정변, 1170).

정답 분석

① 김부식이 묘청의 반란을 진압하였다.

➡ 고려 중기 인종 때 이자겸의 난 이후 서경 출신의 정지상과 묘청 등이 서경 천도가 중단되자 반란을 일으켰으나 김부식이 이끈 관군에게 진압되었다(1135~1136). 이는 (가)와 (나) 사이의 일이다.

오답 피하기

② 강조가 정변을 일으켜 김치양을 제거하였다.

➡ 고려 중기 목종의 생모 천추 태후와 김치양이 자신들 사이에서 낳은 아들에게 왕위를 계승시키려 하자 강조가 정변을 일으켰다(1009). 이는 (가) 이전의 일이다.

③ 망이 · 망소이가 공주 명학소에서 봉기하였다.

➡ 고려 후기 명종 때 공주 명학소에서 망이 · 망소이 형제가 과도한 수취에 반발하여 봉기하였다(1176). 이는 (나) 이후의 일이다.

④ 서희가 외교 담판을 벌여 강동 6주를 확보하였다.

➡ 고려 초기 성종 때 서희는 거란의 1차 목표가 고려가 아니라는 것을 간파하고 거란과 강화를 맺으면서 여진에 대한 협공을 구실로 압록강 근처의 강동 6주를 획득하였다(993). 이는 (가) 이전의 일이다.

⑤ 최충헌이 봉사 10조를 올려 시정 개혁을 건의하였다.

➡ 고려 후기 명종 때 최충헌은 무신 집권기의 혼란을 극복하고자 봉사 10조를 올려 정치 기강을 세우고 농민 봉기를 적극적으로 진압한 후 무단 정치를 실시하였다(1196). 이는 (나) 이후의 일이다.

13 고려 공민왕의 업적

정답 ④

밑줄 그은 '왕'의 재위 시기에 있었던 사실로 옳은 것은? [1점]

얼마 전에 왕께서 기철과 그 일당들을 반역죄로 숙청하셨다고 하네.

나도 들었네. 정동행성 이문소도 철폐하셨다고 하더군.

은쌤의 합격노트

밑줄 그은 '왕'은 고려 후기 공민왕이다. 14세기 후반에 이르러 원이 쇠퇴하자 공민왕은 정치 개혁을 통해 원의 간섭에서 벗어나고자 하였다. 공민왕은 기철을 비롯한 친원 세력을 제거하고 정동행성 이문소를 폐지하였다. 이문소는 고려에서 원과 관계된 범죄를 다스렸던 기구로 정동행성의 부속 기구 가운데 가장 강력하였다.

정답 분석

④ 신돈을 중심으로 전민변정 사업이 추진되었다.

➡ 고려 후기 공민왕은 내정 개혁을 추진하여 승려 신돈을 기용하고 전민변정도감을 설치하여 권문세족이 불법적으로 빼앗은 농토를 원래 주인에게 돌려주고, 노비로 전락한 양민의 신분을 되돌려 주었다.

오답 피하기

① 경기에 한하여 과전법이 실시되었다.

➡ 고려 후기 이성계와 급진 개혁파 세력은 고려 우왕과 창왕을 잇달아 폐하고 공양왕을 세운 후, 전제 개혁을 단행하여 과전법을 실시하였다(1391).

② 정지가 관음포에서 승리를 거두었다.

➡ 고려 후기 우왕 때 최무선의 진포 대첩에 대한 보복으로 왜구가 120척의 군선을 이끌고 침입하자 정지의 함대가 관음포 앞바다에서 왜구를 크게 무찔렀다(관음포 대첩, 1383).

③ 국정 총괄 기구로 교정도감이 설치되었다.

➡ 고려 후기 희종 때 최충헌은 인사권, 재정권, 감찰권 등을 행사하는 최고 권력 기구인 교정도감을 설치하여 자신의 권력을 강화하는 데 치중하였다(1209).

⑤ 만권당이 설립되어 원과 고려의 학자가 교유하였다.

➡ 고려 후기 충선왕은 원의 수도에 만권당을 열어 고려와 원의 학자들이 만나 학문을 교류하는 장으로 만들었다.

14 고려의 거란과의 항쟁

정답 ③

(가)에 대한 고려의 대응으로 옳은 것은? [2점]

> 현종 2년에 (가) 의 군주가 크게 군사를 일으켜 정벌하러 오자 왕이 남쪽으로 피란하였는데, (가) 군대는 여전히 송악성에 주둔하고 물러가지 않았습니다. 이에 현종이 여러 신하와 함께 더할 수 없는 큰 바람을 담아 대장경판을 새겨서 완성할 것을 맹세한 뒤에야 적의 군대가 스스로 물러갔습니다.
>
> –『동국이상국집』–

은쌤의 합격노트

(가)는 거란이다. 1차 침입 이후 거란은 강동 6주의 반환을 요구하였지만 고려가 거부하자 강조의 정변을 구실로 2차 침입을 강행하였다. 이때 개경이 함락되고 현종은 나주까지 피난하였는데, 양규가 이끄는 고려 군사들이 화의를 맺고 돌아가는 거란군에 큰 피해를 입히기도 하였다.

정답 분석

③ 개경을 방어하기 위해 나성을 축조하였다.

- 고려는 거란의 침입에 대비하여 현종 때 강감찬의 건의에 따라 개경 주위에 나성을 쌓았고, 이후 국경선에 천리장성을 쌓았다.

오답 피하기

① 처인성에서 살리타를 사살하였다.

- 몽골의 2차 침략 당시 처인성 전투에서는 승려 김윤후가 적장 살리타를 사살하여 몽골군이 철수하기도 하였다.

② 박위를 파견하여 근거지를 토벌하였다.

- 고려는 왜구를 근본적으로 박멸하고자 박위로 하여금 왜구의 근거지인 대마도를 정벌하도록 하였다.

④ 삼수병으로 구성된 훈련도감을 설치하였다.

- 임진왜란 초기 조선이 패전을 거듭하게 되자 조선 정부는 포수, 살수, 사수의 삼수병으로 구성된 훈련도감을 설치하였다.

⑤ 강화도로 도읍을 옮겨 장기 항전을 준비하였다.

- 몽골의 1차 침략 이후 최우는 장기적인 대몽 항쟁을 결정하고 강화도로 수도를 옮겨 이에 대비하였다.

15 고려의 문화유산

정답 ④

(가)에 들어갈 사진 자료로 적절한 것은? [2점]

△△ 시대 문화유산 사진전

우리 학교 역사 동아리에서 △△ 시대에 만들어진 문화유산을 소개하는 사진전을 개최합니다. 학생 여러분의 많은 관심과 참여 바랍니다.

청자 상감 운학문 매병 | (가) | 수월관음도

▪일자 : 2022년 ○○월 ○○일 ▪장소 : 본관 2층 동아리실

①

금동 연가 7년명 여래 입상

②

서산 용현리 마애 여래 삼존상

③

경주 분황사 모전 석탑

④

영주 부석사 무량수전

⑤

보은 법주사 팔상전

은쌤의 합격노트

(가)에는 고려 시대 문화유산이 들어가야 한다. 청자 상감 운학문 매병은 고려청자가 독특한 선을 가지고 있음을 보여 주는 대표적인 작품이므로, 날아 오르고 내려오는 학과 구름의 모습이 아름답게 표현되어 있다. 서구방이 그린 수월관음도는 섬세하고 세련된 필치로 고려 시대 불화 중에서 백미로 꼽힌다.

정답 분석

④ 영주 부석사 무량수전

- 영주 부석사 무량수전은 고려 초기에 유행한 건축 양식인 주심포 양식을 대표하는 건축물이다.

오답 피하기

① 금동 연가 7년명 여래 입상

- 고구려 금동 연가 7년명 여래 입상은 청동으로 만들고 금으로 도금하였으며, 뒷면에는 고구려와 관련된 글이 새겨져 있다.

② 서산 용현리 마애 여래 삼존상

- 백제 서산 용현리 마애 여래 삼존상은 바위에 조각한 불상으로 얼굴에 미소를 머금고 있어 '백제의 미소'로 불린다.

③ 경주 분황사 모전 석탑

- 경주 분황사 모전 석탑은 신라 시대 선덕 여왕이 석재를 벽돌 모양으로 쌓은 석탑으로 유명하다.

⑤ 보은 법주사 팔상전

- 17세기 조선 후기에 보은 법주사 팔상전 등 규모가 큰 다층 건물이 많이 세워졌다.

16 도병마사 정답 ②

(가) 기구에 대한 설명으로 옳은 것은? [2점]

은쌤의 합격노트

(가) 기구는 고려의 독자적인 기구로 국방 문제를 담당하는 '도병마사'이다. 이 기구는 중서문하성과 중추원의 고관인 재신과 추밀의 합의제로 운영되었다. 또한, 도병마사는 충렬왕 때 개편되면서 구성과 기능이 크게 확대되어 고려 후기에 최고 정치 기구의 역할을 하였다. 이와 같은 회의 기구의 존재는 문벌 귀족이 국정을 주도하던 고려 귀족 정치의 특징을 잘 보여 준다.

정답 분석

② 주로 국방과 군사 문제를 논의하였다.
- 고려 시대 도병마사는 변경의 군사 문제와 국방상 중요한 일을 의논하던 회의 기관이었다.

오답 피하기

① 역사서 편찬과 보관을 주관하였다.
- 조선 시대 춘추관이 역사서 편찬과 보관을 담당하였다.

③ 화폐, 곡식의 출납과 회계를 담당하였다.
- 고려 시대 삼사가 화폐와 곡식의 출납 회계를 담당하였다.

④ 좌사정, 우사정의 이원적인 체제로 운영되었다.
- 발해는 정당성 장관인 대내상이 국정을 총괄하고, 그 아래 좌사정과 우사정이 3부씩 나누어 관할하게 하였다.

⑤ 최우에 의해 설치되어 인사 행정을 처리하였다.
- 고려 시대 최우는 자신의 집에 정방을 설치하여 관리의 인사 행정을 담당하게 하였다.

17 고려 후기 원 간섭기의 사회상 정답 ⑤

다음 자료에 나타난 시기의 사회 모습으로 옳은 것은? [2점]

> 인후는 …… 처음 이름은 홀랄대였다. 제국공주의 겁령구였는데, 겁령구는 중국 말로 사적으로 소속된 사람이다. 제국공주를 따라 와서 중랑장에 임명되었다. 왕이 그를 장군으로 임명하고 싶어 이름을 바꾸라고 명령하자, 홀랄대가 대장군 인공수에게 말하기를 "내가 당신과 친한 사이이니 그대의 성을 빌리면 어떻겠소?"라고 하고, 드디어 성명을 바꾸어 인후라고 하였다. [인후는] 장순룡 및 차신과 더 좋은 저택을 짓기 위해 경쟁했는데, 사치스러움과 분수에 넘치는 것이 극에 달하였다.

은쌤의 합격노트

다음 자료에 나타난 시기는 고려 후기 원 간섭기이다. 충렬왕은 태자 때 원으로 건너가 세조의 딸인 제국대장공주(齊國大長公主, 1259~1297)와 혼인했는데, 고려로 돌아올 때 몽골풍의 변발과 호복을 입어 사람들이 탄식했다고 한다. 한편 제국대장공주가 고려에 와서 몽골 양식의 생활을 하고 사사로이 부리는 사람을 원나라에서 데려옴으로써 고려 왕실에는 몽고의 풍속 · 언어 등이 퍼지기도 하였다.

정답 분석

⑤ 지배층을 중심으로 변발과 호복이 유행하였다.
- 고려 후기 원 간섭기에는 몽골풍이 유행하여 변발 몽골 복장, 몽골어가 궁중과 지배층을 중심으로 널리 퍼졌다.

오답 피하기

① 최충이 9재 학당을 설립하였다.
- 고려 중기에는 최충의 9재 학당(문헌공도)을 비롯한 사학 12도가 융성하였다.

② 빈민 구제를 위해 흑창이 설치되었다.
- 고려 초기 태조는 흑창을 설치하여 가난한 백성을 구제하려 하였다.

③ 대각국사 의천이 천태종을 개창하였다.
- 고려 중기 의천은 천태종을 창시하여 선종을 교종에 포섭함으로써 불교계를 통합하려 하였다.

④ 만적이 개경에서 신분 해방을 도모하였다.
- 고려 후기 무신 집권기에 최충헌의 사노비였던 만적이 노비를 모아 봉기를 계획하다가 발각되었다.

18 삼국유사 정답 ②

밑줄 그은 '역사서'에 대한 설명으로 옳은 것은? [1점]

이곳은 경상북도 군위군에 위치한 인각사로 승려 일연이 마지막 여생을 보낸 곳입니다. 그는 불교사를 중심으로 민간 설화 등을 수록한 <u>역사서</u>를 저술하였습니다.

은쌤의 합격노트

밑줄 그은 '역사서'는 고려 후기 일연의 "삼국유사"이다. 고려 후기 몽골의 침략과 간섭으로 국가가 위기에 처하자 불교적 입장에서 전통문화와 역사를 이해하고 지키려는 노력이 강화되었다. 이에 일연은 불교사를 중심으로 지방의 기록과 민간 설화까지 포함하여 "삼국유사"를 저술하였다. 일연은 최초로 단군을 우리 민족의 시조로 기록함으로써 통합된 민족의식을 표출하였다.

정답 분석

② 고조선의 건국 이야기가 서술되었다.

➲ 고려 후기 승려 일연은 고조선 건국 신화인 단군 신화를 비롯한 설화나 야사를 폭넓게 수록한 "삼국유사"를 편찬하였다.

오답 피하기

① 편년체 형식으로 기술되었다.

➲ 편년체는 역사 기록을 연 · 월 · 일 순으로 정리하는 편찬 체제로 "조선왕조실록", "고려사절요" 등이 대표적이다. "삼국유사"는 기사본말체이다.

③ 남북국이라는 용어가 처음 사용되었다.

➲ 조선 후기 유득공은 "발해고"를 통해 발해사를 우리 역사로 체계화할 것을 강조하고 남북국이라는 용어를 처음 사용하였다.

④ 왕명에 의해 고승들의 전기가 기록되었다.

➲ 고려 후기 각훈이 지은 "해동고승전"은 우리나라 역대 고승의 전기를 기록한 것으로, 현재 일부만 전해 온다.

⑤ 고구려 시조의 일대기가 서사시로 표현되었다.

➲ 고려 후기 이규보의 '동명왕편'은 동명왕의 업적을 칭송한 영웅 서사시로 고구려 계승 의식을 드러내고 있다.

19 조선 태종의 업적 정답 ③

밑줄 그은 '임금'의 재위 시기에 있었던 사실로 옳은 것은? [2점]

얼마 전에 <u>임금</u>께서 원통하고 억울한 일을 당한 백성들을 위해 신문고를 설치하라고 명하셨다더군.

뿐만 아니라 문하부를 없애고 의정부를 설치하면서 문하부 낭사를 사간원으로 독립시키셨다네.

은쌤의 합격노트

밑줄 그은 '임금'은 조선 초기 태종이다. 정종의 뒤를 이어 왕위에 오른 태종은 왕권을 강화하기 위해 의정부의 권한을 약화시키고 6조 직계제를 채택하였다. 또 종친과 외척의 정치 참여를 제한했으며, 사병을 없애 군사권을 장악하였다. 그 결과 태종 때에는 국왕 중심의 정치가 이루어졌다. 한편 궁궐 밖에 북을 달아 백성들이 북을 쳐 억울함을 하소연할 수 있도록 신문고를 설치하였다.

정답 분석

③ 왕권 강화를 위해 6조 직계제가 실시되었다.

➲ 조선 초기 태종은 6조 직계제를 실시하여 의정부에 집중된 권력을 분산시켰다.

오답 피하기

① 명의 신종을 제사하는 대보단이 설치되었다.

➲ 조선 후기 숙종은 임진왜란 당시 군대를 보내 왜적을 물리쳐준 신종의 은혜를 기리기 위해 명나라 태조 · 신종 · 의종을 제사 지내던 대보단을 건립했다.

② 백과사전류 의서인 의방유취가 편찬되었다.

➲ 조선 초기 세종은 중국의 역대 의서를 집대성하여 "의방유취"라는 의학백과사전을 간행하였다.

④ 조선의 기본 법전인 경국대전이 반포되었다.

➲ 조선 초기 성종은 조선 왕조의 통치 규범인 "경국대전"을 완성하여 통치체제를 정비하고 유교적 법치 국가의 기틀을 마련하였다.

⑤ 역대 문물제도를 정리한 동국문헌비고가 간행되었다.

➲ 조선 후기 영조는 역대 제도와 문물을 정리한 "동국문헌비고"를 편찬하였다.

20 계유정난 이후의 사실 정답 ④

밑줄 그은 '이 사건' 이후의 사실로 옳은 것은? [2점]

이 작품은 두만강 유역의 여진을 정벌하고 6진을 개척한 김종서가 지은 시조로, 장수로서의 호방한 기개를 보여주고 있습니다. 그는 수양대군, 한명회 등이 주도한 이 사건으로 죽임을 당하였습니다.

은쌤의 합격노트

밑줄 그은 '이 사건'은 수양대군이 일으킨 계유정난이다. 세종 이후 문종이 일찍 세상을 떠나고 나이가 어린 단종이 즉위하면서 정치 실권은 김종서, 황보인 등 재상에게 넘어갔다. 이에 수양 대군은 정변(계유정난)을 일으켜 김종서 등을 몰아내고 왕위를 차지하였다. 유교 정치의 법도에 어긋나는 세조의 왕위 찬탈은 많은 신하의 반발을 받았다.

정답 분석

④ 성삼문 등이 상왕의 복위를 꾀하다가 처형되었다.
- 조선 초기 세조 대에 일어난 단종 복위 운동은 밀고로 인해 거사를 일으키기도 전에 실패하여 박팽년, 성삼문, 이개 등을 포함한 수많은 이가 처형당하였다.

오답 피하기

① 최영에 의해 이인임 일파가 축출되었다.
- 고려 후기 우왕은 최영에게 이인임을 제거하라는 밀명을 내렸고, 최영은 일의 성사를 위해 이성계를 끌어들여 이인임과 그 일파를 모두 제거하였다.

② 최무선의 건의로 화통도감이 설치되었다.
- 고려 후기 우왕은 최무선의 건의로 화약 및 화기를 제조하기 위한 임시 관청인 화통도감을 설치하였다.

③ 정도전 등이 요동 정벌 계획을 추진하였다.
- 조선은 건국 초 태조 대에 정도전의 주도로 추진한 요동 정벌 준비와 여진 문제로 명과 갈등을 빚기도 하였다.

⑤ 이종무가 왜구의 근거지인 쓰시마섬을 정벌하였다.
- 조선 초기 세종은 이종무로 하여금 왜구의 소굴인 대마도를 토벌케하였다.

21 사화(무오사화~중종반정) 정답 ④

(가), (나) 사이의 시기에 있었던 사실로 옳은 것은? [3점]

(가) 유자광이 김종직의 조의제문을 구절마다 풀이해서 아뢰기를, "감히 이와 같은 부도한 말을 했으니, 청컨대 법에 의하여 죄를 다스리시옵소서. 이 문집 및 판본을 다 불태워버리고 간행한 사람까지 아울러 죄를 다스리시기를 청하옵니다."라고 하였다.

(나) 박원종 등이 궐문 밖에 진군하여 대비(大妃)에게 아뢰기를, "지금 임금이 도리를 잃어 정치가 혼란하고, 민생은 도탄에 빠지고, 종사는 위태롭습니다. 진성대군은 대소 신민의 촉망을 받은 지 이미 오래이므로, 이제 추대하고자 하오니 감히 대비의 분부를 여쭙니다."라고 하였다.

은쌤의 합격노트

(가)는 1498년 연산군 때 일어난 무오사화, (나)는 1506년 연산군을 몰아낸 중종반정이다.

(가) 성종에 이어 즉위한 연산군은 훈구 세력과 사림을 누르고 왕권을 강화하고자 하였다. 특히 언론 활동으로 왕권을 견제하는 사림 세력을 탄압하였으며, 그 과정에서 훈구 세력이 김종직의 '조의제문'을 문제 삼아 사림들을 축출하였다(무오사화).

(나) 두 차례의 사화(무오사화, 갑자사화) 이후에도 연산군의 폭정이 계속되자 훈구 세력은 폭정과 사치, 방탕한 생활 등을 이유로 연산군을 몰아내고 중종을 왕으로 세웠다(중종반정).

정답 분석

④ 폐비 윤씨 사사 사건을 빌미로 김굉필 등이 처형되었다.
- 연산군은 생모 윤씨가 폐위된 것을 이유로 이와 관계된 훈구 세력과 김굉필 등의 사림들을 제거하였다(갑자사화, 1504).

오답 피하기

① 서인이 반정을 일으켜 정권을 장악하였다.
- 서인은 인목 대비를 폐위시키는 등 유교 윤리를 어겼다는 이유로 광해군을 몰아내고 인조를 새 왕으로 추대하였다(인조반정, 1623).

② 위훈 삭제를 주장한 조광조 일파가 제거되었다.
- 조광조는 과대평가된 훈구 대신들의 공훈을 삭제하고 그들의 경제 기반을 축소하려다 기묘사화(1519년)가 일어나면서 제거되었다.

③ 이인좌를 중심으로 한 일부 소론 세력이 난을 일으켰다.
- 조선 후기 영조가 즉위하자 노론의 보복을 우려한 일부 소론 세력이 경종의 사망에 영조가 간여되어 있다는 명분을 내세워 난을 일으켰으나 진압당하였다(이인좌의 난, 1728).

⑤ 희빈 장씨 소생의 원자 책봉 문제로 환국이 발생하였다.
- 조선 후기 숙종 때 서인은 희빈 장씨 소생의 왕자를 세자로 책봉[희빈 장씨 소생의 원자 명호(名號) 문제]하는 것에 반대하다 기사환국(1689년)으로 정권에서 밀려났다.

22 조선 후기 경제 상황 정답 ③

다음 기사에 나타난 시기의 경제 상황으로 옳은 것은? [1점]

> **역사 신문**
> 제△△호 ○○○○년 ○○월 ○○일
>
> **초량으로 왜관 이전 결정**
>
> 오늘 왕이 두모포 왜관의 초량 이전을 윤허하였다. 두모포 왜관은 일본과 국교가 재개되면서 새로 지은 왜관으로 기유약조 이후 일본과의 제한된 교역이 이루어진 곳이다. 그러나 두모포 왜관이 협소하다며 이전을 요구하는 왜인들의 잦은 요청이 있어 마침내 오늘 초량으로 이전을 결정하였다.

은쌤의 합격노트

다음 기사에 나타난 시기는 조선 후기이다. 초량 왜관은 조선 후기 숙종 때 용두산을 중심으로 약 33만m^2 면적에 조성돼 조선과 일본의 외교와 무역이 진행된 곳으로 약 200년간 유지됐다. 초량 왜관은 조선 초기 부산포 왜관, 임진왜란 직후 설치된 절영도 왜관, 1607년(선조 40년) 조성된 두모포 왜관에 이은 네 번째 왜관이다.

정답 분석

③ 담배, 고추 등 상품 작물이 재배되었다.
- 조선 후기 도시 인구가 증가하고 상품 유통이 활발해지면서 인삼, 면화, 담배, 채소 등의 상품 작물 재배가 확대되었다.

오답 피하기

① 금속 화폐인 건원중보가 주조되었다.
- 고려 초기 성종 대에 처음으로 건원중보라는 철전을 만들어 사용하였다.

② 솔빈부의 말이 특산물로 수출되었다.
- 발해의 여러 특산품 중 최고는 솔빈부의 말이었다. 솔빈부의 말은 바닷길을 통해 당으로 수출되었다.

④ 당항성, 영암이 국제 무역항으로 번성하였다.
- 통일 신라의 무역항으로는 울산항, 청해진, 영암, 당항성(남양만)이 크게 번성하였다.

⑤ 수도의 시전을 감독하기 위해 경시서가 설치되었다.
- 고려 시대 개경과 서경을 비롯한 대도시에는 시전이 설치되었으며, 이를 경시서라는 관청이 감독하였다. 경시서는 조선 시대까지 이어지다가 세조 대에 평시서로 개칭되었다.

23 조선과 청나라의 대외 관계 정답 ①

(가) 국가에 대한 조선의 정책으로 옳은 것은? [2점]

은쌤의 합격노트

(가) 국가는 청나라이다. 조선에서 북벌 운동이 무르익어 가고 있을 때, 시베리아 지방에는 러시아 세력이 밀려왔다. 러시아 세력의 침략으로 위협을 느낀 청은 정벌군을 파견하고, 아울러 조선에 원병을 요청하였다. 이에 조선에서는 두 차례에 걸쳐 조총 부대를 출동시켜 큰 성과를 거두고 돌아왔으며, 이를 나선 정벌이라고 한다.

정답 분석

① 어영청을 중심으로 북벌을 추진하였다.
- 조선 후기 인조는 후금과의 관계가 파국으로 치닫자 수도 한양을 방어하기 위해 어영청을 설치하였다. 이후 어영청은 효종이 청에 대한 북벌 계획을 준비하면서 크게 강화되었고, 그 규모가 3배 가까이 늘어나 2만 1천명의 대부대가 되었다.

오답 피하기

② 한성에 동평관을 두어 무역을 허용하였다.
- 동평관은 조선 초기 일본 사신을 대접하기 위하여 마련한 관사로 왜관이라고도 한다.

③ 조약 체결에 대한 답례로 보빙사를 보냈다.
- 근대 개항기 때 조선 정부는 미국 공사가 서울에 부임한 답례로 미국에 보빙사를 파견하였다.

④ 공녀를 보내기 위해 결혼도감을 설치하였다.
- 고려 후기 원은 결혼도감을 설치하고 고려의 처녀를 공녀로 뽑아 갔다.

⑤ 포로 송환을 위해 회답 겸 쇄환사를 파견하였다.
- 회답 겸 쇄환사는 조선 후기 조선이 일본에서 보낸 국서에 회답 국서를 전하고 피로인을 쇄환하기 위해 세 차례에 걸쳐 파견한 사절이다.

24 조선 정조의 업적 정답 ①

(가) 왕이 추진한 정책으로 옳은 것은? [2점]

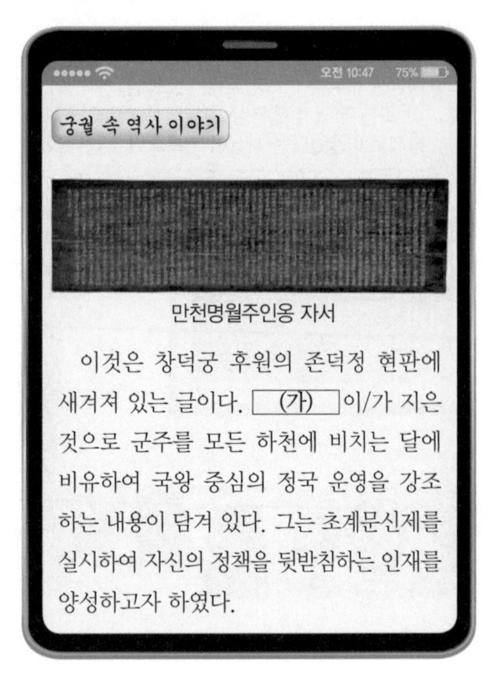

은쌤의 합격노트

(가) 왕은 조선 후기 정조이다. 정조는 규장각을 설치하여 정책 자문 기구로 삼고, 신진 인물이나 중·하급 관리 중에서 유능한 인재를 재교육하는 초계문신제를 실시하여 개혁 세력을 육성하였다.

정답 분석

① 친위 부대로 장용영을 설치하였다.
- 조선 후기 정조는 친위 부대인 장용영을 설치하여 왕권을 뒷받침하는 군사적 기반을 갖추었다.

오답 피하기

② 경기도에 한해서 대동법을 실시하였다.
- 조선 후기 광해군은 방납의 폐단을 극복하고 국가 재정을 보충하고자 경기도에서 처음 대동법을 시행하였다.

③ 한양을 기준으로 한 역법서인 칠정산을 만들었다.
- 조선 초기 세종은 한양을 기준으로 천체 운동을 계산한 역법서인 "칠정산"을 만들었다.

④ 통치 체제를 정비하기 위해 대전회통을 편찬하였다.
- 근대 개항기 때 흥선 대원군은 "대전회통"을 편찬하여 통치 규범을 재정비하였다.

⑤ 직전법을 제정하여 현직 관리에게만 수조권을 지급하였다.
- 조선 초기 세조는 현직 관리에게만 수조권을 지급하는 직전법을 시행하였다.

25 조선 후기 문화 정답 ②

밑줄 그은 '이 시기'의 문화에 대한 설명으로 옳은 것은? [1점]

은쌤의 합격노트

밑줄 그은 '이 시기'는 조선 후기이다. 조선 후기에는 상업이 발달하면서 서민들은 문학을 향유하였으며, 특히 소설을 즐겼다. "춘향전"은 신분을 뛰어넘는 사랑을 그렸다. 서민들이 소설을 즐기는 방법에는 낭독, 세책이 대표적이다. 낭독은 소설을 전문적으로 읽어주는 낭독자 전기수에 의해 이루어졌다. 조선 후기에는 민간에 전해지던 이야기를 많이 기억하고 그것을 개성 있게 구성하는 강담사와 이야기, 소설책을 적당한 몸짓과 표정을 섞어가며 읽어 주는 전기수가 등장하였다. 세책은 돈을 주고 소설책을 빌려다 읽는 방식으로 여성 독자에게 인기가 있었다.

정답 분석

② 인왕제색도 등 진경산수화가 그려졌다.
- 조선 후기 그림에서는 정선이 진경산수화라는 독자적인 화풍을 개척하여 '인왕제색도'와 '금강전도' 등의 뛰어난 작품을 남겼다.

오답 피하기

① 원각사지 십층 석탑이 건립되었다.
- 조선 초기 세조 때 고려 후기 개성 경천사지 10층 석탑을 본뜬 원각사지 10층 석탑이 건립되었다.

③ 주자소가 설치되어 계미자가 주조되었다.
- 조선 초기 태종은 주자소를 설치하고 구리로 계미자를 주조하였다.

④ 표면에 백토를 바른 분청사기가 유행하였다.
- 고려 후기부터 소박하고 정형화되지 않은 멋으로 유행하던 분청사기는 조선 초기에도 계속 제작되고 인기를 얻었다.

⑤ 청주 흥덕사에서 직지심체요절이 간행되었다.
- 고려 후기 청주 흥덕사에서 만든 "직지"는 오늘날 세계에서 가장 오래된 금속 활자본으로 인정받고 있다.

26 비변사

정답 ④

(가) 기구에 대한 설명으로 옳은 것은? [2점]

역사 용어 해설

(가)

1. 개요

중종 때 삼포왜란을 계기로 설치되었다. 을묘왜변을 겪으면서 상설 기구화되었고, 양 난을 거치며 국정을 총괄하는 기구로 발전하였다.

2. 관련 사료

중외(中外)의 군국 기무를 모두 관장한다. …… 도제조는 현임과 전임 의정(議政)이 겸하고, 제조는 정원에 제한이 없으며 임금에게 보고하여 임명한다. 이·호·예·병·형조 판서, 양국 대장, 양도 유수, 대제학은 당연히 겸직한다.

-「속대전」-

은쌤의 합격 노트

(가) 기구는 비변사이다. 비변사는 본래 여진족과 왜구에 대비하기 위해 임시 회의 기구로 설치되었다. 그러다 을묘왜변을 계기로 비변사가 상설화되었으며, 임진왜란을 거치면서 외교, 재정, 사회 전반은 물론 고위 관리의 인사 문제까지 관할하였다. 이에 의정부와 6조는 비변사에서 결정된 내용을 집행하는 기구로 위상이 낮아졌다. 의정부의 3정승은 비변사에서 협의된 내용을 왕에게 알리는 처지가 되었고 전국 8도의 업무는 지역별로 구관당상이 도맡아 처리하였다.

정답 분석

④ 흥선 대원군이 집권한 시기에 혁파되었다.
- 흥선 대원군은 국왕 중심의 통치 질서를 회복하고자 왕권을 제약하던 비변사를 철폐하고 의정부와 삼군부의 기능을 부활시켜 정치와 군사 업무를 분리하였다.

오답 피하기

① 업무 일지인 내각일력을 작성하였다.
- 내각일력은 조선 시대 정조 3년(1779)부터 고종 20년(1883)까지 기록된 규장각의 일기이다.

② 사헌부, 사간원과 함께 3사로 불렸다.
- 조선 시대 홍문관과 사헌부, 사간원의 3사는 왕과 대신들을 견제하는 언론 기능을 담당하여 권력의 독점과 부패를 막았다.

③ 소속 관원을 은대 학사라고도 칭하였다.
- 조선 시대 승정원은 정원(政院)·후원(喉院)·은대(銀臺)·대언사(代言司)라고도 불리었다.

⑤ 국왕 직속 사법 기구로 중죄인을 다스렸다.
- 조선 시대 의금부는 국왕 직속 사법 기구로 강상죄, 반역죄 등을 처결하였다.

27 조선 실학자 유득공

정답 ①

(가) 인물에 대한 설명으로 옳은 것은? [2점]

(가) 은/는 널리 배워 시를 잘 짓고 전고(典故)에도 밝았다. …… 발해고를 지어서 인물과 군현, 왕실 계보의 연혁 등을 상세하게 잘 엮어서 두루 모아놓으니 기뻐할 만하다. 그런데 그의 말에 왕씨가 고구려의 옛 강역을 회복하지 못하였음을 탄식한 부분이 있다. 왕씨가 옛 강역을 회복하지 못하니 계림과 낙랑의 옛터가 마침내 어두워져 스스로 천하와 단절되었다는 것이다.

은쌤의 합격 노트

(가) 인물은 유득공이다. 1784년 조선 후기 유득공은 "발해고" 서문에서 고려가 발해의 역사를 서술하지 않은 것을 잘못이라고 비판하고, 신라의 역사와 더불어 남북국의 역사로 서술했어야 한다고 주장하였다. 유득공이 "발해고"라는 책에서 "김씨가 남쪽을 영유하자, 대씨가 그 북쪽을 영유하여 발해라고 하였다. 이것이 남북국이다."라고 한 것이 대표적이다.

정답 분석

① 규장각의 검서관으로 활동하였다.
- 조선 후기 정조는 서얼에 대한 차별을 완화하여 유득공, 박제가 등이 규장각 검서관으로 활약할 수 있었다.

오답 피하기

② 양명학을 연구해 강화학파를 형성하였다.
- 양명학은 18세기 초 정제두가 본격적으로 연구하면서 강화학파를 형성하였다.

③ 의산문답에서 중국 중심의 세계관을 비판하였다.
- 홍대용은 "의산문답"에서 실옹과 허자의 대담 형식을 빌려 관념적 화이관과 중국 중심 세계관의 허구성을 비판하고 북학의 이론적 틀을 제시하였다.

④ 북한산비가 진흥왕 순수비임을 처음으로 밝혀냈다.
- 김정희는 "금석과안록"을 지어 북한산비가 진흥왕 순수비임을 밝혔다.

⑤ 체질에 따라 치료를 달리하는 사상 의학을 확립하였다.
- 이제마는 "동의수세보원"을 저술하여 체질에 따라 처방을 달리해야 한다는 사상 의학을 확립하였다.

28 홍경래의 난 정답 ①

다음 대화에 나타난 사건에 대한 설명으로 옳은 것은? [1점]

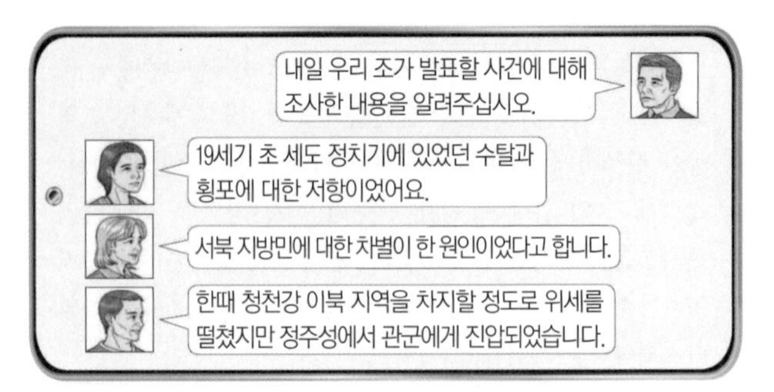

은쌤의 합격노트

다음 대화에 나타난 사건은 홍경래의 난이다. 평안도 지역에서 지역 차별과 세도 정치에 저항하여 몰락 양반 홍경래를 중심으로 농민 봉기가 일어났다. 홍경래의 난은 19세기에 일어난 대규모 농민 봉기의 시작이었다. 이들은 탐관오리의 수탈과 서북인에 대한 차별 반대를 주장하며 열흘 만에 선천, 정주 등 청천강 이북의 대부분 지역을 점령하였다. 그러나 송림 전투에서 관군에게 패한 후 정주성에서 저항하였으나 5개월 만에 진압되었다.

정답 분석

① 홍경래, 우군칙 등이 주도하였다.
- 몰락 양반인 홍경래와 서얼 출신 우군칙 등이 다양한 계층을 끌어모아 1,000여 명의 병력으로 봉기를 일으켰다.

오답 피하기

② 청군이 파병되는 결과를 가져왔다.
- 임오군란, 갑신정변, 1차 동학 농민 운동이 일어나자 청군이 파병되었다.

③ 제물포 조약이 체결되는 배경이 되었다.
- 일본은 임오군란으로 공사관이 습격당하고 인명 피해를 입자 피해 보상과 거류민 보호를 내세우면서 제물포 조약을 체결하였다.

④ 보국안민, 제폭구민을 기치로 내걸었다.
- 동학 농민군은 고부를 점령한 후 백산으로 이동하여 4대 강령과 보국안민, 제폭구민의 내용이 담긴 격문을 발표하였다.

⑤ 박규수가 안핵사로 파견되는 계기가 되었다.
- 철종은 진주 민란 이후 안핵사 박규수의 건의를 받아들여 봉기를 진정시키기 위해 삼정의 폐단을 없애는 개혁 기관으로 삼정이정청을 설치하였다.

29 역사 속 민중 봉기(원종 · 애노의 난, 김사미 · 효심의 난, 진주 민란, 고부 민란) 정답 ④

(가)~(라) 사건에 대한 설명으로 옳은 것을 〈보기〉에서 고른 것은? [3점]

(가) 나라 안의 모든 주군(州郡)에서 공물과 부세를 보내지 않아 창고가 비고 재정이 궁핍해졌다. 왕이 관리를 보내 독촉하니 곳곳에서 도적이 벌떼처럼 일어났다. 이때 원종, 애노 등이 사벌주를 근거지로 반란을 일으켰다.

(나) 남쪽에서 적(賊)들이 봉기하였다. 가장 심한 자들은 운문을 거점으로 한 김사미와 초전을 거점으로 한 효심이었다. 이들은 유랑민을 불러 모아 주현(州縣)을 습격하여 노략질하였다.

(다) 임술년 2월 19일, 진주 백성 수만 명이 머리에 흰 수건을 두르고 손에는 나무 몽둥이를 들고 무리를 지어 진주 읍내에 모여 서리들의 가옥 수십 호를 불사르고 부수니, 그 움직임이 심상치 않았다.

(라) 군수 조병갑은 탐학이 심하여 군민들이 그 주구에 시달려 왔다. 그러던 중 조병갑이 다시 만석보 보수를 빙자하여 백성을 강제 노역시키고 불법적인 징세를 자행하였기에 군민들이 더욱 한을 품게 되었다. …… 전봉준은 백성을 이끌고 일어나 관아를 습격하고 관청에서 쌓은 보를 허물어 버렸다.

〈보 기〉

ㄱ. (가) – 삼정이정청이 설치되는 계기가 되었다.
ㄴ. (나) – 무신집권기 지배층의 수탈에 대한 저항이었다.
ㄷ. (다) – 윤원형 일파가 정국을 주도한 시기에 발생하였다.
ㄹ. (라) – 주모자가 드러나지 않기 위해 사발통문을 작성하였다.

은쌤의 합격노트

(가)는 신라 하대 원종 · 애노의 난, (나)는 고려 후기 무신 집권기 김사미 · 효심의 난, (다)는 조선 후기 세도 정치기 진주 민란, (라)는 근대 개항기 때 고부 민란이다.

(가) 신라 하대 9세기 말 진성 여왕 때에 이르러 사회 혼란이 더욱 심해졌다. 특히 진성 여왕은 무리하게 조세를 강요하였고, 원종과 애노의 난과 같은 농민 봉기가 발생하였다.

(나) 고려 후기 무신 집권기에 경상도의 운문과 초전에서는 김사미와 효심이 지나친 수탈에 저항하여 지방관의 탐학을 국가에 호소하고 시정을 요구하였다.

(다) 조선 후기 세도 정치기에는 진주에서 몰락 양반 유계춘을 중심으로 경상 우병사 백낙신의 부정부패에 항의하는 농민 봉기가 일어나 진주성이 점령되었다. 농민들은 관아를 습격하여 조세 대장을 불태우고, 아전과 양반 지주의 집을 불살랐다.

(라) 전라도 곡창 지대인 고부에서는 군수 조병갑의 비리와 학정이 매우 심하였다. 이에 전봉준 등은 사발통문을 돌려 동지를 모은 다음 농민을 이끌고 고부 관아를 점령하였다.

정답 분석

ㄴ. (나) - 무신집권기 지배층의 수탈에 대한 저항이었다.

- 고려 후기 무신 집권기에 백성은 이전보다 더욱 가혹한 수탈에 시달렸다. 공주 명학소에서는 망이·망소이 형제가 봉기하였고, 김사미와 효심은 경상도 운문(청도)과 초전(울산)을 중심으로 봉기하였다.

ㄹ. (라) - 주모자가 드러나지 않기 위해 사발통문을 작성하였다.

- 근대 개항기 때 고부 군수 조병갑의 비리와 학정이 매우 심하자 전봉준 등은 사발통문을 돌려 동지를 모은 다음 농민을 이끌고 고부 관아를 점령하였다.

오답 피하기

ㄱ. (가) - 삼정이정청이 설치되는 계기가 되었다.

- 조선 후기 철종은 임술 농민 봉기의 원인이 되었던 삼정의 문란을 바로잡기 위해 삼정이정청을 설치하였다.

ㄷ. (다) - 윤원형 일파가 정국을 주도한 시기에 발생하였다.

- 조선 중기 명종이 왕위에 오르게 되자 외척 윤원형(소윤)이 세력을 잡았다. 윤원형 등은 인종의 외척 세력(대윤)을 제거하면서 을사사화가 일어났다.

30 병인박해와 병인양요 정답 ①

다음 상황이 나타난 시기를 연표에서 옳게 고른 것은? [2점]

> 북경 주재 프랑스 공사가 청에 보내온 문서에 의하면, "조선에서 프랑스 주교 2명 및 선교사 9명과 조선의 많은 천주교 신자가 처형되었다. 이에 제독에게 요청하여 며칠 안으로 군대를 일으키도록 할 것이다."라고 되어 있습니다.

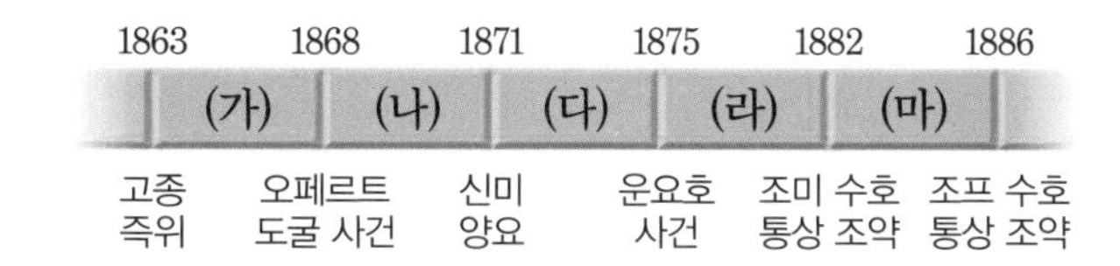

은쌤의 합격 노트

다음 상황은 병인박해이다. 1860년 러시아가 청으로부터 연해주를 차지해 국경을 접하게 되자 조선의 위기감은 높아졌다. 이에 1866년 1월 흥선 대원군은 국내에 있던 프랑스 선교사를 통해 프랑스와 동맹을 맺어 러시아의 위협에 맞서려 했으나 교섭은 이루어지지 않았다. 이러한 가운데 천주교를 금지시켜야 한다는 목소리가 더욱 높아지자, 흥선 대원군은 천주교를 탄압하여 수많은 천주교 신자와 프랑스 선교사들을 처형하였다(병인박해).

정답 분석

① (가)

- 프랑스는 병인박해를 구실로 1866년 9월 조선의 문호를 개방할 것을 요구하며 병인양요를 일으켰다. 2년 후 1868년 8월 독일 상인 오페르트는 두 차례나 조선에 들어와 통상을 요구했으나 모두 거절당하였다. 이에 흥선 대원군의 아버지 남연군의 무덤을 도굴하려 했으나 주민의 항거로 실패하였다. 이 일로 조선에서 서양인에 대한 반감이 더욱 확산되었고, 흥선 대원군은 서양 세력에 대해 더욱 강경한 태도를 취하게 되었다.

31 강화도 조약 정답 ⑤

다음 검색창에 들어갈 조약에 대한 설명으로 옳은 것은? [1점]

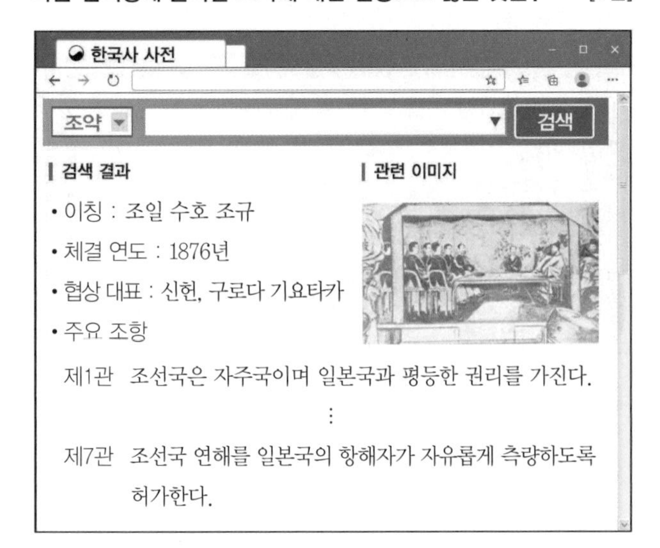

한국사 사전

조약 | 검색

| 검색 결과

• 이칭 : 조일 수호 조규

• 체결 연도 : 1876년

• 협상 대표 : 신헌, 구로다 기요타카

• 주요 조항

제1관 조선국은 자주국이며 일본국과 평등한 권리를 가진다.

⋮

제7관 조선국 연해를 일본국의 항해자가 자유롭게 측량하도록 허가한다.

| 관련 이미지

은쌤의 합격노트

다음 검색창에 들어갈 조약은 강화도 조약이다. 조선은 일본의 강제적인 요구를 받아들여 1876년 일본과 수호 조규(강화도 조약)를 체결하였다. 강화도 조약은 첫 번째 조항에서 '조선은 자주국이며 일본과 동등한 권리를 가진다.'고 규정하였다. 이는 일본이 강력히 주장한 내용으로, 청의 조선에 대한 종주권 주장을 사전에 차단하기 위한 조항이었다. 또한 조선의 연안에 대한 측량권과 치외법권(영사 재판권)을 인정받아 조선의 주권을 침해하였다.

정답 분석

⑤ 부산 외 2곳에 개항장이 설치되는 결과를 가져왔다.

➲ 강화도 조약에 따라 부산(1876), 원산(1880), 인천(1883)의 순서로 개항장이 설치되었다. 일본은 서울의 관문으로 정치적, 군사적 요지였던 인천을 개항시켜 침략을 강화하고자 하였다.

오답 피하기

① 최혜국 대우를 최초로 규정하였다.

➲ 조 · 미 수호 통상 조약에서 최초로 최혜국 대우를 인정하였다.

② 통감부가 설치되는 계기가 되었다.

➲ 일본은 을사조약을 강제로 체결하고 외교 사항을 관리한다는 명분으로 한국 통감부를 설치하였다.

③ 천주교 포교 허용의 근거가 되었다.

➲ 조 · 불 수호 통상 조약이 체결되면서 천주교 포교의 자유가 인정되었다.

④ 일본 경비병의 공사관 주둔을 명시하였다.

➲ 일본은 제물포 조약을 체결한 후 배상금을 받아내고 일본 경비병을 주둔시켰다.

32 갑신정변 이후의 사실 정답 ⑤

다음 상황 이후에 전개된 사실로 옳은 것은? [2점]

17일에 홍 참판이 우정총국에서 개국 연회를 열었다. 그 동안에 [담장 밖에서] 화재가 발생했다. 민 참판은 양해를 구한 뒤 화재 진압을 돕기 위해 밖으로 나갔다. 바깥에는 연회에 참석한 일본 공사를 호위하기 위해 온 일본 병사들이 두 줄로 늘어서 있었고, 그는 그들을 지나쳤다. 민 참판은 양쪽에서 공격을 받았고, …… 몸 여러 군데에 자상을 입었다.

-『조지 클레이튼 포크의 일기』-

은쌤의 합격노트

다음 상황은 갑신정변이다. 급진 개화파는 1884년 10월 우정총국 낙성 기념 축하연을 이용하여 정변을 개시하였다. 혼란을 틈타 민씨 정권의 실세인 민영익을 비롯한 군영의 4영사를 처단하고, 새로운 정권을 수립하였다. 급진 개화파는 국가 전반의 개혁 정책을 담고 있는 14개조 정강을 공포하였다. 그러나 개혁 정책이 실행에 옮겨지기도 전에 수구파 집권 세력의 반격과 청 군대의 개입으로 개화파 정권은 불과 3일 만에 붕괴하고 말았다.

정답 분석

⑤ 개화당 정부가 수립되고 개혁 정강이 발표되었다.

➲ 1884년 급진 개화파는 우정총국 개국 축하연을 이용하여 정변을 일으켜 정권을 잡고 개화당 정부를 수립한 후 14개조의 혁신 정강을 발표하였다.

오답 피하기

① 신식 군대인 별기군이 폐지되었다.

➲ 1882년 임오군란으로 재집권한 흥선 대원군은 통리기무아문과 별기군을 폐지하고 5군영을 복구하는 등 개화 정책을 중단하였다.

② 김기수를 수신사로 일본에 파견하였다.

➲ 1876년 강화도 조약 체결 직후 조선 정부는 제1차 수신사로 김기수를 파견하였다.

③ 이항로와 기정진이 척화주전론을 주장하였다.

➲ 1860년대에 이항로와 기정진 등은 통상 반대론을 전개한 데 이어, 서양의 무력 침략에 맞서 싸우자는 척화 주전론을 펼쳤다.

④ 왕비가 궁궐을 빠져 나와 장호원으로 피신하였다.

➲ 1882년 임오군란이 일어나자 민씨는 궁을 탈출하여 광주와 여주를 거쳐 자신의 근거지인 장호원으로 몸을 피하였다.

33 제2차 갑오개혁 정답 ⑤

밑줄 그은 '개혁'의 내용으로 옳은 것은? [2점]

은쌤의 합격노트

밑줄 그은 '개혁'은 제2차 갑오개혁이다. 1894년 청 · 일 전쟁에서 승세를 잡은 일본은 조선에 대해 적극적으로 간섭하기 시작하였다. 또한 김홍집 · 박영효 연립 내각을 구성하여 일본식 근대 제도를 이식하는 제2차 갑오개혁을 추진하였다. 새 정권은 군국기무처를 폐지하였고, 고종은 종묘에 나가 '독립 서고문'을 바치고 국정 개혁의 기본 강령인 홍범 14조를 반포하였다. 정치 부문에서는 지방관의 사법권을 배제하여 권한을 축소하였으며, 재판소를 설치하여 사법권의 독립을 꾀하였다.

정답 분석

⑤ 한성 사범 학교 관제를 반포하였다.
➋ 제2차 갑오개혁 때 근대적 교육 제도를 마련하여 한성 사범 학교 관제, 소학교 관제, 외국어 학교 관제 등을 발표하였다.

오답 피하기

① 원수부를 설치하였다.
➋ 광무개혁 때 원수부를 설치하여 황제가 군사권을 직접 장악하도록 하였다.

② 기기창을 설립하였다.
➋ 1883년에 서울에 근대식 무기 제조 공장인 기기창이 세워졌다.

③ 공사 노비법을 혁파하였다.
➋ 제1차 갑오개혁 때 사회 면에서는 신분 차별과 노비제를 폐지하였다.

④ 태양력을 공식 채택하였다.
➋ 제3차 개혁(을미개혁) 때 태양력과 '건양(建陽)' 연호가 사용되었다.

34 독립 운동가 나철 정답 ①

밑줄 그은 '그'의 활동으로 옳은 것은? [2점]

은쌤의 합격노트

밑줄 그은 '그'는 나철이다. 나철, 오기호 등의 지식인은 민족의 위기를 극복하기 위해 전통적인 단군 신앙을 되살릴 것을 주장하였다. 처음에는 이를 '단군교'라고 부르다가 대종교로 이름을 바꾸었는데, 훗날 독립운동의 정신적 지주 가운데 하나가 되었다. 대종교는 이후 무장 독립 전쟁에서 크게 기여하였다.

정답 분석

① 5적 처단을 위해 자신회를 조직하였다.
➋ 나철, 오기호 등은 을사오적을 처단하기 위해 '자신회'라는 5적 암살단을 조직하였다.

오답 피하기

② 명동 성당 앞에서 이완용을 습격하였다.
➋ 이재명은 매국노를 처단하는 것이 국권 수호의 지름길이라 여기고, 명동 성당 앞에서 이완용을 처단하려 하였다.

③ 하얼빈에서 이토 히로부미를 사살하였다.
➋ 북만주 하얼빈 역에서 안중근이 을사늑약의 주역인 이토 히로부미를 처단하였다.

④ 타이완에서 일본 육군 대장을 저격하였다.
➋ 조명하는 타이완에서 히로히토 일왕의 장인인 일본 육군 대장을 독검으로 찔렀다.

⑤ 동양 척식 주식회사에 폭탄을 투척하였다.
➋ 의열단의 나석주는 동양 척식 주식회사와 조선 식산 은행에 폭탄을 투척하였다.

35 독립 의군부 정답 ⑤

(가) 단체에 대한 설명으로 옳은 것은? [2점]

이것은 고종이 임병찬에게 내린 밀지의 일부입니다. 그는 이 밀지를 받고 복벽주의를 내건 (가) 을/를 조직하였습니다.

애통하다! 일본 오랑캐가 배신하고 합병하니 종사가 폐허가 되고 국민은 노예가 되었다. …… 짐이 믿는 것은 너희들이니, 너희들은 힘써 광복하라.

은쌤의 합격노트

(가) 단체는 독립 의군부이다. 1910년대 일제의 무단 통치하에서도 의병이나 비밀 결사의 활동은 계속되었다. 비밀 결사로는 독립 의군부의 활동이 두드러졌다. 독립 의군부는 의병장 출신의 임병찬이 고종의 밀지를 받고 전국 곳곳의 의병장과 유생을 모아 조직하였다(1912). 이 단체는 나라를 되찾은 후 고종을 복위시키려는 목표를 세우고, 전국적인 의병 봉기를 준비하였다.

정답 분석

⑤ 조선 총독에게 제출하기 위해 국권 반환 요구서를 작성하였다.

➡ 독립 의군부는 일본 총리와 조선 총독에게 국권 반환 요구서를 보내려고 계획하던 중에 조직이 발각되어 해체되었다.

오답 피하기

① 일본 도쿄에서 독립 선언서를 발표하였다.

➡ 1919년 2월 8일 일본 유학생들로 조직된 조선 청년 독립단은 '일본에 대하여 영원한 혈전'을 선언하는 2 · 8 독립 선언을 발표하였다.

② 일제가 제정한 치안유지법으로 탄압받았다.

➡ 1925년 일제는 사회주의 확산을 저지하기 위해 조선에서 치안 유지법을 시행한다고 발표하였다. 이후 수많은 사회주의자가 치안 유지법으로 구속되었다.

③ 서간도에 신흥 강습소를 세워 독립군을 양성하였다.

➡ 1911년 만주 유하현 삼원보에서는 이회영 등 신민회 회원들이 중심이 되어 신흥 강습소를 설립하였다.

④ 독립운동 자금을 모으기 위해 독립 공채를 발행하였다.

➡ 상하이 대한민국 임시 정부는 독립운동 자금을 마련하기 위해 독립 공채를 발행하거나 의연금을 거두었다.

36 간도 참변 정답 ②

다음 상황이 나타나게 된 배경으로 가장 적절한 것은? [2점]

경신년 시월에 일본 토벌대들이 전 만주를 휩쓸어 애국지사들은 물론이고 농민들도 무조건 잡아다 학살하였다. …… 독립군의 성과가 컸기 때문에 그에 대한 보복으로 일본군이 대학살을 감행한 것이었다. 이것이 이른바 경신참변이다. 그래서 애국지사들은 가족들을 두고 단신으로 길림성 오상현, 흑룡강성 영안현 등으로 흩어졌다.

–「아직도 내 귀엔 서간도 바람소리가」–

은쌤의 합격노트

다음 상황은 1920년에 일어난 경신참변(간도 참변)이다. 봉오동 전투와 청산리 대첩에서 대패한 일본군은 독립군의 근거지를 없앤다는 명분으로 간도의 한인 촌락을 습격하여 한인을 학살하고 가옥, 학교, 교회 등에 불을 질렀다. 1920년 10월부터 1921년 봄까지 행해진 일본군의 만행으로 어린이와 부녀자를 비롯하여 민간인 수천 명이 학살당하였다(간도 참변, 1920~1921).

정답 분석

② 대한 독립군 등이 봉오동에서 일본군을 격파하였다.

➡ 1920년 봉오동 전투와 청산리 대첩에서 대패한 일제는 독립군을 토벌한다는 명분으로 간도 출병을 단행하였고 이에 간도 참변이 벌어졌다.

오답 피하기

① 조선 의용대가 호가장 전투에서 활약하였다.

➡ 1941년 많은 조선 의용대원이 화북으로 이동하여 조선 의용대 화북 지대로 조직을 개편하고 호가장 전투 등 일본군과 크고 작은 전투를 벌였다.

③ 조선 혁명군이 영릉가에서 일본군에 승리를 거두었다.

➡ 1930년대 초반 조선 혁명군 총사령관 양세봉은 중국 의용군과 함께 한 · 중 연합군을 편성하여 영릉가 전투와 흥경성 전투에서 일본군을 격파하였다.

④ 한국 독립군이 대전자령 전투에서 일본군을 격퇴하였다.

➡ 1930년대 초반 한국 독립군 총사령관 지청천은 중국 호로군과 연합하여 쌍성보 전투, 대전자령 전투 등에서 일본군을 상대로 대승을 거두었다.

⑤ 대한민국 임시 정부가 직할 부대로 참의부를 결성하였다.

➡ 1923년에 결성된 대한민국 임시 정부 직할 부대인 육군 주만 참의부는 지안을 중심으로 동포 사회를 관할하면서 국내 진공 작전을 활발히 전개하였다.

37 광무 개혁 정답 ④

밑줄 그은 '이 시기'에 볼 수 있는 모습으로 적절한 것은? [2점]

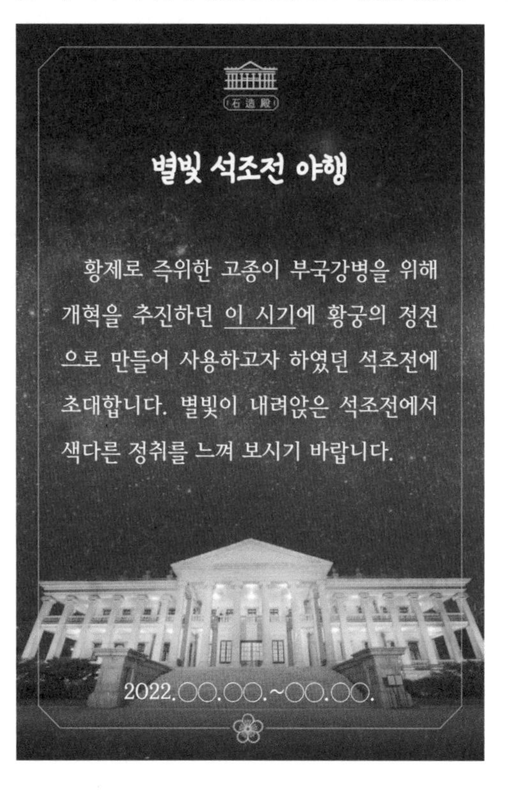

은쌤의 합격노트

밑줄 그은 '이 시기'는 대한 제국 시기이다. 아관파천 이후 고종의 환궁을 요구하는 여론이 일어남에 따라 1897년 2월 고종은 외국 공사관에 이웃한 경운궁으로 환궁하였다. 고종이 환궁하자 국가의 위상을 높이기 위해 황제의 칭호를 쓰자는 상소가 잇따랐다. 10월 고종은 국호를 대한 제국, 연호를 광무(光武)라 정하고 황제 즉위식을 거행하였다. 대한 제국은 황제권을 강화하여 국가의 자주권을 지키며 부국강병을 위해 개혁을 추진하였다.

정답 분석

④ 양전 사업을 실시하고 지계를 발급하는 관리

▶ 1901년 대한 제국은 개혁을 위한 재정 확보를 위해 전국의 토지를 조사하는 양전 사업을 실시하고 토지 소유권을 보장하는 문서인 지계를 발행하였다.

오답 피하기

① 영선사 일행으로 청에 가는 생도

▶ 1881년 조선 정부는 영선사 김윤식의 인솔하에 38명의 기술자를 청에 보내 무기 제조 기술을 배우도록 하였으며, 이를 바탕으로 기기창을 세웠다.

② 육영 공원에서 영어를 공부하는 학생

▶ 1886년 조선 정부는 우리나라 최초의 근대식 공립 교육 기관인 육영 공원을 설립하였다.

③ 거문도를 불법 점령하고 있는 영국 해군

▶ 1885년 조선이 러시아 세력을 끌어들이자 영국은 러시아의 남하를 견제하기 위해 거문도를 불법 점령하였다.

⑤ 보은 집회에서 교조 신원을 주장하는 동학교도

▶ 1893년 동학교도들이 전개한 충청도 보은 집회는 종교적인 요구 외에 외세 배척과 탐관오리 숙청 등이 주장되면서 정치 · 사회 운동으로 발전하였다.

38 포츠머스 조약 이후의 사실 정답 ⑤

다음 자료에 나타난 상황 이후의 사실로 옳은 것은? [3점]

> 오늘 신문에 강화(講和) 조약 전문이 공개되었다. 러시아는 일본이 조선에서 갖고 있는 막대한 정치적 · 군사적 · 경제적 이익을 인정하고, 일본이 조선의 내정을 지도 · 보호 및 감리(監理)하는 데 필요하다고 여기는 어떠한 조치도 방해하거나 간섭하지 않을 것을 약속하였다. …… 러시아는 전쟁으로 교훈을 얻었다. 일본은 전쟁으로 영예를 얻었다. 조선은 전쟁으로 최악의 것을 얻었다.
>
> -『윤치호 일기』-

은쌤의 합격노트

다음 자료는 1904년에 일어난 러 · 일 전쟁의 결과로 1905년에 체결된 포츠머스 조약이다. 1904년 일본이 러시아 군함을 공격하면서 러 · 일 전쟁의 막이 올랐다. 전쟁 초기에 러시아가 승리할 것이라는 일반적인 예상과 달리 전쟁은 일본에 유리하게 진행되었다. 영국과 미국은 러시아를 견제하기 위해 막대한 전쟁 비용을 지원하는 등 일본을 적극적으로 지원하였지만, 전쟁이 장기화되자 일본과 러시아 모두 막대한 전쟁 비용을 감당하기 어려워졌다. 마침 동아시아에 큰 관심이 있던 미국이 중재에 나서 1905년 포츠머스에서 강화 조약이 체결되었다.

정답 분석

⑤ 민종식이 이끄는 의병 부대가 홍주성을 점령하였다.

▶ 1905년 을사조약이 체결되자 전직 관리였던 민종식은 한때 천여 명에 이르는 의병을 모아 충남 홍주성을 점령하기도 하였다.

오답 피하기

① 메가타가 재정 고문으로 부임하였다.

▶ 1904년 일본은 러 · 일 전쟁에서 승기를 잡자 제1차 한 · 일 협약의 체결을 강요하여 재정 고문으로 일본인 메가타를 고용하였다.

② 고종이 러시아 공사관으로 거처를 옮겼다.

▶ 고종은 아관파천으로 1896년 2월부터 이듬해 2월까지 약 1년간 러시아 공사관에 머물렀다.

③ 베델과 양기탁이 대한매일신보를 창간하였다.

▶ 1904년 양기탁은 영국인 베델을 사장으로 내세워 대한매일신보를 창간하였다.

④ 관민 공동회가 개최되어 헌의 6조를 결의하였다.

▶ 1898년 관민 공동회가 개최되며 독립 협회와 정부 대신들이 헌의 6조를 채택하였다.

39 천도교 정답 ①

(가) 종교에 대한 설명으로 옳은 것은? [1점]

은쌤의 합격노트

(가) 종교는 천도교이다. 소년 운동은 1921년에 방정환을 중심으로 천도교 소년회가 조직되면서 본격적으로 시작되었으며, 방정환은 아이들을 인격체로 대접하라는 의미에서 '어린이'라는 용어를 사용하였다. 이는 어린이를 소중히 여기고 바르게 키우는 것이 곧 독립운동의 인재를 양성하는 것임을 시사하였다. 이후 천도교 소년회는 어린이날을 제정하였고, 어린이 잡지인 "어린이"를 창간하였다.

정답 분석

① 만세보를 발행하여 민중 계몽에 힘썼다.
- 1906년 천도교계에서 발행한 만세보는 여성 교육에도 관심을 가지면서 민중을 계몽했고, 일진회 등의 반민족 행위를 비판하였다.

오답 피하기

② 중광단을 조직하여 무장 투쟁을 전개하였다.
- 서일 등 대종교 간부들은 항일 독립운동 단체인 중광단을 조직하였고 이후 북로 군정서로 개편하였다.

③ 배재 학당을 세워 신학문 보급에 기여하였다.
- 개신교 선교사 아펜젤러는 근대식 중등 교육기관 배재 학당을 설립하였다.

④ 박중빈을 중심으로 새생활 운동을 추진하였다.
- 박중빈이 창시한 원불교는 근검저축, 허례 폐지, 미신 타파, 금주 단연 등을 내용으로 하는 새생활 운동과 간척 사업을 전개하였다.

⑤ 일제의 통제에 맞서 사찰령 폐지 운동을 주도하였다.
- 불교계의 한용운 등은 사찰령 폐지 운동을 전개하여 총독부의 간섭에서 벗어나고자 하였다.

40 독립 운동가 안창호 정답 ⑤

(가) 인물에 대한 설명으로 옳은 것은? [3점]

여행권(여권)을 통해 본 독립운동가의 삶

위 자료들은 독립운동가 (가) 이/가 사용한 여행권으로 미국, 중국, 멕시코 등 많은 국가들을 방문한 기록이 남아 있다. (가) 은/는 여러 국가들을 이동하면서 공립 협회, 대한인 국민회, 흥사단 등을 조직하는 데 주도적인 역할을 담당하였다. 1937년 동우회 사건으로 옥고를 치른 후 지병이 악화되어 이듬해 사망하였다.

은쌤의 합격노트

(가) 인물은 안창호이다. 안창호는 미국 샌프란시스코에서 공립 협회를 조직하였다. 이어 여러 단체들이 통합된 대한인 국민회 결성에 주도적인 역할을 하였다(1910). 대한인 국민회는 샌프란시스코에 본부를 두고 하와이, 멕시코 등에 160여 개의 지방회를 설치하여 동포 사회의 결속과 민족의식 고취를 위한 활동을 전개하였다. 또한 안창호는 재미 한인을 중심으로 흥사단을 조직하여 민족의 실력을 배양하고자 노력하였다.

정답 분석

⑤ 대한민국 임시 정부에서 내무총장 겸 국무총리 대리로 취임하였다.
- 안창호는 상하이 대한민국 임시 정부의 국무총리 서리 겸 내무총장으로 취임하여 독립운동 세력의 통일을 역설하며 임시 정부의 체계를 세우고 통합을 이끌었다.

오답 피하기

① 일본의 침략 과정을 담은 한국통사를 저술하였다.
- 박은식은 근대 이후 일본의 침략 과정과 그에 맞선 우리의 민족 운동을 정리하여 "한국통사"와 "한국독립운동지혈사"를 저술하였다.

② 조선학 운동을 주도하여 여유당전서를 간행하였다.
- 정인보와 안재홍은 우리 민족 스스로 발전할 수 있는 역량을 가지고 있었다는 사실을 밝히기 위해 정약용 연구를 중심으로 한 조선학 운동을 전개하였다.

③ 백산 상회를 설립하여 독립운동 자금을 마련하였다.
- 안희제는 백산 상회를 설립하여 대한민국 임시 정부의 독립 운동 자금을 조달하였지만 일제의 감시와 탄압으로 결국 해산당하였다.

④ 친일 인사 스티븐스를 샌프란시스코에서 사살하였다.
- 장인환과 전명운은 미국 샌프란시스코에서 일제의 한국 침략이 정당하다고 선전하는 외교 고문 스티븐스를 저격하였다(1908).

41 일제 식민 통치 3기(1930~40년대) 정답 ⑤

밑줄 그은 '시기'에 시행된 일제의 정책으로 옳은 것은? [2점]

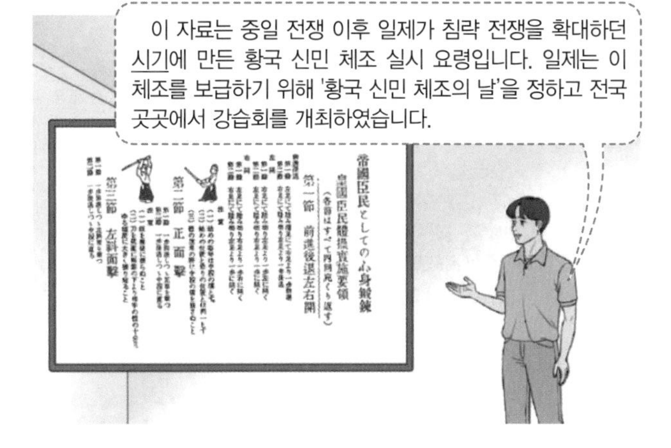

은쌤의 합격노트

밑줄 그은 '이 시기'는 1930~1940년대 일제 식민 통치 시기이다. 1937년 중 · 일 전쟁과 1941년 태평양 전쟁을 일으킨 일제는 전시 동원을 원활하게 할 목적으로 황국 신민화 정책에 박차를 가하였다. 일제는 1937년 황국 신민 서사를 제정하여 학교와 관공서는 물론 모든 직장의 회합에서 이를 암송하도록 하였으며, 아침마다 일왕이 있는 도쿄를 향해 감사의 절을 하는 궁성 요배를 강요하였다. 또한 전국의 각 읍, 면에는 신사를 세워 참배를 강요하고, 신사 참배를 거부하는 이들을 탄압하였다.

정답 분석

⑤ 조선 사상범 예방 구금령을 공포하였다.

➋ 일제는 1941년 독립 운동가들을 재판 없이 구금할 수 있는 조선 사상범 예방 구금령을 만들고 잡혀 온 이들에게 친일을 강요하였다.

오답 피하기

① 회사령을 제정하였다.

➋ 일제는 1910년 회사령을 제정하여 회사를 세울 때는 조선 총독부의 허가를 받게 하였다.

② 미쓰야 협정을 체결하였다.

➋ 일제는 1925년 독립군을 색출하기 위해 만주 군벌과 미쓰야 협정을 맺었다.

③ 경성 제국 대학을 설립하였다.

➋ 일제는 1924년 경성 제국 대학을 설립하여 한국인의 고등 교육에 대한 열기와 불만을 잠재우려고 하였다.

④ 토지 조사 사업을 실시하였다.

➋ 일제는 1910년부터 근대적 토지 소유권을 확립한다는 명분으로 토지 조사 사업을 실시하였다.

42 제주도 지역의 역사 정답 ④

(가) 지역에 대한 탐구 활동으로 가장 적절한 것은? [1점]

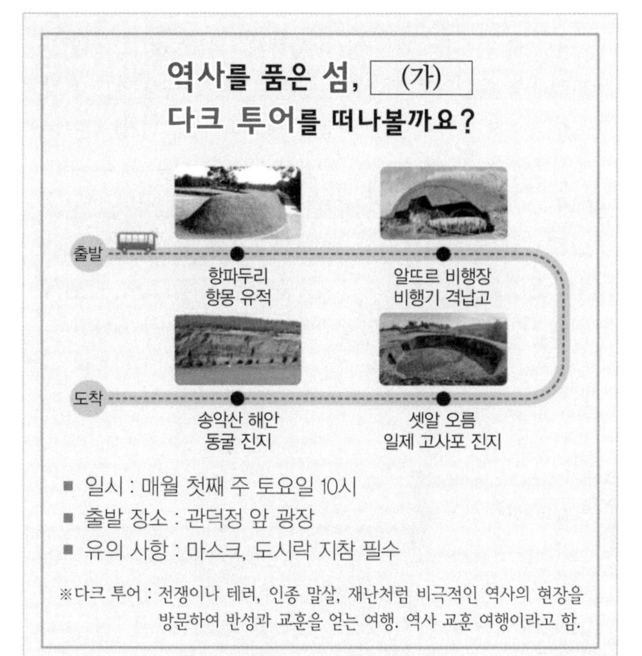

은쌤의 합격노트

(가) 지역은 제주도이다. 삼별초의 대몽 항쟁은 1273년 4월 마지막 근거지인 제주 항파두리성이 함락되면서 막을 내렸다. 제주 알뜨르 비행장은 중 · 일 전쟁 때 난징 폭격을 준비하기 위해 약 10년간 모슬포 지역의 주민들을 강제 징용하여 만들었다고 알려져 있다. 비행장 근처 제주 셋알오름 중턱에 있는 일제의 고사포 진지는 미국의 B-29 폭격기 공습에 대비한 것이다. 송악산을 지나 해안가로 나오면 보이는 바닷가의 동굴 진지는 일본군이 해상으로 들어오는 연합군 함대를 공격한 곳이다. 연합군 함대를 향해 소형 선박을 이용한 자살 폭파 공격도 준비했다고 전해진다.

정답 분석

④ 4 · 3 사건으로 많은 주민이 희생된 주요 장소를 조사한다.

➋ 1948년 4월 3일 제주도의 좌익 세력은 5 · 10 총선거를 앞두고 단독 선거 저지와 통일 정부 수립을 내세우며 무장 봉기하였다(제주 4 · 3사건).

오답 피하기

① 정약전이 자산어보를 저술한 곳을 알아본다.

➋ 조선 후기 순조 대에 정약용의 형 정약전은 유배지 흑산도에서 해양생물학 · 수산학 서적 "자산어보"를 저술하였다.

② 프랑스군이 외규장각 도서를 약탈한 장소를 살펴본다.

➋ 병인양요 당시 프랑스군이 강화도를 점령하면서 외규장각에 보관하고 있던 도서들까지 약탈해 갔다.

③ 지주 문재철에 맞서 소작쟁의가 일어난 곳을 찾아본다.

➋ 1923년 전남 무안군 암태도에서 발생한 소작 쟁의는 지주 문재철의 횡포에 맞선 것으로 소작 농민들의 요구 대부분이 관철되었다.

⑤ 러시아가 저탄소 설치를 위해 조차를 요구한 곳을 검색한다.

➋ 1898년 러시아는 얼지 않는 항구를 확보하고, 숯과 석탄의 저장 창고를 설치하기 위해 현재의 부산 영도 지역인 절영도를 조차하고자 하였다.

43 한국광복군 정답 ②

(가) 부대에 대한 설명으로 옳은 것은? [2점]

> 인도 전선에서 (가) 이/가 활동에 나선 이래, 각 대원은 민족의 영광을 위해 빗발치는 탄환도 두려워하지 않고 온갖 고초를 겪으며 영국군의 작전에 협조하였다. (가) 은/는 적을 향한 육성 선전, 방송, 전단 살포, 포로 신문, 정찰, 포로 훈련 등 여러 부분에서 상당한 성과를 거두었다. 그 결과 영국군 당국은 우리를 깊이 신임하고 있으며, 한국 독립에 대해서도 동정을 아끼지 않고 있다. 충칭에 거주하고 있는 한국 청년 동지들이 인도에서의 공작에 다수 참여하기를 희망한다.
>
> -「독립신문」-

은쌤의 합격노트

(가) 부대는 대한민국 임시 정부의 한국광복군이다. 1940년 9월 충칭에서 대한민국 임시 정부의 군대로 지청천을 사령관으로 한 한국광복군이 창설되었다. 한국광복군은 연합군과의 합동 작전에 주력하였으며, 1943년에는 영국군의 요청에 따라 미얀마와 인도 전선에 공작대를 파견하여 일본군을 상대로 한 포로 심문, 정보 수집, 선전 활동 등을 수행하였다.

정답 분석

② 미군과 연계하여 국내 진공 작전을 계획하였다.

- 1945년 한국광복군은 미국의 전략 정보국(OSS)과 함께 국내 진공 작전을 추진하였으나, 일제가 항복하는 바람에 계획을 실행에 옮기지 못하였다.

오답 피하기

① 청산리에서 일본군에 맞서 대승을 거두었다.

- 청산리 대첩은 1920년 김좌진이 지휘하는 북로 군정서와 홍범도가 이끄는 대한 독립군 등의 연합 부대가 일본군을 대파한 전투이다.

③ 쌍성보 전투에서 한중 연합 작전을 전개하였다.

- 1930년대 초반 북만주의 지청천이 이끄는 한국 독립군은 중국 호로군과 연합하여 쌍성보, 대전자령 등지에서 일본군에 대승을 거두었다.

④ 중국 의용군과 연합하여 흥경성에서 승리하였다.

- 1930년대 초반 남만주의 양세봉이 지휘한 조선 혁명군은 중국 의용군과 연합하여 일본군을 몰아내고 흥경성을 점령하기도 하였다.

⑤ 동북 항일 연군으로 개편되어 유격전을 펼쳤다.

- 1936년 중국 공산당은 항일 유격대들을 결합하여 동북 인민 혁명군을 조직하였고, 이후 민족과 이념을 초월한 동북 항일 연군으로 확대 개편되었다.

44 6 · 25 전쟁 정답 ④

밑줄 그은 '이 전쟁' 중에 있었던 사실로 옳은 것은? [3점]

> 노래로 읽는 한국사
>
> **이별의 부산정거장**
>
> 보슬비가 소리도 없이
> 이별 슬픈 부산 정거장
> 잘 가세요 잘 있어요
> 눈물의 기적이 운다
> 한 많은 피난살이 설움도 많아
> 그래도 잊지 못할 판잣집이여
> 경상도 사투리의 아가씨가 슬피 우네
> 이별의 부산정거장
>
> [해설]
>
> 이 곡은 이 전쟁의 정전 협정이 체결된 이듬해에 발표된 노래로, 낯선 부산에서의 판잣집 피란살이를 마치고 서울로 떠나는 피란민의 심정을 애절하게 묘사하였습니다. 피란살이는 힘들었지만 부산에서 만난 사람들과의 인연이 힘이 되었다는 가사를 담고 있습니다.

은쌤의 합격노트

밑줄 그은 '이 전쟁'은 6 · 25 전쟁이다. 인민군은 1950년 6월 25일 남침을 감행하였다. 전쟁 초기에 인민군은 국군을 일방적으로 몰아붙이고 전쟁 발발 3일 만에 서울을 점령하였으며, 7월 하순에는 낙동강 일대를 제외한 한반도 대부분의 지역을 장악하였다. 이에 이승만 정부는 인민군의 공세를 피해 대전, 대구를 거쳐 부산으로 수도를 옮겨야만 하였다. 부산은 6 · 25 전쟁 당시 1천 23일(1950년 8월 18일~10월 26일 · 1951년 1월 4일~1953년 8월 14일) 동안 대한민국의 수도였다. 부산에는 '임시 수도 대통령 관저'를 비롯해 '임시 수도 정부청사', '유엔기념공원' 등 6 · 25 전쟁과 임시 수도 관련 건축 · 문화 유산이 보존돼 있다.

정답 분석

④ 비상 계엄이 선포된 가운데 발췌 개헌안이 통과되었다.

- 6 · 25 전쟁 중인 1952년 비상 계엄령을 선포하고 개헌에 반대하는 야당 의원들을 폭력 조직과 헌병을 동원하여 협박하였다. 이러한 가운데 대통령 직선제 개헌안(발췌 개헌안)을 통과시켰다.

오답 피하기

① 한미 상호 방위 조약이 체결되었다.

- 전쟁이 끝난 후인 1953년 10월 한미 상호 방위 조약이 체결되어 미군이 한국에 계속 주둔하였다.

② 반민족 행위 특별 조사 위원회가 해체되었다.

- 1948년 제헌 국회는 국민의 여망에 따라 반민족 행위 처벌법을 제정하고, 반민족 행위 특별 조사 위원회(반민 특위)를 설치하였다.

③ 통일 주체 국민 회의에서 대통령이 선출되었다.

- 1972년 유신 헌법에 따라 박정희가 통일 주체 국민 회의에서 99.92%라는 놀라운 득표율로 제8대 대통령에 당선되었다.

⑤ 국가보안법 개정안을 통과시킨 이른바 보안법 파동이 일어났다.

- 이승만 정부는 제3대 대통령 선거 이후 1958년 야당의 반대에도 불구하고 '대통령을 비난하는 자는 10년 이하의 징역에 처한다.'는 등의 내용을 담은 국가 보안법 개정안을 국회에 상정하여 통과시켰다.

45 진보당 사건 정답 ②

밑줄 그은 이 사건이 일어난 시기를 연표에서 옳게 고른 것은? [3점]

> 1. 이 사건은 검찰이 아무런 증거도 없이 공소 사실도 특정하지 못한 채 조봉암 등 진보당 간부들에 대해 국가 변란 혐의로 기소를 하였고 ……
>
> ⋮
>
> 5. 이 사건은 정권에 위협이 되는 야당 정치인을 제거하려는 의도에서 표적 수사에 나서 극형인 사형에 처한 것으로 민주국가에서 있어서는 안 될 비인도적, 반인권적 인권 유린이자 정치탄압 사건이다.
>
> 6. 국가는 …… 피해자와 유가족에게 총체적으로 사과하고 화해를 이루는 등 적절한 조치를 취하여야 하며, 명예를 회복시키기 위해 형사소송법이 정한 바에 따라 재심 등 상응한 조치를 취하는 것이 필요하다.
>
> -「진실 · 화해를 위한 과거사 정리 위원회 조사 보고서」-

1948		1954		1960		1965		1969		1974
	(가)		(나)		(다)		(라)		(마)	
대한민국 정부 수립		사사오입 개헌		4 · 19 혁명		한일 기본 조약		3선 개헌		인민 혁명당 재건위 사건

은쌤의 합격노트

밑줄 그은 '이 사건'은 이승만 정부 시기에 일어난 진보당 사건이다. 조봉암은 8 · 15 광복 후 제헌 국회와 제2대 국회의원 선거에 당선되었으며, 이승만 정부의 초대 농림부 장관을 역임하였다. 1956년 대통령 선거 때 대통령 후보로 출마한 조봉암은 평화 통일을 달성하자고 주장하며 대중의 큰 호응을 얻은 후 진보당을 결성하였다. 이승만은 강력한 경쟁자로 떠오른 조봉암에게 간첩죄를 적용하여 진보당을 탄압하고, 1959년 그를 처형하였다. 이후 2007년 9월 대통령 직속 기구인 진실 · 화해를 위한 과거사 정리위원회가 조봉암의 사형을 '비인도적 · 반인권적 인권 유린이자 정치 탄압'으로 보고 재심을 결정하였다. 이후 2011년 대법원의 재심 결과 조봉암은 무죄 판결을 받았다.

정답 분석

② (나)

▶ 1952년 제2대 대통령에 당선된 이승만은 1954년 초대 대통령이 횟수 제한 없이 대통령에 출마할 수 있도록 헌법을 개정하였다(사사오입 개헌). 이에 따라 이승만은 1956년 다시 대통령이 되었으나 혁신계를 대표하는 조봉암이 유효 득표 중 30%를 차지하는 돌풍을 일으키자 진보당의 조봉암을 간첩 혐의로 처형하였다.

46 박정희 정부의 유신 체제 정답 ③

밑줄 그은 '이 정권' 시기에 있었던 사실로 옳지 않은 것은? [2점]

> **양심 선언문**
>
> 들으라! 우리는 유신 헌법의 잔인한 폭력성을, 합법을 가장한 유신 헌법의 모든 부조리와 악을 고발한다. 우리는 유신 헌법의 비민주적 허위성을 고발한다. …… 우리 대한 학도는 민족과 역사 앞에 분연히 선언한다. 이 정권이 끝날 때까지 후퇴치 못하고 이 민족을 끝까지 못살게 군다면 자유와 평등과 정의를 뜨겁게 외치는 이 땅의 모든 시민의 준엄한 피의 심판을 면치 못하리라.

은쌤의 합격노트

밑줄 그은 '이 정권'은 1972년에 성립된 박정희 정부의 유신 체제이다. 박정희 정부는 장기 독재 체제를 구축하기 위해 대통령 특별 선언을 통해 국회를 해산시키고 정치 활동을 금지한 후, 비상 국무 회의에서 유신 헌법을 만들었다(10월 유신). 유신 헌법은 대통령에게 입법, 사법, 행정권을 집중시킨 비민주적인 헌법이었다. 이 헌법으로 대통령 중임 제한이 철폐되어 영구 집권이 가능해졌고, 대통령 직선제도 통일 주체 국민 회의에 의해 6년마다 선출하는 간선제로 바뀌었다. 나아가 국민의 기본권을 일부 제한할 수 있는 긴급 조치를 통해 반대 세력을 억압하였다.

정답 분석

③ 호헌 철폐, 독재 타도를 내세운 6 · 10 국민 대회가 개최되었다.

▶ 1987년 전두환 정부가 4 · 13 호헌 조치를 발표하자 대학생과 일반 시민들은 호헌 철폐와 독재 타도를 외치며 민주화를 요구하는 6월 민주 항쟁을 전개하였다.

오답 피하기

① 신민당사에서 YH 무역 노동자들이 농성을 하였다.

▶ 1979년 8월 박정희 정부 시기에 YH 무역 여공들은 부당한 공장 폐쇄에 맞서 생존권 보장을 요구하며 신민당사에서 농성을 벌였다. 그러나 경찰이 진압하는 과정에서 농성자 한 명이 사망하는 사건이 발생하자 야당은 박정희 정부를 강력하게 비난하였다.

② 민주 회복을 위한 개헌 청원 백만인 서명 운동이 전개되었다.

▶ 1973년 박정희 정부 시기에 장준하 등 민주 인사들은 개헌 청원 100만인 서명 운동을 벌이며 유신 반대 운동을 전개하였다.

④ 야당 총재의 국회의원직 제명을 계기로 민주 항쟁이 일어났다.

▶ 1979년 박정희 정부 시기에 YH 무역 사건을 계기로 신민당 총재 김영삼이 정치 공세를 강화하자, 여당은 국회에서 김영삼 의원을 제명하였다. 이를 계기로 김영삼의 정치적 본거지인 부산과 마산 일대에서 부 · 마 민주 항쟁이 일어났다.

⑤ 긴급 조치 철폐를 요구하는 3 · 1 민주 구국 선언이 발표되었다.

▶ 1976년 박정희 정부 시기에 재야 정치 지도자들은 명동 성당에서 3 · 1 민주 구국 선언을 발표하고 유신 반대 운동을 전개하였다.

47 조선의 대외 관계 변천사 정답 ④

㉠~㉤에 대한 탐구 활동으로 적절하지 않은 것은? [2점]

역사 돋보기 조선이 만난 이방인

조선 전기에는 외부 세계와의 관계가 중국과 일본을 중심으로 류큐 등의 아시아 국가에 주로 국한되어 있었다. ㉠조선인의 외부에 대한 인식은 이들 국가에 집중되어 있었고, 조선은 중국을 비롯한 주변 국가 이외의 세계에서는 낯선 존재였다.

조선 후기에 들어 지리 지식의 확대와 더불어 조선인의 외부 세계에 대한 인식이 점차 넓어져 갔다. 조선과 서양인의 만남은 크게 네 가지로 나누어 볼 수 있다. 첫째, 중국과 일본을 오가던 ㉡서양 선박이 난파하여 조선에 표착한 경우이다. 둘째, 크리스트교 선교를 목적으로 ㉢선교사가 직접 조선에 파견되는 경우이다. 셋째, 서양인이 ㉣조선의 해안 측량을 목적으로 해안을 탐사하는 과정에서 접촉한 경우이다. 넷째, 조선과의 ㉤교역을 목적으로 서양의 상선이 접근하는 경우이다.

은쌤의 합격노트

㉠ 조선 초기 조선인의 일본인에 대한 인식이 담긴 신숙주의 "해동제국기", ㉡ 조선 후기 제주도에 표착한 벨테브레이와 하멜, ㉢ 서양인이 크리스트교 선교를 목적으로 신부를 파견한 프랑스 파리 외방 선교회, ㉣ 신미양요가 발발하자 조선에 해안측량 허가를 일방적으로 통고한 미국, ㉤ 조선과 교역을 목적으로 접근한 서양의 상선 제너럴 셔먼호 등이 대표적인 사례이다.

㉠ 조선 초기 세종 때 서장관의 신분으로 일곱 달 동안 일본에 머물렀던 신숙주는 성종의 명령에 따라 견문록인 "해동제국기"를 완성하였다.

㉡ 조선 후기 17세기에 정부는 벨테브레이와 하멜 등 표류한 서양 선원을 훈련도감에 소속시켜 서양식 대포와 조총을 제조하도록 하였다.

㉢ 프랑스 파리 외방 선교회는 1836년 모방 신부를 시작으로 1866년 병인박해가 일어날 때까지 베르뇌 주교를 비롯하여 메스트르, 프티니콜라, 푸르티에 등의 신부를 계속 조선으로 파견하였다.

㉣ 미국은 신미양요가 벌어진 한 달도 되지 않는 짧은 기간 동안 조선에 해안측량 허가를 일방적으로 통고하고, 지세 정찰과 수로 탐사를 통해 지도 3장을 완성했다.

㉤ 1866년 대포로 무장한 미국 상선 제너럴 셔먼호는 대동강을 거슬러 평양까지 들어가 통상을 요구하였다.

정답 분석

④ ㉣ - 혼일강리역대국도지도가 제작된 과정을 조사한다.

➋ 조선 초기 태종 대에 세계 지도인 '혼일강리역대국도지도'가 제작되었다. 지도는 아시아, 유럽, 아프리카를 포함하고 있으며 조선은 실제보다 훨씬 크게 그려져 있다.

오답 피하기

① ㉠ - 해동제국기의 작성 목적을 파악한다.

➋ 조선 초기 세종 때 일본을 다녀온 신숙주가 성종의 명을 받아 편찬한 "해동제국기"에는 당시 조선의 일본, 쓰시마, 유구에 대한 인식을 볼 수 있다.

② ㉡ - 하멜 표류기의 내용을 분석한다.

➋ 조선 후기 제주도에 표류했던 하멜 일행은 네덜란드로 돌아간 뒤 "하멜 표류기"를 발표하여 조선을 유럽에 소개하였다.

③ ㉢ - 프랑스 파리 외방 선교회의 활동을 알아본다.

➋ 프랑스 파리 외방 선교회는 설립 후 오늘에 이르기까지 아시아에 선교사 4천여 명을 파견하였는데 그중 170여 명이 한국에 파견되었다.

⑤ ㉤ - 제너럴 셔먼호 사건 관련 자료를 찾아본다.

➋ 1866년 제너럴 셔먼호 사건은 평양에서 미국 상선 제너럴 셔먼호가 통상 요구를 거절당해 약탈을 저지르자 이에 분노한 평양 관민이 제너럴 셔먼호를 불태워 침몰시킨 것이다.

48 충주 지역의 역사 정답 ③

교사의 질문에 대한 학생의 답변으로 옳은 것은? [2점]

이것은 1872년에 제작된 우리 고장의 지방도입니다. 임진왜란 때 신립 장군이 왜군과 맞서 싸우다 투신한 장소인 탄금대와 임경업 장군의 충절을 기리기 위해 세운 충렬사 등이 표시되어 있습니다. 우리 고장에서 있었던 사실을 말해 볼까요?

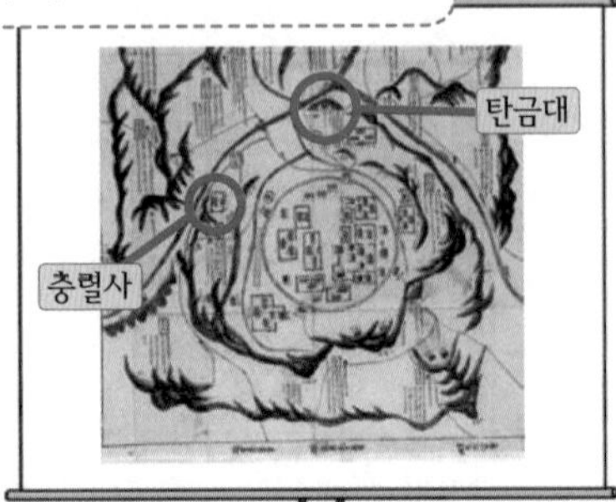

은쌤의 합격노트

교사의 질문에 나오는 '우리 고장'은 충주이다. 임진왜란이 발발하자 왜군은 세 갈래로 병력을 나누어 한성으로 북상하였다. 이에 신립은 충주의 탄금대에서 왜군에 맞서 싸웠으나 결국 막아내지 못하였다. 충추 충렬사는 임충민공 임경업 장군의 초상을 모신 사당이다. 충추에서 태어난 임경업은 병자호란이 일어났을 때 의주의 백마산성을 굳게 지켰고, 청나라 군대는 백마산성을 피해 남하했다.

정답 분석

③ 김윤후와 함께 관노들이 몽골군에 항전했어요.

➋ 고려 후기 몽골의 5차 침략군이 충주성을 포위하자 김윤후는 충주의 관민을 지휘하여 70여 일을 저항하였다. 그 결과 몽골군은 포위를 풀고 고려에서 철군하였다.

오답 피하기

① 인조가 이괄의 난으로 피란했어요.

➋ 조선 후기 인조는 이괄이 난을 일으켜 한양을 점령하자, 난을 피해 한양을 벗어나 남쪽 공주로 피난하였다.

② 견훤이 후백제의 도읍으로 삼았어요.

➋ 신라 하대 호족 가운데 견훤은 완산주(전주)에서 후백제를 건국하였다.

④ 강주룡이 을밀대 지붕에서 고공농성을 벌였어요.

➋ 일제 강점기인 1931년, 강주룡은 회사의 일방적인 임금 인하에 저항하여 11m 높이의 평양 을밀대에 올라가 농성을 하였다.

⑤ 박재혁이 경찰서에서 폭탄을 터뜨리는 의거를 일으켰어요.

➋ 일제 강점기인 1920년, 의열단원 박재혁은 부산 경찰서에 폭탄을 투척하였다.

49 노무현 정부

정답 ⑤

다음 뉴스가 보도된 정부 시기에 있었던 사실로 옳은 것은? [3점]

은쌤의 합격 노트

다음 뉴스가 보도된 정부 시기는 노무현 정부 시기이다. 2003년에 출범한 노무현 정부는 '국민과 함께하는 민주주의'를 표방하고 정경 유착 단절, 권위주의 청산을 추구하였다. 그러나 대통령이 임기 중 국회에서 탄핵당하는 헌정 사상 초유의 시련을 겪기도 하였다. 또 공약으로 내세웠던 국가 보안법 폐지와 사립 학교법 개정이 좌절되었고, 국회를 통과한 행정 수도 건설 특별법은 헌법 재판소에서 위헌 판결을 받았다.

정답 분석

⑤ 친일 반민족 행위 진상 규명 위원회가 출범하였다.

▶ 2005년 노무현 정부는 대통령 직속으로 친일 반민족 행위 진상 규명 위원회를 설치하여 4년 동안 일제 강점하에 친일 반민족 행위 조사 활동을 하였다.

오답 피하기

① 서울 올림픽 대회가 개최되었다.

▶ 1988년 노태우 정부는 서울 올림픽을 성공적으로 치러 대외적으로 국제적 위상을 높였다.

② 국가 인권 위원회가 설립되었다.

▶ 2001년 김대중 정부는 국가 인권 기구 설립에 대한 관심을 토대로 민주화와 인권 개선을 위해 국가 인권 위원회를 설립하였다.

③ 전국 민주노동조합 총연맹이 창립되었다.

▶ 1995년에 김영삼 정부 시기에 전국 민주 노동조합 총연맹(민주 노총)을 결성되어 기존의 한국 노동조합 총연맹(한국 노총)과 함께 양대 노총 체제를 형성하며 노동 운동을 전개하였다.

④ 중국과 자유 무역 협정(FTA)이 체결되었다.

▶ 2015년 박근혜 정부는 중국과 자유 무역 협정(FTA)을 체결하였다.

50 김대중 정부

정답 ④

다음 연설이 있었던 정부의 통일 노력으로 옳은 것은? [2점]

> 저는 지난 6월 13일 역사적인 평양 방문을 이룩했습니다. 평양을 방문할 때 저는 참으로 만감이 교차하였습니다. 분단된 조국의 땅을 처음으로 가게 된 감회도 컸고, 또 과연 이 회담에서 성공을 거둘 수 있을지 많은 염려도 갖고 북한을 방문했던 것입니다. …… 지난 6월의 평양 회담 이후 우리 한국은 두 가지를 당면 목표로 추진하고 있습니다. 첫째는 남북 간의 긴장을 완화시키는 것입니다. …… 두 번째 당면 목표는 50년간의 단절과 불신과 적대로부터, 다시 교류와 신뢰와 동족애를 회복하는 것입니다.
>
> -「○○○ 대통령 스웨덴 의회 연설」-

은쌤의 합격 노트

다음 연설이 있었던 정부는 김대중 정부이다. 김대중 정부는 한반도 평화 정착과 남북 교류 확대를 위해 적극적인 대북 화해 협력 정책, 이른바 "햇볕 정책"을 추진하였다. 그 결과 1998년 금강산 관광이 시작되었고, 2000년 평양에서 남북 정상 회담이 개최되었다. 남북 정상은 회담에서 남북 관계의 기본 틀을 화해와 협력으로 전환한다는 남북 공동 선언을 발표하였다(6 · 15 남북 공동 선언).

정답 분석

④ 남북한 교류 협력을 위한 개성 공단 조성에 합의하였다.

▶ 김대중 정부는 6 · 15 남북 공동 선언에 따라 이산가족 방문과 서신 교환이 이루어졌고, 경의선 철도 복구, 개성 공단 건설 등의 경제 협력 및 사회 · 문화 교류도 전개되었다.

오답 피하기

① 남북 조절 위원회를 구성하였다.

▶ 박정희 정부는 1972년 7 · 4 남북 공동 성명 발표 이후 남북 조절 위원회를 설치하여 평화 통일을 위한 실무자 회의를 개최하였지만 성과를 얻지 못하였다.

② 남북한이 유엔에 동시 가입하였다.

▶ 노태우 정부는 남북 총리급 회담을 개최하고 1991년 남북 유엔 동시 가입과 남북 기본 합의서를 채택하는 성과를 이루었다.

③ 판문점에서 남북 정상 회담을 개최하였다.

▶ 문재인 정부는 2018년 판문점에서 김정은과 정상 회담을 개최하였다.

⑤ 남북 이산가족 고향 방문단의 교환 방문을 최초로 실현하였다.

▶ 전두환 정부는 1985년 최초로 이산가족 고향 방문과 예술 공연단 교환을 실현하였으나 일회성 행사로 그치고 말았다.

제58회 한국사능력검정시험 정답 및 해설

정 답

번호	정답	번호	정답
01	①	26	⑤
02	⑤	27	⑤
03	②	28	④
04	⑤	29	①
05	④	30	④
06	③	31	①
07	②	32	③
08	④	33	⑤
09	⑤	34	①
10	④	35	②
11	④	36	①
12	⑤	37	①
13	④	38	③
14	①	39	③
15	①	40	⑤
16	③	41	②
17	②	42	③
18	④	43	①
19	④	44	⑤
20	①	45	③
21	④	46	⑤
22	①	47	⑤
23	②	48	③
24	②	49	⑤
25	④	50	②

01 신석기 시대 정답 ①

(가) 시대의 생활 모습으로 옳은 것은? [1점]

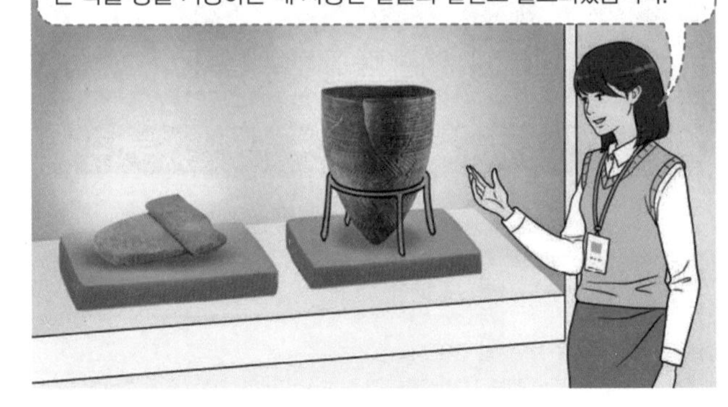

은쌤의 합격노트

(가) 시대는 신석기 시대이다. 신석기 시대에 이르러 만주와 한반도 일대에서는 전기에 덧무늬 토기, 그 이후 빗살무늬 토기를 만들어 사용하고 농경 생활을 영위하는 사람이 널리 정착하여 살았다. 또한 한반도의 신석기 시대 사람들은 갈돌과 갈판을 사용하여 주로 자연에서 채집한 도토리를 갈아 먹었다.

정답 분석

① 가락바퀴를 이용하여 실을 뽑았다.
- 신석기 시대에 뼈바늘을 비롯하여 실을 뽑는 도구인 가락바퀴도 발견되었는데, 이를 통해 당시 사람들이 옷을 만들어 입었음을 알 수 있다.

오답 피하기

② 주로 동굴이나 막집에서 거주하였다.
- 구석기인들은 식량을 찾아다니며 주로 동굴이나 막집, 바위그늘에서 거주하였다.

③ 명도전, 반량전 등의 화폐가 유통되었다.
- 초기 철기 시대에 사용된 출토되는 명도전, 반량전 등을 통해 당시 중국과 활발하게 교류했다는 사실을 알 수 있다.

④ 거푸집을 이용하여 세형 동검을 만들었다.
- 거푸집은 우리나라에서 직접 청동기를 제작하였음을 보여 주는 유물로 청동기 후기~철기 시대에 사용되었다. 철기 시대에 청동기 문화가 독자적으로 발전하면서 세형 동검과 잔무늬 거울 등이 제작되었다.

⑤ 쟁기, 쇠스랑 등의 철제 농기구를 사용하였다.
- 삼국 시대 4~5세기경 철제 농기구가 농민에게 보급되기 시작하였다. 6세기에 이르러 쟁기, 호미, 괭이 등 철제 농기구가 널리 사용되었다.

02 고조선 정답 ⑤

(가) 나라에 대한 설명으로 옳은 것은? [2점]

ㅇ 좌장군은 (가) 의 패수 서쪽에 있는 군사를 쳤으나 이를 격파해서 나가지는 못했다. …… 누선장군도 가서 합세하여 왕검성의 남쪽에 주둔했지만, 우거왕이 성을 굳게 지키므로 몇 달이 되어도 함락시킬 수 없었다.

ㅇ 마침내 한 무제는 동쪽으로는 (가) 을/를 정벌하고 현도군과 낙랑군을 설치했으며, 서쪽으로는 대완과 36국 등을 병합하여 흉노 좌우의 후원 세력을 꺾었다.

은쌤의 합격노트

(가) 나라는 고조선이다. 위만 조선의 우거왕은 한반도 남부 세력들과 한의 교역을 막아 중계 교역의 이익을 독점하려 하였다. 이에 한 무제는 수군과 육군을 보내 위만 조선을 공격하였다. 위만 조선은 우거왕을 중심으로 1년여 동안 잘 저항하였으나, 지배 세력이 분열하여 왕검성이 함락되면서 멸망하였다(기원전 108). 한무제는 고조선의 옛 땅에 낙랑군, 진번군, 임둔군, 현도군 등의 군현을 설치하였다.

정답 분석

⑤ 왕 아래 상, 대부, 장군 등의 관직을 두었다.

▶ 고조선은 왕 아래에는 상, 경, 대부, 장군을 두었는데, 특히 상이라 불리는 관리는 국가 통치에 큰 영향력을 행사하였다.

오답 피하기

① 동맹이라는 제천 행사를 열었다.

▶ 고구려는 국왕의 주도로 매년 10월에 수도에서 동맹이라는 제천 행사를 열어 5부의 결속력을 다지기도 하였다.

② 신지, 읍차라 불린 지배자가 있었다.

▶ 삼한에서는 신지, 읍차 등으로 불리는 군장이 농업 생산에 필요한 물의 관리권을 장악하여 권력을 확대해 나갔다.

③ 도둑질한 자에게 12배로 배상하게 하였다.

▶ 부여와 고구려는 법속을 매우 엄격히 하여 도둑질한 자는 12배로 배상하게 하였다.

④ 읍락 간의 경계를 중시하는 책화가 있었다.

▶ 동예는 다른 부족의 영역을 함부로 침범했을 경우 책화라고 하여 노비나 소, 말로 배상하게 하였다.

03 나·제 동맹 정답 ②

다음 상황이 전개된 배경으로 옳은 것은? [2점]

자네 들었는가?
백제의 동성왕이 사신을
보내 혼인을 청하셨다더군.

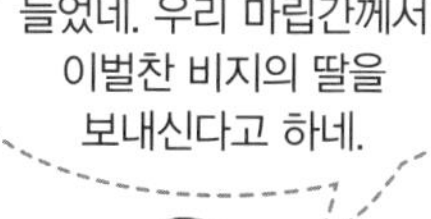

은쌤의 합격노트

다음 상황은 백제의 동성왕과 신라의 소지왕이 결혼 동맹을 체결하는 모습이다. 5세기 고구려 장수왕이 남진 정책을 추진하자 신라의 눌지왕은 백제의 비유왕과 나·제 동맹을 결성하였다. 이후 고구려의 공세가 강화되자 493년에 신라의 소지왕(소지마립간)은 백제 동성왕의 결혼 요청을 받아들여 이찬 비지의 딸을 시집 보냄으로써 결혼 동맹을 맺고 고구려를 막아 냈다.

정답 분석

② 장수왕이 한성을 공격하여 함락시켰다.

▶ 고구려 장수왕이 427년 평양 천도 이후 남진 정책을 펼치자 433년 백제 비유왕과 신라 눌지왕이 나제 동맹을 체결하였다. 하지만 475년 백제는 결국 장수왕에게 한성을 빼앗기고 개로왕마저 죽임을 당하였다. 이후 493년 백제 동성왕과 신라 소지왕은 결혼을 통해 동맹을 공고히 하였다.

오답 피하기

① 법흥왕이 금관가야를 병합하였다.

▶ 562년 신라 법흥왕은 금관가야를 복속하고 대가야와 혼인 동맹을 맺었다.

③ 김유신이 비담과 염종의 반란을 진압하였다.

▶ 647년 신라 선덕여왕의 병이 몹시 위독해지자 비담과 염종이 모반을 일으켰지만 김유신이 진압하였다.

④ 영양왕이 온달을 보내 아단성을 공격하였다.

▶ 618년 고구려 온달은 영양왕의 명으로 신라의 아단성을 공격하였지만 치열한 격전 끝에 화살에 맞아 전사하였다.

⑤ 김춘추가 당으로 건너가 군사 동맹을 성사시켰다.

▶ 648년 신라 진덕여왕은 김춘추를 당에 파견하여 도움을 요청하였고, 당이 이를 받아들여 군사 동맹인 나·당 동맹이 체결되었다.

04 대가야 정답 ⑤

(가) 나라에 대한 탐구 활동으로 가장 적절한 것은? [3점]

> 진흥왕이 이찬 이사부에게 명령하여 (가) 을/를 공격하게 하였다. 이때 사다함은 나이가 15~16세였는데 종군하기를 청하였다. …… (가) 사람들이 뜻하지 않은 병사들의 습격에 놀라 막아내지 못하였고, 대군이 승세를 타서 마침내 멸망시켰다.

은쌤의 합격 노트

(가) 나라는 대가야이다. 신라 진흥왕은 이사부에게 명하여 대가야를 토벌케 하였는데, 이때 사다함이 부장이 되었다. 사다함은 5천의 기병을 이끌고 앞서 달려가 흰 깃발을 세우자 성안의 사람들이 두려워서 어찌할 바를 몰랐다. 이때 이사부가 군사를 이끌고 다다르자 일시에 모두 항복하였다. 진흥왕은 고령의 대가야를 병합하여 낙동강 유역을 차지하였으며, 이후 동해안을 따라 북쪽으로 함흥평야까지 진출하였다.

정답 분석

⑤ 고령 지역이 연맹의 중심지로 성장하는 과정을 조사한다.

- 전기 가야 연맹은 5세기 무렵 신라를 지원해 온 고구려군의 공격을 받아 쇠퇴했고, 5세기 후반 이후 고령의 대가야를 중심으로 후기 가야 연맹이 형성되었다. 고령의 대가야는 농업 생산 기반과 제철 기술을 바탕으로 주변 소국을 복속시켜 맹주권을 확립하였다.

오답 피하기

① 안동도호부가 설치된 경위를 찾아본다.

- 한반도를 장악하려는 야심을 품고 있던 당은 고구려 멸망 후 평양에 안동도호부를 설치하였다.

② 22담로에 왕족이 파견된 목적을 알아본다.

- 백제 무령왕은 지방의 22담로에 왕족을 파견함으로써 지방 통제를 강화하였다.

③ 중앙 관제가 3성 6부로 정비된 계기를 파악한다.

- 발해의 중앙 정치 조직은 3성 6부를 기본으로 하였다. 이는 당의 제도를 수용한 것이지만 운영과 명칭은 독자적이었다.

④ 최고 지배자의 호칭인 이사금의 의미를 검색한다.

- 신라 초기에는 박, 석, 김의 3성이 교대로 왕위를 차지하였다. 유력 집단의 우두머리는 이사금으로 추대되었고, 주요 집단은 독자적인 세력 기반을 유지하고 있었다. 이사금은 '연장자'를 의미한다.

05 고구려의 대당 항쟁(안시성 전투) 정답 ④

밑줄 그은 '전투'가 벌어진 시기를 연표에서 옳게 고른 것은? [2점]

554		589		612		642		668		698
	(가)		(나)		(다)		(라)		(마)	
관산성 전투		수의 중국 통일		살수 대첩		보장왕 즉위		고구려 멸망		발해 건국

은쌤의 합격 노트

밑줄 그은 '전투'는 645년 5월 고구려와 당이 백암성에서 벌인 전투이다. 수가 망하고 당이 일어나자 두 나라(고구려와 당)는 친선을 도모하였다. 하지만 당 태종이 왕위에 오르자 상황이 바뀌었다. 이에 맞서 고구려의 연개소문은 랴오허 강을 따라 천리장성을 쌓고 침략에 대비하였다. 한편, 고구려의 지배층은 대외 정책을 두고 온건파와 강경파로 나눠져 갈등을 벌이고 있었다. 비록 수와 전쟁에서 승리하였지만 큰 피해를 입었기 때문이다. 강경파를 이끌던 연개소문은 영류왕과 온건파를 제거하고 대막리지에 올랐다. 645년 당 태종은 연개소문의 정변을 구실로 수십만 대군을 이끌고 침략해 왔다. 고구려는 요동성, 백암성이 차례로 무너지는 위기를 맞이하였지만 안시성에서 당군을 물리쳤다.

정답 분석

④ (라)

- 642년 고구려에서는 천리 장성 축조 공사를 감독하던 연개소문이 정변을 일으켜 영류왕을 죽이고 보장왕을 세웠다. 고구려의 권력을 장악한 연개소문은 당에 대한 강경책을 고수하였다. 이에 645년 당 태종은 10만 명의 군대를 이끌고 고구려를 침략하였다

06 삼국 통일 과정(백제 멸망~백제 부흥 운동) 정답 ③

(가), (나) 사이의 시기에 있었던 사실로 옳은 것은? [3점]

> (가) 백제의 남은 적군이 사비성으로 진입하여 항복해 살아 남은 사람들을 붙잡아 가려고 하였으므로, 유수(留守) 유인원이 당과 신라 사람들을 보내 이를 쳐서 쫓아냈다. …… 당 황제가 좌위중랑장 왕문도를 웅진도독으로 삼았다.
>
> (나) 손인사, 유인원과 신라왕 김법민은 육군을 거느려 나아가고, 유인궤와 별수(別帥) 두상과 부여융은 수군과 군량을 실은 배를 거느리고 백강으로 가서 육군과 합세하여 주류성으로 갔다. 백강 어귀에서 왜국 군사를 만나 …… 그들의 배 4백 척을 불살랐다.

은쌤의 합격노트

(가)는 660년 백제 멸망, (나)는 663년 백강 전투이다.

(가) 660년 백제를 멸망시킨 당은 백제 땅을 효율적으로 지배하기 위해 백제 북방의 요충지인 공주에 웅진도독부를 설치하였고, 왕문도를 도독으로 임명하였다. 그러나 백제 전역에서 일어난 유민들의 거센 저항과 부흥 운동의 전개로 당의 백제 통치 계획은 제대로 실현되지 못하였다.

(나) 663년 백제 멸망 직후 오랜 동맹국이었던 왜는 백제 부흥군을 돕기 위해 27,000여 명의 대군을 보냈다. 백제 · 왜 연합군은 백강 어귀에서 나 · 당 연합군과 격전을 벌였다. 백제 부흥의 운명을 건 이 전투에서 백제 · 왜 연합군은 나 · 당 연합군에 크게 패하였다.

정답 분석

③ 복신과 도침이 부여풍을 왕으로 추대하였다.

➜ 백제가 멸망하자 복신과 도침, 흑치상지 등이 일본에 가 있던 왕자 부여풍을 떠받들고 부흥 운동을 일으켰다. 부여풍은 백강 전투에서 보검 한 자루만 남긴 채 행방불명되었다고 한다. 이는 (가)와 (나) 사이의 일이다.

오답 피하기

① 사찬 시득이 기벌포에서 당군을 격파하였다.

➜ 당은 20만 명의 군대를 동원하여 신라를 공격하였으나, 매소성 전투(675)와 기벌포 해전(676)에서 신라에 패배하였다. 이는 (나) 이후의 일이다.

② 의자왕이 윤충을 보내 대야성을 함락시켰다.

➜ 642년 백제 의자왕은 신라 서부의 군사 요충지인 대야성을 비롯한 서쪽 변경 40여 개 성을 빼앗았다. 이는 (가) 이전의 일이다.

④ 계백이 이끄는 군대가 황산벌에서 항전하였다.

➜ 나 · 당 연합군의 공격에 계백의 5천 결사대가 황산벌에서 끝까지 저항했지만, 결국 660년 백제는 사비성이 함락되면서 멸망하였다. 이는 (가) 이전의 일이다.

⑤ 안승이 신라에 의해 보덕국왕으로 책봉되었다.

➜ 당이 백제와 고구려 멸망 이후 한반도 전체를 지배하려는 야욕을 드러내자 674년 신라는 금마저에 보덕국을 세우고 안승을 보덕국왕으로 임명하여 고구려 부흥 운동을 후원하였다. 이는 (나) 이후의 일이다.

07 통일 신라의 경제 정답 ②

밑줄 그은 '시기' 신라의 경제 모습으로 옳은 것은? [2점]

> 이것은 일본의 귀족들이 신라에서 들어온 물품을 매입하고자 그 수량과 가격을 기록하여 일본 정부에 제출한 '매신라물해(買新羅物解)'라는 문서입니다. 통일을 이루고 9주 5소경을 설치한 이후의 <u>시기</u>에 일본과 교역하던 모습을 알 수 있습니다.

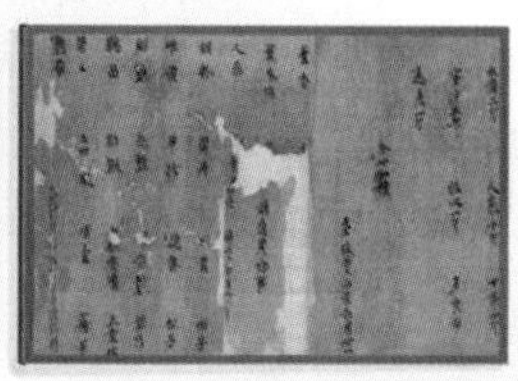

은쌤의 합격노트

밑줄 그은 '시기'는 통일 신라 시기이다. 통일 신라는 영토와 인구가 크게 늘어나자 중앙과 지방 행정 조직을 다시 정비하였다. 지방은 9주 5소경 체제로 정비하였다. 행정 구역의 성격이 강화된 주와 그 아래 군 · 현에는 지방관을 파견하고, 외사정을 보내 이들을 감찰하였다. 군현 아래 촌은 토착 세력인 촌주를 통해 지배하고 향, 부곡 등의 특수 행정 구역에 사는 사람들은 특별한 역을 담당하기도 하였다. 소경은 수도 금성이 너무 치우친 것을 보완하고 피정복민을 회유 · 통제하기 위한 특별 행정 구역이었다.

정답 분석

② 조세 수취를 위해 촌락 문서를 작성하였다.

➜ 통일 후 신라는 늘어난 생산 자원과 노동력을 더욱 철저하게 편제하여 관리하기 위해 촌락 문서를 작성하였다. 이 문서는 촌주가 촌락 내 인구 수 · 토지 크기 · 소와 말의 수 · 토산물의 증감을 조사하여 3년마다 다시 작성하였다.

오답 피하기

① 벽란도가 국제 무역항으로 번성하였다.

➜ 고려 시대에는 개경을 연결하는 예성강 입구의 벽란도가 조세와 공물이 통과하는 중요한 통로 역할을 하며 무역과 상업의 중심지로 성장하였다.

③ 철이 많이 생산되어 낙랑군 등에 수출하였다.

➜ 변한은 철을 많이 생산하여 교역에서 화폐처럼 사용하였고, 낙랑군과 왜 등에 수출하였다.

④ 농업 생산력 증대를 위해 우경을 처음으로 시작하였다.

➜ 삼국은 농사에 소를 이용하여 경작하는 우경을 장려하였는데 신라 지증왕 때의 기록에 우경이 처음으로 등장한다.

⑤ 수도에 도시부(都市部)라는 관청을 설치하여 시장을 관리하였다.

➜ 백제는 사비 시대에 외관 10부 중 하나로 도시부를 설치하여 상업과 교역 및 시장 관계 업무를 담당하였다.

08 발해 정답 ④

(가) 국가에 대한 설명으로 옳은 것은? [1점]

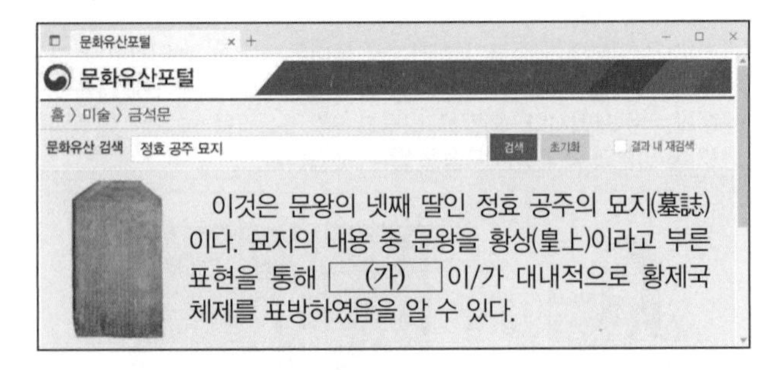

은쌤의 합격노트

(가) 국가는 발해이다. 발해 3대 왕 문왕의 넷째 딸인 정효 공주의 묘지명에는 아버지 문왕을 '황상(皇上)'으로 부른 표현이 나온다. 이는 발해가 대내적으로는 황제국 체제를 지향하였음을 알 수 있다. 또한 정효 공주 묘에는 악공, 무사, 시종 등이 그려져 있어 이를 통해 발해인의 옷차림과 생활 모습을 짐작할 수 있다.

정답 분석

④ 주자감을 설치하여 인재를 양성하였다.
➊ 발해는 상경에 유학과 기술학 등 교육을 담당한 주자감을 설치하였다.

오답 피하기

① 기인 제도를 실시하였다.
➊ 고려 초기 태조 왕건은 지방 호족의 자제를 뽑아 개경에 머물게 하는 기인 제도를 실시하여 호족을 견제하고 지방 통치를 보완하고자 하였다.

② 정사암 회의를 개최하였다.
➊ 백제는 정사암 회의에서 귀족들이 모여 대표를 선출하고 국가의 중요 정책을 결정하였다.

③ 최고 행정 관서로 집사부를 두었다.
➊ 신라 상대 진덕여왕은 왕의 비서 기구인 집사부를 설치하였고, 신라 중대 태종 무열왕은 집사부를 독립시키고 장관인 시중의 기능을 강화하여 왕권 강화의 바탕을 마련하였다.

⑤ 광덕, 준풍 등의 독자적인 연호를 사용하였다.
➊ 고려 초기 광종은 국왕의 권위를 높이기 위해 황제를 칭하고, 광덕·준풍 등 독자적인 연호를 사용하기도 하였다.

09 후삼국 통일 과정 정답 ⑤

다음 상황 이후에 전개된 사실로 옳은 것은? [2점]

> 왕이 구원을 요청하자, 태조는 장수에게 명하여 정예 병사 1만 명을 보내 구원하게 하였다. 견훤은 구원병이 아직 도착하지 않은 것을 알고, 겨울 11월에 갑자기 왕경(王京)에 침입하였다. 왕은 비빈, 종실 친척들과 포석정에 가서 연회를 즐기느라 적병이 이르는 것도 깨닫지 못하였다.
>
> -『삼국사기』-

은쌤의 합격노트

다음 상황은 927년 후백제 견훤이 신라를 공격하여 포석정에 놀고 있던 경애왕에게 자살을 강요하기 직전의 상황이다. 후백제 견훤이 대대적으로 신라를 공격하자 경애왕은 고려로 원병을 청해 후백제의 침공을 물리치려 했다. 견훤은 고려의 원병이 도착하기 전에 신라의 수도인 금성을 기습해 경애왕을 죽였다. "삼국사기"에 따르면 당시 경애왕이 왕비와 후궁, 친척들과 함께 포석정에서 연회를 베풀며 놀고 있느라 적병이 쳐들어오는지도 몰랐으며, 견훤의 군영으로 잡혀간 뒤에 위협을 받아 스스로 목숨을 끊었다고 한다.

정답 분석

⑤ 경순왕 김부가 경주의 사심관으로 임명되었다.
➊ 927년 견훤은 경애왕을 자살시키고 경순왕(김부)을 왕으로 세우고 돌아갔다. 이후 견훤이 고려에 망명하자 935년 경순왕은 태조 왕건에게 항복하는 국서를 전하였다. 태조 왕건은 신라를 고쳐 경주라 하고 김부를 경주의 사심관으로 삼았다.

오답 피하기

① 김흠돌이 반란을 도모하였다.
➊ 681년 신라 중대 신문왕은 김흠돌의 난을 계기로 진골 귀족 세력을 숙청하고 강력한 왕권을 확립하였다.

② 장문휴가 당의 등주를 공격하였다.
➊ 732년 발해 무왕은 장문휴가 지휘하는 군대로 산둥 반도를 공격하기도 하였다.

③ 궁예가 국호를 태봉으로 바꾸었다.
➊ 911년 궁예는 국호 마진을 태봉으로 고쳤으며 독자적인 관제를 정비하는 등 국가의 체제를 갖추었다.

④ 원종과 애노가 사벌주에서 반란을 일으켰다.
➊ 889년 신라 하대 진성 여왕이 무리하게 조세를 강요하자 사벌주에서 원종과 애노의 난이 일어났다.

10 신라 하대의 사회상 정답 ④

밑줄 그은 '이 시기'에 있었던 사실로 옳은 것은? [3점]

은쌤의 합격노트

밑줄 그은 '이 시기'는 신라 하대이다. 신라 하대에는 선종이 크게 유행하였다. 경전을 중시하는 교종과 달리 선종은 참선 수행을 통해 각자의 마음속에 있는 깨달음을 얻는 실천적 경향이 강하였으며, 이는 당시 지방 각지에서 성장하던 호족의 성향과 일치하였다. 그리하여 선종은 호족 세력의 후원을 받으며 빠르게 성장하여 9산 선문을 이루었고, 선종 승려들은 6두품 출신 유학자들과 함께 새 시대를 열어갈 사상적 기반을 마련해 나갔다.

정답 분석

④ 최치원이 진성여왕에게 시무책을 올렸다.

- 신라 하대 진성여왕 때 당에서 귀국한 최치원은 어지러운 정치를 바로잡고자 개혁안 10여 조를 건의했으나 받아들여지지 않았다.

오답 피하기

① 원광이 세속 5계를 제시하였다.

- 신라 상대 진평왕 때 원광법사는 화랑에게 인생을 살면서 꼭 지켜야 하는 다섯 가지 계율(세속 5계)를 알려주었다.

② 김대문이 화랑세기를 저술하였다.

- 신라 중대 김대문이 쓴 화랑들의 전기인 "화랑세기"는 원본은 발견되지 않고 있지만 "삼국사기"에 극히 일부가 인용되어 책이 있었다는 것만 알려져 있다.

③ 김대성이 불국사 조성을 주도하였다.

- 신라 중대 경덕왕 때 당시 재상 김대성에 의해 불국사가 기공되었다.

⑤ 자장의 건의로 황룡사 구층 목탑이 건립되었다.

- 신라 상대 선덕여왕 때 승려 자장의 건의로 황룡사 구층 목탑이 세워졌다.

11 고려 성종의 업적 정답 ④

다음 시나리오에 등장하는 왕의 재위 기간에 있었던 사실로 옳은 것은? [2점]

#11. 궁궐 안

과거 급제자 명단을 보며 말한다.

왕 : 몇 해 전 교육을 장려하기 위해 지방에 각각 경학박사 1명과 의학박사 1명을 보냈는데, 결과가 어떠하오?

신하 : 송승연, 전보인 등 박사들이 정성스레 가르쳐 성과가 있는 듯 하옵니다.

왕 : 12목을 설치하고, 지방민에게도 학문을 권장하는 과인의 뜻에 부합하였소. 고생한 송승연에게 국자박사를 제수하고, 전보인에게 공복과 쌀을 하사하시오.

신하 : 분부를 따르겠나이다.

은쌤의 합격노트

다음 시나리오에 등장하는 왕은 고려 초기 성종이다. 성종은 전국의 주요 지역에 12목을 설치하고 지방관을 파견하였으며, 지방의 중소 호족을 향리로 편입하여 통제하는 향리 제도를 마련하여 지방 세력을 견제하였다. 또한 유학 교육의 진흥을 위해 국자감을 정비하고, 지방에 유학을 교육하는 경학박사와 의료를 담당하는 의학박사를 파견하였다.

정답 분석

④ 최승로의 시무 28조를 받아들여 통치 체제를 정비하였다.

- 고려 초기 성종은 최승로의 시무 28조를 받아들여 유교 정치 이념을 바탕으로 통치 체제를 정비하였다. 또한 2성 6부의 중앙 관제를 마련하고 12목에 지방관을 파견하여 중앙 집권화의 기초를 세웠다.

오답 피하기

① 쌍기의 건의로 과거제를 실시하였다.

- 고려 초기 광종은 중국 후주에서 귀화한 쌍기의 건의에 따라 과거제를 실시하였다. 과거제는 개인의 능력을 중시하여 유교 경전과 문장 능력을 시험하여 관리를 뽑는 제도였다.

② 관학 진흥을 위해 양현고를 설치하였다.

- 고려 중기 예종은 최충의 사학을 본떠 전문 강좌인 7재 및 장학 재단인 양현고 등을 설치하였다.

③ 국자감을 성균관으로 개칭하고 유학 교육을 강화하였다.

- 고려 국자감은 몇 차례의 개편을 거친 끝에 고려 후기 공민왕 때에 이르러 유교 교육을 강화하는 성균관으로 정착되었다.

⑤ 정계와 계백료서를 지어 관리가 지켜야 할 규범을 제시하였다.

- 고려 초기 태조 왕건은 정계와 계백료서를 지어 관리들이 지켜야 할 규범을 제시하였다.

12 고려의 사회 제도 정답 ⑤

다음 상황이 나타난 시기의 사회 시책으로 옳은 것은? [2점]

> ○ 왕이 명하였다. "도성 안의 백성들이 역질에 걸렸으니 구제도감을 설치하여 치료하고, 시신과 유골은 거두어 비바람에 드러나지 않게 매장하라."
>
> ○ 중서성에서 아뢰었다. "지난해 관내 서도의 주현에 흉년이 들어 백성이 굶주리고 있습니다. 사창과 공해(公廨)의 곡식을 내어 경작을 원조하고, 가난하여 스스로 살아갈 수 없는 자는 의창을 열어 진휼하십시오."

은쌤의 합격노트

다음 상황이 나타난 시기는 고려 시대이다. 고려 정부는 각종 재해가 발생 시 구제도감이나 구급도감 등의 임시 기관을 설치하여 백성을 구호하는 데 힘썼다. 태조 왕건은 흑창을 설치하여 백성을 구제하였으며 이것을 성종이 확충하여 개편한 것이 의창이었다. 의창은 평상시에 곡물을 비치하였다가 흉년이 되면 빈민을 구제하는 데 사용하였다.

정답 분석

⑤ 기금을 모아 그 이자로 빈민을 구제하는 제위보를 운영하였다.

➡ 고려 정부는 기금을 마련한 뒤 그 이자로 빈민을 구제하고 질병을 치료하는 제위보를 설치하였다.

오답 피하기

① 유랑민을 구휼하는 활인서를 두었다.

➡ 조선 시대 도성 인근에 설치한 동 · 서 활인서를 통해 도성 부근 서민 환자의 치료와 함께 오갈 곳이 없는 유랑자의 수용과 구휼을 담당하였다.

② 백성들에게 곡식을 빌려주는 진대법을 실시하였다.

➡ 고구려의 고국천왕은 재상 을파소의 건의를 수용하여 먹을 것이 부족한 봄에 백성에게 곡식을 빌려주고 가을에 갚도록 한 진대법을 시행하였다.

③ 국산 약재와 치료법을 소개한 향약집성방을 편찬하였다.

➡ 조선 초기 세종은 우리 풍토에 알맞은 약재와 치료 방법을 개발하여 정리한 "향약집성방"을 편찬하였다.

④ 기근에 대비하기 위해 구황촬요를 간행하여 보급하였다.

➡ 조선 중기 명종 때 영양실조로 중태에 빠진 사람들의 구급법 · 대용식물의 조제법 등 흉년에 대비하는 내용으로 "구황촬요"가 편찬되었다.

13 고려의 대몽 항쟁 정답 ④

(가)의 침입에 대한 고려의 대응으로 옳은 것은? [2점]

> 병마사 박서는 김중온에게 성의 동서쪽을, 김경손에게는 성의 남쪽을 지키게 하였다. (가) 의 대군이 남문에 이르자 김경손은 12명의 용맹한 군사와 여러 성의 별초를 거느리고 성 밖으로 나가려고 하였다. …… 우별초가 모두 땅에 엎드리고 응하지 않자 김경손은 그들을 성으로 돌려보내고 12명의 군사와 함께 나아가 싸웠다.
>
> -『고려사』-

은쌤의 합격노트

(가)의 침입은 몽골의 침입이다. 제시문은 몽골의 1차 침입으로 당시 귀주성에서 박서가 지휘하는 고려군이 몽골의 대군을 맞아 끝까지 항쟁해 성을 지켜 냈다는 내용이다. 이를 통해 당시 고려군과 몽골군의 전술과 무기, 고려인의 끈질긴 저항 정신, 몽골의 침입에 대한 최씨 무신 정권의 대응 등을 알 수 있다.

정답 분석

④ 강화도로 도읍을 옮겨 장기 항전을 준비하였다.

➡ 몽골 사신이 귀국길에 피살된 사건을 구실로 1231년 몽골이 고려를 침략하였다(몽골의 1차 침입). 일단 강화를 맺은 최우는 수도를 강화도로 옮기고 끝까지 항쟁할 것을 선언하였다.

오답 피하기

① 김종서를 보내 6진을 개척하였다.

➡ 조선 초기 세종 때 최윤덕과 김종서가 대대적인 군사 작전을 벌여 여진을 몰아내고 4군과 6진을 세워 국경선을 확보하였다.

② 서희를 보내 소손녕과 외교 담판을 벌였다.

➡ 고려 초기 거란의 1차 침입 때 서희는 거란의 장수 소손녕과 외교 담판을 벌여 압록강 동쪽의 강동 6주를 획득하였다.

③ 별무반을 조직하고 동북 9성을 축조하였다.

➡ 고려 중기 예종 때 윤관이 별무반을 이끌고 여진을 공격하여 동북 지방을 점령한 후 9개의 성을 쌓아 백성을 이주시켰다.

⑤ 화통도감을 설치하여 화약과 화포를 제작하였다.

➡ 고려 후기 우왕은 최무선의 건의로 화약 및 화기의 제조를 담당하는 화통도감을 설치하였고, 이곳에서 생산된 화기로 왜구를 격퇴하였다.

14 고려의 경제 상황 정답 ①

다음 대화가 이루어진 시기의 경제 상황으로 옳은 것은? [1점]

몇 해 전 주전도감을 설치하고 화폐를 유통시켜 나라의 부강과 백성의 편익을 꾀하였으나, 널리 활용되지 못하고 있사옵니다.

주현에 명령하여 주식점(酒食店)을 열고 백성들에게 화폐를 활용해 음식을 사 먹을 수 있게 하여 그 이로움을 알게 하라.

은쌤의 합격노트

다음 대화가 이루어진 시기는 고려 시대이다. 고려 시대에는 상업 활동이 활발해지면서 화폐도 발행되었는데, 고려 초기 성종 때 철전인 건원중보를 발행하였으나 널리 이용되지는 못하였다. 또한 고려 중기 숙종은 의천의 건의에 따라 주전도감을 설치하고 삼한통보, 해동통보, 해동중보 등의 동전과 활구(은병)라는 은전을 만들었으나 이 역시 널리 유통되지는 못하였다. 이 때문에 동전 등은 도시에서도 주로 다점이나 주점 등에서만 사용되었고, 일반적인 거래에서는 여전히 곡식이나 삼베가 사용되었다.

정답 분석

① 활구라고 불리는 은병이 유통되었다.
- 고려 중기 숙종은 쌀 수십 석의 가치를 지닌 고가의 화폐인 은병(활구)을 만들었다.

오답 피하기

② 특산품으로 솔빈부의 말이 유명하였다.
- 발해는 땅이 넓고 바다에 면해 있어 다양한 축산물이 생산되었으며 이때 특산품으로서 솔빈부의 말이 가장 유명하였다.

③ 송상이 전국 각지에 송방을 설치하였다.
- 조선 후기 송상은 주로 인삼을 재배하여 판매하였으며, 전국에 송방이라는 지점을 설치하여 장시와 연결을 꾀하였다.

④ 청해진을 설치하여 해상 무역을 전개하였다.
- 신라 하대 장보고는 해상 무역이 발달하면서 완도에 청해진을 설치하고, 남해와 황해의 해상권을 장악하였다.

⑤ 시장을 감독하는 관청인 동시전이 설치되었다.
- 신라 상대 지증왕은 동시를 개설하고 이를 관리하는 기구인 동시전을 설치하였다.

15 동명왕편 정답 ①

다음 검색창에 들어갈 역사 자료에 대한 설명으로 옳은 것은? [2점]

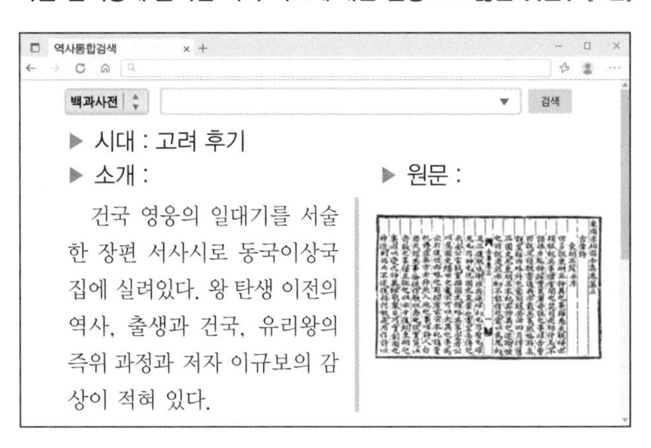

은쌤의 합격노트

다음 검색창에 들어갈 역사 자료는 이규보의 "동명왕편"이다. 고려 후기에는 민족적 자주 의식을 바탕으로 전통문화를 올바르게 이해하려는 경향이 대두하였다. 이는 무신 정변 이후의 사회적 혼란과 몽골 침략의 위기를 겪은 후에 나타난 변화였다. 이규보는 서사시 형식의 "동명왕편"을 지어 고구려 시조 주몽의 일대기를 찬양하였으며 이를 통해 고려의 위대함이 고구려를 계승한 데 있음을 강조하고자 하였다.

정답 분석

① 고구려 계승 의식이 반영되었다.
- 고려 후기 이규보의 "동명왕편"은 동명왕의 업적을 칭송한 영웅 서사시로 고구려 계승 의식을 드러내고 있다.

오답 피하기

② 남북국이라는 용어가 처음 사용되었다.
- 조선 후기 유득공은 "발해고"를 통해 발해사를 우리 역사로 체계화할 것을 강조하고 남북국이라는 용어를 처음 사용하였다.

③ 사초, 시정기 등을 바탕으로 편찬하였다.
- 조선의 "조선왕조실록"은 전왕의 통치 기록인 사초, 시정기, 승정원일기 등을 모두 합하여 실록청에서 편찬하였다.

④ 단군의 고조선 건국 이야기를 수록하였다.
- 고려 후기 일연은 "삼국유사"를 통해 불교사 이외에 고대의 설화 등을 수록하여 전통문화를 보여 주는 한편, 단군을 우리 민족의 기원으로 처음 수록하였다.

⑤ 현존하는 우리나라 최고(最古)의 역사서이다.
- 고려 중기 인종 때 김부식 등이 편찬한 "삼국사기"는 현존하는 우리나라에서 가장 오래된 역사서로 유교적 합리주의 사관에 기초한 기전체로 서술되었다.

16 상감청자 정답 ③

다음 기획전에 전시될 문화유산으로 적절한 것은? [1점]

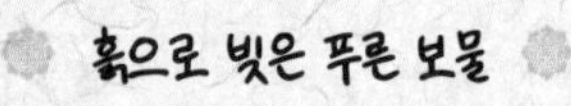

이번 기획전에서는 고려 시대 귀족 문화를 보여주는 비색의 순청자와 음각한 부분에 백토나 흑토를 채워 화려하게 장식한 상감 청자가 전시됩니다. 관심 있는 분들의 많은 관람 바랍니다.

- 기간 : 2022년 ○○월 ○○일 ~ ○○월 ○○일
- 장소 : △△ 박물관

은쌤의 합격노트

다음 기획전에 전시될 문화유산은 고려의 상감 청자이다. 12세기에 이르러 청자는 상감 기법이 적용되었다. 상감 기법은 청자의 겉 부분을 파낸 후에 그 자리에 백토나 흑토를 메워 무늬를 만들어내는 방법이다. 이는 고려만의 독창적인 기술이었으며, 이를 통해 상감 청자는 이전보다 다양하고 화려한 무늬를 넣을 수 있게 되었다. 고려청자는 자기를 만드는 데 필요한 흙과 연료가 풍부하고, 바닷길로 운송이 가능한 전라도 강진과 부안 등지에서 많이 만들어졌다.

정답 분석

③

▶ 고려 시대에 만들어진 청자 상감 운학문 매병이다. 상감 기법으로 구름과 학 무늬가 표현되었다.

오답 피하기

①

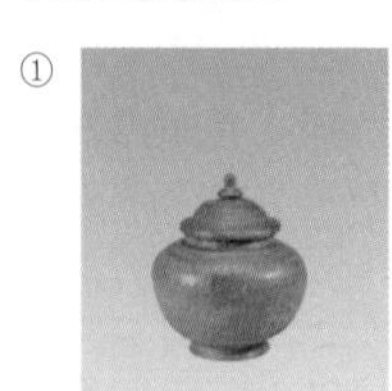

▶ 통일 신라 시기에 만들어진 도기 연유 인화문 항아리이다.

②

▶ 고려 시대에 만들어진 청동 은입사 물가풍경무늬 정병이다.

④

▶ 조선 시대에 만들어진 백자 청화 매죽문 항아리이다.

⑤

▶ 조선 시대에 만들어진 분청사기 상감운룡문 항아리이다.

17 고려의 멸망과 조선의 건국 정답 ②

(가) 시기에 있었던 사실로 옳은 것은? [2점]

은쌤의 합격노트

좌측의 그림은 이성계의 4불가론, 우측의 그림은 조선 건국 초기이다. 만주를 장악한 명은 함경도와 강원도 경계에 있는 철령 이북 땅이 원래 원에 속하였다는 이유로 이 땅을 관할하는 철령위를 설치하려 하였다. 이에 당시 집권자였던 최영은 요동 정벌을 계획하고 이성계에게 요동을 정벌하도록 지시하였다. 이성계는 4불가론을 내세워 요동 출병에 반대하였으나 받아들여지지 않았다. 결국, 이성계는 명으로 들어가는 길목인 압록강 위화도에서 회군하여 개경으로 진격하였다(위화도 회군). 이성계는 최영을 귀양 보내 죽이고, 우왕을 폐위한 후 창왕을 왕위에 세웠다. 이성계와 급진 개혁파 세력은 창왕마저 폐하고 공양왕을 세운 후, 전제 개혁을 단행하여 과전법을 실시하였다(1391). 이후 이성계는 공양왕으로부터 왕위를 물려받고 도평의사사의 인준을 얻어 조선 왕조를 새로 세웠다(1392). 태조는 즉위 후 민심의 안정을 위해 고려의 제도를 그대로 유지한다고 발표하였으나, 곧 국가의 새로운 기틀을 마련하는 작업에 나섰으며 이에 먼저 국호를 조선으로 바꾸었다(1393). 이는 단군이 세운 고조선을 계승한다는 의미를 담고 있었다. 또한, 한양을 새 도읍으로 정하였다(1394).

정답 분석

② 조준 등의 건의로 과전법이 제정되었다.

▶ 고려 후기 이성계와 조준, 정도전 등 급진 개혁파는 우왕과 창왕을 잇달아 폐하고 공양왕을 세운 후, 권문세족의 토지를 몰수해 신진 관리에게 재분배하는 과전법을 단행하였다(1391).

오답 피하기

① 집현전을 계승한 홍문관이 설치되었다.

▶ 조선 초기 성종은 집현전을 계승한 홍문관을 두어 관원 모두에게 경연관을 겸하게 하였고 경연에 참여할 수 있는 관리의 범위도 확대하였다.

③ 국가의 기본 법전인 경국대전이 완성되었다.

▶ 조선 초기 성종은 "경국대전"의 편찬을 완료하고 반포하여 이후 조선 사회의 기본적인 통치 방향과 이념을 제시하였다.

④ 연분9등법을 시행하여 수취 체제가 정비되었다.

▶ 조선 초기 세종은 좀 더 체계적으로 전세를 걷기 위해 토지의 비옥도와 풍흉에 따라 차등 징수하는 전분6등법과 연분9등법을 실시하였다.

⑤ 음악 이론 등을 집대성한 악학궤범이 간행되었다.

▶ 조선 초기 성종 때 성현은 "악학궤범"을 편찬하여 음악의 원리, 역사, 악기 등을 정리하였다.

18 조선과 일본의 대외 관계 정답 ④

(가)에 대한 조선의 정책으로 옳은 것은? [2점]

이달의 인물

우리 외교를 빛낸 인물, 이예

■ **생몰:** 1373년~1445년
■ **경력:** 통신부사, 첨지중추원사, 동지중추원사

울산의 아전 출신으로 호는 학파(鶴坡), 시호는 충숙(忠肅)이다. 수십 차례 (가) 에 파견되어 외교 문제를 해결하려고 노력하였다. 특히 조선과 (가) 사이에 세견선의 입항 규모를 정한 계해약조 체결에 기여하였다.

은쌤의 합격노트

(가)는 일본이다. 조선 초기 세종은 200여 척의 함대를 동원하여 왜구의 소굴인 대마도를 토벌하였다. 이후 조선의 국력과 국방력이 강화되고, 일본 내의 정치적 혼란이 수습되면서 왜구의 침략은 현저히 줄어들었다. 조선은 대마도주가 수시로 토산품을 바치면서 무역을 간청하자 계해약조를 맺고 제한된 조공 무역을 허락하였다. 이에 따라 일본의 세견선이 왕래하면서 교역이 이루어졌다. 교역은 부산포, 제포(진해), 염포(울산)의 3포에서 이루어졌다.

정답 분석

④ 부산포, 제포, 염포의 삼포를 개항하였다.
➋ 조선 초기 세종은 일본이 다시 교역을 요청하자 부산포(부산 동래), 제포(창원 진해), 염포(울산)의 3포를 개방하였다.

오답 피하기

① 하정사, 성절사 등을 파견하였다.
➋ 조선은 중국에 새해 문안을 위한 하정사, 황제의 생일에 보내는 성절사, 연말 동지사 등 삼절사 외에도 다양한 명칭의 사신단을 수시로 보냈다.

② 경성, 경원에 무역소를 설치하였다.
➋ 조선은 여진족의 귀순을 장려해 관직과 토지 등을 주어 우리 주민으로 동화시키는 데 힘썼고, 경성과 경원에 무역소를 두어 국경 무역과 사절 왕래를 통한 교역을 허용하였다.

③ 광군을 조직하여 침입에 대비하였다.
➋ 광군은 고려 초기 정종이 거란군의 침입에 대비하여 조직한 특수군단이다.

⑤ 사절 왕래를 위하여 북평관을 개설하였다.
➋ 북평관은 조선 시대 한성부에 여진족의 사신을 접대하기 위해 만든 국영의 객관으로 태종 때 설치된 것으로 추정된다.

19 조선 세종의 업적 정답 ④

밑줄 그은 '전하'의 재위 기간에 있었던 사실로 옳은 것은? [3점]

> 우리 주상 전하께서는 오방의 풍토가 같지 아니하여 곡식을 심고 가꾸는 데 각기 적당한 방법이 있다고 하셨다. 이에 여러 도의 감사에게 명하기를, 주현의 나이든 농부들을 방문하여 농사지은 경험을 아뢰게 하시고 또 신(臣) 정초에게 그 까닭을 덧붙이게 하셨다. 중복된 것을 버리고, 요약한 것만 뽑아 한 편의 책으로 만들고 제목을 농사직설이라고 하였다.

은쌤의 합격노트

밑줄 그은 '전하'는 조선 초기 세종이다. 세종은 우리나라의 기후와 토양 조건이 중국과 다르므로 우리 풍토에 맞는 농법을 정리하는 것이 필요하다고 보았다. 이에 조선 정부는 여러 도의 관찰사들로 하여금 경험이 많은 농부를 찾아다니며 그 지역의 농사짓는 방법을 물어보도록 하고, 세종은 이를 바탕으로 "농사직설"을 편찬하였다.

정답 분석

④ 효자, 충신 등의 사례를 제시한 삼강행실도가 편찬되었다.
➋ 조선 초기 세종 때 모범이 될 만한 충신, 효자, 열녀 등의 행적을 그림으로 그리고 설명을 붙여 "삼강행실도"를 편찬하였다.

오답 피하기

① 예학을 정리한 가례집람이 저술되었다.
➋ 조선 중기 선조 대에 김장생은 주자의 "가례"를 기본으로 여러 학자의 예설을 취사선택하여 증보 · 해석한 "가례집람"을 저술하였다. 이를 통해 예학을 조선의 현실에 맞게 정리하였다.

② 국가의 의례를 정비한 국조오례의가 완성되었다.
➋ 조선 초기 성종 때 국가와 왕실의 각종 행사를 유교의 예법에 맞게 정한 "국조오례의"가 편찬되었다.

③ 아동용 윤리 · 역사 교재인 동몽선습이 간행되었다.
➋ 조선 중기 중종 때 박세무는 "동몽선습"을 저술하였다. 이 책은 "천자문" 다음 단계에서 반드시 학습하였던 대표적인 아동 교재이다.

⑤ 군주가 수양해야 할 덕목을 제시한 성학집요가 집필되었다.
➋ 조선 중기 이이는 "성학집요"를 저술하여 현명한 신하가 왕의 수양을 도와야 한다고 주장하면서 신하의 적극적인 역할을 중시하였다.

20 의금부 정답 ①

(가) 기구에 대한 설명으로 옳은 것은? [1점]

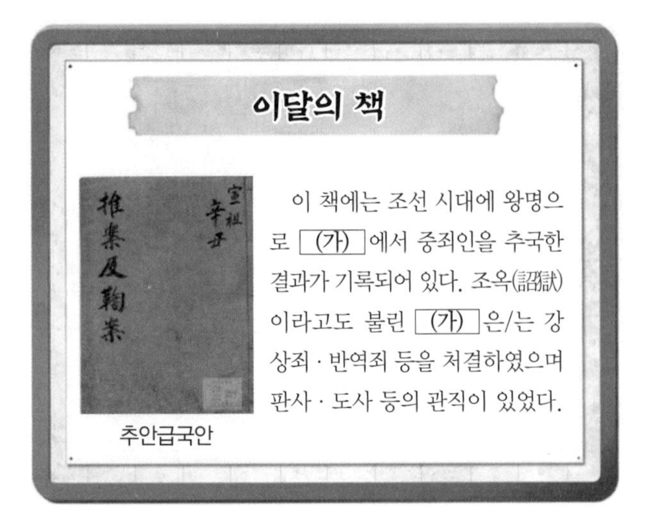

은쌤의 합격노트

(가) 기구는 의금부이다. 의금부는 종1품 아문으로, 임금의 명령을 받들어 죄인을 신문 · 재판하는 특별 사법 관청이었으며, 이에 따라 왕옥, 왕부, 조옥이라는 별칭을 가지고 있었다. 또한 과거 의금부가 순찰을 담당하기도 하여 금오라는 이칭도 가지고 있었다. 의금부는 조선 시대 관원의 범죄를 단독으로 재판하고 처리하였다. 특히 강상범죄, 반역 사건에 대해서는 중요하게 다루었으며 구체적으로는 왕권의 확립과 유지, 사회 질서를 해치는 일체의 반란 및 음모, 저주, 흉소, 난언 및 요언 등의 사건을 처결했다. 역모, 강상죄 등 주요 사건은 의금부와 전 · 현직 정승, 승지, 대간 등이 공동으로 재판했으며, 의금부가 이를 주관했다. 반면, 관원의 일반 범죄와 사족 여자의 범죄는 의금부에서 단독으로 재판했다.

정답 분석

① 국왕 직속의 특별 사법 기구였다.
- 의금부는 왕의 특명으로 죄인을 다스렸고, 왕권을 보좌하는 역할을 맡았다.

오답 피하기

② 사림의 건의로 중종 때 폐지되었다.
- 조선 중기 중종 때 등용된 조광조는 도교 행사를 주관하던 소격서를 폐지하였다.

③ 사헌부, 사간원과 함께 삼사로 불리었다.
- 홍문관, 사헌부, 사간원의 3사는 언론 기구로서 정사를 비판하고 관리의 비리를 감찰하여 권력의 독점과 부정을 방지하였다.

④ 5품 이하의 관원에 대한 서경권을 행사하였다.
- 왕에게 진언을 주로 담당하는 사간원, 관리들을 감찰하는 사헌부는 대간이라 하여 5품 이하의 관리 임용에 간여하는 서경권을 행사하였다.

⑤ 서얼 출신의 학자들이 검서관으로 기용되었다.
- 조선 후기 정조 때에는 유득공, 이덕무, 박제가 등 서얼 출신이 규장각 검서관으로 등용되어 능력을 발휘할 수 있었다.

21 훈련도감 정답 ④

밑줄 그은 '이 부대'에 대한 설명으로 옳은 것은? [2점]

은쌤의 합격노트

밑줄 그은 '이 부대'는 훈련도감이다. 임진왜란 초기에 패전을 경험한 조정에서는 새로운 군대의 필요성을 절감하여 임진왜란 중에 훈련도감을 설치하였다. 훈련도감은 장시간 근무를 하고 일정한 급료를 받는 상비군의 형태로 유지되었다. 또한, 수도 방위와 국왕 호위의 중요한 임무를 맡아 종래 5위가 담당하던 기능을 대신하였다.

정답 분석

④ 포수, 살수, 사수의 삼수병으로 편제되었다.
- 훈련도감의 군병은 기존에 활과 창으로 무장한 부대 이외에 조총으로 무장한 부대를 만들어 포수, 사수, 살수의 삼수병으로 편성하였다.

오답 피하기

① 용호군과 함께 2군으로 불렸다.
- 2군은 고려 시대의 응양군과 용호군을 일컫는 것이다. 6위와 함께 8위로도 불리는 등 고려 중앙군의 핵심 부대였다.

② 진도에서 용장성을 쌓고 항전하였다.
- 진도 용장성은 고려 후기 대몽 항쟁을 위해 삼별초가 구축한 기지이다.

③ 국경 지역인 북계와 동계에 배치되었다.
- 고려 시대 지방군은 국경 지방인 양계(북계, 동계)에 주둔하는 주진군과 5도의 일반 군현에 주둔하는 주현군으로 이루어졌다.

⑤ 국왕의 친위 부대로 수원 화성에 외영을 두었다.
- 조선 후기 정조는 종합적인 도시 계획에 따라 건설된 수원 화성에 행궁과 장용영의 외영을 설치하여 한성을 방어하는 요새지의 역할을 하도록 하였다.

22 조선과 호란(이괄의 난~병자호란) 정답 ①

(가), (나) 사이의 시기에 있었던 사실로 옳은 것은? [3점]

> (가) 왕에게 이괄 부자가 역적의 우두머리라고 고해바친 자가 있었다. 하지만 왕은 "반역은 아닐 것이다."라고 하면서도, 이괄의 아들인 이전을 잡아오라고 명하였다. 이에 이괄은 군영에 있던 장수들을 위협하여 난을 일으켰다.
>
> (나) 최명길을 보내 오랑캐에게 강화를 청하면서 그들의 진격을 늦추도록 하였다. 왕이 수구문(水溝門)을 통해 남한산성으로 향했다. 변란이 창졸 간에 일어났기에 도보로 따르는 신하도 있었고 성안 백성의 통곡 소리가 하늘을 뒤흔들었다. 초경을 지나 왕의 가마가 남한산성에 도착하였다.

은쌤의 합격노트

(가)는 조선 후기 1624년 인조 때 일어난 이괄의 난, (나)는 조선 후기 1636년 청이 대군을 이끌고 침입한 병자호란이다.

(가) 인조반정으로 집권한 서인은 대외적으로 친명배금 정책을 내세워 후금과의 관계를 단절하였다. 한편, 이괄은 인조반정 때의 공신이었으나 적절한 대우를 받지 못한 것에 불만을 품고 반란을 일으켰다(1624).

(나) 이후 국력이 더욱 커진 후금은 국호를 청으로 바꾸고 조선에 대해 군신 관계를 요구하였다. 조선 정부가 이를 거절하자 청 태종은 직접 군사를 이끌고 조선을 침략하였다(병자호란, 1636). 청군의 침략으로 한성이 위험해지자 인조와 일부 신하들은 남한산성으로 들어가 청군에 대항하였다. 그러나 결국 45일간의 항전 끝에 청의 요구를 받아들여, 인조가 삼전도에 직접 나가 항복함으로써 전쟁은 끝이 났다.

정답 분석

① 정봉수가 용골산성에서 항전하였다.

조선 후기 이괄의 난이 평정된 이후 이괄의 잔당은 후금으로 도망가 인조의 즉위가 부당하다고 호소하였다. 이에 침략의 기회를 노리던 후금의 태종은 광해군을 위해 보복한다는 명분을 내세워 3만여 명의 군사를 이끌고 조선을 침략하였다(정묘호란, 1627). 정묘호란이 일어나자 정봉수와 이립 등이 의병을 일으켜 맞서 싸웠다. 이는 (가)와 (나) 사이의 일이다.

오답 피하기

② 이순신이 명량에서 대승을 거두었다.

조선 중기 선조 때 1597년 정유재란이 일어나자 이순신은 명량에서 울돌목의 특성을 이용하여 13척의 배로 133척의 일본 배를 물리쳤다. 이는 (가) 이전의 일이다.

③ 권율이 행주산성에서 적군을 격퇴하였다.

조선 중기 선조 때 임진왜란이 일어나자 1593년 2월 전라도 관찰사 권율은 행주산성에서 왜군을 크게 무찔렀다. 이는 (가) 이전의 일이다.

④ 서인 세력이 폐모살제를 이유로 반정을 일으켰다.

조선 후기 광해군의 실리 외교 정책에 불만을 품은 서인 세력은 '폐모살제'의 죄를 묻는다는 명분으로 반정을 일으켜 광해군을 몰아내고 인조를 세웠다(인조반정, 1623). 이는 (가) 이전의 일이다.

⑤ 정여립 모반 사건을 계기로 기축옥사가 발생하였다.

조선 중기 선조 때 1589년 동인이 정권을 잡았을 당시 서인이었던 정여립이 동인으로 옮겨 갔다. 이에 정철이 정여립을 역모죄로 몰아가면서 기축옥사가 발생하였다. 이는 (가) 이전의 일이다.

23 조선과 청나라의 대외 관계 정답 ②

(가) 국가에 대한 조선의 대외 정책으로 옳은 것은? [2점]

오늘 알아볼 지도에 대해 말씀해 주세요.

이 지도는 의주에서 연경에 이르는 경로를 표시한 것입니다. 조선 사신들은 이 경로를 따라 (가) 을/를 왕래하였는데, 이 사행에 참여한 만상은 국제 무역으로 많은 돈을 벌기도 하였습니다.

입연정도도(入燕程途圖)

은쌤의 합격노트

(가) 국가는 청나라이다. 조선 후기 정부는 청에 정기적, 부정기적으로 사신을 보냈다. 이들은 청의 수도 연경(베이징)을 다녀온 사신이라는 의미에서 연행사라고 불렸다. 후시 무역이 확대되면서 무역에 관여했던 만상은 대청 무역을 통해 큰 부를 축적하였다.

정답 분석

② 백두산정계비를 세워 국경을 정하였다.

조선 후기 숙종 때 청의 요청에 따라 조선과 청은 국경을 답사하고 압록강과 토문강을 경계로 한다는 백두산정계비를 세웠다.

오답 피하기

① 박위를 파견하여 근거지를 토벌하였다.

고려 후기 정부는 왜구를 근본적으로 박멸하고자 박위로 하여금 왜구의 근거지인 대마도를 정벌하도록 하였다.

③ 한성에 동평관을 두어 무역을 허용하였다.

동평관은 조선 초기 일본 사신을 대접하기 위하여 마련한 관사로 왜관이라고도 한다.

④ 쌍성총관부를 공격하여 철령 이북의 영토를 되찾았다.

고려 후기 공민왕은 쌍성총관부를 무력으로 공격하여 철령 이북의 영토를 회복하였다.

⑤ 포로 송환을 위하여 유정을 회답 겸 쇄환사로 파견하였다.

회답 겸 쇄환사는 조선 후기 조선이 일본에서 보낸 국서에 회답 국서를 전하고 피로인을 쇄환하기 위해 세 차례에 걸쳐 파견한 사절이다.

24 조선 영조의 업적 정답 ②

밑줄 그은 '이 왕'의 업적으로 옳은 것은? [2점]

은쌤의 합격노트

밑줄 그은 '이 왕'은 조선 후기 영조이다. 영조는 군역의 폐단을 바로잡기 위해 농민의 군역 부담액을 1년에 1필로 줄여주는 균역법을 시행하였다(1750). 균역법 시행으로 감소한 재정은 지주에게 결작으로 토지 1결당 쌀 2두를 부담시키고 일부 상류층에게 선무군관이라는 칭호를 주어 군포 1필을 내게 함으로써 보충하였다. 또한 어장세, 염세, 선박세 등 잡세 수입을 균역청에서 군사비에 충당하였다. 황구첨정은 군역 대상이 16세 이상 남자이지만 15세 이하 어린아이에게도 군포를 징수하는 것을 말한다.

정답 분석

② 속대전을 편찬하여 통치 제도를 정비하였다.
▶ 조선 후기 영조는 "속대전"을 편찬하여 법전 체계를 정리하였다.

오답 피하기

① 수도 방위를 위하여 금위영을 창설하였다.
▶ 조선 후기 숙종 때 금위영이 추가되어 17세기 말에는 5군영의 중앙군 체제를 갖추었다.

③ 삼군부를 부활시켜 군국 기무를 전담하게 하였다.
▶ 조선 후기 흥선 대원군은 세도 정권의 핵심 권력 기구로 왕권을 제약하였던 비변사를 축소·격하하고 의정부와 삼군부의 기능을 부활시켜 정치는 의정부에서, 군사는 삼군부에서 담당하도록 하였다.

④ 초계문신제를 실시하여 젊은 문신들을 재교육하였다.
▶ 조선 후기 정조는 신진 인물이나 중·하급 관리 중에서 유능한 인재를 재교육하는 초계문신제를 실시하여 개혁 세력을 육성하였다.

⑤ 전세를 1결당 4~6두로 고정하는 영정법을 제정하였다.
▶ 조선 후기 인조는 연분9등법을 따르지 않고 풍년과 흉년에 상관없이 토지 1결당 쌀 4~6두를 거두는 영정법을 실시하였다(1635).

25 향리 정답 ④

(가)에 들어갈 내용으로 옳은 것은? [2점]

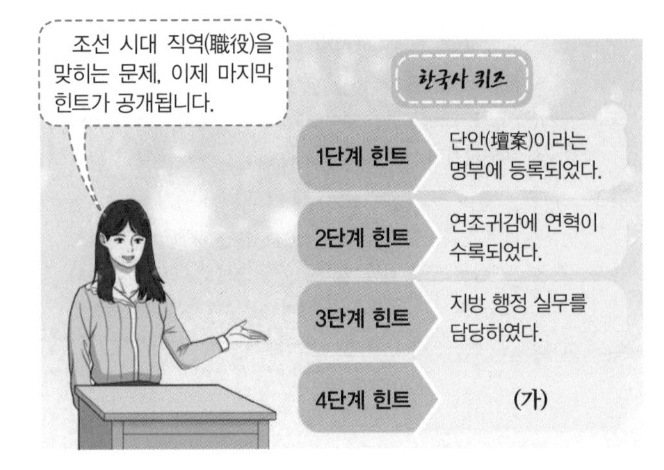

은쌤의 합격노트

(가)에 들어갈 내용은 향리의 직역이다. 향리란 고려에서 조선 시대에 걸쳐 지방 행정 사무를 담당한 계층이다. 향리는 사족들의 명부인 향안(鄕案)과 비견되는 단안(壇案)이라는 자체 명부를 가지고 있었으며, 단안에 등록된 자만이 호장·기관·장교의 우두머리가 될 수 있었다. 이들은 삼공형(三公兄)이라 하여 조선 시대 향리층의 중심이었는데, 이를 삼반(三班) 체제라 칭하기도 한다. "연조귀감"은 조선 후기 이진흥이 향리에 관계된 기록 및 그들 중 뛰어난 인물의 전기를 모아 엮은 책이다.

정답 분석

④ 이방, 호방 등 6방에 소속되었다.
▶ 조선 시대 향리의 직임은 6방 체계, 즉 이방, 호방, 예방, 병방, 형방, 공방으로 세분화되었다.

오답 피하기

① 상피제의 적용을 받았다.
▶ 조선은 관리들의 부정을 막기 위해 가까운 친척과 같은 관서에 근무하지 않도록 하거나, 출신 지역의 지방관으로 임명하지 않는 상피제를 시행하였다.

② 잡과를 통해 선발되었다.
▶ 조선 시대 잡과는 기술관을 뽑던 과거 시험이었다. 잡과에는 역과, 율과, 음양과, 의과가 있었다.

③ 감사 또는 방백이라 불렸다.
▶ 조선 시대 각 도에 파견된 지방 행정의 최고 책임자인 관찰사를 감사 또는 방백이라고도 하였다.

⑤ 공음전을 경제적 기반으로 삼았다.
▶ 고려의 문벌 귀족은 5품 이상 고위 관리에게 지급한 토지인 공음전을 경제적 기반으로 삼았다.

26 천주교 정답 ⑤

(가) 종교에 대한 설명으로 옳은 것은? [1점]

□□ 신문

제△△호 ○○○○년 ○○월 ○○일

해미순교성지, 국제성지로 지정

해미순교성지가 전 세계에 30여 곳밖에 없는 국제성지 가운데 하나로 지정되었다. 병인박해 당시 (가) 신자들이 죽임을 당한 이곳은 한국 근대사에서 중요한 종교적 의미를 지닌 지역이다. 이번 지정을 계기로 남연군 묘 등 여러 역사 유적이 있는 내포 문화권은 더욱 관심을 끌 것으로 기대된다.

은쌤의 합격노트

(가) 종교는 천주교이다. 19세기 중엽 이래 프랑스 선교사들이 국내에 들어와 선교 활동을 전개한 결과, 천주교 신자가 2만여 명에 달할 정도로 교세가 확장되었다. 이 무렵에 집권한 흥선 대원군은 러시아의 위협을 막고자 프랑스 선교사를 통해 프랑스 세력을 끌어들이려 하였다. 그러나 교섭은 성사되지 않았으며, 마침 청에서 천주교를 탄압했다는 소식도 전해졌다. 여기에 천주교를 금지해야 한다는 유생들의 주장이 이어지자 흥선 대원군은 9명의 프랑스 선교사와 8천여 명의 신자를 처형하였다(병인박해, 1866).

정답 분석

⑤ 청을 다녀온 사신들에 의하여 서학으로 소개되었다.

➡ 서학이란 이름으로 불린 천주교는 17세기경 베이징을 왕래하던 사신에 의해 서양 문물의 하나로 소개되었다. 학문적 호기심에서 연구되던 서학은 18세기 후반 현실 개혁을 꿈꾸던 남인 계열의 일부 실학자에 의해 점차 신앙으로 받아들여졌다.

오답 피하기

① 미륵불이 세상을 구원한다고 예언하였다.

➡ 조선 후기 지배층의 수탈과 자연재해, 질병 등으로 고통받던 사람들에게 미래 부처가 나타나 중생을 구제한다는 미륵 신앙이 유행하였다.

② 동경대전과 용담유사를 경전으로 삼았다.

➡ 동학의 2대 교주 최시형은 정부의 탄압을 피해 경상도와 강원도 등지에서 오랫동안 숨어 지내면서 동학의 기본 경전인 "동경대전"과 "용담유사" 등을 간행하였다.

③ 박중빈을 중심으로 새생활 운동을 전개하였다.

➡ 박중빈이 창시한 원불교는 허례 폐지, 근검절약, 협동 단결 등 새생활 운동을 전개하였다.

④ 단군 숭배 사상을 통해 민족의식을 고취하였다.

➡ 대종교는 단군 숭배 사상을 전파하여 민족의식을 고취하였을 뿐 아니라 독립군을 양성하여 무장 항일 투쟁을 전개하였다.

27 조선 실학자 정약용 정답 ⑤

(가) 인물의 활동으로 옳은 것은? [2점]

답사 보고서

◈ **주제** : 대학자 (가) 의 흔적을 찾아서

◈ **날짜** : 2022년 ○○월 ○○일

◈ **지역** : 경기도 남양주시 일대

◈ **소개** : 흠흠신서, 마과회통 등을 저술한 (가) 은/는 정치·경제 등 여러 분야에 걸쳐 방대한 학문적 업적을 남겼다.

◈ **경로**

여유당

문도사

묘소

은쌤의 합격노트

(가) 인물은 정약용이다. 실학을 집대성한 사람은 정약용이었다. 그는 신유박해에 연루되어 전라도 강진에서 18년 동안 유배 생활을 하면서 "목민심서", "경세유표", "흠흠신서" 등을 비롯하여 500여 권의 저술을 남겼다. 또한 정약용은 홍역에 관한 지식을 모은 "마과회통"을 집필했고, 박제가 등과 함께 종두법을 실험하기도 하였다.

정답 분석

⑤ 경세유표에서 국가 제도의 개혁 방향을 제시하였다.

➡ 정약용은 "목민심서"와 "경세유표"에서 통치자는 백성을 위해 존재해야 하며, 권력은 본래 백성으로부터 나온 것이라고 주장하였다.

오답 피하기

① 성호사설에서 한전론을 주장하였다.

➡ 이익은 "성호사설" 등의 저서를 통해 매매를 금지한 영업전을 설정함으로써 최소한의 농민 생활을 보장하고, 그 밖의 토지는 매매를 허용해 점진적으로 토지 소유를 균등하게 하는 한전론을 주장하였다.

② 양반전에서 양반의 허례와 무능을 지적하였다.

➡ 박지원은 "양반전"과 "호질" 등의 한문 소설에서 놀고먹는 양반을 호되게 비판하였다.

③ 의산문답에서 중국 중심의 세계관을 비판하였다.

➡ 홍대용은 "의산문답"에서 실옹과 허자의 대담 형식을 빌려 관념적 화이관과 중국 중심 세계관의 허구성을 비판하고 북학의 이론적 틀을 제시하였다.

④ 북학의에서 절약보다 적절한 소비를 권장하였다.

➡ 박제가는 청에 다녀온 후 "북학의"를 저술하여 생산을 자극하기 위해서는 소비를 촉진해야 한다고 역설하였다.

28 흥선 대원군의 업적 정답 ④

밑줄 그은 '시기'에 있었던 사실로 옳은 것은? [2점]

창녕의 관산 서원 터에서 매주(埋主) 시설이 발견되었습니다. 이 시설은 서원에 모셔져 있던 신주를 옹기에 넣고 기와로 둘러싼 뒤 묻은 것입니다. 이번 발굴로 만동묘 철거 이후 서원을 철폐하던 시기에 신주를 어떻게 처리했는지 알 수 있게 되었습니다.

은쌤의 합격노트

밑줄 그은 '시기'는 흥선 대원군의 섭정 시기이다. 흥선 대원군은 송시열의 유언에 따라 세워진 명의 신종 사당인 만동묘를 시작으로 600여 개의 서원을 철폐하여 1871년에는 사액 서원 중 47개소만 남겼다. 그리고 서원에 딸린 토지와 노비를 몰수하여 국가 재정을 확충하였다. 백성들은 이 조치를 크게 환영하였으나 양반 유생들은 반발하며 경복궁 앞에서 항의 시위를 벌였다. 그러나 흥선 대원군은 단호한 의지를 보이며 이들을 탄압하였다. 이는 훗날 흥선 대원군이 물러나는 배경이 되기도 하였다.

정답 분석

④ 제너럴 셔먼호 사건을 구실로 미군이 침입하였다.
- 제너럴 셔먼호 사건을 구실로 미국은 조선에 배상금 지불과 개항을 요구했으나, 흥선 대원군은 이를 거부하였다. 이에 군함 5척과 1,200여 명의 병력으로 강화도에 침공하면서 신미양요가 발발하였다.

오답 피하기

① 나선 정벌에 조총 부대가 동원되었다.
- 조선 후기 효종 때 청나라의 요청을 받은 조선군은 송화강과 흑룡강 일대에서 우수한 화력과 총포술을 바탕으로 두 차례에 걸쳐 러시아 군을 격퇴하였다(나선 정벌).

② 박규수의 건의로 삼정이정청이 설치되었다.
- 조선 후기 철종 때 박규수는 진주 농민 봉기를 조사하고 농민들을 달래기 위해 삼정이정청의 설치를 건의하였다.

③ 지역 차별에 반발하여 홍경래가 봉기하였다.
- 조선 후기 순조 때 홍경래는 평안도의 상인과 향임층, 무반, 광산 노동자 등과 합세하여 난을 일으켰다.

⑤ 시전 상인의 특권을 축소하는 신해통공이 단행되었다.
- 조선 후기 정조는 시전의 독점 판매에 대한 비판 여론이 높아지자 신해통공을 발표하여 육의전을 제외한 시전의 금난전권을 폐지하였다.

29 동학 농민 운동 정답 ①

(가)에 들어갈 내용으로 가장 적절한 것은? [2점]

에피소드 추천

회신회부터 | 첫회부터

1894, 녹두꽃 피고 지다

낡은 체제와 외세의 압박에 맞섰던 농민들, 그들이 이끈 변혁의 과정을 시간의 흐름에 따라 재구성해 본다.

1부 고부 민란이 일어나다

2부 전주성을 점령하다

3부 (가)

4부 우금치에서 패배하다

은쌤의 합격노트

(가)에 들어갈 내용은 1차 동학 농민 운동의 전주성 점령과 2차 동학 농민 운동의 우금지 전투 사이의 일이다. 고부 군수 조병갑은 비리와 학정이 매우 심하여 이에 전봉준 등이 농민을 이끌고 고부 관아를 점령하였다. 조선 정부는 이용태를 안핵사로 보내 사태를 수습하게 하였는데 그는 사건의 모든 책임을 동학교도의 탓으로 돌렸다. 전봉준 등은 무장에서 농민군을 재편성하고 고부를 점령한 후 백산으로 이동하였다(1차 동학 농민 운동). 농민군은 전주 감영에서 온 관군을 황토현에서 격파하였다. 또한 중앙에서 파견된 정부군을 장성 황룡촌에서 크게 물리쳤으며, 기세를 몰아 전주성까지 점령하였다. 정부가 청에 원병을 요청하자 농민군은 전주에서 정부군과 휴전하고 전주 화약을 체결한 뒤 해산하였다. 일본이 경복궁을 기습 점령하자 위기의식을 느낀 농민군은 일본군의 침략을 물리치고자 삼례에서 다시 봉기하였다(2차 동학 농민 운동). 남접과 북접이 연합한 농민군은 공주 우금치에서 관군 및 일본군과 치열한 전투를 벌였으나 화력에서 밀려 결국 패배하였다. 이후 전봉준을 비롯한 지도자들이 체포되면서 동학 농민 운동은 실패로 끝났다.

정답 분석

① 남북접이 논산에 집결하다
- 2차 동학 농민 운동은 1차 때와는 달리 교주 최시형의 지시에 따라 동학 교단 조직 전체가 동원되었다. 전봉준의 남접 부대와 손병희의 북접 부대는 논산에서 남·북접 연합 부대를 형성한 후 서울을 향해 북상하였다.

오답 피하기

② 황토현 전투에서 승리하다
- 동학 농민군은 출동한 관군을 황토현에서 물리치고 정읍, 고창 등을 차례로 점령하였다. 이후 전주성을 점령하였다.

③ 백산에 모여 4대 강령을 선포하다
- 동학 농민군은 고부를 점령하고 백산으로 이동한 후, 제폭구민, 보국안민의 내용을 담은 격문을 발표하였다. 이후 황토현에서 전라도 감영군을 격파하였다.

④ 최시형이 동학의 2대 교주가 되다
- 교조 최제우가 사형을 당한 뒤 한동안 숨을 죽이던 동학은 2대 교주 최시형을 중심으로 다시 교리를 정리하고 조직을 정비하여 교세를 확장해 나갔다. 1차 동학 농민 운동이 일어나기 전의 일이다.

⑤ 교조 신원을 요구하는 삼례 집회가 열리다
- 1880년대에 들어 동학교도들은 교주 최제우의 억울한 죽음의 원한을 풀고 탄압을 중지해 달라는 삼례 집회와 서울 복합 상소에 이어, 충청도 보은에서 대규모 집회를 개최하였다. 1차 동학 농민 운동이 일어나기 전의 일이다.

30 근대 문물의 수용 정답 ④

다음 상황 이후의 사실로 옳은 것은? [3점]

은쌤의 합격노트

다음 상황 이후의 사실은 1898년 한성 전기 회사 설립 이후에 들어온 새로운 문물을 말한다. 1898년에는 고종이 전액 자금을 내놓아 한성 전기 회사를 설립하였다. 이 회사는 1899년부터 서대문과 청량리 간 전차 노선을 개통하였으며, 영업용 전등 사업도 벌였다.

정답 분석

④ 서울과 부산을 연결하는 경부선이 개통되었다.
- 1905년 일본은 군사적 목적으로 서울과 부산을 연결하는 경부선을 개통하였다.

오답 피하기

① 알렌의 건의로 광혜원이 세워졌다.
- 1885년 조선 정부는 갑신정변 당시 민영익을 치료한 알렌의 제안에 따라 신식 병원인 광혜원(제중원)을 설립하였다.

② 박문국에서 한성순보가 발행되었다.
- 1883년 조선 정부는 박문국에서 최초의 신문인 한성순보를 발행하여 개화 정책을 홍보하고 국내외 정세를 소개하였다.

③ 무기 제조 공장인 기기창이 설립되었다.
- 1883년 조선 정부는 영선사 파견을 계기로 서울에 근대식 무기 제조 공장인 기기창을 세웠다.

⑤ 우편 사무를 관장하는 우정총국이 처음 설치되었다.
- 1884년 조선 정부는 우정총국을 설립하여 근대적인 우편 제도를 실시하려 하였으나 갑신정변으로 인해 중단되었다.

31 정미 7조약(한일 신협약) 정답 ①

다음 상황이 전개된 배경으로 옳은 것은? [2점]

> 박승환은 병대(兵隊)에 대한 해산 소식을 듣고 통곡하며 부하들에게 말하기를, "이제 국가가 망하였는데도 일본인 하나를 죽이지 못하였으니 죽어도 그 죄를 씻지 못할 것이다. 나는 차마 제군들이 병대를 떠나도록 놓아둘 수 없다. 차라리 내가 죽고 말겠다."라고 하면서 결국 자결하였다.

은쌤의 합격노트

다음 상황은 1907년 대한 제국의 군대가 해산됨으로써 일본의 침략에 군사적 대응을 하지 못하게 된 상황이다. 1907년 고종이 강제로 퇴위당한 후 곧바로 한·일 신협약(정미 7조약)이 체결되었다. 이 조약에 따른 비밀 각서에는 대한 제국의 군대를 해산시킨다는 내용이 담겨 있었다. 이에 따라 서울의 시위대를 시작으로 군대 해산이 진행되었다. 그 과정에서 시위대의 대대장 박승환이 자결하였고 시위대 병사들이 봉기하였다. 이들은 서울 곳곳에서 일본군과 시가전을 벌였고, 이러한 움직임은 지방 진위대에도 이어졌다. 해산된 군인 중 일부는 항일 의병에 참여하였다.

정답 분석

① 정미 7조약이 체결되었다.
- 1907년 일제는 고종을 강제 퇴위시키고, 뒤이어 한·일 신협약(정미 7조약)을 체결한 후 군대를 해산시켰다. 이에 서울과 지방의 해산 군인들 중 일부가 무기를 지닌 채 의병에 대거 가담하였다.

오답 피하기

② 일제가 105인 사건을 조작하였다.
- 105인 사건은 1911년 9월 데라우치 총독 암살 미수 혐의로 신민회의 주요 활동가들이 검거된 사건이다.

③ 초대 총독으로 데라우치가 부임하였다.
- 1910년 초대 총독으로 조선 통감이었던 데라우치 마사타케가 임명되었다.

④ 기유각서가 일제의 강압에 의해 조인되었다.
- 1909년 일본은 기유각서를 통해 사법권을 박탈하고 이어 경찰권까지 탈취하였다.

⑤ 일진회가 한일 합방을 촉구하는 성명을 발표하였다.
- 1909년 일본은 안중근이 이토 히로부미를 저격 살해한 사건을 계기로 한국 병합에 대한 여론을 유도하고, 일진회를 사주하여 합방 청원서를 제출하도록 하였다.

32 을미개혁 정답 ③

밑줄 그은 '이 개혁'의 내용으로 옳은 것은? [2점]

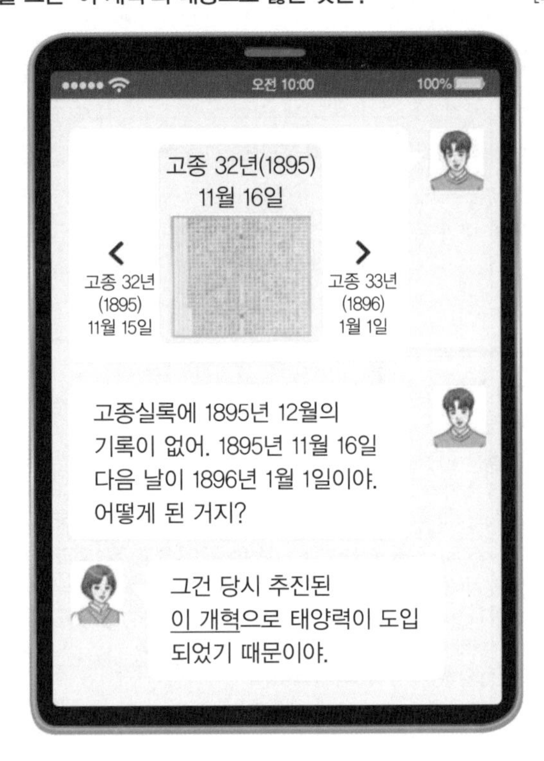

은쌤의 합격노트

밑줄 그은 '이 개혁'은 3차 갑오개혁(을미개혁)이다. 을미사변 이후 유길준 등이 김홍집 내각에 적극 참여하면서 제3차 개혁(을미개혁)이 추진되었다. 이후 태양력을 채택하고 단발령을 실시하였으며, 소학교를 설치하였다. 또한 1896년부터 '건양'이라는 새 연호를 쓰고, 군제를 바꾸어 중앙에 친위대, 지방에는 진위대를 각각 두었다.

정답 분석

③ 건양이라는 연호를 제정하였다.

➲ 3차 갑오개혁(을미개혁)으로 음력 1895년 11월 17일이 양력으로 환산되었고, 1896년 1월 1일부터 '건양'이라는 연호를 쓰기 시작하였다. '건양'은 '양력으로 세운다.'라는 의미이다.

오답 피하기

① 지계아문을 설립하였다.

➲ 대한 제국은 1901년에 지계아문을 설치하고 지계를 발급하였다.

② 대한국 국제를 반포하였다.

➲ 대한 제국은 개혁 추진을 위해 특별 입법 기구인 법규 교정소를 설치하고 1899년 8월에 대한국 국제를 제정하였다.

④ 개혁 추진 기구로 교정청을 설치하였다.

➲ 조선 정부는 1894년 농민군과 전주 화약을 맺은 후 교정청을 설치하여 자주적으로 개혁을 추진하려 하였다.

⑤ 군제를 개편하여 5군영을 2영으로 통합하였다.

➲ 조선 정부는 1880년 군사력을 강화하고자 종래의 5군영을 무위영과 장어영의 2영으로 통합 개편하고, 신식 군대인 별기군을 따로 두었다.

33 하와이 지역의 독립 운동 정답 ⑤

밑줄 그은 '이곳'에서 있었던 민족 운동으로 옳은 것은? [2점]

우리 가족의 역사

옆 사진은 우리 할머니의 젊을 때 모습이에요. 할머니는 19살 때 사진만 보고 할아버지랑 결혼하기로 한 뒤 당시 포와(布哇)라고 불리던 이곳으로 가셨대요.

할아버지는 이미 1903년에 갤릭호를 타고 이곳으로 가셔서 사탕수수 농장에서 일하고 계셨어요. 두 분은 고된 환경에서도 열심히 일해 호놀룰루에 터전을 잡으셨고 지금도 많은 친척이 살고 있어요.

은쌤의 합격노트

밑줄 그은 '이곳'은 하와이이다. 대한 제국 시기부터 하와이, 미국, 멕시코 등 북중미 지역으로 이주가 시작되었다. 1903년에는 우리나라 최초의 공식 이민단이 하와이에 도착하였다. 100여 명의 하와이 이주 노동자들은 사탕수수 농장, 철도 공사장 등에서 중노동을 하며 점차 한인 사회를 형성하였다. 노동 이민과 함께 '사진 결혼'을 통한 여성들의 이민도 증가하였다.

정답 분석

⑤ 대조선 국민군단이 조직되어 무장 투쟁을 준비하였다.

➲ 박용만은 하와이에서 독립군 사관을 양성할 목적으로 대조선 국민군단을 주도하여 만들었다(1914).

오답 피하기

① 대종교 계열의 중광단이 결성되었다.

➲ 일제의 탄압으로 북간도로 거점을 옮긴 대종교는 무장 독립 단체인 중광단을 만들고 북로 군정서로 개편하였다.

② 권업회가 조직되어 권업신문을 창간하였다.

➲ 연해주에 한인 집단촌인 신한촌이 건설되고(1911), 한인들의 자치 단체인 권업회가 조직되었다. 효과적인 활동을 전개하기 위해 권업신문을 발간하였다.

③ 사회주의 계열의 한인 사회당이 조직되었다.

➲ 연해주에서 러시아 혁명의 영향 아래 이동휘 등이 한인 사회당(1918)을 조직함으로써 사회주의 계열의 민족 운동이 등장하게 되었다.

④ 독립군 양성을 위한 신흥 무관 학교가 설립되었다.

➲ 서간도 지역에서 이회영 등 신민회 간부들이 신흥 무관 학교를 설립하여 수많은 독립군을 양성하였다.

34 일제 식민 통치 2기(1920년대) 정답 ①

다음 기사가 나오게 된 배경으로 적절한 것은? [1점]

아무리 그럴듯하게 내세워도 이러한 통치 방식은 결국 우리 조선인을 기만하는 거야.

총독의 임용 범위를 확장하고, 지방 자치 제도를 실시한다. ……
이로써 관민이 서로 협력 일치하여 조선에서 문화적 정치의 기초를 확립한다.

은쌤의 합격노트

다음 기사가 나오게 된 배경은 1919년에 일어난 3 · 1 운동이다. 3 · 1 운동 이후 무단 통치의 한계를 느낀 일제는 통치 방식을 전환하였다. 새로이 조선 총독에 취임한 사이토는 "조선의 문화와 관습을 존중하고 조선인의 행복과 이익을 증진한다."라며 이른바 문화 통치를 표방하였다. 일제는 무관이 아닌 문관도 총독에 임명될 수 있도록 하였다.

정답 분석

① 3 · 1 운동이 전국적으로 전개되었다.

- 3 · 1 운동을 계기로 일제는 무력만으로는 한국인의 독립 운동을 막을 수 없다고 판단하여 폭압적인 무단 통치를 포기하고 이른바 '문화 통치'를 표방하였다.

오답 피하기

② 조선 사상범 예방 구금령이 시행되었다.

- 일제는 1941년 독립 운동가들을 재판 없이 구금할 수 있는 조선 사상범 예방 구금령을 만들고 잡혀 온 이들에게 친일을 강요하였다.

③ 브나로드 운동이 동아일보를 중심으로 추진되었다.

- 1931년 동아일보는 네 차례에 걸쳐 브나로드 운동을 전개하였는데, 야학을 개설하여 한글을 가르치는 일과 함께 미신 타파, 근검절약 등을 강조하는 계몽 활동을 병행하였다.

④ 조선 노동 총동맹과 조선 농민 총동맹이 설립되었다.

- 조선 노동 총동맹은 노동 운동의 발전에 따라 1927년 조선 노동 총동맹과 조선 농민 총동맹으로 분리되었다.

⑤ 내선일체를 강조한 황국 신민 서사의 암송이 강요되었다.

- 1936년에 조선 총독으로 부임한 미나미는 황국 신민화 정책을 강화하였고, 1937년부터는 학생은 물론 일반인에게도 황국 신민 서사를 암송하도록 강요하였다.

35 대한민국 임시 정부의 활동 정답 ②

(가)~(다)를 작성된 순서대로 옳게 나열한 것은? [3점]

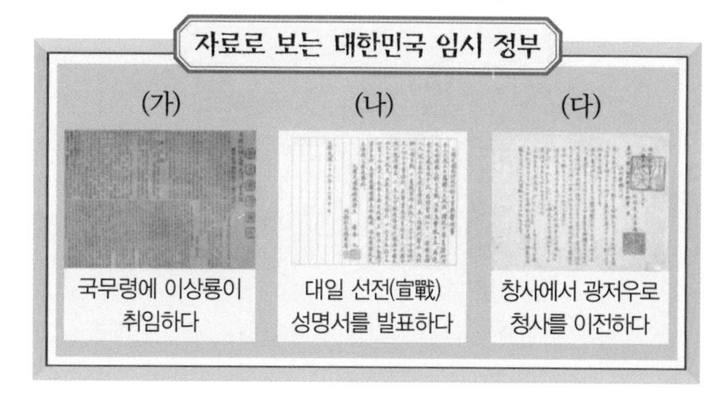

은쌤의 합격노트

(가)는 1925년 대한민국 임시 정부의 2차 개헌에 따른 국무령제, (나)는 1941년 대한민국 임시 정부가 발표한 대일 선전 포고문, (다)는 1938년 대한민국 임시 정부가 창사에서 광저우로 청사를 옮긴 것이다.

정답 분석

② (가) - (다) - (나)

- (가) 1925년 대한민국 임시 정부는 이승만 대통령을 탄핵하고 구미 위원부를 폐지한 후 박은식을 제2대 대통령으로 선출하였다. 박은식은 대통령제를 내각 중심의 국무령제로 바꾸고 사임하였다.
- (다) 대한민국 임시 정부는 1932년 윤봉길 의거를 계기로 일제의 탄압을 피해 항저우, 난징, 창사, 광저우 등 중국 각지를 전전하였다. 그러다 1940년 충칭에 정착하여 광복을 맞았다.
- (나) 1941년 일제가 태평양 전쟁을 일으키자 대한민국 임시 정부는 독립 전쟁을 전개하고 연합군과 합동 작전을 수행하였다. 또한 대한민국 임시 정부는 1941년 일본 패망을 확신하고 새로운 국가 건설을 준비하면서 대일 선전 포고를 하였다.

36 의열단 정답 ①

(가) 단체에 대한 설명으로 옳은 것은? [1점]

> 검사 : 폭탄을 구해 숨겨 놓은 이유가 무엇인가?
> 곽재기 : 재작년 3월 이후로 조선 독립을 평화적으로 요청했지만 아무 소용없었다. 그래서 우리는 상하이로 가서 육혈포와 폭탄을 구해 피로써 독립을 이루려고 하였다.
> 이성우 : 폭탄으로 고위 관리를 죽이고 중요 건물을 파괴하여 독립을 쟁취하려고 하였다. 이것이 중국 지린성에서 김원봉과 함께 (가) 을/를 조직한 이유이다.
>
> - 1921년 6월 7일 밀양 폭탄 사건 공판 기록 -

은쌤의 합격노트

(가) 단체는 의열단이다. 3 · 1 운동 이후 일제의 통치 기관을 파괴하고 요인을 암살하는 방식의 의열 투쟁을 통해 민족 운동을 전개하는 단체들이 조직되었으며, 이때의 대표적인 단체가 의열단이었다. 1919년 김원봉, 윤세주 등이 중심이 되어 중국 지린에서 조직된 의열단은 조선 총독, 매국노, 친일파 등 일곱 부류에 대한 암살과 조선 총독부, 동양 척식 주식회사, 경찰서와 같은 일제의 중추적인 식민 지배 기관의 파괴를 활동 목표로 삼았다.

정답 분석

① 조선 혁명 선언을 활동 지침으로 삼았다.
- 1923년 의열단 단장 김원봉의 요청으로 신채호가 작성한 '조선 혁명 선언'에는 민중 직접 혁명론이라는 의열단의 노선이 잘 제시되어 있다.

오답 피하기

② 일제의 황무지 개간권 요구를 저지하였다.
- 1904년 보안회는 러 · 일 전쟁 중 일본이 황무지 개간권을 요구해 오자 이에 반대하는 운동을 전개하여 이를 철회시키는 성과를 얻었다.

③ 복벽주의를 내세우며 의병 전쟁을 준비하였다.
- 1912년 항일 의병을 일으켰던 임병찬은 고종의 밀지를 받고 복벽주의를 바탕으로 독립 의군부를 조직하였다.

④ 삼균주의를 기초로 하는 건국 강령을 발표하였다.
- 1941년 대한민국 임시 정부는 삼균주의에 기초한 대한민국 건국 강령을 발표하였다.

⑤ 단원인 이봉창이 일왕의 행렬에 폭탄을 투척하였다.
- 1932년 한인 애국단원인 이봉창은 일본 도쿄에서 히로히토 일왕에게 폭탄을 투척하였다.

37 일제 식민 통치 3기(1930~40년대) 정답 ①

밑줄 그은 '시기'에 시행된 일제의 정책으로 옳은 것은? [2점]

> **□□ 신문**
>
> 제△△호 ○○○○년 ○○월 ○○일
>
> **나가사키에 원폭 희생자 위령비 세워져**
>
> 
>
> 재일본 대한민국 민단 주도로 나가사키에 위령비가 세워졌다. 국민 징용령이 공포된 이후의 시기에 노동자 등으로 끌려갔다가 원폭으로 희생된 한국인을 추모하는 이 비의 건립은 강제 동원과 전쟁의 참상을 기억하려는 노력의 일환으로 평가된다.

은쌤의 합격노트

밑줄 그은 '시기'는 1939년 일본이 국민 징용령을 실시하여 전쟁 준비를 위한 노동력 동원에 열을 올리던 시기이다. 일제는 1937년 중 · 일 전쟁 이후 침략 전쟁에 조선의 청년들을 조직적으로 동원하였다. 1938년 지원병제를 실시한 일제는 태평양 전쟁으로 전선이 확대되자 1943년 학도지원병제를 실시하여 학생들을 전쟁에 동원하였다. 뒤이어 1944년에는 징병제가 실시되어 일제가 패망할 때까지 약 20만 명의 청년이 전쟁터로 끌려갔다. 일제는 군인뿐만 아니라 전시에 필요한 노동력도 강제로 동원하였다. 1939년 국민 징용령을 통해 징용된 조선인 청장년들은 탄광이나 군수공장, 군용 활주로 공사 등에 투입되었다.

정답 분석

① 애국반을 조직하여 한국인의 생활을 통제하였다.
- 1938년 일제는 국민정신 총동원 운동 조선 연맹을 조직하고, 가장 하부에는 10호를 단위로 하는 애국반이 조직하였다. 애국반은 조선인을 철저하게 통제하기 위한 것으로 조선인은 일장기 게양, 신사 참배, 일본어 상용, 애국 저금 등을 강요당했고, 각종 명목의 애국 행사에 강제 동원되었다.

오답 피하기

② 강압적 통치를 목적으로 헌병 경찰 제도를 실시하였다.
- 1910년대에 일제는 헌병 경찰 제도를 시행하였는데, 이는 군대의 경찰인 헌병이 경찰을 지휘하고 경찰 업무까지 담당하는 제도였다.

③ 사회주의자를 탄압하기 위한 치안 유지법을 제정하였다.
- 1925년 일제는 사회주의의 확산을 저지하기 위해 조선에서도 치안 유지법을 시행한다고 발표하였다. 이후 수많은 사회주의자가 치안 유지법으로 구속되었다.

④ 회사 설립 시 총독의 허가를 받도록 하는 회사령을 공포하였다.
- 1910년 일제는 회사령을 제정하여 회사를 세울 때는 조선 총독부의 허가를 받게 하였다.

⑤ 근대적 토지 소유권 확립을 명분으로 토지 조사 사업을 시행하였다.
- 1910년 일제는 임시 토지 조사국을 설치하고, 1912년 토지 조사령을 공포하여 본격적으로 토지 조사 사업을 시행하였다.

38 한국광복군 정답 ③

(가)에 대한 설명으로 옳은 것은? [2점]

은쌤의 합격노트

(가)는 1940년 9월 창설된 대한민국 임시 정부의 군대 한국광복군이다. 1940년 대한민국 임시 정부의 정규군으로 창설된 한국광복군은 지청천을 사령관으로 하였으며, 1942년 김원봉이 이끄는 조선 의용대의 일부가 합류하여 전력을 강화한 후 본격적인 군사 활동을 시작하였다. 1943년 한국광복군은 영국군의 요청에 따라 미얀마 · 인도 전선에 공작대를 파견하여 포로 심문, 정보 수집, 선전 활동 등을 담당하였다.

정답 분석

③ 국내 정진군을 편성하여 국내 진공 작전을 추진하였다.

➡ 1945년 한국광복군은 미국의 전략 정보국(OSS)과 함께 국내 진공 작전을 추진하였으나, 일제가 항복함에 따라 계획을 실행에 옮기지는 못하였다.

오답 피하기

① 영릉가 전투에서 일본군에게 승리하였다.

➡ 1932년 남만주의 양세봉이 지휘한 조선 혁명군은 중국 의용군과 연합하여 영릉가에서 일본군을 격퇴하였다.

② 중국 팔로군에 편제되어 항일 전선에 참여하였다.

➡ 1942년 군사 조직인 조선 의용군은 중국 팔로군과 함께 화북 각지에서 항일 전쟁을 치렀다.

④ 중국 관내(關內)에서 결성된 최초의 한인 무장 부대이다.

➡ 1938년에 조직된 조선 의용대는 중국 관내에서 결성된 최초의 한인 무장 부대로, 중국의 지원을 받으며 대일 심리전과 후방 공작 활동을 전개하였다.

⑤ 간도 참변 이후 밀산에서 집결하여 자유시로 이동하였다.

➡ 1920년 간도 참변 이후 독립군 부대들은 소련과 만주의 국경 지대인 밀산부에 집결하여 전열을 재정비하고, 장기 항전을 위해 소련령 자유시로 이동하였다.

39 남북협상 정답 ③

다음 자료의 상황이 나타나게 된 배경으로 적절한 것은? [2점]

> 우리는 조국 흥망의 관두(關頭)*에서 이 위기를 극복하기 위해 오직 민족 자결 원칙에 의하여 조국의 남북통일과 민주 독립을 촉진해야 겠다. 우리 민족자주연맹 중앙집행위원회는 김구 선생과 김규식 박사의 제안에 의하여 실현되는 남북 정치 협상을 전적으로 지지하며, 아울러 그 성공을 위하여 적극적으로 협력할 것을 결의한다.
>
> * 관두 : 가장 중요한 지점

은쌤의 합격노트

제시된 자료의 상황은 김구와 김규식은 분단을 막기 위해 1948년 4월 평양에서 주요 정치 · 사회단체 지도자들과 회담을 개최하는 모습이다. 1947년 5월 시작된 제2차 미 · 소 공동 위원회의 결렬 이후 미국이 한반도 문제를 유엔 총회에 상정하자, 소련은 모스크바 3국 외상 회의의 결정을 위반하는 것이라며 이에 불참하였다. 유엔 총회는 인구 비례에 따른 총선거를 통해 한반도에 정부를 수립하자는 결의안을 채택하고, 유엔 한국 임시 위원단을 파견하였다. 소련이 유엔 한국 임시 위원단의 입북을 거부하자 유엔은 소총회를 열어 가능한 지역, 즉 38도선 이남 지역만의 단독 선거를 결정하였다. 분단의 가능성이 점차 높아지자 김구와 김규식은 이를 막기 위해 북측의 김일성과 김두봉에게 남북 정치 회담을 제의하였다. 그리하여 1948년 4월 평양에서 김구, 김규식 등이 참여한 가운데 남북 제정당 사회단체 연석회의와 남북 정치 지도자 간의 회담이 열렸다(남북 협상). 그러나 남북한 지역 모두 정부 수립을 위한 준비가 진행되던 단계였기 때문에 결실을 보지 못하였다.

정답 분석

③ 유엔 소총회에서 남한만의 단독 총선거가 결의되었다.

➡ 1948년 2월 유엔 소총회가 열려 선거가 가능한 지역에서만 총선거를 실시하도록 결의하였다. 이에 대해 김구는 단독 선거가 민족 분단의 길이며, 민족상잔의 비극을 초래하게 될 것이라 경고하며 반대하였고, 통일 정부 수립을 위한 남북 협상을 추진하였다.

오답 피하기

① 허정 과도 정부에서 헌법이 개정되었다.

➡ 1960년 이승만 대통령의 하야 직후 허정을 대통령 대행으로 한 과도 정부가 수립되었다. 허정 과도 정부는 내각 책임제 개헌안을 제출하였고, 개헌안이 통과됨에 따라 총선거가 실시되었다.

② 통일 주체 국민 회의에서 대통령이 선출되었다.

➡ 1972년 유신 헌법에 따라 박정희는 통일 주체 국민 회의에서 제8대 대통령에 선출되었다. 이후 통일 주체 국민 회의에서 최규하는 제10대 대통령, 전두환은 제11대 대통령으로 선출되었다.

④ 유상 매수, 유상 분배 원칙의 농지 개혁법이 제정되었다.

➡ 이승만 정부가 들어서자 1949년 6월 농지 개혁법이 제정되어 1950년 3월부터 시행되었다. 그 결과, 한 가구당 3정보를 소유 상한으로 하여 그 이상의 토지는 국가가 유상 매입하고 소작농에게 유상 분배하는 농지 개혁이 이루어졌다.

⑤ 국가 보안법 개정안을 통과시킨 보안법 파동이 일어났다.

➡ 이승만 정부는 제3대 대통령 선거 이후 1958년 야당의 반대에도 불구하고 '대통령을 비난하는 자는 10년 이하의 징역에 처한다.'는 등의 내용을 담은 국가 보안법 개정안을 국회에 상정하여 통과시켰다.

40 6·25 전쟁 정답 ⑤

(가), (나) 사이의 시기에 있었던 사실로 옳은 것은? [3점]

> (가) 군사적 안전 보장의 입장에서 볼 때 태평양 지역의 정세 및 이 지역에 대한 미국의 정책은 어떤 것인가. 태평양 지역 방위선은 알류샨 열도에서 일본을 거쳐 오키나와, 필리핀 군도로 이어진다.

> (나) 상호적 합의에 의하여 미합중국의 육군, 해군과 공군을 대한민국의 영토 내와 그 부근에 배치하는 권리를 대한민국은 허락해 주고 미합중국은 수락한다.

은쌤의 합격 노트

(가)는 1950년 1월에는 한반도와 타이완을 미국의 태평양 방위선에서 제외한다는 내용이 담긴 애치슨 선언, (나)는 1953년 6·25 전쟁 이후 남한 정부가 미국과의 동맹 관계를 강화하기 위해 체결한 한·미 상호 방위 조약이다.

(가) 1950년 1월 미국 국무 장관 애치슨은 중국과 소련의 세력 확장을 저지하기 위한 미국의 극동 방위선을 발표하였으며, 이때 한반도와 타이완이 제외되었다. 이러한 애치슨 선언은 미국이 한반도의 전쟁에 개입하지 않는다고 해석할 수 있는 여지를 남겼다.

(나) 6·25 전쟁이 1953년 10월에 끝난 후 대한민국과 미국은 대한민국의 군사적 안전을 보장하는 한·미 상호 방위 조약을 체결하였다. 이에 따라 미군이 한국에 계속 주둔하게 되었고, 동북아시아에서 미국의 영향력이 강화되었다.

정답 분석

⑤ 거제도 포로 수용소에 있던 반공 포로가 석방되었다.

▶ 1953년 6월 6·25 전쟁 휴전에 반대하였던 이승만 정부는 2만 5,000여 명에 이르는 거제도의 반공 포로를 일방적으로 석방하여 휴전 회담 자체가 결렬될 위기를 맞기도 하였다. 이는 (가)와 (나) 사이의 일이다.

오답 피하기

① 좌우 합작 위원회가 출범하였다.

▶ 1946년 7월 김규식과 여운형의 주도로 좌우 합작 위원회가 구성되고, 10월에 좌우 합작 7원칙이 발표되면서 좌우 합작 운동은 활기를 띠게 되었다. 이는 (가) 이전의 일이다.

② 여수 순천 10·19 사건이 일어났다.

▶ 이승만 정부 수립 후인 1948년 10월 여수, 순천 지역에서 군인들이 무장 봉기하는 사건이 일어났다(여수·순천 10·19 사건). 이는 (가) 이전의 일이다.

③ 미국 의회에서 트루먼 독트린이 발표되었다.

▶ 1947년 미국이 공산 세력에 맞서 평화와 민주주의를 지키겠다고 선언(트루먼 독트린)하였다. 이는 (가) 이전의 일이다.

④ 베트남 파병에 관한 브라운 각서가 체결되었다.

▶ 1966년 박정희 정부는 미국과 브라운 각서를 교환하였다. 각서에 따라 미국은 한국군의 현대화를 지원하였으며, 베트남에 주둔한 한국군의 보급 물자와 장비를 한국에서 구매하도록 하였다. 이는 (나) 이후의 일이다.

41 이승만 정부 정답 ②

밑줄 그은 '선거' 이후의 사실로 옳은 것은? [3점]

은쌤의 합격 노트

밑줄 그은 '선거'는 1956년 제3대 대통령 선거이다. 이승만 정부는 권력 강화를 위해 헌법을 수시로 개정하였다. 1954년에는 장기 집권을 목적으로 대통령 중임 제한 조항을 고쳐 초대 대통령에 한하여 횟수의 제한 없이 대통령에 출마할 수 있도록 하였다(사사오입 개헌). 새 헌법에 기초하여 1956년 5월 제3대 대통령 선거가 치러졌으나, 민주당의 신익희 후보가 갑자기 사망함으로써 이승만은 무난하게 제3대 대통령에 당선되었다. 그러나 무소속으로 출마하였던 조봉암이 200만 표 이상을 득표하였고, 부통령에 출마한 자유당의 이기붕이 낙선하고 민주당의 장면이 당선되었다.

정답 분석

② 평화 통일론을 내세우던 진보당이 해체되었다.

▶ 1956년 제3대 대통령 선거에서 대통령 후보였던 조봉암이 예상보다 많이 득표하자, 이승만 정부는 간첩죄와 국가 보안법 위반 등을 내세워 평화 통일론을 주장한 조봉암을 비롯한 진보당 간부들을 탄압하였다(진보당 사건).

오답 피하기

① 국회에서 국민 방위군 사건이 폭로되었다.

▶ 국민 방위군 사건은 6·25 전쟁 중의 1·4 후퇴 때 당시 지휘관들이 군수품을 빼돌리는 바람에 전쟁 중에 소집된 국민 방위군 중 1,000여 명이 추위와 굶주림으로 사망한 것이다.

③ 경찰이 반민족 행위 특별 조사 위원회를 습격하였다.

▶ 1948년 제헌 국회는 국민의 여망에 따라 반민족 행위 처벌법을 제정하고 반민족 행위 특별 조사 위원회(반민 특위)를 설치하였다. 이승만 정부는 친일파 청산보다는 반공이 우선이라고 주장하였고, 일부 경찰들은 반민 특위 사무실을 습격하기도 하였다.

④ 조선 건국 준비 위원회 지부가 인민 위원회로 개편되었다.

▶ 1945년 9월 조선 건국 준비 위원회는 미군이 한반도에 진주한다는 소식이 알려지자 미군과의 협상에서 유리한 입장을 확보하기 위해 각 지부를 인민 위원회로 바꾸었다.

⑤ 초대 대통령에 한해 중임 제한을 폐지하는 개헌안이 통과되었다.

▶ 1954년 이승만 정부는 장기 집권을 목적으로 대통령 중임 제한 조항을 고쳐 초대 대통령에 한하여 횟수의 제한 없이 대통령에 출마할 수 있도록 하였다(사사오입 개헌).

42 장면 내각 　정답 ③

밑줄 그은 '집회'가 열린 시기를 연표에서 옳게 고른 것은? [2점]

> 이 사진은 남북 학생 회담을 요구하는 집회 장면입니다. 당시 대학생들은 판문점에서 만나자는 구호를 외치며 협상을 통한 자주적인 통일을 주장하였으나, 정부는 남북 총선거에 의한 평화 통일 정책을 제시하였습니다.

1948		1952		1960		1964		1972		1979
	(가)		(나)		(다)		(라)		(마)	
대한민국 정부 수립		발췌 개헌		4·19 혁명		6·3 시위		10월 유신		부마 민주 항쟁

은쌤의 합격노트

밑줄 그은 '집회'가 열린 시기는 장면 내각 때이다. 1960년 4·19 혁명으로 장면 내각이 수립되자 남북 통일이 되어야 정치적 민주화와 자립 경제를 이룰 수 있다는 생각이 퍼져 갔다. 1961년이 되자 전국 주요 도시에서 통일 촉구 집회와 시위가 빈번하게 열렸다. 통일에 대한 열기는 1961년 5월 3일 서울대학교 학생들이 남북 학생 회담을 제안하면서 더 커졌다. 5월 13일에는 일부 교수와 학생, 혁신 세력들이 남북 학생 회담 개최 지지 집회를 열고 가두시위에 나섰다. 통일에 대한 열망은 5월 20일 남북 학생 회담을 판문점에서 하기로 북쪽과 합의하면서 절정으로 치달았다. 이런 열기에 보수 세력들은 깊은 우려를 나타내며 강하게 반발하였다. 집권 민주당은 '시기상조'라고 하였고, 야당도 '경솔한 짓'이라며 반대하였다. 장면 정부도 '통일보다 건설이 먼저'라고 하면서 소극적 태도를 보였다. 결국 남북 학생 회담은 5·16 군사 정변으로 무산되고 말았다.

정답 분석

③ (다)

4·19 혁명으로 반공에 기반한 이승만 독재 정권이 무너지고 장면 내각이 수립되자 민간 차원의 평화적 통일 운동이 분출되었다. 대학생들은 '가자 북으로, 오라 남으로', '이남전기, 이북 쌀'과 같은 구호를 내세우며 남북 학생 회담을 하자고 주장하였다. 하지만 반공을 명분으로 내세운 5·16 군사 정변으로 민간 차원의 평화 통일 운동은 자취를 감추었다. 박정희 군사 정부는 '승공 통일'을 강조하며 강경한 대북 정책을 추진하였다. 한편, 북한에서는 남조선 혁명론을 주장하며, 무장 공비 남파 등 군사적 도발을 일으켜 위기 상황을 고조시켰다.

43 박정희 정부 　정답 ①

다음 명령을 실행한 정부의 경제 정책으로 옳은 것은? [2점]

> 이것은 경제 관련 긴급 명령을 발표하는 사진입니다. 경부 고속도로 개통 등으로 경제 발전에 힘쓰던 당시 정부는 사채에 허덕이는 기업을 구제하기 위해 사채 신고를 독려하고 그 상환을 동결시켜 주었습니다. 이로써 기업의 재무 구조가 개선되었으나 정경 유착이 심해지는 계기가 되기도 하였습니다.

은쌤의 합격노트

다음 명령을 실행한 정부는 박정희 정부이다. 박정희 정부가 1968년에 착공하여 1970년에 완공한 경부 고속 국도는 산업 발달의 원동력이 되었다. 박정희는 1972년 8월 3일 긴급 명령(8·3 조치)을 발동하여 다음과 같은 조치를 발표하였다. 1) 1972년 8월 9일까지 신고된 기업들의 부채에 대해서는 3년간 상환을 미룬다. 2) 3년 뒤부터 5년에 걸쳐 시중 금리보다 훨씬 싼 월리 1.35%(연리 16%)로 분할 상환하게 한다. 3) 정부가 조달한 2,000억 원으로 기업의 단기 은행 부채 30%를 연리 8%에 3년 거치 5년 분할 상환 형식으로 지원한다. 이러한 비정상적인 조치로 인해 사채로 어려움을 겪던 대기업은 다시 한 번 자본 축적의 기회를 잡을 수 있었다. 한편, 8·3 조치는 부채를 많이 쓴 기업일수록 큰 특혜를 받는 결과를 초래하였다.

정답 분석

① 제3차 경제 개발 5개년 계획을 추진하였다.

박정희 정부는 경공업 제품 수출이 한계에 부딪히자 경제 정책을 대폭 수정하여 기계·조선·석유 화학·철강 등 중화학 공업 중심의 제3차 경제 개발 계획(1972~1976)과 제4차 경제 개발 계획(1977~1981)을 추진하였다.

오답 피하기

② 미국과 자유 무역 협정(FTA)을 체결하였다.

미국과 자유 무역 협정(FTA)을 체결한 것은 노무현 정부, 미국과 자유 무역 협정(FTA)을 비준한 것은 이명박 정부이다.

③ 귀속 재산 처리를 위해 신한 공사를 설립하였다.

광복 후 미군정은 신한 공사를 설립하여 과거에 동양 척식 주식회사가 소유했던 재산을 관리하였다.

④ 최저 임금 결정을 위한 최저 임금 위원회를 설치하였다.

1987년 7월 30일 전두환 정부는 최저 임금에 관한 중요 사항의 심의를 위해 고용 노동부에 최저 임금 위원회를 설치하였다.

⑤ 금융 거래의 투명성을 확보하고자 금융 실명제를 실시하였다.

1993년 김영삼 정부는 불법 자금의 유통을 차단하고 정확한 과세를 하기 위해 금융 실명제를 실시하였다.

44 6월 민주 항쟁 정답 ⑤

(가) 민주화 운동에 대한 설명으로 옳은 것은? [1점]

은쌤의 합격노트

(가) 민주화 운동은 6월 민주 항쟁이다. 전두환 정부 당시 대통령 선거는 대통령 선거인단에 의한 간접 선거로, 사실상 여당 후보의 집권을 보장하는 수단으로 여겨졌다. 이에 민주화 운동 진영은 야당과 연계하여 대통령 직선제 시행을 핵심으로 하는 헌법 개정을 요구하였다. 정부는 민주화 운동을 강경하게 진압하였고, 이 과정에서 대학생 박종철이 고문으로 숨지는 사건이 일어났다(1987). 한편 전두환 정부는 노태우를 여당의 대통령 후보로 지명하며 국민의 직선제 요구를 거부하였다. 같은 날 '민주헌법 쟁취 국민운동 본부'는 선언문을 발표하며 민주화를 요구하는 대규모 시위가 일어났다(6 · 10 국민 대회).

정답 분석

⑤ 호헌 철폐와 독재 타도 등의 구호를 내세운 시위가 확산되었다.
- 전두환 정부가 7년 단임의 간선제를 고수하는 4 · 13 호헌 조치를 발표하자 대학생과 일반 시민들은 호헌 철폐와 독재 타도를 외치며 민주화를 요구하는 6월 민주 항쟁을 전개하였다.

오답 피하기

① 신군부의 비상계엄 확대가 원인이 되어 일어났다.
- 신군부 세력은 권력을 장악하기 위해 1980년 5월 17일 비상계엄을 전국으로 확대하였다. 이에 광주 지역 대학생들은 5월 18일에도 비상계엄 해제와 민주 헌정 체제의 회복 등을 요구하는 시위를 계속하였다(5 · 18 민주화 운동).

② 관련 기록물이 유네스코 세계 기록 유산으로 등재되었다.
- 국가 폭력에 대한 민중의 저항을 담은 5 · 18 민주화 운동 관련 기록은 그 의미와 가치가 인정되어 유네스코 세계 기록 유산으로 등재되었다(2011).

③ 3 · 15 부정 선거에 항의하며 시위대가 경무대로 행진하였다.
- 3 · 15 부정 선거를 계기로 4 · 19 혁명이 일어났고, 4월 19일 학생과 시민들이 이승만 대통령과 면담을 요구하며 경무대로 향하자 경찰이 무차별 총격을 가하여 많은 희생자가 발생했다.

④ 3 · 1 민주 구국 선언을 통해 긴급 조치 철폐 등을 요구하였다.
- 함석헌, 김대중 등 민주 인사들은 박정희 정부의 유신 체제에 반발하여 명동 성당에서 긴급 조치 철폐, 박정희 정권 퇴진 등을 요구하는 3 · 1 민주 구국 선언을 발표하였다.

45 김대중 정부 정답 ③

다음 뉴스가 보도된 시기 정부의 통일 노력으로 옳은 것은? [2점]

오늘 대통령은 경의선 복원 사업의 일환으로 건설된 도라산역을 미국의 부시 대통령과 함께 방문하였습니다. 정부는 이 역의 준공으로 우리나라가 유라시아와 태평양을 연결하는 물류의 중심지로 도약할 수 있을 것이라고 밝혔습니다.

은쌤의 합격노트

다음 뉴스가 보도된 시기의 정부는 김대중 정부이다. 서울과 신의주를 잇는 경의선 철도역 중 하나인 도라산역의 출발은 2000년 남북 정상 회담을 통한 경의선 복원 사업의 일환이었다. 2002년 2월 20일 조지 W.부시 미국 대통령과 김대중 대통령이 함께 도라산역을 찾았으며 이는 한반도 통일을 염원하는 역사적인 순간이었다. 이후 정식으로 영업을 개시한 것은 2002년 4월 11일이다. 하지만 민통선 안에 들어선 역사를 짓는 일은 쉽지 않았고, 지뢰 등의 위험 요소로 간이 역사까지 고려되었다. 또한 군 작전상의 문제로 실제 설계보다 역의 지붕이 낮게 시공되었으며 북한군이 도라산 역사를 점거할 경우를 대비하여 남쪽 방향에는 창문이 없는 형태로 설계되어 오늘날의 모습으로 완성되었다.

정답 분석

③ 남북 정상 회담을 개최하고 6 · 15 남북 공동 선언을 채택하였다.
- 2000년 김대중 정부는 평양에서 최초로 남북 정상 회담을 개최하였고 '6 · 15 남북 공동 선언'을 발표하면서 개성 공업 지구 건설에 합의하였다.

오답 피하기

① 민족 자존과 통일 번영을 위한 7 · 7 선언을 발표하였다.
- 1988년 노태우 정부는 88서울 올림픽이 개최되기 약 2개월 전에 7 · 7선언을 발표하였다. 이 선언은 민족의 관계에서 북한 정책을 전향적으로 전환하고 북방 사회주의 국가들과의 관계 정상화를 겨냥한 것이다.

② 최초의 이산가족 고향 방문과 예술 공연단 교환을 실현하였다.
- 전두환 정부 때 적십자 회담을 통해 예술 공연단의 교환과 이산가족의 고향 방문이 최초로 이루어졌다.

④ 7 · 4 남북 공동 성명을 실천하기 위한 남북 조절 위원회를 구성하였다.
- 1972년 박정희 정부는 7 · 4 남북 공동 성명 발표 이후 남북 조절 위원회를 설치하여 평화 통일을 위한 실무자 회의를 개최하였지만 성과를 얻지 못하였다.

⑤ 남북 사이의 화해와 불가침 및 교류 · 협력에 관한 합의서를 교환하였다.
- 1991년 노태우 정부 때 남북한은 '남북 사이의 화해와 불가침 및 교류 협력에 관한 합의서(남북 기본 합의서)'를 발표하였다.

46 역사 속 왕의 호칭 정답 ⑤

㉠~㉤에 대한 학생들의 의견으로 적절하지 않은 것은? [2점]

역사 돋보기 **역사 속 왕의 호칭**

왕이 세상을 떠난 뒤 그 이름을 높여 부르는 호칭을 묘호라고 한다. 원칙적으로 나라를 세운 왕은 '조'를, 그 나머지는 '종'을 붙였다.

우리나라 역사에서 처음으로 묘호를 쓴 왕은 신라의 ㉠태종 무열왕이다. 고려 시대는 ㉡태조만 조의 묘호가 붙여졌지만, 조선 시대에는 다양한 이유로 ㉢정조처럼 조를 붙인 왕이 여럿 있었다.

그러나 고려 후기에는 ㉣충렬왕처럼 조, 종을 붙이지 못한 왕들이 있었으며, 조선 시대에는 연산군, ㉤광해군처럼 묘호를 받지 못하고 군으로 격하되어 불린 경우도 있었다.

은쌤의 합격노트

㉠은 통일 신라 태종 무열왕 김춘추, ㉡은 고려 초기 태조 왕건, ㉢은 조선 후기 정조, ㉣은 고려 후기 원 간섭기 충렬왕, ㉤은 조선 후기 광해군이다.

㉠ 태종 무열왕 : 최초의 진골 출신 왕으로 통일 전쟁을 치르는 과정에서 왕권을 강화하였으며, 이후 그의 직계 자손이 왕위를 세습하였다.

㉡ 태조 왕건 : 태조 왕건은 신라를 자주 침공한 후백제와 달리 신라에 우호적으로 대하였다. 이에 신라의 민심은 고려로 기울었고, 마침내 경순왕이 항복하여 전쟁을 치르지 않고 신라를 흡수하였다. 그 후 왕위 계승을 둘러싼 갈등을 피해 견훤이 귀순해 오자 내분이 일어난 후백제군을 격파하고 후삼국을 통일하였다.

㉢ 정조 : 정조는 즉위 후 탕평책을 더욱 강화하여 왕권 강화를 시도하였다. 규장각을 설치하여 국왕 직속의 학술 및 정책 연구 기관으로 육성하고, 유능한 관료를 재교육시키는 초계 문신제를 실시하였다.

㉣ 충렬왕 : 원 간섭기 고려 왕들은 '○조', '○종'이라 불린 이전 왕들과 달리 '충○왕'이라고 부른다. 이는 황제가 아니라 제후였기 때문이다.

㉤ 광해군 : 광해군의 중립 외교는 명에 대한 의리를 주장하는 서인 등 일부 사림의 반발을 샀다. 결국 서인은 인목 대비를 폐위시키는 등 유교 윤리를 어겼다는 이유로 광해군을 몰아내고 인조를 새 왕으로 추대하였다(인조반정, 1623).

정답 분석

⑤ 무 : ㉤ - 중종반정으로 폐위되었어요.

▶ 조선 중기 연산군은 이후 언론을 탄압하고 재정을 낭비하는 등 실정을 계속하다가 중종반정으로 쫓겨났다.

오답 피하기

① 갑 : ㉠ - 백제를 멸망시키고 통일의 기초를 마련했어요.

▶ 신라 중대 태종 무열왕은 삼국 통일 전쟁을 시작하였고, 백제를 멸망시켜 통일의 기초를 마련하였다.

② 을 : ㉡ - 고려 건국의 위업을 이루었어요.

▶ 고려 초기 태조 왕건은 전쟁을 치르지 않고 신라를 병합하고, 다음해 후백제를 공격하여 후삼국을 통일하였다.

③ 병 : ㉢ - 탕평책 등 여러 개혁으로 통치 체제를 재정비했어요.

▶ 조선 후기 정조는 당파를 없애는 대신 주장하는 의견이 당론이라 하여도 그 말이 옳으면 받아들이는 탕평책을 추진하였다.

④ 정 : ㉣ - 원 황실의 부마가 되었어요.

▶ 고려 후기 원 간섭기에 고려 왕은 대대로 원의 공주와 결혼하면서 고려와 원은 부마와 장인의 관계가 되었다.

47 노비 정답 ⑤

(가) 신분에 대한 설명으로 옳은 것은? [2점]

은쌤의 합격노트

(가) 신분은 노비이다. 1253년 몽골은 다섯 번째로 고려에 쳐들어왔다. 몽골군은 다양한 신무기로 무장하여 서경을 지나 철원, 춘천을 거쳐 단숨에 충주까지 밀고 내려왔다. 충주성에 모인 군사들과 백성들이 70여 일 동안 전투를 치르며 지칠 대로 지쳐있었을 때 김윤후가 나섰다. 김윤후는 신분이 귀하든 천하든 가리지 않고 공에 따라 벼슬을 내릴 것이라며 모아 놓은 노비 문서에 불을 질렀다. 충주성에 모인 사람들은 김윤후의 지휘 아래 있는 힘을 다해 싸웠고 몽골군은 지휘관인 예쿠가 병에 걸리자 철수하였다.

1894년 일본의 강요로 교정청을 없앤 이후 군국기무처가 만들어져 1차 갑오개혁을 추진하였다. 군국기무처에는 총재 1명을 비롯해서 20명 정도의 회의원이 있었는데 여기에는 총재 김홍집을 비롯하여 박정양, 유길준 등 개화 인사들이 참여하였다. 1차 갑오개혁의 내용을 살펴보면 사회적 측면에서는 신분제와 노비제를 혁파하고 연좌제를 폐지하였으며 조혼을 금지하고 과부의 재가를 허용하였다.

정답 분석

⑤ 조선 순조 때 궁방과 중앙 관서에 소속된 6만여 명이 해방되었다.

▶ 조선 후기 순조는 노비의 도망과 합법적인 신분 상승으로 공노비의 노비안이 유명무실해지자 중앙 관서에 소속된 공노비 6만 6,000여 명을 해방하였다.

오답 피하기

① 신라에서 승진에 제한을 받았으며, 득난이라고도 불렸다.

▶ 신라의 6두품 출신들은 국왕을 보좌하면서 실무 관료로 크게 성장하였지만, 신분의 제약으로 인해 최고위직에 오를 수 없었다. 이러한 6두품을 득난이라고도 불렀다.

② 고려 시대에 향, 부곡, 소에 거주하였으며, 과중한 세금을 부담하였다.

▶ 고려 시대 향, 부곡, 소의 주민들은 양민으로 대개 농업에 종사하였다. 하지만 일반 군현의 주민에 비해 더 무거운 조세와 역을 부담하였다.

③ 조선 시대에 봉수, 역졸의 업무를 주로 담당하였다.

▶ 조선 시대 양인들 중에는 천역을 담당하는 계층이 있었으며, 이들을 신량역천이라 하였다. 이들은 수군, 조례(관청의 잡역 담당), 나장(형사 업무 담당), 일수(지방 고을 잡역), 봉수군(봉수 업무), 역졸(역에 근무), 조졸(조운 업무) 등 일곱 가지 힘든 일에 종사하였다.

④ 조선 후기에 통청 운동으로 청요직 진출을 시도하였다.

▶ 조선 후기 서얼들은 여러 차례 집단 상소를 제기하는 등 통청 운동을 전개하였다. 그 결과 정조 때 유득공, 이덕무, 박제가 등이 규장각 검서관으로 등용되었다.

48 삼짇날 정답 ③

다음 세시 풍속에 대한 탐구 활동으로 가장 적절한 것은? [2점]

이달의 세시 풍속

푸른 새잎을 밟는 날, 답청절(踏青節)

강남 갔던 제비가 돌아온다는 중삼일(重三日)은 본격적인 봄의 시작을 알리는 날이다. 이날에는 들에 나가 푸른 새잎을 밟는 풍습이 있어 답청절이라고 부른다. 답청의 풍습은 신윤복의 〈연소답청(年少踏青)〉에 잘 나타나 있다.

◈ 날짜 : 음력 3월 3일
◈ 음식 : 화전, 쑥떡
◈ 풍속 : 노랑나비 날리기, 활쏘기

은쌤의 합격노트

제시글에 나타난 세시 풍속은 삼짇날이다. 삼짇날에는 9월 9일에 강남 갔던 제비가 돌아온다고 하며, 또 나비나 새도 나온다. 이날 흰나비를 보면 그해에 상복을 입게 된다고 하며, 노랑나비나 호랑나비를 보면 그해 운수가 좋다는 말이 전해진다. 이때가 되면 사내 아이들은 물이 오른 버드나무 가지를 꺾어 피리를 만들어 불면서 논다.

정답 분석

③ 삼짇날의 유래를 알아본다.

➲ 삼짇날은 중국에서 유래한 명절이나, 추석이 그렇듯 신라부터 쇠어 왔던 명절로 한자어로는 삼중일, 삼진일, 중삼일, 답청절, 계음일 같은 이칭이 있다.

오답 피하기

① 칠석날의 전설을 검색한다.

➲ 음력 7월 7일을 칠석날은 저녁에 은하수의 양쪽 둑에 있는 견우성(牽牛星)과 직녀성(織女星)이 1년에 1번 만난다는 전설에 따라 별에 제사를 지내는 행사이다.

② 한식날의 의미를 파악한다.

➲ 한식날은 우리나라 명절의 하나로 동지에서 105일째 되는 날로서 4월 5일이나 6일쯤이 된다. 민간에서는 조상의 산소를 찾아 제사를 지내고 사초(莎草)하는 등 묘를 돌아본다.

④ 동짓날에 먹는 음식을 조사한다.

➲ 동짓날에 팥죽을 쑤어 먹기에 앞서 대문이나 장독대에 뿌리면 귀신을 쫓고 재앙을 면할 수 있다고 여겼다.

⑤ 단오날에 즐기는 민속놀이를 찾아본다.

➲ 단오날에 여자는 창포물에 머리를 감고 그네를 뛰며 남자는 씨름을 하면서 하루를 보냈다.

49 전라도 나주 지역의 역사 정답 ⑤

다음 지역에서 있었던 사실로 옳은 것은? [3점]

답사 보고서

◈ 주제 : 우리 고장의 역사
◈ 날짜 : 2022년 ○○월 ○○일
◈ 개관

금성산과 영산강을 끼고 있는 우리 고장은 삼한 시대부터 마한의 주요 지역 가운데 하나로 발전하였고, 후삼국 시대에는 격전지였으며, 임진왜란과 일제 강점기에는 항일의 의기가 드높았던 지역이다. '전라도'라는 이름은 전주와 우리 고장의 앞 글자를 딴 것이다.

◈ 목차

1. 마한 세력의 성장, 반남면 고분군
2. □□목(牧)의 관아 부속 건물
3. 광주 학생 항일 운동의 도화선, □□역

은쌤의 합격노트

다음 지역은 전라남도 나주이다. 반남면 고분군은 전라남도 나주시 반남면에 있는 삼한, 삼국시대 고분군이다. 반남 고분군은 대형옹관고분 수 십기가 분포하여 영산강 유역의 고대 문화를 상징하며, 마한 세력의 성장도 엿볼 수 있다. 나주목은 전라남도 나주시와 나주군의 일부를 포함하는 옛 행정 구역으로 목사가 관할하였으며 금성 · 통의라고도 한다. 1929년 10월 30일 나주역에서 일본인 학생이 한국인 여학생을 희롱한 것이 계기가 되어 양측 학생들 사이에 싸움이 일어났다. 이에 대해 일본인이 발행하던 광주일보가 불공정 보도를 하고 일본 경찰이 편파적으로 수사하고 탄압을 가하자, 광주 지역의 학생들이 연대하여 대규모 거리 시위를 벌였다(광주 학생 항일 운동).

정답 분석

⑤ 왕건이 후백제를 배후에서 견제하기 위해 차지하였다.

➲ 나주는 왕건과 견훤이 후삼국의 패권을 놓고 자웅을 겨루었던 공방 지역으로, 왕건이 승리함으로써 역사의 무대에 화려하게 등장하게 된다.

오답 피하기

① 인조가 피신하여 청군과 항전하였다.

➲ 조선 후기 인조는 병자호란이 일어나자 남한산성으로 피신하여 항전을 꾀하였지만 청을 물리칠 힘이 없었던 조선은 결국 청과 강화를 맺었다.

② 유생 출신 유인석이 의병을 일으켰다.

➲ 을미의병은 명성 황후 시해 사건과 단발령 실시를 계기로 전국 각지로 확산되었으며, 제천에서는 유인석이 활약하였다.

③ 정문부가 왜군에 맞서 북관대첩을 이끌었다.

➲ 조선 중기 선조 때 임진왜란이 일어나자 1592년 10월 20일부터 1593년 2월 28일까지 함경도에서 정문부가 이끈 의병이 가토 기요마사 왜군을 물리치고 함경도를 탈환하며 북관대첩을 이끌었다.

④ 김광제 등을 중심으로 국채 보상 운동이 시작되었다.

➲ 대구에서 김광제, 서상돈 등은 일본으로부터 도입한 차관을 국민의 힘으로 갚아 국권을 회복하자는 국채 보상 운동을 제창하였다.

50 독도 정답 ②

(가) 섬에 대한 설명으로 옳지 않은 것은? [1점]

1946년 1월에 작성된 연합국 최고 사령부 문서에는 제주도, 울릉도, (가) 이/가 우리 영토로 표시되어 있습니다. (가) 은/는 우리나라 동쪽 끝에 있는 섬입니다.

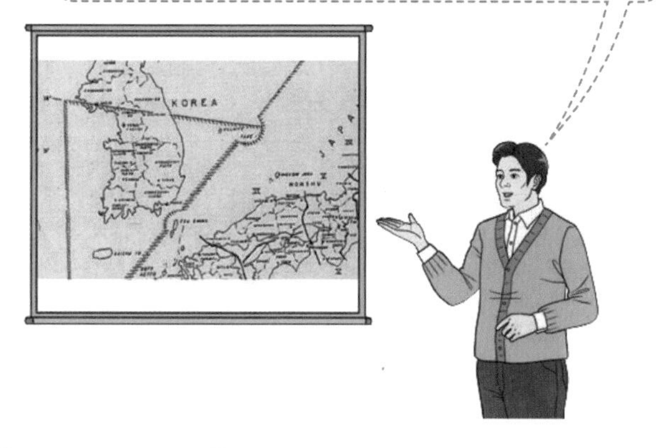

은쌤의 합격 노트

(가) 섬은 독도이다. 제2차 세계 대전이 종결된 이후 연합국은 도쿄에 연합국 최고 사령부를 설치하고 일본이 이웃 나라를 침략하여 빼앗은 모든 영토를 반환하는 작업을 시작하였다. 연합국 최고 사령부는 1946년 1월 29일 연합국 최고 사령부 지령(SCAPIN) 제677호의 군령을 발표하여 제주도 · 울릉도 · 독도 등을 일본 주권에서 제외하여 한국에 반환시켰다. 이어서 연합국 최고 사령부가 1946년 6월 22일 최고 사령부 지령 제1033호를 발표하여 일본 어부들이 독도와 그 12해리 수역에 접근하는 것을 엄금하여 독도가 한국 영토임을 명백히 밝혔다.

정답 분석

② 영국군이 러시아를 견제하기 위해 불법 점령하였다.

➲ 러시아의 남하 정책에 촉각을 곤두세우고 있던 영국은 조 · 러 밀약을 저지한다는 명목으로 거문도를 불법 점령하였다.

오답 피하기

① 안용복이 일본에 건너가 우리 영토임을 주장하였다.

➲ 조선 후기 숙종 때 안용복은 울릉도에 출몰하는 일본 어민들을 쫓아내고, 일본에 건너가 울릉도와 독도가 조선의 영토임을 확인받고 돌아왔다.

③ 러일 전쟁 때 일본이 불법으로 자국 영토로 편입하였다.

➲ 일본은 러 · 일 전쟁 중에 독도를 무인도로 규정하고, 일본의 시마네현에 다케시마(竹島)라는 이름으로 불법 편입하였다.

④ 대한 제국이 칙령을 통해 울릉 군수가 관할하도록 하였다.

➲ 대한 제국은 칙령 제41호에 울릉전도와 죽도, 석도(독도)를 울릉 군수의 관할 영역으로 선포하였다.

⑤ 1877년 태정관 문서에 일본과는 무관한 지역임이 명시되었다.

➲ 일본의 국가 최고 기관 태정관은 시마네 현이 올린 문서와 지도를 조사한 끝에 '울릉도 외 한 섬'은 일본과 관계없다고 하였다. '한 섬'이 독도라는 것은 '기죽도략도'를 통해 확인할 수 있다.

제57회 한국사능력검정시험 정답 및 해설

정 답

01	③	26	④
02	⑤	27	①
03	②	28	⑤
04	②	29	④
05	③	30	②
06	④	31	⑤
07	①	32	④
08	④	33	④
09	①	34	③
10	①	35	④
11	④	36	④
12	②	37	⑤
13	③	38	③
14	③	39	②
15	①	40	⑤
16	①	41	⑤
17	④	42	⑤
18	②	43	③
19	②	44	⑤
20	①	45	①
21	⑤	46	③
22	②	47	⑤
23	①	48	②
24	④	49	②
25	⑤	50	③

01 청동기 시대 정답 ③

(가) 시대의 생활 모습으로 옳은 것은? [1점]

김해 구산동의 무게 350톤 규모의 초대형 고인돌에서 매장 주체부가 발굴되어 무덤으로 확인되었습니다. 이 고인돌은 그 규모와 출토 유물을 통해서 사유 재산과 계급이 발생한 (가) 시대의 모습을 살펴볼 수 있는 중요한 유적으로 평가되고 있습니다.

은쌤의 합격노트

(가) 시대는 청동기 시대이다. 청동기 시대에 만주와 한반도 곳곳에 종교적 권위와 정치 권력을 모두 가진 제정일치의 지배자가 출현하였다. 우리나라 청동기 시대를 대표하는 무덤인 고인돌은 지배자의 모습을 잘 보여준다. 대형 고인돌은 덮개돌의 무게만 수십 톤에 이르며, 따라서 엄청난 노동력을 동원할 수 있는 지배자만 만들 수 있었다. 또한 무덤 내부에서는 동검과 같은 무기뿐만 아니라 청동 거울이나 청동 방울 등 의례 도구가 함께 출토되고 있다.

정답 분석

③ 반달 돌칼을 사용하여 곡식을 수확하였다.

- 청동기 시대 사람들은 따비와 괭이로 땅을 갈고 반달 돌칼로 곡식을 수확하였다. 반달 돌칼은 곡물의 이삭을 따는 데 이용된 것으로, 모양이 반달 같다 하여 붙여진 이름이다.

오답 피하기

① 소를 이용한 깊이갈기가 일반화되었다.

- 고려 시대 농업 기술이 점차 발전하면서 소를 이용한 깊이갈이가 일반화되고, 시비법도 발달하였다.

② 주로 동굴이나 강가의 막집에서 살았다.

- 구석기 시대 사람들은 식량을 찾아다니며 주로 동굴이나 막집, 바위그늘에서 거주하였다.

④ 실을 뽑기 위해 가락바퀴를 처음 사용하였다.

- 신석기 시대 사람들은 가락바퀴로 실을 뽑아 옷을 만들고 조개나 뼈, 뿔로 만든 장신구로 몸을 꾸미기도 하였다.

⑤ 주먹도끼, 찍개 등의 뗀석기를 만들기 시작하였다.

- 구석기 시대 사람들은 뗀석기를 사용하였는데 처음에는 주먹도끼, 찍개 등과 같이 하나의 도구를 여러 용도로 사용했으나, 점차 자르개, 밀개, 찌르개 등 쓰임새가 정해진 도구를 만들어 사용하였다.

02 고조선 정답 ⑤

밑줄 그은 '이 나라'에 대한 설명으로 옳은 것은? [1점]

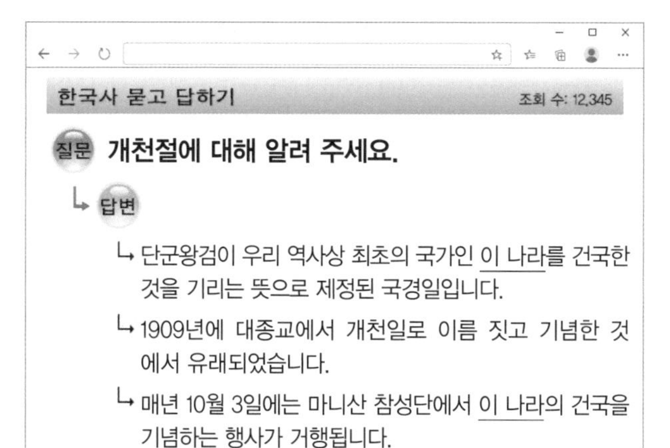

은쌤의 합격노트

밑줄 그은 '이 나라'는 고조선이다. "삼국유사"와 "동국통감"에 따르면 고조선은 단군왕검이 건국하였다(기원전 2333). 또한 "고려사"는 강화도 마니산 참성단에서 단군이 하늘에 제사를 지냈다는 이야기를 전하고 있는데, 지금도 해마다 개천절에 이곳에서 제천 행사가 열리고 있다.

정답 분석

⑤ 살인, 절도 등의 죄를 다스리는 범금 8조가 있었다.

➋ 고조선은 백성이 하지 말아야 하는 것을 정한 8조법, 범금 8조가 있었다. 이를 통해 고조선 사회에 권력과 경제력 차이가 생겨나고, 노비가 있었으며, 가부장적 사회 질서가 자리 잡기 시작하였음을 알 수 있다. 또한, 지배계급이 새로운 사회 질서를 유지하고 노동력과 사유 재산을 보호하기 위해 애썼음도 엿볼 수 있다.

오답 피하기

① 백제와 연합하여 금성을 공격하였다.

➋ 백제 아신왕은 가야 및 왜와 연합하여 신라 경주 금성을 공격하였다.

② 마립간이라는 왕의 칭호를 사용하였다.

➋ 신라 내물왕은 왕의 칭호를 이사금에서 대수장(大首長)을 뜻하는 마립간으로 바꾸었다.

③ 빈민을 구제하기 위해 진대법을 실시하였다.

➋ 고구려 고국천왕은 재상 을파소의 건의를 수용하여 먹을 것이 부족한 봄에 백성에게 곡식을 빌려주고 가을에 갚도록 한 진대법을 시행하였다.

④ 목지국을 압도하고 지역의 맹주로 발돋움하였다.

➋ 백제 고이왕은 마한의 목지국을 압도하며 이 지역의 맹주로 발돋움하였다.

03 고구려와 동예 정답 ②

(가), (나) 나라에 대한 설명으로 옳은 것은? [2점]

(가) 그 나라에는 왕이 있고, 벼슬로는 상가 · 대로 · 패자 · 고추가 · 주부 · 우태 · 승 · 사자 · 조의 · 선인이 있으며, 신분의 높고 낮음에 따라 각각 등급을 두었다. …… 10월에 지내는 제천 행사는 국중대회로 이름하여 동맹이라 한다.
- 『삼국지』 동이전 -

(나) 그 나라의 풍속은 산천을 중요시하여 산과 내마다 각기 구분이 있어 함부로 들어가지 않는다. …… 해마다 10월이면 하늘에 제사를 지내는데, 주야로 술을 마시고 노래를 부르며 춤추니 이를 무천이라 한다. 또 호랑이를 신으로 여겨 제사를 지낸다.
- 『삼국사』 동이전 -

은쌤의 합격노트

(가)는 고구려, (나)는 동예이다.

(가) 고구려는 1세기에 이미 왕호를 사용하였다. 왕 아래에 상가, 패자, 고추가 등의 관료 조직이 있었는데, 5부의 대가들도 사자, 조의, 선인 등을 거느리고 자치권을 행사하였다. 국왕의 주도로 매년 10월에 수도에서 동맹이라는 제천 행사를 열어 5부의 결속력을 다지기도 하였다. 제천 행사와 같은 공식 모임에서는 대가와 소가의 옷차림이 구별되어, 지배층의 신분이 분화되어 있었음을 알 수 있다.

(나) 동예는 언어와 법속이 고구려와 거의 비슷하였지만, 사회 발전이 많이 늦었다. 이곳에서는 공동체적 관계가 강하게 남아 있어 다른 읍락의 산이나 하천을 함부로 침범하면 책화라 하여 노비와 소, 말 등으로 배상하게 하고, 같은 씨족끼리는 혼인을 하지 않는 족외혼이 시행되었다. 또한 무천이라는 제천 행사를 지냈다.

정답 분석

② (가) - 서옥제라는 혼인 풍습이 있었다.

➋ 고구려는 남자가 혼인을 한 뒤 일정 기간 처가에서 살다가 가족을 데리고 남자 집으로 돌아가는 혼인 형태인 서옥제가 있었다.

오답 피하기

① (가) - 낙랑과 왜에 철을 수출하였다.

➋ 변한은 철을 많이 생산하여 교역에서 화폐처럼 사용하였고, 낙랑과 왜 등에 수출하였다. 이후 가야도 풍부하게 생산되는 철과 해상 교통에 유리한 점을 이용하여 낙랑과 왜를 연결하는 중계 무역을 하면서 수준 높은 철기 문화를 발전시켰다.

③ (나) - 연의 장수 진개의 공격을 받았다.

➋ 고조선은 기원전 281년 무렵 연나라와 대립하다가 연의 장수 진개의 공격을 받고 서쪽 땅 2,000리 정도를 상실하였다. 이로 인해 고조선의 중심지가 요동에서 평양 지역으로 이동하게 되었다.

④ (나) - 가(加)들이 별도로 사출도를 다스렸다.

➋ 부여는 왕이 중앙만 다스리고 마가 · 우가 · 저가 · 구가 등 제가들이 사출도를 나누어 다스렸다.

⑤ (가), (나) - 골품에 따라 관등 승진에 제한이 있었다.

➋ 신라의 신분제인 골품제는 왕족과 귀족을 골과 품으로 나누고, 귀족은 세력에 따라 6단계로 나눈 것이다.

04 금동 미륵 반가사유상 정답 ②

밑줄 그은 '이 불상'으로 옳은 것은? [3점]

은쌤의 합격노트

밑줄 그은 '이 불상'은 금동 미륵 반가사유상이다. 삼국 시대에는 미륵보살 반가사유상이 많이 만들어졌는데, 이 가운데 탑 모양의 관을 쓰고 있는 금동 미륵보살 반가사유상과 삼산관을 쓰고 있는 금동 미륵보살 반가사유상이 널리 만들어졌다. 일본의 고류사 목조 미륵보살 반가사유상은 삼국 시대의 반가 사유상과 비슷하여 한반도에서 제작된 것으로 보인다.

정답 분석

② 

▶ 삼국 시대에 제작된 국보 제83호 금동 미륵보살 반가사유상이다. 일본의 고류사 목조 미륵보살 반가사유상과 비교하면 재료만 다를 뿐 형태가 쌍둥이처럼 닮아 삼국 시대에 일본과 교류하였음을 알 수 있다.

오답 피하기

① 

▶ 신라 불상인 경주 구황동 금제 여래 입상이다. 경주 황복사지 3층 석탑을 해체 복원하면서 발견되었다.

③ 

▶ 발해의 이불병좌상이다. 고구려 불상 양식의 영향을 받았다.

④ 

▶ 고구려의 금동 연가 7년명 여래 입상이다. 광배 뒷면에 쓰인 '연가 7년'이라는 글자를 통해 제작 연대를 짐작할 수 있다.

⑤ 

▶ 고려 초기에 만들어진 하남 하사창동 철조 석가여래 좌상이다.

05 백제 무령왕의 업적 정답 ③

(가) 왕의 업적으로 옳은 것은? [2점]

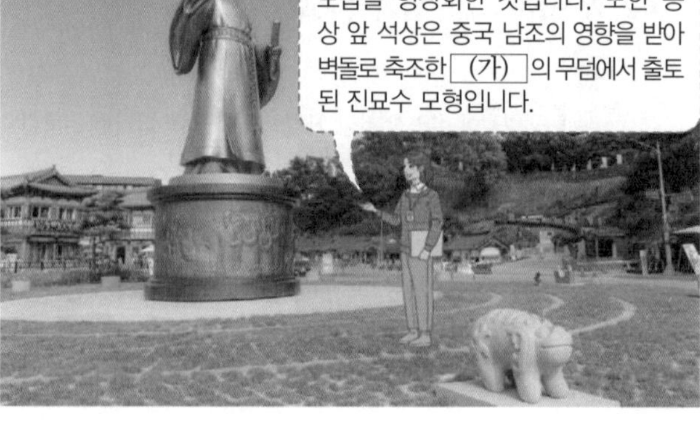

은쌤의 합격노트

(가) 왕은 백제 무령왕이다. 무령왕은 가야 지역으로 진출하는 한편, 고구려를 잇따라 격파하며 강국이라는 자부심을 되찾았다. 특히 중국의 양과 교류할 때 신라나 가야 사신을 데려가 이들 국가가 백제에 예속된 나라인 것처럼 소개하였다. 무령왕릉의 무덤 입구는 외부 침입자와 사악한 기운을 막아 내는 돼지 모양의 진묘수가 배치되어 있는데, 그 형태가 중국 남조에서 발견된 것들과 유사하다.

정답 분석

③ 지방에 22담로를 두어 왕족을 파견하였다.

▶ 백제 무령왕은 지방의 22담로에 왕족을 파견함으로써 지방 통제를 강화하였다.

오답 피하기

① 익산에 미륵사를 창건하였다.

▶ 백제 무왕은 왕비의 발원에 따라 익산 미륵사를 지었다.

② 사비로 천도하고 국호를 남부여로 고쳤다.

▶ 백제 성왕은 대외 진출에 유리한 사비(부여)로 수도를 옮기고, 국호를 일시적으로 남부여로 바꾸었다.

④ 평양성을 공격하여 고국원왕을 전사시켰다.

▶ 백제 근초고왕은 고구려의 평양성을 공격하여 고국원왕을 전사시켰고 마한의 남은 세력을 복속시켰다.

⑤ 동진에서 온 마라난타를 통해 불교를 수용하였다.

▶ 백제 침류왕 때 동진에서 온 인도 승려 마라난타가 불교를 전하였다.

06 신라 유학자 최치원 정답 ④

(가) 인물에 대한 설명으로 옳은 것은? [3점]

은쌤의 합격 노트

(가) 인물은 신라 하대 최치원이다. 신라 말에는 도당 유학생이 크게 증가했고, 그중에는 빈공과에 급제하는 경우도 많았다. 6두품 출신은 이러한 경험을 바탕으로 실력보다 골품을 중시하는 신라 사회의 모순을 지적하였다. 최치원은 당에서 귀국하여 개혁안 시무 10조를 건의했으나 받아들여지지 않았고, 이러한 분위기 속에서 6두품 지식인은 점차 반신라적 경향을 보이기도 하였다.

정답 분석

④ 신라 말의 사회상을 보여주는 해인사 묘길상탑기를 남겼다.

경상남도 합천군 가야면 해인사 입구에 있는 신라 시대 석탑 길상탑에서 발견된 해인사 묘길상탑기는 최치원이 지은 것으로 유명하다. 탑지에 따르면, 신라 진성 여왕 대에 혼란한 상황에서 도적들에게 목숨을 빼앗긴 56명의 영혼을 달래기 위하여 탑을 건립했음을 알 수 있다.

오답 피하기

① 유식의 교의를 담은 해심밀경소를 저술하였다.

신라 승려 원측은 "해심밀경"을 주석한 "해심밀경소"를 저술하였다.

② 외교 문서 작성에 능하여 청방인문표를 작성하였다.

신라 강수는 당나라가 억류하고 있던 무열왕의 아들 김인문을 보내줄 것을 청하는 글 '청방인문표'을 지어 보냈다.

③ 한자의 음훈을 빌려 우리말을 표기한 이두를 정리하였다.

신라 설총은 한자의 음훈을 빌려 우리말을 표기한 이두를 정리하였다.

⑤ 종파 간의 사상적 대립을 해소하기 위해 십문화쟁론을 지었다.

신라 승려 원효는 분파 의식을 극복하고자 화쟁 사상을 주장하였고, 그 사상을 담은 "십문화쟁론"을 지었다.

07 삼국 통일 과정(백제 멸망과 부흥 운동) 정답 ①

(가)~(다)를 일어난 순서대로 옳게 나열한 것은? [3점]

(가) 백제의 장군 윤충이 군사를 거느리고 대야성을 공격하여 함락하였다. 이때 도독인 이찬 품석과 사지(舍知) 죽죽, 용석 등이 죽었다.

(나) 신라와 당의 군사들이 의자왕의 도성을 에워싸기 위하여 소부리 벌판으로 나아갔다. 소방정이 꺼리는 바가 있어 전진하지 않자 김유신이 그를 달래서 두 나라의 군사가 용감하게 네 길로 일제히 떨쳐 일어났다.

(다) 흑치상지가 도망하여 흩어진 무리들을 모으니, 열흘 사이에 따르는 자가 3만여 명이었다. …… 흑치상지가 별부장 사타상여를 데리고 험준한 곳에 웅거하여 복신과 호응하였다.

은쌤의 합격 노트

(가)는 의자왕의 신라 공격, (나)는 나당 연합군의 백제 공격, (다)는 백제 멸망 이후 흑치상지의 백제 부흥 운동이다.

정답 분석

① (가) - (나) - (다)

(가) 고구려가 수 · 당과 전쟁을 치열하게 전개하는 동안 백제 의자왕은 신라를 공격하여 대야성(경남 합천)을 비롯한 40여 성을 빼앗고, 신라가 당으로 가는 교통로를 끊기 위해 당항성을 공격하였다. 백제의 공격으로 위기에 빠진 신라는 김춘추를 고구려에 보내 군사적 도움을 요청하였다. 그러나 고구려는 죽령 서북, 즉 한강 유역의 땅을 돌려줄 것을 요구하며 신라의 요청을 거절하였다. 그 후 백제와 신라는 낙동강 중 · 상류 지역과 충북 내륙 일대에서 뺏고 빼앗기는 전투를 거듭하였다.

(나) 마침 고구려 정복에 실패한 당 태종은 신라의 도움을 받아 고구려를 다시 공략하고자 신라의 동맹 제의를 받아들였고 이에 나 · 당 동맹이 성사되었다. 당의 소정방과 신라 김유신의 연합 군대는 백제를 공격하여 사비성을 함락하였다(660). 나 · 당 연합군이 사비를 함락하자 웅진으로 피신하였던 의자왕은 결국 항복하였다(660).

(다) 백제가 멸망하자 각지에서 백제 부흥 운동이 일어나 3년간 계속되었다. 흑치상지는 임존성에서, 복신과 도침은 주류성에서 왜에 있던 왕자 풍을 왕으로 추대하고 부흥 운동을 전개하였다. 그러나 이들을 돕기 위해 파견된 왜의 지원군이 백강(금강)에서 패하고, 백제 부흥군도 진압되었다. 이후 많은 백제 유민이 일본으로 망명하였다.

08 신라 신문왕의 업적 정답 ④

다음 정책을 실시한 왕의 재위 시기에 있었던 사실로 옳은 것은? [2점]

> ㅇ 완산주를 다시 설치하고 용원을 총관으로 삼았다. 거열주를 나누어 청주(菁州)를 두니 처음으로 9주가 되었다. 대아찬 복세를 총관으로 삼았다.
>
> ㅇ 서원소경을 설치하고 아찬 원태를 사신(仕臣)으로 삼았다. 남원소경을 설치하고 여러 주와 군의 주민들을 옮겨 그곳에 나누어 살게 하였다.

은쌤의 합격노트

다음 정책을 실시한 왕은 신문왕이다. 신라 중대 신문왕은 넓어진 영토를 효율적으로 통치하기 위해 지방 행정 조직을 9주 5소경 체제로 정비하였는데, 전국을 9개 주로 나누고, 그 아래 군과 현을 두어 지방관을 파견하였다. 또한 수도가 동쪽에 치우쳐 있는 문제를 보완하고, 고구려 · 백제 · 가야 등 피정복민의 불만을 무마하기 위해 군사상 · 행정상의 요충지 5곳에 소경을 두었다.

정답 분석

④ 관료전이 지급되고 녹읍이 폐지되었다.
- 신라 중대 신문왕은 전제 왕권을 강화하면서 조세만을 징수할 수 있는 관료전을 지급하고 녹읍을 폐지하였다.

오답 피하기

① 금관가야가 멸망하였다.
- 신라 상대 법흥왕은 병부를 설치하여 군권을 장악하고, 김해 지역의 금관가야를 병합하였다.

② 이사부가 우산국을 복속하였다.
- 신라 상대 지증왕은 이사부를 앞세워 우산국(울릉도 일대)을 복속시켰다.

③ 조세를 관장하는 품주가 설치되었다.
- 신라 진흥왕은 조세의 출납을 담당하던 재정 기관인 품주를 설치하였다. 이후 왕권의 성장에 따라 점차 왕정의 기밀사무를 관장하는 최고 관청으로까지 발전하기도 하였다.

⑤ 인재 등용을 위한 독서삼품과가 실시되었다.
- 신라 중대 원성왕은 국학의 졸업 시험으로 독서삼품과를 시행하여 성적이 우수한 자에게 관직에 진출할 기회를 주었다.

09 발해 정답 ①

다음 제도를 운영한 국가에 대한 설명으로 옳은 것은? [2점]

> [그 나라의] 관제에는 선조성이 있는데, 좌상 · 좌평장사 · 시중 · 좌상시 · 간의가 소속되어 있다. 중대성에는 우상 · 우평장사 · 내사 · 조고사인이 소속되어 있다. 정당성에는 대내상 1명을 좌 · 우상의 위에 두었고, 좌 · 우사정 각 1명을 좌 · 우평장사의 아래에 배치하였다.
>
> -『신당서』-

은쌤의 합격노트

다음 제도를 운영한 국가는 발해이다. 발해는 국왕을 중심으로 하는 중앙 집권적 지배 체제를 갖추었다. 발해의 중앙 정치 조직은 3성 6부를 기본으로 하였는데, 이는 당의 제도를 수용한 것이지만 운영과 명칭은 독자적이었다. 3성 중 정당성이 최고 집행 기구로, 그 장관인 대내상이 선조성과 중대성을 총괄하였다. 대내상 아래에는 좌사정과 우사정을 두었으며, 좌사정은 충, 인, 의 3부를, 우사정은 지, 예, 신 3부를 각각 관장하였다.

정답 분석

① 교육 기관으로 주자감을 두었다.
- 발해는 상경에 유학과 기술학 등 교육을 담당한 주자감을 설치하였다.

오답 피하기

② 신라에 침입한 왜구를 격퇴하였다.
- 신라 상대 내물왕은 고구려 광개토 대왕의 도움을 받아 왜구를 물리쳤다. 이로 인해 신라는 한동안 고구려의 간섭을 받았다.

③ 9서당 10정의 군사 조직을 갖추었다.
- 신라 중대 신문왕은 군사 제도를 중앙의 9서당과 지방의 10정으로 조직하였는데, 9서당에는 신라인뿐만 아니라 고구려인, 백제인, 말갈인 등을 포함하여 편성하였다.

④ 개국, 태창이라는 연호를 사용하였다.
- 신라 상대 진흥왕은 왕권을 강화하고 강해진 국력을 과시하기 위해 스스로를 태왕이라 칭하였으며, 개국, 태창, 홍제 등 독자적 연호를 사용하였다.

⑤ 왕족인 부여씨와 8성의 귀족이 지배층을 이루었다.
- 백제는 왕족 부여씨와 8성의 귀족이 최고 지배층을 형성하였다.

10 후백제 견훤의 어적 정답 ①

(가) 인물에 대한 설명으로 옳은 것은? [2점]

은쌤의 합격노트

(가) 인물은 견훤이다. 서남 해안 지역의 군인이었던 견훤은 사회의 혼란을 틈타 신라 조정에 반기를 들고 무진주를 점령하였다. 이어 백제 부흥을 내세우며 완산주를 수도로 삼고 후백제를 건국하였다(900). 후백제는 호남 지방의 군사 세력과 호족 세력을 두루 아우르고 신라를 압박하여 대야성(합천)을 함락하는 등 기세를 올렸다.

정답 분석

① 공산 전투에서 고려군을 크게 무찔렀다.
- 후삼국 초기에는 후백제가 고려보다 우세한 모습을 보였다. 견훤은 금성을 공격하여 경애왕을 죽이고, 신라를 지원하러 온 왕건의 군대를 공산 전투에서 격파하였다.

오답 피하기

② 귀순한 김순식에게 왕씨 성을 하사하였다.
- 고려 태조 왕건은 호족에게 자신을 낮추면서 우대하였고, 정략 결혼이나 성(姓)을 하사하는 등의 포용 정책을 펼쳤다.

③ 폐정 개혁을 목표로 정치도감을 설치하였다.
- 고려 후기 원 간섭기에 충목왕은 고려 사회의 모순과 권문세족의 폐단을 시정하기 위해 정치도감을 설치하였다.

④ 청해진을 근거지로 해상 무역을 전개하였다.
- 신라 하대 장보고는 완도에 청해진을 설치하여 신라 · 당 · 일본을 연결하는 해상 거점을 완성하였다.

⑤ 광평성을 설치하고 광치나, 서사 등의 관원을 두었다.
- 후고구려 궁예는 국정을 총괄하는 광평성을 비롯한 여러 관서를 설치하였다.

11 윤관의 동북 9성 정답 ④

다음 자료의 상황이 나타난 시기를 연표에서 옳게 고른 것은? [2점]

> 행영병마별감 승선 최홍정과 병마사 이부상서 문관이 여진 추장 거위이 등에게 타일러 말하기를 "너희가 9성의 반환을 요청했으니 마땅히 이전에 했던 약속처럼 하늘에 대해 맹세하라."라고 하였다. 추장 등은 함주 성문의 밖에 단을 설치하고 하늘에 맹세하기를, "지금 이후 대대손손 악한 마음을 품지 않고 해마다 조공을 바칠 것입니다. 이 맹세에 변함이 있으면 우리 나라[蕃土]는 멸망할 것입니다."라고 하였다. 맹세를 마치고 물러갔다. 최홍정 등은 길주로부터 시작하여 차례로 9성의 전투 장비와 군량을 내지(內地)로 들여왔다.
>
> -『고려사』-

947		1019		1044		1104		1126		1174
	(가)		(나)		(다)		(라)		(마)	
광군사 설치		귀주 대첩		천리장성 완공		별무반 편성		이자겸의 난		조위총의 난

은쌤의 합격노트

다음 자료는 윤관이 별무반을 이끌고 여진 정벌 이후 동북 9성을 설치하자 여진 추장들이 동북 9성 반환을 요청하는 상황이다. 천리장성 북쪽에 살던 여진은 12세기 초 완옌부를 중심으로 부족 통합을 이루어 강성해지기 시작하였다. 이들은 천리장성 부근까지 남하하여 고려와 충돌하였는데, 이를 막으려던 고려군은 기병으로 편성된 여진 군대에 번번이 패하였다. 이에 고려 숙종은 윤관의 건의에 따라 별무반이라는 특별 부대를 편성하였다. 윤관은 예종 때 별무반을 이끌고 천리장성을 넘어 여진족을 소탕하고 북방으로 쫓아낸 뒤 동북 지방 일대에 9성을 쌓아 방어에 나섰다. 이어 여진의 주력 부대마저 격파한 후 공험진의 선춘령에 기념비를 세웠다(1108). 그러나 여진족은 9성을 계속 공격하는 한편, 고려에 매년 조공을 바치는 조건으로 이 지역을 되돌려 달라고 간청하였다. 고려도 여진의 계속된 공격으로 9성을 수비하는 데 어려움을 겪자, 다시 침략하지 않고 조공을 하겠다는 여진족의 조건을 수락하고 1년 만에 9성에서 철수하였다.

정답 분석

④ (라)
- 고려의 동북 9성 반환 이후 세력이 강성해진 여진은 금(金)을 세워 요를 멸망시키고 이후 고려에 군신 관계를 요구하였다. 이에 대부분의 신하가 반대했으나, 당시 집권자였던 이자겸은 전쟁을 피하고 정권을 유지하기 위해 금의 요구를 수용하였다. 이후 이자겸은 스스로 왕이 되기 위해 부하인 척준경과 함께 난을 일으켰다(1126).

12 고려 광종의 업적 정답 ②

밑줄 그은 '이 왕'의 재위 시기에 있었던 사실로 옳은 것은? [2점]

안성 망이산성에서 '준풍 4년(峻豐四年)'이라는 글씨가 새겨진 기와가 발견되었습니다. 준풍이라는 연호를 사용하였던 이 왕은 백관의 공복을 정하고 개경을 황도로 명명하는 등 국왕 중심의 통치 체제 확립을 도모하였습니다.

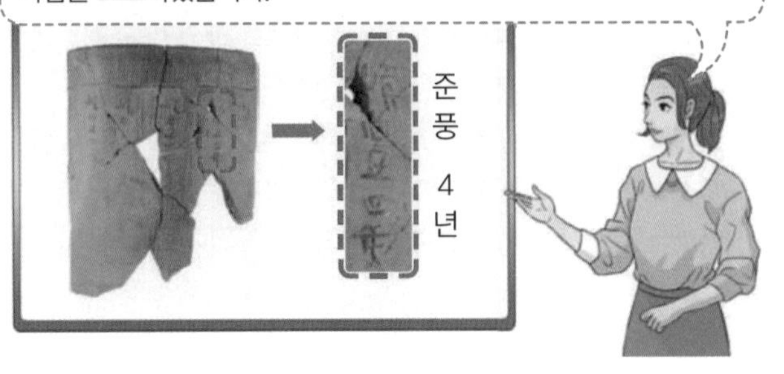

은쌤의 합격노트

밑줄 그은 '이 왕'은 고려 초기 광종이다. 광종은 '광덕', '준풍'이라는 독자적 연호를 사용하고 개경을 '황도'라 부르는 등 고려의 국가적 위상과 왕권을 과시하였다. 또한 관리의 공복을 제정하여 관료의 위계질서와 기강을 확립하였다.

정답 분석

② 쌍기의 건의로 과거제가 시행되었다.
- 고려 초기 광종은 중국 후주에서 귀화한 쌍기의 건의에 따라 과거제를 실시하였다. 과거제는 개인의 능력을 중시하여 유교 경전과 문장 능력을 시험 보아 관리를 뽑는 제도였다.

오답 피하기

① 12목에 지방관이 파견되었다.
- 고려 초기 성종은 최승로의 시무 28조를 받아들여 유교 정치 이념을 바탕으로 통치 체제를 정비하였다. 12목에 지방관을 파견하여 중앙 집권화의 기초를 세웠다.

③ 대장도감에서 팔만대장경이 간행되었다.
- 고려 후기 고종은 몽골과의 전쟁 시기에 팔만대장경 조판 작업이 시작되면서 강화도 선원사에 대장도감, 진주 남해에 분사 대장도감을 설치하고 대장경을 새로 판각하였다.

④ 안우, 이방실 등이 홍건적을 격파하였다.
- 고려 후기 공민왕 때 안우는 이방실, 최영 등과 함께 20만 병사를 거느리고 홍건적의 제1차 침입을 막아내는데 큰 공을 세웠다.

⑤ 신돈이 전민변정도감의 책임자가 되었다.
- 고려 후기 공민왕은 승려 신돈을 기용하고 전민변정도감을 설치하여 내정 개혁을 추진하였다. 그 결과 권문세족이 불법적으로 빼앗은 농토를 원래 주인에게 돌려주고, 노비로 전락한 양민의 신분을 되돌려 주었다.

13 고려의 경제 상황 정답 ③

다음 상황이 나타난 시기에 볼 수 있는 모습으로 가장 적절한 것은? [1점]

왕이 명을 내리기를, "양계와 5도의 진병법석(鎭兵法席)* 에 사용되는 비용은 모두 백성들에게서 나오는 것이다. 이것은 부처를 속이고 하늘을 속이는 것이니 무슨 복이 있겠는가?"라고 하였다. 이에 중사(中使)를 파견하여 내고(內庫)의 은병 300개를 내어서 여러 도에 나누어 주었다.

*진병법석 : 병화(兵禍)를 물리치기 위해 거행한 불교 의식

은쌤의 합격노트

다음 상황이 나타난 시기는 고려 시대이다. 고려 중기 현종 때부터 전국을 경기와 5도 양계로 나누어 통치하였다. 개경 부근을 경기로 삼고, 북쪽 국경 지역에 양계, 나머지 지역에 5도를 두었다. 5도에는 상설 행정 기관을 두지 않고 안찰사가 도내 지역을 순찰하였으며, 양계에는 병마사를 파견하였다. 고려 중기 숙종 때에는 삼한통보와 해동통보 등 동전과 쌀 수십 석의 가치를 지닌 고가의 화폐인 은병(활구)을 만들었다.

정답 분석

③ 불법적인 상행위를 감독하는 경시서의 관리
- 고려는 개경과 서경을 비롯한 대도시에는 시전을 설치하고, 이를 경시서라는 관청이 감독하였다. 경시서는 조선 시대까지 이어지다 세조 때 평시서로 개칭되었다.

오답 피하기

① 백동화를 주조하는 전환국의 기술자
- 백동화는 1894년 반포된 신식 화폐 발행 장정에 따라 발행된 보조 화폐이다. 주로 갑오개혁 이후에 사용되었다. 화폐를 만드는 전환국은 1883년에 설치되었다.

② 신해통공 시행 소식에 기뻐하는 난전 상인
- 조선 후기 정조는 시전의 독점 판매에 대한 비판 여론이 높아지자 신해통공을 발표하여 육의전을 제외한 시전의 금난전권을 폐지하였다.

④ 담배, 인삼 등의 상품 작물을 재배하는 농민
- 조선 후기 도시 인구가 증가하고 상품 유통이 활발해지면서 인삼, 면화, 담배, 채소 등의 상품 작물 재배가 확대되었다.

⑤ 물주로부터 자금을 조달받아 광산을 운영하는 덕대
- 조선 후기 덕대라 불리는 경영 전문가가 상인 물주로부터 자금을 조달받아 채굴업자, 채굴 노동자, 제련 노동자 등 광꾼을 고용하여 광산을 경영하였다.

14 개경 환도 이후의 사실 정답 ③

다음 자료에 나타난 상황 이후에 전개된 사실로 옳은 것은? [2점]

> 지원(至元) 7년, 원종이 강화에서 송경(松京)으로 환도할 적에 장군 홍문계 등이 나라를 그르친 권신 임유무를 죽이고 왕이 정권을 되찾을 수 있도록 하였다. 권신의 가병, 신의군 등의 부대가 승화후(承化侯)를 옹립하고 반역을 도모하면서, 미처 강화를 떠나지 못한 신료와 군사들을 강제로 이끌고 남쪽으로 항해하여 가니 배의 행렬이 길게 이어졌다.

은쌤의 합격노트

다음 자료에 나타난 상황은 여러 차례 항쟁을 벌인 몽골과 강화를 맺은 고려 정부에 반발하여 삼별초가 봉기를 일으킨 상황이다. 배중손 등을 중심으로 한 삼별초는 몽골과 강화를 맺은 고려 정부에 반발하여 봉기하였다. 그리하여 왕족인 승화후 온을 왕으로 세운 뒤 진도로 근거지를 옮겨 궁궐과 성곽을 쌓고 수군을 조직하여 서남 해안의 도서 지방을 점령하였다. 또한, 일본에 외교 문서를 보내 몽골의 일본 침입 가능성을 경고하고 연대하여 싸울 필요성을 알리기도 하였다. 그러나 1271년 5월 여 · 원 연합군의 급습을 받아 패퇴하였고, 배중손도 전사하였다. 김통정을 중심으로 한 삼별초의 잔여 세력은 진도를 떠나 제주도로 옮겨 항쟁을 계속하였으나, 1273년 4월 마지막 근거지인 항파두리성이 함락되면서 항쟁은 막을 내렸다.

정답 분석

③ 김방경의 군대가 탐라에서 삼별초를 진압하였다.

- 김방경은 삼별초 토벌의 임무를 맡아 삼별초의 공격을 받고 있던 전주와 나주를 위기에서 구했다. 이후 진도를 사방에서 공격하여 삼별초를 토벌하고 탐라까지 들어가 삼별초의 잔여 세력을 평정하였다.

오답 피하기

① 김윤후가 처인성에서 몽골군을 격퇴하였다.

- 고려 후기 몽골의 2차 침입 때 승려 김윤후는 처인성 전투에서 부곡민들과 합세하여 몽골 장수 살리타를 사살하고 몽골군을 퇴각시키는 큰 전과를 올렸다.

② 묘청이 칭제 건원과 금국 정벌을 주장하였다.

- 고려 중기 이자겸의 난 이후 서경 출신의 정지상과 묘청 등이 정치 혁신을 내세우며, 서경 천도, 칭제 건원, 금국 정벌 등을 주장하였다.

④ 최충헌이 봉사 10조를 올려 시정 개혁을 건의하였다.

- 고려 후기 무신 집권자 최충헌은 '봉사 10조'와 같은 개혁안을 제시하기도 하였지만, 권력 강화에 힘을 쏟았고 농민 봉기를 탄압하였다.

⑤ 경대승이 정중부 등을 제거하고 권력을 장악하였다.

- 고려 후기 무신 정권 초기에는 무신들 간의 권력 투쟁이 치열하게 전개되었다. 경대승이 정중부를 죽이고 권력을 잡았고, 경대승이 죽은 뒤에는 이의민이 정권을 장악하였다. 이러한 혼란은 최충헌이 이의민을 타도하고 정권을 잡으면서 수습되었다.

15 안동 봉정사 극락전 정답 ①

다음 대화에 해당하는 문화유산으로 옳은 것은? [3점]

①

안동 봉정사 극락전

②

보은 법주사 팔상전

③

구례 화엄사 각황전

④

예산 수덕사 대웅전

⑤

영주 부석사 무량수전

은쌤의 합격노트

고려 시대 13세기 이후에 지어진 주심포 양식의 목조 건물이 현재 일부 남아 있는데, 안동 봉정사 극락전, 영주 부석사 무량수전, 예산 수덕사 대웅전 등이 대표적이다. 이 중 봉정사 극락전은 보수 공사 중에 공민왕 때 중창하였다는 상량문이 나와 가장 오래된 목조 건물임이 확인되었다.

정답 분석

① 안동 봉정사 극락전

- 고려 시대에 건립된 안동 봉정사 극락전은 주심포 양식이 반영된 현존하는 가장 오래된 목조 건축물이다.

오답 피하기

② 보은 법주사 팔상전

- 조선 후기에 건립된 충북 보은 법주사 팔상전은 우리나라에 남아 있는 유일한 오층 목탑이다.

③ 구례 화엄사 각황전

- 조선 후기에 건립된 전남 구례 화엄사 각황전은 현존하는 중층의 불전 중에서 가장 큰 규모이다.

④ 예산 수덕사 대웅전

- 고려 시대에 건립된 예산 수덕사 대웅전은 주심포 양식 목조 건물로 단아하면서도 세련된 아름다움을 보여준다.

⑤ 영주 부석사 무량수전

- 고려 시대에 건립된 영주 부석사 무량수전은 주심포 양식, 배흘림 기둥, 팔작 지붕이 조화를 이루고 있다.

16 고려의 관학 진흥책 정답 ①

밑줄 그은 '방안'에 해당하는 내용으로 옳은 것은? [2점]

> **역사 신문**
>
> 제△△호 ○○○○년 ○○월 ○○일
>
> **정부, 관학 진흥에 힘쓰다**
>
> 최충이 세운 문헌공도를 비롯한 사학 12도에 학생이 몰려들어 사학이 크게 융성하고 있다. 이러한 상황에서 국자감 운영에 어려움을 겪게 되자, 정부는 제술업, 명경업 등에 새로 응시하려는 사람은 국자감에 300일 이상 출석해야 한다는 규정을 만드는 등 관학을 진흥하기 위한 <u>방안</u>을 마련하고 있다.

은쌤의 합격노트

밑줄 그은 '방안'은 고려 중기 사학의 융성으로 위축된 관학을 진흥시키기 위한 정부의 노력이다. 고려 중기에 해동공자로 칭송받은 최충은 고려의 유학을 한 차원 높은 수준으로 발전시켰는데, 관직에서 물러난 후에는 9재 학당을 설립하여 제자를 양성하였다. 이를 계기로 사학 12도가 등장하여 크게 발전했는데, 사학에서 교육받은 학생이 과거에서 좋은 성적을 거두자 국자감의 관학 교육이 위축되었다. 이에 관학 진흥책이 추진되면서 예종 때 국자감에 7재로 나뉜 전문 강좌를 두어 관학의 내실화를 꾀했으며, 양현고라는 장학 재단을 설치하였다.

정답 분석

① 양현고를 두어 장학 기금을 마련하였다.

➋ 고려 중기 예종은 관학의 진흥을 위해 일종의 장학 재단인 양현고를 설치하여 많은 학생을 수용할 수 있는 학사를 신축하고 관학 교육을 재정적으로 뒷받침하였다.

오답 피하기

② 서원을 세워 후진 양성과 선현 제향에 힘썼다.

➋ 조선 중기 중종 때 주세붕이 세운 백운동 서원을 시작으로 각 지방에 많은 서원이 설립되었는데, 서원은 각기 다른 선현을 모시고 있어서 학파와 붕당을 결속시키는 구심점이 되었다.

③ 초계문신제를 시행하여 문신들을 재교육하였다.

➋ 조선 후기 정조는 신진 인물이나 중·하급 관리 중에서 유능한 인재를 재교육하는 초계문신제를 실시하여 개혁 세력을 육성하였다.

④ 만권당을 설립하여 원의 학자들과 교류하게 하였다.

➋ 고려 후기 충선왕은 원의 수도에 만권당을 열어 고려와 원의 학자들이 만나 학문을 교류하는 장으로 만들었다.

⑤ 경당을 설치하여 청소년에게 글과 활쏘기를 가르쳤다.

➋ 고구려는 지방 각지에 경당을 설립하여 청소년에게 학문과 무예를 가르치기도 하였다. 경당은 고구려 장수왕이 설립한 것으로 추정하고 있다.

17 조선 태종의 업적 정답 ④

(가) 인물에 대한 설명으로 옳은 것은? [2점]

> 이것은 마천목을 좌명공신에 봉한다는 녹권입니다. 마천목은 제2차 왕자의 난 당시 회안공 이방간과의 치열한 전투에서 (가) 이/가 승리할 수 있도록 앞장섰습니다. 이후 왕위에 오른 (가) 은/는 마천목을 3등 공신으로 책봉하였습니다.

은쌤의 합격노트

(가) 인물은 조선 초기 태종 이방원이다. 제1차 왕자의 난으로 정안대군(이방원)이 실권을 가지게 되었고 세자 자리를 노리고 있었다. 그러나 회안대군(이방간) 또한 세자 자리를 탐내고 있었고 결국 제2차 왕자의 난이 벌어지게 되었다. 제1차 왕자의 난과 구별하기 위해 제2차 왕자의 난을 제2왕자의 난, 방간의 난, 박포의 난 등으로 불린다. 제2차 왕자의 난의 승리로 이방원의 왕위 계승은 가속화되었다. 정종은 하륜 등의 주청으로 상왕 태조의 허락을 얻어 그해(1400년) 음력 2월 이방원을 왕세자로 삼은 뒤 같은 해 음력 11월에 그에게 왕위를 넘겨주었는데, 그가 제3대 태종이다.

정답 분석

④ 왕권 강화를 위해 6조 직계제를 실시하였다.

➋ 조선 초기 태종은 6조 직계제를 시행하여 6조에서 의정부를 거치지 않고 곧바로 왕에게 재가를 받도록 함으로써 의정부의 힘을 약화시켰다.

오답 피하기

① 과전을 혁파하고 직전을 설치하였다.

➋ 조선 초기 세조는 과전을 현직 관리에게만 지급하는 직전법을 시행하였다.

② 최무선의 건의로 화통도감을 두었다.

➋ 고려 후기 최무선은 원의 화약 제조 기술을 습득한 후 정부에 화통도감을 만들 것을 건의하였다.

③ 어영청을 중심으로 북벌을 추진하였다.

➋ 조선 후기 인조는 후금의 침략에 대비하여 국방력을 강화하기 위해 어영청을 설치하였다. 이후 어영청은 효종이 청에 대한 북벌 계획을 준비하면서 크게 강화되었다.

⑤ 궁중 음악을 집대성한 악학궤범을 편찬하였다.

➋ 조선 초기 성종은 "악학궤범"을 편찬하여 음악의 원리와 역사, 악기, 무용, 의상, 소도구까지 정리하였다.

18 무오사화

정답 ②

(가) 사건에 대한 설명으로 옳은 것은? [2점]

> 김종직의 자는 계온이고 호는 점필재이며, 김숙자의 아들로 선산 사람이다. …… 효행이 있고 문장이 고결하여 당시 유학자의 으뜸으로 추앙받았는데, 후학들에게 학문을 장려하여 많은 사람이 학문을 성취하였다. 후학 중에 김굉필과 정여창 같은 이는 도학으로 명성이 있었고, 김일손, 유호인 등은 문장으로 이름을 알렸으며 그밖에도 명성을 얻은 이가 매우 많았다. 연산군 때 유자광, 이극돈 등이 주도한 (가) 이/가 일어났을 당시 김종직은 이미 세상을 떠났지만, 화가 그의 무덤까지 미치어 부관참시를 당하였다.

은쌤의 합격노트

(가) 사건은 무오사화이다. 성종에 이어 즉위한 연산군은 훈구 세력과 사림을 누르고 왕권을 강화하고자 하였고, 특히 언론 활동으로 왕권을 견제하는 사림 세력을 탄압하였다. 그 과정에서 훈구 세력들은 김종직의 '조의제문'을 문제 삼아 사림들을 축출하였다(무오사화).

정답 분석

② 조의제문이 발단이 되어 일어났다.
- '조의제문'은 항우가 폐위한 중국 초의 마지막 왕인 의제를 애도하는 글이다. 이는 세조가 단종을 죽인 사실을 항우가 의제를 죽인 것으로 비유하여 세조의 왕위 승계가 유교적 명분에 어긋난다는 사림의 의식을 반영한 것이었다. 이로 인해 이미 죽은 김종직뿐만 아니라 사림 세력이 피해를 겪는 무오사화가 일어났다.

오답 피하기

① 계유정난의 배경이 되었다.
- 계유정난은 1453년 수양대군이 단종의 보좌 세력이자 원로 대신인 황보인 · 김종서 등 수십 인을 살해 및 제거하고 정권을 잡은 사건이다.

③ 반정 공신의 위훈 삭제를 주장하였다.
- 조선 중기 중종 대에 조광조는 중종반정 공신의 책정이 잘못되었다며 이를 시정할 것을 요구하는 위훈 삭제를 주장하다 기묘사화를 겪었다.

④ 윤임 일파가 제거되는 결과를 가져왔다.
- 윤임은 조선 중기의 문신이자 중종비 장경왕후의 오빠로 1543년부터 그를 대윤, 윤원형을 소윤이라 불렀다. 1545년 명종 대에 소윤은 을사사화를 일으켜 정적인 대윤(윤임) 일파를 숙청하였는데, 이때 윤임은 아들 3형제와 함께 사사되었다.

⑤ 동인이 남인과 북인으로 나뉘는 계기가 되었다.
- 조선 중기 선조 대에 동인은 정여립 모반 사건 등을 계기로 이황 학파의 남인과 서경덕 학파와 조식 학파의 북인으로 분화되었다.

19 유향소

정답 ②

(가) 기구에 대한 설명으로 옳은 것은? [2점]

> ○ 각 지역 출신 가운데 서울에 살며 벼슬하는 자들의 모임을 경재소라고 합니다. 경재소에서는 고향에 사는 유력자 중에서 강직하고 명석한 자들을 선택하여 (가) 에 두고 향리의 범법 행위를 규찰하고 풍속을 유지하였습니다.
>
> ○ (가) 을/를 설치하고 향임을 둔 것은 맡은 바를 중히 여긴 것이다. 수령은 임기가 정해져 있어 늘 바뀌니, 백성의 일에 뜻을 둔다 하여도 먼 곳까지 상세히 살필 겨를이 없다. 그러므로 각 지역에서 충성스럽고 부지런한 사람을 뽑아 그 지역의 기강을 맡도록 하여 수령의 눈과 귀로 삼았다.

은쌤의 합격노트

(가) 기구는 유향소이다. 지방에는 관청과는 별도로 지방 양반들로 구성된 유향소가 있었다. 유향소는 지방 양반의 여론을 수렴하고 백성을 교화하였으며, 수령에게 자문을 해 주거나 향리의 비리를 고발하였다.

정답 분석

② 좌수와 별감을 선발하여 운영하였다.
- 유향소에서는 좌수와 별감을 선출하여 자율적으로 규약을 만들고, 수시로 향회를 소집하여 여론을 수렴하였다.

오답 피하기

① 주세붕이 처음 설립하였다.
- 서원의 시초는 풍기 군수 주세붕이 안향을 추모하기 위해 세운 백운동 서원이다.

③ 중앙에서 교수와 훈도를 파견하였다.
- 조선 정부는 향교의 규모와 지역에 따라 교수나 훈도를 파견하였다.

④ 대성전을 세워 성현에 제사를 지냈다.
- 조선 최고의 교육 기관인 성균관은 공자에게 제사를 지내는 대성전과 학생들을 교육하는 명륜당 등으로 이루어져 있었다.

⑤ 흥선 대원군에 의해 대부분 철폐되었다.
- 흥선 대원군은 유생들의 강력한 반발을 물리치고 서원을 대폭 정리하여 47개만 남기고 모두 철폐하였다.

20 원각사지 10층 석탑 정답 ①

(가)에 해당하는 문화유산으로 옳은 것은? [2점]

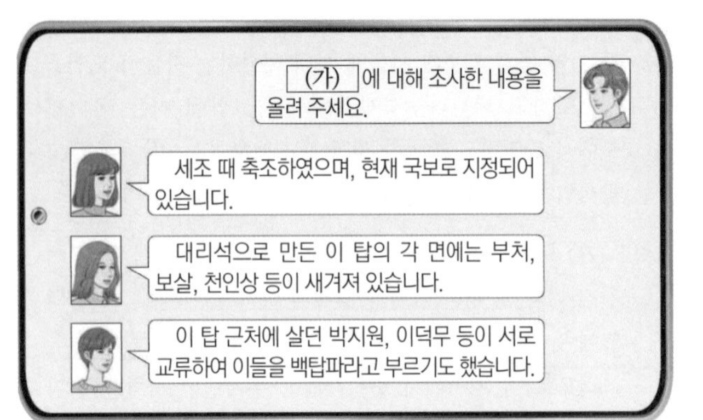

은쌤의 합격노트

(가)에 해당하는 문화유산은 서울 원각사지 10층 석탑이다. 조선 초기 15세기에는 궁궐과 관아, 성문, 학교 등이 건축의 중심을 이루었다. 불교 건축물 중에서도 뛰어난 것이 있었다. 특히 조선 초기 세조 때 대리석으로 만든 사리탑인 서울 원각사지 10층 석탑과 고려 후기의 개성 경천사지 10층 석탑은 원의 석탑을 본뜬 것으로 15세기를 대표하는 석탑이다.

정답 분석

①

조선의 서울 원각사지 10층 석탑으로 고려의 개성 경천사지 10층 석탑의 영향을 받았다.

오답 피하기

②

백제의 익산 미륵사지 석탑으로 목탑 양식의 흔적이 남아 있다.

③

신라 경주 불국사 다보탑으로 복잡하고 화려하면서도 균형이 잡힌 석탑이다.

④

백제의 부여 정림사지 5층 석탑으로 한때 1층 탑신에 당의 소정방이 쓴 글이 있어 평제탑이라고 불리기도 하였다.

⑤

발해의 영광탑으로 현재 온전히 남아 있는 유일한 발해의 탑이다.

21 병자호란 정답 ⑤

밑줄 그은 '이 전쟁' 중에 있었던 사실로 옳은 것은? [2점]

은쌤의 합격노트

밑줄 그은 '이 전쟁'은 병자호란이다. 후금은 국호를 청이라 고치고, 조선에 군신 관계를 맺을 것을 요구하면서 다시 대군을 이끌고 침입해 왔다(병자호란, 1636). 인조는 남한산성으로 피란하여 청군에 맞섰으나, 결국 청에 굴복하고 말았다. 인조가 피란했을 때 전국 각 도의 근왕군이 남한산성으로 향했고 이 과정에서 크고 작은 전투들이 벌어졌다. 평안도관찰사 홍명구는 왕의 명령을 받고 2,000명의 군사들을 이끌고 남한산성으로 향하였다. 홍명구군 2,000명과 평안도병마절도사 유림군 3,000명 등 총 5,000명의 평안도 근왕군은 김화에서 4차례에 걸쳐 청과 전투하여 약 3,000명의 청군 희생자를 내고 승리하였다. 한편 김화 백전 전투에서 홍명구는 전사하였고, 유림은 승리한 후 다음 날 군대를 돌려 남한산성으로 향하였다. 이 전투는 용인 광교산 전투와 함께 병자호란 2대 승첩으로 손꼽힌다.

정답 분석

⑤ 김준룡이 광교산 전투에서 승리하였다.

병자호란 때 청나라 군대에 포위되어 남한산성에 고립되어 있던 인조를 구하기 위해 상경한 김준룡과 전라도 근왕군이 광교산에서 청나라 군대와 싸워서 적장인 양굴리를 전사시키며 승리를 거두었다.

오답 피하기

① 훈련도감이 설치되었다.

선조는 임진왜란 초기에 패전을 거듭하자 포수, 살수, 사수의 삼수병으로 구성된 훈련도감을 설치하였다.

② 외규장각 도서가 약탈되었다.

병인양요 당시 프랑스군은 강화도를 점령하면서 외규장각에 보관하고 있던 도서들까지 약탈해 갔다.

③ 곽재우가 의령에서 의병을 일으켰다.

임진왜란 당시 경남 의령에서 곽재우는 왜군이 부산에 쳐들어왔다는 소식을 듣고 집안의 재산을 정리한 후 의병을 일으켰다.

④ 강홍립이 이끄는 부대가 참전하였다.

광해군의 명을 받은 강홍립은 명을 지원하기 위해 사르후 전투에 참전하였으나 후금과의 대결을 피해 거짓 항복을 하였다.

22 환국(경신환국~갑술환국) 정답 ②

(가), (나) 사이의 시기에 있었던 사실로 옳은 것은? [3점]

> (가) 임금이 전교하기를, "내 생각에는 허적이 혹시 허견의 모반 사실을 알지 못했는가 하였는데, 문안(文案)을 보니 준기를 산속 정자에 숨긴 사실이 지금 비로소 드러났으니, 알고서도 엄호한 정황이 분명하여 감출 수가 없었다. 그 저께 허적에게 사약을 내려 죽인 것도 이 때문이다."라고 하였다.
>
> (나) 임금이 명하기를, "국운이 평안하고 태평함을 회복하여 중전이 복위하였으니, 백성에게 두 임금이 없는 것은 고금을 통하는 도리이다. 장씨에게 내렸던 왕후의 지위를 거두고, 옛 작호인 희빈을 내려 주도록 하라. 다만 세자가 조석으로 문안하는 것만은 폐하지 말라."라고 하였다.

은쌤의 합격노트

(가)는 경신환국 직전의 '삼복의 변', (나)는 갑술환국이다.

(가) 조선 후기 숙종 때인 1680년 남인 정권의 영수 허적의 서자 허견이 왕족 복선군과 역모를 도모했다고 고발되면서 많은 사람이 처형되고 유배된 '삼복의 변'이 일어났다. 이후 남인 세력이 조정에서 내쫓기고 서인 정권이 집권한 경신환국이 일어났다.

(나) 조선 후기 숙종 때 장희빈이 인현 왕후를 저주했다는 죄목으로 사약을 받게 되고 인현 왕후가 다시 왕후의 자리를 되찾게 되면서 서인이 다시 권력을 잡게 되었다(갑술환국).

정답 분석

② 송시열이 관작을 삭탈당하고 유배되었다.

➲ 경신환국 이후 서인은 희빈 장씨 소생의 왕자를 세자로 책봉하는 것에 반대하다 정권에서 밀려났다. 9년 후 희빈 장씨 소생의 왕자를 세자로 책봉(희빈 장씨 소생의 원자 명호(名號) 문제)하는 것에 반대하다 송시열, 김수항 등이 처형당한 기사환국이 일어났다. 이는 (가)와 (나) 사이의 일이다.

오답 피하기

① 양재역 벽서 사건이 발생하였다.

➲ 양재역 벽서 사건은 을사사화의 여파로 1547년(명종 2)에 일어난 사화이며 윤원형 일파가 대윤 세력을 숙청하기 위해 만들어낸 사건이다. 이는 (가) 이전의 일이다.

③ 자의 대비 복상 문제로 예송이 전개되었다.

➲ 현종 때 효종과 효종비의 국장과 관련해 자의 대비의 상복 문제로 예송이 일어났다. 이는 (가) 이전의 일이다.

④ 정여립 모반 사건으로 기축옥사가 일어났다.

➲ 선조 때 정여립 모반 사건으로 기축옥사가 발생하여 동인이 화를 입었다. 이는 (가) 이전의 일이다.

⑤ 붕당의 폐해를 막기 위해 탕평비가 세워졌다.

➲ 영조가 탕평의 의지를 알리기 위해 성균관 앞에 세운 비가 탕평비이다. 이는 (나) 이후의 일이다.

23 대동법 정답 ①

밑줄 그은 '이 법'의 영향으로 가장 적절한 것은? [1점]

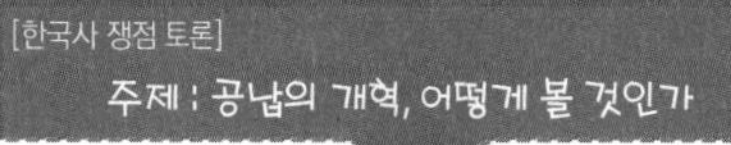

은쌤의 합격노트

밑줄 그은 '이 법'은 대동법이다. 15세기 후반부터 하급 관리나 상인들이 공물을 대납하고 농민들에게 그 대가를 요구하는 방납이 성행하였는데, 방납의 폐해가 나타나자 조선 정부는 국가 재정을 확충하고 농민의 부담을 경감시키려는 목적에서 대동법을 실시하였다. 대동법은 광해군 원년(1608) 경기도에서 시험적으로 시행되고, 이어서 점차 전국으로 확대되었다. 대동법은 종래의 공물 납부 방식 대신 토지의 결수에 따라 쌀, 삼베나 무명, 동전 등으로 납부하게 하는 제도였다.

정답 분석

① 관청에 물품을 조달하는 공인이 등장하였다.

➲ 조선 후기 광해군이 대동법을 시행하면서 공인이라는 어용상인이 나타났다. 이들은 선혜청에서 공가를 미리 받아 각 관청에 필요한 물품을 사서 납부하였다.

오답 피하기

② 어염세, 선박세 등이 국가 재정으로 귀속되었다.

➲ 조선 후기 영조는 균역법을 시행하면서 농민의 군포 부담을 1년에 2필에서 1필로 줄였다. 줄어든 군포 수입은 어염세와 선박세 등을 국가 재정으로 돌려 보충하였다.

③ 전세를 풍흉에 따라 9등급으로 차등 과세하였다.

➲ 조선 초기 세종은 전세를 좀 더 체계적으로 걷기 위해 토지의 비옥도와 풍흉에 따라 차등 징수하는 전분6등법과 연분9등법을 실시하였다.

④ 양반에게도 군포를 징수하는 호포제가 시행되었다.

➲ 조선 후기 흥선 대원군은 군정의 폐단을 시정하기 위해 많은 양반의 반대에도 호포제를 실시하여 상민에게만 거두던 군포를 양반에게도 징수하였다.

⑤ 재정을 보충하기 위해 지주에게 결작이 부과되었다.

➲ 조선 후기 영조가 균역법을 시행하면서 농민의 군포 부담을 1년에 2필에서 1필로 줄였다. 줄어든 군포 수입은 토지 1결마다 2두씩 결작미를 거두어 보충하였다.

24 조선 영조와 정조의 업적 정답 ④

(가), (나) 왕에 대한 설명으로 옳은 것은? [2점]

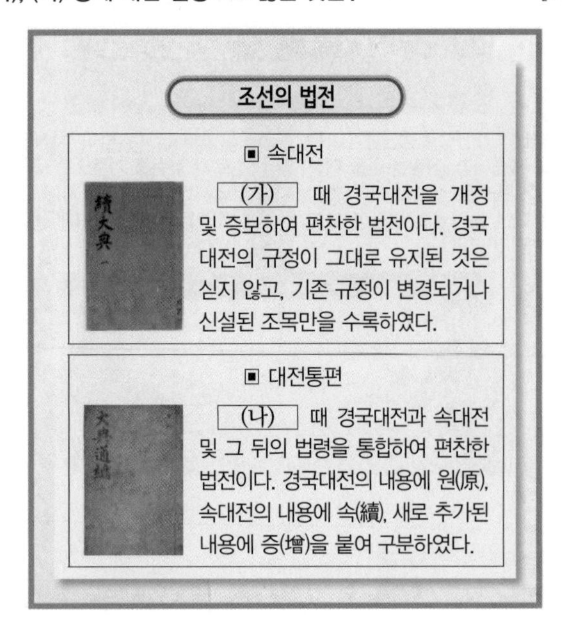
조선의 법전

▣ 속대전

(가) 때 경국대전을 개정 및 증보하여 편찬한 법전이다. 경국대전의 규정이 그대로 유지된 것은 싣지 않고, 기존 규정이 변경되거나 신설된 조목만을 수록하였다.

▣ 대전통편

(나) 때 경국대전과 속대전 및 그 뒤의 법령을 통합하여 편찬한 법전이다. 경국대전의 내용에 원(原), 속대전의 내용에 속(續), 새로 추가된 내용에 증(增)을 붙여 구분하였다.

은쌤의 합격노트

(가) 왕은 영조, (나) 왕은 정조이다.

(가) 조선 후기 영조는 통치의 기틀을 마련하여 왕권을 강화하기 위해 "속대전"을 편찬하였다. 조선 전기부터 형법은 중국의 대명률을 따른 탓에 시행상의 모순이 많았는데 "속대전"에서는 그러한 모순을 시정, 우리 실정에 맞는 새로운 형률을 증설하고 형량도 가볍게 하였다.

(나) 조선 후기 정조는 조선 초기 법전인 "경국대전"과 영조의 "속대전"을 종합하고, 그간 바뀐 사회 사정을 감안해 "대전통편"을 편찬하였다. 정조는 통치 질서를 확립시키기 위한 의도로 편찬을 명한 것이다. '대전'은 법전을, '통편'은 합쳐서 크게 편찬했다는 뜻이다.

정답 분석

④ (나) - 국왕의 친위 부대인 장용영을 설치하였다.

➡ 조선 후기 정조는 왕의 친위대 성격을 지닌 장용영을 설치하여 왕권을 군사적으로 뒷받침하였다. 장용영은 국왕의 호위를 담당하는 군영으로 출발한 장용영은 서울과 수원에 배치되었다.

오답 피하기

① (가) - 청과의 국경을 정한 백두산정계비를 세웠다.

➡ 조선 후기 숙종 대에 조선과 청의 관리들이 백두산 일대를 답사하고 서쪽으로는 압록강, 동쪽으로는 토문강을 경계로 국경선을 확정하여 백두산정계비를 세웠다.

② (가) - 왕실의 위엄을 높이기 위해 경복궁을 중건하였다.

➡ 흥선 대원군은 왕실의 위엄을 세우기 위해 임진왜란 때 불타버리고 폐허만 남아 있었던 경복궁을 중건하였다. 이때 필요한 비용을 마련하기 위해 원납전을 강제로 징수하고 당백전을 발행하였다.

③ (나) - 이종무를 파견하여 대마도를 정벌하였다.

➡ 조선 초기 세종 대에 이종무는 병선 227척과 군사 1만 7천여 명으로 왜구의 소굴인 쓰시마 섬을 토벌하였다.

⑤ (가), (나) - 나선 정벌에 조총 부대를 파견하였다.

➡ 조선 후기 효종은 청나라의 요청을 받아 두 차례에 걸쳐 조총 부대를 출동시켜 송화강과 흑룡강 일대에서 러시아 군을 격퇴하였다(나선 정벌).

25 조선 실학자 이익 정답 ⑤

(가) 인물에 대한 설명으로 옳은 것은? [2점]

이 책은 (가) 이/가 학문과 사물의 이치를 논한 글과 제자들의 질문에 응답한 내용을 모아 엮은 성호사설입니다. (가) 은/는 노비 제도의 개혁, 서얼 차별 폐지 등 다양한 개혁안을 제시하였습니다.

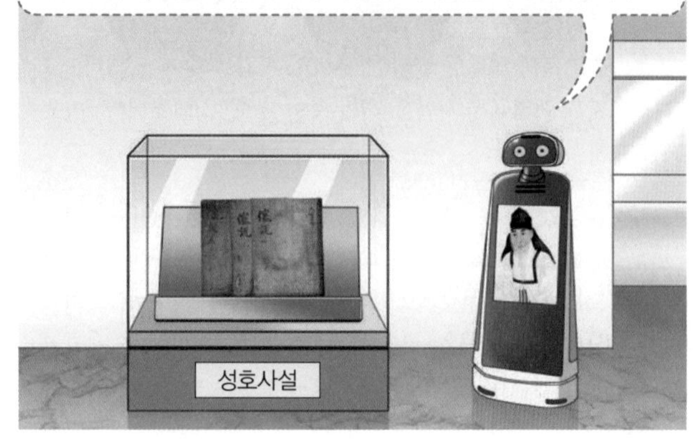

은쌤의 합격노트

(가) 인물은 성호 이익이다. 이익은 유형원의 사상을 심화 발전시켜 "성호사설"을 비롯한 많은 저술을 남겼다. 이익은 나라를 좀먹는 여섯 가지 폐단으로 노비 제도, 과거제, 양반 문벌 제도, 사치와 미신, 승려, 게으름을 지적하였다. 특히 고리대, 화폐 제도, 환곡 제도의 개선을 강조하였다. 또한 한정된 관직을 차지하기 위한 다툼에서 당쟁이 비롯되었다고 보고, 양반들도 농사를 짓게 하며 과거 실시 간격을 늘려 합격자를 줄이고 전랑들의 후임자 천거권을 없애 군주의 인사권을 보장할 것을 제안하였다.

정답 분석

⑤ 곽우록에서 토지 매매를 제한하는 한전론을 주장하였다.

➡ 이익은 "곽우록"에서 자영농을 육성하기 위해 매 호마다 영업전을 갖게 하고, 나머지 토지는 매매를 허락하여 점진적으로 토지 균등을 이루어 나가자는 한전론을 주장하였다.

오답 피하기

① 이벽 등과 교류하며 천주교를 받아들였다.

➡ 이벽, 권철신, 이가환, 정약종 등 남인 계열의 일부 실학자들은 천주교 서적을 읽고 신앙 생활을 시작하게 되었다.

② 북한산비가 진흥왕 순수비임을 고증하였다.

➡ 김정희는 "금석과안록"을 지어 북한산비가 진흥왕 순수비임을 밝혔다.

③ 동호문답에서 수취 제도의 개혁 등을 제안하였다.

➡ 이이는 "동호문답"을 지어 통치 체제의 정비와 수취 제도의 개혁 등 현실적인 방안을 제시하였다.

④ 가례집람을 지어 예학을 조선의 현실에 맞게 정리하였다.

➡ 조선 중기 선조 대에 김장생은 주자의 "가례"를 기본으로 여러 학자의 예설을 취사선택하여 증보 · 해석한 "가례집람"을 저술하였다. 이를 통해 예학을 조선의 현실에 맞게 정리하였다.

26 조선 후기의 문화 정답 ④

다음 그림이 그려진 시기의 문화에 대한 설명으로 옳지 않은 것은? [1점]

> 이 그림은 김득신이 대장간의 모습을 묘사한 풍속화이다. 한 명이 화덕에서 달궈진 쇳덩어리를 방울집게로 집어 모루 위에 올려놓자 두 명이 쇠망치로 두드리는 모습, 도리에 매어 놓은 그네에 상체를 기대고 어깨너머로 구경하는 아이의 모습 등이 생동감 있게 표현되어 있다.

은쌤의 합격 노트

다음 그림이 그려진 시기는 조선 후기이다. 조선 후기에는 생활 모습을 사실적으로 표현한 풍속화가 유행하였는데, 풍속 화가로는 김홍도와 신윤복이 유명하다. 김홍도는 당시의 서민 문화를 적나라하게 표현하였지만, 신윤복은 양반의 위선적인 행각과 남녀 사이의 애정 등을 감각적이고 해학적으로 묘사하였다. 김득신은 '대장간도', '파적도' 등 김홍도와 비슷한 경향의 풍속화를 남겼다.

정답 분석

④ 금속 활자본인 직지심체요절이 간행되었다.

➋ 금속 활자 인쇄술은 고려에서 세계 최초로 발명되었다. 현존하는 세계에서 가장 오래된 금속 활자본은 청주 흥덕사에서 1377년에 간행한 "직지심체요절"이다.

오답 피하기

① 중인들이 시사(詩社)를 조직하였다.

➋ 조선 후기 중인과 서민층의 창작 활동이 활발해지면서 일종의 문학 동호인 모임 시사가 많이 만들어졌다.

② 양반의 위선을 풍자한 탈춤이 공연되었다.

➋ 조선 후기에 널리 인기를 얻은 탈춤은 춤과 노래, 그리고 사설로 구성되었으며, 향촌에서 마을 굿의 일부로 공연되기도 했다.

③ 춘향가, 흥보가 등의 판소리가 유행하였다.

➋ 조선 후기에 널리 인기를 얻은 판소리는 서민 문화의 폭을 크게 확대하였다. 판소리는 구체적인 이야기를 창과 사설로 엮어 내어 감정 표현이 직접적이고 솔직하였다.

⑤ 홍길동전, 박씨전 등의 한글 소설이 널리 읽혔다.

➋ 조선 후기 문학의 저변이 서민층까지 확산되면서 허균의 "홍길동전", 김만중의 "사씨남정기"와 "구운몽", 작자 미상의 "춘향전", "토끼전", "심청전", "장화홍련전" 등 한글 소설이 서민들 사이에 널리 퍼졌다.

27 개화파 김홍집 정답 ①

(가) 인물에 대한 설명으로 옳은 것은? [3점]

은쌤의 합격 노트

(가) 인물은 김홍집이다. 1880년 조선 정부는 김홍집을 제2차 수신사로 일본에 파견하였다. 김홍집은 일본의 눈부신 발전과 급변하는 세계정세의 동향을 인식하게 되었다. 그리고 조선으로 돌아올 때 주일 청국 공사관의 외교관인 황준헌이 지은 "조선책략"을 가지고 왔다. 일본이 1884년에 일어난 갑신정변의 피해 보상을 요구하자 조선 정부는 김홍집을 내세웠지만 결국 굴욕적인 한성 조약을 체결하였다. 한성 조약의 결과에 책임을 통감한 김홍집은 좌의정 자리에서 물러났다. 1896년 을미사변 이후 신변의 위협을 느낀 고종은 러시아 공사관으로 피신하는 아관파천을 단행하였다. 아관 파천 직후 고종은 김홍집 등을 역적으로 규정하였고, 이에 총리대신 김홍집과 농상공부대신 정병하, 탁지부대신 어윤중은 백성에게 살해되었다.

정답 분석

① 총리대신으로 갑오개혁을 주도하였다.

➋ 1894년 일본의 강요로 조선 정부는 김홍집을 총리대신으로 하는 내각을 수립하고, 군국기무처를 설치해 1차 갑오개혁을 추진하였다. 1차 갑오개혁은 총재 김홍집을 비롯하여 박정양, 유길준 등 개화 인사들이 참여하였다.

오답 피하기

② 베델과 함께 대한매일신보를 창간하였다.

➋ 1904년 대한매일신보는 통감부의 검열을 피하기 위해 영국인 기자 베델을 발행인으로 하여 창간되었는데 실제 경영은 양기탁이 맡았다.

③ 서양의 과학 기술을 정리한 지구전요를 저술하였다.

➋ 1857년 조선 후기 학자 최한기는 우주계의 천체 · 기상과 지구상의 자연 및 인문 지리를 엮은 "지구전요"를 저술하였다.

④ 강화도 조약 체결의 전말을 기록한 심행일기를 남겼다.

➋ 조선 후기 외교가 신헌은 1876년 강화도 조약 체결의 전말과 여기에 임하는 양측 대표들의 입장들이 일일이 적은 "심행일기"를 남겼다.

⑤ 유학생과 기술자들을 이끄는 영선사로 청에 파견되었다.

➋ 1881년 조선 정부는 청에 영선사 김윤식을 파견하여 서양의 근대식 무기 제조 기술과 군사 훈련법을 습득하게 하였으며, 이를 바탕으로 기기창을 세웠다.

28 진주 민란 정답 ⑤

밑줄 그은 '변란'에 대한 정부의 대책으로 옳은 것은? [1점]

> 경상 감사 이돈영이 진주의 백성들이 변란을 일으켜 경상 우병사 백낙신을 협박하고 인명을 살상하였다고 보고하니, 왕이 하교하였다. "난민들의 행동이 극에 달했으니, 만약 평시에 백성들을 잘 위로하고 달랬다면 어찌 이런 일이 있었겠는가. 대신들은 의논하여 조처할 방안을 마련하도록 하라."

은쌤의 합격노트

밑줄 그은 변란은 조선 후기 세도 정치 시기의 '진주 민란'이다. 1862년에는 진주에서 몰락 양반 유계춘을 중심으로 경상 우병사 백낙신의 부정부패에 항의하는 농민 봉기가 일어나 진주성이 점령되었다. 농민들은 관아를 습격하여 조세 대장을 불태우고, 아전과 양반 지주의 집을 불살랐다. 이후 삼남 지방의 70여 곳에서 농민들이 봉기하였고, 곧이어 북쪽의 함흥 지역에서부터 남쪽의 제주도에 이르기까지 전국적으로 확산되었다(임술 농민 봉기, 1862).

정답 분석

⑤ 삼정의 문란을 시정하고자 삼정이정청을 설치하였다.

- 세도 정치 시기인 1862년 철종은 진주 민란을 수습하기 위해 박규수를 안핵사로 파견되었다. 철종은 안핵사 박규수의 건의에 따라 농민 봉기의 주요 원인이었던 삼정의 문란을 시정하고자 삼정이정청을 설치하였다.

오답 피하기

① 군 통수권 장악을 위해 원수부를 두었다.

- 대한 제국 시기에 고종은 군사권과 재정권을 황제인 자신에게 집중시켰다. 경운궁 안에 원수부를 설치하고 대원수에 취임하여 군의 통수권을 직접 장악하였다.

② 각 궁방과 중앙 관서의 공노비를 해방하였다.

- 세도 정치 시기인 1801년 순조는 상민의 수를 늘리기 위해 6만 6,000여 명의 공노비를 양인으로 해방시켜 주었다.

③ 개혁의 방향을 제시한 홍범 14조를 반포하였다.

- 1894년 12월 고종은 종묘에서 청과의 관계를 끊고 자주독립하겠다는 독립 서고문을 반포하였다. 이 서고문에는 홍범 14조가 포함되어 있었다.

④ 재정 문제를 해결하기 위해 당백전을 발행하였다.

- 조선 후기 흥선 대원군은 경복궁을 중건하였는데 이때 필요한 비용을 마련하기 위해 원납전을 강제로 징수하고 당백전을 발행하였다.

29 조·미 수호 통상 조약 정답 ④

교사의 질문에 대한 학생의 답변으로 옳은 것은? [2점]

은쌤의 합격노트

교사가 말한 '이 조약'은 조·미 수호 통상 조약이다. 조·미 수호 통상 조약은 서양 국가와 최초로 체결한 조약으로, 조선이 일본의 압력으로 문호를 개방한 가운데 청은 러시아의 남하 정책을 견제하기 위해 조선에 미국 등 서양과 수교할 것을 권고하였다. 1880년 김홍집이 일본에 수신사로 다녀오면서 가져온 황준헌의 "조선책략"에도 이 같은 내용이 들어 있었다. 이에 따라 1882년 조선은 청의 알선으로 미국과 조·미 수호 통상 조약을 체결하였다.

정답 분석

④ 거중 조정에 대한 내용이 포함되었어요.

- 조·미 수호 통상 조약의 내용 중 가장 큰 특징은 거중 조정(Good Office, 양국 중 한 나라가 제3국의 압박을 받을 경우 서로 돕고 조정한다는 것), 관세 자주권, 최혜국 대우 등이었다. 거중 조정에 대해서 미국은 의례적인 표현으로 생각하였으나, 조선은 미국과의 동맹으로까지 확대하여 받아들였다.

오답 피하기

① 병인양요 발생의 배경이 되었어요.

- 프랑스는 병인박해를 구실로 군함을 보내 조선을 침략하였다(병인양요). 프랑스군은 강화도에 30일 동안 주둔하면서 약탈과 살인을 자행하였다.

② 갑신정변의 영향으로 체결되었어요.

- 갑신정변의 영향으로 청과 일본은 톈진 조약을 체결하였다. 이 조약으로 조선에서 양국의 군대를 철수하고, 앞으로 조선에 군대를 파견할 때 상대국에 미리 알리도록 규정하였다.

③ 통감부가 설치되는 결과를 가져왔어요.

- 일제는 을사늑약으로 대한 제국의 외교권을 빼앗고 통감부를 설치하였다. 초대 통감으로는 이토 히로부미가 부임하였다.

⑤ 메가타가 재정 고문으로 부임하는 계기가 되었어요.

- 일제는 러·일 전쟁 중 한국 내정에 간섭하고자 제1차 한·일 협약을 체결하고 메가타 다네타로를 재정 고문으로 앉혔다.

30 동학 정답 ②

(가) 종교에 대한 설명으로 옳은 것은? [2점]

> 외무부 장관께
>
> 몇 달 전부터 서울에서는 (가) 교도들에 대한 이야기밖에 없습니다. …… 사흘 전 이들의 대표 21명이 궁궐 문 앞에 모여 엎드려 절하고 상소를 올렸으나 국왕은 상소 접수를 거부하였습니다. 교도들은 처형된 교조 최제우를 복권하고 (가) 을/를 인정해 줄 것을 정부에 청원하였습니다. …… 그러나 이는 조선 국왕이 들어줄 수 없는 사안들이었습니다.
>
> 조선 주재 프랑스 공사 H. 프랑댕

은쌤의 합격노트

(가) 종교는 동학이다. 1880년대에 들어서자 동학은 급속하게 퍼져 갔다. 이에 힘입어 동학 교도들은 교주 최제우의 억울한 죽음의 원한을 풀고 탄압을 중지해 달라는 교조 신원 운동을 벌였다. 1892년 충청도와 전라도의 교도들이 각기 공주와 삼례에 집결하여 관찰사에게 교조 신원과 동학 탄압 중단을 청원하였다. 이듬해에는 교단 간부들이 궁궐 문 앞에서 상소하기도 하였다. 그래도 뜻이 이루어지지 않자 교도들은 '척왜양'의 깃발을 내걸고 보은에 집결하여 일종의 위력 시위를 벌였다.

정답 분석

② 포접제를 활용하여 교세를 확장하였다.

➜ 동학은 1870년대 후반부터 2대 교주 최시형이 조직망인 포접제를 정비하고 포교 활동을 활발히 펼치면서 교세가 크게 확장되었다. 포접제는 동학의 모임 장소인 접소에 책임자인 접주를 두고, 전국을 포와 접으로 나누어 관리한 동학의 교단 조직이다.

오답 피하기

① 정혜쌍수와 돈오점수를 주장하였다.

➜ 고려 후기 승려 지눌은 정혜쌍수를 내세우고, 돈오점수의 방법을 통해 선종을 중심으로 교종을 통합하고자 하였다.

③ 박중빈을 중심으로 새생활 운동을 추진하였다.

➜ 박중빈이 창시한 원불교는 근검저축, 허례 폐지, 미신 타파, 금주 단연 등을 내용으로 하는 새생활 운동과 간척 사업을 전개하였다.

④ 중광단을 조직하여 항일 무장 투쟁을 전개하였다.

➜ 대종교는 단군 숭배 사상을 널리 전파하여 민족의식을 높이고자 하였고, 만주에 중광단을 조직하여 항일 무장 투쟁을 전개하였다.

⑤ 제사와 신주를 모시는 문제로 정부의 탄압을 받았다.

➜ 조선 후기 정부는 천주교 신자가 제사를 거부하고 조상의 신주를 없애는 사건이 일어나자, 유교적 질서를 부정한다는 이유로 천주교를 박해하였다.

31 독립 협회 정답 ⑤

(가) 단체에 대한 설명으로 옳은 것은? [2점]

> 서울시는 고가도로 건립을 위해 독립문 이전을 결정하였습니다. 독립문은 서재필 등이 중심이 되어 창립한 (가) 이/가 왕실과 국민의 성금을 모아 세웠습니다. 중국 사신을 맞이하던 영은문 자리 부근에 있는 독립문은 이번 결정으로 원래 자리에서 약 70미터 떨어진 공터로 이전할 예정입니다.

은쌤의 합격노트

(가) 단체는 독립 협회이다. 대한 제국이 선포되기 1년 전인 1896년에 독립 협회가 창립되었다. 갑신정변 이후 미국으로 망명하였다가 갑오개혁이 진행될 당시 귀국한 서재필이 독립문 건립을 제안하였고, 이를 추진하기 위한 조직으로 독립 협회가 출범하였다. 독립 협회는 과거 중국 사신을 영접하던 영은문 자리에서 독립문 낙성식을 거행하였다. 독립문은 독립 협회가 주도하여 만들었지만, 고종도 건립을 위한 비용의 일부를 하사할 정도로 관심이 많았다. 고종을 비롯한 왕실과 관료, 지식인, 시민들이 뜨거운 호응으로 참여하여 1897년 11월 독립문과 독립관이 완공되었다.

정답 분석

⑤ 만민 공동회를 열어 열강의 이권 침탈을 저지하였다.

➜ 독립 협회는 1898년 3월부터 최초의 근대적 민중 집회인 만민 공동회를 열어 러시아의 내정 간섭과 이권 요구를 규탄하는 자주 국권 운동을 전개하였다.

오답 피하기

① 만세보를 발행하여 민중 계몽에 앞장섰다.

➜ 천도교로 이름을 바꾼 동학은 적극적인 포교 활동을 전개하는 한편, 1906년에 기관지인 만세보를 펴내 민족의식을 고취하는 데도 앞장섰다.

② 고종의 강제 퇴위 반대 운동을 전개하였다.

➜ 대한 자강회는 1907년 고종 퇴위에 반대하는 시위에 일부 회원들이 가담하면서 해산되었다.

③ 여성의 권리 선언문인 여권통문을 공표하였다.

➜ 1898년 북촌의 양반 부인 300여 명이 '여권통문'을 발표하였다. 여성은 남성과 동등한 권리를 갖고 있으며, 경제적 능력을 갖추어야 한다는 내용이었다.

④ 독립운동 자금 마련을 위해 독립 공채를 발행하였다.

➜ 상하이 대한민국 임시 정부는 독립 운동자금을 마련하기 위해 독립 공채를 발행하거나 의연금을 거두었다.

32 부산 지역의 역사 정답 ④

(가)에 해당하는 지역을 지도에서 옳게 찾은 것은? [1점]

탐구 활동 계획서

○학년 ○반 이름 ○○○

1. 주제 : (가) 지역을 중심으로 본 조선의 대외 관계
2. 탐구 방법 : 문헌 조사, 인터넷 검색 등
3. 탐구 내용
   가. 대일 무역의 거점, 초량 왜관
   나. 개항 이후 설정된 조계의 기능
   다. 관세 문제로 일어난 두모포 수세 사건

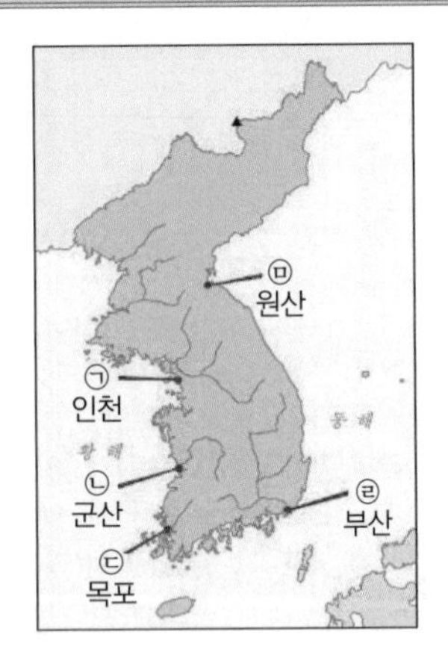

은쌤의 합격노트

가. 임진왜란 후 1607년 국교가 재개되면서 부산포가 개항되었고 이에 다시 왜관이 설치되었다. 처음에는 두모포(현 부산 동구청 부근)에 왜관이 들어섰다가 점차 교역량이 늘어나고 두모포 포구의 수심이 얕고 배를 정박하기에 협소하자 1678년 초량(현 부산 용두산공원 부근)에 신관을 지어 초량왜관으로 옮기게 되었다.

나. 조선은 1876년 강화도 조약으로 부산, 원산, 인천 세 항구를 개방한 이래 여러 나라와 통상 조약을 체결하고 항구를 개방하였다. 개항장은 거류지(조계) 설정이 되었다. 거류지(조계)는 조약에 의해 한 나라가 그 영토의 일부를 한정하여 개방한 곳으로 외국인의 거주와 영업이 허용되었으며, 중국에서는 조계지라 불렸다.

다. 1878년 조선 정부는 조·일 무역 규칙의 무관세 조항으로 피해를 입자 부산 두모포에 해관을 개설하였다. 이후 일본과의 수출입 무역에 종사하는 조선인에게 세금을 징수하였는데 일본의 강경한 반발로 철회된 사건이 두모포 수세 사건이다.

정답분석

④ ㉣

➋ (가)에 해당하는 지역은 부산이다.

33 위정척사파 최익현 정답 ④

(가)~(다) 학생이 발표한 내용을 일어난 순서대로 옳게 나열한 것은? [2점]

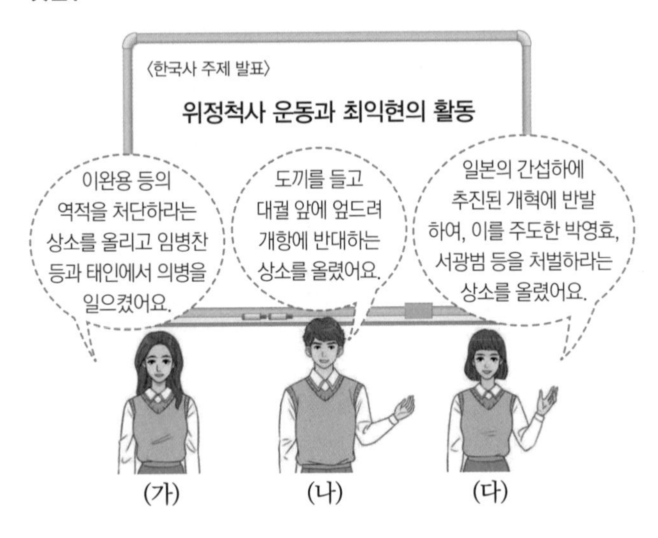

은쌤의 합격노트

(가)는 1906년 최익현이 주도한 을사의병, (나)는 1876년 최익현이 올린 일본과의 조약 체결에 반대하며 올린 상소, (다)는 1895년 최익현이 2차 갑오개혁을 주도한 박영효 일당이 실각하자, 일본으로 도주한 박영효, 서광범 등 개화파 인사들을 처벌할 것과 옛 의제의 회복을 주장하는 상소이다.

정답분석

④ (나) - (다) - (가)

➋ (나) 1876년 강화도 조약 체결을 전후하여 왜양 일체론이 제기되면서 개항 반대 운동이 전개되었다. 1876년 1월 최익현은 도끼를 앞에 놓고 꿇어앉아 일본과의 조약 체결에 적극 반대하는 상소를 올렸다. 자신의 상소를 받아들이든지 아니면 도끼로 자신을 죽여 달라는 단호한 의지를 나타낸 것이다. 최익현은 일본도 서양과 마찬가지로 오랑캐라는 점을 강조하면서 외세에 의한 문호 개방이 경제 파탄과 자주권 손상을 가져올 것이라고 지적하였다.

(다) 1895년 최익현은 2차 갑오개혁을 주도한 박영효 일당이 실각하고 김홍집이 정권을 잡게 되자, 상소를 올려 일본으로 도주한 박영효, 서광범 등 개화파 인사들을 처벌할 것과 옛 의제의 회복을 주장하였다. 그러나 이 상소는 받아들여지지 않았고, 을미사변 이후 친일 내각은 을미개혁을 단행하여 상투를 자르라는 단발령을 내렸다. 이에 최익현은 단발령이 여론의 수렴없이 일방적으로 시행되었고, 조선의 풍속에 반하자 "내 머리는 자를지언정 머리카락은 자를 수 없다."라고 하면서 강력하게 반발하였다.

(가) 1905년 11월 최익현은 일본과 제멋대로 을사늑약을 체결한 박제순, 이지용, 이근택, 이완용, 권중현 등 을사 5적에 대해 처벌을 요구하는 상소를 올렸다. 1906년 최익현은 제자들과 전라북도 태인에서 의병을 일으켜 정읍·순창 일대를 장악하였다. 그러나 관군이 출동하자 항전을 중지하고 체포되어 일본군에게 넘겨졌고, 쓰시마 섬에 유배되어 순국하였다.

34 근대 문물의 수용 정답 ③

다음 자료를 활용한 탐구 활동으로 가장 적절한 것은? [2점]

이달 20일, 함경도 관찰사로부터 보고를 받았는데, 그 내용은 다음과 같았습니다.
"큰 수해를 당하여 조만간 여러 곡식의 피해가 클 듯한데, 콩 등은 더욱 심하여 모두 흉작이 될 것이라고 고하고 있으니, 궁핍하여 식량난을 겪을 것이 장차 불을 보듯 훤합니다. 도내(道內)의 쌀과 콩 등의 작물에 대해서는 내년 가을걷이할 때까지를 기한으로 삼아 잠정적으로 유출을 금지하여 백성들의 식량 사정을 넉넉하게 하는 것이 마땅할까 합니다. 바라건대 통촉하시어 유출 금지 시행 1개월 전까지 일본 공사에게 알리시어, 일본의 상민들이 일체 준수하게 해주십시오."

은쌤의 합격노트

다음 자료는 방곡령에 대한 내용이다. 함경도 관찰사 조병식은 개정된 조·일 통상 장정에 따라 1개월 전에 외교 담당 관청에 통고하고 방곡령을 실시하였다(1889). 그러나 일본은 통보를 늦게 받았다는 구실로 조선 정부에 압력을 가해 방곡령을 철회시켰고, 오히려 막대한 배상금까지 받아 냈다.

정답 분석

③ 조일 통상 장정 체결의 영향을 살펴본다.
- 조선은 1883년 일본과 조일 통상 장정을 개정하여 곡물 수출을 금지할 수 있는 조항인 방곡령을 추가하였다.

오답 피하기

① 화폐 정리 사업의 결과를 분석한다.
- 일제의 화폐 정리 사업으로 인해 시중에 유통되던 화폐량이 줄어들고, 한국 상인과 은행이 파산하기도 하는 등 큰 타격을 입었다.

② 산미 증식 계획의 실상을 조사한다.
- 일제의 산미 증식 계획으로 쌀 생산은 늘었으나 일제가 계획한 양에는 미치지 못하였다. 여기에 일제가 증산된 쌀보다 더 많은 쌀을 가져가면서 한국인은 식량이 부족해졌다.

④ 토지 조사 사업의 추진 과정을 파악한다.
- 일제의 토지 조사 사업은 총독이 정한 일정한 기간 안에 토지 소유권자가 직접 신고하여 소유지로 인정받는 신고주의 방식으로 진행되었다.

⑤ 양지아문과 지계아문을 설치한 목적을 알아본다.
- 대한 제국은 근대 개혁의 일환으로 양전 사업을 실시하였다. 1898년 전담 기관인 양지아문을 설치하였고, 1901년 지계아문을 설치하여 이곳에서 지계를 발급하였다.

[35~36] 다음 자료를 읽고 물음에 답하시오.

(가) 제6도 심통성정도(心統性情圖) 중에서 하도(下圖)는 이(理)와 기(氣)를 합하여 말한 것이니, …… 예를 들면 사단(四端)의 정은 이가 발하고 기가 따르니, 본래 순선(純善)하여 악이 없으나, 반드시 이의 발함이 온전하게 이루어지기 전에 기에 가려진 연후에나 선하지 않게 됩니다. 칠정(七情)은 기가 발하고 이가 그것에 타는 것이니, 역시 선하지 않음이 없으나, 만약 기가 발하는 것이 절도에 맞지 않으면 그 이를 멸하여 악이 됩니다.

(나) 유·불·도 삼교(三敎)는 각자 업(業)으로 삼아 수행하는 바가 있으니, 섞어서 하나로 할 수는 없습니다. 부처의 가르침을 행하는 것은 수신(修身)의 근본이요, 유교의 가르침을 행하는 것은 나라를 다스리는 근원이니, 수신은 다음 생을 위한 바탕이 되고, 나라를 다스리는 것은 곧 오늘날에 힘쓸 일입니다. 오늘날은 지극히 가깝고 다음 생은 지극히 먼 것인데, 가까운 것을 버리고 먼 것을 구한다면 이는 잘못된 것이 아니겠습니까.

(다) 저 불씨(佛氏)는 사람이 사악한지 정의로운지 올바른지 그른지는 가리지 않고 말하기를, "우리 부처에게 오는 자는 화를 면하고 복을 얻을 수 있다."라고 한다. 이것은 비록 열 가지의 큰 죄악을 지은 사람일지라도 부처에게 귀의하면 화를 면하게 되고, 아무리 도가 높은 선비일지라도 부처에게 귀의하지 않으면 화를 면할 수 없다는 말이다. 가령 그 말이 거짓이 아니라 할지라도 모두 사사로운 마음에서 나온 것이요, 올바른 도리가 아니므로 징계해야 할 것이다.

(라) 유교계에 3대 문제가 있는지라. 그 문제에 관해 개량하고 구신(求新)하지 않으면 우리 유교는 결코 흥왕할 수 없으리라. …… 소위 3대 문제는 무엇인가. 하나는 유교파의 정신이 오로지 제왕 측에 있고 인민 사회에 보급할 정신이 부족한 것이다. 하나는 열국을 돌아다니면서 천하를 바꾸려는 주의를 따르지 않고 "내가 학생을 구하는 것이 아니라, 학생이 나를 찾아야 한다."라는 주의를 고수한 것이다. 하나는 우리 한국의 유가는 간단하고 절실한 가르침을 요구하지 않고 지리하고 한만(汗漫)한 공부만 해 온 것이다.

35 유학 사상의 발전(사단칠정 논쟁, 시무 28조, 불씨잡변, 유교 구신론) 정답 ④

(가)~(라)를 작성된 순서대로 옳게 나열한 것은? [2점]

은쌤의 합격노트

(가)는 1568년 12월 조선 중기 퇴계 이황이 선조에게 올린 상소문인 "성학십도", (나)는 982년 고려 초기 최승로가 성종에게 제출한 '시무 28조', (다)는 1398년 조선 초기 정도전이 저술한 "불씨잡변", (라)는 1909년 근대 개화기 서북 학회 월보에 게재된 박은식의 "유교 구신론"이다.

정답 분석

④ (나) - (다) - (가) - (라)

(나) 고려 초기 유학자 최승로가 성종에게 제출한 "시무 28조"이다. 성종이 즉위하자 최승로는 이전의 혼란을 반성하고 유교 정치 실시를 주장하였다. 최승로는 지방 세력의 통제와 지방관의 파견, 유교의 진흥과 불교 행사의 축소, 토속적인 신앙 의례의 폐지 등을 건의하였다. 이에 따라 성종은 12개의 주요 지역에 지방관을 파견하고, 향리 제도를 정비하였다.

(다) 조선 초기 성리학자 삼봉 정도전이 성리학의 입장에서 불교를 비난한 "불씨잡변"이다. "불씨잡변"에서 정도전은 중국에서 부처를 섬기다가 화를 입은 일, 불교의 문제점 등을 서술하였으며 불교는 이단이므로 배척해야 한다고 주장하였다. 불씨란 부처를, 잡변이란 잡스러운 여러 가지 이야기를 의미하는 것으로 불교를 격하하고 비난하는 내용이다.

(가) 조선의 성리학 발전에 기여한 퇴계 이황의 저서 "성학십도"의 여섯 번째 도인 "심통성정도"이다. 이황은 이기이원론에 바탕을 두고, 이가 발하면 기가 따른다 하여 이의 자율성을 강조하였다. 사단은 이에서 발생하고 칠정은 기에서 발생한다고 본 이황의 사상은 도덕 수양 강조의 이론적 근거가 되었다.

(라) 개화기와 일제 강점기에 활동한 유학자 박은식이 유교 개혁을 위해 지은 "유교 구신론"이다. "유교 구신론"의 핵심은 유교 교리가 너무 어려워 일반 백성이 이해하기 어려우니 쉽고 간단한 양명학을 백성에게 전파하자는 것이었다. 박은식은 유교가 위만 생각하여 일반 백성을 생각하는 것이 부족하고, 공자처럼 세상을 돌며 바꾸려는 노력은 하지 않으며, 양명학처럼 실천적인 유학에는 관심이 없고 오직 주자 성리학에만 빠져 있는 것이 문제라고 지적하면서 유교 구신론을 주장하였다.

36 유학 사상가(이황, 최승로, 정도전, 박은식) 정답 ④

(가)~(라)를 작성한 인물에 대해 탐구한 내용으로 적절한 것을 〈보기〉에서 고른 것은? [3점]

〈보 기〉

ㄱ. (가) – 자유롭고 독창적으로 경서를 해석해 사서(四書)에 대한 주자의 해석을 반박하고, 노장사상 등을 도입해 유학의 실리적 측면을 강화하려고 하였다.

ㄴ. (나) – 예기(禮記) 중 월령(月令)에 근거하여 불교 행사를 줄이고 정사를 행하도록 촉구하며 불교적 관행에 젖은 군주를 유교적 규범을 실천하는 군주로 변화시키고자 하였다.

ㄷ. (다) – 기대승과의 논쟁을 통해 성리학의 이해를 심화하였으며, 그의 사상은 제자에 의해 일본으로 전해져 일본 유학의 발전에 영향을 주었다.

ㄹ. (라) – 양명학을 통해서 기존의 유학을 개선하려 하였고, 실학의 실천 정신을 받아들여 구국 운동을 실행하는 데 관심을 기울였다.

은쌤의 합격노트

각 제시문의 인물은 (가)는 윤휴, (나)는 최승로, (다)는 이황, (라)는 박은식이다.

(가) 17~18세기에 들어와 성리학 연구에 새로운 움직임이 나타났다. 특히 박세당은 "사변록"에서 "대학", "중용", "논어", "맹자"에 대한 주자의 주해에 반기를 들고 주자와는 상반되는 자기 나름의 주해를 붙이며 유교 경전에 대한 독자적인 해석을 시도하였다. 또한 노장 사상을 도입하여 새로운 시각을 모색하면서 유학의 실리적 측면을 강화하고자 하였다.

(나) 고려 초기 최승로는 시무 28조를 올려 유교 사상에 입각한 각종 개혁을 요구하고, 태조로부터 경종에 이르는 5대 왕의 치적에 대한 잘잘못을 평가하여 교훈으로 삼도록 하였다. 성종은 최승로의 건의를 수용하여 국가 재정을 낭비하는 불교 행사를 억제하고, 유교 사상을 정치의 근본이념으로 삼아 통치 체제를 정비하였다.

(다) 조선 중기 이황은 인간의 심성 문제를 깊이 있게 탐구하여 조선 성리학을 한 단계 높은 수준으로 끌어올렸다. 이황은 인, 의, 예, 지의 사단(四端)과 희, 노, 애, 락, 애, 오, 욕의 칠정(七情)을 이기(理氣)로 해석하는 사단 칠정론의 해석을 놓고, 기대승과 8년에 걸친 사단 칠정 논쟁을 전개하였고, 이이, 성혼 등 수많은 학자들이 이에 가담하였다. 그의 학문은 임진왜란을 거치면서 일본에 전해져 일본의 성리학 발전에 영향을 끼쳤다. 일본에서는 이황을 '동방의 주자'로 부르기도 하였다.

(라) 근대 개화기의 유교는 개화와 개혁을 외면하여 시대의 흐름에 역행하는 면이 있었다. 이에 박은식은 실천적인 새로운 유교 정신을 강조하는 유교 구신론을 주창하였다. 박은식을 비롯한 진보 유학자들은 서민적이고 실천성이 강한 양명학에 주목하였다.

정답 분석

ㄴ. (나) - 예기(禮記) 중 월령(月令)에 근거하여 불교 행사를 줄이고 정사를 행하도록 촉구하며 불교적 관행에 젖은 군주를 유교적 규범을 실천하는 군주로 변화시키고자 하였다.

최승로는 불교 국가인 고려에 불교의 각종 폐단을 지적하고 대안으로 유교 통치 이념과 가치의 확산을 주장했다. 불교 의식에 필요한 막대한 자금과 노동력 동원이 모두 백성의 몫과 수고로 돌아가는 것을 염려한 것이다.

ㄹ. (라) - 양명학을 통해서 기존의 유학을 개선하려 하였고, 실학의 실천 정신을 받아들여 구국 운동을 실행하는 데 관심을 기울였다.

➡ 박은식은 유교 구신론을 통해 새로운 시대에 유교를 전승 · 보급하기 위해서는 교화 활동과 양명학처럼 실천적인 유교 정신이 중요함을 강조하였다.

오답 피하기

ㄱ. (가) - 자유롭고 독창적으로 경서를 해석해 사서(四書)에 대한 주자의 해석을 반박하고, 노장사상 등을 도입해 유학의 실리적 측면을 강화하려고 하였다.

➡ 박세당은 실천을 강조하는 양명학과 노장 사상의 영향을 받아 반주자학적인 유학 사상을 전개하여 조선 후기 실학 사상을 체계화하는 데 이바지하였다.

ㄷ. (다) - 기대승과의 논쟁을 통해 성리학의 이해를 심화하였으며, 그의 사상은 제자에 의해 일본으로 전해져 일본 유학의 발전에 영향을 주었다.

➡ 조선 중기 이황은 기대승과 12년 동안 서한을 주고받으면서 8년 동안 사단칠정을 주제로 편지를 주고받았다. 이황의 사상은 임진왜란 이후 일본에 전해져 일본의 성리학 발전에 크게 이바지하였다.

37 상하이 시기 대한민국 임시 정부 정답 ⑤

(가)의 활동으로 옳은 것을 〈보기〉에서 고른 것은? [2점]

△△ 박물관 스탬프 투어

[제4관] 국외 독립운동의 전개

이 전시관은 국권 피탈 이후 국외에서 전개된 독립운동을 주제로 구성되어 있습니다. 특히 3 · 1 운동의 영향으로 수립된 (가) 의 활동에 대한 자료가 전시되어 있습니다. 자료를 잘 살펴보고 스탬프를 찍어 보세요.

제4관 이번에 찍은 스탬프는?

상하이에서 (가) 의 수립 초기에 청사로 사용한 건물 모양입니다. 이 청사에서는 임시 의정원의 회의가 개최되기도 하였습니다.

〈보 기〉

ㄱ. 민족 교육을 위해 대성 학교를 설립하였다.
ㄴ. 광주 학생 항일 운동에 진상 조사단을 파견하였다.
ㄷ. 외교 독립 활동을 위해 구미 위원부를 설치하였다.
ㄹ. 임시 사료 편찬회를 두어 한일 관계 사료집을 간행하였다.

은쌤의 합격노트

(가)는 대한민국 임시 정부이다. 3 · 1 운동의 영향으로 1919년 공화제에 입각한 상하이 대한민국 임시 정부가 수립되었고 초대 대통령과 국무총리에는 이승만과 이동휘가 각각 추대되었다. 임시 정부는 삼권 분립의 원칙에 따라 임시 의정원, 국무원, 법원으로 구성되었다. 행정부에 해당하는 것은 국무원이었으며, 입법부인 임시 의정원은 출신 지역별로 선임된 의원으로 구성되었다.

정답 분석

ㄷ. 외교 독립 활동을 위해 구미 위원부를 설치하였다.

➡ 상하이 대한민국 임시 정부는 미국 워싱턴에 구미 위원부를 두고 이승만을 중심으로 한국 독립 문제를 국제 여론화하는 데 힘썼다. 이승만은 미국 대통령 윌슨에게 국제 연맹에 의한 위임 통치를 청원하였으며, 구미 위원부를 중심으로 우리나라의 독립 문제를 국제 여론화하는 데 힘썼다.

ㄹ. 임시 사료 편찬회를 두어 한일 관계 사료집을 간행하였다.

➡ 상하이 대한민국 임시 정부는 임시 사료 편찬위원회를 두고 일제의 침략과 학정, 우리 민족의 독립운동과 관련된 사료를 모아 한 · 일 관계 사료집을 간행하였다

오답 피하기

ㄱ. 민족 교육을 위해 대성 학교를 설립하였다.

➡ 신민회의 안창호는 민족 교육을 위해 평양에 대성 학교를 세웠다. 하지만 1912년 일본에 의해 폐교를 당하였다.

ㄴ. 광주 학생 항일 운동에 진상 조사단을 파견하였다.

➡ 1929년 신간회는 광주 학생 항일 운동이 일어나자 현지에 조사단을 파견하고 진상 보고를 위한 민중 대회를 열어, 3 · 1 운동과 같은 전국적인 항일 운동으로 확산시킬 계획을 세웠다.

38 헤이그 특사 정답 ③

밑줄 그은 '특사'가 파견된 배경으로 가장 적절한 것은? [1점]

> 전보 제○○○호
>
> 발신인 : 하야시 외무대신(도쿄)
> 수신인 : 이토 통감(한성)
>
> 헤이그에서 발행된 평화회의보는 한국 전 부총리대신 이상설 외 2명이 평화회의에 특사로 파견되었다고 보도함. 기사에는 우선 그 한국인이 평화회의 위원으로 한국 황제가 파견한 자라는 것이 기재되었고, 이어서 일본이 한국 황제의 뜻을 배반하고, 병력으로 한국의 법규 관례를 유린하고 동시에 한국의 외교권을 탈취한 점, 그 결과 자신들이 한국 황제가 파견한 위원임에도 불구하고 평화회의에 참여할 수 없음이 유감이라는 점 등이 실렸음

은쌤의 합격노트

밑줄 그은 '특사'는 1907년 고종이 파견한 헤이그 특사이다. 고종은 을사조약이 체결되자, 조약의 무효를 선언하고 일제의 불법적인 국권 강탈을 폭로하여 국제 사회의 지원을 받고자 하였다. 이에 1907년 네덜란드 헤이그에서 열리는 제2회 만국 평화 회의에 이상설, 이준, 이위종을 특사로 파견하였다. 그러나 이들은 일본 등의 방해로 성과를 거두지 못하였고, 일본은 외교권이 없는 상태에서 특사를 보냈다는 이유 등으로 고종을 강제 퇴위시키고 순종을 즉위시켰다.

정답 분석

③ 을사늑약이 체결되었다.

➲ 1907년 고종은 을사조약의 부당성과 일제의 침략성을 널리 알리고자 제2차 만국 평화 회의가 열리고 있던 네덜란드의 헤이그에 이상설, 이준, 이위종을 특사로 파견하여 을사조약이 무효임을 국제 사회에 알리고자 하였다.

오답 피하기

① 임오군란이 일어났다.

➲ 1882년 별기군에 비해 차별 대우를 받던 구식 군인들이 임오군란을 일으켰다.

② 집강소가 설치되었다.

➲ 1894년 동학 농민군은 전주 화약을 맺은 후 새로 부임한 전라 감사와 타협하여 전라도 각 지역에 집강소를 설치하고 행정과 치안을 담당하면서 개혁을 추진해 갔다.

④ 조선 태형령이 제정되었다.

➲ 1912년 일제가 무력을 앞세워 한국을 강점했지만 한국인의 저항이 쉽사리 꺾이지 않자 조선 태형령을 만들어 한국인을 위협 · 탄압하면서 억압적인 사회 분위기를 만들었다.

⑤ 대한 제국의 군대가 해산되었다.

➲ 1907년 일본은 한 · 일 신협약(정미 7조약)을 시행하기 위한 부속 각서를 체결하여 군대를 해산하였다.

39 경인선 정답 ②

밑줄 그은 ㉠ 시기에 볼 수 있는 모습으로 가장 적절한 것은? [3점]

이 자료는 ㉠우리나라 최초의 전차가 개통된 해에 한성 전기 회사가 신문에 낸 안전 주의 사항입니다. 낯선 교통 수단인 전차의 운행으로 사고가 날 것을 우려하여 이러한 안내를 하였지만, 전차에 어린이가 치이는 등의 사고가 일어나 사회 문제가 되기도 했습니다.

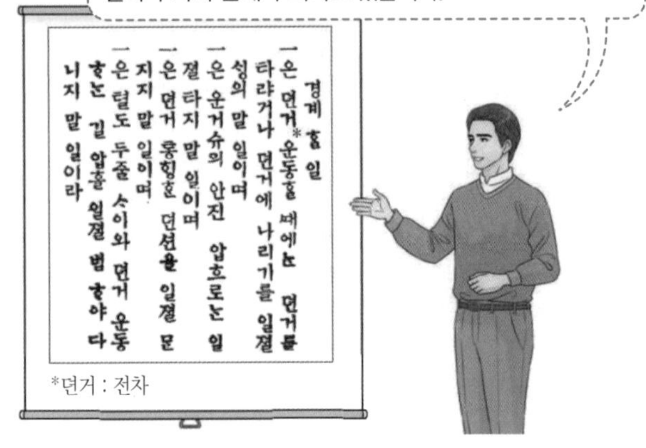

은쌤의 합격노트

밑줄 그은 ㉠ 시기는 우리나라 최초의 전차가 개통된 1899년이다. 개항 이후 근대 시설이 갖추어져 국민도 점차 그 혜택을 누렸고 생활 양식도 바뀌었다. 교통 시설에도 큰 변화가 나타나 증기선이 도입되고 전차와 철도가 운행되었다. 미국과의 합작으로 1898년 한성 전기 회사가 세워진 후, 전차 부설 공사가 시작되어 1899년 서대문과 청량리 사이에 전차가 처음으로 운행되었다. 한편, 전차가 운행되기 직전 송전선 절도 사건이 일어나기도 하였고, 운행 이후 어린아이가 전차에 치이는 사고가 발생하자 성난 군중이 전차에 불을 지르기도 하였다. 전차 개통 이후 이용객은 급속히 늘었고 전차 노선도 빠르게 확대되었다.

정답 분석

② 대한국 국제를 반포하는 황제

➲ 1899년 대한 제국은 우리나라 최초의 헌법이라고 할 대한국 국제를 발표하였다. 대한국 국제는 "대한제국은 만세불변의 전제 정치 국가이며, 황제는 무한한 권력을 가진다."라고 천명하였다.

오답 피하기

① 북학의를 저술하는 학자

➲ 1778년 박제가는 청에 다녀온 후 "북학의"를 저술하여 청의 문물을 적극 수용하자고 주장하였다.

③ 거문도를 불법 점령하는 영국군

➲ 1885년 러시아가 조선에 접근하는 것에 불안을 느낀 영국은 거문도를 불법으로 점령하였다.

④ 집현전에서 학문을 연구하는 관리

➲ 1420년 세종은 집현전을 설치하여 학자들과 많은 토론을 거쳐 정책을 시행하였다. 이 시기에 신숙주, 정인지, 서거정, 성삼문 등 뛰어난 학자들이 집현전을 통해 배출되었다.

⑤ 제너럴 셔먼호를 불태우는 평양 관민

➲ 1866년 미국의 상선 제너럴 셔먼호가 대동강을 거슬러 평양까지 올라와 통상을 요구하며 횡포를 부렸다. 이에 분노한 평양 관민은 평안 감사 박규수의 지휘하에 제너럴 셔먼호를 불태워 침몰시켰다.

40 보안회 정답 ⑤

다음 자료를 활용한 탐구 주제로 가장 적절한 것은? [1점]

송수만 등 체포 경위 보고

송수만은 보안회라는 것을 설립하여 그 회장이 됨. 종로 백목전 도가에서 날마다 회원을 모집하여 집회 · 논의하고 있는 자임. 오늘 경부와 순사 두 사람이 출장하여 송수만에게 공사관으로 동행하기를 요구하였음. …… 이때 회원과 인민들 약 200명 정도가 떠들썩하게 모여들어 송수만의 동행을 막음

은쌤의 합격 노트

다음 자료는 보안회의 활동이다. 일본의 경제 침탈에 저항하여 경제적 구국 운동이 다각도로 전개되었는데, 최초의 움직임은 1904년 보국안민(輔國安民)을 뜻하는 관료 · 유생 등이 결성한 보안회의 활동이었다. 러 · 일 전쟁 중 일본이 황무지 개척권을 이양받기 위해 조선 정부에 압력을 넣자 일본 군경과 무력 충돌까지 벌이는 등 맹렬한 반대 운동을 전개하여 정부가 일본의 요구를 거절하게 하였다.

정답 분석

⑤ 일본의 황무지 개간권 요구에 대한 반대 운동
- 1904년 일본이 러 · 일 전쟁을 빌미로 황무지 개간권을 요구하자 보안회는 반대 운동을 벌여 이를 저지하였다.

오답 피하기

① 시전 상인의 상권 수호 운동
- 1898년 한성의 시전 상인들은 외국 상인들의 한성 진출로 피해를 입자 황국 중앙 총상회를 조직하였다. 이들은 외국 상인들의 불법적인 상업 활동을 엄단할 것을 요구하며 상권 수호 운동을 전개하였다.

② 급진 개화파의 정치 개혁 운동
- 1884년 급진 개화파는 갑신정변을 일으킨 후 국가 전반의 개혁 정책을 담고 있는 14개조 정강을 공포하였다. 혁신 정강에는 청과의 사대 관계를 청산하고 내각 제도를 수립하며, 문벌을 폐지하여 인민 평등권을 보장하는 내용이 담겨 있었다.

③ 백정들의 사회적 차별 철폐 운동
- 1923년 백정들은 경남 진주에서 조선 형평사를 조직하였다. 이들은 사회적 차별과 편견을 없애기 위한 형평 운동을 전개하였다.

④ 농촌 계몽을 위한 브나로드 운동
- 1931년 동아일보는 학생 계몽대 등을 조직하여 한글을 보급하고 농촌을 계몽하는 브나로드 운동을 전개하였다.

41 일제의 식민 통치(제1차 조선 교육령~경성 제국대학 설립) 정답 ⑤

(가), (나) 발표 사이의 시기에 있었던 사실로 옳은 것은? [2점]

(가) 제1조 조선에 있어 조선인의 교육은 본령에 의한다.
제9조 보통학교의 수업 연한은 4년으로 한다. 단 지방 실정에 따라 1년을 단축할 수 있다.

(나) 제2조 총장은 조선 총독의 감독을 받아 경성 제국 대학 일반 사무를 담당하며, 소속 직원을 통독(統督)한다.
제4조 경성 제국 대학에 예과를 둔다.

은쌤의 합격 노트

(가)는 1911년 일제가 선포한 제1차 조선 교육령, (나)는 1924년 일제가 공포한 경성 제국 대학 관제이다.

(가) 총독부는 한국인과 일본인의 차별 교육을 정당화하는 제1차 조선 교육령을 발표하였다. 이에 따라 한국의 고등 교육을 제한하고, 학교 교육에서 일본어 교육과 천황에 대한 충성심을 기르는 수신 교육을 중시하였다. 한국인의 교육은 보통 교육과 실업 교육을 위주로 하였으며, 보통학교의 수업 연한은 일본보다 짧은 4년으로 하였다. 또한, 민족 교육을 중시하는 사립학교를 탄압하여 1908년 2,000여 개였던 사립학교가 1919년에는 740개로 급격히 줄어들었다.

(나) 일제는 조선에 거주하는 일본인의 고등 교육에 대한 요구를 수용하고, 일제에 협력할 만한 지식인과 중등 교사를 육성하기 위해 경성 제국 대학을 설립하였다. 1924년 예과를 설치한 이래 1926년 식민 통치에 효과적으로 이용할 수 있는 법문학부와 의학부를 개설하였다. 그러나 경비 부담이 많은 이공 계열 학부와 한국인의 정치의식을 고양할 수 있는 정치, 경제 관련 학부는 설치하지 않았다. 식민지 시기 내내 경성 제국 대학 전체 학생 중 한국인은 3분의 1을 넘지 않았다. 경성 제국 대학은 조선의 유일한 대학이었지만, 한국인을 위한 대학은 아니었던 것이다.

정답 분석

⑤ 조선 민립 대학 기성회가 창립되었다.
- 이상재와 이승훈 등이 중심이 된 조선 교육 협회는 고등 교육 기관인 대학 설립을 위해 민립 대학 설립 운동을 시작하였다. 1923년 이들은 조선 민립 대학 기성회를 만들고, '한민족 1천만이 한 사람이 1원씩'이라는 구호를 내걸고 모금 운동을 전개하였다. 이는 (가)와 (나) 사이의 일이다.

오답 피하기

① 육영 공원이 설립되었다.
- 1886년 조선 정부는 육영 공원을 설립하고, 미국인 교사를 초빙하여 양반 자제들에게 영어를 비롯한 수학, 지리학, 정치학 등 근대 학문을 교육하였다. 이는 (가) 이전의 일이다.

② 국문 연구소가 설치되었다.
- 1907년 대한 제국 정부는 한글의 체계적인 연구를 목적으로 학부 아래 국문 연구소를 설립하였다. 이는 (가) 이전의 일이다.

③ 교육 입국 조서가 반포되었다.
- 1895년 조선 정부는 교육 입국 조서를 반포하여 근대 국가로 나아가기 위한 교육 개혁의 방향을 제시하였다. 이는 (가) 이전의 일이다.

④ 국민 교육 헌장이 발표되었다.
- 1968년 박정희 정부는 국민 모두가 반공정신을 갖추고 국가에 충성하도록 요구하는 국민 교육 헌장을 제정하였다. 이는 (나) 이후의 일이다.

42 6 · 10 만세 운동 정답 ⑤

다음 자료에 나타난 사건의 영향으로 적절한 것은? [2점]

> **판결문**
>
> **피고인 :** 이선호 외 10명
>
> **주 문 :** 피고인들을 각 징역 1년에 처한다.
>
> **이 유**
>
> 피고인들은 이왕(李王) 전하 국장 의식을 거행할 즈음, 이를 봉송하기 위하여 지방에서 다수 조선인이 경성부로 모이는 기회를 이용하여 조선 독립운동을 선동하는 불온 문서를 비밀리에 인쇄하여 국장 당일 군중 가운데 살포하여 조선 독립 만세를 소리 높여 외쳐 조선 독립의 희망을 달성하고자 기도하였다.

은쌤의 합격노트

다음 자료에 나타난 사건은 6 · 10 만세 운동이다. 1926년 순종 이왕이 사망하자 학생들은 좌우익 지도자들과 함께 6월 10일 순종의 인산일에 대규모 군중 시위를 계획하였다. 그러나 이 계획은 사전에 경찰에게 발각되어 지도부가 모두 체포되었다. 하지만 학생들은 일제의 감시를 피해 6월 10일 격문을 뿌리며 시위를 벌였다. 많은 시민들이 시위에 동참하였고 전국 각지의 학생들도 동맹 휴학을 하면서 이에 호응하였다. 당황한 일제는 학생 수백 명을 검거하였다. 6 · 10 만세 운동은 사회주의 세력과 민족주의 세력이 함께 운동을 준비하면서 민족 유일당을 결성할 수 있는 공감대를 형성하였다.

정답 분석

⑤ 민족 유일당 운동의 일환으로 신간회가 창립되었다.

➋ 6 · 10 만세 운동은 사회주의 세력과 민족주의 세력이 함께 운동을 준비하면서 민족 유일당을 결성할 수 있는 공감대를 형성하였고, 이는 신간회 결성으로 이어졌다.

오답 피하기

① 13도 창의군이 서울 진공 작전을 전개하였다.

➋ 일제가 고종을 강제 퇴위시키고 뒤이어 한 · 일 신협약을 체결하고 군대를 해산시키자 의병 간에 연합 전선이 모색되었다. 이에 유생 의병장들이 중심이 되어 13도 연합 의병 부대(13도 창의군)를 결성하였다.

② 복벽주의를 내세운 독립 의군부가 조직되었다.

➋ 독립 의군부는 의병장 출신의 임병찬이 고종의 밀지를 받고 전국 곳곳의 의병장과 유생을 모아 조직하였다.

③ 김광제 등의 발의로 국채 보상 운동이 일어났다.

➋ 김광제, 서상돈 등은 일본에서 빌려 온 차관 1,300만 원을 갚아 국권을 회복하자는 국채 보상 운동을 제창하였다.

④ 통상 수교 거부 의지를 담은 척화비가 건립되었다.

➋ 신미양요 이후 흥선 대원군은 서양과의 통상 수교를 거부하는 정책을 널리 알리기 위해 전국에 척화비를 세웠다.

43 조선 의용대 정답 ③

(가) 군사 조직에 대한 설명으로 옳은 것은? [2점]

> **이달의 독립운동가**
>
> | 윤세주(1901~1942)
>
> ▶ 훈격 : 건국훈장 독립장
>
> ▶ 서훈 연도 : 1982년
>
> | **공훈록(요약)**
>
> 경남 밀양 출생. 1919년 11월 만주에서 김원봉과 함께 의열단을 조직하였다. 국내에 들어온 그는 의열 투쟁을 계획하다 체포되어 수년간 옥고를 치렀다. 이후 중국 관내에서 결성된 최초의 한인 무장 조직인 (가) 의 주요 간부로 활약하였다. 1942년 타이항산에서 전사하였다.

은쌤의 합격노트

(가) 군사 조직은 조선 의용대이다. 1937년 중 · 일 전쟁 발발 이후 민족 혁명당의 주도로 중국 관내 최초의 한인 무장 부대인 조선 의용대가 조직되었다(1938). 조선 의용대는 중국 국민당 정부의 지원을 받으며, 일본군에 대한 심리전이나 후방 공작 활동을 전개하여 많은 성과를 올렸다. 이 중 많은 조선 의용대원들은 화북으로 이동하여 조선 의용대 화북 지대로 조직을 개편하고 호가장 전투, 반소탕전 등 일본군과 크고 작은 전투를 벌였다. 이후 북상한 조선 의용대는 1942년 조선 독립 동맹의 군사 조직인 조선 의용군으로 재편되어 항일 투쟁을 계속하였다.

정답 분석

③ 대원 일부가 한국광복군에 합류하였다.

➋ 1942년 화북으로 이동하지 않은 조선 의용대 병력은 김원봉의 지휘 아래 한국 광복군에 합류하였다.

오답 피하기

① 홍범도가 총사령관으로 활약하였다.

➋ 1920년대 초기에 홍범도가 이끄는 대한 독립군은 국경 지역을 수십 차례 공격하여 압록강 연안의 혜산진을 점령하였고, 봉오동 전투와 청산리 전투에 참전하였다.

② 영릉가 전투에서 일본군을 격퇴하였다.

➋ 1931년부터 남만주에서 양세봉이 이끄는 조선 혁명군이 영릉가 전투, 흥경성 전투에서 중국 의용군과 힘을 합쳐 일본군을 격퇴하였다.

④ 도쿄에서 2 · 8 독립 선언을 계획하였다.

➋ 1919년 일본 도쿄에서 유학생들이 조선 청년 독립단을 조직하고, 2 · 8 독립 선언서를 발표하였다.

⑤ 상하이에서 대동단결 선언을 발표하였다.

➋ 1917년 대동 단결 선언은 신규식, 박은식, 신채호, 조소앙 등 14명이 발기하여 작성한 선언문이다.

44 독립 운동가 윤동주 정답 ⑤

(가) 인물의 활동으로 옳은 것은? [3점]

도시샤 대학에 있는 이 시비는 민족 문학가인 (가) 을/를 기리기 위해 세워졌습니다. 비석에는 '죽는 날까지 하늘을 우러러'로 시작되는 그의 작품인 서시가 새겨져 있습니다. 북간도 출신인 그는 일본 유학 중 치안 유지법 위반 혐의로 체포되어 옥중에서 순국하였습니다.

은쌤의 합격 노트

(가) 인물은 윤동주이다. 일제의 수탈이 극도에 달한 1940년대에는 저항 문학이 등장하였는데, 이 중 대표적인 시인이 윤동주이다. 그는 만주 북간도의 명동촌에서 태어나 15세 때부터 시를 쓰기 시작하였다. 1941년 11월 윤동주는 그때까지 써놓은 시 중에서 18편을 뽑고 여기에 '서시'를 붙여 "하늘과 바람과 별과 시"라는 제목의 시집을 엮었다. 그는 자신의 시집 원고를 3부 필사해 1부는 자신이 갖고, 1부는 이양하 교수에게, 또 1부는 함께 하숙하던 후배 정병욱에게 주었다. 그러던 중에 1943년 7월 윤동주는 일본에서 고향으로 돌아갈 준비를 하던 중에 송몽규 등과 함께 일본 특고경찰에 체포되었다. 조선인 유학생을 모아놓고 조선의 독립과 민족문화의 수호를 선동했다는 죄목이었다. 윤동주와 송몽규는 1944년 3월과 4월 교토지방재판소에서 치안유지법 위반으로 각각 징역 2년의 형을 선고받고, 후쿠오카형무소로 이감되었다. 그리고 1년 뒤인 1945년 2월 16일 원인 불명의 사인으로 후쿠오카형무소에서 29세의 짧지만 굵은 생을 마감하였다.

정답 분석

⑤ 별 헤는 밤, 참회록 등의 시를 남겼다.

➲ '별 헤는 밤'과 '참회록'은 윤동주가 지은 유작으로 친구 정병욱과 아우 윤일주가 1948년 정리한 "하늘과 바람과 별과 시" 초간본에 실렸다.

오답 피하기

① 조선상고사를 저술하였다.

➲ 신채호는 "조선상고사"를 저술하여 민족사가 주체적으로 발전해 온 과정을 정리하였다. 1910년대 후반에 저술한 것으로 추정되며 이 책은 1931년 당시 조선일보 사장인 안재홍의 주선에 의해 "조선일보"에 연재되었다.

② 소설 상록수를 신문에 연재하였다.

➲ 1931년부터 '브나로드 운동'이라는 이름으로 농촌 계몽 운동이 전개되었다. 이어서 '민중 속으로'라는 뜻을 지닌 브나로드 운동을 배경으로 심훈의 "상록수" 같은 계몽 소설이 등장하였다.

③ 저항시 광야, 절정 등을 발표하였다.

➲ 이육사의 대표작 '광야'와 '절정'은 식민지하의 민족적 비운을 소재로 삼아 강렬한 저항 의지를 나타내고, 꺼지지 않는 민족정신을 장엄하게 노래하였다.

④ 영화 아리랑의 제작과 감독을 맡았다.

➲ 1926년 나운규가 직접 각본을 쓴 '아리랑'은 나라를 잃은 민중의 울분과 설움을 그려내 큰 호응을 얻었다.

45 일제 식민 통치 3기(1930~40년대) 정답 ①

밑줄 그은 '이 시기'에 있었던 사실로 옳은 것을 〈보기〉에서 고른 것은? [2점]

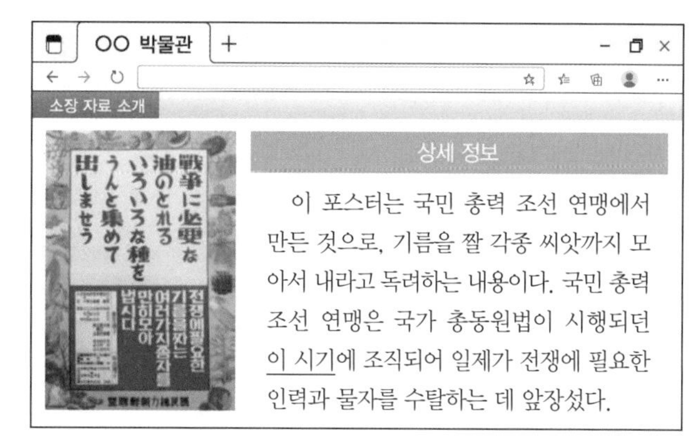

〈보 기〉

ㄱ. 미곡 공출제가 시행되었다.
ㄴ. 황국 신민 서사의 암송이 강요되었다.
ㄷ. 회사 설립을 허가제로 하는 회사령이 실시되었다.
ㄹ. 유상 매수, 유상 분배를 규정한 농지 개혁법이 제정되었다.

은쌤의 합격 노트

밑줄 그은 '이 시기'는 1930~40년대 일제 식민 통치 시기이다. 1937년 중·일 전쟁을 일으킨 일제는 전쟁에 필요한 인력과 물자를 효율적으로 동원하기 위해, 국민정신 총동원 운동을 전개하여 황국 신민화를 적극 강요하였다. 1938년 일제는 국가 총동원법을 제정하여 본격적인 인력과 물자의 수탈에 나섰는데, 지원병제, 징병제, 학도지원병제 등을 실시하여 청년들을 침략전쟁에 투입하였다. 그리고 국민 징용령을 내려 청·장년들을 탄광, 철도 건설, 군수 공장 등에 끌고 가서 노예처럼 일을 시켰다.

정답 분석

ㄱ. 미곡 공출제가 시행되었다.

➲ 일제는 1938년 전선이 확대되자 국가 총동원령을 내리고 물적 자원을 수탈하였다. 특히 군량미를 조달하기 위해 싼 가격에 강제로 미곡을 사들이는 공출제를 실시하였다. 이후 쌀에 대한 소비 통제를 더욱 강화하였을 뿐만 아니라 모든 식량의 가격과 수량을 통제하였다.

ㄴ. 황국 신민 서사의 암송이 강요되었다.

➲ 1937년 중·일 전쟁을 일으킨 일제는 내선일체를 내세워 황국 신민화 정책을 본격적으로 추진하였다. '황국 신민 서사'를 외우게 하고 전국 곳곳에 신사를 만들어 강제로 참배시켰다.

오답 피하기

ㄷ. 회사 설립을 허가제로 하는 회사령이 실시되었다.

➲ 1910년 일제는 회사령을 제정하여 회사를 세울 때 조선 총독부의 허가를 받게 하였다. 이는 조선 기업들의 활동을 억제하기 위한 것이었다.

ㄹ. 유상 매수, 유상 분배를 규정한 농지 개혁법이 제정되었다.

➲ 1949년 제헌 국회는 '경자유전'을 원칙으로 하는 농지 개혁법을 공포하였다. 정부가 지주의 땅을 사들이고 농민들은 분배받은 농지에서 나오는 연간 소출량의 150%를 5년간 분할 상환하도록 하였다.

46 대한민국 정부 수립 과정(미군정 설치~신탁 통치 반대운동) 정답 ③

(가), (나) 사이의 시기에 있었던 사실로 옳은 것은? [2점]

(가) 본관(本官)은 본관에게 부여된 태평양 미국 육군 최고 지휘관의 권한을 가지고 조선 북위 38도 이남의 지역과 주민에 대하여 군정을 설립함. 따라서 점령에 관한 조건을 다음과 같이 포고함

제1조 조선 북위 38도 이남의 지역과 동 주민에 대한 모든 행정권은 당분간 본관의 권한하에서 시행함

(나) 대한민국 임시 정부는 28일 김구와 김규식의 명의로 '4개국 원수에게 보내는 결의문'을 채택하고, 각계 대표 70여 명으로 신탁 통치 반대 국민 총동원 위원회를 결성하였다. 여기서 강력한 반대 투쟁을 결의하고 김구 · 김규식 등 9인을 위원회의 '장정위원'으로 선정하였다.

은쌤의 합격노트

(가)는 1945년 9월 9일 태평양 미 육군 총사령관 맥아더 포고령 제1호, (나)는 1945년 12월 28일 대한민국 임시 정부가 김구와 김규식의 명의로 「4개국 원수에게 보내는 결의문」을 채택하는 상황이다.

(가) 1945년 9월, 일본 도쿄에 있던 미국 태평양 방면 육군 총사령관 맥아더는 포고령 제1호를 발표하고 북위 38도선 이남에서 군정을 실시하겠다고 밝혔다. 미군정청은 '미군정만이 38도선 이남 한국에서 유일한 정부'라고 선언하였다.

(나) 1945년 12월 말 모스크바에서 개최된 미·영·소 3국 외무 장관 회의에서 최대 5년간의 신탁 통치가 결의되었다. 이에 대해 대한민국 임시 정부는 12월 28일 김구와 김규식의 명의로 「4개국 원수에게 보내는 결의문」을 채택하고, 김구 · 김규식 · 조소앙 · 김원봉 · 유림 · 신익희 · 김붕준 · 엄항섭 · 최동오 9인을 탁치반대총동원위원회의 '장정위원'으로 선정 후 성명서를 채택하였다.

정답 분석

③ 모스크바 삼국 외상 회의가 개최되었다.

▶ 1945년 12월 미국, 영국, 소련의 외무 장관들은 모스크바에서 회의를 열어 전후 처리 문제를 협의하였다. 이 자리에서 한반도에 민주주의 임시 정부를 수립하고, 최고 5년 동안 미국, 영국, 중국, 소련이 신탁 통치를 실시한다는 결정이 내려졌다. 이는 (가)와 (나) 사이의 일이다.

오답 피하기

① 카이로 선언이 발표되었다.

▶ 1943년 11월 태평양 전쟁이 한창일 때 미 · 영 · 중 3국 수뇌는 카이로 선언을 발표하였다. 이는 (가) 이전의 일이다.

② 조선 건국 동맹이 결성되었다.

▶ 1944년 국내에서는 여운형 등이 민족 지도자들이 일제의 패망과 광복에 대비하여 비밀 결사인 조선 건국 동맹을 결성하였다. 이는 (가) 이전의 일이다.

④ 좌우 합작 위원회에서 좌우 합작 7원칙을 합의하였다.

▶ 1946년 10월 좌우 합작 위원회는 '모스크바 3국 외무 장관 회의 결정에 따른 통일 임시 정부 수립, 반민족 행위자 처벌' 등을 주요 내용으로 하는 '좌우 합작 7원칙'에 합의하였다. 이는 (나) 이후의 일이다.

⑤ 유엔 총회에서 인구 비례에 따른 남북한 총선거를 결의하였다.

▶ 1947년 국제 연합은 인구 비례에 의한 남북한 총선거를 실시하여 통일 정부를 수립하도록 결정하였다. 이는 (나) 이후의 일이다.

47 개경 지역의 역사 정답 ⑤

(가) 지역에 대한 설명으로 옳은 것은? [3점]

노래로 읽는 한국사

황성옛터(荒城옛터)

황성옛터에 밤이 되니
월색만 고요해
폐허의 설운 회포를
말하여 주노나
아 외로운 저 나그네
홀로 잠 못 이뤄
구슬픈 벌레 소리에
말없이 눈물져요

[해설]

이 곡은 전수린이 고향인 (가) 에 들렀다가 옛 궁터인 만월대를 보고 작곡한 노래로, 일제에 국권을 빼앗긴 설움을 대변하여 장안의 화제가 되었다.

이 곡의 배경인 (가) 의 만월대에서는 2007년부터 남북 공동 발굴이 이루어져 금속 활자를 비롯하여 기와 및 도자기 등 다양한 유물이 출토되었다.

은쌤의 합격노트

(가) 지역은 개경이다. 만월대는 왕건이 송악산 기슭 개경에 도읍을 정하면서 세운 왕궁이 있던 곳이다. 동서 445m, 남북 150m의 이 왕궁터에는 왕과 신하들이 국사를 논의하던 회경전을 중심으로 많은 건물이 들어서 있었다. 이 만월대 위의 왕궁은 오백 년 고려사의 상징이었다. 그러나 당당하였던 왕궁은 고려 말에 홍건적의 침입으로 모두 불타 버리고, 이제는 그 터와 돌계단만 남아 당시의 역사를 말없이 전하고 있다.

정답 분석

⑤ 유엔군과 공산군 사이의 첫 번째 정전 회담이 열린 곳이다.

▶ 1951년 7월 8일 6 · 25 전쟁이 한창이던 중 휴전을 위해 개경에 있는 요리점 내봉장에서 UN군 측과 공산군 측이 예비회담을 개최하였다.

오답 피하기

① 조선 형평사 창립총회가 개최된 곳이다.

▶ 백정들은 1923년 경남 진주에서 조선 형평사를 조직하고 차별 대우 철폐를 주장하는 형평 운동을 전개하였다.

② 동학 농민군과 정부 사이에 화약이 체결된 곳이다.

▶ 동학 농민군은 청군과 일본군의 개입으로 생길 혼란을 막기 위해 외국 군대 철수와 폐정 개혁을 조건으로 관군과 전주 화약을 맺고 전주성에서 물러났다.

③ 서희가 소손녕과의 외교 담판을 통해 확보한 곳이다.

▶ 고려의 서희는 거란의 장수 소손녕과 외교 담판을 벌였고, 고려는 송과의 교류를 단절하고 거란과 교류할 것을 약속하는 대신, 압록강 동쪽의 강동 6주를 획득하였다.

④ 장수왕 때 국내성에서 천도하여 도읍으로 삼은 곳이다.

▶ 고구려의 장수왕은 수도를 국내성에서 평양으로 옮긴 뒤 남진 정책을 추진하였다.

48 4·19 혁명 정답 ②

민주화 운동에 대한 설명으로 옳은 것은? [1점]

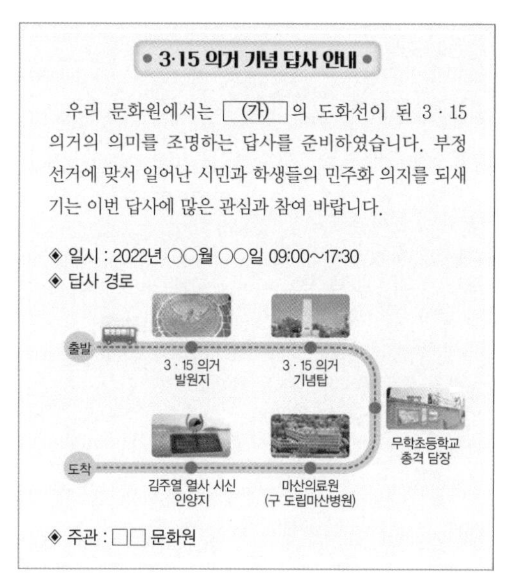

은쌤의 합격노트

(가) 민주화 운동은 4·19 혁명이다. 1960년 3월 15일 실시된 정·부통령 선거는 부정으로 얼룩졌다. 대리 투표는 물론 3인조 투표도 각지에서 행해졌고, 일부 지방에서 사전 투표가 발각되었다. 이에 부정 선거에 항의하는 국민 시위가 대구, 부산, 서울, 마산 등 전국의 대도시에서 벌어졌다. 3월 15일 오후 마산에서 학생과 시민들은 부정 선거를 규탄하고 선거 무효를 주장하며 시위를 벌였고, 경찰은 이를 무차별하게 진압하였다. 이 과정에서 실종된 학생 김주열이 약 한 달 뒤 마산 앞바다에 참혹한 시신으로 떠올랐다. 이에 분노한 학생과 시민들은 다시 격렬하게 시위를 일으켰다. 4월 19일 학생과 시민들이 대통령과 면담을 요구하며 경무대로 향하자, 경찰이 무차별 총격을 가하여 많은 희생자가 발생했다. 4월 25일에는 대학 교수들도 대통령을 비롯한 책임자들의 사퇴와 재선거 실시 등을 주장하는 시국 선언문을 발표하고 시위를 벌였다. 마침내 4월 26일 이승만은 국민의 요구를 받아들여 사퇴하고, 하와이로 망명하였다.

정답 분석

② 이승만이 대통령직에서 물러나는 결과를 가져왔다.
➲ 1960년 4·19 혁명으로 이승만은 대통령직을 사임하겠다는 성명을 발표하였고, 얼마 뒤 하와이로 망명의 길을 떠났다.

오답 피하기

① 3선 개헌 반대 범국민 투쟁 위원회가 주도하였다.
➲ 1969년 박정희 정부는 경제 발전과 국가 안정을 명분으로 내세워 대통령의 3선을 허용하는 개헌안을 국회에서 편법으로 통과시켰다(3선 개헌).

③ 신군부의 비상계엄 확대와 무력 진압에 저항하였다.
➲ 1980년 5월 18일 광주 지역 대학생들은 신군부에 비상계엄 해제와 민주 헌정 체제의 회복 등을 요구하는 시위를 계속하였다(5·18 민주화 운동).

④ 관련 기록물이 유네스코 세계 기록 유산으로 등재되었다.
➲ 2011년 국가 폭력에 대한 민중의 저항을 담은 5·18 민주화 운동 관련 기록은 그 의미와 가치가 인정되어 유네스코 세계 기록 유산으로 등재되었다.

⑤ 4·13 호헌 조치에 반발하며 호헌 철폐 등의 구호를 내세웠다.
➲ 1987년 전두환 정부는 국민들의 대통령 직선제 개헌 요구를 거스르고 기존 헌법을 고수하겠다는 4·13 호헌 조치를 발표하였다.

49 박정희 정부 정답 ②

다음 판결이 있었던 정부 시기의 사실로 옳은 것은? [2점]

> ○ 김○○ 씨가 모 다방에서 동석한 사람들에게 "정부가 물가 조정한다고 하면서 물가가 오르기만 하니 정부가 국민을 기만하는 것이 아니냐.", "중앙정보부에서 모 대학교수를 잡아 조사를 하다 죽이고서는 자살하였다고 거짓 발표하였다." 등의 발언을 하여 유언비어를 유포했다는 이유로 징역 5년을 선고받았다.
>
> ○ 사상계 전 대표 장준하, 백범 사상 연구소 소장 백기완이 함석헌, 계훈제 등과 개헌 청원 100만인 서명 운동에 대해 논의하고 긴급조치를 비판하였다는 이유로 각각 징역 및 자격정지 15년, 12년을 선고받았다.

은쌤의 합격노트

다음 판결이 있었던 정부는 박정희 정부이다. 제시문을 보면 '중앙정보부', '유언비어 유포·징역 5년', '개헌 청원 100만인 서명 운동', '긴급 조치' 등의 단서를 통해 1972년 박정희 정부의 유신 헌법 반포가 이루어진 유신 체제 시기임을 알 수 있다. 박정희를 비롯한 일부 군인 세력은 장면 정부의 무능과 사회 혼란을 구실로 삼아 1961년 5월 16일 군대를 앞세워 정권을 장악하였다(5·16 군사 정변). 정변을 일으킨 군인들은 박정희를 의장으로 한 국가 재건 최고 회의를 구성하여 군정을 실시하고, 국가 안전 보장을 목적으로 중앙정보부를 설치하여 박정희의 정권 창출과 유지에 활용하였다. 1972년 유신 헌법으로 유신 체제가 성립된 후인 1973년 8월 일본 도쿄에서 반유신 운동을 준비하던 김대중을 중앙정보부가 납치하는 사건이 발생하면서 유신 반대 운동이 활발해졌다. 이에 대학가에서는 사건의 해명을 요구하는 시위가 일어났으며, 장준하 등 민주 재야 인사들은 개헌 청원 100만인 서명 운동을 전개하였다.

정답 분석

② 농촌 근대화를 표방하는 새마을 운동이 추진되었다.
➲ 박정희 정부는 1970년부터 도시와 농촌의 균형 있는 발전을 목표로 '근면, 자조, 협동'을 구호로 내건 새마을 운동을 추진하였다.

오답 피하기

① 한일 월드컵 축구 대회가 개최되었다.
➲ 김대중 정부는 2002년 한·일 월드컵 대회를 성공적으로 개최하고, 4강에 올라 새로운 응원 문화도 보여 주었다.

③ 외환 위기 극복을 위한 금 모으기 운동이 전개되었다.
➲ 김대중 정부는 출범 초기 국제 통화 기금 관리 체제를 벗어나고자 기업의 구조 조정 및 금융 개혁 등을 단행하였고, 국민들은 금 모으기 운동에 힘을 모았다.

④ 금융 거래 투명성을 실현하고자 금융 실명제가 시행되었다.
➲ 김영삼 정부는 1993년 불법 자금의 유통을 차단하고 정확한 과세를 하기 위해 금융 실명제를 시행하였다.

⑤ 한미 자유 무역 협정(FTA) 체결에 반대하는 시위가 벌어졌다.
➲ 노무현 정부 때 한·미 자유 무역 협정 체결에 반대하는 시위가 벌어졌다. 한·미 자유 무역 협정은 노무현 정부 때 체결되어 이명박 정부 때 발효되었다.

50 노무현 정부 정답 ③

(가) 정부의 통일 노력으로 옳은 것은? [2점]

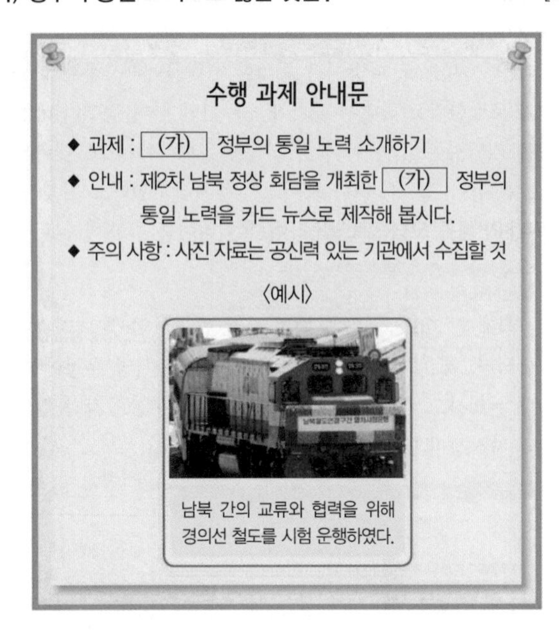

수행 과제 안내문

◆ 과제 : (가) 정부의 통일 노력 소개하기
◆ 안내 : 제2차 남북 정상 회담을 개최한 (가) 정부의 통일 노력을 카드 뉴스로 제작해 봅시다.
◆ 주의 사항 : 사진 자료는 공신력 있는 기관에서 수집할 것

〈예시〉

남북 간의 교류와 협력을 위해 경의선 철도를 시험 운행하였다.

은쌤의 합격 노트

(가) 정부는 노무현 정부이다. 노무현 정부는 대북 화해 협력 정책을 계승하면서 북한에 대한 경제적 · 인도적 지원에 나섰다. 국제 기구와 비정부 기구(NGO)를 통한 대북 지원 활동도 계속 전개하여 북한의 경제난 극복에 도움을 주었다. 분단 후 끊겼던 경의선과 동해선 철도도 연결하였다. 개성에는 공단을 건설하여 남한의 자본과 북한의 노동력을 활용한 상품 생산이 이루어지게 되었다. 노무현은 육로로 북한을 방문하여 한반도 평화 경제 공동체 건설을 위한 '남북 관계 발전과 평화 번영을 위한 선언'을 발표하였다.

정답 분석

③ 10 · 4 남북 공동 선언을 발표하였다.

▶ 노무현 정부는 김대중 정부의 통일 정책을 이어받아 2007년 평양에서 제2차 남북 정상 회담을 개최하고 10 · 4 남북 공동 선언을 발표하였다.

오답 피하기

① 남북 기본 합의서를 채택하였다.

▶ 노태우 정부는 1991년 남북한이 서로를 인정하는 가운데 '남북한 사이의 화해와 불가침 및 교류 협력에 관한 합의서(남북 기본 합의서)'를 채택하였다. 남북 기본 합의서는 남북한 정부 간에 최초로 공식 합의한 문서이다.

② 남북한이 유엔에 동시 가입하였다.

▶ 노태우 정부 시기인 1990년부터 남북 고위급 회담이 여러 차례 개최되었고, 1991년에 남북한이 유엔에 동시 가입하였다.

④ 남북 조절 위원회를 운영하기로 합의하였다.

▶ 박정희 정부는 1972년 7 · 4 남북 공동 성명을 서울과 평양에서 동시에 발표하였다. 그 후 남북 조절 위원회가 설치되어 평화 통일을 위한 실무자 회의가 개최되었지만 성과를 얻지 못하였다.

⑤ 남북 이산가족 고향 방문단의 교환 방문을 최초로 성사하였다.

▶ 전두환 정부는 '민족 화합 민주 통일 방안'을 발표하고 이산가족 편지 교류 및 상봉 등을 제안하였다. 그 결과 1985년 최초로 이산가족 고향 방문과 예술 공연단 교환이 실현되었으나 일회성 행사로 그치고 말았다.

제56회 한국사능력검정시험 정답 및 해설

정 답

번호	정답	번호	정답
01	③	26	③
02	②	27	③
03	②	28	⑤
04	③	29	②
05	⑤	30	④
06	①	31	⑤
07	②	32	①
08	②	33	④
09	⑤	34	④
10	⑤	35	④
11	①	36	⑤
12	②	37	①
13	④	38	①
14	⑤	39	③
15	③	40	④
16	⑤	41	③
17	①	42	④
18	③	43	④
19	①	44	②
20	③	45	⑤
21	②	46	②
22	③	47	⑤
23	①	48	⑤
24	⑤	49	③
25	②	50	②

01 신석기 시대 정답 ③

(가) 시대의 생활 모습으로 옳은 것은? [1점]

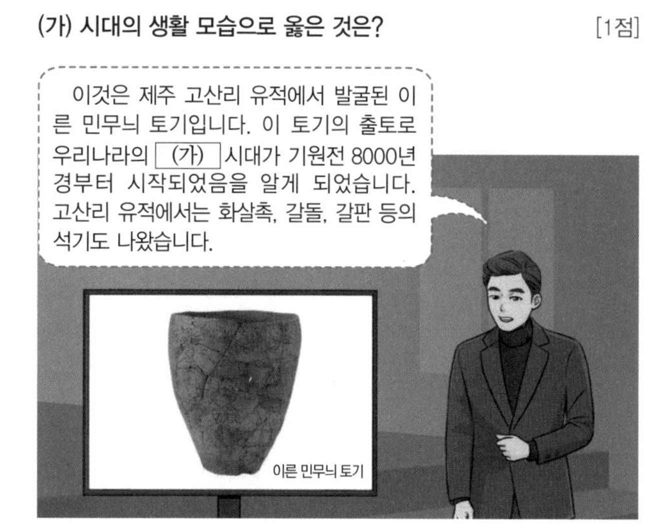

은쌤의 합격노트

(가) 시대는 신석기 시대이다. 기원전 8000년 무렵 자연 환경과 기후 조건이 오늘날과 거의 비슷하게 변하고 신석기 시대가 시작되었다. 이 시기 한반도 일대에서는 돌도끼, 돌화살촉 등 간석기와 더불어 이른 민무늬 토기, 덧무늬 토기, 눌러찍기무늬 토기, 빗살무늬 토기 등 다양한 토기가 발견되고 있다. 제주 고산리 유적은 우리나라에서 확인된 가장 오래된 신석기 유적이다.

정답 분석

③ 농경과 목축을 시작하여 식량을 생산하였다.
- 신석기 시대에는 인류가 농경과 목축을 시작하여 스스로 식량을 생산하는 단계에 이르렀다(신석기 혁명). 신석기 시대 초기에는 여전히 채집, 사냥, 물고기 잡이를 주로 했으나, 점차 농경과 목축이 생활에서 차지하는 비중이 높아졌다.

오답 피하기

① 고인돌, 돌널무덤 등을 만들었다.
- 청동기 시대에 지배 세력은 스스로 하늘의 아들이라고 자처하면서, 고인돌이나 돌무지무덤, 돌널무덤을 만들고 선돌을 세웠다.

② 거푸집을 이용하여 청동검을 제작하였다.
- 거푸집은 우리나라에서 직접 청동기를 제작하였음을 보여 주는 유물로 청동기 후기~철기 시대에 사용되었다.

④ 주로 동굴에 살면서 사냥과 채집 생활을 하였다.
- 구석기인은 추위와 비바람을 피해 주로 동굴이나 막집, 바위 그늘에 살았다. 채집과 사냥을 하면서 더 나은 생활 환경을 찾아 오랜 세월에 걸쳐 끊임없이 이동하였다.

⑤ 쟁기, 쇠스랑 등의 철제 농기구를 써서 농사를 지었다.
- 철기 시대부터 사람들은 쟁기, 쇠스랑 등의 철제 농기구를 사용하였다.

02 부여 정답 ②

(가) 나라에 대한 설명으로 옳은 것은? [2점]

> (가) 왕 해부루가 늙도록 아들이 없자 산천에 제사 지내어 대를 이을 자식을 구하였다. 그가 탄 말이 곤연에 이르러 큰 돌을 보더니 마주 대하며 눈물을 흘렸다. 왕이 이를 괴상히 여겨 사람을 시켜 그 돌을 옮기니 어린아이가 있었는데 금색의 개구리 모양이었다. …… 이름을 금와라 하고, 장성하자 태자로 삼았다.
>
> -『삼국사기』-

은쌤의 합격노트

(가) 나라는 부여이다. 해부루는 동부여의 시조이자 부여의 전설적인 왕이다. 해부루는 해모수(북부여의 시조)의 아들이라는 설과, 단군과 하백녀 사이에서 태어난 아들이란 설이 있다. 해부루는 늙도록 아들이 없어 근심하다가 곤연에서 큰 돌 밑에 있는 아이를 얻어 이름을 금와라 짓고, 그가 성장하자 태자로 삼았다. 그 뒤 재상 아란불의 권고에 따라 해모수를 피하여 도읍을 동해에 가까운 가섭원으로 옮기고 국호를 동부여라 하였다. 죽은 후 금와가 왕위를 계승하였다.

정답 분석

② 12월에 영고라는 제천 행사를 열었다.

➋ 부여에는 영고라는 제천 행사가 있었다. 이는 하늘을 숭배하고 제사를 지내는 의식으로 추수 감사제와 같은 성격을 띠었으나, 12월에 개최된 점으로 볼 때 수렵 사회의 전통을 이어받은 것으로 짐작된다.

오답 피하기

① 혼인 풍습으로 서옥제가 있었다.

➋ 고구려의 풍속으로 서옥제가 있었는데, 남자가 혼인을 한 뒤 일정 기간 처가에서 살다가 가족을 데리고 남자 집으로 돌아가는 혼인 형태였다.

③ 정사암에 모여 국가의 중대사를 논의하였다.

➋ 삼국은 국가 운영의 주요 사항을 귀족 회의를 통해 결정하였는데 백제에는 정사암 회의가 있었다.

④ 철이 많이 생산되어 낙랑과 왜에 수출하였다.

➋ 변한은 철을 많이 생산하여 낙랑과 왜 등에 수출하였는데, 철은 교역에서 화폐처럼 사용되기도 하였다.

⑤ 특산물로 단궁, 과하마, 반어피가 유명하였다.

➋ 동예는 단궁이라는 활, 과하마라는 작은 말, 반어피라 불린 바다짐승 가죽 등이 산출되었다.

03 고구려 소수림왕의 업적 정답 ②

(가) 왕의 업적으로 옳은 것은? [2점]

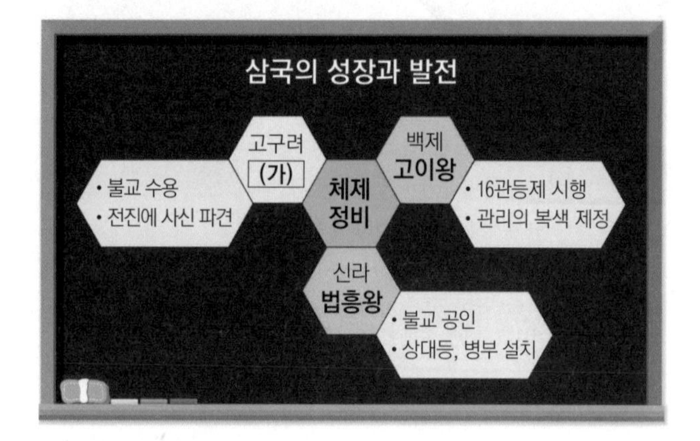

은쌤의 합격노트

(가) 왕은 소수림왕이다. 고국원왕을 이은 소수림왕은 국가적인 위기를 극복하기 위해 체제 정비에 힘썼다. 먼저, 국립 교육 기관인 태학을 설립하여 유능한 인재를 양성하는 한편, 율령을 반포하여 백성을 다스리고 국가를 운영할 기준을 마련하였다. 또한, 불교를 받아들여 보편적 세계관에 의거하여 다양한 사상과 신앙을 통합해 나갔다.

정답 분석

② 태학을 설립하여 인재를 양성하였다.

➋ 고구려 소수림왕은 국립 교육 기관인 태학을 설립하여 유능한 인재를 양성하는 한편, 율령을 반포하여 백성을 다스리고 국가를 운영할 기준을 마련하였다.

오답 피하기

① 도읍을 국내성에서 평양으로 옮겼다.

➋ 고구려 장수왕은 넓은 영역을 원활하게 운영하고, 남진 정책을 적극 추진하기 위해 평양으로 수도를 옮겼다.

③ 서안평을 공격하여 영토를 확장하였다.

➋ 고구려 미천왕은 중국이 북방 민족의 압박으로 세력이 약해진 틈을 타서 교통 요지 서안평을 점령하고 낙랑군을 정복하였다.

④ 연가라는 독자적인 연호를 사용하였다.

➋ '연가'라는 연호는 6세기에 제작된 금동 연가 7년명 여래 입상으로 불리는 고구려에서 볼 수 있다. '연가'는 고구려의 독자적인 연호로 추정한다.

⑤ 신라에 군대를 파견하여 왜를 격퇴하였다.

➋ 고구려 광개토 대왕은 왜가 가야와 함께 신라를 침공하자 원군을 보내 격퇴하면서 한반도 남부에까지 영향력을 확대하였다.

04 백제 부여 지역 문화유산 정답 ③

밑줄 그은 '이 지역'에서 볼 수 있는 문화유산으로 옳지 않은 것은? [2점]

안녕!
나는 지금 왕흥사 터에 와 있어. 이곳은 금, 은, 동으로 만든 사리기가 출토되어 유명해졌대. 사리기 표면에는 위덕왕이 죽은 왕자를 위해 절을 세웠다는 이야기가 새겨져 있어. 성왕이 도읍으로 정한 <u>이 지역</u>에는 다른 문화유산도 많아. 다음에 꼭 같이 와보자!
2021년 10월

왕흥사지 사리기

①

정림사지 오층 석탑

②

능산리 고분군

③

관촉사 석조 미륵보살 입상

④

관북리 유적

⑤
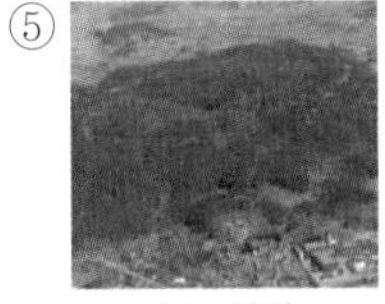
부소산성

은쌤의 합격노트

밑줄 그은 '이 지역'은 사비(부여)이다. 왕흥사는 충청남도 부여군 규암면에 있었던 백제의 사찰이다. "삼국사기", "삼국유사"에 의하면 왕흥사는 600년 백제 법왕 혹은 무왕 때 창건되었다고 전한다. 하지만 2007년 왕흥사지에서 발견된 「창왕 청동사리함 명문」에 의거하여 그 창건 시기를 577년 위덕왕 때로 파악하기도 한다. 백제 성왕은 538년 넓은 평야 지대인 사비(부여)로 수도를 옮겨 중흥의 기틀을 더욱 다졌다.

정답 분석

③ 관촉사 석조 미륵보살 입상
- 관촉사 석조 미륵보살 입상은 충청남도 논산시 은진면에 위치한 동양 최대의 석불로 고려 초기 광종 때 혜명 대사가 건립하였다.

오답 피하기

① 정림사지 오층 석탑
- 충남 부여에 위치한 정림사지 5층 석탑은 익산 미륵사지 석탑과 함께 현재 남아 있는 2기의 백제 석탑 가운데 하나로 그 문화재적 가치가 크다.

② 능산리 고분군
- 충청남도 부여군 부여읍 능산리 고분군은 백제의 고분 7기로 이루어져 있다.

④ 관북리 유적
- 관북리 유적은 부여 읍내의 북쪽에 있는 부소산의 남쪽 및 서쪽 기슭 일대에 위치한다. 이곳은 백제 왕궁터의 일부였을 것으로 추정되는 곳이다.

⑤ 부소산성
- 부소산성은 충청남도 부여군 시가지 북편에 있는 부소산에 위치한다. 부소산성은 백제가 사비로 천도한 이후 멸망할 때까지 도성의 중심 산성으로 왕도를 수호할 목적을 포함하여 만들어진 것으로 여겨진다.

05 삼국 통일 과정(황산벌 전투~기벌포 전투) 정답 ⑤

(가), (나) 사이의 시기에 있었던 사실로 옳은 것은? [3점]

(가) 왕은 당과 신라 군사들이 이미 백강과 탄현을 지났다는 소식을 듣고 장군 계백에게 결사대 5천 명을 거느리고 황산으로 가서 신라 군사와 싸우게 하였다. 계백은 4번 싸워서 모두 이겼으나 군사가 적고 힘이 모자라서 마침내 패하였다.

(나) 사찬 시득이 수군을 거느리고 소부리주 기벌포에서 설인귀와 싸웠는데 연이어 패배하였다. 그러나 이후 크고 작은 22번의 싸움에서 승리하여 4천여 명을 죽였다.

은쌤의 합격노트

(가)는 660년 나·당 연합군의 공격에 맞서 황산벌에서 백제의 계백이 맞서는 모습, (나)는 676년 신라가 기벌포 전투에서 당의 수군을 무찌르는 모습이다. 7세기 중엽 신라는 백제와 고구려의 협공을 받아 국가적 위기에 몰려 있었다. 신라는 처음에는 고구려에 도움을 청하였다가 거절당하자 당과의 연합을 추진하여 군사 동맹을 맺고 연합군을 결성하였다.

(가) 나·당 연합군은 먼저 백제를 공격하였다. 황산벌에서 계백이 이끈 백제의 결사대가 김유신이 지휘한 신라군을 상대로 치열하게 싸웠지만 패배하였다. 이어 신라군은 사비를 공격하였고, 당군은 금강 하구로 침입하여 들어갔다. 결국, 사비가 함락되면서 백제는 멸망하였다(660).

(나) 당은 백제와 고구려 멸망 이후 신라까지 지배하려고 하였다. 이에 신라는 남침해 오던 당의 20만 대군을 매소성에서 격파하였고(매소성 전투), 금강 하구의 기벌포에서 설인귀가 이끄는 당의 수군을 섬멸하였다(기벌포 해전). 신라는 당 군을 몰아내고 삼국 통일을 이룩함으로써 대동강에서 원산만에 이르는 영토를 확정하였다(676).

정답 분석

⑤ 검모잠이 안승을 왕으로 추대하고 부흥 운동을 전개하였다.
- 669년 고구려 멸망 이후 검모잠과 고연무가 보장왕의 서자 안승을 왕으로 추대하고 고구려 유민을 모아 한성(황해도 재령)과 오골성을 근거지로 부흥 운동을 일으켰다. 이들은 한때 평양을 탈환하여 안동 도호부를 요동으로 몰아내기도 하였지만, 안승이 검모잠을 죽이고 신라로 달아나면서 고구려 부흥 운동은 실패로 끝났다. 이는 (가)와 (나) 시기 사이의 일이다.

오답 피하기

① 김흠돌이 반란을 꾀하다 처형되었다.
- 681년 신라 중대 신문왕은 반란을 모의한 장인 김흠돌 세력을 숙청하며 왕권 강화 의지를 밝혔다. 이는 (가) 시기 이전의 일이다.

② 의자왕이 신라를 공격하여 대야성을 함락시켰다.
- 642년 백제 의자왕은 신라 서부의 군사 요충지인 대야성을 비롯한 서쪽 변경 40여 개의 성을 빼앗았다. 이에 신라는 당과 동맹을 맺었다. 이는 (가) 시기 이전의 일이다.

③ 을지문덕이 살수에서 수의 군대를 크게 물리쳤다.
- 612년 고구려 을지문덕 장군은 청천강 부근에서 평양으로 들어오려는 수의 군대를 궤멸하였다(살수대첩). 이는 (가) 시기 이전의 일이다.

④ 대조영이 고구려 유민을 이끌고 동모산에서 건국하였다.
- 698년 대조영은 천문령까지 추격한 당군을 물리치고 만주 동부의 고구려 옛 땅인 동모산에 이르러 발해를 세웠다. 이는 (나) 시기 이후의 일이다.

06 조선의 천문학 정답 ①

다음 특별전에 전시될 자료로 적절하지 않은 것은? [1점]

① 
거중기

② 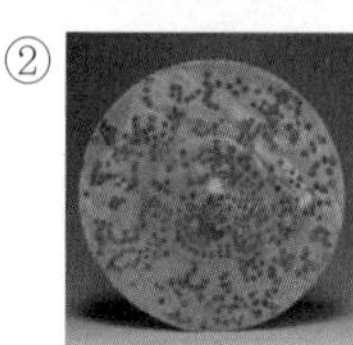
금동 천문도

③ 
혼천의

④ 
칠정산 내편

⑤ 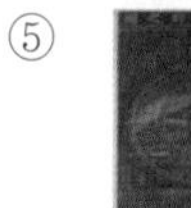
천상열차분야지도

은쌤의 합격노트

다음 특별전에 전시될 자료는 천문 현상과 관련된 것들이다. 고구려 덕흥리 고분 무덤방 앞방 천장에는 5세기 고구려 사람들이 상상하는 하늘 세계의 모습이 다채롭게 묘사되어 있다. 삼족오로 표현된 해, 두꺼비를 품고 있는 달이 각각 동서에 그려져 있고 북쪽의 북두칠성, 남쪽의 남두육성을 비롯해 64개의 별자리가 사방에 펼쳐져 있다.

정답 분석

① 거중기

조선 후기 정약용은 "기기도설"을 참고하여 만든 거중기를 수원 화성을 쌓을 때 사용하여 공사 기간을 단축하고 공사비를 줄이는 데 이바지하였다.

오답 피하기

② 금동 천문도

조선 후기 비구니 선화자가 제작한 천문도로 경상남도 양산시 하북면 지산리 통도사에 소장되어 있다. 별자리의 형태나 위치는 조선 초기의 '천상열차분야지도'와 비교하면 대체로 일치한다.

③ 혼천의

혼천의는 천체의 운행과 위치를 측정하는 기구로 삼국 시대 후기부터 만들어졌다. 제시된 혼천의는 조선 시대에 제작된 것이다.

④ 칠정산 내편

조선 초기 세종 대에 편찬된 "칠정산"은 원의 수시력과 아라비아의 회회력을 참고하여 만들었다 "칠정산"은 자격루, 혼천의, 앙부일구 등 15개의 천문 관측 기기를 가지고 한양을 기준으로 천체 운동을 계산한 것이다.

⑤ 천상열차분야지도

조선 초기 태조는 고구려 천문도를 바탕으로 조선을 기준으로 관측한 별자리를 그린 '천상열차분야지도'를 제작하여 왕조의 권위를 표현하였다.

07 통일 신라 승려 의상과 원효 정답 ②

(가), (나) 인물에 대한 설명으로 옳은 것은? [2점]

오늘은 두 분의 고승을 모시고 어떤 활동을 하셨는지 들어 보겠습니다.

당에 유학하고 돌아와 영주에 부석사를 세우고 많은 제자를 양성하였습니다.

무애가를 지어 세상에 퍼뜨렸고, 이로 인해 많은 사람이 '나무아미타불'을 외우게 되었지요.

홀로그램으로 만나는 역사 인물

(가) (나)

은쌤의 합격노트

(가) 인물은 통일 신라의 의상, (나) 인물은 통일 신라의 원효이다.

(가) 당에 유학하고 돌아온 의상은 화엄종을 형성하여 많은 제자를 양성하였고, 부석사를 비롯한 여러 사원을 건립하여 불교 문화의 폭을 확대하였다. 그는 "화엄경"에 토대를 두고 실제로 신라 땅 낙산에 관세음보살이 머물고 있다고 널리 알림으로써, 현실적인 고뇌를 당장 해결하지 않으면 안 되는 어려운 사람들에게 희망을 주었다. 관음 신앙을 통해 불교 대중화에 이바지한 것이다.

(나) 원효는 귀족 불교에서 소외된 계층을 구제하고자 불교 대중화 운동을 벌였다. 그는 모든 중생이 부처의 본성을 가지고 있으므로 성불할 수 있다고 하였다. 그리하여 '나무아미타불', 즉 아미타불에게 귀의한다는 말을 열 번 암송하면 누구나 극락에 왕생하여 성불할 수 있다고 가르쳤다.

정답 분석

② (가) - 화엄일승법계도를 지어 화엄 사상을 정리하였다.

통일 신라 의상은 "화엄일승법계도"를 저술하여, 모든 존재는 상호 의존적인 관계에 있으면서 서로 조화를 이루고 있다는 화엄 사상을 정립하였다.

오답 피하기

① (가) - 법화 신앙을 바탕으로 백련 결사를 이끌었다.

고려 후기 요세의 법화 신앙에 중점을 둔 백련사 결사는 지방민의 적극적인 호응을 얻었다.

③ (나) - 불교 교단을 통합하기 위해 천태종을 개창하였다.

고려 중기 의천은 국청사를 중심으로 천태종을 창시하였다.

④ (나) - 인도와 중앙아시아를 여행하고 왕오천축국전을 저술하였다.

통일 신라 혜초는 불법을 구하기 위해 인도에 갔다 와 인도와 중앙아시아 여러 나라의 풍물을 생생하게 기록한 "왕오천축국전"을 남겼다.

⑤ (가), (나) - 심성 도야를 강조한 유불 일치설을 주장하였다.

고려 후기 혜심은 유불 일치설을 주장하며 심성의 도야를 강조했는데, 이는 성리학을 받아들일 수 있는 사상적 토양이 되었다.

08 통일 신라의 제도 정답 ②

지도와 같이 행정 구역을 정비한 국가에 대한 설명으로 옳은 것을 〈보기〉에서 고른 것은? [3점]

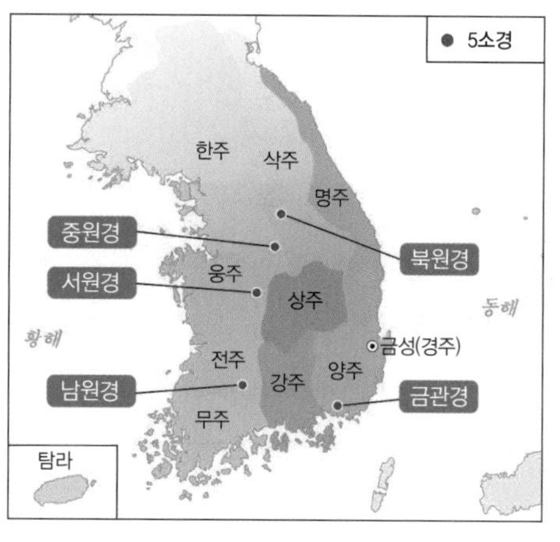

〈보 기〉

ㄱ. 9서당 10정의 군사 조직을 운영하였다.
ㄴ. 욕살, 처려근지 등을 지방관으로 파견하였다.
ㄷ. 상수리 제도를 실시하여 지방 세력을 견제하였다.
ㄹ. 북계에 병마사를 파견하여 적의 침입에 대비하였다.

은쌤의 합격 노트

통일 신라는 옛 삼국을 하나로 통합하려는 정책을 반영하여 지방 및 군사 제도를 정비하였다. 먼저, 신라는 중국의 9주제를 본떠 전국을 9개 주로 편성하였는데, 이는 신라의 독자적인 천하관을 잘 보여준다. 삼국의 옛 땅에 주를 각각 3개씩 두어 대등하게 대하면서 하나로 통합하려는 의지를 드러냈다. 또한 통일 신라는 수도인 금성(경주)이 한쪽에 치우쳐 있어서 이에 낙동강 하구와 소백산맥 외곽의 교통 요지에 5소경을 설치하여 수도의 지리적 한계를 보완하고, 전국을 균형 있게 발전시키고자 하였다.

정답 분석

ㄱ. 9서당 10정의 군사 조직을 운영하였다.
- 통일 신라의 군사 제도에도 옛 삼국을 하나로 통합하려는 정책이 잘 나타나 있다. 중앙의 9서당과 지방의 10정으로 조직하였는데, 9서당에는 신라인뿐만 아니라 고구려인, 백제인, 말갈인 등을 포함하여 편성하였다.

ㄷ. 상수리 제도를 실시하여 지방 세력을 견제하였다.
- 통일 신라는 상수리 제도를 통해 지방 세력을 통제하였다. 상수리 제도는 지방 세력가나 그 자제를 일정 기간 수도에 와서 거주하게 한 제도이다.

오답 피하기

ㄴ. 욕살, 처려근지 등을 지방관으로 파견하였다.
- 고구려는 확대된 영역과 백성을 효율적으로 지배하기 위해 지방 제도를 체계적으로 정비하였다. 고구려는 대성(부)–제성–성, 3단계 지방 제도를 갖추었는데 이 가운데 중간 행정 단위 이상은 군사 거점의 성격이 강하였고, 여기에 지방관과 군사 지휘관을 겸한 욕살, 처려근지 등을 파견하였다.

ㄹ. 북계에 병마사를 파견하여 적의 침입에 대비하였다.
- 고려는 군사적으로 중요한 지역에는 북계와 동계를 두고 병마사를 파견하였다.

09 발해 정답 ⑤

(가) 국가에 대한 설명으로 옳은 것은? [2점]

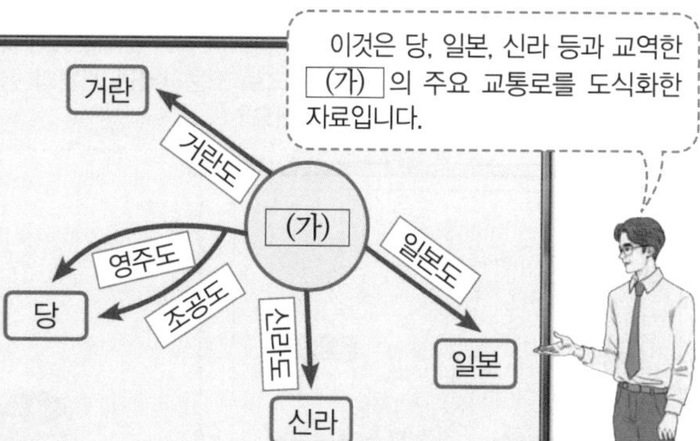

은쌤의 합격 노트

(가) 국가는 발해이다. 넓은 영토를 차지한 발해는 5개의 주요 교통로를 만들고, 이를 통해 여러 지역과 교류하였다. 당과의 교통로인 조공도와 영주도를 비롯하여 일본도, 신라도, 거란도가 있었으며, 시베리아로 통하는 모피 교역로도 있었다.

정답 분석

⑤ 고구려와 당의 양식이 혼합된 벽돌무덤을 만들었다.
- 발해의 다양한 무덤 형태 중 정효 공주 묘는 벽화가 그려진 벽돌무덤으로 당과 고구려의 양식이 결합되어 있다. 정효 공주 묘지명에는 아버지인 문왕을 '황상'으로 부른 표현이 나오는데, 이를 통해 발해가 대내적으로는 황제국 체제를 지향하였음을 알 수 있다.

오답 피하기

① 평양을 서경으로 삼아 중시하였다.
- 고려 태조 왕건은 고구려의 옛 땅을 되찾기 위해 북진 정책을 추진하여 평양을 서경으로 삼고 북진 정책의 전진 기지로 적극 개발하였다.

② 후연을 격파하고 백제를 공격하였다.
- 고구려 광개토 대왕은 후연과 거란을 격파하여 요동을 포함한 만주 지역에서 지배권을 확대하였고 남으로는 백제를 압박하고 신라를 도와 남해안에 침입한 왜를 격퇴하였다.

③ 지방에 22담로를 두어 왕족을 파견하였다.
- 백제 무령왕은 22담로에 왕족을 파견하여 지방에 대한 통제를 강화하였다.

④ 완도에 청해진을 설치해 해상 무역을 장악하였다.
- 신라 하대 흥덕왕 때 장보고는 완도에 청해진을 설치하여 신라 · 당 · 일본을 연결하는 해상 거점을 완성하였다.

10 고려의 경제 상황 정답 ⑤

교사의 질문에 대한 학생의 답변으로 옳은 것은? [1점]

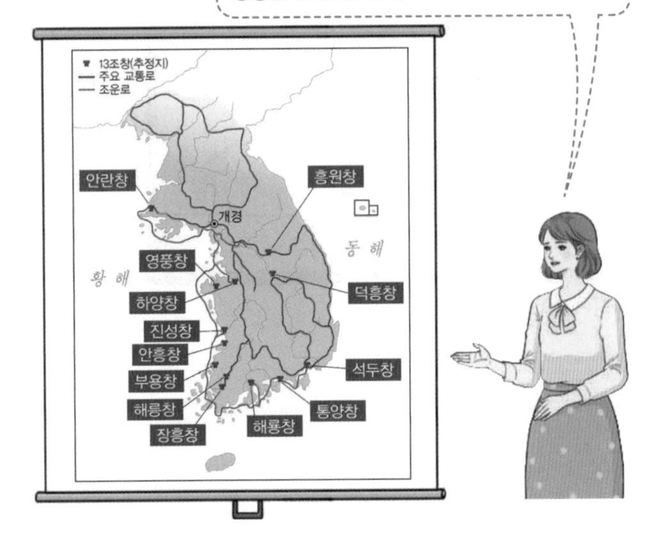

은쌤의 합격노트

지도와 같이 13곳의 '조창'에 조세를 모았다가 개경의 경창 등으로 조운하였던 시기는 고려 시대이다. 조창은 전국 각지에서 세금으로 걷은 쌀, 보리, 콩, 조와 같은 세곡을 보관하였던 곳이다. 고려 시대에 조창은 전국에 13군데가 있었는데 강원도의 흥원창과 충북의 덕흥창을 빼고는 11군데 모두가 한반도의 남 · 서해안을 따라서 위치하고 있었다. 이는 바다를 통해 국가 세금이 운반되고 있었음을 보여준다.

정답 분석

⑤ 예성강 하구의 벽란도가 국제 무역항으로 번성하였어요.
- 고려는 여러 나라와 대외 무역을 하였다. 당시 국제 무역항은 개경과 가까운 예성강 입구의 벽란도였다. 교역품은 지배층의 문화적 욕구를 충족시키는 사치품이 많았다.

오답 피하기

① 관료전을 지급하고 녹읍을 폐지하였어요.
- 신라 중대 신문왕은 관료전을 지급하고 녹읍을 폐지하여 귀족의 특권을 제한하였다.

② 덕대가 광산을 전문적으로 경영하였어요.
- 조선 후기 덕대라 불리는 경영 전문가는 상인 물주로부터 자금을 조달받아 채굴업자, 채굴 노동자, 제련 노동자 등 광꾼을 고용하여 광산을 경영하였다.

③ 고구마, 감자 등의 구황 작물을 재배하였어요.
- 조선 후기 기근에 대비한 구황 작물의 필요성이 높아져서 고구마, 감자 등 새로운 작물이 널리 재배되었다.

④ 일본과의 무역을 허용하고 계해약조를 체결하였어요.
- 조선 초기 세종은 대마도주가 수시로 토산품을 바치면서 무역을 간청하자 계해약조를 맺고 제한된 조공 무역을 허락하였다.

11 강화도 지역의 역사 정답 ①

다음 지역에 대한 탐구 활동으로 가장 적절한 것은? [2점]

은쌤의 합격노트

다음 지역은 강화도이다. 강화도에서는 한반도 고인돌을 대표하는 부근리 지석묘(사적137호)를 비롯하여 많은 고인돌이 발견되고 있으며, 고창과 화순 고인돌과 함께 세계 유네스코 문화 유산으로 등재되었다. 강화도 마니산 정상에 있는 참성단은 단군이 하늘에 제사를 지내기 위해 쌓은 제단이라고 전해진다. 현재 참성단에서는 매년 개천절에 제천 행사가 거행되며, 전국 체전 때에는 이곳에서 봉화를 채화하는 의식이 열린다. 강화도 광성보는 신미양요 당시 어재연이 이끄는 수비대가 미군과 싸웠던 격전지이다. 조선 광해군 때 고려 시대의 외성을 보수하면서 설치되었고, 이후 몇 차례 개축되어 강화에서 가장 규모가 큰 해안 요새가 되었다.

정답 분석

① 대몽 항쟁기에 조성된 왕릉을 조사한다.
- 고려 정부는 몽골의 침입을 받자 무신 집권자 최우는 강화도로 천도하였다. 이후 강화도는 40여 년의 대몽 항쟁 기간 동안 고려의 임시 수도였다. 강화도에는 두 개의 왕릉과 두 개의 왕비 능이 있다. 고려 21대왕인 희종의 석릉, 22대 강종의 비인 원덕 태후의 곤릉, 23대 왕인 고종의 홍릉, 24대 원종의 왕비인 순경 태후의 가릉이다.

오답 피하기

② 김만덕의 빈민 구제 활동에 대해 알아본다.
- 조선 후기 정조 때 김만덕은 제주도에서 유통업을 통해 막대한 부를 형성하였다. 큰 가뭄이 들어 사람들이 죽어갈 때 전 재산을 기부하여 제주민들을 살려냈다.

③ 정약전이 자산어보를 저술한 곳을 검색한다.
- 조선 후기 문신 정약전은 귀양 가 있던 흑산도 연해의 수족을 취급하여 1814년에 "자산어보"를 저술하였다.

④ 지증왕이 이사부를 보내 복속한 지역과 부속 도서를 찾아본다.
- 신라 상대 지증왕은 이사부를 앞세워 우산국(울릉도 일대)을 복속시켰다.

⑤ 러시아의 남하를 견제하기 위하여 영국군이 점령한 장소를 살펴본다.
- 1885년 러시아의 남하 정책에 촉각을 곤두세우고 있던 영국은 조 · 러 밀약을 저지한다는 명목으로 거문도를 불법 점령하였다.

12 후고구려 정답 ②

(가) 국가에 대한 설명으로 옳은 것은? [2점]

네! 궁예가 세운 (가) 의 도성 터를 현장 조사하고 왔습니다. 화면과 같이 도성 터는 비무장지대에 있어 현재는 발굴 조사가 어려운 상황입니다. 앞으로 이곳에 대한 남북 공동 연구가 이뤄진다면 한반도 평화와 화합의 상징이 될 것으로 기대합니다.

얼마 전 강원도 철원에 다녀오셨지요?

은쌤의 합격노트

(가) 국가는 후고구려이다. 궁예는 신라 왕족 출신으로, 도적의 무리 속에서 힘을 길러 강원도, 경기도 일대, 황해도 지역까지 세력을 키웠다. 그는 세력이 커지자 송악(개성)에 도읍을 정하고 후고구려를 세웠다(901). 이후 궁예는 철원으로 도읍을 옮기고 국호를 태봉으로 고쳤으며 독자적인 관제를 정비하는 등 국가의 체제를 갖추었다.

정답 분석

② 광평성 등의 정치 기구를 두었다.

후고구려 궁예는 국정을 총괄하는 광평성을 비롯한 여러 관서를 설치하고, 9관등제를 시행하는 등 골품제를 대신할 새로운 신분 제도를 모색하였다.

오답 피하기

① 각간 대공이 반란을 일으켰다.

신라 중대 혜공왕 때 대공이 아우 대렴과 함께 반란을 일으켰다. 이 대공의 난을 시작으로 혜공왕은 96각간의 난으로 상징되는 진골귀족들의 수많은 반란을 겪었고, 결국 반란 중에 피살되었다.

③ 후당과 오월에 사신을 파견하였다.

후백제 견훤은 중국의 오월과 후당에 외교 사절을 파견하였고, 오월의 왕으로부터 검교태보의 관직을 받았다.

④ 고창 전투에서 후백제군과 싸워 승리하였다.

고려 왕건이 고창 전투에서 후백제 견훤을 크게 승리하였다. 이를 계기로 강원도와 경상도의 호족들이 왕건에게 복종해 오고, 신라의 경순왕도 고려에 항복하였다.

⑤ 5경 15부 62주의 지방 행정 제도를 갖추었다.

발해 선왕은 5경 15부 62주를 설치하여 전국을 통치하였다. 5경은 교통 요지에 설치한 핵심 거점이었고, 15부는 지방 행정의 중심지로서 도독을 두었고, 62주에는 자사, 주 아래의 현에는 현승을 파견하여 지방 행정을 담당하도록 하였다.

13 고려의 거란과의 항쟁 정답 ④

(가)~(라)를 일어난 순서대로 옳게 나열한 것은? [3점]

(가) 양규가 무로대에서 거란군을 습격하여 2천여 명을 죽이고, 포로가 되었던 남녀 3천여 명을 되찾았다.

(나) 거란이 장차 침입하려 하므로 군사 30만 명을 선발하여 광군이라 부르고 광군사를 설치하였다.

(다) 왕이 소손녕의 봉산군 공격 소식을 듣고 서희를 보내 화의를 요청하니 소손녕이 침공을 중지하였다.

(라) 강감찬 등이 귀주에서 거란군을 맞아 싸웠다. 고려군이 맹렬하게 공격하니 거란군이 북으로 도망쳤다.

은쌤의 합격노트

(가)는 1011년 거란의 2차 침입 때 개경이 함락되는 어려움 속에 양규가 배후에서 선전하는 모습, (나)는 947년 고려 초기 정종이 거란군의 침입에 대비하여 특수 부대 광군을 조직하는 모습, (다)는 993년 거란의 1차 침입 때 서희가 나서서 적장 소손녕과 외교 담판을 벌여 강동 6주를 획득하는 모습, (라)는 1019년 거란의 3차 침입 때 강감찬이 이끄는 고려군이 강동 6주의 하나인 귀주에서 대승을 거두는 모습이다.

정답 분석

④ (나) - (다) - (가) - (라)

(나) 고려 제3대 왕 정종은 중국 후진에 유학하던 중 거란의 포로가 되었던 최광윤이 거란의 고려 침략 계획을 감지한 뒤 이를 고려 조정에 알려오자 광군을 조직하였다. 광군사는 광군을 통제하던 관서이다. 광군의 수는 약 30만에 달했던 것으로 추측된다. 광군은 상비군이라기보다는 필요하면 언제든지 동원할 수 있도록 편성한 예비군의 성격을 가졌다. 대부분 농민 출신이었고, 중앙과 지방 호족과의 공동지배 아래 조직된 지방군이었다.

(다) 고려 제6대 왕 성종 때 거란의 소손녕이 수십 만의 군사를 이끌고 1차 침입을 감행(993)하자 서희는 소손녕과 담판을 시도하였다. 서희는 거란의 1차 목표가 고려가 아니라는 것을 간파하고 거란과 강화를 맺으면서 여진에 대한 협공을 구실로 압록강 근처의 강동 6주를 획득하였다.

(가) 고려 제8대 왕 현종 때 강조의 정변을 구실로 거란은 2차 침입(1010)을 감행하였다. 이때 개경이 함락되고 현종은 나주까지 피난하였는데, 양규가 이끄는 고려 군사들이 화의를 맺고 돌아가는 거란군에 큰 피해를 입혔다. 특히 1011년 양규는 거란군 예비 병력 20만 명이 주둔한 무로대를 습격하여 2,000여 명의 목을 베고, 고려 백성 3,000여 명을 구출해냈다.

(라) 고려 제8대 왕 현종 때 거란은 2차 침략 당시 고려가 약속한 국왕의 거란 방문과 강동 6주의 반환을 요구하였으나, 고려가 이를 거절하자 3차 침입을 감행(1018)하였다. 이에 강감찬이 이끄는 고려군이 귀주에서 거란군을 크게 물리쳤다(귀주 대첩, 1019).

14 고려 후기 무신 집권기의 사회상 정답 ⑤

다음 사건이 전개된 시기의 사회 모습으로 옳은 것은? [2점]

사건 일지

2월 10일 망이 등이 다시 반란을 일으켜 가야사를 습격함
3월 11일 망이 등이 홍경원에 불을 지르고 승려 10여 명을 죽임
6월 23일 망이가 사람을 보내 항복을 청함
7월 20일 망이 · 망소이 등을 체포하여 청주 감옥에 가둠

은쌤의 합격노트

다음 사건은 '망이 · 망소이의 난'으로, 이 난이 전개된 시기는 1176년 고려 후기 무신 집권기이다. 고려 후기 명종 때 특수 행정 구역인 공주 명학소에서 망이 · 망소이 형제가 과도한 수취에 반발하여 봉기하였고, 이들은 충청도 일대를 점령할 정도로 세력을 떨쳤다. 정부는 명학소를 충순현으로 승격시켜 무마하려 하였으나 이들이 봉기를 계속하자 군대를 파견하여 토벌하였다.

정답 분석

⑤ 특수 행정 구역인 소의 주민들이 차별을 받았다.

- 고려 시대 소의 주민은 일반 군현의 농민과 마찬가지로 양민이었지만, 공물 부담은 더 과중하여 고통받는 경우가 많았다. 이 때문에 소의 주민들은 공주 명학소의 경우처럼 적극적인 항거를 통해 일반 군현으로 승격해 줄 것을 요구하기도 하였다.

오답 피하기

① 서얼이 통청 운동을 전개하였다.

- 조선 후기 서얼들은 여러 차례 집단 상소를 제기하는 등 통청 운동을 전개하였다. 18세기 후반에는 서얼이 관직에 임명되는 사례가 늘었는데, 정조 때 유득공, 이덕무, 박제가 등이 규장각 검서관으로 등용된 것이 대표적이다.

② 원종과 애노가 사벌주에서 봉기하였다.

- 신라 하대 진성 여왕 대에 무리하게 조세를 강요하여 원종과 애노의 난과 같은 농민 봉기가 발생하였다.

③ 적장자 위주의 상속 제도가 확립되었다.

- 조선 중기부터 상속제가 자녀 균분에서 적장자 중심으로 바뀌어 갔다.

④ 읍락 간의 경계를 중시하는 책화가 있었다.

- 동예는 다른 부족의 경계를 침범할 경우에는 가축이나 노비로 변상해야 하는 책화의 풍습이 있었다.

15 고려 성종의 업적 정답 ③

다음 교서를 내린 왕의 정책으로 옳은 것은? [3점]

우리 태조께서 흑창을 두어 가난한 백성에게 진대(賑貸)하게 하셨다. 지금 백성들이 점차 늘어나고 있는데 저축한 바는 늘어나지 않았으니, 미(米) 1만 석을 더하고 이름을 의창(義倉)으로 고친다. 또한 모든 주와 부에도 각각 의창을 설치하도록 하라.

은쌤의 합격노트

다음 교서를 내린 왕은 고려 초기 성종이다. 고려 태조 왕건은 흑창을 설치하여 백성을 구제하였는데 이것을 확충하여 개편한 것이 의창이었다. 고려 성종이 시행한 의창은 평상시에 곡식을 마련해 두었다가 흉년에 빈민을 구제하는 제도로, 봄에 양식이나 종자 등을 빌려주고 가을에 갚게 하였다.

정답 분석

③ 12목을 설치하고 지방관을 파견하였다.

- 고려 초기 성종은 최승로의 시무 28조를 받아들여 유교 정치 이념을 바탕으로 통치 체제를 정비하였다. 또한 12목에 지방관을 파견하여 중앙 집권화의 기초를 세웠다.

오답 피하기

① 한양을 남경으로 승격시켰다.

- 고려 중기 문종 때 북진 정책이 퇴조하면서 한양 명당설이 대두하여 한양을 남경으로 승격시켰다.

② 국자감에 서적포를 설치하였다.

- 고려 중기 숙종은 국자감에 서적포라는 출판사를 두어 서적 간행을 강화하였다.

④ 인사 행정을 담당하던 정방을 폐지하였다.

- 고려 후기 공민왕은 왕권을 제약하고 신진 사대부의 진출을 억제하고 있던 정방을 폐지하였다.

⑤ 개경에 귀법사를 세우고 균여를 주지로 삼았다.

- 고려 초기 광종은 개경에 귀법사를 창건하고 균여를 주지로 삼았다.

16 개성 경천사지 10층 석탑 정답 ⑤

다음 구성안의 소재가 된 탑으로 옳은 것은? [1점]

○○ 박물관 실감 콘텐츠 구성안

제목	오늘, 탑을 만나다
기획 의도	증강 현실(AR) 기술을 활용하여 우리 문화유산을 실감나게 체험하는 기회 제공
대상 유물 특징	• 원의 영향을 받아 대리석으로 만든 석탑 • 원각사지 십층 석탑에 영향을 주었음
체험 내용	• 탑을 쌓으며 각 층의 구조 파악하기 • 기단부에 조각된 서유기 이야기를 퀴즈로 풀기

은쌤의 합격노트

다음 구성안의 소재가 된 탑은 개성 경천사지 10층 석탑이다. 고려 후기의 개성 경천사지 10층 석탑은 1348년에 세운 대리석탑으로, 원 불탑의 영향을 받은 것이다. 특히 원 대 라마교의 영향을 받은 것으로 알려져 있다. 이 탑은 조선 세조 때 만든 원각사지 10층 석탑에 영향을 주었다.

정답 분석

⑤ 

➤ 고려 후기에 만들어진 개성 경천사지 10층 석탑은 원의 영향을 받았다.

오답 피하기

①  

➤ 경주 불국사 3층 석탑은 통일 신라 시대에 유행하였던 이중 기단 위에 3층탑을 쌓는 양식이다.

② 

➤ 화엄사 4사자 3층 석탑은 통일 신라 시기에 화강암으로 네 마리의 석사자를 지주로 삼아 건조한 3층 불탑이다.

③  

➤ 양양 진전사지 3층 석탑은 진전 사터에 세워진 통일 신라 시대의 대표적인 석탑이다.

④ 

➤ 평창 월정사 8각 9층 석탑은 고려 초기의 대표적인 석탑이다.

17 고려 유학자 이제현 정답 ①

밑줄 그은 '나'에 대한 설명으로 옳은 것은? [2점]

그리운 벗에게
연경에 도착해 이제야 소식을 전하네. 예전에 충선왕이 원의 화가를 불러 그리게 한 <u>나</u>의 초상을 기억하는가? 잃어버렸던 그 그림을 오늘 찾았다네. 그림을 보니 만권당에서 원의 학자들과 함께 공부하던 <u>나</u>의 젊은 시절이 생각 난다네. 혼탁한 세상 편치만은 않지만 곧 개경에서 볼 수 있기를 바라네.
영원한 벗, 익재

은쌤의 합격노트

밑줄 그은 '나'는 고려 후기 문신 이제현이다. 고려 후기 원 간섭기에 충선왕은 친원 세력인 권문세족의 반발로 개혁이 실패하자 왕위를 아들(충숙왕)에게 물려주고 북경으로 가서 만권당이라는 학문 연구 기관을 설립하였다. 이때 활약한 대표적인 유학자가 이제현이다. 이제현은 충선왕의 시종 신하로 만권당에 머물면서 원의 학자들과 교류하며 성리학에 대한 이해를 심화하고, 귀국한 후에 이색 등 제자를 양성하였다.

정답 분석

① 역사서인 사략을 저술하였다.

➤ 이제현은 "사략"을 비롯한 여러 권의 사서를 저술하였는데 지금은 "사략"에 실렸던 사론(史論)만 전한다.

오답 피하기

② 불씨잡변을 지어 불교를 비판하였다.

➤ 조선 초기 정도전은 "불씨잡변"을 저술하여 불교의 폐단을 비판하고, 성리학을 통치 이념으로 확립시켰다.

③ 9재 학당을 세워 유학 교육에 힘썼다.

➤ 고려 중기 해동공자로 불릴 정도로 뛰어난 유학자였던 최충은 9재 학당(문헌공도)을 세워 유학 교육에 힘썼다.

④ 봉사 10조를 올려 시정 개혁을 건의하였다.

➤ 고려 후기 최충헌, 최충수 형제는 봉사 10조라는 개혁안을 올려 무신 정권 초기의 혼란을 수습하려고 하였으나, 제대로 시행되지 못하였다.

⑤ 예안 향약을 시행하여 향촌 교화를 위해 노력하였다.

➤ 조선 중기 퇴계 이황은 경북 안동 예안 지방에서 중국의 여씨향약을 본떠 만든 예안 향약을 시행하였다. 향촌사회의 교화를 위해 만든 이 향약은 4대 덕목 가운데 잘못을 서로 규제한다는 과실상규를 가장 중요시하였다.

18 이성계의 업적

정답 ③

(가) 인물의 활동으로 옳은 것은? [2점]

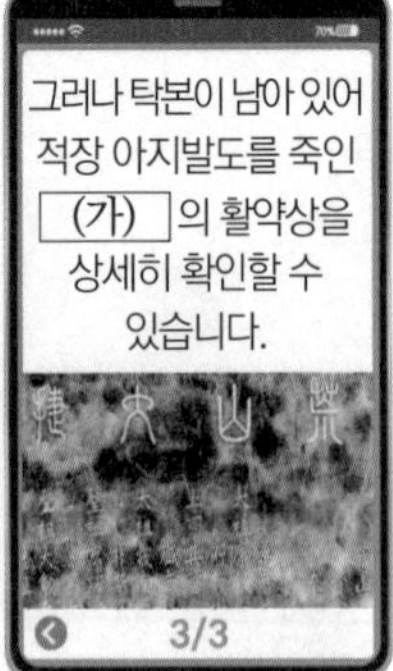

은쌤의 합격노트

고려 후기 왜구가 빈번하게 침입하였는데 그중에서도 삼남 지방의 피해가 막심하였다. 1380년 일본의 장수 아지발도가 군사 5,000여 명을 이끌고 전라도에 침입하였고, 이에 조정은 지리산과 해주 방면에서 왜구 토벌에 용맹을 떨친 이성계를 양광·전라·경상 삼도도순찰사에 임명하여 왜구 대토벌 작전에 나서게 하였다. 양측은 운봉을 넘어 황산 서북의 정산봉에서 치열한 전투를 벌였는데, 적들이 험지에 자리 잡고 버티자 죽음을 각오한 이성계가 산위로 올라가 적을 맞아 싸웠다. 그러자 모든 군사가 총공격을 하여 일대격전을 벌여 아지발도를 두목으로 한 왜구를 크게 물리쳤다. 황산대첩비는 전라도 관찰사 박계현이 옛날 태조가 승전했던 황산이 오래전에 지명이 바뀌어 잊혀져 가니 비석을 세우는 것이 좋겠다는 청을 해옴에 따라 선조의 명으로 건립되었다. 이 비에는 이성계가 아군보다 10배가 넘는 왜적을 대파함으로써 만세에 평안함을 이루었으며, 이성계의 업적을 기려 이 비를 세운다는 내용 등이 실려 있다.

정답 분석

③ 위화도에서 회군하여 정권을 장악하였다.
- 이성계는 우왕의 명에 따라 군대를 이끌고 요동을 향해 출발하였으나, 위화도에서 군대를 돌려 개경으로 돌아왔다(위화도 회군, 1388). 그는 최영을 제거하고 우왕을 폐위시킨 후 정치적 실권을 장악하였다.

오답 피하기

① 북방에 4군과 6진을 설치하였다.
- 조선 초기 세종 때에는 최윤덕과 김종서가 4군 6진을 개척해 압록강과 두만강을 경계로 하는 오늘날과 같은 국경선을 확정하였다.

② 의종 복위를 도모하여 군사를 일으켰다.
- 고려 후기 무신의 집권에 반발하여 동북면 병마사 김보당이 의종의 복위를 꾀하며 난을 일으켰다.

④ 여진을 정벌한 후 동북 9성을 축조하였다.
- 고려 중기 예종 때 윤관은 별무반을 이끌고 천리 장성을 넘어 여진족을 소탕하고 북방으로 쫓아낸 뒤 동북 지방 일대에 9성을 쌓았다.

⑤ 좌·우별초와 신의군으로 삼별초를 조직하였다.
- 고려 후기 최우는 국가의 공식적인 군사 기구로 좌별초, 우별초, 신의군으로 편성된 삼별초를 설치하여 정권 유지에 활용하였다.

19 직전법

정답 ①

다음 대화가 이루어진 시기에 볼 수 있는 모습으로 가장 적절한 것은? [2점]

은쌤의 합격노트

다음 대화가 이루어진 시기는 조선 초기 세조 시기이다. 과전이 수신전, 휼양전의 이름으로 그 가족에게 세습되면서 새로 관직에 나온 신진 관료에게 지급할 토지가 부족해졌고, 이에 15세기 후반 세조 때에 직전법을 실시하여 현직 관리에게만 과전을 지급하고 그 양도 줄였다.

정답 분석

① 왕에게 직계하는 이조 판서
- 조선 초기 세조는 6조 직계제를 시행하여 6조에서 의정부를 거치지 않고 곧바로 왕에게 재가를 받도록 함으로써 의정부의 힘을 약화시켰다.

오답 피하기

② 임꺽정 무리를 토벌하는 관군
- 조선 중기 명종 때 백정이었던 임꺽정은 신분에 따른 차별 대우와 권세가의 수탈에 항거하여 황해도와 경기도 일대에서 도적 활동을 하였다.

③ 동몽선습을 공부하는 서당 학생
- 조선 중기 중종 때 박세무가 저술한 "동문선습"은 "천자문"을 익히고 난 후의 학동들이 배우는 초급 교재로 서당에서 교재로 사용되었다.

④ 동의보감을 요청하는 중국 사신
- 조선 후기 허준은 광해군의 명을 받아 우리의 전통 한의학을 정리하여 "동의보감"을 편찬하였는데, 이는 중국과 일본에서도 간행되었다.

⑤ 시장에 팔기 위해 담배를 재배하는 농민
- 조선 후기 도시 인구가 증가하고 상품 유통이 활발해지면서 인삼, 면화, 담배, 채소 등의 상품 작물 재배가 확대되었다.

20 조선 성종의 업적 정답 ③

(가) 왕의 재위 기간에 있었던 사실로 옳은 것은? [2점]

이곳은 창경궁의 정문인 홍화문입니다. 창경궁은 (가) 이/가 정희 왕후 등 세 분의 대비를 모시기 위해 수강궁을 수리하여 조성한 궁궐입니다. (가) 은/는 경국대전 완성 등 많은 업적을 남겼습니다.

은쌤의 합격노트

(가) 왕은 조선 초기 성종이다. 조선 초기 세조는 역대의 법전과 각종 명령 등을 종합하여 "경국대전"을 편찬하기 시작하였고, 성종은 "경국대전"의 편찬을 완료하고 반포하여 이후 조선 사회의 기본적인 통치 방향과 이념을 제시하였다.

정답 분석

③ 악학궤범이 간행되었다.
- 조선 초기 성종 때 성현은 "악학궤범"을 편찬하여 음악의 원리와 역사, 악기, 무용, 의상, 소도구까지 정리하였다.

오답 피하기

① 탕평비가 건립되었다.
- 조선 후기 영조는 성균관 앞에 "두루 사랑하고 편당하지 않는 것은 군자의 공정한 마음이요, 편당하고 두루 사랑하지 않는 것은 곧 소인의 사사로운 생각이다."라는 내용이 새겨진 탕평비를 세웠다.

② 상평통보가 주조되었다.
- 조선 후기 숙종 대에 상평통보가 유일한 법화로 주조되어 널리 통용되었다.

④ 훈련도감이 설치되었다.
- 조선 중기 선조는 임진왜란 초기에 패전을 경험하면서 새로운 군대의 필요성을 절감하였고, 훈련도감을 설치하였다.

⑤ 초계문신제가 시행되었다.
- 조선 후기 정조는 신진 인물이나 중 · 하급 관리 중에서 유능한 인재를 재교육하는 초계문신제를 실시하여 개혁 세력을 육성하였다.

21 조선 성리학자 조광조 정답 ②

다음 주장이 공통으로 제기된 시기를 연표에서 옳게 고른 것은? [3점]

○ 중앙에서는 홍문관 · 육경 · 대간, 지방에서는 감사와 수령이 천거한 사람들을 한 곳에 모아 시험을 치르면 많은 인재를 얻을 수 있을 것입니다. 이는 한(漢)에서 시행한 현량과의 뜻을 이은 것입니다.

○ 정국공신은 이미 10년이 지난 일이지만 허위가 많았습니다. 공신 기록을 유자광이 홀로 맡아서 이렇게까지 외람되었습니다. 지금 고치지 않으면 개정할 수 없을 것입니다.

1494		1504		1545		1567		1623		1659
	(가)		(나)		(다)		(라)		(마)	
연산군 즉위		갑자 사화		을사 사화		선조 즉위		인조 반정		기해 예송

은쌤의 합격노트

다음 주장이 공통된 제기된 시기는 중종 때 조광조가 개혁 정치를 전개하던 시기이다. 무오사화, 갑자사화의 두 차례의 사화를 주도하고 폭압적인 정치를 펴던 연산군이 쫓겨나고 중종이 새 왕으로 즉위하였다(중종반정, 1506). 중종은 공을 세운 훈구 세력이 또다시 권력을 독점하고 막대한 재산을 차지하자 이를 견제하기 위해 조광조를 비롯한 사림을 등용하였다. 조광조는 사림의 여론을 앞세워 급진적 개혁을 추진하였다. 현량과를 실시하여 많은 사림을 3사 언관직에 등용해 경연과 언론을 활성화하였다. 나아가 과대 평가된 훈구 대신들의 공훈을 삭제하고 그들의 경제 기반을 축소하려고 하였다. 그러나 훈구 공신들의 반발로 기묘사화가 일어나면서, 조광조를 비롯한 대부분의 사림 세력이 처형되거나 중앙 정계에서 쫓겨났다.

정답 분석

② (나)
- 중종 때 훈구 세력은 사화를 일으켜 조광조를 비롯한 많은 사림을 제거하였다. 이후 명종 때 외척 간의 권력 갈등에 사림들이 가담하면서 그 피해가 사림 세력에게 미친 또 한 차례의 사화, 을사사화가 일어났다. 이로 인해 사림은 중앙 정계에서 밀려났지만, 꾸준히 세력을 확대하여 16세기 후반 선조 때에 정권을 장악하였다.

22 사간원 정답 ③

(가) 기구에 대한 설명으로 옳은 것은? [2점]

이 그림은 중종 때 그려진 미원계회도(薇垣契會圖)입니다. '미원'은 (가) 의 별칭으로 간쟁과 논박을 담당한 관청이었습니다. 소나무 아래에는 계회를 하고 있는 모습이 보이고, 하단에는 참석자들의 관직, 성명, 본관 등이 기록되어 있습니다.

은쌤의 합격노트

(가) 기구는 사간원이다. 사간원은 간원(諫院) · 미원(薇院)이라고도 불렸다. 사간원은 왕이 잘못을 저질렀을 때 이를 비판하는 일을 하였다. 조선은 왕과 고위 관료를 견제하기 위해 3사의 기능을 강화하였는데, 왕에게 진언을 주로 담당하는 사간원, 관리들을 감찰하는 사헌부는 대간이라 하여 관리 임용에 간여하는 서경권을 행사하였다. 홍문관은 학문적 연구를 토대로 정책 결정을 자문하거나 경연에 참여하였다.

정답 분석

③ 사헌부, 홍문관과 함께 3사로 불렸다.

▶ 조선 시대 3사는 관리의 비리를 감찰하는 사헌부, 왕에 대한 간언을 맡은 사간원, 왕의 학문적 자문 기관인 홍문관을 말한다. 3사의 관리는 직위가 높지는 않았지만 관리와 양반 사대부의 여론을 이끄는 언론 활동을 통해 국가의 정책 결정에 영향을 미칠 수 있었다.

오답 피하기

① 왕명의 출납을 관장하였다.

▶ 조선 시대 승정원은 왕권을 뒷받침하는 기구로 왕명 출납을 하였다.

② 수도의 행정과 치안을 담당하였다.

▶ 조선 시대 한성부는 도성인 한성의 행정을 담당하였다.

④ 실록을 보관하고 관리하는 업무를 맡았다.

▶ 조선 시대 춘추관은 역사서의 편찬과 보관을 담당하였다.

⑤ 반역죄, 강상죄 등을 범한 중죄인을 다스렸다.

▶ 조선 시대 의금부는 사법 기관으로 반역 등 중대 사건을 다루었다.

23 임진왜란 이후 조선과 일본과의 관계 정답 ①

밑줄 그은 '이 전란' 이후에 있었던 사실로 옳은 것은? [2점]

은쌤의 합격노트

밑줄 그은 '이 전란'은 임진왜란이다. 1592년 임진왜란이 시작되자 조선은 20일 만에 한양을 점령당하였다. 이후 평양을 내주고 함경도까지 적에게 유린당하자 조선은 명에 원군을 요청하였고, 명은 전쟁이 자국으로 번지는 것을 막기 위해 참전을 결정하였다. 전쟁 초반 조선에 불리하던 전세는 수군과 전국 각지에서 일어난 의병의 활약으로 점차 바뀌어 갔다. 곽재우, 조헌, 고경명, 정문부 등의 의병장이 이끄는 의병들은 일본군에 큰 타격을 입혔다. 전국 각지에서 일어난 의병은 향토 지리에 밝은 이점을 활용하여 왜군에게 큰 타격을 주었다.

정답 분석

① 유정이 회답 겸 쇄환사로 일본에 파견되었다.

▶ 임진왜란 이후 유정(사명대사)는 '회답 겸 쇄환사'의 임무를 띠고 국왕의 친서를 가지고 일본으로 건너가 도쿠가와 이에야스와 강화를 맺었다. 그 결과 임진왜란 때 포로로 잡혀간 조선인 3,000여 명이 본국으로 돌아올 수 있었다.

오답 피하기

② 나세, 심덕부 등이 진포에서 왜구를 격퇴하였다.

▶ 고려 후기 우왕 때 최무선은 화포를 만들어 나세, 심덕부 등과 함께 많은 왜구의 배를 불태웠다(진포대첩).

③ 신숙주가 일본에 다녀와 해동제국기를 저술하였다.

▶ 조선 초기 문신 신숙주가 지은 "해동제국기"는 1443년 서장관으로 일본에 다녀왔을 때의 경험을 바탕으로 일본의 지형과 국내 사정, 외교 절차 등을 정리하여 세종에게 올린 것으로, 1471년 성종 때에 간행되었다.

④ 조선 정부의 통제에 반발하여 삼포왜란이 일어났다.

▶ 조선 중기 중종 때 부산포 · 내이포 · 염포 등 삼포에서 거주하고 있던 왜인들이 조선 정부의 엄격한 통제에 불만을 품고 대마도 도주의 지원을 받아 삼포왜란을 일으켰다.

⑤ 외침에 대비하기 위해 임시 기구로 비변사가 설치되었다.

▶ 조선 중기 중종 때 남쪽 해안의 왜구과 북쪽 국경 지대의 여진에 대한 국방 대책을 사전에 마련하기 위해 임시 기구로 비변사를 설치하였다.

24 조선 정조의 업적 정답 ⑤

(가) 왕이 재위한 시기의 경제 모습으로 옳은 것은? [2점]

이곳은 수원 화성 성역과 연계하여 축조된 축만제입니다. (가) 은/는 축만제 등의 수리 시설 축조와 둔전 경영을 통해 수원 화성의 수리, 장용영의 유지, 백성의 진휼을 위한 재원을 마련하였습니다.

은쌤의 합격노트

(가) 왕은 조선 후기 정조이다. 조선 후기 정조는 양주에 있던 아버지 묘소를 수원으로 옮겨 현륭원이라 하고, 현륭원 북쪽에 새로운 성곽 도시인 화성을 건설하였다. 화성을 세워 정치적 · 군사적 기능을 갖추었고, 상공인을 유치하여 자신의 정치적 이상을 실현하는 도시로 만들고자 하였다. 종합적인 도시 계획에 따라 건설된 수원 화성에는 행궁과 장용영의 외영을 설치하여 한성을 방어하는 요새지의 역할을 하도록 하였다. 또 수리 시설과 국영 농장을 설치하여 평상시에도 경제 생활이 이루어질 수 있도록 건설하였다.

정답 분석

⑤ 육의전을 제외한 시전 상인의 금난전권이 폐지되었다.

➲ 조선 후기 정조는 통공 정책을 실시하여 육의전을 제외한 시전의 금난전권을 폐지하였다. 이로써 상업 활동이 어느 정도 자유로워졌고, 사상은 더욱 번창하였다.

오답 피하기

① 금속 화폐인 건원중보가 주조되었다.

➲ 고려 초기 성종 때 철전인 건원중보를 시작으로 고려 중기 숙종 때 삼한통보, 해동통보, 해동중보 등이 주조되었다.

② 시장을 감독하는 동시전이 설치되었다.

➲ 신라 상대 지증왕은 동시를 개설하고 이를 관리하는 기구인 동시전을 설치하였다.

③ 울산항, 당항성이 무역항으로 번성하였다.

➲ 통일 신라 때 울산항, 청해진, 영암, 당항성(남양만)이 무역항으로 크게 번성하였다.

④ 군역의 부담을 줄이기 위해 균역법이 제정되었다.

➲ 조선 후기 영조는 군역의 폐단을 시정하기 위하여 1년에 2필씩 내던 군포를 1필만 부담하는 균역법을 실시하였다

25 서원 정답 ②

(가) 교육 기관에 대한 설명으로 옳은 것은? [1점]

조사 보고서

1. 주제 : 조선의 교육 기관 (가) 을/를 찾아서
2. 개관
   중종 38년(1543) 풍기 군수 주세붕이 처음 건립하였다. 국왕으로부터 현판과 토지, 노비 등을 받기도 하였다. 흥선 대원군에 의해 정리되어 47곳이 남았는데, 이 중 대표적인 9곳이 유네스코 세계유산으로 등재되었다.
3. 주요 건물 배치도

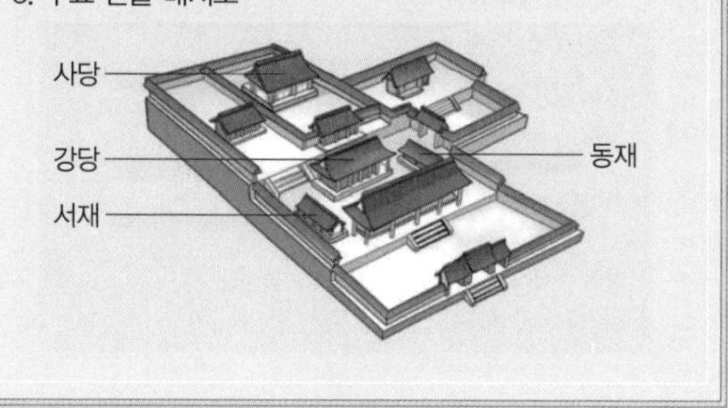

은쌤의 합격노트

(가) 교육 기관은 서원이다. 서원은 훌륭한 유학자를 제사 지내고 성리학을 연구하는 사립 교육 기관이다. 조선 중기 중종 때 풍기 군수 주세붕이 성리학을 도입한 안향을 기리기 위해 세운 백운동 서원이 시초이며, 이후 사림이 중앙 정계에 진출하면서 서원이 크게 늘어났다. 조선 정부는 사액 서원을 지정하여 토지와 노비, 서적 등을 지급하고 학문 연구를 장려하였다. 흥선 대원군은 서원을 전국에 47개만 남기고 600여 개소를 혁파하였다. 서원은 서원전을 중심으로 면세의 혜택을 누렸고, 주변의 농민들을 수탈하였으므로 흥선 대원군의 서원 철폐는 농민의 환영을 받았다.

정답 분석

② 선현의 제사와 유학 교육을 담당하였다.

➲ 조선 시대 서원은 각기 다른 선현을 모시고 있어서 학파와 붕당을 결속시키는 구심점이 되었다. 또한 개성 있는 학문을 발달시켰으며, 지방 유학자들의 사회적 위상을 높여 주었다.

오답 피하기

① 전국의 모든 군현에 하나씩 설치되었다.

➲ 조선 시대 향교는 성현에 대한 제사와 유생 교육, 지방민의 교화를 위해 부 · 목 · 군 · 현에 각각 하나씩 설립하였다.

③ 전문 강좌인 7재가 설치되어 운영되었다.

➲ 고려 정부는 국자감 교육이 위축되자, 국자감 내에 7재와 양현고를 두어 국학의 진흥을 꾀하였다.

④ 중앙에서 교수나 훈도를 교관으로 파견하였다.

➲ 조선 정부는 향교의 규모와 지역에 따라 교수나 훈도를 파견하였다.

⑤ 소과에 합격한 생원, 진사에게 입학 자격이 부여되었다.

➲ 조선 시대 성균관 입학 자격은 생원과 진사를 원칙으로 하는데, 성적이 우수한 학생은 문과의 초시를 면제해 주었다

26 조선의 실학자들 정답 ③

(가)~(마)에 들어갈 내용으로 옳은 것은? [3점]

〈온라인 한국사 교양 강좌〉

인물로 보는
조선 후기 사회 개혁론

우리 학회에서는 조선 후기 학자들의 다양한 개혁론을 이해하는 교양 강좌를 마련하였습니다. 많은 분들의 관심과 참여 바랍니다.

▣ 강좌 안내 ▣

제1강 이익, (가)
제2강 홍대용, (나)
제3강 박지원, (다)
제4강 박제가, (라)
제5강 정약용, (마)

• 기간 : 2021년 ○○월 ○○일~○○월 ○○일
매주 화요일 16:00
• 방식 : 화상 회의 플랫폼 활용
• 주최 : ◇◇ 학회

은쌤의 합격노트

조선 후기 사회 개혁론을 펼친 실학자들을 물어보는 문제이다.

(가) 중농학파 이익은 "성호사설" 등의 저서를 통해 자영농을 육성하기 위해 매 호마다 영업전을 갖게 하고, 나머지 토지는 매매를 허락하여 점진적으로 토지 균등을 이루어 나가자는 한전론을 주장하였다.
(나) 중상학파 홍대용은 청을 왕래하며 얻은 경험을 바탕으로 기술 혁신과 성리학의 극복을 부국강병의 전제로 인식하였다.
(다) 중상학파 박지원은 생산과 유통이 중요하다고 보고, 수레와 선박의 이용, 화폐 유통의 필요성을 강조하였다.
(라) 중상학파 박제가는 청에 다녀온 후 "북학의"를 저술하여 청의 문물을 적극 수용하자고 주장하였다.
(마) 중농학파 정약용은 여전론을 주장하였다. 여전론은 한 마을을 단위로 토지를 공동 소유하고 공동으로 경작하여, 노동량에 따라 그 수확량을 분배하는 일종의 공동 농장 제도였다.

정답 분석

③ (다) - 열하일기에서 수레와 선박의 필요성을 강조하다
➧ 박지원은 청에 다녀온 경험을 "열하일기"에 담았고, 수레와 선박, 화폐 유통의 필요성을 강조하였다.

오답 피하기

① (가) - 의산문답에서 중국 중심의 세계관을 비판하다
➧ 홍대용은 청에 왕래하면서 얻은 경험을 토대로 "임하경륜", "의산문답" 등을 저술하였다.

② (나) - 목민심서에서 지방 행정의 개혁안을 제시하다
➧ 전남 강진에 유배된 정약용은 18년 동안 귀양살이를 하면서 지방 행정의 개혁에 관한 "목민심서" 등을 저술하였다.

④ (라) - 성호사설에서 사회 폐단을 여섯 가지 좀으로 규정하다
➧ 이익은 "성호사설"에서 나라를 좀먹는 여섯 가지 폐단으로 노비 제도, 과거제, 양반, 문벌제도, 사치와 미신, 승려, 게으름을 지적하였다.

⑤ (마) - 북학의에서 절약보다 적절한 소비를 권장하다
➧ 박제가는 청에 다녀온 후 "북학의"를 저술하여 생산을 자극하기 위해서는 소비를 촉진해야 한다고 역설하였다.

27 조선과 청나라의 관계 정답 ③

(가) 국가에 대한 조선의 정책으로 옳은 것은? [2점]

은쌤의 합격노트

(가) 국가는 청나라이다. 모화관은 청의 사신을 위해 환영 · 환송연을 베풀던 곳이다. 청의 사신이 서울에 도착하면 이 모화관에 드는데, 이때 조선의 왕세자는 그의 앞에 나아가 재배의 예를 행하고 백관도 재배의 예를 행한다. 이때 백관은 반을 나누어 사신이 도착하기 전에 관에 나아가 대기하였다. 조선 후기 인조 때 조사한 보고서에 따르면 청이 침략한 병자호란 때 강화도에서 순절한 사람이 150명에 달했다고 한다.

정답 분석

③ 정기적으로 연행사를 보내 교류하였다.
➧ 조선시대 청나라로 보낸 사신 행차를 연행이라고 하는데, 이는 청나라의 수도가 심양에서 연경으로 옮겼기 때문에 그렇게 불렀다. 또한 명나라에 사신을 파견하는 것을 조천이라고 하는데, 이는 명나라가 조선의 사대한 천자국이기 때문이었다. 이런 명칭의 차이는 조선은 여진족이 세운 청나라에 대해서는 예를 갖출 수 없다는 의미를 내포하고 있었다.

오답 피하기

① 정동행성 이문소를 폐지하였다.
➧ 고려 후기 공민왕은 고려의 내정을 간섭하던 원의 정동행성 이문소를 폐지하였다.

② 별무반을 편성하여 침입에 대비하였다.
➧ 고려 중기 숙종은 윤관의 건의에 따라 별무반을 편성하여 여진을 정벌하고, 동북 지방 일대에 9성을 쌓아 방어하였다.

④ 한성에 동평관을 설치하여 무역을 허용하였다.
➧ 조선 초기 일본 사신들이 머물던 숙소인 동평관은 일본과의 외교와 무역에 중요한 역할을 하던 곳으로 왜관이라고도 한다. 임진왜란 이후 일본과의 국교가 단절됨에 따라 폐지되었다.

⑤ 통신사를 파견하여 조선의 문물을 전파하였다.
➧ 조선은 일본의 요청을 받아들여 대규모 통신사를 파견하였다. 일본은 수백 명이나 되는 통신사 일행을 통해 조선의 선진 학문과 기술을 배우고자 하였다.

28 홍경래의 난 정답 ⑤

(가) 사건에 대한 설명으로 옳은 것은? [1점]

〈조사 보고서〉

(가)

⊙ 사건 개요

1811년 12월부터 1812년 4월까지 평안도 일대에서 발생한 농민 봉기

⊙ 관련 사료 및 지도

순무영에서 보고하다. "정주성을 점령하고 …… 남녀 총 2,983명을 생포하여, 그 중 여자와 10세 이하 남자 아이들을 제외한 1,917명을 모두 효수하였습니다."

-『순조실록』-

은쌤의 합격노트

(가) 사건은 조선 후기 세도 정치기에 일어난 홍경래의 난이다. 세도 정치의 혼란과 삼정의 문란 속에서 가장 고통을 받던 농민들은 점차 농민 봉기라는 적극적인 형태로 사회 개혁을 요구하였는데, 그 대표적인 사건이 홍경래의 난이다. 몰락 양반인 홍경래와 서얼 출신 우군칙 등은 금광 경영, 인삼 무역 등으로 자금을 마련하고 무기와 군수 물자를 준비하여 영세 농민과 광산 노동자, 품팔이꾼, 노비, 소상인 등 다양한 계층을 끌어모아 1,000여 명의 병력으로 평안도 가산에서 봉기하였다. 이들은 탐관오리의 수탈과 서북인에 대한 차별 반대를 주장하며 열흘 만에 선천, 정주 등 청천강 이북의 대부분 지역을 점령하였다. 그러나 송림 전투에서 관군에게 패한 후 정주성에서 저항하였으나 5개월 만에 진압되었다.

정답 분석

⑤ 세도 정치기의 수탈과 지역 차별에 반발하여 일어났다.

➲ 평안도 지역에서 지역 차별과 세도 정치에 저항하여 몰락 양반 홍경래를 중심으로 일어난 농민 봉기는 19세기에 일어난 대규모 농민 봉기의 시작이었다.

오답 피하기

① 청의 군대에 의해 진압되었다.

➲ 임오군란 때 민씨 일파로부터 파병을 요청받은 청은 일본의 개입을 막기 위해 신속히 군대를 출동시켜 군란을 진압하였다. 갑신정변 때 위안스카이가 이끄는 청군이 출동하였고, 정변은 진압되어 개화당 정부는 3일 천하로 막을 내렸다.

② 척왜양창의를 기치로 내걸었다.

➲ '척왜양창의'는 일본과 서양 세력을 배척하여 의병을 일으킨다는 뜻으로 동학 교도들이 보은 집회에서 처음으로 부르짖었다.

③ 선혜청과 일본 공사관을 공격하였다.

➲ 1882년 6월 9일 13개월 만에 쌀로 지급된 1달치 급료에 겨와 모래가 섞인 것에 불만을 품은 구식 군인들은 임오군란을 일으켰다. 이들은 선혜청, 별기군을 조련하던 일본인 교관을 살해하고 일본 공사관을 습격하였다.

④ 사건 수습을 위해 박규수가 안핵사로 파견되었다.

➲ 1862년 세도 정치 시기에 진주 민란이 일어나자 박규수를 수습을 위해 안핵사로 파견되었는데 조정에 백낙신을 파면해 민란을 수습해야 한다고 보고하였다.

29 을미개혁 정답 ②

다음 사건 이후 추진된 개혁의 내용으로 옳은 것은? [2점]

일본군의 엄호 속에 사복 차림의 일본인들이 건청궁으로 침입하였다. 그들은 왕과 왕후의 처소로 달려가 몇몇은 왕과 왕태자의 측근들을 붙잡았고, 다른 자들은 왕후의 침실로 향하였다. 폭도들이 달려들자 궁내부 대신은 왕후를 보호하기 위해 두 팔을 벌려 앞을 가로막아 섰다. …… 의녀가 나서서 손수건으로 죽은 왕후의 얼굴을 덮어 주었다.

은쌤의 합격노트

다음 사건은 1885년에 일어난 을미사변이다. 이후 추진된 개혁은 을미사변 직후 전개된 을미개혁이다. 1894년 일본이 청 · 일 전쟁에서 승리한 대가로 시모노세키 조약을 통해 랴오둥 반도를 차지하자 러시아, 프랑스, 독일이 일본에 압력을 가하여 이를 돌려주도록 하였다(삼국 간섭). 이 사건으로 러시아가 동아시아의 새로운 강자로 떠올랐으며, 조선에서도 러시아 세력을 끌어들여 일본을 견제하려는 움직임이 일어났다. 1895년 일본은 이러한 움직임의 배후에 왕비가 있다고 보고 군대와 낭인을 동원하여 왕비를 살해하였다(을미사변). 이후 김홍집을 중심으로 내각이 다시 성립하여 태양력 사용, 단발령 실시 등의 내용을 담은 제3차 갑오개혁(을미개혁)이 추진되었다.

정답 분석

② 태양력을 시행하였다.

➲ 1885년 을미사변 이후 전개된 제3차 갑오개혁(을미개혁)은 태양력 사용, 소학교 설치와 우편 사무 시작, 종두법과 단발령 실시 등을 주요 내용으로 하였다.

오답 피하기

① 과거제를 폐지하였다.

➲ 1894년 제1차 갑오개혁 때 과거제를 폐지하고 근대적 관리 임명 제도를 마련하였다.

③ 육영 공원을 설립하였다.

➲ 1886년 정부가 설립한 육영 공원은 헐버트 등 미국인 교사를 초빙하여 미국식 교육을 실시하였다.

④ 공사 노비법을 혁파하였다.

➲ 1894년 제1차 갑오개혁 때 사회 면에서는 신분 차별과 노비제를 없애고 조혼을 금지하고 과부의 재가를 허용하였으며 가혹한 고문과 연좌제도 폐지하였다.

⑤ 통리기무아문을 설치하였다.

➲ 1880년 개항 이후 조선 정부는 개화 정책을 총괄하는 통리기무아문을 설치하여 외교, 군사, 산업, 외국어 교육 등의 업무를 담당하게 하였다.

30 병인양요 정답 ④

다음 사건이 일어난 배경으로 옳은 것은? [2점]

> 양헌수가 은밀히 정족산 전등사로 가서 주둔하였다. …… 산 위에서 매복하고 있다가 한꺼번에 북을 치고 나발을 불며 좌우에서 총을 쏘았다. 적장이 총에 맞아 말에서 떨어지고 서양인 10여 명이 죽었다. 달아나는 서양인들을 쫓아가니 그들은 동료의 시체를 옆에 끼고 급히 본진으로 도망갔다.

은쌤의 합격노트

다음 사건은 병인양요이다. 1866년 프랑스는 병인박해를 구실로 군함을 보내 조선을 침략하였다. 프랑스군은 강화도에 30일 동안 주둔하면서 약탈과 살인을 자행하였고, 이에 맞서 한성근 부대는 문수산성, 양헌수 부대는 삼랑성(정족산성)에서 프랑스군을 물리쳤다. 결국 프랑스군은 더 견디지 못하고 철수하였다(병인양요). 프랑스군은 물러가면서 주요 시설에 불을 지르고 강화읍에 보관된 외규장각 도서 등 귀중한 문화재와 재물을 약탈하였다. 이 과정에서 5,000여 권의 귀중한 왕실 도서가 불에 타버렸다.

정답 분석

④ 병인박해로 천주교 선교사와 신자들이 처형되었다.
➡ 흥선 대원군은 서양 세력의 통상 수교 요구가 군사적 침략으로 이어진다고 여겨 이를 거절하였다. 이 무렵 남하 정책을 추진하던 러시아가 두만강을 건너와 통상을 요구였다. 흥선 대원군은 프랑스 선교사의 알선으로 프랑스 세력을 끌어들여 러시아의 위협을 막고자 하였으나 실패하였다. 당시 천주교를 금지하라는 여론이 높아지자 흥선 대원군은 프랑스 선교사 9명과 신자 8천여 명을 처형하였다(병인박해, 1866). 프랑스는 병인박해를 구실로 조선의 문호를 개방할 것을 요구하며 병인양요를 일으켰다.

오답 피하기

① 종로와 전국 각지에 척화비가 세워졌다.
➡ 흥선 대원군은 프랑스(병인양요)와 미국(신미양요) 등 서양 열강의 군사적 도발을 물리친 뒤, 전국 각지에 척화비를 세워 통상 수교 거부의 뜻을 더욱 강하게 밝혔다.

② 오페르트가 남연군 묘 도굴을 시도하였다.
➡ 병인양요 이후 독일 상인 오페르트는 통상 요구를 강화하기 위해 충남 덕산에 있는 흥선 대원군의 아버지인 남연군 묘를 도굴하려 하였으나 실패하였다(1868).

③ 위안스카이가 이끄는 군대가 조선에 상륙하였다.
➡ 갑신정변이 일어나자 위안스카이가 이끄는 청군이 출동하였다. 청 군대의 개입으로 개화파 정권은 불과 3일 만에 붕괴하고 말았다.

⑤ 김홍집이 가지고 온 조선책략이 국내에 유포되었다.
➡ 김홍집은 1880년 제2차 수신사로 일본에 다녀오면서 청의 외교관인 황준헌으로부터 조선이 미국과 손을 잡아야 한다는 내용을 담은 "조선책략"을 받아 왔다.

31 갑신정변 정답 ⑤

다음 자료에 나타난 상황 이후 전개된 사실로 옳은 것은? [2점]

> 김옥균이 일본 공사 다케조에에게 국왕의 호위를 위해 일본군이 필요하다고 요청하였다. 그는 호위를 요청하는 국왕의 친서가 있으면 투입하겠다고 약속하였다. 친서는 박영효가 전달하기로 합의하였다. 다케조에는 조선에 주둔한 청군 1천 명이 공격해 들어와도 일본군 1개 중대면 막을 수 있다고 장담하였다.

은쌤의 합격노트

다음 자료에 나타난 상황은 갑신정변이 일어나기 직전의 상황이다. 1884년 10월 17일 김옥균 등 급진 개화파는 우정총국 개국 축하연을 이용하여 정변을 일으켰다. 임오군란 이후 청의 내정 간섭이 심화되면서 그들이 추구한 개화 정책이 난관에 봉착하였기 때문이다. 김옥균은 일본으로부터 차관을 도입하는 문제 등 추진하는 정책마다 민씨 척족들과 충돌하였다. 이들은 민씨 척족의 배후에 청이 있다고 생각하였다. 그런데 1884년 5월 청이 베트남 문제로 프랑스와 대립하면서 조선 주둔 병력의 절반을 철수시키자, 급진 개화파는 이때를 절호의 기회로 여겼다. 그리고 병력을 지원하겠다는 일본 공사의 약속을 이끌어내 정변을 일으켰다.

정답 분석

⑤ 우정총국 개국 축하연에서 정변이 일어났다.
➡ 급진 개화파는 일본 공사가 군사적 지원을 약속하자, 정변을 일으키기로 결정하였다. 마침내 1884년 김옥균을 중심으로 한 급진 개화파는 우정총국 개국 축하연을 기회로 갑신정변을 일으켜 민씨 정권의 핵심적 인물들을 살해하고, 개화당 정부를 수립하였다.

오답 피하기

① 신식 군대인 별기군이 창설되었다.
➡ 1881년 조선 정부는 5군영을 무위영, 장어영 등 2영으로 개편하고, 일본인 교관의 훈련을 받는 신식 군대인 별기군(교련병대)을 창설하였다.

② 김기수가 수신사로 일본에 파견되었다.
➡ 1876년 강화도 조약 체결 후 조선 정부는 김기수를 1차 수신사로 일본에 파견하였다.

③ 일본 군함 운요호가 영종도를 공격하였다.
➡ 1875년 일본은 조선을 침략할 명분을 찾기 위해 군함 운요호를 강화도에 파견하였다. 운요호는 해로를 탐사한다는 명분을 내세워 강화도 초지진 포대로 접근하여 들어와 조선 수비군의 발포를 유도하였다.

④ 이만손이 주도하여 영남 만인소를 올렸다.
➡ 1881년 영남 지방의 유생들은 이만손을 중심으로 '만인소'를 올려 미국과의 수교를 반대하였다.

32 동학 농민 운동 정답 ①

(가) 시기에 전개된 동학 농민군의 활동으로 옳은 것은? [2점]

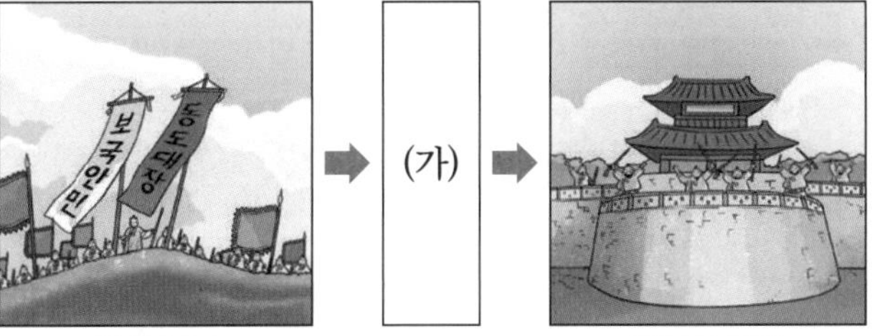

백산 봉기 → (가) → 전주성 점령

은쌤의 합격노트

(가) 시기에 들어갈 수 있는 활동은 1차 동학 농민 운동 때 일어난 사건이다. 동학 농민 운동의 불씨는 전라도 고부 지역에서 타오르기 시작하였다. 고부 군수 조병갑은 불필요한 만석보를 짓고 물세를 거두어 착복하는 등 불법 행위를 일삼았다. 이러한 학정에 분노한 군민들이 1894년 1월 전라도 고부에서 농민 봉기를 일으켰다. 정부는 조병갑을 파면하고 새로운 군수를 임명하여 내려보냈다. 새로 부임한 군수는 농민들의 요구를 받아들여 잘못된 점을 고치겠다고 다짐하였고, 이에 농민들도 해산하였다. 그러나 이용태가 안핵사로 내려와 일방적으로 농민에게 책임을 돌리면서 봉기 참가자를 처벌하였다. 무장에서 재봉기한 농민군은 백산에 집결하여 전봉준, 손화중, 김개남을 중심으로 지휘부를 구성하였다. 농민군은 정읍의 황토현에서 관군에 첫 승리를 거둔 후 남쪽으로 진출하였다. 정부는 농민군을 진압하기 위해 한성의 경군 800여 명을 파견하였으나, 농민군은 장성의 황룡촌에서 경군을 격파한 후, 빠른 속도로 북상하여 전라 감영이 있는 전주성을 점령하였다.

정답 분석

① 황토현에서 관군에 승리하였다.
- 동학 농민군은 백산 봉기 이후 전라 감영에서 보낸 군대를 황토현에서 격파한 다음 정읍, 고창, 영광, 함평 등 여러 고을을 점령하면서 세력을 키워 갔다.

오답 피하기

② 남접과 북접이 논산에서 연합하였다.
- 제2차 동학 농민 운동 때 농민군은 논산에서 남접과 북접이 합세하여 북상하였는데, 공주 우금치에서 일본군과 관군의 연합 부대와 대치하면서 크게 패하였다.

③ 우금치에서 일본군과 관군에 맞서 싸웠다.
- 제2차 동학 농민 운동 때 전봉준이 이끄는 동학 농민군의 주력 부대는 공주 우금치에서 우세한 화력으로 무장한 일본군과 정부군을 상대로 치열하게 싸웠지만 크게 패하였다.

④ 집강소를 중심으로 폐정 개혁안을 실천하였다.
- 제1차 동학 농민 운동 때 전주 화약 이후 농민군은 전라도 각지에 농민 자치 조직인 집강소를 설치하고, 폐정 개혁안을 실천에 옮겨 탐관오리 처벌, 조세 개혁, 신분 차별 철폐 등을 위해 노력하였다.

⑤ 조병갑의 탐학에 저항하여 고부 관아를 습격하였다.
- 조병갑은 농민들에게 불필요한 만석보를 다시 쌓도록 하고 강제로 수세를 거두어들여 자신의 재산을 늘렸다. 1894년 이를 견디다 못한 농민들은 동학교도와 함께 고부에서 민란을 일으켜 관아를 점령하고 관리들을 처벌하였다.

33 김정희의 세한도 정답 ④

다음 기사에 보도된 문화유산으로 옳은 것은? [2점]

□□ 신문

제△△호 2020년 ○○월 ○○일

국민의 품에 안긴 조선 후기 명화

추사 김정희의 대표작이 소장자의 뜻에 따라 ○○박물관에 기증되었다. 그동안 기탁 형태로 관리되었으나 온전히 국가에 귀속된 것이다. 이 작품은 김정희가 제주도 유배 중일 때 사제의 의리를 변함없이 지킨 제자 이상적에게 그려준 것으로, 시서화(詩書畵)의 일치를 추구하였던 조선 시대 문인화의 진수를 보여준다.

은쌤의 합격노트

다음 기사에 보도된 문화유산은 김정희의 세한도이다. 조선 후기 19세기에 김정희의 활동이 두드러졌는데, 그는 금석학에도 조예가 깊었으며, 여러 필법을 연구하여 독창적인 추사체를 창안하였다. 세한도는 김정희가 제주도에서 유배 생활을 하던 중 그의 제자 이상적이 자신을 대하는 한결같은 마음에 감격하여 그려 보낸 작품이다.

정답 분석

④

- 김정희의 세한도이다. 세한도는 김정희가 이상적에게 그려 준 그림으로, 청에서 구한 책을 제주도에 유배 중인 자신에게 보내 준 것에 대한 보답이었다. 소나무와 잣나무를 그려 넣은 것은 이상적과의 변치 않는 의리를 표현하기 위해서이다.

오답 피하기

①

- 조선 후기 정선의 인왕제색도이다.

②

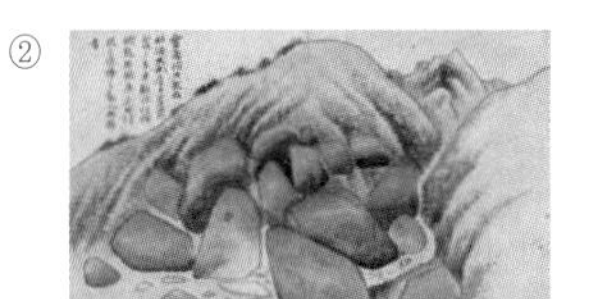

- 조선 후기 강세황의 영통동구도이다.

③

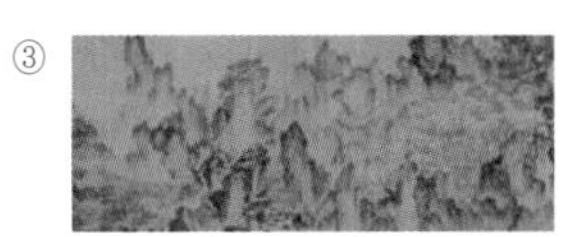

- 조선 초기 안견의 몽유도원도이다.

⑤

- 조선 후기 신윤복의 월하정인이다.

34 단오 정답 ④

(가)에 들어갈 세시 풍속으로 옳은 것은? [1점]

은쌤의 합격노트

(가)에 들어갈 세시 풍속은 단오이다. 단오는 일명 수릿날 · 중오절 · 천중절 · 단양이라고도 한다. 단오의 '단(端)'자는 처음 곧 첫 번째를 뜻하고, '오(午)' 자는 오(五), 곧 다섯의 뜻으로 통하므로 단오는 '초닷새'라는 뜻이 된다. 일 년 중에 가장 양기가 왕성한 날이라 해서 큰 명절로 여겨왔고, 여러 가지 행사가 전국적으로 행해지고 있다. 단오의 풍속 및 행사로는 창포물에 머리 감기, 쑥과 익모초 뜯기, 부적 만들어 붙이기, 대추나무 시집보내기, 단오 비녀 꽂기 등의 풍속과 함께 그네뛰기 · 씨름 · 석전 · 활쏘기 등과 같은 민속놀이도 행해졌다. 또한 궁중에서는 이날 단오부채 등을 만들어 신하들에게 하사하기도 하였다.

정답 분석

④ 단오

▶ 단오는 1년 중에서 양기가 가장 왕성한 날이라 하여 음력 5월 5일에 지내는 우리나라의 명절이다.

오답 피하기

① 한식

▶ 한식은 동지로부터 105일째 되는 날로 설날 · 단오 · 추석과 함께 4대 명절에 해당하는 명절이다.

② 백중

▶ 백중은 음력 7월 15일에 해당하며 세벌김매기가 끝난 후 여름철 휴한기에 휴식을 취하는 날로 농민들의 여름철 축제이다.

③ 추석

▶ 추석은 음력 팔월 보름을 일컫는 말로 가을의 한가운데 달이며 또한 팔월의 한가운데 날이라는 뜻을 지니고 있는 연중 으뜸 명절이다.

⑤ 정월 대보름

▶ 정월 대보름은 한 해의 첫 보름이자 보름달이 뜨는 날로 음력 1월 15일에 지내는 우리나라의 명절이다.

35 독립신문 정답 ④

(가)에 해당하는 신문으로 옳은 것은? [1점]

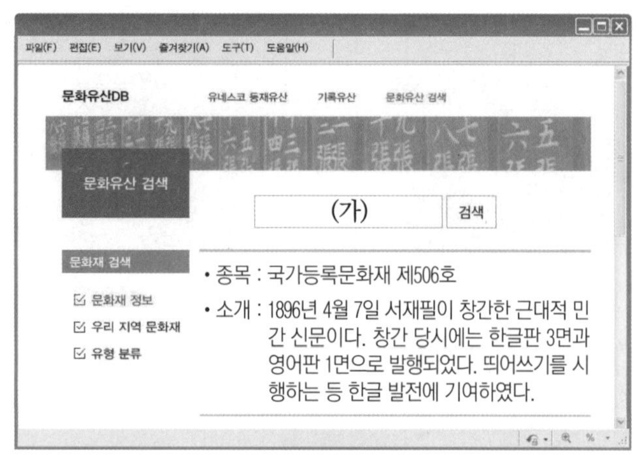

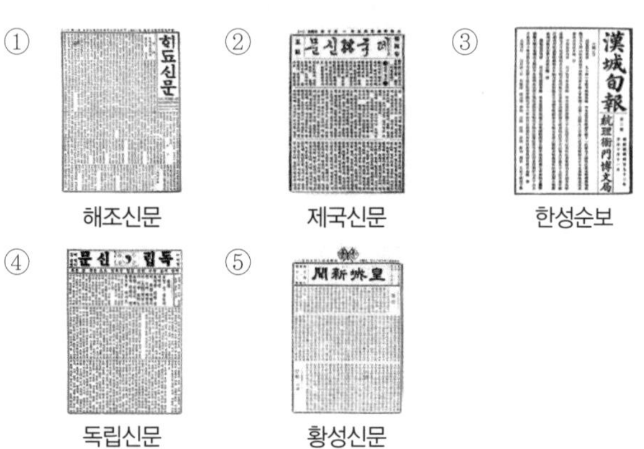

은쌤의 합격노트

(가)에 해당하는 신문은 독립신문이다. 아관 파천 이후 1896년에 서재필의 주도로 독립신문이 창간되었다. 독립신문은 정부 관리의 부정부패를 비판하고 국민의 권리와 의무, 국제 사회에서 한국의 위치, 열강의 이권 침탈 상황 등을 알렸다. 또한 순 한글을 사용하여 독자층을 늘리고 한글을 일상적인 문자로 격상시켰다.

정답 분석

④ 독립신문

▶ 1869년 미국에서 귀국한 서재필이 정부로부터 자금을 지원받아 독립신문을 발간하였다.

오답 피하기

① 해조신문

▶ 해조신문은 1908년 러시아 블라디보스톡(해외)에서 발행된 최초의 한글 신문이다.

② 제국신문

▶ 제국신문은 대한제국 시기에 발행된 일간 신문으로, 1898년 8월 10일 이종일이 창간했다.

③ 한성순보

▶ 한성순보는 1883년에 창간된 우리나라 최초의 근대 신문이다.

⑤ 황성신문

▶ 황성신문은 대한제국 시기 일간 신문으로, 1898년 남궁억과 나수연 등이 창간했다.

36 광무개혁 정답 ⑤

다음 대화 이후에 전개된 사실로 옳은 것은? [2점]

은쌤의 합격노트

다음 대화가 이루어진 시기는 1897년 10월 대한 제국이 수립된 날이다. 아관 파천으로 고종이 러시아 공사관에 머무르는 동안, 한반도를 둘러싼 국제 정세는 러시아의 우위 속에 열강들이 세력 균형을 이루고 있었다. 조선에서 러시아의 세력 독점을 견제하려는 국제적 여론이 높아지는 가운데, 안으로는 고종의 환궁을 요구하는 상소가 계속되었다. 이에 1897년 2월 고종은 1년여 만에 경운궁(덕수궁)을 수리하여 환궁하였다. 그리고 1897년 10월 연호를 광무로 바꾸고, 환구단에서 황제 즉위식을 거행하여 대한 제국의 수립을 선포함으로써 자주 독립국임을 내세웠다.

정답 분석

⑤ 양전 사업이 실시되어 지계가 발급되었다.

▶ 1901년 대한 제국 고종 황제는 지계아문을 설치하여 토지 소유자에게 국가에서 공인하는 토지 소유권 증서인 지계(대한 제국 전답 관계)를 발급하였다.

오답 피하기

① 전환국이 설치되었다.

▶ 1880년대 조선 정부는 청과 일본에 영선사, 조사 시찰단 등을 파견하여 근대적 기술 도입의 중요성을 인식하고 1883년 전환국을 설치하여 화폐를 주조하였다.

② 혜상공국이 설립되었다.

▶ 1883년 조선 정부는 혜상공국을 설치하여 보부상의 상업적 특권을 보호하였다.

③ 보빙사가 미국에 파견되었다.

▶ 1883년 조선 정부는 미국과 수교한 후 공사 파견에 대한 답례로 미국에 보빙사를 파견하였다.

④ 조 · 청 상민 수륙 무역 장정이 체결되었다.

▶ 1882년 임오군란 직후 조선은 청과 조 · 청 상민 수륙 무역 장정을 체결하여, 청 상인들이 한성에서 점포를 설치할 수 있는 권리와 내지에서 통상할 수 있는 권리를 허용하였다.

37 독립 운동가 안중근 정답 ①

(가) 인물에 대한 설명으로 옳은 것은? [2점]

은쌤의 합격노트

(가) 인물은 안중근이다. 안중근은 국내에서 의병 투쟁이 치열하게 전개되던 1907년 연해주로 가서 의병 운동에 참가하였다. 이듬해 전제덕의 휘하에서 대한의군참모중장 겸 특파독립대장 및 아령지구 사령관의 자격으로 엄인섭과 함께 100여 명의 부하를 이끌고 두만강을 건너 국내로 침투하여 일본군과 격전을 벌였다. 1909년 동지 11명과 죽음으로써 구국투쟁을 벌일 것을 손가락을 끊어 맹세하고 동의단지회를 결성하였다. 그해 10월 26일 중국의 하얼빈에서 을사조약 체결의 핵심적인 역할을 담당하고 조선의 식민지화를 주도한 이토 히로부미를 사살하고 그 즉시 체포되었다.

정답 분석

① 동양 평화론을 저술하였다.

▶ 1910년 안중근이 감옥에서 저술한 "동양평화론"에 따르면 랴오둥 반도의 항구인 뤼순을 한, 중, 일 3국이 공동으로 관리하는 군항으로 만들고, 세 나라에서 대표를 파견하여 평화 회의를 조직하자고 하였다. 또한, 3국 청년으로 구성된 군대를 편성하고, 3국의 공동 은행과 공용 화폐를 만들자고 주장하였다.

오답 피하기

② 친일 인사인 스티븐스를 사살하였다.

▶ 1908년 장인환과 전명운은 미국 샌프란시스코에서 대한 제국의 외교 고문으로 있었으며, 당시 통감부 고문이던 친일적인 미국인 스티븐스를 처단하였다.

③ 5적 처단을 위해 자신회를 조직하였다.

▶ 1907년 나철과 오기호 등은 을사 5적을 처단하기 위해 자신회라는 5적 암살단을 조직하여 활동하였다.

④ 명동 성당 앞에서 이완용을 습격하였다.

▶ 1909년 이재명은 매국노를 처단하는 것이 국권 수호의 지름길이라 여기고, 이완용을 칼로 찔러 을사오적을 공포에 떨게 하였다.

⑤ 동양 척식 주식회사에 폭탄을 투척하였다.

▶ 1926년 의열단원 나석주는 동양 척식 주식회사와 조선 식산 은행에 폭탄을 투척하였다.

38 신민회 정답 ①

(가) 단체에 대한 설명으로 옳은 것을 〈보기〉에서 고른 것은? [3점]

〈보 기〉

ㄱ. 태극 서관을 운영하였다.
ㄴ. 105인 사건으로 와해되었다.
ㄷ. 이륭양행에 교통국을 설치하였다.
ㄹ. 입헌 군주제 수립을 목표로 하였다.

은쌤의 합격노트

(가) 단체는 신민회이다. 1907년 일본의 탄압이 심해지자 애국 계몽 운동가들은 국권 회복을 위한 비밀 단체로 신민회를 조직하였다. 신민회는 국권 회복을 위한 실력 양성을 주장하며 국민이 새로워져야 한다는 의미로 '신민(新民)'을 내세웠다. 회원들은 각종 계몽 강연에서 일반 국민에게 민족의식을 높이고 국권을 되찾아야 한다고 역설하였다. 또한, 구습 타파와 민권 사상을 강조하였고, 신교육 보급과 민족 산업 자본을 위한 실업 장려 운동도 전개하였다. 한편, 국권을 상실할 위기에 처하자 신민회의 일부 회원들은 실력 양성 운동의 한계를 깨닫고, 장기적인 무장 독립 투쟁을 위해 독립운동 기지 건설에 나섰다. 이를 위해 만주에 회원을 파견하였으며, 이회영 등은 일가의 전 재산을 처분하여 만주에 신흥 무관 학교 등을 설립하였다.

정답 분석

ㄱ. 태극 서관을 운영하였다.
- 신민회는 인재 양성을 위해 평양에 대성 학교, 정주에 오산 학교를 세웠으며, 계몽 서적을 출판하기 위한 태극 서관을 운영하였다. 또한, 평양에 자기 회사를 설립하여 민족 산업 육성을 위해 노력하였고, 민중 계몽을 위한 강연 등에도 힘썼다.

ㄴ. 105인 사건으로 와해되었다.
- 신민회는 1911년 일제가 조작한 105인 사건으로 사실상 해체되었다. 하지만 신민회에 가담하였던 애국지사들은 국내외에서 활발하게 민족 운동을 전개하였다.

오답 피하기

ㄷ. 이륭양행에 교통국을 설치하였다.
- 1919년 대한민국 임시 정부의 통신 기관인 교통국은 정보의 수집과 분석, 연락 업무 등을 담당하였는데, 이륭양행에 설치된 단동 교통국의 활동이 두드러졌다.

ㄹ. 입헌 군주제 수립을 목표로 하였다.
- 1905년 헌정 연구회는 의회 설립을 통한 입헌 정치 체제 수립을 목적으로 활동하였다. 신민회는 다른 단체들과는 달리 공화정에 바탕을 둔 근대 국민 국가 건설을 지향하였다.

39 3·1 운동 정답 ③

(가) 민족 운동에 대한 설명으로 옳은 것은? [1점]

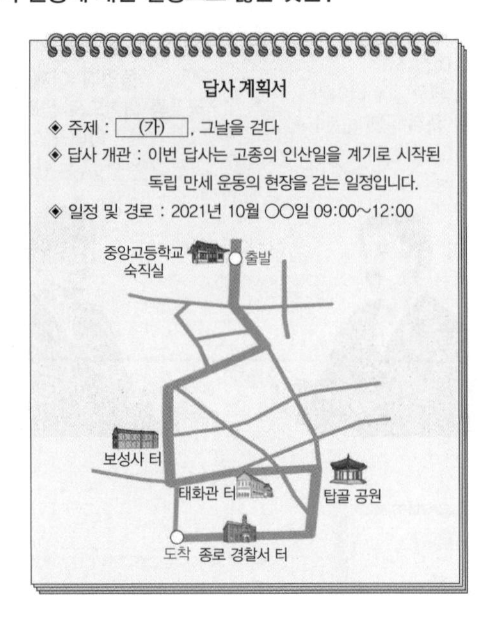

은쌤의 합격노트

(가) 민족 운동은 1919년에 일어난 3 · 1 운동이다. 전국적인 만세 시위를 준비하던 종교계 인사들은 33인의 민족 대표를 구성하였다. 이들은 민족 대표 33인의 이름이 적힌 독립 선언서와 태극기를 종교 단체와 학생 조직을 통해 서울과 지방의 여러 도시에 몰래 배포하였고, 고종의 인산일을 즈음하여 대규모 만세 시위를 벌이기로 계획하였다.

정답 분석

③ 민족 대표 33인 명의의 독립 선언서가 발표되었다.
- 손병희, 이승훈, 한용운 등 종교 지도자들로 구성된 민족 대표 33인 가운데 29인은 태화관에 모여 독립 선언서를 낭독하고 만세 삼창을 부른 후 일본 경찰에 연행되었다.

오답 피하기

① 통감부의 방해와 탄압으로 중단되었다.
- 통감부는 1906년에 설치되어 1910년 주권 상실과 더불어 조선 총독부가 설치되기 전까지 존속한 일제의 식민 통치 준비 기구이다.

② 러시아의 절영도 조차 요구를 저지하였다.
- 1898년 독립 협회는 만민 공동회를 개최하여 러시아의 절영도 조차 요구를 반대하고 저지하였다.

④ 대한매일신보의 후원을 받아 전국으로 확산되었다.
- 1907년 대구에서 시작된 국채 보상 운동은 대한매일신보, 황성신문, 제국신문, 만세보 등 언론 기관의 홍보에 힘입어 전국으로 확산되었다.

⑤ 한국인 학생과 일본인 학생 간의 충돌에서 비롯되었다.
- 1929년 10월, 전남 광주로 통학하는 열차에서 벌어진 일본 남학생이 한국 여학생을 희롱한 사건은 광주 학생 항일 운동으로 이어졌다.

40 1920년대 만주 지역의 항일 무장 투쟁 정답 ④

(가)~(다) 학생이 발표한 내용을 일어난 순서대로 옳게 나열한 것은? [3점]

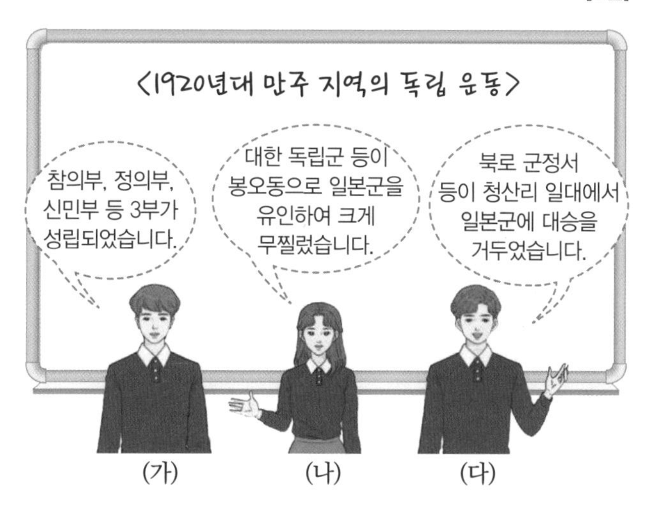

은쌤의 합격노트

(가)는 1923~25년에 만주에 수립된 참의부, 정의부, 신민부 등의 3부, (나)는 1920년 6월 대한 독립군 등이 주도한 봉오동 전투, (다)는 1920년 10월 대한 독립군, 북로 군정서 등이 주도한 청산리 대첩이다.

정답 분석

④ (나) - (다) - (가)

- 독립군 부대들이 국내 진공 작전을 전개하자, 1920년 일본군은 두만강을 건너 독립군을 공격해 왔다.
  - (나) 1920년 6월 홍범도의 대한 독립군과 최진동의 군무 도독부, 안무의 국민회군 등은 일본군을 봉오동 골짜기로 유인하여 무찔렀다(봉오동 전투). 이에 일제는 1920년 8월 훈춘 사건을 조작하고, 만주의 독립군 근거지를 공격하였다.
  - (다) 1920년 10월 북로 군정서와 대한 독립군을 비롯한 독립군 부대들은 이를 피해 백두산 부근으로 이동하다 추격해 온 일본군과 전투를 벌여 백운평 전투를 시작으로, 6일 동안 청산리 일대에서 10여 회의 전투를 벌여 크게 승리하였다(청산리 대첩). 청산리 대첩을 전후한 시기 일본군이 간도 참변을 저지르자 독립군은 밀산부에 집결하여 서일을 총재로 대한 독립군단을 조직하고 자유시로 이동하였다. 그러나 1921년 러시아 혁명군에게 무장 해제를 당하였고, 그 과정에서 많은 사상자가 발생하였다(자유시 참변).
  - (가) 자유시 참변 이후 만주로 돌아온 독립군은 항일 투쟁을 효과적으로 전개하고자 독립군 단체를 통합하였다. 그 결과 1923년에 참의부, 1924년에 정의부, 1925년에 신민부의 3부가 결성되었다.

41 독립 운동가 한용운 정답 ③

(가) 인물에 대한 설명으로 옳은 것은? [2점]

이곳 심우장은 (가) 이/가 조선 총독부를 마주하지 않겠다며 북향으로 지었다고 합니다. 님의 침묵 등을 지은 (가) 은/는 일제의 탄압에도 굴하지 않다가 광복 직전 이곳에서 돌아가셨습니다.

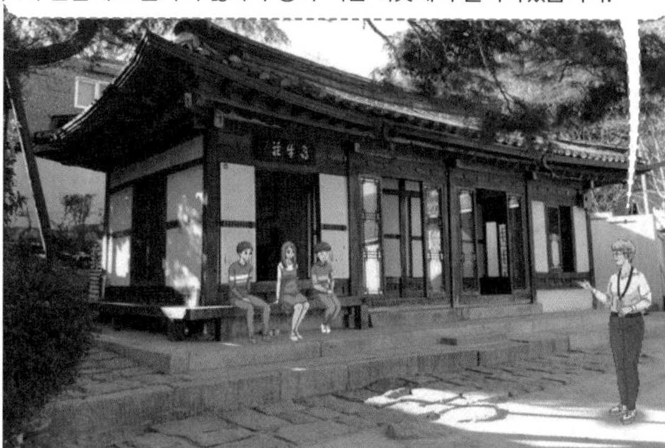

은쌤의 합격노트

(가) 인물은 독립 운동가 한용운이다. 심우장은 일제 강점기인 1933년에 만해 한용운이 지은 집으로 남향을 선호하는 한옥에서는 흔히 볼 수 없는 북향 집인데, 독립 운동가였던 그가 남향으로 터를 잡으면 조선 총독부와 마주 보게 되므로 이를 거부하고 반대편 산비탈의 북향 터를 선택했기 때문이다. 이처럼 일제에 저항하는 삶을 일관했던 한용운은 끝내 조국의 광복을 보지 못하고 1944년 이곳에서 생애를 마쳤다. 한편 한용운은 1910년 백담사에서 "조선불교유신론"을 탈고하였다. 1920년대 들어서는 민족적이고 저항적인 작품을 발표하였는데 특히 1926년에 발표한 시집 '님의 침묵'이 대표적이다.

정답 분석

③ 월간지 유심을 발간하여 불교 개혁 운동에 힘썼다.

- 한용운은 1910년 "조선불교유신론" 탈고 이후 만주 등지를 여행하고, 여러 사찰을 돌면서 강연과 저술 활동을 하다가 1918년에 서울 계동에 자리를 잡은 후 불교 대중화를 위해 월간지 "유심"을 창간하여 편집 겸 발행인이 되었다.

오답 피하기

① 우리말 큰사전 편찬 사업을 추진하였다.

- 조선어학회는 "우리말 큰사전" 편찬을 민족적 대사업의 당면 과제로 삼았다. 이를 위한 준비 작업으로 1933년 한글 맞춤법 통일안을 제정하였다.

② 유교 개혁을 주장하는 유교 구신론을 제창하였다.

- 박은식은 유학자 중심의 유학을 비판하고, 유교 구신론을 내세워 유교의 개혁을 주장하였다.

④ 진단 학회를 설립하여 실증주의 사학을 발전시켰다.

- 이병도, 손진태 등은 1934년 진단 학회를 조직하고 진단 학보를 발간하여 문헌 고증을 중시하는 실증주의 사학을 발전시켰다.

⑤ 독사신론을 저술하여 민족주의 사학의 기반을 마련하였다.

- 1908년 신채호는 대한매일신보에 "독사신론"을 연재하여 민족 중심의 역사 서술을 강조하여 민족주의 역사학의 연구 방향을 제시하였다.

42 일제 식민 통치 3기(1930~1940년대) 정답 ④

밑줄 그은 '시기'에 볼 수 있는 모습으로 옳은 것은? [2점]

사진 속 만삭의 임산부가 바로 저입니다. 일제는 중일 전쟁 이후 침략 전쟁을 확대하던 시기에 많은 여성을 전쟁터로 끌고 가 일본군 '위안부'로 삼았습니다. 저는 가까스로 연합군에 의해 구출되었지만 그곳에서 죽임을 당한 여성도 참 많았지요.

은쌤의 합격노트

밑줄 그은 '시기'는 1930년대 후반부터 1940년대에 볼 수 있는 일제의 식민 통치 시기이다. 1937년 중·일 전쟁을 도발한 일제는 전쟁에 필요한 물자와 인력을 효율적으로 동원하기 위해 1938년 국가 총동원법을 제정하고 본격적으로 인력과 물자 수탈에 나섰다. 1930년대부터 약 20여만 명으로 추정되는 조선 여성들은 일제에 의해 중국, 동남 아시아, 태평양 제도 등의 전선에 '일본군 위안부'로 보내져 갖은 수난과 희생을 겪었다. 이들 가운데는 전쟁 중에 희생된 이들이 많았고, 살아남은 사람들의 대부분도 정신적·육체적 고통 속에 살아가야만 하였다. 가족들도 본인 못지않게 큰 고통을 이겨내야만 하였다.

정답 분석

④ 신사 참배에 강제 동원되는 학생

➋ 1937년 중·일 전쟁과 1941년 태평양 전쟁을 일으킨 일제는 전시 동원을 원활하게 할 목적으로 황국 신민화 정책에 박차를 가하였다. 아침마다 일왕이 사는 궁을 향해 절하는 궁성 요배와 신사 참배를 강요하였다.

오답 피하기

① 태형을 집행하는 헌병 경찰

➋ 1912년 총독부가 조선 태형령을 공포하자 헌병 경찰은 합법적으로 우리나라의 독립운동가는 물론이고 일반 형사범까지도 가혹한 태형으로 다스렸다.

② 원산 총파업에 동참하는 노동자

➋ 1929년 원산 인근의 라이징 선 석유 회사에서 일본인 현장 감독이 한국인 노동자를 자주 구타한 사건을 계기로 원산 노동자 총파업이 일어났다.

③ 회사령을 공포하는 총독부 관리

➋ 1910년 일제는 회사령을 제정하여 회사를 세울 때 조선 총독부의 허가를 받게 하였다.

⑤ 암태도 소작 쟁의에 참여하는 농민

➋ 1923년 전남 무안군 암태도에서 발생한 소작 쟁의는 대지주와 일제에 대항하여 승리를 쟁취한 대표적인 사례였다.

43 근우회 정답 ④

(가) 단체에 대한 설명으로 옳은 것은? [2점]

【이달의 독립운동가】

민족 독립과 여성 해방을 꿈꾼

박차정(朴次貞)

(1910~1944)

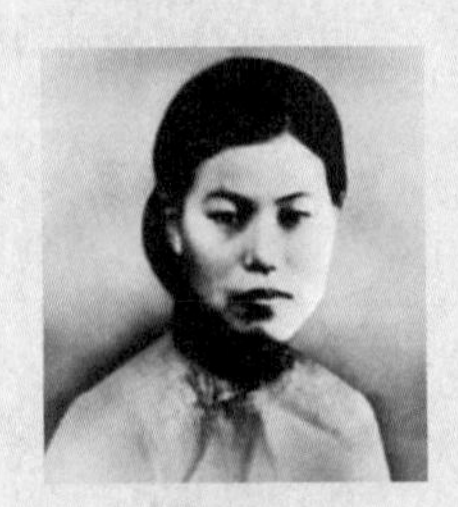

부산 동래 출신. 1927년 신간회의 자매 단체로 결성된 (가) 의 중앙 집행 위원으로 활동하였다. 광주 학생 항일 운동에 동조하여 서울에서 시위를 주도하였다가 불구속으로 나온 후 중국으로 망명하였다. 1938년 조선 의용대의 부녀 복무 단장이 되어 남편 김원봉과 함께 무장 투쟁을 활발히 전개하였다. 이듬해 쿤룬산 전투에서 부상을 당해 후유증으로 순국하였다.

은쌤의 합격노트

(가) 단체는 근우회이다. 민족주의 계열과 사회주의 계열의 여성 운동 단체들은 신간회의 창립에 발맞추어 '조선 여자의 공고한 단결과 지위 향상'을 목적으로 1927년 근우회를 조직하였다. 근우회는 국내외에 60여 개의 지회를 설치하고 기관지인 "근우"를 발간하였다. 또한, 전국 순회 강연과 야학 등을 통해 여성들의 의식을 향상시키고 여성 해방에 대한 인식을 확산시켰다. 사회적 대중 운동과 적극적인 연대를 모색한 근우회는 신간회가 해소되면서 1931년 해체되었다.

정답 분석

④ 조선 여성의 단결과 지위 향상을 목표로 하였다.

➋ 근우회는 '조선 여자의 공고한 단결을 도모함', '조선 여자의 지위 향상을 도모함' 등의 강령을 내세운, 당시 유력한 여성 인사들이 대부분 참여한 여성계의 민족 협동 전선으로서, 신간회의 여성 자매단체라 할 수 있다.

오답 피하기

① 상하이에서 대동 단결 선언을 발표하였다.

➋ 대동 단결 선언은 1917년 상하이에서 신규식, 박은식, 신채호, 조소앙 등 14명이 발기하여 작성한 선언문이다.

② 일제의 황무지 개간권 요구를 저지하였다.

➋ 보안회는 1904년 일제의 황무지 개간권 요구에 반대하여 유생, 전직 관리 등의 주도로 설립되었다.

③ 여성 교육을 위해 배화 학당을 설립하였다.

➋ 배화학당은 1898년 10월 미국 남감리교 여선교사인 캠벨(J. P. Campbell)이 서울에 설립한 한국 근대 여학교이다.

⑤ 어린이 등의 잡지를 발간하여 소년 운동을 주도하였다.

➋ 방정환이 활약한 천도교 소년회는 1922년 어린이날을 제정하고, 잡지 "어린이"를 간행하였다.

44 연해주 지역의 독립 운동 정답 ②

(가)에 들어갈 내용으로 옳은 것은? [3점]

저는 지금 전로 한족회 중앙 총회가 개최된 건물 앞에 나와 있습니다. 이 단체는 이 지역에 거주한 한인들의 대표자 회의였습니다. 이 지역에서 전개된 민족 운동에 대해 올려주세요.

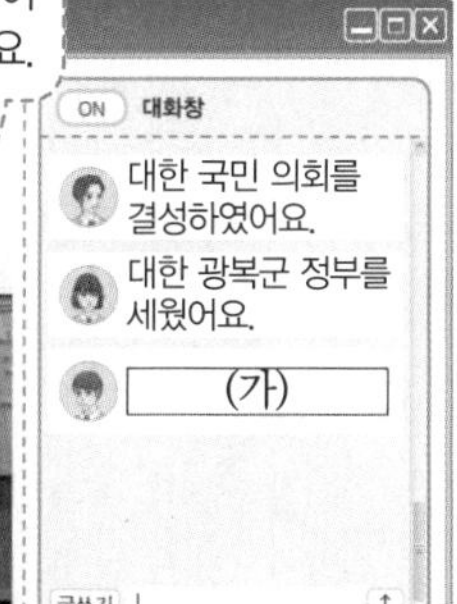

은쌤의 합격노트

(가)에 들어갈 내용은 연해주에서 독립 운동을 전개한 단체들의 활동이다. 연해주 지역은 지리적으로 두만강을 사이에 두고 국내와 가까운 위치에 있어 1860년대 초부터 우리 민족은 경제적인 이유로 이주하여 살기 시작하였다. 이곳에서 1911년 한인 집단촌인 신한촌이 건설되고, 1914년에는 이상설을 정통령, 이동휘를 부통령으로 하는 대한 광복군 정부를 조직하였다. 그러나 일제와의 관계 악화를 꺼리던 러시아는 독립군의 무장 활동을 탄압하였다. 1917년 러시아 혁명이 일어난 후 연해주 지역의 독립 운동은 활기를 띠기 시작하였다. 연해주 내 한인 단체를 망라한 전로 한족회 중앙 총회가 결성되었는데, 이 단체는 1919년 3 · 1 운동 직후 임시 정부 형태의 대한국민의회로 발전하였다.

정답 분석

② 권업회를 조직하여 권업신문을 발행하였어요.

연해주에 1911년 한인들의 자치 단체인 권업회가 조직되었다. 권업회는 일제와 러시아의 탄압을 피해 한인의 단결과 지위 향상 및 독립 운동의 기반 조성에 힘썼다. 또한 효과적인 활동을 전개하기 위해 권업신문을 발간하였다.

오답 피하기

① 독립군 양성을 위해 신흥 강습소를 세웠어요.

신민회가 해체되는 과정에도 회원들은 서간도에 신한민촌을 건설하고 경학사라는 항일 독립운동 단체와 신흥 강습소를 세웠다.

③ 숭무 학교를 설립하여 무장 투쟁을 준비하였어요.

1910년 멕시코 이주민들은 숭무 학교를 세워 무장 투쟁을 준비하였다.

④ 한인 비행 학교를 세워 독립군 비행사를 육성하였어요.

1920년 미국 캘리포니아주의 노백린의 노력으로 윌로스에 한인 비행장과 비행 학교가 설립되었다.

⑤ 대일 항전을 준비하기 위해 조선 독립 동맹을 결성하였어요.

1942년 중국 화북 지방에서는 조선인 사회주의자들을 중심으로 조선 독립 동맹을 결성하였다.

45 충칭 시기 대한민국 임시 정부 정답 ⑤

(가) 단체의 활동으로 옳은 것은? [2점]

접견 기록

▣ 날짜 및 장소

1943년 7월 26일, 중국 군사 위원회 접견실

▣ 참석 인물

• (가) : 주석 김구, 외무부장 조소앙 등

• 중국: 위원장 장제스 등

▣ 주요 내용

• 장제스: 한국의 완전한 독립을 실현하는 과정은 쉽지 않을 것입니다. 그러나 한국 혁명 동지들이 진심으로 단결하고 협조하여 함께 노력한다면 광복의 뜻을 이룰 수 있을 것입니다.

• 김구·조소앙: 우리의 독립 주장이 이루어질 수 있도록 귀국이 지지해 주기를 희망합니다.

은쌤의 합격노트

(가) 단체는 충칭 시기 대한민국 임시 정부이다. 1940년에 대한민국 임시 정부는 충칭에 청사를 마련하고 체제를 정비하였다. 대한민국 임시 정부는 중국 본토에서 활동하던 민족주의 계열의 정당들을 통합하여 한국 독립당을 결성하였다. 또한 헌법을 개정하여 김구 주석 중심의 단일 지도 체제를 마련하였고, 한국 광복군을 창설하여 본격적인 항일 투쟁을 준비하였다.

정답 분석

⑤ 삼균주의를 기초로 하는 건국 강령을 선포하였다.

대한민국 임시 정부는 1941년 11월에 일제가 패망할 것에 대비하여 건국의 방향을 제시한 건국 강령을 발표하였다. 건국 강령은 조소앙의 삼균주의를 기초로 하였는데 주요 내용은 보통 선거를 통한 민주 공화국의 수립, 토지 개혁, 주요 산업의 국유화, 친일 반민족 세력 청산 등으로 요약할 수 있다.

오답 피하기

① 좌우 합작 7원칙을 발표하였다.

1946년 7월 김규식과 여운형의 주도로 좌우 합작 위원회가 구성되었고, 10월에는 좌우 합작 7원칙이 발표되면서 좌우 합작 운동은 활기를 띠게 되었다.

② 개벽, 신여성 등의 잡지를 간행하였다.

동학을 계승한 천도교는 제2의 독립 선언 운동을 계획하였으며, "개벽", "신여성", "어린이", "농민" 등의 잡지를 발간하며 청년 · 여성 · 소년 · 농민 운동을 전개하였다.

③ 조선 혁명 선언을 활동 지침으로 삼았다.

의열단은 1923년 신채호에게 의뢰하여 작성한 조선 혁명 선언을 활동 지침으로 삼아 일제 요인 암살과 식민 통치 기관 파괴에 주력하였다.

④ 한글 맞춤법 통일안과 표준어를 제정하였다.

조선어학회는 1933년 한글 맞춤법 통일안과 표준어를 제정하는 등 한층 활발한 활동을 벌였다. 이러한 한글 체계는 교과서, 신문, 성경 등에 널리 반영되어 점차 정착되어 갔다.

46 박정희 정부 정답 ②

다음 뉴스가 보도된 정부 시기의 사실로 옳은 것은? [2점]

은쌤의 합격노트

다음 뉴스가 보도된 정부 시기는 박정희 정부 시기이다. 1967년 제6대 대통령 선거에서 재선에 성공한 박정희는 북한의 군사적 도발에 대처하고 경제 성장을 지속하려 하였다. 박정희 정부는 군사 동원 체제를 수립하기 위해 1968년 향토 예비군을 창설하였다. 박정희 정부는 향토 예비군 창설에 '내 고장 내 마을 내가 지킨다.', '싸우면서 일하고 일하면서 싸운다.'라는 구호를 내걸었다.

정답 분석

② 교육의 지표를 제시한 국민 교육 헌장을 선포하였다.
- 박정희 정부는 확고한 안보 의식과 투철한 국가관을 확립한다며 대학에서부터 군사 교육을 확대해 갔다. 나아가 국민 모두가 반공정신을 갖추고 국가에 충성하도록 요구하는 국민 교육 헌장을 제정하였다.

오답 피하기

① 양성 평등의 실현을 위해 호주제를 폐지하였다.
- 노무현 정부는 양성 평등의 실현과 평등한 가족 관계 형성을 위해 호주제를 폐지하였다.

③ 사회 통합을 위한 다문화 가족 지원법을 시행하였다.
- 이명박 정부는 다문화 가족 지원법을 시행하였다.

④ 공직자 윤리법을 개정하여 재산 등록을 의무화하였다.
- 김영삼 정부는 공직자 윤리법을 개정하여 고위 공무원의 재산 등록을 의무화하였다.

⑤ 언론의 통폐합이 단행되고 언론 기본법을 제정하였다.
- 전두환 정부는 언론 통제를 위해 언론 통폐합을 단행하고 언론 기본법을 제정하였다. 이후 노태우 정부가 언론 기본법을 폐지하여 언론의 자유가 확대되었다.

47 이승만 정부 정답 ⑤

(가)에 들어갈 내용으로 옳은 것은? [2점]

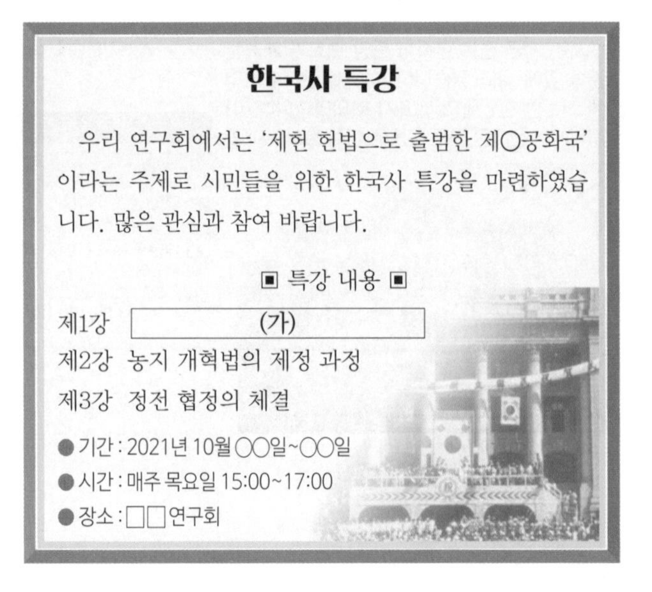

한국사 특강

우리 연구회에서는 '제헌 헌법으로 출범한 제○공화국'이라는 주제로 시민들을 위한 한국사 특강을 마련하였습니다. 많은 관심과 참여 바랍니다.

▣ 특강 내용 ▣

제1강 (가)
제2강 농지 개혁법의 제정 과정
제3강 정전 협정의 체결

- 기간 : 2021년 10월 ○○일~○○일
- 시간 : 매주 목요일 15:00~17:00
- 장소 : □□연구회

은쌤의 합격노트

(가)에는 제헌 헌법으로 출범한 제1공화국의 활동이 들어가야 한다. 1948년 5·10 총선거에서 당선된 국회의원들은 제헌 국회를 구성하였다. 제헌 국회는 국호를 '대한민국'으로 정하고, 헌법을 제정하여 이승만을 대통령으로 선출하였다. 1948년 8월 15일 이승만 대통령은 대한민국 정부 수립을 대내외에 선포하였다.

정답 분석

⑤ 반민족 행위 처벌법의 제정
- 1948년 9월 제헌 국회는 일제에 협력하여 한국인에게 피해를 입힌 사람들의 행적을 조사하여 처벌하고자 반민족 행위 처벌법을 제정하였다.

오답 피하기

① 삼청 교육대의 설치
- 1880년 신군부는 5·18 민주화 운동을 무력으로 진압한 후 사회악을 뿌리 뽑겠다는 명분으로 많은 사람들을 삼청 교육대로 끌고 가 군대식 훈련과 노동을 강요하였다.

② 새마을 운동의 추진
- 1970년 박정희 정부는 공업화 정책과 저곡가 정책으로 도시와 농촌의 소득 격차가 더욱 커지자 새마을 운동을 시작하였다.

③ 한일 기본 조약의 비준
- 1965년 6월 박정희 정부는 한·일 기본 조약을 체결하고 일본과 국교를 정상화하였다. 또한 일본으로부터 8억 달러의 경제 협력 자금을 제공받기로 합의하였다.

④ 지방 자치제의 전면 실시
- 1995년 김영삼 정부는 지방 자치 단체장 선출을 포함한 지방 자치제를 전면적으로 실시하였다.

48 전두환 정부(8차~9차 개헌) 정답 ⑤

(가), (나) 헌법이 제정된 시기 사이에 있었던 사실로 옳은 것은? [3점]

> (가) 제39조 ① 대통령은 대통령 선거인단에서 무기명 투표로 선거한다.
> 제40조 ① 대통령 선거인단은 국민의 보통·평등·직접·비밀 선거에 의하여 선출된 대통령 선거인으로 구성한다.
> 제45조 대통령의 임기는 7년으로 하며, 중임할 수 없다.

> (나) 제67조 ① 대통령은 국민의 보통·평등·직접·비밀 선거에 의하여 선출한다.
> ② 제1항의 선거에 있어서 최고 득표자가 2인 이상인 때에는 국회의 재적 의원 과반수가 출석한 공개 회의에서 다수표를 얻은 자를 당선자로 한다.
> 제70조 대통령의 임기는 5년으로 하며, 중임할 수 없다.

은쌤의 합격노트

(가)는 1980년 전두환 정부가 공포한 8차 개헌, (나)는 1987년 6월 민주 항쟁의 결과 전두환 정부가 공포한 9차 개헌이다.

(가) 1980년 5·18 민주화 운동을 진압한 신군부는 국회를 해산하고, 국가보위 비상 대책 위원회를 구성하였다. 집권 준비를 마친 전두환은 통일 주체 국민 회의를 통해 제11대 대통령이 되었다(1980). 이어 유신 헌법의 일부를 고쳐 선거인단이 7년 단임의 대통령을 간접 선출하는 개헌을 단행하고, 새 헌법에 의해 다시 제12대 대통령이 되었다(1981).

(나) 1980년대 중반 전두환 정부의 강압적 통치에 반대하고 민주화를 요구하는 국민들의 요구는 더욱 거세어졌다. 수십만 명의 시민은 1987년 6월 10일 전국 주요 도시에 모여 호헌 철폐와 독재 타도를 외쳤다(6월 민주 항쟁). 그러나 시위는 계속 확산되었고, 결국 전두환 정부는 국민의 민주화 요구에 굴복하여 특별 선언을 발표하였다(6·29 민주화 선언). 이에 따라 5년 단임의 대통령 직선제를 골자로 하는 헌법 개정이 이루어졌고, 국민이 직접 대통령을 선출하게 되었다.

정답 분석

⑤ 호헌 철폐, 독재 타도를 요구하는 6·10 국민 대회가 개최되었다.

- 1987년 전두환 정부가 국민들의 대통령 직선제 개헌 요구를 거스르는 4·13 호헌 조치를 발표하자 국민들은 '호헌 철폐', '독재 타도' 등을 외치며 6월 민주 항쟁을 전개했다.

오답 피하기

① 국가 재건 최고 회의를 기반으로 군정이 실시되었다.

- 1961년 박정희를 중심으로 한 일부 군인들은 정변을 일으키고 통치 기구인 국가 재건 최고 회의를 설치하여 입법, 행정, 사법 3권을 장악하였다.

② 조봉암이 혁신 세력을 규합하여 진보당을 창당하였다.

- 1956년 대통령 후보로 출마한 조봉암은 큰 돌풍을 일으킨 뒤 곧바로 혁신 세력을 규합하여 진보당을 창당하였다.

③ 3·15 부정 선거에 항의하는 시위가 전국으로 확산되었다.

- 1960년 3월 15일 이승만 정부가 제4대 정·부통령 선거에서 온갖 부정을 저지르자 부정 선거를 규탄하는 시위가 전개되었고, 4·19 혁명이 일어나게 되었다.

④ 유신 체제에 저항하여 부산, 마산 등지에서 시위가 일어났다.

- 1979년 10월 부산과 마산, 창원 등지에서 학생과 시민들은 박정희 정부의 유신 철폐와 독재 체제를 반대하는 시위를 전개하였다(부·마 민주화 운동).

49 김영삼 정부 정답 ③

다음 담화문을 발표한 정부 시기의 경제 상황으로 옳은 것은? [1점]

> 헌법 제76조 제1항의 규정에 의거하여 「금융실명거래 및 비밀보장에 관한 대통령 긴급재정경제명령」을 반포합니다. …… 금융 실명제 없이는 건강한 민주주의도, 활력이 넘치는 자본주의도 꽃피울 수가 없습니다. 정치와 경제의 선진화를 이룩할 수가 없습니다. 금융 실명제는 '신한국'의 건설을 위해서 그 어느 것보다도 중요한 제도 개혁입니다.

은쌤의 합격노트

다음 담화문을 발표한 정부는 김영삼 정부이다. 김영삼 정부는 5·16 군사 정변 이후 31년 만에 들어선 민간 정부임을 강조하며 개혁을 단행하였다. 지방 자치 단체장 선출을 포함한 지방 자치제를 전면적으로 실시하였다. 또한 공직자 윤리법을 개정하여 고위 공직자의 재산을 공개하고, 탈세와 부정부패를 차단하기 위한 금융 실명제를 실시하였다. 신군부의 뿌리인 하나회를 해체하여 군의 정치적 중립을 확보했으며, '역사 바로 세우기'를 내세워 전두환, 노태우 두 전직 대통령을 반란 및 내란죄로 수감하였다.

정답 분석

③ 경제 협력 개발 기구(OECD)에 가입하였다.

- 김영삼 정부는 성급하다는 반대에도 세계화를 내세우며 경제 협력 개발 기구(OECD)에 가입하는 등 시장 개방 정책을 추진하였다. 그러나 임기 말 외환위기를 맞아 국가 부도 사태에 이르자 국제 통화 기금(IMF)에 지원을 요청하였다(1997).

오답 피하기

① 경부 고속도로를 준공하였다.

- 박정희 정부는 1968년 2월 1일 기공식을 가진 지 2년 5개월 만인 1970년 7월 7일 경부 고속도로를 개통하였다.

② 제1차 경제 개발 5개년 계획이 추진되었다.

- 박정희 정부의 제1차 경제 개발 계획(1962~1966)은 '자립 경제의 기반 구축'에 역점을 두고, 섬유, 식료품, 장신구 등 노동 집약적인 경공업을 집중적으로 육성하였다.

④ 미국과 자유 무역 협정(FTA)을 체결하였다.

- 미국과 자유 무역 협정(FTA)을 체결은 노무현 정부, 미국과 자유 무역 협정(FTA) 비준은 이명박 정부이다.

⑤ 귀속 재산 처리를 위해 신한 공사가 설립되었다.

- 1946년 미군정은 신한 공사라는 회사를 세워 동양 척식 주식회사와 일본인들이 가지고 있던 많은 회사와 땅을 관리하였다.

50 노태우 정부 정답 ②

다음 연설이 있었던 정부 시기의 통일 노력으로 옳은 것은? [2점]

> 나는 3년 전 이 자리에서 서울 올림픽의 감명을 전했습니다. …… 며칠 전 남북한이 다른 의석으로 유엔에 가입한 것은 가슴 아픈 일이지만 통일을 위해 거쳐야 할 중간 단계입니다. 남북한의 두 의석이 하나로 되는 데는 오랜 시간이 걸리지 않을 것으로 믿습니다.

은쌤의 합격노트

다음 연설이 있었던 정부는 노태우 정부이다. 노태우 정부는 1990년부터 남북 고위급 회담을 여러 차례 개최하였고, 1991년에는 남북한이 유엔(국제 연합)에 동시 가입하였다. 이는 남북 화해와 공존의 가능성을 확인하는 계기가 되었고, 남북 관계의 발전에 새로운 발판이 되었다. 이후 서울과 평양을 오가면서 열린 남북 고위급 회담의 결과 1991년 남북한은 '남북 사이의 화해와 불가침 및 교류 협력에 관한 합의서(남북 기본 합의서)'를 채택하였다. 남북 기본 합의서의 채택으로 남북한이 상대방의 실체를 서로 인정하고, 군사적 침략이나 파괴 · 전복 행위를 하지 않으며, 상호 교류 협력을 통해 민족 전체의 공동 발전과 점진적 · 단계적 통일을 실현할 수 있는 기틀을 마련하였다.

정답 분석

② 한반도 비핵화 공동 선언을 채택하였다.

➊ 1992년 노태우 정부는 한반도 비핵화 공동 선언에 합의하였다. 한반도 비핵화 공동 선언을 통해 핵전쟁의 위험을 제거하고 우리나라의 평화와 통일에 유리한 조건과 환경을 조성하였다.

오답 피하기

① 남북 정상 회담을 처음으로 개최하였다.

➊ 2000년 김대중 정부는 북한을 방문하여 분단 이후 최초의 남북 정상 회담을 개최하였고, 그 결과 6 · 15 남북 공동 선언이 채택되었다.

③ 개성 공단 조성 사업을 추진하기로 하였다.

➊ 김대중 정부는 정상 회담의 결과 발표된 6 · 15 남북 공동 선언에 따라 개성 공단 건설 등의 경제 협력 및 사회 · 문화 교류를 추진하였고, 노무현 정부는 이를 계승하여 개성 공단 사업을 실현하였다.

④ 남북 조절 위원회를 운영하기로 합의하였다.

➊ 1972년 박정희 정부는 7 · 4 남북 공동 성명을 서울과 평양에서 동시에 발표하였다. 그 후 남북 조절 위원회가 설치되어 평화 통일을 위한 실무자 회의가 개최되었지만 성과를 얻지 못하였다.

⑤ 남북 간 이산가족 상봉을 최초로 실현하였다.

➊ 전두환 정부는 '민족 화합 민주 통일 방안'을 발표하고 이산가족 편지 교류 및 상봉 등을 제안하였다. 그 결과 1985년 최초로 이산가족 고향 방문과 예술 공연단 교환이 실현되었으나 일회성 행사로 그치고 말았다.

제55회 한국사능력검정시험 정답 및 해설

정 답

번호	정답	번호	정답
01	④	26	①
02	②	27	①
03	①	28	③
04	④	29	③
05	④	30	②
06	④	31	⑤
07	③	32	③
08	④	33	⑤
09	⑤	34	①
10	④	35	③
11	②	36	④
12	②	37	④
13	③	38	⑤
14	③	39	②
15	③	40	①
16	④	41	⑤
17	①	42	①
18	③	43	①
19	⑤	44	③
20	②	45	⑤
21	⑤	46	⑤
22	④	47	③
23	④	48	⑤
24	②	49	③
25	②	50	⑤

01 구석기 시대 정답 ④

(가) 시대의 생활 모습으로 옳은 것은? [1점]

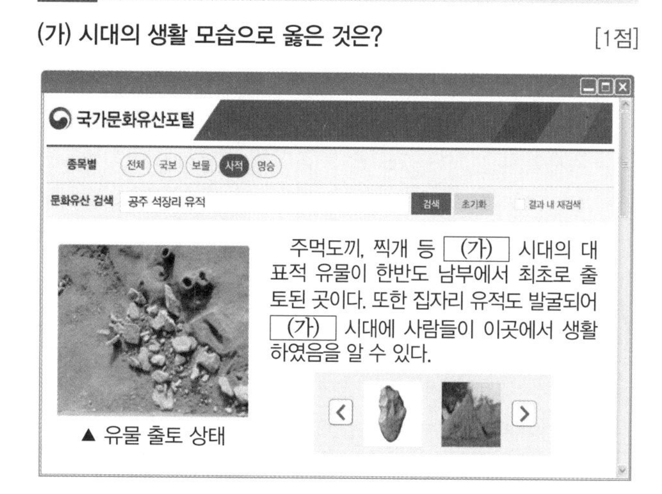

▲ 유물 출토 상태

은쌤의 합격노트

(가) 시대는 구석기 시대이다. 제시된 자료의 주먹도끼, 찍개는 구석기 시대 사람들이 사용한 도구이다. 구석기인들은 주먹도끼, 찍개, 찌르개 등으로 사냥을 하고, 자르개, 밀개, 긁개 등으로 사냥한 짐승의 가죽을 벗기거나 음식을 조리하였다. 공주 석장리는 남한에서 처음으로 구석기 유적이 발견된 곳이다.

정답 분석

④ 주로 동굴이나 강가의 막집에 거주하였다.

➋ 구석기인들은 식량을 찾아다니며 주로 동굴이나 막집, 바위그늘에서 거주하였다.

오답 피하기

① 명도전, 반량전 등의 화폐가 유통되었다.

➋ 철기 시대에 사용된 명도전, 반량전, 오수전 등 중국의 화폐가 한반도에서 출토되었는데, 이는 당시 중국과의 교류가 활발하였음을 보여준다.

② 반달 돌칼을 이용하여 곡식을 수확하였다.

➋ 청동기 시대에는 반달 돌칼 등과 같이 더욱 발전된 석기를 이용하여 농사를 지었다.

③ 거푸집을 이용하여 세형 동검을 만들었다.

➋ 거푸집은 우리나라에서 직접 청동기를 제작하였음을 보여 주는 유물로 청동기 후기~철기 시대에 사용되었다. 철기 시대에 청동기 문화가 독자적으로 발전하면서 세형 동검과 잔무늬 거울 등이 제작되었다.

⑤ 빗살무늬 토기를 만들어 식량을 저장하였다.

➋ 신석기 시대 대표적인 토기인 빗살무늬 토기는 서울 암사동, 경남 김해 등 한반도 전역에서 출토되었으며, 대부분 강가나 바닷가에서 발견되었다.

02 옥저와 삼한 정답 ②

(가), (나) 나라에 대한 설명으로 옳은 것은? [2점]

(가) 여자의 나이가 열 살이 되기 전에 혼인을 약속하고, 신랑 집에서 맞이하여 장성할 때까지 기른다. 여자가 장성하면 여자 집으로 돌아가게 한다. 여자 집에서는 돈을 요구하는데, 신랑 집에서 돈을 지불한 후 다시 데리고 와서 아내로 삼는다.

(나) 읍마다 우두머리가 있어 세력이 강대하면 신지라 하고, …… 그 다음은 읍차라 하였다. 나라에는 철이 생산되는데 예(濊), 왜(倭) 등이 와서 사간다. 무역에서 철을 화폐로 사용한다.

은쌤의 합격노트

(가)는 옥저, (나)는 삼한이다.

(가) 옥저의 민며느리제는 딸을 남자 집으로 보내 그 집안의 일을 거들게 하고, 딸이 시집갈 때 친정에서 대가를 받고 혼인시키는 풍습이다. 일종의 매매혼이라고 할 수 있는데, 주로 가난한 사람들 사이에서 이루어졌다.

(나) 삼한 중에서 마한의 세력이 가장 컸으며, 마한의 소국 중 하나인 목지국의 지배자가 마한왕 또는 진왕으로 추대되어 삼한 전체를 주도하였다. 그 밖에 세력 크기에 따라 신지, 읍차 등 정치적 지배자가 있었다. 삼한은 철기 문화에 기반을 둔 농경 사회였다. 변한 지역에는 철이 많이 생산되어 화폐처럼 쓰였고 낙랑군과 왜 등에 수출하였다.

정답 분석

② (가) - 삼로라 불린 우두머리가 읍락을 다스렸다.

▶ 옥저와 동예는 정치적 성장이 늦어 왕이 없었고, 읍군이나 삼로라고 불린 우두머리가 각자 자신의 읍락을 다스렸다.

오답 피하기

① (가) - 신성 지역인 소도가 존재하였다.

▶ 삼한의 천군은 신성한 지역인 소도에서 농경과 종교에 대한 의례를 주관하였다. 천군이 다스리는 소도는 군장의 세력이 미치지 못하는 곳이어서, 죄인이라도 도망쳐 이곳에 숨으면 잡아가지 못하였다.

③ (나) - 여러 가(加)들이 별도로 사출도를 주관하였다.

▶ 부여는 왕 아래에 가축의 이름을 딴 마가, 우가, 저가, 구가와 대사자, 사자 등의 관리가 있었다. 이들 가(加)는 별도로 사출도를 다스렸다.

④ (나) - 단궁, 과하마, 반어피 등의 특산물이 유명하였다.

▶ 동예는 토지가 비옥하고 해산물이 풍부하였는데, 특히 단궁, 과하마, 반어피 등의 특산물이 많이 생산되었다.

⑤ (가), (나) - 한 무제가 파견한 군대의 공격으로 멸망하였다.

▶ 고조선의 경제 · 군사적 발전에 불안을 느낀 한 무제는 대규모 군대를 동원하여 침공하였다. 고조선은 1년여 동안 끈질기게 저항했으나, 지배층의 내분으로 멸망하였다.

03 고구려의 문화유산 정답 ①

(가)~(마) 문화유산에 대한 설명으로 옳은 것은? [3점]

답사 계획서

◈ 주제 : 고구려의 문화유산을 찾아서

◈ 기간 : 2021년 9월 ○○일~○○일

◈ 경로 : 환도산성 → 국내성 → 오회분 5호묘 → 광개토 대왕릉비 → 장군총

은쌤의 합격노트

문제는 고구려의 문화유산에 대해 묻고 있다.

(가) 환도산성은 고구려의 도성으로 중국 길림성 통화시 집안시에 있다. 성벽의 동 · 서 · 북 3면은 전체적으로 험준한 지형과 암반 등을 이용하여 자연 성벽으로 삼았다.

(나) 국내성은 고구려의 두 번째 수도로 중국 길림성 통화시 집안시 통구성에 있다. 국내성 주변에는 광개토왕릉비를 비롯하여 태왕릉 · 장군총 등 고구려의 유적 · 유물들이 산재해 있다.

(다) 오회분 5호묘는 고구려 시대의 벽화 무덤으로 중국 길림성 통화시 집안시에 있다. 무덤 내부의 널방에는 사면에 사신도가 그려져 있다.

(라) 광개토대왕릉비는 장수왕이 아버지 광개토대왕이 이룬 업적을 기리기 위해 태왕릉 앞에 세운 거대한 비석이다. 광개토대왕릉비에는 주몽의 고구려 건국부터 광개토대왕에 이르기까지의 간략한 역사, 대왕의 대외 정벌 활동 등이 적혀 있다.

(마) 장군총은 고구려 돌무지 무덤의 꽃으로 장수왕의 무덤으로 추정된다. 장군총은 화강암을 계단식으로 7층까지 쌓아 올린 피라미드의 모습이다.

정답 분석

① (가) - 관구검이 이끄는 군대의 공격을 받았다.

▶ 3세기 전반 고구려 동천왕이 요동의 서안평을 공격하다가 중국 위나라 장군 관구검의 반격을 받아 환도산성이 파괴되었다.

오답 피하기

② (나) - 고구려가 첫 번째 도읍으로 삼은 곳이다.

▶ 고구려의 첫 번째 도읍으로 삼은 곳은 졸본성이다. 국내성은 고구려의 두 번째 수도이다.

③ (다) - 매지권(買地券)이 새겨진 지석과 석수가 출토되었다.

▶ 백제 무령왕릉에서 토지신에게 값을 치르고 무덤 터를 산다는 계약서(매지권)가 새겨진 지석이 발견되었는데, 이는 도교 사상의 영향으로 여겨진다. 또한 무덤 입구에 돼지 모양의 진묘수를 배치하였다.

④ (라) - 대가야를 정복하고 순수한 후 세운 것이다.

▶ 신라 상대 진흥왕은 대가야 정복 이후 북쪽의 함경도까지 진출하여 황초령 순수비, 마운령 순수비를 세웠다.

⑤ (마) - 돌무지덧널무덤으로 축조되었다.

▶ 신라는 거대한 돌무지덧널무덤을 많이 만들었는데, 돌널방이 없이 나무로 곽을 짜고 그 위에 돌을 쌓는 양식이었다.

04 삼국 간의 항쟁(장수왕~성왕) 정답 ④

(가), (나) 사이의 시기에 있었던 사실로 옳은 것은? [2점]

> (가) 고구려 병사는 비록 물러갔으나 성이 파괴되고 왕이 죽어서 [문주가] 왕위에 올랐다. …… 겨울 10월, 웅진으로 도읍을 옮겼다.
>
> -『삼국사기』-
>
> (나) 왕이 신라를 습격하고자 몸소 보병과 기병 50명을 거느리고 밤에 구천(狗川)에 이르렀는데, 신라 복병을 만나 그들과 싸우다가 살해되었다.
>
> -『삼국사기』-

은쌤의 합격노트

(가)는 475년 백제 개로왕이 고구려 장수왕의 공격으로 사망하고 한성이 함락되자 백제 문주왕이 웅진(공주)으로 천도하는 모습, (나)는 554년 관산성(충북 옥천) 전투에서 백제 성왕을 포함한 백제군 약 3만 명이 신라 진흥왕 군대에 궤멸당하는 모습이다.

(가) 5세기 중반 고구려 장수왕은 수도를 국내성에서 평양으로 옮긴 뒤(427) 남진 정책을 추진하였다. 이에 신라와 백제는 나 · 제 동맹을 맺어 고구려에 대항하였지만, 장수왕은 한성을 점령하고 백제의 개로왕을 살해하였다. 이에 백제 문주왕은 한강 유역에서 웅진(공주)으로 도읍을 옮겼다(475).

(나) 백제의 중흥을 도모했던 성왕은 신라 진흥왕과 힘을 합쳐 한강 유역을 고구려로부터 탈환하였다(551). 그러나 신라는 돌연 한강 하류 지역을 기습하여 차지하고, 그곳에 새로 주를 설치하였다(553). 이에 격분한 성왕은 신라를 공격하다가 관산성에서 전사하였다(554).

정답 분석

④ 지방을 통제하기 위하여 22담로에 왕족이 파견되었다.

➲ 백제 무령왕은 전국 주요 지역에 22담로를 설치하여 나라를 다시 일으키고 왕권을 강화하였다. 무령왕의 뒤를 이어 왕위에 오른 왕이 성왕이다. 이는 (가)와 (나) 사이의 일이다.

오답 피하기

① 익산에 미륵사가 창건되었다.

➲ 7세기 백제 무왕은 왕비의 발원에 따라 익산 미륵사를 지었다. 이는 (나) 이후의 일이다.

② 흑치상지가 임존성에서 군사를 일으켰다.

➲ 660년 백제 멸망 이후 흑치상지는 임존성에서 군사를 일으켜 백제의 부흥을 꾀하고자 하였다. 이는 (나) 이후의 일이다.

③ 동진에서 온 마라난타를 통해 불교가 수용되었다.

➲ 384년 백제 침류왕 때 동진에서 온 인도 승려 마라난타가 불교를 전하였다. 이는 (가) 이전의 일이다.

⑤ 계백이 이끄는 결사대가 황산벌에서 신라군에 맞서 싸웠다.

➲ 나당 연합군의 공격에 계백의 5천 결사대가 황산벌에서 끝까지 저항했지만, 결국 660년 백제는 사비성이 함락되면서 멸망하였다. 이는 (나) 이후의 일이다.

05 신라의 골품 제도 정답 ④

밑줄 그은 '이 제도'에 대한 설명으로 옳은 것은? [1점]

은쌤의 합격노트

밑줄 그은 '이 제도'는 신라의 골품 제도이다. 신라는 왕족과 귀족을 골과 품으로 나누고, 귀족은 세력에 따라 6단계로 나눴는데 이를 골품제라 한다. 골품제가 정비되면서 3품 이하는 평민과 같아졌다. 골품에 따라 오를 수 있는 관등이 정해져 있었으며, 그것이 승진을 결정지었다. 장관은 대아찬 이상의 관등을 가져야 했고 차관은 9등 급벌찬에서 6등 아찬의 관등을 갖고 있어야 했다. 따라서 아무리 능력이 뛰어나도 6두품은 장관이 될 수 없었다.

정답 분석

④ 집과 수레의 크기 등 일상생활을 규제하였다.

➲ 신라 골품 제도는 관직뿐만이 아니라 골품에 따라 방 크기는 물론 섬돌과 담장, 마구간과 화장실 크기까지 정해져 있었다.

오답 피하기

① 원화(源花)에 기원을 두고 있다.

➲ 신라의 화랑도는 원화에 기원을 둔 청소년 수련 단체로 진흥왕 대에 이르러 국가적인 조직으로 개편되었다.

② 을파소의 건의로 처음 마련되었다.

➲ 고구려 고국천왕은 을파소의 건의를 받아들여 진대법과 같이 가난한 농민을 구제하기 위한 구휼 제도를 시행하였다.

③ 서얼의 관직 선출을 법으로 제한하였다.

➲ 조선은 양반 첩에게서 태어난 서얼은 문과에 응시하는 것을 금지하였다. 하지만 무과나 기술관을 뽑는 잡과에는 응시할 수 있었다.

⑤ 문무 5품 이상 관리의 자손을 대상으로 하였다.

➲ 고려 시대에 공신이나 5품 이상 고위 관료의 자제는 과거를 치르지 않고도 음서를 통해 관직에 임용될 수 있었다.

06 고구려 부흥 운동 정답 ④

다음 자료의 상황이 나타난 시기를 연표에서 옳게 고른 것은? [2점]

> 검모잠이 남은 백성들을 거두어 신라로 향하였다. 안승을 맞아 들여 임금으로 삼았다. 다식(多式) 등을 신라로 보내어 고하기를, "지금 신 등이 나라의 귀족 안승을 받들어 임금으로 삼았습니다. 원컨대 변방을 지키는 울타리가 되어 영원토록 충성을 다하고자 합니다."라고 하였다. 신라 왕은 그들을 금마저에 정착하게 하였다.

612		618		645		660		676		698
	(가)		(나)		(다)		(라)		(마)	
살수 대첩		당 건국		안시성 전투		사비성 함락		기벌포 전투		발해 건국

은쌤의 합격노트

다음 자료의 상황은 668년 고구려 멸망 직후 검모잠이 고구려 부흥 운동을 전개하는 상황이다. 668년 고구려는 나당 연합군의 공격을 받아 멸망하였다. 이에 검모잠과 고연무가 보장왕의 서자 안승을 왕으로 추대하고 고구려 유민을 모아 한성(황해도 재령)과 오골성을 근거지로 부흥 운동을 일으켰다. 이들은 한때 평양을 탈환하여 안동도호부를 요동으로 몰아내기도 하였지만, 안승이 검모잠을 죽이고 신라로 달아나면서 고구려 부흥 운동은 실패로 끝났다.

정답 분석

④ (라)

▶ 나당 연합군은 먼저 백제를 공격하였고, 660년 사비가 함락되면서 백제는 멸망하였다. 백제 멸망 이후, 각지에서 백제 부흥 운동이 일어났다. 백제 부흥군은 4년간 저항했지만, 나당 연합군에 의해 진압되면서 백제 부흥 운동은 좌절되었다. 뒤이어 나당 연합군은 고구려를 공격하였고, 668년 고구려도 멸망하였다. 고구려 멸망 직후 고구려 부흥 운동도 전개되었다. 한편, 당은 백제와 고구려 멸망 이후 신라까지 지배하려고 하였다. 이에 신라는 남침해 오던 당과 675년 매소성 전투, 676년 기벌포 전투를 벌여 승리한 후 삼국 통일을 이루었다.

07 발해 정답 ③

(가) 국가에 대한 설명으로 옳은 것은? [2점]

은쌤의 합격노트

(가) 국가는 발해이다. 발해에서는 매우 다양한 불상이 제작되었는데, 그중 고구려 후기 불교의 전통 양식을 계승한 것으로 보이는 이불병좌상이 대표적이다. 이불병좌상은 왼쪽 부처의 오른손이 오른쪽 부처의 왼손 위에 겹쳐 놓인 점, 두 부처 옆으로 승려와 보살상이 1구씩 배치된 점 등의 세부 양식 면에서 중국과 다른 독자적인 형태를 띠고 있다.

정답 분석

③ 신라도를 통하여 신라와 교류하였다.

▶ 신라도는 발해의 다섯 개 교통로 가운데 신라로 가는 길이다. 중국의 기록에 따르면 발해 책성부(중국 훈춘)와 신라 천정군(함경남도 원산) 사이에 39개 역이 있었다고 한다.

오답 피하기

① 왜에 칠지도를 만들어 보냈다.

▶ 칠지도는 4세기 백제에서 만들어 일본에 전한 것으로 두 나라의 긴밀한 관계를 보여준다.

② 2군 6위의 군사 조직을 운영하였다.

▶ 고려의 중앙군은 국왕의 친위 부대인 2군과 수도 경비 및 국경 방어를 담당하는 6위로 구성되었다.

④ 광평성 등의 정치 기구를 마련하였다.

▶ 후고구려 궁예는 국정을 총괄하는 광평성을 비롯한 여러 관서를 설치하였다.

⑤ 9주 5소경의 지방 행정 제도를 갖추었다.

▶ 신라 중대 신문왕은 넓어진 영토를 효율적으로 통치하기 위해 9주 5소경 체제로 지방 행정 조직을 정비하였다.

08 신라 승려 혜초 정답 ④

(가) 인물에 대한 설명으로 옳은 것은? [1점]

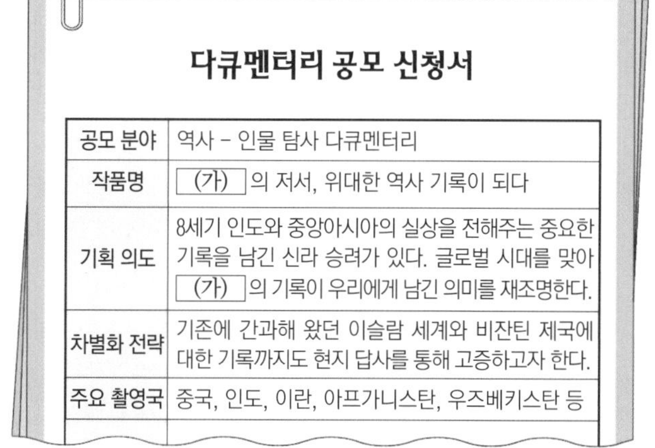

다큐멘터리 공모 신청서

공모 분야	역사 – 인물 탐사 다큐멘터리
작품명	(가) 의 저서, 위대한 역사 기록이 되다
기획 의도	8세기 인도와 중앙아시아의 실상을 전해주는 중요한 기록을 남긴 신라 승려가 있다. 글로벌 시대를 맞아 (가) 의 기록이 우리에게 남긴 의미를 재조명한다.
차별화 전략	기존에 간과해 왔던 이슬람 세계와 비잔틴 제국에 대한 기록까지도 현지 답사를 통해 고증하고자 한다.
주요 촬영국	중국, 인도, 이란, 아프가니스탄, 우즈베키스탄 등

은쌤의 합격노트

(가) 인물은 통일 신라 승려 혜초이다. 혜초는 밀교를 공부하기 위해 열다섯의 나이에 중국으로 건너갔고, 723년에 부처의 진리를 구하기 위해 뱃길로 구법 기행을 떠났다. 인도의 성지를 순례한 혜초는 서쪽으로 간다라, 페르시아, 아랍을 지나 다시 중앙 아시아를 거쳐 파미르 고원을 넘었고, 쿠차와 둔황을 거쳐 727년 당의 장안(지금의 시안)에 도착하였다.

정답 분석

④ 구법 순례기인 왕오천축국전을 저술하였다.

➋ 통일 신라 승려 혜초는 인도와 중앙아시아 등 여러 나라를 돌아보면서 각국의 지리와 역사, 풍속을 기록하였는데, 장장 4년에 걸친 약 2만km의 대장정을 기록한 것이 바로 "왕오천축국전"이다.

오답 피하기

① 향가 모음집인 삼대목을 편찬하였다.

➋ 신라 하대 진성여왕의 명을 받아 위홍과 대구화상은 "삼대목"이라는 향가집이 편찬하였지만 지금은 전해 오지 않는다.

② 화랑도의 규범인 세속 5계를 제시하였다.

➋ 화랑과 낭도는 승려 원광의 세속 5계를 받들며 생활했고, 명산대천을 유람하며 심신을 수련하였다.

③ 무애가를 지어 불교 대중화에 기여하였다.

➋ 통일 신라 승려 원효는 광대 복장으로 지내며 화엄경의 이치를 쉬운 내용으로 담은 "무애가"라는 노래를 지어 민중 속에 퍼뜨려 불교 대중화에 힘썼다.

⑤ 화엄일승법계도를 지어 화엄 사상을 정리하였다.

➋ 통일 신라 승려 의상은 중국에 유학하여 화엄 교학의 창시자 지엄의 문하에서 수학한 후 화엄 교학의 정수를 "화엄일승법계도"로 체계화하였다.

09 신라 하대의 사회상 정답 ⑤

밑줄 그은 '이 시기'에 있었던 사실로 옳은 것은? [3점]

이곳은 명주군왕(溟州郡王) 김주원의 묘야. 그의 아들 김헌창은 아버지가 왕위에 오르지 못한 것에 불만을 품고 반란을 일으켰어.

김주원과 김헌창의 삶을 통해 혜공왕 피살 이후 왕위 쟁탈전이 거듭된 이 시기의 상황을 잘 알 수 있어.

은쌤의 합격노트

밑줄 그은 '이 시기'는 진골 귀족들 간의 왕위 쟁탈전이 벌어진 신라 하대이다. 8세기 후반에 이르러 신라는 진골 귀족 간의 권력 다툼으로 혼란해졌는데, 중앙 귀족들 사이에 왕위 쟁탈전이 치열해지면서 혜공왕이 피살되었고, 이후 150여 년 동안 20명의 왕이 바뀌는 혼란이 지속되었다. 지방에서는 웅주 도독이었던 김헌창이 자신의 아버지가 왕위에 오르지 못한 것에 원한을 품어 반란을 일으켰다.

정답 분석

⑤ 체징이 9산 선문 중 하나인 가지산문을 개창하였다.

➋ 8세기 후반 신라 하대에 호족의 후원 속에서 각 지방에 9산 선문을 비롯한 선종 사원이 들어섰다. 선종은 지방 문화의 발달에 영향을 끼쳤고, 도당 유학생들의 반신라적 움직임과 결부되어 고려 왕조 개창의 사상적 바탕이 되었다.

오답 피하기

① 왕의 장인인 김흠돌이 난을 일으켰다.

➋ 신라 중대 신문왕의 장인이었던 김흠돌은 파진찬 흥원, 대아찬 진공 등과 반역을 도모했다가 신문왕에게 진압당하였다. 신문왕은 김흠돌의 난을 계기로 진골 귀족 세력을 숙청하고 강력한 왕권을 확립하였다.

② 거칠부가 왕명에 의해 국사를 편찬하였다.

➋ 신라 상대 진흥왕의 명으로 거칠부가 "국사"를 편찬하였다. 현재 이들 역사서는 전하지 않지만, "삼국사기" 등에 그 내용이 남아있다.

③ 김춘추가 진골 출신 최초로 왕위에 올랐다.

➋ 신라 중대 태종 무열왕은 김유신의 지원을 받아 진골 출신으로는 처음으로 왕위에 올랐다.

④ 자장의 건의로 황룡사 9층 목탑이 건립되었다.

➋ 신라 상대 선덕 여왕은 승려 자장의 건의로 황룡사 9층 목탑을 세웠다.

10 고려 태조 왕건의 업적 정답 ④

(가) 왕에 대한 설명으로 옳은 것은? [2점]

초대합니다

창작 뮤지컬

'삼태사, 후삼국 통일의 길을 열다'

고창 전투에서 (가) 을/를 도와 견훤에 맞서 싸운 공로로 태사(太師)의 칭호를 받은 김선평 · 장길(장정필) · 권행, 그리고 후삼국 통일을 염원했던 백성들의 이야기를 한 편의 뮤지컬로 선보입니다. 많은 관람 바랍니다.

- 일시 : 2021년 ○○월 ○○일 20:00
- 장소 : 안동 민속촌 특설 무대

은쌤의 합격 노트

(가) 왕은 고려 태조 왕건이다. 후삼국 시대에 고려 태조 왕건은 후백제의 공격을 받은 신라를 돕기 위해 출병하였지만, 대구 공산 전투에서 패하는 등 후백제군에 고전하였다. 이후 태조 왕건이 고창 전투에서 견훤을 크게 무찌른 것을 계기로 강원도와 경상도의 호족들이 왕건에게 복종해 오고, 신라의 경순왕도 고려에 항복하였다. 곧이어 후백제에서 왕위 계승 문제로 내분이 일어나 견훤이 고려에 망명해 왔다. 이에 왕건은 군사를 일으켜 후백제를 멸망시키고 후삼국 통일을 완성하였다.

정답 분석

④ 정계와 계백료서를 지어 관리의 규범을 제시하였다.

➋ 고려 초기 태조 왕건은 "정계"와 "계백료서"를 지어 관리들이 지켜야 할 규범을 제시하였으며, 후대 왕들이 지켜야 할 정책 방향을 제시한 훈요 10조를 남겼다.

오답 피하기

① 신라에 침입하여 경애왕을 죽게 하였다.

➋ 후백제 견훤은 신라의 금성(경주)을 습격하여 경애왕을 죽이고 경순왕을 즉위시켰다.

② 국자감에 7재라는 전문 강좌를 개설하였다.

➋ 고려 중기 예종은 국자감을 재정비하여 7재의 전문 교육 과정을 갖추었다.

③ 마진이라는 국호와 무태라는 연호를 사용하였다.

➋ 후고구려 궁예는 마진이라는 국호와 독자적인 연호인 '무태'를 사용하였다.

⑤ 후주와 사신을 교환하여 대외 관계의 안정을 꾀하였다.

➋ 고려 초기 광종은 독자적인 연호를 제정하고 후주와의 외교 관계를 긴밀히 하여 왕권의 안정을 꾀하였다.

11 고려 초기의 왕들(혜종, 광종, 성종) 정답 ②

(가)~(다)를 일어난 순서대로 옳게 나열한 것은? [3점]

(가) 왕규가 광주원군을 옹립하려고 도모하였다. 왕이 깊이 잠든 틈을 타서 그의 무리로 하여금 침실에 잠입시켜 왕을 해하려 하였다.

(나) 왕이 교서를 내려 말하기를, "경전에 통하고 전적(典籍)을 널리 읽은 자들을 선발하여 경학박사와 의학박사로 삼아, 12목에 각각 1명씩 파견하여 돈독하게 가르치고 깨우치게 하라."라고 하였다.

(다) 왕이 한림학사 쌍기를 지공거로 임명하고, 시(詩) · 부(賦) · 송(頌)과 시무책을 시험하여 진사를 뽑게 하였다. 위봉루에 친히 나가 급제자를 발표하여, 갑과에 최섬 등 2명, 명경에 3명, 복업에 2명을 합격시켰다.

은쌤의 합격 노트

(가)는 945년 고려 제2대 왕 혜종 대에 일어난 왕규의 난, (나)는 983년 고려 제6대 왕 성종이 12목을 설치하고 경학박사와 의학박사를 파견하는 모습, (다)는 958년 고려 제4대 왕 광종이 중국에서 귀화한 쌍기의 건의를 받아들여 과거제를 시행하는 모습이다.

정답 분석

② (가) - (다) - (나)

➋ (가) 태조 왕건이 죽은 후 고려 제2대 왕 혜종과 제3대 왕 정종 때에는 호족 세력이 개입된 왕위 계승 분쟁이 벌어졌다. 특히 혜종 때 왕위 계승을 둘러싸고 왕실의 외척 왕규가 자신의 손자인 광주원군을 왕위에 등극시키기 위해 일으킨 반란을 일으켰다(왕규의 난).

(다) 고려 제4대 왕 광종 때 쌍기는 후주의 봉책사 설문우를 따라 고려에 왔다가 병이 나 머물게 되었다. 이후 쌍기는 광종의 눈에 들어 후주로부터 허락을 받은 뒤 한림학사에 임명되었고, 광종이 그의 건의를 받아들여 과거제를 실시하였다. 쌍기는 이후 과거의 총 책임자인 지공거를 3번이나 맡았다.

(나) 고려 제6대 왕 성종은 먼저 전국의 주요 지역에 12목을 설치하고 지방관을 파견하였으며, 지방의 중소 호족을 향리로 편입하여 통제하는 향리 제도를 마련하여 지방 세력을 견제하였다. 또한 유학 교육의 진흥을 위해 국자감을 정비하고, 지방에 유학을 교육하는 경학박사와 의료를 담당하는 의학박사를 파견하였으며, 과거제를 정비하고 과거 출신자들을 우대하여 유학에 조예가 깊은 인재들의 적극적인 정치 참여를 유도하였다.

12 고려의 경제 상황 정답 ②

(가) 국가의 경제 상황으로 옳은 것은? [1점]

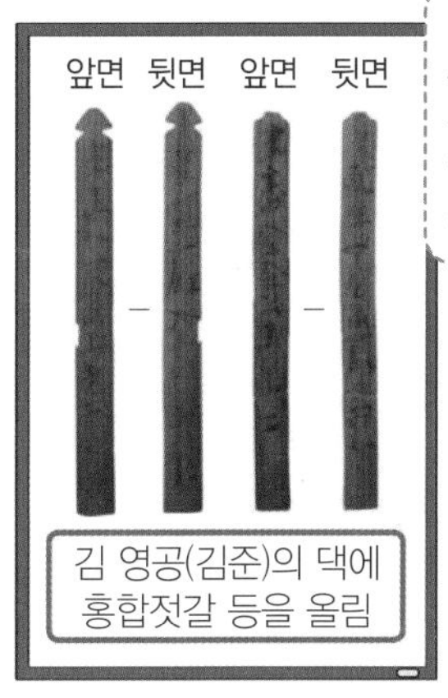

이것은 태안 마도 3호선에서 출수된 죽찰입니다. 당시 (가) 의 수도인 강화에 있던 김준에게 보내는 물품 내역이 적혀 있습니다. 김준은 교정별감이 되어 국정을 장악했던 인물입니다.

은쌤의 합격노트

(가) 국가는 고려이다. 고려 후기 무신 집권기에 최충헌은 국정을 총괄하는 최고 정치 기구로 교정도감을 설치하고, 그 우두머리인 교정별감이 되어 최고의 권력을 행사하였다. 이후 교정도감은 무신 정권 내내 존속하였다. 한편, 무신 집권자는 최우, 최항, 최의, 김준으로 이어졌다.

정답 분석

② 해동통보, 활구 등의 화폐를 발행하였다.

- 고려 중기 숙종은 의천의 건의에 따라 주전도감을 설치하고, 삼한통보, 해동통보, 해동중보 등의 동전과 활구(은병)라는 은전을 만들었으나 널리 유통되지는 못하였다.

오답 피하기

① 동시전을 설치하여 시장을 감독하였다.

- 신라 상대 지증왕은 동시를 개설하고 이를 관리하는 기구인 동시전을 설치하였다.

③ 감자, 고구마 등이 구황 작물로 재배되었다.

- 조선 후기 기근에 대비한 구황 작물의 필요성이 높아져 고구마, 감자 등 새로운 작물이 널리 재배되었다.

④ 청해진을 중심으로 해상 무역이 전개되었다.

- 신라 하대 장보고는 완도에 청해진을 설치하고 해적을 소탕하여 해상 무역을 장악하였다.

⑤ 계해약조를 맺어 일본과의 무역을 규정하였다.

- 조선 초기 세종은 대마도주가 수시로 토산품을 바치면서 무역을 간청하자 계해약조를 맺고 제한된 조공 무역을 허락하였다.

13 고려의 거란과의 항쟁(1차 침입~3차 침입) 정답 ③

(가), (나) 사이의 시기에 있었던 사실로 옳은 것은? [2점]

(가) 왕이 서경에서 안북부까지 나아가 머물렀는데, 거란의 소손녕이 봉산군을 공격하여 파괴하였다는 소식을 듣자 더 가지 못하고 돌아왔다. 서희를 보내 화의를 요청하니 침공을 중지하였다.

(나) 강감찬이 수도에 성곽이 없다 하여 나성을 쌓을 것을 요청하니 왕이 그 건의를 따라 왕가도에게 명령하여 축조하게 하였다.

은쌤의 합격노트

(가)는 993년 고려 성종 때의 거란 1차 침입, (나)는 1018년 고려 현종 때의 거란 3차 침입이다.

(가) 거란은 송을 공격하기에 앞서 고려와 관계 개선을 시도하였으나 뜻대로 되지 않자, 대군을 이끌고 1차 침입을 하였다. 고려는 서희의 담판으로 송과 관계를 끊기로 약속하고, 그 대가로 강동 6주를 획득하였다.

(나) 거란은 2차 침입 이후 현종의 입조와 강동 6주의 반환을 요구했으나 고려가 이를 거절하자 3차 침입을 하였다. 거란군은 개경 근처까지 진출했지만 고려군의 저항에 부딪혔다. 강감찬이 이끄는 고려군은 귀주에서 퇴각하는 거란군을 크게 물리쳤다.

정답 분석

③ 강조가 정변을 일으켜 목종을 폐위시켰다.

- 1009년 서북면 도순검사 강조는 고려 목종의 생모 천추 태후와 김치양이 자신들 사이에서 낳은 아들에게 왕위를 계승시키려 하자 정변을 일으켜 김치양 일파를 죽이고 목종을 폐위시킨 뒤 현종을 세웠다. 한편, 거란은 1차 침입 이후 강동 6주의 반환을 요구하였지만 고려가 거부하자 강조의 정변을 구실로 2차 침입을 강행하였다. 이는 (가)와 (나) 사이의 일이다.

오답 피하기

① 사신 저고여가 귀국길에 피살되었다.

- 1231년 고려 후기 몽골은 고려에 보낸 사신 저고여가 귀국하던 길에 국경 지대에서 피살되자, 이를 구실로 고려에 침입하였다. 이는 (나) 이후의 일이다.

② 화통도감이 설치되어 화포를 제작하였다.

- 1377년 고려 후기 최무선은 끈질긴 노력 끝에 중국이 비밀에 붙였던 화약 제조 기술을 터득해 냈다. 이에 정부는 화통도감을 설치하여 화약과 화포를 제작하였다. 이는 (나) 이후의 일이다.

④ 나세, 심덕부 등이 진포에서 왜구를 물리쳤다.

- 1380년 최무선은 화포를 만들어 나세, 심덕부 등과 함께 진포 전투에서 많은 왜구의 배를 불태웠다. 이는 (나) 이후의 일이다.

⑤ 공주 명학소에서 망이 · 망소이가 난을 일으켰다.

- 1176년 공주 명학소에서 일반 군현보다 무거운 부담에 시달리던 주민들이 망이 · 망소이를 중심으로 봉기하였다. 이는 (나) 이후의 일이다.

14 고려 후기 원 간섭기 사회상 정답 ③

다음 상황 이후에 전개된 사실로 옳은 것은? [2점]

> 왕이 이분희 등에게 변발을 하지 않았다고 책망하였더니 그들이 대답하기를 "신 등이 변발하는 것을 싫어해서가 아니라 오직 뭇 사람들이 그렇게 하여 상례(常例)가 되기를 기다렸을 뿐입니다."라고 하였다. …… 왕은 입조(入朝)하였을 때에 이미 변발하였지만, 나라 사람들이 아직 하지 않았기 때문에 이를 책망한 것이다.

은쌤의 합격노트

다음 상황은 고려 후기 원 간섭기이다. 고려는 원 간섭기를 거치는 동안 원과 수많은 인적 · 물적 교류를 행하였고, 이에 따라 많은 몽골 문화가 유행하였다. 고려 충렬왕은 스스로 변발을 하고, 신하들에게도 따라 하게 하였다. 또한 고려 사회에는 몽골풍이 유행하여 변발, 몽골 복장, 몽골어가 궁중과 지배층을 중심으로 널리 퍼졌다.

정답 분석

③ 유인우, 이인임 등이 쌍성총관부를 수복하였다.
- 14세기 후반에 이르러 원이 쇠퇴하자 공민왕은 무력으로 쌍성총관부를 공격하여 철령 이북의 영토를 탈환하고 고구려의 옛 땅인 요동 지방을 공략하였다.

오답 피하기

① 만적이 개경에서 반란을 모의하였다.
- 고려 후기 무신 집권기에 최충헌의 사노비였던 만적이 노비를 모아 봉기를 계획하다가 발각된 사건이 일어났다.

② 왕실의 외척인 이자겸이 권력을 독점하였다.
- 고려 중기 문종 이후 인종 대에 이르기까지 외척으로서 기반을 다진 경원 이씨 세력은 이자겸에 이르러 왕권을 위협할 정도가 되었다.

④ 최충이 9재 학당을 설립하여 유학을 교육하였다.
- 고려 중기 최충은 관직에서 물러난 후 9재 학당을 설립하여 제자를 양성하였다. 이를 계기로 사학 12도가 등장하여 크게 발전하였다.

⑤ 국정을 총괄하는 기구로 교정도감이 설치되었다.
- 고려 후기 무신 집권기에 최충헌은 국정을 총괄하는 최고 정치 기구로 교정도감을 설치하고, 그 우두머리인 교정별감이 되어 최고의 권력을 행사하였다.

15 묘청의 서경 천도 운동 정답 ③

다음 대화에 나타난 사건에 대한 설명으로 옳은 것은? [2점]

은쌤의 합격노트

다음 대화에 나타난 사건은 묘청의 서경 천도 운동이다. 이자겸의 난 이후 묘청 등 서경 세력은 풍수지리설을 앞세워 서경 천도를 적극 추진하였다. 보수적인 문벌 귀족의 영향력에서 벗어나 서경에서 자주적인 혁신 정치를 추진하기 위해서였다. 이들은 서경으로 도읍을 옮기면 금이 굴복하고 주변의 나라들이 조공을 바칠 것이라며, 스스로 황제라 칭하고 나라의 연호를 정하는 '칭제 건원'과 '금국 정벌'을 주장하였다. 그러나 개경 문벌 귀족의 반대로 서경 천도가 불가능해지자, 묘청 등은 국호를 '대위', 연호를 '천개'로 정하고 반란을 일으켰다(1135). 뒷날 신채호는 묘청의 서경 천도 운동을 천년 역사의 가장 큰 사건이라고 평가하였다. 이 운동이 실패했기 때문에 조선의 역사가 사대적이고 보수적인 유교에 정복되어 결국에는 일제의 식민지가 되고 말았다는 것이다.

정답 분석

③ 김부식 등이 이끈 관군에 의해 진압되었다.
- 묘청 등의 서경 세력은 서북 지방의 대부분을 점령하는 등 한때 위세를 떨치기도 했지만, 김부식이 이끄는 관군에 1년 만에 진압되었다.

오답 피하기

① 국왕이 나주까지 피란하였다.
- 고려는 거란의 2차 침입 때 개경이 함락되고 현종이 나주까지 피난하는 어려움을 겪었으나 양규 등의 활약으로 이를 극복하였다.

② 초조 대장경 간행의 계기가 되었다.
- 고려 현종 때 거란의 침입을 받았던 고려는 부처의 힘으로 국난을 극복하고자 초조 대장경을 간행하였다.

④ 이성계가 정권을 장악하는 결과를 가져왔다.
- 중국에서 새로 일어난 명은 고려에 압력을 가하여 철령 이북의 땅을 요구하였다. 이에 고려에서는 우왕, 최영 등이 중심이 되어 요동 정벌을 추진하였다. 요동 정벌에 반대한 이성계는 압록강의 위화도에서 군대를 되돌려 최영을 제거하고 정치권력을 장악하였다(위화도 회군).

⑤ 여진 정벌을 위한 별무반 편성에 영향을 주었다.
- 고려 숙종 때 여진이 천리 장성 부근까지 남하하여 고려와 충돌하였는데, 이를 막으려던 고려군이 기병으로 편성된 여진 군대에 번번이 패하자 별무반이라는 특수 부대를 창설하였다.

16 고려의 역사서 정답 ④

(가)~(마)에 들어갈 내용으로 옳은 은 것은? [2점]

한국사 과제 안내문

다음에 제시된 역사서 중 하나를 선택하여 보고서를 제출하시오.

역사서	소 개
사략	(가)
삼국사기	(나)
삼국유사	(다)
제왕운기	(라)
해동고승전	(마)

◆ 조사 방법 : 문헌 조사, 인터넷 검색 등
◆ 제출 기간 : 2021년 ○○월 ○○일~○○월 ○○일
◆ 분량 : A4 용지 1장 이상

은쌤의 합격노트

제시된 역사서는 고려 시대 역사서이다.

(가) 고려 후기에 성리학이 수용된 이후 대의명분을 강조하는 성리학적 사관이 강조되었고, 이제현은 "사략"을 편찬하였다.
(나) 고려 중기 인종 때에는 김부식 등이 왕명을 받아 "삼국사기"를 편찬하였다. 유교적 합리주의 사관에 기초하여 쓰인 "삼국사기"는 현존하는 우리나라 최고(最古)의 역사서이다.
(다) 고려 후기 승려 일연은 건국 신화인 단군 신화를 비롯한 설화나 야사를 폭넓게 수록한 "삼국유사"를 편찬하였다.
(라) 고려 후기 이승휴는 자신이 살던 때까지의 우리나라 역사와 중국 역사를 대등한 입장에서 시로 기록한 "제왕운기"를 편찬하였다.
(마) 고려 후기 각훈이 지은 "해동고승전"은 우리나라 역대 고승의 전기를 기록한 것으로, 현재 일부만 전해 온다.

정답 분석

④ (라) - 단군부터 충렬왕까지의 역사서를 서사시로 서술
➲ 고려 후기 이승휴의 "제왕운기"는 중국사와 한국사를 병행하여 서술하면서, 한국사를 단군으로부터 시작하였다. 상권은 중국의 역사를, 하권에는 단군부터 충렬왕까지의 역사를 시로 서술하였다.

오답 피하기

① (가) - 불교사를 중심으로 고대의 민간 설화를 수록
➲ 고려 후기 일연의 "삼국유사"는 불교사를 중심으로 지방의 기록과 민간 설화까지 포함하여 저술되었다.

② (나) - 사초, 시정기 등을 바탕으로 실록청에서 편찬
➲ 조선의 "조선왕조실록"은 전왕의 통치 기록인 사초, 시정기, 승정원일기 등을 모두 합하여 실록청에서 편찬되었다.

③ (다) - 유교 사관에 입각하여 기전체 형식으로 구성
➲ 고려 중기 김부식의 "삼국사기"는 기전체 방식이 도입되어 본기(왕조 역사), 연표, 지(제도사), 열전(신하의 전기)으로 구성되었다.

⑤ (마) - 강목체로 고려 왕조의 역사를 정리
➲ 고려 후기 민지의 "본조편년강목"은 강목체로 고려 왕조의 역사를 정리하였는데, 현재 전하지는 않는다.

17 파주 용미리 마애이불 입상 정답 ①

(가)에 해당하는 문화유산으로 옳은 것은? [2점]

은쌤의 합격노트

(가)에 해당하는 문화유산은 경기도 파주 용미리 마애이불 입상이다. 거대한 마애불로 불상의 전체 높이는 17.4m, 얼굴 크기는 2.4m 정도이다. 오래전부터 고려 초기에 만들어진 석불로 여겨졌으나, 최근 연구에서 조선 세조 때 만들어진 불상이라는 설이 등장하여 건립 연대를 두고 두 설이 팽팽히 맞붙은 상황이다. 조선 세조 시기 건립설의 가장 큰 근거 자료는 1995년에 발견된 조성문이다. 조성문의 내용은 용미리석불이 세조의 왕생정토를 기념하기 위해 조성된 것이며, 성화(成化) 7년(1471) 7월에 세조와 그 부인 정희왕후의 미륵부처 용화회에 참석해 일시에 깨달을 것을 기원한다는 것이었다. 즉 불상은 조선 세조와 그의 부인인 정희왕후를 미륵불의 형상으로 묘사한 부부상이라는 것이다.

정답 분석

①

➲ 고려 초기 선종 대나 조선 초기 세조 대에 만들어진 것으로 추정되는 경기도 파주 용미리 파주 용미리 마애이불 입상이다.

오답 피하기

②

➲ 통일 신라의 불상인 경산 팔공산 관봉 석조 여래 좌상이다.

③

➲ 고려 불상인 안동 이천동 마애 여래 입상이다.

④

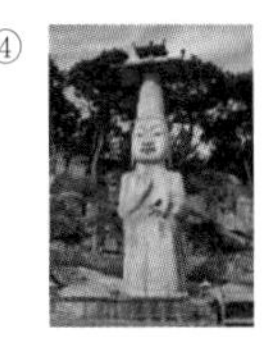

➲ 고려 불상인 논산 관촉사 석조 미륵보살 입상은 높이가 18m나 되며, 얼굴의 여러 부분을 과장되게 표현하였다.

⑤

➲ 고려 불상인 충주 미륵리 석조 여래 입상이다.

18 조선 세종의 업적 정답 ③

밑줄 그은 '왕'의 재위 시기에 있었던 사실로 옳은 것은? [2점]

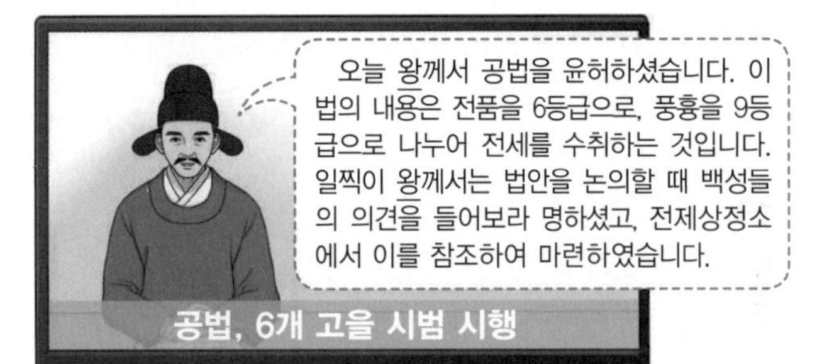

은쌤의 합격노트

밑줄 그은 '왕'은 조선 초기 세종이다. 세종은 농민 부담의 경감과 공평 과세를 위해 토지를 비옥도에 따라 6등급으로 나누고(전분6등법), 풍흉의 정도에 따라 9등급으로 나누어(연분9등법) 조세 액수를 1결당 최고 20두에서 최하 4두를 내도록 하였다.

정답 분석

③ 우리 풍토에 맞는 농법을 소개한 농사직설이 편찬되었다.

- "농사직설"은 조선 초기 세종의 명에 따라 1429년에 간행되었다. 농민의 실제 경험이 반영되어 우리나라 풍토에 맞는 씨앗의 저장법, 토질의 개량법 모내기법 등이 소개되어 있다.

오답 피하기

① 음악 이론 등을 집대성한 악학궤범이 완성되었다.

- 조선 초기 성종 때 성현은 "악학궤범"을 편찬하여 음악의 원리와 역사, 악기, 무용, 의상, 소도구까지 정리하였다.

② 민간의 광산 개발을 허용하는 설점수세제가 시행되었다.

- 조선 후기 17세기 중엽부터 개인의 광산 개발을 허용하되 세금을 걷는 설점수세제로 전환하였다.

④ 현직 관리에게만 수조권을 지급하는 직전법이 제정되었다.

- 조선 초기 세조는 현직 관리에게 지급할 토지가 부족하게 되자, 현직 관리에게만 과전을 지급하는 직전법을 시행하였다.

⑤ 우리나라와 중국의 의서를 망라한 동의보감이 간행되었다.

- 조선 후기 허준은 광해군의 명을 받아 우리의 전통 한의학을 정리하여 "동의보감"을 편찬하였는데, 이는 중국과 일본에서도 간행되었다.

19 조선 중종의 업적 정답 ⑤

다음 검색창에 들어갈 왕이 추진한 정책으로 옳은 것은? [2점]

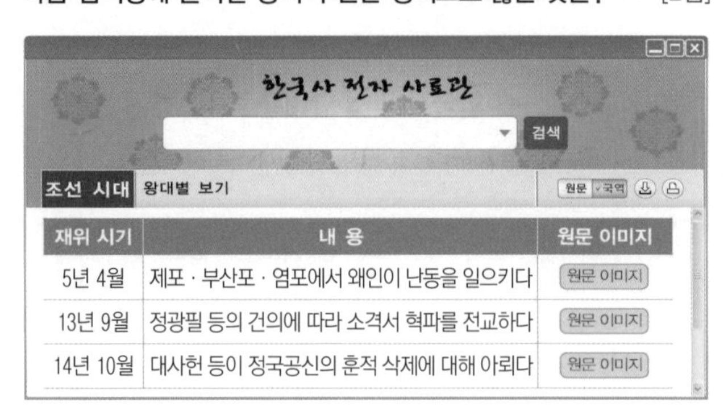

재위 시기	내 용	원문 이미지
5년 4월	제포 · 부산포 · 염포에서 왜인이 난동을 일으키다	원문 이미지
13년 9월	정광필 등의 건의에 따라 소격서 혁파를 전교하다	원문 이미지
14년 10월	대사헌 등이 정국공신의 훈적 삭제에 대해 아뢰다	원문 이미지

은쌤의 합격노트

다음 검색창에 들어갈 왕은 조선 중기 중종이다. 16세기에 이르러 왜인의 무역 요구는 늘어났지만 조선 정부의 통제는 강해졌다. 이에 중종 때 3포에 출입하던 일본인들은 통제에 불만을 품고 3포 왜란을 일으켰다.
중종이 등용한 조광조는 도교 행사를 주관하던 소격서를 폐지하였다. 또한 조광조는 중종반정 공신의 책정이 잘못되었다며 이를 시정할 것을 요구하며 위훈 삭제를 주장하였고, 이에 기묘사화가 일어나게 된다.

정답 분석

⑤ 신진 인사를 등용하기 위한 현량과를 실시하였다.

- 조선 중기 중종 때 조광조는 천거제의 일종인 현량과를 실시하여 많은 사림을 3사 언관직에 앉히고 경연과 언론을 활성화하였다.

오답 피하기

① 조총 부대를 나선 정벌에 파견하였다.

- 조선 후기 효종은 청나라의 요청을 받아 두 차례에 걸쳐 조총 부대를 출동시켜 송화강과 흑룡강 일대에서 러시아 군을 격퇴하는 나선 정벌을 단행하였다.

② 4군 6진을 설치하여 북방 영토를 개척하였다.

- 조선 초기 세종 대에 최윤덕과 김종서가 4군 6진을 개척해 압록강과 두만강을 경계로 하는 오늘날과 같은 국경선을 확정하였다.

③ 단종 복위 운동을 계기로 집현전을 폐지하였다.

- 조선 초기 세조는 강력한 왕권을 행사하기 위해 단종 복위 운동을 계기로 집현전을 폐지하여 언관의 활동을 억제하였다.

④ 국가의 의례를 정비한 국조오례의를 편찬하였다

- 조선 초기 성종은 국가의 여러 행사에 필요한 의례를 정비하여 "국조오례의"를 편찬하였다.

20 정여립 모반 사건 이후의 상황 정답 ②

다음 상황 이후에 전개된 사실로 옳은 것은? [3점]

> 선전관 이용준 등이 정여립을 토벌하기 위하여 급히 전주에 내려갔다. 무리들과 함께 진안 죽도에 숨어 있던 정여립은 군관들이 체포하려 하자 자결하였다.

은쌤의 합격노트

다음 상황은 조선 중기 선조 대에 일어난 정여립 모반 사건(기축옥사)이다. 선조 대에 동인이 정권을 잡았을 때 서인이었던 정여립이 동인으로 옮겨 갔다. 이후 1589년 10월 정여립이 대동계를 이끌고 반란을 꾀한다는 역모고변으로부터 기축옥사가 시작된다. 정여립의 자결로 역모는 사실로 굳어졌고, 동인을 숙청하고 정권을 재탈환할 절호의 기회로 판단한 서인들은 사건을 확대시켜 3년간이나 옥사를 이어가며 1,000여 명의 동인들을 유배하거나 사형에 처했다.

정답 분석

② 기축옥사로 이발 등 동인 세력이 제거되었다.
- 1589년 서인들은 정여립 모반 사건(기축옥사)을 통해 이발 · 이길 · 이급 형제와 백유양 · 백진민 부자를 비롯, 조대중 · 유몽정 등을 정여립과 가까이 지냈다는 이유로 일당으로 몰아 심문하여 죽였다.

오답 피하기

① 이시애가 길주를 근거지로 난을 일으켰다.
- 조선 초기 세조 때 북방민 회유 정책으로 중용된 이시애는 조선 정부가 북방민 등용을 억제하고 중앙 집권 체제를 강화하자 반란을 일으켰으나 실패하였다.

③ 양재역 벽서 사건으로 이언적 등이 화를 입었다.
- 조선 중기 명종 대에 일어난 양재역 벽서 사건은 당시 외척으로서 정권을 잡고 있던 윤원형 세력이 반대파 인물들을 숙청한 사건이며, 정미사화라고도 불린다. 1547년 당시 집권 세력인 문정왕후와 소윤(윤원형 세력)을 비방한 글인 익명의 양재역 벽서를 계기로 을사사화를 피한 사림이 대다수 끌려와 형문을 당하고 유배와 파면을 당하였다.

④ 수양대군이 김종서 등을 살해하고 권력을 장악하였다.
- 조선 초기 나이 어린 단종이 즉위하면서 정치의 실권은 김종서, 황보인 등 재상에게 넘어갔다. 이에 수양대군은 계유정난을 일으켜 김종서 등을 몰아내고 왕위를 차지하였다.

⑤ 이조 전랑 임명을 둘러싸고 사림이 동인과 서인으로 나뉘었다.
- 조선 중기 선조 대에 사림은 이조 전랑 임명을 둘러싸고 서인과 동인으로 갈라진 이후 붕당을 이루어 정치를 운영하였다. 이후 동인은 정여립 모반 사건을 계기로 남인과 북인으로 갈라졌다.

21 규장각 정답 ⑤

(가) 기구에 대한 설명으로 옳은 것은? [2점]

이달의 책

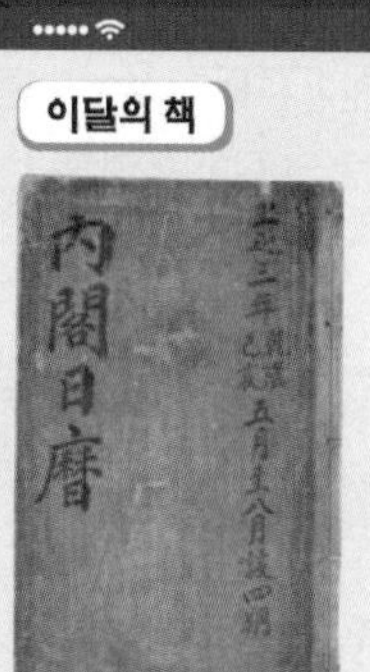

내각일력은 (가) 에서 있었던 일과 업무를 기록한 책이다. (가) 은/는 정조의 명에 의해 설치된 왕실 도서관이자 학술 연구 및 정책 자문 기관으로, 이 책은 어제(御製)의 봉안, 검서 등의 소관 업무뿐만 아니라 일반 정사나 왕의 동정, 소속 관원의 근무 상황까지 수록하고 있다.

은쌤의 합격노트

(가) 기구는 조선 후기 정조가 설치한 규장각이다. 정조는 즉위 후 탕평책을 더욱 강화하여 왕권 강화를 시도하였고, 규장각을 설치하여 국왕 직속의 학술 및 정책 연구 기관으로 육성하였다. "내각일력"은 조선 시대 왕실 도서관이자 문화 중흥 연구 기관이었던 규장각에서 기록한 기록물이다. 관원의 근무 상황 · 인사 고과 · 임면, 검서관의 취재 등 규장각의 소관 업무나 문화 사업에 관련된 것을 빠짐없이 싣고 있다. 또한, 일반 정사나 왕의 동정까지도 승정원의 협조를 받아 수록하였다.

정답 분석

⑤ 유능한 인재를 양성하기 위한 초계문신제를 주관하였다.
- 정조는 유능한 인재 양성을 위해 규장각에 초계문신제를 마련하였다. 초계문신제로 새로운 인물이나 중 · 하급 관리 중에서 유능한 인사를 재교육하였다.

오답 피하기

① 을묘왜변을 계기로 상설화되었다.
- 조선의 비변사는 3포 왜란을 계기로 국방 문제를 논의하기 위한 임시 기구로 설치되었고, 을묘왜변을 계기로 상설 기구화되었다.

② 은대(銀臺), 후원(喉院)이라고도 불리었다.
- 조선의 승정원은 정원(政院) · 후원(喉院) · 은대(銀臺) · 대언사(代言司)라고도 불리었다.

③ 5품 이하 관리 임명에 서경권을 행사하였다.
- 조선의 왕에게 진언을 주로 담당하는 사간원, 관리들을 감찰하는 사헌부는 대간이라 하여 관리 임용에 간여하는 서경권을 행사하였다.

④ 대사성을 중심으로 좨주, 직강 등의 관직을 두었다.
- 조선 최고의 교육 기관 성균관에는 으뜸 벼슬인 정3품의 대사성을 중심으로 종3품의 좨주, 정5품의 직강 등의 관직이 있었다.

22 훈련도감 정답 ④

(가)에 대한 설명으로 옳은 것은? [2점]

오늘은 5군영 중 가장 먼저 설치된 (가) 의 운영 상황을 알 수 있는 자료인 훈국등록에 대해 알아보겠습니다.

훈국등록에는 급료를 받는 상비군이 주축인 (가) 소속 군인들의 궁궐과 도성 수비, 국왕 호위, 훈련 상황 등 업무 내용이 기록되어 있습니다.

은쌤의 합격노트

(가)는 조선의 훈련도감이다. 임진왜란 초기에 패전을 경험한 조정에서는 새로운 군대의 필요성을 절감하여 훈련도감을 설치하였다. 훈련도감 군인들은 삼수병으로 구성되었는데, 이들은 가족을 거느리고 서울에 상주하면서 급료를 받고 근무하였다.

정답 분석

④ 포수, 사수, 살수의 삼수병으로 편제되었다.
- 훈련도감은 포수(砲手), 살수(殺手), 사수(射手)의 삼수병으로 구성되었으며, 군병은 장기간 근무하고 일정한 급료를 받는 직업 군인이었다.

오답 피하기

① 수원 화성에 외영을 두었다.
- 조선 후기 정조 때 종합적인 도시 계획에 따라 건설된 수원 화성은 행궁과 장용영의 외영이 설치되어 한성을 방어하는 요새지 역할을 하였다.

② 응호군과 함께 궁성을 호위하였다.
- 고려의 응양군과 용호군은 2군을 일컫는 것으로 6위와 함께 8위로도 불리는 등 고려 중앙군의 핵심 부대였다.

③ 후금의 침입에 대비하고자 창설되었다.
- 조선 후기 인조는 1627년 정묘호란이 일어나기 직전인 1623년 어영청, 1624년 총융청, 1626년 수어청을 창설하였다.

⑤ 일본인 교관을 초빙하여 군사 훈련을 받았다.
- 근대 개항기 때 조선은 신식 군대인 별기군을 창설하고 일본인 장교를 초빙하여 신식 군사 훈련을 시행하였다.

23 임진왜란 정답 ④

다음 기사에 보도된 전투 이후의 사실로 옳지 않은 것은? [3점]

역사 신문

제△△호 ○○○○년 ○○월 ○○일

신립, 탄금대에서 패배

삼도 순변사 신립이 이끄는 관군이 탄금대에서 적군에게 패배, 충주 방어에 실패하였다. 신립은 탄금대에 배수진을 쳤으나, 고니시 유키나가가 이끄는 적군에게 둘러싸여 위태로운 상황에 놓였다. 신립은 종사관 김여물과 최후의 돌격을 감행하였으나 실패하자 전장에서 순절하였다.

은쌤의 합격노트

다음 기사에 보도된 전투는 조선 중기 선조 대에 일어난 임진왜란 중 탄금대 전투이다. 조선은 임진왜란 초기 국방력의 열세로 왜군을 막아 내지 못하였다. 부산포에서 치열하게 항전하였으나 함락당하고, 곧 왜군은 세 갈래로 병력을 나누어 한성으로 북상하였다. 이에 1592년 4월 26일부터 28일까지 신립은 충주의 탄금대에서 왜군에 맞서 싸웠으나 결국 막아내지 못하였다.

정답 분석

④ 송상현이 동래성 전투에서 항전하였다.
- 동래성 전투는 1592년 4월 15일 송상현 등이 경상도 동래(부산)에서 일본군과 맞서 싸우다 패한 전투이다.

오답 피하기

① 김시민이 진주성에서 항쟁하였다.
- 제1차 진주성 전투는 1592년 10월 진주 목사 김시민과 진주성을 지키는 군대 4,000여 명이 3만여 대군의 왜군을 상대로 7일간의 격전 끝에 적을 격퇴시킨 전투이다.

② 조명 연합군이 평양성을 탈환하였다.
- 임진왜란은 명의 원군이 전쟁에 참여하면서 국제전의 양상을 보였다. 1593년 1월 6일~1월 9일 조 · 명 연합군은 평양성 전투로 평양을 탈환하였다.

③ 이순신이 한산도에서 대승을 거두었다.
- 1592년 7월 8일 이순신은 한산도에서 학이 날개를 펼친 모습으로 왜군을 포위하는 학익진 전법을 펼쳐 크게 승리하였다.

⑤ 권율이 행주산성에서 적군을 격퇴하였다.
- 1593년 2월 12일 권율이 이끄는 관군과 백성은 합심하여 행주산성에서 왜군을 물리쳤다.

24 조선 영조의 업적 정답 ②

밑줄 그은 '이 왕'에 대한 설명으로 옳은 것은? [1점]

이것은 이 왕이 농경을 장려하기 위해 세손과 더불어 친경(親耕)과 친잠(親蠶)을 거행하고 그 기쁨을 표현한 경잠기의입니다. 그는 균역법을 제정하여 백성의 군역 부담을 줄여주는 등 민생 안정에 많은 노력을 기울였습니다.

은쌤의 합격노트

밑줄 그은 '이 왕'은 조선 후기 영조이다. 1750년 영조는 농민들의 군역 부담을 줄여 주기 위하여 균역법을 실시하였다. 그 결과 농민들은 1년에 군포 1필만을 부담하면 되었다. 군포를 줄여 부족해진 재정은 지주에게 결작이라 하여 토지 1결당 미곡 2두씩을 부담시켰으며, 군역이 면제되던 양인 상류층에게 선무군관이란 칭호를 주고 군포 1필을 내게 하였다. 또한, 어장세, 선박세, 소금세 등을 걷어 보충하였다.

정답 분석

② 붕당의 폐해를 경계하기 위한 탕평비를 건립하였다.

- 조선 후기 영조는 성균관 앞에 "두루 사랑하고 편당하지 않는 것은 군자의 공정한 마음이요, 편당하고 두루 사랑하지 않는 것은 곧 소인의 사사로운 생각이다."라는 내용이 새겨진 탕평비를 세웠다.

오답 피하기

① 조선의 기본 법전인 경국대전을 완성하였다.

- 조선 초기 성종은 "경국대전"의 편찬을 완료하고 반포하여 이후 조선 사회의 기본적인 통치 방향과 이념을 제시하였다.

③ 시전 상인의 특권을 축소한 신해통공을 실시하였다.

- 조선 후기 정조는 시전 상인의 금난전권을 폐지하고 상업이 자유롭게 발전할 수 있는 길을 열기도 하였다(신해통공, 1791).

④ 전세를 1결당 4~6두로 고정하는 영정법을 제정하였다.

- 조선 후기 인조는 풍년과 흉년에 관계없이 전세를 토지 1결당 4두 또는 6두로 고정시키는 영정법을 시행하였다.

⑤ 각 궁방과 중앙 관서의 공노비 6만여 명을 해방하였다.

- 조선 후기 세도 정치 시기에 순조는 상민의 수를 늘리기 위해 6만 6,000여 명의 공노비를 양인으로 해방시켜 주었다.

25 조선 실학자 김정희 정답 ②

다음 글을 쓴 인물에 대한 설명으로 옳은 것은? [2점]

> 이 비는 아무도 아는 사람이 없어 '요승 무학이 잘못 찾아 여기에 이르렀다는 비'라고 잘못 불려 왔다. …… 탁본을 한 결과 비의 형태는 황초령비와 서로 흡사하였고, 제1행 진흥의 진(眞) 자는 약간 마멸되었으나 여러 차례 탁본을 해서 보니, 진(眞) 자임에 의심할 여지가 없었다. 마침내 진흥왕의 고비(古碑)로 정하고 보니, 1200년 전의 고적(古蹟)임이 밝혀져 무학비라고 하는 황당무계한 설이 깨지게 되었다.
>
> -『완당집』-

은쌤의 합격노트

다음 글을 쓴 인물은 조선 후기 실학자 추사 김정희이다. 국학 연구에서 나타난 실사구시의 전통은 19세기에도 계승되었다. 김정희는 "금석과안록"을 지어 진흥왕순수비 가운데 황초령비와 북한산비의 두 비문을 판독하고 고증하였다. 김정희는 북한산비에 비문 첫째 줄에 '진흥(眞興)'의 '眞(진)' 자를 확인하여 이 비가 무학(無學)의 비가 아니라 진흥왕순수비임을 고증하였다. 김정희는 비문을 판독하는 데 "삼국사기"를 비롯하여 우리나라와 중국의 사적을 광범위하게 인용해 합리적인 고증을 시도하였다.

정답 분석

② 역대 명필을 연구하여 추사체를 창안하였다.

- 김정희는 우리나라와 중국의 옛 비문을 두루 살핀 후 개성 있고, 독특한 글씨체인 추사체를 완성하였다. 박규수는 이를 보고 "여러 대가의 장점을 모아 스스로 일가를 이루게 되니 신(神)이 오듯 기(氣)가 오듯 하며, 바다의 조수가 밀려오는 듯하다."라고 평가하였다.

오답 피하기

① 담헌서를 통해 과거제 폐지를 주장하였다.

- 홍대용의 "담헌서" 내집 권4의 보유에 수록된 논설인 "임하경륜"에는 과거 제도를 폐지하고 각 면에다 학교를 세워 8세 이상의 자제를 모두 교육시켜 언론 · 행동 · 학식 · 재능에 따라 신분에 구애됨이 없이 조정에 추천해 인재를 등용하도록 하였다.

③ 북학의를 저술하여 수레와 배의 이용을 권장하였다.

- 박제가는 청에 다녀온 후 "북학의"를 저술하여 생산을 자극하기 위해서는 소비를 촉진해야 한다고 역설하고 수레와 배의 이용을 권장하였다.

④ 연려실기술에서 조선의 역사를 기사 본말체로 서술하였다.

- 이긍익은 조선의 정치와 문화를 실증적으로 정리한 "연려실기술"을 편찬하면서 조선의 역사를 기사 본말체로 서술하였다.

⑤ 주역을 바탕으로 수론(數論)을 전개한 구수략을 저술하였다.

- 최석정은 "구수략"을 저술하여 수학의 형이상학적인 역학 사상에 의거하여 수론을 전개하였다.

26 조선과 일본의 대외 관계 정답 ①

(가) 국가에 대한 조선의 정책으로 옳은 것은 〈보기〉에서 고른 것은? [2점]

그림으로 보는 조선사

이것은 기유약조로 교역이 재개된 (가) 와/과의 무역 중심지인 초량 일대를 그린 그림이다. 그림 아래 부분의 동관 지역은 (가) 상인들과 관리들의 집단 거주지였으며, 거류민 관리와 조선과의 교섭 등을 담당하던 관수의 관사(官舍)도 위치해 있었다.

〈보 기〉

ㄱ. 막부의 요청에 따라 통신사를 파견하였다.
ㄴ. 한성에 동평관을 두어 무역을 허용하였다.
ㄷ. 하정사, 성절사, 동지사 등 사절단을 보내었다.
ㄹ. 어윤중을 서북 경략사로 임명하여 사무를 관장하였다.

은쌤의 합격노트

(가) 국가는 일본이다. 임진왜란으로 큰 피해를 입은 조선은 일본과의 외교 관계를 단절하였다. 그러나 일본은 전쟁 후의 경제적인 어려움을 해결하고 선진 문물을 받아들이기 위해 대마도 도주를 통해 국교를 재개하자고 요청하였다. 이에 조선은 1607년 회답사를 파견하여 국교를 재개하고, 1609년 광해군은 기유약조를 체결하여 무역을 허용하였다.

정답 분석

ㄱ. 막부의 요청에 따라 통신사를 파견하였다.
- 임진왜란 이후 일본의 에도 막부는 쇼군이 바뀔 때마다 국제적으로 권위를 인정받고 조선의 선진 문화를 계속해서 받아들이기 위해 사절을 요청하였다. 조선은 일본의 요청에 따라 여러 차례 통신사를 파견하였다.

ㄴ. 한성에 동평관을 두어 무역을 허용하였다.
- 동평관은 조선 전기에 일본 사신을 대접하기 위하여 마련한 관사로 왜관이라고도 한다.

오답 피하기

ㄷ. 하정사, 성절사, 동지사 등 사절단을 보내었다.
- 조선은 중국에 새해 문안을 위한 하정사, 황제의 생일에 보내는 성절사, 연말 동지사 등 삼절사 외에도 다양한 명칭의 사신단을 수시로 보냈다.

ㄹ. 어윤중을 서북 경략사로 임명하여 사무를 관장하였다.
- 조선 후기 고종은 1882년 청이 간도를 개간한다는 명분으로 조선 정부에 우리 민족의 철수를 요구하자 어윤중을 서북 경략사로 임명하여 이에 대처하도록 하였다.

27 보은 법주사 팔상전 정답 ①

(가)에 해당하는 문화유산으로 옳은 것은? [1점]

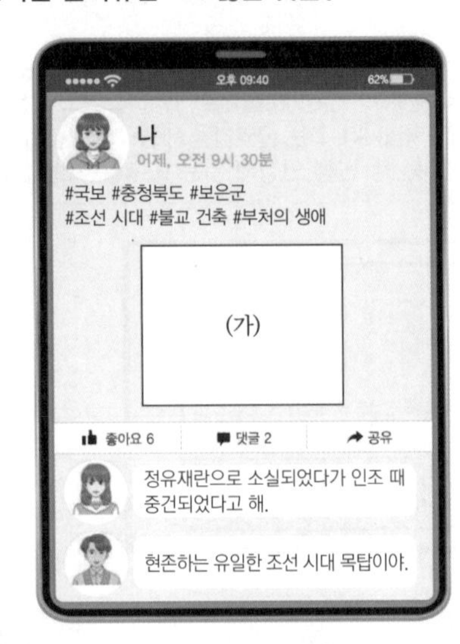

① 
법주사 팔상전

② 
화엄사 각황전

③ 
금산사 미륵전

④ 
무량사 극락전

⑤ 
마곡사 대웅보전

은쌤의 합격노트

(가)에 해당하는 문화유산은 법주사 팔상전이다. 17세기에는 양반 지주와 부유한 상인의 지원으로 규모가 큰 사원 건축물이 지어졌는데 보은 법주사 팔상전이 이 시기의 대표적인 사원 건축물이다. 법주사 팔상전은 현재 우리나라에 남아 있는 유일한 5층 목탑으로, 이미 통일 신라 시대에 처음 세워졌으나 당시의 자취는 돌로 짠 기단부에만 남아 있고 현재의 건물은 1605년에 재건되고 1626년에 다시 수리한 것이다.

정답 분석

① 법주사 팔상전
- 보은 법주사 팔상전은 조선 후기 중건된 건축물로 절 안에 석가모니의 일생을 여덟 폭의 그림으로 나누어 그린 팔상도가 있다.

오답 피하기

② 화엄사 각황전
- 전라남도 구례군 마산면 황전리 화엄사 경내에 있는 조선 후기의 건물이다.

③ 금산사 미륵전
- 전라북도 김제에 있는 조선 중기의 3층 불전이다.

④ 무량사 극락전
- 충청남도 부여군 외산면 무량사에 있는 조선 중기의 중층 불전 건축이다.

⑤ 마곡사 대웅보전
- 충청남도 공주시 사곡면 마곡사에 있는 조선 후기 중층으로 조성된 사찰 건물이다.

28 세도 정치 시기의 사회상 (신유박해~동학 탄압) 정답 ③

(가) 시기에 있었던 사실로 옳은 것은? [3점]

은쌤의 합격노트

(가) 시기는 1801년 조선 후기 순조 대에 일어난 신유박해부터 1863년 철종 대에 최제우가 체포당하기 직전까지의 시기이다. 정조는 천주교에 대하여 비교적 관대하였으나 순조가 즉위한 이후 1801년 노론 강경파인 벽파가 집권하면서 이승훈을 비롯한 300여 명의 천주교인들을 처형하는 대대적인 탄압을 가한 신유박해가 일어났다. 또한 평등을 강조하는 동학의 교세가 폭정에 시달리던 하층민을 중심으로 빠르게 확산되자 정부는 이를 체제에 대한 위협으로 간주하였다. 이에 동학을 사교로 규정하고 1864년 고종 대에 교조 최제우를 혹세무민의 혐의로 처형하였다.

정답 분석

③ 홍경래 등이 난을 일으켜 정주성을 점령하였다.
- 1811년 순조 대에 일어난 홍경래의 난은 몰락 양반인 홍경래가 신흥 상공업 세력과 광산 노동자, 빈농 등을 규합한 뒤, 평안도에 대한 지역 차별 정책과 지배층의 수탈에 항거하여 일으킨 봉기였다.

오답 피하기

① 왕이 도성을 떠나 공산성으로 피란하였다.
- 1624년 이괄은 인조반정 때의 공신이었으나 적절한 대우를 받지 못한 것에 불만을 품고 반란을 일으켰다. 이에 인조 이하 대신들은 서울을 떠나 공주로 피난하였다.

② 오페르트가 남연군 묘 도굴을 시도하였다.
- 1868년 오페르트는 흥선대원군의 아버지인 남연군의 유골을 미끼로 조선 정부와 통상 조약을 체결하고자 충남 덕산에 있는 남연군의 묘를 도굴하려고 하였다.

④ 교조 신원을 요구하는 삼례 집회가 개최되었다.
- 1892년 삼례 집회에서 동학교도들은 동학을 공인하고 포교의 자유를 인정해 달라고 요구하였다. 아울러 관리들과 토호들이 동학교도라는 것을 구실로 재산을 빼앗고 짓밟고 있는 현실을 고발하였다.

⑤ 이인좌를 중심으로 한 소론 세력이 난을 일으켰다.
- 1728년 영조 때 이인좌를 중심으로 정권에서 배제되었던 소론과 남인의 과격파가 연합하여 반란을 일으켰다(이인좌의 난).

29 흥선 대원군의 업적 정답 ③

밑줄 그은 '중건' 시기에 있었던 사실로 옳은 것을 〈보기〉에서 고른 것은? [2점]

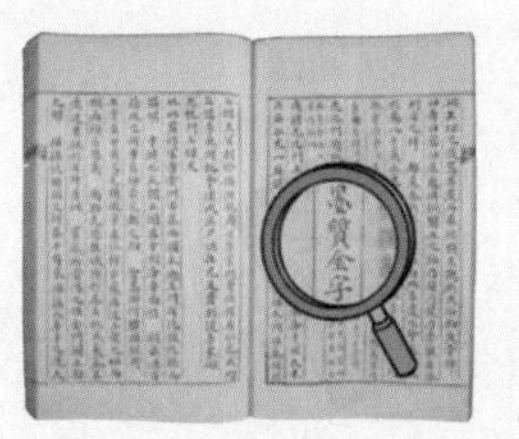

경복궁 영건일기는 한성부 주부 원세철이 경복궁 중건의 시작부터 끝날 때까지의 상황을 매일 기록한 것이다. 이 일기에 광화문 현판이 검은색 바탕에 금색 글자였음을 알려 주는 '묵질금자(墨質金字)'가 적혀 있어 광화문 현판의 옛 모습을 고증하는 근거가 되었다.

〈보 기〉

ㄱ. 비변사가 설치되었다.
ㄴ. 사창제가 실시되었다.
ㄷ. 원납전이 징수되었다.
ㄹ. 대전통편이 편찬되었다.

은쌤의 합격노트

밑줄 그은 '중건' 시기는 흥선 대원군 집권 시기이다. 흥선 대원군은 왕실의 위엄을 회복하기 위해 임진왜란 때 불탄 후 방치되어 있던 경복궁을 중건하였다. 이 과정에서 많은 농민들을 공사에 동원하고, 부족한 자금을 마련하기 위해 원납전을 강제로 거두었으며, 도성문을 출입하는 사람들에게 통행세를 받기도 하였다. 또한, 당백전을 발행하였는데 이로 인해 물가가 급등하는 등 경제가 혼란해졌다. 그리하여 백성의 불만이 점차 높아졌다.

정답 분석

ㄴ. 사창제가 실시되었다.
- 흥선 대원군은 일부 지역에 양전을 실시하고 환곡 대신 향촌 주민들이 자치적으로 운영하는 사창제를 도입하였다.

ㄷ. 원납전이 징수되었다.
- 흥선 대원군은 경복궁 중건의 부족한 공사 경비를 마련하기 위해 강제로 원납전과 각종 잡세를 거두었다.

오답 피하기

ㄱ. 비변사가 설치되었다.
- 비변사는 중종 때 3포 왜란(1510)을 계기로 설치되어 명종 때 을묘왜변(1555)으로 상설 기구화가 되었다. 흥선 대원군은 세도 정치기 핵심 권력 기관이었던 비변사를 사실상 폐지하고 의정부와 삼군부의 기능을 부활시켰다.

ㄹ. 대전통편이 편찬되었다.
- 정조는 "경국대전"과 "속대전" 및 그 후의 법령을 통합한 법전인 "대전통편"을 편찬하였다.

30 병인양요 정답 ②

밑줄 그은 ㉠이 원인이 되어 발생한 사건에 대한 설명으로 옳은 것은? [2점]

> 해군 제독 로즈 귀하
>
> 당신이 지휘하는 해군 병력에 주저없이 호소합니다. ㉠ 프랑스인 주교 2명과 선교사 9명을 희생시킨 사건이 조선에서 벌어졌습니다. 이에 대한 확실한 복수가 필요합니다. 당신의 지휘로 가능한 모든 수단을 사용하여 조선에 대한 공격을 최대한 빨리 개시하도록 간곡히 요청합니다.
>
> 7월 13일 베이징에서
>
> 벨로네

은쌤의 합격노트

밑줄 그은 ㉠이 원인이 되어 발생한 사건은 병인양요이다. 천주교는 19세기에 조선 정부의 금지 조치에도 불구하고 크게 확산되었다. 위기를 느낀 보수 양반층은 성리학적 질서를 위협하는 천주교에 대한 대책을 요구하였다. 때마침 러시아의 남하에 대비하여 흥선 대원군은 프랑스인 선교사를 통해 프랑스를 끌어들이려 하였으나 계획은 어긋나 버렸다. 이에 조선 정부는 1866년 천주교 신도 수천 명과 프랑스 선교사 9명을 처형하면서 병인박해가 일어났다. 이를 구실로 프랑스는 통상 개방을 요구하며 프랑스 극동 함대를 파견하였고, 병인양요가 시작되었다.

정답 분석

② 양헌수 부대가 정족산성에서 승리하였다.

▶ 프랑스는 병인박해를 접하고서 이를 구실로 조선을 무력으로 침략하였다. 한성근 부대가 서울로 진격하던 프랑스군을 문수산성에서 방어하였고, 양헌수 부대가 삼랑성(정족산성)에서 이들을 격퇴하였다. 이 사건을 병인양요라고 한다(1866).

오답 피하기

① 운요호가 강화도와 영종도를 공격하였다.

▶ 1875년 일본 군함 운요호는 강화도 초지진에서 조선군과 충돌한 후, 강화도에 상륙하여 군사 기지인 영종진을 점령하고 살육과 방화를 저질렀다.

③ 정부가 청군의 출병을 요청하는 계기가 되었다.

▶ 동학 농민군의 전주성 함락 소식에 놀란 조선 정부는 청에 원병을 요청했고, 이에 따라 청군이 아산만에 상륙하였다.

④ 사태 수습을 위해 박규수가 안핵사로 파견되었다.

▶ 조선 후기 진주 민란을 계기로 봉기가 전국으로 확산되었다(임술 농민 봉기, 1862). 이에 조선 정부는 진주 민란의 수습을 위해 박규수를 안핵사를 파견하여 진상을 조사하였다.

⑤ 흥선 대원군이 톈진으로 압송되는 결과를 가져왔다.

▶ 임오군란을 진압한 청은 흥선 대원군을 군란의 책임자로 몰아 톈진으로 압송함으로써 일본의 무력 개입 여지를 없애버렸다.

31 임오군란 정답 ⑤

밑줄 그은 '이 사건'에 대한 설명으로 옳은 것은? [2점]

이것은 구식 군인들이 일으킨 이 사건 당시 민응식이 왕비를 호종(扈從)하며 기록한 자료입니다. 궁궐을 빠져 나온 왕비의 피란 과정과 건강 상태 등이 상세히 기록되어 있습니다.

▲ 임오유월일기

은쌤의 합격노트

밑줄 그은 '이 사건'은 임오군란이다. 신식 군대인 별기군에 비해 구식 군인에 대한 대우는 매우 열악하였다. 이에 분노한 구식 군인은 마침내 임오군란을 일으켰다(1882). 구식 군인들은 일본인 교관을 죽이고 일본 공사관을 습격하였으며 다음 날 창덕궁으로 쳐들어가 민겸호를 비롯한 고위 관료들을 죽였다. 이에 명성 황후는 충주로 피신하고 일본 공사는 제물포로 도망쳤다. 고종이 흥선 대원군을 불러들여 사태 수습을 맡기자, 군인들은 자진 해산하였다. 그러나 청이 군대를 파견하면서 1개월여 만에 막을 내렸다.

정답 분석

⑤ 일본 공사관에 경비병이 주둔하는 계기가 되었다.

▶ 일본은 임오군란 직후 군함 4척과 1,500명의 병력을 제물포에 파견하여 조선 정부에 책임을 추궁하였다. 결국, 조선은 일본과 제물포 조약을 체결하여 배상금을 지급하고 공사관 경비 병력의 주둔을 허용하였다.

오답 피하기

① 전개 과정에서 전주 화약이 체결되었다.

▶ 제1차 동학 농민 운동 때 동학 농민군은 전주성 점령 이후 청군과 일본군의 개입으로 생길 혼란을 막기 위해 외국 군대 철수와 폐정 개혁을 조건으로 관군과 전주 화약을 맺고 전주성에서 물러났다.

② 통리기무아문이 설치되는 배경이 되었다.

▶ 1880년대에 들어서면서 조선은 개화 정책을 적극적으로 추진하기 시작하면서 1880년 개화 정책 추진 기구로서 중국의 총리아문을 본떠 통리기무아문을 설치하였다.

③ 우정총국 개국 축하연을 이용하여 일어났다.

▶ 1884년 10월 17일 김옥균 등 급진 개화파는 우정총국 개국 축하연을 이용하여 갑신정변을 일으켰다.

④ 홍범 14조를 개혁의 기본 방향으로 제시하였다.

▶ 1895년 2월 고종은 종묘에서 청과의 관계를 끊고 자주독립하겠다는 독립 서고문을 반포하였다. 이 서고문에는 홍범 14조가 포함되어 있었다.

32 거문도 불법 점령 정답 ③

다음 가상 대화의 상황이 나타난 시기를 연표에서 옳게 고른 것은? [2점]

1871	1876	1884	1895	1904	1909
(가)	(나)	(다)	(라)	(마)	
신미 양요	조일 수호 조규	갑신 정변	삼국 간섭	한일 의정서	기유 각서

은쌤의 합격노트

다음 가상의 대화는 영국의 거문도 불법 점령과 관련된 것이다. 1884년 갑신정변 이후 청의 내정 간섭이 한층 심해지고 조선과 러시아 사이에 수호 통상 조약이 체결되자, 조선 조정 내에 러시아 세력을 끌어들여 이를 견제하려는 움직임이 일어나고 있었다. 이에 1885년 영국은 러시아의 남하를 견제하기 위해 거문도를 불법 점령하였다. 이 사건이 벌어지자 조선 정부는 영국의 주권 침범에 강력하게 항의하였다. 청은 러시아의 조선 진출을 억제한다는 의미에서 영국의 거문도 점령에 반대하지 않았지만, 러시아가 조선의 영토를 침범하지 않겠다는 약속을 하자 중재에 나섰다. 영국도 거문도 점령에 대한 비판적인 여론이 일어나자 청의 중재를 받아들여 1887년 거문도에서 철수하였다.

정답 분석

③ (다)

영국의 거문도 불법 점령은 1885~1887년까지 있었던 사건이다. 그런데 대화에서 지난 달부터 점령하였다는 것을 통해 1885년인 것을 추정할 수 있다. 그러므로 1884년 갑신정변과 1895년 삼국간섭 사이에 들어갈 수 있다.

33 제2차 갑오개혁 정답 ⑤

(가)에 들어갈 내용으로 옳은 것은? [2점]

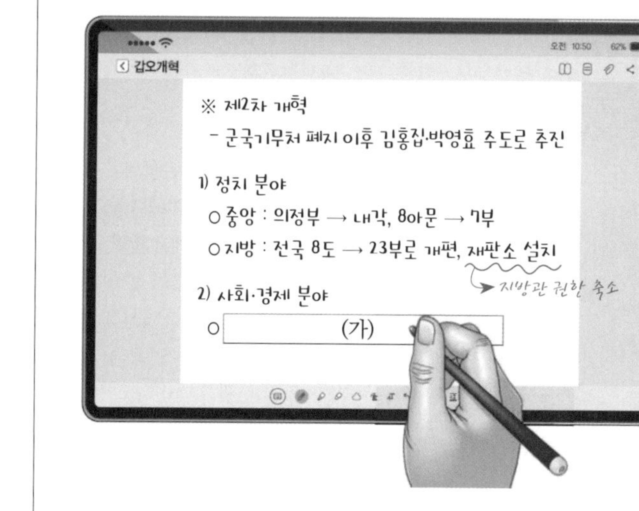

은쌤의 합격노트

(가)에 들어갈 내용은 제2차 갑오개혁의 사회 · 경제 분야 개혁안이다. 청 · 일 전쟁에서 승기를 잡은 일본은 조선의 내정에 적극 간섭하기 시작하였다. 또한, 흥선 대원군을 물러나게 하고 군국기무처를 폐지하였으며, 박영효 등을 등용하여 김홍집 · 박영효 연립 내각을 구성하고 제2차 갑오개혁을 단행하였다. 이때 개혁의 기본 강령이라고 할 수 있는 홍범 14조를 반포하였다. 이를 통해 청과의 전통적 관계를 끊고 조선이 독립국임을 국내외에 선포하였다.

정답 분석

⑤ 교육 입국 조서 반포

1895년 제2차 갑오개혁 당시 조선 정부는 교육 입국 조서를 반포하여 근대 국가로 나아가기 위한 교육 개혁의 방향을 제시하였다.

오답 피하기

① 지계 발급

1901년 고종은 광무개혁의 일환으로 지계아문을 설치하고 근대적인 토지 소유 문서인 지계를 발급하였다.

② 태양력 사용

1895년 을미사변으로 일본이 조선 정부에 대한 영향력을 되찾은 가운데, 다시 구성된 김홍집 내각은 제3차 갑오개혁(을미개혁)을 추진하면서 태양력을 사용하였다.

③ 한성순보 발행

1883년 조선 정부는 개화 정책을 추진하면서 박문국을 세우고 최초의 신문인 한성순보를 창간하였다.

④ 공사 노비법 폐지

1894년 제1차 갑오개혁으로 사회 분야에서는 오랫동안 유지되어 온 신분제가 폐지되었다.

34 광무개혁 정답 ①

(가) 시기에 볼 수 있는 모습으로 적절한 것은? [3점]

△△ 박물관

환수된 황제지보 특별 전시전

초대의 글

우리 박물관에서는 고종이 황제로 즉위한 이후인 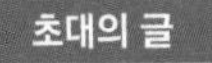 (가) 시기에 사용하였던 국새인 황제지보(皇帝之寶)를 공개합니다. 미국으로 불법 반출되었다가 지난 2014년 문화재청과 미국 당국의 공조로 60여 년 만에 환수된 것입니다. 많은 관람 바랍니다.

- 기간 : 2021. ○○. ○○.~○○.
- 장소 : △△ 박물관 특별 전시실

은쌤의 합격노트

(가) 시기는 대한 제국 시기이다. 1897년 10월 고종은 국호를 대한 제국, 연호를 광무(光武)라 정하고 황제 즉위식을 거행하였다. 대한 제국은 구본신참을 기본 방향으로 개혁을 추진하였다. 1899년 발표한 대한국 국제는 대한 제국이 전제 정치 국가이며, 황제가 입법권, 행정권, 사법권, 외교권, 군사권 등을 가진다고 규정하였다.

정답 분석

① 간도 관리사로 임명되는 관료

- 1902년 대한 제국 정부는 이범윤을 간도에 파견하여 주민들을 안정시키고, 이듬해에 그를 다시 간도 관리사로 보내 간도를 함경도의 행정 구역에 포함하고 이를 청에 통고하였다.

오답 피하기

② 영화 아리랑을 관람하는 청년

- 1926년 발표된 나운규의 '아리랑'은 민족 영화의 이정표로 자리 잡았다.

③ 육영 공원에서 영어를 배우는 학생

- 1886년 조선 정부는 우리나라 최초의 근대식 공립 교육 기관인 육영 공원을 설립하였다.

④ 제너럴 셔먼호를 불태우는 평양 관민

- 1866년 미국의 상선 제너럴 셔먼호가 대통강(대동강)을 거슬러 평양까지 올라와 통상을 요구하며 횡포를 부렸다. 이에 분노한 평양 관민은 평안 감사 박규수의 지휘하에 제너럴 셔먼호를 불태워 침몰시켰다.

⑤ 조사 시찰단으로 일본에 파견되는 통역관

- 1881년 조선 정부는 일본의 정세를 파악하고 개화 정책에 대한 정보를 얻기 위해 조사 시찰단(신사 유람단)을 파견하였다.

35 항일 의병 운동(을미 · 을사 · 정미의병) 정답 ③

(가)~(다) 학생이 발표한 내용을 일어난 순서대로 옳게 나열한 것은? [2점]

은쌤의 합격노트

항일 의병 운동을 시간 순으로 나열하는 문제이다.
(가)는 1895년 을미사변과 단발령에 반대하여 봉기하면서 시작된 을미의병, (나)는 1905년 을사늑약 체결 이후 지방에서는 유생들의 주도로 의병 운동이 재개된 을사의병, (다)는 1907년 강제 해산된 군인들이 의병 운동에 참여하면서 거족적인 항쟁으로 발전한 정미의병이다.

정답 분석

③ (나) - (가) - (다)

- (나) 1895년 을미사변으로 분개하고 있던 유생과 농민들은 친일 내각이 단발령을 공포하자 마침내 전국 곳곳에서 의병을 일으켰다. 을미의병은 유인석, 이소응 등 척사 사상을 가진 보수 유생들이 주도하고, 농민이나 포수, 지방 관리 등이 가담하였다.
  (가) 1905년 을사조약을 전후하여 을사의병이 일어났다. 이듬해 민종식과 최익현이 의병을 일으켰다. 의병 운동이 본격화되면서 신돌석 등 평민 의병장이 등장하였다. 이들이 이끄는 부대는 봉건적 신분 의식이나 위정척사 사상에 얽매이지 않았기 때문에 더욱 단결된 모습을 지닐 수 있었다.
  (다) 1907년 8월 일본은 헤이그 특사 사건을 구실로 고종 황제를 강제 퇴위시키고 대한 제국 군대를 해산시켰다. 이에 항의하여 서울 시위대를 비롯하여 원주, 강화도 등 지방 진위대가 봉기를 일으켰다. 해산 군인이 정미의병에 합류하자 의병의 조직과 화력이 한층 강화되었다. 정미의병은 강원, 경기, 충청, 경상도 일대 여러 지역을 장악하였고, 12월에는 이인영을 총대장으로 하는 13도 연합 의병을 결성하였다. 이들은 이듬해 1월 경기도 양주에 모여 서울로 쳐들어갔으나 실패하고 말았다(서울 진공 작전).

36 대한매일신보 정답 ④

(가) 신문에 대한 설명으로 옳은 것은? [1점]

여기는 양기탁과 함께 (가) 을/를 창간하여 항일 언론 활동을 전개한 베델의 묘입니다. 그는 "나는 죽지만, (가) 은/는 영원히 살려 한국 동포를 구하시오."라는 유언을 남겼습니다.

은쌤의 합격 노트

(가) 신문은 대한매일신보이다. 1904년 양기탁이 영국인 베델을 발행인으로 초청하여 대한매일신보를 발행하였다. 초기에는 순 한글로 발행되었으나 1907년부터는 국문, 국한문, 영문 등 세 종류로 발행되었다. 대한매일신보는 신채호, 박은식 등이 쓴 애국적인 논설을 통해 항일 의식을 고취하였다. 항일 의병 운동에 대해 호의적인 기사를 싣기도 하였고, 황무지 개간권 요구 반대 운동과 국채 보상 운동에도 앞장섰다.

정답 분석

④ 국채 보상 운동의 확산에 기여하였다.
- 대구에서 시작된 국채 보상 운동은 대한매일신보, 황성신문, 제국신문, 만세보 등 언론 기관의 적극적인 홍보에 힘입어 전국으로 확산되었다.

오답 피하기

① 최초로 상업 광고를 실었다.
- 한성주보는 갑신정변 이후 한성순보가 발행 중단되면서 발간되었고, 우리나라 최초의 신문 광고가 게재되었다

② 천도교의 기관지로 발행되었다.
- 천도교로 이름을 바꾼 동학은 1906년에 기관지인 만세보를 펴내 민족의식을 고취하는 데도 앞장섰다.

③ 우리나라 최초의 민간 신문이었다.
- 독립신문은 서재필이 창간한 우리나라 최초의 민간 신문이다.

⑤ 일장기를 삭제한 손기정 사진을 게재하였다.
- 동아일보는 1936년 베를린 올림픽 경기 대회의 마라톤에서 손기정 선수가 우승하자, 시상식 사진을 게재하면서 그의 유니폼에 그려져 있던 일장기를 삭제하였다.

37 을사늑약 체결 이후의 상황 정답 ④

다음 상소가 올려진 이후의 사실로 옳은 것은? [3점]

> 일본이 러시아에 선전 포고한 이후 우리의 독립과 영토를 보전한다고 몇 번이나 말하였지만, 그것은 우리나라의 이익을 빼앗아 차지하려는 것이었습니다. …… 지금 저들이 황실을 보전하겠다는 말을 폐하께서는 과연 믿으십니까? 지금까지 군주의 지위가 아직 바뀌지 않았고 백성도 아직 죽지 않았으며 각국 공사도 아직 돌아가지 않았습니다. 그리고 조약서가 다행히 폐하의 인준과 참정의 인가를 받은 것이 아니니, 저들이 가지고 있는 것은 역적들이 억지로 만든 헛된 조약에 불과합니다.

은쌤의 합격 노트

다음 상소가 올려진 시기는 1905년 을사조약 체결 직후이다. 조약서가 황제의 인준과 참정의 인가를 받지 않았기 때문에 역적들이 억지로 만든 헛된 조약에 불과하다는 내용을 통해 자료의 상소가 을사늑약 체결을 규탄하여 올린 것임을 짐작할 수 있다.
러 · 일 전쟁에서 승리한 일본은 대한제국을 보호국으로 만들기 위해 이토 히로부미를 파견하였다. 이토 히로부미는 군대를 동원하여 황제와 대신들을 위협하는 가운데 1905년 11월 대한제국의 외교권을 박탈하는 을사조약(제2차 한 · 일 협약)을 체결하였다. 당시 고종 황제는 끝까지 서명을 거부하였다. 대한제국의 황제가 외국과의 조약 체결권을 가지고 있었으므로 황제의 서명이 없는 을사조약은 사실상 무효라고 할 수 있다. 1906년 2월 일제는 정치 전반을 간섭하기 위해 통감부를 설치하였고, 초대 통감으로 이토 히로부미가 부임하였다.

정답 분석

④ 통감부가 설치되고 초대 통감이 부임하였다.
- 1905년 을사조약에 따라 일본은 한국의 외교권을 빼앗고, 1906년 2월 통감부를 한국에 설치하였다. 통감부의 대표로 통감을 두고 한국의 외교 업무를 관장하게 하였는데, 초대 통감으로 이토 히로부미가 부임하였다.

오답 피하기

① 제1차 영일 동맹이 체결되었다.
- 1902년 세계 곳곳에서 러시아의 남하 정책을 경계하고 있던 영국은 제1차 영 · 일 동맹을 맺어 일본을 지원하였다.

② 일본이 경인선 부설권을 인수하였다.
- 1897년 일본은 미국인 모스에게서 경인선 부설권을 사들이고, 1899년 처음으로 제물포~노량진 간 경인선 철도를 개통시켰다.

③ 묄렌도르프가 외교 고문으로 파견되었다.
- 1882년 청은 임오군란을 진압한 뒤 외교 고문으로 묄렌도르프를 파견하여 조선의 내정에 간섭하기 시작하였다.

⑤ 러시아가 용암포를 점령하고 조차를 요구하였다.
- 1903년 러시아는 압록강 상류의 삼림 벌채권을 확보하고 종업원들을 보호한다는 구실로 용암포를 점령하였다가 수개월 후 강제로 조차하였다.

38 독립 운동가 박은식 정답 ⑤

다음 인물에 대한 설명으로 옳은 것은? [2점]

이달의 역사 인물

혼이 보존되면 국가는 부활할 것이다

○○○(1859~1925)

국혼을 강조하며 민족의식을 고취한 역사학자이자 독립운동가이다. 일찍부터 민족 교육의 중요성을 인식하여 서우학회에서 애국 계몽 운동을 펼쳤으며, 국권 피탈 과정을 정리한 『한국통사』를 저술하였다. 1925년에는 대한민국 임시 정부 제2대 대통령에 취임하였다. 정부에서는 그의 공훈을 기리어 건국훈장 대통령장을 추서하였다.

은쌤의 합격노트

다음 인물은 박은식이다. 1908년 서울에서 기존의 서우학회와 한북흥학회가 통합하여 조직된 서북학회는 평안도, 함경도, 황해도 지방 출신자들이 중심이 되어 서북 협성학교, 수상 야학, 심학 강습소, 농림 강습소 등 많은 학교를 세우고 인재 양성에 힘썼다. 서북학회의 중심 인물은 박은식, 이동휘, 안창호 등이었다. 1925년 박은식은 상하이 대한민국 임시 정부가 이승만 대통령이 탄핵하고 구미 위원부를 폐지한 이후 제2대 대통령으로 선출되었다. 박은식은 대통령제를 내각 중심의 국무령제로 바꾸고 사임하였다. 또한 상하이 대한민국 임시 정부에서 활동할 때 일본의 한국 침략 과정을 서술한 "한국통사"와 한국 독립운동 과정을 서술한 "한국독립운동지혈사"를 저술하였다.

정답 분석

⑤ 실천적인 유교 정신을 강조하는 유교구신론을 저술하였다.

➊ 박은식은 1909년 실천적인 유교 정신을 강조하는 "유교구신론"을 써서, 유교도 민중이 중심이 되어야 한다고 주장하였다.

오답 피하기

① 진단 학회를 창립하고 진단 학보를 발행하였다.

➊ 실증 사학의 영향을 받은 이병도 등은 1934년에 진단 학회를 조직하고 "진단 학보"를 발간하여 한국사 연구에 힘썼다.

② 여유당전서를 간행하고 조선학 운동을 전개하였다.

➊ 1930년대 안재홍, 정인보 등은 정약용 서거 99주년을 기념하며 "여유당전서"를 간행하면서 조선학 운동을 제창하였다.

③ 헤이그에서 열린 만국 평화 회의에 특사로 파견되었다.

➊ 1907년 고종은 네덜란드 헤이그에서 열리는 만국 평화 회의에 이상설, 이준, 이위종을 특사로 파견하였다.

④ 평양에서 조선 물산 장려회 발기인 대회를 개최하였다.

➊ 1920년대 초 평양에서 조만식을 중심으로 평안도의 경제·교육계 인사들이 모여 물산 장려 운동을 전개하였다.

39 일제 식민 통치 1기(1910년대) 정답 ②

(가), (나) 발표 사이의 시기에 있었던 사실로 옳은 것은? [1점]

(가) • 조선에 조선 총독부를 설치한다.
• 조선 총독부에 조선 총독을 두고 위임 범위 내에서 육해군을 통솔하고 일체의 정무를 통할하도록 한다.
• 통감부 및 그 소속 관서는 당분간 그대로 두고 조선 총독의 직무는 통감이 행하도록 한다.

(나) 총독 임용의 범위를 확장하고 경찰 제도를 개정하며, 또한 일반 관리나 교원 등의 복제를 폐지함으로써 시대의 흐름에 순응하고 …… 조선인의 임용과 대우 등에 관해 더욱 고려하여 …… 정치·사회상의 대우에서도 내지인과 동일한 취급을 할 궁극의 목적을 달성하고자 하는 바이다.

은쌤의 합격노트

(가)는 1910년 8월 총리대신 이완용과 통감 데라우치가 체결한 한국 병합 조약과 함께 발표된 <조선총독부 설치에 관한 칙령>(칙령 제319호), (나)는 1919년 9월 3·1 운동의 여파로 문화 통치를 시행하기 위해 발표한 사이토 총독의 시정 방침 훈시이다.

(가) 1910년 8월 총리 대신 이완용과 조선 통감 데라우치 사이에 한국 병합 조약이 체결되었다. 일제는 조선 총독부를 설치하고 초대 총독으로 데라우치를 임명하였다. 육군과 해군의 대장 기운데 임명된 조선 총독은 행정·입법·사법·군사권 등에 걸쳐 전권을 행사하였다. 조선 총독 아래에는 행정 사무를 담당하는 정무총감과 치안을 담당하는 경무총감을 두었다.

(나) 1919년 3·1 운동으로 무단 통치의 한계를 느낀 일제는 통치 방식을 전환하였다. 새로 조선 총독에 취임한 사이토는 "조선의 문화와 관습을 존중하고 조선인의 행복과 이익을 증진한다."라며 이른바 문화 통치를 표방하였다. 일제는 무관이 아닌 문관도 총독에 임명될 수 있도록 하였고, 헌병 경찰제를 보통 경찰제로 바꾸었다. 관리나 교원의 제복 착용을 폐지하였으며, 언론·출판·집회·결사의 자유를 부분적으로 허용하여 조선일보, 동아일보 등 한글 신문의 발행을 허가하였다.

정답 분석

② 조선 태형령이 시행되었다.

➊ 1912년 일제는 조선 태형령을 공포하여 합법적으로 우리나라의 독립 운동가는 물론이고 일반 형사범까지도 가혹한 태형으로 다스렸다. 이는 (가)와 (나) 사이의 사실이다.

오답 피하기

① 미곡 공출제가 실시되었다.

➊ 1937년 중·일 전쟁 이후 1939년 일제가 미곡 공출제를 실시하였고 조선인의 식량 사정은 더욱 악화되었다. 이는 (나) 이후의 사실이다.

③ 국민 징용령이 제정되었다.

➊ 1939년 일제는 국민 징용령을 통해 징용된 조선인 청장년들을 탄광이나 군수 공장, 군용 활주로 공사 등에 투입하였다. 이는 (나) 이후의 사실이다.

④ 경성 제국 대학이 설립되었다.

➊ 1924년 일제는 자발적인 대학 설립 운동을 무마시키고, 일부 조선인들을 회유하기 위해 경성 제국 대학을 설립하였다. 이는 (나) 이후의 사실이다.

⑤ 황국 신민 서사의 암송이 강요되었다.

➊ 1937년 일제는 황국 신민 서사를 제정하여 학교와 관공서는 물론 일반인에게도 암송하도록 하였다. 이는 (나) 이후의 사실이다.

40 의열단 정답 ①

(가) 단체에 대한 설명으로 옳은 것은? [2점]

<영화 제작 기획안>

청년 김상옥

▣ 기획 의도

김상옥의 주요 활동을 영화로 제작하여 독립운동가의 치열했던 삶과 항일 투쟁의 역사적 의미를 되새겨 본다.

▣ 대본 개요

1. 혁신공보를 발행하며 계몽 운동에 힘쓰다.
2. 김원봉이 조직한 (가) 의 일원이 되다.
3. 종로 경찰서에 폭탄을 투척하다.
4. 일제 경찰과 총격전을 벌이다.

은쌤의 합격노트

(가) 단체는 의열단이다. 3 · 1 운동 이후 국외의 독립 운동가들은 일제의 식민 통치에 맞서 싸울 강력한 조직을 모색하였다. 1919년 김원봉은 만주 지린에서 일제 식민 기관의 폭파, 침략 원흉 응징 등을 목표로 의열단을 조직하였다. 의열단은 상하이와 베이징, 난징 등으로 근거지를 옮겨 다니며 주로 상하이와 국내를 중심으로 1920년대에 활발한 투쟁을 벌였다. 의열단 단원인 김상옥, 나석주 등은 경찰서와 동양 척식 주식회사 등 일제의 식민 통치 기관에, 김지섭은 도쿄의 궁성에 폭탄을 던졌다. 의열단의 이러한 활동은 일제의 간담을 서늘하게 했고, 동포들에게는 항일 의식과 독립에 대한 희망을 심어 주었다.

정답 분석

① 조선 혁명 선언을 행동 강령으로 삼았다.

➲ 1923년 의열단은 신채호에게 의뢰하여 작성한 조선 혁명 선언을 활동 지침으로 삼아 일제 요인 암살과 식민 통치 기관 파괴에 주력하였다.

오답 피하기

② 비밀 행정 조직으로 연통제를 실시하였다.

➲ 상하이 대한민국 임시 정부는 독립운동 자금을 안정적으로 확보하고, 나라 안팎의 항일 세력과 원활한 연락망을 구축하기 위해 연통제와 교통국을 설치하였다.

③ 고종의 밀지를 받아 결성된 비밀 단체이다.

➲ 독립 의군부는 의병장 출신의 임병찬이 고종의 밀지를 받고 전국 곳곳의 의병장과 유생을 모아 조직하였다.

④ 도쿄에서 일어난 이봉창 의거를 계획하였다.

➲ 상하이 대한민국 임시 정부의 한인 애국단원 이봉창은 일본 도쿄에서 천황에게 폭탄을 던졌으나 실패하였다.

⑤ 신흥 무관 학교를 세워 무장 투쟁을 준비하였다.

➲ 신민회 회원들은 서간도 삼원보 지역에 신흥 강습소를 설립하여 독립군 간부를 양성하였다. 이후 신흥 강습소는 신흥 무관 학교로 개편되었다.

41 광주 학생 항일 운동 정답 ⑤

밑줄 그은 '이 운동'에 대한 설명으로 옳은 것은? [1점]

이것은 '학생의 날' 기념우표이다. 학생의 날은 1929년 한일 학생 간 충돌을 계기로 광주에서 일어나 전국으로 확산된 이 운동을 기리기 위해 1953년에 제정되었다. 우표는 이 운동의 기념탑과 당시 학생들의 울분을 함께 형상화하여 도안되었다. 학생의 날은 2006년부터 '학생 독립운동 기념일'로 명칭이 변경되었다.

은쌤의 합격노트

밑줄 그은 '이 운동'은 광주 학생 항일 운동이다. 1929년 10월 광주에서 나주로 가는 통학 열차 안에서 일본 남학생이 조선 여학생을 희롱하는 사건이 일어났고, 이를 계기로 조선인과 일본인 학생 사이에 충돌이 발생하였다. 그러나 일본 경찰이 조선 학생들만 구속하자 광주 전역의 모든 학생들이 궐기하였다. 이 소식을 들은 전국 각지 학생들은 독서회 등을 통해 조직적으로 연락하면서 항일 시위에 동참하였다. 학생들은 식민지 교육 철폐와 함께 일제 타도와 민족의 해방을 부르짖었다. 전국의 사회 운동 단체들도 적극 가담하면서 전국적인 항일 민족 운동으로 발전하였다.

정답 분석

⑤ 신간회 중앙 본부가 진상 조사단을 파견하여 지원하였다.

➲ 신간회 집행부는 1929년 광주 학생 항일 운동이 발발하자 이를 전국적인 대중 투쟁으로 전환시키기 위해 진상 조사단을 파견하여 민중 대회를 개최하려 하였다. 특히 신간회 광주 지부를 중심으로 학생 투쟁 지도 본부가 설치되어 "우리의 투쟁 대상은 광주 중학교의 일본 학생이 아니라 일본 제국주의이니 투쟁 방향을 일제로 돌리자."라고 결의하고 투쟁을 더욱 발전시켜 갔다.

오답 피하기

① 조선 형평사를 중심으로 전개되었다.

➲ 1923년 4월 백정들은 차별 대우에 항의하여 진주에서 조선 형평사라는 단체를 조직하고 형평 운동을 전개하였다.

② 순종의 인산일을 기회로 삼아 추진되었다.

➲ 1926년 4월 순종이 승하하자 천도교를 중심으로 하는 민족주의자들과 조선 공산당을 중심으로 하는 사회주의자들은 인산일에 6 · 10 만세 운동을 추진하였다.

③ 대한민국 임시 정부 수립에 영향을 주었다.

➲ 1919년 3 · 1 운동의 전개 과정을 통해 통일적 지도부의 필요성과 공화주의에 대한 공감대가 형성되었고, 이러한 움직임은 공화주의에 입각한 대한민국 임시 정부가 수립되는 토대가 되었다.

④ 국내에서 민족 유일당 운동이 시작되는 계기가 되었다.

➲ 1926년 6 · 10 만세 운동은 사회주의 세력과 민족주의 세력이 함께 운동을 준비하면서 민족 유일당을 결성할 수 있다는 공감대를 형성하였다.

42 조선어 학회 정답 ①

(가) 단체에 대한 설명으로 옳은 것은? [2점]

이것은 (가) 이/가 1933년에 만든 한글 맞춤법 통일안의 총론입니다. (가) 은/는 기관지 한글을 간행하고 외래어 표기법 통일안을 마련하는 등 우리말을 지키기 위해 노력하였습니다. 그러나 일제가 1942년에 치안 유지법 위반 명목으로 회원들을 구속하면서 활동이 중단되었습니다.

은쌤의 합격노트

(가) 단체는 조선어 학회이다. 일제 강점기에 주시경의 제자들을 중심으로 한글을 지키기 위한 노력이 전개되었다. 이들은 한글 연구와 보급 운동에 나서 1921년 조선어 연구회를 조직하였다. 조선어 연구회는 '가갸날'을 제정하고 조선어 강습회를 개최하였으며, 1927년에는 잡지 "한글"을 창간하였다. 조선어 연구회는 1931년 이윤재, 최현배 등을 중심으로 조선어 학회로 확대 개편되었다. 조선어 학회는 "우리말 큰 사전" 편찬을 민족적 대사업의 당면 과제로 삼았고, 이를 위한 준비 작업으로 1933년 한글 맞춤법 통일안을 제정하고, 한글 표준화를 위한 표준어를 정하였으며, 외래어 표기법을 통일하였다.

정답 분석

① 우리말 큰 사전 편찬을 시도하였다.

➲ 조선어 학회는 "우리말 큰 사전"의 편찬 작업에 착수하여 원고를 거의 완성하였으나, 1942년 일제가 조선어 학회를 독립 운동 단체로 간주하여 회원들을 체포함으로써 뜻을 이루지 못하였다(조선어 학회 사건).

오답 피하기

② 한글 신문인 제국신문을 간행하였다.

➲ 1898년 제국신문은 순 한글 신문으로, 주로 서민이나 부녀자를 독자층으로 삼아 간행되었다.

③ 최초로 한글에 띄어쓰기를 도입하였다.

➲ 최초로 한글에 띄어쓰기를 도입한 자료는 1877년 스코틀랜드 출신의 존 로스 선교사가 쓴 한국어 교재 "조선어 첫걸음"으로, 이후 우리말에 본격적으로 띄어쓰기를 사용하게 된 것은 1896년 서재필, 주시경 등이 함께 만든 독립신문부터이다.

④ 우리말 음운 연구서인 언문지를 저술하였다.

➲ 1824년 유희는 "언문지"에서 훈민정음이 모든 소리를 다 적을 수 있는 우수한 표음 문자임을 밝혔다.

⑤ 한글 연구를 목적으로 학부 아래에 설립되었다.

➲ 1907년 대한제국 정부는 한글의 체계적인 연구를 목적으로 학부 아래 국문 연구소를 설립하였다.

43 산미 증식 계획 정답 ①

다음 자료를 활용한 탐구 활동으로 가장 적절한 것은? [2점]

ㅇ 내지(內地)는 심각한 식량 부족을 보여 매년 300만 석에서 500만 석의 외국 쌀을 수입하였다. …… 내지에서는 쌀의 증산에 많은 기대를 걸 수 없었다. 반면 조선은 관개 설비가 잘 갖춰지지 않아서 대부분의 논이 빗물에 의존하는 상태였기에, 토지 개량 사업을 시작한다면 천혜의 쌀 생산지가 될 수 있었다.

ㅇ 대개 조선인들이 생산한 쌀을 내지로 반출할 때, 결코 자신들이 충분히 소비하고 남은 것을 수출하는 것이 아니다. 생계가 곤란하여 먹을 것을 먹지 못하고 파는 것이다. …… 만주산 잡곡의 수입이 증가하는 사실은 조선인의 생활난이 점점 심각해지고 있음을 실증하는 것이다.

은쌤의 합격노트

다음 자료는 산미 증식 계획이다. 제1차 세계 대전 이후 일본에서는 공업화가 빠르게 진행되고 도시 인구가 급증하였다. 그러나 농업 생산력이 이를 따르지 못하여 쌀 부족으로 쌀값이 오르면서 전국적인 쌀 소동이 일어났다. 일제는 식량을 확보하고자 1920년부터 한국에서 산미 증식 계획을 추진하였다. 이는 품종 개량과 비료 사용 확대, 수리 시설 확충과 개간, 밭을 논으로 만드는 등의 방법으로 쌀 생산을 늘려 일본으로 가져가려는 정책이었다. 산미 증식 계획으로 쌀 생산은 늘었으나 일제가 계획한 양에는 미치지 못하였다. 하지만 일제는 증산된 쌀보다 더 많은 쌀을 가져갔다. 한국인은 식량이 부족해져 만주에서 수입한 잡곡을 먹어야 했으며, 일부 지주들이 소작농에게 수리 조합비와 비료 대금 등을 떠넘겨 가난한 농민의 생활이 더욱 어려워졌다.

정답 분석

① 산미 증식 계획의 실상을 파악한다.

➲ 1920년대 산미 증식 계획으로 쌀 생산량이 늘어났지만 목표치에는 도달하지 못하였다. 그럼에도 불구하고 일제는 처음 계획한 만큼 쌀을 일본으로 가져갔다. 산미 증식 계획이 진행될수록 조선인 1인당 쌀 소비량은 계속해서 줄어들었고 쌀이 모자라자 만주에서 잡곡을 들여오기도 하였다.

오답 피하기

② 화폐 정리 사업의 결과를 분석한다.

➲ 일본은 1905년 화폐 유통 질서를 바로잡는다며 화폐 정리 사업을 실시하였다. 이때 백동화를 신화폐로 교환하면서 이를 평가 절하하거나 교환해 주지 않음으로써 한국 상인과 자본가들은 막대한 재산 피해를 입었다.

③ 보안회의 경제적 구국 운동을 조사한다.

➲ 일본이 일본인의 이주를 뒷받침하기 위해 황무지 개간권을 요구하자, 이를 막기 위해 1904년 보안회를 조직하여 반대 운동을 전개하였다.

④ 방곡령이 선포된 지역의 분포를 알아본다.

➲ 일본으로의 곡물 유출에 흉년까지 들자 1890년대 함경도와 황해도 등 각 지역의 지방관들은 방곡령을 내렸다.

⑤ 동양 척식 주식회사의 설립 과정을 살펴본다.

➲ 동양 척식 주식회사는 1908년 일제가 조선의 토지와 자원을 수탈하고 일본인 농업 이민을 장려할 목적으로 설립한 국책 회사이다.

44 대종교 정답 ③

(가) 종교에 대한 설명으로 옳은 것은? [2점]

> 공의 이름은 인영(寅永)인데, 뒤에 철(喆)로 고쳤다. …… 보호 조약이 체결된 뒤에 동지와 함께 오적(五賊)의 처단을 모의하였는데, 1907년에 계획이 새어 나가 일을 그르쳤다. 뒤에 (가) 을/를 제창하고 교주를 자임하였는데, 이를 바탕으로 국민을 진흥하려고 하였다. 일찍이 북간도에 가서 그의 무리와 함께 발전을 도모하였다. …… 그의 문인(門人)들은 그를 숭상하여 오백 년 이래 다시 없는 대종사로 여겼다.
>
> -『유방집』-

은쌤의 합격노트

(가) 종교는 대종교이다. 1909년 나철, 오기호, 이기 등은 단군 대황조의 신위를 모시고 제천 의식을 거행한 후, 환인, 환웅, 단군을 받드는 삼위일체의 신앙을 선포하였다. 이들은 민족 정신을 보존하는 것이 급선무라고 생각하여 민족의 시조인 단군을 중심으로 한 단군교를 중광하였다. 이들은 대종교는 새로 만들어 낸 것이 아니며, 면면히 내려오던 민족 신앙을 다시 밝힌 것이라고 주장하였다. 단군교는 곧 대종교로 이름을 바꾸었고, 만주, 연해주를 중심으로 교세를 확대하여 독립운동의 정신적 근거지 역할을 하였다.

정답 분석

③ 중광단을 결성하여 무장 투쟁을 전개하였다.

➡ 북간도로 거점을 옮긴 대종교는 1911년 중광단이라는 무장 독립 단체를 만들었다. 중광단은 3·1 운동 이후 북로 군정서로 발전하면서 사관 양성소를 세워 독립군을 양성하였다.

오답 피하기

① 사찰령 폐지 운동을 추진하였다.

➡ 불교계는 친일화 정책에 대항하여 일부 승려들이 조선 불교 유신회를 조직하고 정교 분리와 사찰 자치를 주장하였다. 한용운 등은 사찰령 폐지 운동을 전개하여 총독부의 간섭에서 벗어나려 하였다.

② 개벽, 신여성 등의 잡지를 발행하였다.

➡ 동학을 계승한 천도교는 제2의 독립 선언 운동을 계획하였으며, "개벽", "신여성", "어린이", "농민" 등의 잡지를 발간하며 청년·여성·소년·농민 운동을 전개하였다.

④ 배재 학당을 세워 신학문 보급에 기여하였다.

➡ 배재 학당은 1885년 선교사 아펜젤러에 의해 설립된 근대식 중등 교육기관이다.

⑤ 박중빈을 중심으로 새생활 운동을 추진하였다.

➡ 1916년 박중빈이 창시한 원불교는 불교의 현대화와 생활화를 내세우며, 허례허식 폐지와 남녀평등 등 새 생활 운동을 전개하였다.

45 일제 식민 통치 3기(1940년대) 정답 ⑤

밑줄 그은 '시기'에 있었던 사실로 옳은 것은? [3점]

> 이것은 대한민국 임시 정부가 대일 선전 포고를 하고 연합군의 활동에 참여하던 시기에 창설된 한인 경위대의 사진입니다. 이 부대는 재미 한족 연합 위원회가 조직하였으며, 캘리포니아 주 정부의 인가를 받아 미주 한인들의 대일 전선 동참을 위해 활동하였습니다.

은쌤의 합격노트

밑줄 그은 '시기'는 1941년 충칭에서 대한민국 임시 정부가 대일 선전 포고를 한 시기이다. 1940년 충칭에 자리 잡은 대한민국 임시 정부는 중·일 전쟁 이후 일제와의 최후 일전이 불가피하다고 판단하고 지청천을 사령관으로 하여 한국광복군을 창설하였다. 일본 패망을 확신하고 새로운 국가 건설을 준비해 왔던 대한민국 임시 정부는 1941년 일제가 태평양 전쟁을 일으키자, 대일 선전 포고를 하고 연합군과 합동 작전을 전개하였다.

정답 분석

⑤ 일제가 조선 사상범 예방 구금령으로 독립운동을 탄압하였다.

➡ 1941년 일제는 독립 운동가들을 재판 없이 구금할 수 있는 조선 사상범 예방 구금령을 만들고 잡혀 온 이들에게 친일을 강요하였다.

오답 피하기

① 한국 독립군이 쌍성보 전투에서 승리하였다.

➡ 1932년 북만주에서 지청천의 한국 독립군이 중국 호로군과 연합하여 쌍성보 전투에서 일본군을 격퇴하였다.

② 중국 군벌과 일제 사이에 미쓰야 협정이 체결되었다.

➡ 1925년 일제가 독립군을 색출하기 위해 만주 군벌과 미쓰야 협정을 맺었다. 이 협정에 따르면 독립 운동가를 체포하면 반드시 일본 영사관에 넘기고, 일제는 그 대가로 상금을 지급하기로 되어 있었다.

③ 독립운동의 방략을 논의하고자 국민 대표 회의가 개최되었다.

➡ 1923년 상하이 임시 정부는 내분이 깊어지자, 국내외의 독립운동 상황을 점검하고 새로운 활로를 모색하고자 상하이에서 국민 대표 회의를 개최하였다.

④ 사회주의 세력의 활동 방향을 밝힌 정우회 선언이 발표되었다.

➡ 1926년 사회주의 계열의 사상 단체인 정우회가 '정우회 선언'을 하면서 비타협적 민족주의자들과 사회주의자들은 1927년에 신간회를 창립하였다.

46 대한민국 정부 수립 과정 (유엔 결정~여수·순천 10·19사건) 정답 ⑤

(가), (나) 발표 사이의 시기에 있었던 사실로 옳은 것은? [2점]

> (가) 우리는 다음 달에 입국할 유엔 한국 임시 위원단을 환영하는 동시에, 그들로 하여금 우리가 원하는 자주 독립의 통일 정부를 수립하는 임무를 완수하도록 최선을 다하여야 할 것이다. 우리는 어떠한 경우든지 단독 정부는 절대 반대할 것이다.
>
> (나) 올해 10월 19일 제주도 사건 진압 차 출동하려던 여수 제14연대 소속 3명의 장교 및 40여 명의 하사관들은 각 대대장의 결사적 제지에도 불구하고 남로당 계열 분자 지도하에 반란을 일으켰다. 동월 20일 8시 여수를 점령하는 한편, 좌익 단체 및 학생들을 인민군으로 편성하여 동일 8시 순천을 점령하였다.

은쌤의 합격노트

(가)는 1947년 12월 김구가 유엔 한국 임시 위원단의 입국을 앞두고 발표한 단독 정부 수립 반대 성명의 일부분, (나)는 1948년 10월 19일 제주 4·3 사건 진압 차 출동하려던 여수 군대의 일부 군인이 무장 봉기를 일으킨 여수·순천 10·19 사건이다.

(가) 1947년 5월 제2차 미·소 공동 위원회가 난관에 직면하자 1947년 11월 유엔 총회에서는 인구 비례에 의한 남북 총선거가 의결되었다. 북측이 위원단의 입북을 거부하자 유엔 소총회가 열려 선거가 가능한 지역에서만 총선거를 실시하도록 결의하였다. 이에 대해 김구는 단독 선거는 민족 분단의 길이라며 반대하였다.

(나) 1948년 8월 15일 정부 수립 후 제주도에서 일어난 무장 봉기를 진압하기 위해 여수와 순천에 주둔 중이던 국군을 파견하려 하였다. 이때 부대 내에 있던 좌익 세력들이 제주도 출동 반대, 통일 정부 수립 등의 구호를 내세우며 반란을 일으켰다(여수·순천 10·19 사건).

정답 분석

⑤ 우리나라 최초의 보통 선거인 5·10 총선거가 실시되었다.

➜ 1948년 5월 10일 남한에서 총선거가 실시되었다(5·10 총선거). 21세 이상 모든 국민에게 투표권이 부여된 우리나라 최초의 보통 선거였다. 이는 (가)와 (나) 사이의 사실이다.

오답 피하기

① 제1차 미소 공동 위원회가 결렬되었다.

➜ 1946년 3월 제1차 미소 공동 위원회가 개최되었지만 협의 대상에 대한 의견 차를 좁히지 못하고 1947년 10월 결렬되었다. 이는 (가) 이전의 사실이다.

② 모스크바 삼국 외상 회의가 개최되었다.

➜ 1945년 12월 말 모스크바 3국 외상 회의가 개최되었다. 이때 한국의 임시 민주 정부 수립, 미소 공동 위원회 설치, 최대 5년간의 신탁 통치가 결의되었다. 이는 (가) 이전의 사실이다.

③ 좌우 합작 위원회에서 좌우 합작 7원칙이 발표되었다.

➜ 1946년 7월 김규식과 여운형의 주도로 좌우 합작 위원회가 구성되고, 10월에 좌우 합작 7원칙이 발표하였다. 이는 (가) 이전의 사실이다.

④ 유상 매수, 유상 분배 원칙의 농지 개혁법이 시행되었다.

➜ 1949년 6월 이승만 정부는 유상 매수·유상 분배를 내용으로 하는 농지 개혁법을 제정하여 1950년 3월부터 시행하였다. 이는 (나) 이후의 사실이다.

47 6·25 전쟁 정답 ③

교사의 질문에 대한 학생의 답변으로 옳은 것을 〈보기〉에서 고른 것은? [2점]

> 이것은 국군과 유엔군이 인천 상륙 작전 이후 10여 일 만에 서울을 수복한 사실을 알리는 전단지입니다. 뒷면에는 맥아더 장군이 서울을 탈환하여 적의 보급선을 끊었으며, 앞으로 힘을 합쳐 공산군을 끝까지 몰아내자는 내용이 있습니다. 이 서울 수복 이후에 있었던 사실을 말해 볼까요?

〈보 기〉

ㄱ. 애치슨 선언이 발표됐어요.
ㄴ. 흥남 철수 작전이 전개됐어요.
ㄷ. 소련의 제안으로 정전 회담이 개최됐어요.
ㄹ. 국군이 다부동 전투에서 북한군의 공세를 방어했어요.

은쌤의 합격노트

교사가 말하는 서울 수복은 6·25 전쟁의 인천 상륙 작전 성공 직후에 있었던 일이다. 1950년 6월 25일 새벽 북한군은 38도선 전역에서 전면적인 공격을 시작하였다. 국군은 북한군의 남침으로 3일 만에 서울을 빼앗기고, 유엔군의 지원이 있었음에도 북한군에 밀려 한 달여 만에 낙동강 선까지 후퇴하였다. 낙동강을 사이에 두고 북한군과 치열한 전투를 벌이던 국군과 유엔군은 인천 상륙 작전을 성공시켜 전세를 역전하였고, 9월 28일 서울을 수복하였다.

정답 분석

ㄴ. 흥남 철수 작전이 전개됐어요.

➜ 국군과 유엔군은 인천 상륙 작전 성공 이후 38도선을 돌파하여, 10월에 평양 점령, 11월에 압록강과 두만강 일대까지 진출하였다. 그러나 중국군이 1950년 11월 하순에 대대적인 공세를 취하자 국군과 유엔군은 12월 10일 흥남 철수를 하였다. 이듬해 1월에는 서울을 다시 빼앗겼다(1·4 후퇴).

ㄷ. 소련의 제안으로 정전 회담이 개최됐어요.

➜ 1951년 3월에 국군과 유엔군은 서울을 다시 수복하였다. 이후 38도선 부근에서 전선이 고착된 상황에서 소련이 정전을 제안하였다. 유엔군과 공산군이 이를 받아들이면서 1951년 7월부터 정전 회담이 시작되었다. 정전 회담은 2년에 걸쳐 전개되었다.

오답 피하기

ㄱ. 애치슨 선언이 발표됐어요.

➜ 1950년 1월 미국 국무장관 애치슨은 미국의 극동 방위선에서 한반도와 타이완을 제외한다는 애치슨 라인을 발표하였다. 북한은 이러한 정세를 이용하여 전쟁 준비에 박차를 가하였다.

ㄹ. 국군이 다부동 전투에서 북한군의 공세를 방어했어요.

➜ 다부동 전투는 한국 전쟁 당시 가장 치열했던 전투이다. 1950년 8월 3일부터 29일까지 지금의 해평면, 낙정리와 경상북도 칠곡군 가산면 다부리를 중심으로 북한군의 대공세를 저지시켰다.

48 박정희 정부 정답 ⑤

밑줄 그은 '선거' 이후의 사실로 옳은 것은? [3점]

김대중 후보는 이번 선거에서 정권 교체를 못하면 박정희 후보가 영구 집권하는 총통 시대가 온다고 말했다네.

장충단 유세에서 박정희 후보는 자신을 한 번 더 뽑아달라는 정치 연설은 이번이 마지막이라며 지지를 호소했다더군.

은쌤의 합격노트

밑줄 그은 '선거'는 1971년 민주공화당의 박정희와 야당 신민당 후보인 김대중이 맞붙은 제7대 대통령 선거이다. 1968년 북한의 연이은 무력 도발로 남북 간의 긴장이 고조되었다. 박정희 정부는 이러한 위기 상황을 극복하고 지속적인 경제 성장을 추진한다는 명분을 내세워 대통령의 3회 연임을 허용하는 3선 개헌안을 야당과의 합의 없이 국회에서 통과시킨 후 국민 투표를 통해 가결시켰다(1969). 개헌안에 따라 1971년 제7대 대통령 선거가 치러졌다. 1971년 대통령 선거에서 조국 근대화의 중단 없는 전진을 내세우며 세 번째 출마한 박정희 후보는 빈부 격차 해소, 주변 4대국에 의한 한반도 안보 보장, 향토 예비군 폐지 등을 주장한 김대중 후보를 힘겹게 물리치고 당선되었다.

정답 분석

⑤ 국회 해산과 헌법의 일부 효력 정지를 담은 유신이 선포되었다.

➋ 1971년 제7대 대통령 선거 이후 박정희 정부는 장기 독재 체제를 구축하기 위해 1972년 10월 전국에 비상계엄을 선포한 다음, 국가 안보와 경제 성장을 명분으로 대통령에게 막강한 권력을 부여한 유신 헌법을 내놓았다.

오답 피하기

① 정부 형태가 내각 책임제로 바뀌었다.

➋ 1960년 이승만 정부가 붕괴된 후 곧바로 내각 책임제와 국회 양원제를 근간으로 한 개헌이 이루어졌다. 이에 따라 실시된 선거에서는 예상대로 야당이었던 민주당이 승리하여 장면 내각이 출범하였다(제2공화국).

② 평화 통일을 주장한 진보당의 조봉암이 처형되었다.

➋ 1956년 제3대 대통령 선거에서 대통령 후보였던 조봉암이 예상보다 많이 득표하자, 1959년 이승만 정부는 간첩죄와 국가 보안법 위반 등을 내세워 조봉암을 비롯한 진보당 간부들을 탄압하였다(진보당 사건).

③ 대통령의 3선 연임을 허용하는 개헌안이 통과되었다.

➋ 1967년 박정희는 제6대 대통령 선거에서 다시 당선되었다. 박정희 정부는 여기에서 그치지 않고 1969년에 대통령의 3선을 허용하는 개헌안을 국회에서 편법으로 통과시켰다.

④ 한일 국교 정상화에 반대하는 6 · 3 시위가 전개되었다.

➋ 1964년 박정희 정부가 일본 정부의 사과와 배상 없이 국교를 정상화하려 한다는 사실이 알려졌다. 대학생과 시민들은 굴욕적인 대일 외교라고 반발하며 박정희 정부의 퇴진을 요구하는 6 · 3 시위를 전개하였다.

49 5 · 18 민주화 운동 정답 ③

다음 자료에 나타난 민주화 운동에 대한 설명으로 옳은 것은? [1점]

> **껍데기 정부와 계엄 당국을 규탄한다**
>
> 껍데기 과도 정부와 계엄 당국은 민주의 피맺힌 소리를 들으라! …… 모든 시민과 학생들은 처음부터 평화적이고 질서정연한 투쟁을 전개하려고 노력해 왔다. 그러나 계엄 당국이 진지하고도 순수한 데모 대열에 무차별한 사격을 가하여 남녀노소를 불문하고 수많은 사망자가 발생하였고, 부상자 및 연행자는 추계가 불가능한 실정이다. …… 계엄 당국과 정부는 광주 시민과 전 국민의 민주 염원을 묵살함은 물론 민주 투사들을 난동자 · 폭도로 몰아 무력으로 진압하려고 하고 있다.

은쌤의 합격노트

다음 자료에 나타난 민주화 운동은 5 · 18 민주화 운동이다. 신군부는 5월 17일에 모든 정치 활동을 금지하였으며, 계엄령을 전국으로 확대하였다. 1980년 5월 18일 전라남도 광주에서는 비상계엄 확대와 휴교령에 반대하는 시위가 일어났다. 공수 부대원이 투입되어 시위를 벌이던 전남대 학생들을 무자비하게 진압하자 분노한 시민들이 합류하면서 시위가 확산되었다. 신군부는 5월 21일 시위 진압 과정에서 시민들을 향하여 총을 쏘았고, 이에 맞서 시민들은 경찰서에 있는 무기를 빼앗아 스스로 무장하고 시민군을 조직하였다. 5월 27일 새벽 계엄군은 탱크와 헬기를 동원하여 시민군이 장악하고 있는 전남 도청으로 진격하여 시민군을 진압하면서 5 · 18 민주화 운동은 막을 내렸다.

정답 분석

③ 시위 과정에서 시민군이 자발적으로 조직되었다.

➋ 1980년 5 · 18 민주화 운동이 일어나자 5월 21일 발포 명령을 받은 계엄군이 시민들에게 무차별적으로 총을 쏘아 다수의 사상자가 발생하였다. 시민들은 신군부의 폭력에 맞서 시민군을 조직하고 계엄군과 교전하였다.

오답 피하기

① 호헌 철폐와 독재 타도 등의 구호를 내세웠다.

➋ 1987년 전두환 정부의 4 · 13 호헌 조치가 나오자 대학생과 일반 시민들은 호헌 철폐와 독재 타도를 외치며 민주화를 요구하는 6월 민주 항쟁을 전개하였다.

② 야당 총재의 국회의원직 제명으로 촉발되었다.

➋ 1979년 박정희 정부는 YH 무역 사건을 계기로 신민당 총재 김영삼을 국회에서 제명하였다. 이를 계기로 김영삼의 정치적 본거지인 부산과 마산 일대에서 부 · 마 민주 항쟁이 일어났다.

④ 경무대로 향하던 시위대가 경찰의 총격을 받았다.

➋ 1960년 4 · 19 혁명 당시 이승만 정부는 학생과 시민들이 대통령과 면담을 요구하며 경무대로 향하자, 경찰을 동원하여 무차별 총격을 가하였다.

⑤ 박종철 고문 치사 사건의 진상 규명을 요구하였다.

➋ 1987년 6월 민주 항쟁 과정에서 시민들은 전두환 정부에게 박종철 고문치사 사건의 진상 규명을 요구하였다.

50 김대중 정부 정답 ⑤

다음 연설문을 발표한 정부 시기에 있었던 사실로 옳은 것은? [2점]

> 지난 5년 동안 우리 국민은 세계가 놀라워하는 업적을 이룩해 냈습니다. 외환 위기를 맞이하자 우리 국민은 '금 모으기'를 전개하여 전 세계를 감동시켰습니다. …… 금융, 기업, 공공, 노사의 4대 개혁을 고통과 희생을 감내하면서 지지하고 적극 협력함으로써 우리 경제는 3년을 앞당겨 IMF 관리 체제에서 벗어날 수 있었습니다. …… 고용 보험, 산재 보험, 건강 보험, 국민연금 등 4대 보험의 틀을 갖추고 국민 기초 생활 보장법을 시행한 것을 비롯해 선진국 수준의 복지 체제를 완비했습니다.

은쌤의 합격노트

다음 연설문을 발표한 정부는 김대중 정부이다. 김대중 정부는 기업의 구조 조정, 외국 자본 유치, 부실기업 정리 등을 추진하여 외환위기를 극복하였으며, 2001년 8월 우리나라는 국제 통화 기금의 관리 체제에서 벗어날 수 있었다. 한편, 외환위기를 극복하는 과정에서 민간에서 개인 소유의 금을 모아 부족한 외환(달러)을 메우려는 금 모으기 운동이 전개되었다. 김대중 정부는 1998년 노동자·사용자·정부의 대표가 협의하는 노사정 위원회를 구성하였고, 1999년 국민 기초 생활 보장법을 제정하여 생활이 어려운 사람들의 최저 생활을 보장하였다.

정답 분석

⑤ 남북 경제 교류 증진을 위한 경의선 복원 공사가 시작되었다.

- 김대중 정부는 2000년 평양에서 남북 정상 회담의 결과 발표된 6 · 15 남북 공동 선언으로 이산가족 방문과 서신 교환을 하였고, 경의선 철도 복구, 개성 공단 건설 등의 경제 협력 및 사회 · 문화 교류도 전개되었다.

오답 피하기

① G20 서울 정상 회의가 개최되었다.

- 이명박 정부는 2010년 서울에서 G20 정상 회의를 개최하여 세계 금융 문제 해결에 앞장섰다.

② 미국과의 자유 무역 협정(FTA)이 체결되었다.

- 미국과 자유 무역 협정(FTA)을 체결한 것은 노무현 정부이고, 미국과 자유 무역 협정(FTA)을 비준한 것은 이명박 정부이다.

③ 금융 실명제가 대통령 긴급 명령으로 실시되었다.

- 김영삼 정부는 1993년 불법 자금의 유통을 차단하고 정확한 과세를 하기 위해 금융 실명제를 실시하였다.

④ 8 · 3 조치로 사채 동결 등의 특혜가 기업에게 제공되었다.

- 박정희 정부는 1972년 초헌법적인 8 · 3 조치로 기업들의 연쇄 도산을 막고 이들을 중화학 공업 육성에 끌어들였다.

2023

은동진 쌤의 한국사능력검정시험 QR(큐알) 기출문제집

심화(1, 2, 3급)

은동진 편저

별책 2
시대별 압축 요약집

1일차 선사시대 ~ 초기국가 개념정리

키워드 1 구석기 시대와 신석기 시대

	구석기 = 약 70만 년 전	신석기 = B.C. 8000년 전 ~
의식주	• 짐승 가죽(의), 사냥·채집·어로(식) • 동굴·막집·바위그늘(주)	• 가락바퀴·뼈바늘(의), 농경과 목축 시작·채집·사냥(식) • 강가나 바닷가의 움집(주)
사회	• 이동 생활, 무리 생활, 평등 사회	• 정착 생활, 부족 사회, 족외혼, 평등 사회
도구	• 뗀석기 : 주먹도끼, 찍개, 슴베찌르개 등	• 간석기, 갈판·갈돌, 빗살무늬 토기
예술	• 고래·물고기·새를 새긴 조각품, 사냥감 번성 기원	• 원시 종교 등장, 조개껍데기 가면, 치레걸이 등
유적	• 연천 전곡리, 충남 공주 석장리 등	• 서울 암사동, 강원 양양 오산리, 제주 고산리 등
유물	▲주먹도끼 ▲찍개 ▲슴베찌르개	▲움집터 ▲덧무늬 토기 ▲빗살무늬 토기 ▲갈판과 갈돌(간석기) ▲가락 바퀴 ▲조개껍데기 가면

키워드 3 고조선의 건국과 성장

건국	• 기원전 2333년 청동기 문화를 바탕으로 건국 • 단군 신화(삼국유사에서 언급) : 홍익인간 정신, 선민사상, 농경 사회, 토테미즘, 제정일치 사회

↓

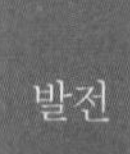

발전	• 기원전 3세기 : 부왕, 준왕의 왕위 세습, 관직 정비(상·대부·장군) • 고조선 문화 범위 : 비파형 동검, 미송리식 토기, 탁자식 고인돌 • 8조법 : 노동력, 사유 재산 중시, 형벌과 노비 존재

위만 조선	• 위만이 준왕을 몰아내고 왕이 됨(기원전 194) • 철기 문화를 본격적으로 수용 + 중계 무역 독점 • 진번과 임둔을 복속

멸망	• 조선상 역계경이 무리를 이끌고 남쪽 진국으로 남하 • 한의 침략 ➡ 왕검성 함락 후 멸망(기원전 108) ➡ 한 군현 설치

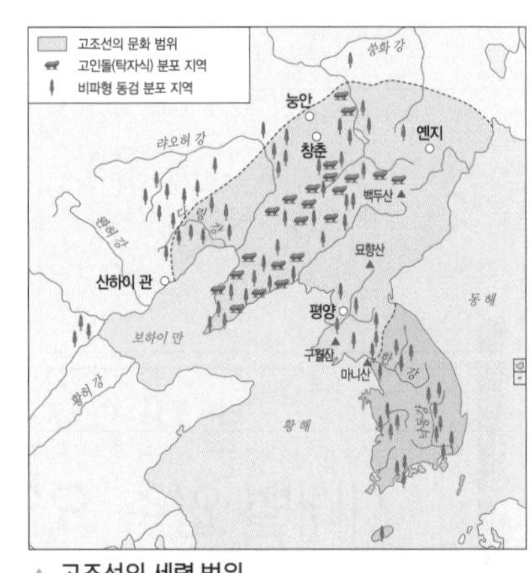

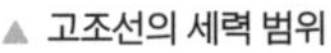
▲ 고조선의 세력 범위

▲ 비파형 동검

▲ 미송리식 토기

▲ 북방식 고인돌

키워드 2 청동기 시대와 철기 시대

	청동기 = B.C. 2000년경 ~ B.C.1500년경에 시작	철기 = B.C. 5세기경 ~
의식주	• 벼농사 시작(식), 산간이나 구릉 지대에 거주(주)	
사회	• 계급 사회, 족장(군장)출현, 선민의식 등장(천손 사상)	
도구	• 무덤 : 고인돌, 돌널무덤 • 청동기 : 비파형 동검, 청동 방울, 거친무늬 거울 등 • 토기 : 미송리식 토기 등 • 농기구 : 반달 돌칼 등	• 철기 사용 (철제 무기·농기구), 청동기 의기화 • 독자적 청동기 문화 발달 : 세형동검, 거푸집, 잔무늬 거울 • 민무늬 토기(토기), 널무덤, 독무덤
문화	• 암각화 : 울주 대곡리 반구대, 고령 양전동 일대	• 중국과 교역 : 오수전, 반량전, 명도전, 붓 출토(한자)
유물	▲ 반달돌칼 ▲ 비파형 동검 ▲ 고인돌 ▲ 울주 대곡리 반구대 바위그림 ▲ 미송리식 토기 ▲ 거친무늬 거울 ▲ 돌널무덤 ▲ 장기리 바위그림	▲ 세형동검 ▲ 잔무늬 거울 ▲ 거푸집 한반도 내에 독자적인 청동기 문화의 발전 ▲ 널무덤 ▲ 명도전 ▲ 반량전 ▲ 다호리 붓 중국과 교류의 증거 ▲ 독 무 덤

키워드 4 여러 나라의 성장

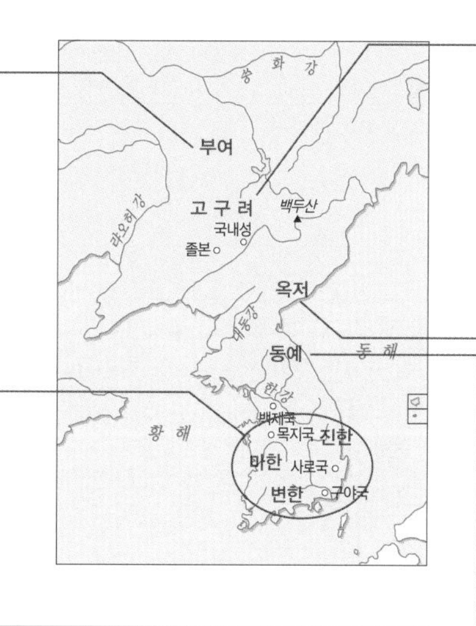

부여
- 5부족 연맹체
- 사출도(마가, 우가, 구가, 저가)
- 순장, 1책 12법, 형사 취수제, 우제점법
- 영고(12월)

삼한
- 목지국 지배자(진왕, 마한왕)가 삼한 전체 주도
- 군장(신지, 견지, 부례, 읍차)이 각 소국 통치
- 제정 분리 사회 : 정치적 군장과 제사장인 천군(소도 다스림)이 따로 존재
- 변한 : 철 생산 및 수출(낙랑, 왜), 철을 화폐처럼 사용
- 벼농사 발달
- 수릿날(5월), 계절제(10월)

고구려
- 5부족 연맹체
- 제가 회의
- 서옥제, 형사취수제
- 동맹(10월)

옥저
- 군장 국가(읍군, 삼로)
- 해산물 풍부 ➡ 고구려에 공납
- 가족 공동 무덤, 민며느리제

동예
- 군장 국가(읍군, 삼로)
- 특산물(단궁, 과하마, 반어피)
- 책화, 족외혼
- 무천(10월)

2일차 삼국시대 개념정리

키워드 1 삼국의 발전과 쇠퇴

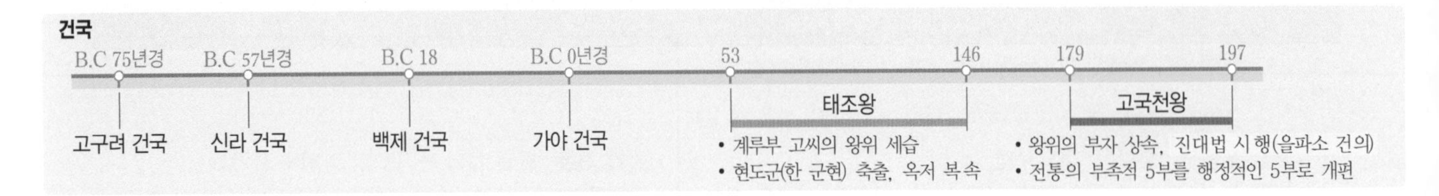

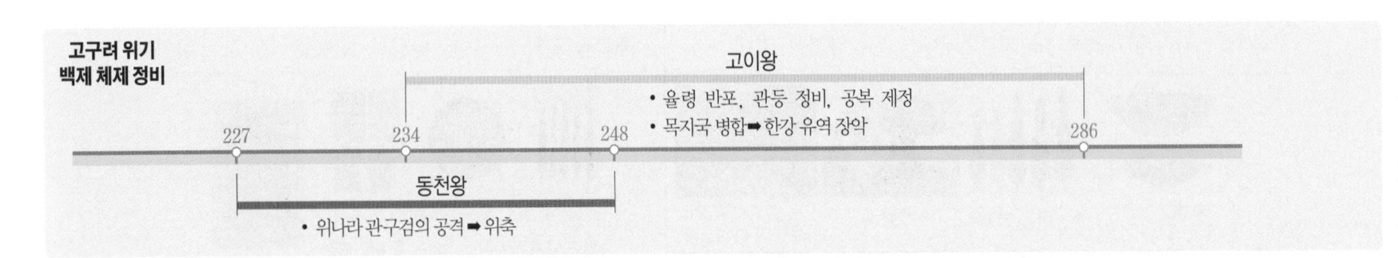

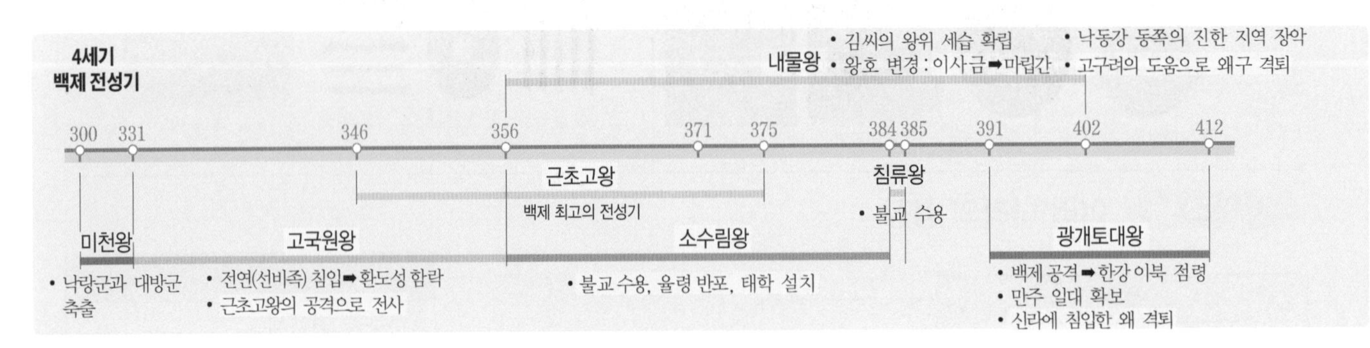

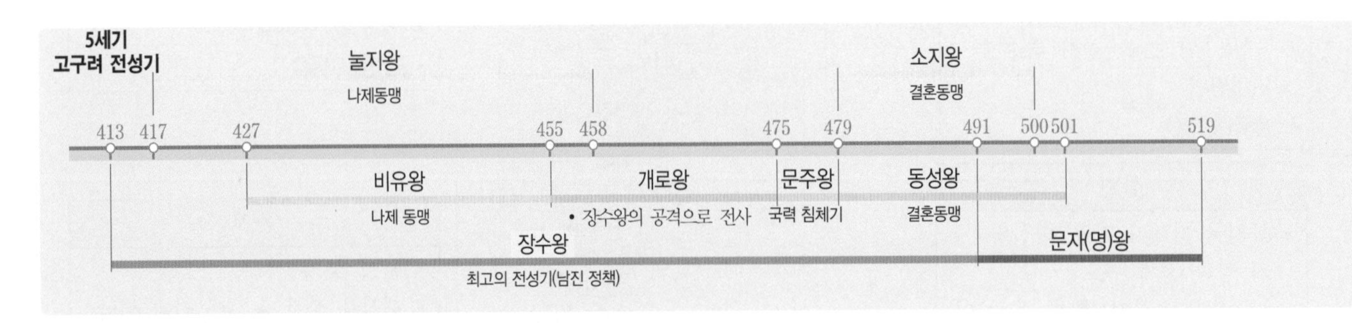

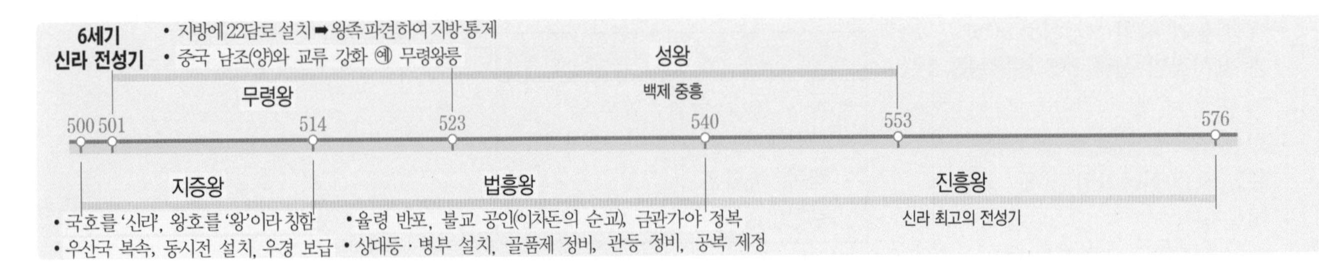

신라 왕호 변천

거서간		차차웅		이사금		마립간		왕
군장 (혁거세)	➡	제사장 (남해)	➡	연장자 (유리)	➡	대수장 (내물)	➡	지증왕 때 부터 사용

호우명 그릇

광개토 대왕의 3년상 행사에 쓰였던 제사 용기가 신라 무덤 호우총에서 발견 ➡ 5세기 고구려가 신라에 영향력을 행사한 증거임

백제와 고구려의 돌무지 무덤

▲ 장군총

▲ 백제 석촌동 고분

백제 초기 무덤이 고구려의 돌무지무덤을 닮은 것은 백제 건국 중심 세력이 고구려와 같은 계통의 집단임을 나타내는 증거임

근초고왕 (346~375)	• 왕위의 부자 상속 • 정복 활동 ┌마한 완전 정복 └고구려의 평양성 공격 ➡ 고국원왕 전사 • 백제 중심의 해상 교역권 확립 ┌중국 남조의 동진과 국교 ├가야 및 왜와의 교역로 개척 └중국 요서 지방과 일본 규슈 지방 진출 • 고흥의 「서기」 편찬
장수왕 (413~491)	• 남진 정책 : 국내성 ➡ 평양 천도(427) • 백제 한성 점령 ➡ 개로왕 살해, 한강 유역 확보 • 충주(중원) 고구려비, 광개토대왕릉비 건립 • 분열된 중국 남북조와 교류
성왕 (523~554)	• 사비(부여)로 수도 천도, 국호를 '남부여'라 함 • 중앙 관청 22개로 정비, 행정 구역 정비(수도 5부, 지방 5방) • 신라와 연합하여 한강 하류 지역 일시 차지 ➡ 신라 기습으로 상실 ➡ 관산성 전투에서 전사
진흥왕 (540~576)	• 화랑도를 국가적인 조직으로 정비 • 백제 성왕을 배신하고 한강 유역 독점 • 대가야 정복, 원산만 일대(함경도) 진출 • 당항성 설치 ➡ 중국과 직접 교류 • 영토 확장 기념 ➡ 단양 신라 적성비와 4개의 순수비를 세움 • 거칠부의 「국사」 편찬

삼국의 전성기

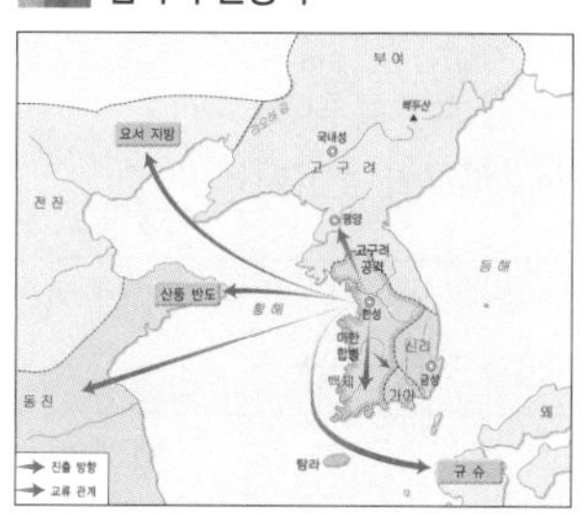

▲ 백제 전성기(4세기)

▲ 고구려 전성기(5세기)

▲ 신라 전성기(6세기)

키워드 2 가야의 성장과 멸망

건국	• 변한 계승, 낙동강 일대의 여러 나라가 연합하여 세운 연맹체 • 중앙 집권 국가로 발전하지 못함
전기 가야 연맹 (3세기 이후 ~ 5세기 초)	• 전기 가야 맹주: 김해 금관가야(김수로 건국) 중심 • 중계 무역(낙랑군과 왜의 규슈 연결) • 질 좋은 철 생산, 덩이쇠(화폐로 사용) • 광개토 대왕이 보낸 고구려군의 공격으로 금관가야 쇠퇴
후기 가야 연맹 (5세기 말)	• 후기 가야 맹주: 고령의 대가야 중심 ➡ 농업 생산 기반과 제철 기술을 바탕으로 급속히 성장
멸망	• 백제와 신라의 잦은 공격 ➡ 멸망 ┌ 금관가야: 신라 법흥왕에 멸망(532) 　　　 └ 대가야: 신라 진흥왕에 의해 멸망(562)

▲ 김해 대성동 고분군

▲ 고령 지산동 고분군

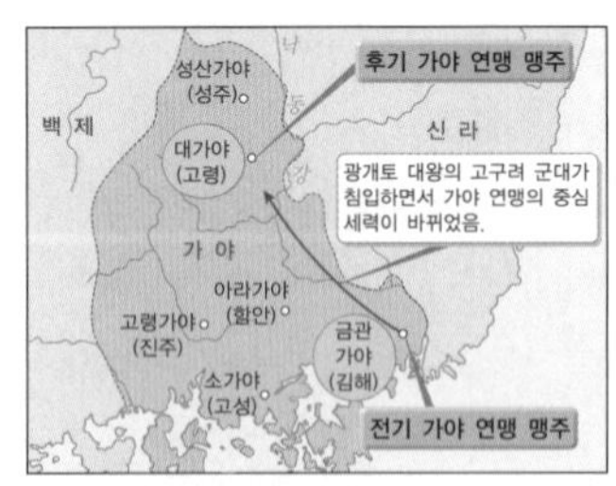

▲ 가야 연맹의 중심 세력 변화

▲ 덩이쇠

▲ 철 갑옷

▲ 말 가리개

▲ 가야의 금동관

키워드 4 삼국의 사회와 경제

고구려	• 지배층: 왕족 고씨와 5부 출신 귀족, 제가 회의 • 풍습: 형사취수제, 서옥제, 엄격한 법률(1책 12법), 상무적인 기풍 • 진대법 실시(고국천왕): 춘대추납의 빈민 구제 제도
백제	• 지배층: 부여씨(왕족)와 8성 귀족, 정사암 회의 • 반역·살인자는 사형, 도둑질한 자는 귀양, 뇌물받은 관리는 3배로 배상 및 금고형
신라	• 화랑도: 진흥왕 때 국가적 조직으로 정비 ┌ 구성: 화랑(진골 귀족의 자제)과 낭도(귀족과 평민) └ 역할: 계층 간의 대립과 갈등을 조절 및 완화 • 골품제 : 신라에 편입된 부족장 세력의 크기에 따라 등급을 매긴 귀족 신분제 ➡ 정치·사회적 활동 범위를 규정, 일상생활 제한 • 화백 회의, 동시전 설치(지증왕), 녹읍과 식읍 지급

관 등		골 품				공복
등급	관등명	진골	6두품	6두품	두품	
1	이벌찬					자색
2	이 찬					
3	잡 찬					
4	파진찬					
5	대아찬					
6	아 찬					비색
7	일길찬					
8	사 찬					
9	급벌찬					
10	대나마					청색
11	나 마					
12	대 사					황색
13	사 지					
14	길 사					
15	대 오					
16	소 오					
17	조 위					

▲ 신라의 관등제와 골품제

키워드 3 수 · 당의 고구려 침략과 삼국 통일

고구려	
수의 침입	• 수 문제와 양제의 침략 ➡ 을지문덕 살수 대첩 승리(612)
당의 침입	• 요동에 천리장성 축조, 당 침략 ➡ 안시성 싸움에서 승리(645)

나·당 동맹(648)
• 백제 의자왕이 대야성 등 40여개 신라 성을 빼앗음 ➡ 신라 김춘추 고구려에 구원병 요청(실패) ➡ 김춘추가 당으로 건너가 성사 ➡ 당에게 대동강 이북 땅을 넘기기로 약속

백제 멸망(660)
• 나·당 연합군 공격 ➡ 계백의 황산벌 전투 패배 ➡ 사비성 함락
백제 부흥 운동의 전개
• 흑치상지, 복신, 도침, 부여풍 주도 ➡ 지원 온 왜의 패배(백강 전투) ➡ 지도층의 분열로 실패

고구려 멸망(668)
• 연개소문 사후 지배층의 권력 다툼, 분열 ➡ 나·당 연합군의 공격 ➡ 평양성 함락
고구려 부흥 운동의 전개
• 고연무, 검모잠, 안승 주도 ➡ 신라는 당 견제를 위해 안승에게 보덕국을 세우게 함

나·당 전쟁(675~676)
• 당의 한반도 지배 욕심 : 웅진 도독부·계림 도독부·안동 도호부 설치 • 매소성 전투(675) : 당의 20만 대군을 매소성에서 물리침 • 기벌포 전투(676) : 금강 하구 기벌포에서 당의 수군 격파 • 삼국 통일 완성(676) : 당군을 몰아내고 대동강 이남 지역 확보

▲ 나 · 당 전쟁의 전개

키워드 5 삼국의 문화

유학	
고구려	• 학교 설립 : 태학(수도), 경당(지방) • 역사서 : 「유기」 ➡ 이문진의 「신집」 5권(영양왕)
백제	• 박사 제도 : 5경 박사 ➡ 유교 경전을 가르침 • 역사서 : 고흥의 「서기」(근초고왕)
신라	• 화랑의 유교 경전 공부 ➡ 임신서기석 내용 • 역사서 : 거칠부의 「국사」(진흥왕)

도교	
특징	• 산천 숭배와 신선 사상이 결합하여 발달
고구려	• 강서대묘의 사신도, 연개소문 때 도교 장려 등
백제	• 금동대향로, 산수무늬벽돌, 사택지적비 등

불교	
고구려	• 소수림왕(372, 전진의 순도)
백제	• 침류왕(384, 동진의 마라난타)
신라	• 고구려 통해 수용, 법흥왕 때 공인(이차돈 순교) • 불교식 왕명 사용, 왕즉불 사상·업설

과학 기술	
천문학	• 고구려 : 별자리를 그린 천문도와 고분 벽화 • 신라 : 첨성대
과학 기술	• 고구려 : 철을 단련하는 고분 벽화 • 백제 : 칠지도 ➡ 백제와 왜의 교류 입증 • 신라 : 금관 제작

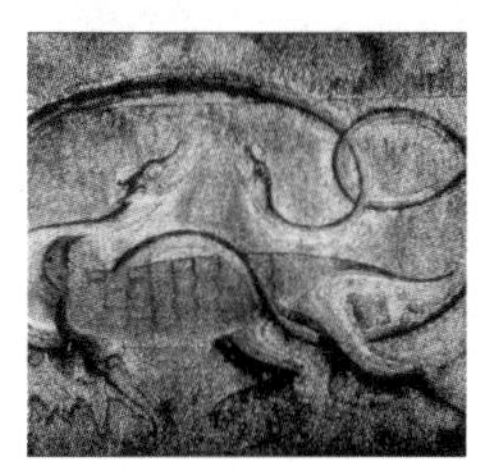
▲ 현무도

▲ 백제 금동 대향로

▲ 산수무늬 벽돌

▲ 칠지도

▲ 첨성대

삼국시대 개념정리

키워드 5 삼국의 문화

불상		석탑		

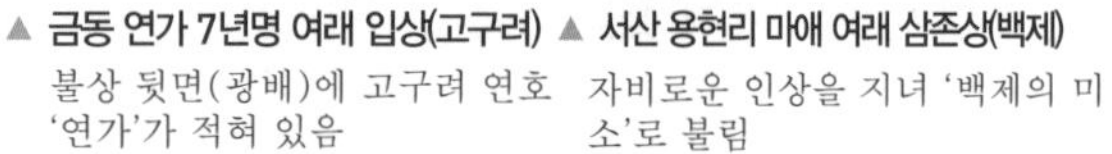

▲ **금동 연가 7년명 여래 입상(고구려)**
불상 뒷면(광배)에 고구려 연호 '연가'가 적혀 있음

▲ **서산 용현리 마애 여래 삼존상(백제)**
자비로운 인상을 지녀 '백제의 미소'로 불림

▲ **미륵사지 석탑**(백제)
현존하는 석탑 중 가장 규모가 크고 오래된 탑

▲ **정림사지 5층 석탑**(백제)
한때 당의 소정방이 쓴 글이 있어 평제탑이라 불림

▲ **분황사 모전 석탑**(신라)
돌(석재)을 벽돌 모양으로 다듬어 쌓음

무덤	
고구려	• 돌무지무덤(장군총) ➡ 굴식 돌방무덤(무용총, 강서 대묘 등)
백제	• 계단식 돌무지무덤(석촌동 고분) ➡ 벽돌무덤(무령왕릉) ➡ 굴식 돌방무덤
신라	• 돌무지덧널무덤(천마총) ➡ 굴식 돌방무덤

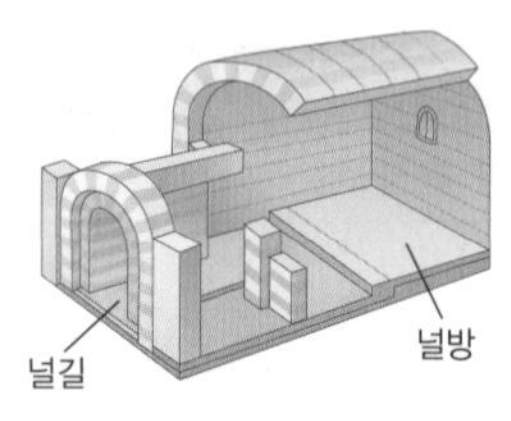

▲ **벽돌무덤 :** 널방을 벽돌로 쌓은 백제 무덤으로 중국 남조의 영향을 받았다.

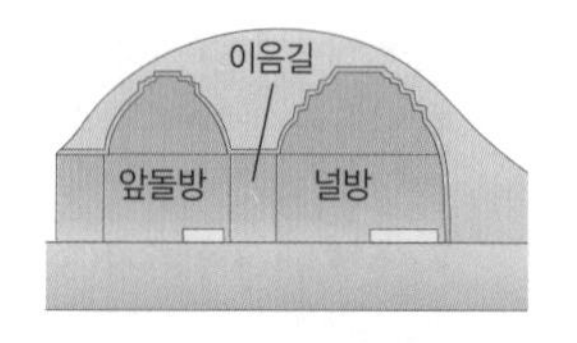

▲ **굴식 돌방무덤 :** 돌로 널길과 널방을 짜고 그 위에 흙을 덮어 봉문을 만든 무덤으로, 널방의 벽과 천장에 벽화를 그리거나 모줄임천장 구조를 사용하기도 하였다.

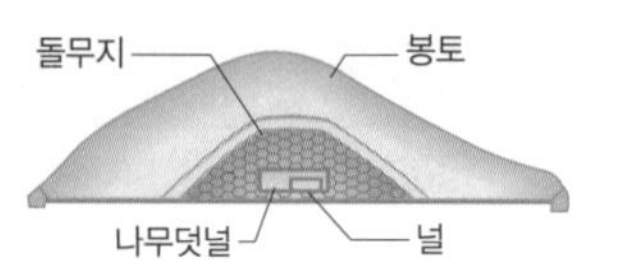

▲ **돌무지 덧널무덤 :** 나무로 덧널을 짜고 그 위에 돌을 쌓은 뒤 흙으로 봉문을 쌓는 무덤이다. 도굴이 어려워 껴묻거리가 많이 남아 있으나, 벽화는 그릴 수 없는 구조이다.

▲ 백제 무령왕릉

▲ 고구려 평양 진파리 4호분

▲ 신라 천마총

▲ 경주 천마총의 천마도

중국과의 문화 교류	
백제	• 남조의 영향을 받은 벽돌무덤 양식(무령왕릉), 양직공도(양나라와 교류)
신라	• 한강 차지 이후에는 당항성을 통해 중국과 직접 교역

▲ 양직공도

▲ 백제 무령왕릉

<table>
<tr><th colspan="3">일본과의 문화 교류</th></tr>
<tr><td>고구려</td><td>• 승려 혜자(쇼토쿠 태자의 스승), 담징(종이와 먹, 벼루 만드는 기술 전파, 호류 사 금당 벽화)</td><td rowspan="3">일본의
고대 국가,
아스카 문화 형성</td></tr>
<tr><td>백제</td><td>• 오경박사, 의박사, 역박사, 천문박사 등 파견
• 왕인(논어, 천자문 가르침), 아직기(일본 태자에게 한자 교육), 노리사치계(불경, 불상 전파)</td></tr>
<tr><td>신라</td><td>• 조선술, 축제술</td></tr>
<tr><td>가야</td><td>• 철기 문화(철 수출, 철 갑옷), 토기 문화 전파</td><td>스에키 토기에 영향</td></tr>
</table>

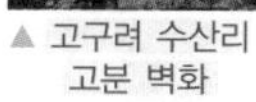
▲ 고구려 수산리 고분 벽화

▲ 금동 미륵보살 반가사유상

▲ 가야 토기

▲ 일본 다카마쓰 고분 벽화

▲ 일본 고류사 목조 미륵 반가 사유상

▲ 일본 스에키 토기

서역과의 문화 교류	
고구려	• 서역의 아프라시압 궁전 벽화에 고구려 사신 모습 • 고분 벽화에 서역 계통 인물 등장(각저총 씨름도)
신라	• 신라 무덤에서 유리 그릇, 금제 장식 보검 등 중앙아시아와 페르시아 계통 물품 출토

▲ 아프라시압 궁전 벽화

▲ 서역에서 온 유리 제품 (경주 황남대총 출토)

▲ 각저총 씨름도

3일차 남북국 시대 개념정리

키워드 1 통일 신라의 발전과 멸망

신라 중대(7~8세기)	
무열왕(654~661)	• 최초의 진골 출신 왕, 사정부 설치
문무왕(661~681)	• 삼국 통일 완성, 외사정 설치, 수중왕릉
신문왕(681~692)	• 왕권 강화 : 김흠돌의 반란 진압(진골 귀족 숙청), 녹읍 폐지 ➡ 관료전 지급 • 제도 정비 : 9주 5소경, 9서당 10정 설치, 국학 설치

신라 하대(9세기~10세기)	
왕권 약화	• 진골 귀족들의 왕위 다툼, 지방 세력의 반란 ➡ 김헌창의 난(822), 장보고의 난(846) 등
새로운 세력의 성장	• 호족의 등장 : 반독립적 세력, 지방의 행정·군사권 장악 • 6두품의 불만 : 귀족이면서 관직 승진의 제한 ➡ 골품제의 모순 비판, 지방 호족과 연계 ➡ 개혁안 제시 : 최치원의 시무 10조
농민 봉기 발생	• 진성여왕 시기에 심화, 원종·애노의 난, 적고적의 난 등
새 사상의 등장	• 선종과 풍수지리설의 유행
후삼국의 성립	• 후백제 건국(900) : 완산주(전주), 견훤, 중국의 후당·오월에 사신 파견, 신라 경애왕 살해(927) • 후고구려 건국(901) : 송악, 궁예, 국호(마진➡태봉), 철원 천도(905), 광평성 설치

9주 5소경

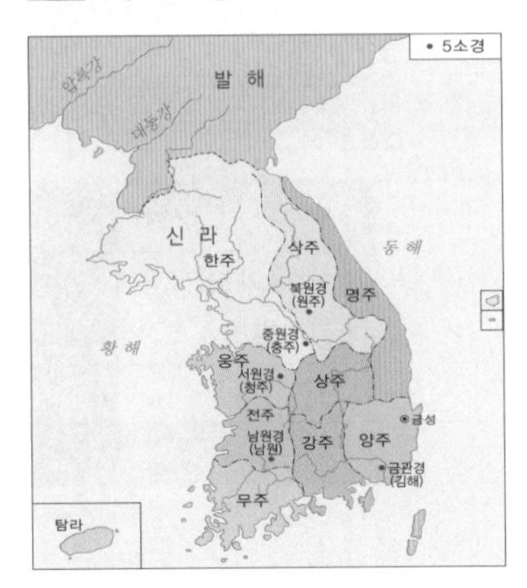

신라 말의 사회 혼란

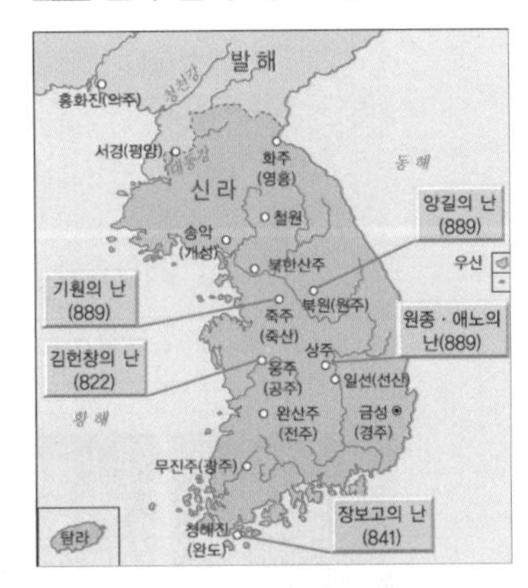

키워드 3 통일 신라의 사회 · 경제

통일 신라	
사회	• 통일 직후 : 전제 왕권 강화, 골품제 변화 • 신라 말 : 왕권 약화, 호족 등장, 농민 봉기 발생
경제	• 민정 문서 : 조세 징수와 노동력 동원 목적 • 토지 제도 : 관료전 지급, 녹읍 폐지(신문왕) ➡ 정전 지급(성덕왕) ➡ 녹읍 부활(경덕왕)
대외 교류	• 당 : 유학생(빈공과), 신라방·신라소·신라원 설치 • 청해진 설치 ➡ 장보고의 해상권 장악 • 서역 : 울산항, 아라비아 상인 왕래

남북국 시대의 무역로

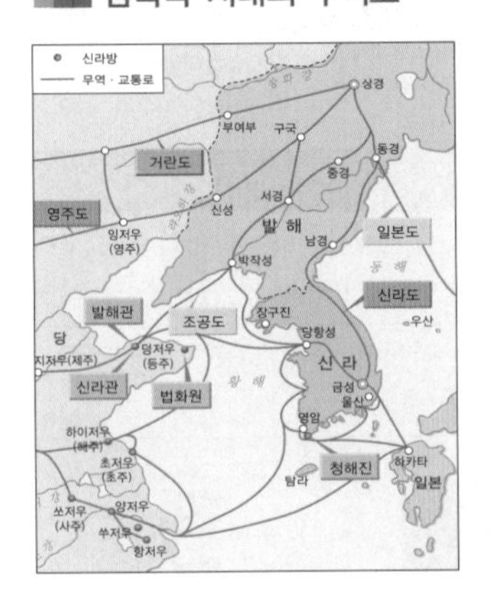

무인 석상(서역과 교류)

키워드 2 통일 신라의 문화

유학	
유교 이념	• 신문왕 : 국학 설립 • 원성왕 : 독서삼품과 시행 ➡ 시험으로 관리 채용
6두품 학자	• 강수(외교 문서에 능함), 설총(이두 정리) • 최치원 : 진성 여왕에게 개혁 10조 건의 ➡ 실패

불교	
중대	• 교종 유행 : 경전 연구 중심 • 원효 : 「대승기신론소」 저술 ➡ 일심 사상과 화쟁 사상 주장 ➡ 불교 대중화(아미타 신앙 전파) • 의상 : 「화엄일승법계도」 저술, 부석사 창건 ➡ 화엄 사상 정립, 화엄종 개창 ➡ 관음 신앙 전파 • 혜초 : 「왕오천축국전」 저술
하대	• 선종 유행 : 개인의 깨달음 중시 ➡ 호족 후원, 9산 선문 성립, 승탑 유행(쌍봉사 철감선사 승탑)

문화 유산	
건축	• 불국사, 석굴암
탑	• 감은사지 3층 석탑 : 신문왕이 아버지 문무왕의 은혜에 감사한다는 뜻으로 건립 • 불국사 다보탑 : 틀에 얽매이지 않는 기법 • 불국사 3층 석탑(석가탑) : 무구정광대다라니경 발견, 무영탑이라고도 불림 • 화순 쌍봉사 철감선사 승탑 : 팔각 원당형의 형태, 선종의 유행과 관련
인쇄물	• 무구정광대다라니경(현존 최고 목판 인쇄물)
범종	• 성덕대왕 신종(에밀레종)
고분	• 둘레돌의 12지 신상 조각(김유신묘), 화장 유행

▲ 감은사지 3층 석탑

▲ 석굴암 본존불(통일 신라)

▲ 불국사 3층 석탑

▲ 불국사 다보탑

▲ 불국사

▲ 안압지

▲ 쌍봉사 철감선사 승탑

▲ 성덕대왕 신종

3 일차 남북국 시대 개념정리

키워드 4 발해의 발전과 멸망

발해의 건국과 멸망	
대조영	• 동모산에서 발해 건국(698) • 고구려 유민과 + 말갈인 집단 이끌고 건국 • 고구려 계승 의식 표방
무왕(719~737)	• 당과 대립 ➡ 산둥 반도를 선제공격(장문휴의 수군) • 돌궐·일본과 친교 ↔ 당·신라와 대립 • 독자적 연호 '인안' 사용
문왕(737~793)	• 당과 친선 관계 ➡ 당의 3성 6부제 도입, 장안성 모방 • 신라도 개설, 수도를 상경 용천부로 천도 • 독자적 연호 '대흥' 사용
선왕(818~830)	• 고구려의 옛 땅 대부분 회복 ➡ 해동성국이라 불림 • 지방 제도 완비 : 5경 15부 62주 • 독자적 연호 '건흥' 사용
멸망(926)	• 지배층의 분열 + 거란족의 침입으로 멸망

발해의 최대 영역

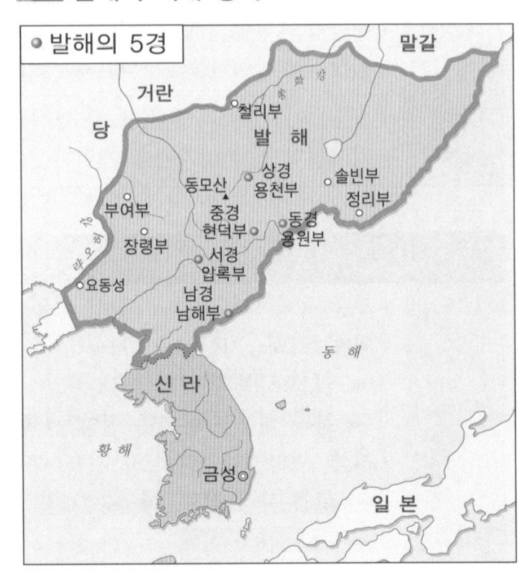

키워드 6 발해의 사회 · 경제

발해	
사회	• 지배층 : 고구려인 ➡ 대씨(왕족) + 고씨(귀족) • 피지배층 : 말갈인
경제	• 농업 : 밭농사 중심, 목축 발달(솔빈부의 말) • 수공업 : 금속 공예, 도자기업 발달
대외 교류	• 당 : 문왕(8세기 후반) 이후 교류 시작, 산둥 반도(등주)에 발해관 설치, 거란도·영주도를 통해 교류 • 신라 : 신라도를 통해 교류 • 일본 : 일본도를 통해 교류

남북국 시대의 무역로

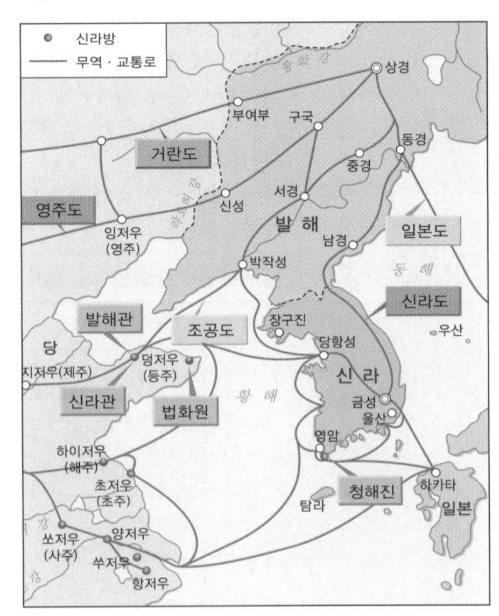

키워드 5 발해의 문화

	문화 유산
특징	• 고구려 + 당 + 말갈 문화의 융합
고구려 문화 계승	• 일본에 보낸 외교 문서, 온돌 장치 • 굴식 돌방무덤의 모줄임 천장, 돌사자 상 • 연꽃무늬 기와·벽돌무늬, 이불병좌상 석등
유교	• 주자감(유교 경전 교육), 6부의 유교식 명칭 • 당에 유학생 파견, 빈공과 합격(신라와 경쟁)
불교	• 이불병좌상, 영광탑(당의 영향) • 발해 석등(상경에서 출토)
무덤	• 정혜공주 묘 : 굴식 돌방무덤, 모줄임 천장 구조 ➡ 고구려 문화 계승 • 정효공주 묘 : 벽돌무덤 ➡ 당 + 고구려 양식 혼재
건축	• 상경 용천부 : 당의 수도 장안성을 모방하여 만듦

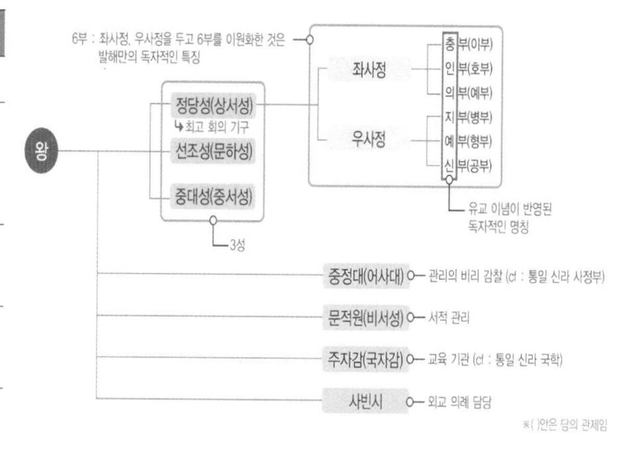

▲ 이불병좌상(발해)

▲ 정혜 공주 묘의 돌사자상

▲ 발해 상경에서 출토된 석등

▲ 정혜 공주 묘의 모줄임천장 구조

▲ 영광탑(발해)

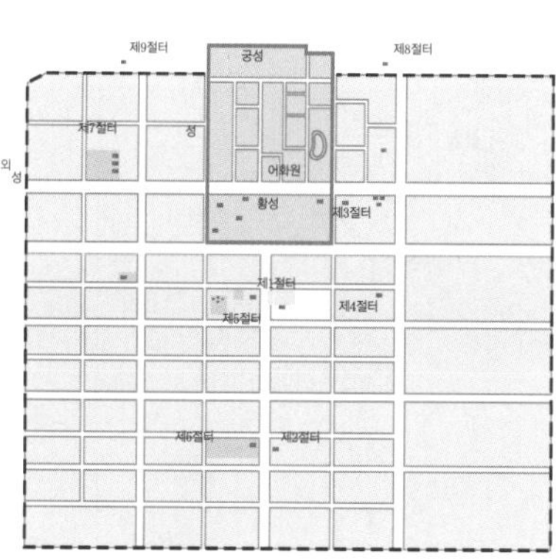
▲ 발해 상경성의 구조

▲ 발해 상경성 터

고려 시대 개념정리

키워드 1 고려의 발전과 멸망

후삼국 통일 과정	
고려 건국(927)	• 궁예 실정으로 추대 • 고구려 계승, 국호-고려, 도읍-송악
발해 멸망(926)	• 발해인 포용
공산 전투(927)	• 경애왕 피살 ➡ 고려군 대패(신숭겸 죽음)
고창 전투(930)	• 고려군이 후백제군을 고창 크게 격퇴
신라 항복(935)	• 경순왕 고려에 투항
후백제 멸망(936)	• 내분으로 인한 견훤 귀순(935), 후백제군 격파➡ 후삼국 통일

고려 초기·체제 정비	
왕건	• 호족 회유 : 정략 결혼, 관직·토지(역분전)·성씨 하사 • 호족 견제 : 사심관 제도, 기인 제도 • 흑창(민생 안정), 북진 정책(서경 중시, 국경 확장) • 훈요 10조, 정계·계백료서
광종	• 노비안검법 실시, 과거제 실시 • 공복 제정, 공신 숙청, 독자적 연호('광덕'·'준풍') 사용
성종	• 최승로의 시무 28조 건의 수용 • 체제 정비 : 2성 6부제, 12목에 지방관 파견, 향리제 시행, 국자감·의창 설립, 경학박사·의학박사 파견

고려 중기의 대외 관계	
거란(요)(10~11세기)	• 1차 침입(993) : 서희의 외교 담판 ➡ 강동 6주 확보 • 2차 침입(1010) : 강조의 정변, 양규의 분전 • 3차 침입(1018) : 강동 6주 반환 요구 거부 ➡ 강감찬의 귀주 대첩 • 결과 : 나성(개경) 축조, 천리장성(압록강~도련포) 축조
여진(금)(12세기)	• 동북 9성 축조 : 윤관이 별무반 편성(숙종) ➡ 여진 정벌(예종) ➡ 동북 9성 축조 • 여진의 금 건국(1115) : 동북 9성 반환 ➡ 금 건국 ➡ 금의 군신 관계 요구 ➡ 이자겸 등 정권 유지를 위해 군신 관계 수용

문벌 귀족 사회의 성립과 동요	
문벌 귀족	• 음서와 공음전 혜택, 폐쇄적 혼인 관계 형성 ➡ 사회적 모순 대립
이자겸의 난(1127)	• 배경 : 경원 이씨 가문의 권력 독점 • 과정 : 인종이 이자겸 제거 시도 ➡ 이자겸 반란 ➡ 인종이 반란 진압
묘청의 서경 천도 운동(1135)	• 배경 : 이자겸의 난, 금의 군신 관계 수용 • 과정 : 묘청 등이 서경 천도 추진(풍수지리설,칭제건원, 금 정벌 주장) ➡ 실패하자 묘청세력이 서경에서 반란(국호 대위, 연호 천개사용) ➡ 김부식의 관군에게 진압

고려 후기의 대외 관계	
몽골(13세기)	• 1차 침입(1231) : 몽골 사신 저고여 피살 ➡ 박서의 귀주성 전투 ➡ 몽골과 강화 • 2차 침입(1232) : 최우 정권의 강화도 천도 ➡ 처인성 전투(김윤후와 처인 부곡민의 항전), 살리타 사살 ➡ 이후 팔만대장경 간행 • 김윤후의 충주성 전투 승리(제5차 침입) • 충주 다인철소의 저항(제6차 침입) • 결과 : 개경 환도(1270) • 삼별초의 항쟁 : 개경 환도 반대 ➡ 강화, 진도, 제주도로 이동하며 대몽 항쟁 ➡ 여몽 연합군에 진압됨

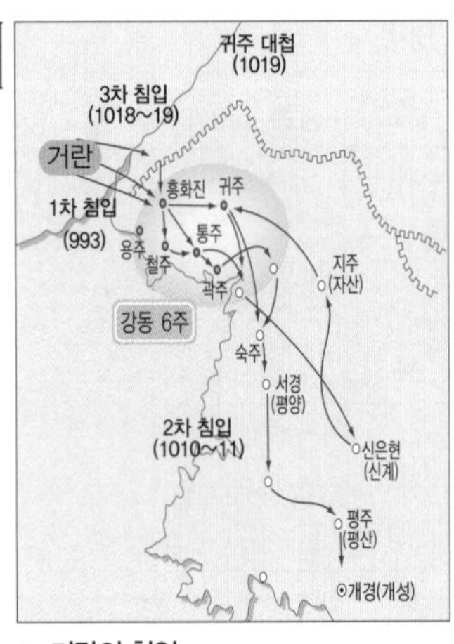

▲ 거란의 침입

▲ 고려의 대몽 항쟁

통치 체제의 정비	
중앙 정치 조직	• 2성 6부 : 중서문하성(재신+낭사)·상서성 6부 • 중추원(군사 기밀, 왕명 출납), 어사대(관리 비리 감찰), 삼사(화폐와 곡식의 회계), 대간(낭사+어사대) • 도병마사, 식목도감 : 고려 독자적인 기구, 재추회의 • 도병마사 : 국방 담당, 도평의사사(도당)로 개편 • 식목도감 : 대내적인 법제와 격식 제정 및 관장
지방 행정 조직	• 체제 : 5도(안찰사 파견)-양계(병마사 파견) • 특수 행정 구역 : 향·부곡·소(차별적 대우) • 지방관이 파견되지 않은 속현이 주현보다 많음
관리 등용 제도	• 과거제 : 문과(제술과·명경과), 잡과, 승과 • 음서제 : 과거를 치르지 않고 관료로 선발(공신·종실·5품 이상 고관의 자손) ➡ 귀족적 성격

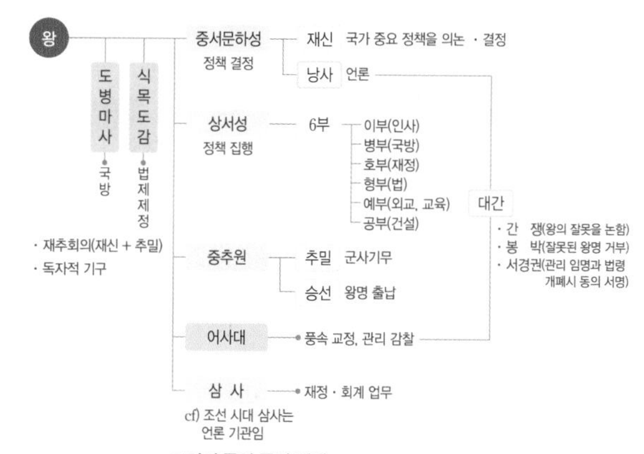

▲ 고려의 중앙 통치 체제

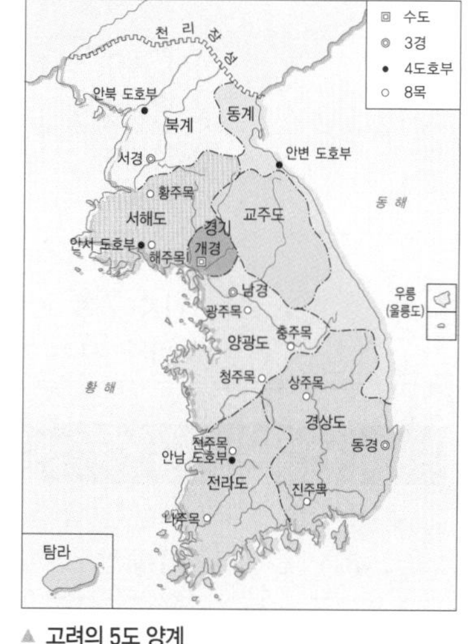

▲ 고려의 5도 양계

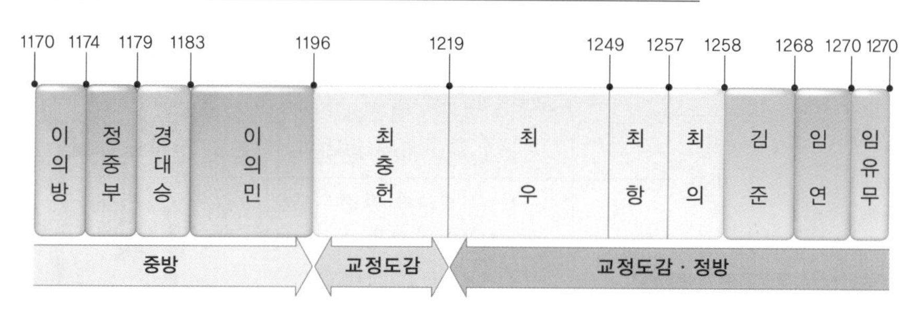

▲ 무신 정권의 변천

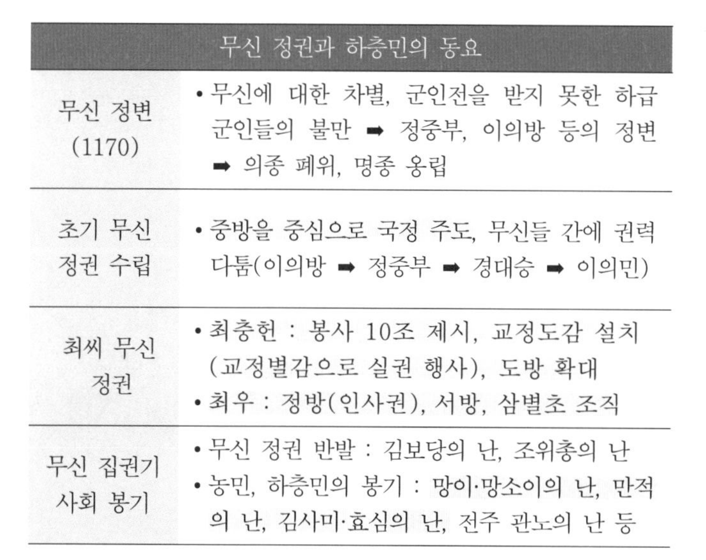

무신 정권과 하층민의 동요	
무신 정변 (1170)	• 무신에 대한 차별, 군인전을 받지 못한 하급 군인들의 불만 ➡ 정중부, 이의방 등의 정변 ➡ 의종 폐위, 명종 옹립
초기 무신 정권 수립	• 중방을 중심으로 국정 주도, 무신들 간에 권력 다툼(이의방 ➡ 정중부 ➡ 경대승 ➡ 이의민)
최씨 무신 정권	• 최충헌 : 봉사 10조 제시, 교정도감 설치(교정별감으로 실권 행사), 도방 확대 • 최우 : 정방(인사권), 서방, 삼별초 조직
무신 집권기 사회 봉기	• 무신 정권 반발 : 김보당의 난, 조위총의 난 • 농민, 하층민의 봉기 : 망이·망소이의 난, 만적의 난, 김사미·효심의 난, 전주 관노의 난 등

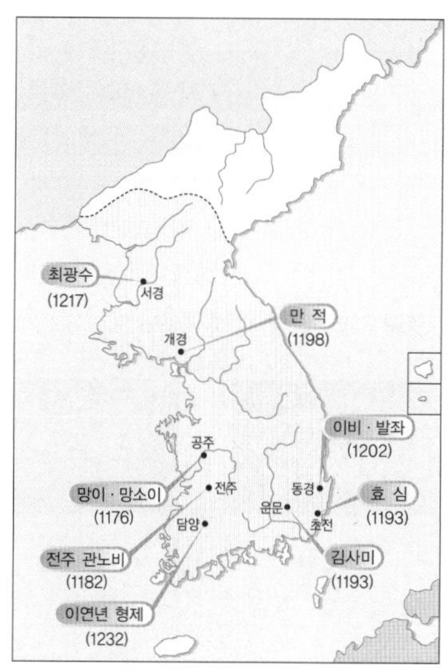

▲ 무신 집권기의 사회적 동요

고려 시대 개념정리

키워드 1 고려의 발전과 멸망

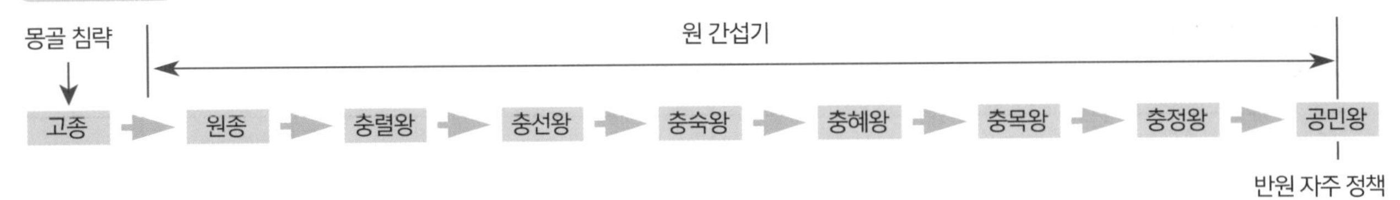

고려 후기의 정치 변화	
권문세족	• 친원적 성향, 음서로 관직 독점, 대농장 소유, 도평의사사 장악
원 간섭기	• 왕실 용어와 관제 격하, 부마국 • 영토 상실 : 쌍성총관부, 동녕부, 탐라총관부 • 정동행성 설치 : 내정 간섭 기구 • 공녀와 공물 요구, 몽골풍·고려양 유행
공민왕	• 반원 자주 : 고려 관제 복구, 정동행성 혁파, 몽골풍 폐지, 친원파 제거, 쌍성총관부 수복 • 왕권 강화 : 전민변정도감 설치(신돈 등용), 정방 폐지, 신진 사대부 등용
신진 사대부	• 지방 향리 출신(중소 지주), 성리학 수용 • 과거를 통해 관직 진출, 권문세족과 대립, 불교 비판, 사회 개혁 주장

▲ 공민왕의 영토 수복 지역

▲ 변발(몽골풍)

▲ 족두리(몽골풍)

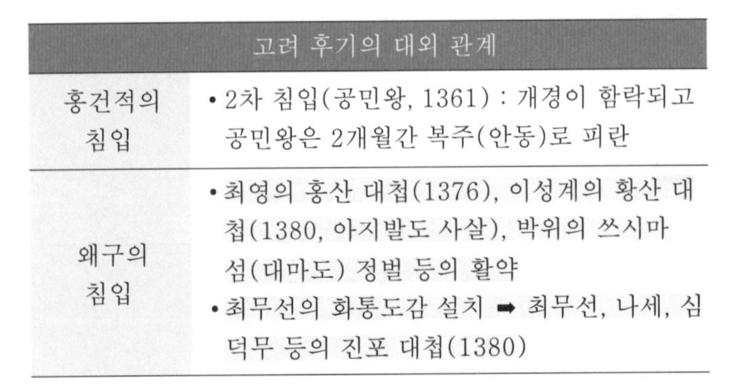

고려 후기의 대외 관계	
홍건적의 침입	• 2차 침입(공민왕, 1361) : 개경이 함락되고 공민왕은 2개월간 복주(안동)로 피란
왜구의 침입	• 최영의 홍산 대첩(1376), 이성계의 황산 대첩(1380, 아지발도 사살), 박위의 쓰시마섬(대마도) 정벌 등의 활약 • 최무선의 화통도감 설치 ➡ 최무선, 나세, 심덕무 등의 진포 대첩(1380)

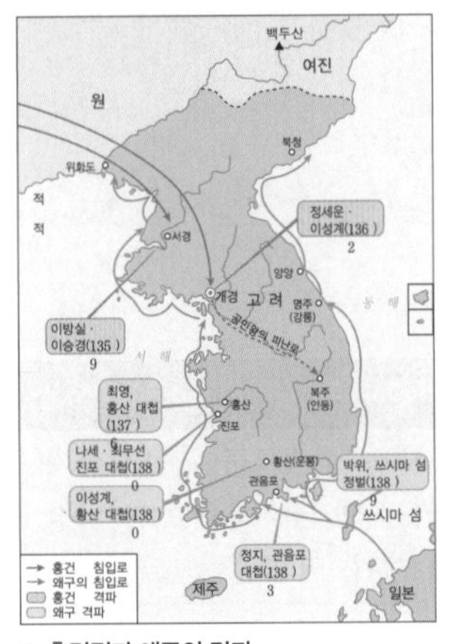

▲ 홍건적과 왜구의 격퇴

고려 멸망 과정

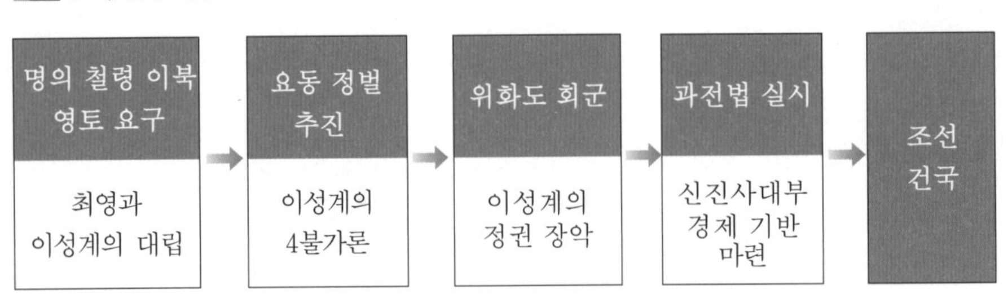

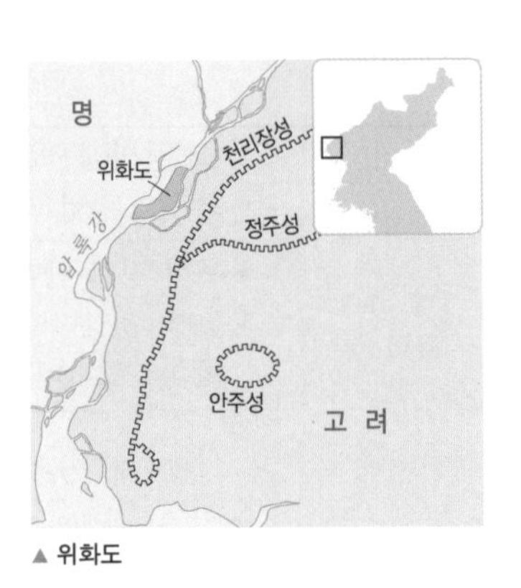

▲ 위화도

키워드 2 고려의 경제

국가 재정	
중농 정책	• 개간 장려, 농번기 잡역 금지, 농업 중시
재정 운영	• 양안(토지 대장), 호적(호구 장부) 작성, 호부와 삼사에서 담당
수취 제도	• 조세(민전은 생산량의 1/10 원칙), 공물(집집마다 토산물 거둠), 역(16~60세 정남에 부과)

토지 제도	
태조	**역분전(940)** 후삼국 통일 과정의 공로자에게 인품과 공로에 따라 토지(과전) 지급
경종	**시정 전시과(976)** 관직 고하와 인품을 기준으로 전·현직 관료에게 전지와 시지 지급
목종	**개정 전시과(998)** 관직만 기준으로 전·현직 관료에게 지급, 지급량 재조정
문종	**경정 전시과(1076)** 현직 관료에게만 지급, 지급량 감소, 무신 대우 개선
전시과 종류	• 과전(관리에게 복무의 대가로 지급), 공음전(5품 이상의 관료에게 지급, 세습 가능), 한인전, 구분전, 군인전, 내장전, 공해전, 사원전, 민전(매매, 상속, 기증, 임대 등의 자유로운 개인 소유지) 등

경제 활동	
중농 정책	• 농기구 개량, 우경에 의한 심경법 확대, 시비법 발달, 2년 3작의 보급(밭농사) • 논농사(고려 말 일부 지방에 모내기법 보급), 목화 재배(고려 말), 농상집요 소개(원의 농서)
수공업	• 전기 : 관청 수공업과 소 수공업 중심 • 후기 : 민간 수공업과 사원 수공업 발달
상업	• 도시 : 시전(개경), 관영 상점, 경시서 설치 • 지방 : 장시, 행상, 조운로 이용 등 • 화폐 발행 : 건원중보(성종), 삼한통보·해동통보·해동중보·활구(숙종) 등 ➡ 유통 부진, 주로 곡식과 삼베 사용
대외 무역	• 송 : 조공 무역과 함께 사무역 전개 • 거란, 여진, 일본 : 11세기 후반부터 내왕 • 아라비아 : 대식국, 고려 이름이 서방에 알려짐 • 벽란도 : 국제 무역항으로 번성(예성강 하구)

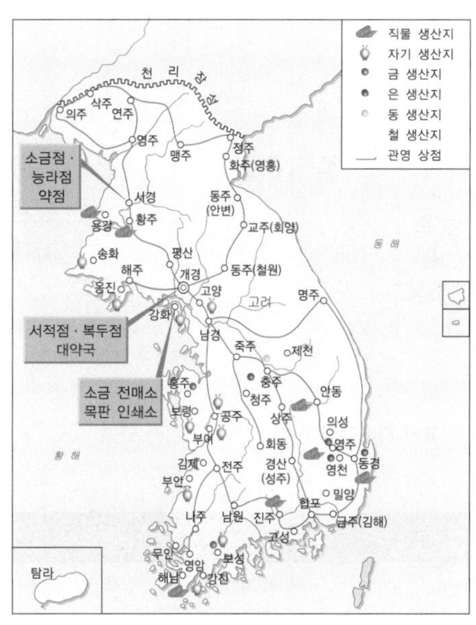

▲ 고려의 교통로와 산업 중심지

▲ 고려의 대외 무역

▲ 건원중보

▲ 삼한통보

▲ 해동통보

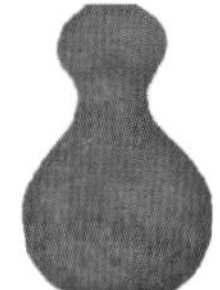
▲ 활구(은병)

고려 시대 개념정리

키워드 3 고려의 사회

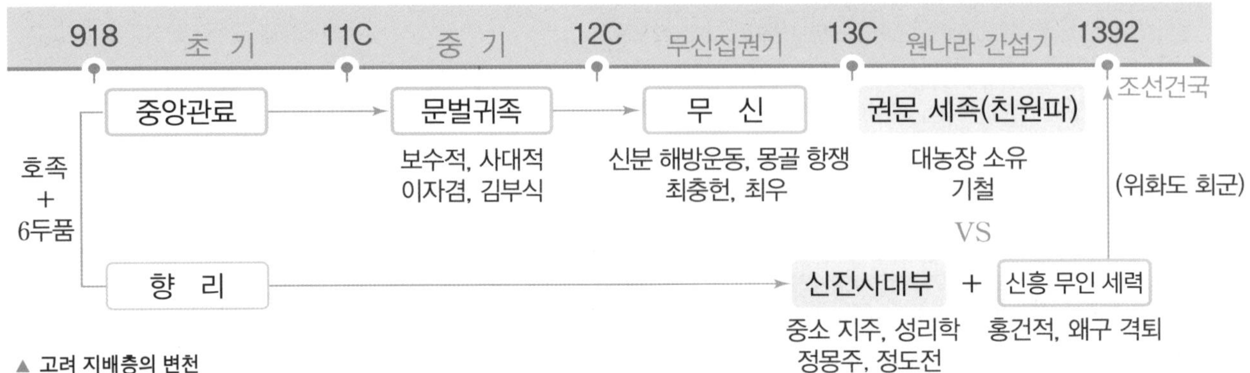

▲ 고려 지배층의 변천

신분 제도	
특징	• 골품제에 비해 개방적, 신분 상승의 기회 존재 • 지배층의 변화 : 호족 ➡ 문벌 귀족 ➡ 무신 ➡ 권문세족 ➡ 신진 사대부
귀족	• 왕족, 5품 이상의 고위 관료, 음서·공음전 혜택
중류층	• 지배 기구의 말단 행정직, 직역 세습 ➡ 서리, 잡류, 남반, 향리 등
양민	• 대다수가 농민(백정), 상인, 수공업자, 향·부곡·소의 주민 ➡ 조세·공납·역의 의무
천민	• 대다수가 노비, 공노비(입역·외거 노비), 사노비(솔거·외거 노비) ➡ 매매·증여·상속의 대상

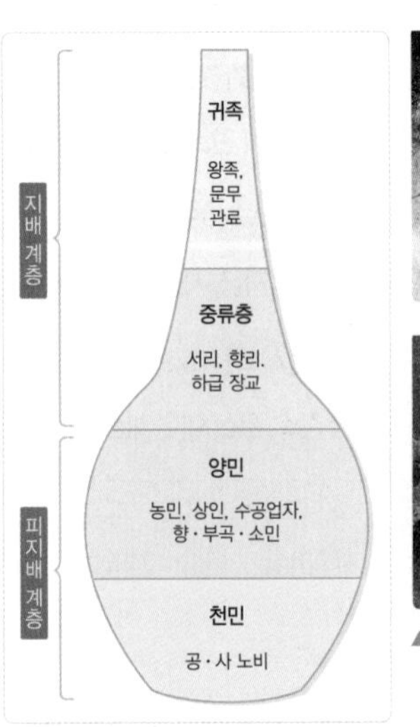

▲ 고려의 신분 제도

▲ 벽화 속 남녀의 모습
(고려 말 문신인 박익의 묘)

사회제도	
사회 시책	• 의창(빈민 구휼), 상평창(물가 조절 기관), 동서대비원(환자 진료 및 빈민 구휼), 혜민국(약국), 구제도감·구급도감(재해 시 백성 구제), 제위보(기금을 모아 빈민 구제)
향도	• 초기 : 매향 활동, 불상·석탑·절 건설 주도 • 후기 : 혼례와 상장례, 마을 제사 등 공동체 생활을 주도하는 농민 조직
여성의 지위	• 여성의 재가가 비교적 자유로움 • 음서의 혜택이 사위·외손자에게도 적용 • 재산 균분 상속, 태어난 순서대로 호적 기록 • 딸이 제사 지내기도 함, 상·제례 비용 균등 부담

▲ 사천 매향비

키워드 4 고려의 문화

유학	
초기	• 과거제 실시, 국자감 설치 • 정치 이념으로 유교 채택, 자주적·주체적
중기	• 귀족적·보수적 성향 • 사학 : 문헌공도 등 사학 12도 번성(9재 학당) ➡ 관학 위축 • 관학 진흥책 : 7재, 서적포·양현고 설치 • 삼국사기(김부식) : 유교적 합리주의, 현존 최고 역사서, 기전체 형식
후기	• 무신 정변 이후 유학 위축 • 고려 말 안향이 성리학 전래 ➡ 신진 사대부의 수용 • 해동고승전(각훈) : 삼국시대 이래 승려들 전기 • 동명왕편(이규보) : 고구려 시조(주몽)의 일대기를 서사시로 표현 • 삼국유사(일연) : 고조선 건국 이야기 최초 수록, 불교사 중심, 고대 민간 설화 등을 수록 • 제왕운기(이승휴) : 고조선 건국 이야기 수록, 상권에 중국 역사, 하권에 우리나라 역사 서술 • 사략(이제현) : 성리학적 역사관(정통의식·대의명분 강조)

불교·귀족 문화	
자기·공예	• 자기 : 순수 청자(10~11세기) ➡ 상감청자(12~13세기, 원 간섭기 이후 쇠퇴) ➡ 분청사기(고려 말~ 조선 초기) • 공예 : 귀족의 생활 도구, 불교 의식 도구, 은입사 기술, 나전칠기
인쇄술	• 목판 인쇄술 : 팔만대장경 • 활판 인쇄술 : 상정고금예문, 직지심체요절
석탑	• 전기 : 월정사 8각 9층 석탑(송의 영향) • 후기 : 경천사지 10층 석탑(원의 영향) ➡ 후에 조선의 원각사지 10층 석탑으로 계승
불상	• 강한 지방색, 개성 있는 대형 불상 유행 • 광주 춘궁리 철불, 논산 관촉사 석조 미륵보살 입상, 영주 부석사 소조여래 좌상 등
건축	• 주심포 양식 + 배흘림 기둥(초기) : 공포가 기둥 위에 설치(봉정사 극락전, 부석사 무량수전) • 다포 양식(후기) : 기둥 위와 기둥 사이에 공포 설치, 조선 건축에 영향(사리원 성불사 응진전)

불교	
의천	• 교종 입장에서 선종 통합 • 해동 천태종 창시 ➡ 교관겸수 강조
지눌	• 선종 입장에서 교종 통합 • 수선사 결사 운동 ➡ 돈오점수와 정혜쌍수 강조
요세	• 백련 결사 조직
혜심	• 유·불 일치설 주장, 선문염송집 편찬
대장경	• 초조대장경(거란 침입 시 간행) ➡ 교장(의천이 간행) ➡ 팔만대장경(몽골 침입 시 간행)

도교 & 풍수지리설	
도교	• 민간 신앙 + 신선 사상 + 도가 + 음양오행론 • 복원궁 건립, 초제 거행, 팔관회
풍수지리설	• 도참 사상과 결합하여 유행 • 영향 : 북진 정책, 서경 명당설

▲ 평창 월정사 8각 9층 석탑(송의 영향)

▲ 경천사지 10층 석탑(원의 영향)

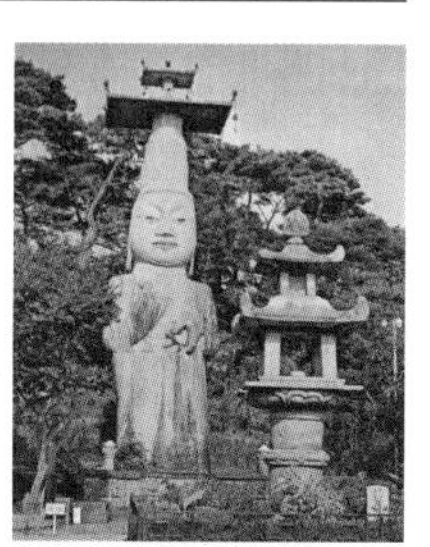
▲ 경천사지 10층 석탑(원의 영향)

▲ 부석사 소조 아미타여래좌상(신라 양식 계승)

▲ 광주 춘궁리 철불(대형 철불)

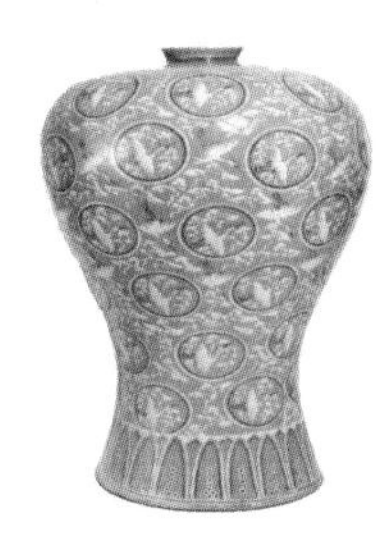
▲ 상감청자

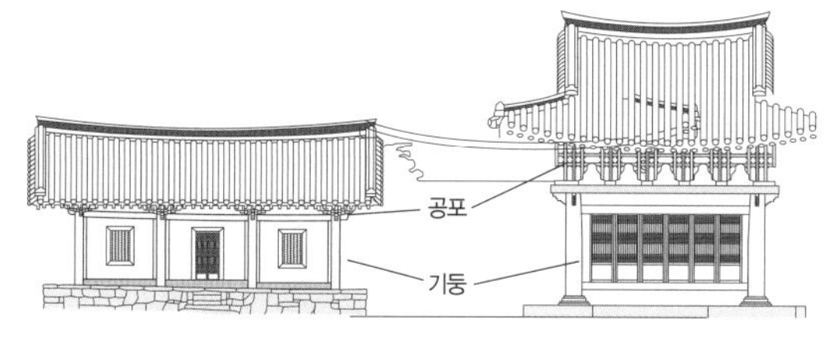

▲ 주심포 양식(좌)과 다포 양식(우)의 비교

5일차 조선 전기 개념정리

키워드 1 조선의 건국과 통치 체제의 정비

국가 기틀 마련	
태조	• 국호 '조선' 제정, 한양 천도 • 정도전 : 불씨잡변, 조선경국전(재상 중심의 정치)
태종	• 왕권 강화 : 6조 직계제 실시, 호패법 실시, 사간원 독립, 사병 폐지, 개국 공신 세력 축출
세종	• 왕권과 신권의 조화 ➡ 집현전 설치, 의정부 서사제 실시, 경연 실시 • 왕도 정치 추구 ➡ 유교적 민본 사상 실현, 유교 윤리 보급
세조	• 왕권 강화 : 6조 직계제 실시, 집현전과 경연 폐지, 직전법 실시, 종친 등용
성종	• 통치 체제 정비 : 경국대전 완성 반포, 홍문관 설치(집현전 계승), 경연 실시

▲ 호패

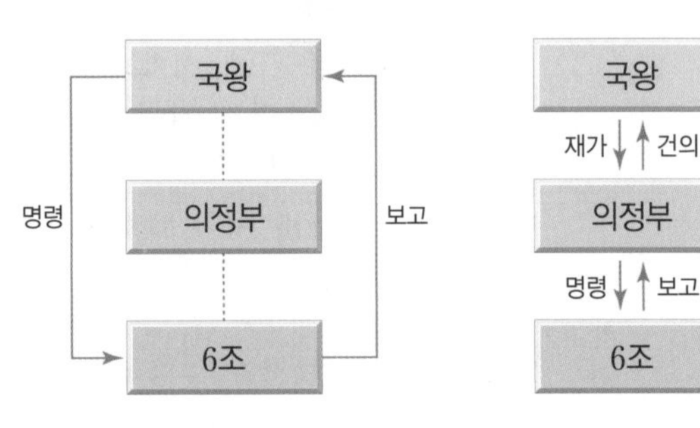

▲ 6조 직계제(좌)와 의정부 서사제(우)

통치 체제의 정비	
중앙	• 의정부 : 재상 합의에 의한 국정 총괄 • 6조 : 정책 집행 • 승정원 : 왕의 비서 기관, 왕명 출납 • 의금부 : 국왕 직속 사법 기관 • 3사(사헌부, 사간원, 홍문관) ➡ 권력 독점 견제 • 한성부(한성의 행정·치안), 춘추관(역사 편찬 및 보관), 성균관(최고 교육 기관)
지방	• 8도(관찰사 파견) ➡ 부·목·군·현 설치 • 모든 군현에 수령 파견(향·부곡·소 소멸) • 수령의 권한 강화 : 지방의 행정, 군사, 사법권 장악 • 향리의 지위 약화 : 수령의 행정 실무를 보좌하는 세습적 아전으로 전락 • 관찰사, 암행어사 파견 ➡ 수령 감찰 • 유향소 : 지방 양반의 자치 기구 ➡ 수령 보좌, 향리 감찰, 백성 교화
교육 기관	• 서당 : 사립 초등 교육 기관 • 4부 학당 : 관립 중등 교육 기관 • 향교 : 지방에 설치한 관립 중등 교육 기관, 전국의 부·목·군·현에 하나씩 설립, 중앙에서 교수, 훈도 파견 • 성균관 : 조선 최고 관립 교육 기관, 원칙상 소과에 합격한 생원이나 진사가 입학

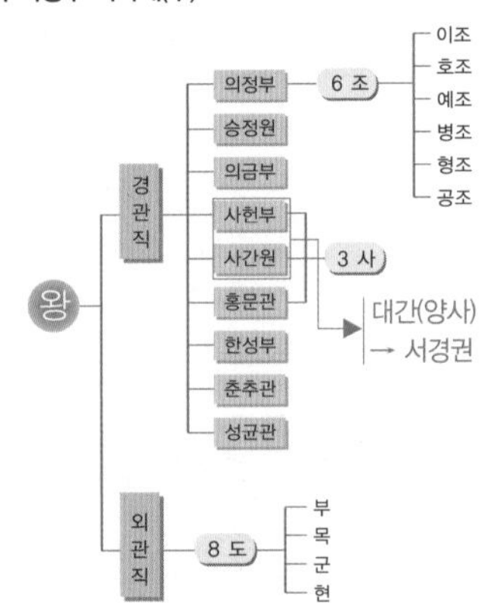

▲ 조선의 중앙 행정 조직

▲ 조선의 지방 행정 조직

키워드 2 조선의 유교 정치

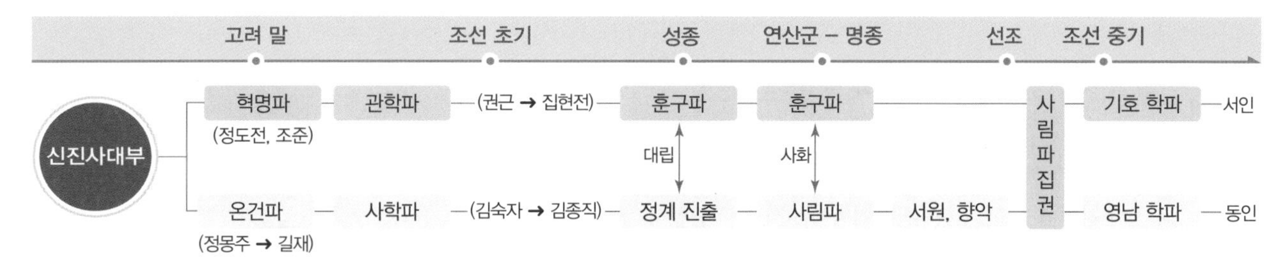

고려 말 신진 사대부의 분화	
온건 개혁파	급진 개혁파
• 고려 왕조 내 점진적 개혁(이색, 정몽주 등) • 전면적인 토지 개혁 반대	• 고려 왕조 부정, 역성혁명 주장(정도전, 조준 등) • 전면적 토지 개혁 주장(과전법)
↓	↓
사림파	훈구파
• 온건 개혁파 계승 • 향촌 자치, 왕도 정치 강조 ➡ 16세기 이후 정권 장악	• 공신 세력, 중앙 집권 • 성리학 이외 학문 포용 ➡ 15~16세기 전반 정치 주도

VS

▲ 사림 계보도

사림 세력의 성장과 붕당의 출현	
성장	• 성종의 사림 등용(김종직과 그 문인) ➡ 3사 언관직 차지, 훈구 세력 비판
사화	• 연산군 : 무오사화(김종직의 '조의제문'), 갑자사화(폐비 윤씨 사건) • 중종 : 기묘사화(조광조의 개혁 정치가 발단 ➡ 현량과 실시, 소격서 폐지, 위훈삭제) • 명종 : 을사사화(외척 간의 다툼), 양재역 벽서 사건
붕당의 형성	• 선조 때 사림이 정국 주도 ➡ 척신 정치의 청산, 이조 전랑 임명 문제 등을 두고 붕당 형성(동인·서인)
성리학 발달	• 이황 : '이' 강조, 「성학십도」 저술, 일본 성리학에 영향 • 이이 : '기' 중시, 개혁적 성향, 「성학집요」 저술
서원	• 선현에 대한 제사 및 교육 기능, 백운동 서원이 시초 ➡ 붕당 형성의 토대
향약	• 전통적 공동 조직에 유교 윤리를 가미한 향촌의 자치 규약 ➡ 사림의 지방민 통제력 강화

구분	원인
무오사화(1498)	김종직의 '조의제문'
갑자사화(1504)	폐비 윤씨 사건
기묘사화(1519)	조광조의 개혁 정치
을사사화(1545)	외척 간의 대립

▲ 사화의 원인

▲ 소수 서원

▲ 이황의 성학십도

5일차 조선 전기 개념정리

키워드 3 조선의 대외관계

조선 전기 사대교린 정책	
명 (사대 관계)	• 초기 요동 정벌로 대립 ➡ 태종 이후 친선 • 조공, 사신 교환, 선진 문물 수용 ➡ 실리 추구 • 동지사, 성절사 등 정기적·비정기적 사절 교환
여진 (교린 정책)	• 강경책 : 4군 6진 설치(김종서), 사민정책 실시 • 회유책 : 토관 제도, 국경 지역에서 무역 허용 • 여진의 사신을 위해 한양에 북평관 설치
일본 (교린 정책)	• 강경책 : 쓰시마섬 정벌(이종무) • 회유책 : 3포 개항(세종), 계해약조(세종) • 왜관 설치, 한양에 동평관 설치(일본 사신)
동남아시아	• 류큐, 시암, 자와 등과 교류, 사신 파견

임진왜란	
정세	• 일본 : 3포 왜란과 을묘왜변을 일으킴 • 조선 : 비변사 설치, 동서 분당으로 의견 대립
전쟁 발발	• 도요토미 히데요시의 조선 침략 ➡ 부산진(정발)과 동래성(송상현) 함락 ➡ 충주 탄금대 전투에서 패배(신립) ➡ 한양 함락➡ 선조 의주 피란, 명에 지원군 요청 ➡ 일본군 평양까지 북상
반격	• 수군 활약 : 이순신의 옥포·당포·한산도 대첩 승리 • 의병 활약 : 의병 조직(곽재우, 정문부, 유정 등) • 명군의 참전, 육군 승리(진주 대첩–김시민, 행주 대첩–권율)
정유재란	• 명과 일본의 휴전 회담 진행 ➡ 결렬 ➡ 정유재란 ➡ 도요토미 히데요시 사망 ➡ 노량 해전에서 승리
영향	• 조선 : 국토 황폐화, 인구 감소, 토지 대장·호적 손실 • 중국 : 명 쇠퇴 ➡ 여진족 성장 • 일본 : 에도 막부 성립, 문화 발전(도자기, 성리학)

광해군	
전후 복구	• 토지 조사, 호적 조사, 대동법 시행, 성곽과 무기 수리, 동의보감 편찬(허준)
중립 외교	• 명과 후금 사이에서 실리적인 외교 정책 추진 ➡ 후금과의 전쟁을 피함
인조반정 (1623)	• 명에 대한 의리와 명분 강조 ➡ 중립 외교 정책과 광해군의 비윤리적인 정치(영창대군 살해, 인목대비 폐위)에 대한 서인 비판 ➡ 서인의 인조반정 ➡ 광해군 축출 ➡ 인조 즉위, 서인 집권

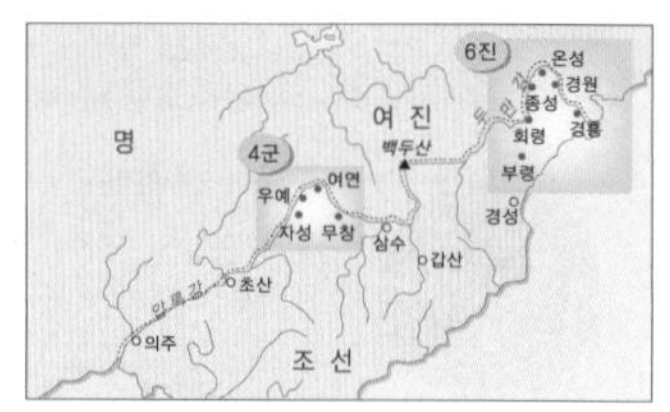

▲ 4군 6진

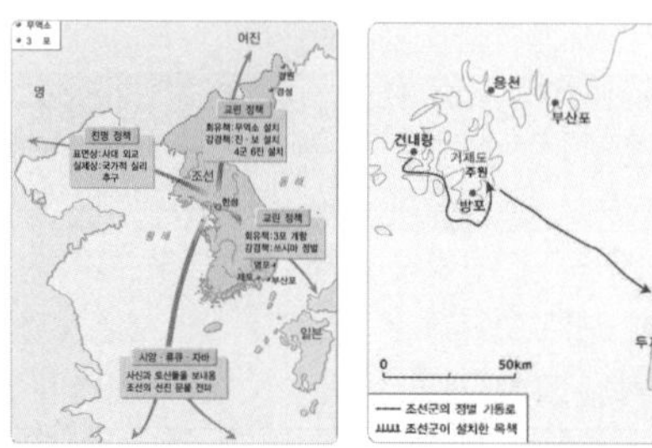

▲ 조선 초기의 대외 관계 ▲ 이종무의 대마도 정벌

▲ 임진왜란과 정유재란 당시 관군과 의병의 활동

▲ 강홍립 장군 묘

▲ 후금 누르하치에 항복하는 강홍립

호란과 북벌 운동	
정묘 호란 (1627)	• 서인 세력의 친명 배금 정책(후금 자극), 이괄의 난(사회 혼란) ➡ 조선 침략 ➡ 인조 강화도 피란, 의병 활약(정봉수, 이립) ➡ 화의 맺고 후금 퇴각
병자 호란 (1636)	• 국호를 청으로 바꾼 뒤 군신 관계 요구 ➡ 주화론과 척화론 대립(척화론 우세) ➡ 조선 정부 거절 ➡ 청의 침략 ➡ 한성 함락, 인조 피란(남한산성에서 항쟁) ➡ 청에 항복, 삼전도에서 화의 체결(군신 관계 맺음) ➡ 북벌론, 북학론 대두

▲ 삼전도비

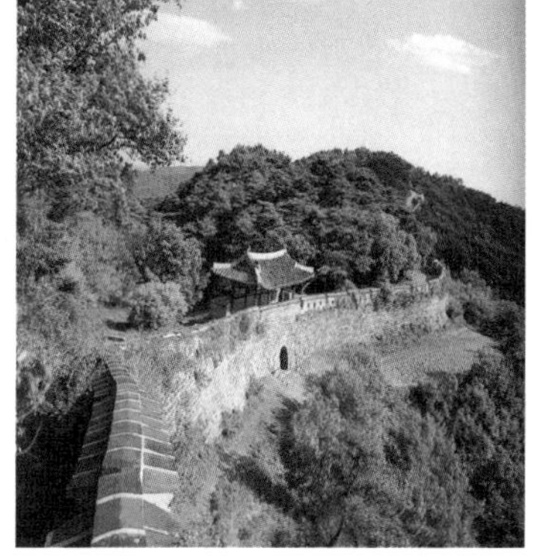
▲ 남한산성

북벌 운동	• 효종 때 청에 대한 수모 설욕을 위해 북벌 계획 ➡ 송시열, 송준길, 이완 등이 중심이 되어 성곽 수축, 군대 확대 정비 ➡ 청의 국력 강화로 실현 못함
나선 정벌	• 러시아와 청나라 간에 국경 분쟁 ➡ 청이 조선에 원군 요청 ➡ 두 차례 조총 부대 파견 ➡ 승리
북학 운동	• 청의 선진 문물 수입 주장 ➡ 18세기 후반 북학 운동으로 전개

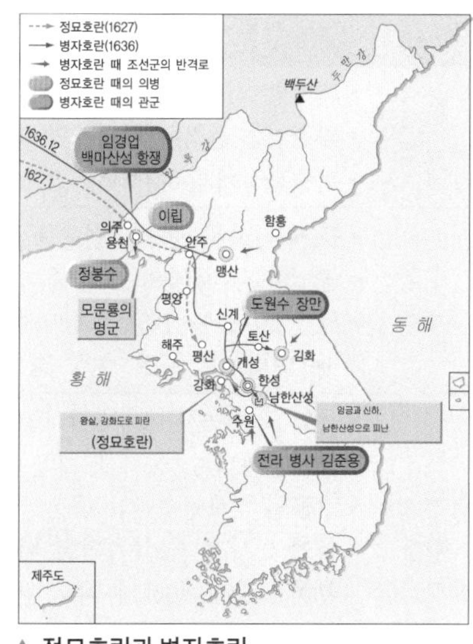

▲ 정묘호란과 병자호란

▲ 나선 정벌

조선 후기의 대외 관계	
일본	• 국교 재개 : 에도 막부의 요청 ➡ 제한적 교류 허용, 회답 겸 쇄환사(유정 파견) • 통신사 파견 : 일본의 막부 교체 시 요청 ➡ 조선의 선진 문물 전파 • 독도 : 숙종 때 안용복이 조선의 영토임을 확인
청	• 백두산 정계비 건립(1712) : 숙종 때 조선과 청의 대표가 백두산 일대를 답사한 후 국경 확정 ➡ 서로는 압록강, 동으로 토문강을 경계로 정함

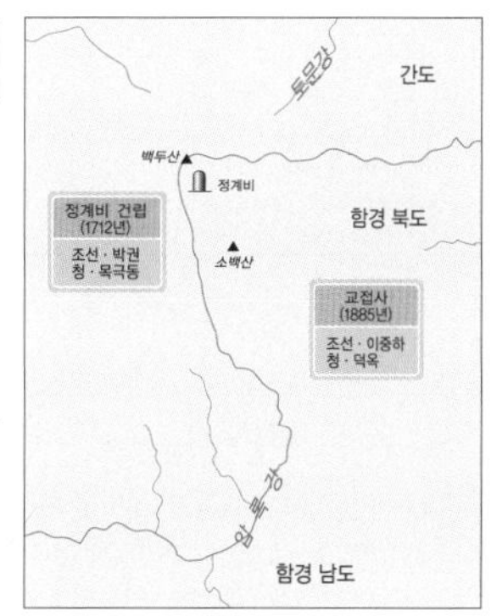

▲ 백두산 정계비

▲ 통신사의 파견

5일차 조선 전기 개념정리

키워드 4 조선의 경제

경제	
토지 제도	• 과전법 : 전·현직 관리, 수신전·휼양전 세습 • 직전법 : 현직 관리에게만 과전 지급 • 관수관급제 : 국가가 직접 조세를 거두어 지급
수취 제도	• 조세 : 전분6등법, 연분9등법(세종, 토지 비옥도·풍흉) • 공납 : 각 지역의 토산물 징수 ➡ 대납, 방납 성행 • 역 : 16세 이상 양인 남자에게 부과 ➡ 대립, 방군수포 현상 발생
경제 활동	• 농업 : 밭농사(2년 3작 일반화), 논농사(남부 지방에 모내기 보급), 농기구 개량 • 수공업 : 관영수공업 중심 • 상업 : 시전 상업(육의전 번성, 경시서 설치, 금난전권 부여), 장시(16세기 이후 전국 확대, 보부상 활약), 화폐 주조(조선통보), 무역(사신 왕래 때 공무역 성행)

- 1391 과전법 실시 (고려 말 공양왕)
- 1466 직전법 실시 (조선 세조)
- 1470 관수관급제 실시 (조선 성종)

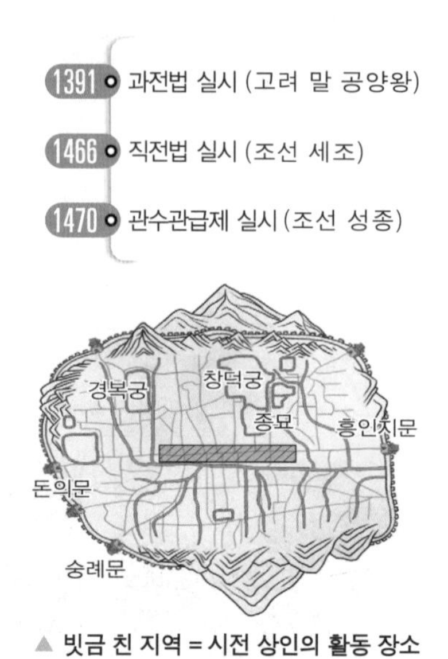

▲ 빗금 친 지역 = 시전 상인의 활동 장소

키워드 6 조선 전기의 사회

신분 제도	
특징	• 법제상 : 양천제(양인, 천인) • 실제상 : 반상제(양반, 중인, 상민, 천민)
양반	• 문무 관원과 그 자손, 토지와 노비 소유
중인	• 기술직, 중앙 관청 하급 관리, 향리, 서얼 등
상민	• 농민, 상인, 수공업자, 신량역천, 과거 응시 가능
천민	• 대부분 노비(일천즉천), 백정, 광대 등

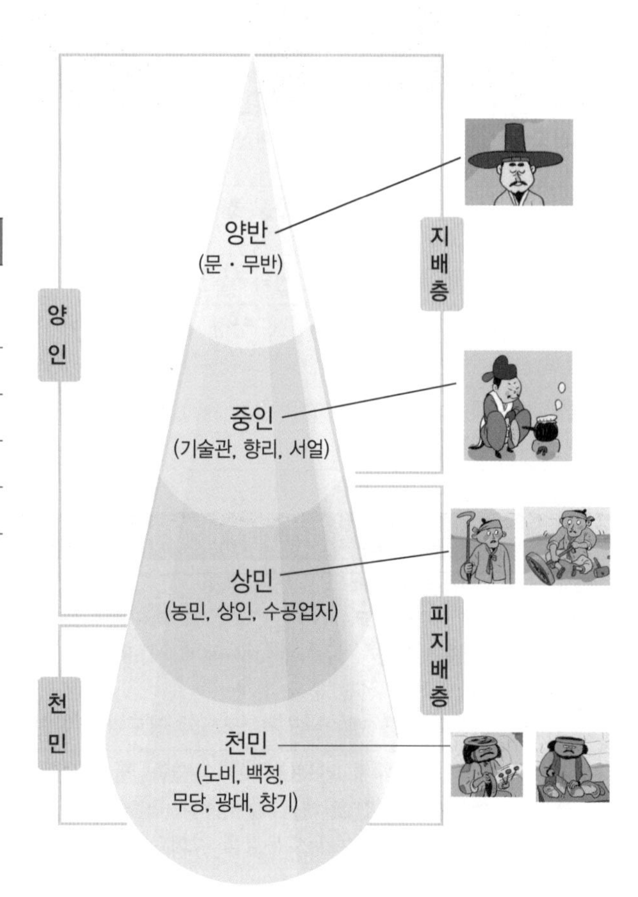

키워드 5 조선 전기의 문화

민족 문화의 발달	
편찬 사업	• 훈민정음 반포 : 민족 문화의 기반 확대, 백성들의 문자 생활 가능, 국문학 발달 • 농서 : 농사직설(세종, 우리 현실에 맞는 농업 기술), 금양잡록(성종), 구황촬요(명종) • 의서 : 향약집성방(세종), 의방유취(세종) • 의례서 : 삼강행실도(세종), 국조오례의·악학궤범(성종) • 역사서 : 조선왕조실록, 동국통감(성종, 서거정) • 지리서·지도 : 혼일강리역대국도지도(태종), 동국여지승람(성종), 해동제국기(성종) • 인쇄술 : 주자소(태종), 계미자(태종), 갑인자(세종)
과학 기술	• 역법서 : 칠정산(세종, 한양을 기준으로 천체 계산) • 천문학 : 천상열차분야지도(태조, 천문도) • 과학기구(세종) : 앙부일구(해시계), 자격루(물시계), 측우기(강우량 측정), 혼천의·간의(천체 관측 기구)
예술	• 건축 : 궁궐, 관아, 경복궁, 원각사지 10층 석탑(15세기) ➡ 서원 건축(16세기) • 공예 : 분청사기(15세기) ➡ 백자(16세기) • 그림 15세기 : 안견의 '몽유도원도', 강희안의 '고사관수도' 16세기 : 산수화, 사군자 유행

▲ 훈민정음 영인본

▲ 조선왕조실록

▲ 삼강행실도

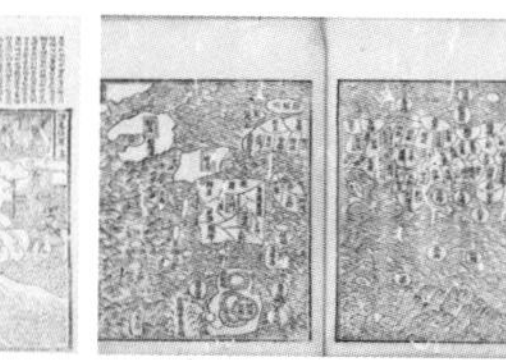
▲ 해동제국기(성종, 신숙주)

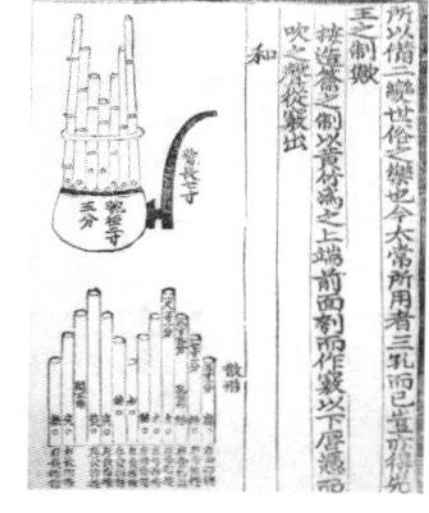
▲ 악학궤범

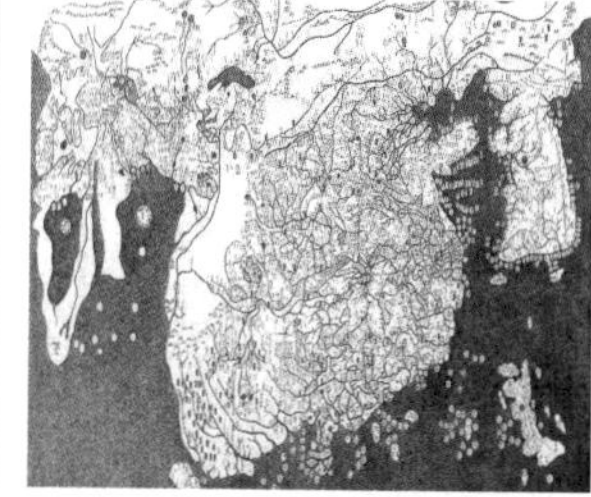
▲ 혼일강리역대국지도

▲ 간의

▲ 자격루

▲ 앙부일구

▲ 측우기

▲ 몽유도원도(안견)

▲ 고사관수도(강희안)

▲ 분청사기

▲ 백자

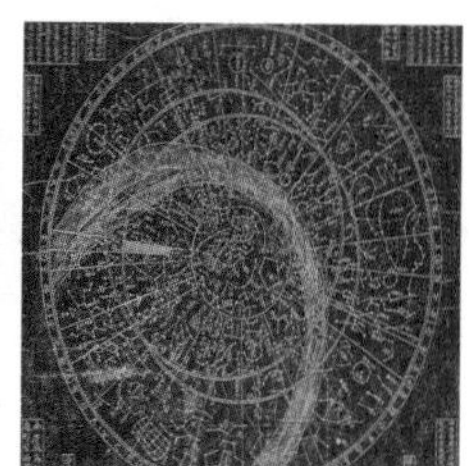
▲ 천상열차분야지도 각석

▲ 원각사지 10층 석탑

▲ 초충도(신사임당)

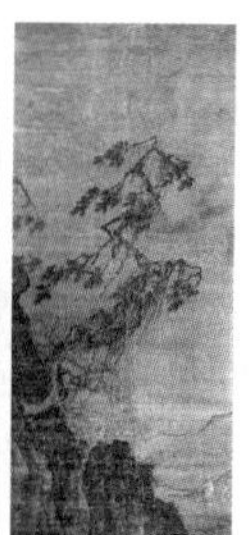
▲ 목죽도(이정)

▲ 송하보월도(이상좌)

6일차 조선 후기 개념정리

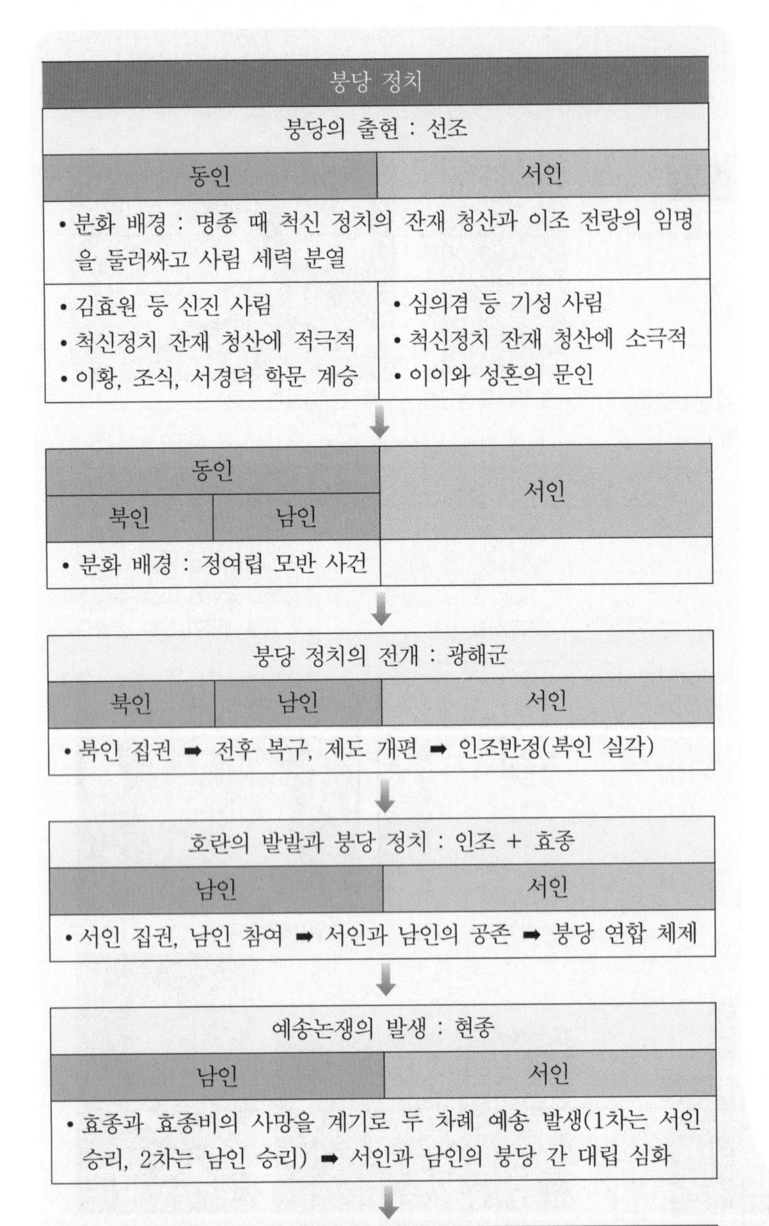

붕당 정치	
붕당의 출현 : 선조	
동인	서인
• 분화 배경 : 명종 때 척신 정치의 잔재 청산과 이조 전랑의 임명을 둘러싸고 사림 세력 분열	
• 김효원 등 신진 사림 • 척신정치 잔재 청산에 적극적 • 이황, 조식, 서경덕 학문 계승	• 심의겸 등 기성 사림 • 척신정치 잔재 청산에 소극적 • 이이와 성혼의 문인

↓

동인		서인
북인	남인	
• 분화 배경 : 정여립 모반 사건		

↓

붕당 정치의 전개 : 광해군		
북인	남인	서인
• 북인 집권 ➡ 전후 복구, 제도 개편 ➡ 인조반정(북인 실각)		

↓

호란의 발발과 붕당 정치 : 인조 + 효종	
남인	서인
• 서인 집권, 남인 참여 ➡ 서인과 남인의 공존 ➡ 붕당 연합 체제	

↓

예송논쟁의 발생 : 현종	
남인	서인
• 효종과 효종비의 사망을 계기로 두 차례 예송 발생(1차는 서인 승리, 2차는 남인 승리) ➡ 서인과 남인의 붕당 간 대립 심화	

↓

환국의 발생 : 숙종		
남인	서인	
	소론	노론
• 숙종이 왕권 안정을 위하여 정국을 주도하는 붕당을 자주 교체하는 환국 단행 ➡ 상대 붕당에 대한 탄압(일당 전제화) • 경신환국(1680) : 허적의 아들인 허견의 역모설(삼복의 변)이 발생 ➡ 서인 집권, 소론과 노론으로 분화 • 기사환국(1689) : 희빈 장씨 소생의 아이가 원자로 책봉, 희빈 장씨가 왕비로 책봉 ➡ 인현 왕후 폐위 ➡ 남인 재집권 • 갑술환국(1694) : 인현 왕후 복위, 남인 세력 몰락		

키워드 1 조선 후기의 정치 변화

동인

붕당 정치의 시작 – 선조: 동인, 서인 (정여립 모반 사건, 건저의 사건)

광해군: 북인, 남인, 서인

붕당 정치의 전개 – 인조 인조반정: 정권 참여 / 반정 주도

효종 북벌논쟁: 북벌 비판 / 북벌 주장

현종 예송논쟁: 1차 예송(기해예송) 1659, 서인 승리 / 2차 예송(갑인예송) 1674, 남인 승리

붕당 정치의 변질 – 숙종 환국정치: 경신환국(1680) → 노론, 소론 / 기사환국(1689) / 갑술환국(1694)

탕평 정치의 전개	
영조	• 탕평책 : 탕평비 건립, 탕평파 육성, 서원 대폭 정리, 이조 전랑의 3사 관리 추천 관행 폐지, 이인좌의 난 • 정책 : 균역법 시행, 가혹한 형벌 폐지, 신문고 부활, 「속대전」, 「동국문헌비고」 편찬, 준천사(청계천)
정조	• 왕권 강화 : 규장각 설치, 초계문신제 시행, 장용영 설치, 수원 화성 건설 • 규장각 검서관으로 서얼 등용(박제가, 유득공 등), 통공 정책(신해통공), 「대전통편」, 「탁지지 편찬」

키워드 2 조선 후기의 통치 체제 변화

양난 이후의 제도 변화	
정치 구조	• 비변사 : 삼포왜란(중종, 임시 기구) ➡ 을묘왜변(명종, 상설 기구화) ➡ 임진왜란(선조, 구성원이 고위 관원) ➡ 호란(인조, 최고 정치 기구) ➡ 군사, 외교, 재정, 인사 등 거의 모든 정무 총괄 ➡ 흥선 대원군 때 혁파
군사 제도	• 중앙군 : 5군영 체제 확립 ➡ 훈련도감(선조, 삼수병 체제, 직업 군인), 어영청·총융청·수어청(인조), 금위영(숙종) • 지방군 : 속오군 체제 ➡ 양반~노비까지 편제, 평상시 생업에 종사하다가 외적이 침입하면 지역 방어

관청	설립	특징
훈련도감	선조	왜란 중 설치
수어청	인조	청 침략 대비
총융청		
어영청		북벌 준비(효종)
금위영	숙종	• 국왕 호위 • 수도 방위

▲ 5군영

수취 제도의 변화	
대동법(공납)	• 배경 : 방납의 폐단, 국가 재정 악화 • 내용 : 토지 1결당 쌀(또는 동전, 삼베) 12두 납부 ➡ 상품 화폐 경제 발달(공인의 등장)
영정법(조세)	• 배경 : 농경지 황폐화, 전세 제도 문란 • 내용 : 풍흉에 관계없이 토지 1결당 쌀 4두로 고정 ➡ 여러 명목의 부과로 농민 부담 증가
균역법(역)	• 배경 : 농민의 군포 부담 증가 • 내용 : 1년에 군포 1필만 거둠, 보충안(결작, 선무군관포, 잡세(어장세·염세·선박세)의 국고 전환 등) ➡ 결작 부담 소작농에게 전가

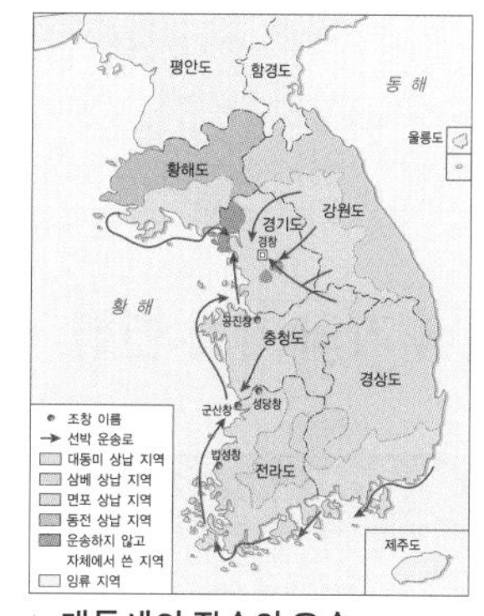

▲ 대동세의 징수와 운송

▲ 대동법 시행 시기

▲ 영조가 성균관에 세운 탕평비 ▲ 수원 화성

세도 정치의 전개	
배경	• 정조 사후 외척이 권력 행사(안동 김씨, 풍양 조씨)
전개	• 소수 가문이 정치 주도, 고위직의 정치 독점(비변사를 장악한 유력 가문이 권력 행사)
폐단	• 왕권 약화, 정치 기반 축소, 매관매직 성행, 과거 시험 부정, 삼정의 문란(전정·군정·환곡의 문란 심화) 등
저항	• 홍경래의 난, 임술 농민 봉기(진주민란-백낙신, 유계춘)
수습	• 암행어사 파견, 안핵사 파견(박규수), 삼정이정청 설치

6 일차 조선 후기 개념정리

키워드 3 조선 후기의 경제 변화

상품 화폐 경제의 발달	
농업	• 모내기법 보급 : 수확량 증가, 노동력 절감(광작 가능 ➡ 부농으로 성장), 이모작(벼와 보리) 가능 • 상품작물 재배 : 면화·인삼·담배 등 재배, 쌀 상품화 • 지대의 변화 : 타조법 ➡ 도조법(소작료 정액화) • 농민층 분화 : 소수 농민의 부농 성장, 농민 대부분 임노동자로 몰락
광업	• 17세기 이후 : 민영 광산 허용 • 민영 광산 발달 : 은광, 금광 개발 활발, 잠채 성행 • 덕대(광산 전문가)가 경영(덕대제)
수공업	• 배경 : 상품 화폐 경제의 발달, 제품 수요의 증가 • 민영 수공업 발달 : 선대제 수공업 유행, 독립 수공업자 등장
상업	• 공인과 사상(만상–청, 송상–중계 무역, 경강상인–한강, 내상–일본)의 대두 ➡ 일부 도고로 성장 • 장시(보부상)와 포구(객주·여각·선상) 상업의 발달 • 상평통보의 전국적 유통 • 국제 무역의 발달 : 개시·후시 무역

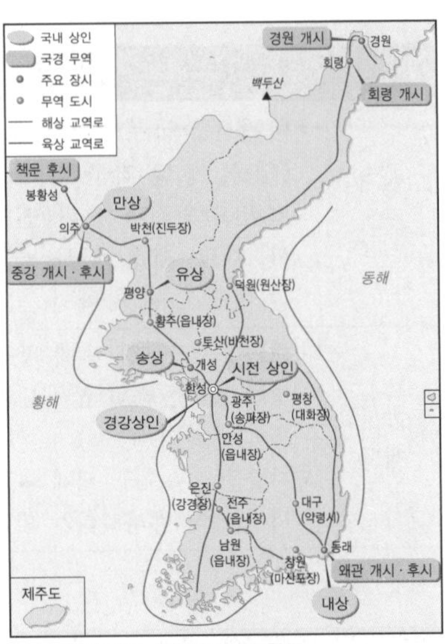

▲ 조선 후기의 상업과 무역 활동

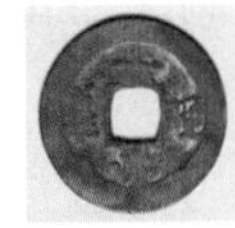

▲ 상평통보

키워드 4 조선 후기의 사회 변화

신분제의 동요	
양반	• 양반 수의 증가 ➡ 상민들이 공명첩, 납속책 등을 통해 신분 상승
중인	• 신분 상승 운동 전개 • 중인 : 소청 운동 전개 • 서얼 : 집단 상소 운동, 규장각 검서관 등용(정조)
상민	• 상민 수의 감소 • 경제력 상승, 군역 부담 회피 등으로 신분 상승 추구
천민	• 노비 수의 감소 • 군공, 납속, 도망 등으로 신분 해방, 공노비 해방(순조)

향촌 질서의 변화
• 양반의 향촌 지배 약화 : 양반의 지위 약화 ➡ 향전 발생, 몰락 양반 증가, 부농층 등장(관권과 결탁하여 영향력 확대) • 농민층 분화 : 부농층(신분 상승 추구), 임노동자(몰락 농민) • 관권 강화 : 수령 중심의 관권 강화, 향리 역할 증대, 향회가 수령의 자문 기구로 변화

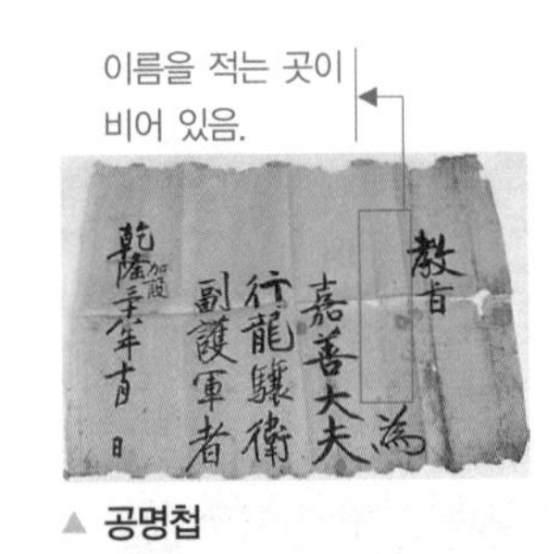

▲ 공명첩

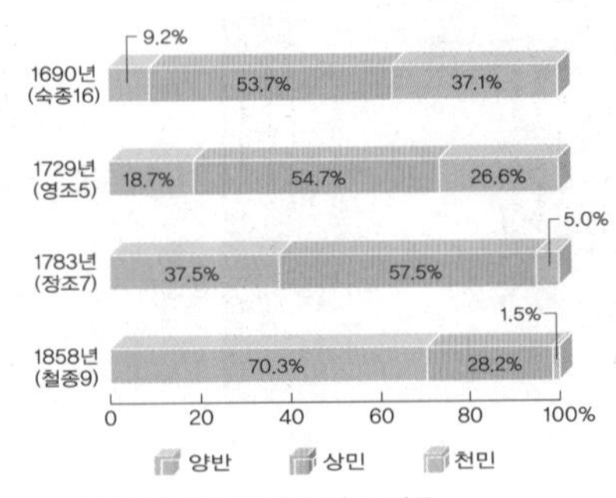

▲ 조선 후기의 직역별 인구 변동

키워드 5 새로운 종교 · 사상의 유행과 농민 봉기

천주교	
전래	• 사신을 통해 서학으로 소개(17세기) ➡ 일부 남인 실학자들에 의해 신앙으로 수용(18세기) ➡ 부녀자, 하층민으로 전파
확산 & 탄압	• 인간 평등, 내세 신앙을 바탕으로 교세 확산 ➡ 제사 거부 등 성리학적 질서 부정을 이유로 탄압 • 탄압 : 신유박해, 황사영 백서 사건 등 • 신해박해(1791, 정조) : 윤지충이 조상의 신주를 불태우고, 어머니가 상을 당하자 천주교식으로 장례를 치러 처형을 당함(최초의 천주교도 박해 사건) • 신유박해(1801, 순조) : 노론 강경파가 천주교 신자 신자에게 박해를 가함(정약용, 정약전 등 유배) • 황사영 백서 사건(1801, 순조) : 신유박해 때 황사영이 청의 베이징 주교를 통해 프랑스 군대의 출병을 요청하는 편지 작성 ➡ 정부의 탄압이 더 심해짐

천주교와 동학 전파

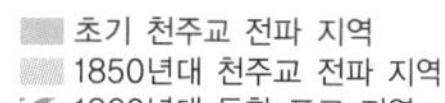
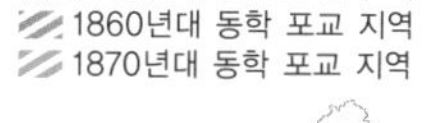

동학	
창시	• 경주 출신 몰락 양반 최제우가 창시 • 유·불·선과 민간 신앙을 결합
확산	• 인내천 사상(평등사상), 시천주, 후천개벽, 보국안민 • 탄압 : 혹세무민을 이유로 최제우 처형
정비	• 최시형이 교리 정비(동경대전, 용담유사 편찬), 교단 조직 정비 ➡ 농민층 확산

▲ 동학 창시자 최제우

예언 사상	
대두	• 예언 사상 유행(비기·도참을 이용한 말세의 도래, 왕조의 교체, 변란 예고, 정감록 등), 미륵 신앙 확산

농민 봉기	
배경	• 세도 정치로 인한 삼정의 문란
홍경래의 난 (순조,1811)	• 평안도민에 대한 차별, 세도 정치 ➡ 홍경래의 지도 아래 영세 농민, 중소 상인 광산 노동자 등이 봉기(청천강 이북 지역 장악) ➡ 정부에 진압
임술 농민 봉기 (철종,1862)	• 환곡의 문란, 탐관오리(백낙신)의 탐학 ➡ 진주 농민 봉기를 계기로 전국 확대 ➡ 안핵사 박규수 파견(삼정이정청 설치 건의)

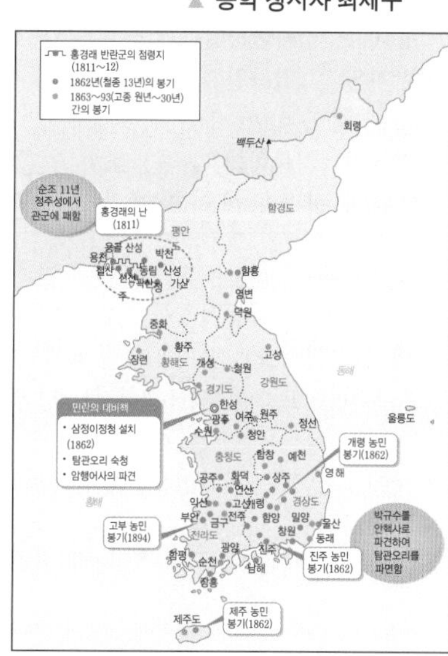

▲ 19세기 농민 항쟁

조선 후기 개념정리

키워드 6 실학의 발달

성리학	
성리학의 절대화	성리학의 상대화
• 주자 중심의 성리학 절대화 • 명분론 강화(송시열 등)	• 윤휴 : 경전의 독자적 해석 • 박세당 : 주자 학설 비판

양명학 수용
• 일부 소론 학자들이 연구, 성리학의 형식화와 교조화 비판 ➡ 지행합일의 실천성 강조, 강화 학파 성립(정제두)

▲ 송시열

▲ 박세당

실학의 등장	
배경	• 성리학 비판, 사회 모순을 개혁하고자 한 학문 경향
중농학파(경세치용 학파)	
• 주장 : 농촌 안정을 위한 토지 제도 개혁 주장 ➡ 자영농 육성 • 유형원 : 「반계수록」 저술, 균전론 주장, 양반 문벌 제도·노비 제도 비판 • 이익 : 「성호사설」 저술, 한전론 주장(영업전 이외 토지 매매), 여섯 가지 폐단 지적 • 정약용 : 「경세유표」, 「목민심서」, 「흠흠신서」 등 저술 여전론·정전론 주장(공동 경작·분배), 거중기 제작	
중상학파(이용후생 학파, 북학파)	
• 주장 : 상공업 진흥, 기술 혁신, 청 문물 수용 • 유수원 : 「우서」 저술, 사·농·공·상 직업적 평등화·전문화 주장 • 홍대용 : 「의산문답」 저술, 기술 혁신, 성리학적 세계관 극복 • 박지원 : 「열하일기」 저술, 수레와 선박 이용, 화폐 유통 주장, 양반 제도 비판 • 박제가 : 「북학의」 저술, 소비 권장(우물론), 청과 통상 강화, 수레와 선박의 이용 강조	
국학 연구의 확대	
• 역사 : 안정복(동사강목), 유득공(발해고), 이종휘(동사), 이긍익(연려실기술), 한치윤(해동역사) • 지리지·지도 : 이중환(택리지), 정상기(동국지도), 김정호(대동여지도) • 국어 : 신경준(훈민정음운해), 유희(언문지) • 백과사전 : 지봉유설(이수광), 동국문헌비고(영조)	

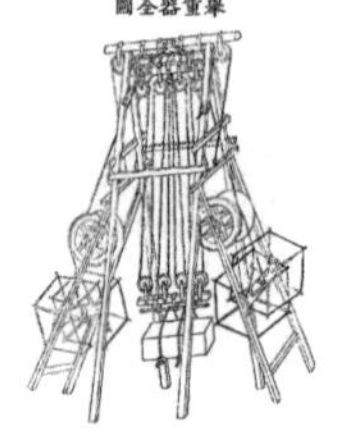

▲ 정약용의 거중기

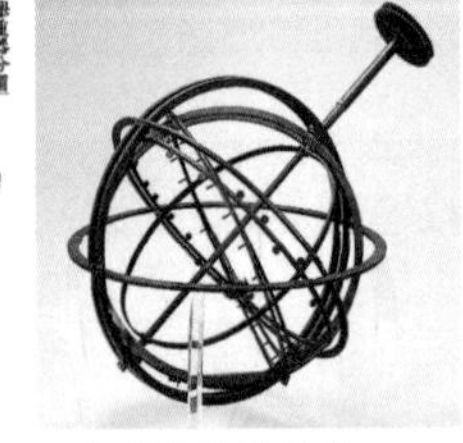

▲ 홍대용의 혼천의

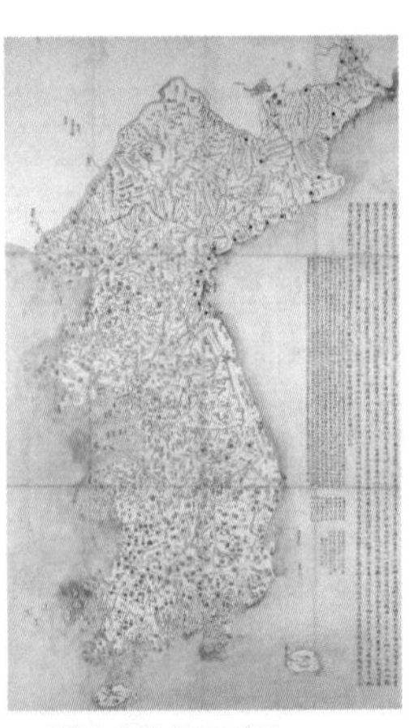

▲ 정상기의 동국지도

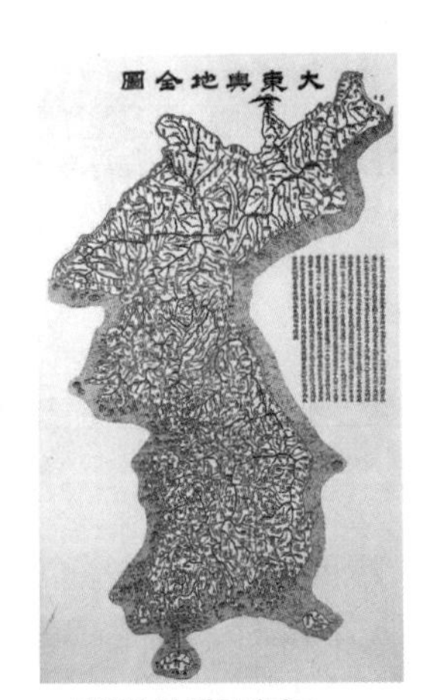

▲ 김정호의 대동여지도

키워드 7 조선 후기의 문화

서민 문화의 발달	
한글 소설	• 허균의 홍길동전, 춘향전, 심청전, 장화홍련전 등
사설시조	• 자유로운 형식으로 서민들의 감정을 솔직히 표현
시사 활동	• 중인층과 서민층이 시사를 조직하여 활동
민화	• 민중의 미적 감각 표현 ➡ 생활공간을 장식, 소원 기원
판소리	• 창과 사설로 이야기를 엮어 서민층 호응을 받음
탈놀이	• 지배층, 승려들의 부패와 위선 풍자

▲ 김홍도의 무동

▲ 신윤복의 단오 풍정

▲ 민화(까치와 호랑이)

▲ 판소리

예술의 새 경향	
그림	• 진경산수화 : 우리 경치를 사실적으로 묘사 ➡ 정선의 '인왕제색도', '금강전도' • 풍속화 : 김홍도(서민의 생활 모습 묘사), 신윤복(양반·부녀자들의 생활 모습 묘사) • 문인화 : 김정희의 세한도(이상적에게 그려준 그림)
자기	• 청화백자 유행
건축	• 17세기 : 불교의 사회적 지위 향상, 양반층 지원 ➡ 금산사 미륵전, 화엄사 각황전, 법주사 팔상전(현존 유일한 조선 시대 목탑, 석가모니의 생애를 여덟 장면으로 표현한 팔상도가 그려져 있음) • 18세기 : 부농과 상인의 지원으로 건립 ➡ 논산 쌍계사, 부안 개암사

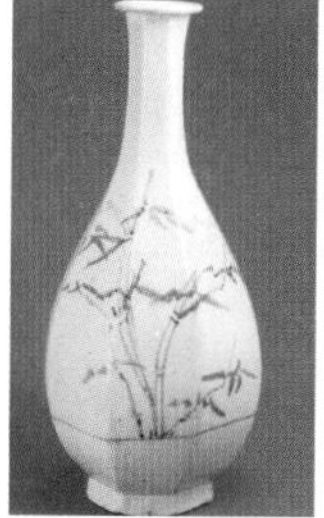
▲ 청화 백자

▲ 법주사 팔상전

▲ 신윤복의 미인도

▲ 정선의 인왕제색도

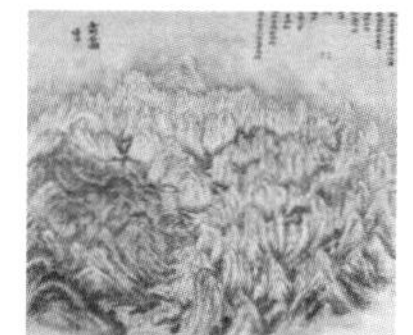
▲ 정선의 금강전도

▲ 강세황의 영통골 입구도

▲ 김정희의 세한도

▲ 김정희의 추사체

7 일차 1860~1910년대 개념정리

키워드 1 흥선 대원군의 정책과 양요

흥선 대원군의 국내 정치	
왕권 강화	• 안동 김씨 가문 제거, 인재 등용 • 비변사 기능 축소 및 폐지, 의정부·삼군부 부활 • 「대전회통」, 「육전조례」 편찬
서원 철폐	• 목적 : 붕당의 근거지 제거, 국가 재정 확충 • 결과 : 전국에 47개소만 남기고 모두 철폐 ➡ 국가 재정 확충, 민생 안정, 유생의 반발 초래
삼정 개혁	• 전정 : 양전 실시, 은결 색출, 토지 겸병 금지 • 군정 : 호포법 실시 ➡ 양반에게도 군포 징수 • 환곡 : 사창제 실시 ➡ 지역민의 자치 운영, 관리
경복궁 중건	• 목적 : 왕실의 위엄 회복 • 과정 : 원납전 강제 징수, 당백전 발행, 백성의 강제 노역 ➡ 양반과 백성의 불만 고조

흥선 대원군의 국외 정치

병인양요(1866)

- 배경 : 병인박해(프랑스 신부와 천주교 신자 처형)
- 전개 : 프랑스의 강화도 침략 ➡ 한성근(문수산성), 양헌수(정족산성)부대 항전 ➡ 프랑스 철수, 외규장각 도서 약탈(의궤)

오페르트 도굴 사건(1868)

- 독일 상인 오페르트가 남연군 묘 도굴을 시도하다 실패
  ➡ 서양인에 대한 조선인의 반감 확대

신미양요(1871)

- 배경 : 미국 상선 제너럴셔먼호 선원들이 통상 요구하며 횡포 ➡ 대동강에서 평양 군민이 제너럴셔먼호를 불태움(제너럴셔먼호 사건, 1866)
- 제너럴셔먼호 사건 ➡ 미군이 강화도 침략 ➡ 어재연(광성보) 부대 항전 ➡ 미군 철수, 척화비 건립

▲ 프랑스 함대의 강화 침입로(병인양요)

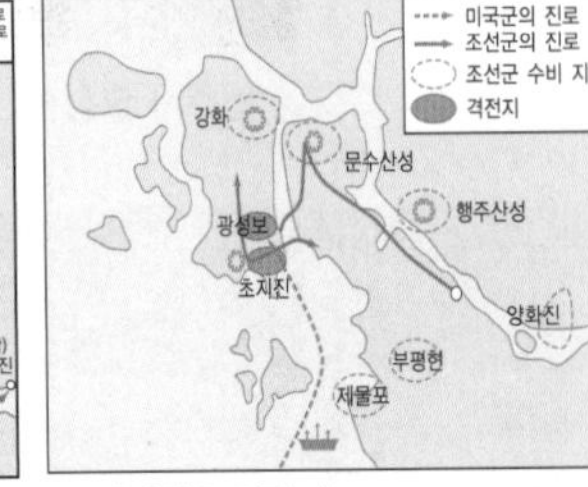

▲ 신미양요 격전지

키워드 2 19세기 개항과 개화 · 구국 운동

문호 개방	
강화도 조약 (1876)	• 배경 : 운요호 사건(1875)으로 일본의 문호 개방 요구, 고종의 친정, 통상 개화론의 대두 • 내용 : 조선을 자주국으로 규정(청의 종주권 배제), 부산(경제)·원산(군사)·인천(정치) 개항, 해안 측량권(불평등), 치외 법권 허용(불평등) • 의의 : 최초의 근대적 조약, 문호 개방, 불평등 조약
부속 조약	• 강화도 조약 부록(조·일 수호 조규 부록, 1876) ➡ 일본인 거류지 설정, 일본 화폐 유통 • 조·일 무역 규칙(조·일 통상 장정, 1876) ➡ 양곡의 무제한 유출, 일본 수출입 상품 무관세
서양 열강과 수교	• 조·미 수호 통상 조약(1882) ┌ 배경 : 조선책략의 유포, 청의 알선 └ 내용 : 치외법권, 거중 조정, 최혜국 대우, 관세 0 • 조·영 수호 통상 조약(1883), 조·독 수호 통상 조약(1883), 조·러 수호 통상 조약(1884), 조·프 수호 통상 조약(1886) ➡ 불평등 조약

개화 정책의 추진	
정책 추진	• 개화 정책 담당 : 통리기무아문 설치, 12사 설치 • 군사 제도 : 5군영 ➡ 무위영, 장어영으로 개편, 별기군(신식 군대) 설치 • 사절단 파견 : 1·2차 수신사(김홍집의 「조선책략」), 조사 시찰단(일본), 영선사(청), 보빙사(미국)

임오군란(1882)	
배경	• 구식 군인 차별(별기군 우대), 곡물 가격 폭등
전개	• 구식 군인의 폭동과 도시 빈민의 합세 ➡ 흥선 대원군의 재집권(통리기무아문과 별기군 폐지) ➡ 청군의 개입(흥선 대원군 납치) ➡ 민씨 세력의 재집권
결과	• 청의 내정 간섭 : 청군 주둔, 마건상·묄렌도르프 파견 • 조·청 상민 수륙 무역 장정 체결 : 청 상인의 내륙 진출 허용 • 제물포 조약 체결 : 일본군 주둔 허용, 배상금 지불

개화파의 분화

온건 개화파	급진 개화파
• 김홍집, 어윤중, 김윤식 등 • 동도서기론, 점진적 개혁 ➡ 청의 양무운동이 모델 • 친청 사대 유지	• 김옥균, 박영효, 서광범 등 • 문명개화론 ➡ 일본 메이지유신이 모델 • 친청 사대 반대 • 갑신정변 주도

갑신정변(1884)	
배경	• 청의 내정 간섭, 개화 정책의 후퇴, 청·프 전쟁으로 청군 철수, 일본의 지원 약속
전개	• 우정총국 개국 축하연을 이용해 정변 ➡ 민씨 정권 처단 ➡ 개화당 정부 수립(14개조 혁신 개혁 정강 발표) ➡ 청군 개입 ➡ 3일 만에 실패로 끝남
	• 14개조 개혁 정강 : 청에 대한 사대 관계 청산, 문벌 폐지, 인민 평등권 확립, 지조법 개혁, 국가 재정의 호조 담당
결과	• 청의 내정 간섭 심화 : 민씨 세력 재집권 • 한성 조약 : 일본 공사관 신축비 부담, 배상금 지불 • 톈진 조약 : 향후 조선 파병 때 사전 통보 약속

갑신정변 이후 국내외 정세	
전개	• 거문도 사건(1885) : 영국이 러시아 남하 견제를 빌미로 불법 점령 • 한반도 중립화론 대두 : 독일 부영사 부들러, 유길준이 주장

개화파의 분화	
온건 개화파	급진 개화파

VS

위정척사 운동	
1860 년대	• 서양의 통상 요구 ➡ 통상 반대, 척화주전론(이항로, 기정진)
1870 년대	• 강화도 조약 체결 ➡ 개항 반대, 왜양일체론(최익현)
1880 년대	• 조선책략 유포 ➡ 개화 반대, 영남 만인소(이만손, 홍재학)
1990 년대	• 을미사변, 단발령 ➡ 의병 항쟁으로 발전(유인석, 이소응)

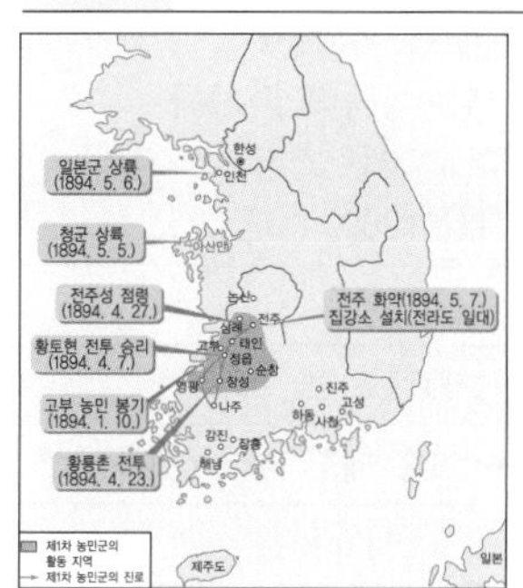

▲ 제1차 동학 농민 운동의 전개

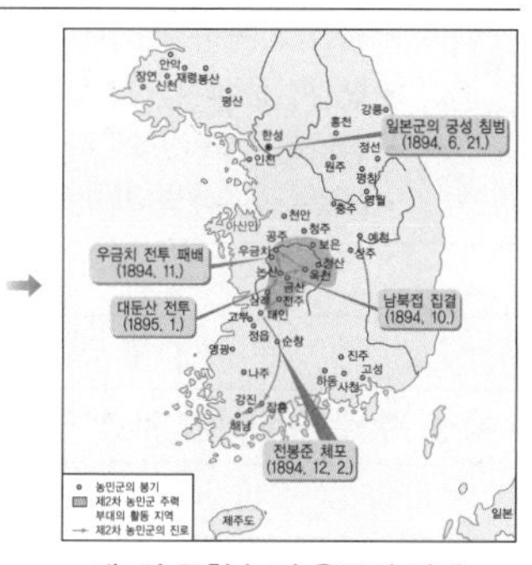

▲ 제2차 동학 농민 운동의 전개

키워드 3 동학 농민 운동

교조 신원 운동	• 교조 최제우의 신원과 동학의 합법화 요구 • 삼례 집회(1892) ➡ 서울에서 복합 상소(1893) ➡ 보은 집회(1893, 탐관오리 숙청, 일본 · 서양 세력 축출 주장, 정치적 요구 제기)

동학 농민 운동의 전개 과정		
고부 민란	배경	• 고부 군수 조병갑의 탐학 : 만석보 축조, 물세 징수 등
	과정	• 전봉준이 사발통문을 돌려 농민을 모아 관아 습격 ➡ 정부는 조병갑 파면 이후 후임 군수로 박원명 임명, 안핵사 이용태 파견 ➡ 후임 군수의 회유로 농민들 자진 해산
1차 봉기 =반봉건	배경	• 고부 민란 수습 과정에서 안핵사 이용태의 실정 예 봉기 관련자를 역적으로 몰아 탄압
	과정	• 전봉준, 김개남, 손화중 등이 무장에서 봉기 ➡ 고부 점령 후 백산 1차 봉기(백산격문–보국안민 · 제폭구민+4대 강령) ➡ 황토현 전투 승리(감영군) ➡ 황룡촌 전투 승리(정부군) ➡ 전주성 점령(1894. 4.)
전주 화약과 집강소 활동기	배경	• 정부는 동학군 진압을 위해 청에 원병 요청 ➡ 청군 출병 ➡ 톈진 조약을 빌미로 일본군 출병
	과정	• 전주 화약 체결 : 정부와 농민군 화해 ➡ 폐정 개혁에 합의 ┌ 농민군 : 전라도 각지에 집강소 설치 ➡ 폐정 개혁안 실천 노력 └ 정부 : 교정청 설치 ➡ 농민군 요구 반영, 일본 개혁 요구 대응
2차 봉기 =반외세	배경	• 청 · 일본 군대에 철수 요구 ➡ 일본의 경복궁 점령 ➡ 교정청 폐지, 군국기무처 설치(1차 갑오개혁) ➡ 청 · 일 전쟁 발발
	과정	• 일본 내정 간섭에 반발 ➡ 삼례에서 2차 봉기(남접) ➡ 논산에서 남접(전봉준) · 북접(손병희)의 연합 부대 형성, 서울로 북상 ➡ 공주 우금치 전투에서 농민군 패배(1894. 11.) ➡ 전봉준 등 농민군 지도자 체포, 잔여 세력 진압됨
	의의	• 반봉건(1차 봉기, 정치 · 사회개혁 요구) ➡ 갑오개혁에 영향 • 반외세(2차 봉기, 일본의 침략에 저항) ➡ 항일 의병 활동에 영향

7일차 1860~1910년대 개념정리

키워드 4 근대 국가 수립을 위한 노력

갑오·을미개혁	
1차 갑오개혁 (1894. 7.)	• 주도 : 군국기무처 설치, 김홍집 내각, 흥선대원군 섭정 • 추진 : 갑신정변 당시 제기된 혁신 정강과 동학 농민군의 폐정 개혁안 일부 수용 • 정치 : 궁내부 설치, 개국기년 사용, 과거 폐지, 6조를 8아문으로 개편, 경무청 신설 • 경제 : 재정 일원화, 조세 금납화, 도량형 통일 • 사회 : 신분제 폐지, 조혼 금지, 과부 재가 허용
2차 갑오개혁 (1894. 12.)	• 배경 : 청·일 전쟁에서 일본 우세, 흥선 대원군 퇴진, 군국기무처 폐지 • 주도 : 홍범 14조 반포, 김홍집·박영효 연립내각 • 행정 개편 : 내각제 및 7부로 개편, 8도를 23부로 개편, 군현제 폐지 • 재판소 설치 : 사법권 독립, 지방관의 권한 축소 • 교육입국 조서 반포 : 근대 교육 제도 마련
3차 갑오개혁 = 을미개혁 (1895. 8.)	• 배경 : 청·일 전쟁 후 삼국 간섭 ➡ 친러 내각 수립(3차 김홍집 내각) ➡ 을미사변(1895) ➡ 친일 내각 수립(4차 김홍집 내각) • 개혁 : '건양' 연호 제정, 태양력 사용, 단발령 시행, 종두법 실시, 근대적 우편 사무 제도 마련

키워드 5 독립 협회

독립협회	
배경	• 아관파천 이후 러시아 등 열강의 이권 침탈
성립	• 서재필이 독립신문 창간 ➡ 독립 협회 조직(1896)
활동	• 민중 계몽 : 독립신문 발간, 독립문 건립, 강연회와 토론회 개최 ➡ 만민 공동회 개최 • 자주 국권 : 만민 공동회 개최 ➡ 열강의 이권 침탈 반대 운동 ➡ 러시아의 절영도 조차 요구 저지, 러시아 군사 교관·재정 고문 철수, 한·러 은행 폐쇄 • 자유 민권 : 관민 공동회 개최 ➡ 헌의 6조 채택 ➡ 의회 설립 운동(의회식 중추원 관제 반포)
해산	• 보수 세력이 독립 협회가 공화정을 수립한다고 모함 ➡ 황국 협회와 군대 동원하여 탄압 및 해산

▲ 독립신문

▲ 독립문

키워드 6 대한 제국의 성립

대한제국	
수립	• 고종 환궁 요구, 조선을 둘러싼 러·일 세력 균형 ➡ 고종이 경운궁(덕수궁)으로 환궁 ➡ 황제 즉위식 거행(1897) ➡ 국호 '대한제국', 연호 '광무' 제정
광무 개혁	• 방침 : 점진적 개혁 추구, 구본신참 • 정치 : 대한국 국제 제정(1899), 궁내부·내장원 확대(황실 재정 강화) • 군사 : 원수부 설치, 친위대(중앙)와 진위대(지방) 증강, 무관학교 설립(장교 육성) • 교육 : 중학교 관제 공포(한성 중학교 설립), 기술·실업 교육 강조 ➡ 유학생 파견 • 경제 : 양전 사업 실시 ➡ 지계 발급 • 식산흥업 : 근대적인 공장과 회사 설립, 근대 시설 도입

◀ 황궁우(왼쪽)와 환구단(오른쪽)

◀ 지계

키워드 7 국권 피탈 과정

국권 피탈

한·일 의정서(1904. 2.) : 군사 요충지 사용 가능

제1차 한·일 협약(1904. 8.)

• 일본이 추천한 고문 초빙(외교 – 스티븐스, 재정 – 메가타)

⬇ 가쓰라·태프트 밀약, 제2차 영·일 동맹, 포츠머스 조약 ⬇

을사조약(1905)

• 대한 제국의 외교권 박탈, 통감부 설치

을사조약 항거	• 나철·오기호의 오적 암살단 조직 • 을사의병, 상소 및 순국 자결(민영환 등) • 헤이그 특사 파견(이상설, 이준, 이위종) • 황성신문에서 장지연의 '시일야방성대곡' 게재 • 전명운, 장인환의 미국인 외교 고문 스티븐스 사살 • 안중근의 이토 히로부미 사살(1909)

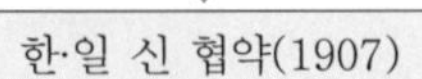

한·일 신 협약(1907)

• 행정 각 부에 일본인 차관 임명 ➡ 이후 대한 제국 군대 해산

한·일 병합 조약(1910. 8.) : 국권 피탈

키워드 8 국권 피탈에 맞선 항일 의병 운동과 애국 계몽 운동

의병 활동	
을미의병 (1895)	• 배경 : 을미사변, 단발령 계기 • 전개 : 양반 유생 의병장 중심(유인석, 이소응) ➡ 국왕의 해산 권고에 따라 자진 해산
을사의병 (1905)	• 배경 : 을사조약 강요 계기 • 전개 : 유생 의병장(최익현, 민종식)과 함께 평민 의병장(신돌석) 등장
정미의병 (1907)	• 배경 : 고종의 강제 퇴위, 군대 해산 계기 ➡ 전투력 향상, 의병 전쟁으로 확대 • 전개 : 13도 창의군 조직(이인영, 허위) ➡ 서울 진공 작전 전개 ➡ 실패
호남의병	• 일본의 남한 대토벌 작전(1909)으로 큰 타격

▲ 헤이그 특사 : 왼쪽부터 이준, 이상설, 이위종

▲ 정미의병의 모습

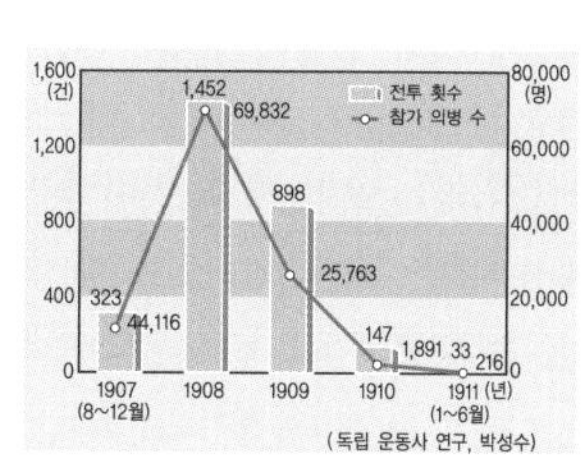

▲ 정미의병 전투 횟수와 참가 수

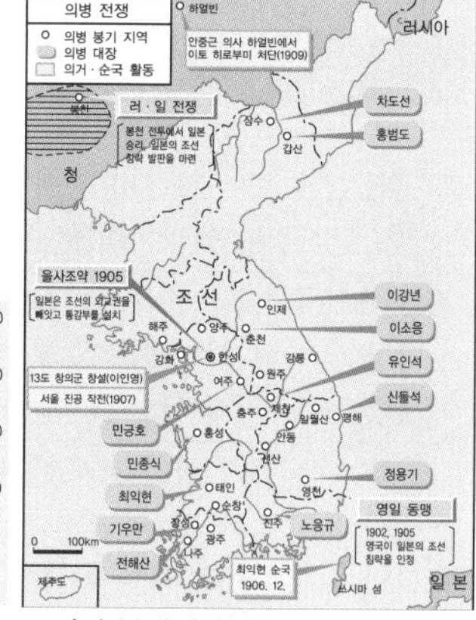

▲ 의병 부대의 활동

애국 계몽 운동	
성격	• 시기 : 을사조약 전후로 전개, 사회 진화론의 영향 • 주도 : 개화 지식인, 개혁적 유학자, 도시 시민 등 • 목표 : 실력을 양성하여 국권 회복
보안회	• 일본의 황무지 개간권 요구 반대 운동(1904) 성공
헌정 연구회	• 의회 설립을 통한 입헌 군주정 수립 주장(1905)
대한 자강회	• 대한 자강회 월보 간행, 전국 지회 설립 • 고종 퇴위 반대 운동으로 강제 해산(1906)
신민회	• 결성 : 안창호, 양기탁 등, 비밀 결사(1907) • 목표 : 국권 회복과 공화정 추구 • 학교 설립 : 대성 학교, 오산 학교 • 회사 설립 : 태극 서관, 자기 회사 • 독립운동 기지 건설 : 삼원보, 신흥 무관 학교 설립 • 해산 : 105인 사건으로 해산

▲ 대한자강회 월보

▲ 신민회가 세운 평양의 대성학교

한눈에 흐름 파악하기

- 1904. 보안회 결성
- 1905. 헌정 연구회 결성
- 1906. 대한 자강회 결성
- 1907. 2. 국채 보상 운동 시작
- 4. 신민회 결성
- 7. 신문지법 시행, 보안법 시행
- 1908. 8. 사립 학교령 시행
- 1909. 2. 출판법 시행

7 일차 1860~1910년대 개념정리

키워드 9 경제적 구국 운동

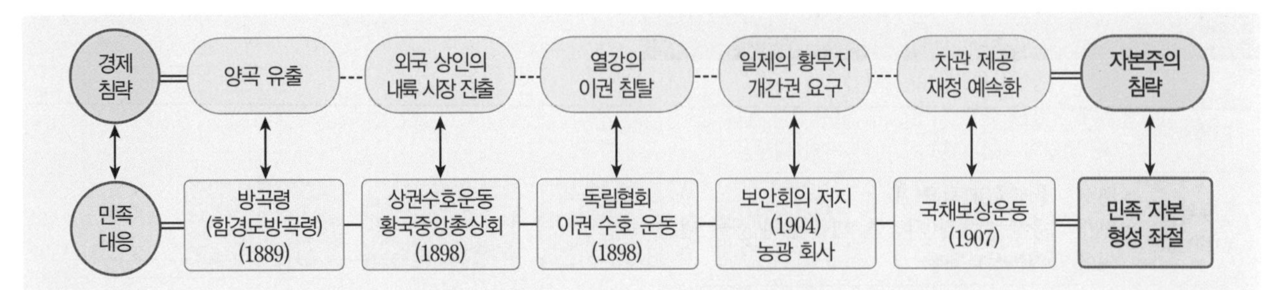

열강의 경제 침탈	
일본·청 경제 침탈	• 일본 : 거류지 무역, 미면 교환 체제(쌀 ↔ 면) • 청 : 조·청 상민 수륙 무역 장정 체결(1882) ➡ 청·일 상인의 상권 확대, 조선 중개 상인 타격
열강 이권 침탈	• 아관 파천 이후 러시아의 이권 침탈 본격화 • 최혜국 대우 통해 각종 이권 침탈 ➡ 광산 채굴권(러시아), 철도 부설권(일본), 삼림 채벌권(러시아)
화폐 정리 사업	• 화폐 정리와 시설 개선 명목, 대한 제국의 재정 예속 음모 ➡ 재정 고문 메가타 주도, 금본위 화폐제, 국내 상공업자 타격
토지 약탈	• 황무지 개간권 요구, 철도 부지와 군용지 확보를 구실로 토지 강탈, 동양척식 주식회사 설립(1908)

경제적 구국 운동의 전개	
방곡령	• 개항 이후 일본 상인에 의한 곡물 유출 ➡ 물가 폭등 ➡ 방곡령 선포(함경도, 황해도) ➡ 일본 요구(조·일 통상 장정의 규정 근거)에 굴복 ➡ 방곡령 철회, 배상금 지불
상권수호	• 상인들의 철시 투쟁, 황국 중앙 총상회 조직
이권수호	• 러시아 절영도 조차 요구 저지, 한·러 은행 폐쇄
토지수호	• 일본의 황무지 개간권 요구 ➡ 보안회 반대 운동
국채 보상 운동	• 대구에서 서상돈 등이 시작 ➡ 국채 보상 기성회 조직 ➡ 황성신문·대한매일신보 등 언론 기관, 애국 계몽 운동 단체 지원 ➡ 통감부 탄압으로 실패

▲ 열강의 이권 침탈

▲ 백동화 : 조선 말기에 널리 쓰인 동전

▲ 화폐 정리 사업으로 새롭게 발행된 제일은행 1원권

▲ 동양 척식 주식회사

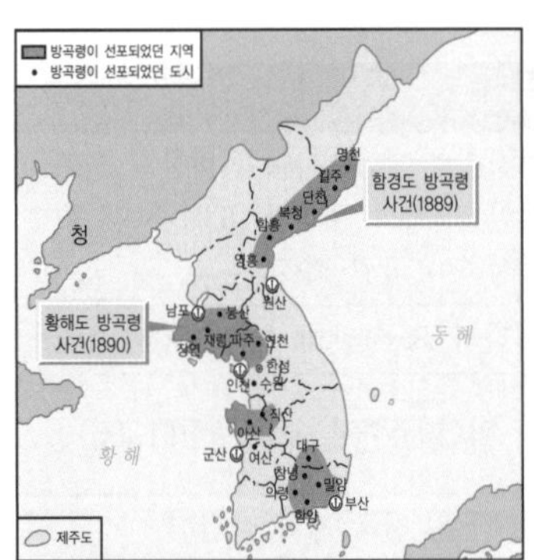

▲ 방곡령 선포

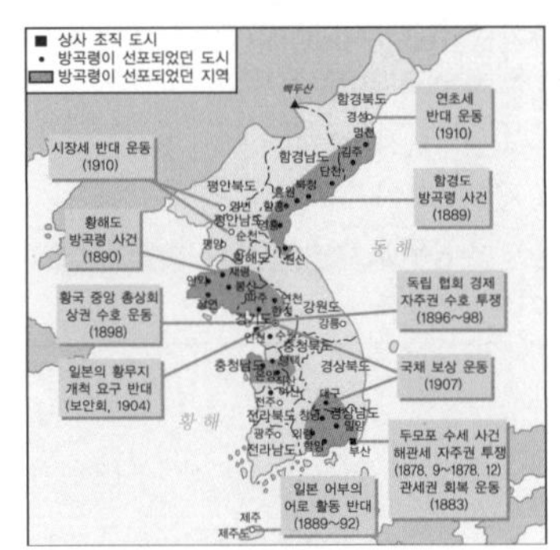

▲ 경제적 침략 저지 운동

▲ 국채 보상 운동의 주역 서상돈(좌)과 김광제(우)

(단위: 원)

도명	2~5월 모집금	도명	2~5월 모집금
경성	62,735,080	황해	24,286,175
경기	13,916,087	평남	25,083,185
충북	3,778,625	평북	21,277,762
충남	15,669,355	강원	4,258,515
전북	6,341,004	함남	10,505,500
전남	8,408,880	함북	977,400
경북	23,853,031	합계	241,098,913
경남	20,008,314		

(최기영, "한국 독립운동의 역사")

국채보상운동모금상황(1907년 2~5월 모집금)

▲ 모금 상황

키워드 10 근대 문화

국학 연구	
국사	• 계몽 사학 : 민족 영웅전 편찬, 외국 흥망사 소개 • 신채호 : 「독사신론」, 민족주의 역사학 방향 제시 • 조선 광문회 : 최남선·박은식 ➡ 고전 정리 간행
국어	• 주시경의 국문연구소

예술	
예술	• 창가 유행, 원각사 설립(극장), 서양 화풍 소개
문학	• 신소설과 신체시 등장, 외국 문학 번역 작품 소개

근대 문물 수용	
통신	• 전신·전화 가설(경운궁, 1898), 우정총국(1884)
교통	• 전차 : 한성 전기 회사(1898) ➡ 서대문~청량리 간 가설(1899) • 철도 : 경인선(1899, 일본), 경부선·경의선(일본)
전기	• 전등 가설(1887, 경복궁)
의료	• 광혜원(1885, 후에 제중원 ➡ 세브란스 병원) • 광제원 ➡ 후에 대한 의원
시설	• 기기창(1883), 박문국(1883), 전환국(1883)
건축	• 명동성당(1898), 덕수궁 석조전(1910)

▲ 광혜원

▲ 전차

▲ 명동 성당

▲ 덕수궁 석조전

▲ 원각사

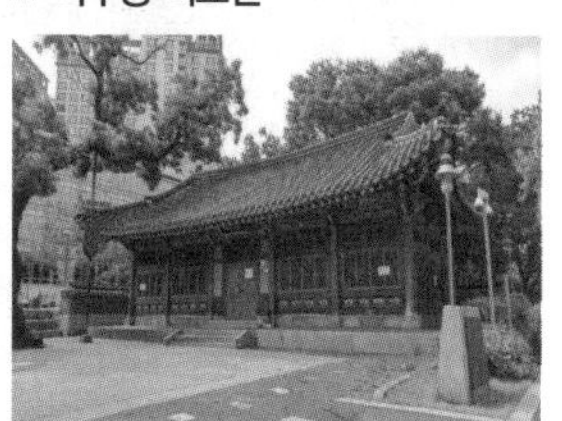
▲ 우정총국

근대 교육 기관	
근대 교육	• 동문학(1883) : 통역관 양성, 영어 교육 • 원산학사(1883) : 최초 근대적 사립학교 • 육영 공원(1886) : 미국인 교사, 양반 자제 입학
갑오개혁	• 교육입국조서 반포 ➡ 근대적 교육 제도 마련
대한제국	• 한성 중학교, 각종 실업학교 등 설립
사립학교	• 개신교 선교사가 건립 : 배재 학당, 이화 학당

종교	
천도교	• 동학 개칭, '만세보' 등을 간행
대종교	• 나철 창시, 단군 숭배, 독립운동 전개
천주교	• 애국 계몽 운동 전개
개신교	• 서양 의술, 근대 교육 보급
유교	• 박은식의 유교 구신론
불교	• 한용운의 조선 불교 유신론

언론 기관	
한성순보	• 순 한문, 최초의 근대 신문, 박문국에서 발행
독립신문	• 최초의 민간 신문, 한글판·영문판 발행, 국민 계몽
제국신문	• 순 한글, 민중 계몽, 자주 독립 의식 고취
황성신문	• 국한문 혼용체, 장지연의 '시일야방성대곡' 게재
대한매일신보	• 베델(영국인)·양기탁이 운영, 강한 항일 논조 • 국채 보상 운동 주도, 의병 투쟁에 호의적
만세보	• 천도교 기관지, 민중 계몽

독립신문

▲ 독립신문

皇城新聞

▲ 황성신문

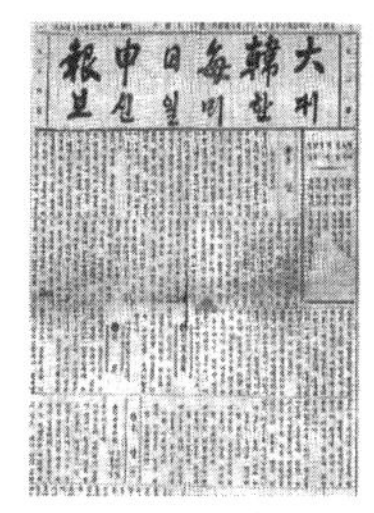
大韓每日申報
대한매일신보

▲ 대한매일신보

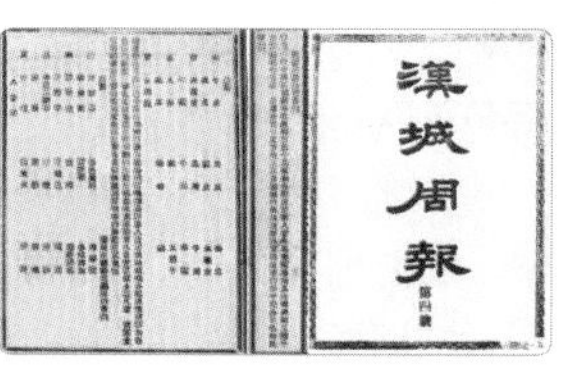
漢城周報

◀ 1886년 2월 22일 한성주보 제4호에 실린 우리나라 최초의 광고 '세창양행'

8일차 일제 강점기 개념정리

키워드 1 일제의 침략과 식민 통치

1910년대 일제 무단 통치	
공포 통치	• 조선 총독부 설치 : 일제 식민 통치의 중추 기관 • 헌병 경찰 통치 : 헌병이 일반 경찰 업무 대행, 즉결 처분권·태형령 제정 • 기본권 박탈 : 언론·출판·집회·결사의 자유 제한 • 제1차 조선 교육령 제정(1911) : 우민화 교육 실시
경제 수탈	• 토지 조사 사업(1910~1918) : 근대적 토지 제도 확립명분 ➡ 신고주의로 미신고 토지 및 국·공유지 등약탈 ➡ 식민지 지주제 강화, 농민 몰락 • 회사령 제정(허가제) ➡ 민족 자본 성장 억제산업 • 침탈 : 삼림령, 광업령, 인삼·담배·소금 전매제실시, 철도, 도로 등 건설

▲ 일본 헌병대

▲ 1910년대 학생과 교사 모습

일제 통치 방식 변화 계기

1920년대 일제 문화 통치	
기만 통치	• 배경 : 3·1 운동을 계기로 무단 통치 한계 인식 • 목적 : 친일파를 키워 민족 분열 + 기만적 통치 • 문관 총독 임명 가능 ➡ 실제로 임명되지 않음 • 보통 경찰제도 시행 ➡ 인원, 장비 수 증가 • 언론·출판의 자유 허용 ➡ 검열 강화, 기사 삭제 • 제2차 조선 교육령 : 기회 확대 ➡ 낮은 취학률
경제 수탈	• 산미 증식 계획(1920~1934) : 일본 쌀 부족 해결을 위해 실시 ➡ 식량 사정 악화, 만주산 잡곡으로 보충, 몰락 농민 증가, 국외 이주민 증가 • 회사령 폐지(신고제) ➡ 일본 기업의 한국 진출 유도 ➡ 관세 폐지 ➡ 물산 장려 운동 전개

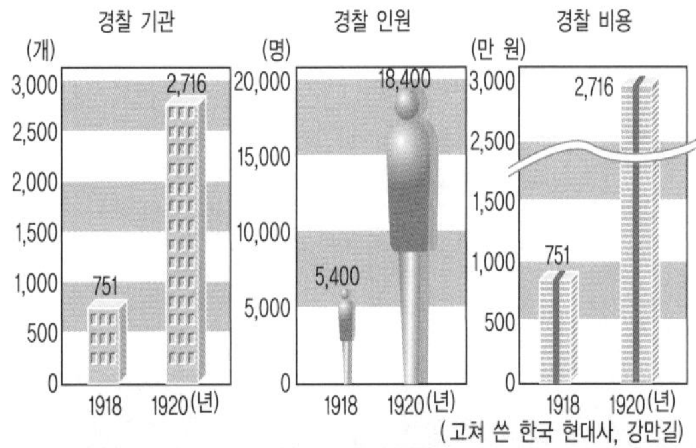

▲ 문화 통치 시기의 보통 경찰의 실제

1930년대 일제 민족 말살 통치	
황국 신민화 정책	• 배경 : 전쟁을 위한 인적·물적 자원 수탈 • 조선·동아일보 등 한글 신문 폐간, 창씨 개명 • 조선 사상범 보호 관찰령, 조선 사상범 예방 구금령 • 황국 신민 서사 암송, 신사 참배와 궁성 요배, 일선 동조론, 내선일체 • 제3차 조선 교육령 : 한국어·한국사 과목 사실상 폐지, 우리 말 사용 금지, 소학교 ➡ 국민학교(1941)
경제 수탈	• 병참 기지화 정책 : 전쟁 수행에 필요한 물자 생산 및 공업화 정책 시행 ➡ 남면북양 정책 • 인적 수탈 : 국가 총동원법 제정(1938) ➡ 지원병제, 징병제, 징용령, 일본군 위안부 등 • 물적 수탈 : 미곡 공출, 식량 배급제, 금속 공출 등 • 농촌 진흥 운동, 조선 농지령(1934)

▲ 내선일체 관련 포스터

▲ 황국신민서사를 외우는 학생들

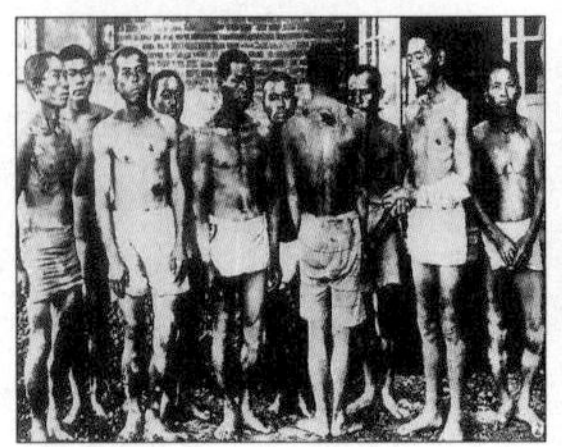
▲ 징용에 끌려간 사람들

▲ 강제 징발된 생활 용품들

키워드 2 3 · 1 운동 —수립에 영향→ 키워드 3 대한민국 임시 정부

3·1 운동	
배경	• 국외 : 윌슨의 민족 자결주의, 소련의 약소국 지원, 해외에서 독립 선언(대한독립 선언, 2·8 독립 선언) • 국내 : 고종의 죽음, 무단 통치에 대한 반발
전개	• 민족 대표 33인의 독립 선언 ➡ 서울에서 만세 시위운동 ➡ 학생, 시민들의 만세 시위 ➡ 도시, 농촌, 국외(간도, 연해주, 일본, 미주)로 확산
영향	• 대한민국 임시 정부 수립에 영향 • 중국의 5·4 운동, 인도의 반영 운동에 영향 • 독립운동의 체계화 및 조직화, 사회주의 사상 유입 • 일제 통치 방식의 변화 : 무단 통치 ➡ 문화 통치

대한민국 임시 정부의 초기 활동	
수립	• 대한 국민 의회 + 대한민국 임시 정부 + 한성 정부 = 상하이 대한민국 임시 정부 • 3권 분립에 입각한 민주 공화제 정부 ➡ 임시 의정원(입법), 국무원(행정), 법원(사법) • 대통령 중심제 : 대통령 이승만, 국무총리 이동휘
활동	• 연통제와 교통국 : 독립운동 자금 모금과 정보 수집 • 행정 : 이륭양행, 백산 상회, 독립 공채(애국 공채) • 외교 : 구미 위원부, 파리 위원부 설치 • 독립신문 발행, 사료 편찬소(한·일 관계 사료집)

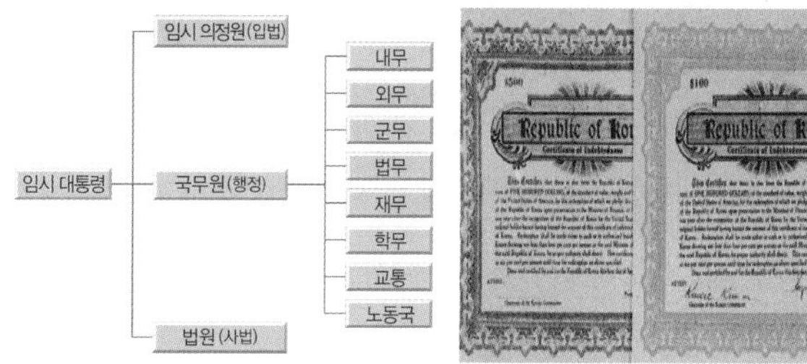

▲ 대한민국 임시 정부 조직 ▲ 애국 공채

대한민국 임시 정부의 위기	
위축	• 연통제, 교통국 조직 붕괴, 외교 활동 미흡 ➡ 신채호 등이 이승만의 위임 통치 청원서 제출 비판
국민 대표 회의	• 목적 : 독립운동 전선 통일 및 방향 전환 모색 • 개최(1923) : 창조파와 개조파의 대립 ➡ 결렬 • 결과 : 독립운동가 다수 이탈. 임시 정부 침체

한인 애국단의 활동	
배경	• 국민 대표 회의 결렬 이후 임시 정부의 침체
결성	• 김구가 임시 정부의 활로 모색을 위해 설립(1931)
활동	• 일제 요인 암살 및 식민 통치 기관 폭파 위주 • 이봉창 : 도쿄에서 일본 국왕에게 폭탄 투척(1932) ➡ 상하이 사변에 영향 • 윤봉길 : 상하이 홍커우 공원 의거(1932) ➡ 임시 정부에 대한 중국 국민당 정부의 적극적 지원 계기
이동	• 윤봉길 의거 이후 일본의 탄압 및 중국 침략 ➡ 중국의 국민당 정부 따라 이동 ➡ 충칭에 정착(1940)

▲ 이봉창 의사

▲ 윤봉길 의사와 홍커우 공원의 상하이 사변 승전 식장

충칭 시기 임시 정부(1940)	
정착	• 임시 정부 체제 정비 ➡ 한국 독립당 결성(1940) • 대한민국 건국 강령 발표(1941) : 삼균주의 반영
한국 광복군	• 창설 : 중국 정부의 지원으로 창설(사령관 지청천) • 대일 선전 포고(1941, 태평양 전쟁 발발 직후) • 김원봉의 조선 의용대 합류(1942) • 연합 작전 전개 : 인도, 미얀마 전선에 투입(1943) • 국내 진공 작전 준비(1945) : 미국 전략 정보국(OSS)의 지원하에 국내 정진군 훈련 ➡ 실현 못함

▲ 한국광복군과 영국군

▲ 한국광복군과 미국 OSS 대원

일제 강점기 개념정리

키워드 4 1920~1930년대 국내 민족 운동

민족주의 계열의 국내 운동 = 실력 양성 운동	
특징	• 경제, 문화면에서 민족의 근대적 역량 배양
물산 장려 운동	• 배경 : 회사령 철폐, 관세 철폐 ➡ 민족 자본 위기 • 전개 : 평양에서 조만식 주도, 조선 물산 장려회 조직(1923) ➡ 전국으로 확대 • 한계 : 상품 가격 상승, 사회주의 세력의 비판
민립 대학 설립 운동	• 배경 : 일제의 우민화 교육 • 전개 : 민립 대학 설립 기성회 조직, 모금 운동 • 결과 : 일제의 방해로 실패, 경성 제국 대학 설립

민족주의 세력의 분화	
타협적 민족주의	비타협적 민족주의
• 자치 운동, 참정권 운동 전개	• 일제와의 타협 거부

문맹 퇴치 운동	• 문자 보급 운동(1929) : 조선일보 중심, 한글 교재 • 브나로드 운동(1931) : 동아일보, '민중 속으로'라는 구호, 학생을 모아 문맹·미신 타파, 구습 제거 등

▲ 물산 장려 운동 선전지

▲ 물산 장려 운동 선전지

▲ 국산품 애용 선전 광고

▲ 문자 보급을 위한 교재

▲ 브나로드 운동 포스터

사회주의 계열의 국내 운동	
농민 운동	• 1920년대 : 생존권 투쟁, 암태도 소작 쟁의(1923) • 암태도 소작 쟁의 : 전남 신안군 암태도의 소작인들이 친일 지주 문재철의 횡포에 반발 ➡ 소작료를 약 40%로 낮추는 성과를 거둠 • 1930년대 : 사회주의와 연계된 항일 투쟁 강화
노동 운동	• 1920년대 : 생존권 투쟁, 원산 총파업(1929) • 원산 총파업 : 라이징 선 석유 회사에서 일본인 감독의 조선인 구타 사건 ➡ 신간회 지원, 국외 노동 단체에서 격려 전문 및 동정금 받음(국제적 연대) • 평양 을밀대 지붕에서 강주룡의 고공 농성(1931) • 1930년대 : 사회주의와 연계된 항일 투쟁 강화
단체 조직	• 조선 노동 총동맹 결성(1924) ➡ 조선 농민 총동맹과 조선 노동 총동맹으로 분화(1927)

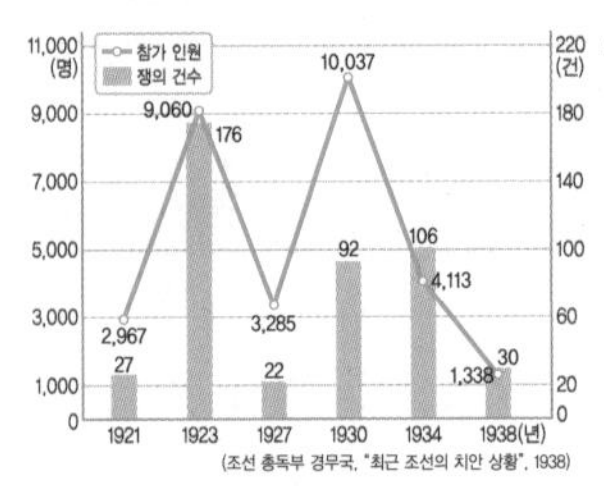

▲ 노동 쟁의 발생 건수

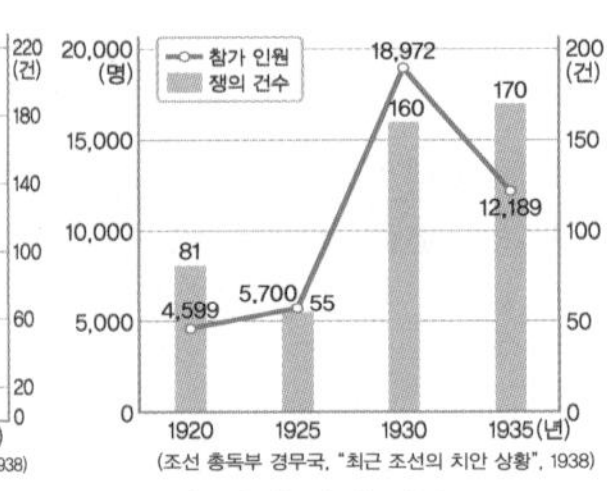

▲ 소작 쟁의 발생 건수

▲ 원산 노동자 총파업

▲ 강주룡의 고공 농성

사회 운동	
소년 운동	• 방정환이 주도한 천도교 소년회 중심 • 어린이날 제정(1922), 잡지 "어린이" 발간
여성 운동	• 근우회(1927) : 여성계 민족 유일당 운동 ➡ 여성의 의식 계몽·권리 신장·사회적 지위 개선
형평 운동	• 백정에 대한 사회적 차별과 편견에 대항 • 조선 형평사 창립(1923) : 진주의 백정들이 주도

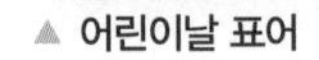

▲ 어린이날 표어

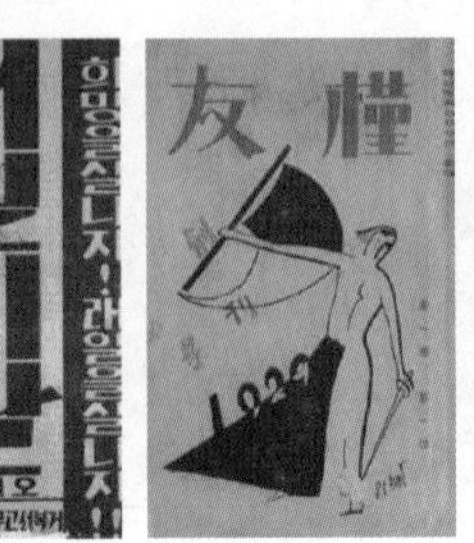

▲ 근우회의 '근우'

▲ 형평사 전국 대회 포스터

국내 항일 운동	
6·10 만세 운동 (1926)	• 배경 : 순종 서거, 일제 수탈, 식민지 교육 정책 • 전개 : 사회주의·천도교 계열, 학생 단체 주도 ➡ 시위 계획 사전 발각 ➡ 순종 인산일에 학생을 중심으로 시위 전개 ➡ 일제 탄압에 실패 • 의의 : 민족주의·사회주의 계열 간의 연대 계기 ➡ 민족 협동 전선 운동, 민족 유일당 운동으로 발전

민족 유일당 운동의 전개	
국외	• 중국의 1차 국공 합작, 민족 유일당 촉성회 결성 • 만주 : 3부의 통합 운동 ➡ 국민부, 혁신의회 결성
국내	• 민족주의 세력 : 타협적 민족주의 등장, 조선 민흥회 조직(1926) • 사회주의 세력 : 치안 유지법 제정, 정우회 선언

신간회 (1927)	• 활동 : 좌우 합작에 의한 최대 규모의 합법 단체 ➡ 기회주의자 배격 ➡ 각종 노동 쟁의나 소작 쟁의, 동맹 휴학 등을 지원 ➡ 광주 학생 항일 운동 지원 • 해체 : 일제 탄압, 내부 분열, 코민테른 노선 변화

국내 항일 운동	
광주 학생 항일 운동 (1929)	• 배경 : 식민지 차별 교육, 한·일 학생 간 충돌 • 전개 : 일본 경찰의 한국인 학생 검거로 가두시위 발생 ➡ 동맹 휴학, 시위 전개, 신간회의 지원 ➡ 전국 규모의 항일 투쟁으로 확대 • 의의 : 3·1 운동 이후 최대 민족 운동으로 확산

▲ 순종의 인산 행렬

▲ 광주 학생 항일 운동의 도화선이 된 여학생 희롱 사건 피해자 박기옥(오른쪽)

키워드 5 민족 문화 수호 운동

일제의 한국사 왜곡과 한국사 연구	
역사 왜곡	• 식민 통치 합리화 ➡ 타율성론, 정체성론, 당파성론 • 주요 단체 : 조선사 편수회, 청구 학회
민족주의 사학	• 특징 : 우리 역사의 주체적 발전과 자주성 강조 • 신채호 : 고대사 연구, 「조선 상고사」, 「조선사 연구초」 저술, '낭가 사상' 강조 • 박은식 : 「한국통사」, 「한국독립운동지혈사」 저술, 민족의 '국혼' 강조 • 계승 : 조선학 운동 ➡ 정인보(얼), 문일평(조선심)
사회 경제 사학	• 백남운 : 유물 사관에 입각하여 세계사적 보편성 속에서 한국사의 역사 발전 법칙 규명 ➡ 일제의 정체성론 비판
실증 주의 사학	• 특징 : 랑케 사학 영향, 철저한 문헌 고증을 바탕으로 실증적 역사 연구 • 이병도, 손진태 등이 진단학회 결성, 진단학보 간행

▲ 신채호

▲ 박은식

▲ 백남운

민족 문화 수호 운동	
국어	• 조선어 연구회(1921) : 가갸날 제정, 잡지 '한글' • 조선어 학회(1931) : 한글 맞춤법 통일안과 표준어 제정, 우리말 큰사전 편찬 시도 ➡ 조선어 학회 사건으로 해산(1942)
문학	• 1910년대 계몽주의적 경향 ➡ 1920년대 전반 동인지 발간(창조, 폐허) ➡ 1920년대 후반 신경향파 문학(카프) ➡ 1930년대 저항 문학 및 친일 문학 증가
예술	• 영화 : 나운규의 아리랑(1926) • 연극 : 토월회(1923), 극예술 연구회(1930년대)
종교	• 천도교 : 3·1 운동 주도적 역할, 잡지 '개벽', 소년 운동 전개, 제2의 독립 선언 운동 계획 • 대종교 : 북간도에 중광단 결성 ➡ 북로 군정서 • 불교 : 한용운 등이 민족 불교 전통 수호 노력 • 원불교 : 박중빈이 창시, 새 생활 운동 전개 • 개신교 : 계몽 운동 전개, 신사 참배 거부 운동 • 천주교 : 사회 사업 전개, 의민단 조직, 잡지 '경향'

8일차 일제 강점기 개념정리

키워드 6 1910~1940년대 무장 독립 전쟁

1910년대 국내 독립 운동	
독립 의군부	• 임병찬(고종의 밀지), 복벽주의 표방 • 의병 전쟁 준비, 국권 반환 요구서 제출
대한 광복회	• 박상진, 공화정 지향 • 무관 학교의 설립, 군자금 모금, 친일파 처단
1910년대 국외 독립 운동	
서간도	• 신민회에서 삼원보 건설 ➡ 경학사(후에 부민단), 신흥 강습소(신흥 무관 학교) 설립, 서로 군정서군
북간도	• 명동촌, 용정촌 ➡ 명동 학교, 서전서숙 설립 • 중광단(대종교 세력이 중심) ➡ 북로 군정서로 계승
연해주	• 신한촌, 권업회, 대한 광복군 정부, 대한 국민 의회, 전로 한족회 중앙 총회, 한인 사회당
미주	• 대한인 국민회(안창호), 대조선 국민군단(하와이)
멕시코	• 숭무 학교
상하이	• 신한 청년당

⬇

1920년대 국외 독립 운동	
봉오동 전투 (1920)	• 일본군이 독립군 근거지인 봉오동 공격 ➡ 대한 독립군(홍범도) 등의 연합 부대가 일본군 기습 공격 ➡ 독립군 승리
훈춘 사건 : 일제가 만주 출병 구실 만들기 위해 마적단 매수	
청산리 전투 (1920)	• 봉오동 전투 패배에 대한 일본군의 보복 공격 ➡ 북로 군정서군, 대한 독립군 등이 청산리 일대에서 전투를 벌여 대승을 거둠
독립군 시련	• 간도 참변(1920, 봉오동·청산리 전투 패배에 대한 일본군 보복) ➡ 독립군 이동 ➡ 밀산에 대한 독립 군단 조직(총재 서일) ➡ 자유시 이동 후 자유시 참변(1921) ➡ 독립군 희생 ➡ 독립군 만주 귀환
3부의 성립	• 만주로 돌아온 독립운동 단체의 통합 ➡ 참의부, 정의부, 신민부 조직(1923~1925)
미쓰야 협정(1925) : 일제와 만주 군벌 사이에 체결 ➡ 독립군 체포 및 인도에 합의	
3부의 통합 운동	• 배경 : 독립운동 위축, 민족 유일당 운동 • 북만주 : 혁신 의회(한국 독립당–한국 독립군) • 남만주 : 국민부(조선 혁명당–조선 혁명군)

▲임병찬(좌)과 박상진(우)

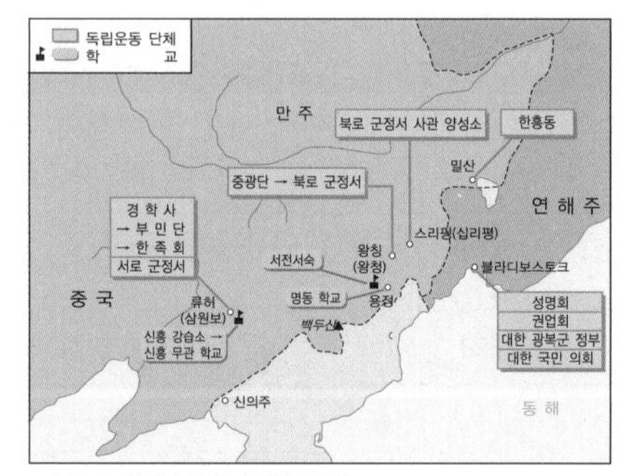

▲1910년대 국외 독립 운동

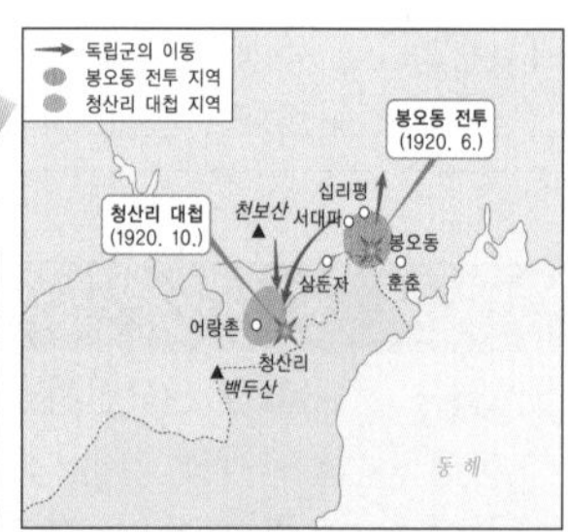

▲1910년대 국외 독립 운동

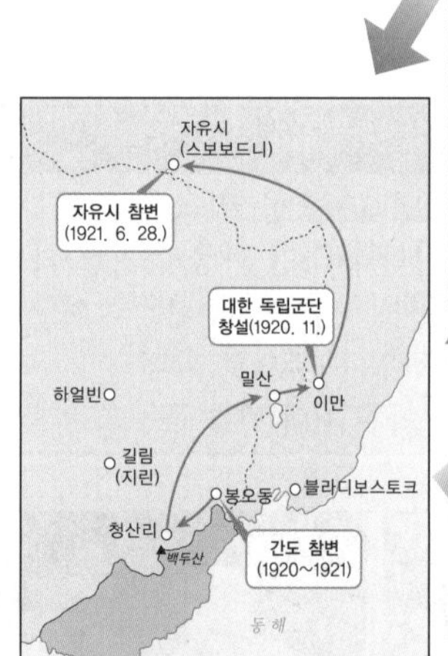

▲1920년대 독립군의 시련

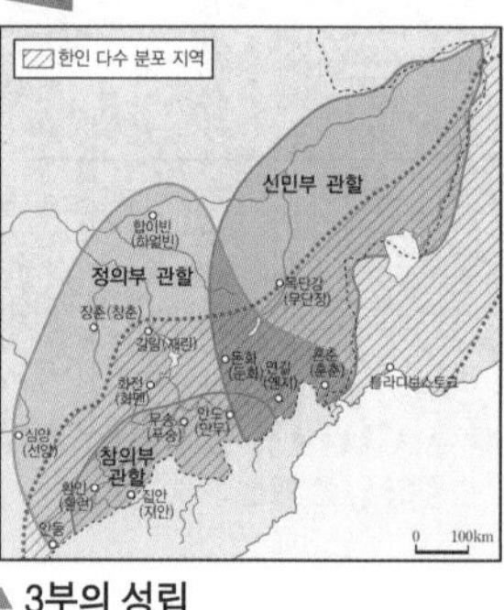

▲ 3부의 성립

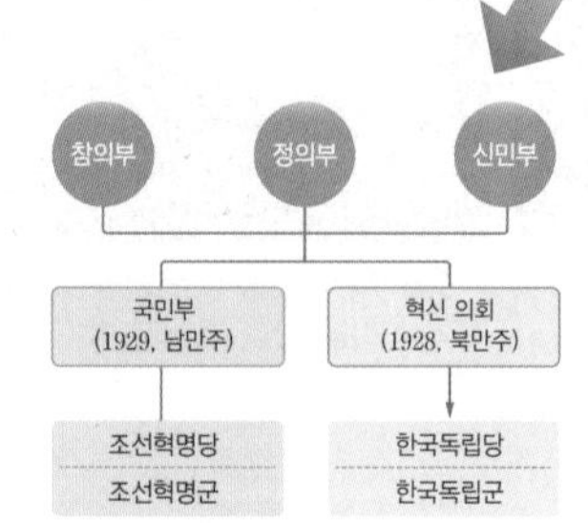

▲ 3부의 통합 운동

1930년대 만주의 국외 독립 운동	
한·중 연합 작전 전개	• 배경 : 만주 사변, 만주국 수립 ➡ 중국 내 항일 감정 고조 • 조선 혁명군 : 양세봉 지휘, 중국 의용군과 연합 ➡ 영릉가·흥경성 전투 승리 • 한국 독립군 : 지청천 지휘, 중국 호로군과 연합 ➡ 대전자령·쌍성보 전투 승리
항일 유격	• 한인 사회주의자들이 참여 ➡ 항일 유격 투쟁 전개 • 조국 광복회 : 보천보 전투 지원 등

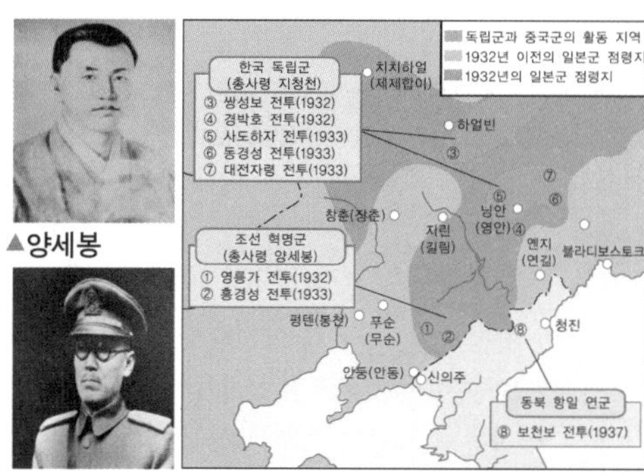

▲양세봉 ▲지청천 ▲1930년대 초반 한·중 연합군의 항일 투쟁

1920년대 의거 활동	
의열단 (1919)	• 결성 : 김원봉·윤세주 등이 만주 지린에서 조직 • 목표 : 일제 요인 암살, 식민 통치 기관 파괴 등 • 행동 강령 : 신채호의 '조선 혁명 선언' ➡ 민중의 직접 혁명을 통한 독립 쟁취 주장 • 활동 : 박재혁(부산 경찰서), 김익상(조선 총독부), 김상옥(종로 경찰서), 김지섭(도쿄 왕궁), 나석주(동양 척식 주식회사) 등의 폭탄 투척 의거 • 노선 변경 : 조직적·대중적 무장 투쟁 준비 ➡ 김원봉과 단원들의 황푸 군관학교 입교(1926) ➡ 조선 혁명 간부 학교 설립(1932) ➡ 민족 혁명당 결성 주도(1935)

▲의열단의 의거

▲ 의열단

1930년대 중국 본토의 국외 독립 운동	
민족 혁명당 (1935)	• 결성(난징) : 의열단(김원봉) 주축 + 조선 혁명당(지청천) + 한국 독립당(조소앙) 등 연합 • 성격 : 중국 관내 최대 규모의 좌우 연합 세력
	조선 의용대 창설(1938)
	• 중국 관내 최초 한인 무장 부대 • (조선)민족 혁명당 산하의 군사 조직 • 일부 세력 화북 지역으로 이동(조선 의용대 화북지대) ➡ 조선 독립 동맹의 조선 의용군으로 개편 • 남은 세력은 대한민국 임시 정부의 한국광복군에 합류

조선 독립 동맹	• 성립 : 김두봉 등이 주도 ➡ 화북 지역의 사회주의자들 중심 + 조선 의용대 화북 지대 • 조선 의용군의 조직, 민주 공화국 수립 지향

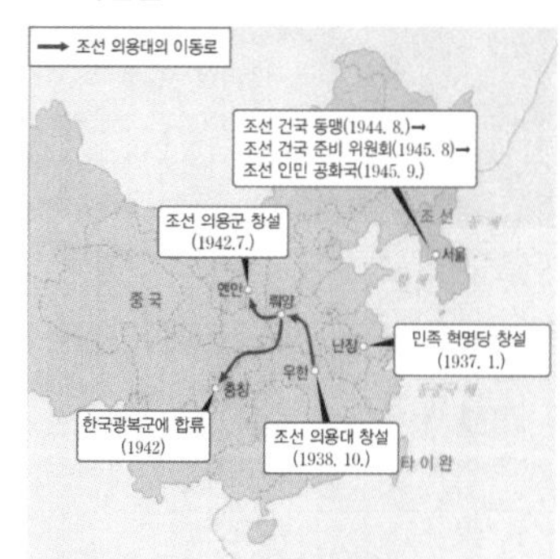

▲민족 혁명당과 조선 의용대

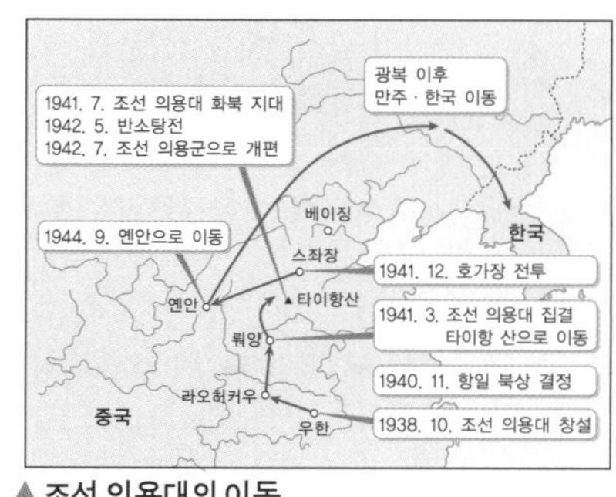

▲ 조선 의용대의 이동

9 일차 **대한민국** 개념정리

키워드 1 광복과 대한민국 정부 수립 과정

광복 직후	
미·소 분할 점령	• 얄타 회담에 따라 소련이 참전 후 한반도로 진주 ➡ 미국이 소련에 38도선 분할 점령 제안 ➡ 소련이 수용함 ➡ 미·소의 영향 아래 군정 실시
조선 건국 준비 위원회	• 결성 : 좌우 합작의 형태로 결성된 조선 건국 동맹 계승·개편, 우익 세력이 대거 탈퇴 ➡ 영향력 약화 • 활동 : 치안대 설치, 전국 각지에 지부 조직 • 조선 인민 공화국 선포 : 미군 진주에 대비, 각 지방의 지부는 인민 위원회로 전환
미군정 실시	• 미군 진주(1945. 9.) ➡ 조선 인민 공화국, 대한민국 임시 정부 불인정, 조선 총독부 관료와 경찰 조직 유지, 국내 우익 세력을 지원 • 신한공사 설립(1946) : 일본의 귀속 재산 처리
광복 후 여러 세력	• 한국 민주당 : 송진우, 김성수, 지주·자본가 중심 • 독립 촉성 중앙 협의회 : 이승만 • 한국 독립당 : 김구, 대한민국 임시 정부 핵심 정당 • 조선 공산당 : 박헌영, 미군정의 탄압을 받음

▲ 미군과 소련군의 한반도 점령

▲ 대한민국 임시 정부 귀국 환영 대회

정부 수립 과정	
모스크바 3국 외상 회의	• 내용 : 미·영·소의 외무 장관이 한반도 문제 논의 • 결정 사항(1945. 12.) : 한국의 임시 민주 정부 수립, 미·소 공동 위원회 설치, 최고 5년간의 신탁 통치 결의 • 영향 : 우익 계열(신탁 통치 반대)과 좌익 계열(신탁 통치 반대 ➡ 지지) 대립 심화
1차 미·소 공동 위원회	• 협의 대상 선정을 둘러싸고 미·소의 의견 차이 • 소련은 반탁 단체 제외, 미국은 모든 정치 단체의 포함 주장 ➡ 결렬
정읍 발언	• 이승만이 정읍에서 남한만의 정부 수립 주장
좌우 합작 운동	• 목표 : 좌우를 아우른 통일 정부 수립 • 활동 : 좌우 합작 위원회 개최(1946. 7, 여운형, 김규식 중심, 미군정 지원) ➡ 좌우 합작 7원칙 발표(1946. 10.) • 결과 : 좌우익의 견해 차이, 미군정 지지 철회, 여운형 암살 등으로 실패
2차 미·소 공동 위원회	• 협의 대상 선정 문제, 미·소 냉전의 심화 ➡ 결렬 ➡ 미국이 한반도 문제를 유엔에 이관

▲ 모스크바 3국 외상 회의 결정안 지지 시위

▲ 미 · 소 공동 위원회

▲ 좌 · 우 합작 위원회

대한민국 정부 수립	
한국 문제 유엔 상정	• 미국이 단독으로 유엔에 상정 • 유엔 총회 결의 : 인구 비례에 의한 남북한 총선거 실시, 유엔 한국 임시 위원단 파견 ➡ 소련이 유엔 한국 임시 위원단의 입북 거부 ➡ 선거가 가능한 지역에서 총선거로 정부 수립
남북 협상	• 남북 지도자 연석회의(1948. 4.) : 김구, 김규식 주도 ➡ 평양에서 개최 ➡ 남한만의 단독 정부 수립 반대, 외국군의 철수 합의
제주 4·3 사건	• 제주 좌익 세력이 단독 정부 수립에 반대하여 일으킨 무장 봉기 ➡ 진압 과정에서 양민까지 희생
5·10 총선거	• 남한만의 총선거(보통선거) ➡ 제헌 국회의원 선출(임기 2년) ➡ 제헌 국회 구성
정부 수립	• 제헌 국회에서 헌법 제정(1948. 7.) : 국호 '대한민국', 대통령 이승만, 부통령 이시영 선출 • 대한민국 정부 수립 선포(1948. 8. 15.)

▲ 유엔 한국 임시 위원단 환영식

▲ 김구의 입북

▲ 5 · 10 총선거 포스터

키워드 2 정부 수립 후 체제 정비

정부 수립 후 체제 정비	
여수·순천 10·19사건	• 제주 4·3 사건 진압에 동원된 여수 주둔의 군대가 반발하여 일으킨 무장 봉기
반민족 행위 처벌법	• 배경 : 제헌 국회에서 제정(1948. 9.) • 활동 : 박흥식, 최린, 이광수 등 친일파 기소 • 좌절 : 이승만 정부의 방해 ➡ 국회 프락치 사건, 반민 특위 습격 사건
농지 개혁법	• 배경 : 제헌 국회에서 제정 • 전개 : 3정보 소유 상한선, 유상 매입, 유상 분배 원칙 ➡ 지주제 소멸, 자작농 증가 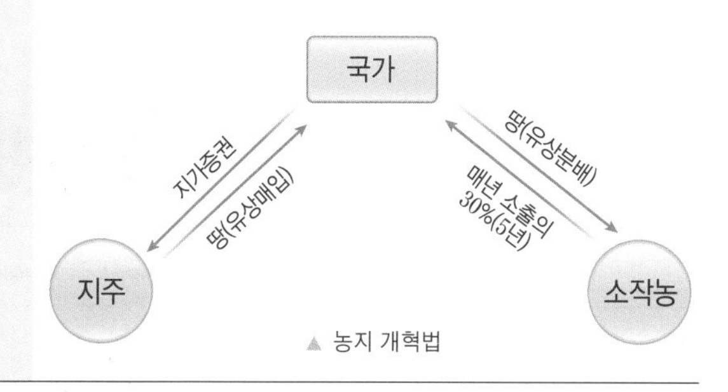▲ 농지 개혁법

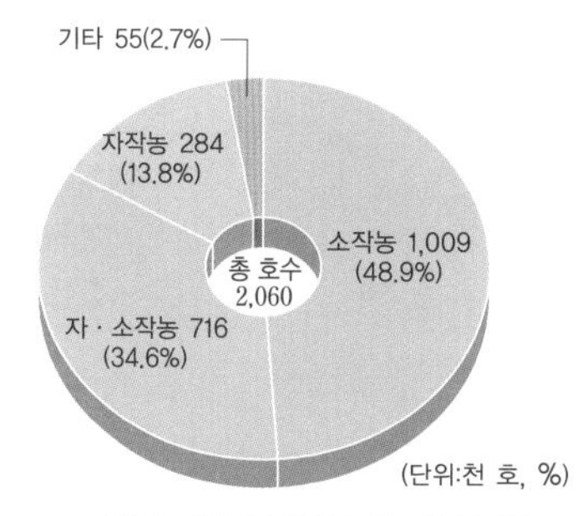

▲ 광복 직후 남한의 농민 계층 구성

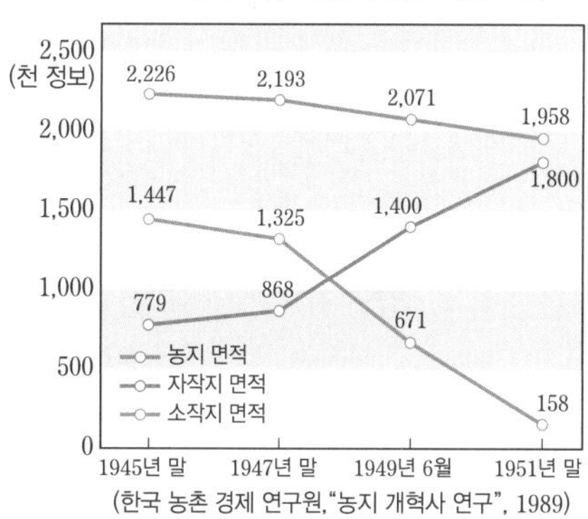

▲ 농지 개혁 실시 전후의 소작 면적 변화
(이후 자작 면적이 크게 증가)

9 일차 대한민국 개념정리

키워드 3 6 · 25 전쟁

- 배경
  - 미국의 애치슨 선언(1950. 1.), 중화 인민 공화국 수립
  - 주한 미군 철수(1949. 6.), 한 · 미 상호 방위 원조 협정 체결
  - 남북 대립 심화(38도선 부근 잦은 충돌 발생)
- 북한의 전쟁 준비
  - 소련 · 중국의 지원으로 군사력 증강
  - 조선 의용군을 인민군에 편입
  - 소련의 북한 남침 계획 승인
- 북한군의 남침(1950. 6. 25.) : 북한의 기습 남침 ➡ 3일 만에 서울 함락 ➡ 한 달여 만에 낙동강 선까지 후퇴

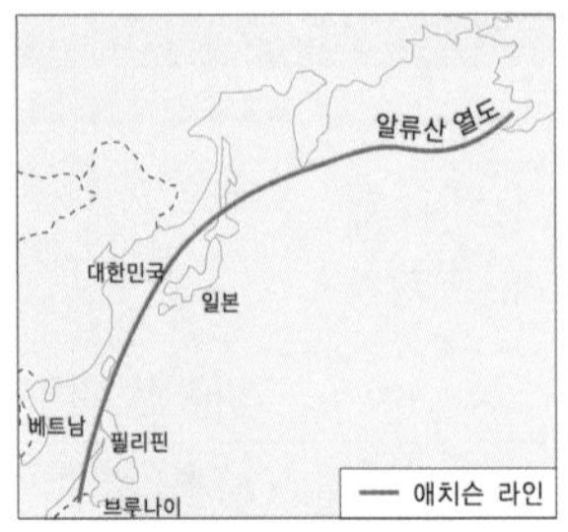

▲ 애치슨 선언

- 국군과 유엔군의 반격
  - 유엔의 결의에 따라 유엔군 결성 · 참전(1950. 7.)
  - 낙동강을 사이에 두고 치열한 공방전 전개
  - 인천 상륙 작전 성공(9. 15.) ➡ 전세 역전
  - 서울 탈환(9. 28.) ➡ 38도선 돌파
  - 평양 입성 ➡ 압록강까지 진격(10월 말)

▲ 북한군의 남침

- 중국군의 개입(10. 25.)
  - 중국군의 대대적인 공세(11월 하순) ➡ 전세 역전
  - 흥남 철수, 서울 재함락(1 · 4 후퇴, 1951)

▲ 6 · 25 발발 직후 한강 철교

▲ 미군 진주

- 전선의 교착
  - 전열 정비한 국군 · 유엔군 서울 탈환(1951. 3.)
  - 38도선 부근에서 교착 상태 ➡ 치열한 공방전 지속
- 휴전 교섭
  - 소련의 휴전 제안 ➡ 미국, 북한, 중국 대표 참가
  - 남한은 휴전 반대 ➡ 이승만의 거제도 반공 포로 석방(1953. 6.)
  - 군사 분계선, 포로 교환 방식 등으로 대립
- 휴전 협정 체결(1953. 7. 27.)
  - 중립국 감시 위원단 설치, 포로의 자유의사 존중
  - 휴전선 확정, 비무장 지대 설치 등에 합의

▲ 서울에 다시 걸린 태극기

전쟁의 결과	피해	• 많은 인명과 재산 피해, 전쟁고아와 이산가족 발생
	국제 질서변화	• 한미 상호 방위 조약(1953. 10.) : 군사 동맹 강화 • 중국의 영향력 확대, 미국 영향력 강화, 일본의 경제 부흥

▲ 정전 협정 체결

키워드 4 현대 사회의 발전

이승만 정부(1948~1960)	
독제 체제 강화	• 발췌 개헌(1952, 부산) : 대통령 직선제로 개정 • 사사오입 개헌(1954) : 초대 대통령에 한해 중임 제한 철폐 • 자유당 정권의 독재 체제 강화 : 진보당 사건(진보당 조봉암을 간첩 혐의로 사형), 신국가 보안법 통과(1958), 경향신문 강제 폐간(1959) 등
4·19 혁명	• 배경 : 이승만 정부의 독재 강화, 3·15 부정 선거 • 전개 : 마산 시위(3·15 부정 선거 규탄) ➡ 김주열의 시신 발견 ➡ 시위 전국 확산(4. 19.) ➡ 정부의 무력 진압 ➡ 대학 교수단 시국 선언(4. 25.) ➡ 이승만 하야(4. 26.) • 영향 : 허정 과도 정부 수립 ➡ 장면 내각 수립
경제	• 전후 경제 상황 : 생필품 부족, 물가 폭등 • 미국의 경제 원조 : 소비재 중심의 삼백 산업 발전, 잉여 농산물 유입으로 농업 기반 약화 • 귀속 재산 처리 : 기업체의 민간 불하, 기업체에 원조 물자 배정 ➡ 자본주의 정착, 정경유착 발생
통일	• 반공 정책, 북진 통일론 강조

장면 내각(1960~1961)	
수립	• 허정 과도 정부의 개헌 추진 ➡ 양원제 의회, 내각 책임제 개헌 ➡ 대통령에 윤보선, 국무총리에 장면 선출
정부 정책	• 다양한 민주화 요구, 평화 통일 운동 분출, 민주당 구파와 신파의 대립 ➡ 5·16 군사 정변으로 붕괴 • 경제 개발 5개년 계획 마련 ➡ 5·16 군사 정변으로 중단
통일	• 유엔 감시하의 총선거 실시 주장(정부), 민간의 통일 운동 대두

▲ 발췌 개헌 모습

▲ 사사오입 개헌 모습

▲ 3인조 · 9인조 투표

▲ 대학 교수단 시위

▲ 학생과 시민의 시위

▲ 하야하는 이승만

▲ 장면 내각 출범

▲ 남북학생 회담 요구

9일차 대한민국 개념정리

키워드 4 현대 사회의 발전

박정희 정부(1963~1979)	
5·16 군사 정변	• 군정 실시(국가 재건 최고 회의 구성) ➡ 대통령 중심제와 단원제 국회 구성을 위한 개헌 단행
경제 개발 자금 마련	• 한·일 협정 : 굴욕적 대일 외교 ➡ 6·3 시위 • 베트남 파병 : 브라운 각서 체결, 경제 개발 관련 기술 및 차관 확보, 베트남 건설 사업 참여
장기 집권 기반 마련	• 3선 개헌(1969) : 대통령 3선 연임을 허용하는 개헌안 통과
사회	• 새마을 운동 : 농어촌 환경 개선 및 소득 증대 • 전태일 분신 사건(1970), 향토 예비군 창설
유신 체제 수립	• 유신 헌법, 10월 유신 ➡ 유신 체제 수립, 대통령의 권한 강화 • 대통령 간선제(통일 주체 국민 회의에서 선출, 임기 6년), 대통령의 중임 제한 조항 삭제 • 대통령에게 긴급 조치권, 국회 해산권, 국회의원 3분의 1 추천권 부여 ➡ 국민의 기본권과 자유 제한, 대통령이 사법권과 입법권 장악
유신 체제 붕괴	• YH 무역 사건 ➡ 김영삼의 국회의원직 제명 ➡ 부·마 민주 항쟁 ➡ 10·26 사태(1979)
경제	• 제1·2차 경제 개발 5개년 계획(1960년대) ➡ 외국 차관, 값싼 노동력 결합 ➡경공업 발달 • 제3·4차 경제 개발 5개년 계획(1970년대) ➡ 수출 주도형 중화학 공업 중심 • 경제 위기 : 1차 석유 파동(오일 달러로 극복) ➡ 2차 석유 파동(중화학 공업 과잉·중복 투자) • 8·3 조치 : 사채 동결과 금리 인하로 대기업의 재무 구조 개선
통일	• 7·4 남북 공동 성명 : 자주, 평화, 민족 대단결의 3대 원칙 ➡ 남북 조절 위원회 구성, 남북한 모두 독재 체제 강화에 이용

전두환 정부(1981~1988)	
수립	• 12·12 사태(1979)로 신군부 권력 장악 ➡ 5·18 민주화 운동 진압 ➡ 국가 보위 비상 대책 위원회 설치 ➡ 전두환 정부 수립(통일 주체 국민 회의에서 대통령 선출된 후 헌법 개정 후 7년 단임의 대통령에 재선출)
5·18 민주화 운동	• 배경 : 신군부 퇴진, 유신 헌법 폐지 요구 • 전개 : 광주에서 민주화 요구 시위 ➡ 계엄군 발포 ➡ 시민군 조직 ➡ 계엄군 광주 봉쇄 ➡ 무력 진압 • 관련 기록물이 유네스코 세계 기록 유산으로 등재
정부 정책	• 강압책 : 언론 통폐합, 삼청 교육대 운영 등 • 회유책 : 교복과 두발 자율화, 야간 통행 금지 해제, 제적 학생의 복학과 민주 인사의 복권 등
6월 민주 항쟁	• 배경 : 전두환 정부의 권위주의적 통치와 강압적 통제에 대한 반발 전개, 직선제 개헌 • 전개 : 야당 정치인과 재야 세력을 중심으로 대통령 직선제 개헌 운동 전개 ➡ 박종철 고문치사 사건 발생 ➡ 4·13 호헌 조치 ➡ 개헌 요구 시위 중 이한열이 최루탄에 맞아 뇌사 ➡ 시위의 격화 ➡ 6·10 국민 대회 ➡ 6·29 민주화 선언 발표 • 결과 : 5년 단임의 대통령 직선제 개헌(1987. 10.)
경제	• 3저 호황으로 경제 성장, 물가 안정 • 최저 임금법 제정 : 국가가 임금의 최저기준을 정함
통일	• 최초 이산가족 고향 방문, 예술 공연단 교환

▲ 12 · 12 사태의 주역들

▲ 5 · 18 민주화 운동

▲ 5 · 16 군사 정변의 주역들

▲ 한 · 일 협정 반대 시위

▲ 3선 개헌 반대 시위

▲ 6월 민주 항쟁

▲ 남북 이산가족 고향 방문단

노태우 정부(1988~1993)	
수립	• 야당 분열로 여당(민주 정의당) 노태우 후보가 대통령에 당선 ➡ 여소야대 정국 전개 ➡ 야당 주도로 5공 청문회 개최 ➡ 3당 합당(민주 자유당)을 통해 여소야대의 정국 개편
정책	• 서울 올림픽 개최, 지방 자치제의 부분적 실시 • 북방 외교 추진 : 소련, 중국 등 공산권과 수교
통일	• 남북한 고위급 회담 개최 ➡ 남북한 유엔 동시 가입, 남북 기본 합의서 채택, 남북한 비핵화 공동 선언

김영삼 정부(1993~1998)	
수립	• 5·16 군사 정부 이후 첫 민간 정부(문민 정부)
정책	• 역사 바로 세우기 운동, 전두환·노태우 구속 • 고위 공직자 재산 등록제, 금융실명제, 지방 자치제 전면 실시
경제	• 경제 협력 개발 기구(OECD) 가입, 외환 위기 발생
통일	• 북한 경수로 원자력 발전소 건설 사업 지원

김대중 정부(1998~2003)	
수립	• 선거를 통한 최초의 평화적 여야 정권 교체
정책	• 국민 기초 생활 보장법 제정, 국가 인권 위원회설립, 여성 가족부(여가부) 신설, 한·일 월드컵개최, 부산 아시안 게임 개최
경제	• 외환 위기 극복 : 금 모으기 운동, 노사정 위원회
통일	• 금강산 관광 사업(1998) 시작 • 대북 화해 협력 정책 추진(햇볕 정책) • 남북 정상 회담(2000) : 6·15 남북 공동 선언 • 정상 회담 이후 : 경의선 복구 사업, 개성 공단 건설, 이산가족 상봉 등 추진

노무현 정부(2003~2008)	
정책	• 행정 중심 복합 도시 건설, 대통령 탄핵 사태(기각) • 경부고속철도(KTX) 개통, 과거사 진상규명법 제정 • 칠레·미국과 자유 무역 협정(FTA) 체결
통일	• 금강산 육지 관광, 개성 관광, 개성 공단 설치 등 • 2차 남북 정상 회담(2007) : 10·4 남북 공동 선언

➡

이명박 정부(2008~ 2013)	
정책	• 여야 정권 교체로 등장, 4대강 사업 • 서울에서 G20 정상 회의 개최, 한·미 자유 무역 협정(FTA) 발효

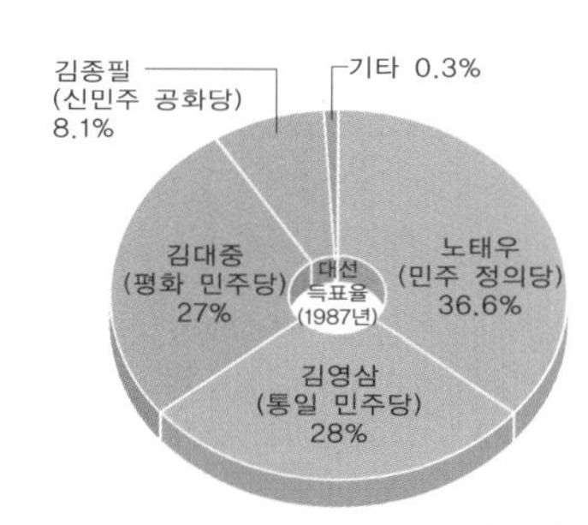

▲ 제13대 대통령 후보자 득표율(1987)

▲ 남북 고위급 회담

▲ 역사 바로 세우기(조선 총독부 철거)

▲ 제1차 남북 정상 회담(2000)

▲ 제2차 남북 정상 회담(2007)

MEMO

MEMO

MEMO

MEMO

MEMO

MEMO

MEMO